ゲッターズ飯田の

五《ご》星《せい》三《さん》心《しん》占い 2021

令和3年

完全版

この本を手にしたあなたへ

『ゲッターズ飯田の五星三心占い2021完全版』をご購入、または立ち読みして頂きありがとうございます。この本は『ゲッターズ飯田の五星三心占い2021』の全12冊を1冊にまとめて本にしたものですが、分冊の年間本には載せきれなかった部分や追加の情報がたくさん入っています。編集者が違うので、表現が変わっている部分があったり、強調しているところの違いがあったりします。ですが、ゲッターズ飯田が書いたものに違いはありませんので、安心して読んで使ってください。

占いの勉強をはじめて23年。最初は遊びの延長で占ってもらっていただけだったのですが、あるとき「占い師と芸人に向いている」と言われました。大学時代に落語研究会に入っていたので、「芸人に向いている」と言われたことはうれしかったのですが、占い師に関しては、「できるわけがない」と思っていました。ですが、「飯田さん、勉強したらできますよ」と言われ、そこからいろいろな占い本を読むようになったのです。

その後、自分でも占うようになり、「データが必要だから」と思って無償で占いを続けました。占った人の数が1万人、2万人と増えてくると、人のパターンや法則がなんだか見えてきた感じがしました。現在までに6万人以上を占いましたが、まだまだ学ぶこともあります。「占いと人間とは？」をいろいろ考えるようになり、自分独自の解釈やアドバイスがたくさんできるようになってきました。

毎年、本に掲載される文章以上の量の原稿を書いていたのですが、編集の過程でどうしても本に入りきらずカットされてしまうところがありました。「どうにか全文を入れられないかな？」と思っていたところで、はじめての「完全版」を出すことになりました。それでもまだカットされている部分は編集上あるのですが、ゲッターズ飯田が書いた文章が詰まっている本になっています。

この本は自分だけではなく、家族や友人、周囲の人を占う本です。自分以外の人の運気や状態を知ることで関係性も作りやすくなると思います。ラッキーカラー・フード・スポットは、誕生日プレゼントやデートや遊びの口実に使ってみるといいでしょう。この1冊をみんなで楽しめるように使うことを忘れないようにしてください。

人生は山登りのようなもので、皆さんが判断して前に進むもの。占いは道の標識や地図であり、占い師は道先案内人のようなものです。道の先で何が待っているか100%わかるわけではありませんが、先人の知恵を授かることで少し楽しくなったり、恐れることが少しでもなくなったりすればいいと思っています。2021年が皆さんにとってよい年で、歩みやすい年となるように使って頂けたら幸いです。

ゲッターズ飯田

五星三心占いについて

6万人以上を無償で占ってきたゲッターズ飯田が編み出した独自の占い。具体的には、「五星」が中国に昔から伝わる「五行」の「木・火・土・金・水」の5つに陰陽の考えを加えたもので10パターン。「三心」は心の動きを表し、「天・海・地」の3つがあり、これにも陰陽があると考えて6パターン。さらに金銀（表裏）の考えが加わり12パターンとなります。「五星」の数（10パターン）と「三心」の数（12パターン）を掛け合わせ、120タイプで細かく分析したものが「五星三心占い」です。

五星＝5つに分類した欲望

「五星」は五行の考えのほか、人が生まれ持つ5種類の欲望も示しています。命数の下ヒトケタの違いによって、それぞれが生まれ持つ欲望の種類は違ってきます。下ヒトケタ1と2が「自我欲」、3と4が「食欲・性欲」、5と6が「金欲・財欲」、7と8が「権力・支配欲」、9と0が「創作欲」です。また、命数下ヒトケタの奇数が攻めの強い「陽タイプ」、偶数が守りの強い「陰タイプ」となります。

自我欲（陰・陽）
食欲・性欲（陰・陽）
金欲・財欲（陰・陽）
権力・支配欲（陰・陽）
創作欲（陰・陽）

→ 計10パターン

三心＝3つに分類した心のリズム

「三心」は、「天・海・地」がそれぞれに持つ心のリズムを示しています。「天」は精神的欲望を、「海」は肉体的欲望、「地」は物質的欲望を求めた心の動きを表します。また、三心をそれぞれ陰陽に分けた段階で、わかりやすく6つのキャラクターを立てています。それぞれのタイプ名は星座に由来しています。また、「金」は攻めの強い「陽タイプ」、「銀」は守りの強い「陰タイプ」となります。

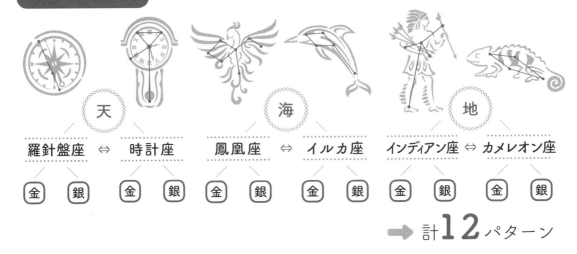

天：羅針盤座（金・銀）⇔ 時計座（金・銀）
海：鳳凰座（金・銀）⇔ イルカ座（金・銀）
地：インディアン座（金・銀）⇔ カメレオン座（金・銀）

→ 計12パターン

タイプの出し方

STEP
1 命数を調べる

生年月日ごとに【命数】と呼ばれる数字があります。これにより自分の性質や運気を調べることができます。

1. P.10からの「命数早見表」で「自分の生まれた年」を探します。
2. 横軸で「自分の生まれた月」を探します。
3. 縦軸で「自分の生まれた日」を探します。
4. ②と③が交差した位置にある数字が、あなたの【命数】です。

例：1988年10月13日生まれの場合

①1988年生まれの命数ページを見つける。

②月を表す横軸で10を見つける。

③日を表す縦軸で13を見つける。

④②と③が交差するマス目の数は31。よって、命数は「31」になります。

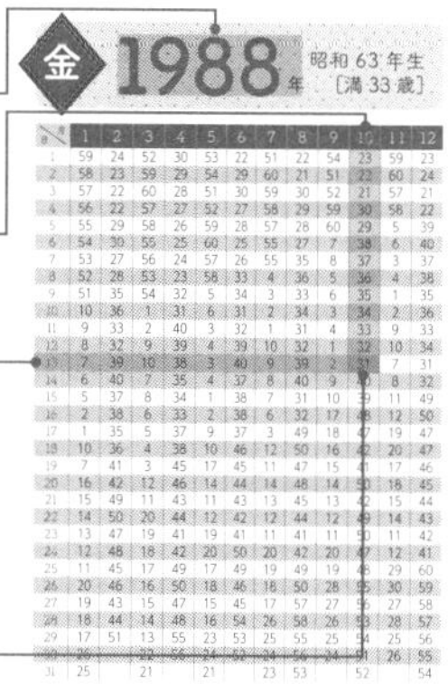

STEP
2 生まれた西暦年が偶数か奇数か調べる

タイプはさらに金と銀に分かれます。生まれた西暦年を確認しましょう。

偶数 金　奇数 銀

※金銀は命数の偶数・奇数ではなく、生まれた西暦年で決まります。偶数は2で割りきれる数字、奇数は割りきれない数字のこと。

STEP
3 【命数】から自分のタイプを調べる

命数によって、大きく6つのタイプに分かれます。下記の一覧から探してください。

命数 1~10 羅針盤座

命数 11~20 インディアン座

命数 21~30 鳳凰座

命数 31~40 時計座

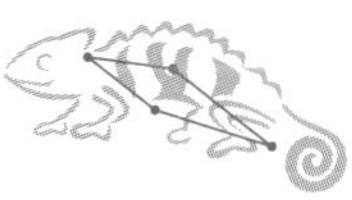
命数 41~50 カメレオン座

命数 51~60 イルカ座

やってみよう！
例：1988年10月13日生まれの場合

STEP1 命数早見表で命数「31」を見つける。
▼
STEP2 生まれ年の1988年は偶数だから「金」。
▼
STEP3 「31」が当てはまるのは「時計座」。

→ 金の時計座となる

こちらのサイトから入力して診断することもできます

この本の使い方

タイプ別に運気がわかる！

羅針盤座（金／銀）、インディアン座（金／銀）、鳳凰座（金／銀）、時計座（金／銀）、
カメレオン座（金／銀）、イルカ座（金／銀）の運勢がわかります。

基本の総合運&12年周期の運気グラフ

タイプの基本の総合運、恋愛&結婚運、仕事&金運がわかります。また、12年をひと区切りにしたグラフも。現在の運気、来年、再来年の運気はどうか、長い目で運気を捉えることができます。

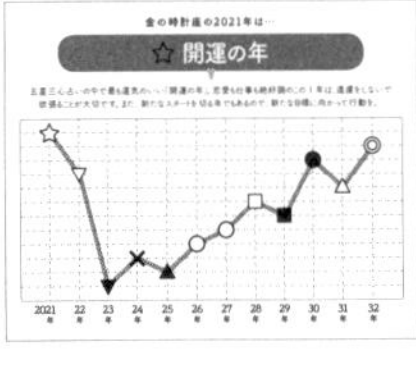

2021年の年間運気

2021年に各タイプに訪れるいろんな出来事を、総合、恋愛、結婚、仕事、お金、家庭、健康の視点から詳しく解説しています。１年の心構えとなるアドバイスが盛りだくさん！

年代別アドバイス&タイプ別相性

各タイプを10代、20代、30代、40代、50代、60代以上と年代別に細かく分けて開運アドバイス。また、12タイプ別の相性がわかるページも。2021年の対人関係を円滑に運ぶために、お役立ちです。

毎月・毎日運気カレンダー

運気グラフから月間開運３カ条、月ごとの運気の解説、毎日の行動の指針となる開運アドバイスが書かれた運気カレンダーまで。2020年11月～2021年12月までの14カ月間の運気を細かく解説しています。

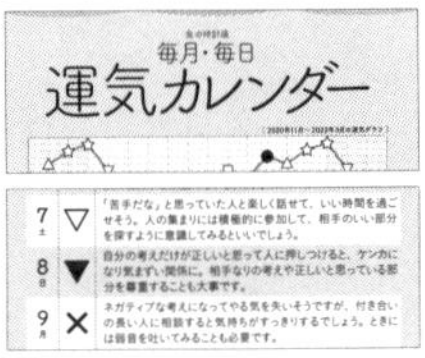

命数別に運気がわかる！

120タイプの命数ごとに、2021年の運気がこと細かくわかります。
※命数とは、「命数早見表」（P.10 ～）で出た番号です。

あなたの命数をチェック！
P.10～で出た数字が何か確認しましょう。その番号があなたの生まれ持った【命数】となります。

2021年の開運につながるものがわかる！
2021年にツキのある色、食べ物、場所がわかります。物を買うとき、遊びに行くとき、人に何かをあげるときの参考に。

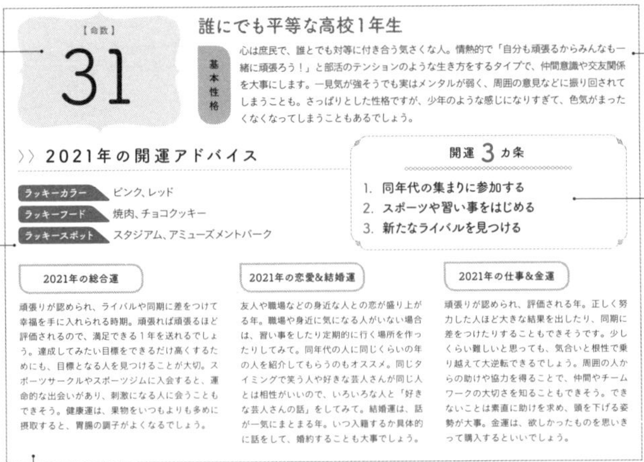

【命数】
31

誰にでも平等な高校1年生

基本性格

心は庶民で、誰とでも対等に付き合う気さくな人。情熱的で「自分も頑張るからみんなも一緒に頑張ろう！」と部活のテンションのような生き方をするタイプで、仲間意識や交友関係を大事にします。一見気が強そうでも実はメンタルが弱く、周囲の意見などに振り回されてしまうことも。さっぱりとした性格ですが、少年のような感じになりすぎて、色気がまったくなくなってしまうこともあるでしょう。

〉〉2021年の開運アドバイス

ラッキーカラー　ピンク、レッド
ラッキーフード　焼肉、チョコクッキー
ラッキースポット　スタジアム、アミューズメントパーク

開運３カ条

1. 同年代の集まりに参加する
2. スポーツや習い事をはじめる
3. 新たなライバルを見つける

2021年の総合運

頑張りが認められ、ライバルや同期に差をつけて幸福を手に入れられる時期。頑張れば頑張るほど評価されるので、満足できる１年を送れるでしょう。達成してみたい目標をできるだけ高くするためにも、目標となる人を見つけることが大切。スポーツサークルやスポーツジムに入会すると、運命的な出会いがあり、刺激になる人に会うこともできそう。健康運は、果物をいつもよりも多めに摂取すると、胃腸の調子がよくなるでしょう。

2021年の恋愛&結婚運

友人や職場などの身近な人との恋が盛り上がる年。職場や身近に気になる人がいない場合は、習い事をしたり定期的に行く場所を作ったりしてみて。同年代の人に同じくらいの年の人を紹介してもらうのもオススメ。同じタイミングで笑う人や好きな芸人さんが同じ人とは相性がいいので、いろいろな人と「好きな芸人さんの話」をしてみて。結婚運は、話が一気にまとまる年。いつ入籍するか具体的に話をして、婚約することも大事でしょう。

2021年の仕事&金運

頑張りが認められ、評価される年。正しく努力した人ほど大きな結果を出したり、同期に差をつけたりすることもできそうです。少しくらい難しいと思っても、気合いと根性で乗り越えて大逆転できるでしょう。周囲の人からの助けや協力を得ることで、仲間やチームワークの大切さを知ることもできそう。できないことは素直に助けを求め、頭を下げる姿勢が大事。金運は、欲しかったものを思いきって購入するといいでしょう。

そもそも「どんな人」かがわかる！
120タイプごとに、どんな性格を持った人かを示した「基本性格」。同じ座でも、命数ごとに違う性質を持っています。

2021年の「開運３カ条」がわかる！
「開運３カ条」とは１年を過ごすにあたり、心がけるポイント。タイプ別の年間開運３カ条と内容が被る場合は、一層気をつけて。

2021年の運気がわかる！
2021年の総合運、恋愛&結婚運、仕事&金運が書かれています。大まかな運気の流れを把握し、日々の生活に役立ててください。

五星三心占いの特徴 **裏運気とは**

五星と三心が同時に入れ替わる！

運気のリズムが12年で1周すると考えられている「五星三心占い」。その内の10年は表の運気が続き、その後2年は「裏運気」こと、裏の運気に入ります。裏の運気とは具体的に、乱気、裏運気のときを指し、自分の裏側の才能が発揮されたり、裏の才能に目覚めたりする時期です。裏運気とは決して悪い運気ではなく、試練を乗り越え、成長できるときだと捉えてください。ちなみに、裏の運気（乱気、裏運気）は、年、月、日すべてに存在します。

例：「命数33／金の時計座」の人の裏運気の調べ方

下記図のように、タイプ、金銀、下ヒトケタが変わるので
金の時計座➡銀の羅針盤座に変わる
命数の下ヒトケタ「3」➡「4」に変わる
つまり、**裏運気のときには「銀の羅針盤座／命数は4」**となる。
（左下の「裏の命数表」参照）

同じようにみると……
「命数48／銀のカメレオン座」⬌「命数17／金のインディアン座」
「命数59／金のイルカ座」⬌「命数30／銀の鳳凰座」

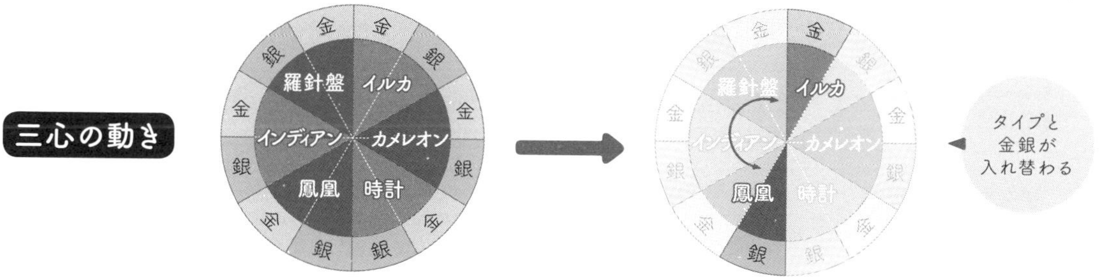

裏の命数を知ると裏運気の時期が過ごしやすくなる

裏の命数のアドバイスが役立つ！

「命数別2021年の運勢」で自分の生まれ持った命数だけでなく、裏の命数の項目も読んでみましょう。自分の裏の欲望を知れ、裏運気の時期（年、月、日）を乗り越える手立てとなります。裏の命数とは、下記の「裏の命数表」で自分の命数が指す矢印の先にある数字のことです。
※自分の生まれ持った命数は、P.10～の「命数早見表」で調べてください。

羅針盤座（金・銀）	時計座（金・銀）
1	31
2	32
3	33
4	34
5	35
6	36
7	37
8	38
9	39
10	40

インディアン座（金・銀）	カメレオン座（金・銀）
11	41
12	42
13	43
14	44
15	45
16	46
17	47
18	48
19	49
20	50

鳳凰座（金・銀）	イルカ座（金・銀）
21	51
22	52
23	53
24	54
25	55
26	56
27	57
28	58
29	59
30	60

探し方

自分の命数の矢印の先にあたる数字が裏の命数です。
「命数1／金の羅針盤座」の裏の命数は「32／銀の時計座」

同じようにみると……
「命数18／銀のインディアン座」
➡「命数47／金のカメレオン座」
「命数25／金の鳳凰座」
➡「命数56／銀のイルカ座」

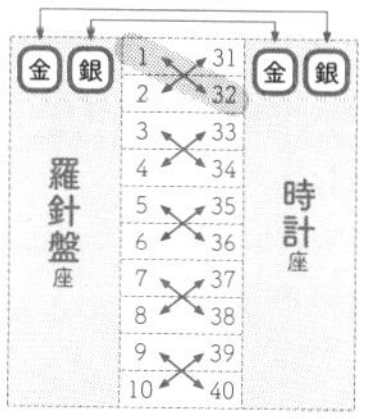

年

五星三心占い ＊ 運気記号の説明

「12年周期の運気グラフ」に出てくる、運気の記号の意味を解説します。

☆ 開運	開運の 年	五星三心占いの中で、最も運気のいい年。世界はあなた中心に動いていると思えるほど、よい流れになります。過去の努力や積み重ねが高く評価される最高の1年。積極的な行動が大事で、新たな目標を決めてスタートを切ると幸運が続くでしょう。
◎ 幸運	幸運の 年	前半は、忙しくも充実した時間が増え、経験を活かすことで幸運をつかむことができる年。後半は新たな挑戦が必要です。これまでの経験や学んできたこと、築いてきた人脈が活かされ、周囲から注目されて求められる機会が増える1年になるでしょう。
● 解放	解放の 年	プレッシャーや嫌なこと、相性の悪いものから解放されて気が楽になり、才能や魅力が輝きはじめる年。長年希望していた方向に進め、運命的な出会いや人生を大きく変える出来事が起こりやすく、思いきった判断や決断をするのにも最適な年です。
○ チャレンジ	チャレンジの 年	「新しい」と感じることになんでも挑戦して、体験や経験を増やすことが大事な年。過去に縛られず、積極的に行動し、行動範囲を広げていきましょう。少しでも気になったことには飛び込んでみて、失敗してもそこから学んでおくことが大切です。
□ 健康管理	健康管理の 年	前半は、覚悟を決めて行動をとり、今後の目標を定める必要がある年。後半は、健康診断や人間ドックに行くことが大切になります。求められることが増え、自分でもやりたいことを見つけられる時期になるため多忙になりますが、体のメンテナンスを忘れないように。
△ 準備	準備の 年	遊ぶことで運気の流れがよくなる年。「しっかり仕事をして、しっかり遊ぶ」を目標にすると、思った以上にいい1年になるでしょう。些細なミスが増える時期なので、何事も準備や確認を怠らないことが大事になります。ケガや事故にも気をつけて。
▽ ブレーキ	ブレーキの 年	「前半は攻め、後半は守り」と運気が上半期と下半期で入れ替わる年。前半は行動力と決断力が大事。夢や希望に向けて突き進んでみるといいでしょう。後半は貯金と現状維持が大切で、次に学ばなければならないことが出てきたりします。
■ リフレッシュ	リフレッシュの 年	求められることが増えて慌ただしくなる年。運気が大きく沈むというより、これまで全力で走りすぎてきたことから息切れをしてしまうような時期です。体を休ませたり、ゆっくりしたりする日や時間をしっかり作ることが大事でしょう。
▲ 整理	整理の 年	前半は、不要なものの整理が必要。物だけでなく人間関係の整理も必要となり、不要な縁が断ち切られる場合も多いです。後半は、次の目標を見つけ、チャレンジして人脈を広げることが大事になります。過去に執着しなければ大きく成長できる1年に。
× 裏運気	裏運気の 年	自分の思い（欲望）が真逆に出る年。本来なら興味のない物事が気になり、これまでならしないような判断をしたり、進まないような方向に行ってしまったりすることが。予想外のことが多いですが、自分の弱点や欠点を知り大きく成長できるきっかけがあるでしょう。
▼ 乱気	乱気の 年	五星三心占いの中で、最も注意が必要な年。決断に不向きで、上手に流され、求められることに応えていくことが大事になります。学ぶ時期と思い、自分の至らない部分を認めて成長につなげましょう。体調を崩しやすいため、無理は避けること。

月　五星三心占い ＊ 運気記号の説明

「毎月・毎日運気カレンダー」に出てくる、運気の記号の意味を解説します。

記号		説明
☆ 開運	開運の月	運気のよさを感じられて、能力や魅力を評価される月。今後のことを考えた決断をするにも最適です。運命的な出会いがある可能性も高いので、人との出会いを大切にしましょう。幸運を感じられない場合は、環境を変えてみることです。
◎ 幸運	幸運の月	努力を続けてきたことがいいかたちとなって表れる月。遠慮せずにアピールし、実力を全力で出しきるといい流れに乗れるでしょう。また、頑張りを見ていた人から協力を得られることもあり、チャンスに恵まれる可能性も高くなります。
● 解放	解放の月	よくも悪くも目立つ機会が増え、気持ちが楽になる出来事がある月。運気が微妙なときに決断したことから離れたり、相性が悪い人との縁が切れたりすることもあるでしょう。この時期は積極性が大事で、遠慮していると運気の流れも引いてしまいます。
○ チャレンジ	チャレンジの月	新しい環境に身を置くことや変化が多くなる月。不慣れなことも増えて苦労を感じる場合も多いですが、自分を鍛える時期だと受け止め、至らない部分を強化するように努めましょう。新しい出会いも増えて、長い付き合いになったり、いい経験ができたりしそうです。
□ 健康管理	健康管理の月	求められることが増え、疲れがどんどんたまってしまう月。公私ともに予定がいっぱいになるので、計画をしっかり立てて健康的な生活リズムを心がける必要があるでしょう。特に、下旬から体調を崩してしまうことがあるので、無理はしないように。
△ 準備	準備の月	準備や情報の不足、確認ミスなどを自分でも実感してしまう月。次の日の準備やスケジュールの確認を忘れずに。ただ、この月は「しっかり仕事をして計画的に遊ぶ」ことも大切なので、しっかり遊ぶことで運気がよくなるでしょう。
▽ ブレーキ	ブレーキの月	中旬までは積極的に行動し、前月にやり残したことを終えておくといい月。契約などの決断は中旬までに。それ以降に延長される場合は縁がないと思って見切りをつけるといいでしょう。中旬以降は、現状を守るための判断が必要となります。
■ リフレッシュ	リフレッシュの月	体力的な無理は避けたほうがいい月。「しっかり仕事をしてしっかり休む」ことが大事です。限界を感じる前に休み、スパやマッサージなどで癒やされることも必要。下旬になるとチャンスに恵まれるので、体調を万全にしておいていい流れに乗りましょう。
▲ 整理	整理の月	裏運気から表の運気に戻ってくる月。本来の自分らしくなることで、不要なものが目について片づけたくなります。どんどん捨てると運気の流れがよくなるでしょう。下旬になると出会いが増え、前向きに捉えられるようになります。
× 裏運気	裏運気の月	裏目に出ることが多い月。体調を崩したり、今の生活を変えたくなったりします。自分の裏側の才能が出る時期でもあり、これまでと違う興味や関係を持つことも。不慣れなことや苦手なことを知ることはいい勉強になるので、しっかり受け止め、自分に課題が出たと思うようにしましょう。
▼ 乱気	乱気の月	五星三心占いで最も注意が必要な月。人間関係や心の乱れ、判断ミスが起きやすく、現状を変える決断は避けるべきです。ここでの決断は、幸運、開運の時期にいい結果に結びつかない可能性が高くなります。新しい出会いには特に注意。運命を狂わせる相手になるでしょう。

日　五星三心占い ＊ 運気記号の説明

「毎月・毎日運気カレンダー」に出てくる、運気の記号の意味を解説します。

☆ 開運	開運の日	運を味方にできる最高の日。積極的に行動することで自分の思い通りに物事が運びます。告白、プロポーズ、入籍、決断、覚悟、買い物、引っ越し、契約などをするには最高の日で、ここで決めたことは簡単に変えないことが大事です。
◎ 幸運	幸運の日	秘めていた力を発揮することができる日。勇気を出した行動でこれまで頑張ってきたことが評価され、幸運をつかめるでしょう。恋愛面では相性がいい人と結ばれたり、すでに知り合っている人と縁が強くなったりするので、好意を伝えるといい関係に進みそう。
● 解放	解放の日	面倒なことやプレッシャーから解放される日。相性が悪い人と縁が切れて気持ちが楽になったり、あなたの魅力が輝いて、才能や努力が注目されたりすることがあるでしょう。恋愛面では答えが出る日。夜のデートはうまくいく可能性が高いでしょう。
○ チャレンジ	チャレンジの日	新しいことに積極的に挑戦することが大事な日。ここでの失敗からは学べることがあるので、まずはチャレンジすることが大事。新しい出会いも増えるので、知り合いや友人の集まりに参加したり、自ら人を集めたりすると運気が上がるでしょう。
□ 健康管理	健康管理の日	計画的に行動することが大事な日。予定にないことをすると夕方以降に体調を崩してしまうことがあるでしょう。日中は、何事にも積極的に取り組むことが大事ですが、慎重に細部までこだわって。挨拶や礼儀などをしっかりしておくことも大切。
△ 準備	準備の日	何事にも準備と確認作業をしっかりすることが大事な日。うっかりミスが多いので、１日の予定を確認しましょう。この日は遊び心も大切なので、自分も周囲も楽しませて、なんでもゲーム感覚で楽しんでみると魅力が輝くこともあるでしょう。
▽ ブレーキ	ブレーキの日	日中は積極的に行動することでいい結果に結びつきますが、夕方あたりから判断ミスをするなど裏運気の影響がジワジワ出てくる日。大事なことは早めに終わらせて、夜はゆっくり音楽を聴いたり本を読んだり、のんびりするといいでしょう。
■ リフレッシュ	リフレッシュの日	心身ともに無理は避け、リフレッシュを心がけることで運気の流れがよくなる日。特に日中は疲れやすくなるため、体を休ませる時間をしっかりとり、集中力の低下や仕事の効率の悪化を避けるようにしましょう。夜にはうれしい誘いがありそう。
▲ 整理	整理の日	裏運気から本来の自分である表の運気に戻る日。日中は運気が乱れやすく判断ミスが多いため、身の回りの整理整頓や掃除をしっかりすることが大事。行動的になるのは夕方以降がいいでしょう。恋愛面では失恋しやすいですが、覚悟を決めるきっかけもありそうです。
× 裏運気	裏運気の日	自分の裏の才能や個性が出る日。「運が悪い」のではなく、普段鍛えられない部分を強化する日で、自分でも気がつかなかった能力に目覚めることもあります。何をすれば自分を大きく成長させられるのかを考えて行動するといいでしょう。
▼ 乱気	乱気の日	五星三心占いで最も注意が必要な日。判断ミスをしやすいので、新たなことへの挑戦や決断は避けることが大事。今日の出来事は何事も勉強だと受け止め、不運に感じることは「このくらいですんでよかった」と考えましょう。

＝　運気の影響がない日…よくも悪くも運気に左右されない日。

五星三心占い

命数早見表

➡命数 1 ~ 10 **羅針盤**座

➡命数 11 ~ 20 **インディアン**座

➡命数 21 ~ 30 **鳳凰**座

➡命数 31 ~ 40 **時計**座

➡命数 41 ~ 50 **カメレオン**座

➡命数 51 ~ 60 **イルカ**座

命数とは

五星三心占いでは、生年月日ごとに割りあてられた【命数】と呼ばれる数字によって、タイプが振りわけられます。次のページ以降で、「生まれた年」を探してください。その年の表の横軸の「生まれた月」と縦軸の「生まれた日」が交差するところの数字が、あなたの【命数】です。続いて「金」「銀」の分類を調べます。生まれた西暦年の数字が偶数なら「金」、奇数なら「銀」となります。最後に【命数】が6つのどのタイプにあてはまるか確認しましょう。

命数ごとの運気は、各タイプ内の【命数別2021年の運勢】ページでチェックしてください。

金 1936年 昭和11年生［満85歳］

日＼月	1	2	3	4	5	6	7	8	9	10	11	12
1	12	47	13	43	18	53	24	55	25	56	24	58
2	11	56	14	52	25	54	23	54	26	55	21	55
3	30	55	21	51	26	51	22	53	23	54	22	56
4	29	54	22	60	23	52	21	52	24	53	29	53
5	28	54	23	59	24	59	30	51	21	52	30	54
6	27	51	30	58	21	60	29	60	22	51	27	51
7	26	52	27	57	22	57	28	59	29	60	28	52
8	25	59	28	56	29	58	27	57	30	59	35	9
9	24	60	25	55	30	55	26	58	37	8	36	10
10	23	57	26	54	27	56	25	5	38	7	33	7
11	22	58	23	53	28	3	34	6	35	6	34	8
12	21	5	24	2	35	4	33	3	36	5	31	5
13	40	4	31	1	36	1	32	4	33	4	32	6
14	39	1	32	10	35	2	31	1	34	3	39	3
15	38	2	39	7	36	9	40	2	31	2	36	4
16	35	9	40	6	33	10	39	3	32	1	33	1
17	34	10	38	5	34	10	36	4	39	10	34	2
18	33	7	37	9	31	9	35	1	40	5	41	20
19	40	8	36	10	32	8	34	2	48	14	42	19
20	39	3	35	7	39	7	37	19	47	13	49	18
21	38	4	34	8	36	16	46	20	46	13	50	17
22	37	11	33	15	43	15	45	17	45	14	45	16
23	46	12	42	16	44	14	44	16	44	11	46	15
24	45	19	41	13	41	13	43	13	43	12	43	14
25	44	20	50	14	42	12	42	14	42	19	44	13
26	43	17	49	11	49	11	41	11	41	20	41	12
27	42	18	48	12	50	18	50	12	50	17	42	11
28	41	15	47	19	47	17	49	19	49	18	59	30
29	50	16	46	20	48	16	48	20	58	25	60	29
30	49		45	17	45	15	47	27	57	26	57	28
31	48		44		46		56	28		23		27

銀 1937年 昭和12年生［満84歳］

日＼月	1	2	3	4	5	6	7	8	9	10	11	12
1	26	51	30	58	21	60	29	60	22	51	27	51
2	25	60	27	57	22	57	28	59	29	60	28	52
3	24	59	28	56	29	58	27	58	30	59	35	9
4	23	57	25	55	30	55	26	57	37	8	36	10
5	22	58	30	54	27	56	25	6	38	7	33	7
6	21	5	23	53	28	3	34	5	35	6	34	8
7	40	6	24	2	35	4	33	2	36	5	31	5
8	39	3	31	1	36	1	32	4	33	3	32	6
9	38	4	32	10	33	2	31	1	34	3	39	3
10	37	1	39	9	34	9	40	2	31	2	40	4
11	36	2	40	8	31	10	39	9	32	1	37	1
12	35	7	37	7	32	7	38	10	39	10	38	2
13	34	8	38	6	39	8	37	7	40	9	45	19
14	33	5	35	5	32	5	36	8	47	18	46	20
15	32	6	36	2	39	6	35	15	48	17	43	17
16	39	13	33	1	40	13	44	20	45	16	50	18
17	48	14	33	20	47	15	41	17	46	15	47	15
18	47	11	42	16	48	14	50	18	43	14	48	15
19	44	20	41	13	45	13	49	15	43	19	45	14
20	43	17	50	14	46	12	42	16	42	18	46	13
21	42	18	49	11	49	11	41	13	41	17	43	12
22	41	15	48	12	50	20	50	14	50	17	44	11
23	50	16	47	19	47	19	49	19	49	18	59	30
24	49	13	46	20	48	18	48	20	58	25	60	29
25	48	14	45	17	45	17	47	27	57	26	57	28
26	47	21	44	18	46	26	56	28	56	23	58	27
27	56	22	43	25	53	23	55	25	55	24	55	26
28	55	29	52	26	54	22	54	26	54	21	56	25
29	54		51	23	51	21	53	23	53	22	53	24
30	53		60	24	52	30	52	24	52	29	54	23
31	52		59		59		51	21		30		22

金 1938年 昭和13年生［満83歳］

日＼月	1	2	3	4	5	6	7	8	9	10	11	12
1	21	6	23	53	28	3	34	5	35	6	34	8
2	40	5	24	2	35	4	33	4	36	5	31	5
3	39	4	31	1	36	1	32	3	33	4	32	6
4	38	4	36	10	33	2	31	2	34	3	39	3
5	37	1	33	9	39	9	40	1	31	2	40	4
6	36	2	40	8	31	10	40	10	32	1	37	1
7	35	9	37	7	32	7	37	9	39	10	38	2
8	34	10	38	6	39	8	37	7	40	9	45	19
9	33	7	35	5	40	5	36	8	47	18	46	20
10	32	8	36	4	37	6	35	15	48	17	43	17
11	31	15	33	3	38	13	44	16	45	16	44	18
12	50	14	34	12	45	14	43	13	46	15	41	15
13	49	11	41	11	46	11	42	14	43	14	42	16
14	48	12	42	20	45	12	41	11	44	13	49	13
15	47	19	49	17	46	19	50	12	41	12	50	14
16	44	20	50	16	43	20	49	13	41	11	43	11
17	43	17	48	15	44	20	48	14	49	20	44	12
18	42	18	47	19	41	19	45	11	50	19	51	29
19	49	13	46	20	42	18	44	12	58	24	52	29
20	48	14	45	17	49	17	43	29	57	23	59	28
21	47	21	44	18	46	26	56	30	56	22	60	27
22	56	22	43	25	53	25	55	27	55	24	57	26
23	55	29	52	26	54	24	54	26	54	21	56	25
24	54	30	51	23	51	23	53	23	53	22	53	24
25	53	27	60	24	52	22	52	24	52	29	54	23
26	52	28	59	21	59	21	51	21	51	30	51	22
27	51	25	58	22	60	28	60	22	60	27	52	21
28	58	26	57	29	57	27	59	29	59	28	9	40
29	59		56	30	58	26	58	28	8	35	10	39
30	58		55	27	55	25	57	37	7	36	7	38
31	57		54		56		6	38		33		37

銀 1939年 昭和14年生［満82歳］

日＼月	1	2	3	4	5	6	7	8	9	10	11	12
1	36	1	40	8	31	10	39	10	32	1	37	1
2	35	10	37	7	32	7	38	9	39	10	38	2
3	34	9	38	6	39	8	37	8	40	9	45	19
4	33	8	35	5	40	5	36	7	47	18	46	20
5	32	8	36	4	37	6	35	16	48	17	43	17
6	31	15	33	3	37	13	44	15	45	16	43	18
7	50	16	34	12	45	14	43	14	46	15	41	15
8	49	13	41	11	46	11	42	14	43	14	42	16
9	48	14	42	20	43	12	41	11	44	13	49	13
10	47	11	49	19	44	19	50	12	41	12	50	14
11	46	12	50	18	41	20	49	19	42	11	47	11
12	45	19	47	17	42	17	48	20	49	20	48	12
13	44	18	48	16	49	18	47	17	50	19	55	29
14	43	15	45	15	42	15	46	18	57	28	56	30
15	42	16	46	14	49	16	45	25	58	27	53	24
16	49	23	43	11	50	23	54	30	55	26	60	28
17	58	24	43	30	57	25	53	27	56	25	57	25
18	57	21	52	29	58	24	60	28	53	24	58	26
19	54	30	51	23	55	23	59	25	53	29	55	24
20	53	27	60	24	56	22	58	26	52	28	56	23
21	52	28	59	21	59	21	51	23	51	24	53	22
22	51	25	58	22	60	30	60	24	59	27	54	21
23	60	26	57	29	57	29	59	29	59	28	9	40
24	59	23	56	30	58	28	58	30	8	35	10	39
25	58	24	55	27	55	27	57	37	7	36	7	38
26	57	31	54	28	56	36	6	38	6	33	8	37
27	6	32	53	35	3	33	5	35	5	34	5	36
28	5	39	2	36	4	32	4	36	4	31	6	35
29	4		1	33	1	31	3	33	3	32	3	34
30	3		10	34	2	40	2	34	2	39	4	33
31	2		9		9		1	31		40		32

命数 ▶ 1-10 羅針盤座　11-20 インディアン座　21-30 鳳凰座　31-40 時計座　41-50 カメレオン座　51-60 イルカ座

金 1940年 昭和15年生［満81歳］

日＼月	1	2	3	4	5	6	7	8	9	10	11	12
1	31	16	34	12	45	14	43	14	46	15	41	15
2	48	15	41	11	46	11	42	13	43	14	42	16
3	49	14	42	20	43	12	41	12	44	13	49	13
4	48	13	49	19	44	19	50	11	41	12	50	14
5	47	11	50	18	41	20	49	20	42	11	47	11
6	46	12	47	17	42	17	48	19	49	20	48	12
7	45	19	48	16	49	18	47	18	50	19	55	29
8	44	20	45	15	50	15	46	18	57	28	56	30
9	43	17	46	14	47	16	45	25	58	27	53	27
10	42	18	43	13	48	23	54	26	55	26	54	30
11	41	25	44	22	55	24	53	23	56	25	51	25
12	60	26	51	21	56	21	52	24	53	24	52	26
13	59	21	52	30	53	22	51	21	54	23	59	23
14	58	22	59	29	56	29	60	22	51	22	60	24
15	57	29	60	26	53	30	59	29	52	21	53	21
16	57	30	57	25	54	27	58	24	59	30	54	22
17	53	27	57	24	51	29	55	21	60	29	1	39
18	52	28	56	30	52	28	54	22	7	34	2	39
19	59	25	55	27	59	27	53	39	7	33	9	38
20	58	24	54	28	60	36	6	40	6	32	10	37
21	57	31	53	35	3	35	5	37	5	34	7	36
22	6	32	2	36	4	34	4	38	4	31	6	35
23	5	39	1	33	1	33	3	33	3	32	3	34
24	4	40	10	34	2	32	2	34	2	39	4	33
25	3	37	9	31	9	31	1	31	1	40	1	32
26	2	38	8	32	10	38	10	32	10	37	2	31
27	1	35	7	39	7	37	9	39	9	38	19	50
28	10	36	6	40	8	36	8	40	18	45	20	49
29	9	33	5	37	5	35	7	47	17	46	17	48
30	8		4	38	6	44	16	48	16	43	18	47
31	7		3		13		15	45		44		46

銀 1941年 昭和16年生［満80歳］

日＼月	1	2	3	4	5	6	7	8	9	10	11	12
1	45	20	47	17	42	17	48	19	49	20	48	12
2	44	19	48	16	49	18	47	18	50	19	55	29
3	43	18	45	15	50	15	46	17	57	28	56	30
4	42	18	50	14	47	16	45	26	58	27	53	27
5	41	25	47	13	43	23	54	25	55	26	54	28
6	60	26	44	22	52	24	53	24	56	25	51	25
7	59	23	56	21	56	21	52	21	53	24	52	26
8	58	24	52	30	53	22	51	21	54	24	59	23
9	57	21	59	29	54	29	60	22	51	22	60	24
10	56	22	60	28	51	30	59	29	52	21	57	21
11	55	29	57	27	52	27	58	30	59	30	58	22
12	54	21	58	26	59	28	57	27	60	29	5	39
13	53	25	55	25	60	25	56	28	7	38	6	40
14	52	26	56	24	59	26	55	35	8	37	3	37
15	51	33	53	21	60	33	4	36	5	36	4	38
16	8	34	54	40	7	34	3	37	6	35	7	35
17	7	31	2	39	8	34	10	38	3	34	8	36
18	6	32	1	33	5	33	9	35	4	33	5	34
19	3	37	10	34	6	32	8	36	2	38	6	33
20	2	38	9	31	3	31	1	33	1	37	3	32
21	1	35	8	32	10	40	10	34	10	36	4	31
22	10	36	7	39	7	39	9	31	9	38	11	50
23	9	33	6	40	8	38	8	40	18	45	20	49
24	8	34	5	37	5	37	7	47	17	46	17	48
25	7	41	4	38	6	46	16	48	16	43	18	47
26	17	42	3	45	13	45	15	45	15	44	15	46
27	15	49	12	46	14	42	14	46	14	41	16	45
28	14	50	11	43	11	41	13	43	13	42	13	44
29	13		20	44	12	50	12	44	12	49	14	43
30	12		19	41	19	50	11	41	11	50	11	42
31	11		18		20		20	42		47		41

金 1942年 昭和17年生［満79歳］

日＼月	1	2	3	4	5	6	7	8	9	10	11	12
1	60	25	44	22	55	24	53	24	56	25	51	25
2	59	24	51	21	56	21	52	23	53	24	52	26
3	58	23	52	30	53	22	51	22	54	23	59	23
4	57	21	59	29	54	29	60	21	51	22	60	24
5	56	22	60	28	51	30	59	30	52	21	57	21
6	55	29	57	27	52	27	58	29	59	28	58	22
7	54	30	58	26	59	28	57	28	60	29	5	39
8	53	27	55	25	60	25	56	28	7	38	6	40
9	52	28	56	24	57	26	55	35	8	37	3	37
10	51	35	53	23	58	33	4	36	5	36	4	38
11	10	36	54	32	5	34	3	33	6	35	1	35
12	9	31	1	31	6	31	2	34	2	34	2	36
13	8	32	2	40	3	32	1	31	4	33	9	33
14	7	39	9	39	6	39	10	32	1	32	10	34
15	6	40	10	36	3	40	9	39	2	31	7	31
16	3	37	7	35	4	37	8	34	9	40	4	32
17	2	38	7	34	1	39	7	31	10	39	11	49
18	1	35	6	40	2	38	4	32	17	48	12	50
19	8	34	5	37	9	37	3	49	17	43	19	48
20	7	41	4	38	10	46	12	50	16	42	20	47
21	16	42	3	45	13	45	15	47	15	41	17	46
22	15	49	12	46	14	44	14	48	14	41	18	45
23	14	50	11	43	11	43	13	43	13	42	13	44
24	13	47	20	44	12	42	12	44	12	49	14	43
25	12	48	19	41	19	41	11	41	11	50	11	42
26	11	45	18	42	20	50	20	42	20	47	12	41
27	20	46	17	49	17	47	19	49	19	48	29	60
28	19	43	16	50	18	46	18	50	28	55	30	59
29	18		15	47	15	45	17	57	27	56	27	58
30	17		14	48	16	54	26	58	26	53	28	57
31	26		13		23		25	55		54		56

銀 1943年 昭和18年生［満78歳］

日＼月	1	2	3	4	5	6	7	8	9	10	11	12
1	55	30	57	27	52	27	58	29	59	30	58	22
2	54	29	58	26	59	28	57	28	60	29	5	39
3	53	28	55	25	60	25	56	27	7	38	6	40
4	51	27	56	24	57	26	55	36	8	37	3	37
5	51	35	53	23	58	33	4	35	5	36	4	38
6	10	36	54	32	3	34	3	34	6	35	1	35
7	9	33	1	31	6	31	2	33	3	37	2	36
8	8	34	2	40	3	32	1	31	4	33	9	33
9	7	31	9	39	4	39	10	32	1	32	10	34
10	6	32	10	38	1	40	9	39	2	31	7	31
11	5	39	7	37	2	37	8	40	9	40	8	32
12	4	40	8	36	9	38	7	37	10	39	15	49
13	3	35	5	35	10	35	6	38	17	48	16	50
14	2	36	6	34	1	36	5	45	18	47	13	47
15	1	43	3	33	2	43	14	46	15	46	14	48
16	18	44	4	50	17	44	13	47	16	45	17	45
17	17	41	12	49	18	44	12	48	13	44	18	46
18	16	42	11	48	15	43	19	45	14	43	17	45
19	13	49	20	44	16	42	18	46	12	48	16	46
20	12	48	19	41	13	41	17	43	11	47	13	43
21	11	45	18	42	20	50	20	44	20	46	14	44
22	20	46	17	49	17	49	19	41	19	48	21	51
23	19	43	16	50	18	48	18	50	28	55	30	60
24	18	44	15	47	15	47	17	57	27	56	27	57
25	17	51	14	48	16	56	26	58	26	53	28	58
26	26	52	13	55	23	55	25	55	25	54	25	55
27	25	59	22	56	24	52	24	56	24	51	26	55
28	24	60	21	53	21	51	23	53	23	52	23	54
29	23		30	54	22	60	22	54	22	59	24	53
30	22		29	51	29	59	21	51	21	60	21	52
31	25		28		30		30	52		57		51

命数 ▶ 1-10 羅針盤座　11-20 インディアン座　21-30 鳳凰座　31-40 時計座　41-50 カメレオン座　51-60 イルカ座

金 1944年 昭和19年生［満77歳］

日＼月	1	2	3	4	5	6	7	8	9	10	11	12
1	10	35	1	31	6	31	2	33	3	34	2	36
2	9	34	2	38	3	32	1	32	4	33	9	33
3	8	33	9	39	4	39	10	31	1	32	10	34
4	7	32	10	38	1	40	9	40	2	31	7	31
5	6	32	7	37	2	37	8	39	9	40	8	32
6	5	39	8	36	9	38	8	38	10	39	15	49
7	4	40	5	35	10	35	6	35	17	48	16	50
8	3	37	6	34	7	36	5	45	18	47	13	47
9	2	38	3	33	8	43	14	46	15	46	14	48
10	2	45	4	42	15	44	13	43	16	45	11	45
11	19	46	11	41	16	41	12	44	13	44	12	46
12	19	43	12	50	13	42	11	41	14	43	19	43
13	18	42	19	49	14	49	20	42	11	42	20	44
14	17	49	20	48	13	50	19	49	12	41	17	41
15	16	50	17	45	14	47	18	50	19	50	14	42
16	13	47	18	44	11	48	17	41	20	49	21	59
17	15	48	16	43	12	48	14	42	27	58	22	60
18	11	45	15	47	19	47	13	59	28	53	29	58
19	18	46	14	45	19	56	22	60	26	52	30	57
20	17	51	13	55	27	55	25	57	25	51	27	56
21	26	52	22	56	24	54	24	58	27	51	28	55
22	25	59	21	53	21	53	23	55	23	52	23	54
23	24	60	28	54	22	52	22	54	22	59	24	53
24	23	57	29	51	29	51	21	51	21	60	21	52
25	22	58	28	52	30	60	30	52	30	57	22	51
26	21	55	27	59	27	59	29	59	29	58	39	10
27	30	56	26	60	28	56	28	60	38	5	40	9
28	29	53	25	57	25	55	27	7	37	6	37	8
29	28	54	24	58	26	4	36	8	36	3	38	7
30	27		23	5	33	3	35	5	35	4	35	6
31	36		32		34		34	6		1		5

銀 1945年 昭和20年生［満76歳］

日＼月	1	2	3	4	5	6	7	8	9	10	11	12
1	4	39	8	36	9	38	7	38	10	39	15	49
2	3	38	5	35	10	35	6	37	17	48	16	50
3	2	37	6	34	7	36	5	46	18	47	13	47
4	1	45	3	33	8	43	14	45	15	46	14	48
5	20	46	8	42	15	44	13	44	16	45	11	45
6	19	43	11	41	16	41	12	43	13	44	12	46
7	18	44	12	50	13	42	11	42	14	43	19	43
8	17	41	19	49	14	49	20	42	11	42	20	44
9	16	42	20	48	11	50	19	49	12	41	17	41
10	15	49	17	47	12	47	18	50	19	50	18	42
11	14	50	18	46	19	48	17	47	20	49	25	59
12	13	45	15	45	20	45	16	48	27	58	26	60
13	12	46	16	44	17	46	15	55	28	57	23	57
14	11	53	13	43	20	53	24	56	25	56	24	58
15	30	54	14	60	27	54	23	53	26	55	21	55
16	27	51	21	59	28	51	22	58	23	54	28	56
17	26	52	21	58	25	53	29	55	24	53	25	53
18	25	59	30	54	26	52	28	56	21	52	26	53
19	22	58	29	51	23	51	27	53	21	57	23	52
20	21	55	28	52	24	60	30	54	30	56	24	51
21	30	56	27	59	27	59	29	51	29	55	31	10
22	29	53	26	60	28	58	28	52	38	5	32	9
23	28	54	25	57	25	57	27	7	37	6	37	8
24	27	1	24	58	26	6	36	8	36	3	38	7
25	36	2	23	5	33	5	35	5	35	4	35	6
26	35	9	32	6	34	4	34	6	34	1	36	5
27	34	10	31	3	31	1	33	3	33	2	33	4
28	33	7	40	4	32	10	32	4	32	9	34	3
29	32		39	1	39	9	31	1	31	10	31	2
30	31		38	2	40	8	40	2	40	7	32	1
31	40		37		37		39	9		8		20

金 1946年 昭和21年生［満75歳］

日＼月	1	2	3	4	5	6	7	8	9	10	11	12
1	19	44	11	41	16	41	12	43	13	44	12	46
2	18	43	12	50	13	42	11	42	14	43	19	43
3	17	42	19	49	14	49	20	41	11	42	20	44
4	16	42	20	48	11	50	19	50	12	41	17	41
5	15	49	11	47	12	47	18	49	19	50	18	42
6	14	50	18	46	19	48	17	48	20	49	25	59
7	13	47	15	45	20	45	16	47	27	58	26	60
8	12	48	16	44	17	46	15	55	28	57	23	57
9	11	55	13	43	18	53	24	56	25	56	24	58
10	30	56	14	52	25	54	23	53	26	55	21	55
11	29	53	21	51	26	51	22	54	23	54	22	56
12	28	52	22	60	23	52	21	51	24	53	29	53
13	27	59	29	59	24	59	30	52	21	52	30	54
14	26	60	30	58	23	60	29	59	22	51	27	51
15	25	57	27	55	24	57	28	60	29	60	28	52
16	22	58	28	54	21	58	27	51	30	59	31	9
17	21	55	26	53	22	58	26	52	37	8	32	10
18	30	56	25	57	29	57	23	9	38	7	39	7
19	27	1	24	58	30	6	32	10	36	2	40	7
20	36	2	23	5	37	5	31	7	35	1	37	6
21	35	9	32	6	34	4	34	8	34	10	38	5
22	34	10	31	3	31	3	33	5	33	2	35	4
23	33	7	40	4	32	2	32	4	32	9	34	3
24	32	8	39	1	39	1	31	1	31	10	31	2
25	31	5	38	2	40	10	40	2	40	7	32	1
26	40	6	37	9	37	9	39	9	39	8	49	20
27	39	3	36	10	38	6	38	10	48	15	50	19
28	38	4	35	7	35	5	37	17	47	16	47	18
29	37		34	8	36	14	46	18	46	13	48	17
30	46		33	15	43	13	45	15	45	14	45	16
31	45		42		44		44	16		11		15

銀 1947年 昭和22年生［満74歳］

日＼月	1	2	3	4	5	6	7	8	9	10	11	12
1	14	49	18	46	19	48	17	48	20	49	25	59
2	13	48	15	45	20	45	16	47	27	58	26	60
3	12	47	16	44	17	46	15	56	28	57	23	57
4	11	56	13	43	18	53	24	55	25	56	24	58
5	30	56	14	52	25	54	23	54	26	55	21	55
6	29	53	21	51	26	51	22	53	23	54	22	56
7	28	54	22	60	23	52	21	52	24	53	29	53
8	27	51	29	59	24	59	30	52	21	52	30	54
9	26	52	30	58	21	60	29	59	22	51	27	51
10	25	59	27	57	22	57	28	60	29	60	28	52
11	24	60	28	56	29	58	27	57	30	59	35	9
12	23	57	25	55	30	55	26	58	37	8	36	10
13	22	56	26	54	27	56	25	5	38	7	33	7
14	21	3	23	53	30	3	34	6	35	6	34	8
15	40	4	24	2	37	4	33	3	36	5	31	5
16	37	1	31	9	38	1	32	8	33	4	38	6
17	36	2	31	8	35	3	31	5	34	3	35	3
18	35	9	40	7	36	2	38	6	31	2	36	4
19	32	10	39	1	33	1	37	3	31	7	33	2
20	31	5	38	2	34	10	36	4	40	6	34	1
21	40	6	37	9	37	9	39	1	39	5	41	20
22	39	3	36	10	38	8	38	2	48	15	42	19
23	38	4	35	7	35	7	37	17	47	16	47	18
24	37	11	34	8	36	16	46	18	46	13	48	17
25	46	12	33	15	43	15	45	15	45	14	45	16
26	45	19	42	16	44	14	44	16	44	11	46	15
27	44	20	41	13	41	11	43	13	43	12	43	14
28	43	17	50	14	42	20	42	14	42	19	44	13
29	42		49	11	49	19	41	11	41	20	41	12
30	41		48	12	50	18	50	12	50	17	42	11
31	50		47		47		49	19		18		30

命数 ▶ 1-10 羅針盤座　11-20 インディアン座　21-30 鳳凰座　31-40 時計座　41-50 カメレオン座　51-60 イルカ座

金 1948年 昭和23年生〔満73歳〕

日＼月	1	2	3	4	5	6	7	8	9	10	11	12
1	29	54	22	60	23	52	21	52	24	53	29	53
2	28	53	29	59	24	59	30	51	21	52	30	54
3	27	52	30	58	21	60	29	60	22	51	27	51
4	26	51	27	57	22	57	28	59	29	60	28	52
5	25	59	28	56	29	58	27	58	30	59	35	9
6	24	60	25	55	30	55	26	57	37	8	36	10
7	23	57	26	54	27	56	25	6	38	7	33	7
8	22	58	23	53	28	3	34	6	35	6	34	8
9	21	5	24	2	35	4	33	3	36	5	31	5
10	40	6	31	1	36	1	32	4	33	4	32	6
11	39	3	32	10	33	2	31	1	34	3	39	3
12	38	4	39	9	34	9	40	2	31	2	40	4
13	37	9	40	8	33	10	39	9	32	1	37	1
14	36	10	37	7	34	7	38	10	39	10	38	2
15	35	7	38	4	31	8	37	7	40	9	41	19
16	32	8	35	3	32	5	36	2	47	18	42	20
17	31	5	35	2	39	7	33	19	48	17	49	17
18	40	6	34	8	40	16	42	20	45	12	50	17
19	37	13	33	15	47	15	41	17	45	11	47	16
20	46	12	42	16	44	14	44	18	44	20	48	15
21	45	19	41	13	41	13	43	15	43	12	45	14
22	44	20	50	14	42	12	42	16	42	19	44	13
23	43	17	49	11	49	11	41	11	41	20	41	12
24	42	18	48	12	50	20	50	12	50	17	42	11
25	41	15	47	19	47	19	49	19	49	18	59	30
26	50	16	46	20	48	18	48	20	58	25	60	29
27	49	13	45	17	45	15	47	27	57	26	57	28
28	48	14	44	18	46	24	56	28	56	23	58	27
29	47	21	43	25	55	23	55	26	55	24	55	26
30	56		52	26	53	22	54	25	54	21	56	25
31	55		51		54		53	23		22		24

銀 1949年 昭和24年生〔満72歳〕

日＼月	1	2	3	4	5	6	7	8	9	10	11	12
1	23	58	25	55	30	55	26	57	37	8	36	10
2	22	57	26	54	27	56	25	6	38	7	33	7
3	21	6	23	53	28	3	34	5	35	6	34	8
4	40	6	24	2	35	4	33	4	36	5	31	5
5	39	3	31	1	36	1	32	3	33	4	32	6
6	38	4	32	10	33	2	31	2	34	3	39	3
7	37	1	39	9	34	9	40	1	31	2	40	4
8	36	2	40	8	31	10	39	9	32	1	37	1
9	35	9	37	7	32	7	38	10	39	10	38	2
10	34	10	38	6	39	8	37	7	40	9	45	19
11	33	7	35	5	40	5	36	8	47	18	46	20
12	32	6	36	4	37	6	35	15	48	17	43	17
13	31	13	33	3	38	13	44	16	45	16	44	18
14	50	14	34	12	47	14	43	13	46	15	41	15
15	49	11	41	19	48	11	42	14	43	14	42	16
16	46	12	42	18	45	12	41	15	44	13	45	13
17	45	19	50	17	46	12	48	16	41	12	46	14
18	44	20	49	11	43	11	47	13	42	11	43	12
19	41	15	48	12	44	20	46	14	50	16	44	11
20	50	16	47	19	41	19	49	11	49	15	51	30
21	49	13	46	20	48	18	48	12	58	24	52	29
22	48	14	45	17	45	17	47	29	57	26	59	28
23	47	21	44	18	46	26	56	28	56	23	58	27
24	56	22	43	25	53	25	55	25	55	24	55	26
25	55	29	52	26	54	24	54	26	54	21	56	25
26	54	30	51	23	51	21	53	23	53	22	53	24
27	53	27	60	24	52	30	52	24	52	29	54	23
28	52	28	59	21	59	29	51	21	51	30	51	22
29	51		58	22	60	28	60	22	60	27	52	21
30	60		57	29	57	27	59	29	59	28	9	40
31	59		56		58		58	30		35		39

金 1950年 昭和25年生〔満71歳〕

日＼月	1	2	3	4	5	6	7	8	9	10	11	12
1	38	3	32	10	33	2	31	2	34	3	39	3
2	37	2	39	9	34	9	40	1	31	2	40	4
3	36	1	40	8	31	10	39	10	32	1	37	1
4	35	9	37	7	32	7	38	9	39	10	38	2
5	34	10	38	6	39	8	37	8	40	9	45	19
6	33	7	35	5	40	5	36	7	47	18	46	20
7	32	8	36	4	37	6	35	16	48	17	43	17
8	31	15	33	3	38	13	44	16	45	16	44	18
9	50	16	34	12	45	14	43	13	46	15	41	15
10	49	13	41	11	46	11	42	14	43	14	42	16
11	48	14	42	20	43	12	41	11	44	13	49	13
12	47	19	49	19	44	19	50	12	41	12	50	14
13	46	20	50	18	41	20	49	19	42	11	47	11
14	45	17	47	17	44	17	48	20	49	20	48	12
15	44	18	48	14	41	18	47	17	50	19	55	29
16	41	15	45	13	42	15	46	12	57	28	52	30
17	50	16	45	12	49	17	45	29	58	27	59	27
18	49	23	44	18	50	26	52	30	55	26	60	28
19	56	22	43	25	57	25	51	27	55	21	57	26
20	55	29	52	26	58	24	60	28	54	30	58	25
21	54	30	51	23	51	23	53	25	53	29	55	24
22	53	27	60	24	52	22	52	26	52	29	56	23
23	52	28	59	21	59	21	51	21	51	30	51	22
24	51	25	58	22	60	30	60	22	60	27	52	21
25	60	26	57	29	57	29	59	29	59	28	9	40
26	59	23	56	30	58	28	58	30	8	35	10	39
27	58	24	55	27	55	25	57	37	7	36	7	38
28	57	31	54	28	56	34	6	38	6	33	8	37
29	6		53	35	3	33	5	35	5	34	5	36
30	5		2	36	4	32	4	36	4	31	6	35
31	4		1		1		3	33		32		34

銀 1951年 昭和26年生〔満70歳〕

日＼月	1	2	3	4	5	6	7	8	9	10	11	12
1	33	8	35	5	40	5	36	7	47	18	46	20
2	32	7	36	4	37	6	35	16	48	17	43	17
3	31	16	33	3	38	13	44	15	45	16	44	18
4	50	15	34	12	45	14	43	14	46	15	41	15
5	49	13	41	11	46	11	42	13	43	14	42	16
6	48	14	42	20	43	12	41	12	44	13	49	13
7	47	11	49	19	44	19	50	11	41	12	50	14
8	46	12	50	18	41	20	49	19	42	11	47	11
9	45	19	47	17	42	17	48	20	49	20	48	12
10	44	20	48	16	49	18	47	17	50	19	55	29
11	43	17	45	15	50	15	46	18	57	28	56	30
12	42	18	46	14	47	16	45	25	58	27	53	27
13	41	23	43	13	48	23	54	26	55	26	54	28
14	60	24	44	22	57	24	53	23	56	25	51	25
15	59	21	51	21	58	21	52	24	53	24	52	26
16	56	22	52	28	55	22	51	25	54	23	55	23
17	55	29	60	27	56	22	60	26	51	22	56	24
18	54	30	59	26	53	21	57	23	52	21	53	21
19	51	27	58	22	54	30	56	24	60	26	54	21
20	60	26	57	29	51	29	55	21	59	25	1	40
21	59	23	56	30	58	28	58	22	8	34	2	39
22	58	24	55	27	55	27	57	39	7	36	9	38
23	57	31	54	28	56	36	6	38	6	33	8	37
24	6	32	53	35	3	35	5	35	5	34	5	36
25	5	39	2	36	4	34	4	36	4	31	6	35
26	4	40	1	33	1	33	3	33	3	32	3	34
27	3	37	10	34	2	40	2	34	2	39	4	33
28	2	38	9	31	9	39	1	31	1	40	1	32
29	1		8	32	10	38	10	32	10	37	2	31
30	10		7	39	7	37	9	39	9	38	19	50
31	9		6		8		8	40		45		49

命数 ▶ 1-10 羅針盤座　11-20 インディアン座　21-30 鳳凰座　31-40 時計座　41-50 カメレオン座　51-60 イルカ座

金 1952年 昭和27年生 [満69歳]

日＼月	1	2	3	4	5	6	7	8	9	10	11	12
1	48	13	49	19	44	19	50	11	41	12	50	14
2	47	12	50	18	41	20	49	20	42	11	47	11
3	46	11	47	17	42	17	48	19	49	20	48	12
4	45	20	48	16	49	18	47	18	50	19	55	29
5	44	20	45	15	50	15	46	17	57	28	56	30
6	43	17	46	14	47	16	45	26	58	27	53	27
7	42	18	43	13	48	23	54	26	55	26	54	28
8	41	25	44	22	55	24	53	23	56	25	51	25
9	60	26	51	21	56	21	52	24	53	24	52	26
10	59	23	52	30	53	22	51	21	54	23	59	23
11	58	24	59	29	54	29	60	22	51	22	60	24
12	57	21	60	28	51	30	59	29	52	21	57	21
13	56	30	57	27	54	27	58	30	59	30	58	22
14	55	27	58	26	51	28	57	27	60	29	5	39
15	54	28	55	23	52	25	56	22	7	38	2	40
16	51	25	56	22	59	26	55	39	8	37	9	37
17	60	26	54	21	60	36	2	40	5	36	10	38
18	59	33	53	35	7	35	1	37	6	31	7	36
19	6	34	2	36	8	34	10	38	4	40	8	35
20	5	39	1	33	1	33	3	35	3	39	5	34
21	4	40	10	34	2	32	2	36	2	39	6	33
22	3	37	9	31	9	31	1	31	1	40	1	32
23	2	38	8	32	10	40	10	32	10	37	2	31
24	1	35	7	39	7	39	9	39	9	38	19	50
25	10	36	6	40	8	38	8	40	18	45	20	49
26	9	33	5	37	5	37	7	47	17	46	17	48
27	8	34	4	38	6	44	16	48	16	43	18	47
28	7	41	3	45	13	43	15	45	15	44	15	46
29	16	42	12	46	14	42	14	46	14	41	16	45
30	15		11	43	11	41	13	43	13	42	13	44
31	14		20		12		12	44		49		43

銀 1953年 昭和28年生 [満68歳]

日＼月	1	2	3	4	5	6	7	8	9	10	11	12
1	42	17	46	14	47	16	45	26	58	27	53	27
2	41	26	43	13	48	23	54	25	55	26	54	28
3	60	25	44	22	55	24	53	24	56	25	51	25
4	59	23	51	21	56	21	52	23	53	24	52	26
5	58	24	52	30	53	22	51	22	54	23	59	23
6	57	21	59	29	54	29	60	21	51	22	60	24
7	56	22	60	28	51	30	59	30	52	21	57	21
8	55	29	57	27	52	27	58	30	59	30	58	22
9	54	30	58	26	59	28	57	27	60	29	5	39
10	53	27	55	25	60	25	56	28	7	38	6	40
11	52	28	56	24	57	26	55	35	8	37	3	37
12	51	33	53	23	58	33	4	36	5	36	4	38
13	10	34	54	32	5	34	3	33	6	35	1	35
14	9	31	1	31	8	31	2	34	3	34	2	36
15	8	32	2	38	5	32	1	31	4	33	9	33
16	5	39	9	37	6	39	10	36	1	32	6	34
17	4	40	9	36	3	31	7	33	2	31	3	31
18	3	37	8	32	4	40	6	34	9	36	4	31
19	10	36	7	39	1	39	5	31	9	35	11	50
20	9	33	6	40	2	38	8	32	18	44	12	49
21	8	34	5	37	5	37	7	49	17	46	19	48
22	7	41	4	38	6	46	16	50	16	43	20	47
23	16	42	3	45	13	45	15	45	15	44	15	46
24	15	49	12	46	14	44	14	46	14	41	16	45
25	14	50	11	43	11	43	13	43	13	42	13	44
26	13	47	20	44	12	42	12	44	12	49	14	43
27	12	48	19	41	19	49	11	41	11	50	11	42
28	11	45	18	42	20	48	20	42	20	47	12	41
29	20		17	49	17	47	19	49	19	48	29	60
30	19		16	50	18	46	18	50	28	55	30	59
31	18		15		15		17	57		56		58

金 1954年 昭和29年生 [満67歳]

日＼月	1	2	3	4	5	6	7	8	9	10	11	12
1	57	22	59	29	54	29	60	21	51	22	60	24
2	56	21	60	28	51	30	59	30	52	21	57	21
3	55	30	57	27	52	27	58	29	59	30	58	22
4	54	30	58	26	59	28	57	28	60	29	5	39
5	53	27	55	25	60	25	56	27	7	38	6	40
6	52	28	56	24	57	26	57	36	8	37	3	37
7	51	35	53	23	58	33	4	35	5	36	4	38
8	10	36	54	32	5	34	3	33	6	35	1	35
9	9	33	1	31	6	31	2	34	3	34	2	36
10	8	34	2	40	3	32	1	31	4	33	9	33
11	7	31	9	39	4	39	10	32	1	32	10	34
12	6	40	10	38	1	40	9	39	2	31	7	31
13	5	37	7	37	2	37	8	40	9	40	8	32
14	4	38	8	36	1	38	7	37	10	39	15	49
15	3	35	5	33	2	35	6	38	17	48	16	50
16	10	36	6	32	9	36	5	49	18	47	19	47
17	9	43	4	31	10	46	14	50	15	46	20	48
18	18	44	3	45	17	45	11	47	16	45	17	45
19	15	49	12	46	18	44	20	48	14	50	18	45
20	14	50	11	43	15	43	19	45	13	49	15	44
21	13	47	20	44	12	42	12	46	12	48	16	43
22	12	48	19	41	19	41	11	43	11	50	13	42
23	11	45	18	42	20	50	20	42	20	47	12	41
24	20	46	17	49	17	49	19	49	19	48	29	60
25	19	43	16	50	18	48	18	50	28	55	30	59
26	18	44	15	47	15	47	17	57	27	56	27	58
27	17	51	14	48	16	54	26	58	26	53	28	57
28	26	52	13	55	23	53	25	55	25	54	25	56
29	25		22	56	24	52	24	56	24	51	26	55
30	24		21	53	21	51	23	53	23	52	23	54
31	23		30		22		22	54		59		53

銀 1955年 昭和30年生 [満66歳]

日＼月	1	2	3	4	5	6	7	8	9	10	11	12
1	52	27	56	24	57	26	55	36	8	37	3	37
2	51	36	53	23	58	33	4	35	5	36	4	38
3	10	35	54	32	5	34	3	34	6	35	1	35
4	9	33	1	31	6	31	2	33	3	34	2	36
5	8	34	2	40	3	32	1	32	4	33	9	33
6	7	31	9	39	4	39	10	31	1	32	10	34
7	6	32	10	38	1	40	9	40	2	31	7	31
8	5	39	7	37	2	37	8	40	9	40	8	32
9	4	40	8	36	9	38	7	37	10	39	15	49
10	3	37	5	35	10	35	6	38	17	48	16	50
11	2	38	6	34	7	36	5	45	18	47	13	47
12	1	43	3	33	8	43	14	46	15	46	14	48
13	20	44	4	42	15	44	13	43	16	45	11	45
14	19	41	11	41	18	41	12	44	13	44	12	46
15	18	42	12	48	15	42	11	41	14	43	19	43
16	15	49	19	47	16	49	20	46	11	42	16	44
17	14	50	19	46	13	41	19	43	12	41	13	41
18	13	47	18	42	14	50	16	44	19	50	14	42
19	20	46	17	49	11	49	15	41	19	45	21	60
20	19	43	16	50	12	48	14	42	28	54	22	59
21	18	44	15	47	15	47	17	59	27	53	29	58
22	17	51	14	48	16	56	26	60	26	53	30	57
23	26	52	13	55	23	55	25	55	25	54	25	56
24	25	59	22	56	24	54	24	56	24	51	26	55
25	24	60	21	53	21	53	23	53	23	52	23	54
26	23	57	30	54	22	52	22	54	22	59	24	53
27	22	58	29	51	29	59	21	51	21	60	21	52
28	21	55	28	52	30	58	30	52	30	57	22	51
29	30		27	59	27	57	29	59	29	58	39	10
30	29		26	60	28	56	28	60	38	5	40	9
31	28		25		25		27	7		6		8

命数 ▶ 1-10 羅針盤座　11-20 インディアン座　21-30 鳳凰座　31-40 時計座　41-50 カメレオン座　51-60 イルカ座

金 1956年 昭和31年生 〔満65歳〕

日＼月	1	2	3	4	5	6	7	8	9	10	11	12
1	7	32	10	38	1	40	9	40	2	31	7	31
2	6	31	7	37	2	37	8	39	9	40	8	32
3	5	40	8	36	9	38	7	38	10	39	15	49
4	4	39	5	35	10	35	6	37	17	48	16	50
5	3	37	6	34	7	36	5	46	18	47	13	47
6	2	38	3	33	8	43	14	45	15	46	14	48
7	1	45	4	42	15	44	13	43	16	45	11	45
8	20	46	11	41	16	41	12	44	13	44	12	46
9	19	43	12	50	13	42	11	41	14	43	19	43
10	18	44	19	49	14	49	20	42	11	42	20	44
11	17	41	20	48	11	50	19	49	12	41	17	41
12	16	42	17	47	12	47	18	50	19	50	18	42
13	15	47	18	46	11	48	17	47	20	49	25	59
14	14	48	15	45	12	45	16	48	27	58	26	60
15	13	45	16	42	19	46	15	59	28	57	29	57
16	20	46	14	41	20	53	24	60	25	56	30	58
17	19	53	13	60	27	55	21	57	26	55	27	55
18	28	54	22	56	28	54	30	58	23	60	28	55
19	25	51	21	53	25	53	29	55	23	59	25	54
20	24	60	30	54	22	52	22	56	22	58	26	53
21	23	57	29	51	29	51	21	53	21	60	23	52
22	22	58	28	52	30	60	30	52	30	57	22	51
23	21	55	27	59	27	59	30	59	29	58	39	10
24	30	56	26	60	28	58	28	60	38	5	40	9
25	29	53	25	57	25	57	27	7	37	6	37	8
26	28	54	24	58	26	6	36	8	36	3	38	7
27	27	1	23	5	33	3	35	5	35	4	35	6
28	36	2	32	6	34	2	34	6	34	1	36	5
29	35	9	31	3	31	1	33	3	33	2	33	4
30	34		40	4	32	10	32	4	32	9	34	3
31	33		39		39		31	1		10		2

銀 1957年 昭和32年生 〔満64歳〕

日＼月	1	2	3	4	5	6	7	8	9	10	11	12
1	1	46	3	33	8	43	14	45	15	46	14	48
2	20	45	4	42	15	44	13	44	16	45	11	45
3	19	44	11	41	16	41	12	43	13	44	12	46
4	18	44	12	50	13	42	11	42	14	43	19	43
5	17	41	19	49	14	49	20	41	11	42	20	44
6	16	42	20	48	11	50	19	50	12	41	17	41
7	15	49	17	47	12	47	18	49	19	50	18	42
8	14	50	18	46	19	48	17	47	20	49	25	59
9	13	47	15	45	20	45	16	48	27	58	26	60
10	12	48	16	44	17	46	15	55	28	57	23	57
11	11	55	13	43	18	53	24	56	25	56	24	58
12	30	54	14	52	25	54	23	53	26	55	21	55
13	29	51	21	51	26	51	22	54	23	54	22	56
14	28	52	22	60	25	52	21	51	24	53	29	53
15	25	59	29	57	26	59	30	52	21	52	30	54
16	24	60	30	56	23	60	29	53	22	51	23	51
17	23	57	28	55	24	60	26	54	29	60	24	52
18	30	58	27	59	21	59	25	51	30	55	31	10
19	29	53	26	60	22	58	24	52	38	4	32	9
20	28	54	25	57	29	57	27	9	37	3	39	8
21	27	1	24	58	26	6	36	10	36	3	40	7
22	36	2	23	5	33	5	35	7	35	4	37	6
23	35	9	32	6	34	4	34	6	34	1	36	5
24	34	10	31	3	31	3	33	3	33	2	33	4
25	33	7	40	4	32	2	32	4	32	9	34	3
26	32	8	39	1	39	1	31	1	31	10	31	2
27	31	5	38	2	40	8	40	2	40	7	32	1
28	40	6	37	9	37	7	39	9	39	8	49	20
29	39		36	10	38	6	38	10	48	15	50	19
30	38		35	7	35	5	37	17	47	16	47	18
31	37		34		36		46	18		13		17

金 1958年 昭和33年生 〔満63歳〕

日＼月	1	2	3	4	5	6	7	8	9	10	11	12
1	16	41	20	48	11	50	19	50	12	41	17	41
2	15	50	17	47	12	47	18	49	19	50	18	42
3	14	49	18	46	19	48	17	48	20	49	25	59
4	13	47	15	45	20	45	16	47	27	58	26	60
5	12	48	16	44	17	46	15	56	28	57	23	57
6	11	55	13	43	18	53	24	55	25	56	24	58
7	30	56	14	52	25	54	23	54	26	55	21	55
8	29	53	21	51	26	51	22	54	23	54	22	56
9	28	54	22	60	23	52	21	51	24	53	29	53
10	27	51	29	59	24	59	30	52	21	52	30	54
11	26	52	30	58	21	60	29	59	22	51	27	51
12	25	57	27	57	22	57	28	60	29	60	28	52
13	24	58	28	56	29	58	27	57	30	59	35	9
14	23	55	25	55	22	55	26	58	37	8	36	10
15	22	56	26	52	29	56	25	5	38	7	33	7
16	29	3	23	51	30	3	34	10	35	6	40	8
17	38	4	23	10	37	5	33	7	36	5	37	5
18	37	1	32	6	38	4	40	8	33	4	38	5
19	34	10	31	3	35	3	39	5	33	9	35	4
20	33	7	40	4	36	2	38	6	32	8	36	3
21	32	8	39	1	39	1	31	3	31	7	33	2
22	31	5	38	2	40	10	40	4	40	7	34	1
23	40	6	37	9	37	9	39	9	39	8	49	20
24	39	3	36	10	38	8	38	10	48	15	50	19
25	38	4	35	7	35	7	37	17	47	16	47	18
26	37	11	34	8	36	16	46	18	46	13	48	17
27	46	12	33	15	43	13	45	15	45	14	45	16
28	45	19	42	16	44	12	44	16	44	11	46	15
29	44		41	13	41	11	43	13	43	12	43	14
30	43		50	14	42	20	42	14	42	19	44	13
31	42		49		49		41	11		20		12

銀 1959年 昭和34年生 〔満62歳〕

日＼月	1	2	3	4	5	6	7	8	9	10	11	12
1	11	56	13	43	18	53	24	55	25	56	24	58
2	30	55	14	52	25	54	23	54	26	55	21	55
3	29	54	21	51	26	51	22	53	23	54	22	56
4	28	54	22	60	23	52	21	52	24	53	29	53
5	27	51	29	59	24	59	30	51	21	52	30	54
6	26	52	30	58	21	60	29	60	22	51	27	51
7	25	59	27	57	22	57	28	59	29	60	28	52
8	24	60	28	56	29	58	27	57	30	59	35	9
9	23	57	25	55	30	55	26	58	37	8	36	10
10	22	58	26	54	27	56	25	5	38	7	33	7
11	21	5	23	53	28	3	34	6	35	6	34	8
12	40	4	24	2	35	4	33	3	36	5	31	5
13	39	1	31	1	36	1	32	4	33	4	32	6
14	38	2	32	10	35	2	31	1	34	3	39	3
15	37	9	39	7	36	9	40	2	31	2	40	4
16	34	10	40	6	33	10	39	3	32	1	33	1
17	33	7	38	5	34	10	38	4	39	10	34	2
18	32	8	37	9	31	9	35	1	40	9	41	19
19	39	3	36	10	32	8	34	2	48	14	42	19
20	38	4	35	7	39	7	33	19	47	13	49	18
21	37	11	34	8	36	16	46	20	46	12	50	17
22	46	12	33	15	43	15	45	17	45	14	47	16
23	45	19	42	16	44	14	44	16	44	11	46	15
24	44	20	41	13	41	13	43	13	43	12	43	14
25	43	17	50	14	42	12	42	14	42	19	44	13
26	42	18	49	11	49	11	41	11	41	20	41	12
27	41	15	48	12	50	18	50	12	50	17	42	11
28	50	16	47	19	47	17	49	19	49	18	59	30
29	49		46	20	48	16	48	20	58	25	60	29
30	48		45	17	45	15	47	27	57	26	57	28
31	47		44		46		56	28		23		27

命数 ▶ 1-10 羅針盤座　11-20 インディアン座　21-30 鳳凰座　31-40 時計座　41-50 カメレオン座　51-60 イルカ座

金 1960年 昭和35年生 ［満61歳］

日＼月	1	2	3	4	5	6	7	8	9	10	11	12
1	26	51	27	57	22	57	28	59	29	60	28	52
2	25	60	28	56	29	58	27	58	30	59	35	9
3	24	59	25	55	30	55	26	57	37	8	36	10
4	23	58	26	54	27	56	25	6	38	7	33	7
5	22	58	23	53	28	3	34	5	35	6	34	8
6	21	5	24	2	35	4	33	4	36	5	31	5
7	40	6	31	1	36	1	32	4	33	4	32	6
8	39	3	32	10	33	2	31	1	34	3	39	3
9	38	4	39	9	34	9	40	2	31	2	40	4
10	37	1	40	8	31	10	39	9	32	1	37	1
11	36	2	37	7	32	7	38	10	39	10	38	2
12	35	9	38	6	39	8	37	7	40	9	45	19
13	34	8	35	5	32	5	36	8	47	18	46	20
14	33	5	36	4	39	6	35	15	48	17	43	17
15	32	6	33	1	40	13	44	20	45	16	50	18
16	39	13	33	20	47	14	43	17	46	15	47	15
17	48	14	42	19	48	14	50	18	43	14	48	16
18	47	11	41	13	45	13	49	15	44	19	45	14
19	44	12	50	14	46	12	48	16	42	18	46	13
20	43	17	49	11	49	11	41	13	41	17	43	12
21	42	18	48	12	50	20	50	14	50	17	44	11
22	41	15	47	19	47	19	49	19	49	18	59	30
23	50	16	46	20	48	18	48	20	58	25	60	29
24	49	13	45	17	45	17	47	27	57	26	57	28
25	48	14	44	18	46	26	56	28	56	23	58	27
26	47	21	43	25	53	25	55	25	55	24	55	26
27	56	22	52	26	54	22	54	26	54	21	56	25
28	55	29	51	23	51	21	53	23	53	22	53	24
29	54	30	60	24	52	30	52	24	52	29	54	23
30	53		59	21	59	29	51	21	51	30	51	22
31	52		58		60		60	22		27		21

銀 1961年 昭和36年生 ［満60歳］

日＼月	1	2	3	4	5	6	7	8	9	10	11	12
1	40	5	24	2	35	4	33	4	36	5	31	5
2	39	4	31	1	36	1	32	3	33	4	32	6
3	38	3	32	10	33	2	31	2	34	3	39	3
4	37	1	39	9	34	9	40	1	31	2	40	4
5	36	2	34	8	31	10	39	10	32	1	37	1
6	35	9	37	7	32	7	38	9	39	10	38	2
7	34	10	38	6	39	8	37	8	40	9	45	19
8	33	7	35	5	40	5	36	8	47	18	46	20
9	32	8	36	4	37	6	35	15	48	17	43	17
10	31	15	33	3	38	13	44	16	45	16	44	18
11	50	16	34	12	45	14	43	13	46	15	41	15
12	49	11	41	11	46	11	42	14	43	14	42	16
13	48	12	42	20	43	12	41	11	44	13	49	13
14	47	19	49	19	46	19	50	12	41	12	50	14
15	44	20	50	16	43	20	49	19	42	11	47	11
16	43	17	47	15	44	17	48	14	49	20	44	12
17	42	18	47	14	41	19	45	11	50	19	51	29
18	49	15	46	20	42	18	44	12	57	24	52	29
19	48	14	45	17	49	17	43	29	57	23	59	28
20	47	21	44	18	50	26	56	30	56	22	60	27
21	56	22	43	25	53	25	55	27	55	24	57	26
22	55	29	52	26	54	24	54	28	54	21	58	25
23	54	30	51	23	51	23	53	23	53	22	53	24
24	53	27	60	24	52	22	52	24	52	29	54	23
25	52	28	59	21	59	21	51	21	51	30	51	22
26	51	25	58	22	60	30	60	22	60	27	52	21
27	60	26	57	29	57	27	59	29	59	28	9	40
28	59	23	56	30	58	26	58	30	8	35	10	39
29	58		55	27	55	25	57	37	7	36	7	38
30	57		54	28	56	34	6	38	6	33	8	37
31	6		53		3		5	35		34		36

金 1962年 昭和37年生 ［満59歳］

日＼月	1	2	3	4	5	6	7	8	9	10	11	12
1	35	10	37	7	32	7	38	9	39	10	38	2
2	34	9	38	6	39	8	37	8	40	9	45	19
3	33	8	35	5	40	5	36	7	47	18	46	20
4	32	8	36	4	37	6	35	16	48	17	43	17
5	31	15	33	3	38	13	44	15	45	16	44	18
6	50	16	34	12	45	14	43	14	46	15	41	15
7	49	13	41	11	46	11	42	13	43	14	42	16
8	48	14	42	20	43	12	41	11	44	13	49	13
9	47	11	49	19	44	19	50	12	41	12	50	14
10	46	12	50	18	41	20	49	19	42	11	47	11
11	45	19	47	17	42	17	48	20	49	20	48	12
12	44	18	48	16	49	18	47	17	50	19	55	29
13	43	15	45	15	50	15	46	18	57	28	56	30
14	42	16	46	14	49	16	45	25	58	27	53	27
15	41	23	43	11	50	23	54	26	55	26	54	28
16	58	24	44	30	57	24	53	27	56	25	57	25
17	57	21	52	29	58	24	60	28	53	24	58	26
18	56	22	51	23	55	23	59	25	54	23	55	24
19	53	27	60	24	56	22	58	26	52	28	56	23
20	52	28	59	21	53	21	51	23	51	27	53	22
21	51	25	58	22	60	30	60	24	60	26	54	21
22	60	26	57	29	57	29	59	21	59	28	1	40
23	59	23	56	30	58	28	58	30	8	35	10	39
24	58	24	55	27	55	27	57	37	7	36	7	38
25	57	31	54	28	56	36	6	38	6	33	8	37
26	6	32	53	35	3	35	5	35	5	34	5	36
27	5	39	2	36	4	32	4	36	4	31	6	35
28	4	40	1	33	1	31	3	33	3	32	3	34
29	3		10	34	2	40	2	34	2	39	4	33
30	2		9	31	9	39	1	31	1	40	1	32
31	1		8		10		10	32		37		31

銀 1963年 昭和38年生 ［満58歳］

日＼月	1	2	3	4	5	6	7	8	9	10	11	12
1	50	15	34	12	45	14	43	14	46	15	41	15
2	49	14	41	11	46	11	42	13	43	14	42	16
3	48	13	42	20	43	12	41	12	44	13	49	13
4	47	11	49	19	44	19	50	11	41	12	50	14
5	46	12	50	18	41	20	49	20	42	11	47	11
6	45	19	47	17	42	17	48	19	49	20	48	12
7	44	20	48	16	49	18	47	18	50	19	55	29
8	43	17	45	15	50	15	46	18	57	28	56	30
9	42	18	46	14	47	16	45	25	58	27	53	27
10	41	25	43	13	48	23	54	26	55	26	54	28
11	60	26	44	22	55	24	53	23	56	25	51	25
12	59	21	51	21	56	21	52	24	53	24	52	26
13	58	22	52	30	53	22	51	21	54	23	59	23
14	57	29	59	29	56	29	60	22	51	22	60	24
15	56	30	60	26	53	30	59	29	52	21	57	21
16	53	27	57	25	54	27	58	24	59	30	54	22
17	52	28	57	24	51	29	57	21	60	29	1	39
18	51	25	56	30	52	28	54	22	7	38	2	40
19	58	24	55	27	59	27	53	39	7	33	9	38
20	57	31	54	28	60	36	2	40	6	32	10	37
21	6	32	53	35	3	35	5	37	5	31	7	36
22	5	39	2	36	4	34	4	38	4	31	8	35
23	4	40	1	33	1	33	3	33	3	32	3	34
24	3	37	10	34	2	32	2	34	2	39	4	33
25	2	38	9	31	9	31	1	31	1	40	1	32
26	1	35	8	32	10	40	10	32	10	37	2	31
27	10	36	7	39	7	37	9	39	9	38	19	50
28	9	33	6	40	8	36	8	40	18	45	20	49
29	8		5	37	5	35	7	47	17	46	17	48
30	7		4	38	6	44	16	48	16	43	18	47
31	16		3		13		15	45		44		46

命数 ▶ 1-10 羅針盤座　11-20 インディアン座　21-30 鳳凰座　31-40 時計座　41-50 カメレオン座　51-60 イルカ座

金 1964年 昭和39年生 ［満57歳］

日＼月	1	2	3	4	5	6	7	8	9	10	11	12
1	45	20	48	16	49	18	47	18	50	19	55	29
2	44	19	45	15	50	15	46	17	57	28	56	30
3	43	18	46	14	47	16	45	26	58	27	53	27
4	42	17	43	13	48	23	54	25	55	26	54	28
5	41	25	44	22	55	24	53	24	56	25	51	25
6	60	26	51	21	56	21	52	23	53	24	52	26
7	59	23	52	30	53	22	51	21	54	23	59	23
8	58	24	59	29	54	29	60	22	51	22	60	24
9	57	21	60	28	51	30	59	29	52	21	57	21
10	56	22	57	27	52	27	58	30	59	30	58	22
11	55	29	58	26	59	28	57	27	60	29	5	39
12	54	30	55	25	60	25	56	28	7	38	6	40
13	53	25	56	24	59	26	55	35	8	37	3	37
14	52	26	53	23	60	33	4	36	5	36	4	38
15	51	33	54	40	7	34	3	37	6	35	7	35
16	8	34	2	39	8	31	2	38	3	34	8	36
17	7	31	1	38	5	33	9	35	4	33	5	33
18	6	32	10	34	6	32	8	36	2	38	6	33
19	3	39	9	31	3	31	7	33	1	37	3	32
20	2	38	8	32	10	40	10	34	10	36	4	31
21	1	35	7	39	7	39	9	31	9	38	11	50
22	10	36	6	40	8	38	8	40	18	45	20	49
23	9	33	5	37	5	37	7	47	17	46	17	48
24	8	34	4	38	6	46	16	48	16	43	18	47
25	7	41	3	45	13	45	15	45	15	44	15	46
26	16	42	12	46	14	44	14	46	14	41	16	45
27	15	49	11	43	11	41	13	43	13	42	13	44
28	14	50	20	44	12	50	12	44	12	49	14	43
29	13	47	19	41	19	49	11	41	11	50	11	42
30	12		18	42	20	48	20	42	20	47	12	41
31	11		17		17		19	49		48		60

銀 1965年 昭和40年生 ［満56歳］

日＼月	1	2	3	4	5	6	7	8	9	10	11	12
1	59	24	51	21	56	21	52	23	53	24	52	26
2	58	23	52	30	53	22	51	22	54	23	59	23
3	57	22	59	29	54	29	60	21	51	22	60	24
4	56	22	60	28	51	30	59	30	52	21	57	21
5	55	29	57	27	52	27	58	29	59	30	58	22
6	54	30	58	26	59	28	57	28	60	29	5	39
7	53	27	55	25	60	25	56	27	7	38	6	40
8	52	28	56	24	57	26	55	35	8	37	3	37
9	51	35	53	23	58	33	4	36	5	36	4	38
10	10	36	54	32	5	34	3	33	6	35	1	35
11	9	33	1	31	6	31	2	34	3	34	2	36
12	8	32	2	40	3	32	1	31	4	33	9	33
13	7	39	9	39	4	39	10	32	1	32	10	34
14	6	40	10	38	3	40	9	39	2	31	7	31
15	3	37	7	35	4	37	8	40	9	40	4	32
16	2	38	8	34	1	38	7	31	10	39	11	49
17	1	35	6	33	2	38	4	32	17	48	12	50
18	8	36	5	37	9	37	3	49	18	43	19	48
19	7	41	4	38	10	46	12	50	16	42	20	47
20	16	42	3	45	17	45	15	47	15	41	17	46
21	15	49	12	46	14	44	14	48	14	41	18	45
22	14	50	11	43	11	43	13	45	13	42	15	44
23	13	47	20	44	12	42	12	44	12	49	14	43
24	12	48	19	41	19	41	11	41	11	50	11	42
25	11	45	18	42	20	50	20	42	20	47	12	41
26	20	46	17	49	17	49	19	49	19	48	29	60
27	19	43	16	50	18	46	18	50	28	55	30	59
28	18	44	15	47	15	45	17	57	27	56	27	58
29	17		14	48	16	54	26	58	26	53	28	57
30	26		13	55	23	53	25	55	25	54	25	56
31	25		22		24		24	56		51		55

金 1966年 昭和41年生 ［満55歳］

日＼月	1	2	3	4	5	6	7	8	9	10	11	12
1	54	29	58	26	59	28	57	28	60	29	5	39
2	53	28	55	25	60	25	56	27	7	38	6	40
3	52	27	56	24	57	26	55	36	8	37	3	37
4	51	35	53	23	58	33	4	35	5	36	4	38
5	10	36	54	32	5	34	3	34	6	35	1	35
6	9	33	1	31	6	31	2	33	3	34	2	36
7	8	34	2	40	3	32	1	32	4	33	9	33
8	7	31	9	39	4	39	10	32	1	32	10	34
9	6	32	10	38	1	40	9	39	2	31	7	31
10	5	39	7	37	2	37	8	40	9	40	8	32
11	4	40	8	36	9	38	7	37	10	39	15	49
12	3	35	5	35	10	35	6	38	17	48	16	50
13	2	36	6	34	7	36	5	45	18	47	13	47
14	1	43	3	33	10	43	14	46	15	46	14	48
15	20	44	4	50	17	44	13	43	16	45	11	45
16	17	41	11	49	18	41	12	48	13	44	18	46
17	16	42	11	48	15	43	19	45	14	43	15	43
18	15	49	20	44	16	42	18	46	11	42	16	43
19	12	48	19	41	13	41	17	43	11	47	13	42
20	11	45	18	42	14	50	20	44	20	46	14	41
21	20	46	17	49	17	49	19	41	19	45	21	60
22	19	43	16	50	18	48	18	42	28	55	22	59
23	18	44	15	47	15	47	17	57	27	56	27	58
24	17	51	14	48	16	56	26	58	26	53	28	57
25	26	52	13	55	23	55	25	55	25	54	25	56
26	25	59	22	56	24	54	24	56	24	51	26	55
27	24	60	21	53	21	51	23	53	23	52	23	54
28	23	57	30	54	22	60	22	54	22	59	24	53
29	22		29	51	29	59	21	51	21	60	21	52
30	21		28	52	30	58	30	52	30	57	22	51
31	30		27		27		29	59		58		10

銀 1967年 昭和42年生 ［満54歳］

日＼月	1	2	3	4	5	6	7	8	9	10	11	12
1	9	34	1	31	6	31	2	33	3	34	2	36
2	8	33	2	40	3	32	1	32	4	33	9	33
3	7	32	9	39	4	39	10	31	1	32	10	34
4	6	32	10	38	1	40	9	40	2	31	7	31
5	5	39	7	37	2	37	8	39	9	40	8	32
6	4	40	8	36	9	38	7	38	10	39	15	49
7	3	37	5	35	10	35	6	37	17	48	16	50
8	2	38	6	34	7	36	5	45	18	47	13	47
9	1	45	3	33	8	43	14	46	15	46	14	48
10	20	46	4	42	15	44	13	43	16	45	11	45
11	19	43	11	41	16	41	12	44	13	44	12	46
12	18	42	12	50	13	42	11	41	14	43	19	43
13	17	49	19	49	14	49	20	42	11	42	20	44
14	16	50	20	48	13	50	19	49	12	41	17	41
15	15	47	17	45	14	47	18	50	19	50	18	42
16	12	48	18	44	11	48	17	41	20	49	21	59
17	11	45	16	43	12	48	16	42	27	58	22	60
18	20	46	15	47	19	47	13	59	28	57	29	57
19	17	51	14	48	20	56	22	60	26	52	30	57
20	26	52	13	55	27	55	21	57	25	51	27	56
21	25	59	22	56	24	54	24	58	24	60	28	55
22	24	60	21	53	21	53	23	55	23	52	25	54
23	23	57	30	54	22	52	22	54	22	59	24	53
24	22	58	29	51	29	51	21	51	21	60	21	52
25	21	55	28	52	30	60	30	52	30	57	22	51
26	30	56	27	59	27	57	29	59	29	58	39	10
27	29	53	26	60	28	56	28	60	38	5	40	9
28	28	54	25	57	25	55	27	7	37	6	37	8
29	27		24	58	26	4	36	8	36	3	38	7
30	36		23	5	33	3	35	5	35	4	35	6
31	35		32		34		34	6		1		5

命数▶ 1-10 羅針盤座　11-20 インディアン座　21-30 鳳凰座　31-40 時計座　41-50 カメレオン座　51-60 イルカ座

金 1968年 昭和43年生 〔満53歳〕

日＼月	1	2	3	4	5	6	7	8	9	10	11	12
1	4	39	5	35	10	35	6	37	17	48	16	50
2	3	38	6	34	7	36	5	46	18	47	13	47
3	2	37	3	33	8	43	14	45	15	46	14	48
4	1	46	4	42	15	44	13	44	16	45	11	45
5	20	46	11	41	16	41	12	43	13	44	12	46
6	19	43	12	50	13	42	11	42	14	43	19	43
7	18	44	19	49	14	49	20	42	11	42	20	44
8	17	41	20	48	11	50	19	49	12	41	17	41
9	16	42	17	47	12	47	18	50	19	50	18	42
10	15	49	18	46	19	48	17	47	20	49	25	59
11	14	50	15	45	20	45	16	48	27	58	26	60
12	13	47	16	44	17	46	15	55	28	57	23	57
13	12	46	13	43	20	53	24	56	25	56	24	58
14	11	53	14	52	27	54	23	53	26	55	21	55
15	30	54	21	59	28	51	22	58	23	54	28	56
16	27	51	21	58	25	52	21	55	24	53	25	53
17	26	52	30	57	26	52	28	56	21	52	26	54
18	25	59	29	51	23	51	27	53	21	57	23	52
19	22	60	28	52	24	60	26	54	30	56	24	51
20	21	55	27	59	27	59	29	51	29	55	31	10
21	30	56	26	60	28	58	28	52	38	5	32	9
22	29	53	25	57	25	57	27	7	37	6	37	8
23	28	54	24	58	26	6	36	8	36	3	38	7
24	27	1	23	5	33	5	35	5	35	4	35	6
25	36	2	32	6	34	4	34	6	34	1	36	5
26	35	9	31	3	31	3	33	3	33	2	33	4
27	34	10	40	4	32	10	32	4	32	9	34	3
28	33	7	39	1	39	9	31	1	31	10	31	2
29	32	8	38	2	40	8	40	2	40	7	32	1
30	31		37	9	37	7	39	9	39	8	49	20
31	40		36		38		38	10		15		19

銀 1969年 昭和44年生 〔満52歳〕

日＼月	1	2	3	4	5	6	7	8	9	10	11	12
1	18	43	12	50	13	42	11	42	14	43	19	43
2	17	42	19	49	14	49	20	41	11	42	20	44
3	16	41	20	48	11	50	19	50	12	41	17	41
4	15	49	17	47	12	47	18	49	19	50	18	42
5	14	50	18	46	19	48	17	48	20	49	25	59
6	13	47	15	45	20	45	16	47	27	58	26	60
7	12	48	16	44	17	46	15	56	28	57	23	57
8	11	55	13	43	18	53	24	56	25	56	24	58
9	30	56	14	52	25	54	23	53	26	55	21	55
10	29	53	21	51	26	51	22	54	23	54	22	56
11	28	54	22	60	23	52	21	51	24	53	29	53
12	27	59	29	59	24	59	30	52	21	52	30	54
13	26	60	30	58	21	60	29	59	22	51	27	51
14	25	57	27	57	24	57	28	60	29	60	28	52
15	22	58	28	54	21	58	27	57	30	59	31	9
16	21	55	25	53	22	55	26	52	37	8	32	10
17	30	56	25	52	29	57	23	9	38	7	39	7
18	27	3	24	58	30	6	32	10	35	2	40	7
19	36	2	23	5	37	5	31	7	35	1	37	6
20	35	9	32	6	38	4	34	8	34	10	38	5
21	34	10	31	3	31	3	33	5	33	2	35	4
22	33	7	40	4	32	2	32	6	32	9	34	3
23	32	8	39	1	39	1	31	1	31	10	31	2
24	31	5	38	2	40	10	40	2	40	7	32	1
25	40	6	37	9	37	9	39	9	39	8	49	20
26	39	3	36	10	38	8	38	10	48	15	50	19
27	38	4	35	7	35	5	37	17	47	16	47	18
28	37	11	34	8	36	14	46	18	46	13	48	17
29	46		33	15	43	13	45	15	45	14	45	16
30	45		42	16	44	12	44	16	44	11	46	15
31	44		41		41		43	13		12		14

金 1970年 昭和45年生 〔満51歳〕

日＼月	1	2	3	4	5	6	7	8	9	10	11	12
1	13	48	15	45	20	45	16	47	27	58	26	60
2	12	47	16	44	17	46	15	56	28	57	23	57
3	11	56	13	43	18	53	24	55	25	56	24	58
4	30	56	14	52	25	54	23	54	26	55	21	55
5	29	53	21	51	28	51	22	53	23	54	22	56
6	28	54	22	60	23	52	21	52	24	53	29	53
7	27	51	29	59	24	59	30	51	21	52	30	54
8	26	52	30	58	21	60	29	59	22	51	27	51
9	25	59	27	57	22	57	28	60	29	60	28	52
10	24	60	28	56	29	58	27	57	30	59	35	9
11	23	57	25	55	30	55	26	58	37	8	36	10
12	22	56	26	54	27	56	25	5	38	7	33	7
13	21	3	23	53	28	3	34	6	35	6	34	8
14	40	4	24	2	37	4	33	3	36	5	31	5
15	39	1	31	9	38	1	32	4	33	4	32	6
16	36	2	32	8	35	2	31	5	34	3	35	3
17	35	9	40	7	36	2	38	6	31	2	36	4
18	34	10	39	1	33	1	37	3	32	1	33	2
19	31	5	38	2	34	10	36	4	40	6	34	1
20	40	6	37	9	31	9	39	1	39	5	41	20
21	39	3	36	10	38	8	38	2	48	14	42	19
22	38	4	35	7	35	7	37	19	47	16	49	18
23	37	11	34	8	36	16	46	18	46	13	48	17
24	46	12	33	15	43	15	45	15	45	14	45	16
25	45	19	42	16	44	14	44	16	44	11	46	15
26	44	20	41	13	41	13	43	13	43	12	43	14
27	43	17	50	14	42	20	42	14	42	19	44	13
28	42	18	49	11	49	19	41	11	41	20	41	12
29	41		48	12	50	18	50	12	50	17	42	11
30	50		47	19	47	17	49	19	49	18	59	30
31	49		46		48		48	20		25		29

銀 1971年 昭和46年生 〔満50歳〕

日＼月	1	2	3	4	5	6	7	8	9	10	11	12
1	28	53	22	60	23	52	21	52	24	53	29	53
2	27	52	29	59	24	59	30	51	21	52	30	54
3	26	51	30	58	21	60	29	60	22	51	27	51
4	25	59	27	57	22	57	28	59	29	60	28	52
5	24	60	28	56	29	58	27	58	30	59	35	9
6	23	57	25	55	30	55	26	57	37	8	36	10
7	22	58	26	54	27	56	25	6	38	7	33	7
8	21	5	23	53	28	3	34	6	35	6	34	8
9	40	6	24	2	35	4	33	3	36	5	31	5
10	39	3	31	1	36	1	32	4	33	4	32	6
11	38	4	32	10	33	2	31	1	34	3	39	3
12	37	9	39	9	34	9	40	2	31	2	40	4
13	36	10	40	8	31	10	39	9	32	1	37	1
14	35	7	37	7	34	7	38	10	39	10	38	2
15	34	8	38	4	31	8	37	7	40	9	45	19
16	31	5	35	3	32	5	36	2	47	18	42	20
17	40	6	35	2	39	7	35	19	48	17	49	17
18	39	13	34	8	40	16	42	20	45	16	50	18
19	46	12	33	15	47	15	41	17	45	11	47	16
20	45	19	42	16	48	14	50	18	44	20	48	15
21	44	20	41	13	41	13	43	15	43	19	45	14
22	43	17	50	14	42	12	42	16	42	19	46	13
23	42	18	49	11	49	11	41	11	41	20	41	12
24	41	15	48	12	50	20	50	12	50	17	42	11
25	50	16	47	19	47	19	49	19	49	18	59	30
26	49	13	46	20	48	18	48	20	58	25	60	29
27	48	14	45	17	45	15	47	27	57	26	57	28
28	47	21	44	18	46	24	56	28	56	23	58	27
29	56		43	25	53	23	55	25	55	24	55	26
30	55		52	26	54	22	54	26	54	21	56	25
31	54		51		51		53	23		22		24

命数 ▶ 1-10 羅針盤座　11-20 インディアン座　21-30 鳳凰座　31-40 時計座　41-50 カメレオン座　51-60 イルカ座

金 1972年 昭和47年生 [満49歳]

日＼月	1	2	3	4	5	6	7	8	9	10	11	12
1	23	58	26	54	27	56	25	6	38	7	33	7
2	22	57	23	53	28	3	34	5	35	6	34	8
3	21	6	24	2	35	4	33	4	36	5	31	5
4	40	5	31	1	36	1	32	3	33	4	32	6
5	39	3	32	10	33	2	31	2	34	3	39	3
6	38	4	39	9	34	9	40	1	31	2	33	4
7	37	1	40	8	31	10	39	9	32	1	37	1
8	36	2	37	7	32	7	38	10	39	10	38	2
9	35	9	38	6	39	8	37	7	40	9	45	19
10	34	10	35	5	40	5	36	8	47	18	46	20
11	33	7	36	4	37	6	35	15	48	17	43	17
12	32	8	33	3	38	13	44	16	45	16	44	18
13	31	13	34	12	47	14	43	13	46	15	41	15
14	50	14	41	11	48	11	42	14	43	14	42	16
15	49	11	42	18	45	12	41	15	44	13	45	13
16	46	12	50	17	46	12	50	16	41	12	46	14
17	45	19	49	16	43	11	47	13	42	11	43	11
18	44	20	48	12	44	20	46	14	50	16	44	11
19	41	17	47	19	41	19	45	11	49	15	51	30
20	50	16	46	20	48	18	48	12	58	24	52	29
21	49	13	45	17	45	17	47	29	57	26	59	28
22	48	14	44	18	46	26	56	28	56	23	58	27
23	47	21	43	25	53	25	55	25	55	24	55	26
24	56	22	52	26	54	24	54	26	54	21	56	25
25	55	29	51	23	51	23	53	23	53	22	53	24
26	54	30	60	24	52	30	52	24	52	29	54	23
27	53	27	59	21	59	29	51	21	51	30	51	22
28	52	28	58	22	60	28	60	22	60	27	52	21
29	51	25	57	29	57	27	59	29	59	28	9	40
30	60		56	30	58	26	58	30	8	35	10	39
31	59		55		55		57	37		36		38

銀 1973年 昭和48年生 [満48歳]

日＼月	1	2	3	4	5	6	7	8	9	10	11	12
1	37	2	39	9	34	9	40	1	31	2	40	4
2	36	1	40	8	31	10	39	10	32	1	37	1
3	35	10	37	7	32	7	38	9	39	10	38	2
4	34	10	38	6	39	8	37	8	40	9	45	19
5	33	7	35	5	40	5	36	7	47	18	46	20
6	32	8	36	4	37	6	35	16	48	17	43	17
7	31	15	33	3	38	13	44	15	45	16	44	18
8	50	16	34	12	45	14	43	13	46	15	41	15
9	49	13	41	11	46	11	42	14	43	14	42	16
10	48	14	42	20	43	12	41	11	44	13	49	13
11	47	11	49	19	44	19	50	12	41	12	50	14
12	46	20	50	18	41	20	49	19	42	11	47	11
13	45	17	47	17	42	17	48	20	49	20	48	12
14	44	18	48	16	41	18	47	17	50	19	55	29
15	41	15	45	13	42	15	46	18	57	28	52	30
16	50	16	46	12	49	16	45	29	58	27	59	27
17	49	23	44	11	50	26	52	30	55	26	60	28
18	56	24	43	25	57	25	51	27	56	21	57	26
19	55	29	52	26	58	24	60	28	54	30	58	25
20	54	30	51	23	55	23	53	25	53	29	55	24
21	53	27	60	24	52	22	52	26	52	29	56	23
22	52	28	59	21	59	21	51	23	51	30	51	22
23	51	25	58	22	60	30	60	22	60	27	52	21
24	60	26	57	29	57	29	59	29	59	28	9	40
25	59	23	56	30	58	28	58	30	8	35	10	39
26	58	24	55	27	55	25	57	37	7	36	7	38
27	57	31	54	28	56	34	6	38	6	33	8	37
28	6	32	53	35	3	33	5	35	5	34	5	36
29	5		2	36	4	32	4	36	4	31	6	35
30	4		1	33	1	31	3	33	3	32	3	34
31	3		10		2		2	34		39		33

金 1974年 昭和49年生 [満47歳]

日＼月	1	2	3	4	5	6	7	8	9	10	11	12
1	32	7	36	4	37	6	35	16	48	17	43	17
2	31	16	33	3	38	13	44	15	45	16	44	18
3	50	15	34	12	45	14	43	14	46	15	41	15
4	49	13	41	11	46	11	42	13	43	14	42	16
5	48	14	42	20	43	12	41	12	44	13	49	13
6	47	11	49	19	44	19	50	11	41	12	50	14
7	46	12	50	18	41	20	49	20	42	11	47	11
8	45	19	47	17	42	17	48	20	49	20	48	12
9	44	20	48	16	49	18	47	17	50	19	55	29
10	43	17	45	15	50	15	46	18	57	28	56	30
11	42	18	46	14	47	16	45	25	58	27	53	27
12	41	23	43	13	48	23	54	26	55	26	54	28
13	60	24	44	22	55	24	53	23	56	25	51	25
14	59	21	51	21	58	21	52	24	53	24	52	26
15	58	22	52	28	55	22	51	21	54	23	59	23
16	55	29	59	27	56	29	60	26	51	22	56	24
17	54	30	59	26	53	21	57	23	52	21	53	21
18	53	27	58	22	54	30	56	24	59	30	54	21
19	60	26	57	29	51	29	55	21	59	25	1	40
20	59	23	56	30	52	28	58	22	8	34	2	39
21	58	24	55	27	55	27	57	39	7	33	9	38
22	57	31	54	28	56	36	6	40	6	33	10	37
23	6	32	53	35	3	35	5	35	5	34	5	36
24	5	39	2	36	4	34	4	36	4	31	6	35
25	4	40	1	33	1	33	3	33	3	32	3	34
26	3	37	10	34	2	32	2	34	2	39	4	33
27	2	38	9	31	9	39	1	31	1	40	1	32
28	1	35	8	32	10	38	10	32	10	37	2	31
29	10		7	39	7	37	9	39	9	38	19	50
30	9		6	40	8	36	8	40	18	45	20	49
31	8		5		5		7	47		46		48

銀 1975年 昭和50年生 [満46歳]

日＼月	1	2	3	4	5	6	7	8	9	10	11	12
1	47	12	49	19	44	19	50	11	41	12	50	14
2	46	11	50	18	41	20	49	20	42	11	47	11
3	45	20	47	17	42	17	48	19	49	20	48	12
4	44	20	48	16	49	18	47	18	50	19	55	29
5	43	17	45	15	50	15	46	17	57	28	56	30
6	42	18	46	14	47	16	45	26	58	27	53	27
7	41	25	43	13	48	23	54	25	55	26	54	28
8	60	26	44	22	55	24	53	23	56	25	51	25
9	59	23	51	21	56	21	52	24	53	24	52	26
10	58	24	52	30	53	22	51	21	54	23	59	23
11	57	21	59	29	54	29	60	22	51	22	60	24
12	56	30	60	28	51	30	59	29	52	21	57	21
13	55	27	57	27	52	27	58	30	59	30	58	22
14	54	28	58	26	51	28	57	27	60	29	5	39
15	53	25	55	23	52	25	56	28	7	38	6	40
16	60	26	56	22	59	26	55	39	8	37	9	37
17	59	33	54	21	60	36	4	40	5	36	10	38
18	8	34	53	35	7	35	1	37	6	35	7	35
19	5	39	2	36	8	34	10	38	4	40	8	35
20	4	40	1	33	5	33	9	35	3	39	5	34
21	3	37	10	34	2	32	2	36	2	38	6	33
22	2	38	9	31	9	31	1	33	1	40	3	32
23	1	35	8	32	10	40	10	32	10	37	2	31
24	10	36	7	39	7	39	9	39	9	38	19	50
25	9	33	6	40	8	38	8	40	18	45	20	49
26	8	34	5	37	5	37	7	47	17	46	17	48
27	7	41	4	38	6	44	16	48	16	43	18	47
28	16	42	3	45	13	43	15	45	15	44	15	46
29	15		12	46	14	42	14	46	14	41	16	45
30	14		11	43	11	41	13	43	13	42	13	44
31	13		20		12		12	44		49		43

命数 ▶ 1-10 羅針盤座　11-20 インディアン座　21-30 鳳凰座　31-40 時計座　41-50 カメレオン座　51-60 イルカ座

金 1976年 昭和51年生 [満45歳]

日＼月	1	2	3	4	5	6	7	8	9	10	11	12
1	42	17	43	13	48	23	54	25	55	26	54	28
2	41	26	44	22	55	24	53	24	56	25	51	25
3	60	25	51	21	56	21	52	23	53	24	52	26
4	59	24	52	30	53	22	51	22	54	23	59	23
5	58	24	59	29	54	29	60	21	51	22	60	24
6	57	21	60	28	51	30	59	30	52	21	57	21
7	56	22	57	27	52	27	58	30	59	30	58	22
8	55	29	58	26	59	28	57	27	60	29	5	39
9	54	30	55	25	60	25	56	28	7	38	6	40
10	53	27	56	24	57	26	55	35	8	37	3	37
11	52	28	53	23	58	33	4	36	5	36	4	38
12	51	35	54	32	5	34	3	33	6	35	1	35
13	10	34	1	31	8	31	2	34	3	34	2	36
14	9	31	2	40	5	32	1	31	4	33	9	33
15	8	32	9	37	6	39	10	36	1	32	6	34
16	5	39	9	36	3	31	9	33	2	31	3	31
17	4	40	8	35	4	40	6	34	9	40	4	32
18	3	37	7	39	1	39	5	31	9	35	11	50
19	10	38	6	40	2	38	4	32	18	44	12	49
20	9	33	5	37	5	37	7	49	17	43	19	48
21	8	34	4	38	6	46	16	50	16	43	20	47
22	7	41	3	45	13	45	15	45	15	44	15	46
23	16	42	12	46	14	44	14	46	14	41	16	45
24	15	49	11	43	11	43	13	43	13	42	13	44
25	14	50	20	44	12	42	12	44	12	49	14	43
26	13	47	19	41	19	49	11	41	11	50	11	42
27	12	48	18	42	20	48	20	42	20	47	12	41
28	11	45	17	49	17	47	19	49	19	48	29	60
29	20	46	16	50	18	46	18	50	28	55	30	59
30	19		15	47	15	45	17	57	27	56	27	58
31	18		14		16		26	58		53		57

銀 1977年 昭和52年生 [満44歳]

日＼月	1	2	3	4	5	6	7	8	9	10	11	12
1	56	21	60	28	51	30	59	30	52	21	57	21
2	55	30	57	27	52	27	58	29	59	30	58	22
3	54	29	58	26	59	28	57	28	60	29	5	39
4	53	27	55	25	60	25	56	27	7	38	6	40
5	52	28	56	24	57	26	55	36	8	37	3	37
6	51	35	53	23	58	33	4	35	5	36	4	38
7	10	36	54	32	5	34	3	34	6	35	1	35
8	9	33	1	31	6	31	2	34	3	34	2	36
9	8	34	2	40	3	32	1	31	4	33	9	33
10	7	31	9	39	4	39	10	32	1	32	10	34
11	6	32	10	38	1	40	9	39	2	31	7	31
12	5	37	7	37	2	37	8	40	9	40	8	32
13	4	38	8	36	9	38	7	37	10	39	15	49
14	3	35	5	35	2	35	6	38	17	48	16	50
15	10	36	6	32	9	36	5	45	18	47	19	47
16	9	43	3	31	10	43	14	50	15	46	20	48
17	18	44	3	50	17	45	11	47	16	45	17	45
18	15	41	12	46	18	44	20	48	13	50	18	45
19	14	50	11	43	15	43	19	45	13	49	15	44
20	13	47	20	44	16	42	12	46	12	48	16	43
21	12	48	19	41	19	41	11	43	11	50	13	42
22	11	45	18	42	20	50	20	44	20	47	12	41
23	20	46	17	49	17	49	19	49	19	48	29	60
24	19	43	16	50	18	48	18	50	28	55	30	59
25	18	44	15	47	15	47	17	57	27	56	27	58
26	17	51	14	48	16	56	26	58	26	53	28	57
27	26	52	13	55	23	53	25	55	25	54	25	56
28	25	59	22	56	24	52	24	56	24	51	26	55
29	24		21	53	21	51	23	53	23	52	23	54
30	23		30	54	22	60	22	54	22	59	24	53
31	22		29		29		21	51		60		52

金 1978年 昭和53年生 [満43歳]

日＼月	1	2	3	4	5	6	7	8	9	10	11	12
1	51	36	53	23	58	33	4	35	5	36	4	38
2	10	35	54	32	5	34	3	34	6	35	1	35
3	9	34	1	31	6	31	2	33	3	34	2	36
4	8	34	2	40	3	32	1	32	4	33	9	33
5	7	31	9	39	4	39	10	31	1	32	10	34
6	6	32	10	38	1	40	9	40	2	31	7	31
7	5	39	7	37	2	37	8	39	9	40	8	32
8	4	40	8	36	9	38	7	37	10	39	15	49
9	3	37	5	35	10	35	6	38	17	48	16	50
10	2	38	6	34	7	36	5	45	18	47	13	47
11	1	45	3	33	8	43	14	46	15	46	14	48
12	20	44	4	42	15	44	13	43	16	45	11	45
13	19	41	11	41	16	41	12	44	13	44	12	46
14	18	42	12	50	15	42	11	41	14	43	19	43
15	17	49	19	47	16	49	20	42	11	42	20	44
16	14	50	20	46	13	50	19	43	12	41	13	41
17	13	47	18	45	14	50	16	44	19	50	14	42
18	12	48	17	49	11	49	15	41	20	49	21	60
19	19	43	16	50	12	48	14	42	28	54	22	59
20	18	44	15	47	19	47	17	59	27	53	29	58
21	17	51	14	48	16	56	26	60	26	52	30	57
22	26	52	13	55	23	55	25	57	25	54	27	56
23	25	59	22	56	24	54	24	56	24	51	26	55
24	24	60	21	53	21	53	23	53	23	52	23	54
25	23	57	30	54	22	52	22	54	22	59	24	53
26	22	58	29	51	29	51	21	51	21	60	21	52
27	21	55	28	52	30	58	30	52	30	57	22	51
28	30	56	27	59	27	57	29	59	29	58	39	10
29	29		26	60	28	56	28	60	38	5	40	9
30	28		25	57	25	55	27	7	37	6	37	8
31	27		24		26		36	8		3		7

銀 1979年 昭和54年生 [満42歳]

日＼月	1	2	3	4	5	6	7	8	9	10	11	12
1	6	31	10	38	1	40	9	40	2	31	7	31
2	5	40	7	37	2	37	8	39	9	40	8	32
3	4	39	8	36	9	38	7	38	10	39	15	49
4	3	37	5	35	10	35	6	37	17	48	16	50
5	2	38	6	34	7	36	5	46	18	47	13	47
6	1	45	3	33	8	43	14	45	15	46	14	48
7	20	46	4	42	15	44	13	44	16	45	11	45
8	19	43	11	41	16	41	12	44	13	44	12	46
9	18	44	12	50	13	42	11	41	14	43	19	43
10	17	41	19	49	14	49	20	42	11	42	20	44
11	16	42	20	48	11	50	19	49	12	41	17	41
12	15	47	17	47	12	47	18	50	19	50	18	42
13	14	48	18	46	19	48	17	47	20	49	25	59
14	13	45	15	45	12	45	16	48	27	58	26	60
15	12	46	16	42	19	46	15	55	28	57	23	57
16	19	53	13	41	20	53	24	60	25	56	30	58
17	28	54	13	60	27	55	23	57	26	55	27	55
18	27	51	22	56	28	54	30	58	23	54	28	56
19	24	60	21	53	25	53	29	55	23	59	25	54
20	23	57	30	54	26	52	28	56	22	58	26	53
21	22	58	29	51	29	51	21	53	21	57	23	52
22	21	55	28	52	30	60	30	54	30	57	24	51
23	30	56	27	59	27	59	29	59	29	58	39	10
24	29	53	26	60	28	58	28	60	38	5	40	9
25	28	54	25	57	25	57	27	7	37	6	37	8
26	27	1	24	58	26	6	36	8	36	3	38	7
27	36	2	23	5	33	3	35	5	35	4	35	6
28	35	9	32	6	34	2	34	6	34	1	36	5
29	34		31	3	31	1	33	3	33	2	33	4
30	33		40	4	32	10	32	4	32	9	34	3
31	32		39		39		31	1		10		2

命数 ▶ 1-10 羅針盤座　11-20 インディアン座　21-30 鳳凰座　31-40 時計座　41-50 カメレオン座　51-60 イルカ座

金 1980年 昭和55年生 ［満41歳］

日＼月	1	2	3	4	5	6	7	8	9	10	11	12
1	1	46	4	42	15	44	13	44	16	45	11	45
2	20	45	11	41	16	41	12	43	13	44	12	46
3	19	44	12	50	13	42	11	42	14	43	19	43
4	18	43	19	49	14	49	20	41	11	42	20	44
5	17	41	20	48	11	50	19	50	12	41	17	41
6	16	42	17	47	12	47	17	49	19	50	18	42
7	15	49	18	46	19	48	17	47	20	49	25	59
8	14	50	15	45	20	45	16	48	27	58	26	60
9	13	47	16	44	17	46	15	55	28	57	23	57
10	12	48	13	43	18	53	24	56	25	56	24	58
11	11	55	14	52	25	54	23	53	26	55	21	55
12	30	56	21	51	26	51	22	54	23	54	22	56
13	29	51	22	60	25	52	21	51	24	53	29	53
14	28	52	29	57	26	59	30	52	21	52	30	54
15	27	59	30	56	23	60	29	53	22	51	23	51
16	24	60	28	55	24	60	28	54	29	60	24	52
17	23	57	27	59	21	59	25	51	30	59	31	9
18	22	58	26	60	22	58	24	52	38	4	32	9
19	29	55	25	57	29	57	23	9	37	3	39	8
20	28	54	24	58	26	6	36	10	36	2	40	7
21	27	1	23	5	33	5	35	7	35	4	37	6
22	36	2	32	6	34	4	34	6	34	1	36	5
23	35	9	31	3	31	3	33	3	33	2	33	4
24	34	10	40	4	32	2	32	4	32	9	34	3
25	33	7	39	1	39	1	31	1	31	10	31	2
26	32	8	38	2	40	8	40	2	40	7	32	1
27	31	5	37	9	37	7	39	9	39	8	49	20
28	40	6	36	10	38	6	38	10	48	15	50	19
29	39	3	35	7	35	5	37	17	47	16	47	18
30	38		34	8	36	14	46	18	46	13	48	17
31	37		33		43		45	15		14		16

銀 1981年 昭和56年生 ［満40歳］

日＼月	1	2	3	4	5	6	7	8	9	10	11	12
1	15	50	17	47	12	47	18	49	19	50	18	42
2	14	49	18	46	19	48	17	48	20	49	25	59
3	13	48	15	45	20	45	16	47	27	58	26	60
4	12	48	16	44	17	46	15	56	28	57	23	57
5	11	55	17	43	18	53	24	55	25	56	24	58
6	30	56	14	52	25	54	23	54	26	55	21	55
7	29	53	21	51	26	51	22	54	23	54	22	56
8	28	54	22	60	23	52	21	51	24	53	29	53
9	27	51	29	59	24	59	30	52	21	52	30	54
10	26	52	30	58	21	60	29	59	22	51	27	51
11	25	59	27	57	22	57	28	60	29	60	28	52
12	24	58	28	56	29	58	27	57	30	59	35	9
13	23	55	25	55	22	55	26	58	37	8	36	10
14	22	56	26	54	29	56	25	5	38	7	33	7
15	21	3	23	51	30	3	34	10	35	6	40	8
16	38	4	24	10	37	4	33	7	36	5	37	5
17	37	1	32	9	38	4	40	8	33	4	38	6
18	36	2	31	3	35	3	39	5	34	9	35	4
19	33	7	40	4	36	2	38	6	32	8	36	3
20	32	8	39	1	39	1	31	3	31	7	33	2
21	31	5	38	2	40	10	40	4	40	7	34	1
22	40	6	37	9	37	9	39	9	39	8	49	20
23	39	3	36	10	38	8	38	10	48	15	50	19
24	38	4	35	7	35	7	37	17	47	16	47	18
25	37	11	34	8	36	16	46	18	46	13	48	17
26	46	12	33	15	43	15	45	15	45	14	45	16
27	45	19	42	16.	44	12	44	16	44	11	46	15
28	44	20	41	13	41	11	43	13	43	12	43	14
29	43		50	14	42	20	42	14	42	19	44	13
30	42		49	11	49	19	41	11	41	20	41	12
31	41		48		50		50	12		17		11

金 1982年 昭和57年生 ［満39歳］

日＼月	1	2	3	4	5	6	7	8	9	10	11	12
1	30	55	14	52	25	54	23	54	26	55	21	55
2	29	54	21	51	26	51	22	53	23	54	22	56
3	28	53	22	60	23	52	21	52	24	53	29	53
4	27	51	29	59	24	59	30	51	21	52	30	54
5	26	52	24	58	21	60	29	60	22	51	27	51
6	25	59	27	57	22	57	28	59	29	60	28	52
7	24	60	28	56	29	58	27	58	30	59	35	9
8	23	57	25	55	30	55	26	58	37	8	36	10
9	22	58	26	54	27	56	25	5	38	7	33	7
10	21	5	23	53	28	3	34	6	35	6	34	8
11	40	6	24	2	35	4	33	3	36	5	31	5
12	39	1	31	1	36	1	32	4	33	4	32	6
13	38	2	32	10	33	2	31	1	34	3	39	3
14	37	9	39	9	36	9	40	2	31	2	40	4
15	36	10	40	6	33	10	39	9	32	1	37	1
16	33	7	37	5	34	7	38	4	39	10	34	2
17	32	8	37	4	31	9	35	1	40	9	41	19
18	31	5	36	10	32	8	34	2	47	14	42	19
19	38	4	35	7	39	7	33	19	47	13	49	18
20	37	11	34	8	40	16	46	20	46	12	50	17
21	46	12	33	15	43	15	45	17	45	14	47	16
22	45	19	42	16	44	14	44	18	44	11	48	15
23	44	20	41	13	41	13	43	13	43	12	43	14
24	43	17	50	14	42	12	42	14	42	19	44	13
25	42	18	49	11	49	11	41	11	41	20	41	12
26	41	15	48	12	50	20	50	12	50	17	42	11
27	50	16	47	19	47	17	49	19	49	18	59	30
28	49	13	46	20	48	16	48	20	58	25	60	29
29	48		45	17	45	15	47	27	57	26	57	28
30	47		44	18	46	24	56	28	56	23	58	27
31	56		43		53		55	25		24		26

銀 1983年 昭和58年生 ［満38歳］

日＼月	1	2	3	4	5	6	7	8	9	10	11	12
1	25	60	27	57	22	57	28	59	29	60	28	52
2	24	59	28	56	29	58	27	58	30	59	35	9
3	23	58	25	55	30	55	26	57	37	8	36	10
4	22	58	26	54	27	56	25	6	38	7	33	7
5	21	5	23	53	28	3	34	5	35	6	34	8
6	40	6	24	2	35	4	33	4	36	5	31	5
7	39	3	31	1	36	1	31	3	33	4	32	6
8	38	4	32	10	33	2	31	1	34	3	39	3
9	37	1	39	9	34	9	40	2	31	2	40	4
10	36	2	40	8	31	10	39	9	32	1	37	1
11	35	9	37	7	32	7	38	10	39	10	38	2
12	34	8	38	6	39	8	37	7	40	9	45	19
13	33	5	35	5	40	5	36	8	47	18	46	20
14	32	6	36	4	39	6	35	15	48	17	43	17
15	31	13	33	1	40	13	44	16	45	16	44	18
16	48	14	34	20	47	14	43	17	46	15	47	15
17	47	11	42	19	48	14	42	18	43	14	48	16
18	46	12	41	13	45	13	49	15	44	13	45	13
19	43	17	50	14	46	12	48	16	42	18	46	13
20	42	18	49	11	43	11	47	13	41	17	43	12
21	41	15	48	12	50	20	50	14	50	16	44	11
22	50	16	47	19	47	19	49	11	49	18	51	30
23	49	13	46	20	48	18	48	20	58	25	60	29
24	48	14	45	17	45	17	47	27	57	26	57	28
25	47	21	44	18	46	26	56	28	56	23	58	27
26	56	22	43	25	53	25	55	25	55	24	55	26
27	55	29	52	26	54	22	54	26	54	21	56	25
28	54	30	51	23	51	21	53	23	53	22	53	24
29	53		60	24	52	30	52	24	52	29	54	23
30	52		59	21	59	29	51	21	51	30	51	22
31	51		58		60		60	22		27		21

命数 ▶ 1-10 羅針盤座　11-20 インディアン座　21-30 鳳凰座　31-40 時計座　41-50 カメレオン座　51-60 イルカ座

金 1984年 昭和59年生 [満37歳]

日＼月	1	2	3	4	5	6	7	8	9	10	11	12
1	40	5	31	1	36	1	32	3	33	4	32	6
2	39	4	32	10	33	2	31	2	34	3	39	3
3	38	3	39	9	34	9	40	1	31	2	40	4
4	37	2	40	8	31	10	39	10	32	1	37	1
5	36	2	37	7	32	7	38	9	39	10	38	2
6	35	9	38	6	39	8	38	8	40	9	45	19
7	34	10	35	5	40	5	36	8	47	18	46	20
8	33	7	36	4	37	6	35	15	48	17	43	17
9	32	8	33	3	38	13	44	16	45	16	44	18
10	31	15	34	12	45	14	43	13	46	15	41	15
11	50	16	41	11	46	11	42	14	43	14	42	16
12	49	13	42	20	43	12	41	11	44	13	49	13
13	48	12	49	19	46	19	50	12	41	12	50	14
14	47	19	50	16	43	20	49	19	42	11	47	11
15	46	20	47	15	44	17	48	14	49	20	44	12
16	43	17	47	14	41	19	47	11	50	19	51	29
17	42	18	46	20	42	18	44	12	57	28	52	30
18	41	15	45	17	49	17	43	29	57	23	59	28
19	48	16	44	18	50	26	52	30	56	22	60	27
20	47	21	43	25	53	25	55	27	55	21	57	26
21	56	22	52	26	54	24	54	28	54	21	58	25
22	55	29	51	23	51	23	53	23	53	22	53	24
23	54	30	60	24	52	22	52	24	52	29	54	23
24	53	27	59	21	59	21	51	21	51	30	51	22
25	52	28	58	22	60	30	60	22	60	27	52	21
26	51	25	57	29	57	27	59	29	59	28	9	40
27	60	26	56	30	58	26	58	30	8	35	10	39
28	59	23	55	27	55	25	57	37	7	36	7	38
29	58	24	54	28	56	34	6	38	6	33	8	37
30	57		53	35	3	33	5	35	5	34	5	36
31	6		2		4		4	36		31		35

銀 1985年 昭和60年生 [満36歳]

日＼月	1	2	3	4	5	6	7	8	9	10	11	12
1	34	9	38	6	39	8	37	8	40	9	45	19
2	33	8	35	5	40	5	36	7	47	18	46	20
3	32	7	36	4	37	6	35	16	48	17	43	17
4	31	15	33	3	38	13	44	15	45	16	44	18
5	50	16	38	12	45	14	43	14	46	15	41	15
6	49	13	41	11	46	11	42	13	43	14	42	16
7	48	14	42	20	43	12	41	11	44	13	49	13
8	47	11	49	19	44	19	50	12	41	12	50	14
9	46	12	50	18	41	20	49	19	42	11	47	11
10	45	19	47	17	42	17	48	20	49	20	48	12
11	44	20	48	16	49	18	47	17	50	19	55	29
12	43	15	45	15	50	15	46	18	57	28	56	30
13	42	16	46	14	49	16	45	25	58	27	53	27
14	41	23	43	13	50	23	54	26	55	26	54	28
15	58	24	44	30	57	24	53	27	56	25	57	25
16	57	21	51	29	58	21	52	28	53	24	58	26
17	56	22	51	28	55	23	59	25	54	23	55	23
18	53	29	60	24	56	22	58	26	51	28	56	23
19	52	28	59	21	53	21	57	23	51	27	53	22
20	51	25	58	22	60	30	60	24	60	26	54	21
21	60	26	57	29	57	29	59	21	59	28	1	40
22	59	23	56	30	58	28	58	30	8	35	10	39
23	58	24	55	27	55	27	57	37	7	36	7	38
24	57	31	54	28	56	36	6	38	6	33	8	37
25	6	32	53	35	3	35	5	35	5	34	5	36
26	5	39	2	36	4	32	4	36	4	31	6	35
27	4	40	1	33	1	31	3	33	3	32	3	34
28	3	37	10	34	2	40	2	34	2	39	4	33
29	2		9	31	9	39	1	31	1	40	1	32
30	1		8	32	10	38	10	32	10	37	2	31
31	10		7		7		9	39		38		50

金 1986年 昭和61年生 [満35歳]

日＼月	1	2	3	4	5	6	7	8	9	10	11	12
1	49	14	41	11	46	11	42	13	43	14	42	16
2	48	13	42	20	43	12	41	12	44	13	49	13
3	47	12	49	19	44	19	50	11	41	12	50	14
4	46	12	50	18	41	20	49	20	42	11	47	11
5	45	19	41	17	42	17	48	19	49	20	48	12
6	44	20	48	16	49	18	47	18	50	19	55	29
7	43	17	45	15	50	15	46	17	57	28	56	30
8	42	18	46	14	47	16	45	25	58	27	53	27
9	41	25	43	13	48	23	54	26	55	26	54	28
10	60	26	44	22	55	24	53	23	56	25	51	25
11	59	23	51	21	56	21	52	24	53	24	52	26
12	58	22	52	30	53	22	51	21	54	23	59	23
13	57	29	59	29	54	29	60	22	51	22	60	24
14	56	30	60	28	53	30	59	29	52	21	57	21
15	55	27	57	25	54	27	58	30	59	30	58	22
16	52	28	58	24	51	28	57	21	60	29	1	39
17	51	25	56	23	52	28	54	22	7	38	2	40
18	60	26	55	27	59	27	53	39	8	33	9	38
19	57	31	54	28	60	36	2	40	6	32	10	37
20	6	32	53	35	7	35	5	37	5	31	7	36
21	5	39	2	36	4	34	4	38	4	31	8	35
22	4	40	1	33	1	33	3	35	3	32	5	34
23	3	37	10	34	2	32	2	34	2	39	4	33
24	2	38	9	31	9	31	1	31	1	40	1	32
25	1	35	8	32	10	40	10	32	10	37	2	31
26	10	36	7	39	7	39	9	39	9	38	19	50
27	9	33	6	40	8	36	8	40	18	45	20	49
28	8	34	5	37	5	35	7	47	17	46	17	48
29	7		4	38	6	44	16	48	16	43	18	47
30	16		3	45	13	43	15	45	15	44	15	46
31	15		12		14		14	46		41		45

銀 1987年 昭和62年生 [満34歳]

日＼月	1	2	3	4	5	6	7	8	9	10	11	12
1	44	19	48	16	49	18	47	18	50	19	55	29
2	43	18	45	15	50	15	46	17	57	28	56	30
3	42	17	46	14	47	16	45	26	58	27	53	27
4	41	25	43	13	48	23	54	25	55	26	54	28
5	60	26	48	22	55	24	53	24	56	25	51	25
6	59	23	51	21	56	21	52	23	53	24	52	26
7	58	24	52	30	53	22	52	22	54	23	59	23
8	57	21	59	29	54	29	60	22	51	22	60	24
9	56	22	60	28	51	30	59	29	52	21	57	21
10	55	29	57	27	52	27	58	30	59	30	58	22
11	54	30	58	26	59	28	57	27	60	29	5	39
12	53	25	55	25	60	25	56	28	7	38	6	40
13	52	26	56	24	57	26	55	35	8	37	3	37
14	51	33	53	23	60	33	4	36	5	36	4	38
15	10	34	54	40	7	34	3	33	6	35	1	35
16	7	31	1	39	8	31	2	38	3	34	8	36
17	6	32	1	38	5	33	1	35	4	33	5	33
18	5	39	10	34	6	32	8	36	1	32	6	34
19	2	38	9	31	3	31	7	33	1	37	3	32
20	1	35	8	32	4	40	6	34	10	36	4	31
21	10	36	7	39	7	39	9	31	9	35	11	50
22	9	33	6	40	8	38	8	32	18	45	12	49
23	8	34	5	37	5	37	7	47	17	46	17	48
24	7	41	4	38	6	46	16	48	16	43	18	47
25	16	42	3	45	13	45	15	45	15	44	15	46
26	15	49	12	46	14	44	14	46	14	41	16	45
27	14	50	11	43	11	41	13	43	13	42	13	44
28	13	47	20	44	12	50	12	44	12	49	14	43
29	12		19	41	19	49	11	41	11	50	11	42
30	11		18	42	20	48	20	42	20	47	12	41
31	20		17		17		19	49		48		60

命数 ▶ 1-10 羅針盤座　11-20 インディアン座　21-30 鳳凰座　31-40 時計座　41-50 カメレオン座　51-60 イルカ座

金 1988年 昭和63年生 ［満33歳］

日＼月	1	2	3	4	5	6	7	8	9	10	11	12
1	59	24	52	30	53	22	51	22	54	23	59	23
2	58	23	59	29	54	29	60	21	51	22	60	24
3	57	22	60	28	51	30	59	30	52	21	57	21
4	56	22	57	27	52	27	58	29	59	30	58	22
5	55	29	58	26	59	28	57	28	60	29	5	39
6	54	30	55	25	60	25	55	27	7	38	6	40
7	53	27	56	24	57	26	55	35	8	37	3	37
8	52	28	53	23	58	33	4	36	5	36	4	38
9	51	35	54	32	5	34	3	33	6	35	1	35
10	10	36	1	31	6	31	2	34	3	34	2	36
11	9	33	2	40	3	32	1	31	4	33	9	33
12	8	32	9	39	4	39	10	32	1	32	10	34
13	7	39	10	38	3	40	9	39	2	31	7	31
14	6	40	7	35	4	37	8	40	9	40	8	32
15	5	37	8	34	1	38	7	31	10	39	11	49
16	2	38	6	33	2	38	6	32	17	48	12	50
17	1	35	5	37	9	37	3	49	18	47	19	47
18	10	36	4	38	10	46	12	50	16	42	20	47
19	7	41	3	45	17	45	11	47	15	41	17	46
20	16	42	12	46	14	44	14	48	14	50	18	45
21	15	49	11	43	11	43	13	45	13	42	15	44
22	14	50	20	44	12	42	12	44	12	49	14	43
23	13	47	19	41	19	41	11	41	11	50	11	42
24	12	48	18	42	20	50	20	42	20	47	12	41
25	11	45	17	49	17	49	19	49	19	48	29	60
26	20	46	16	50	18	46	18	50	28	55	30	59
27	19	43	15	47	15	45	17	57	27	56	27	58
28	18	44	14	48	16	54	26	58	26	53	28	57
29	17	51	13	55	23	53	25	55	25	54	25	56
30	26		22	56	24	52	24	56	24	51	26	55
31	25		21		21		23	53		52		54

銀 1989年 昭和64年生 平成元年生 ［満32歳］

日＼月	1	2	3	4	5	6	7	8	9	10	11	12
1	53	28	55	25	60	25	56	27	7	38	6	40
2	52	27	56	24	57	26	55	36	8	37	3	37
3	51	36	53	23	58	33	4	35	5	36	4	38
4	10	36	54	32	5	34	3	34	6	35	1	35
5	9	33	1	31	6	31	2	33	3	34	2	36
6	8	34	2	40	3	32	1	32	4	33	9	33
7	7	31	9	39	4	39	10	32	1	32	10	34
8	6	32	10	38	1	40	9	39	2	31	7	31
9	5	39	7	37	2	37	8	40	9	40	8	32
10	4	40	8	36	9	38	7	37	10	39	15	49
11	3	37	5	35	10	35	6	38	17	48	16	50
12	2	36	6	34	7	36	5	45	18	47	13	47
13	1	43	3	33	10	43	14	46	15	46	14	48
14	20	44	4	42	17	44	13	43	16	45	11	45
15	17	41	11	49	18	41	12	48	13	44	18	46
16	16	42	11	48	15	42	11	45	14	43	15	43
17	15	49	20	47	16	42	18	46	11	42	16	44
18	12	50	19	41	13	41	17	43	12	47	13	42
19	11	45	18	42	14	50	16	44	20	46	14	41
20	20	46	17	49	17	49	19	41	19	45	21	60
21	19	43	16	50	18	48	18	42	28	55	22	59
22	18	44	15	47	15	47	17	57	27	56	27	58
23	17	51	14	48	16	56	26	58	26	53	28	57
24	26	52	13	55	23	55	25	55	25	54	25	56
25	25	59	22	56	24	54	24	56	24	51	26	55
26	24	60	21	53	21	53	23	53	23	52	23	54
27	23	57	30	54	22	60	22	54	22	59	24	53
28	22	58	29	51	29	59	21	51	21	60	21	52
29	21		28	52	30	58	30	52	30	57	22	51
30	30		27	59	27	57	29	59	29	58	39	10
31	29		26		28		28	60		5		9

金 1990年 平成2年生 ［満31歳］

日＼月	1	2	3	4	5	6	7	8	9	10	11	12
1	8	33	2	40	3	32	1	32	4	33	9	33
2	7	32	9	39	4	39	10	31	1	32	10	34
3	6	31	10	38	1	40	9	40	2	31	7	31
4	5	39	7	37	2	37	8	39	9	40	8	32
5	4	40	2	36	9	38	7	38	10	39	15	49
6	3	37	5	35	10	35	6	37	17	48	16	50
7	2	38	6	34	7	36	5	46	18	47	13	47
8	1	45	3	33	8	43	14	46	15	46	14	48
9	20	46	4	42	15	44	13	43	16	45	11	45
10	19	43	11	41	16	41	12	44	13	44	12	46
11	18	44	12	50	13	42	11	41	14	43	19	43
12	17	49	19	49	14	49	20	42	11	42	20	44
13	16	50	20	48	11	50	19	49	12	41	17	41
14	15	47	17	47	14	47	18	50	19	50	18	42
15	12	48	18	44	11	48	17	47	20	49	25	59
16	11	45	15	43	12	45	16	42	27	58	22	60
17	20	46	15	42	19	47	13	59	28	57	29	57
18	17	53	14	48	20	56	22	60	25	52	30	57
19	26	52	13	55	27	55	21	57	25	51	27	56
20	25	59	22	56	28	54	24	58	24	60	28	55
21	24	60	21	53	21	53	23	55	23	52	25	54
22	23	57	30	54	22	52	22	56	22	59	26	53
23	22	58	29	51	29	51	21	51	21	60	21	52
24	21	55	28	52	30	60	30	52	30	57	22	51
25	30	56	27	59	27	59	29	59	29	58	39	10
26	29	53	26	60	28	58	28	60	38	5	40	9
27	28	54	25	57	25	55	27	7	37	6	37	8
28	27	1	24	58	26	4	36	8	36	3	38	7
29	36		23	5	33	3	35	5	35	4	35	6
30	35		32	6	34	2	34	6	34	1	36	5
31	34		31		31		33	3		2		4

銀 1991年 平成3年生 ［満30歳］

日＼月	1	2	3	4	5	6	7	8	9	10	11	12
1	3	38	5	35	10	35	6	37	17	48	16	50
2	2	37	6	34	7	36	5	46	18	47	13	47
3	1	46	3	33	8	43	14	45	15	46	14	48
4	20	46	4	42	15	44	13	44	16	45	11	45
5	19	43	15	41	16	41	12	43	13	44	12	46
6	18	44	12	50	13	42	11	42	14	43	19	43
7	17	41	19	49	14	49	20	41	11	42	20	44
8	16	42	20	48	11	50	19	49	12	41	17	41
9	15	49	17	47	12	47	18	50	19	50	18	42
10	14	50	18	46	19	48	17	47	20	49	25	59
11	13	47	15	45	20	45	16	48	27	58	26	60
12	12	46	16	44	17	46	15	55	28	57	23	57
13	11	53	13	43	18	53	24	56	25	56	24	58
14	30	54	14	52	27	54	23	53	26	55	21	55
15	29	51	21	59	28	51	22	54	23	54	22	56
16	26	52	22	58	25	52	21	55	24	53	25	53
17	25	59	30	57	26	52	28	56	21	52	26	54
18	24	60	29	51	23	51	27	53	22	51	23	51
19	21	55	28	52	24	60	26	54	30	56	24	51
20	30	56	27	59	21	59	29	51	29	55	31	10
21	29	53	26	60	28	58	28	52	38	4	32	9
22	28	54	25	57	25	57	27	9	37	6	39	8
23	27	1	24	58	26	6	36	8	36	3	38	7
24	36	2	23	5	33	5	35	5	35	4	35	6
25	35	9	32	6	34	4	34	6	34	1	36	5
26	34	10	31	3	31	1	33	3	33	2	33	4
27	33	7	40	4	32	10	32	4	32	9	34	3
28	32	8	39	1	39	9	31	1	31	10	31	2
29	31		38	2	40	8	40	2	40	7	32	1
30	40		37	9	37	7	39	9	39	8	49	20
31	39		36		38		38	10		15		19

命数 ▶ 1-10 羅針盤座　11-20 インディアン座　21-30 鳳凰座　31-40 時計座　41-50 カメレオン座　51-60 イルカ座

金 1992年 平成4年生〔満29歳〕

日＼月	1	2	3	4	5	6	7	8	9	10	11	12
1	18	43	19	49	14	49	20	41	11	42	20	44
2	17	42	20	48	11	50	19	50	12	41	17	41
3	16	41	17	47	12	47	18	49	19	50	18	42
4	15	49	18	46	19	48	17	48	20	49	25	59
5	14	50	15	45	20	45	16	47	27	58	26	60
6	13	47	16	44	17	46	16	56	28	57	23	57
7	12	48	13	43	18	53	24	56	25	56	24	58
8	11	55	14	52	25	54	23	53	26	55	21	55
9	30	56	21	51	26	51	22	54	23	54	22	56
10	29	53	22	60	23	52	21	51	24	53	29	53
11	28	54	29	59	24	59	30	52	21	52	30	54
12	27	59	30	58	21	60	29	59	22	51	27	51
13	26	60	27	57	24	57	28	60	29	60	28	52
14	25	57	28	54	21	58	27	57	30	59	35	9
15	24	58	25	53	22	55	26	52	37	8	32	10
16	21	55	25	52	29	57	25	9	38	7	39	7
17	30	56	24	58	30	6	32	10	35	6	40	8
18	29	3	23	5	37	5	31	7	35	1	37	6
19	36	2	32	6	38	4	40	8	34	10	38	5
20	35	9	31	3	31	3	33	5	33	9	35	4
21	34	10	40	4	32	2	32	6	32	9	36	3
22	33	7	39	1	39	1	31	1	31	10	31	2
23	32	8	38	2	40	10	40	2	40	7	32	1
24	31	5	37	9	37	9	39	9	39	8	49	20
25	40	6	36	10	38	8	38	10	48	15	50	19
26	39	3	35	7	35	5	37	17	47	16	47	18
27	38	4	34	8	36	14	46	18	46	13	48	17
28	37	11	33	15	43	13	45	15	45	14	45	16
29	46	12	42	16	44	12	44	16	44	11	46	15
30	45		41	13	41	11	43	13	43	12	43	14
31	44		50		42		42	14		19		13

銀 1993年 平成5年生〔満28歳〕

日＼月	1	2	3	4	5	6	7	8	9	10	11	12
1	12	47	16	44	17	46	15	56	28	57	23	57
2	11	56	13	43	18	53	24	55	25	56	24	58
3	30	55	14	52	25	54	23	54	26	55	21	55
4	29	53	21	51	26	51	22	53	23	54	22	56
5	28	54	22	60	23	52	21	52	24	53	29	53
6	27	51	29	59	24	59	30	51	21	52	30	54
7	26	52	30	58	21	60	30	59	22	51	27	51
8	25	59	27	57	22	57	28	60	29	60	28	52
9	24	60	28	56	29	58	27	57	30	59	35	9
10	23	57	25	55	30	55	26	58	37	8	36	10
11	22	58	26	54	27	56	25	5	38	7	33	7
12	21	3	23	53	28	3	34	6	35	6	34	8
13	40	4	24	2	37	4	33	3	36	5	31	5
14	39	1	31	1	38	1	32	4	33	4	32	6
15	36	2	32	8	35	2	31	5	34	3	35	3
16	35	9	40	7	36	9	40	6	31	2	36	4
17	34	10	39	6	33	1	39	3	32	1	33	1
18	31	7	38	2	34	10	36	4	39	6	34	1
19	40	6	37	9	31	9	35	1	39	5	41	20
20	39	3	36	10	38	8	34	2	48	14	42	19
21	38	4	35	7	35	7	37	19	47	16	49	18
22	37	11	34	8	36	16	46	18	46	13	48	17
23	46	12	33	15	43	15	45	15	45	14	45	16
24	45	19	42	16	44	14	44	16	44	11	46	15
25	44	20	41	13	41	13	43	13	43	12	43	14
26	43	17	50	14	42	12	42	14	42	19	44	13
27	42	18	49	11	49	19	41	11	41	20	41	12
28	41	15	48	12	50	18	50	12	50	17	42	11
29	50		47	19	47	17	49	19	49	18	59	30
30	49		46	20	48	16	48	20	58	25	60	29
31	48		45		45		47	27		26		28

金 1994年 平成6年生〔満27歳〕

日＼月	1	2	3	4	5	6	7	8	9	10	11	12
1	27	52	29	59	24	59	30	51	21	52	30	54
2	26	51	30	58	21	60	29	60	22	51	27	51
3	25	60	27	57	22	57	28	59	29	60	28	52
4	24	60	28	56	29	58	27	58	30	59	35	9
5	23	57	29	55	30	55	26	57	37	8	36	10
6	22	58	26	54	27	56	25	6	38	7	33	7
7	21	5	23	53	28	3	34	5	35	6	34	8
8	40	6	24	2	35	4	33	3	36	5	31	5
9	39	3	31	1	36	1	32	4	33	4	32	6
10	38	4	32	10	33	2	31	1	34	3	39	3
11	37	1	39	9	34	9	40	2	31	2	40	4
12	36	10	40	8	31	10	39	9	32	1	37	1
13	35	7	37	7	32	7	38	10	39	10	38	2
14	34	8	38	6	31	8	37	7	40	9	45	19
15	31	5	35	3	32	5	36	8	47	18	46	20
16	40	6	36	2	39	6	35	19	48	17	49	17
17	39	13	34	1	40	16	42	20	45	16	50	18
18	46	14	33	15	47	15	41	17	46	11	47	16
19	45	19	42	16	48	14	50	18	44	20	48	15
20	44	20	41	13	45	13	43	15	43	19	45	14
21	43	17	50	14	42	12	42	16	42	19	46	13
22	42	18	49	11	49	11	41	13	41	20	43	12
23	41	15	48	12	50	20	50	12	50	17	42	11
24	50	16	47	19	47	19	49	19	49	18	59	30
25	49	13	46	20	48	18	48	20	58	25	60	29
26	48	14	45	17	45	17	47	27	57	26	57	28
27	47	21	44	18	46	24	56	28	56	23	58	27
28	56	22	43	25	53	23	55	25	55	24	55	26
29	55		52	26	54	22	54	26	54	21	56	25
30	54		51	23	51	21	53	23	53	22	53	24
31	53		60		52		52	24		29		23

銀 1995年 平成7年生〔満26歳〕

日＼月	1	2	3	4	5	6	7	8	9	10	11	12
1	22	57	26	54	27	56	25	6	38	7	33	7
2	21	6	23	53	28	3	34	5	35	6	34	8
3	40	5	24	2	35	4	33	4	36	5	31	5
4	39	3	31	1	36	1	32	3	33	4	32	6
5	38	4	32	10	33	2	31	2	34	3	39	3
6	37	1	39	9	34	9	40	1	31	2	40	4
7	36	2	40	8	31	10	39	10	32	1	37	1
8	35	9	37	7	32	7	38	10	39	10	38	2
9	34	10	38	6	39	8	37	7	40	9	45	19
10	33	7	35	5	40	5	36	8	47	18	46	20
11	32	8	36	4	37	6	35	15	48	17	43	17
12	31	13	33	3	38	13	44	16	45	16	44	18
13	50	14	34	12	45	14	43	13	46	15	41	15
14	49	11	41	11	48	11	42	14	43	14	42	16
15	48	12	42	18	45	12	41	11	44	13	49	13
16	45	19	49	17	46	19	50	16	41	12	46	14
17	44	20	49	16	43	11	47	13	42	11	43	11
18	43	17	48	12	44	20	46	14	49	20	44	11
19	50	16	47	19	41	19	45	11	49	15	51	30
20	49	13	46	20	42	18	48	12	58	24	52	29
21	48	14	45	17	45	17	47	29	57	23	59	28
22	47	21	44	18	46	26	56	30	56	23	60	27
23	56	22	43	25	53	25	55	25	55	24	55	26
24	55	29	52	26	54	24	54	26	54	21	56	25
25	54	30	51	23	51	23	53	23	53	22	53	24
26	53	27	60	24	52	22	52	24	52	29	54	23
27	52	28	59	21	59	29	51	21	51	30	51	22
28	51	25	58	22	60	28	60	22	60	27	52	21
29	60		57	29	57	27	59	29	59	28	9	40
30	59		56	30	58	26	58	30	8	35	10	39
31	58		55		55		57	37		36		38

命数▶ 1-10 羅針盤座　11-20 インディアン座　21-30 鳳凰座　31-40 時計座　41-50 カメレオン座　51-60 イルカ座

金 1996年 平成8年生〔満25歳〕

日＼月	1	2	3	4	5	6	7	8	9	10	11	12
1	37	2	40	8	31	10	39	10	32	1	37	1
2	36	1	37	7	32	7	38	9	39	10	38	2
3	35	10	38	6	39	8	37	8	40	9	45	19
4	34	10	35	5	40	5	36	7	47	18	46	20
5	33	7	36	4	37	6	35	16	48	17	43	17
6	32	8	33	3	38	13	43	15	45	16	44	18
7	31	15	34	12	45	14	43	13	46	15	41	15
8	50	16	41	11	46	11	42	14	43	14	42	16
9	49	13	42	20	43	12	41	11	44	13	49	13
10	48	14	49	19	44	19	50	12	41	12	50	14
11	47	11	50	18	41	20	49	19	42	11	47	11
12	46	20	47	17	42	17	48	20	49	20	48	12
13	45	17	48	16	41	18	47	17	50	19	55	29
14	44	18	45	13	42	15	46	18	57	28	56	30
15	43	15	46	12	49	16	45	29	58	27	59	27
16	50	16	44	11	50	26	54	30	55	26	60	28
17	49	23	43	25	57	25	51	27	56	25	57	25
18	58	24	52	26	58	24	60	28	54	30	58	25
19	55	29	51	23	55	23	59	25	53	29	55	24
20	54	30	60	24	52	22	52	26	52	28	56	23
21	53	27	59	21	59	21	51	23	51	30	53	22
22	52	28	58	22	60	30	60	22	60	27	52	21
23	51	25	57	29	57	29	59	29	59	28	9	40
24	60	26	56	30	58	28	58	30	8	35	10	39
25	59	23	55	27	55	27	57	37	7	36	7	38
26	58	24	54	28	56	34	6	38	6	33	8	37
27	57	31	53	35	3	33	5	35	5	34	5	36
28	6	32	2	36	4	32	4	36	4	31	6	35
29	5	39	1	33	1	31	3	33	3	32	3	34
30	4		10	34	2	40	2	34	2	39	4	33
31	3		9		9		1	31		40		32

銀 1997年 平成9年生〔満24歳〕

日＼月	1	2	3	4	5	6	7	8	9	10	11	12
1	31	16	33	3	38	13	44	15	45	16	44	18
2	50	15	34	12	45	14	43	14	46	15	41	15
3	49	14	41	11	46	11	42	13	43	14	42	16
4	48	14	42	20	43	12	41	12	44	13	49	13
5	47	11	49	19	44	19	50	11	41	12	50	14
6	46	12	50	18	41	20	49	20	42	11	47	11
7	45	19	47	17	42	17	48	20	49	20	48	12
8	44	20	48	16	49	18	47	17	50	19	55	29
9	43	17	45	15	50	15	46	18	57	28	56	30
10	42	18	46	14	47	16	45	25	58	27	53	27
11	41	25	43	13	48	23	54	26	55	26	54	28
12	60	24	44	22	55	24	53	23	56	25	51	25
13	59	21	51	21	58	21	52	24	53	24	52	26
14	58	22	52	30	55	22	51	21	54	23	59	23
15	55	29	59	27	56	29	60	26	51	22	56	24
16	54	30	59	26	53	30	59	23	52	21	53	21
17	53	27	58	25	54	30	56	24	59	30	54	22
18	60	28	57	29	51	29	55	21	59	25	1	40
19	59	23	56	30	52	28	54	22	8	34	2	39
20	58	24	55	27	55	27	57	39	7	33	9	38
21	57	31	54	28	56	36	6	40	6	33	10	37
22	6	32	53	35	3	35	5	35	5	34	5	36
23	5	39	2	36	4	34	4	36	4	31	6	35
24	4	40	1	33	1	33	3	33	3	32	3	34
25	3	37	10	34	2	32	2	34	2	39	4	33
26	2	38	9	31	9	39	1	31	1	40	1	32
27	1	35	8	32	10	38	10	32	10	37	2	31
28	10	36	7	39	7	37	9	39	9	38	19	50
29	9		6	40	8	36	8	40	18	45	20	49
30	8		5	37	5	35	7	47	17	46	17	48
31	7		4		6		16	48		43		47

金 1998年 平成10年生〔満23歳〕

日＼月	1	2	3	4	5	6	7	8	9	10	11	12
1	46	11	50	18	41	20	49	20	42	11	47	11
2	45	20	47	17	42	17	48	19	49	20	48	12
3	44	19	48	16	49	18	47	18	50	19	55	29
4	43	17	45	15	50	15	46	17	57	28	56	30
5	42	18	50	14	47	16	45	26	58	27	53	27
6	41	25	43	13	48	23	54	25	55	26	54	28
7	60	26	44	22	55	24	53	24	56	25	51	25
8	59	23	51	21	56	21	52	24	53	24	52	26
9	58	24	52	30	53	22	51	21	54	23	59	23
10	57	21	59	29	54	29	60	22	51	22	60	24
11	56	22	60	28	51	30	59	29	52	21	57	21
12	55	27	57	27	52	27	58	30	59	30	58	22
13	54	28	58	26	59	28	57	27	60	29	5	39
14	53	25	55	25	52	25	56	28	7	38	6	40
15	60	26	56	22	59	26	55	35	8	37	3	37
16	59	33	53	21	60	33	4	40	5	36	10	38
17	8	34	53	40	7	35	1	37	6	35	7	35
18	5	31	2	36	8	34	10	38	3	40	8	35
19	4	40	1	33	5	33	9	35	3	39	5	34
20	3	37	10	34	6	32	2	36	2	38	6	33
21	2	38	9	31	9	31	1	33	1	40	3	32
22	1	35	8	32	10	40	10	34	10	37	4	31
23	10	36	7	39	7	39	9	39	9	38	19	50
24	9	33	6	40	8	38	8	40	18	45	20	49
25	8	34	5	37	5	37	7	47	17	46	17	48
26	7	41	4	38	6	46	16	48	16	43	18	47
27	16	42	3	45	13	43	15	45	15	44	15	46
28	15	49	12	46	14	42	14	46	14	41	16	45
29	14		11	43	11	41	13	43	13	42	13	44
30	13		20	44	12	50	12	44	12	49	14	43
31	12		19		19		11	41		50		42

銀 1999年 平成11年生〔満22歳〕

日＼月	1	2	3	4	5	6	7	8	9	10	11	12
1	41	26	43	13	48	23	54	25	55	26	54	28
2	60	25	44	22	55	24	53	24	56	25	51	25
3	59	24	51	21	56	21	52	23	53	24	52	26
4	58	24	52	30	53	22	51	22	54	23	59	23
5	57	21	53	29	54	29	60	21	51	22	60	24
6	56	22	60	28	51	30	59	30	52	21	57	21
7	55	29	57	27	52	27	58	29	59	30	58	22
8	54	30	58	26	59	28	57	27	60	29	5	39
9	53	27	55	25	60	25	56	28	7	38	6	40
10	52	28	56	24	57	26	55	35	8	37	3	37
11	51	35	53	23	58	33	4	36	5	36	4	38
12	10	34	54	32	5	34	3	33	6	35	1	35
13	9	31	1	31	6	31	2	34	3	34	2	36
14	8	32	2	40	5	32	1	31	4	33	9	33
15	7	39	9	37	6	39	10	32	1	32	10	34
16	4	40	10	36	3	40	9	33	2	31	3	31
17	3	37	8	35	4	40	6	34	9	40	4	32
18	2	38	7	39	1	39	5	31	10	39	11	50
19	9	33	6	40	2	38	4	32	18	44	12	49
20	8	34	5	37	9	37	7	49	17	43	19	48
21	7	41	4	38	6	46	16	50	16	42	20	47
22	16	42	3	45	13	45	15	47	15	44	17	46
23	15	49	12	46	14	44	14	46	14	41	16	45
24	14	50	11	43	11	43	13	43	13	42	13	44
25	13	47	20	44	12	42	12	44	12	49	14	43
26	12	48	19	41	19	41	11	41	11	50	11	42
27	11	45	18	42	20	48	20	42	20	47	12	41
28	20	46	17	49	17	47	19	49	19	48	29	60
29	19		16	50	18	46	18	50	28	55	30	59
30	18		15	47	15	45	17	57	27	56	27	58
31	17		14		16		26	58		53		57

命数 ▶ 1-10 羅針盤座　11-20 インディアン座　21-30 鳳凰座　31-40 時計座　41-50 カメレオン座　51-60 イルカ座

金 2000年 平成12年生［満21歳］

日＼月	1	2	3	4	5	6	7	8	9	10	11	12
1	56	21	57	27	52	27	58	29	59	30	58	22
2	55	30	58	26	59	28	57	28	60	29	5	39
3	54	29	55	25	60	25	56	27	7	38	6	40
4	53	27	56	24	57	26	55	36	8	37	3	37
5	52	28	53	23	58	33	4	35	5	36	4	38
6	51	35	54	32	5	34	4	34	6	35	1	35
7	10	36	1	31	6	31	2	34	3	34	2	36
8	9	33	2	40	3	32	1	31	4	33	9	33
9	8	34	9	39	4	39	10	32	1	32	10	34
10	7	31	10	38	1	40	9	39	2	31	7	31
11	6	32	7	37	2	37	8	40	9	40	8	32
12	5	37	8	36	9	38	7	37	10	39	15	49
13	4	38	5	35	2	35	6	38	17	48	16	50
14	3	35	6	32	9	36	5	45	18	47	13	47
15	2	36	3	31	10	43	14	50	15	46	20	48
16	9	43	3	50	17	45	13	47	16	45	17	45
17	18	44	12	46	18	44	20	48	13	44	18	46
18	17	41	11	43	15	43	19	45	13	49	15	44
19	14	50	20	44	16	42	18	46	12	48	16	43
20	13	47	19	41	19	41	11	43	11	47	13	42
21	12	48	18	42	20	50	20	44	20	47	14	41
22	11	45	17	49	17	49	19	49	19	48	29	60
23	20	46	16	50	18	48	18	50	28	55	30	59
24	19	43	15	47	15	47	17	57	27	56	27	58
25	18	44	14	48	16	56	26	58	26	53	28	57
26	17	51	13	55	23	53	25	55	25	54	25	56
27	26	52	22	56	24	52	24	56	24	51	26	55
28	25	59	21	53	21	51	23	53	23	52	23	54
29	24	60	30	54	22	60	22	54	22	59	24	53
30	23		29	51	29	59	21	51	21	60	21	52
31	22		28		30		30	52		57		51

銀 2001年 平成13年生［満20歳］

日＼月	1	2	3	4	5	6	7	8	9	10	11	12
1	10	35	54	32	5	34	3	34	6	35	1	35
2	9	34	1	31	6	31	2	33	3	34	2	36
3	8	33	2	40	3	32	1	32	4	33	9	33
4	7	31	9	39	4	39	10	31	1	32	10	34
5	6	32	10	38	1	40	9	40	2	31	7	31
6	5	39	7	37	2	37	7	39	9	40	8	32
7	4	40	8	36	9	38	7	37	10	39	15	49
8	3	37	5	35	10	35	6	38	17	48	16	50
9	2	38	6	34	7	36	5	45	18	47	13	47
10	1	45	3	33	8	43	14	46	15	46	14	48
11	20	46	4	42	15	44	13	43	16	45	11	45
12	19	41	11	41	16	41	12	44	13	44	12	46
13	18	42	12	50	15	42	11	41	14	43	19	43
14	17	49	19	49	16	49	20	42	11	42	20	44
15	14	50	20	46	13	50	19	43	12	41	13	41
16	13	47	18	45	14	50	18	44	19	50	14	42
17	12	48	17	44	11	49	15	41	20	49	21	59
18	19	45	16	50	12	48	14	42	28	54	22	59
19	18	44	15	47	19	47	13	59	27	53	29	58
20	17	51	14	48	16	56	26	60	26	52	30	57
21	26	52	13	55	23	55	25	57	25	54	27	56
22	25	59	22	56	24	54	24	56	24	51	26	55
23	24	60	21	53	21	53	23	53	23	52	23	54
24	23	57	30	54	22	52	22	54	22	59	24	53
25	22	58	29	51	29	51	21	51	21	60	21	52
26	21	55	28	52	30	58	30	52	30	57	22	51
27	30	56	27	59	27	57	29	59	29	58	39	10
28	29	53	26	60	28	56	28	60	38	5	40	9
29	28		25	57	25	55	27	7	37	6	37	8
30	27		24	58	26	4	36	8	36	3	38	7
31	36		23		33		35	5		4		6

金 2002年 平成14年生［満19歳］

日＼月	1	2	3	4	5	6	7	8	9	10	11	12
1	5	40	7	37	2	37	8	39	9	40	8	32
2	4	39	8	36	9	38	7	38	10	39	15	49
3	3	38	5	35	10	35	6	37	17	48	16	50
4	2	38	6	34	7	36	5	46	18	47	13	47
5	1	45	7	33	8	43	14	45	15	46	14	48
6	20	46	4	42	15	44	13	44	16	45	11	45
7	19	43	11	41	16	41	12	43	13	44	12	46
8	18	44	12	50	13	42	11	41	14	43	19	43
9	17	41	19	49	14	49	20	42	11	42	20	44
10	16	42	20	48	11	50	19	49	12	41	17	41
11	15	49	17	47	12	47	18	50	19	50	18	42
12	14	48	18	46	19	48	17	47	20	49	25	59
13	13	45	15	45	20	45	16	48	27	58	26	60
14	12	46	16	44	19	46	15	55	28	57	23	57
15	19	53	13	41	20	53	24	56	25	56	30	58
16	28	54	14	60	27	54	23	57	26	55	27	55
17	27	51	22	59	28	54	30	58	23	54	28	56
18	24	52	21	53	25	53	29	55	24	59	25	54
19	23	57	30	54	26	52	28	56	22	58	26	53
20	22	58	29	51	23	51	21	53	21	57	23	52
21	21	55	28	52	30	60	30	54	30	57	24	51
22	30	56	27	59	27	59	29	51	29	58	39	10
23	29	53	26	60	28	58	28	60	38	5	40	9
24	28	54	25	57	25	57	27	7	37	6	37	8
25	27	1	24	58	26	6	36	8	36	3	38	7
26	36	2	23	5	33	5	35	5	35	4	35	6
27	35	9	32	6	34	2	34	6	34	1	36	5
28	34	10	31	3	31	1	33	3	33	2	33	4
29	33		40	4	32	10	32	4	32	9	34	3
30	32		39	1	39	9	31	1	31	10	31	2
31	31		38		40		40	2		7		1

銀 2003年 平成15年生［満18歳］

日＼月	1	2	3	4	5	6	7	8	9	10	11	12
1	20	45	4	42	15	44	13	44	16	45	11	45
2	19	44	11	41	16	41	12	43	13	44	12	46
3	18	43	12	50	13	42	11	42	14	43	19	43
4	17	41	19	49	14	49	20	41	11	42	20	44
5	16	42	14	48	11	50	19	50	12	41	17	41
6	15	49	17	47	12	47	18	49	19	50	18	42
7	14	50	18	46	19	48	17	48	20	49	25	59
8	13	47	15	45	20	45	16	48	27	58	26	60
9	12	48	16	44	17	46	15	55	28	57	23	57
10	11	55	13	43	18	53	24	56	25	56	24	58
11	30	56	14	52	25	54	23	53	26	55	21	55
12	29	51	21	51	26	51	22	54	23	54	22	56
13	28	52	22	60	23	52	21	51	24	53	29	53
14	27	59	29	59	26	59	30	52	21	52	30	54
15	26	60	30	56	23	60	29	59	22	51	27	51
16	23	57	27	55	24	57	28	54	29	60	24	52
17	22	58	27	54	21	59	25	51	30	59	31	9
18	21	55	26	60	22	58	24	52	37	8	32	9
19	28	54	25	57	29	57	23	9	37	3	39	8
20	27	1	24	58	30	6	36	10	36	2	40	7
21	36	2	23	5	33	5	35	7	35	1	37	6
22	35	9	32	6	34	4	34	8	34	1	38	5
23	34	10	31	3	31	3	33	3	33	2	33	4
24	33	7	40	4	32	2	32	4	32	9	34	3
25	32	8	39	1	39	1	31	1	31	10	31	2
26	31	5	38	2	40	10	40	2	40	7	32	1
27	40	6	37	9	37	7	39	9	39	8	49	20
28	39	3	36	10	38	6	38	10	48	15	50	19
29	38		35	7	35	5	37	17	47	16	47	18
30	37		34	8	36	14	46	18	46	13	48	17
31	46		33		43		45	15		14		16

命数▶ 1-10 羅針盤座　11-20 インディアン座　21-30 鳳凰座　31-40 時計座　41-50 カメレオン座　51-60 イルカ座

金 2004年 平成16年生〔満17歳〕

日＼月	1	2	3	4	5	6	7	8	9	10	11	12
1	15	50	18	46	19	48	17	48	20	49	25	59
2	14	49	15	45	20	45	16	47	27	58	26	60
3	13	48	16	44	17	46	15	56	28	57	23	57
4	12	48	13	43	18	53	24	55	25	56	24	58
5	11	55	14	52	25	54	23	54	26	55	21	55
6	30	56	21	51	26	51	21	53	23	54	22	56
7	29	53	22	60	23	52	21	51	24	53	29	53
8	28	54	29	59	24	59	30	52	21	52	30	54
9	27	51	30	58	21	60	29	59	22	51	27	51
10	26	52	27	57	22	57	28	60	29	60	28	52
11	25	59	28	56	29	58	27	57	30	59	35	9
12	24	58	25	55	30	55	26	58	37	8	36	10
13	23	55	26	54	29	56	25	5	38	7	33	7
14	22	56	23	51	30	3	34	6	35	6	34	8
15	21	3	24	10	37	4	33	7	36	5	37	5
16	38	4	32	9	38	4	32	8	33	4	38	6
17	37	1	31	3	35	3	39	5	34	3	35	3
18	36	2	40	4	36	2	38	6	32	8	36	3
19	33	7	39	1	33	1	37	3	31	7	33	2
20	32	8	38	2	40	10	40	4	40	6	34	1
21	31	5	37	9	37	9	39	1	39	8	41	20
22	40	6	36	10	38	8	38	10	48	15	50	19
23	39	3	35	7	35	7	37	17	47	16	47	18
24	38	4	34	8	36	16	46	18	46	13	48	17
25	37	11	33	15	43	15	45	15	45	14	45	16
26	46	12	42	16	44	12	44	16	44	11	46	15
27	45	19	41	13	41	11	43	13	43	12	43	14
28	44	20	50	14	42	20	42	14	42	19	44	13
29	43	17	49	11	49	19	41	11	41	20	41	12
30	42		48	12	50	18	50	12	50	17	42	11
31	41		47		47		49	19		18		30

銀 2005年 平成17年生〔満16歳〕

日＼月	1	2	3	4	5	6	7	8	9	10	11	12
1	29	54	21	51	26	51	22	53	23	54	22	56
2	28	53	22	60	23	52	21	52	24	53	29	53
3	27	52	29	59	24	59	30	51	21	52	30	54
4	26	52	30	58	21	60	29	60	22	51	27	51
5	25	59	27	57	22	57	28	59	29	60	28	52
6	24	60	28	56	29	58	28	58	30	59	35	9
7	23	57	25	55	30	55	26	58	37	8	36	10
8	22	58	26	54	27	56	25	5	38	7	33	7
9	21	5	23	53	28	3	34	6	35	6	34	8
10	40	6	24	2	35	4	33	3	36	5	31	5
11	39	3	31	1	36	1	32	4	33	4	32	6
12	38	2	32	10	33	2	31	1	34	3	39	3
13	37	9	39	9	36	9	40	2	31	2	40	4
14	36	10	40	8	33	10	39	9	32	1	37	1
15	33	7	37	5	34	7	38	4	39	10	34	2
16	32	8	37	4	31	9	37	1	40	9	41	19
17	31	5	36	3	32	8	34	2	47	18	42	20
18	38	6	35	7	39	7	33	19	47	13	49	18
19	37	11	34	8	40	16	42	20	46	12	50	17
20	46	12	33	15	43	15	45	17	45	11	47	16
21	45	19	42	16	44	14	44	18	44	11	48	15
22	44	20	41	13	41	13	43	13	43	12	43	14
23	43	17	50	14	42	12	42	14	42	19	44	13
24	42	18	49	11	49	11	41	11	41	20	41	12
25	41	15	48	12	50	20	50	12	50	17	42	11
26	50	16	47	19	47	17	49	19	49	18	59	30
27	49	13	46	20	48	16	48	20	58	25	60	29
28	48	14	45	17	45	15	47	27	57	26	57	28
29	47		44	18	46	24	56	28	56	23	58	27
30	56		43	25	53	23	55	25	55	24	55	26
31	55		52		54		54	26		21		25

金 2006年 平成18年生〔満15歳〕

日＼月	1	2	3	4	5	6	7	8	9	10	11	12
1	24	59	28	56	29	58	27	58	30	59	35	9
2	23	58	25	55	30	55	26	57	37	8	36	10
3	22	57	26	54	27	56	25	6	38	7	33	7
4	21	5	23	53	28	3	34	5	35	6	34	8
5	40	6	28	2	35	4	33	4	36	5	31	5
6	39	3	31	1	36	1	32	3	33	4	32	6
7	38	4	32	10	33	2	31	2	34	3	39	3
8	37	1	39	9	34	9	40	2	31	2	40	4
9	36	2	40	8	31	10	39	9	32	1	37	1
10	35	9	37	7	32	7	38	10	39	10	38	2
11	34	10	38	6	39	8	37	7	40	9	45	19
12	33	5	35	5	40	5	36	8	47	18	46	20
13	32	6	36	4	37	6	35	15	48	17	43	17
14	31	13	33	3	40	13	44	16	45	16	44	18
15	48	14	34	20	47	14	43	13	46	15	47	15
16	47	11	41	19	48	11	42	18	43	14	48	16
17	46	12	41	18	45	13	49	15	44	13	45	13
18	43	19	50	14	46	12	48	16	41	18	46	13
19	42	18	49	11	43	11	47	13	41	17	43	12
20	41	15	48	12	44	20	50	14	50	16	44	11
21	50	16	47	19	47	19	49	11	49	18	51	30
22	49	13	46	20	48	18	48	12	58	25	60	29
23	48	14	45	17	45	17	47	27	57	26	57	28
24	47	21	44	18	46	26	56	28	56	23	58	27
25	56	22	43	25	53	25	55	25	55	24	55	26
26	55	29	52	26	54	24	54	26	54	21	56	25
27	54	30	51	23	51	21	53	23	53	22	53	24
28	53	27	60	24	52	30	52	24	52	29	54	23
29	52		59	21	59	29	51	21	51	30	51	22
30	51		58	22	60	28	60	22	60	27	52	21
31	60		57		57		59	29		28		40

銀 2007年 平成19年生〔満14歳〕

日＼月	1	2	3	4	5	6	7	8	9	10	11	12
1	39	4	31	1	36	1	32	3	33	4	32	6
2	38	3	32	10	33	2	31	2	34	3	39	3
3	37	2	39	9	34	9	40	1	31	2	40	4
4	36	2	40	8	31	10	39	10	32	1	37	1
5	35	9	37	7	32	7	38	9	39	10	38	2
6	34	10	38	6	39	8	37	8	40	9	45	19
7	33	7	35	5	40	5	36	7	47	18	46	20
8	32	8	36	4	37	6	35	15	48	17	43	17
9	31	15	33	3	38	13	44	16	45	16	44	18
10	50	16	34	12	45	14	43	13	46	15	41	15
11	49	13	41	11	46	11	42	14	43	14	42	16
12	48	12	42	20	43	12	41	11	44	13	49	13
13	47	19	49	19	44	19	50	12	41	12	50	14
14	46	20	50	18	43	20	49	19	42	11	47	11
15	45	17	47	15	44	17	48	20	49	20	48	12
16	42	18	48	14	41	18	47	11	50	19	51	29
17	41	15	46	13	42	18	44	12	57	28	52	30
18	50	16	45	17	49	17	43	29	58	27	59	28
19	47	21	44	18	50	26	52	30	56	22	60	27
20	56	22	43	25	57	25	55	27	55	21	57	26
21	55	29	52	26	54	24	54	28	54	30	58	25
22	54	30	51	23	51	23	53	25	53	22	55	24
23	53	27	60	24	52	22	52	24	52	29	54	23
24	52	28	59	21	59	21	51	21	51	30	51	22
25	51	25	58	22	60	30	60	22	60	27	52	21
26	60	26	57	29	57	29	59	29	59	28	9	40
27	59	23	56	30	58	26	58	30	8	35	10	39
28	58	24	55	27	55	25	57	37	7	36	7	38
29	57		54	28	56	34	6	38	6	33	8	37
30	6		53	35	3	33	5	35	5	34	5	36
31	5		2		4		4	36		31		35

命数 ▶ 1-10 羅針盤座　11-20 インディアン座　21-30 鳳凰座　31-40 時計座　41-50 カメレオン座　51-60 イルカ座

金 2008年 平成20年生 ［満13歳］

日＼月	1	2	3	4	5	6	7	8	9	10	11	12
1	34	9	35	5	40	5	36	7	47	18	46	20
2	33	8	36	4	37	6	35	16	48	17	43	17
3	32	7	33	3	38	13	44	15	45	16	44	18
4	31	15	34	12	45	14	43	14	46	15	41	15
5	50	16	41	11	46	11	42	13	43	14	42	16
6	49	13	42	20	43	12	42	12	44	13	49	13
7	48	14	49	19	44	19	50	12	41	12	50	14
8	47	11	50	18	41	20	49	19	42	11	47	11
9	46	12	47	17	42	17	48	20	49	20	48	12
10	45	19	48	16	49	18	47	17	50	19	55	29
11	44	20	45	15	50	15	46	18	57	28	56	30
12	43	15	46	14	47	16	45	25	58	27	53	27
13	42	16	43	13	50	23	54	26	55	26	54	28
14	41	23	44	30	57	24	53	23	56	25	51	25
15	60	24	51	29	58	21	52	28	53	24	58	26
16	57	21	51	28	55	23	51	25	54	23	55	23
17	56	22	60	24	56	22	58	26	51	22	56	24
18	55	29	59	21	53	21	57	23	51	27	53	22
19	52	28	58	22	54	30	56	24	60	26	54	21
20	51	25	57	29	57	29	59	21	59	25	1	40
21	60	26	56	30	58	28	58	22	8	35	2	39
22	59	23	55	27	55	27	57	37	7	36	7	38
23	58	24	54	28	56	36	6	38	6	33	8	37
24	57	31	53	35	3	35	5	35	5	34	5	36
25	6	32	2	36	4	34	4	36	4	31	6	35
26	5	39	1	33	1	31	3	33	3	32	3	34
27	4	40	10	34	2	40	2	34	2	39	4	33
28	3	37	9	31	9	39	1	31	1	40	1	32
29	2	38	8	32	10	38	10	32	10	37	2	31
30	1		7	39	7	37	9	39	9	38	19	50
31	10		6		8		8	40		45		49

銀 2009年 平成21年生 ［満12歳］

日＼月	1	2	3	4	5	6	7	8	9	10	11	12
1	48	13	42	20	43	12	41	12	44	13	49	13
2	47	12	49	19	44	19	50	11	41	12	50	14
3	46	11	50	18	41	20	49	20	42	11	47	11
4	45	19	47	17	42	17	48	19	49	20	48	12
5	44	20	48	16	49	18	47	18	50	19	55	29
6	43	17	45	15	50	15	46	17	57	28	56	30
7	42	18	46	14	47	16	45	25	58	27	53	27
8	41	25	43	13	48	23	54	26	55	26	54	28
9	60	26	44	22	55	24	53	23	56	25	51	25
10	59	23	51	21	56	21	52	24	53	24	52	26
11	58	24	52	30	53	22	51	21	54	23	59	23
12	57	29	59	29	54	29	60	22	51	22	60	24
13	56	30	60	28	53	30	59	29	52	21	57	21
14	55	27	57	27	54	27	58	30	59	30	58	22
15	52	28	58	24	51	28	57	21	60	29	1	39
16	51	25	56	23	52	28	56	22	7	38	2	40
17	60	26	55	22	59	27	53	39	8	37	9	37
18	57	33	54	28	60	36	2	40	6	32	10	37
19	6	32	53	35	7	35	1	37	5	31	7	36
20	5	39	2	36	4	34	4	38	4	40	8	35
21	4	40	1	33	1	33	3	35	3	32	5	34
22	3	37	10	34	2	32	2	34	2	39	4	33
23	2	38	9	31	9	31	1	31	1	40	1	32
24	1	35	8	32	10	40	10	32	10	37	2	31
25	10	36	7	39	7	39	9	39	9	38	19	50
26	9	33	6	40	8	36	8	40	18	45	20	49
27	8	34	5	37	5	35	7	47	17	46	17	48
28	7	41	4	38	6	44	16	48	16	43	18	47
29	16		3	45	13	43	15	45	15	44	15	46
30	15		12	46	14	42	14	46	14	41	16	45
31	14		11		11		13	43		42		44

金 2010年 平成22年生 ［満11歳］

日＼月	1	2	3	4	5	6	7	8	9	10	11	12
1	43	18	45	15	50	15	46	17	57	28	56	30
2	42	17	46	14	47	16	45	26	58	27	53	27
3	41	26	43	13	48	23	54	25	55	26	54	28
4	60	26	44	22	55	24	53	24	56	25	51	25
5	59	23	55	21	56	21	52	23	53	24	52	26
6	58	24	52	30	53	22	51	22	54	23	59	23
7	57	21	59	29	54	29	60	22	51	22	60	24
8	56	22	60	28	51	30	59	29	52	21	57	21
9	55	29	57	27	52	27	58	30	59	30	58	22
10	54	30	58	26	59	28	57	27	60	29	5	39
11	53	27	55	25	60	25	56	28	7	38	6	40
12	52	26	56	24	57	26	55	35	8	37	3	37
13	51	33	53	23	60	33	4	36	5	36	4	38
14	10	34	54	32	7	34	3	33	6	35	1	35
15	7	31	1	39	8	31	2	38	3	34	8	36
16	6	32	2	38	5	32	1	35	4	33	5	33
17	5	39	10	37	6	32	8	36	1	32	6	34
18	2	40	9	31	3	31	7	33	2	37	3	32
19	1	35	8	32	4	40	6	34	10	36	4	31
20	10	36	7	39	7	39	9	31	9	35	11	50
21	9	33	6	40	8	38	8	32	18	45	12	49
22	8	34	5	37	5	37	7	47	17	46	17	48
23	7	41	4	38	6	46	16	48	16	43	18	47
24	16	42	3	45	13	45	15	45	15	44	15	46
25	15	49	12	46	14	44	14	46	14	41	16	45
26	14	50	11	43	11	43	13	43	13	42	13	44
27	13	47	20	44	12	50	12	44	12	49	14	43
28	12	48	19	41	19	49	11	41	11	50	11	42
29	11		18	42	20	48	20	42	20	47	12	41
30	20		17	49	17	47	19	49	19	48	29	60
31	19		16		18		18	50		55		59

銀 2011年 平成23年生 ［満10歳］

日＼月	1	2	3	4	5	6	7	8	9	10	11	12
1	58	23	52	30	53	22	51	22	54	23	59	23
2	57	22	59	29	54	29	60	21	51	22	60	24
3	56	21	60	28	51	30	59	30	52	21	57	21
4	55	29	57	27	52	27	58	29	59	30	58	22
5	54	30	52	26	59	28	57	28	60	29	5	39
6	53	27	55	25	60	25	56	27	7	38	6	40
7	52	28	56	24	57	26	55	36	8	37	3	37
8	51	35	53	23	58	33	4	36	5	36	4	38
9	10	36	54	32	5	34	3	33	6	35	1	35
10	9	33	1	31	6	31	2	34	3	34	2	36
11	8	34	2	40	3	32	1	31	4	33	9	33
12	7	39	9	39	4	39	10	32	1	32	10	34
13	6	40	10	38	1	40	9	39	2	31	7	31
14	5	37	7	37	4	37	8	40	9	40	8	32
15	4	38	8	34	1	38	7	37	10	39	15	49
16	1	35	5	33	2	35	6	32	17	48	12	50
17	10	36	5	32	9	37	3	49	18	47	19	47
18	9	43	4	38	10	46	12	50	15	46	20	47
19	16	42	3	45	17	45	11	47	15	41	17	46
20	15	49	12	46	18	44	14	48	14	50	18	45
21	14	50	11	43	11	43	13	45	13	49	15	44
22	13	47	20	44	12	42	12	46	12	49	16	43
23	12	48	19	41	19	41	11	41	11	50	11	42
24	11	45	18	42	20	50	20	42	20	47	12	41
25	20	46	17	49	17	49	19	49	19	48	29	60
26	19	43	16	50	18	48	18	50	28	55	30	59
27	18	44	15	47	15	45	17	57	27	56	27	58
28	17	51	14	48	16	54	26	58	26	53	28	57
29	26		13	55	23	53	25	55	25	54	25	56
30	25		22	56	24	52	24	56	24	51	26	55
31	24		21		21		23	53		52		54

命数 ▶ 1-10 羅針盤座　11-20 インディアン座　21-30 鳳凰座　31-40 時計座　41-50 カメレオン座　51-60 イルカ座

金 2012年 平成24年生 ［満9歳］

日＼月	1	2	3	4	5	6	7	8	9	10	11	12
1	53	28	56	24	57	26	55	36	8	37	3	37
2	52	27	53	23	58	33	4	35	5	36	4	38
3	51	36	54	32	5	34	3	34	6	35	1	35
4	10	36	1	31	6	31	2	33	3	34	2	36
5	9	33	2	40	3	32	1	32	4	33	9	33
6	8	34	9	39	4	39	9	31	1	32	10	34
7	7	31	10	38	1	40	9	39	2	31	7	31
8	6	32	7	37	2	37	8	40	9	40	8	32
9	5	39	8	36	9	38	7	37	10	39	15	49
10	4	40	5	35	10	35	6	38	17	48	16	50
11	3	37	6	34	7	36	5	45	18	47	13	47
12	2	36	3	33	8	43	14	46	15	46	14	48
13	1	43	4	42	17	44	13	43	16	45	11	45
14	20	44	11	49	18	41	12	44	13	44	12	46
15	19	41	12	48	15	42	11	45	14	43	15	43
16	16	42	20	47	16	42	20	46	11	42	16	44
17	15	49	19	41	13	41	17	43	12	41	13	41
18	14	50	18	42	14	50	16	44	20	46	14	41
19	11	45	17	49	11	49	15	41	19	45	21	60
20	20	46	16	50	18	48	18	42	28	54	22	59
21	19	43	15	47	15	47	17	59	27	56	29	58
22	18	44	14	48	16	56	26	58	26	53	28	57
23	17	51	13	55	23	55	25	55	25	54	25	56
24	26	52	22	56	24	54	24	56	24	51	26	55
25	25	59	21	53	21	53	23	53	23	52	23	54
26	24	60	30	54	22	60	22	54	22	59	24	53
27	23	57	29	51	29	59	21	51	21	60	21	52
28	22	58	28	52	30	58	30	52	30	57	22	51
29	21	55	27	59	27	57	29	59	29	58	39	10
30	30		26	60	28	56	28	60	38	5	40	9
31	29		25		25		27	7		6		8

銀 2013年 平成25年生 ［満8歳］

日＼月	1	2	3	4	5	6	7	8	9	10	11	12
1	7	32	9	39	4	39	10	31	1	32	10	34
2	6	31	10	38	1	40	9	40	2	31	7	31
3	5	40	7	37	2	37	8	39	9	40	8	32
4	4	40	8	36	9	38	7	38	10	39	15	49
5	3	37	5	35	10	35	6	37	17	48	16	50
6	2	38	6	34	7	36	6	46	18	47	13	47
7	1	45	3	33	8	43	14	46	15	46	14	48
8	20	46	4	42	15	44	13	43	16	45	11	45
9	19	43	11	41	16	41	12	44	13	44	12	46
10	18	44	12	50	13	42	11	41	14	43	19	43
11	17	41	19	49	14	49	20	42	11	42	20	44
12	16	50	20	48	11	50	19	49	12	41	17	41
13	15	47	17	47	14	47	18	50	19	50	18	42
14	14	48	18	46	11	48	17	47	20	49	25	59
15	11	45	15	43	12	45	16	42	27	58	22	60
16	20	46	15	42	19	47	15	59	28	57	29	57
17	19	53	14	41	20	56	22	60	25	56	30	58
18	26	54	13	55	27	55	21	57	25	51	27	56
19	25	59	22	56	28	54	30	58	24	60	28	55
20	24	60	21	53	21	53	23	55	23	59	25	54
21	23	57	30	54	22	52	22	56	22	59	26	53
22	22	58	29	51	29	51	21	51	21	60	21	52
23	21	55	28	52	30	60	30	52	30	57	22	51
24	30	56	27	59	27	59	29	59	29	58	39	10
25	29	53	26	60	28	58	28	60	38	5	40	9
26	28	54	25	57	25	55	27	7	37	6	37	8
27	27	1	24	58	26	4	36	8	36	3	38	7
28	36	2	23	5	33	3	35	5	35	4	35	6
29	35		32	6	34	2	34	6	34	1	36	5
30	34		31	3	31	1	33	3	33	2	33	4
31	33		40		32		32	4		9		3

金 2014年 平成26年生 ［満7歳］

日＼月	1	2	3	4	5	6	7	8	9	10	11	12
1	2	37	6	34	7	36	5	46	18	47	13	47
2	1	46	3	33	8	43	14	45	15	46	14	48
3	20	45	4	42	15	44	13	44	16	45	11	45
4	19	43	11	41	16	41	12	43	13	44	12	46
5	18	44	12	50	13	42	11	42	14	43	19	43
6	17	41	19	49	14	49	20	41	11	42	20	44
7	16	42	20	48	11	50	19	49	12	41	17	41
8	15	49	17	47	12	47	18	50	19	50	18	42
9	14	50	18	46	19	48	17	47	20	49	25	59
10	13	47	15	45	20	45	16	48	27	58	26	60
11	12	48	16	44	17	46	15	55	28	57	23	57
12	11	53	13	43	18	53	24	56	25	56	24	58
13	30	54	14	52	27	54	23	53	26	55	21	55
14	29	51	21	51	28	51	22	54	23	54	22	56
15	26	52	22	58	25	52	21	55	24	53	25	53
16	25	59	29	57	26	59	30	56	21	52	26	54
17	24	60	29	56	23	51	27	53	22	51	23	51
18	21	57	28	52	24	60	26	54	29	56	24	51
19	30	56	27	59	21	59	25	51	29	55	31	10
20	29	53	26	60	28	58	28	52	38	4	32	9
21	28	54	25	57	25	57	27	9	37	6	39	8
22	27	1	24	58	26	6	36	8	36	3	38	7
23	36	2	23	5	33	5	35	5	35	4	35	6
24	35	9	32	6	34	4	34	6	34	1	36	5
25	34	10	31	3	31	3	33	3	33	2	33	4
26	33	7	40	4	32	2	32	4	32	9	34	3
27	32	8	39	1	39	9	31	1	31	10	31	2
28	31	5	38	2	40	8	40	2	40	7	32	1
29	40		37	9	37	7	39	9	39	8	49	20
30	39		36	10	38	6	38	10	48	15	50	19
31	38		35		35		37	17		16		18

銀 2015年 平成27年生 ［満6歳］

日＼月	1	2	3	4	5	6	7	8	9	10	11	12
1	17	42	19	49	14	49	20	41	11	42	20	44
2	16	41	20	48	11	50	19	50	12	41	17	41
3	15	50	17	47	12	47	18	49	19	50	18	42
4	14	50	18	46	19	48	17	48	20	49	25	59
5	13	47	15	45	20	45	16	47	27	58	26	60
6	12	48	16	44	17	46	15	56	28	57	23	57
7	11	55	13	43	18	53	24	55	25	56	24	58
8	30	56	14	52	25	54	23	53	26	55	21	55
9	29	53	21	51	26	51	22	54	23	54	22	56
10	28	54	22	60	23	52	21	51	24	53	29	53
11	27	51	29	59	24	59	30	52	21	52	30	54
12	26	60	30	58	21	60	29	59	22	51	27	51
13	25	57	27	57	22	57	28	60	29	60	28	52
14	24	58	28	56	21	58	27	57	30	59	35	9
15	23	55	25	53	22	55	26	58	37	8	36	10
16	30	56	26	52	29	56	25	9	38	7	39	7
17	29	3	24	51	30	6	32	10	35	6	40	8
18	38	4	23	5	37	5	31	7	36	1	37	6
19	35	9	32	6	38	4	40	8	34	10	38	5
20	34	10	31	3	35	3	33	5	33	9	35	4
21	33	7	40	4	32	2	32	6	32	9	36	3
22	32	8	39	1	39	1	31	3	31	10	33	2
23	31	5	38	2	40	10	40	2	40	7	32	1
24	40	6	37	9	37	9	39	9	39	8	49	20
25	39	3	36	10	38	8	38	10	48	15	50	19
26	38	4	35	7	35	7	37	17	47	16	47	18
27	37	11	34	8	36	14	46	18	46	13	48	17
28	46	12	33	15	43	13	45	15	45	14	45	16
29	45		42	16	44	12	44	16	44	11	46	15
30	44		41	13	41	11	43	13	43	12	43	14
31	43		50		42		42	14		19		13

命数 ▶ 1-10 羅針盤座　11-20 インディアン座　21-30 鳳凰座　31-40 時計座　41-50 カメレオン座　51-60 イルカ座

金 2016年 平成28年生 ［満5歳］

日＼月	1	2	3	4	5	6	7	8	9	10	11	12
1	12	47	13	43	18	53	24	55	25	56	24	58
2	11	56	14	52	25	54	23	54	26	55	21	55
3	30	55	21	51	26	51	22	53	23	54	22	56
4	29	53	22	60	23	52	21	52	24	53	29	53
5	28	54	29	59	24	59	30	51	21	52	30	54
6	27	51	30	58	21	60	30	60	22	51	27	51
7	26	52	27	57	22	57	28	60	29	60	28	52
8	25	59	28	56	29	58	27	57	30	59	35	9
9	24	60	25	55	30	55	26	58	37	8	36	10
10	23	57	26	54	27	56	25	5	38	7	33	7
11	22	58	23	53	28	3	34	6	35	6	34	8
12	21	3	24	2	35	4	33	3	36	5	31	5
13	40	4	31	1	38	1	32	4	33	4	32	6
14	39	1	32	8	35	2	31	1	34	3	39	3
15	38	2	39	7	36	9	40	6	31	2	36	4
16	35	9	39	6	33	1	39	3	32	1	33	1
17	34	10	38	2	34	10	36	4	39	10	34	2
18	33	7	37	9	31	9	35	1	39	5	41	20
19	40	6	36	10	32	8	34	2	48	14	42	19
20	39	3	35	7	35	7	37	19	47	13	49	18
21	38	4	34	8	36	16	46	20	46	13	50	17
22	37	11	33	15	43	15	45	15	45	14	45	16
23	46	12	42	16	44	14	44	16	44	11	46	15
24	45	19	41	13	41	13	43	13	43	12	43	14
25	44	20	50	14	42	12	42	14	42	19	44	13
26	43	17	49	11	49	19	41	11	41	20	41	12
27	42	18	48	12	50	18	50	12	50	17	42	11
28	41	15	47	19	47	17	49	19	49	18	59	30
29	50	16	46	20	48	16	48	20	58	25	60	29
30	49		45	17	45	15	47	27	57	26	57	28
31	48		44		46		56	28		23		27

銀 2017年 平成29年生 ［満4歳］

日＼月	1	2	3	4	5	6	7	8	9	10	11	12
1	26	51	30	58	21	60	29	60	22	51	27	51
2	25	60	27	57	22	57	28	59	29	60	28	52
3	24	59	28	56	29	58	27	58	30	59	35	9
4	23	57	25	55	30	55	26	57	37	8	36	10
5	22	58	26	54	27	56	25	6	38	7	33	7
6	21	5	23	53	28	3	33	5	35	6	34	8
7	40	6	24	2	35	4	33	3	36	5	31	5
8	39	3	31	1	36	1	32	4	33	4	32	6
9	38	4	32	10	33	2	31	1	34	3	39	3
10	37	1	39	9	34	9	40	2	31	2	40	4
11	36	2	40	8	31	10	39	9	32	1	37	1
12	35	7	37	7	32	7	38	10	39	10	38	2
13	34	8	38	6	31	8	37	7	40	9	45	19
14	33	5	35	3	32	5	36	8	47	18	46	20
15	40	6	36	2	39	6	35	19	48	17	49	17
16	39	13	34	1	40	16	44	20	45	16	50	18
17	48	14	33	15	47	15	41	17	46	15	47	15
18	45	11	42	16	48	14	50	18	44	20	48	15
19	44	20	41	13	45	13	49	15	43	19	45	14
20	43	17	50	14	42	12	42	16	42	18	46	13
21	42	18	49	11	49	11	41	13	41	20	43	12
22	41	15	48	12	50	20	50	12	50	17	42	11
23	50	16	47	19	47	19	49	19	49	18	59	30
24	49	13	46	20	48	18	48	20	58	25	60	29
25	48	14	45	17	45	17	47	27	57	26	57	28
26	47	21	44	18	46	24	56	28	56	23	58	27
27	56	22	43	25	53	23	55	25	55	24	55	26
28	55	29	52	26	54	22	54	26	54	21	56	25
29	54		51	23	51	21	53	23	53	22	53	24
30	53		60	24	52	30	52	24	52	29	54	23
31	52		59		59		51	21		30		22

金 2018年 平成30年生 ［満3歳］

日＼月	1	2	3	4	5	6	7	8	9	10	11	12
1	21	6	23	53	28	3	34	5	35	6	34	8
2	40	5	24	2	35	4	33	4	36	5	31	5
3	39	4	31	1	36	1	32	3	33	4	32	6
4	38	4	32	10	33	2	31	2	34	3	39	3
5	37	1	33	9	34	9	40	1	31	2	40	4
6	36	2	40	8	31	10	39	10	32	1	37	1
7	35	9	37	7	32	7	38	10	39	10	38	2
8	34	10	38	6	39	8	37	7	40	9	45	19
9	33	7	35	5	40	5	36	8	47	18	46	20
10	32	8	36	4	37	6	35	15	48	17	43	17
11	31	15	33	3	38	13	44	16	45	16	44	18
12	50	14	34	12	45	14	43	13	46	15	41	15
13	49	11	41	11	48	11	42	14	43	14	42	16
14	48	12	42	20	45	12	41	11	44	13	49	13
15	45	19	49	17	46	19	50	16	41	12	46	14
16	44	20	50	16	43	20	49	13	42	11	43	11
17	43	17	48	15	44	20	46	14	49	20	44	12
18	50	18	47	19	41	19	45	11	50	15	51	30
19	49	13	46	20	42	18	44	12	58	24	52	29
20	48	14	45	17	45	17	47	29	57	23	59	28
21	47	21	44	18	46	26	56	30	56	23	60	27
22	56	22	43	25	53	25	55	25	55	24	55	26
23	55	29	52	26	54	24	54	26	54	21	56	25
24	54	30	51	23	51	23	53	23	53	22	53	24
25	53	27	60	24	52	22	52	24	52	29	54	23
26	52	28	59	21	59	21	51	21	51	30	51	22
27	51	25	58	22	60	28	60	22	60	27	52	21
28	60	26	57	29	57	27	59	29	59	28	9	40
29	59		56	30	58	26	58	30	8	35	10	39
30	58		55	27	55	25	57	37	7	36	7	38
31	57		54		56		6	38		33		37

銀 2019年 平成31年生 令和元年生 ［満2歳］

日＼月	1	2	3	4	5	6	7	8	9	10	11	12
1	36	1	40	8	31	10	39	10	32	1	37	1
2	35	10	37	7	32	7	38	9	39	10	38	2
3	34	9	38	6	39	8	37	8	40	9	45	19
4	33	7	35	5	40	5	36	7	47	18	46	20
5	32	8	40	4	37	6	35	16	48	17	43	17
6	31	15	33	3	38	13	44	15	45	16	44	18
7	50	16	34	12	45	14	43	14	46	15	41	15
8	49	13	41	11	46	11	42	14	43	14	42	16
9	48	14	42	20	43	12	41	11	44	13	49	13
10	47	11	49	19	44	19	50	12	41	12	50	14
11	46	12	50	18	41	20	49	19	42	11	47	11
12	45	17	47	17	42	17	48	20	49	20	48	12
13	44	18	48	16	49	18	47	17	50	19	55	29
14	43	15	45	15	42	15	46	18	57	28	56	30
15	42	16	46	12	49	16	45	25	58	27	53	27
16	49	23	43	11	50	23	54	30	55	26	60	28
17	58	24	43	30	57	25	51	27	56	25	57	25
18	57	21	52	26	58	24	60	28	53	30	58	25
19	54	30	51	23	55	23	59	25	53	29	55	24
20	53	27	60	24	56	22	52	26	52	28	56	23
21	52	28	59	21	59	21	51	23	51	30	53	22
22	51	25	58	22	60	30	60	24	60	27	54	21
23	60	26	57	29	57	29	59	29	59	28	9	40
24	59	23	56	30	58	28	58	30	8	35	10	39
25	58	24	55	27	55	27	57	37	7	36	7	38
26	57	31	54	28	56	36	6	38	6	33	8	37
27	6	32	53	35	3	33	5	35	5	34	5	36
28	5	39	2	36	4	32	4	36	4	31	6	35
29	4		1	33	1	31	3	33	3	32	3	34
30	3		10	34	2	40	2	34	2	39	4	33
31	2		9		9		1	31		40		32

命数 ▶ 1-10 羅針盤座　11-20 インディアン座　21-30 鳳凰座　31-40 時計座　41-50 カメレオン座　51-60 イルカ座

金 2020年 令和2年生［満1歳］

日＼月	1	2	3	4	5	6	7	8	9	10	11	12
1	31	16	34	12	45	14	43	14	46	15	41	15
2	50	15	41	11	46	11	42	13	43	14	42	16
3	49	14	42	20	43	12	41	12	44	13	49	13
4	48	14	49	19	44	19	50	11	41	12	50	14
5	47	11	50	18	41	20	49	20	42	11	47	11
6	46	12	47	17	42	17	47	19	49	20	48	12
7	45	19	48	16	49	18	47	17	50	19	55	29
8	44	20	45	15	50	15	46	18	57	28	56	30
9	43	17	46	14	47	16	45	25	58	27	53	27
10	42	18	43	13	48	23	54	26	55	26	54	28
11	41	25	44	22	55	24	53	23	56	25	51	25
12	60	24	51	21	56	21	52	24	53	24	52	26
13	59	21	52	30	55	22	51	21	54	23	59	23
14	58	22	59	27	56	29	60	22	51	22	60	24
15	57	29	60	26	53	30	59	23	52	21	53	21
16	54	30	58	25	54	30	58	24	59	30	54	22
17	53	27	57	29	51	29	55	21	60	29	1	39
18	52	28	56	30	52	28	54	22	8	34	2	39
19	59	23	55	27	59	27	53	39	7	33	9	38
20	58	24	54	28	56	36	6	40	6	32	10	37
21	57	31	53	35	3	35	5	37	5	34	7	36
22	6	32	2	36	4	34	4	36	4	31	6	35
23	5	39	1	33	1	33	3	33	3	32	3	34
24	4	40	10	34	2	32	2	34	2	39	4	33
25	3	37	9	31	9	31	1	31	1	40	1	32
26	2	38	8	32	10	38	10	32	10	37	2	31
27	1	35	7	39	7	37	9	39	9	38	19	50
28	10	36	6	40	8	36	8	40	18	45	20	49
29	9	33	5	37	5	35	7	47	17	46	17	48
30	8		4	38	6	44	16	48	16	43	18	47
31	7		3		13		15	45		44		46

銀 2021年 令和3年生［満0歳］

日＼月	1	2	3	4	5	6	7	8	9	10	11	12
1	45	20	47	17	42	17	48	19	49	20	48	12
2	44	19	48	16	49	18	47	18	50	19	55	29
3	43	17	45	15	50	15	46	17	57	28	56	30
4	42	18	46	14	47	16	45	26	58	27	53	27
5	41	25	43	13	48	23	54	25	55	26	54	28
6	60	26	44	22	55	24	53	24	56	25	51	25
7	59	23	51	21	56	21	52	24	53	24	52	26
8	58	24	52	30	53	22	51	21	54	23	59	23
9	57	21	59	29	54	29	60	22	51	22	60	24
10	56	22	60	28	51	30	59	29	52	21	57	21
11	55	27	57	27	52	27	58	30	59	30	58	22
12	54	28	58	26	59	28	57	27	60	29	5	39
13	53	25	55	25	52	25	56	28	7	38	6	40
14	52	26	56	22	59	26	55	35	8	37	3	37
15	59	33	53	21	60	33	4	40	5	36	10	38
16	8	34	53	40	7	35	3	37	6	35	7	35
17	7	31	2	36	8	34	10	38	3	34	8	36
18	4	40	1	33	5	33	9	35	3	39	5	34
19	3	37	10	34	6	32	8	36	2	38	6	33
20	2	38	9	31	9	31	1	33	1	37	3	32
21	1	35	8	32	10	40	10	34	10	37	4	31
22	10	36	7	39	7	39	9	39	9	38	19	50
23	9	33	6	40	8	38	8	40	18	45	20	49
24	8	34	5	37	5	37	7	47	17	46	17	48
25	7	41	4	38	6	44	16	48	16	43	18	47
26	16	42	3	45	13	43	15	45	15	44	15	46
27	15	49	12	46	14	42	14	46	14	41	16	45
28	14	50	11	43	11	41	13	43	13	42	13	44
29	13		20	44	12	50	12	44	12	49	14	43
30	12		19	41	19	49	11	41	11	50	11	42
31	11		18		20		20	42		47		41

12タイプ別

2021年の年間運勢

金

銀

金の羅針盤座

12年周期の運気グラフ

金の羅針盤座の2021年は…

○ チャレンジの年（2年目）

2020年に引き続き、「チャレンジの年」が到来。2年目となる2021年は、1年目よりも体験・経験が増えて今後の人生を大きく左右するような人脈も作れそうです。変化を恐れず積極的な行動を。

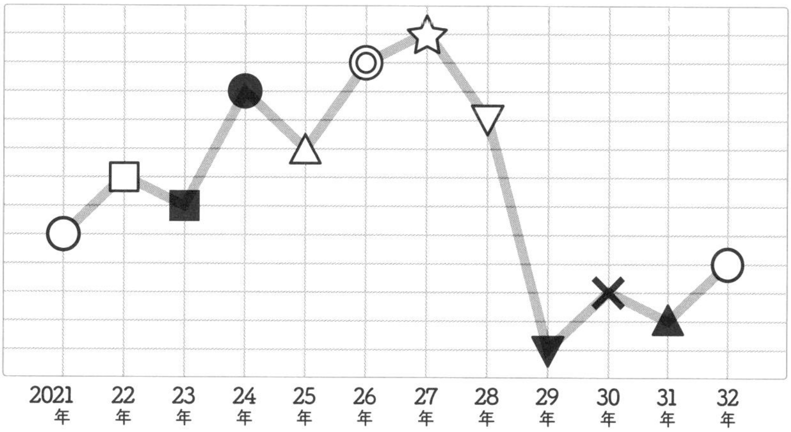

☆ 開運の年　◎ 幸運の年　● 解放の年　○ チャレンジの年　□ 健康管理の年　△ 準備の年
▽ ブレーキの年　■ リフレッシュの年　▲ 整理の年　✕ 裏運気の年　▼ 乱気の年　＝ 運気の影響がない年

金の羅針盤座はこんな人

基本の総合運

手のひらの上で北を指し示す羅針盤座。その羅針盤を持つ人によって運命が大きく変わってしまいます。親、先輩、上司など指導者が優秀ならば自然といい道に進めますが、間違えた指示を受けてしまうと道に迷うことがあるでしょう。そもそも上品で真面目、言われたことを守れるタイプ。プライドも高くしっかり者ですが、マイナスに物事を考えすぎてしまう傾向も。やさしい人ですが、本音ではどこか人が苦手なところがあるでしょう。ポジティブな発言をして前向きに行動するだけで、持ち前の真面目さを活かせるでしょう。

基本の恋愛＆結婚運

品のある頭のいい人ですが、相手にも真面目さや気品を求めすぎてしまうところがあるタイプ。完璧は望んでいないと言いながらも理想が自然と高くなってしまいます。自分から積極的に行動することも少なく、相手の告白を延々と待つことも。そもそも恋に臆病なので、なかなか心を開けなかったり、恥ずかしがってチャンスを逃しがち。結婚願望はありますが、仕事に火がつくとチャンスを逃すことが多く、なんでもひとりで頑張りすぎるところも。女性の場合、結婚後も仕事を続けてOKな相手とならうまくいくでしょう。

基本の仕事＆金運

どんな仕事もきっちり丁寧にできるタイプ。特に上司や先輩から的確な指示を受けた仕事では活躍することができるので、若いころにどれだけ仕事を受けるかが重要。真面目な性格ですが「好きな仕事以外はやりたくない」などと、雑用を避けたりしてしまうと、いつまでもチャンスに巡り合えず、苦労が絶えなくなります。サポート的な仕事やもの作りの仕事で才能を開花させられるでしょう。金運は、見栄での出費や独特な感性での買い物をしがちですが、体験や経験をすることに惜しみなく使う場合もあるでしょう。

2021年の運気

チャレンジの年（2年目）

2021年開運3カ条

1. 人脈を広げる
2. 気になることはすぐに行動する
3. 初体験を増やす

総合運

新しいことに積極的になれば前進する年
「常識を守る上品な変態」を目指そう

2021年は「チャレンジの年」の２年目。「2020年と同じ？」と思われる人もいるかもしれませんが、「チャレンジの年」の１年目は〝情報の年〟でした。2020年は新しいことに目を向け、視野が広がり、「自分の目指すことを見つけた」「興味あることが増えた」「人脈が広がった」など、気持ちの変化が多い年だったと思います。2021年は〝行動の年〟。これまでとは見るものや考え方、感覚が変わり、１歩前に進むことができる部分は前年と同じですが、2020年よりも体験、経験することが増えて今後を左右するような人脈もできる運気です。ただし、プライドの高さから失敗や恥ずかしい思いを避けすぎてしまうため、せっかくのチャンスを逃してしまう場合も。何事もまずは行動することが大切になります。少し大胆なくらいの行動力が2021年は必要になるでしょう。

視野を広げ、幅も広げるための１年です。未経験や未体験なことには積極的に挑戦をして、知っているだけで終えないようにしましょう。特に「新しい」と思えることには積極的に行動して。新しいことを見つけ出すような年にすることが重要です。知らないことだからといって避ける、否定するだけでは前に進めなくなってしまいます。ネットで情報を調べて、どんなものか知ったふりをするだけではなく、自分が経験し、体験して、どんなものか本当に語れるようになりましょう。食わず嫌いを少しでも克服することは、人として大きく成長できるきっかけになります。

大切なのは、苦手を苦手のままにしないで、少しでもいいので克服する努力。金の羅針盤座は、表面的な仕事では上手に立ち振る舞うことができても、人間関係をうまく作ることが苦手。腹を割って話せる親友がなかなかできないタイプであり、距離が保てる関係を好みます。それでも2021年は、人との出会いを自ら積極的に増やすこと。飲み会や集まりに参加するのはもちろん、自ら仲間や知り合いを集めてホームパーティーを主催してみるといいでしょう。異業種交流会などに参加して、これまでとはまったく違う人脈を作ってみると、人生が大きく変わるきっかけや、自分のやりたいこと、本気で取り組みたいものが見えてくるはずです。

好きなことに対する積極性はありますが、興味がなければなかなか動かず、誰かの指示や誘いを待ってしまうところがあるタイプです。誘いを待たないこと、もしくは誘うことが好きな明るく好奇心旺盛な友人、知り合いを作ってみるのもいいでしょう。普段なら絶対に行かないようなライブやイベントに参加すれば、いい刺激やパワーをもらえるはず。気品の星でもあるので、歌舞伎、文楽、ミュージカルなど、敷居が高いと思われるようなものを観に行ってみるといいでしょう。何事も面倒だと思う前に「チャレンジの年」を楽しむくらいの感じで行動してはいかがでしょうか。

「チャレンジの年」は結果よりもプロセスを楽しむ時期だと思ってください。「チャレンジの年」の１年目の2020年でもすでに前に進んだ感じがあると思いますが、2021年は何事ももう１歩踏み込むことが大切。しかし、金の羅針盤座のネガティブさが邪魔をして、なかなか前に進めない場合があります。ルールを守る、品格があるのはいいですが、順序を気にしすぎたり、様子を窺いすぎたりすると、前に進むチャンスを逃してしまう場合があるので、2021年は気になったことをまずやってみること。結果を気にするよりも、そこで「何が学べるのか」「失敗もいい経験になる」と思うくらいの考えで飛び込むことが必要となります。また、これまでの自分のキャラクターや生き方、生活環境を変えるにもいい運気です。思いきって変わるためには引っ越しをして環境を変えてみるなど、現状の生活を手放す勇気も必要かもしれません。特に「乱気の年」「裏運気の年」に出会って仲よくなっている人とは、2021年から距離があくようになり、遊ぶ人や仲間が大きく変わりはじめるでしょう。

2021年、最も注意すべきは「変化を恐れる」ことです。環境、人脈、考え方、生き方など、これまでとは大きく変わり、１歩前に進むようになります。得られるぶん、失うこともあるのが人生です。諦めることや手放すことを恐れないでください。金の羅針盤座は、好きなことを見つければ人生が大きく変わります。また、あなたにうまく指示ができる人を見つけることでも人生がいい方向に進むでしょう。「羅針盤座」は、そのコンパスをどのように使うかが重要。習い事や資格取得の講座、カルチャースクールでいい先生に出会うことや、職場でいい上司に出会うことで運命が大きく変わってきます。2021年は出会いが多い年。あなたの才能や個性をうまく引き出し、伸ばせる人との出会い運もあるため、あらゆるところに顔を出すように。今年になって「人見知りなので」などと言っていると、自分の運命を乱す原因になるので、勇気を出して行動するようにしましょう。

2021年は、健康的にも問題が少ない年。「乱気の月」「裏運気の月」以外はできるだけ人に会うようにしてください。いつものメンバーや親友と会うのではなく、できるだけ新しい人に会うことが大切です。飲み会、コンパ、街コン、異業種交流会、セミナー、地域の集まりなど、はじめての人に会えそうな場に積極的に参加して連絡先を交換しておくこと。今年は「はじめまして」を言えば言うほど運気が上がると思っていいくらいです。コンパに参加すれば、異性ではなく同性の親友ができたり、仕事につながる大切な人に出会える場合もあるでしょう。異業種交流会ではヘッドハンティングされたり、大切な情報を教えてもらえたりする場合も。遠慮しないで、今年は図々しく生きるくらいのほうがよさそうです。ウソでもいいので「人が好き」と言っておくと、さらに人脈や交友関係は広がるはず。話のネタに困らないように情報を集めるのもいいですが、いろいろな場所で話を聞くことこそが話のネタとなり、人に会うほど会話が楽になることに気がつけます。プライドの高さが出てしまうタイプですが、少しくらい恥ずかしい話や失敗談などを平気で話せるくらいのノリを忘れないようにして。

また、2021年は「新技術」を学ぶには最高にいい運気。スマホやパソコンを最新のものに買い替えるのはもちろん、アプリや機能なども学んで、ほかの人より詳しくなっておくことが大切です。プログラミングの学校へ通ったり、動画編集ソフトを購入したり、いろいろと勉強するのもいいでしょう。気になったことはスクールに通ってみるといいため、手に職をつけるつもりで飛び込んで。自分の好きなことを見つけられると、驚くほど集中力を発揮できる自分に気がつけそうです。特にそんな技術に興味がないという場合は、料理、裁縫、アクセサリー作りなど、家でできることをなんでもいいのではじめてみると気持ちが楽になるでしょう。

何よりも、必ず毎日やることを作ることが大切。金の羅針盤座は好きなことを見つけると驚くような才能を発揮しますが、根は人間関係が苦手で怠けグセがあります。真面目な性格ですが、言われないと何もやらない人になってしまうので、やる気や気力がある人とは言えません。今年は「自分の好きなこと」に素直に挑戦することでほかの人を尊敬できるようになります。ゲームが好きならゲーム動画を撮って編集したり、ブログを毎日上げてみたり、SNSで何かつぶやいてみたり、写真を載せて「いいね」をもらうだけでもいいでしょう。ポイントは、ただゲームをやるのでなく「うまくなるコツや攻略方法」など、「誰かの役に立つもの」に力を入れること。たくさんの人に喜ばれなくてもいいので、少しの人が笑顔になるような趣味をはじめてみましょう。毎日、誕生日の人を勝手に占ってネットに載せるなどでも大丈夫です。これがあなたの好きなことなら、すぐに大きな結果につながらなくても、いつか大切なことに役立つと思っておいて。グルメの人も多いタイプなので、おいしいお店の料理写真をアップして、お店の場所、オススメ料理など、グルメサイトにレビューを書いてみるのもいいでしょう。少しネガティブな感じになりやすいので、必ずポジティブな情報も書き加えると人気者になれるはずです。

自然にしていても品のある人が多いタイプですが、今年から目指してほしいのが「常識を守る上品な変態」になること。エレガントな服装や見た目でありながらも、どこかマニアックな部分やオタク的な要素があるところを出していくといいでしょう。「あの人変わっているね」と言われるくらいのほうが、これからは生きやすくなります。「変な人」は褒め言葉だと思っておくくらいがいいでしょう。ただし、挨拶やお礼といった礼儀、常識のレベルはさらに上げておくことを忘れないように。人望を集めるだけでなく、周囲から天才的な人だと思われるかもしれません。そんなふうに言われることを楽しむような1年にしてください。

何よりも羅針盤座は、ポジティブな発言をするだけで人生が好転する最強の星の持ち主。根がネガティブでマイナスな発言が多く、態度にも現れてしまうことが多いので、2021年は「ウソでもいいのでポジティブなことを言う」を目標にし、クセになるようにしてみてください。周囲からのマイナスな言葉もポジティブに変換し、「教えられている」くらいの気持ちになると運に好かれるようになります。そして、愛嬌を身に付けて、隙を見せることも大切。やさしいタイプですが、どこか近寄りがたい感じがあります。自ら誘うのもいいですが、誘われやすい空気を出すように。人にもっと関心を持って、相手のことを認めて好きになってください。面倒だと思わないで、いろいろな人のいい部分を見つけて「好きになってみる努力をする」といいでしょう。

恋愛運

**生活のリズムを変えると運気アップ！
出会いのきっかけが豊富にあるはず**

「チャレンジの年」の2年目は、出会いが多く恋のチャンスが自然とやってくるような運気です。新しい出会いのきっかけはたくさんあるので、遠慮しないでどんどん顔を出しておくこと。自分でも飲み会やコンパを主催してみるくらい、出会いを作ることを楽しんでみるといいでしょう。初対面の人に臆病になってしまうところがありますが、明るい笑顔で接してみるだけでいい関係に進めそう。また、2021年は後に運命の相手を紹介してくれる人にも出会う可能性が。性別や年齢を気にせず、幅広く人と仲よくなるように努めておくといいでしょう。

すでに気になっている相手がいる場合、あなたから積極的に誘うことが大事。これまでとは違う誘い方をして、デートもまったく違う感じにするように心がけてください。夕方や夜のデートばかりの人は昼のランチデートだけでお開きにしてみたり、ドライブが多い場合は、あえて電車やバスで旅行したり。普段なら絶対に避けてしまうようなお店で飲んでみるなど、少し冒険をするくらいのデートを行うと相手との距離も変わってくるでしょう。そして、相手にまかせてばかりにしないことが大切。自分から提案する際は、少し相手が驚くようなプランを言ってみるといいでしょう。アイデアを出しはじめてみると、自分でも予想外に楽しめそうなことを思いつくはずです。楽しく考えて、相手が喜ぶ顔を思い浮かべておきましょう。

気になる相手がいない人でも、2021年は素敵な相手に出会えるチャンスがあります。ただし、2020年の段階で特に恋愛に変化がないという場合は、思いきったイメチェンが必要です。2020年のままだと少し敷居が高い感じに映りやすいので、軽くふんわりさせてみたり、オシャレすぎないようにしたり、庶民的な感じを演出してみると、親しみやすい雰囲気になっていいでしょう。

また、生活環境を変えることもオススメ。特に、ここ数年恋人がいないという人は、2、4、6、7月に引っ越しをすると、出会い運や恋愛運がアップします。現在、住んでいる場所から2キロ以上離れたところがいいでしょう。実家暮らしの人は、お金がもったいないと思っても家から出てみることがオススメです。ほかには生活リズムを変えるため、仕事終わりに習い事をはじめてみるのもよさそう。行きつけのご飯屋さんや飲み屋さんを作って、常連さんと仲よくなれるくらい通ってみるといいでしょう。金の羅針盤座はグルメな人が多いので、お店の人と仲よくなってお付き合いがはじまることも。

基本的に、なんとなくからは交際をはじめないタイプですが、「乱気」「裏運気」の月と日は、情に流されてしまうかもしれません。誤った判断をしやすいので、酒の席での勢いだけは気をつけておきましょう。理想を追い求めるのはいいですが、完璧な人はいないので、まずはすべての異性のいい部分や褒められるところを探してください。周囲にも素敵なところを教えられるようになることが大切です。「そんなに人を褒められる素敵な人なら、もっといい人を紹介してあげる」と思ってもらえて、いい縁をつないでもらえる場合もあります。紹介してもらえるまで人や作品を褒め続けることを習慣化してみるといいでしょう。

結婚運

結婚を決めるのにいい年
婚活中の人はポジティブな発言を心がけて

「チャレンジの年」の２年目は、全体運が上り調子なので結婚を決めるのにもいい時期。ただし、金の羅針盤座はプライドが高く失敗を嫌がるため、恋愛以上に結婚には慎重になるタイプです。そして相手選びが慎重なわりには、大事な決断は相手まかせでしょう。交際期間がある程度あり、安心している相手から強くプロポーズされた場合は、2021年の年内にも結婚が決まるような運気です。今年は出会いが多く、目移りすることもありますが、交際がはじまった時期が「幸運の年」「開運の年」の相手なら、悩まずに結婚を決めるといいでしょう。

2021年、恋人との交際期間が長いカップルは、結婚の話を進めるのにはいい年です。１、２、４、６、７月に入籍をして、一緒に住みはじめるといいでしょう。披露宴や新婚旅行は入籍をして１年以内に決めるようにするくらいがよさそうです。また、入籍をする前に、相手の運気を調べておくことも大切。「銀のカメレオン座」「時計座（金／銀）」「銀の鳳凰座」の場合は、結婚を決めるのに問題が少ない時期でしょう。これ以外のタイプの場合は、１年くらいは様子をみる必要が出てきそうです。

まだ恋人はいないけれど結婚をしたいと思っている場合、今年は大幅なイメチェンが必要。特に髪型を変えることが第一です。新しい美容室へ行き、異性にカットしてもらいましょう。明るく上品なイメージになるように意識することが大切。服装もこれまでとは違う感じに、年齢や時代に合わせるようにしていきましょう。

出会いの場は、芸術系の習い事などのカルチャースクールでできた新しい友人の紹介がオススメ。まずは男女関係なく知り合いや友人を作ってみましょう。ネガティブな発言が自然と出るので、何事もポジティブな発言を心がけるように。ほかにも臆病で相手を選びすぎる傾向がありますが、一緒にいて楽な人や笑いのツボが同じ人を探してみるといいでしょう。

ただ、2021年は仕事が忙しくなる時期でもあります。2020年あたりからやっとやる気が出て、自分のやるべきポジションが少し見えてきたような流れです。プロポーズをされても「今のタイミングではない」「ここで結婚している場合ではない」と、マイナスなことを考えすぎて断ってしまう場合があるでしょう。ここは言い方ひとつで流れが変わるので、少しでも悩む場合は、「１年様子をみさせて」と言ったり、2022年の上半期を目標にすることを伝えたりしておくといいでしょう。

また、過去に結婚を反対されたことや嫌な思い出がある場合、なかなか１歩踏み出せないと思います。しかし、そのときの運気とは流れが大きく変わっているので、過去を言いわけに踏み止まらないで。自分が幸せになることに、もっと積極的になりましょう。

結婚を自分でなかなか判断できない場合は、友人に相談をして本音を聞いてみること。思った以上に反対をされる場合は、考え直してください。評判が悪い人やあなたに見合わなそうな人とは、結婚後にすれ違いが出てくる可能性が高いです。観察をし直すことを忘れないようにしましょう。特に相手の「親友」と言える人がどんな人か、よく遊んでいる人をチェックしてみるといいでしょう。

仕事運

新しい変化が自然と訪れる運気
転職する場合はスピーディーに行うこと

仕事の量や幅が増える「チャレンジの年」の2年目。2020年の段階で流れに乗っている人はさらに忙しく、レベルの高いことを求められたり、新しい仕事をまかされたりすることもあるでしょう。結果を出すこともできますが、まだまだ自分の至らない点が見つかる場合も。いろいろ指摘されることが多くなるかもしれませんが、最も頑張りがいのある年でもあるので、目の前の仕事に全力で取り組みましょう。

変化が自然とやってくる運気でもありますが、自ら新しい仕事に挑戦するにもいい年です。すでに「ほかにやりたい仕事がある」という場合は、上半期中に転職先を探すように。部署異動の願いを出してみるのもいいでしょう。特に転職を希望する場合は、「退職をして、しばらく失業保険をいただいて」などとのんびりしていると、根のサボりグセに火がついて、まったく仕事を探さなくなってしまう可能性があります。転職前のやる気もなくなってしまうので、退職から再就職までの間をできるだけあけないようにすることが大切です。特に「乱気の年」「裏運気の年」に転職してしまった人は、2021年は再転職をするのにいい年です。「転職に失敗した」と思っている人は、早めに転職を。情が湧いてなかなか辞められない職場ほど、切り替えないと辛い状況が長くなってしまうことがあります。特に問題がなく、会社で学べることがあるという人は、もう1年頑張ってから考えてもいいでしょう。ものを作る仕事がオススメ。サービス業や人事といった、人との関わりが多い仕事は避けたほうがいいでしょう。

金の羅針盤座は、自分の好きな仕事に就くことで能力を最高に発揮できるタイプです。しかし、自分の好きなことがわからず、さまよってしまう場合も。言われたことをキッチリこなすほうが向いていると自覚のある人もいるでしょう。2021年は、自分の本当に好きな仕事が何かを見つける年でもあります。向き不向きを考えながら、好きな仕事を探してみて。

どんな仕事も苦労や困難がありますが、現在の仕事にもっと一生懸命になってみると、自然と楽しくなってくることもあるでしょう。得意と思われることをもっと極めることで、自然と好きになっていくかもしれません。また、言われたことをしっかりやれる金の羅針盤座は、求められた以上の結果を少しでも出す努力をすると、さらに仕事が楽しくなるでしょう。

「チャレンジの年」は、勉強をするにはいい年です。スキルアップになるために資格取得などをするといいでしょう。本を読んで学んでみるのもいいですが、特に時間を作って学校に通ってみるのがオススメ。現在の仕事に直接関係のない資格でも取得しておくと、後に役立つ場合があるでしょう。気になったものは本気で学んでみてください。「乱気の年」「裏運気の年」に、いろいろな課題が出ていると思います。自分にとって不慣れだったり、苦手だったり、至らない点が見えたことを「不運」のひと言で片づけないでください。自分が成長できる伸びしろだと思って、2021年から克服できるように努めましょう。そして、職場の人とプライベートでも仲よくなること。コミュニケーションや付き合いの大切さを忘れないようにしましょう。年上の人にかわいがられることも大事です。そのための方法を工夫してみてください。

開運のつぶやき ▶ 本気ではないから、運も味方につけられない

金運

収入が増えても出費も増えそう
知識や技術の習得にお金を使って

2020年の段階で環境が変わり、結果を出している人は金運もアップします。ただし「チャレンジの年」の２年目は、行動と人脈を広げる運気でもあるので、収入が増えても、そのぶんの出費が多くなってしまうかも。将来に必要なことを学ぶために出費することが大切になる時期でもあります。体験や経験に必要なお金をケチってしまうと、後の運気の波も小さくなってしまいます。未体験や未経験と思われることに少しお金がかかってもケチケチしないように。

2020年、2021年、2022年で長年使っているものは、すべて買い替えるくらいがオススメ。特に何年もいいことがないと嘆く人は、買い物のタイミングが悪かったのかもしれません。不運の原因となってしまっているものを、「乱気」「裏運気」の日や月、年で手に入れてしまっている可能性が。これを機に運気のいい「幸運」「開運」の日と月で購入するようにしましょう。出費が増えてしまうので、そのぶん、余計な出費を抑えてください。◎［幸運の日］、☆［開運の日］以外の日に買い物をしないことで、思った以上にたくさんの買い替えができるようになるでしょう。髪を切る、契約など、重要なこともこの日に判断するように。「買い替えはもったいない」と考える人は、ネットオークションで売ってみると思わぬ高値になる場合があるでしょう。写真の撮り方など、いろいろ工夫してみると楽しくもなりそうです。

2021年はできるだけ体験にお金を使うといい年。気になる習い事があるなら体験教室に行ってみましょう。セミナーなどに参加してみるのもオススメです。ネットで検索してみると思った以上にたくさんの習い事があるので、気になるものをいろいろ体験してみること。自分でも予想外の才能に目覚めて、その道のプロになれるきっかけをつかめる場合もあるでしょう。憧れている仕事がある人ほど、知識や技術を習得することにお金をケチらないようにしてください。投資や資産運用の勉強をするにもいい年です。本を購入し、やり方を学んで、少額でもいいのではじめてみることが大切になります。

金の羅針盤座は、そもそも金運が悪くないので問題も少ないです。もし、金の羅針盤座でお金の問題が発生したとすると「人間関係」に起因するものでしょう。家族や友人関係でお金のトラブルに巻き込まれるか、浪費される、お金の貸し借りで揉めるといったことがあります。このあたりの整理は2021年と2022年の２年で必要になるでしょう。これまでのことは一度リセットし、お金に関わるルールを変えてください。今後のことをどうするか話し合う時間が必要になりそうです。

お金を大きく稼ぐきっかけをつかむ年でもあります。技術習得やスキルアップをはじめ、会社経営を学んだり、これまでの技術を仕事にしたり、数年後の独立を考えて今後の計画を立て直してみると金運に恵まれるように。そのためには、起業して成功している人の話を聞き、仲よくなってみることが近道になります。2021年は人脈が広がるので、そのチャンスにも恵まれるでしょう。もちろん急に経営者になれるわけではありません。ただ、経営者の立場から考えて仕事をするようになるだけでも、考え方が変わるはず。仕事のやり方にも変化が訪れ、結果的に収入がアップする場合も。今後は経営者になるつもりで仕事に取り組んでみましょう。

家庭運

忙しくとも感謝を忘れないように マイナス思考を直せば家庭円満！

「チャレンジの年」の２年目は、仕事が忙しくなり責任を負うなど、やらなくてはならないことが増える運気。家族との関係が崩れるほど悪くはないですが、2020年よりも距離があいてしまいそう。なんとなく理解をしてもらっているだろうなどと考えていると、距離が年々広がってしまうかもしれません。仕事を頑張るのはいいですが、誕生日や記念日などは忘れないで、しっかりお祝いするように。日ごろから家族の感謝の気持ちを忘れないようにしましょう。

夫婦で一緒に楽しむのもいいですが、お互いのひとりの時間を認めることでもいい関係になれそう。相手の趣味を一緒に楽しむのもいいですが「今日は、友達と楽しんできて」と笑顔で見送る日を作るのもよさそうです。違う時間を楽しむことで、ふたりの関係がよくなり、会話も増えるでしょう。映画を観に行く場合、ときにはそれぞれ違う作品を観てみてください。鑑賞し終わった後に「そっちの映画どうだった？」などと、食事をしながら楽しむ遊びをしてみるのもいいでしょう。

子どもとは、チャレンジを一緒に楽しむといい年です。子どもに「勉強しなさい」と言うよりも「お母さんも勉強しているから頑張って」と、勉強している姿を見せることが大切。お互いにどのくらい覚えられたかチェックし合うなど、家での勉強を楽しむくらいにするといい親子関係ができて、学べることも多いでしょう。2021年は、新しい場所に行くといい運気なので、遊びに行く場所はこれまで行ったことのないところを選ぶように。飲食店なども、これまで行ったことのないお店を選んでみるといいでしょう。また、小さなことでもいいので子どもに冒険をさせてください。ときには子どもだけでのお泊まり会、泊まりでのキャンプ、親戚や両親の家に行かせるといった経験をさせてみるのもいいでしょう。

両親との関係は、キッチリしすぎると疲れてしまうので、見栄を張らない程度に楽な距離感を保ってください。誕生日や記念日はしっかりお祝いを。旬の果物や花を贈ってみると、思った以上に喜ばれていい関係になれるでしょう。贈り物への期待がプレッシャーになってしまうことがあるので、ハードルが上がっていると思う場合は少し下げるくらいがよさそう。

家族の前だからこそ、ポジティブな発言を意識してみるといいでしょう。金の羅針盤座は、ついつい否定的な言葉が出てしまうなど、マイナスに受け止めすぎてしまうクセがあります。家族を笑顔にするためにも、些細なマイナスはプラスに変換するようにしてください。「とりあえずやってみましょう」「このくらいで済んでよかった」など、明るい未来を想像してみるといいでしょう。あなたがポジティブに明るくなるだけで、急に明るい家庭になるはず。マイナス思考を直すことが家庭円満のためにも大切と忘れないでください。

悩みや不安があるときは相談してみること。しっかり聞いてもらえるのが家族なので、不要なプライドは捨ててください。いいアドバイスをしてくれることに感謝もできそうです。家族がいるから頑張れる、前向きになれることもあります。家族が悩みの種になる場合は、「悩めることは生きている証」だと思って。プラスに変換するくらいの強い意志を持ってみると、家族関係もいい方向に進んでいくでしょう。

開運のつぶやき　経験や体験を活かせないことが失敗

健康運

元気いっぱいに過ごせそうな１年
美しさに磨きをかける時期

健康運はよく、問題が少ない年です。不摂生や不健康な生活をわざわざしない限りは、元気な１年を過ごせる可能性が高いでしょう。一応、注意したほうがいいのは３月の風邪、５月のうっかりのケガです。ほかにも９～10月は精神的な疲れがたまりやすいので、しっかりストレス発散をしてください。

2021年は、肉体改造やダイエット、基礎体力作りに挑戦するにもいい年です。家でできる簡単な運動をしてみるといいでしょう。腹筋やスクワットを、１日５回くらいでもいいので続けるようにしてください。動画を観ながらできるくらいの運動もオススメです。たとえばヨガの動画を観ながら一緒にやってみるといいでしょう。もっとバリバリ体を鍛えたいという場合は、スポーツジムに通ってパーソナルトレーナーをつけてください。金の羅針盤座は言葉に影響を受けやすいので、一生懸命褒めてくれる人や応援してくれる人がいると、自分でも驚くほどトレーニングを続けられるでしょう。思った以上に頑張ることができれば、そのぶんだけ筋力や体力もついてきます。同様に、ゴルフなどをはじめる場合は、プロに教えてもらったほうが成長の早いタイプです。我流でやらず、レッスンなどに行ってみるといいでしょう。

金の羅針盤座はプライドと美意識が高いので、スタイルを気にする人も多いと思います。もし「裏運気の年」に油断して一気に太ってしまった場合は、ある程度の運動でもいいのでダイエットを頑張ってみてください。オススメなのは、露出が多めの服を着ること。気持ちが引き締まり、体も自然と痩せてくるようになるでしょう。視線を集める服を着るのは、最初は恥ずかしいかもしれませんが、ここは思いきってやってみてください。

2021年は、メイクアップレッスンに行って年齢や流行に合わせた技術を学んでみるのもいいでしょう。周りにはメイクアップレッスンに行ったことがない人が多いと思うので、誘ってみてください。みんなできれいになることは、いい勉強にもつながり、これまで以上にメイクが楽しくなるでしょう。そのほか、服のコーディネート教室などに行ってみるのもオススメです。美意識を高めることで、より健康的な生活を送ることができるようになるでしょう。2021年は「2020年よりも、もっと美しくなってみせる」といった目標を立ててみましょう。食事は精神的な疲れから、深酒や食べすぎになる場合があるかもしれません。どうしても何か食べたいときは、果物を選ぶようにしてください。ストレスの発散にも、体にもいいでしょう。ゆったりとしたクラシックのコンサート、品のある場所での食事などもストレス発散になります。好きなお笑い芸人のライブに行くことも効果があるでしょう。

また、ネガティブな発言やマイナス思考はストレスの原因になるだけなので、独り言でもいいのでポジティブな言葉を発するようにしてみてください。口角を上げて笑顔の練習などをしていると、自然と明るく前向きにもなるでしょう。考えすぎてしまうときは身の回りを掃除してみると、余計なことを考えなくなるはず。気持ちも身の回りもすっきりさせることができそうです。

年代別 アドバイス

年齢が違えば、起こる出来事もそれぞれに違います。
日々を前向きに過ごすための年代別アドバイスです。

年代別アドバイス 10代

失敗を恐れないで、気になることに挑戦するといい年。考える前にまずは行動をしてください。そこから次をどうするか考えるくらいでいいでしょう。夢に向かって挑戦するにもいい年です。気になるライブに行ってみたり、習い事をはじめてみたり、何よりも新しい友達を作るために人の輪に思いきって飛び込んでみると、いい出会いが増えるでしょう。恋のチャンスも増えるので笑顔と愛嬌を忘れないこと。相手の話を楽しく聞くように。

年代別アドバイス 20代

現状に満足できていないなら引っ越しや転職をして。環境を大きく変えることで運命が大きく変わる年です。目指してみたいことがあるなら2021年の年内に動き出す覚悟が大切。交友関係も新しくなります。これまでの縁よりもはじめて会う人を大切にすると、人生が大きく変わってくるでしょう。プラス思考やポジティブ発言をクセにすることで、仕事も恋愛もうまくいくようになるはず。日々いい言葉やいい話を探すクセを身に付けることが大切。

年代別アドバイス 30代

普段なら参加しない集まりに顔を出すこと。生活環境を変えるための引っ越しもいいでしょう。髪型や服のイメージを、思いきって大幅に変えるにもいい年です。華道、茶道、着つけ教室など、少し敷居が高いイメージがする習い事をはじめてみると気持ちが整い、仕事やプライベートも充実してくるでしょう。落語やお笑いのライブに行ってポジティブな発想を学んでみると人生観が大きく変わるかも。人との出会いも自然と楽しくなるでしょう。

年代別アドバイス 40代

生活リズムを変え、新しいことへの挑戦を楽しむといい年です。未体験なことがあるなら手を出してください。人生が楽しくなるきっかけをつかむことができるでしょう。長い付き合いになる人に出会う運気でもあります。習い事をはじめてみたり、ファンの集まりや趣味の集いに参加したりしてみるのもいいでしょう。年下の友人や仲よくなれる人を見つけてください。その後の成長を含めて、楽しい関係を作れるようになるでしょう。

年代別アドバイス 50代

興味のあることを見つけ、行動することが大切な年。「もう若くないし」などと勝手に思わないで。気になるライブやイベントに参加してみると、思った以上のパワーをもらえるでしょう。心から熱くなれることを見つけられそうです。おもしろい出会いが増えるので、若い人の考えも認めること。たくさん学べて成長することができそうです。旅行をするにもいい年なので、これまで縁のなかった場所へ行くツアーなどに参加してみましょう。

年代別アドバイス 60代以上

カルチャースクールに通うなど、習い事をはじめてみることでやる気が出てくる年。少しでも興味の湧いたことがあるなら、調べるだけではなく実際に体験してみるといいでしょう。旅行先は、これまでに行ったことのないような場所がオススメ。しっかり計画を立てて、2021年の目標にしてみるといいでしょう。新しい出会いが今後の運命を変えることになります。人の集まる場所には、できるだけ顔を出しておくようにしましょう。

開運のつぶやき ▶ 負けるとわかっていても、成長できて学べることがある

あなたの命数は
P.10からはじまる
命数早見表でチェック！

命数別2021年の運勢

【命数】

1

ネガティブな頑張り屋

基本性格

負けず嫌いな頑張り屋。人と仲よくなることが得意ですが、本当は人が苦手。誰とでも対等に付き合いたいと思うところはありますが、真面目で意地っ張りで融通の利かないところがあり、人と波長を合わせられないタイプ。生意気な部分が出てしまい、他人とぶつかることも多いでしょう。心が高校1年生から成長しておらず、さっぱりとした性格ですが、ネガティブなことをすぐに考えてしまうところがあるでしょう。

2021年の開運アドバイス

ラッキーカラー　ブルー、オレンジ

ラッキーフード　野菜のてんぷら、紅茶クッキー

ラッキースポット　スタジアム、百貨店

開運3カ条

1. 素直に謝る
2. 頑張っている同年代を見る
3. 負けは認める

2021年の総合運

目標となる人やいいライバルを見つけられる年。人の集まりに参加したり、同年代で頑張っている人を見たりするといい刺激を受けられるので、スポーツ観戦のほか、舞台やライブを観に行くといいでしょう。仕事でもプライベートでも素直に謝れるようにし、負けを認められるようになると大きく成長できそう。健康運は、スポーツをはじめることで体調がよくなるので、定期的に行うようにしましょう。

2021年の恋愛&結婚運

異性の友人を増やすことでチャンスが増える年。習い事やスポーツをはじめてみたり、行きつけのお店を作って店員さんや常連さんと仲よくなったりすると、恋のチャンスにつながるでしょう。本音を語れるようになるといい関係になれるので、何度も会って信頼されるようになることが大切です。結婚運は、対等に付き合うことができる相手なら問題はないですが、相手の言葉に無駄に反発しないようにしましょう。

2021年の仕事&金運

仕事を頑張る理由を作ることでやる気やパワーが増す年。競争相手を見つけるのもいいですが、自分に負けないようにすることも大切。楽な仕事ばかりするよりもあえて苦労の多い困難な仕事に挑むことでいい勉強になり、協力する大事さを学べそう。失敗を認め、素直に謝って新たに挑戦する気持ちも大切。金運は、自分が欲しいものと他人が持っているから欲しくなるものを冷静に分けるように。本当に必要なものを購入するクセを身に付けて。

【命数】

2

チームワークが苦手な野心家

基本性格

頭の回転が速く、何事も合理的に進めることが好きなタイプ。表面的な人間関係は築けますが、団体行動は苦手で好き嫌いが激しく出てしまう人です。突然、大胆な行動に走ってしまうことで周囲を驚かせたり、危険なことに飛び込んでしまったりすることもあるでしょう。ひとりでの旅行やライブが好きで、ほかの人が見ないような世界を知ることも多いはず。他人の話を最後まで聞かないところがあるので、しっかり聞くことが大事です。

2021年の開運アドバイス

ラッキーカラー　イエロー、スカイブルー

ラッキーフード　おでん、みかん

ラッキースポット　リゾートホテル、百貨店

開運3カ条

1. 失敗を恐れない
2. チームワークを大切にする
3. イベントやライブに行く

2021年の総合運

才能を磨いて実力を身に付けることができる年。不慣れなことや苦手なことを少しでもいいので克服する努力や、多少の遠回りなどする経験が後に役立つようになるでしょう。団体行動が苦手なタイプですが、あえて人の集まりに参加してみるなどチームプレーの楽しさを見つけてみて。健康運は、ダイエット目的に格闘技をはじめるのもいいでしょう。古武道を習うことで心身ともに鍛えられるので、体験教室に行ってみましょう。

2021年の恋愛&結婚運

出会いが多くなるので、気になる異性を見つけることができそう。ただ、外見や雰囲気だけで飛びつくと痛い目に遭う場合があるので、2021年は異性を見る目を養う年だと思って冷静に判断するように。イベントやライブ、パーティーなどで出会った人といい関係になれそうなので、積極的に参加しておきましょう。結婚運は、好きな気持ちが高まっているときなら入籍はいいですが、冷めてくると目移りするので気をつけましょう。

2021年の仕事&金運

思いきった行動がいい結果につながり、仕事の流れや職場でのポジションも変化してくる年。思いきった挑戦や大胆な行動がいい結果をもたらすので、少しくらい難しそうに感じても勇気を出して挑戦してみる価値はありそう。周囲の人を尊重することで、うまく協力を得られるようになるでしょう。金運は、ライブやイベント、体験や経験になることにお金を使うといいでしょう。海外旅行やリゾート気分の味わえる場所に行くのがオススメ。

12のタイプ別よりもさらに細かく自分や相手がわかる！
ここでは、生まれ持った命数別に2021年の運気を解説していきます。

【命数】
3

上品でもわがまま

基本性格

陽気で明るく、サービス精神が旺盛。常に楽しく生きられ、上品な感じを持っている人です。人の集まりが好きですが、本音は人が苦手。ポジティブなのにネガティブと、矛盾した心を持っています。真面目に物事を考えるより楽観的な面を前面に出したほうが人生がスムーズにいくことが多く、不思議と運を味方につけられるでしょう。自分も周囲も楽しませるアイデアが豊富ですが、空腹になると何も考えられなくなりがちです。

2021年の開運アドバイス

ラッキーカラー　イエロー、ブルー
ラッキーフード　わかめの味噌汁、紅茶のシフォンケーキ
ラッキースポット　音楽フェス、ショッピングモール

開運3カ条

1. 前向きな話をする
2. 機嫌をよくする
3. おいしいものを食べる

2021年の総合運

新しい出会いや変化の多い年になり、自然と楽しくなるでしょう。環境を変えたいと思うなら、思いきって引っ越しをしたり職場も変えて一からやり直すくらいの気持ちで前に進んでみるといいかも。ダンスや音楽を習ってみると思った以上に楽しい時間になり、充実した日々を過ごせていい仲間もできそうです。健康運は、ヨガやダンスなど、楽しく続けられるスポーツをはじめるといい年。家でテレビを観ながらの柔軟体操を習慣にするのもいいでしょう。

2021年の恋愛&結婚運

異性との出会いが多くなり、恋のチャンスも増えますが、不機嫌なままではチャンスを逃すだけ。明るい笑顔を心がけてみると、いい縁につながりそう。気分のアップダウンが激しいので、機嫌よくするように心がけてみるといいでしょう。服や髪型も明るい感じを意識しておくといいかも。結婚運は、思いきって飛び込むのはいいですが、貯金や少し先のことを考えておくことも大切。相手の運気次第では、授かり婚をする可能性も。

2021年の仕事&金運

やらなくてはならないことが増えて、忙しくなる年。不満もたまりやすくなるので、職場の人と話をする時間を作ったり、プライベートでも仲よくしたりしてみて。少しくらいの大変なことでも、乗り越えることができるでしょう。気分で仕事をしないよう、目の前の仕事に集中するようにしましょう。金運は、おいしいものを食べるグルメ旅行をするといい年。予約がなかなかとれないお店を頑張って予約してみるといいでしょう。

【命数】
4

余計なひと言が多い真面目な人

基本性格

何事も素早く判断できる頭の回転が速い人。短気なところもありますが、おしゃべりが好きで勘が非常に鋭いタイプ。人情家で情にとてももろい人ですが、人間関係を作るのがやや下手なところがあり、恩着せがましい面や自分が正しいと思った意見を押しつけすぎてしまうクセがあるでしょう。感性が豊かで芸術系の才能を持ち、新しいアイデアを生み出す力もあります。寝不足や空腹で、簡単に不機嫌になってしまうでしょう。

2021年の開運アドバイス

ラッキーカラー　スカイブルー、ブラック
ラッキーフード　海鮮丼、寒天ゼリー
ラッキースポット　美術館、百貨店

開運3カ条

1. 素敵な言葉を選ぶ
2. 美術館に行く
3. イラッとしたときは3秒待つ

2021年の総合運

感性を磨くことが大切な年。映画や芝居、美術品や芸術作品をできるだけたくさん観たり、いろいろなジャンルの本を読んだりしてみて。旅行する場合は、神社仏閣や世界遺産を見たり、自然の風景がきれいな場所に行ったりするのもいいでしょう。ホームパーティーをしていろいろな人を集めてみることで、素敵な出会いにつながりそうです。健康運は、スクワットを数回でもいいので行う習慣を身に付けておくと、体力アップにつながるでしょう。

2021年の恋愛&結婚運

人との出会いが多い年なので気になる異性と出会える確率が高い年。ただ、見定めてばかりいるといつまでも選んでもらえないので、相手から好かれるようにすることが大切。相手が言われてうれしい言葉や素敵な表現を意識するようにして。また、これまでとは違ったタイプの異性のよさを見つけることも大切です。結婚運は、急に盛り上がるのはいいですが、貯金したり、現実的な準備をしっかりしたりしておくと話が進みやすいでしょう。

2021年の仕事&金運

頭の回転の速さやアイデアを活かした新たな仕事をまかされることのある年。思いきって新たなことに挑戦することでいい経験ができ、今後に活かせる体験もできそうです。愚痴や不満、文句が増えやすくなりますが、自分の言葉の影響力や相手がどう思うかを考えてから発言するようにしましょう。金運は、浪費に注意。アートに関わることにお金を使うといいでしょう。外食ではおいしいだけではなく、雰囲気を楽しめる場所を選びましょう。

【命数】

5

ネガティブな情報屋

基本性格

多趣味・多才でいろいろなことに詳しく、視野が広い人。根は真面目で言われたことを忠実に守りますが、お調子者のところがあり、適当なトークをすることがあります。一方で、不思議とネガティブな面もある人。おもしろそうなアイデアを出したり、情報を伝えたりすることは上手です。好きなことが見つかると没頭しますが、すぐに飽きてしまうところも。部屋に無駄なものが集まりやすいので、こまめに片づけたほうがいいでしょう。

〉〉2021年の開運アドバイス

- **ラッキーカラー** ホワイト、パープル
- **ラッキーフード** 餃子、わらび餅
- **ラッキースポット** 空港、ブランドショップ

開運3カ条

1. 新しい趣味を見つける
2. これまでとは違うお店で買い物をする
3. フットワークを軽くする

2021年の総合運

新しい出会いや体験がたくさんでき、興味のあることが増える年。フットワークが軽くなり、人との出会いがさらに増えて視野も広がるでしょう。ノリのよさがいい縁をつないでくれそう。慎重に様子を窺うよりも、思いきりのよさがその後の人生を大きく変えることになるでしょう。新しい趣味をはじめると後に役立つので、いろいろ体験しておきましょう。健康運は、計画的に休む日、特にお酒を飲まない日を作るといいでしょう。

2021年の恋愛&結婚運

恋のチャンスが増え、気になる異性が増えそうです。外見が好みの人や異性の扱いがうまい人と楽しい恋ができるでしょう。勇気を出して飛び込むといいですが、酒の席での勢いには気をつけて。好みのタイプの幅を広げられる年でもあるので、これまでターゲットにしていなかったタイプや年齢の異性も観察しておきましょう。結婚運は、計画がしっかり立てられるなら進んでもいいですが、慎重になりすぎないようにしましょう。

2021年の仕事&金運

忙しくも充実した気持ちになる1年。やりたいことが増えますが、遠慮しないで思いきって挑戦することでいろいろなことが学べ、出会いも増えるでしょう。飲み会やパーティーなどには積極的に参加したり、自らいろいろな人を集めたりするのもオススメ。買い物は、これまでと違うお店や百貨店に行くようにするといいでしょう。金運は、買い物をする日を決めて、買うときと買わないときのメリハリをしっかりつけるようにして。

【命数】

6

謙虚な優等生

基本性格

真面目でおとなしく、出しゃばらない人。やや地味なところはありますが、清潔感や品格を持ち、現実的に物事を考えられて、謙虚な心で常に1歩引いているようなタイプ。他人からのお願いが断れなくて便利屋にされてしまう場合もあるので、ハッキリ断ることも必要です。自分に自信がないのですが、ゆっくりじっくり実力をつけることができれば、次第に信頼、信用されるでしょう。臆病が原因で、交友関係は狭くなりそうです。

〉〉2021年の開運アドバイス

- **ラッキーカラー** スカイブルー、ホワイト
- **ラッキーフード** ちらし寿司、グミ
- **ラッキースポット** 温泉、神社仏閣

開運3カ条

1. 明るくイメチェンをする
2. 勇気を出して行動し、発言する
3. 聴く音楽のジャンルを増やす

2021年の総合運

慎重になりすぎるよりも流れに身をまかせて新しいことに挑戦するのが大事な年。ただし、臆病になると出会いのチャンスやいい体験を逃す場合も。少しくらい失敗をして恥ずかしい思いをしたほうが、強くなれると思っておきましょう。音楽の幅を広げるのもいいので、これまで避けていた音楽を聴いてみたり、気になるライブに行ったりしてみて。健康運は、基礎代謝が上がるような運動をし、根菜を多めに食べるようにしましょう。

2021年の恋愛&結婚運

気になる人が現れても片思いのままで終えてしまうことが多いタイプですが、2021年はそんな自分を変えることが大切になる年。気になる相手にはお試しくらいの気持ちで好意を伝えてみたり、遊びに誘ったりするといいでしょう。明るく笑顔でいることを心がけ、よく笑うようにするとモテるようになりそう。結婚運は、じっと待ってばかりでは話が進まないので、素直な気持ちを伝えたり、相手の考えをしっかり聞いたりしましょう。

2021年の仕事&金運

自信を持って仕事に取り組んだり、求められた以上の結果を出すために、仕事に役立つことを勉強したりしておきましょう。すぐにではなく数年後に役立つことがあるので、未来の自分が喜びそうな努力をはじめて。発言を控えるクセもやめて、違うと思ったことはしっかり丁寧に説明したり、嫌なときはキッパリ断ったりしましょう。金運は、資格取得や技術アップのためにお金を使うといいでしょう。マネーの勉強をするにもいい時期。

ラッキーカラー、フード、スポットはプレゼントやデート、遊ぶときの口実に使ってみて

【命数】
7
おだてに弱い正義の味方

基本性格

自分が正しいと思ったことを貫き通す正義の味方のような人です。人にやさしく面倒見がいいのですが、人との距離をあけてしまうところがあります。正しい考えにとらわれすぎてネガティブになってしまうことも。行動力と実行力はありますが、おだてに弱く、褒められたらなんでもやってしまうところもあります。基本的に雑でドジなところがあるので、先走ってしまうことも多いでしょう。

2021年の開運アドバイス

ラッキーカラー　スカイブルー、ピンク
ラッキーフード　ペペロンチーノ、寒天
ラッキースポット　動物園、ホームパーティー

開運3カ条

1. 年齢の離れた知り合いを作る
2. 後輩や年下の面倒をみる
3. 年上には素直に甘え、感謝する

2021年の総合運

年上の知り合いや年下の友人を作るといい年。人の集まりに参加するだけでなく、自らいろいろな人を集めてみるとよさそうです。気になるイベントに参加してはじめて出会った人のいい部分を見つけられるようにしたり、前向きな発言を増やしたりするといいでしょう。サークルや定期的に集まる習い事、カルチャースクールに通うのもオススメ。健康運は、ストレッチや屈伸をする習慣を身に付けましょう。

2021年の恋愛&結婚運

これまで年上としか付き合ったことのない人は年下の相手に、年下と付き合ってばかりの人は年上の相手に注目するといいでしょう。同年代よりも年齢が離れた相手との恋のほうがうまくいくので、職場の先輩や上司、年下の後輩から紹介してもらえるような関係性を作っておくことも大切。勝手に空回りしがちなので、恋は結果を焦らないように。結婚運は、押すのはいいですが、その後の段取りや計算ができていないので、準備をしっかりして。

2021年の仕事&金運

仕事の内容に変化がありそうな年。新しい仕事のほうがやる気も湧いてくるので、少し不慣れなことでも前向きに捉えるようにして。また、職場の人間関係を楽しむことで、相手の個性や才能を活かせる方法が見えてきそう。仕事は締めくくりをしっかりするように、最後を丁寧に行ったり、確認をしっかりしたりして。金運は、どんぶり勘定でお金を使うのはやめて、1週間で使う予算などをしっかり決めるようにするといいでしょう。

【命数】
8
上品で臆病な人

基本性格

真面目で上品、挨拶やお礼などの常識をしっかり守る人。ルールやマナーにもうるさく、できない人を見るとガッカリしてしまうことも。繊細な性格でネガティブな考えが強く、勝手にマイナスに考えてしまうところもあります。その点は、あえてポジティブな発言をすることで人生を好転させられるでしょう。臆病で人間関係は苦手。特に、初対面の人と打ち解けるまでに時間がかかることが多いでしょう。

2021年の開運アドバイス

ラッキーカラー　ブルー、ホワイト
ラッキーフード　カニ、チョコミントアイス
ラッキースポット　百貨店、古都

開運3カ条

1. 失敗を恐れない
2. 新しい出会いを楽しむ
3. 他人を許し認める

2021年の総合運

様子を窺って慎重に行動するより、少しくらい雑でもいいので勢いや大胆な行動をすることが大事な年。失敗を恐れすぎて前に進めなくなるとチャンスや出会いを逃してしまうので、「失敗は恥ずかしくない。挑戦しないほうが恥ずかしい」と思って行動してみましょう。正義感が強いのはいいですが、臨機応変で柔軟な対応ができるようにして。健康運は、毎日少しずつでもいいので汗を流す運動を必ずして、湯船にしっかり浸かる習慣を作りましょう。

2021年の恋愛&結婚運

出会いのチャンスはあっても、慎重になりすぎると交際までなかなか発展しない可能性がある年。相手からは隙がないように見えるので、スキンシップや笑顔を心がけ、相手の冗談にはできるだけよく笑うようにするといい関係に発展しやすくなるでしょう。ときには余計なひと言や風刺、毒舌な雰囲気も出していいでしょう。結婚運は、順序を気にしすぎると進めなくなりますが、自分の感情に素直になってみると話を進められそうです。

2021年の仕事&金運

新しいやり方や方法に日を向けることで仕事のレベルを上げられる年。丁寧な仕事ぶりはいいですが、時代の流れに合わせることも忘れないように。職場の人との交流を避けてしまうと損する場合もあるので、2020年よりも少し仲よくなってみて。また、仕事をサボってしまう人や雑な人にムッとしやすいですが、その人たちから要領のよさを学ぶ必要はあるでしょう。金運は、服や靴などは上品なものを選ぶようにしましょう。

【命数】

9

上品な変わり者

基本性格

ほかの人とは違う生き方を自然としてしまう人。周囲から「変わっている」と言われることがありますが、自分では真面目に過ごしていると思っています。理論と理屈が好きですが、屁理屈や言い訳が多くなってしまうタイプ。芸術系の才能や新たなことを生み出す才能を持っているため、天才的な能力を発揮することも。頭はいいですが熱しやすく冷めやすいため、自分の好きなことがわからずにさまよってしまうことがあるでしょう。

〉〉2021年の開運アドバイス

ラッキーカラー　藤色、ホワイト
ラッキーフード　カマンベールチーズ、マンゴー
ラッキースポット　百貨店、世界遺産

開運3カ条

1. ひねくれないで素直に行動する
2. 新しい出会いの場所を楽しむ
3. 極めてみたいことを見つける

2021年の総合運

変化が好きなあなたには楽しい1年。人間関係も環境も、興味あることが大きく変わってくる流れです。自ら思いきったことに挑戦してみるといいですが、天邪鬼になったままではチャンスを逃すので、素直に受け入れることを忘れないように。はじめて会う人を増やすことであなたの魅力や才能に気がつく人に出会えるので、出会いの場には積極的に参加して。相手のいい部分を褒めるといいでしょう。健康運は、食わず嫌いを克服するようにしてみて。

2021年の恋愛&結婚運

興味のある相手に出会える運気ですが、あなたが1歩踏み込めないことや素直になれないことが原因で、チャンスを逃してしまいそう。好きな気持ちがあるなら相手に好意を伝えてみたり、気軽に遊びに誘ったりするといいでしょう。急展開を期待するより「1年後くらいに交際できればいい」程度のペースのほうがうまくいきそう。結婚運は、結婚願望が薄れてくる時期。結婚生活も悪くないと思えたときに一気に入籍したほうがいいでしょう。

2021年の仕事&金運

仕事の流れが変わりやすい年ですが、自分が極めたい仕事や技術をアップさせたい仕事を見つけることができそう。アイデアを活かせたり、芸術系や美術系の仕事、機械などを使う仕事の場合は一気に才能を開花させたり能力を活かせたりするようになりそうです。他人の仕事を尊重し感謝できるようになると、道が切り開かれていくでしょう。金運は、浪費を直すためにも自分の価値観だけで購入しないようにしましょう。

【命数】

10

真面目な完璧主義者

基本性格

常に冷静に物事を判断できる、落ち着いた大人っぽい人。歴史や芸術が好きで、若いころから渋いものにハマるでしょう。他人に興味がなく、距離をあけてしまったり、上から目線の言葉が自然と出たりするところも。ひとつのことを極めることができ、職人として最高の能力を持っているので、好きなことを見つけたらとことん突き進んでみるといいでしょう。ネガティブな発想になりすぎてしまうのはほどほどに。

〉〉2021年の開運アドバイス

ラッキーカラー　ブルー、ホワイト
ラッキーフード　松前漬け、マスカット
ラッキースポット　世界遺産、百貨店

開運3カ条

1. 他人を褒める
2. 極めることを見つける
3. 新しい出会いを求めて行動する

2021年の総合運

興味のある人や物事を見つけられる年。否定的だったことでも一度体験してみると考え方が大きく変わるので、どんなものなのか経験してみることが大切。学ぶことも大事ですが、実体験することでよりうまく伝えられるので、頭でっかちにならないように。出会いが多くなりますが、はじめて会った人の個性を認めることであなたの魅力や才能も認めてもらえるようになるでしょう。健康運は、偏った食事をやめるように心がけて。

2021年の恋愛&結婚運

出会いの機会は増える年ですが、尊敬できない人には好意を抱かないタイプなので、習い事やカルチャースクール、資格取得の塾などに行くと素敵な人と出会える可能性が。年齢は離れている人がいいので、年上の知り合いをたくさん作ってみるといい出会いがありそう。気になる人の会話や特徴をしっかり記憶しておくと、チャンスがつかめそうです。結婚運は、相手をうまく褒めて上手にサポートをすると話が進めやすいでしょう。

2021年の仕事&金運

手に職をつける目標を作ることが大切。気になる技術や学ぶべきことを見つけた場合はすぐに取りかかり、どんな仕事でもひとつのことを極めてみると自分のポジションができるでしょう。ここでの苦労や経験は、いずれ人に教える立場になったときに役立ちそう。他人をよく観察し、人の動かし方や心理を考えることも大切です。金運は、古都や神社仏閣をめぐる旅行をするといいでしょう。斬新な芸術作品を観ることにもお金を使ってみて。

ラッキーカラー、フード、スポットはプレゼントやデート、遊ぶときの口実に使ってみて

金の羅針盤座 2021年タイプ別相性

自分と相手が2021年にどんな関係にあるのかを知り、
人間関係を円滑に進めるために役立ててみてください。

相手が 金のイルカ座
整理の年

行動範囲を広げて前に進む時期のあなたの背中を見ながら1、2歩遅れている相手。せっかく前に進めるときにマイナスになってしまう場合があるので、関わりは減らしたほうがよさそう。あなたのやる気を削ぐようなことを言ってきたときは聞く耳を持たないようにしましょう。恋愛の場合は、縁を切りたくなる流れで興味がなくなってしまいそう。縁はかなり薄いので期待せず、ほかに相手を探すようにするとよいでしょう。

相手が 銀のイルカ座
裏運気の年

噛み合わなさを感じたり、お互いの考え方が理解できなかったり、タイミングが合わなかったりが多くなりそう。前に進むあなたにとっては、この相手は後退しているように見えるかも。出会った瞬間は楽しいですが、幼稚な部分が目についてガッカリすることも。恋愛の場合は、最初は楽しい空気があっても相手のわがままに振り回されたり、価値観や考え方の違いから好意が薄れてしまいそう。進展があっても長続きはしないでしょう。

相手が 金の鳳凰座
準備の年

予想外のところで振り回されてしまったり、指示ミス、相手のやる気のない態度にガッカリしそう。プライベートを楽しむ相手としてはいいですが、重要な仕事や大事な決断のときには注意が必要。うまくサポートする気持ちを忘れないように。恋愛の場合は、これまでに経験したことのない遊びを教えてもらうぶんにはいいですが、真剣な交際をする時期ではないので、楽しめる人だと思っておきましょう。執着されて面倒なことが起きるかも。

相手が 銀の鳳凰座
解放の年

あなたの運命を変えることになる人。下半期は特に相手の影響力が強くなってくるので、いい刺激や学べることがあり、とりわけ生き方や辛抱強さは見習うといいでしょう。近くにいることで興味のある世界を見せてくれることも。恋愛相手の場合は、早い段階で気持ちを伝えておくといい関係に進みやすくなります。ただし、初期の段階で距離をおくと進めることが難しくなりそうなので気をつけて。

相手が 金のカメレオン座
乱気の年

前に進もうとするあなたの邪魔をする相手。よかれと思って言っている言葉は今のあなたにとっては不要なことが多く、考え方や生き方の違いを感じそう。相手も立場や状況が変わって苦しい状態と思って、温かい目で見て。今年で縁が切れても不思議ではないとも思っておきましょう。恋愛の場合も、お互いの気持ちが離れてしまい、距離があいてしまいそう。相手の魅力のない発言や行動にガッカリすることもあるので期待しないように。

相手が 銀のカメレオン座
ブレーキの年

魅力的で輝いて見える人。一緒にいることで学べたり、やる気もアップできたりしそうです。新たなことにチャレンジできるきっかけを与えてもらえることもあるので、挨拶やお礼はこれまで以上にしっかり行うように。恋愛の場合は、魅力的で素敵な人に見える時期。憧れているだけでは進展はないので、遊びに誘って好意を伝えてみるといい関係になれそうですが、お互いに相手まかせなのであなたが勇気を出してみるといいでしょう。

相手が 金のインディアン座
リフレッシュの年

前向きにさせてくれる相手ですが、忙しくてゆとりを感じられない時期なので、少し距離をあけるか、相手の負担を減らせるように努めることが大事。積極的に仕事に取り組む前向きな姿勢を見せると仲よくなれそう。少し図々しくなってみるといいでしょう。恋愛の場合は、事前の約束よりも、当日遊びに誘ってみたほうがいい関係に進めそう。年末まで進展がなくても気にしないで、気楽に話せるような関係を作っておくといいでしょう。

相手が 銀のインディアン座
健康管理の年

今後も付き合いが長くなる相手。お互いに前向きに進んでいるときですが、相手は進むべき道がしっかり見えてきて1歩先に進んでしまうので距離は開きそう。しかし、行動力や考えを学ぶことができるでしょう。恋愛の場合は、連絡先を交換して、ときどきメッセージを送ってみると突然誘いがありそう。このタイミングを逃さないように一気に押しきってみると交際に発展することができそうです。こまめなのはいいですが執着は厳禁。

相手が 金の時計座
開運の年

学べることや教えてもらえることも多く、仕事では救ってもらえることも多い人。一緒にいると交友関係が広がり、おもしろい出会いも増え、長い付き合いになる人を紹介してもらえる可能性も高いので今年は特に仲よくなれるようにしたほうがいいでしょう。恋愛の場合は、人付き合いを楽しむことが大事。知り合いを介してこちらの評判がよくなることでいい関係に発展しやすいですが、相手がモテ期なのでライバルに先を越されるかも。

相手が 銀の時計座
幸運の年

縁をつないであなたに幸運を運んでくれる相手。何度か紹介してもらってうまくいかなくても前向きな言葉をあなたが発している間は、次のチャンスを作ってくれるでしょう。同じ失敗を見せないようにし、ネガティブな発言は避けておきましょう。恋愛の場合は、相手があなたに片思いしてくれているなら急展開がありそう。出会ってからの期間が短い場合は、異性の友達になって年末にいい関係になれることを期待してみましょう。

相手が 金の羅針盤座
チャレンジの年（2年目）

お互い前に進む時期で、人脈も視野も広がる運気。知り合いなどを紹介してみることでいい縁がつながり、やりたいことを見つけられることもあるでしょう。情報交換などをして相手の得になることを考えて行動してみましょう。恋愛の場合、なかなか結ばれない相性ですが、異性の友人となって仲よくなるためにもポジティブな発想や言葉を大切にして、相手の背中を押してあげるといい関係に発展する可能性があるでしょう。

相手が 銀の羅針盤座
チャレンジの年（1年目）

こちらよりも1歩遅れているタイプ。前に進もうとしているところなので手助けをしましょう。新しいことに一緒に取り組むといい経験や学びが増えそう。人脈もゆっくり広がる時期なので、人を紹介してみるとおもしろいことになりそうです。恋愛の場合は、相手からの誘いを待つよりも積極的に誘ってみることが大切。はじめてのお店や未経験なことを体験してみるといい交際やいい思い出が作れそう。話題の場所やお店に行ってみて。

金の羅針盤座

毎月・毎日 運気カレンダー

［2020年11月～2022年3月の運気グラフ］

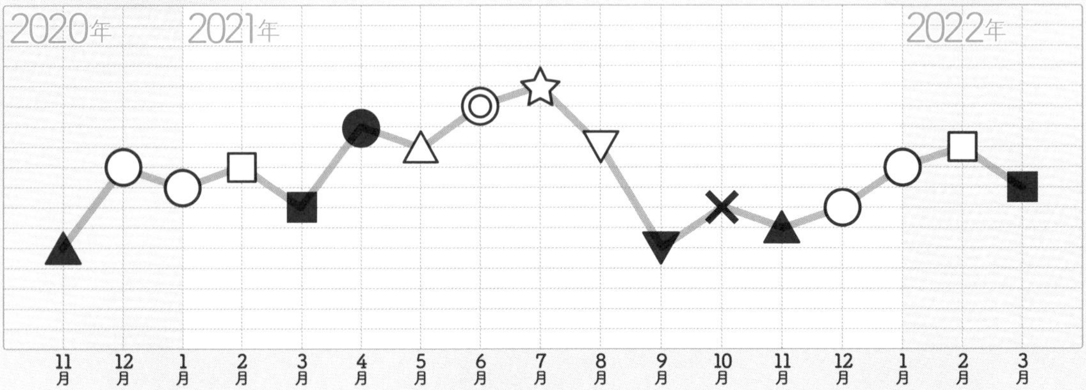

金の羅針盤座の2021年は

○ チャレンジの年（2年目）

何事もプラスに捉えて、新しいことに挑戦を

この本で「占いを道具として使う」には、「毎日の運気カレンダー」（P.51～）を活用して1年の計画を立てることが重要です。まずは「12年周期の運気グラフ」（P.33）で2021年の運気の状態を把握し、そのうえで上の「毎月の運気グラフ」で、毎月の運気の流れを確認してください。

「金の羅針盤座」の2021年は、「チャレンジの年（2年目）」。山登りでいうなら前半戦です。新しいことへの挑戦と人脈を広げることが重要になる年。失敗を恐れず、新しい体験をするほど、2022年以降の方向性の選択肢が広がります。2024年に山の中腹を越え、ここで努力の結果が出ます。それを受けてさらなる決断をし、2025～2026年は仕事も遊びも充実。美しい山の景色を楽しみながら2027年に山頂へ。

☆開運の月　◎幸運の月　●解放の月　○チャレンジの月
□健康管理の月　△準備の月　▽ブレーキの月　■リフレッシュの月
▲整理の月　✕裏運気の月　▼乱気の月　＝運気の影響がない月

2020 11月

▲ 整理の月

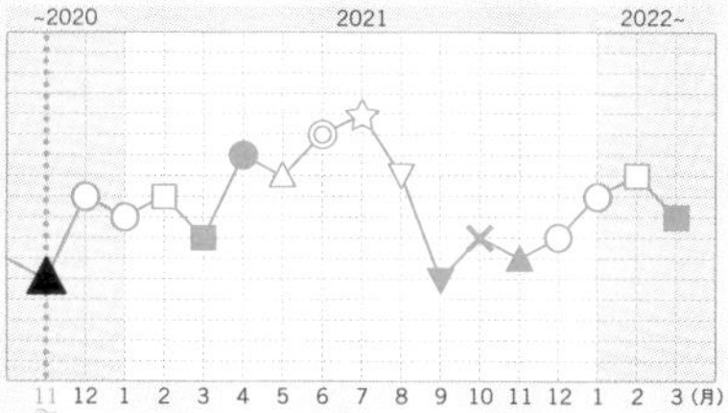

開運 3 カ条

1. 「運気がよくなる」と思って掃除をする
2. ネガティブな人とは距離をおく
3. 不要なアプリは消去する

総合運

自分の居場所ややるべきことが見つかる月。中旬まではモヤモヤすることもありますが、下旬になると考えがまとまってきます。無駄な趣味や年齢に見合わないことから離れましょう。人間関係も整理が必要。思いきって大掃除しましょう。

恋愛&結婚運

遊びの恋を終え、将来を考えられる相手を見つけることが大事な時期。やさしい人か、長く愛せる人かどうかを重視し、理想の相手を考え直しましょう。外見やスペックばかりを気にせず、現実的な人を求めてみると、今の人間関係も変わりそうです。新しい出会いは、下旬にある知り合いからの紹介に期待できそうです。少しだけイメチェンをしておくといいでしょう。

仕事&金運

仕事運は、現状のままで頑張るか辞めるかで大きく今後が分かれる時期。今の仕事を不満なく続けている人は、役割をしっかり果たしましょう。ほかに興味をそそられる仕事がある人や得意分野を活かしたい人は、転職先の情報をしっかり調べるように。金運は、不要品を売ると予想以上の収入になります。古いものは月末に買い替えましょう。

1	日	▽	何事もマイナスに考えず素直に受け止めること。日中は自分の勘を信じて行動してもいいですが、夕方以降は身勝手な行動が不運を招くので慎重に動きましょう。
2	月	▼	何か困ったときは周囲に助けを求めたり、悩みがあれば素直に相談したほうがいいでしょう。ひとりで不安を抱えていると、解決が難しくなってしまいます。
3	火	×	今日の出来事はなんでもプラス面を探すように心がけて。マイナス面ばかりに目が向くと悲観的になり、自らやる気を削ぐことになるので気をつけるように。
4	水	▲	不要なものを処分したり、縁を切ったりするにはいい日です。執着心はあなたの前進を阻むだけなので、現状に満足感が得られないなら思いきって手放すこと。
5	木	＝	はじめて行く場所でおもしろい発見がありそう。どんなに小さくても勇気を出せば人生が変わるので、臆病にならずに「まずは行動」を心に留めておくといいでしょう。
6	金	＝	注意力が散漫になるので、今やるべきことにしっかり集中するようにしましょう。今必要なことを手放すと、自ら不幸を招きかねないので用心しておくこと。
7	土	□	できるだけ多くの人を喜ばせることに一生懸命になれると、今日はいい流れに乗れるでしょう。そのぶん、夜は疲れやすくなることも意識しておくとよさそうです。
8	日	■	ストレス発散で遊びに行ったのに、忘れ物をしたり時間を間違えたりしてガッカリしそう。「ドジをしやすい日」だと思い、気をつける必要があるでしょう。
9	月	●	うれしいときは大げさなくらい喜ぶことで運気の流れをよくできます。笑顔の練習をしてから外出し、小さなことでも大げさに感情を表現するように心がけてみて。
10	火	△	やる気を失い、何事にも気分が乗らなくなる日。楽しいことやおもしろいことがないか探してみたり、自分で自分を楽しませたりする工夫が必要になるでしょう。
11	水	○	ギリギリまで粘ってみると、いい結果につながったり、流れが変わったりしそうです。いつもなら音を上げるようなタイミングでも、もうひと踏ん張りするように。
12	木	○	今日はどんなことにも前向きなほうがいいので、仕事ではポジティブさを忘れないで。恋愛は好きな人と関係を深めるには時期尚早ですが、好意だけは伝えてみること。
13	金	▽	ストレートな表現でハッキリ言ってくれる人は貴重な存在。言葉がキツくても悪く受け止めずに、その言葉を嚙み締めて自分の成長につなげるようにしましょう。
14	土	▼	否定的な言葉に振り回されないことが大事な日。マイナスな情報やネガティブな言葉を浴びせられたら、「プラスに変換する訓練」だと思ってめげないこと。
15	日	×	計画通りに進まないことが多く、イライラすることが増えてしまうかもしれません。過度に期待せず、「こんな日もある」と上手に受け流せるようにしましょう。
16	月	▲	無駄な時間を過ごしたり、なくし物をしたりしそう。あまりヘコまずに「このくらいで済んでよかった」と思うようにし、前向きに頑張るように切り替えましょう。
17	火	＝	使い古したものや使い勝手が悪いと感じていたものをチェックして、来月以降に買い替えをするといいでしょう。高価な品ならば、計画的にお金を貯めておくこと。
18	水	＝	伝え方が大事になりそうな日。相手に思ったよりも強く伝わってしまうことがあるので、言葉選びは慎重にしましょう。挨拶やお礼も忘れずにするといいでしょう。
19	木	□	報告・連絡・相談を意識せず、身勝手に下した判断が、大きな揉め事になりそう。夜は疲れやすくなりそうなので、不要な残業を避けて早めに帰宅し、ゆっくり休んで。
20	金	■	心身ともに疲れ果ててしまいそうな日です。無理をすると翌日に響くことがあるので気をつけましょう。健康的な食事をとるよう心がけて、しっかりと眠るように。
21	土	●	人と人をつなぐと運気が上がる日なので、知り合いに友人を紹介すると、後日素敵な人を紹介してもらえるかも。自分よりも周囲の幸せを考えて動くようにして。
22	日	△	テーマパーク、イベント、ライブなどに行くといい日です。ただし、チケットやスマホを忘れるなど、うっかりミスをしやすいので外出前にはしっかり確認をしましょう。
23	月	○	親友の言葉にグッときそうな日。自分のことを考えてくれている人には感謝を忘れないように。また、たとえ耳が痛くても、親からの小言にもしっかり向き合って。
24	火	◎	数字に対して緊張感を持ったほうがいい日です。職場では書類の数字を見間違えて問題になったり、値段の桁を勘違いして高い買い物をしてしまうようなことがありそう。
25	水	▽	他人まかせにしていると、特に夕方以降に問題が発覚しそうです。「あの人なら大丈夫」と思っていないで、自分でも確認をしっかりすることを心がけましょう。
26	木	▼	「こんなに雑だったかな」と不信感を抱かせるような人が現れそう。他人の行動は自分を映す鏡と思って気を引き締めると同時に、人間関係を見直す時期だと気づいて。
27	金	×	自分でも情けなくなるミスをして、落ち込みそうな日。また、苦手な人と一緒にいる時間が増えることで、思い通りにならないことも多くなってしまいそうです。
28	土	▲	嫌な思い出があるものや何年も使っていないもの、幼稚なものを思いきって処分すると気持ちが楽になるでしょう。本当に使うものだけを手元に残すとよさそうです。
29	日	＝	参加したことのないイベントに顔を出したり、気になるライブに足を運んだりすると、思った以上にいい体験ができます。勇気を出して飛び込んでみましょう。
30	月	○	少しでも変化を求めて行動すると、新しい出会いや素敵な縁に恵まれそう。新商品のお菓子を購入して食べるだけでも、会話のネタになることがあるでしょう。

2020

12月

○ チャレンジの月

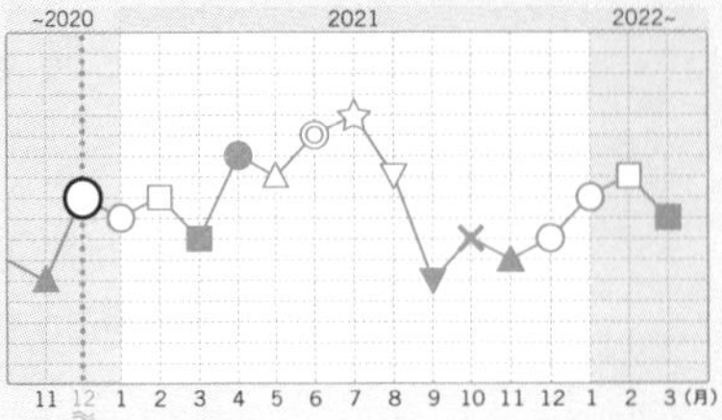

開運 3 カ条

1. 初対面の人とでも楽しく話す
2. 引っ越しや模様替えをする
3. マンネリをやめる

総合運

気持ちが切り替わって、前に進みはじめる月。急にやる気になり、環境、生活リズム、交友関係に変化が起こります。自ら新しいことに挑戦すると成長もできそう。一緒に遊ぶならば、頑張っている人や成功している人にしましょう。

恋愛＆結婚運

今月から恋愛運が動きます。恋から遠のいていた人にも機会が訪れるので、出会いを意識した服装や髪型にイメチェンしてみて。初対面の人と縁がありますが、油断するとチャンスを逃すので明るく笑顔を心がけて。これまでと違う雰囲気の人を受け入れられる自分に気づくので、年齢や外見の許容範囲が広がったことを楽しんでみるといいでしょう。

仕事＆金運

仕事運も、前向きになりやりがいを見つけて積極的に取り組めるので、新しい業務に志願してもいいかも。新しい人と組むと、最初こそ面倒でも、思った以上にいいメンバーが揃っているため、結果を出せるチームに成長できます。金運は、新しいものが吉。最新の家電や流行の服を購入すると運気が上がるでしょう。

1	火	□	小さくてもいいので、今月中に達成できる現実的な目標を掲げてみて。また、恋人と真剣に将来の話をすると、相手が考えていることを深く理解できそうです。
2	水	■	今日は何事もほどほどにすることが大事。頑張りすぎると翌日に響いて体調を崩すので、運気を上げるためにも早めに帰宅して、しっかり体を休ませましょう。
3	木	●	強気な行動をとるといい方向に進みます。周囲の様子を窺うよりも、行動したほうが素敵な出会いやいい縁もつながりやすいので、今日は遠慮は無用です。
4	金	△	集中力とやる気が噛み合わない日です。物事が思ったほど捗らず、さらに些細なミスが増えそう。無駄なやり直しもあるので慎重さを忘れずに行動して。
5	土	◎	「進展はない」と諦めていた好きな人から突然連絡がきて、遊びに誘われるかも。偶然街で出会うこともありそうなので、時間があれば積極的に外出しましょう。
6	日	◎	買い物には最高の日で、最新の家電や流行の服を購入すると運気がアップしそう。これまで選んだことのないタイプのものを買うと、さらに運気は上がります。
7	月	▽	些細な不満は気にしないで、何気ないことに感謝できると幸せになる日。夕方以降は思い通りに進まなくなりがちですが、気にせず流れに身をまかせておきましょう。
8	火	▼	一生懸命になりすぎて、周囲の空気が読めなかったり、人の話を聞いていなかったりする場合があります。周囲への気配りを忘れないようにするといいでしょう。
9	水	×	謎の肌荒れに見舞われたり、口内炎になったりしそうです。こまめな水分補給を心がけ、なるべくビタミン豊富な食材を選ぶことを意識しておきましょう。
10	木	▲	メッセージを既読スルーしたりメールの返事を忘れたりと、うっかりミスが多い1日でしょう。遅れてしまったことをお詫びして、すぐに返事をすることが大事です。
11	金	○	ダイエットや筋トレをスタートするなど、生活リズムを変えてみましょう。仕事に役立つ資格の勉強をはじめたり、早起きを習慣にすることもオススメです。
12	土	○	思いきったイメチェンをするといい日。新しい美容室で明るい印象の髪型に変えて、服装もこれまでとは違った雰囲気でまとめると運気が上がるでしょう。
13	日	□	勇気を出して気になる人にメッセージを送ると、いい関係に進むことができそうです。相手が返事をしやすい内容かどうか、一度考えてから送信しましょう。
14	月	■	昨日の疲れから、風邪をひいてしまいそうな日。今日は無駄な体力は極力使わないようにして、暖かい服装を心がけて。体調管理を万全にしておきましょう。
15	火	●	自分の得意なことに一生懸命になり、人に教えられることは出し惜しみしないようにすれば結果を出せます。さらに、恋愛運もいい日なので、好意を寄せてくる人が現れそう。
16	水	△	初歩的なミスをしやすい日なので、いつも以上に気を引き締めて。外出前は荷物の確認を入念にして、約束の時間を見間違えないように注意しておきましょう。
17	木	◎	やる気が湧いてくる日です。気になったことはなんでも挑戦すると経験値が上がるので、過去に失敗したことや苦手だったことにもリトライしてみましょう。
18	金	◎	仕事に集中することでいい結果を出せそう。普段よりも真剣に取り組むと、周りからの評価が一気に変わります。今後の仕事運を左右するので、目の前の仕事を大切に。
19	土	▽	午前中から活動的になっておくといいでしょう。買い物や用事は早めに済ませて、疲れやすくなる夜に備えて夕方以降はのんびり過ごしたほうがよさそうです。
20	日	▼	自分の短所が気になって臆病になったり、他人の嫌な部分に目がいったりしそう。あなたにもほかの人にも必ず長所はあるので、プラス面を見つけるようにして。
21	月	×	不運を乗り越えると、強さを身に付けられるもの。どんな不運も視点を変えて受け止めることができれば、学びのきっかけになり、自分の成長を促してくれるでしょう。
22	火	▲	身の回りをきれいにするためにも、不要なものを処分するといい日です。昔の趣味のものや着ないままの服は捨て、使わないアプリもどんどん消すようにしましょう。
23	水	○	環境の変化が訪れることで、自分の成長を感じる日になりそうです。「失敗しても次がある」と思って、難しいことにも勇気を出して挑戦してみるといいでしょう。
24	木	○	特に予定がない人は、友人や職場の人を誘って飲みに行くと楽しい時間を過ごせるでしょう。デートの予定がある人は、例年と違うクリスマスイブになるかも。
25	金	□	あなたの心に寄り添い、話を聞いてくれる人を大切にして恩返しすることも忘れずに。ささやかな金額でもいいので、今年はクリスマスプレゼントを渡してみましょう。
26	土	■	疲れているときや空腹のときにお酒を飲むと、思っていた以上に酔ってしまいます。転んでケガなどをしないように、今日のお酒はほどほどにしておきましょう。
27	日	●	デートするには最適な日なので、気になる人がいたら誘ってみましょう。友人主催の忘年会に参加してみると、あなたの魅力に気づいてくれる人が現れそうです。
28	月	△	うっかり遅刻をしたり約束を忘れてしまったりしそうです。大事な書類をシュレッダーにかけてしまうなどのミスを防ぐためにも、確認を怠らないようにして。
29	火	◎	大掃除にいい運気なので、細かい部分まで念入りにきれいにすること。不要なものを見つけた場合は、ネットで売ってみると思いがけないプチ収入になるかも。
30	水	☆	年末年始に必要なものをまとめ買いするのにも、長く使えるものを買うのにもいい運気。今年1年頑張った自分へのごほうびとして、服や靴を買いに出かけましょう。
31	木	▽	日中は運気の流れがいいので、気持ちよく新年を迎えるための準備をしましょう。テレビを観てのんびり過ごすためにも、夜まで用事を残さないようにして。

☆ 開運の日　◎ 幸運の日　● 解放の日　○ チャレンジの日
□ 健康管理の日　△ 準備の日　▽ ブレーキの日　■ リフレッシュの日
▲ 整理の日　× 裏運気の日　▼ 乱気の日　＝ 運気の影響がない日

2021 1月

○ チャレンジの月

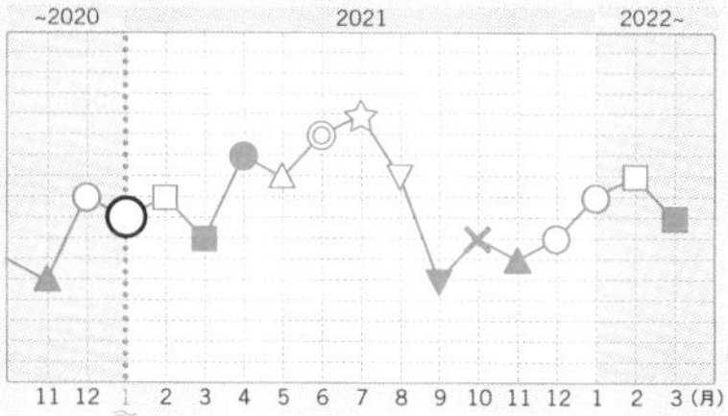

開運 3 カ条

1. はじめての場所に行く
2. 不慣れなことを楽しむ
3. やったことのない髪型にする

総合運

新しい出会いや経験が増える時期。「出会い」は必ず人であるとは限りません。本や映画や芝居や漫画など、あなたの人生を変えてくれるきっかけがどこかにあると思って視野を広げれば、素敵な出会いがあるでしょう。古いことや過去にこだわらず、勇気を出して１歩踏み込むと人生が大きく変わりはじめることも。苦手なことや不慣れと思ったことでも少し勇気を出してチャレンジしてみるといいでしょう。

恋愛＆結婚運

新しい出会いがある時期ですが、人の新たな部分を好きになりはじめることもある運気。これまではターゲットにしていなかった年齢層の人や、気になっていなかった人のやさしさや頑張っている姿を見て惚れてしまうことなどがありそう。改めて相手を見直してみることを忘れないように。また、友人や知人の誘いにはできるだけ顔を出しておきましょう。結婚運は、恋人のいる人は前向きな明るい未来の話をしておくといいでしょう。

仕事＆金運

これまでとは違うタイプの仕事をまかされたり、新しいチームで仕事をすることになったりしそうな運気。変化の少ない職場の場合でも、あなたの気持ちが変化してやる気になり、新たな気持ちで仕事に取り組むことができそうです。また、仕事道具を新調すると前向きになるでしょう。金運は、買い替えをするにはいい運気なので、使い古したものは思いきって新調するといいでしょう。新しい美容室に行くにもいいタイミングです。

1	金	▼	新年早々風邪をひいてしまったり、予定が乱れてしまうかもしれない日です。今日は予定を詰め込まないほうがいいので、家でのんびり過ごすようにしましょう。
2	土	×	予想外の人から遊びに誘われることがありそう。新年会の予定を合わせてみるといいでしょう。気になる相手がいる場合は、ダメ元で初詣に誘ってみるといい返事が聞けるかも。
3	日	▲	昨年中に処分できなかったものや使わないと思われるものは一気に処分しましょう。着ない冬ものは人にあげたり、ネットオークションで売ってしまうといいでしょう。
4	月	○	仕事はじめから気合いが入りそう。少し早めに出社するといいことがあるので、何事も早めに行動してみるといいでしょう。挨拶は自分からすることも忘れないようにしてみて。
5	火	○	自ら進んで仕事をするといい日ですが、よかれと思って間違った方向に進む場合も。何をすることが正しいのか聞いたり、周囲の仕事ができる人を観察したりしましょう。
6	水	□	日中は一生懸命仕事に取り組んで、汗を流すくらい本気を出しておきましょう。夕方以降は不要な残業は避けてしっかり体を休ませるように。早めに帰宅してのんびりして。
7	木	■	油断すると風邪をひいてしまったり、喉や鼻の調子が悪くなるかも。暖かい服装にして、乾燥している場所ではマスクをしましょう。ショウガ入りのドリンクがオススメ。
8	金	●	仕事がスムーズに進んだり、結果を出せる流れになりそうな日。調子がいいと感じるときは恋愛運もいいので、気になる人をデートに誘ってみるといい返事が聞けそう。
9	土	△	うっかり約束の時間を間違えてしまったり、出かけてから忘れ物に気づくかもしれません。慌てないように、出かける前に確認をしっかりするようにしましょう。
10	日	◎	しばらく会っていなかった人から連絡があるなど、偶然の出会いがありそうな日。楽しい思い出話ができるとやる気が出たり、忘れていたことを思い出せるかもしれません。
11	月	☆	大切な決断をする日です。今年の目標を具体的に立てたり、習い事をはじめてみて。筋トレやダイエットをスタートすると成功しやすいかも。なんとなくでもいいのではじめましょう。
12	火	▽	やる気やテンションがゆっくり下がりはじめるかも。マイナスな情報や言葉に振り回されないようにしたり、現状に感謝できることを探してみるといい日になるでしょう。
13	水	▼	不信感が湧く人や、気が合わない人と一緒にいる時間が増えてしまいそう。無理に相手に合わせるよりも、ほどよく距離をとるようにすると、学べることも見つけられるでしょう。
14	木	×	よかれと思って行動したことが裏目に出てしまうことがありそうな日。気まずい空気になってしまうかもしれないので、言葉選びには気をつけるようにしてみて。
15	金	▲	何事も順番や手順が大切になる日。優先順位を間違えないようにすることも心がけておきましょう。判断が鈍ってしまうと、迷惑をかけてしまうこともありそうです。
16	土	○	新作映画を観に行ったり、はじめて行く場所でいい出会いや発見がありそう。イメチェンをするために新しい美容室に行ってみるのもいいかも。少しの勇気が運命を変えはじめます。
17	日	○	素敵な出会いがある日。友人の家に遊びに行ったり、知り合いの集まりに積極的に参加してみるといいでしょう。仲間を集めてカラオケ大会をしてみるといい思い出ができそう。
18	月	□	今年の目標がどれくらい進んでいるか確認を。些細なことでもいいので、日々続けられる努力をしておきましょう。スクワットや腹筋などを少しでもいいのではじめてみて。
19	火	■	集中力が途切れてしまったり、疲れを感じそうな日。今日は少しペースを落としてもいいので、目の前のことをキッチリやるようにしてみて。詰め込みすぎは大きなミスにつながりそう。
20	水	●	頭の回転が速くなったり、いい判断ができるかもしれません。美意識や品格を気にしながら生活しておくと、モテるようになったり注目を集めることができそうです。
21	木	△	小さなミスや判断ミスをしやすい日です。いつも通りにやれば問題がなさそうなことでも、雑に行動すると無駄な時間となったり面倒なことになる場合があるので注意して。
22	金	◎	これまで学んできたことや、続けてきた習い事が役立つかも。昔読んだ本の知識で会話が盛り上がることもありそう。無駄だと思っていたことが役立ちそうです。
23	土	☆	買い物をするにはいい日。服や靴を買いに出かけてみましょう。家電や家具の買い替えをするのにもいいタイミング。勉強になる本を購入すると後で役立つことになるでしょう。
24	日	▽	買い物は日中にしたり、ランチデートをするといいかも。夕方以降は疲れを感じたり、謎の渋滞や予定通りに進まないせいでイライラすることがありそう。早めに帰宅しましょう。
25	月	▼	何事も慎重に行動することが大事な日。慣れた仕事や簡単だと思っていたことでミスをしてしまうかもしれません。「親しき仲にも礼儀あり」ということも忘れないようにしましょう。
26	火	×	体調を崩したり空回りをしやすい日です。今日は慎重に行動し、無理をしないようにしましょう。素直に助けてもらったり、わからないことはすぐに聞くようにしてみて。
27	水	▲	家の中で汚れているところをきれいにすると運気がよくなります。職場も散らかっている場所を整えておくこと。財布やカバンの中も整理し、不要なものを持たないようにして。
28	木	○	生活リズムを変えてみたり、新たな挑戦をするといいかも。些細なことでもいいので不慣れなことにチャレンジすると、おもしろい発見があったり、いい経験になるでしょう。
29	金	○	仕事終わりに職場の人や友人を誘って、気になるお店に行ってみるといい日。素敵な出会いがあったり、いい体験になりそう。ウワサのお店や評判のよさそうなお店を探してみて。
30	土	□	今日は計画をしっかり立ててから行動するようにしましょう。遊びに出かけるときは「今日はいくらまでなら使ってもいい」と決めてみると、楽しみ方も変わるようになります。
31	日	■	今日は家でのんびりするか、近くのスパや温泉でゆっくりしてみて。旬の食べ物や鍋料理を食べるといいかも。マッサージや軽い運動で日ごろの疲れをとるようにしましょう。

2021

2月

□ 健康管理の月

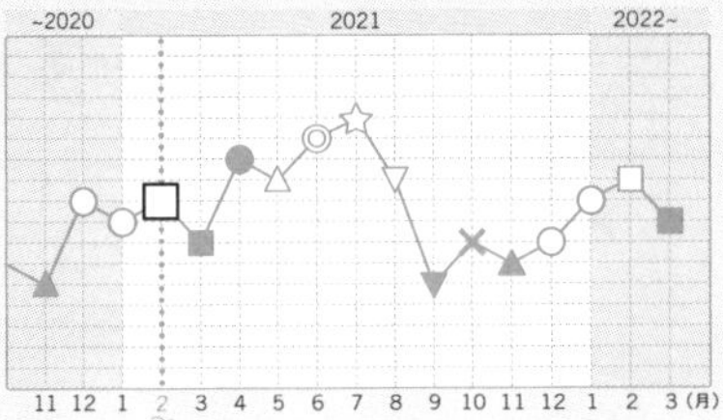

開運 3 カ条

1. スキルアップのための勉強をスタートする
2. 異性を意識したイメチェンをする
3. 定期的に運動をする

総合運

新しいことに挑戦する前に、目標をしっかり立てることが大事な時期。資格や検定の勉強をスタートさせるにはいいタイミングなので、気になる習い事をはじめてみて。素敵な人や長い付き合いになる人に出会えたり、大きく成長できるきっかけをつかめたりするでしょう。逆にここでサボって学ぼうとしないでいると、運気の波がなだらかになってしまうこともありそうです。健康運は、肉体改造をするにはいいタイミングです。

恋愛&結婚運

年齢に見合う服、今の自分に似合う髪型にすることは大事ですが、相手からどう見られているかしっかり考えることも大事な時期。好かれる努力を怠るといつまでも出会いも恋のチャンスもやってこないので、今月は異性に好かれるためにどう工夫をするかが大切です。異性の美容師に髪を切ってもらったり、女性なら、男性誌に載っている女子の服装などを参考にしてみて。結婚運は、勢いで結婚に踏み込むにはいいタイミングです。

仕事&金運

目の前の仕事に一生懸命になるのはいいですが、少し先を想像して今の自分に何が必要なのか考える必要がある時期。スキルアップのために勉強をスタートさせると、思った以上に自分の身になりそうです。金運は、お金の使い方や活かし方を真剣に考えるといい時期。資格や検定の勉強にお金を使ってみるとよいでしょう。投資やお金の運用の勉強をしっかりすることも、今後の金運を大きく左右することになりそう。

1 月	●	好奇心に火がつきそうな日。気になる本を読んでみたり、ネットで調べてみるとどんどん興味が湧いてきそう。周囲から薦められることに挑戦をするのもいいでしょう。
2 火	△	確認をすれば避けられる問題ばかり起きそうな日。忘れ物やチェックミスを突っ込まれてしまいそう。事前準備と最終確認では油断しないように気をつけましょう。
3 水	◎	自分の得意なことで周囲に喜んでもらえることをすると、運気の流れがよくなります。周囲に「そんな才能があったの!」と驚かれることもあるかもしれません。
4 木	☆	買い物をするにはいい日です。長く使えるものや高価なものを購入してみましょう。できればはじめて行くお店や、購入したことのないブランドを選んでみるといいでしょう。
5 金	▽	日中は問題なく過ごせそうですが、夕方あたりから周囲に振り回されたり、食事に誘われるかも。思っていた通りに進まなくなってしまうことが起きやすいでしょう。
6 土	▼	判断ミスをしやすいかも。余計なものの購入や契約などには特に気をつけましょう。強引な人に誘われて遊びに行ってもいまいち盛り上がれないで、無駄な時間を過ごしそうです。
7 日	×	心を乱されてしまう日ですが、前向きに挑戦したり自ら友人や知り合いを誘って遊びに行くといいでしょう。面倒なこともありますが、そのぶんいい思い出になりそうです。
8 月	▲	何事も丁寧にキッチリ仕事をしたり、時間や数字を間違えないように意識することが大事です。身の回りを整えておくことでミスも減り、やる気も出てくるでしょう。
9 火	○	新商品や新しいものに目を向けてみて。普段観ないようなテレビ番組を観てみたり、コンビニで新商品のお菓子を買ってみると、いい話のネタになって助かるかもしれません。
10 水	○	視野を広げるにはいい日。これまで興味が薄かったことを調べてみると、おもしろいものや探求してみたいことが見つかりそう。対話も楽しみながら質問上手を目指してみて。
11 木	□	無理をしないことは大事ですが、油断をするとサボってしまう自分がいることを自覚しておきましょう。ゆっくりでもいいので、地道な努力を忘れないように心がけて。
12 金	■	体を軽く動かして汗を流すことで、心も体もスッキリしそう。朝や時間のあるときにストレッチをしておくといいでしょう。ただし、頑張りすぎないよう気をつけて。
13 土	●	気になる相手にチョコレートを渡すなら今日のほうが思いが伝わるかも。突然でもいいので、食事に誘ってみるといいでしょう。ピンクの服や明るい感じの服を選んでみて。
14 日	△	恋愛運のいい日です。たくさん笑ったり笑顔を心がけると、気になる人の気持ちをつかめるかもしれません。口角を上げておくことで楽しい感じをアピールしましょう。
15 月	◎	やる気になったり前向きに物事を捉えられそうな日。厳しいことをハッキリ言ってくれる人に感謝の気持ちを持つことで、大きく成長することができるでしょう。

16 火	☆	目の前の仕事に真剣に取り組むことで、いい結果を出せたりやりがいを感じられそう。努力を認めてくれる人が現れたり、褒めてもらえることもあるので頑張ってみて。
17 水	▽	過度に他人に期待するより、もっと自分に期待することが大事。まずはなんでも自分から進んで挑戦してみるといいでしょう。他人まかせにして怠けないように気をつけて。
18 木	▼	やる気を失ってしまったり、将来の心配や不安なことばかり考えてしまいそうな日です。余計な情報は入手しないこと。前向きな話をすることが大事でしょう。
19 金	×	予定が急に変更になってしまったり、強引な人に予定を乱されてしまうかもしれません。無理に逆らわず流れに身をまかせてみたり、「仕方ない」と思ってやり過ごしましょう。
20 土	▲	掃除をしたり、身の回りをしっかりと片づけておきましょう。大事なものをなくしてしまったり、どこにしまったか忘れてしまうことがあるので注意して。
21 日	○	はじめて行く場所でいい経験ができそうな日です。気になることにはどんどんチャレンジしてみるといいでしょう。外出する場合はいろいろなことに目を向けてみて。
22 月	○	逃げることや切り替えることばかり考えず、前に進むことだけを考えて。目の前のことに真剣に取り組むと、自然と道が開けたり、あなたの姿を見ていてくれる人が現れます。
23 火	□	何事も順序正しく行うことはいいのですが、臨機応変な対応も忘れないようにしましょう。マニュアルを守りすぎて大切なことを見落とさないよう気をつけて。
24 水	■	今日は頑張りすぎに注意しましょう。思った以上に日ごろの疲れがたまっているので、行動が雑になってしまったり、ケガをするようなことがあるかもしれません。
25 木	●	気になる相手に連絡をしてみるといい返事が聞けそうな日です。新しい出会いも期待できるので、飲み会や人の集まりにはできるだけ参加するようにしましょう。
26 金	△	周囲から突っ込まれてしまうようなミスや、ドジなことをやってしまいそうな日。笑い話にすると運気の流れがよくなるので、うれしいことだと変換して受け止めましょう。
27 土	◎	片思いの相手といい関係に進めたり、気になる人との関係に変化が訪れそうです。相手からの誘いを待っていないで、自ら連絡をしておくといいでしょう。
28 日	◎	いつも行くお店に買い物に行くといい1日を過ごせそう。日用品や消耗品を切らしていないか調べて、まとめ買いをしてみるといいでしょう。新商品も試してみて。

☆ 開運の日　◎ 幸運の日　● 解放の日　○ チャレンジの日
□ 健康管理の日　△ 準備の日　▽ ブレーキの日　■ リフレッシュの日
▲ 整理の日　× 裏運気の日　▼ 乱気の日　＝ 運気の影響がない日

2021 3月

■ リフレッシュの月

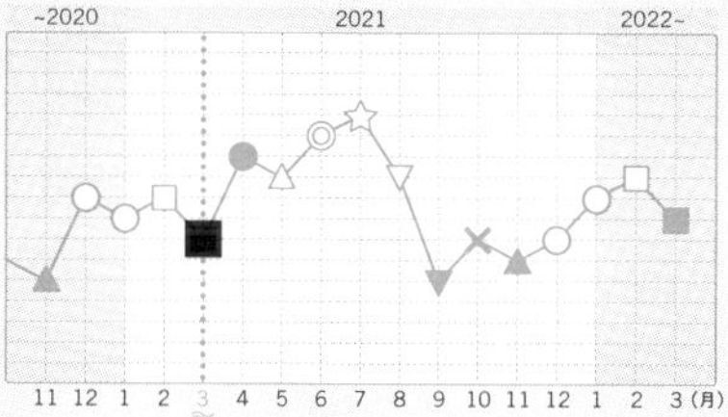

開運 3 カ条

1. 休みの予定を先に立てる
2. 簡単に「大丈夫」と言わない
3. ストレッチをする

総合運

慌ただしく過ごしてきた疲れがたまってしまいそう。少しペースを落としてゆっくりする時間が必要な月。休みの日の予定を先に立て、温泉旅行やのんびりできる日を事前に作っておくことが大事です。軽い運動や健康的な食事を意識することも大切な時期。周囲から勧められることをやってみるのもいいでしょう。健康運は、油断をすると風邪をひいたり体調を崩したりしやすいので、無理せず早めに病院に行くようにしましょう。

恋愛&結婚運

仲のいい相手と遊びに出かける日の前日はしっかり睡眠時間をとり、疲れた状態でデートをしないように気をつけて。些細なことでイライラして関係が悪くなってしまいがちなので、映画やお茶など体力を使わないことを選んでみるとよさそうです。新しい出会いは期待が薄いので自分磨きに時間を使い、顔のパックやムダ毛処理をしておくといいでしょう。結婚運は、恋人の話をプラスに受け止められるようにすることが大事。

仕事&金運

仕事量が増えたり、実力以上の結果を求められたりしてしまうことがありそうです。周囲からの「大丈夫？」に「大丈夫です」と見栄を張らないで、手助けが必要なときには素直に頭を下げて協力してもらいましょう。プライドを守って体調を崩したり、疲れすぎたりしないように気をつけて。金運は、マッサージや温泉など、体調を整えるために出費をするといいでしょう。また、健康的な食事を選ぶことも大切です。

1 月	▽	協力してくれる人や支えてくれている人の存在に目を向けることが大事な日。感謝の気持ちで「おかげさま」と思えることでいい流れに乗れるようになるでしょう。
2 火	▼	周囲に振り回されてしまったり、余計なことに時間をとられてしまうかもしれない日です。ゆとりを持って行動して、自分の用事は早めに片づけるようにしましょう。
3 水	×	真面目に取り組むのはいいですが、融通や機転を利かせることを忘れないように。頑張っても評価が上がらなかったり、逆に下がってしまうことがあるので気をつけましょう。
4 木	▲	わからないことをうやむやにしないで、「わからないので教えてください」と素直に言うことが大事。知ったかぶりをしていると損をしたり、後の苦労の原因になってしまうかも。
5 金	＝	変わらぬ日々を過ごしてもいいのですが、積極的に行動することで情報が得られたり大切な体験もできます。少しでもいいので、変化を楽しむために行動してみましょう。
6 土	＝	楽しそうな情報を集めてみるといい日。ただし、ネット検索ばかりして動かないと意味がないので、気になる場所やお店に実際に行ってみましょう。おもしろい出会いもあるかも。
7 日	□	なんとなく過ごすのではなく、1日の計画を立てて行動するといいでしょう。休憩時間や帰る時間などを決めておいて。夜は疲れやすいので、無理をしないように。
8 月	■	疲れが顔に出てしまうかもしれません。肌が荒れたり、体調を崩してしまいそうなので、無理をしないようにしましょう。ビタミンが豊富なものを食べるようにしてみて。
9 火	●	悩みや不安が少し解消する日。気持ちが楽になったり、周囲から助けてもらえることもあるでしょう。小さな幸せに敏感になっておくと、さらにうれしい出来事が起きそうです。
10 水	△	小さなミスが増えてしまうかもしれません。集中力が途切れやすいので気を引き締めること。何事もきっちりチェックし、事前準備はしっかりやっておきましょう。
11 木	○	今やるべきことを後回しにしないで、しっかり取り組むことが大事。「明日から」と先延ばしにしていると明日も明後日もやらないままになるので、すぐに行動するようにしましょう。
12 金	○	仕事に責任感を持って取り組んでみましょう。なんとなく仕事をしたり、言われたことだけをやっていると評価が下がります。期待以上の結果を出すよう努めてみて。
13 土	▽	午前中から活動的になっておくといい日。片づけや掃除、買い物はできるだけ日中に終わらせておくといいでしょう。夕方からは家でのんびり過ごすのがオススメです。
14 日	▼	予定通りに進まないことが多く、無駄に疲れてしまいそう。ゆとりを持って行動し、こまめに休むようにするといいでしょう。無理な行動はできるだけ控えておくこと。
15 月	×	集中力が途切れてしまったり、人間関係に疲れてしまうかも。今日は順調に進まないことが多い日と思っておくといいでしょう。好きな音楽を聴くと気持ちが晴れそうです。
16 火	▲	散らかったままでは集中できなかったり、大事なものを見失いやすいので、朝から掃除と整理整頓をしっかりするといいでしょう。使わないものはきちんと処分するように。
17 水	＝	気になることを調べてみたり、学ぶ気持ちが大切な日。本を読むと大事なことや素敵な言葉を見つけられそうです。時間があるときに書店に行ってみましょう。
18 木	＝	些細なことでも構わないので、気になることにはすぐに取りかかるといい日。ダラダラしていると時間の無駄になるので、まずは3分だけでもやってみることが大事でしょう。
19 金	□	気になることは後回しにしないで、終わらせておくことが大事です。目についたならどんどんやっておくといいでしょう。他人まかせにしないように気をつけて。
20 土	■	風邪をひいてしまったり、胃腸の調子が悪くなってしまいそうな日。今日は無理をしないで日ごろの疲れをとりましょう。のんびり昼寝をしてゆっくり過ごしてみて。
21 日	●	やさしくしてくれる人に親切にしてみましょう。いろいろな人にいつも支えられていることを忘れないように。何事も感謝の気持ちで行動することが大切でしょう。
22 月	△	簡単な仕事だと思ってミスしたり、数字や時間の確認を怠ってしまいそう。無駄に時間がかかったり、迷惑をかけるかもしれません。基本的なことをしっかりするよう心がけて。
23 火	○	経験を活かすことでいい結果を残したり、いい流れを作れそう。ただし、年配者や面倒な人、偉そうな人に振り回されてしまうことがあるので気をつけましょう。
24 水	○	真面目に仕事をするだけでは評価は上がりません。どんなことをしたら上司や会社が喜ぶのかを考えて仕事をするといいでしょう。一見無駄なことであっても、遊び心もときには大切です。
25 木	▽	日中は活動的になれても、夕方あたりから失速しそう。スタミナ不足を感じたり、疲れを感じてしまうかもしれません。不要な残業は避けて、早めに帰宅するようにしましょう。
26 金	▼	些細な言葉をマイナスに受け止めてしまいそう。ネガティブな発言は人間関係を悪くするだけです。プラスに変換して発することで、人気や信頼を集めることができるでしょう。
27 土	×	タイミングが悪くて会えない人がいたり、予定が重なってしまいそうな日です。悔やんでも時間の無駄なので、「これも縁」だと思って流しておくといいでしょう。
28 日	▲	お花見や外に遊びに出かけるのはいいですが、忘れ物やなくし物をしやすいので気をつけましょう。特にはじめて行く場所ではうっかりミスをしやすいので注意が必要です。
29 月	○	今日は少し早めに出社してみたり、何事も少し早めに行動しておくといい日。空いた時間はスマホをいじるのではなく、仕事に役立ちそうな本を読んでおきましょう。
30 火	○	知り合いの紹介で素敵な人や、仲よくなれる人に会えそうな日です。仕事でも昔からの知り合いでも関係なく会っておくこと。あなたから紹介することでもいい縁が広がりそう。
31 水	□	午前中は全力で取り組んでもいいですが、夕方以降は疲れが出てペースや集中力が途切れてしまいそう。無理な残業はしないで、今日は早めに帰宅してゆっくりしましょう。

2021

4月

● 解放の月

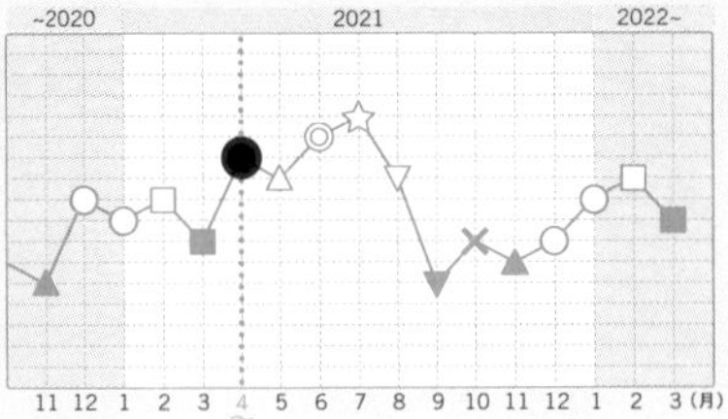

開運3カ条

1. はじめてのことに挑戦する
2. 異性のいいところを見つける
3. 新しい服を着る

総合運

行動範囲を広げると、素敵な出会いやこれまでにない体験・経験ができるでしょう。小さなことでもいいので気になったことにチャレンジし、1歩でも前に進めると思うことに挑戦してみて。敷居が高いと思っていた世界を紹介してくれる人に出会えたり、興味のなかった世界を知ったりすることもできるでしょう。健康運は、筋トレや体力作りをはじめるにはいい時期。スポーツジムやスポーツのサークルに入ってみましょう。

恋愛&結婚運

素敵な出会いやこれまでとは違った感じの恋がはじまる時期。好みの範囲に変化が出たと気がつくことも。年齢の幅が広がったり、好きになる部分が変わったりしてくるので、相手のいい部分を探すようにするといい人を見つけられるでしょう。すでに気になる相手がいる場合は、お互いにはじめて行く場所をデートの行き先に選ぶといい関係に発展しやすいでしょう。好意は伝えておくこと。結婚運は、将来の理想を語ってみましょう。

仕事&金運

仕事にやりがいを感じられ、前向きに捉えることができそうな時期。課題が増えることもありますが、いい勉強になっている、あるいは後で役立つことを吸収していると思っておきましょう。新人や新しい上司から学んだり、いい情報を得たりすることもありそう。今月の出会いは不思議と長い付き合いになることが多いでしょう。金運は、新しいものに買い替えをするにはいい運気。使い古したものは処分して最新のものを購入してみて。

1 木	■	新年度に張りきるのはいいですが、頑張りすぎて疲れてしまいそう。ほどほどに力を抜くようにしましょう。夜は気になる人や友人から突然の誘いがありそうです。
2 金	●	楽しく過ごせる日。何事も前向きに捉えたりポジティブな発言を意識することで、運を味方につけられるでしょう。笑顔と明るさで気になる人の心もつかめそうです。
3 土	△	遊びに出かけるにはいい日ですが、真面目に捉えすぎないで遊び心を忘れないようにしましょう。ノリのいい人に合わせてみると、いい時間を過ごすことができそうです。
4 日	◎	しばらく疎遠になっていた人と縁がつながったり、偶然出会うことがあるかも。思い浮かんだ人がいるときは、メッセージを送ってみるとタイミングよく会えそうです。
5 月	☆	目標をしっかり定めることが大切です。今できることに集中したり、上司や周囲に喜んでもらえそうな仕事ぶりを見せるといいでしょう。不満を探すような生き方はしないように。
6 火	▽	日中は順調に物事が進み、時間にゆとりを持てたり楽しく仕事ができそう。夕方からは周囲に振り回されるかもしれませんが、対応力を身に付けるつもりで過ごすといいでしょう。
7 水	▼	相手の気分で心を乱されてしまったり、ソリの合わない人と一緒にいる時間が増えてしまいそう。マイナスに考えすぎず、相手にもいろいろ事情があると思って流しましょう。
8 木	×	周囲のわがままに振り回されてしまったり、求められることが増えてしまうかも。面倒だと思わず、「人気者だな」とプラスに変換できると運を味方にできるでしょう。
9 金	▲	不要なものは処分して身の回りをスッキリさせるといい日。着ない服や靴も一気に処分するといいでしょう。もったいないと思うときは、必要とする人にあげてみて。
10 土	○	これまで興味のなかったことに挑戦できる日。普段なら行かないような場所を開拓すると、うれしい出会いや学びがあるでしょう。はじめての人とも楽しく遊べそうです。
11 日	○	積極的に行動することで幸運をつかめそうです。小さなことでもいいので、勇気を出して挑戦してみるといいでしょう。習い事をはじめてみたり、イベントに参加するのがオススメ。
12 月	□	マイナス面や損得を考える前に、まずは目の前の仕事に取りかかりましょう。難しいと思う前にやってみることで、やる気が出てきます。小さなことでも取りかかっておくこと。
13 火	■	旬の野菜を食べたり、食事のバランスを気にすることが大事。果物も忘れず食べるようにしましょう。時間があるときはストレッチをすると気分もスッキリします。
14 水	●	人からの視線を感じたり、デートに誘われることがありそうな日。気になる人を積極的に誘ってみることも大事でしょう。仕事でも手応えを感じられることがありそうです。
15 木	△	判断を誤りやすいかも。「無理」と思って断ってしまうと、大事な縁を切ってしまうことになるので気をつけましょう。何か楽しいことにつながると思って挑戦してみて。
16 金	◎	人とのつながりや縁が楽しめるかもしれません。ばったり旧友と出会える可能性があります。勢いで食事に誘ってみると、楽しい話や素敵なつながりができそうです。
17 土	☆	服を買いに行くには最高な日。今日手に入れるものはあなたのラッキーアイテムになるでしょう。明るいイメージで幸せそうな服を選んでみて。髪を切るのにもいい日です。
18 日	▽	デートや遊びに行くといいでしょう。日中は楽しい思い出がたくさんできたり、うれしい出来事があるかも。ランチデートは特にオススメ。夜は無理をすると明日に響きそうです。
19 月	▼	今日は後輩や部下に振り回されたりと、イライラすることがありそう。過度な期待はしないように。何事も許す気持ちや、認める心を忘れないようにしましょう。
20 火	×	空気の読めない発言をしたり、見当違いの方向に進みやすいかも。慎重に判断し、軽はずみな発言には気をつけるようにしましょう。言葉やタイミングを選ぶように心がけて。
21 水	▲	不要なアプリやデータは消去を。身の回りをスッキリさせると運気がよくなるので、人間関係も整理してみて。曖昧な関係の人とは、白黒ハッキリさせておきましょう。
22 木	○	生活リズムを変えてみるといい日。起床時間や出勤時間、通勤経路を少し変えるだけでもおもしろい発見がありそう。新しい出会いも楽しめるので、挨拶やお礼はしっかりと。
23 金	○	いろいろな情報が集まりそう。大事な情報と不要な情報を冷静に分けることが大事です。マイナスの情報に振り回されず、本質を見抜くことを忘れないようにしましょう。
24 土	□	友人とじっくり語り合ってみるといいでしょう。明るい未来の話やポジティブな話をすると、運気の流れもよくなります。相手を笑顔にするように努めてみるといいでしょう。
25 日	■	今日はしっかり体を休ませて。予定が入っている場合は、こまめに休憩して疲れをためないようにしましょう。マッサージや温泉に行くことで日ごろの疲れがとれそうです。
26 月	●	いろいろな人から注目されたり、信頼されそうな日。今の自分にできることに全力で取り組んでみると、一気に流れを変えられるでしょう。恋のチャンスもつかめそうです。
27 火	△	笑顔や愛嬌が幸運を引き寄せます。笑顔で挨拶をしたり、楽しい感じで話を聞くことが大切でしょう。人気を集めることもできるので、明るいイメージの服を着ておきましょう。
28 水	◎	親友や付き合いの長い人との縁を感じられそう。悩み相談や恋愛の話などをすると、気持ちがスッキリします。家族ともじっくり語り合ってみるといい話ができるでしょう。
29 木	☆	契約や買い物、引っ越しなど大きな決断をするのにいい日。具体的かつ現実的な目標を掲げるのもいいでしょう。「何歳の自分がどんなことをしているのか」を想像してみて。
30 金	▽	日中は順調に進んで楽しい時間を過ごせそうですが、夕方あたりから予定を乱されてしまうことがありそう。強引な人に誘われてしまうかも。お酒の飲みすぎに注意して。

☆開運の日 ◎幸運の日 ●解放の日 ○チャレンジの日
□健康管理の日 △準備の日 ▽ブレーキの日 ■リフレッシュの日
▲整理の日 ×裏運気の日 ▼乱気の日 ＝運気の影響がない日

5月 2021

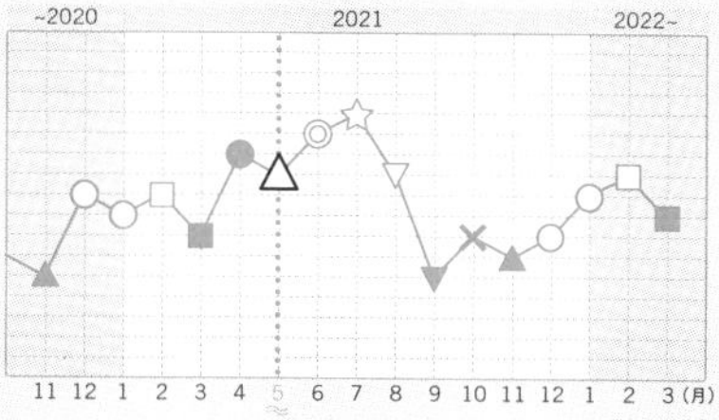

△ 準備の月

開運 3 カ条

1. 失敗から学んで反省する
2. 周囲を笑顔にしてみせる
3. 数字や時間の確認をしっかりする

総合運

前に進むためにも失敗や挫折が必要な時期。寝坊や遅刻や忘れ物などで信頼をなくさないように気をつけながらも、新しいことへの挑戦は必要でしょう。失敗したり思った以上に出来が悪い場合もありますが、そこから学ぶ気持ちが大切です。失言や判断ミスもしやすいですが、恥ずかしい思いをするぶん、図太くなれるので過ぎたことは気にしないようにしましょう。健康運は、ドジによるケガに注意。段差でつまずいて膝を打ってしまうことがありそうなので気をつけて。

恋愛＆結婚運

異性との関わりが増える時期。相手からの誘いを待っているだけではいつまでも何も変わらないので、自ら遊びに誘うようにしましょう。気になる人をお笑いのライブに誘ってみると思った以上に盛り上がり、いい関係に進めそうです。新しい出会い運も好調ですが、遊びの関係で終わってしまう可能性が高いでしょう。結婚運は、真剣に将来のことを考えるよりも、一緒にいる時間をどれだけ楽しめるかが大切な時期です。

仕事＆金運

やる気が空回りしたり、小さなミスを連発することがある時期。前向きなミスは許されても、単純な確認ミスは評価を落とすだけなので気をつけましょう。数字や時間の見間違いなどもしやすいので、事前の確認を怠らないことが大切です。しっかり仕事をしてしっかり遊ぶことで気持ちが晴れるので、ダラダラ仕事をしないようにしましょう。金運は、趣味や遊びで出費が激しくなりそうですが、楽しむときはしっかり楽しんで。

1	土	▼	ボーッとしていたらあっという間に時間が経ってしまいそう。ゆっくりするのはいいですが、1日を無駄に過ごしてしまうかも。目の前のことからどんどん取りかかりましょう。
2	日	✕	自信を失ってしまったり、マイナスに物事を考えすぎてしまいそうな日。他人と比べることをやめて、「人は人 、自分は自分」と割りきってみると気持ちが楽になるでしょう。
3	月	▲	世の中は連休中ですが、予定がない人は部屋の大掃除をするといいでしょう。マイナスなイメージのあるものや、年齢に見合わない幼稚なものは一気に処分するようにしてみて。
4	火	○	おもしろいことや楽しいことを見つけてみるといいかも。他人まかせにせず、自分の頭で考えておもしろく変換するように努めてみて。失敗談を披露して盛り上げてみましょう。
5	水	○	遊びに出かけてみるといい経験ができます。勇気が出なくて避けていたことに挑戦すると、思った以上に楽しめそうです。絶叫系のアトラクションに乗ってみるといいかも。
6	木	□	約束をすっかり忘れてしまったり、時間を間違えてしまうことがありそう。確認をすれば問題は簡単に避けられるので、スケジュール帳を見たり、知り合いに聞いてみましょう。
7	金	■	今日は朝からつまずいてしまったり、指をドアに挟んでしまうかもしれません。慌てて食べていると舌を噛んでしまうなんてこともあるので気をつけましょう。
8	土	●	気になる人と楽しい時間を過ごせる日。急な誘いでもOKしてみて。面倒だからと断っていると縁が切れてしまうかも。飲み会やコンパでおもしろい出会いもありそうです。
9	日	△	寝坊や遅刻で慌ててケガをしたり、事故を起こしやすいかも。遅れるなら堂々と遅れてしまったほうがいいでしょう。忘れ物もしやすいので、持ち物の確認を忘れないように。
10	月	○	これまでの経験をうまく活かして、トラブルを上手に処理できそうです。先輩や上司から学んだことが役立ちそう。学ばせてもらったことに感謝しましょう。
11	火	◎	積極的に仕事に取り組むことでいい結果を出せたり、手応えがありそうな日。少し強気になっておくといいでしょう。恋愛でも気になる人を強気に誘ってみるといいかも。
12	水	▽	日中は問題も少なく楽しく過ごせそうですが、夕方あたりから現状に飽きてしまったりテンションが落ちてしまうかも。早めに帰宅して家でのんびりするといいでしょう。
13	木	▼	面倒な人間関係や相手の機嫌に振り回されそう。意地悪な人が現れたら「不運の消化」と思って気にしないこと。ソリの合わない人がいて当然だということを忘れないように。
14	金	✕	順調に進んでいた流れほど止まってしまったり、白紙に戻ってしまうかもしれません。落ち込まないで、次の機会に活かせるようここから学んで成長しましょう。
15	土	▲	よくも悪くも諦めが肝心。片思いの相手はキッパリ諦めたほうが、次の素敵な出会いにつながりそう。時間をとられるばかりの趣味も、ここでいったん終わるといいでしょう。
16	日	○	友人や知り合いの集まりに参加してみると、素敵な出会いやいい情報がありそう。普段なら話さないようなタイプの人との会話が、思ったより盛り上がることがあるでしょう。
17	月	○	今日はいつもと違う時間に出社してみたり、違う道を選んでみるといいでしょう。生活のリズムを変えることで気持ちに変化が起きます。おもしろいことも発見できるかも。
18	火	□	仕事のスピードを上げるのはいいですが、確認作業が雑になってしまうとやり直すことになるので気をつけましょう。夜になると、疲れから集中力が一気に低下するので要注意。
19	水	■	自分で思うよりも疲れがたまっている日。肌の調子を崩してしまうことがあるので、スキンケアはしっかりと。体調に問題がない人もストレッチで軽く体をほぐしておきましょう。
20	木	●	あなたに注目が集まったり、大事なことをまかされるかもしれません。「押しつけられた」とマイナスに思わないで、「期待に応えよう!」と思うと大きく成長できるでしょう。
21	金	△	仕事がひと区切りついたと思ったときほど注意が必要。重要なことが抜けていたり、数字が間違っていることがあるので気をつけて。周囲に確認してもらうことも大事でしょう。
22	土	○	親友や付き合いの長い人と縁がある日。家に遊びに行って、いろいろ語ってみると気持ちがスッキリするでしょう。片思いの相手がいる場合は、急に誘ってみるといいかも。
23	日	◎	おいしいものを食べに行くといい日です。ネットでお店を予約して後日の楽しみにしたり、デパ地下でおいしそうなものを買ってみて。友人と持ち寄っても盛り上がります。
24	月	▽	日中は真面目に取り組んでおくと問題なく過ごせそう。周囲のやさしさや支えてくれる人の存在を忘れずに。夕方以降は予定を乱されやすいので、自分の用事は早めに片づけて。
25	火	▼	勘が外れてしまったり、リズムが悪い感じになりそうな日。無理に進めるよりも、1歩引いて流れに身をまかせるといいでしょう。ポジティブな発言だけは続けるようにしてみて。
26	水	✕	いきなり流れが変わるかもしれません。他人のトラブルに巻き込まれたり、時間がかかる仕事をまかされてしまいそう。文句や愚痴を言う前に、すぐに取りかかりましょう。
27	木	▲	悪友やネガティブな情報ばかり言う人と距離をおくにはいいタイミング。何度か裏切られたり、都合よく使おうとしてくる人だと思うなら離れるといいでしょう。
28	金	○	新商品のお菓子を購入するなど、小さなことでもいいので新しいことに挑戦してみましょう。話のネタになることもあるので、気になるお店や場所にも行ってみて。
29	土	○	人の集まりに参加してみるといい日。体験教室やイベントなど、気になったことに飛び込んでみるといいでしょう。ただ高額な契約は避けたほうがいいので、後日考え直してみて。
30	日	□	親友に連絡をするといいでしょう。互いに近況報告をすることが大事。恋愛相談をすると素敵な人を紹介してもらえる流れになりそう。あなたも友人に見合う人を紹介してみて。
31	月	■	起きるタイミングが悪く、体がだるくなったり集中力が続かなくなってしまいそう。自分で思っている以上に疲れていることがあるので、今日は無理をしないようにしましょう。

2021

6月

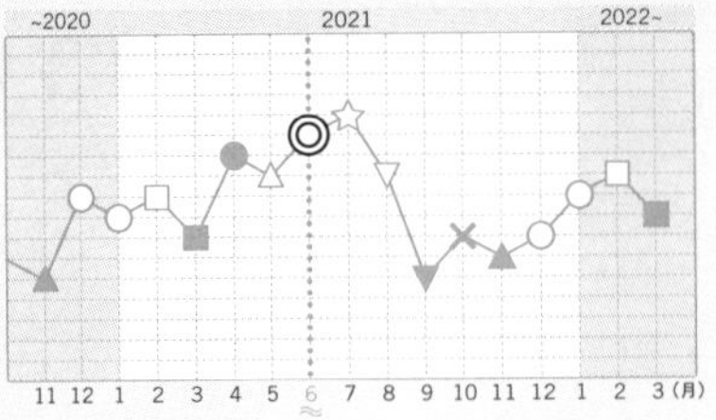

◎ 幸運の月

開運 3 カ条

1. 興味あることは行動に移す
2. 知り合いの輪を大切にする
3. 得意なことをアピールする

総合運

自分が本気で取り組みたいと思えることを見つけられる月。気になっていたけれどなかなか行動に移せないことがある場合は、思いきって挑戦してみましょう。趣味や習い事をスタートしたり、周囲から勧められたことをやってみたりするのもいいでしょう。縁を感じられる出会いもあるので人の集まりに参加し、外出先で周囲を見ておくことも大事。健康運は、理想の体形があるなら肉体改造をはじめるにはいい時期です。

恋愛&結婚運

昨年中、または数か月前から仲よくなったけれどまだ好意を伝えたり告白をしていない相手がいるなら、気持ちを伝えてみるといい関係に進めるかもしれません。友人だと思っていた人から告白されることもあるので「悪い人ではないな」と思っているなら交際をスタートさせるのもいいでしょう。出会い運は、親友からの紹介で素敵な人が現れるかも。結婚運は、困難を乗り越えたと思えるカップルなら未来の話をすると進展がありそうです。

仕事&金運

結果を出すことや努力することでいい流れをつかめる時期。以前の反省を活かせたり、手応えのある仕事ができるでしょう。得意な仕事や慣れた仕事ほどもっと極めようと取り組むとさらにレベルを上げることができ、周囲から頼りにされそうです。金運は、欲しいと思っていたけれど我慢しているものがあるなら思いきって購入するといいでしょう。引っ越しや家具・家電を購入するにもいい時期。

1 火	●	魅力や実力を発揮できる日。あなたに注目する人がいるかもしれないので、髪型やメイクや服はいつも以上に気合いを入れて。仕事でも求められる以上の結果を出せそうです。
2 水	△	遊び心が大切。周囲を楽しませてみたり、冗談を言ってみて。うまく笑わせることができない人は、笑顔でいたり他人の話を楽しく聞いて笑っておくといいでしょう。
3 木	○	褒められたことや成功したことを思い出してみるとやる気になれそう。マイナスなことを思い浮かべるより、うれしかったことや笑ったことを思い出すと運気もよくなるでしょう。
4 金	◎	今後の人生を左右するような出会いや、いい経験ができる日。結果にこだわるよりも、まずは気になることに挑戦し、知ることが大切。臆病にならないでまずは行動してみましょう。
5 土	▽	ランチデートをするには最適な日です。気になる相手に連絡してみたり、「お茶しませんか?」とメッセージを送ってみるといい反応が返ってくることがあるでしょう。
6 日	▼	今日は休むつもりが、友人や知人から突然誘われて予定が乱れてしまいそう。振り回されてしまうことがあるので、疲れる前に帰ること。終わりの時間も決めておきましょう。
7 月	×	不機嫌な人や批判的な人に出会ってしまいそう。マイナスな言葉は上手に流したり、プラスに変換して伝えてみるといいでしょう。些細なことでヘコんでやる気をなくさないで。
8 火	▲	なんとなく続けている趣味や、無駄な時間を使っていると感じることから離れることが大事。楽しくもないのに続けていることは、ここで一気に終わらせておきましょう。
9 水	○	勇気や度胸が湧くまで待っても、現状はいつまでも変わりません。まずは行動することを優先するといいでしょう。少しでも気になったことには取り組んでみて。
10 木	○	視野を少しでも広げようとすることが大事。「これはなんだろう?」と思ったときはネット検索するのもいいですが、詳しい人に聞いてみたり本で調べてみるといいでしょう。
11 金	□	言われる前に行動することを意識してみましょう。指示通りに動くことはできても、それ以上のことをやらないことも多いので、期待以上の仕事をするように心がけてみて。
12 土	■	今日は少し贅沢なランチを食べるといい日。ホテルでのランチやカフェでのんびりすると気持ちが楽になるでしょう。ゆったりした音楽を聴いて、リッチな時間を過ごしてみて。
13 日	●	人との関係に進展がありそう。気になる相手がいるときは連絡してみて。出会い運もいいので、人の集まる場所に行ったり、髪を切ると注目されるようになるでしょう。
14 月	△	ついついサボってしまったり、小さなミスをしやすい日。気持ちが入らなくなることも多そうです。少し体を動かしてみたり、軽い運動をするとやる気が出てくるでしょう。
15 火	◎	久しぶりに会って話す人と、大事なことや深い話ができそう。大人になった実感や、自分の成長を確認できるかもしれません。金運がいいので、夜は買い物をするといいでしょう。
16 水	☆	数字や時間にもっとこだわったり、より効率的にできることを考えて仕事をしてみましょう。さらに極めようと取り組むことで、運を引き寄せられるようになります。
17 木	▽	日中はいいペースで仕事ができたり、流れにうまく乗れそうな運気です。ただし、のんびりしすぎると夕方あたりから急に忙しくなったり、予定が乱れて慌ててしまいそう。
18 金	▼	不慣れなことに取り組むことになってしまいそうな日。できない自分にガッカリしてしまわないで、うまくやっている人を尊敬したり、観察することを学んでおきましょう。
19 土	×	相手のために行動したつもりが空回りしてしまいそう。先に何が必要か尋ねておいたほうが、間違いが少ないでしょう。夜はなくし物や置き忘れに気をつけて。
20 日	▲	無駄や邪魔なものは思いきって片づけること。あなたを振り回す人とは縁を切るくらいの気持ちでいて。周りにあるいらないものはどんどん処分してスッキリするといいでしょう。
21 月	○	気持ちを切り替え、新しい週を楽しむようにするといいでしょう。日々の当たり前なことに感謝をすることで前向きになれたり、人との出会いを大切にできるようになるでしょう。
22 火	○	生活リズムを少し変えてみたり、変化を楽しむといい日。小さなことでもいいので、興味のなかったことや知らなかった世界に飛び込んでみるといい体験や出会いがあるかも。
23 水	□	どんな仕事も最後までキッチリ終えるようにしてみて。終わりをしっかりすると評価されるかもしれません。後片づけは進んで行うようにすると、後輩からも尊敬されるでしょう。
24 木	■	肉体的な疲れよりも精神的な疲れを感じそうな日。気を使う人と仕事が一緒になったり、細かいことを言ってくる人に会うかも。これも勉強だと思って受け止めるようにしてみて。
25 金	●	周囲と楽しい時間を過ごしたり、肩の力を抜いていい感じで仕事ができそうな日。気になる人との関係も進展しやすいので、休み時間にメッセージを送ってみるといいでしょう。
26 土	△	しっかり遊ぶことで運気がよくなりそう。天気がよければ散歩や公園に出かけてみたり、知り合いを誘って遊園地に行ってみて。カラオケで思いっきり歌うと運気アップ。
27 日	◎	尊敬できる友人や結果を出している知り合いに会うといい日です。ライバルでなくてもいい刺激を受けることができそう。芝居やライブを観に行くといい影響を受けられるかも。
28 月	☆	自主的な行動で運をつかみ、周囲を味方につけられそう。本気で取り組むと周囲が手を貸してくれたり、会社が評価してくれるでしょう。今日はダラダラしないように気をつけて。
29 火	▽	日中は自分のペースで仕事ができて、思った以上に順調に進められそう。夕方あたりから周囲の人に振り回されてしまったり、他人のミスで無駄な時間が増えるかもしれません。
30 水	▼	順調に進んでいた仕事の流れが変わってしまったり、確認ミスやトラブルが発生しそう。できるだけ早く処理したり、謝罪することが大事。ごまかすと大きな問題になります。

☆開運の日　◎幸運の日　●解放の日　○チャレンジの日
□健康管理の日　△準備の日　▽ブレーキの日　■リフレッシュの日
▲整理の日　×裏運気の日　▼乱気の日　＝運気の影響がない日

2021 7月

☆ 開運の月

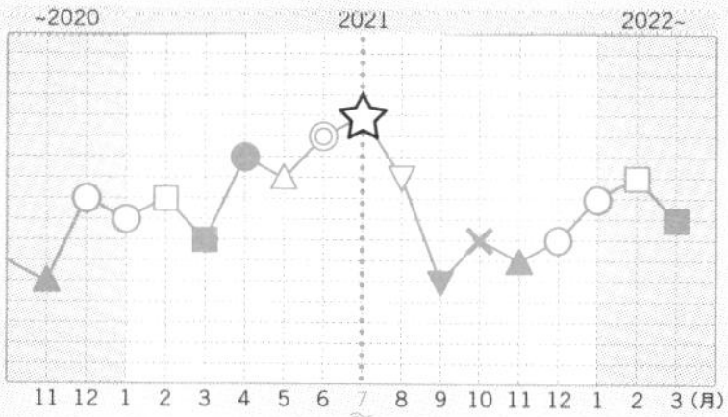

開運 3 カ条

1. 大きな決断をする
2. 出会いの場所に行く
3. オレンジ色の服を着る

総合運

大きな決断をするには最高な時期。今月の体験や出会いが大きく運命を変えることになるので、未体験のことに飛び込んでみたり、気になることを学んでみるといいでしょう。真剣に将来を考えて、3、5、10年後の自分の幸せのために「今何をすべきか」を見つけることも大切です。生活環境を変えてみたり、自分の好きなことに思いきって飛び込んでみるのもオススメ。健康運は、基礎体力作りやスポーツをはじめるといいでしょう。

恋愛＆結婚運

今月新しく出会う人とは縁をつないでおいたほうがいい運気。交際に発展するようなタイプではなくても仲よくなっておくと、後に運命の相手を紹介してくれる場合が。今月は相性のいい人にも会う可能性があるでしょう。すでに気になる相手がいる場合は、今月は積極的に行動してデートをしておくといい関係に発展しそう。相手の出方ばかり見ないようにしましょう。結婚運は、入籍にいい時期。思い出がある日に婚姻届を提出しましょう。

仕事＆金運

今月の仕事の取り組み方で今後の職場でのポジションや役割が変わってくることになりそう。些細なことでも最後まで丁寧な仕事をすることで評価され、自分の成長を感じられることがあるでしょう。求められることや褒められることも多くなり、やる気が増しそう。仕事に役立ちそうな勉強や資格取得をはじめてみるにもいい時期です。金運は、買い物をするにはいい運気。長く使えるものを購入したり、少額でもいいので投資をはじめて。

日	曜	運気	
1	木	✕	予想外の仕事がきたり、トラブルに巻き込まれてしまうかもしれない日。流れに身をまかせながら、ゆっくりでもいいので今やれることに丁寧に取り組んでみて。
2	金	▲	今日はわがままな人に振り回されてしまいそうです。無駄な時間を使ってしまうこともありますが、学べることもあるのでマイナス面ばかり見ないようにしましょう。
3	土	○	不慣れなことや苦手なことに少し挑戦をするといい日。普段なら誘わない人に連絡をして、遊んだりお茶をしてみましょう。気になる人に勇気を出して連絡するといい展開に。
4	日	○	行動力が幸運の鍵になりそう。気になる場所や話題の場所に出かけてみたり、イメチェンしてみるといいでしょう。イベントやライブに行くといい思い出ができそうです。
5	月	□	何事も自ら進んでやることで運気の流れがよくなります。言われる前に動くことを意識したり、求められる以上の仕事をするように心がけて。待ちの姿勢では幸運はつかめません。
6	火	■	疲れがたまっているとイライラしてしまったり、冷静な判断ができなくなってしまいそう。こまめに休憩したり、仕事終わりにマッサージや軽い運動をするといいでしょう。
7	水	●	ポジティブな発言をしたり笑顔でいることで、恋も仕事も順調に進む日。些細なことは気にしないで、楽観的に考えて行動を。素敵な出会いも楽しんでみるといいでしょう。
8	木	△	小さなミスをしやすいかも。タイプミスや計算ミスをしたり、食べこぼしで服を汚してしまうこともあるので気をつけましょう。いつも以上に丁寧に行動するように。
9	金	◎	経験をうまく活かすことができる日になりそう。新しいことに挑戦をするよりも、慣れたことをやりましょう。苦労したかいがあった、学んでよかったと思えそうです。
10	土	☆	買い物にはいい日。衝動買いでも、今日手に入れたものはラッキーアイテムとなるでしょう。仕事や勉強の足しになるものを選ぶと金運もアップ。時間を作って書店に行きましょう。
11	日	▽	大事な用事は日中にするといいでしょう。気になる人とはランチデートや昼の映画で終わりにするといい関係に。夜は予定が狂ってしまったり、予想外の出来事が起きそう。
12	月	▼	気分が荒れてしまうかも。気持ちをしっかり持って仕事をしないと、不機嫌な態度が顔や仕事に出て注意されてしまいそう。自分の機嫌は自分でよくするように心がけて。
13	火	✕	後輩や部下にごちそうすることで不運を回避できる日。お世話になっている人や今後長く付き合いそうな人に、お菓子や飲み物を差し入れしておくといい関係になれそうです。
14	水	▲	身の回りで散らかっている場所は、きれいに整理整頓しておくことが大事。散らかったままでは運気も評価も上がらないでしょう。片づけておくと後にいいこともありそうです。
15	木	○	いつもと変わらぬ生活の中で、いい発見や学べることを見つけられる日。普段は気にならなかった人を意識することもあるかも。些細な心の変化を楽しんでみるといいでしょう。
16	金	○	情報収集や視野を広げることが大事です。流行や話題のニュースなどを調べておくと、会話のネタにも困らないでしょう。ネットだけではなく、本や雑誌も読んでみて。
17	土	□	好きな人に好意や今の気持ちを伝えてみましょう。中途半端な関係の人にもハッキリ胸の内を話してみて。小さな勇気が今後の運命を変えることになりそうです。
18	日	■	今日は無駄な外出は控えて家でのんびりしたり、ゆっくり映画を観に行くといいでしょう。外の暑さと、空調による室内の寒さで体調を崩してしまうことがあるので気をつけて。
19	月	●	スムーズに物事が進む日。頑張りも認められやすく、頭の回転もよくなりそう。いいと思われることはどんどんやっておくと、評価されたり感謝されるようになるでしょう。
20	火	△	自分でも笑ってしまうようなミスをしてしまうかも。ドジな1日になってしまいそうなので朝から気をつけましょう。失言や忘れ物をして恥ずかしい思いをすることもありそう。
21	水	◎	付き合いの長い人からいいアドバイスや話が聞けそう。結果を出している友人の話もいい刺激になります。しばらく連絡していない人にメッセージを送ってみるといいでしょう。
22	木	☆	仕事でのアピールやひと押しが肝心な日。ほどほどに仕事をするより、誰よりも真剣に仕事に取り組んでみましょう。熱意が周囲に伝わって全体がいい流れになりそうです。
23	金	▽	日中は運を味方につけて、いい結果や流れのよさを実感できそう。夕方からリズムを崩したり、周囲の人の気分に心を乱されてしまうかも。「人は人、自分は自分」を忘れずに。
24	土	▼	強引に誘ってくる人に予定を乱されてしまうかも。好みではない人から告白されたときは、ハッキリ断ることも大事。マイナスな情報を発信する人とも距離をおいたほうがいいかも。
25	日	✕	海やプールに行くのはいいですが、財布や鍵をなくしてしまったり、予想外の人混みや渋滞でクタクタになってしまいそう。面倒な人にも絡まれやすいので気をつけましょう。
26	月	▲	順序や基本を忠実に守ることが大事な日。自分なりのやり方が間違っていることを指摘されてしまうかもしれません。マニュアルをしっかり守ることを意識しましょう。
27	火	○	素直に行動することが大事。気になっていても、行動せずに待っていると何も変わりません。失敗から学ぶ気持ちや、経験を得ることを優先してみるといい1日になるでしょう。
28	水	○	小さなことでもいいので新しいことに挑戦するといい日です。少し生活リズムを変えてみたり、気になるメニューを頼んでみるといいでしょう。おもしろい発見があるかも。
29	木	□	今日は先のことを真剣に考えてみるといいかもしれません。現状をしっかり楽しむこと、感謝すること、人とのつながりの大切さを忘れないようにしましょう。
30	金	■	頑張りすぎないようにしましょう。思った以上に疲れがたまってしまい、胃腸や肌の調子が悪くなりそう。早めに帰宅してゆっくり過ごし、気力を回復させておきましょう。
31	土	●	告白をされて恋人ができる可能性が。気になる人に会ってみるといいでしょう。髪を切りに行ったり、服を買いに行くにもいい運気です。気になる場所に出かけてみましょう。

2021 8月

▽ ブレーキの月

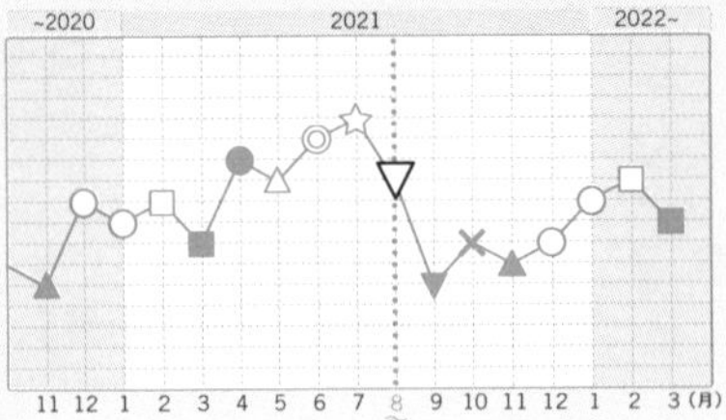

開運3カ条

1. 強気に行動する
2. 人の集まりには参加する
3. 品よく明るい感じにイメチェンする

総合運

中旬までは新しいことや気になることに全力で取り組んでみたり、行動範囲をできるだけ広げる努力をしたりするといい時期。指示待ちや誘いがあるまで何もしていないことで大切な経験や体験を逃し、縁をつかみづらくなります。積極的な行動を意識して過ごしましょう。小さな失敗や面倒なことは、あって当然だと思って受け止めて。健康運は、下旬に疲れを感じそうですが、体力作りを少しやっておくといいでしょう。

恋愛&結婚運

好きな人や気になる人に連絡をするなら中旬までに。相手からの誘いを待っていても何も変わらないので、思いきって会いに行ってみると進展することがあるでしょう。小さな勇気から交際に発展することも。新しい出会い運も中旬まではいいので人の集まりには積極的に参加して。髪型や服装のイメージを少し変えておくといいかも。結婚運は、中旬までは具体的な話がまとまることがあるので勢いで結婚を決めてもいいでしょう。

仕事&金運

思った以上の結果を残せたり、求められた以上に仕事ができそうな時期。特に中旬までは粘り強さや強気な行動、決断が必要になります。些細なことでも最後まで丁寧に仕事をするように心がけましょう。下旬は、周囲の人や上司の気分に振り回されてしまいそう。ガッカリしないで「こんなこともある」と思って明るく流せるようにするといいでしょう。金運は、買い物や買い替えは中旬までに。下旬は不要な出費が増えるので気をつけて。

1	日	△	相手の失敗を許したり、トラブルを楽しむことが大事な日。遅刻されてもイラつかず、ほかのことに時間を使ったり、ミスを受け入れて楽しめるようにするといい1日になるでしょう。
2	月	◎	顔見知りの人といい関係になれたり、やさしくしてもらえそう。場合によっては恋に発展したり、意識してしまうことになるかも。偶然出会った人とも不思議な縁を感じるかも。
3	火	☆	自信を持って堂々と行動すると運を味方につけられそう。些細なことで怯まないようにしたり、ハキハキ話して声を大きく出してみて。いつもより元気でいるとモテそうです。
4	水	▽	日中は周囲から協力が得られていい感じに進みそうですが、自分の役割をしっかり果たすようにしましょう。夕方以降は予定が狂ってしまったり、ドタキャンされてしまうかも。
5	木	▼	夏の暑さ対策を忘れて体調を崩してしまうかも。日焼け止めを忘れたくらいならラッキーと思っておきましょう。水分をとるときは冷たすぎるものを大量に飲まないように。
6	金	✕	順調に進んでいた仕事ほど急に流れが変わったり、レベルの高いことを求められそう。マイナスに考えるよりも、「期待されている!」と思って全力で取り組んでみましょう。
7	土	▲	時間にはゆとりを持って行動することが大事。ギリギリで動いていると焦ってケガをしたり、忘れ物などのミスにつながります。10分前行動を意識して過ごしてみるといいでしょう。
8	日	○	好奇心の赴くままに行動することで、おもしろい発見や素敵な出会いがありそう。まずは行動を優先するといいので、普段なら行かないような場所に行ってみるといいでしょう。
9	月	○	小さなことでも構わないので新しいことに挑戦してみるといい日。いつも誘ってくれる人を食事に誘ってみたり、あまり仲よくなかった人に連絡をしてみるといい関係になれそう。
10	火	□	時間をしっかり決めて動くことが大事。ダラダラすると疲れるので、テキパキ動くようにしましょう。夜は振り回されることがあるので、自分の用事は早めに済ませておいて。
11	水	■	夏バテや疲れを感じそうな日です。無理をしないでゆっくりする時間を作ったり、睡眠時間を増やすようにしましょう。今日は焼肉などスタミナのつくものを食べてみて。
12	木	●	満足できる1日を過ごせる日ですが、待ちの姿勢でのんびりしていると何も起きません。積極的に行動してみたり、気になることには思いきってチャレンジするといいでしょう。
13	金	△	友人や知人と楽しく過ごすのはいいですが、空気の読めないマイナス発言をしやすいので気をつけましょう。ポジティブに変換して、周囲を笑わせるくらいの気持ちで過ごして。
14	土	◎	懐かしい人に会ったり、しばらく行かなかった場所を訪れることになりそう。いい思い出の話をすると、やる気が出たり前向きになれそうです。夜は買い物をするにもいいタイミング。
15	日	☆	気になる人とデートしてみましょう。一度でも誘われたことのある人に連絡してもいいかも。買い替えや長く使うものを購入するにもいい運気なので、気になるお店に行ってみて。
16	月	▽	午前中はいい感じで仕事を進められたり、集中力が続きそう。夕方あたりからは気力が低下してしまうかも。こまめに休んだり、ペース配分を間違えないようにしましょう。
17	火	▼	間違った情報に振り回されてしまったり、上司の不機嫌でやる気を落としてしまうかもしれません。後輩や部下の態度にも面倒を感じそうですが、冷静に落ち着いて判断を。
18	水	✕	仲がいいと思っていた人と距離ができてしまったり、嫌な空気になってしまいそうな日。いつもよりも明るく元気に挨拶をすることを忘れないようにしましょう。
19	木	▲	「何かを得るには、何かを手放す必要がある」と知るでしょう。マイナス面ばかり見ないで、プラスの部分をしっかり見つけられるように。暇なときにこそ、できることもあります。
20	金	○	新しいことに挑戦するときは、1回で成功するわけがないと思って挑戦することが大事。失敗したら調整してみたり、うまくいかない理由や原因をしっかり探すことが必要です。
21	土	○	普段なら読まないジャンルの本を読んでみたり、映画を観ることでいい刺激やいい勉強になりそうな日。書店に行ってみたり、情報を調べてみるといいでしょう。
22	日	□	1日の計画を立ててから行動するといいでしょう。ダラダラ過ごすと何もしないまま終えてしまうかも。フットワークの軽い友人に連絡すると、いい提案をしてもらえそう。
23	月	■	寝不足や疲れを感じてしまいそうな日。こまめに休んだり、ランチを腹八分目にしておきましょう。時間があるときは軽いストレッチなどをしておくといいかもしれません。
24	火	●	勘を信じて行動することが大事。遠慮すると流れに乗り遅れてしまったり、チャンスをつかめないことがあります。まずは行動するよう意識すると、ラッキーな出来事がありそう。
25	水	△	ミスが増えてしまいそうな日。1日の予定をしっかり確認したり、持ち物をチェックしてから出かけるようにしましょう。約束を忘れて焦ってしまうこともありそうです。
26	木	◎	実力を発揮するにはいい日。不勉強なことを実感することもあるので、今後の課題にすることが大事でしょう。付き合いの長い人からの指摘はプラスに受け止めておくこと。
27	金	◎	目的をしっかり決めて突き進んでいる人はいい結果が出そう。なんとなく生活をしている人には勉強になりそうなことが起きるかも。今後どうするかいい判断ができそうです。
28	土	▽	「また会いたいな」と思う人に連絡をしてみるといい日。ランチやお茶に誘ってみるといい返事が聞けそうです。夜はガッカリする出来事が起きそう。過剰な期待はしないこと。
29	日	▼	周囲の言葉に振り回されてしまったり、ネガティブな情報に心が乱されてしまうかもしれません。コメディ映画やおもしろ動画を観て笑うと、一気に気持ちが楽になりそうです。
30	月	✕	面倒を見ていた後輩や部下と気まずい感じになってしまうかも。言いたいことがうまく伝わらず、イライラしてしまいそうです。相手の立場や気持ちを考えて言葉を選んでみて。
31	火	▲	今月うまくいかなかったことを思い返すのはいいですが、いつまでもウジウジせず「過ぎてしまったこと」と割りきると前に進めます。気持ちも頭も整理するようにしましょう。

☆開運の日 ◎幸運の日 ●解放の日 ○チャレンジの日
□健康管理の日 △準備の日 ▽ブレーキの日 ■リフレッシュの日
▲整理の日 ✕裏運気の日 ▼乱気の日 ＝運気の影響がない日

2021 9月

▼乱気の月

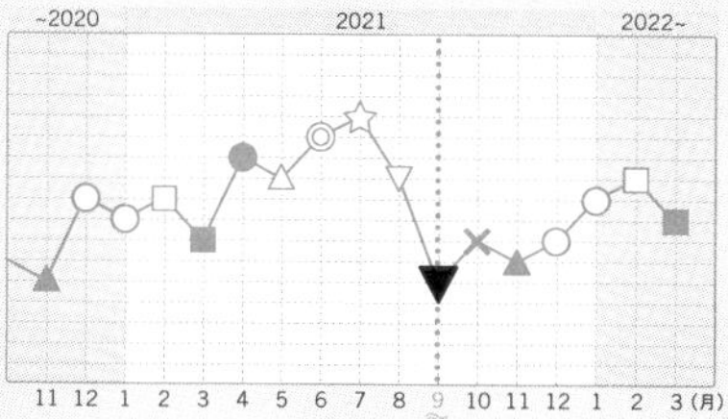

開運 3 カ条

1. マイナス面よりプラス面を見る
2. 周りの流れに身をまかせる
3. 去る者は追わない

総合運

先月までの勢いは止まって、周囲に振り回されることが増える時期。やる気のあるときに水を差すようなことを言われて気持ちが萎えてしまったり、人間関係が面倒に感じられてしまったりするでしょう。この時期は無理にあらがわず、自分よりも相手や周囲が喜ぶことに専念してみると気持ちが楽になります。勉強をするにもいい時期なので、詳しい人に教えてもらいましょう。健康運は、疲れが一気に出てくる時期です。睡眠時間を多めにとりましょう。

恋愛＆結婚運

いい関係と思っていた相手に恋人ができてしまったり、距離があいてしまう時期。関係に進展がなくても気にしないで、この時期は単なる異性の知り合いくらいの気持ちでいることが大事。焦って空回りしないようにするといいでしょう。告白は断られるだけなので控えて。相手が強引になってきたときは流れに合わせてもいいですが、長続きしない可能性が高いと思っておくこと。結婚運は、この時期は考えないほうがよさそうです。

仕事＆金運

仕事の目標を見失ってしまったり、やる気を出したときに足を引っ張る人や振り回してくる人が現れそうな時期。真面目に取り組まない人に巻き込まれて評価をともに下げられてしまうことなども起きそう。誤解は必ず解けるので、腐らずマイナスに考えすぎず、目の前のことに善意を持って取り組みましょう。金運は、不要な出費は抑えて貯蓄に回して。予想外の出費もあるので計画的にお金を使うように心がけましょう。

1 水	＝	新しいことに目がいく日ですが、「勉強になる」がキーワードだと思っておくといいでしょう。楽しそうなことでもどこか「勉強になること」を見つけるつもりで挑戦してみて。
2 木	＝	珍しいことに興味を示しやすい日。普段なら食べないものが気になったら注文してみて。味が微妙でもいい体験になります。調べ物をしたり、神社仏閣に行くのもいいでしょう。
3 金	□	計画を乱す人が現れる時期ですが、意外性を楽しんでみるといい日。普段話さない人と仲よくなれるかもしれませんが、気を使う人と一緒になって疲れてしまうことも。
4 土	■	気持ちで抑えていた疲れが出てきそう。心身ともに疲れやすいので無理をしないように。休んだり好きなことに時間を使いましょう。お笑い動画を観ると気分がスッキリします。
5 日	●	友人の集まりに誘われるかもしれません。渋々でも参加すると思ったよりも楽しい時間を過ごせますが、出費が多くなるかも。プラスとマイナスがハッキリ出ることになりそうです。
6 月	△	自分でも驚くようなものを忘れたり、時間を間違えて焦ってしまいそうです。同僚と話をするのはいいですが、余計なことを言ってしまうかもしれないので気を緩めないように。
7 火	○	反省を活かすことができる人は問題なく過ごせる日。失敗から学んでいない人は、同じようなことで叱られてしまうので気をつけましょう。友人からの助言も大切に聞き入れて。
8 水	○	過度に期待をしないで、今ある幸せをしっかり見つけたり、周囲の人の存在に感謝することが大事。ゆっくりでいいので、成長できることに真面目に取り組むようにしましょう。
9 木	▽	流れが変わることを実感できそうな日。周囲の様子を慎重に窺ったり、人の話を最後まで聞くようにしましょう。取り残されないようにするためにも情報はしっかり集めておいて。
10 金	▼	真面目に考えすぎて前に進めなくなりそう。楽観的な言葉を発すると気持ちが楽になるでしょう。自分のことばかり考えないで、困っている人のために何ができるか考えてみて。
11 土	×	人間関係が面倒に感じられたり、仲がいい人との距離があいてしまうかもしれません。片思いの恋に冷めてしまったり、嫌な情報が入ってくることも。冷静に判断することが大事です。
12 日	▲	身近な人と気まずい空気になってしまいそうな日。ケンカをしたり、傷つくことを言われてしまうかもしれません。縁を切ったり、近づきすぎないようにすることが大事でしょう。
13 月	＝	同じ生活リズムでは飽きるので、起床時間や出社時間を変えてみて。普段とは違う風景を見ておもしろいアイデアが浮かんだり、勉強になることを見つけられそう。
14 火	＝	周囲と足並みを揃えることが大事ですが、プライベートでは仕事に役立つことをこっそり勉強しておきましょう。陰の努力をするかしないかで、大きな差になってくるでしょう。
15 水	□	臨機応変に対応したり、融通を利かせることが大事な日。加減がわからずうまくできないこともありますが、対応することで学びがあったり、今後に活かせるようになるでしょう。
16 木	■	疲れを感じたり、集中力が途切れてしまう日。こまめに休んだり、気分転換をする時間を作ったほうがいいでしょう。うっかりでケガをすることもあるので、足元に気をつけて。
17 金	●	周囲に振り回されたり、余計なことが気になってしまう日。うれしい出来事を見逃さず、ネガティブな考え方をしないようにしてみて。苦手な人から好意を寄せられてしまうかも。
18 土	△	タイミング悪くいろいろと逃してしまう日です。スマホのチェックを忘れて友達からのお誘いを見逃したり、いいものを見つけて考えている間に売り切れてしまうことがありそう。
19 日	○	面倒なことを乗り越える楽しさを忘れないようにしましょう。苦労の先には笑顔になれることがいっぱいあること、いい思い出の多くは面倒な経験だったということを覚えておいて。
20 月	○	数字と時間、お金にシビアに仕事をすることが大事。いい加減な気持ちで仕事をしていると突っ込まれてしまうかもしれません。普段より気にして仕事をするようにしましょう。
21 火	▽	日中は目標に向かって進めます。夕方からは気持ちがブレてしまったり、やるべきことが見えなくなってサボってしまうかも。気力が落ちたらコーヒーや紅茶を飲んでリセットを。
22 水	▼	否定的なことばかり言う人に耳を貸さないようにすることが大事な日です。行動して結果を出している人に注目したり、尊敬できる人の話をしっかり聞くようにしましょう。
23 木	×	人間関係が面倒になる日。後輩や部下に裏切られてしまったり、仲のよかった人が陰口を言っていることを知ってしまいそう。善意が通用しない人を見極められたと思いましょう。
24 金	▲	忙しいからといって連絡を後回しにしたり、身勝手な判断をしていると信用を失うことになりそう。うっかりで済まされないこともあるので、今日は慎重に行動するようにして。
25 土	＝	経験になることにお金を使うといい日。美術館や博物館に行くといい勉強になりそう。ホテルでランチやディナーを食べてみるのもいいでしょう。友人や家族を誘ってみて。
26 日	＝	日ごろあまり興味を示さないことが気になるでしょう。書店に行ってみるといい本を見つけて勉強になります。視野を広げたり、未知なことを知るにはいい日です。
27 月	□	焦って行動するよりもしっかり準備をしたり、情報を集めることが大事な日。詳しい人に話を聞いてみたり、相談をしてみることも大切でしょう。素直に頭を下げてみて。
28 火	■	体調に異変を感じるかもしれません。疲れが顔に出やすくなっているので、周囲から「顔色悪くない？」などと体のことを言われたら、早めに病院に行き、体を休めましょう。
29 水	●	少しうれしい出来事や、片思いの人と話せる機会がありそう。小さなことをしっかり喜ぶことで、運気もよくなるので、「このくらいか」とマイナスに受け止めないように。
30 木	△	確認ミスや事前の準備を怠ることで焦ってしまうかも。何事もしっかり確認することを忘れないように。パソコンに飲み物をこぼすなど、ものを壊しやすいので扱いは丁寧に。

2021

10月

× 裏運気の月

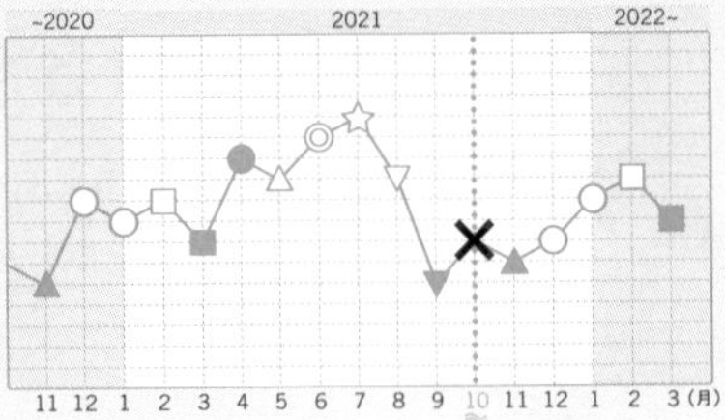

開運 3 カ条

1. 想定外のことを楽しむ
2. 普段とは違うことを選択する
3. 人との距離感を楽しむ

総合運

予想外の展開が多く困惑することがありますが、そのぶん勉強になり、いい経験もできるでしょう。新しい出会いもあり、これまでにない情報も入手することができそう。ただ、ここでの縁は短く終わってしまいそうです。最初の印象がいいほど縁が切れる場合が多いので、深入りや執着はしないように。人間関係のいい勉強になる出来事も増えそうです。健康運は、好きな音楽を聴くことで心が安定するでしょう。

恋愛&結婚運

いつもは相手の出方ばかり待ってしまう人ほど、今月は積極的に行動できそうな運気。人生で一度も告白したことのない人は、気になる人に気持ちを伝えてみるといいでしょう。普段積極的なタイプの人は、これまでとは違ったアプローチをしたり、作戦を変えたりするといい感じになりそう。新しい出会い運は、ここでの縁は短めだと覚えておきましょう。結婚運は、進展を期待するよりも相手の新たな魅力を発見するように努めましょう。

仕事&金運

理解に苦しむ若者や取引相手、無茶を言う上司など、仕事に関わる人に振り回されてしまうことがある時期。自分の考えだけが正しいと思うと苦しくなりますが、相手のことを理解しようとすると対応ができるようになるでしょう。無理難題をクリアすることで強くなれるので、ネガティブに捉えすぎないようにしましょう。金運は、ごちそうするなど喜ばれることにお金を使ってみるといいでしょう。自分の得だけを考えないように。

1	金	○	何事も少し冷静になって考えてみるといい日。いつもと違う選択をするよりも、自分の得意なほうを選ぶと難を避けられそう。新しいことに挑戦するときは学ぶ気持ちが大事。
2	土	○	気晴らしに買い物に行くのはいいですが、必要なものを購入するように。勢いで買ったものは不要になるなど、失敗することがあります。長持ちさせるための手入れもオススメ。
3	日	▽	人間関係でうまくいかないことが起きやすい日です。他人の責任にしていると解決しないので、自分の問題点も考えることが大事。恋愛も中途半端な形で終わってしまいそう。
4	月	▼	急な出来事が起きたり、対応を急がなくてはならない状況に。誰かの穴埋めをするかもしれません。自分の用事は早めに片づけておいて、ゆとりを持っておくとうまく合わせられそうです。
5	火	×	思い描いた方向には進まない日。人との距離感がわからなくなったり、楽しみにしていたことが中止になってしまうかも。目の前のことをコツコツ頑張っておくといいでしょう。
6	水	▲	シンプルに考えて行動することが大事。あれこれ考えすぎてしまうと前に進めなくなるので、役割をしっかり果たしたり、少し先を読んで行動しておくといい結果につながりそう。
7	木	＝	苦手なことや避けてきたことに挑戦してみましょう。将来の幸運につながる可能性があります。「今の自分は日々の積み重ね」であることを忘れずに、正しい目標を持って努力を。
8	金	＝	面倒だと思ったら少しでも取りかかってみることが大切。最初にやってしまえば後は流れでできるようになりそう。小さな勇気が後の運命を変えていくことになりそうです。
9	土	□	午前中から身の回りの片づけや買い物をして、午後からのんびりするといいでしょう。趣味の時間を楽しんだり、予定を詰め込みすぎず、ゆとりを持って行動するようにしてみて。
10	日	■	体が疲れやすくなるので無理は禁物。体力を使わない趣味に時間を充てたり、興味があることを勉強するといいでしょう。軽い運動をして体をほぐしておくこともオススメ。
11	月	●	意外な出会いがある日。これまでとは違うタイプの人に興味が湧いたり、視野に入ってくることがあるかも。勇気を出してその相手を少し褒めてみると、いいきっかけになりそうです。
12	火	△	小さなヌケが多くなりそう。確認や準備をするのはいいですが、甘さが原因で面倒なことになってしまいそう。完璧な準備を心がけ、再確認も忘れないようにしましょう。
13	水	○	気になる人や片思いの相手と突然接近できるチャンス。今日をきっかけに連絡を取り合うようになるかもしれません。ただし、この時期の縁は長続きしない可能性が高く、期待は禁物。
14	木	○	効率や儲けをしっかり考えて仕事をすることが大事。経営者の気持ちになって仕事をすると、大切なことが見えてくるでしょう。無駄な経費を使わないようにすることも重要です。
15	金	▽	日中は振り回されつつも想定内の出来事が多く、夕方からは予想外のことに巻き込まれ調子を崩しそう。他人を尊重すると気持ちが楽に。お互いの将来を考える必要も出てきそう。
16	土	▼	イライラしたりガッカリすることがある日。相手の気持ちを考えたり、自分の考えだけが正しいと思わないようにしましょう。感謝の気持ちを忘れないことが大事です。
17	日	×	失恋や身近な人とのトラブルが起きてしまいそう。聞きたくない話を耳にしても、素直に受け止めてマイナスに考えすぎないようにしましょう。プラス面もあることを忘れないで。
18	月	▲	手順をしっかり守ったり、中途半端な仕事から片づけてみて。目についたところはどんどん片づけてスッキリさせておきましょう。几帳面さが幸運を呼ぶことになりそう。
19	火	＝	何度も同じ失敗をしている人は、やり方を変えてみて。試していない方法にヒントがあるので、普段選択しない方法を試してみましょう。コツをつかめるまでチャレンジを。
20	水	＝	気になることを調べるとおもしろい発見がある日。気になる人に話を聞いてみると、自分とは違う考え方を知ることができそう。素敵な人の考えを吸収するようにしてみましょう。
21	木	□	自分に足りないことを改めて見直してみることが大事。考えてもわからないときは、周囲の人を観察して憧れの人や素敵な人から学んでみて。否定的にはならないよう要注意。
22	金	■	今週の疲れが出そうな日です。小さなミスが重なるときは疲れている証拠。無理をせずこまめに休憩するようにしましょう。夜はスタミナのつきそうな食事を選んでみて。
23	土	●	今日は気持ちを緩められそう。本音で話せる友人と一緒にいる時間を増やしたり、前向きなことを言ってくれる人に会ってみて。たくさん笑うと悩みや不安がなくなるかも。
24	日	△	気がついたらあっという間に1日が終わってしまうかも。スマホで動画やSNSを見ていたら時間が過ぎてしまうので注意して。人生に役立つような本を読むといいでしょう。
25	月	○	友人や付き合いの長い人の話を聞くことが大事です。相手の話をじっくり聞くことで、大切なことを理解できそう。仕事帰りに偶然出会う人がいたら、食事に誘ってみましょう。
26	火	○	面倒な仕事をまかされることがある日ですが、後にこの経験が役立つことに。しっかり受け止めて成長するようにしましょう。苦手な仕事ほど自分のためになります。
27	水	▽	日中はスムーズに物事が進んで問題なさそう。夕方あたりから人間関係のトラブルや面倒なことに巻き込まれてしまうかも。いろいろな人の存在に気がつくことが勉強になります。
28	木	▼	怠けていたことを突っ込まれてしまうかもしれません。実力不足は素直に認めて、自分のやれることをしっかりやりましょう。悩む前にやるべきことを見つけるようにしてみて。
29	金	×	仲がいい人と気まずい感じになってしまいそうな日。相手に甘えすぎてしまわないこと。恋が冷めてしまう出来事もあるでしょう。感情的にならないで、冷静に判断しましょう。
30	土	▲	時間にはゆとりを持って行動するといいでしょう。慌てると損をしたり大恥をかいてしまうことも。挨拶したりマナーをしっかり守って上品に過ごしてみましょう。
31	日	＝	視野が広がり、新たな情報が集まる日。知らない世界や未体験のカルチャーに興味を持ってみましょう。身近に詳しい人がいれば話を聞いて、学ぶ楽しみを見つけてみて。

☆ 開運の日　◎ 幸運の日　● 解放の日　○ チャレンジの日
□ 健康管理の日　△ 準備の日　▽ ブレーキの日　■ リフレッシュの日
▲ 整理の日　× 裏運気の日　▼ 乱気の日　＝ 運気の影響がない日

2021 11月

▲ 整理の月

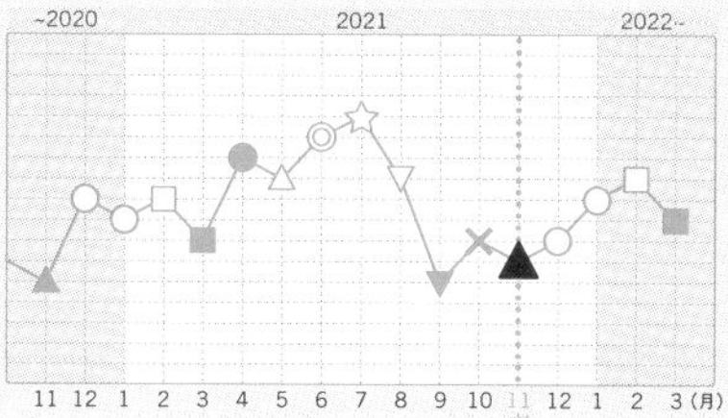

開運 3 カ条

1. 不要なものは処分する
2. 人間関係の整理をする
3. 無駄な時間を減らす

総合運

必要なものと不要なものを分けることが大事な時期。年齢に見合わないものは思いきって処分して。人間関係でも足を引っ張っている人や重荷になる人から離れましょう。「執着」が不運の原因だと思って勇気を出して手放してみるといいでしょう。ただし、現状の不満から逃げるだけでは問題解決にならないので、目標を見つけてから手放して。健康運は、悪習慣と感じることはやめて健康的な生活リズムを取り戻しましょう。

恋愛&結婚運

交際相手とはここで縁が切れてしまったり、別れ話になったりする時期。「こんなに頑張ったのに！」と自分だけが尽くしたと思っていると溝は深まるだけ。相手が求めていることをもっと理解するように努めて。ケンカしたり、気持ちを伝えることで相手の気持ちがハッキリわかることもあるでしょう。新しい出会いは月末に少しありそうですが、期待は薄そうです。結婚運は、覚悟を決めれば話が進みますが、決め手に欠けてしまいそう。

仕事&金運

仕事を辞めたくなる気持ちが高まってしまいそうな時期。自分の至らない点を克服せず成長しないままで転職や部署異動をしても、結局同じことを繰り返すだけ。まずは、無駄な時間を削り、役割をしっかり果たすようにしましょう。仕事をもっと合理的に進めたり、結果や数字にこだわってみるとやるべきことがハッキリしそう。先が見えないときは指示に素直に従ってみて。金運は、不要なものをネットオークションに出してみましょう。

1 月	＝	何か新しいことや、やってみたいことをはじめるにはいいタイミング。本を購入して資格やスキルアップの勉強をスタートさせるのもいいでしょう。気になる場所にも行ってみて。
2 火	□	尊敬できる人や頼りになる人の話をしっかり聞くようにしてみて。情報を入れすぎたり鵜呑みにしていると、振り回されて向かうべき道が見えなくなってしまうでしょう。
3 水	■	寝不足や疲れを感じる日。今日は無理をしないで、早く帰ってのんびり家で過ごすようにしましょう。ゆっくり湯船に浸かって、普段よりも早く就寝するようにしてみて。
4 木	●	人間関係の悩みや不安など、マイナス面ばかり見ていても解決しません。味方や協力者の存在を忘れないようにして。やさしくしてくれた人にはやさしく接しましょう。
5 金	△	小さなミスから信用を失いやすい日です。約束の時間に遅れたり、打ち合わせや会議の資料を忘れてしまうかも。深呼吸をして落ち着いてから、目の前の課題に取り組みましょう。
6 土	○	頑張っている友人や同期と話してみるといいでしょう。背中を押すひと言がもらえたり、気持ちの切り替えができそう。髪を切って気分転換もいいですが、年齢に見合った髪型を。
7 日	○	購入して着ていない服や、ほとんど使ったことのない家具や小物などをフリマアプリに出品してみて。意外にも高値がつくかも。身の回りがスッキリして気分もよくなります。
8 月	▽	協力の大切さを知る日。ひとりで悩むのではなく、相談したり教えてもらったりと実際に力を貸してもらうことが大事。夕方以降はあなたが誰かの手助けをするようにしましょう。
9 火	▼	人間関係が面倒に感じられたり、トラブルに巻き込まれそう。意見が合わずイライラしたり、考えの違う人と一緒にいる時間が増えるかも。多様な考え方があることを受け入れて。
10 水	×	上司や先輩、取引先に振り回されてしまうかも。いいと思ったアイデアにも突っ込まれ、やる気を削がれてしまいそう。言い訳しないで、結果を出すために何ができるか考えて。
11 木	▲	使っていないアプリや不要な写真、動画を消去して画面をスッキリさせてみて。アドレス帳も整理するといいので、連絡をとることのない人の情報は消去しておきましょう。
12 金	＝	新しいことに目がいく日。新商品のお菓子などを購入して、どんなものか体験してみるといいでしょう。話のネタにするくらいの気持ちでチャレンジしてみて。
13 土	＝	お気に入りのお店はスルーして、はじめてのお店に行ってみるといいでしょう。気になっているお店や値段が高そうなお店に足を踏み入れてみると思った以上にいい体験ができそう。
14 日	□	定期的な運動をはじめるにはいい日。目標体重を決めて、基礎代謝を上げるように頑張ってみましょう。いきなりハードなことは続かないので、長期的にできる運動を選んで。
15 月	■	体調を少し崩してしまうかも。風邪っぽいときは早めに病院に行くか、無理をしないようにして。温かいものを飲んだり、おいしいものを食べてゆっくり休むようにしましょう。
16 火	●	笑顔と愛嬌で人の心をつかめそう。何事もポジティブに変換すると、人から注目されたり素敵な人を紹介される流れができます。相手を笑わせるくらいのサービス精神を見せてみて。
17 水	△	ドジな1日になりそう。階段や段差でつまずいてしまったり、柱の角に足の小指をぶつけてしまうかもしれません。スマホを落として画面を割ってしまうこともあるので注意して。
18 木	○	最近着ていなかった服を着たり、しばらく行っていなかったお店に食事をしに行くとおもしろい出会いや経験ができそう。以前に少し学んだことが役立つこともあるでしょう。
19 金	○	何事も最後まで真剣に取り組むといい日。結果につながらなくても、本気を出すことで自分のやるべきことが見えてきます。手抜きは自分のためにならないことを覚えておいて。
20 土	▽	余裕を持って行動することや、心のゆとりが大事です。時間に余裕があれば、困っている人を助けられるでしょう。時間に追われるようなことがないよう1日を過ごしてみて。
21 日	▼	自分のことだけを考えると、悩みや不安は深くなるだけ。困ったときこそ、自分よりも困っている人のために何ができるか考え、行動を。素敵な大人の生き方を目指してみて。
22 月	×	自分のことよりも、相手のためになることを考えて行動してみるといい日。他人の喜ぶ顔をどうしたら見られるのか、自分ならどんな言葉が欲しいのかを考えてみるといいでしょう。
23 火	▲	今日は身の回りにある不要なものの処分を。デスク回りを整えたり、冷蔵庫の中をきれいにしてみて。賞味期限が迫っている食品で料理をして、使わない調味料は処分しましょう。
24 水	＝	言われるまで待っていても何も変わりません。失敗から学んで経験として活かすためにも、まずは行動することが大事です。よかれと思ってしたことは周囲も認めてくれるでしょう。
25 木	＝	職場で接点がなかった人や、気になっている人に声をかけてみましょう。意外な話題で会話が盛り上がるかもしれません。遠慮はせずに、自分の聞きたいことを聞いてみて。
26 金	□	誰かからの誘いを待っているなら、「相手も誰かからのお誘いを待っているかも」と思って連絡してみるといい縁につながるでしょう。小さな勇気が人生を大きく変えます。
27 土	■	心身ともに疲れがたまっています。今日はしっかり休むといいので、カフェでボーッとしてみたり、漫画を一気読みしてみるといいでしょう。昼寝をする時間を作るのもオススメ。
28 日	●	口約束だけになっている人を思い出して連絡してみましょう。「今度ごはんでも」の「今度」を今日の昼や夜にしてみるといいかも。気になる人の場合は楽しいデートができそう。
29 月	△	「まぁいいか」と言葉に出して、何事も前向きに捉えることが大事。ウソでもいいのでプラスの言葉を発することで、自分も周囲の気持ちも楽になることを覚えておきましょう。
30 火	○	付き合いが長い人からのアドバイスが身に染みそう。ハッキリ言ってくれた言葉をしっかり受け止め、前に進むきっかけにしましょう。友人から紹介の話もあるかもしれません。

2021

12月

○ チャレンジの月

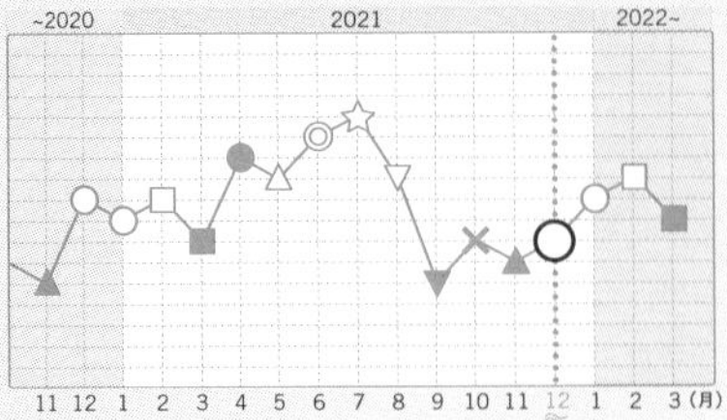

開運3カ条

1. 考える前に動く
2. 自ら新しい出会いを求める
3. 未体験のお店やスポットに行く

総合運

何事もまずは行動することからはじめるといい時期。周囲の流れや相手の出方を待っていないで取りかかると、自然と流れができるようになり、新しい出会いが増えそう。指示を待っているだけではいつまでも変わりません。勇気を出してみると人生観も変わってくるので、好きなことや興味のあることに素直に挑戦してみましょう。今月の体験や経験は、今後の目標や幸福につながることがあるでしょう。健康運は、体力作りを忘れずに。

恋愛＆結婚運

片思いの相手とは進展する流れができそうな月。相手からの告白を待っていないで好意を伝えておくと、後に交際ができる可能性があるでしょう。新しい出会い運は、はじめて行く場所で素敵な出会いがありそう。普段なら行かないような習い事や飲み会などに積極的に参加してみましょう。できればイメチェンをしてこれまでとは違った雰囲気で行くといいでしょう。結婚運は、普段とは違うデートプランを楽しむことが大事。

仕事＆金運

積極的に仕事に取り組むことで運気を引き寄せられる時期。失敗を恐れて何もしないよりも、失敗から学んで成長するつもりで飛び込んでみることが大事。尊敬できる人からの教えを守ることや、アドバイスされた言葉を素直に行動に移すことも必要。サボってしまうとこれまでの苦労が無駄になってしまうので気をつけましょう。金運は、新しいものに買い替えたり、これまで行ったことのないお店で買い物をするといいでしょう。

1 水	◎	大きな結果を求めるより、小さくてもいいので頑張ってみると達成感を得られそう。小さな成功の積み重ねが大きな自信につながり、流れを変えることになることを覚えておいて。
2 木	▽	日中は勢いまかせで行動してみることが大事。いい経験をすることができそうです。夕方からは我慢することが必要になりそう。辛抱強くなるための試練だと思って受け止めて。
3 金	▼	過剰な期待はガッカリする原因です。自分も他人も完璧になることはないので、ほどほどの期待をするように。あなたも相手をガッカリさせることがあると思って気を引き締めて。
4 土	×	人間関係が崩れやすい日。恋人とケンカになったり、身近な人のお節介にイライラしそう。相手の気持ちになって行動してみたり、もっと理解しようと努めてみることが大事です。
5 日	▲	身の回りにある不要なものを処分しておくと、大掃除で楽ができるでしょう。置きっぱなしで手をつけることのないものは処分を。使わないアプリも消去しておきましょう。
6 月	○	生活リズムを変えることでやる気が出そう。好奇心の赴くままに行動してみるといい経験ができます。小さな勇気も必要なので、気になる人には話しかけてみることも大事。
7 火	○	はじめて会う人にはしっかり挨拶をすることが大事です。相手よりも先に挨拶ができると、運気が上がると思ってみるといいでしょう。少しゲーム感覚でやってみて。
8 水	□	結果を気にすると焦ってしまうので、過程をどれだけ楽しむかに重点を置いてみましょう。たとえ目標を達成できたとしても、それもひとつの通過点でしかないことを忘れないように。
9 木	■	油断をすると体調を崩しやすい日。異変を感じるときは我慢せず、早退することも考えましょう。夜は突然遊びに誘われることがありますが、無理はしないように。
10 金	●	気持ちが前向きになり、やる気が出る日です。勢いで行動してみるといい流れに乗れそう。勘で判断してもいい方向に進めます。素敵な出会いもあるので人との関わりを楽しんで。
11 土	△	遊びに行くのはいいですが、調子に乗ってケガをすることがあるので気をつけて。小さなミスもしやすく、スマホを落として画面を割ってしまったり、食器を割ってしまうかも。
12 日	◎	親友と語ると気持ちが楽になります。親友に連絡して食事やお茶をしてみて。近況報告をしながらいろいろ話すと、気持ちがスッキリするかも。相手の話もしっかり聞きましょう。
13 月	☆	何事も前向きに捉えてポジティブに変換すると、運気の流れがよくなる日。何事も行動してみることでいい経験ができます。大事な出会いもあるので、人の集まりに参加してみて。
14 火	▽	日中は周囲の協力が得られてスムーズに仕事を進められます。大事なアドバイスがもらえることも。夕方以降は周囲に振り回されますが、構えすぎずに変化を楽しんでみて。
15 水	▼	一生懸命取り組んでも結果がなかなか出ない日。後ろ向きになってしまったりやる気を失いそうですが、「ここから何が学べるか」と、少しでも学ぼうとすると成長できそうです。
16 木	×	苦手な人や面倒な人と一緒にいる時間が増えるかも。おせっかいと言われてもいいので、正しいと思うことを貫き通してみて。善意があればあなたへの扱いは自然とよくなります。
17 金	▲	行動が雑になってものをなくしてしまいそう。時間を間違えて焦ってしまうことも。いつも以上にキッチリ過ごすよう気を引き締め、身の回りをきれいに片づけておきましょう。
18 土	○	新しいことをはじめるにはいい日。いつもと違う美容室でイメチェンをしてみて。旅行に出かけるといい刺激を受けたり、うれしい出会いがあるかも。少しの勇気が人生を変えます。
19 日	○	遊びの誘いやイベントなどの集まりに積極的に参加しましょう。初対面の人との出会いを増やすと、いい人脈が広がりそう。普段なら遊ばないような人の集まりに参加してみて。
20 月	□	自分の役割を果たすことが大事。なんとなく仕事をしないで、何のために仕事をしているのか考えること。自分の仕事がいろいろな人の役に立っていることを想像してみて。
21 火	■	疲れやストレスをためてしまいそう。深呼吸や瞑想をすると、気持ちを落ち着かせることができるでしょう。休憩中は10分でもいいので昼寝をすると、体も頭もスッキリします。
22 水	●	あなたのセンスが輝く日。仕事で意見やアイデアがあれば、積極的に発言してみて。１歩引いていると、いつまでもチャンスはやってきません。責任を持って挑戦しましょう。
23 木	△	やる気をなくしてしまったり、つまらないミスをしやすいかも。サボりグセが出やすいので気を引き締めて。やる気が出ないときほど、取り組みはじめると自然と動けるようになります。
24 金	◎	経験を活かすことができる日です。実力アップや成長を実感できるかもしれません。少しでもいいので強気になってみると、運を味方につけることができるでしょう。
25 土	☆	思い出に残るクリスマスになりそう。期待以上にプレゼントや食事を楽しめそうです。今日出会った人を笑顔にできるように工夫すると、大きな幸運となって戻ってくるでしょう。
26 日	▽	年賀状の作成や大事な用事は午前中に終わらせておくといいでしょう。先延ばしにすると面倒になったり、雑になりそう。夜は予定を乱されて無駄な時間を過ごすことになるかも。
27 月	▼	予定通りに物事が進まない日です。家族や身近な人に振り回されてしまったり、大事なことを忘れて大慌てすることもありそう。時間に余裕を持って冷静に行動しましょう。
28 火	×	よかれと思って行ったことが裏目に出てしまうかも。余計なことをしないように注意し、手伝いも邪魔にならないように気をつけましょう。相手の気持ちを考えて行動を。
29 水	▲	年末の大掃除には最適の日。汚れているところや普段掃除をできないところはもちろん、パソコンやスマホのデータなどデジタル関連の整理もやっておくといいでしょう。
30 木	○	年末年始の買い出しは、はじめて行くお店だとお得な買い物ができそう。最近できたお店に行くとおもしろい出会いや経験も。買い替えを考えているものを購入するにもいい日です。
31 金	○	例年ならやらないような正月の準備をしてみるといいでしょう。おせちを作ったり、お餅をついてみたり、門松の用意をしてみたりすると、これまでとは違う年越しになりそう。

☆ 開運の日　◎ 幸運の日　● 解放の日　○ チャレンジの日
□ 健康管理の日　△ 準備の日　▽ ブレーキの日　■ リフレッシュの日
▲ 整理の日　× 裏運気の日　▼ 乱気の日　〓 運気の影響がない日

銀の羅針盤座

12年周期の運気グラフ

銀の羅針盤座の2021年は…

○ チャレンジの年（1年目）

新たなことに挑戦すると前に進める「チャレンジの年」。1年目の2021年は「現状維持」が何よりもNG。
昨年までの自分を割りきり、視野を広げていきましょう。2022年も「チャレンジの年」が続きます。

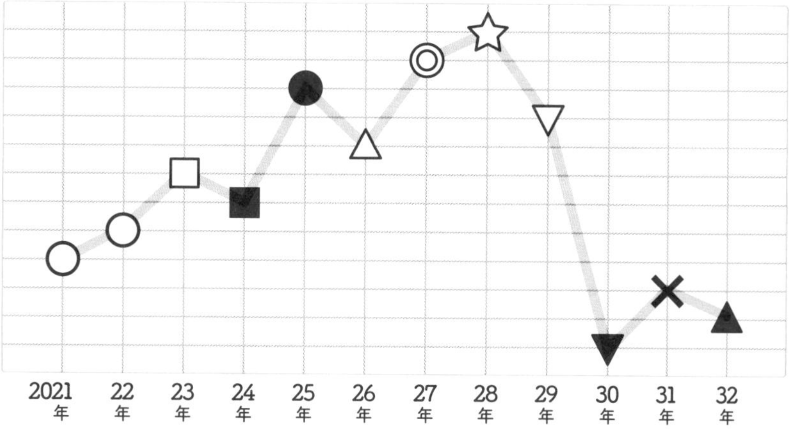

☆開運の年　◎幸運の年　●解放の年　○チャレンジの年　□健康管理の年　△準備の年
▽ブレーキの年　■リフレッシュの年　▲整理の年　×裏運気の年　▼乱気の年　＝運気の影響がない年

銀の羅針盤座はこんな人

基本の総合運

人の手の上に乗り、方向を指し示す銀の羅針盤。金の羅針盤座と同様、持つ人によって人生が大きく変わるため、親や上司などよき指導者に巡り合うことで運命を好転させられるタイプ。非常に真面目ですが、実はサボり魔で、他人に深入りしたくないのが本音。よく言えば控え目な人ですが、後ろ向きでマイナス思考の持ち主。発言もマイナス気味で、受け取り方も不要にネガティブになることが多いでしょう。ウソでもいいので、ポジティブな発言を繰り返してみてください。それだけで運を味方につけられるでしょう。

基本の恋愛＆結婚運

しっかり者に見えますが、恋には非常に不器用で、相手の些細な言動をマイナスに捉えすぎたり、よかれと思ったサプライズやプレゼントが少しズレてしまったりすることが多いタイプ。甘えん坊で相手まかせのことが多いので、パワフルで積極的にリードしてくれる人を選び、相手の好みに合わせるとうまくいくでしょう。結婚願望はありますが、そこも相手まかせになりすぎてなかなか進まず、ネガティブな情報に振り回されやすいので気をつけて。真面目に悩むより、自分も相手も楽しませることを考えて過ごしましょう。

基本の仕事＆金運

真面目で丁寧に仕事をするため、職場での評判はいいのですが、決められたこと以上のことをするタイプではないので、自主的に動かなくてはならない仕事よりも、マニュアルがある職種や規則正しい仕事に就くといいでしょう。また、知的でアイデアが豊富にあり、慎重に計画を練ることができるので、企画やイベントの仕事でも能力を活かすことができます。金運は、上品なことに出費が増えるタイプ。些細な見栄での出費も多いので、本当に必要なものなのか、価値のあるものなのかを考えてお金を使うといいでしょう。

2021年の運気

○ チャレンジの年（1年目）

2021年開運 3カ条

1. 新しいことに挑戦する
2. 人脈を広げる
3. イメチェンをする

総合運

人生を大きく左右する分岐点となる年
前を向いて、新しい世界に飛び込んで

「チャレンジの年」の１年目は、気持ちの切り替えがはじまり、興味のあることや環境も変化する年。過去は過去と割りきって、新しいことにどんどん挑戦すると人脈や視野も広がり、やる気が出てくるでしょう。銀の羅針盤座は、五星三心占いの中で最も受け身のタイプ。自分の好きなこと以外では簡単に行動しませんが、2021年はたとえ興味がなくてもどんなものか調べ、情報をできるだけ集め、視野を広げるように努めましょう。「新しい」「未体験」「未経験」に敏感に反応し、楽しむことが大切。

2020年と2021年ではステージが変わり、運気が一段上がったような流れです。「チャレンジの年」の１年目は何もないまっさらな土地で、どんなふうに土地を耕すのか、何を植えてどうやって育てるのかが大切になり、2021年の頑張りが後の人生を大きく変えることに。いろいろなことを調べたり、試したりする必要があります。新しいことに挑戦する必要がある「チャレンジの年」の１年目は、失敗を恐れないように生きることが最も大切。銀の羅針盤座は、好きなことに対する粘りや諦めない力が強い真面目なタイプですが、未知のことや新しいことには慎重なため、簡単には飛び込みません。そのため2021年の「チャレンジの年」はやや不向き。苦労や不運を感じてしまうことが多いでしょう。それでも、今年は少しでも興味が湧いたことを調べて、できれば行動し、経験を増やしてください。うまくいかないことがたくさんあると思いますが、飛び込む勇気を出して、自ら動き出す練習をする年だと思っておきましょう。そもそも羅針盤とは道に迷っても安心させてくれるもの。多少の寄り道や遠回りを楽しめるくらい、気持ちに余裕を持ってください。2021年は、普段なら見られないような世界を知り、これまでとは違う風景を見るくらいの余裕を持って生活するといいでしょう。

そのためにも、ジャンルを問わないでいろいろなことに興味を示し、少しでも気になったら試してみてください。グルメなタイプでもあるので、気になるメニューがあれば食べに出かけて楽しみましょう。また、銀の羅針盤座の真面目なところはいいのですが、その反面、人付き合いは苦手で距離感がうまくとれなかったり、コミュニケーションがうまくいかなかったりする人が多いです。おいしいお店やおいしいものを見つけたときは、自分だけで楽しむのではなく、周囲に教えてあげたり、お土産として渡したりして、ほかの人も巻き込んでみると運気の流れも自然とよくなるでしょう。特に2021年は、はじめて会った人との交流を深めることが大切。これまでの友人関係よりも、新しい人を大切にするくらいの気持ちでいましょう。おいしいものを食べに行ったお店で店員さんや常連さんと仲よくなって情報の交換をするなど、楽しく話せるように努めてみて。

新しい趣味や習い事をスタートするにもいい年です。そこではじめて出会った人と仲よくなることで、人生観が大きく変わるきっかけをつかむ可能性があるため、食事に誘ってみるなど交友を楽しむといいでしょう。何よりも「新しい」ことに敏感になって生活を送るといいので、まだ行ったことのないお店や場所に行くようにするだけで、いい発見やおもしろい体験、素敵な出会いが増えて人生が楽しくなるでしょう。特に否定的だったことや「つまらない」と勝手に思い込んでいたことに、屁理屈を言っていないで思いきって飛び込んでみると、自分の感覚や情報とは違うことを得られるはず。少しでもいいので、「食わず嫌い」していることに挑戦して人生を楽しむようにしてください。

2021年に最も注意するべきは、変化を拒むことです。非常に真面目で、生活サイクルができあがっていると簡単に変えられるタイプではなく、交友関係もなかなか広げない人が多い銀の羅針盤座。しかし、現状維持だけでは、今後の人生を最悪にすると覚えておきましょう。失敗や変化を恐れて昨年までと同じような生活リズムや人間関係を続けることは、後の不運や運気の流れに乗れない原因にもなるため、人にも物にも執着しないようにしてください。

「乱気の年」「裏運気の年」では裏にあたる「金の時計座」の能力がアップし、人脈や環境が変化して交友関係が広がったはず。これまでとは違ったタイプの人と仲よくなったり、関わることが増えたりしたと思いますが、ここの縁は早い段階で切るようにしてください。すでに2020年あたりから不穏な空気が流れて、勘のいいタイプの人は縁を切っている、または距離をおいていると思いますが、どこか損をしているような感じや振り回されている感覚をこちらに抱かせる人とは、距離をおくようにしてください。ここでズルズル関係を続けてしまえば2021年の「チャレンジの年」が台無しになってしまう場合が。引っ越しや転職によって、環境を無理してでも変える必要があるでしょう。

また、過去への執着をしないようにしましょう。どんなに成功した人生でも、どんなに辛い過去があっても「過ぎて去ったこと」と気持ちを切り替え、前向きに、新しいことだけに目を向けるようにすると、人生がどんどんいい方向に変わります。イメチェンする場合も、これまで行っていた美容室はやめて、新たなお店を探すようにしてください。服装もこれまでと同じではなく、周囲から「雰囲気変わったね」と言われるくらい変えること。年齢と時代に合わせ、品のあるものを選ぶようにするといいでしょう。服もこれまでと同じお店は避けて、行ったことのないお店で購入するように。「貯まっているポイントがある」なんてことを言っていると、いつまでも前には進めません。2021年から人生が大きく変わったと思って、小さなことから大きなことまで新しい生活リズムを作れるようにしましょう。イメチェンをするときには「上品」を忘れないようにしてください。派手な感じや大胆な感じでもいいですが、必ずそこに品を感じさせることが銀の羅針盤座にとって非常に大事なポイントになります。

銀の羅針盤座の課題は「人間関係」。これは2021年だけに限ったことではなく、すべての人を尊重、尊敬するところからはじめてください。仲よくなるほど近づかなくてもよいので、知らない人を嫌う、否定することをやめるように。受け入れられるように心を広くする練習をしてください。出会いが多くなり、ソリの合わない人とも会う機会が増えますが「これも何かの縁かな」と思うこと。接すれば必ず学べることがあるので、出会いに感謝しましょう。

2020年までの苦労とは違い、「チャレンジの年」の１年目は前に進むことに苦労がかかる運気。人によってはここからの期間が苦しいという人もいますが、ここでの体験や出会いは後の人生でも大切な経験となります。多少の苦労は当然あると思って覚悟して受け止めてください。特に受け身で他人まかせの多い銀の羅針盤座は、これまでと同じにならないように、2021年からは積極的に行動をして、ポジティブな発言をするように心がけましょう。何事も前向きに捉え、プラスの言葉に変換して発するようになれば、運を味方につけられるようになります。2021年はその練習の年だと思って、前向きな言葉や素敵な話を探してみましょう。

2021年は引っ越しをするには最適な年で、生活リズムを変えるにもいい運気です。引っ越しが最も手っ取り早く簡単に生活リズムを変えられるでしょう。今暮らしている場所に長年住んでいるなら、2021年は引っ越して環境を変えてみても。また、「乱気の年」「裏運気の年」に引っ越した人は7～8月には再び引っ越しをできるようにお金を貯めておいてください。どうしても間に合わない場合は、2022年の２～３月あたりには引っ越しできるよう、準備しておくように。これまで住んだことのない場所で、環境を一気に変化させてみるといいでしょう。持ち家で引っ越しができない場合は、思いきって家のリフォームや模様替えをするなど、気分が変わるくらい部屋を変えるのがオススメ。特にカーテン、ラグ、寝具、家具や家電など古くなっているものから変えてみて。

2021年は行ったことのない場所へ旅行に出かけるのもオススメです。海外旅行を含め、行ってみたいと思っていた場所や、ホテルについて調べてみて。できれば、リゾート気分が味わえる場所、高級感のある場所に行きましょう。芸術作品を観に行くのもよく、コンサート、歌舞伎、美術館、アート作品の展示などに触れるといい発見があり、感性が磨かれるはず。

また、2021年は遊ぶメンバーを変えるといい年です。これまでと同じ友人から自然と離れたり、気がついたら疎遠になっていたりする場合もありますが、友人に執着しないでお互いに離れる時期だと思ってください。しばらく連絡がなかったらわざわざ連絡をしないで、そのままにしておくほうがいいでしょう。2021年からいい人脈ができるので、新しい趣味をはじめてみて。これまで参加しなかったイベントやライブ、仕事関係の付き合いにも積極的に参加して、交友関係を変える努力をすることが大切。これまでなら誘えなかった年上の人と遊んでみるのもいいでしょう。仲よくなってみると世界観や考え方にも変化が訪れそうです。

銀の羅針盤座は好きなことを見つけ、努力をはじめると、ほかのタイプよりも圧倒的に能力を発揮する人です。しかし、好きなことや、よき指導者や先生に巡り合えないこともあります。まずはアドバイスしてくれるポジティブな年上を見つけること。それが職場の上司なら最高によく、自分の思っている以上の実力を発揮することにつながるでしょう。そして、今年出会うポジティブな人、プラス思考の人に注目してください。仲よくなってみると考え方や生き方のコツを教えてもらえるはず。些細なことでめげない精神を、今年から鍛えるようにするといいでしょう。

恋愛運

**過去の人より新しい人を求めて
明るく品のあるイメチェンで運気アップ**

2021年は新しい出会いが多く、前向きな気持ちで人と接することができれば素敵な恋もできる年。好みにも変化があり、これまで興味が薄かったタイプや年齢層にも幅を広げられ、恋のチャンスが増えるでしょう。ただ銀の羅針盤座は受け身で相手まかせの性格。待ちの姿勢のままでは、いつまでも恋の進展は期待できません。2021年は、そんな自分を変えるきっかけを作れるはず。恋愛パターンを変えてみる努力や、少しの勇気が今後の恋愛運を大きく変えることになるでしょう。

新しい出会いを求めて行動することが大切な年です。恋愛での出会いだけではなく、2021年は男女関係なくいろいろな人と仲よくなっておくことが大事。特に年上の知り合いや友人を作っておくと、その人から素敵な人や運命的な人を紹介してもらえる確率が上がりそう。職場やプライベートで出会った年上に注目してみましょう。挨拶やお礼、礼儀をしっかりしておくことはもちろん、いつも笑顔で、その場を楽しむ雰囲気作りも欠かさないようにしてください。職場の上司や先輩からの縁がつながることが多いので、飲み会などにも積極的に顔を出し、自分のキャラを知ってもらうのもいいでしょう。

2021年は「新しい」が大切になる年。しばらく恋のチャンスがないという人ほど、思いきったイメチェンをすることが大切です。特に髪型を変えることで印象が大きく変わります。これまでの美容室ではなく、新しいお店を探して異性の美容師さんにカットしてもらうといいでしょう。明るく品のある感じの髪型にして、服も同じようなイメージにすることで注目されるようになります。ちなみに、銀の羅針盤座の「品」は仕事ではいいのですが、恋愛においては「ガードが堅い」「ハードルが高い」というふうに伝わってしまう場合が。少しラフな感じにして、隙を見せる演出が大切です。

2019年、2020年は、失恋や恋に振り回されるような運気でした。その影響を受け、縁が切れて恋に臆病になってしまった人、まったくモテない時期を過ごして交際の方法がわからなくなってしまった人もいるでしょう。すっかり自信を失い「恋はしたくない」と思っていると、恋愛運がどんどん失われてしまうので要注意。2021年は2020年までとは運気の流れが違います。今の自分に見合う相手を探すようにすること。異性の友達を作るくらいの気持ちでいると、次の恋をスタートさせられるでしょう。また、片思いが長くなっている人もいると思いますが、残念ながら１年以上の片思いは実らない可能性が高いです。2021年はステージが変わっているので、キッパリと諦めて新しい人を探すようにしましょう。ここで過去の人に執着すると、2021年から現れるもっと素敵な人を自ら避けることになってしまいます。2020年までの恋は、どんなに素敵な人でもなかったことにしてください。また、たまに連絡がくる元恋人や曖昧な関係の異性は危険。連絡先を消去して、距離をあけるようにしておきましょう。

すべての気持ちをリセットして、2021年から新たな恋のパターンや出会いの変化を楽しむこと。マイナスに考えないで、人生も恋も楽しむようにすることで必ず素敵な出会いにつながると思っておいてください。

結婚運

裏の時期を乗り越えたカップルは婚期
目上の人からのお見合いを受けるのもOK

新しい経験があり、流れが変わる年。選択のひとつとして結婚も出てきますが、仕事が忙しくなりすぎてチャンスを逃すかも。やりたいことを見つけてしまい、結婚は後回しになってしまいそうな運気です。ただ、「チャレンジの年」の1年目は、「乱気の年」「裏運気の年」を乗り切ったカップルが結婚するにはいいタイミング。ここ2〜3年は愛情を試される時期でもあり、問題もいろいろ出てきたと思います。別れることのなかったカップルは愛のある証であり、数年後に訪れる裏の時期（乱気、裏運気の年）の運気も乗り越えられるので年内に入籍するといいでしょう。

「チャレンジの年」の1年目は、新たな流れがはじまり慌ただしくなるので、結婚に話を進められないような状況が続いてしまいそう。仕事で求められることが増えて忙しくなり、それどころではなくなり、気がついたら1年が過ぎていることも大いにありえます。本気で結婚したい人は、考え方や生活リズムなどを大きく変える必要があるでしょう。2021年に新しくできた恋人と前向きな話になった場合は、相手の運気を調べてください。「時計座（金／銀）」「銀のカメレオン座」「銀の鳳凰座」の場合はOKしても問題はなく、特に「時計座」は交際から結婚までの流れが非常に速いので早めに決断するといいでしょう。ほかのタイプの場合は一度考え直したほうがよさそうです。

最も注意したほうがいいのは、「乱気の年」「裏運気の年」「整理の年」に出会った人との年内の入籍。その時期の恋は、判断ミスが多いため、一度しっかり考え直したほうがいいでしょう。本来は好みではない相手である場合や、これまでと違ったタイプとの恋が多く、入籍してから後悔や離婚をするリスクが高いです。2021年から、あなたの気持ちの熱も冷めてくるので、もう1年は様子をみてから判断して。ただ、銀の羅針盤座は一度好きになると執着しやすく、なかなか縁を切れないタイプ。相手の家庭状況や仕事面、交友関係を改めて見直し、自分の状況も冷静に判断するように。特に周囲からの評判が悪い人や親友が止めるような人とは避けたほうがいいでしょう。

恋人がいない状況で結婚を望む場合は、上司、年上の人、両親からのお見合いや紹介がオススメ。そもそも銀の羅針盤座は人間関係を築くことが得意ではなく、恋にも人にも臆病なところがあり、自由な恋愛は苦手なタイプ。信頼できる人から紹介してもらうか、キッチリとしたお見合いのほうが話を早く進められるでしょう。目上の人と仲よくなって、恋愛相談をしてみると素敵な人を紹介してもらえそうです。ただ、紹介された後に断ると気まずくなったり、お互いの信頼をなくしてしまったりする場合があるので、紹介を受けるときは結婚する覚悟で。

結婚に対する考え方を変えるきっかけの年でもあります。結婚している友人や知人に、夫婦関係や結婚生活について話を聞いてみるといいでしょう。その際はもしかしたら相手が謙遜している、恥ずかしがって本当のことを言っていないこともあると思いながら聞くように。結婚後に必要な資金の準備、披露宴の費用なども考えるといいですが、調べて不安になるくらいなら考えるのをやめて。相手と楽しく過ごすことができるように「一緒にいると楽しい」といった空気を出せるといいでしょう。

仕事運

自ら変化して動き出すといい1年
転職や副業に力を入れてみるのもあり

新しい仕事に思いきって挑戦することで新たな道が切り開かれる年。銀の羅針盤座は、言われたことを真面目にしっかり進めることが得意なタイプですが、本気で自分が好きな仕事を見つけない限り、興味のない仕事には一生懸命になりません。そのため挑戦するような仕事ぶりをなかなか示せないでしょう。

2021年は「現状維持」と思っていても、職場の状況や環境が変わる場合があります。これまでと違う仕事をまかされることがあるほか、違う部署で不慣れな仕事に取り組む流れもありそう。待っていても変化は起きやすいですが、自ら動いて変化するほうが前向きに仕事を頑張れるようになるはずです。現在の仕事に不満が多く、すでに別に興味のある仕事が見つかっている場合は、2021年に転職するのもよいでしょう。5、7、8月には次の仕事をはじめているくらいがいいので、2～3月には転職活動や面接まで進められるように動いてください。2021年に動くチャンスを逃すと、あと1年間は現在の仕事を続けなければならないと覚悟しましょう。今の仕事に不満はあるけれど次に取り組んでみたい仕事が見つかっていない場合は、1～2年をかけて資格を取得するのがオススメです。プログラミングやデザインなど、技術を身に付ける学校に通うのもいいでしょう。

2021年、最も注意が必要なのは、変化や新しい流れに逆らうこと。これまでと同じ仕事を繰り返しただけでは、成長や向上心がないのと同じ。会社や上司から「やる気がない」と判断されたり、結果的に自分の立場が苦しくなったり、空気が読めない人と思われてしまうかもしれません。変化しないことは楽ではありますが、サボっているだけになってしまわないように。目の前の仕事を効率よく進めるために、知恵を絞ることや工夫を忘れないようにしましょう。

また、職場の人とのコミュニケーションも忘れないでください。真面目に仕事をするだけでは、いつまでも仕事は楽しくならないままです。そのための大事な情報を得たり、人間関係を築いたりするのには、食事会や飲み会への参加が欠かせません。毎回顔を出さなくてもいいですが、2021年は2020年以上に、職場の人や仕事関係者との付き合いを大切に。誘われるような愛嬌のある存在を目指すのも仕事のうちだと思っておきましょう。

「チャレンジの年」の1年目は、失敗も多いですが、そのぶん学べることも増えます。叱られることもありますが、叱ってもらえるうちが華だと思って。上司や先輩への感謝を忘れずに、自分の仕事のレベルを上げるようにしましょう。たとえば、指示を待つよりも「何かやることありますか？」と自分から指示を仰ぐと、仕事のできる人だと思われる機会が増えるはずです。前向きに仕事に取り組みましょう。

ちなみにサービス業や人との関わりが多い仕事は、本来不向きなタイプです。真面目なぶん、振り回されてしまうので、できればもの作りや技術職、データ管理、芸術系、アイデアが必要な仕事などのほうが才能を活かすことができそう。仕事で能力を活かせない場合は、趣味に一生懸命取り組んでみると、副業で大成功する場合もあります。2021年から趣味を極めてみるのもいいので、新しく気になったことを見つけた場合はチャレンジしてみてください。

開運のつぶやき　自由とは責任を背負うこと

金運

今後の金運のベース作りになる年
買い替えや引っ越しにお金を使おう

「チャレンジの年」の1年目は、頑張り方やお金に対する勉強の仕方次第で、これからのお金の出入りが変わります。金運のベース作りだと思って、これまでの金銭感覚を一度リセットしましょう。お金の使い方や貯め方、投資、資産運用などを2021年から学びはじめることで、10～20年後の金運が大きく変わることになるはずです。銀の羅針盤座は、お金に不思議と恵まれている、何かとお金に縁のあるタイプですが2021年と2022年は気を引き締めて、お金とは何かを学んでみるといいでしょう。

銀の羅針盤座が金運をよくするためには、しっかり目標を立てることが大事。目標が定まればしっかりと方向を指し示すことができ、その気持ちは簡単にブレないでしょう。「お金を貯めて、何を購入するのか」「いつまでに貯める必要があるのか」「現実的に考えて不可能ではないのか」など、1年の目標金額や毎月の貯金目標をしっかり決めてみるのもいいでしょう。無理のない計画を立てることでお金を自然と貯めることができるはずです。

いいサイクルを作るために五星三心占いを参考にして、買い物は◎［幸運の日］、☆［開運の日］にすることも重要。食料以外のものはこれらの日だけに集中して購入し、そのほかの日は生活で困らないものは購入しないように。そうすることでお金がどんどん貯まってくるうえ、買い物をするリズムができあがるはずです。そして、衝動買いや不要な買い物が減るほか、最もいいのは「買うか、買わないか」と悩む時間がなくなること。空いた時間に勉強したり、本を読んだり、人に会う時間もできてお金に振り回されなくなるでしょう。

2021年は、家電や家具などの買い替えに最適な運気。最新の家電や流行のものを購入するといいでしょう。思いきって引っ越しをして、身の回りのものをまとめて買い替えてもいいくらいの運気です。また、気に入ったものに執着しやすく、なかなか捨てられないのも銀の羅針盤座の特徴。うまく使って長持ちさせているものもあると思いますが「そろそろいいかな」と思えるなら処分し、上品なものに買い替えてみるのもいいでしょう。少しくらい値は張っても長く使えば結果的に節約になるので、カバンや財布、靴などの購入の際はいい品を選んで。

大金を動かす運気ではないので、投資や資産運用などは、どんなものかお試しのつもりではじめるくらいがいいでしょう。少額でリスクの少ないものからやってみること。投資とはどんなものか専門家に相談をして学んでみるのもいいでしょう。ただ、銀の羅針盤座は、人間関係のトラブルで大金を失いがちです。怪しい投資家や自称お金持ちからの儲け話、簡単に儲かる話などには注意が必要。世の中うまい話はないと思っておいてください。

アイデアを売ったり、起業をしたりするほうが最終的にはお金持ちになりやすいタイプなので、お金を追いかけるよりも手に職をつけることが大切です。お金のことより、技術をアップさせて自分の価値を上げてみてください。また、人との付き合いをもっと楽しんでみると、自然と金運アップにつながる道に乗れるはず。ポジティブな発言を繰り返すことで総合運も金運もよくなります。ネガティブな言葉はできるだけ避けるようにしましょう。

家庭運

外でのストレスを家に持ち込まないこと 子どもにはポジティブな言葉をかけて

2021年は、人間関係の変化が激しくなる運気。そのため不要なストレスを抱えてしまったり、ソリの合わない人に会ってしまったり、イライラや不満がたまってしまう場合があります。その影響で、家に帰っても不機嫌な態度が出やすくなってしまうでしょう。また、相談のつもりで家族に愚痴を言うだけだったとしても、マイナスな情報やネガティブな話ばかりでは、たとえ身内でも嫌な気分になってしまうかも。話を聞いてくれたことにはもちろん、アドバイスやフォローをしてくれたことに感謝を忘れないようにしましょう。自分が前に進む時期なので、「家族も忙しいことはわかってくれているはず」とは考えずに、環境の変化なども含めて状況を詳しく説明しておくことが大切です。家族も協力しやすくなるので、変化があったときほどしっかり説明しておくといいでしょう。

夫婦関係では、新たなルール作りが大切です。ここ１～２年で大ゲンカして離婚や別居を考えたり、気まずい空気が流れたりなど、問題が発生した夫婦も多いと思います。何があっても2021年に入ったら水に流して、過ぎたことはグチグチ言わないようにしましょう。お互いの関係を2021年から新しく作り直してみると、思ったよりもいい関係を築けて、距離のとり方も上手になるはずです。

習い事や勉強をはじめてみたいときは、相談してみるといいアドバイスがもらえるなど、いろいろと協力してくれるでしょう。「黙って察して欲しい」などとは思わないようにしてください。また、新たな出会いの運気のため、子どもを授かる時期でもあります。忙しい時期に入るので、計画的に進めてみるといいでしょう。

子どもとの関係は、忙しいことで距離があきそうです。2021年から新たなルールを作ったり、恒例の企画をはじめたりするといいでしょう。連休、お盆、正月休みの計画を事前に立て、希望の旅行や買い物はないか前向きに話し合ってみてください。また、2021年からは否定的な言葉を先に出さないようにして、ポジティブな言葉をできるだけ選ぶようにしましょう。子どもからも「何か変わったね」と言われるくらい前向きな発言をしておくことが大事。甘やかすのではなく、言い方や伝え方を変化させてみるのがいいでしょう。

ご両親との関係も大切にして、忙しい中でも誕生日や記念日のお祝いなどをしっかり行うようにしてください。例年通りではなく変わったものをプレゼントしたり、記念日ではなくともサプライズを仕かけてみたり、いつもと違うパターンで関わってみるといいでしょう。ときには親の悩みや不安を聞いてアドバイスするなど、逆の立場になっておくことも大事です。スマホやネットの使い方などを教えてみると、いい関係が作れるようになるでしょう。

銀の羅針盤座は、家族に甘えてしまうと甘えっぱなしになりやすいタイプです。2021年からはその流れを変えて、忙しい中でも家族に心配をかけないように過ごすこと。家族の存在が頑張れる理由になるといいでしょう。2021年は家族で計画を立てるにもいい年なので、みんなで行ってみたい場所の話をして旅行の計画を立てるのもオススメ。マイホームの購入などを目標にして、家族みんなで協力できるものを作るのもいいでしょう。

健康運

気力、体力、ともに充実した1年
生活リズムの見直しをはかろう

2020年に体調を大きく崩していなければ、2021年は健康には大きな問題はない運気。新しいことにチャレンジができる体力も気力もいっぱいある年なので、行動的になって予定を詰め込んでもいいでしょう。2021年は、ルール作りや基礎作り、生活リズムの作り直しの年でもあります。不摂生や不健康と思われることは避けて、健康的な生活を送るように心がけることが大事です。銀の羅針盤座はネガティブなところがあるぶん、用心深く独自の健康方法を実践するなど、日ごろから体に気をつけている人が多いです。精神面に弱いところがあるので、2021年はストレス発散の時間や精神を鍛える時間を作ってみるといいでしょう。

健康的な1年とはいえ、油断してはいけない時期もあります。4月は胃腸の問題、運動不足からの肩こりや腰痛。6月は食べすぎで胃の調子が悪くなるほか、ドジなケガをするかも。10～11月は人間関係で疲れてストレスがたまってしまいイライラするなど、精神面での崩れがありそう。どれも大きな問題には発展しないものの「チャレンジの年」は新しい人との出会いが増えることで気遣いをすることから、ストレスをためやすいです。ストレス発散には、ひとりで没頭できるスポーツや運動をして汗を流すと、スッキリできそう。最もいいのはたくさん笑うことなので、お笑いの動画やライブを観るのもオススメ。落語やコメディ、芝居にハマって、それが新しい趣味になる場合も。

美意識を高める新しいサイクルを作るにもいい運気です。休日はヨガやダンス、平日の仕事終わりはスポーツなどをするといいでしょう。目標となる体形の写真を部屋に貼ってみると、スタイルが自然とよくなるのでやってみましょう。また、生活リズムを変えて朝は30分早く起き、ストレッチや軽い運動をすると1日中スッキリして気分よく仕事ができそうです。食事も年齢に見合うようなものを選ぶことが大切。「チャレンジの年」の1年目は、情報を集めるといいので、美容方法やダイエット方法などいろいろ調べてみること。知ってはいるけれどやらないのでは意味がありません。できるだけ挑戦をして、今の自分の向き不向きを知るといいでしょう。美意識を高めるために、メイクの講師などから年齢に見合うメイク方法を学んでみるのもオススメ。肌の手入れ技術の勉強をするのもいいでしょう。

銀の羅針盤座はグルメな人が多く、おいしいものを求めて行動するのはいいですが、人間関係のストレスからヤケ食いやヤケ酒をすることもあるでしょう。イライラしているときに、食事でストレス発散するのは避けて。おいしいものを食べると決めたときこそ、軽く運動をして汗を流し、お腹を空かせてから食べたほうが健康的で楽しい食事になるでしょう。

また、マイナスな言葉は自分がストレスをためるだけです。できるだけプラスに考え、ポジティブな言葉を発するようにしましょう。何よりも効果が出やすいので、暗くならずに明るい笑顔や口角を上げる練習を習慣にするといいでしょう。自信のなさが声にも出るので、たとえば滑舌の練習がてらカラオケでハキハキ歌ってみて。練習をすると小顔になって一石二鳥ですので、ぜひやってみましょう。

年代別アドバイス

年齢が違えば、起こる出来事もそれぞれに違います。
日々を前向きに過ごすための年代別アドバイスです。

年代別アドバイス 10代

失敗を恐れないで思いきって行動することが大切な年。新しい友人を作ることもできます。興味のあることには素直に挑戦してみるといいでしょう。自ら話しかけるときには、挨拶を忘れないようにしてください。また、2020年とは違う感じで、明るく上品な雰囲気を意識してイメチェンをするといいでしょう。恋愛面での出会いも増えます。恥ずかしがっていないで、相手が喜びそうなことを言ってみると、いい関係に進みやすくなるでしょう。

年代別アドバイス 20代

挑戦してみたいことを見つけたら、現状の生活を変えてでも挑戦したほうがいい年。好きなことや気になることを見つけられる年でもあるので、視野を広げてみて。いろいろなことを少しでもいいので調べて、体験してみるといいでしょう。引っ越しや、思いきったイメチェンなどで、環境を変えてやり直しをするくらいの気持ちが大切。友人や恋人に執着をして後悔する人生を送らないようにしましょう。必要なときは縁を切ってでも突き進んでみて。

年代別アドバイス 30代

学び足りないことや、学んでおきたいと思えることが見つかったら、すぐにはじめるといい年。視野が広がり、興味のあることが増えるでしょう。なかなか行動に移せないタイプですが、少しくらい難しいと思うことでも思いきって挑戦してみる価値のある運気です。人との出会いも変化が多いので、余計なことを考えず、知り合いの輪を広げるとおもしろい出会いがたくさんあるでしょう。年齢に見合ったイメチェンをすると評判がよくなりそう。

年代別アドバイス 40代

行動範囲を広げて、いろいろな人に会うことが大事な年。年下の知り合いや友人を作って、話をしっかり聞くことが大切です。これから先に流行りそうなことを聞くと、学びやアイデアにつながりそう。頑張っている人を紹介するなど、人との縁をつなぐことも大事です。これまでに観たことのないジャンルのアートに触れると、アーティストからいい刺激を受けられそう。ライブやコンサートに行ってみるのもいいでしょう。

年代別アドバイス 50代

「興味はあるけれど、もう若くもないし」と思えることでも、2021年は気にしないで挑戦してみることが大切。行動的になるためにも、2021年から基礎体力作りをしっかりやり、習慣になるように心がけておきましょう。また、若い人との出会いが今後の人生を大きく変えることに。年下の知り合いを増やして、話をいろいろ聞くようにしましょう。相手を褒めて、やる気にさせてみるといい関係ができてお互いにプラスになりそうです。

年代別アドバイス 60代以上

定期的な運動をして、健康的な生活習慣を作ることが大切な年。ウォーキングをする習慣をつけることをはじめ、スクワットなど軽い運動や筋トレを定期的に行いましょう。食生活の改善をするにもいい時期です。少しくらいうまくいかなくてもいいので、いろいろ楽しみながら試してみましょう。また、これまでに行ったことのない場所への旅行もオススメ。周囲からも「珍しいところに行きましたね」と言われるくらいの場所を選んでみて。

開運のつぶやき　どんな人からも可愛がられる人になる努力と知恵が大切

あなたの命数は
P.10からはじまる
命数早見表でチェック!

命数別2021年の運勢

【命数】
1 礼儀正しい頑張り屋

基本性格

粘り強く真面目な頑張り屋。一度自分が「これだ」と見つけたことに最後まで一生懸命取り組みます。仲間意識が強く、友情を大切にしますが、友人に振り回されてしまうことも。心は高校1年生、青春時代のままで生きているような人。友人は多くなく、付き合いは狭くて深いタイプ。反発心があり、「でも」「だって」が多く、若いころは生意気だと思われてしまうことも。他人からの言葉をネガティブに捉えることも多いでしょう。

2021年の開運アドバイス

ラッキーカラー	ローズ、イエロー
ラッキーフード	焼き魚、煎餅
ラッキースポット	水族館、リゾートホテル

開運3カ条

1. ライバルを見つける
2. 同年代で頑張っている人を見る
3. スポーツをはじめる

2021年の総合運

やる気がアップする年。変化や新しいことを前向きに受け止めたり、目標となる人を見つけたりすることもできそうです。頑張っている人を見ることでテンションが上がるので、スポーツ観戦をしたり同世代がやっている舞台を観に行ってみるといいでしょう。ランニングや定期的な運動をすることも大事なので、無理のない計画を立ててはじめてみましょう。健康運は、暴飲暴食で胃腸の調子を崩しやすくなるので気をつけましょう。

2021年の恋愛&結婚運

人脈が広がる年のため、異性の友達をたくさん作るつもりで行動すると素敵な出会いが見つかりそう。そもそも身近な人と恋をすることが多いので、2021年に出会う職場の人や交友関係の中で仲よくなるように努めるといいでしょう。同年代との相性もよく、近い年齢の人を食事や飲みに誘っておきましょう。結婚運は、あなたの頑張りを認めてくれる人となら話を進めてもいいですが、不要な反発の言葉を発しないよう気をつけて。

2021年の仕事&金運

新しい仕事が多くなり、のんびりしていると苦しくなるだけ。何事もテキパキ動いて一生懸命になると、仕事が楽しくなってくるでしょう。仕事のライバルを見つけることができるとさらにやる気をアップさせられます。同級生の中で出世している人や結果を出している人がいることを知れば、頑張れるようにもなるでしょう。金運は、仕事に役立つものを購入したり、勉強になるものを購入したりするといいでしょう。

【命数】
2 地道なことが好きな無駄嫌い

基本性格

上品で控えめに見えて、根は無駄なことや雑用が大嫌い。合理的に生きる男の子のようなタイプ。団体行動や人付き合いは苦手ですが、表面的な人間関係は上手なので、外側と中身が大きく違う人。頭の回転は速いですが、話の前半しか聞かずに先走ることが多いでしょう。自分に都合が悪いことを聞かない割に、ネガティブな情報に振り回されてしまうことも。危険なひとり旅など無謀と思われるほど大胆な行動に走るでしょう。

2021年の開運アドバイス

ラッキーカラー	小豆色、シルバー
ラッキーフード	豚の生姜焼き、ミントの飴
ラッキースポット	リゾートホテル、高層ビル

開運3カ条

1. ポジティブなキャラを演じる
2. 旅行やライブに行く
3. 勝ち負けにこだわらない

2021年の総合運

気持ちは前向きになりますが、やる気を前面に出すタイプではないので、静かに燃える年。興味のあることを調べるのはいいですが、うわべだけにならないよう、深く調べてみる必要があるでしょう。人の流れが変わるので、新しく出会う人の前では明るく元気でポジティブなキャラを演じてみると、その後の人生が大きく変わりそう。健康運は、新しく独自の健康方法にハマりそうですが、偏らないように気をつけましょう。

2021年の恋愛&結婚運

出会いが多く、刺激ある相手を見つけて、燃えるような恋ができそうな年。ただ、危険な相手や刺激を求めすぎてしまうときがあるので、相手選びには注意が必要。好きなアーティストやフェスが共通している人とは相性が合うので、ライブや舞台の話などしてみて。意外な人と仲よくなれ、交流の輪も広がりそうです。結婚運は、交際期間が4年以上続いている場合、2021年に入籍はいいでしょう。ただ、マリッジブルーになるかも。

2021年の仕事&金運

新たなチームで仕事をする流れになったり、これまで経験のない仕事をまかされたりする年。苦手なことでも取り組んでいるうちに簡単にコツをつかめそうですが、人間関係では少し苦労しそう。ポジティブな発言をして周囲をやる気にさせてみると職場が楽しくなったり、協力してもらえたりしそうです。金運は、旅行やライブにお金を使ってみると、ストレスも発散できていいでしょう。遊園地で絶叫系のアトラクションで遊ぶのもオススメ。

ラッキーカラー、フード、スポットはプレゼントやデート、遊ぶときの口実に使ってみて

12のタイプ別よりもさらに細かく自分や相手がわかる！
ここでは、生まれ持った命数別に2021年の運気を解説していきます。

【命数】
3

明るいマイナス思考

基本性格
サービス精神が豊富で明るく、品のある人。自然と人が周りに集まってきますが、人が苦手という不思議な星の持ち主。自ら他人に振り回されにいきながらも、自分も周囲を自然と振り回すところがあります。おしゃべりでわがままな面がありますが、人気を集めるタイプです。超ポジティブですが、空腹になるとネガティブな発言が多くなり、不機嫌がすぐに顔に出るでしょう。笑顔が幸運を引き寄せます。

2021年の開運アドバイス

ラッキーカラー　ローズ、オレンジ
ラッキーフード　角煮、チョコレート
ラッキースポット　水族館、食べ物のフェス

開運3カ条
1. 日々笑顔で機嫌よく過ごす
2. 明るい服を着る
3. よく笑う

2021年の総合運
新しい流れや変化を楽しめる年。面倒なこともプラスに受け止めてみて。出会いも増えるので、笑顔で交流をおもしろがってみるといい1年を送れるでしょう。おいしいお店を探す旅をしたり、趣味をグルメにすることでさらにいい出会いや経験ができます。好みのタイプではなくても、相手を褒めると運気もアップするでしょう。明るい感じにイメチェンし、小物も替えると気分も大きく変わりそう。健康運は、食べすぎて太りやすくなるので運動を忘れずに。

2021年の恋愛&結婚運
明るく一緒にいると楽しい人を好きになるタイプなので、異性の前でのリアクションは少し大きめに。恥ずかしがっているとチャンスを逃すので、気になった相手にはソフトタッチやコミュニケーションをどんどんするといいでしょう。余計なひと言も出やすいので、言葉選びには十分注意して。笑顔と明るいイメージの服を心がけましょう。結婚運は、気分が乗らない感じにならないように、恋人の前で明るく振る舞うといいでしょう。

2021年の仕事&金運
前向きに仕事に取り組める年ですが、やることが増えてしまい、苦労も増えそう。問題をひとりで抱え込まないためにも周囲と仲よくして協力したり、アドバイスしてもらいやすいような環境作りをしたりするといいでしょう。ささやかなものでもいいのでプレゼントをして交流してみて。旅行のときはお土産を忘れないように。金運は、グルメ旅行をするといいでしょう。計画的にお金を使う遊びをすると上手に貯められるようになりそう。

【命数】
4

繊細でおしゃべりな人

基本性格
好きなことをとことん突き詰められる情熱家。頭の回転が速く、なんでも勘で決める人。温和で上品に見えますが、根は短気でやや恩着せがましいところも。芸術的な感性が豊かで表現力もありますが、おしゃべりでひと言多いタイプです。粘り強さはありますが基礎体力がなく、イライラが表面に出がち。寝不足や空腹になると機嫌が悪くなり、マイナス思考や不要な発言が多くなってしまうでしょう。

2021年の開運アドバイス

ラッキーカラー　ピンク、ホワイト
ラッキーフード　西京焼き、桃
ラッキースポット　映画館、水族館

開運3カ条
1. 芸術作品を観て感性を磨く
2. 上品な言葉を使う
3. 情に流されない

2021年の総合運
頭の回転が速くなり、勘も冴えてくる年。慌ただしくなりますが、うまく対応できたり、気になることをいろいろ見つけられたりしそうです。芸術に触れることで新たな趣味をはじめられそう。時間のあるときは芝居など舞台を観に行くと、感性が磨かれるでしょう。急に環境を変えたいと思ったときは一気に推し進めるといいですが、短気と勘が働いているときを取り違えないように。健康運は、基礎体力作りを2021年からしっかり行って。

2021年の恋愛&結婚運
出会いは多いですが、偶然の出会いや不思議な縁がある人に恋しそうな年。おしゃべりがすぎてチャンスを逃す場合があるので、相手の話を聞いたり、質問上手を目指すといいでしょう。2020年よりも好きになれるストライクゾーンが広くなっていることを感じそう。年上の友達を作ってみると、いい縁につながることもありそうです。結婚運は、出会った瞬間に結婚生活が思い浮かぶ相手なら一気に入籍してもいいですが、計画的に進めて。

2021年の仕事&金運
アイデアを活かす仕事や感性が必要となる仕事の従事者、手に職がある人は忙しくなる年。2021年からひとつでも専門知識や専門技術を習得することで、今後の仕事運が大きく変わるでしょう。学んでみたいことや興味ある分野がある場合は、思いきって転職やスキルアップのための学校に通うのもいいでしょう。金運は、神社仏閣を目当てにした旅行やアートに関わるものを観に行くといいでしょう。ライブや舞台を観ると、いいストレス発散に。

【命数】

5

品のある器用貧乏

基本性格

損得勘定が好きで、段取りと情報収集が得意。幅広く物事を知っている、上品でオシャレな人。好きなことにはじっくり長くハマりますが、視野が広いだけに自分は何が好きなのか見つけられず、ふらふらすることもあるでしょう。多趣味なのはいいですが、部屋に無駄なものがたまりすぎてしまうことも。お調子者ですが、ややネガティブな情報に振り回されてしまうところと、人付き合いはうまいのに本音では人が苦手なところがあります。

2021年の開運アドバイス

ラッキーカラー　ブルー、シルバー
ラッキーフード　エビチリ、甘納豆
ラッキースポット　水族館、リゾートホテル

開運 3 カ条

1. 損得で行動しない
2. 飲み会やパーティーにできるだけ参加する
3. 大人っぽく変身する

2021年の総合運

視野が広がり、情報が増える年。興味のあることが増えますが、調べている間に実行するチャンスを逃したり、目移りしている間にほかに興味のあることを見つけたりしそう。フットワークが軽くなる時期でもあるので、損得勘定抜きでいろいろな人に会っておくと、今後の人生観を変える人にも出会えそうです。健康運は、お酒の飲みすぎや予定の詰め込みすぎには気をつけて。体をしっかり休ませる日を作るようにしましょう。

2021年の恋愛&結婚運

出会いが多くなりますが、大人の社交場やパーティー、飲み会で素敵な出会いがありそう。外見だけで判断していると遊びで終わってしまったり、振り回されて疲れたりするので、周囲の評判などもしっかり聞くように。新しい趣味をはじめると出会いも増えるので、興味のあることをやってみるといいでしょう。結婚運は、2021年の入籍が目標だったカップルは問題ないでしょう。勢いまかせの結婚は後悔するので気をつけて。

2021年の仕事&金運

2021年は仕事をするだけではなく、職場や仕事関係者との付き合いを増やしてみるなどコミュニケーションを上手にとることで、仕事の幅が変わってくるでしょう。飲み会や食事会は盛り上げ役になれるように頑張って、グルメ情報や会話に困らないネタを用意しておきましょう。興味のある仕事が見つかったら、転職にもいいタイミング。情報系やマスコミ系、IT関係がよさそう。金運は、服を買い替えてイメージを変えるといいでしょう。

【命数】

6

受け身で誠実な人

基本性格

真面目でやさしく、じっくりゆっくり物事を進めるタイプ。品はありますが、やや地味になってしまうところもあります。言われたことは完璧にこなせるでしょう。現実的に物事を考えるのはいいですが、臆病になりすぎたり、マイナス情報に振り回されてしまったりと、石橋を叩きすぎてしまうこともあるタイプ。初対面の人や人間関係を広げることが苦手で、常に1歩引いてしまうところがあるでしょう。

2021年の開運アドバイス

ラッキーカラー　桜色、スカイブルー
ラッキーフード　ホッケ焼き、梅のお菓子
ラッキースポット　温泉のあるリゾートホテル、水族館

開運 3 カ条

1. 自分から挨拶をする
2. 無理なときはハッキリ断る
3. 年齢に見合った明るい服を購入する

2021年の総合運

変化が多く、人との出会いも多くなって苦手な空気が流れる年。真面目に接するのはいいですが、何事も楽しむ気持ちで前向きに捉えることが大事。警戒してばかりでは前には進めないので、度胸をつけるつもりで思いきって新しいことに挑戦してみて。笑顔や愛嬌を振りまき、挨拶は自分からして心を開くと、思った以上にいい1年を過ごせるでしょう。健康運は、基礎代謝を上げる運動、腹筋、スクワット、軽いランニングをしましょう。

2021年の恋愛&結婚運

片思いの恋はキッパリ諦め、2021年にはじめて出会う人に集中することが大切な年。いつまでも過去を引きずっていると、いい出会いを逃すことに。2021年にやさしい人に出会えますが、モジモジしているとチャンスを逃すので、自ら食事や飲みに誘ってみて。ふたりだと緊張するので、友人と一緒のほうが会話が盛り上がるでしょう。結婚運は、長い付き合いのカップルはここでゴールインしてもいいので、先に入籍だけ済ましておいて。

2021年の仕事&金運

新しい仕事に取り組むのはいいですが、余計な仕事をまかされすぎてしまうことが。無理なときはハッキリ断り、能力のあるほかの人にお願いするといいでしょう。なんでもOKしていると便利屋になって、不満がたまることに。要領のいい方法を考えることも大切です。事務や経理、人との関わりが少ない仕事に転職するのもいいでしょう。金運は、目標金額を決めてみると思った以上に貯金できるでしょう。ものを買い替えるにはいい年です。

【命数】

7

ネガティブで正義感が強い人

基本性格

自分が正しいと思ったときの突っ走る力が強く、せっかちで行動力はありますが、やや雑。好きなことが見つかると粘り強さを発揮します。正義感があり、面倒見は非常にいいのに、不思議と人が苦手で人間関係を作るのに不器用な面があるでしょう。おだてに極端に弱く、褒められたらなんでもやってしまうところも。年上の人から好かれることが多く、その人次第で人生が大きく変わってしまうところがあるでしょう。

2021年の開運アドバイス

ラッキーカラー　とき色、カーキ
ラッキーフード　カルボナーラ、鯛焼き
ラッキースポット　水族館、夜景の見える場所

開運3カ条

1. 年上の知り合いを作る
2. 雑な行動を控える
3. 人を褒める

2021年の総合運

パワフルに行動できる年。遠慮しないで気になったことにはどんどん飛び込んでみると、いい体験や経験ができそう。不思議な人脈もできるので、甘え上手になるためにも相手をうまくおだててみて。するといい関係ができ、さらに人脈が広がるでしょう。環境を変えたいときに思いきって進むのはいいですが、協力してもらうことを忘れないように。健康運は、食べすぎで下半身が太りやすくなるので、寝る前4時間以内の麺類は特に避けるようにしてください。

2021年の恋愛&結婚運

同年代の異性は友達だと割りきって、年上との縁を大切にするといい年。先輩や上司と仲よくなっておくと、いい縁がつながりそうです。プライベートでも年上の知り合いや友人を作ってみると、素敵な人を紹介してもらえそう。ただし、盛り上がるのはいいですが、恋にせっかちになると空回りするクセがあるので、勝手に判断や暴走をしないように。結婚運は、勢いまかせでは進められない時期。相手が強引な場合は急に進められそうです。

2021年の仕事&金運

人との関わりが増え、仕事も多くなる年。新しい仕事や不慣れなこともまかされますが、何事も素早く取り組めばやる気が湧いてきそう。雑な部分や詰めの甘さを指摘されたり、至らない点が表に出てきたりしても「成長できる余白」と思って前向きに捉え、多少の失敗で落ち込まないようにしましょう。金運は、どんぶり勘定をやめて、1週間に使う金額を決めておいて。収入の1～2割は、勉強やスキルアップのために使いましょう。

【命数】

8

常識を守る高貴な人

基本性格

礼儀正しく上品で、何事にも几帳面で丁寧なタイプ。臆病で人間関係を作るのが苦手ですが、上司や先輩、お金持ちから自然と好かれる人。やさしく真面目ですが、ネガティブに物事を捉えすぎるクセがあり、マイナスな発言が多くなりがち。言われたことを完璧にできる一方で、言われないとなかなかやらないところもあります。見栄っ張りなところもあり、不要な出費も多くなりそうです。

2021年の開運アドバイス

ラッキーカラー　シルバー、珊瑚色
ラッキーフード　カルパッチョ、しょうが飴
ラッキースポット　水族館、展望台

開運3カ条

1. 他人の雑な部分を許す
2. 飲み会に積極的に参加する
3. 自分から話しかける

2021年の総合運

規則正しい生活へと新しく変える年。朝起きる時間を少し早めてストレッチや軽い運動をする時間を作ったり、出社時間を少し早めて空いた時間に本を読んだりするなど、これまでとは違ったリズムにしたり交友関係も変えるといいでしょう。新しく習い事をはじめてみると人生が大きく変わる場合もあるので、気になったことに挑戦してみて。健康運は、睡眠時間を少し長くすると肌の調子が整うようになるでしょう。

2021年の恋愛&結婚運

出会いは多いですが、恋に慎重なあなたにとってはうまく活かせない年。片思いをして相手の出方を待っていても何も変わらないので、2021年から恋愛のルールを変えてみて。デートは自ら誘ってみたり、好意を伝えたりするようにして、プライドをいつまでも守るのはやめるように。相手のチェックをするのも、ほどほどにしましょう。結婚運は、2021年に結婚する約束をしていて交際期間が4年以上のカップルは、話を進めていいでしょう。

2021年の仕事&金運

仕事をしっかりやるのはいいですが、言われたこと以上の結果を出し、ときには無駄と思えるようなことまでやるようにしましょう。事前準備や最終確認を怠らず、2021年は何事も積極的に取り組んで。職場の人や仕事関係者との飲み会やプライベートも楽しめるようにしましょう。職場でいい友達ができることもありそう。金運は、見栄での出費はほどほどに。コンサートや旅行、未体験のことにお金を使うようにしましょう。

【命数】

9

斬新な生き方をする臆病な人

基本性格

上品で丁寧ですが、自由を求める変わり者。芸術面で周囲とは違った才能を持っています。企画やアイデアを出すことでひとつの時代を作れるくらい、不思議な生き方をします。表面的な人付き合いはできますが、本音は人が苦手で束縛や支配から逃げてしまうところも。一族の中でも変わった生き方をし、突然、これまでとはまったく違った世界に飛び込んでしまう場合も。熱しやすく冷めやすい人でしょう。

〉〉2021年の開運アドバイス

ラッキーカラー　ローズ、パープル

ラッキーフード　ビーフカレー、レアチーズケーキ

ラッキースポット　美術館、水族館

開運3カ条

1. 変化を楽しむ
2. 新しい出会いを求めて行動する
3. 何かひとつを極める努力をはじめる

2021年の総合運

新しいことや変化が好きなタイプなので、2021年はテンションの上がる出来事が増え、興味のあることが多くなるでしょう。好奇心の赴くままに行動することが大切なので、遠慮せず自分の気持ちに素直になってみて。人とは違う感性や才能を持っているので、何かひとつでもいいので極めてみると後に役立ちそう。遊びのつもりだとしても、2021年にはじめることは長く続けるように。健康運は、食事のバランスを整え、肩や首を動かす運動をする習慣を身に付けて。

2021年の恋愛&結婚運

趣味や人脈、興味のあることが変わる年なので、自然と出会いの流れも大きく変わるでしょう。年上の友人や知り合いを増やすと素敵な人や好きになる人に出会えそうですが、天邪鬼でチャンスを逃して後悔するかも。相手からの誘いを待っていないで自分から誘ったり、異性受けのいいファッションや髪型を意識したりしてみて。結婚運は、忙しさとともに結婚願望が薄れていくでしょう。結婚生活に興味があるときに決断してみて。

2021年の仕事&金運

転職したい気持ちが高まる一方、これまでとは違う仕事をまかされたり、部署やチームの異動がありそうな年。変化がはじまるので楽しんで受け入れるといいですが、同じ仕事が続くと飽きて辞めてしまいそう。特殊な仕事や専門知識のいる仕事、アイデアや企画を出す仕事、アート系の仕事に転職をすると能力を活かせそうです。興味のない仕事をサボるクセも、2021年から直して。金運は、海外旅行や未体験のことができるものに出費を。

【命数】

10

マイナス思考の研究家

基本性格

常に冷静に物事を判断し、好きではじめたことは最後まで貫き通して完璧になるまで突き詰めることができる人。人に心をなかなか開きませんが、尊敬すると一気に仲よくなって極端な人間関係を作る場合も多いタイプ。ただ、基本的には人間関係は苦手です。考え方が古いので、年上や上司から好かれることも多いでしょう。偏食で好きなものができると飽きるまで食べすぎてしまうところも。疑い深く、ネガティブにもなりやすいでしょう。

〉〉2021年の開運アドバイス

ラッキーカラー　パープル、ホワイト

ラッキーフード　鯛飯、干し柿

ラッキースポット　書店、水族館

開運3カ条

1. 学べることを探す
2. すべての人を尊敬する
3. 年上の友人を作る

2021年の総合運

学んでみたいことや興味を惹かれることが増える年。興味が湧いたことは本を読んで調べたり、新しい知識を得る努力をしたりしましょう。尊敬できる人に巡り合える運気でもあるので、習い事やカルチャースクールに行くとおもしろい人に出会えそう。偉そうな口調で話したり理屈で考えすぎるので、言葉遣いを柔らかくして愛嬌を身に付けて。かわいがられる努力をしていきましょう。

2021年の恋愛&結婚運

尊敬できる人を好むタイプですが、その尊敬できる部分を自ら探すことが大切な年。あなたには興味のない世界でも極めている人はたくさんいるので、いろいろな人と話してみるといいでしょう。だいぶ年上の人と意気投合することもありそう。挨拶やお礼などの礼儀はしっかりしておくと後のいい出会いにもつながるでしょう。笑顔と元気を忘れないように。結婚運は、相手を盛り上げれば話が進みやすいので、うまくおだててみて。

2021年の仕事&金運

やるべき仕事の種類が増えたり、新しくまかされることが増えたりする年。人間関係も変化が多く、苦労が増えそう。完璧な仕事を心がけるのはいいですが、望まれている以上の結果を出すようにし、進んで仕事に取り組むように。深く探求してみたい仕事を見つけられる場合もあるので、気になる仕事が見つかったときは転職するのもいいでしょう。金運は、勉強や将来の自分が喜ぶことにお金を使うのがオススメです。

銀の羅針盤座 2021年タイプ別相性

自分と相手が2021年にどんな関係にあるのかを知り、
人間関係を円滑に進めるために役立ててみてください。

相手が 金のイルカ座
整理の年

前に進もうとするあなたの邪魔やマイナスになってしまう相手。仲よくするのはいいですが、話を鵜呑みにすると前に進めなくなるので、話し半分くらいに聞いておきましょう。年末に縁が切れて距離が大きくあいてしまうこともありそうです。恋愛の場合、縁がない相手。時間が経つにつれて合わない部分を見つけてしまいそう。あなたから相手との縁を切りたくなって、連絡を無視するようになってしまうかもしれません。

相手が 銀のイルカ座
裏運気の年

相手の考えや行動が理解できなくてイライラすることが増えそう。振り回されるだけなので距離をあけ、自分の目指すことに集中するといいでしょう。関わりが増えると足を引っ張られて苦労を招いてしまいそう。恋愛の場合は、興味が薄れてしまったり、マイナスな部分が目についてしまうでしょう。ひと目惚れしたとしてもここは縁がなかったと思っておくほうが後悔することはなさそうです。もてあそばれないように気をつけて。

相手が 金の鳳凰座
準備の年

悩みや不安を消してくれる人ですが、仕事では余計なトラブルを起こしてしまう人でもあるでしょう。相手がミスをしないように上手にサポートしてあげるといい関係になれそうです。プライベートで相手のよさを見つけられるかも。恋愛では、相手の遊びのテンションに合わせられる場合は期待ができますが、身勝手さに振り回されて疲れてしまうかもしれません。共通の趣味を楽しむくらいの関係がオススメです。

相手が 銀の鳳凰座
解放の年

上半期から仲よくなると、下半期には相手の運気の流れに乗って、いい出会いや大事な情報を得られそう。かなり頑固な人なので近づきにくい感じがありますが、一度仲よくなると簡単にいい関係になれるので、挨拶やお礼は自分から必要以上に丁寧に行いましょう。恋愛の場合は、あなたからのアピールではなかなか動きませんが、空気を読まないで押しきってみると一発逆転する可能性がありそうです。少し粘ってみるといいでしょう。

相手が 金のカメレオン座
乱気の年

お互いの考え方や生き方が噛み合わない相手。相手の運気や心の乱れに巻き込まれてしまうことがあるので、冷静に距離をおくこと。指示される場合は、それが的確なのか判断しましょう。相手のマイナス面から学べることがあるので、よく観察しておくこと。恋愛の場合は、しばらくこのタイプとは縁が薄いので諦めたほうがいいでしょう。いい関係になれたとしてもあなたの運命を乱したり、不運や苦労の原因になってしまいそうです。

相手が 銀のカメレオン座
ブレーキの年

一緒にいることで前向きになれたり、やる気になれたりする人。学べることが多いのでしっかり観察するのはいいですが、マイナス面ばかり見ないように。あなたにとって重要な情報を教えてくれることもあるので、仲よくなれるように努めましょう。恋愛の場合、尊敬できる相手ならいい関係に進められますが、相手がモテ期で忙しい時期なので、あなたの存在に気がつかないまま2021年を終えてしまう可能性が。しっかりアピールをして。

相手が 金のインディアン座
リフレッシュの年

疲れや体調の崩れからイライラしやすい時期なので、上手にサポートしてみたり、様子を窺ってから関わるようにするといいでしょう。情報を教えてもらうには非常に役立つ人でもあるので、急に仲よくなれなくてもいい距離感でいられるように意識しましょう。恋愛の場合、進展は難しい時期ですが、相手の話を楽しく聞いたり、おいしいお店の情報などを伝えてみることでいい関係になれそう。相手に振り回されないように気をつけて。

相手が 銀のインディアン座
健康管理の年

一緒にいることで前向きになれたり、やる気が出てきたりする人。不思議なパワーやマイペースでひょうひょうと生きている感じが素敵に見えそうです。深い関わりを避ける人ですが、語ることが好きなのでいろいろ質問して聞き役になってみるといい関係になれそう。恋愛では、前向きな話や明るさをアピールできるといいですが、相手まかせで待っているといつまでも進展しないので、おもしろそうな情報を送って反応を楽しんでみて。

相手が 金の時計座
開運の年

あなたの運命を大きく変える情報を持っていたり、影響力があったりする相手。考え方や生き方などを学べ、マネすべき部分をたくさん見つけられるので、この相手からの誘いには遠慮しないで参加し、人脈を広げさせてもらいましょう。お礼や挨拶をしっかりして好かれる努力も忘れないように。恋愛の場合は、前向きな話や夢や希望の話など明るい未来の話ができると心をつかめそう。ライバルが多いですが、好きな気持ちに素直になって。

相手が 銀の時計座
幸運の年

あなたの視野を広げるチャンスを作ってくれる相手。すぐにいい関係が作れなくても、ネガティブに考えずに何度でも仲よくなれるように努めるといい関係になれそう。仕事の失敗にヘコまずに失敗から学べるように前向きに捉えると、応援してもらえるでしょう。恋愛の相性は、知り合ってから長い期間が経っている場合はチャンスあり。短い場合は、年内は進展が難しいので仲よくなっておき、2022年以降に期待するといいでしょう。

相手が 金の羅針盤座
チャレンジの年（2年目）

あなたを成長させてくれる相手。気持ちを理解してくれるのでチャンスも作ってくれますが、距離感がなかなか縮められないことも。真面目に接するのはいいですが、誘いには乗るタイプなので、明るく誘って仲よくなれるように努めてみましょう。恋愛の場合は、用心深く信頼しないとなかなか心を開かないので、挨拶やマナー、常識をしっかり守り、「品」を出すことが大事でしょう。グルメなのでおいしいお店の話をしてみて。

相手が 銀の羅針盤座
チャレンジの年（1年目）

慎重なふたりですが、新しい方向に目を向ける年なので、情報交換や前向きな話をするといいでしょう。ひとりだと勇気が出せない場合に、体験教室や習い事に誘って一緒にはじめてみて。恋愛の場合、真面目なのはいいことですが、お互いが臆病で待っているだけでは進まないので、あなたから連絡をして会う予定を組んでみましょう。そのまま押しきってみると交際できる可能性が。マイナスな考えにならないように気をつけて。

銀の羅針盤座

毎月・毎日
運気カレンダー

［2020年11月～2022年3月の運気グラフ］

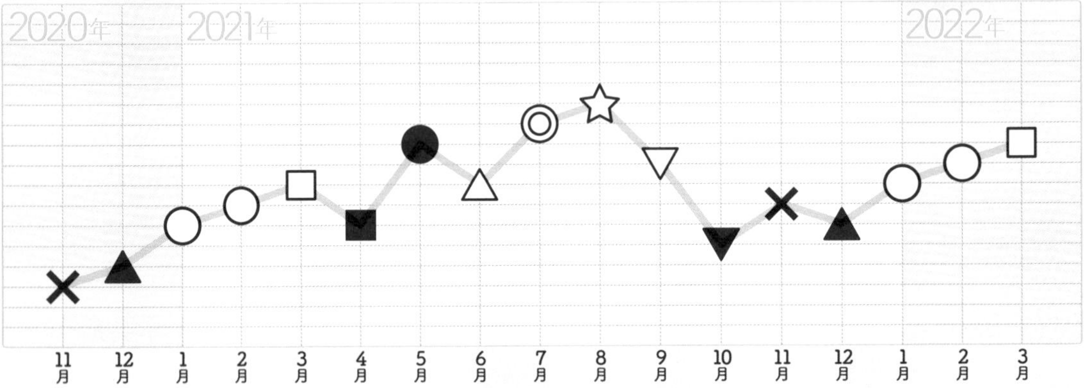

銀の羅針盤座の2021年は

○ チャレンジの年（1年目）

「新しい」「未経験」なことを楽しむのが大事

この本で「占いを道具として使う」には、「毎日の運気カレンダー」（P.83～）を活用して１年の計画を立てることが重要です。まずは「12年周期の運気グラフ」（P.65）で2021年の運気の状態を把握し、そのうえで上の「毎月の運気グラフ」で、毎月の運気の流れを確認してください。

「銀の羅針盤座」の2021年は、「チャレンジの年（１年目）」。山登りでいうなら前半戦。2021～2022年は新しいことへの挑戦と人脈を広げる年。新しい体験をすればするほど、2023年以降の方向性の選択肢が広がります。2025年には山の中腹を越え、いったん努力の成果が出ます。それを受けてさらなる決断をし、2026～2027年は仕事も遊びも充実。美しい山の景色を楽しみながら2028年に山頂へ。

☆ 開運の月　◎ 幸運の月　● 解放の月　○ チャレンジの月
□ 健康管理の月　△ 準備の月　▽ ブレーキの月　■ リフレッシュの月
▲ 整理の月　✕ 裏運気の月　▼ 乱気の月　＝ 運気の影響がない月

2020 11月

× 裏運気の月

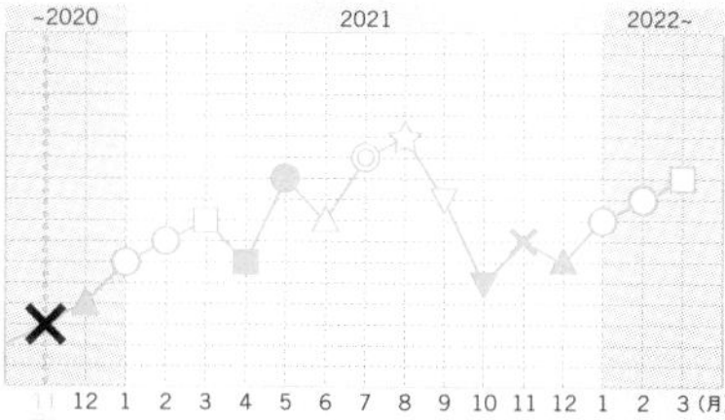

開運 3 カ条

1. 学べることを探す
2. 他人の笑顔のために行動する
3. 親切な人にやさしくする

総合運

思いがけない出来事が多い月。わがままな発言や行動は不運を招くので、何事も勉強だと思い、周囲に振り回されても流れに身をまかせてください。体調を崩しやすいので、体を温めてバランスのいい食事を心がけること。

恋愛＆結婚運

意外な展開が多く、思い通りに関係が進みません。先月から恋人と気まずい空気になっている人は、今月も些細なことで別れ話になりやすいので気をつけるように。ここは愛情を試される期間で、12月中旬を過ぎて関係が戻っても、相手に興味がなくなっていることもあるでしょう。新しい出会いは、なぜかダメな人にしか目が向かないので気をつけて。

仕事＆金運

仕事運は、苦しい状況に追い込まれて急に逃げ出したくなりそうです。邪魔をする人も現れるので覚悟してください。ただし、結果が出ないことには必ず原因があるので、しっかり対応することで、今後の仕事に役立つでしょう。金運は、財布など大事なものを落としたり、なくしたりしやすいので気をつけて。

日	曜	運気	
1	日	＝	お世話になった人を招いて、ホームパーティーをすると一気に運気が上がります。ごちそうをするとさらに運気が上がるので、ケチケチしないようにしましょう。
2	月	▽	無駄なプライドにこだわっていると、いつまでも同じような苦労を繰り返してしまいます。「守らなくてはならないのは自分以外の人」だと忘れないようにして。
3	火	▼	空回りをしてしまうなど、あなたの欠点が表に出てしまいそう。どんな出来事が起きても落ち着いた大人の対応ができるよう、慌てずに冷静になることが大事です。
4	水	×	やさしくしてくれる人に鈍感にならないこと。相手のやさしさに甘えているだけでは幸運はやってこないので、少しでも恩返しやお礼をすることを忘れないようにして。
5	木	▲	大切な人から贈られたアクセサリーを壊してしまったり、うっかりスマホを落として傷つけてしまったりしそう。ものの扱いは慎重にすることを心がけましょう。
6	金	＝	気持ちの切り替えや考え方を変えることが重要になります。できるだけポジティブな言葉を発するようにして、周囲を元気にするといい1日になるでしょう。
7	土	＝	文化レベルを上げることで運気の流れをよくできたり、いい勉強になったりします。美術館、芝居、落語、歌舞伎などに足を運んでみるといいでしょう。
8	日	□	今日は家でのんびりしたりマッサージに行ったりと、日ごろの疲れをしっかりとるように心がけて。忙しくすると本格的に体調を崩すので気をつけましょう。
9	月	■	昨日の疲れが残り、寝不足を感じることがありそう。しっかり疲れをとった人でも、張りきりすぎるとケガをする原因になるので、何事もほどほどを心がけて。
10	火	●	他人の気分に振り回されそうです。何事もプラスに受け止められるといい1日になりますが、逆に過度な期待は不満をためる元凶になってしまうかも。
11	水	△	よかれと思った行動が、相手からは雑で中途半端に思われるかも。何事も最後まで丁寧に仕上げる意識を持ち、気を抜かないようにやり遂げましょう。
12	木	○	苦手な仕事をやることになりそうですが、これまでの経験を活かせば悪い結果にはならないはず。臆病にならず、自信を持って取り組むといいでしょう。
13	金	○	努力を積み重ねてきた人にはチャンスが巡ってきますが、実力不足の人は不安から緊張してピンチを招きます。自分の至らない点を克服する努力をして。
14	土	▽	読みかけの本を最後まで読むなど、中途半端になっていることを終わらせてしまいましょう。夜になると突然予定が狂い、ペースが乱れることがありそうです。
15	日	▼	何事も裏目に出てしまう日なので、好きな人には不用意に連絡せず、相手からの連絡を待ちましょう。「今日は自分磨きをする日」と割りきっておくとよさそうです。
16	月	×	真面目に取り組んでも評価されず、要領よく結果を出している人を見るとイライラしそう。不満が爆発する前に、気持ちを落ち着かせることに集中して。
17	火	▲	いい意味で割りきることができる日です。諦めることで1歩前に進めるので、「無駄な粘りやしつこさを捨てることも必要」だと実感できるでしょう。
18	水	＝	新しいことに挑戦したくなる日ですが、目の前の仕事に真剣に取り組むことを忘れずに。もっと上を目指すためにも、今ある仕事に全力で向かいましょう。
19	木	＝	目上の人からのアドバイスには素直に耳を傾けて。相手がどんな意図を持って伝えているのか想像せずに聞き流してしまうと、痛い目に遭うことがあるかも。
20	金	□	日中は丁寧に仕事ができても、夕方以降は集中力が欠けて雑になってしまいそうです。不機嫌さが顔に出やすいので、疲れたらすぐに休憩をとって。
21	土	■	疲労の影響で行動が雑になったり、些細なことでイライラしたりします。今日は予定を詰め込まず、ゆっくり過ごして、睡眠時間もたっぷりとりましょう。
22	日	●	わがままな言動はあなたの評価を下げるだけ。周囲をよく見て、相手のことを考えてから発言するようにして。人の笑顔のために行動すると幸運に恵まれます。
23	月	△	緊張の糸が切れたようにミスを連発しそう。車の運転は事故の元なので、できれば避けるようにして。数字に関するトラブルもあるので、お金の計算には要注意です。
24	火	○	遠回りすることで見られる風景やできる経験もあります。今日は「無駄だな」と思えることもしなければならない運気ですが、その経験は後に活かせるでしょう。
25	水	○	身近なものが壊れてしまったら、あなたの「身代わり」と思って感謝して。多少の出費も「不運の消化」になるので、後輩にごちそうするといいでしょう。
26	木	▽	日中はのんびり仕事ができますが、仕事終わりに急な残業になるトラブルが起きるなど、予想外のことがありそう。仕事は早めに終わらせておくといいでしょう。
27	金	▼	親切にしてくれる人にはやさしくするようにしましょう。人の親切を当たり前だと思って感謝を忘れていると、あなたの評判が落ちることになるかもしれません。
28	土	×	ドタキャンされるなど、予定が急に変更になることが起きそうです。イライラしても、好きな音楽を聴く時間を作るとリラックスできるでしょう。
29	日	▲	気持ちの切り替えがはじまる日です。ただし、思いきった行動をするには時期尚早なので、本を読んで情報を集め、はじめたいことのリスクを考えておくことが大事。
30	月	＝	新商品のお菓子を買って食べるなど、小さなことでも「新しい」ことに挑戦して。普段は避けていたお店に入ってみると、意外な発見があるかもしれません。

2020

12月

▲ 整理の月

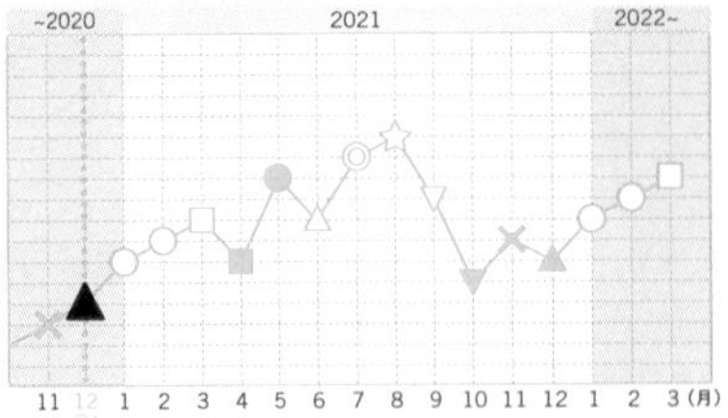

開運3カ条

1. 大掃除をする
2. いらないデータは消去する
3. 人との距離をおく

総合運

自分にのしかかる重荷を下ろす月。年齢に見合わない趣味のものや服は迷わず処分し、執着していることから離れる決断が大事です。「人生でもっとも掃除をした」と言えるくらい身の回りをスッキリさせることに専念して。

恋愛&結婚運

ひとつの恋を終わらせるには最適な月。結婚を考えられない相手には別れを告げて、来月から新しい人を探しましょう。ダラダラした付き合いは終えるようにして、片思いの相手や元恋人も忘れること。スマホのデータを消去し、SNSもブロックするくらいの思いきりが必要です。今後は連絡することも会うこともないように、キッチリ縁を切って。

仕事&金運

仕事運は、不向きな職に就いている場合は、転職の決断をする時期です。ダラダラしないためにも次の職場を決めて動いてください。今の会社で働き続ける場合は、職場をきれいにして仕事道具の手入れをしましょう。金運は、不要品をネットで売ると、思った以上の高値で売れて、いい収入になりそう。

1	火	＝	人の笑顔のために、積極的な行動をするといい日です。自分が楽をするためだけに知恵や力を使っていると、いつまでも現状は打破できないでしょう。
2	水	□	生活リズムを見直しましょう。無駄にスマホを触っている時間などもきっとあるはず。冷静になって考え、「無意味」だと思えることをキッパリやめるようにして。
3	木	■	疲れがたまっていると言葉が雑になってしまいそう。思ったよりストレートに言いすぎてしまうなど、他者への気配りが欠けてしまうので気をつけるように。
4	金	●	どんなに忙しくても完璧に仕事をして、キッチリできる人はいるものです。尊敬している先輩や憧れの人をじっくり観察するなど、いいところは見習ってみて。
5	土	△	誘惑に負けそうな日なので、食べすぎや飲みすぎには注意が必要。ダイエット中なのに、寝る前にスナック菓子やカップラーメンを食べて後悔することもありそう。
6	日	○	いつもと同じ反省をすることが起こりそう。自分のクセやパターンをしっかり思い出して、行動の前にブレーキを。克服できると大きく成長できるでしょう。
7	月	○	お金の話題には不用意に首を突っ込まないように。儲け話やお買い得品の話に乗ると、確実に損をします。今日は目の前の仕事に感謝して、真剣に取り組んで。
8	火	▽	人の言葉は「善意からの発言」と思うこと。ネガティブに捉えてしまうクセは人間関係を悪化させるので、運気を上げるためにもポジティブに考えましょう。
9	水	▼	メールの送信忘れなど珍しい失敗をしやすい日なので、最終確認は念入りに。後輩の失敗の責任を背負うこともあるので、チェック体制を強化しておきましょう。
10	木	×	ストレスから肌が荒れてしまったり、イライラしやすくなったりします。休憩時間にはしっかり気分転換して、仕事終わりは自由な時間を作るようにして。
11	金	▲	不注意で大事なものを壊したり、ケガをしたりするので気をつけましょう。足元に物を置いておくとつまずく原因になるので、片づけておくとよさそうです。
12	土	＝	不要なものを捨ててスッキリさせるといい日なので、使わなくなったものやとりあえず置いていただけのものは処分して。髪を切ってさっぱりするのもいいでしょう。
13	日	○	普段なら行かない、入るのに少し勇気がいるお店でごはんを食べてみましょう。新しい体験が刺激になって、いいアイデアが浮かぶことがありそうです。
14	月	□	好き嫌いで判断すると、いつまで経っても成長できません。自分にできることや求められていることに素直に応えるようにすると、意外な発見がありそう。
15	火	■	風邪をひくなど体調を崩しやすいので、無理をしないようにしてください。温かい飲み物を飲んだり、夕食は鍋料理をいただいたりして、体を内側から温めましょう。
16	水	●	物事はシンプルに考えることが大事。あまり複雑に考えないで、今の自分がやるべきことだけに目を向け、真剣に取り組めるよう集中しておくといいでしょう。
17	木	△	恥ずかしい経験をすることが、これまで持っていた不必要なプライドを捨てるきっかけになりそうです。失うことで学べることもたくさんあると覚えておきましょう。
18	金	○	嫌な思い出になった出来事を反省しないと、それが執着になり悪い記憶にも囚われてしまいます。誰もが失敗に学び、反省をして成長するものと思っておきましょう。
19	土	◎	身近にある古くなったり壊れたもの、汚れてしまったものを買い替えておきましょう。今日はできるだけ安価なものから買い替えることを意識するとよさそうです。
20	日	▽	普段とは違う遊びをするといい日。インドア派ならハイキングや散歩、アウトドア派ならミュージカルや芝居を観に行くと、新鮮な感動が得られそう。
21	月	▼	後輩の面倒を見るのはいいですが、失敗して身をもって学ぶことも大切です。すぐに手助けしないように。ただし、あまり厳しくしすぎないように気をつけて。
22	火	×	今日は周囲の声が邪魔に感じられて集中力が途切れてしまいそう。イライラするときは気分を変えるために、お茶を飲んで軽くストレッチをするといいでしょう。
23	水	▲	不機嫌さを顔に出してもいいことはありません。意識して口角を上げるなど、外出前は鏡の前で笑顔の練習をしてみましょう。明るいイメージの服を選ぶことも大切です。
24	木	○	これまでにないクリスマスイブになりそう。思った以上に仕事が忙しくなり、予定通りに進まなくなりそうですが、協力してくれる同僚には感謝を忘れずに。
25	金	○	仕事の集中力が続きそうなので、逆に時間が空いてしまうと退屈しそう。自分から進んでほかの仕事を見つけたり、周囲を手伝ったりするといいでしょう。
26	土	□	「いるもの」と「いらないもの」を分けるにはいい日です。思い出があっても何年も着ていない服は思いきって処分するか、ネットで売りに出せば臨時収入に。
27	日	■	今日はマッサージを受けるといい日。口コミで評判のタイ古式マッサージや整体などで体をほぐして、心身ともにくつろげるように過ごしましょう。
28	月	●	遊びに誘われたら即OKして。素敵な人なら後に交際することになりそうです。少しくらいタイプではなくてもお茶くらいは付き合ってみるといいでしょう。
29	火	△	今日は自分でも「ドジだなぁ」と思うような買い忘れや買ったものの置き忘れがありそうです。落ち着きにも欠けているので、車の運転は慎重にすること。
30	水	◎	広い意味で「再会」がある日。しばらく会っていなかった人から忘年会の誘いがあったり、なくしたものを大掃除で見つけたりするラッキーが起こりそうです。
31	木	◎	年末年始の買い物は大晦日にまとめてしましょう。思った以上にお得な買い物ができるなど、楽しくお金を使えそうです。自分へのごほうびも買ってあげて。

☆ 開運の日 ◎ 幸運の日 ● 解放の日 ○ チャレンジの日
□ 健康管理の日 △ 準備の日 ▽ ブレーキの日 ■ リフレッシュの日
▲ 整理の日 × 裏運気の日 ▼ 乱気の日 ＝ 運気の影響がない日

2021 1月

○ チャレンジの月

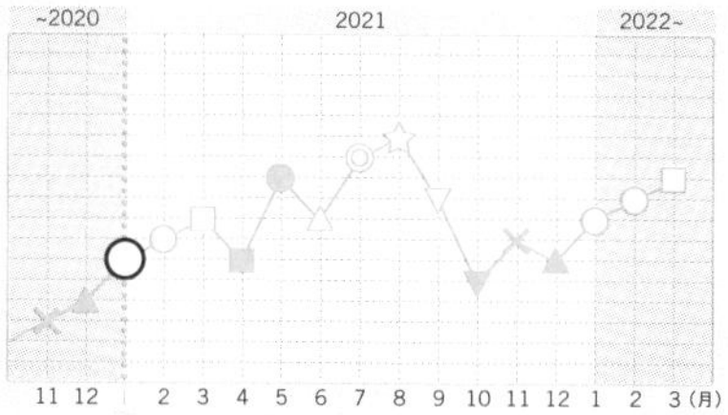

開運3カ条

1. まずは行動する
2. はじめてのお店に入る
3. 知り合いや友人の輪を広げる

総合運

気になったことを見つけたときは、まずは行動したり体験することが大事な時期。躊躇していると流れに乗り遅れてしまったり、いい出会いを逃してしまうことがあるでしょう。2020年までと流れが変わっているので勇気を出して飛び込んでみるといい経験がたくさんでき、面倒の先におもしろいことを見つけられます。受け身で待ちすぎないようにしましょう。周囲から勧められることを学びはじめてみるのにもいい時期です。

恋愛&結婚運

相手の出方を待たないで自ら動くことが大事な月。少しでも気になる人や好意を感じる相手がいるなら、きっかけを作って連絡をしてみましょう。友人や知人の集まりに誘って周囲の評価を気にしてみるのもいいでしょう。異性の友人を作るつもりで新しい習い事をはじめるのもオススメ。結婚運は、付き合いが長いカップルは前向きな話をするといい時期。少し具体的に話してみると進展しそう。

仕事&金運

指示待ちの仕事をしていると、いつまでも現状が変わらないままです。少しでもいいので仕事の幅を広げ、効率よく仕事ができる方法を考えながら仕事に取り組んでみましょう。上司や先輩としっかりコミュニケーションをとることでこれまでの誤解や受けとり方の違いを理解できる場合もあるので、相談してみるといいでしょう。金運は、年齢に見合った服を購入したり、仕事道具を少し新しくすると、やる気が出て前向きな気持ちになれそう。

日	曜	運気	内容
1	金	▽	初詣は午前中に出かけ、午後は家でのんびりするといいでしょう。夕方以降は、気持ちが緩みすぎて失敗をしたり、暴飲暴食で後悔することがあるので気をつけて。
2	土	▼	予想外の出費や予定を乱されることがありそう。悪友や面倒な人と一緒になってしまったときは、上手に離れて。今日は無理して相手に合わせなくていいでしょう。
3	日	×	身内から耳の痛いことを言われてイラッとしたり、へこんだりすることがありそう。ハッキリ言ってくれる人のやさしさに感謝を忘れないようにしましょう。
4	月	▲	仕事はじめは些細な仕事でも丁寧にしっかりするようにしましょう。思ったよりも雑になってしまったり、集中できずにミスが続いてしまったりするので気をつけて。
5	火	○	慎重に行動するのもいいですが、今日はまずは取りかかってみることが大事です。「明日から」と先延ばしにしていると、いつまでもやらないままになってしまうでしょう。
6	水	○	生活リズムをいつもと少し変えたり、服装を変えてみるとやる気が出て気分がよくなりそう。好きな音楽を聴いたりネットでお笑い動画を観て笑ったりすれば運気アップ。
7	木	□	今日は何事も冷静に判断するように心がけましょう。一方の情報のみで判断せず、違う角度からの情報やポジティブな捉え方など、いろいろ考えてみるといいでしょう。
8	金	■	今週の疲れが出てしまいそう。体調に異変を感じるときは無理をしないでこまめに休み、風邪予防はしっかりと。手洗いはこまめにしておきましょう。
9	土	●	デートをするには最高な日。気になる相手や異性の友人を遊びに誘ってみるといい展開がありそう。出会いが期待できそうな集まりがあれば参加すると素敵な人と巡り合えそうです。
10	日	△	遊びに出かけるといいでしょう。アミューズメントパークや映画などに行くといいですが、無計画すぎて疲れたり、出費が激しくなりすぎたりすることがあるので気をつけて。
11	月	◎	結果を出している友人や幸せそうな友人に連絡をすると、いい刺激を受けられたり、大事な情報を入手したりできそう。親友のありがたみを知ることもできそうです。
12	火	☆	仕事運のいい日。これまでの頑張りがいい形になったり、大事なことを学べたりできそう。まずは思いきって挑戦したり、勇気を出したりするといい結果がついてくるでしょう。
13	水	▽	支えられていることを忘れてしまうと、空気が読めない人として扱われてしまいそう。些細なことでも感謝できることに気づき、受けた恩を返せるように努めましょう。
14	木	▼	不機嫌を顔に出してしまってはいけません。どんな状況でも上機嫌でいられるようにし、笑顔を忘れないように。些細なことで不満を口にしないように気をつけましょう。
15	金	×	あなたの欠点や弱点を突っ込んでくる人や、苦手な人と一緒になる時間がありそう。我慢をするより、上手に流しながらも相手のいい部分を探すようにするといいでしょう。
16	土	▲	昨年中に捨てきれなかった不要なものを思いきって処分するといいでしょう。大切にしているのか、置きっ放しなのか冷静に判断して。裏運気の年、乱気の年に購入したものは処分を。
17	日	○	気になるライブや舞台を探してみるといいでしょう。当日券で入ってみると、いい刺激を受けることができそう。話題の映画を観に行ってみるのもいいでしょう。
18	月	○	相手の話は最後までしっかり聞くようにすることが大事。聞いたことがあっても上手に相づちを打って話しやすいようにすると、新たな情報を聞き出すことができそうです。
19	火	□	丁寧に行動することが大切。些細なことを見落とさないようにすることでいい仕事ができたり、周囲の仕事のミスをうまく回避したりできそうです。
20	水	■	普段通りの生活を送ろうと思っても疲れを感じたり、風邪気味になったりしそう。水分をしっかり摂ってゆっくり休み、体の温まる食べ物を選びましょう。
21	木	●	笑顔を心がけ、何事もポジティブに捉えることで運気が急激によくなるでしょう。運気がいいから笑顔になるのではなく、笑顔だから幸運がくることを感じられそうです。
22	金	△	緊張感が続かなくなってしまったり集中力が低下しやすい日。休憩時間に軽いストレッチをしたり、顔を洗って気持ちを引き締めるようにしましょう。ボーッとすると笑えないミスをしそう。
23	土	◎	しばらく連絡をとっていなかった友人や知り合いと縁がある日。外出先で偶然出会うことやメッセージがくることもありそう。近況報告をするといい縁がつながるかも。
24	日	☆	出かけた先で掘り出し物やお得なものを見つけることができそう。気になったお店に入ってみるといいでしょう。ネットでもいい買い物ができそうなので調べてみて。
25	月	▽	今日はペースを考えて仕事をするといいでしょう。午前中に頑張りすぎると午後から疲れを感じたり、夕方に大きなミスをしたりしそうです。
26	火	▼	噛み合わない感じが続いてしまいそう。無理をしないで周囲に合わせつつ、目の前の仕事や今やるべきことに集中しましょう。余計なことは考えないように。
27	水	×	周囲の意見に振り回されたり、他人のミスに巻き込まれたりしそう。今日の出来事から学ぶことが必ずあるので、不運を感じるときこそ成長期だと思っておきましょう。
28	木	▲	身の回りを整えることが大事。散らかっていると思える場所はできるだけ整えるようにしましょう。不要だと思っても処分する前にしっかり確認をして。
29	金	○	小さな目標を掲げてみることが大切。今日だけでもいいので口角を上げて笑顔で過ごすなど、簡単にできそうなことを掲げてやってみましょう。
30	土	○	素敵な出会いがある日ですが、人との出会いではなく本や映画や芝居からいい刺激を受けられそう。書店に行くと人生のヒントになる本を見つけることができそうです。
31	日	□	スポーツを楽しんでみるといいでしょう。友人や仲間を誘って軽く体を動かしてみて。夜はストレッチをしたり温泉に入ってのんびりしたりして、明日のために早めに寝て。

2021

2月

○ チャレンジの月

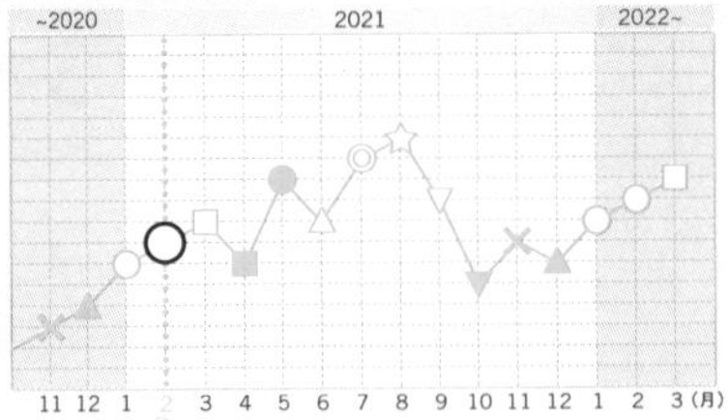

開運 3 カ条

1. 視野を広げるための行動をする
2. 人脈を広げる
3. 面倒を楽しむ

総合運

行動範囲を広げると気になることが見つかったり、いい人脈を作ることができたりする時期。待ちの姿勢で何もしないと運気の流れを自分で悪くしていることになってしまうので、いろいろ調べて行動に移してみて。習い事をはじめたり知り合いの集まりに積極的に参加したりするのもいいでしょう。健康運は、ジムやヨガに通いはじめるのがオススメ。ダンス教室などに思いきって入ってみるのもいいでしょう。

恋愛&結婚運

自分の好みを限定するよりも、もっと視野を広くしてみて。相手のいい部分を見つけようと努力したり、相手に興味を示してみると素敵な出会いやいい縁につながるでしょう。新しい趣味をはじめてみると会話が盛り上がることもあるので、気になるライブに出かけてみたりフットワークを軽くしてみて。異性を意識したイメチェンをするにもいいタイミングです。結婚運は、将来の話を楽しくしておくといい時期。

仕事&金運

新しい仕事をまかされたり、周囲からの期待が大きくなるとき。不慣れなことをする機会も増えますが、面倒だと思って嫌々仕事をすると苦しくなってしまうだけ。目の前のことに一生懸命取り組みながらも、自分の至らない部分をしっかり鍛えるようにしましょう。新しい上司や先輩や取引先からたくさん学ぶことがあるので、前向きに受け止めて。金運は、買い替えをするにはいい時期。模様替えにお金を使ってみるといいでしょう。

日	曜	運気	
1	月	■	出かける前に軽い運動やストレッチなどをしておくといいでしょう。体を動かさないと頭が働かず、ダラダラ過ごして疲れを感じる1日になってしまいそう。
2	火	●	あなたの魅力や才能に惚れてくれる人が現れやすい日。今日は他人の視線を意識し、仕事終わりに仲間や友人の集まりがあるときは参加するように。自ら誘ってもいいでしょう。
3	水	△	自分の人生をもっと楽しみ、自分で笑ってしまうといい日になるでしょう。苦労や面倒や些細なマイナスも、考え方によっては笑える話やおもしろい体験ばかりだと気づいて。
4	木	◎	「もう一度」と思えることがあるなら挑戦してみて。過去に挑戦して苦手意識のあることでも、もう一度チャレンジしてみると克服できたりよさを理解できたりするでしょう。
5	金	☆	仕事でいい結果を残せたり、評価されたりしそう。いつも以上に真剣に仕事に取り組んで。頑張ったごほうびを購入すると運気が上がるので、帰りに買い物をして帰宅しましょう。
6	土	▽	家族や友人の話を聞くときは、耳の痛いことや自分にマイナスな話でもポジティブに変換して受け止めてみて。プラスに変換できる力を鍛えるときだと思っておきましょう。
7	日	▼	好きな人や友人との約束をドタキャンされたり、予定通りに進まなくなったりしそう。乱れた予定や予定変更を楽しんでみるといいでしょう。
8	月	×	順調に進んでいることに邪魔が入ったり、上司や先輩、お客さんに振り回されたりしてしまいそう。目の前の仕事や、今やるべきことに集中しておきましょう。
9	火	▲	正しいことを発言するのはいいですが、周囲の人との関係がギクシャクすることになりそう。正論が必ずしも人の心を動かさないことを覚え、伝える工夫や言葉選びを楽しみましょう。
10	水	○	これまでのやり方を守ることは大切ですが、少しでもいいので新しいことを取り入れてみて。また、違った角度で物事を考えられるようにするといい勉強になるでしょう。
11	木	○	スマホやSNSを見る時間を減らし、これまでとはまったく違う時間の使い方をすることで人生がおもしろくなるでしょう。気になる本を読んだり対話を楽しんだりしてみて。
12	金	□	今日は小さな幸せを探すといいでしょう。感謝の気持ちで世の中を見るとどんどん幸せを見つけられそう。周囲にもこの感動を伝えてみると大きく成長できそうです。
13	土	■	今日は日ごろの疲れをしっかりとることが大事。無理に外出せず、家で映画を観てのんびりしたり、昼寝をしたり、ゆっくりお風呂に入ってみましょう。
14	日	●	好きな人にチョコレートを渡してみると、一気に交際に発展しそう。義理チョコのつもりで渡したことがきっかけで後に恋人になる場合も。チョコは多めに持って外出しましょう。
15	月	△	珍しく遅刻や報告忘れなどうっかりミスをしやすい日。気持ちを引き締めることや確認作業をしっかりするようにして。持ち物は事前に確認してから出かけましょう。
16	火	◎	過去のすべてをいい経験だったと思って気持ちを切り替えることで、運気は一気によくなります。今を楽しみ、感謝することで大きく1歩前進できそう。ネガティブな発言は避けて。
17	水	☆	運を味方につけられる日だと思い、何事も積極的に行動することが大切。指導してくれる人や教えてくれる人に感謝し、半分は教えてもらい半分は自分で学ぶべきだと忘れずに。
18	木	▽	日中は、あなたに必要な話が聞けたり、いい体験ができる運気。そこから学ぶことで後にいい人生を歩むこともできそう。夕方以降は、予定を乱されてしまうことがありそうです。
19	金	▼	人との距離感が難しく思えそう。ときには無視することや適当な会話で逃げることも大切。なんでも真正面から受け止めると疲れてしまうだけなので、回避方法を考えましょう。
20	土	×	他人や周囲に過度に期待をすると不運を感じてしまいそう。他人まかせにせず、自分のできることをできるだけやるようにするといい勉強になるでしょう。
21	日	▲	部屋の掃除をし、不要なものを処分するといい日。長く使っていないものはどんどん捨てて身の回りをスッキリさせて。クローゼットの中も整理しておくといいでしょう。
22	月	○	他人のいい部分を見つけて褒めたり、認めて伸ばしたりすることが大事。マイナス部分や嫌なところにばかり目を向けないようにしましょう。仕事でもいい部分を探してみて。
23	火	○	興味のあることには考える前にチャレンジすることが大事。まずは行動してそこからいろいろ考え、うまくいかない場合は原因を探ってみるといいでしょう。
24	水	□	柔軟な発想が大切。真面目に考えることはいいですが、考えすぎると不安や心配事が増えてしまうだけなので気をつけて。前向きな友人と話をするといいでしょう。
25	木	■	少し風邪をひいたり、肌荒れしたりしそう。乾燥に気をつけ、風邪予防はしっかりしておきましょう。今日は無理に仕事を詰め込みすぎないようにして。
26	金	●	周囲から頼られることや求められることが増えそう。注目されることをマイナスに受け止めず、役立っていることを喜んでみると運気がさらによくなるでしょう。
27	土	△	思いっきり遊ぶことで運気の流れがよくなる日。気になる相手を突然でもいいので誘って映画を観に行ったり、友人や知人とテーマパークなどに行ったりするといいでしょう。
28	日	◎	久しぶりに会う人と楽しく話ができそう。思い浮かんだ人に連絡をしてプチ同窓会をすると、前向きになれたりやる気が出たりしそう。いい思い出のあるお店に行くのもオススメ。

☆開運の日　◎幸運の日　●解放の日　○チャレンジの日
□健康管理の日　△準備の日　▽ブレーキの日　■リフレッシュの日
▲整理の日　×裏運気の日　▼乱気の日　＝運気の影響がない日

2021 3月

□ 健康管理の月

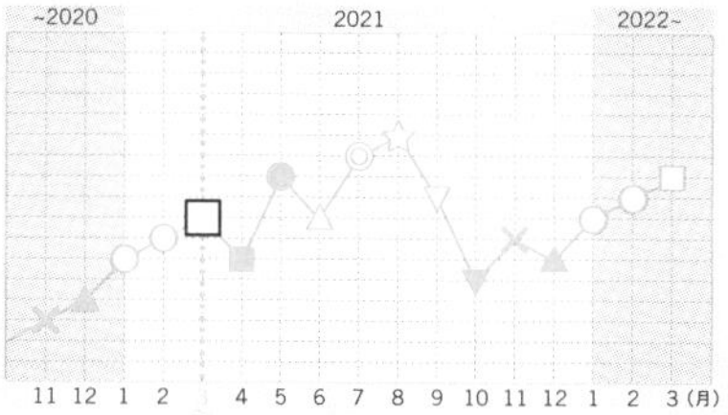

開運3カ条

1. 明るい未来を想像する
2. 年齢に見合った服を着る
3. 相手や職場のいいところを30個書き出す

総合運

1～2年後の目標をしっかり立てて行動することが大事な月。新しい環境に変えたり、思いきった勝負に出るのにいい時期です。待ってばかりでは何も変わらないのでどんどん動くようにしましょう。人脈を広げるためにも習い事や人の集まりにはできるだけ参加しておくことが必要。明るい未来にするために今の自分に何が必要なのか真剣に考えて行動しましょう。健康運は、生活習慣の改善や体力作りをはじめるには最高の時期です。

恋愛&結婚運

異性との関わりがあるけれどなかなか進展しないという人は、思いきったイメチェンをしたり、環境を変えるといいでしょう。引っ越しや部屋の模様替え、服の買い替えをするのもオススメ。年齢に見合う服や髪型を意識すると異性からの目も変わりチャンスを自ら作れそうです。新しい出会いは期待できますが、進展に時間がかかるような相手が現れそう。結婚運は、明るく楽しく話すと一気に進むかもしれません。

仕事&金運

求められることが増えて仕事が忙しくなる一方で、実力不足を感じることがありそう。自分だけでなんとかしようとしないで、周囲に協力してもらうにはどうすることが最善なのか考えて行動するといいでしょう。将来はどんな仕事をしてどんな立場になることが目標なのか、考えてみたり書き出してみることも必要です。金運は、投資や運用の勉強をするといいので、詳しい人から教えてもらったり、少額でもいいのではじめてみましょう。

1 月	☆	あなたの魅力や能力を期待され、発揮もできる日。ただし、待っていても変わらないので自ら積極的に行動するといいでしょう。相手を喜ばせようと思って行動してみて。
2 火	▽	今のポジションやまかせられていることは自分の実力通りだと思って、結果を出せるように一生懸命前向きに仕事をするといいでしょう。マイナス面を見ても前には進めません。
3 水	▼	あなたの心を乱すような人と一緒になりそう。相手の言葉を真に受ける前にポジティブに変換できるようにしたり、情報や言葉を疑ってみたりすることも大事でしょう。
4 木	×	自分の考えや生き方だけではなく周囲の意見を取り入れることで視野が広がり、勉強になる日。面倒や苦労をすることから成長できるきっかけをつかむようにしましょう。
5 金	▲	ダラダラと仕事をしたり、無駄にスマホをいじったりネットサーフィンをしたりしていないで、目の前のことに集中することが大事。コツコツ努力をすることの大切さを忘れずに。
6 土	○	気になっているお店に行ったり、普段ならなかなか行かないような場所に顔を出したりしてみて。おもしろい出会いや発見があり、情熱に火がつくこともあるでしょう。
7 日	○	新しい出会いを求めて行動するにはいい日。知り合いや友人の集まりに参加してみたり、突然連絡をしてホームパーティーや飲み会をやってみたりするといい縁がつながりそうです。
8 月	□	不慣れなことや苦手なことに挑戦することを楽しんでみて。少しでも克服するための努力が、後に「挑戦してよかった」と言えることにつながるでしょう。失敗や挫折から学んで。
9 火	■	イライラするときは疲れがたまっている証。無理をせず、こまめに休息を取りましょう。今日は疲れがたまりやすいので、予定を詰め込みすぎないように。
10 水	●	恋愛運がいい日。気になる人に連絡をするといい返事が聞けそう。思いきってデートに誘ってみるといいでしょう。仕事では契約が取れることやいい結果を残せそうです。
11 木	△	いい流れに乗っていると思うと落とし穴がありそう。大事なものを置き忘れてしまったり大ボケをしたりするので、気をつけないと恥をかいてしまうことがありそうです。
12 金	◎	これまでの経験を活かすことができるでしょう。苦手なことでもやり方を変えてみることでうまくクリアできそう。自分の成長を感じられることもありそうです。
13 土	☆	買い物や髪を切りに行くのがオススメ。思いきったイメチェンや年齢や季節に合わせた服を購入することで運気がアップ。デートをするにもいい日なので、気になる人を誘ってみて。
14 日	▽	ランチデートをするにはいい日。異性の友人や知り合いを誘ってみるといい感じになれそう。夕方以降は予定が乱れることがあるので、早めに帰宅するといいでしょう。
15 月	▼	認めてもらえなかったり、否定されたりしそう。ガッカリする前に、いろいろな考え方があると思っておきましょう。相手の考えや意見も尊重するように。
16 火	×	実力不足が露呈しやすいでしょう。協力するつもりが足を引っ張ってしまったり、よかれと思ったことが裏目に出たり空回りしたりしやすいので、慎重に丁寧に行動して。
17 水	▲	「過去は過去。今は今」と気持ちを割りきることが大事。過去に執着しているといつまでも前に進めないので、先のことだけを考えて行動するようにしましょう。
18 木	○	視野や行動範囲が広がりそう。不安に思う前にまずは行動してみることが大切。体験してみることでいろいろなことが理解できるようになるでしょう。立ち止まることを避けて。
19 金	○	これまで聴かなかったジャンルの音楽を聴いてみたり、周囲から勧められていたけれど避けていたことに挑戦したりするといいでしょう。新たな楽しさを発見できそうです。
20 土	□	1年後の今ごろはどんなふうになっていたいのか考えてみるといい日。1年後はどんな感じになっているといいのか、周りの人と語り合ってみるといい話ができたり前向きになれそうです。
21 日	■	今日はしっかり休むといい日。ただし、ダラダラするよりも少し体を動かして軽く汗を流してから昼寝をしたり、温泉やスパに行ったりするといいでしょう。
22 月	●	周囲に協力してもらえたり、気持ちが楽になる出来事がありそう。気になったことに対して積極的に行動を。異性との関係に進展がありそうなので、少しの勇気を大切にしましょう。
23 火	△	周囲を楽しませるために冗談を言ったり、失敗談やおもしろい話をしたりするといいでしょう。笑顔が幸運を引き寄せてくれそう。愚痴や不満、マイナスな言葉は不運を呼びます。
24 水	◎	仲間や友人の存在が大きくなりそう。人の縁やつながりを大切にすることで前向きになれそう。悩みや不安を相談したり、明るい未来の話をしたりすると気持ちが楽になるでしょう。
25 木	☆	大事な決断をする日。引っ越しや高価な買い物にもいい運気。環境を変える決断や転職、スキルアップのための習い事をはじめるにもいいでしょう。思いきった行動に運が味方します。
26 金	▽	相手まかせで甘えてばかりではなく、相手に喜んでもらえることをするといいでしょう。逆の立場を想像してみると、何をしてくれるとうれしいのか簡単にわかるはず。
27 土	▼	油断をすると風邪をひいてしまうことがあるかも。今日は無理に予定を詰め込まないようにしましょう。人に振り回されることもありますが、距離感を間違えないように。
28 日	×	マイナス面を考えるより、自分が成長できるきっかけだと思うといいでしょう。裏目に出ることが不幸とは限らないことを覚えておくと、一気に前に進めるようになるでしょう。
29 月	▲	順序や段取りが大切。些細なことでもきっちり順番通りに進めるようにしましょう。楽をしようとすると逆に面倒な事態になってしまうこともあるでしょう。
30 火	○	出社時間を早めてみたり、いつもと違う道で行くなど、日常の風景を変えてみるとおもしろい発見がありそう。変化を楽しむことで好奇心に火がついて、前向きになれそうです。
31 水	○	気になる人からの誘いを待っていないで、自ら連絡をしてみましょう。話題の映画に誘ってみたり、気になるイベントの情報を送ったりするといい返事がきそうです。

2021

4月

■ リフレッシュの月

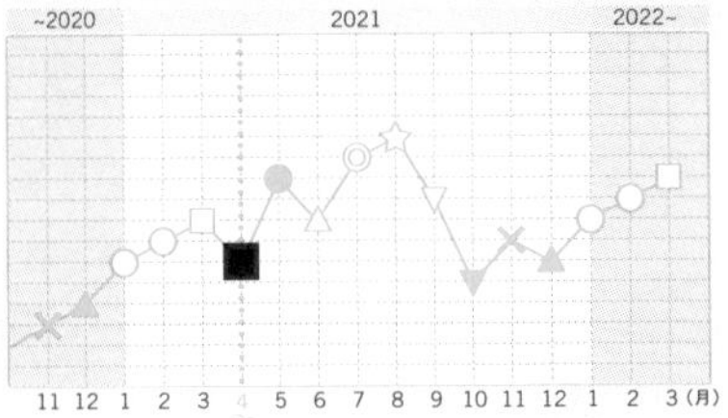

開運3カ条

1. 大事な日の前日は睡眠時間を8時間とる
2. 予定を詰め込まない
3. スクワットをする

総合運

新しいことに挑戦するにはいい時期ですが、今月はペースを間違えないようにしましょう。新年度からの付き合いや誘いをすべてOKしていると体調を崩してしまったり、緊張でヘトヘトになってしまうことがありそう。スケジュールをきちんと管理して、休みの計画を先に立てておくといいでしょう。就寝時間をしっかり決めてリズムよく過ごしてみましょう。健康運は、栄養バランスのいい食事を意識してください。

恋愛&結婚運

今月新しく出会う人はあなたを疲れさせてしまう相手の可能性があるので、少し様子を見てから仲よくなったほうがいいでしょう。気になる人に連絡をするのはいいですが、疲れを感じているときのデートで空気が悪くなることがあるので、デートの前日は8時間寝ること。または家でまったりしたり、ゲームなどをするといいでしょう。結婚運は、連休の過ごし方を決めながら、将来の話をしておくといい流れに持ち込めそうです。

仕事&金運

新たな仕事をまかされるなど、状況に変化がありそうな時期。仕事とは常に挑戦をすることだと思って受け止め、先のことを考えて進めるようにしましょう。仕事を楽しくできるように工夫すると能力をアップさせられそう。仕事のできる人や尊敬できる人から、アドバイスや話をしっかり聞くといいでしょう。金運は、マッサージや温泉、スパなど体の疲れをとることにお金を使ってみて。少し贅沢な食事や旅行をするのもいいでしょう。

1 木	□	今月の目標をしっかり立ててみるといいでしょう。高い目標もいいですが、毎日続けられるような目標がオススメ。腕立て伏せや腹筋、スクワットを数回やる目標がいいかも。
2 金	■	やる気が出なかったり眠気が抜けなかったりして、仕事に集中できなくなってしまいそう。温かいお茶を飲んで気持ちをリセットしてみて。ストレッチをするのも効果がありそう。
3 土	●	気になる相手をデートに誘うといいでしょう。相手の話を上手に聞くだけでなく、自分からも冗談やおもしろい話をするといいので、いろいろ話のネタを用意しておきましょう。
4 日	△	遊びに出かけるのはいいですが、調子に乗りすぎて転んだり、忘れ物をしたりしないよう気をつけて。気を引き締めながら楽しむようにしましょう。
5 月	○	不慣れなことや苦手なことに挑戦したり、後回しにしないでできるだけ先に終えたりすることが大事。面倒だと思ったら先に取りかかってみると、気分もスッキリするでしょう。
6 火	◎	根のサボリグセが出てしまいそうな日。とりあえず仕事を終わらせようとしたり、言われたことだけで終えないで、先のことを考えて今できる努力や勉強をしておきましょう。
7 水	▽	日中は、問題がなく順調に進みそうですが、夕方あたりから余計なことを考えてしまったり、あなたの心を乱す人と一緒になってしまったりしそう。口の悪い人には気をつけて。
8 木	▼	急に疲れや眠けを感じてしまいそう。休憩時間にはしっかり体を休め、こまめに休憩をするように。好きな音楽を聴くと落ち着くでしょう。
9 金	×	驚くようなことに巻き込まれてしまいそう。自分のミスではなくても周囲のトラブルで余計な時間を過ごすことなどがあるかも。慌てないで冷静に処理するように心がけましょう。
10 土	▲	部屋の掃除をするといいでしょう。しばらく片づけていない場所をきれいにし、不要なものは処分して。服を脱ぎ散らかしたり、ゴミを片づけなかったりすると運気がダウン。
11 日	＝	ボーッとしていると1日を無駄に過ごしてしまうでしょう。散歩に出かけると、おもしろい出会いやいい発見があるかも。書店に行くと勉強になる本やいい本を見つけられそう。
12 月	＝	些細なことでもいいので、新しいことに挑戦することが大事。難しいと感じたらどうするといいのか考え、原因をしっかり探って、学び足りないことは勉強しましょう。
13 火	□	計画的に仕事をすることが大切。時間を意識してキッチリ終えるように計算し、行動してみましょう。ダラダラと仕事をすると疲れて効率も悪くなるだけでしょう。
14 水	■	集中力が途切れやすい日。自分で思っている以上に疲れがたまっていることがあるので、休み時間は仮眠をとったり、昼食はスタミナがつくものを選んだりするといいでしょう。
15 木	●	やさしくしてくれた人には親切にし、困っている人への手助けや協力が大事。あなたのやさしさが、今後の運気を大きく左右することになるでしょう。
16 金	△	楽しむことで運気の流れがよくなる日ですが、ドジな失敗をしやすいので気をつけて。ドリンクをこぼしてしまったり、忘れ物や遅刻をしたりといったミスにも注意。
17 土	○	友人を誘ってみると楽しい1日を過ごせそう。「誰か誘ってくれないかな」と思ったら相手も同じことを思っている可能性があるので、自ら誘ってみるといいでしょう。
18 日	◎	今日は、体験や経験にお金を使うといいでしょう。遊園地やカラオケ、映画、食事を楽しんでみて。お金を上手に活かすことで、人生を豊かにすることができそうです。
19 月	▽	感謝の気持ちや、いろいろな人に支えられていることを忘れないようにしましょう。今の環境が最高にいいと思って満足することで、後の人生がよくなるでしょう。
20 火	▼	相手の言葉をマイナスに受け止めすぎてしまいそう。善意を持って話を聞けば、大切なことだと理解できるでしょう。自分勝手な解釈でヘコまないようにしましょう。
21 水	×	いつもとは違う行動を選ぶといいでしょう。書店に行って普段なら手を出さない本を手にとってみたり、購入してじっくり読んだりすると、いい勉強になることが多そうです。
22 木	▲	必要なことと不要なことを冷静に区分けすることが大事。時間の無駄になっているアプリやゲームを思いきって消去すると気持ちが楽になり、やれることも増えるでしょう。
23 金	＝	何事も早めに取りかかって早めに終わらせておくといい日。これまでの生活リズムや仕事の流れを変えることを意識してみるといいでしょう。周囲からの評価も変わりそうです。
24 土	○	はじめて行く場所で素敵な出会いやいい体験ができそう。勝手に「苦手」「怖い」と思わず、周囲が楽しんでいることなら思いきって飛び込んでみて。おもしろい人にも会えそうです。
25 日	□	買い物や掃除などの用事は午前中にできるだけ終えて、午後からはのんびりするといいでしょう。ゆっくり風呂に入って疲れをとり、夜は早めに寝るようにしましょう。
26 月	■	寝不足や疲れを感じることがありそう。起きるタイミングが悪かったときは、10分でも二度寝したほうが楽になりそうです。昼休みに仮眠をとったり気分転換をしたりしてみて。
27 火	●	告白されたり、デートに誘われたりしそう。笑顔を心がけ、明るく振る舞うだけで急にモテるようになりそうです。キラキラ光るものを身に着けておくといいでしょう。
28 水	△	「やってしまった」と自分で思うようなミスをしやすい日。寝坊や遅刻や忘れ物、手を滑らしてスマホを落とすなどしやすいので気をつけましょう。気を引き締めて。
29 木	◎	人とのつながりの大切さを実感できそう。友人からの連絡や、人と話をすることで気持ちが楽になることがありそう。親友や家族の存在を大きく感じることもあるでしょう。
30 金	◎	買い物に出かけるにはいい日。自分へのごほうびやお世話になっている人へのプレゼントを買いに行くといいでしょう。おいしいものを食べに行くのもいいでしょう。

☆開運の日 ◎幸運の日 ●解放の日 ○チャレンジの日
□健康管理の日 △準備の日 ▽ブレーキの日 ■リフレッシュの日
▲整理の日 ×裏運気の日 ▼乱気の日 ＝運気の影響がない日

2021 5月

● 解放の月

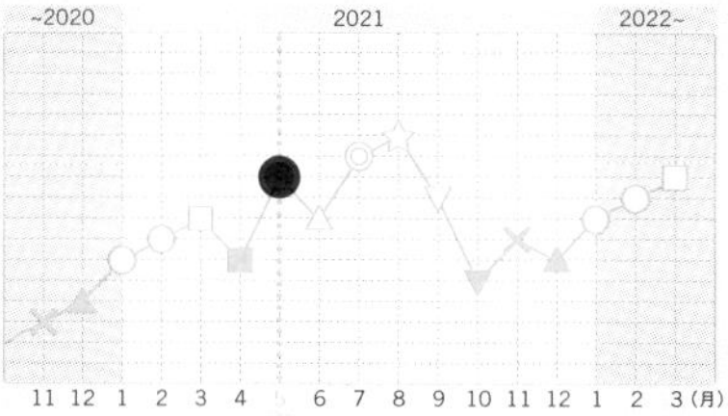

開運3カ条

1. 自分の気持ちに素直に行動する
2. 出会いの場所に行く
3. 年齢と流行に合った服を買う

総合運

やりたいことが少しできるようになり、流れが大きく変わってくる時期。待ちの姿勢では何も変わらないので、気になることに挑戦したり、素直に行動してみましょう。あなたの魅力や能力を認めてくれる人や、今後の人生を左右する可能性がある人と出会うこともあるので、人脈が広がりそうな場所にはどんどん行くこと。臆病になる前に人との縁のおもしろさや感謝の気持ちを忘れないように。健康運は、基礎体力作りをしましょう。

恋愛&結婚運

素敵な人と出会える可能性が高いので、知り合いや友人からの紹介があれば会ってみて。相手の出方ばかり待っていないで、気になる人には自ら連絡をしてデートをするといいでしょう。相手に楽しませてもらおうと思わないであなたが相手を楽しませると、一気にいい関係や交際に発展するかもしれません。告白されたときは勢いでOKしたほうがいいでしょう。結婚運は、交際期間4～5年のカップルは結婚を決めてもいいでしょう。

仕事&金運

大事な仕事をまかせてもらえたり、注目が集まることが多い月。目の前の仕事だけではなく周囲の仕事もしっかり観察して、先に何が必要なのか考えて行動することが大事。間違った方向に進んだときでも前向きな姿勢が評価されるようになるでしょう。給料の2～3倍仕事をするつもりで張りきってみると流れを大きく変えることもできそう。金運は、自分を輝かせるために買い物をするといい時期。年齢と流行に合った服を購入しましょう。

1 土	▽	日中は、自由な時間があり楽しく過ごせそう。好きな人ともいい関係に進むことがありそう。夕方あたりからは周囲に振り回されたり、時間が足りなくなってしまいそう。
2 日	▼	想像していた流れとは違うことが多い日。他人に過度に期待せず、何事もほどほどを楽しんでみるといいでしょう。順調に進まないことを受け入れ、楽しむようにしてみて。
3 月	×	連休の渋滞や混雑に巻き込まれてヘトヘトになってしまいそう。休みの日でも仕事をしている人に感謝したり、世の中の流れを考えたりして勉強になることも見つけられそうです。
4 火	▲	身の回りをきれいに整えるといい日。連休中に大掃除をし、不要なものを処分するようにしましょう。使わないアプリやいらない写真は消去してもよさそうです。
5 水	○	未体験なことに挑戦することで人生が楽しくなりそう。臆病にならないで思いきってチャレンジしてみるといいでしょう。行動することで度胸や勇気が身に付けられそうです。
6 木	○	はじめて行くお店でおいしいものを見つけられたり、「試しに」で挑戦したことにハマったりしそう。ホテルのランチや敷居が高いと思うような場所に行くといいでしょう。
7 金	□	1日の計画をしっかり立ててから行動するといいでしょう。「なんとなく」で行動したり、ダラダラ過ごしたりすると無駄な1日になってしまいそう。読書や勉強にもいい日。
8 土	■	今日はしっかり休んで疲れをとるといいでしょう。マッサージや温泉でのんびりしたり、美術館でじっくり作品を観てゆったりとした時間を過ごすといいでしょう。
9 日	●	異性との関係に進展がありそう。突然でもいいので、気になる人を遊びに誘ってみるといいでしょう。勇気を出して好意を伝えれば、後にいい関係に発展しそう。
10 月	△	連休でリズムが崩れてしまいそう。寝坊や遅刻、忘れ物などをして焦ってしまうことがあるので、事前準備をし、早めに行動して最後まで気を抜かないように気をつけましょう。
11 火	◎	これまでの経験を少し活かせそう。嫌な予感がするときは上手に避けるようにし、流れを変えるようにしましょう。教えてもらったことを活かせるように意識してみて。
12 水	☆	積極的に行動し、本気で取り組むことで運を味方につけられる日。目の前の仕事に真剣に打ち込んで、うまくいかない原因もしっかり探って至らない点を改めるようにしましょう。
13 木	▽	日中は他人に甘えても許されそうですが、夕方あたりからは厳しい状況や甘えたぶんのしわ寄せがジワジワやってきそう。言われる前に仕事を進めておくようにしましょう。
14 金	▼	ネガティブに物事を考える前に、プラスに考えられる方法を見つけてみて。前向きになれる本を読むのはいいですが、実行や実践をして活かせるように意識しましょう。
15 土	×	予定が急に変更になったり、友人や知人に振り回されたりしそう。相手に合わせてみることでこれまで興味のなかった世界を知ることができるので、合わせる楽しさを学んで。
16 日	▲	恋人とケンカしたり、関係が微妙な人と縁が切れてしまうことがありそう。苦手だと思っていた人と離れるタイミング。愚痴や不満の多い人と縁を切りましょう。
17 月	○	まずは取り組むことが大事な日。「難しい」「無理」は単純に経験不足なだけ。失敗をしてもいいので、まずは試しにやってみることで考え方や生き方に変化が出てくるでしょう。
18 火	○	これまで聴くことがなかったジャンルの音楽を聴いてみるといいでしょう。視野を広げる行動は前向きになれるきっかけにも。周囲から薦められた映画を観るのもいいでしょう。
19 水	□	1年後の今ごろはどんなふうになっていたいのか、明るい未来を想像してみて。現実的で具体な自分の未来を想像してみるといいでしょう。そのために何が必要かも考えてみて。
20 木	■	目の疲れや肩こりなど少し疲れを感じそう。小さなケガをしたり、腰を痛めてしまうこともあるので、今日は無理をしないように気をつけて。思ったよりも疲れがたまっているでしょう。
21 金	●	自分が学んできたことや経験を若い人や未熟な人に教えるといいでしょう。伝えることの難しさを感じることもありますが、感謝されることや頼られる喜びを感じられそうです。
22 土	△	デートをするにはいい日。好きな人に連絡してテーマパークに行ってみたり、カラオケを楽しんだりしてみるといいでしょう。一気にいい関係に進むこともあるかも。
23 日	◎	縁がいろいろつながりそう。知り合いの集まりに参加すれば、偶然の出会いもあるでしょう。会いたかった人にたまたま会えることもあるので、周囲をしっかり観察して。
24 月	☆	いい仕事ができそう。実力以上の結果を出せたり、周囲からの協力を得られることも。支えてくれる人や温かく見守ってくれた上司、会社に感謝や恩返しの気持ちを忘れずに。
25 火	▽	日中は運を味方につけられるためのんびり過ごせそうですが、積極的に仕事に取り組んだほうが後に楽になるでしょう。夕方あたりからは忙しくなったり急な残業があったりしそう。
26 水	▼	心を揺さぶられてしまいそう。考えがまとまらなくなったり、余計なことばかり考えたりしそうです。あなたを振り回す相手のことは無視することも大事でしょう。
27 木	×	弱点や欠点を突っ込まれてしまいそう。指摘されたことを悪いほうに受け止めないで、自分の成長のために必要な経験だとプラスに受け止めるようにしましょう。
28 金	▲	何かを失うことがある日ですが、寝坊や遅刻や入力ミスなどで信用を失わないように。マイナスな発言をすると周囲から見捨てられることがあるので、感謝の気持ちを忘れずに。
29 土	○	ライブやイベントに行くといい日。これまで観たことのないものを観ることができていい刺激をもらえそう。頑張っている人からいい影響を受けることもできそうです。
30 日	○	遊びに誘われるのを待つことが多いと思うなら、今日は自ら誘ってみて。しばらく会っていない人や憧れの人に連絡をしてみましょう。ダメ元の行動がいい結果を呼ぶでしょう。
31 月	□	自分の得意なことと好きなことの違いを冷静に判断して。自分も周囲も冷静に分析することで、世の中の流れが少しは理解できるようになるでしょう。自分の役割をしっかり果たして。

2021 6月

△ 準備の月

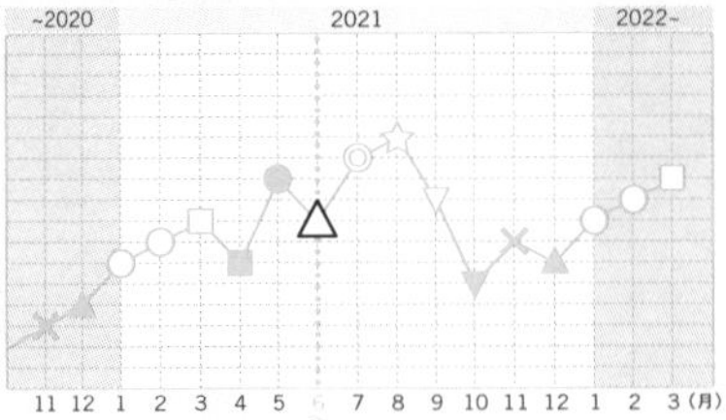

開運3カ条

1. 情報をしっかり集める
2. 現状を楽しむ
3. 最終確認は2度行う

総合運

勢いで行動する前にしっかりとした準備や情報集めが必要な時期。先走ってしまうと大きなミスや抜けがあり、大恥をかいたり周囲に迷惑をかけたりして、信用を落としてしまうかもしれません。楽しむことも大事な時期なので、付き合いや飲み会など、普段避けている誘いにもできるだけ顔を出してみると、思ったよりも楽しい時間を過ごせるでしょう。健康運は、段差で転んでしまったり指を引き出しに挟んでしまうかも。

恋愛&結婚運

先月あたりから急に仲よくなった人とデートをすることでいい関係を作れそう。ただし、告白をされても返事は来月まで待ってもらったほうがいい恋愛ができそう。慌てて付き合うとあっさり終わったり、縁の短い恋になるかも。楽しみながら相手を見定めることも大事。結婚運は、先月に話がまとまったカップルは一気に進んでも構いませんが、今月は未来の楽しみ方を話すといい流れに進みそう。

仕事&金運

確認ミスや事前準備不足を突っ込まれてしまうことがある時期。できるだけ他人まかせにしないようにしっかり確認をして、自分の至らない点をしっかり認めて成長できるようにしましょう。事前準備の再確認と締めくくりに特に気をつけておけば問題が起きることは少ないでしょう。金運は、余計な買い物で出費が激しくなりがちなので、誘惑に負けないように注意してください。

1 火	■	目の疲れや肩こりなど、ちょっとした体調不良に悩まされそう。肌荒れや口内炎になることもあるでしょう。常温の水や白湯を飲んでみると体調が少しよくなりそう。
2 水	●	積極的に行動し、アピールすることで、運を味方につけられそう。遠慮せず、自分の得意なことや好きなことを前面に出してみて。マイナスな考えは消し去りましょう。
3 木	△	口が滑って余計なことを話したり、失礼な言い方をしたりすることがあるので気をつけて。ドジな失敗をやってしまうこともあるので、丁寧に行動するように心がけましょう。
4 金	○	経験が活かされる日。得意なことで周囲を助けることもできそう。ただし、これまでサボってしまった人は苦しい状況になるかも。しっかり反省して今後に活かしましょう。
5 土	◎	日用品などを買いに行くにはいいでしょう。新しいお店に入ってみるとお得な買い物ができそう。遊びに出かけるにもいい運気で、気になる場所に行くと素敵な出会いがありそう。
6 日	▽	デートや買い物など遊びに出かけるのはいいですが、夕方あたりから渋滞などで周囲に乱されやすくなるので、予定より早めに帰って家でのんびりするといいでしょう。
7 月	▼	思わぬ人に心を乱されてしまったり、突っ込まれたりすることがありそう。自分に隙ができる日だと思って気を引き締めるようにしましょう。忘れ物などにも気をつけて。
8 火	×	計画通りに進まないことが多いでしょう。イライラしないように早めに動き、先を読んで行動するように意識しておきましょう。いつも通りだと遅刻してしまいかねません。
9 水	▲	苦手なことほど先に済ますようにしましょう。面倒だと思って後回しにすると、さらに面倒に感じてしまったり苦しくなったりするでしょう。先に済ませて気持ちを楽にして。
10 木	＝	流れに身をまかせるのはいいですが、学ぶ気持ちを忘れないように。仕事のできる人や評価されている人をしっかり観察し、陰の努力を認めるようにしましょう。
11 金	○	難しい仕事をまかされてしまいそう。他人に押しつけず、思いきってチャレンジすることで、いい勉強になりそうです。時間をかけてしっかり取り組むことで身になるでしょう。
12 土	□	デートや遊びに誘われることがありそう。どうするか悩んだときは、即OKするように。ノリと勢いを大切にすると新たな世界が見られ、楽しく過ごせるようになるでしょう。
13 日	■	コメディ映画やお笑いの動画を観ることでストレス発散になりそう。お笑いのライブを観に行くのもいいでしょう。思いっきり笑えば、運気もよくなるでしょう。
14 月	●	集中力が増し、仕事を思った以上にいい感じに進められそう。上司から褒められることがありますが、さらに上のレベルを求められてしまうことも。期待に応えられるよう努めて。
15 火	△	言い訳をして仕事をサボったり他人まかせにしたりしそう。ズルは見られているので、気をつけないと評価を下げてしまうことに。結果的に自分を苦しめる行動は慎みましょう。
16 水	○	「これまでの人生はよかった」と思い、感謝することで前に進めるようになるでしょう。これまで支えてくれた人や応援してくれた人の存在を忘れないように。
17 木	◎	数字や時間、お金を意識して仕事をすることが大事。ダラダラ仕事せず、できるだけ無駄がないように効率よく進める工夫をするといいでしょう。ノルマもしっかり意識して。
18 金	▽	お願いをするということは、相手からのお願いも聞くということ。一方的なお願いで済ませている人に運は味方しません。借りがあると思うなら、しっかりお返しをして。
19 土	▼	予定していた遊びが中止になったりと、思った通りに進まない日。順調に進んでいても体調を崩すなど、イラッとすることが重なりそう。今日は予想外が多い日だと思って。
20 日	×	相手のことを思って行動するといいでしょう。喜ばせてみると思った以上に満足や幸福を得られそう。ささやかなものでもいいのでプレゼントしたり感謝の気持ちを表わしたりして。
21 月	▲	寝坊や遅刻、仕事のミスで評価を落としてしまいそう。いつも以上に真剣に丁寧に仕事をするように心がけましょう。段差で転んでケガをすることもあるので気をつけて。
22 火	○	これまで避けていたジャンルの音楽を聴いたり、本を読んだりするといい発見がありそう。思ったよりも楽しい世界だと知り、考え方や表現を学べるようになるでしょう。
23 水	○	失敗から学ぶことが大事。小さな失敗よりも大きな失敗のほうが深く反省できて、いいこともあります。うまくいかないことには必ず原因があるので、追究して次に活かしましょう。
24 木	□	日中は、与えられた役割をしっかりこなし、少しでもいいので目標を達成できるように努めることが大切。夜は疲れを感じたり、体調を崩したりしやすいので気をつけましょう。
25 金	■	ドッと疲れを感じたり、寝不足になったりしそう。疲れを感じるときは無理をしないでペースを落とすことも大事。無理をすると、ケガや事故の原因になってしまいそう。
26 土	●	ホッとできる1日ですが、ゆっくりしすぎて1日を何もしないで終えてしまうことがあるので、気になる人を夕食に誘ってみるといいでしょう。遊びに出かけるのもいい運気。
27 日	△	遊びに出かけるのはいいですが、出先で忘れ物をしたり、大事なものをなくして慌ててしまうことがありそう。確認をしっかりし、気を緩めすぎないようにしましょう。
28 月	○	挑戦したいと少しでも思っていることがあるなら、思いきってやってみましょう。手応えを感じられることや学ぶべきことも見つけられそう。大事な経験ができる日になりそうです。
29 火	◎	仕事を押しつけられていると思っていると、いつまでも成長できないでしょう。期待されていると思い、できるだけ応えたり期待以上の結果を出せるように努めることが大切。
30 水	▽	時間を上手に使うことが大事。不満が多い人ほど時間の使い方が下手で、忙しく充実している人ほど上手なことに気づきましょう。スケジュールをしっかり立ててみて。

☆ 開運の日 ◎ 幸運の日 ● 解放の日 ○ チャレンジの日
□ 健康管理の日 △ 準備の日 ▽ ブレーキの日 ■ リフレッシュの日
▲ 整理の日 × 裏運気の日 ▼ 乱気の日 ＝ 運気の影響がない日

2021 7月

◎ 幸運の月

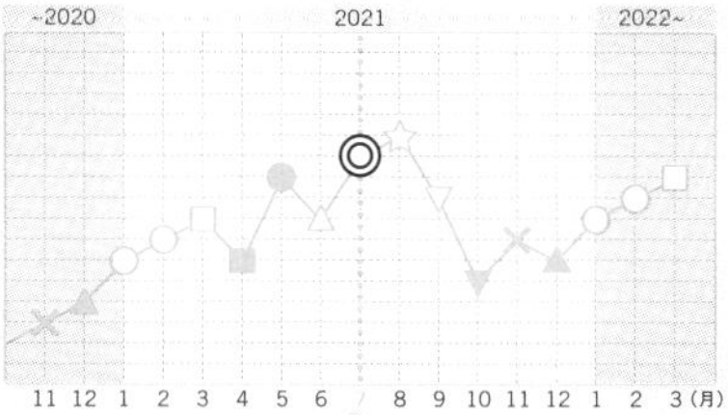

開運 3 カ条

1. 今の自分に大切なことは何かと考える
2. 思い出にすがらない、過去に浸らない
3. 学び直しを楽しんでみる

総合運

現状の生活で疑問に感じていることを真剣に考えるにはいい時期。行動に移すのは来月でいいですが、見切りをつけることや気持ちを切り替えることは今月中に。実力を発揮することができますが、求められることが思った以上に少ない場合は、不向きだったり努力不足の可能性が高いので、正しい努力をはじめるようにしましょう。成功者や憧れの人から学ぶことも大切。健康運は、生活リズムと食事のバランスを整えるといいでしょう。

恋愛&結婚運

片思いの相手は本当に好きな人なのか冷静になってみることが大事な時期。振り回されているだけだったり、手が届かないために意地になっているだけの場合もあるので落ち着いて判断しましょう。新しい出会い運は、友人や知人からの紹介の場合は素敵な人に出会えそうなので、遊ぶ機会を増やしてみて。ここからいい縁につながる可能性があるでしょう。結婚運は、先延ばしにしているカップルが入籍を進めるにはいい時期です。

仕事&金運

基本的なところから学び直したり、初心に戻って仕事に取り組むことが大事な時期。新しい部署やこれまでとは違った方法を素直に受け入れることが大切でしょう。過ぎたことにこだわっていると前に進めなくなるので経験をバネにしてみて。金運は、古くなったものを買い替えるにはいい時期。マイナスな思い出があるものや年齢に見合わないものは処分したり、ネットで売ってみるといい収入になるかもしれません。

1 木	▼	自分のことばかり考えて行動や発言をしていると、魅力を失ってしまうことに。相手のことを想像して行動し、言葉を選ぶようにして。相手の笑顔のために判断してみましょう。
2 金	×	よかれと思った行動が裏目に出るなら問題はないですが、やる気のなさが伝わったり確認不足の仕事で評価を落としたりすることがあるので、気を引き締めて仕事をしましょう。
3 土	▲	いつもと同じ週末を過ごさないよう意識してみて。普段なら行かない場所に行ったり、遊んだことのない人とお茶をしてみましょう。普段避けているジャンルの映画を観るのもオススメ。
4 日	○	遊びの誘いを待っている間にスマホをいじって1日を終わらせてしまわないよう、気になる場所に行ったり、気になる人に連絡をして遊びに誘ったりしてみるといいでしょう。
5 月	○	普段とは違う時間に出社してみて。早め早めに行動すると気分も変わり、気持ちにゆとりが出てくるでしょう。ギリギリにはじめてギリギリに終えるようなことがないように。
6 火	□	難しいと感じることや苦手なことに挑戦することで成長できる日。うまくいかないことや失敗した原因を探って、同じようなことを繰り返さないように学びましょう。
7 水	■	外気と室内の温度差で体調を崩してしまったり、肌の調子が悪くなったりしそう。対策をしっかりするようにしないと、だるさも続いてしまいそうです。
8 木	●	魅力や能力を求められそう。出し惜しみせず、今の自分ができることには全力で応えてみて。恋愛でもすでに知り合っている人といい関係に進みやすくなるでしょう。
9 金	△	集中力が欠けてしまいそう。準備不足や忘れ物、確認作業を怠ってしまうことがあるので気をつけて。他人まかせにしていると叱られてしまうこともあるので注意が必要です。
10 土	◎	一緒にいると前向きになれる友人に会ったり、連絡したりするといい日。厳しいことを言ってくれる人の言葉に素直に耳を傾けるようにすることも忘れないように。
11 日	☆	買い物に出かけるにはいい日です。行きつけのお店もいいですが、普段行かない場所に行ってみることも大事。全体的なイメージを変えるくらいの服を選んでみるといいでしょう。
12 月	▽	午前中から活動的になっておきましょう。髪を切りに行ったり、生活必需品を購入したりするのがオススメ。午後はゆっくりするといいので、家で映画鑑賞や読書を。
13 火	▼	嫌な予感がするときは、早めに対応することが大事。後手に回ると、面倒なことが長引いてしまうかも。問題が起きないように、丁寧に仕事をしておきましょう。
14 水	×	トラブルに巻き込まれてしまいそう。職場のケンカや友人のもめ事に挟まれてしまうこともありそうです。中立を保つように、どちらの考えも正しいと思って聞きましょう。
15 木	▲	不要なものは持ち歩かず、身近に置かないようにしましょう。「このお土産、どうしよう?」と手元に残すか迷っているものや、マイナスのイメージのあるものは一気に処分して。
16 金	○	最後まで諦めず、前向きに取り組む姿勢が大切。簡単に諦めたり、適当な感じで仕事をしたりしないように。粘り強さが評価や結果につながってくるでしょう。
17 土	○	情報を集めるにはいい日。マイナスな情報ばかりに目を向けないで、お得な情報や自分にとってプラスなことを見つけましょう。周囲にも教えてあげることで運気もアップします。
18 日	□	気になる相手がいる人は、連絡をしてみることが大事。今日は会えなくても、後日会う約束をするといいでしょう。手応えがあまりにもない場合は、諦めも肝心です。
19 月	■	今日はのんびりするといいですが、海やプールなどへ外出するなら日焼け止めや日傘を持っていきましょう。対策をしっかりとらないと、熱中症や日焼けで後悔することに。
20 火	●	周囲からの協力が得られたり、いいアドバイスをしてもらえたりしそう。何事もポジティブに受け止め、プラスの発言を繰り返すようにするといい方向に進むでしょう。
21 水	△	甘い話や誘惑には注意が必要。「簡単に」のキャッチコピーに気を許すと、無駄な出費が増えてしまうので注意しましょう。世の中に簡単に結果が出ることはないと心得て。
22 木	◎	自己分析をするにはいい日。改めて自分の得意・不得意が何かを冷静に書き出してみるといいでしょう。それを踏まえて今後は自分が何をすべきか、新たな目標を立ててみて。
23 金	☆	仕事では時間や数、お金にこだわって無駄のないようにするといい結果につながり、見直す点も見つけられそう。家でも財布や貯金を確認し、今後をどうするか考えてみましょう。
24 土	▽	どんな言葉も善意で受け止めることが大切。ハッキリ言ってくれる人の言葉をマイナスに受け止めていると、自分の成長を止めてしまいます。プラスに受け止める訓練だと思って。
25 日	▼	予定が急に変更になったり、楽しむはずが周囲に振り回されたりしそう。ゆとりを持って行動し、過度な期待をしないように。トラブルを楽しむくらいの気持ちで出かけて。
26 月	×	人の心理や考えを学ぶにはいい日。いろいろな人の考えや生き方を学ぶためにも、本を読むといいでしょう。対話の中からも学べることがあるので楽しんでみて。
27 火	▲	身の回りをしっかり整理することで、頭の中や気持ちも整えることができそう。散らかっている場所をきれいに整理整頓し、掃除しておきましょう。磨けるものはピカピカにして。
28 水	○	余計なことは考えず、まずは行動することを優先するといいでしょう。うまくいかないことを恐れるより、何もしないほうを恐れるべき。1歩進むことで人生が変わるでしょう。
29 木	○	自分がやるべきことをしっかり見つけ、本気で取り組むことが大事。真剣に取り組むからこそ自分の能力がきちんと見えるようになるでしょう。手加減していると見えないままです。
30 金	□	これまでの経験を活かせますが、粘りも必要。1回や2回うまくいかなくても、何度も挑戦することでいい形になっていくでしょう。簡単に手放さないように心がけて。
31 土	■	体調に異変を感じるときは無理をせず、のんびりするように。夏バテや胃腸の調子を悪くすることもありそう。早めに病院に行って検査してもらうといいでしょう。

2021 8月

☆ 開運の月

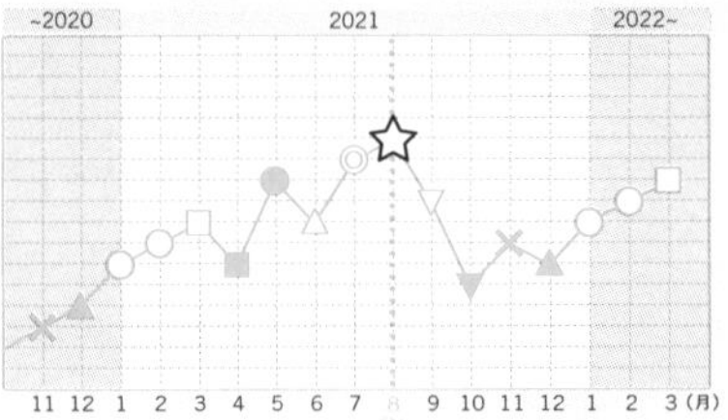

開運 3 カ条

1. 何事も率先して動く
2. 自分の気持ちを素直に言葉に出す
3. 新しいものに買い替える

総合運

積極的に行動することで流れを大きく変えることができる大事な月。やりたいことや好きなことがわかっている人ほど、すぐにでも行動に移したほうがいいでしょう。まだ自分の好きなことが見つかっていない場合は気になることにどんどんチャレンジをしてみたり、新しい出会いを求めてみて。人生を変えることになるいい先生や友人に出会うかもしれません。健康運は、定期的な運動を今月からスタートしておくといいでしょう。

恋愛&結婚運

自分の気持ちに素直になることで素敵な恋人ができる時期。これまで告白をしたことのない人ほど思いきって気持ちを伝えてみると、相手の心をしっかりつかめそうです。交際のきっかけを相手まかせにしないようにしましょう。新しい出会い運もいいので、知り合いの集まりやイベントには積極的に参加して連絡先を自ら聞きましょう。結婚運は、交際が3年以上続いているカップルは今月入籍を決めたり、具体的な話ができそうです。

仕事&金運

本気で仕事に取り組むことでいい結果を残したり評価されることがある時期。ここで手を抜くと信頼を失ってしまうことがあるので、目の前の仕事に一生懸命取り組んでおきましょう。真剣に取り組むことで仕事の楽しさやおもしろさを見つけることもできそうです。転職を考えている人は情報を集めて思いきって行動してみて。金運は、服や靴などをまとめ買いするといい時期。財布などお金に関わるものも買い替えておきましょう。

日		
1 日	●	気になる人から突然連絡がきてデートをしたり、楽しい時間を過ごしたりできそう。素敵な出会いもあるので、知り合いの集まりには参加してみて。ポジティブ発言でモテるように。
2 月	△	小さなミスをしやすい日。恥をかくことがありますが、笑い飛ばすくらいの気持ちのほうが人気を集められそう。しっかり謝ることも忘れないようにしましょう。
3 火	◎	自分の力を上手に発揮したり、経験をうまく活かしたりできそう。1歩引いていないで、今できることには全力で取り組んでみて。付き合いの長い人から褒められることもありそう。
4 水	☆	自分のやるべきことにしっかり取り組むことで評価が上がるでしょう。役割を果たせるように努めてみて。習い事をはじめたり、新たなスタートを切るにも最高の日。
5 木	▽	日中は思った以上に順調に進みそう。言われるまでじっとしていないで、今やるべきことを見つけて積極的に行動を。夜は予想外の人から誘われたり、予定が変更になりそう。
6 金	▼	周囲の機嫌に振り回されたり、予定を乱されたりしそう。自分の考えだけが正しいと思うと苦しくなるので、流すことや許すことを覚えておきましょう。
7 土	×	予定していた通りに進まなそう。計算通りに進まないことにガッカリせず、どんな状況でも楽しいことを見つけましょう。考え方を柔軟にする訓練だと思って受け入れて。
8 日	▲	大掃除をして不要なものを一気に処分することで、運気が上がります。年齢に見合わないものや好みが変わったものは処分し、身の回りをスッキリさせましょう。
9 月	○	些細なことでもいいので新しいことに挑戦しましょう。普段聴かないジャンルの音楽を聴いてみると、思った以上にハマりそう。詳しい人にオススメを聞いてみて。
10 火	○	これまでと生活リズムを少し変えるといい日。起床時間や出社時刻を変えてみると、新たな発見やいい出会いがありそうです。何事も少し早めに行動するようにしましょう。
11 水	□	今の自分のことを思い悩むよりも「自分はどこに向かっているのか」をしっかり考えてみるといい日。やってみたいこと、好きなこと、挑戦したいことを具体的に書き出してみましょう。
12 木	■	注意力が散漫になってしまいそう。思ったよりも疲れがたまっていることがあるので、こまめに休み、休憩時間にチョコレートを食べてゆっくりする時間を作っておきましょう。
13 金	●	実力を発揮することや魅力がアップする日。人にたくさん会って話をしてみると学びがあったり、あなたの才能に気がつく人にも会えそうです。急な誘いでも顔を出すといいでしょう。
14 土	△	しっかり遊ぶことで運気が上がる日。夏らしいことをやることで、いい思い出ができそう。プールや海、花火やビアガーデンなど夏のイメージがあるところに行ってみましょう。
15 日	◎	親友と語ることで気持ちや頭の中が整理できそう。ポジティブな友人と話すことが大事なので、思い浮かぶ人に連絡を。偶然出会えたなら、幸運の流れをつかんでいる証拠です。
16 月	☆	大事な話を聞かせてもらえたり、人との縁の大切さを感じられそう。笑顔で元気に挨拶することで、人間関係に変化が起きるでしょう。新たな目標を掲げるにもいいタイミングです。
17 火	▽	日中はいい感じで物事が進むでしょう。マイナス面を気にするより、今ある幸せやすでに得ているものをしっかり見つけて感じることが大事。ネガティブな情報に惑わされないように。
18 水	▼	不機嫌が顔に出てしまったり、心ない言葉に顔が引きつってしまったりしそう。どんなときでも笑顔でご機嫌でいるように意識して。自分をプラスにするウソも、ときには大事。
19 木	×	よかれと思ってアドバイスしたことで、面倒に巻き込まれてしまうかも。中途半端な気持ちで関わらず、覚悟を決めて人と接するようにすると、問題は簡単に解決できるでしょう。
20 金	▲	「いつか使うかも」と思って置いてあるものは一気に処分するように。ブランド店の紙袋なども捨ててしまいましょう。時間を無駄に使うアプリも消去して。
21 土	○	話題のお店に行ったり、話題の映画を観に行ったりするといい日。同性・異性を問わず友人を誘うといいでしょう。相手からの誘いを待っているときほど、自分から誘ってみて。
22 日	○	素敵な出会いがあるでしょう。知り合いの集まりに参加したり、自らみんなを集めたりしてみて。先月・今月に出会った人とデートをするにもいい日なので、気になる人に連絡を。
23 月	□	細かなこともキッチリ最後まで終えるようにすることが大切。相手の背中が見えなくなるまで見送る姿勢を忘れないように。挨拶や上品な言葉遣いを心がけることも大事でしょう。
24 火	■	集中力が続かなくなってしまいそう。夏の暑さやエアコンで体調を少し崩してしまうかも。無理せず、こまめに休みながら頑張りましょう。今日は早めに帰宅してゆっくり入浴を。
25 水	●	求められることが増えそう。今の自分ができることに全力で取り組むことでいい流れを作れ、いい人脈を作ることもできそう。夢や希望の話をしてみると協力も得られそうです。
26 木	△	忘れ物やなくし物に注意が必要。大事なものをどこかに置き忘れ、焦ってしまうことがあるでしょう。手が滑りやすく、スマホを落として傷つけたりメールを誤送信したりしそう。
27 金	◎	楽しく仕事ができたり、求められることが増えたりしそう。やりたいことと求められることの差に悩むかもしれませんが、頼られたときは素直に行動すると道が見えてきそう。
28 土	☆	買い物をするには最適な日。長く使えるものや仕事で使うものは一気に買い替えるといいでしょう。服や靴やカバンの購入にもいい日なので、品のあるものを選んで。
29 日	▽	日中は運を味方につけられるでしょう。ランチデートするには最高にいいので、気になる人を誘ってみて。夕方以降はバタバタしそうなので、早めに帰宅しておきましょう。
30 月	▼	慣れた仕事で失敗したり、うまく集中できなくなったりしそう。歯車が合わない感じがあるときは、深呼吸や瞑想をして気持ちを落ち着かせ、目の前のことに集中しましょう。
31 火	×	普段とは違うことに目がいく日。マイナス面ばかり探さず、日ごろ逃している幸せを見つけられるように。よく考えれば、幸せや感謝すべきことがたくさんあるでしょう。

☆ 開運の日　◎ 幸運の日　● 解放の日　○ チャレンジの日
□ 健康管理の日　△ 準備の日　▽ ブレーキの日　■ リフレッシュの日
▲ 整理の日　× 裏運気の日　▼ 乱気の日　＝ 運気の影響がない日

2021 9月

▽ ブレーキの月

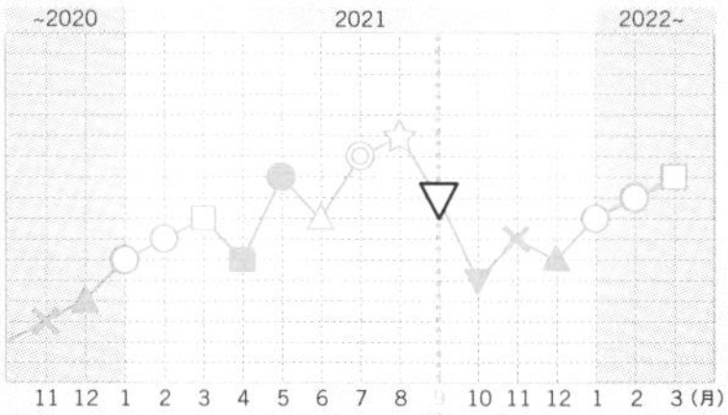

開運3カ条

1. 素直に行動する
2. 上司や先輩と仲よくする
3. 実力を出しきってみる

総合運

自分の気持ちに素直に行動するといい時期。特に中旬までは先のことを考えて、今やるべきことや挑戦してみたいと思っていることを実行すると、運を味方につけられるでしょう。気になっていたけれど勇気が出なかったことほど、まずはやってみてください。下旬からは周囲の人の意見に振り回されて踏み止まることが増えてしまいそう。健康運は、下旬は疲れやすいので無理をしないようにしましょう。

恋愛&結婚運

好きな人からの連絡をいつまでも待っていても変わらないので、中旬までに思いきって告白をしてみて。自分の気持ちに応えてもらえない相手ならここでキッパリ諦めたほうがもっと素敵な人と出会えるでしょう。先月あたりからいい感じの相手がいるなら、モタモタしないで積極的にデートに誘うことも大事。新しい出会い運は、中旬までは上司や先輩からの誘いに顔を出しておくといいでしょう。結婚運は、入籍をするなら中旬までに。

仕事&金運

満足できる仕事ができたり実力以上の結果を出せる時期。周囲の人の力や、いいチームに入れてもらったことへの感謝を忘れず、今の実力を出しきってみましょう。自分でも納得のいく答えが出るかもしれません。下旬は気力が落ちやすいのでペースを少しゆっくりにすることも大事。余計なことを言ってくる人は無視して。金運は、高額のものや長く使うものは中旬までに一気に購入するといいでしょう。習い事の契約や投資は上旬に。

日	曜	運気	
1	水	▲	諦めることで気持ちがスッキリする日。着るか着ないか悩む服は処分するかネットで売却を。ほかにも読みきっていない本や購入したけれど使っていないものは処分しましょう。
2	木	○	指示待ちや様子を窺うのではなく、まずは行動を優先して。やってみてダメだったときは、ほかの方法を考えてみましょう。些細な失敗よりも行動した勇気を称えるようにして。
3	金	○	少しくらい苦手と思っていることに挑戦すると、思った以上に簡単にクリアできたり、苦手意識がなくなったりしそう。マイナスな思い込みを打破することができそうです。
4	土	□	遊ぶときは計画的にしっかり遊ぶようにするといい日。ダラダラ過ごすより、時間や予算をキッチリ決めるといいでしょう。気になる相手に連絡すると、いい感じの返事がきそう。
5	日	■	今日は体をしっかり休ませることが大事。予定がないときは家でゆっくり過ごし、30分でもいいので目覚まし時計をかけて昼寝を。夜は気になる人との関係で進展がありそうです。
6	月	●	プラスのイメージ通りに物事が進みそう。周囲から頼られたり、感謝されたりすることもあるでしょう。頑張ったぶん魅力もアップし、気になる人の気持ちもつかめそう。
7	火	△	笑ってしまうようなミスをしやすい日。しっかり確認をすれば避けられるので問題はなさそうですが、その姿を知り合いに見られて後で何か言われてしまうことがありそうです。
8	水	◎	自分の進むべき道を見失っていない人は、目標を達成できたり評価されたりしそう。日々の頑張りはこの日のためにあったと思えるでしょう。片思いの恋にも進展がありそうです。
9	木	☆	難しいと思っていた仕事を成し遂げたり、目標を達成できそう。いつも以上に真剣に取り組み、言い訳をして逃げないように。本気で動くことで運を味方につけられるでしょう。
10	金	▽	日中は、全力で取り組むことで楽しく仕事ができるでしょう。周囲の人やこれまで支えてくれた人への感謝を忘れないようにして。夕方からは流れに身をまかせておきましょう。
11	土	▼	他人と幸せを比べたり、現状の幸せを見ないで求めすぎたりすると苦しくなりそう。今が幸せだということを忘れないように。ネガティブな情報に振り回されないように注意して。
12	日	✕	友人や恋人に心を乱されてしまいそう。相手の言葉をマイナスに受け止めないようにしたり、ポジティブに変換して返事をしたりすれば、いい関係になれるでしょう。
13	月	▲	何事もシンプルに考えることが大事。考えすぎるとやる気や気力を失ってしまうことになりそう。身の回りをきれいにすると、気分よく仕事ができるようになるでしょう。
14	火	○	苦手だと思い込んでやらなかったり避けたりするよりも、苦手だと思ったらあえて挑戦してみようと思うといいでしょう。苦手や不慣れを少しでも克服するつもりで生活して。
15	水	○	人との関わりや出会いが多くなりそう。普段なら聞けないような話を聞いたり、おもしろい情報を入手したりできそうです。少しでもいいのでフットワークを軽くしてみて。
16	木	□	何事も早めに取り組むことが大切。後回しにするとどんどん面倒になるだけなので、少しでも取り組んで1歩進めてみると、思ったよりも順調にいくでしょう。
17	金	■	心身ともに疲れてしまいそう。不慣れなことをまかされてしまったり、苦手な人と一緒になる時間が多くなったりしそう。先のことを想定して動くと、無駄な疲れを避けられるかも。
18	土	●	友人の後押しで恋愛がいい感じに進んだり、素敵な出会いにつながりそう。知人の集まりに参加したり、珍しくみんなを集めたりするといいでしょう。面倒だと思う前にまずは連絡を。
19	日	△	しっかり遊ぶにはいい日。イベントやライブに足を運んでみたり、気になるお店に行ったりしてみましょう。ただし、うっかりミスや確認忘れをしやすいので気をつけて。
20	月	◎	実力を発揮できたり、能力を求められたりしそう。本気で取り組んでみると、自分でも驚く結果を出すことができそうです。やりはじめる前から諦めないようにしましょう。
21	火	☆	希望や意見が通りやすいでしょう。正しいと思ったことを発言する前に、相手や周囲がどんなふうに思うのか考えてから言葉を発して。正義感だけで動かないことも大事です。
22	水	▽	他人のいい部分をしっかり褒めることや認めることが大切。些細なことでもいいので、素敵だと思える部分を伝えてみましょう。夜は、タイミングの悪い感じが続いてしまいそう。
23	木	▼	今日は慎重に行動し、いつも以上に丁寧に挨拶やお礼をするようにしましょう。自分で思っている以上に行動が雑になったり、いい加減になったりしてしまいそうです。
24	金	✕	よかれと思ったことが裏目に出やすいですが、お節介と思われても善意があることなら堂々と振る舞って。少しくらい空気を読めなくても、正しいと思ったことを行動に移しましょう。
25	土	▲	部屋の掃除をしましょう。使わないものは処分するといいので、冷蔵庫や引き出し、クローゼットの中をきれいにして。スッキリさせることで運気の流れがよくなります。
26	日	○	知り合いの集まりに参加すると、素敵な出会いの可能性が。モジモジしているとチャンスを逃すので、積極的に連絡先を交換して。ここでの出会いは年末や来年に進展があるかも。
27	月	○	今日は少し違った生活リズムを送ることで、楽しいことを見つけられそう。普段よりも少し早めに行動したり、普段立ち寄ることのないお店に入ってみるといいでしょう。
28	火	□	明るい未来を想像することが大切。理想の自分に近づくためにどんな努力や勉強が必要か、冷静に考えてみて。夜は疲れやすいので無理をしないようにしましょう。
29	水	■	体調を崩しやすい日。食欲の秋だからと食べすぎると、胃腸の調子が悪くなってしまうかも。小さなケガにも注意。夕方以降は友人から誘いがありそうです。
30	木	●	うれしい出来事がある日ですが、調子に乗りすぎないように。恋愛でも、片思いの相手や異性から連絡があるかも。メッセージのラリーを続けすぎて相手が引かないよう要注意。

2021

10月

▼乱気の月

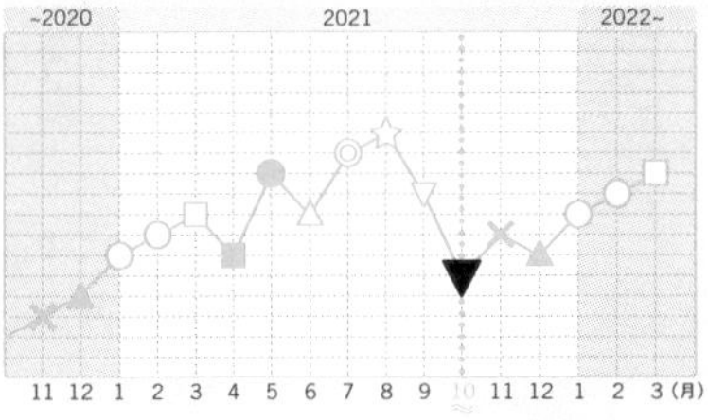

開運3カ条

1. 意外性を楽しむ
2. 意識的にプラス面を探す
3. 身勝手な判断をしない

総合運

順調に進んでいると思っていた流れが変わる月。人間関係が面倒になったり、振り回されてしまうこともあるでしょう。よかれと思って行動するのはいいですが、空気が読めていない場合があるので先をよく考えてから行動するように心がけて。信頼できる人のアドバイスを素直に聞き入れ、自分の気分で判断しないように気をつけることも大切。健康運は、疲れがたまりやすく体調を崩しやすいので無理は避けるようにしましょう。

恋愛＆結婚運

先月までにいい関係に進んでいたと思う相手とはタイミングが合わなくなってしまいそう。友達止まりになってしまったり、距離感が難しくなるかもしれません。今月は焦らないで髪型を変えてみたり、体を鍛えたりしておきましょう。本を読んで知識を増やしたりすると、後で役立つかもしれません。結婚運は、相手にまかせるのはいいですが、わがままやネガティブな発言を避けないと気まずい空気になりそうです。

仕事＆金運

仕事に対してやる気を失ったり、疑問を感じる時間が増える時期。人間関係の悩みも生まれそうですが、マイナスに考えすぎないでプラス面を探すようにしましょう。不満や文句を言う前に、自分の実力のなさを認めて、やれることをしっかり見つけるようにして。アドバイスや協力をしてもらえるような愛嬌を身に付ける努力も忘れないようにしましょう。金運は、予想外の出費が増えそうな時期。欲望に負けた無駄な買い物には注意です。

1 金	△	身の回りをきれいにするのはいいですが、間違えて大事なものを処分することがあるのでしっかり確認して。勝手な判断で報告しないと問題になるので、些細なことでも報告を。
2 土	○	ハッキリ言ってくれる人に会うことが大事。親友や家族に相談してみると厳しいことを言われるかもしれませんが、しっかり受け止め、感謝の気持ちを忘れないようにしましょう。
3 日	○	これまで興味のなかったことが気になりそう。視野を広げることでおもしろい発見もありますが、不要な出費も増えやすいので、本当に必要なものなのか冷静に判断して。
4 月	▽	日中は疑問や不安に感じることは少ないですが、夕方あたりから余計なことを考えすぎたり、周囲のマイナスな情報に振り回されたりしそう。ウソの情報もあるので冷静に聞き分けて。
5 火	▼	思わぬミスや見落としがあるかも。必ず最後までしっかり確認をすること。また、あなたの仕事を邪魔する人や心を乱す人が出現しやすいでしょう。落ち着いて対応して。
6 水	✕	苦手な人と一緒になる時間が増えてしまいそう。相手の長所を少しでも見つける訓練だと思うといいでしょう。仲よくならなくてもいいので、認められるように努めてみて。
7 木	▲	自分の気持ちを理解してもらっていると思い込んで、わがままになってしまうことがあるでしょう。恋人とケンカになるかも。思い通りにならないことが当たり前だと思って。
8 金	＝	ゆっくりでいいので、少し新しいことや普段と違うことにチャレンジしてみて。大きな変化や発見は少ないですが、1歩踏み込む勇気が後に役立つことになりそうです。
9 土	＝	普段なら行かないお店やマイナーな映画を観に行ってみるといいでしょう。偶然見つけたイベントやライブに足を運ぶと、いい勉強になることがありそうです。
10 日	□	自信がないなら行動することが大事。何事もまずはやってみると、失敗や経験が自信につながってくるでしょう。成功体験ではなく、失敗の数こそが自信を後押ししてくれます。
11 月	■	体力の低下を感じてしまいそう。気力が続かなくなったり、集中力が途切れたりすることがありそうです。無理をせず、休み時間にしっかり体を休めるようにしましょう。
12 火	●	注目されるのはいいですが、弱点や欠点が目立つことがあるので注意。無知がバレてしまうことがあるので、知ったかぶりをしないようにし、素直に教えてもらうことも大切。
13 水	△	目標に向かうことをゲームや遊びだと思ってみると、肩の力が抜けて前に進めそう。恋愛も真面目に考えるよりも相手を楽しませてみると、いい関係に進められそうです。
14 木	○	同じような失敗をしやすい日。自分のクセやパターンを思い返してみれば、大きなミスは避けられるでしょう。過去の経験をうまく活かすことでピンチをチャンスに変えられそう。
15 金	○	目の前のことに全力で取り組むといいでしょう。思った以上にいい結果を出せたり、大切な経験ができたりしそうです。不慣れなことや苦手なことから逃げず、真剣に取り組んで。
16 土	▽	友人や知り合いの集まりに参加するといいでしょう。楽しい時間を過ごせそうですが、相手まかせになりすぎると不満がたまるかも。文句があるなら自分がやるようにして。
17 日	▼	あなたの弱い部分が表に出てしまいそう。突っ込まれることや注意されることがありますが、しっかり受け止めて弱点や欠点を克服できるように努めるといいでしょう。
18 月	✕	よかれと思ってやったことが裏目に出てしまいそう。善意を持って行動すれば相手に気持ちが伝わるので、マイナスなことは考えず、今やれることをやっておきましょう。
19 火	▲	今のあなたに不要なものが離れる日。家電が壊れたり、大事にしていたアクセサリーをなくしたりすることがあるかも。知り合いとの縁が切れることもあるでしょう。
20 水	＝	普段避けているジャンルの本を読んでみるといいでしょう。歴史や投資の本がオススメ。いい言葉はメモしておくと、後に役立ったり話のネタになったりしそうです。
21 木	＝	通勤経路を少し変えたり、生活習慣をリニューアルしたりするといいでしょう。新たな気づきもありそうです。楽しく挑戦してみると、貴重な経験ができそう。
22 金	□	求められたことに応えたり、言われたことをしっかりやったりするのはいいですが、相手が望んでいる以上の結果を出すようにすることが大切。時間短縮にも知恵を絞って。
23 土	■	日ごろの疲れをしっかりとりましょう。すでに疲れを感じている場合や元気が出ないときは、予定を変更してでも家でのんびりしたり、昼寝をするようにして。
24 日	●	突然、遊びに誘われそう。勢いでデートをするといい関係になれそうですが、冷静に相手を分析する必要はあるでしょう。親友や信頼できる人に相談してみることが大事。
25 月	△	集中力が散漫になってしまいそう。思わぬミスや勘違いをすることがあるので、確認作業はしっかりと。スケジュールの確認を怠ると、ダブルブッキングしてしまうかも。
26 火	○	知識がどれだけあっても活かそうとしなければ腐ってしまうだけ。周囲の人に役立てるように伝えたり、行動したりして知識を「知恵」にできるようにするといいでしょう。
27 水	○	満足できる結果を出せそうですが、余裕のある姿が「やる気がない」「サボっている」と誤解されるかも。真剣に取り組む姿を示し、最後まで気を緩めないようにしましょう。
28 木	▽	日中は、積極的に行動することでいい結果を出せたり、手応えのある仕事ができそう。夕方からは他人に過度に期待するとガッカリすることになるので、ほどほどに。
29 金	▼	人間関係が面倒になってしまいそう。恋人とケンカやすれ違いになったり、職場でもいい関係だと思っていた人と距離があいたりするかも。原因は自分にあると思って反省と改善を。
30 土	✕	口のうまい人には注意が必要。知識や情報がたくさんあることをアピールする割に実績のない人の話を鵜呑みにしないように。うかつに信じて恥をかかないよう、冷静に見極めて。
31 日	▲	身の回りを見渡してみて、今の年齢に合わないものや時代に合っていないもの、長年タンスの肥やしになっているものを処分しましょう。スッキリさせることで気持ちも楽に。

☆開運の日　◎幸運の日　●解放の日　○チャレンジの日
□健康管理の日　△準備の日　▽ブレーキの日　■リフレッシュの日
▲整理の日　✕裏運気の日　▼乱気の日　＝運気の影響がない日

2021 11月

× 裏運気の月

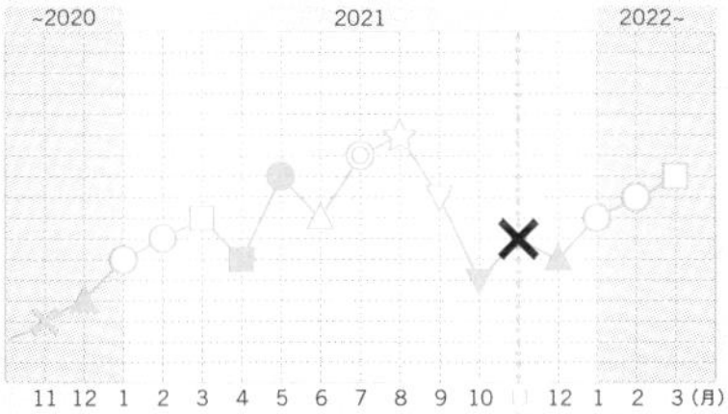

開運3カ条

1. 振り回されることを楽しむ
2. 相手のいい部分を見つける
3. 結果ではなく過程を大切にする

総合運

人に振り回されながらも鍛えられる時期。無理難題だと思うのは自分のレベルが低いだけか、または思った以上に期待されている場合もあります。マイナスに受け止めないで今の自分がやれることをいろいろ試してみるといいでしょう。失敗したり恥ずかしい思いをすることもありますが、それを糧にすることで新たな道が切り開かれていきます。健康運は、疲れから体調を崩しやすいので睡眠時間を多めにとりましょう。

恋愛＆結婚運

これまでとは違った感じの異性に惹かれたり、まったく興味のない人から好意を寄せられるなど、意外な展開が多くなる時期。うまくいくと思っていた相手とは距離があき、ほかの人に先を越されてしまうこともあるでしょう。年齢の離れている人と急展開することもありますが、この時期進展しやすい相手には予想以上に振り回されるので、周囲の評判などをしっかり聞くようにして。結婚運は、相手のいい部分を忘れないように。

仕事＆金運

頑張ってもなかなか結果が出ませんが、今は挑戦をしながら実力を身に付ける時期だと思っておきましょう。理不尽なことを言われることもありますが、乗り越えられる壁だと思って知恵を絞り、実力不足のところは学んで成長するようにしましょう。課題が見つかることは不運ではないので、目標が見つかってよかったとプラスに受け止めて。金運は、何か買う際は本当に必要なものなのか冷静に判断してから購入しましょう。

1 月	＝	困難なのか自分の実力が足らないのか、しっかり分析することが大事。落ち込んでも下を向かず、頑張って前を向いて。ネガティブな出来事はいずれポジティブな経験に変わります。
2 火	＝	地道な努力が大事。目標が定まっていなくても、やるべきことはあるものです。不慣れなことや苦手なことを少しでも克服し、目の前の仕事を少しでも効率よく進めてみるといいでしょう。
3 水	□	コンディションをしっかり整えて。上機嫌でいるためにはどうするといいのか考え、気力が低下することは避けるように。軽い運動をすると頭がスッキリするでしょう。
4 木	■	疲れを感じやすい日。気分がすぐれないときは無理をせず、気分転換するといいでしょう。調子が悪いままでは周囲に迷惑をかけるかも。具合が悪いときは正直に伝えましょう。
5 金	●	感じたことを素直に言葉に出すのはいいですが、上品な言葉や相手を思いやる表現をうまく使って。一瞬考えて言葉を発すると、魅力が増して異性からも注目されそう。
6 土	△	出先で忘れ物やミスをしやすいでしょう。小さなケガをしたり、車を少し擦ってしまう、うっかりスマホを落として傷つけるなど、ガッカリすることも起きやすいので気をつけて。
7 日	○	最近疎遠になっていた人へメッセージを送ってみて。忘れていたことや懐かしいエピソードを思い出し、楽しい時間を過ごせるかもしれません。出先で偶然出会うこともあるかも。
8 月	○	お金の流れを考えるといい日。仕事の儲けや経費など、会社や世の中のことをもっと考えてみて。経営やマネーの勉強になる本を読んでみるのもいいでしょう。
9 火	▽	日中は問題なく進められても、夕方からは予定通りいかないことが増えそう。些細なことをいちいち気にせず、「起きてしまったことは仕方がない」と受け止め、対応して。
10 水	▼	「親しき仲にも礼儀あり」を忘れないように。仲がいいと思って雑な言葉遣いをすると、気まずくなったり人間関係が面倒になったりするかも。丁寧さを心がけておきましょう。
11 木	×	よかれと思ってやったことが、なぜか裏目に出てしまいそう。空回りしても、善意の気持ちがあれば後に理解してもらえるでしょう。今日はグッと我慢が必要になりそうです。
12 金	▲	余計なことを思い出して恥ずかしくなったり、ギョッとしたりしてしまいそう。考えても時間の無駄なので過ぎたことは気にせず、同じ失敗をしないように生活しましょう。
13 土	＝	相手からの誘いを待っていても何も変わらないので、気になる人にダメ元でメッセージを送ってみるといいでしょう。まずは行動することから人生や運命が変わると心得て。
14 日	＝	普段は興味の薄いことに目がいきそう。気になることをいろいろ調べると、おもしろい発見や学べることがあるでしょう。本を購入して読んだり、詳しい人に教わってみて。
15 月	□	「どうせ変わらないから」と何もやらない人と、やってみた人では人生に大きく差がつくもの。少しでもいいので体験や経験を増やして。期待や希望を簡単に捨てないように。
16 火	■	寝不足や体調がすぐれないことを感じそう。無理をすると、明日以降に響きます。今日は体調と相談し、体にいい食べ物を選んだり、リラックスする時間を作ったりしましょう。
17 水	●	自分の気持ちに素直になることで、いい流れを作れるでしょう。自分が正しいと思うなら、言葉に出してみて。立場や状況から言えないときはメモをして、後日伝えるように。
18 木	△	今日は何事も慎重に行動することが大事。恥ずかしいミスや忘れ物などをしそうです。スケジュールをしっかり確認し、時間のチェックを忘れないようにしましょう。
19 金	○	最近行っていないライブやイベント、芝居、映画などの鑑賞や、チケット予約をするといいでしょう。楽しみを見つけられれば、自然とやる気も湧いてくるはずです。
20 土	○	髪を切ったりおいしいものを食べに行くといい日。体験や経験になることにお金を使いましょう。ホテルランチや高級店に行ってみると、いい勉強になりそうです。
21 日	▽	自分が言われてうれしいことは相手も同じ。身近な人に感謝の気持ちを伝えてみて。夕方以降は、思い通りにいかないことがあるでしょう。予定変更があってもイライラしないで。
22 月	▼	自分中心に物事を考えず、今日は誰かのサポートをすることが大事です。感謝されるような生き方ができれば、人生が楽しくなるでしょう。学ぶべきことを見つけてみて。
23 火	×	ネットで見た情報を鵜呑みにすると、恥をかくことに。軽い気持ちでSNSで拡散すると、間違いを指摘されてしまうかも。情報は多方面から入手し、冷静に判断して。
24 水	▲	季節に見合わないものはしまい、不要なものは片づけて。散らかったままの部屋では、運気はいつまでもよくならないでしょう。仕事で使うものもきれいにしておいて。
25 木	＝	これまでとは違う方法に挑戦してみるといいでしょう。手応えがなくても何度か試してみることが大切。先輩や上司に相談したり、経験者の手法をマネしたりするのもオススメです。
26 金	＝	どんな仕事も最後までしっかり丁寧にやることが大事。詰めの甘さは、面倒を引き寄せてしまうだけ。不運ではなく、自分の考え方や仕事への取り組みの甘さを認めて精進して。
27 土	□	計画的に過ごすことで、不要な疲れをためないようにしましょう。行き当たりばったりの行動は無駄な動きが増え、疲れてしまうだけ。目的を決め、ほかには目を向けないように。
28 日	■	日ごろの疲れをしっかりとるといいでしょう。スマホやパソコンの電源を切って、時間を気にせず心置きなく休みましょう。好きな映画を観たり、本を読んで過ごすのもオススメ。
29 月	●	求められることが増えるでしょう。急に忙しくなったり、これまでとは違う仕事や新しいメンバーとの仕事が出てきそう。誰が何を求めているのかを考えて話すようにして。
30 火	△	遊び心が大事な日。冗談で笑わせたり、ちょっと驚かせるくらいのことをやったりすると楽しい職場になりそう。相手の話も楽しそうに聞き、たくさん笑うように心がけて。

2021

12月

▲ 整理の月

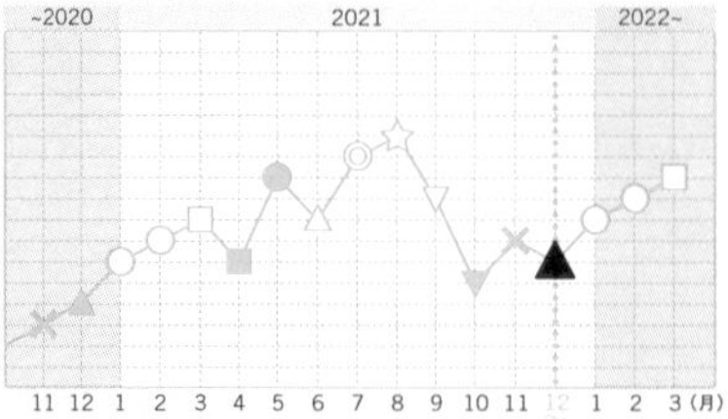

開運 3 カ条

1. 不要なものはどんどん捨てる
2. 別れを覚悟する
3. 言われる前に動く

総合運

気持ちの切り替えや前に進むための理由が必要な時期。過去にこだわっているといつまでも何も変わらないままになってしまうので、ここ１～２カ月で辛い思いをした人は人間関係を整理したり、自分の至らなさを素直に認めて、無駄な時間から離れる決断が大事。逆にあなたが切られてしまったり疎遠になってしまうこともあるので引きずらないようにしましょう。健康運は、運動する時間を作るといいでしょう。

恋愛＆結婚運

ひとつの恋に区切りがついたり、失恋する可能性が高い時期。すでに恋人と微妙な感じがするカップルはここで終わりになることもあるでしょう。片思いの恋も進展が厳しそうだと思えるなら、キッパリ諦めたほうが月末以降の素敵な出会いにつながるでしょう。新しい出会いは周囲からのオススメに素直になってみて。結婚運は、不機嫌な態度が出すぎると破談になるので要注意。相手のいい部分を見るようにしましょう。

仕事＆金運

仕事を辞めたい気持ちが高まる月ですが、言われたことだけをやっていては不満がたまる一方。先のことを考えて自分がやるべきことに積極的に取り組んでみるといいでしょう。失敗や挫折もありますが、不要なプライドを捨てることができます。恥をかくことの大切さを忘れないようにしましょう。無駄な時間を使わないようにすることも大事。金運は、不要なものを処分するといい時期。ネットなどで売ると小銭が手に入りそうです。

1 水	○	付き合いの長い人に助けてもらえそう。助言を受け止め、善意のある言葉だと忘れないように。都合が悪いからと無視すると、後悔することになるでしょう。
2 木	◎	少しでもいいので、先のことを考えて行動することが大事。相手の気持ちも含めて想像できるといいですが、ネガティブに考えないように。ポジティブな考え方が大切です。
3 金	▽	午前中は問題が少なく、仕事も順調に進みそう。午後以降は、なんとなく調子もすぐれず、気持ちが乗らない感じになりそう。無理せず、自分のペースで進めるようにしましょう。
4 土	▼	人との縁が切れたり、人間関係がこじれたりしそう。相性の合わない人とは縁が切れると思っておきましょう。物も壊れやすいので、雑に扱わないように気をつけて。
5 日	×	楽しみにしていたイベントや、決まっていたはずのスケジュールがキャンセルになってしまうかも。ガッカリしないで空いた時間に本を読んでみると、いい勉強ができそうです。
6 月	▲	少しでもいいので、身近にある不要なものを片づけておきましょう。使わない資料や道具はしまって。処分するときは、大事なものが混在していないかしっかり確認を。
7 火	＝	失敗を恐れて何もしないより、「失敗して当然」と思って新しいことに挑戦してみましょう。うまくいかなかった原因や自分に足りない点を冷静に分析し、次につなげて。
8 水	＝	自分の考え方や生き方だけが正しいと思ってしまうと、視野が狭くなるだけ。いろいろな生き方や考え方を認め、肯定することで、１歩成長できたり対応力がアップしたりしそう。
9 木	□	マイナスなところに目を向けても前に進めないので、プラスな部分や幸せを見つけることが大切。楽観的な人と話すとやる気になれるので、思い浮かぶ人に連絡を。
10 金	■	疲れがたまっていることを感じそう。肩こりや目の疲れ、肌の調子も悪くなってしまいそう。休憩をしっかりとり、仕事終わりにストレス発散のための運動をするといいでしょう。
11 土	●	少しですが気持ちが楽になり、気分よく過ごせる日。近所を散歩したり、部屋に花を飾ったりするといいでしょう。好きな音楽を聴くことでリラックスできそうです。
12 日	△	油断すると１日を無駄にするくらい、ダラダラしてしまいそう。「時間は命」だと思って、自分の好きなことに時間を使って楽しみましょう。ただし、ドジな失敗には注意して。
13 月	○	付き合いの長い人と、懐かしい話や趣味の話で盛り上がりそう。仕事関係者で意気投合できる人を見つけられるかも。遠慮しないでいろいろな人と話してみるといいでしょう。
14 火	◎	思った以上に順調に物事が進むのはいいですが、周囲の人のサポートのおかげだと忘れないように。感謝の気持ちを伝えると、いい人間関係を作ることができそうです。
15 水	▽	午前中はテンポよく仕事ができ、気分がよくなりそう。午後からはやることが増え、時間に追われることになるかも。急な仕事で慌てないで、できるだけ対応するようにしましょう。
16 木	▼	仕事に集中できない日。つまらないミスをして叱られたり、仕事を辞めたい気持ちが高まったりしそう。問題を他人の責任にしないで、やるべきことをしっかり果たしましょう。
17 金	×	よかれと思って言ったことが相手を不快にさせてしまいそう。会話の先をもっと読んだり、相手が話しやすいように聞き役になったりするといいでしょう。相づち上手を目指して。
18 土	▲	大掃除をするには最適な日。「人生で最も処分した」と言えるくらい、使わないものや着ない服を捨てるといいでしょう。読まない本や聴かないCDも一気に捨てて。
19 日	＝	普段なら注文しないようなものを頼んだり、買ったことのない雑誌を購入したりするといいでしょう。小さなチャレンジが人生を楽しくし、新しいことに興味が湧いてくるでしょう。
20 月	○	はじめて会う人の短所に目を向けず、長所を探すようにして。仕事や物にもいい部分を見つけるように心がけておくと、自然とあらゆることに感謝できるようになるでしょう。
21 火	□	スマホやネットを見る時間を削り、もっと大事なことに費やすように。やることがないと嘆く人は、本を買って読むといい勉強になり、素敵な言葉を見つけられるでしょう。
22 水	■	体がスッキリしない日。今月の疲れが出てしまったり、寝不足を感じたりしそう。ダラダラするとさらに疲れるので、メリハリをつけて。昼食は軽めにし、消化のいいものを選んで。
23 木	●	うれしい出来事があり、これまでの頑張りを認めてもらえそう。やさしくしてくれた人に恩返しの気持ちを忘れないように。異性から突然、クリスマスの予定を聞かれることがあるかも。
24 金	△	小さなミスが重なったり、恥ずかしい思いをしたりしそう。珍しい失敗をすることもあるので、慎重に丁寧に行動して。クリスマスイブは思い出のあるお店に行くといいでしょう。
25 土	◎	思い出に残るクリスマスになりそう。特に予定がない人は、友人に連絡してみんなで楽しんでみるといいでしょう。みんなで明るい未来の話をすれば、運気がよくなりそうです。
26 日	◎	買い替えをするにはいい日。古くなったものは処分して最新のものを購入してみましょう。１年のごほうびにおいしいものを食べたり、少し高い化粧品を購入するのがオススメ。
27 月	▽	午前中に大事な用事は済ませて。年賀状を書き忘れていたら、急いで書いて送りましょう。夕方以降は、強引な人に予定を乱されてしまうことがあるかも。
28 火	▼	上機嫌でいられないときは、人に会わないようにすることが大事。不機嫌が原因でケンカや不仲になってしまいそう。自分の気持ちを上手にコントロールできるよう訓練を。
29 水	×	過度な期待はしないほうがいいでしょう。買い物や出先でガッカリする出来事がありそう。引きずらずに、ほかに楽しいことやおもしろいことを見つけるようにしましょう。
30 木	▲	年齢に見合わないものやマイナスのイメージがあるものを処分して。部屋をシンプルにすることで、気分がよくなるでしょう。着ることがない服は一気に処分しましょう。
31 金	○	例年とは違う大晦日になりそう。カウントダウンライブに行ったり、友人の家で過ごしたりするといい思い出に。近くのお店に飲みに行くとおもしろい出会いがあるかも。

☆ 開運の日　◎ 幸運の日　● 解放の日　○ チャレンジの日
□ 健康管理の日　△ 準備の日　▽ ブレーキの日　■ リフレッシュの日
▲ 整理の日　× 裏運気の日　▼ 乱気の日　＝ 運気の影響がない日

金のインディアン座

12年周期の運気グラフ

金のインディアン座の2021年は…

■ リフレッシュの年

12年周期の中で最後の試練の時期となる「リフレッシュの年」。求められることが増えて心身ともにプレッシャーがかかりますが、しっかり休んで乗り越えましょう。2021年からは運気上昇！

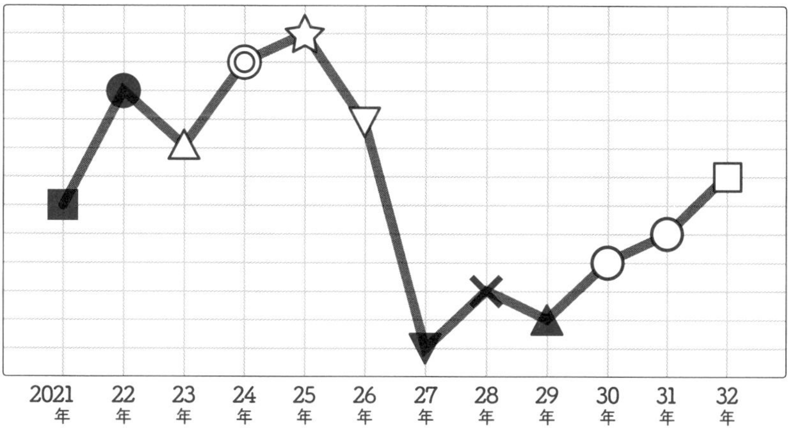

☆ 開運の年　◎ 幸運の年　● 解放の年　○ チャレンジの年　□ 健康管理の年　△ 準備の年
▽ ブレーキの年　■ リフレッシュの年　▲ 整理の年　✕ 裏運気の年　▼ 乱気の年　＝ 運気の影響がない年

金のインディアン座はこんな人

基本の総合運

五星三心占いで唯一、人を表すインディアン座ですが、大人ではなく、好奇心旺盛で心は中学生のままの人です。幅広く情報を集めるため、周囲から「何でそんなこと知ってるの？」と言われるような新しいことを知っていたり、流行のさらに先を読むことができたりする人でもあるでしょう。妄想や空想が好きで、常にいろいろなことに興味を示しますが、飽きっぽいため、計画的に行動することが苦手です。人懐っこく、知り合いが多くなることで幸運をつかむことができるので、友人に執着しないほうがいいでしょう。

基本の恋愛&結婚運

恋は恋、仕事は仕事、趣味は趣味と、すべてを同率にするため、若いころだけは恋にどっぷりハマることがあっても、社会に出るとそこまでの深い恋をする感じではなくなります。「恋も楽しいし仕事も頑張る、趣味の時間も欲しい」というタイプに。そのため恋人に寂しい思いをさせてしまい、相手が浮気する隙を作ってしまうことも。結婚願望は強くはないのですが、家族を大事にします。結婚後は、相手も自分の家族も大事にしますが、ほどよい距離感を大事にしようとする面も出てくるでしょう。

基本の仕事&金運

フットワークの軽さを活かした仕事に就けると活躍できるので、販売や商社、営業に強いタイプ。営業先の偉い人と仲よくなり、お酒の席で大事な仕事をとることができるなど、学生時代よりも社会に出てからのほうが能力を発揮することができるでしょう。転職することで複数の技術を習得でき、人脈を広げて仕事に活かすこともできそうです。金運は、中学生のようなお金の使い方をするので、できれば定期的にお金を貯めることが大事。複数の銀行にお金を分けて預けておくと、自然と貯まるようになるでしょう。

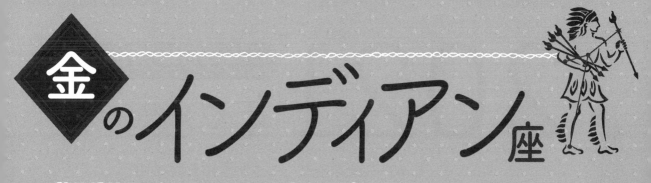

2021年の運気

■リフレッシュの年

2021年開運 3カ条

1. しっかり仕事をしてしっかり体を休める
2. 湯船にしっかり浸かり、睡眠時間を増やす
3. たくさん笑う

総合運

しっかり休んで試練のときを耐え
仕事も遊びもペースを落とそう

求められることが増える忙しい年。無理が続くため疲労がたまりすぎて体調を崩してしまう場合や、精神的にも辛くなることが多い運気です。「リフレッシュの年」は、リフレッシュができる運気ではなく「しっかり休みましょう」という意味で名づけた年。すでに2020年の夏あたりから少し体調がすぐれないと感じる人や、年末に体調を崩してから調子が戻らない人もいるはず。元来、おもしろいことを見つけてすぐに飛びつき、予定の詰め込みすぎで落ち着きがないくらいのほうが楽しいタイプですが、2021年はスケジュール帳にしっかり体を休ませる日を先に書き込んで、心身ともにリフレッシュする日をきちんと作るようにしましょう。

金のインディアン座は、五星三心占いの中では「中学生」のイメージ。いつでも無邪気で新しい情報が大好き、マイペースで楽天家な人が多いです。また、交友関係は広いものの本当は浅い付き合いが好きなタイプ。とにかく落ち着きがないので、じっとしていると思ったら、どこかにフラフラ出てしまうような人です。そのため自然と疲れがたまっているのに、気がつかないまま過ごしている場合があります。

特に2015年くらいから長い闇に入り、ここから３～４年間は坂道を駆け上がっていたような運気です。そろそろ限界を感じる時期であるうえ、2021年は実力以上の仕事を受け入れて、限界を超えて体調を崩すこともあるので注意してください。忙しいほうが自分らしく生きられるため、充実した時間を過ごせると思いますが、実力以上の仕事やオーバーワークになってしまう時期でもあるので、上手にコントロールする必要が出てくるでしょう。

足を引っ張る人、追い越していく人が見えてしまうため、やる気を失って現状を投げ出したくなることも。12年周期の運気の中で「リフレッシュの年が最も辛い」と言う人もいるくらいです。2021年は坂道の最後の年。後１歩で流れが大きく変わる「解放の年」の到来です。限界だと思ったら、その次の年が最高によくなる人が多いので、2021年は最後の試練だと思って耐えること。ただし、耐えるだけでは苦しくなってしまうので、きちんと休んでリフレッシュをしてください。ストレス発散もしっかりして、万全の体制で「解放の年」を迎えることで一気に運気の波に乗り、これまでの努力や頑張りを回収しましょう。

2021年、最も注意が必要なことは「予定の詰め込みすぎ」です。金のインディアン座は暇が嫌いで「忙しくて最悪」などと言いながらも、予定が詰まっている忙しい生活を好み、心も体も充実させるタイプ。好奇心旺盛なのはいいことですが、2021年はメリハリをつけて「しっかり仕事をして、しっかり体を休ませる」ことが大事になります。ここでいう「しっかり体を休ませる」ことは「休みだから、どこか遊びに行こう」という意味ではありません。2021年は「丸1日何もしないでのんびりと家で過ごす日をできるだけたくさん作るようにしてください」ということ。特に、上半期に必要なことです。それには、ゆっくりできる趣味を作っておくことも大事。映画やDVD、ネットなどの動画鑑賞、ゲーム、読書など、家で楽しめるものはいっぱいあるので幅広く試すことをオススメします。もちろん軽い運動も大切になるので、朝起きてからのストレッチやスクワットで基礎体力作りなども心がけるようにしましょう。

年齢に合わせて食事のバランスを考えることも必要であり、できれば飲酒も控えるように。「休みの日だから家で飲もう」では、まったく意味がありません。2021年は、どうしても飲みたいときはノンアルコールビールや、炭酸水に輪切りのレモンを入れて飲んでください。妄想と空想が好きな金のインディアン座ですから、「これはお酒だ」と自分に言い聞かせながら飲んでみると、思ったより楽しく過ごせそう。

体調に異変を感じるときは早めに病院に行くようにしてください。医者運が悪いタイプでもあるので、基本的には自分で探さずに周囲の人に紹介してもらうなど、評判のいい病院を選ぶように。疑問を感じるときは必ずセカンドオピニオンを受けることも大事です。思わぬおもしろい先生や看護師さんと仲よくなって、病院に行くのが楽しくなることもあるでしょう。

上半期と下半期では運気の流れが大きく変わる年。特に上半期は体調に要注意なので、無理のないように過ごすこと。ゆとりを持って行動するようにしましょう。2021年になると、さっそく1月から風邪をひいてしまったり、体調を崩してしまうことがあるかも。3月は予想外のケガをする場合があるので、ぎっくり腰や膝のケガ、足首の捻挫などに十分注意しましょう。重たいものを急に持ってはいけません。些細なことに油断したり、ジャンプをして捻挫や骨折などをする可能性もあるでしょう。特にお酒を飲んで調子に乗ったときは転んで血だらけになったり、骨折など、周囲に迷惑をかけてしまうことが起きそう。二日酔いにも苦しむことが増える運気です。「酒が弱くなった」と感じるなら、この機会に1年くらいはお酒を飲まない生活を楽しんでみるのもいいでしょう。お酒を飲まなくてもみんなでワイワイしている場所にいることで十分楽しめるはず。テンションを上げておけばお酒の力がなくても問題はないでしょう。金のインディアン座の場合は、お酒が好きなのではなく「酔って語ることが好き」なので、語ることができればお酒もいらないことに気がつきそうです。少なくとも3月だけは品よくおしとやかに過ごしたほうがいいでしょう。忘れ物、うっかりミス、失言、ケガ、事故もしやすいです。不注意からくるものが多いので、気をつけておけば簡単に避けられます。

下半期に入っても夏場は調子を崩しやすいです。7〜8月は無理をしないように。「お盆休みまでは頑張ろう！」と無理をすると謎の蕁麻疹が出る場合や、ストレスから体調を崩してしまう可能性があるので、ペースを落として限界まで頑張りすぎないようにしましょう。

2021年は運気的には〝頑張る年〟の最後の年。実力を身に付けられる運気でもあり、頑張りがいのある時期でもあります。求められることが増えるので、やる気のない人には辛い状況になる場合もありますが、やる気を出せば簡単に問題が解決する場合もあるでしょう。求められたことに全力で応えれば、失敗をしても、次にチャンスをもらえるようになるはずです。手抜きをしたり、ほどほどで終わらせたりしないようにしましょう。そのために、計画をしっかり立てて頑張る方法を編み出してください。金のインディアン座は根が飽きっぽく、先を考えないで急に行動するため、自ら苦労を招いていることが多いタイプ。休みの計画を作ることも大切ですが、無駄の少ない動きや生活を送るためにも、時間をうまく使えるように工夫しましょう。

マイペースゆえの無駄が非常に多いタイプでもあります。SNS、ネット検索、動画を観る時間、情報を集めるクセで、頭の中がいっぱいになってしまい、時間が足りなくなってしまいがち。趣味の時間を削って、ほかに役立つことをしたり、休む時間を作りましょう。遊んでいた時間を削って、温泉やスパに行ってのんびりしてみるのもオススメ。マッサージやストレッチ、筋トレの時間に充てるなどしてみるのもいいでしょう。健康的な生活やリフレッシュになることに時間を使ってください。

10月〜12月の年末まで体調を万全にしている人は、風向きが大きく変わり流れに乗れるでしょう。忙しくも充実した時間ができ、これまででは考えられないような大きなチャンスをつかむことができるはず。すぐには結果に結びつかなくても、大事な経験と出会いがある運気。知り合いの輪を広げ、いろいろな人に会うようにするためにも、異業種交流会や友人や知人の集まる場所にはできるだけ顔を出すようにしましょう。急な誘いほど後に縁が長くなる人と出会ったり、運命的な出会いになりやすいので、時間をうまく調整してください。この時期からは遠慮はいりません。2022年の「解放の年」の運気の流れがすでにやってきているので、勘のいい人はこの空気を読んで一気にチャンスをつかむことができます。実力を出しきること、自信を持ってアピールすることが大切です。

好奇心旺盛で変化が好きなタイプですが、2021年は現状を維持することが大切。特に大きな決断や転職、引っ越し、イメチェン、結婚などには不向きな年です。何かを変えるよりも現状で何を楽しめるのか、いろいろ考えてみるといいでしょう。交友関係を無理に広げるより、現在の仲間や知り合いと一緒に十分楽しめることがたくさんあると忘れないように。できれば好奇心を「どうしたらリフレッシュできるかな」というほうに向けてみましょう。湯船に浸かるときの入浴剤を楽しんでみる、アロマを焚く、ヨガをはじめる、音楽のジャンルを変えるなど、まだまだやっていないことのほうが多いと思います。2021年は「気になった大きなことをはじめる」よりも「体によさそうならはじめる」「ストレス発散になるならやってみる」くらいの気持ちでいるといいでしょう。

限界を超えて頑張りすぎ、体調を崩してしまったときには、当然しっかり休むこと。病院に運がない「インディアン座」ですから、不審に思うときは必ずセカンドオピニオンを受けましょう。周囲からオススメされた病院に変えて検査することで病気が見つかる場合もあります。「何か変だな」と思ったらひとつの病院に通い続けないようにしてください。

計画的に過ごすだけでも違う年です。飲み会や遊びを減らしましょう。また、ここ数年、頑張ってきた人ほど「休んでいられない」と思われるかもしれませんが、少しでもいいので仕事のペースを落としてみること。自分の体の悲鳴はあなたにしか聞こえないので、無理や無茶な生活を続けないようにしてください。

恋愛運

デートの前日は8時間睡眠を死守！
体の心配をしてくれる相手に注目

仕事が忙しくも楽しくなってしまい、恋に目を向けることを忘れてしまいそうな年。恋人と楽しい時間を過ごすのもいいけれど、「仕事で結果を出したい」「求められたことに応えたい」と、気がついたら恋人の存在を忘れてしまいそうです。メッセージの既読スルーを繰り返し、疎遠になることもあるので気をつけて。久しぶりのデートでも、疲れからウトウトしたり、些細なことでイラッとしたり、ケンカになってしまうこともあるので要注意。問題なく交際が続けられれば、年末にゴールインできる流れを作れる場合もあるので、忙しくても連絡だけは忘れないようにしましょう。

2021年は新しい出会い運はありますが、素敵な人に出会える確率は低め。特に9月あたりまでは期待ができないので無理に出会いを増やそうとするよりも、体を休ませたり、趣味を楽しんだほうがいいでしょう。好奇心があるので「どんな人がいるかな」と、ついつい酒の席などに顔を出してしまった場合は、時間やお金、体力を浪費してしまいそう。一方、期待が高まるのは10、11、12月の年末。この時期は知り合いからの紹介をはじめ、急な飲み会や食事会の誘いには必ず顔を出しておくこと。特に、ここ2〜3年で仲よくなった気の合う人や、尊敬、信頼できる相手なら無理をしてでも会ってみるといいでしょう。最初は雑談で終わるような食事会でも、連絡先を交換しておくと2022年の春や秋くらいから急に縁がつながり、交際や結婚の相手に発展する可能性が。そのためには10月くらいに明るくイメチェンをして雰囲気を変えてみるとよさそうです。

2019年、2020年あたりから仲よくなっている相手と関係を進めたい場合、今年のデートの前日は8時間以上睡眠をとることをオススメします。思った以上に疲れが顔に出てしまい、せっかくのデートで印象が悪くなってしまったり、デート中に眠くなったり、話が盛り上がらない場合が。映画で爆睡をして気まずい空気になってしまうこともありそうです。万全な態勢でデートができるようにコントロールしましょう。「リフレッシュの年」という話題を利用して、温泉旅行に誘ってみると一気に関係を深めることもできそうです。スポーツデートをして一緒に汗を流し、健康的な体を作ってみるのもいいでしょう。ただ、張りきりすぎてケガをすることもあるので気をつけてください。

今年は、あなたの体の心配や心のケアをしてくれる人に注目することも大事。仕事の忙しさから愚痴や不満も出ると思いますが、そんな話を聞いてくれて、あなたの気持ちを楽にさせてくれたり、笑わせてくれたり、一緒にいるといい気分になれる相手を見つけるにはいい年です。疲れが表面化して雑な部分が出てしまっても、受け入れてくれる相手のやさしさを感じられる1年でもあります。「楽からはじまる恋」を楽しんでみるのもいいでしょう。2、4、5、6、10、11、12月の恋愛運は沈んでいません。スケジュール管理をしっかりして、無理なく相手に会うようにすること。疲れを感じるときは「今日はランチデートで終わり」と帰りの時間を先に決めておくなど、疲れを見せない工夫も必要に。笑顔と元気が続くほうが印象がよく、デートの引きが早いとかえって相手が盛り上がってくれる場合もありそうです。

開運のつぶやき ▶ いかに相手をリラックスさせられるかをもっと意識してみると運気もよくなる

結婚運

忙しさからタイミングを逃すかも 結婚への準備を楽しむ年だと思って

仕事に追われたり、予想外に忙しくなったり、結婚するタイミングを逃しやすい年。2020年中にすでに婚約を済ませ、入籍を2021年に予定しているカップルは問題ないので、そのまま進めてください。交際はしているけれど、結婚がどうなるのかまだわからないカップルは、2021年の11～12月の入籍がいいでしょう。そのほかの月は話がまとまらなかったり、忙しさから後回しになってしまう可能性が。焦って無理に話を進めるよりも、2021年はのんびりふたりの時間を楽しみましょう。

仕事の忙しさや疲れのイライラから恋人との関係が崩れやすい時期でもあります。忙しいときに無理に会っても、ケンカになったり、急なドタキャンをしたことで別れ話や破談になったりしそうです。恋人と将来の話をするなら、自分の体調が絶好調のときや上機嫌でいられるときがいいでしょう。これは相手も同じなので、疲れているときや機嫌が微妙な場合には無理に話を進めないように。2021年はふたりの関係もリフレッシュするくらいの気持ちで、温泉旅行に出かけたり、自然の多い場所でのんびりとデートしたり、家でゲームをしてまったり過ごす感じのほうがいい関係を続けられそうです。

恋人がいない状況で結婚を望む人は、年内はかなり厳しい感じです。自分磨きをして美意識のレベルを上げつつ、11～12月を目標にいろいろな人に会い、今の自分に見合う相手を探すこと。知り合いの輪をできるだけ広げる努力はしておいてください。今年の縁は強くはありません。異性と話をする練習だと思って、どんな人が何を考えて、どんなふうに思うのかなど、相手の気持ちや立場を想像するようにしましょう。自分が好きな気持ちよりも「どうしたら好かれるのか」「興味を示してもらえるのか」「愛されるのか」を考えてみてください。「マイペースを優先する」のもあなたの魅力ですが、好かれる努力をすることも大切です。特に今年は、2022年の結婚運に大きく響く年でもあるので、自分磨きをしながら「相手から自分がどう見えるか」を想像して行動しましょう。

結婚に話が進みそうな場合は、相手の運気を調べることをオススメします。決断には不向きな運気ですが、相手からのプロポーズを受け入れるならOK。相手が「時計座（金／銀）」「銀の鳳凰座」の場合は、結婚の話を進めても問題は少ないはず。ただし、あなたからプロポーズをしないでください。ほかのタイプとの入籍は、運命を狂わせる原因になるほか、後の人生が大きく乱れる場合があるでしょう。病気、事故の原因になってしまう運気なので、できるだけ避けるように。2022年の結婚のために、お金を貯めたり、式場を選んだり、新婚旅行などの準備を楽しむ期間だと思っておきましょう。

期待ができるのは2022年の「解放の年」。2021年の年末から運気は急激に変わってきます。ふたりとも気持ちが高まる流れですが、その前に疲れからの大ゲンカやすれ違いも起きそう。ここは愛情を試される試練だと思って、お互いに悪い部分ばかり見ないように。いい面に注目したり、考え方を変えてみたり、交際初期の気持ちや感謝を忘れないようにするといいでしょう。また、お金といった現実的な準備も必要になるため、年内にできることをしておいてください。

仕事運

頑張ってきた人には大きなチャンスが到来 転職は長い苦労を背負うことになるのでNG

求められることが増えて忙しい１年になるでしょう。実力以上の結果が求められるなど、プレッシャーのかかるポジションをまかされてしまう流れもあります。仕事好きな金のインディアン座には、やりがいのある充実した日々を過ごせる可能性が高いですが、仕事の頑張りすぎで体調を崩してしまう場合も。2021年は、しっかり仕事をして、しっかり休むことが大切。仕事の付き合いを大切にしすぎるところもあるので、ほどほどにしておくといいでしょう。

ここ２〜３年、仕事をバリバリやってきた人には、大きなチャンスと思える仕事が舞い込んでくるはず。上司や会社から期待されるため、気合いを入れて取り組まなければならない時期です。実力をうまく出しきることで2022年につながり、一気に加速する流れを作ることもできるでしょう。４〜５月の仕事はできるだけ丁寧に行うように。11〜12月は、結果を最大にするため、知恵を絞り工夫すること。周囲に協力してもらうことも大事でしょう。

問題は仕事にやる気がなく、これまでなんとなく取り組んでいた人です。「12年で最も辛い仕事運」と言えるような状況になってしまう場合が。やりたくない仕事で大きな結果を求められたり、責任ある大事な仕事をまかされたり。なんとなくやってきたため、実力不足で苦しんでしまう可能性があります。趣味や遊びなどすべてを投げ捨てて、仕事に気持ちを切り替えて。11〜12月にいい結果に結びつく可能性があるので、２月、もしくは４月くらいから真剣に取り組みましょう。

ただし、「リフレッシュの年」なので、仕事を頑張ったぶんは、しっかり休むこと。疲れをとるためにマッサージや温泉、スパに行くなど「休むことも仕事のうち」です。計画的に体を休ませるスケジュールを組みましょう。疲れがたまったままでの仕事では、大きなミスや職場でのケガ、事故につながる可能性があります。体調に異変がある場合は無理な残業を避け、早退をする判断も必要になるでしょう。

最も注意してほしいのは、2021年になってからの転職です。12年周期の運気グラフを見ていただければわかると思いますが、ここ数年は坂道を駆け上がってきた時期。疲れがたまって限界を感じていることもあり、結果が伴わない人が多い期間です。長い人は「乱気の年」から辛抱が続いているので、これ以上の我慢ができないと思われます。しかし、ここで転職をすると最大で15〜16年の長い苦労が続いてしまうでしょう。転職は2022年の10月までは簡単にしないように。2022年の５月まで頑張ってみると「これまで辛抱してよかった」と思える出来事があり、仕事が楽になる流れです。2022年は運気の流れがよくなる「解放の年」なので、そこまでは頑張り続けてみましょう。

また、疲れがたまりすぎる前に仕事を休むようにして。有給休暇をとるにはいい年です。休んだぶん、職場の人にお礼や感謝の気持ちを忘れないように。ささやかなものでもいいので、お土産やお菓子を配りましょう。付き合いの飲み会も、すべてに顔を出さなくてもいいのでメリハリをつけて参加して。付き合いを大切にし、あなたからみんなを食事などに誘って仲よくなるのもよさそう。コミュニケーションをとることで自分の仕事が楽になるはずです。

開運のつぶやき ▶ 自信がないほうがいい。自信がないから自信を持つように努力できるもの

金運

体のケアをしないと病気やケガで大出費に 不動産の購入と投資に挑戦するのも避けて

運気の流れでいうと金運は悪くなく、収入もアップする時期。しかし、予想外の出費が増えてしまいそうな年でもあります。仕事の忙しさからストレスで衝動買いが増えてしまったり、お酒の量が増えてしまったり。疲れがたまりすぎて、マッサージや整体などの体調を整えるための出費も増えてしまいそう。とはいえ、リフレッシュをすることは運気アップにつながります。体のケアをしないまま仕事や遊びに体力を使いすぎると、病気やケガから予想外の大出費につながることもあるので気をつけましょう。

注意すべきは病気やケガの出費、さらには体調を崩して収入を落とす可能性もあります。2021年は体をしっかり休ませることが大事です。多少の出費は覚悟して、体調を崩さないことを優先したほうがいいでしょう。また、2021年は予想外に仕事が忙しくなりますが、そのわりに給料やボーナスは増えないでしょう。不満がたまる中でストレス発散にお金を使いすぎないこと。2021年の頑張りは、数年後に「あのとき頑張ってよかった」「お金は後からついてきた」と思えるので、あまり気にしないようにしましょう。

金のインディアン座は、お金をキッチリ貯めることが不得意な人が多いです。お金を持った中学生があっという間に使ってしまうように、気がついたらどんどん欲しいものを購入しがち。特に、ここ２～３年は忙しく過ごしているぶん、反動で余計なものを購入しやすく、本当は価値のないものを手に入れている場合も。身の回りにある不要なものを見直して、今後のお金の使い方を真剣に考えることが大切です。

2021年、最も注意が必要なのは、投資や資産運用をはじめること。家やマンション、土地などで大金を動かすことはオススメできません。たとえば投資を2021年にはじめると、一瞬いい感じになったとしても、最終的には株の変動に気をとられて仕事に集中できなくなりそう。大損をして長い時間モヤモヤしたり、後悔したりするのでやめておきましょう。すでに投資などをはじめている人も、高額な投資は避けてください。少しくらいの損で焦らないことも大事です。また、不動産取得には最も不向きな年なので注意してください。すでに契約段階に入ってしまっている場合でも、契約をやめたほうがいいでしょう。2021年の家やマンション購入は、体調を崩しやすくなったり、余計な不運を引き寄せてしまう可能性があります。自分でローンを組む責任がない場合でも、組む本人の運気が悪くないか調べたうえで、もう一度考え直してください。

2021年は、普段なら買い物や娯楽で使っているお金を、温泉旅行、マッサージ、エステ、リラクゼーションサロンといった、これまでとは違う使い方をして楽しんでください。クラシックコンサートでゆっくり音楽を聴いたり、スポーツジムでパーソナルトレーナーをつけたりして、しっかり体を鍛えてみるのもいいでしょう。また、家でのんびりするためのものにお金を使うのもオススメ。ゲームを購入する場合は、スマホで課金するよりもゲーム機を購入したほうがお得に遊べていいでしょう。ほかにも読書をするといいので、気になる本を買ってみてください。これまで休日に動き回っていた人ほど、2021年は好きな音楽を聴きながら知識を増やすなど、ゆったりとした時間を過ごして。

家庭運

**家族からの健康面の指摘で命拾いするかも
温泉旅行へ出かけリフレッシュしよう**

2021年は家族のおかげで命拾いする場合や、大きな病気になる前に病院へ行くきっかけができそう。家族の言葉にはしっかり耳を貸すようにしましょう。特に、体調を指摘する言葉には敏感になっておくことを忘れないようにしてください。たとえば「顔色悪くない？」「息が臭い」「いびきが最近ひどい」などと言われたら「嫌なことを言う！」「無神経な！」と思わず、「身内だからこそ言ってもらえる」「原因を調べるためにも病院に行くきっかけになった」などと、しっかり聞き入れるように。あなたが思っている以上に、家族は冷静にあなたの体調の変化に気づいてくれます。他人の場合は気を使って、思っていても言ってくれないことが多いので、忘れないようにしましょう。

仕事が忙しくなる時期のため、夫婦の関係が悪くなってしまう場合や、距離があいてしまうことがありそう。「リフレッシュの年」なので一緒に温泉旅行へ出かけるなど、ゆっくりする時間を過ごすといいでしょう。金のインディアン座は基本的に落ち着きがないので、相手のペースに合わせて休日を楽しむことも大事。相手に「リフレッシュするなら何をする？」と質問してみると、いいアイデアが浮かぶこともあるでしょう。相手からオススメされたことを素直に行ってみるのもよさそうです。不慣れなスポーツを一緒にやってみるのもオススメ。また、子どもを望んでいる夫婦の場合、2021年は授かる可能性があります。その挑戦をしてみるためにも、体調をしっかり整えましょう。

仕事の忙しさでイライラした空気を子どもが読んでしまい、子どもとのコミュニケーションをしっかりとる時間が減るなど、距離があいてしまうことも。言葉も雑になりやすく、普段なら怒るようなことでもない場面で、イラッとしてしまうかもしれません。休みの日や仕事を早めに切り上げられたときには、話せる時間を作るように心がけてください。遊びながらでもしっかりと子どもの話の聞き役になってみるといいでしょう。疲れているときは肩たたきをしてもらい、その感謝の気持ちを伝えてみるのもオススメ。親の喜ぶ姿やお礼の言葉をきっかけにして、子どもが素直に成長しそうです。

両親との関係も同様に、忙しくなることで2020年より会う機会が減ってしまう場合があるため、会う計画を先に立てておいてください。一緒にリフレッシュの温泉旅行や食事会などに行くのもいいでしょう。親孝行を兼ねつつ、自分もゆっくり温泉に浸かって日ごろの疲れをしっかりとっておくとよさそうです。ちなみに疲れがたまっているときは、両親と話しても気まずい空気になったり、言葉が強く出すぎてしまったり、ケンカになる場合があります。言い方や伝え方には気をつけてください。甘えから余計なトラブルを引き起こしてしまうことがあるので注意が必要でしょう。

家族の存在が大きくなる年です。健康を気遣ってもらえることで病気や体調の崩れを避けられ、仕事で疲れても家族の顔を見てもうひと踏ん張りできそうです。素直に甘えることも大事。甘えさせてもらった場合は「ありがとう」の言葉を言い忘れないように。感謝の気持ちを少しでも表すことで、よりいい家族関係が築けるようになるでしょう。

開運のつぶやき ▶ 削っているのは時間じゃなくて魂を削っている

健康運

知らずにため込んでいた疲れが一気に出そう
体をしっかり休ませることが大切

五星三心占いで２番目に体調を崩しやすい時期が「リフレッシュの年」。これまで坂道を駆け上がってきた疲れが、一気に表面に出てしまう１年です。すでに2020年あたりから体調を崩していると感じる人は、気をつけてさえいれば、2021年には大きな病気を避けられそう。2020年にまったく体調の変化がなく元気いっぱいだった人ほど、2021年は体調を崩しやすいため、病気やケガに気をつけましょう。「リフレッシュの年」と名づけているだけあり、2021年はしっかり休んで無理のない生活を送ることをオススメします。

特に、金のインディアン座はほかのタイプよりも落ち着きがなく、動き回ってしまいがち。のんびりゆっくりするよりも気になるものがあれば見に行き、興味のあることがあれば挑戦をして、いつでもやりたいことがいっぱいです。たとえのんびりしているように見えても、頭の中では妄想と空想で余計なことばかり考えているなど、休む暇がない人も。周囲からも「落ち着きがない」と思われてしまうことがあるでしょう。「インディアン座」の心は「中学生」みたいなものなので、落ち着いてゆっくりすることに不慣れです。2021年はこの性質が原因となって、病気やケガなどで体調を崩してしまうことがあるでしょう。

金のインディアン座は体調を崩しやすい人が多いと感じますが、冷静に考えてみると、これは体を休ませることをしないまま突っ走っているだけ。2021年からは体を休ませるリズムをしっかり作るようにしてください。人に執着をしないので深い交友関係は築きませんが、飲みの席で楽しむのが好きなため、お酒を連日飲んで体調を崩してしまうことも。特にここ２～３年は人脈が広がる運気だったため付き合いが多く、おもしろい話ができる人と連日のように飲む機会が増えていたと思われます。2021年は付き合いが悪いと言われてもいいので、飲み会の回数は減らすようにしましょう。

「リフレッシュの年」は美意識を高めるといい時期です。しかし、美を追求して逆に体調を崩す場合があるので、無理なダイエットは禁物。絶食をしてフラフラになると、ケガや病気の原因になってしまいます。しっかりごはんを食べて、しっかり運動をすることが大切です。ただ「痩せる」のではなく「健康美」を目指し、体に無理のないようにしましょう。

2021年はしっかり筋トレをして体を鍛えることもオススメ。特に、朝起きてから出社をするまでに、ストレッチや筋トレをすることを習慣にしてください。テレビを見ながら前屈をするなど、ハードな運動でなくてもいいでしょう。スクワットや腕立て伏せ、腹筋を10回程度でいいので、継続できることをやってみて。

１月に体調を崩してしまった人ほど生活リズムを整えることが必要。特に2021年は睡眠時を８時間以上とれるようにしましょう。そして、寝る４時間前には食事を終える、朝は軽く運動をするなども心がけましょう。食事は果物や胃腸によさそうなものを選び、辛いものなどは食べすぎないように気をつけて。お酒は必ず休肝日を作るようにしましょう。一度、健康的な生活をはじめてみると、なんとなく続けられるタイプなので、ゆるい感じでやってみて。

年代別 アドバイス

年齢が違えば、起こる出来事もそれぞれに違います。
日々を前向きに過ごすための年代別アドバイスです。

年代別アドバイス 10代

例年と同じテンションで遊んでいると疲れがたまってしまうでしょう。思わぬケガをしやすい年です。段差や階段で転んで大ケガをすることもあるので、丁寧に行動するように心がけておきましょう。人間関係でストレスがたまるときは、長い付き合いの人でも距離をおくように。自分のペースを優先することで気持ちが一気に楽になるでしょう。無理に集団や友人に合わせるような生活を送らないようにしましょう。

年代別アドバイス 20代

若さの勢いで突っ走るには危険な年。お酒を飲んで大失敗したり、大ケガをしたり、調子に乗りすぎて後悔することもあるので気をつけましょう。暴飲暴食で体調を崩して後悔する場合もあるので、規則正しい生活を心がけるように。スポーツをするのはいいですが、膝や足をケガしやすいのでムキにならないようにしてください。ストレスになる人間関係や異性も出現しやすいので、面倒を感じる前に距離をおくと少し楽になるでしょう。

年代別アドバイス 30代

仕事が忙しくなりすぎて限界を感じてしまう年。無理をしないことが大切です。また、周囲に協力してもらえるような関係性を作っておくことも大事。突然体調を崩す可能性があるので、少しでも異変を感じる場合は、早めに病院に行って検査をしてもらうこと。2021年は朝起きたらストレッチをしたり、軽く体を動かしてみて。ラジオ体操をする習慣を身に付けるのもいいでしょう。20代と同じテンションで食べないようにすることも大事です。

年代別アドバイス 40代

腰痛や足の痛みなど、老いを感じるような年。お酒も二日酔いがひどくなるかも。スタミナが低下したと感じそうです。2021年からしっかり運動をしてください。ウォーキングをはじめ、家でスクワットなどの基礎体力作りを行うようにしましょう。10分でもいいので昼寝をする時間を作ると体が楽になりそう。これまでの食生活も大幅に見直して、果物を多めに食べるといいでしょう。健康情報を集めて、気になるものをはじめてみてください。

年代別アドバイス 50代

体質が変わったり、体力の低下を感じる年。お酒が急に弱くなってしまうかも。しっかり寝ても疲れがたまっている場合がありそう。2021年から健康的な生活を心がけること。「もう若くない」と思ってください。基礎体力作りの運動もしておきましょう。腰痛や膝痛、ぎっくり腰などになりやすいので重たい荷物に気をつけて。内臓に異変を感じる場合は、しっかり精密検査をしてもらいましょう。食生活も2021年から年齢に合わせるように。

年代別アドバイス 60代以上

体調に要注意な１年。すでに2020年から調子が悪い部分があるなら、特に注意が必要。１月に不調を感じる場合は、無理をしないで。しっかり病院で検査をしてもらいましょう。我慢することで命に関わるような可能性もあります。病気が発覚する時期でもあるので、暴飲暴食やバランスの悪い食事には特に注意してください。また、飲酒は控えること。2021年は腰痛で悩みやすいので、前屈をするなどのストレッチを軽くしておきましょう。

開運のつぶやき ▶ 感謝の気持ちが強い人は、運も強くなる

あなたの命数はP.10からはじまる命数早見表でチェック！

命数別2021年の運勢

【命数】

11

好奇心旺盛な心は中学3年生

基本性格

負けず嫌いの頑張り屋。さっぱりとした性格で、女性の場合は色気がまったく出ない人が多く、男性はいつまでも少年のような印象を与えるでしょう。心が中学3年生くらいからまったく成長しておらず、無邪気で好奇心も旺盛です。やや反発心を持っているため、若いころは生意気な部分がありますが、裏表の少ない性格で誰とでもフレンドリーなところから、幅広い知り合いができることも多いでしょう。妄想が激しくなりすぎるのはほどほどに。

〉〉2021年の開運アドバイス

ラッキーカラー グリーン、イエロー

ラッキーフード 鍋料理、ぽん菓子

ラッキースポット キャンプ場、スポーツジム

開運3カ条

1. 意地を張らない
2. 内臓の検査をしてもらう
3. 軽いスポーツをする

2021年の総合運

負けは素直に認めて意地を張らないほうがいい年。自分のペースを優先し、ライバルや周囲の人に振り回されないようにしましょう。考えすぎは胃腸に悪いので、少し汗を流すスポーツをするとよさそうです。ただし頑張りすぎてケガをすることがあるので、気楽にやれるものを選んでください。これまで体調に異変がなかった人でも、2021年は謎の肌荒れや食欲不振などになりやすいですが、悩みや不安を聞いてくれる人と語ってみると楽になるでしょう。

2021年の恋愛&結婚運

恋の進展が難しい運気なので、異性の友人や知り合いを増やすくらいの気持ちで過ごすといい年。「2021年は縁が薄いから」と思って少しくらい生意気なところを出しておくと、逆にさっぱりとした性格や気楽な感じを好きになってもらえる場合もあるので、飾りすぎないように。ただし、挨拶やお礼だけはしっかりしておくことを忘れないで。結婚運は、仕事優先で後回しになる年。親友のような付き合いなら2月か12月の入籍がいいでしょう。

2021年の仕事&金運

仕事を頑張っていることは認めてもらえても、なかなか結果につながらない年。周囲とのトラブルでやる気を失うことなどもあり、ストレスになるので、気にせず自分のペースで仕事を進めるようにしましょう。不慣れなことや苦手なことを他人に押しつけるのではなく、素直に頭を下げてコツを教えてもらうことも大事。結果を出している人を認めて尊敬することも大切です。金運は、出費が多くなる年。ストレス発散にお金を使って。

【命数】

12

冒険が好きな楽観主義者

基本性格

刺激と変化を求める無邪気な人。心は高校1、2年生で止まったままの好奇心旺盛なタイプ。やや落ち着きがなく、無計画な行動へと突っ走ってしまうこともありますが、新しいことや時代の流れに素早く乗ることができ、ときに時代を作れる人です。誰も知らない情報をいち早く知っていたり、流行のさらに1歩先に進んでいることもあるでしょう。団体行動が苦手で、少人数や単独行動のほうが気楽でいいでしょう。

〉〉2021年の開運アドバイス

ラッキーカラー 鶯色、ホワイト

ラッキーフード 鍋料理、シュークリーム

ラッキースポット ライブハウス、キャンプ場

開運3カ条

1. 努力や頑張りを見せる
2. 格闘技を観戦する
3. 贅沢な旅をする

2021年の総合運

合理的に物事を進められなくなるほど多忙になったり、これまでチームワークを避けていた人は不要な苦労が増えたりしそう。周囲に合わせることを楽しんでみたり、困っている人を助けたりすると流れを変えることもできそうです。ストレスからの暴飲暴食や、刺激を求めて自ら危険な方向に進んでしまうことがあるので冷静に判断して。健康運は、胃の調子が悪くなりやすいので、消化のいいものを選んで食べるようにしましょう。

2021年の恋愛&結婚運

一度好きになると、どんな状況でも自分の気持ちを抑え込むことができないタイプ。2021年は慌ただしいからこそ逆に恋に火がつくことがありますが、危険な恋や手が届かない人に夢中になってしまうことがあるかも。2021年は振り回されて疲れてしまうだけなので、時間をかけたり、距離をあけたりしたほうがよさそう。結婚運は、仕事や趣味に一生懸命でいることを認めてくれる相手となら、相手の望むタイミングに合わせて。

2021年の仕事&金運

忙しい姿を見せることが嫌いなタイプですが、それが原因で「暇でしょ？」と思われ、予想外に大きな仕事やオーバーワークをすることになりそう。2021年は頑張っている姿を見せておいたほうがいいでしょう。また、急に仕事を投げ出して違う仕事に興味が湧くことがありますが、無謀な行動に走らないように気をつけて。金運は、刺激的なことよりものんびりできることに使うといいので、旅行などでリゾート気分を味わってみましょう。

ラッキーカラー、フード、スポットはプレゼントやデート、遊ぶときの口実に使ってみて

12のタイプ別よりもさらに細かく自分や相手がわかる！
ここでは、生まれ持った命数別に2021年の運気を解説していきます。

【命数】13

一生陽気な中学生

基本性格

明るく陽気でおしゃべり、無邪気で楽観主義者。見た目も心も若く、中学2、3年生からまったく成長していないような人。楽しいことが好きで情報を集めたり、気になることに首を突っ込んだりすることが多いぶん、飽きっぽく落ち着きのない部分もあるでしょう。わがままなところもありますが、陽気な性格がいろいろな人を引きつけるので、不思議な知り合いができ、交友関係も自然と広くなるでしょう。空腹になると機嫌が悪くなる点には要注意。

〉〉2021年の開運アドバイス

- **ラッキーカラー** グリーン、ピンク
- **ラッキーフード** たこ焼き、ソフトクリーム
- **ラッキースポット** フェス、パーティー

開運3カ条

1. 睡眠時間を増やす
2. 何事もポジティブに変換して言葉に出す
3. たくさん笑う

2021年の総合運

笑顔と明るさがあなたの魅力ですが、2021年は疲れや苛立ちからの不機嫌が周囲に伝わってしまいそう。テンションが上がらないときほど、笑顔や上機嫌でいることを忘れないように。ストレスで食べすぎて太ってしまうこともあるので、気をつけましょう。自分だけ楽しもうとしないで、周囲と一緒に楽しい時間を過ごせるようにする工夫が大切。健康運は、鼻や気管支が弱くなりそう。うがい・手洗いをしっかりしておきましょう。

2021年の恋愛&結婚運

2021年は異性の友人くらいの距離感で止めておくといい運気。酒の席で楽しむのはいいですが、ノリや勢いで関係を持ってしまうと体だけの関係で終わったり、性病や妊娠などのトラブルになったりしそう。2021年の恋は長続きせず、互いのわがままがぶつかりやすく、ストレスの原因になるので気をつけましょう。結婚運は、授かり婚の可能性が高い時期。順序を守りたいなら、年末に話を進めるといいでしょう。

2021年の仕事&金運

仕事の忙しさから愚痴や不満が増えてしまいそうな年。文句を言ってスッキリするのはいいですが、それを聞かされる相手のことを思いやって。仕事があることへの感謝を忘れないようにしましょう。何事もポジティブに変換し、周囲を笑顔にさせるくらいの気持ちで職場に行くと、仕事も楽しくできるようになるでしょう。金運は、食べすぎや誘惑に負けて出費が増えそう。お土産やおいしいものを周囲に配り、みんなの笑顔のために出費を。

【命数】14

瞬発力だけで生きる中学生

基本性格

何事も直感で判断し、突き進む人。人情家で面倒見がいい一方、情が原因で苦労や困難を招いてしまうことが多いでしょう。余計なひと言やしゃべりすぎ、恩着せがましいところが表面に出やすいタイプです。ストレス発散が苦手で些細なことでイライラしたり、機嫌が簡単に表情に出たりすることも多いでしょう。向上心を隠し持ち、周囲が驚くようなアイデアを生み出すことができる人です。

〉〉2021年の開運アドバイス

- **ラッキーカラー** ブラック、イエロー
- **ラッキーフード** がめ煮、ドーナツ
- **ラッキースポット** 美術館、映画館

開運3カ条

1. 周囲の人に感謝する
2. 品のある言葉を選ぶ
3. 睡眠時間を長くする

2021年の総合運

スタミナが一気に落ちることを感じそうな年。ストレス発散を兼ねた基礎体力作りや運動を定期的に行うようにして。疲れからイライラしやすく、人間関係が悪くなったり愚痴や不満が出すぎたりするので気をつけましょう。睡眠時間を1～2時間増やすことで、体がスッキリしそうです。スマホのアラームを目覚まし時計代わりに使うのはやめましょう。健康運は、体調を崩しやすいので要注意。異変を放置すると、いずれ手術することになってしまうかも。

2021年の恋愛&結婚運

異性の前で余計な言葉を連発してチャンスを逃す年。疲れやストレスがたまっているときは口が悪くなり、魅力も減ってしまうので要注意。品のある言葉遣いや挨拶やお礼をしっかりすること、相手の気持ちをもっと理解しようと努めることが大事。2021年は勘が外れやすいので、知り合いくらいの距離感を保つといいでしょう。結婚運は、突っ走って大失敗をする可能性が高いので、2022年のためにお金を貯めておきましょう。

2021年の仕事&金運

自分の頑張りを口に出すと、恩着せがましい人と思われて評価を落としてしまいそう。どんな仕事でも周囲のおかげだと思って感謝することが大事。愚痴や不満が出やすいですが、それを聞く人の気持ちを想像できないままでは苦労が続いてしまうでしょう。年末に流れが大きく変わるので、勢いで判断するといい流れに乗れそうです。金運は、スポーツジムや体力作りにお金を使ってみましょう。飲みすぎや遊びすぎに注意してください。

【命数】
15

情報収集が得意な中学生

基本性格

あらゆる情報を入手することに長けた、多趣味多才な情報屋のような人。段取りと計算が得意でフットワークも軽く、いろいろな体験や経験をするでしょう。お調子者でその場に合わせたトークもうまいので、人脈は広がりますが、知り合いどまりくらいの人間関係を好むタイプです。家に無駄なものやガラクタ、昔の趣味のもの、服などが多くなりがちなので、こまめに片づけるようにして。損得勘定だけで判断するところもあるので、ほどほどに。

〉〉2021年の開運アドバイス

ラッキーカラー オリーブ色、ブルー
ラッキーフード グラタン、クレープ
ラッキースポット 水族館、大きな公園

開運3カ条

1. 安請け合いしない
2. 飲み会の回数を減らす
3. 「早寝遅起き」をする

2021年の総合運

フットワークが軽く常に慌ただしいタイプですが、2021年は予定をいっぱいにしたり、急な変更に無理に合わせすぎたりしないように。しっかり体を休ませる計画を立て、お酒の飲みすぎに気をつけなければ、これまでにない大失敗や後悔をしそうです。健康運は、仕事や遊びをしすぎて過労で倒れてしまったり、肝臓や腎臓を痛めてしまったりしそう。「早寝遅起き」を心がけ、睡眠時間を増やすようにしましょう。

2021年の恋愛&結婚運

行動力があり自然と知り合いが増えるので、出会いも多いタイプですが、慌ただしくきっかけを逃しやすい年。出会いも疲れる異性ばかりに会いやすいので、深入りをしないように。酒の席で調子に乗って関係を持ってしまう場合がありますが、相手選びを間違えてしまうので気をつけて。結婚運は、年末から2022年に進められるくらいの感じで話をしておくといいでしょう。損得を考えだすと、結婚自体に興味が薄れてしまいそう。

2021年の仕事&金運

仕事も終業後の付き合いも忙しくなる年。調子に乗って安請け合いしたり、なんでも断らずにいたりすると、オーバーワークになって体力的な限界が訪れてしまいそう。仕事や予定の計画をバランスよく立てるように心がけましょう。飲みの席なども1～2割は断っても問題ないので、疲れをためすぎないように。金運は、ストレスで買い物が激しくなり、不要なものにお金を使いすぎてしまいそう。飲み会などの出費も増えるので気をつけて。

【命数】
16

誠実で陽気な中学生

基本性格

真面目でやさしく、地道にコツコツと積み重ねていくタイプ。好奇心旺盛で新しいことが好きですが、気になることを見つけても慎重なため情報収集ばかり、様子見ばかりで1歩前へ進めないことが多いでしょう。断り下手で不慣れなことでも強くお願いされると受け入れてしまい、なんとなく続けていたもので大きな結果を残すこともできる人。自信がなく、自分のことをおもしろくないと思い、ときどき無謀な行動に走っては後悔することも。

〉〉2021年の開運アドバイス

ラッキーカラー ホワイト、ネイビー
ラッキーフード ちゃんこ鍋、キャラメル
ラッキースポット スパ、ロッジ

開運3カ条

1. 嫌なことは断る
2. 好きな音楽を聴いてのんびりする
3. 温泉に行く

2021年の総合運

真面目な性格ゆえに余計なことも背負い込みすぎてしまう年。仕事もプライベートも断れずに受け入れると、体調を崩してしまいそう。ストレスから肌が荒れてしまうこともあるので気をつけましょう。周囲のわがままに振り回されていると感じる部分はハッキリ断り、嫌なことは嫌だと言いましょう。小さな勇気が運命を変えることになりそうです。健康運は、水分をしっかりとるのは大事ですが、飲酒には注意してください。深酒になって後悔しそうです。

2021年の恋愛&結婚運

多忙で恋の進展は難しい年。飲み会や出会いの場に誘われたら顔を出すといいですが、話の聞き役に徹しておとなしくしているだけでは意味がないので、その場を盛り上げるか、よく笑うといい印象を持たれそう。ただし、年末以外の出会いは縁が薄いので、異性と話をする練習くらいの気持ちでいるといいでしょう。結婚運は、12月に話を進めるといいので、それまで忙しくてもこまめに連絡し、相手を放っておかないように気をつけて。

2021年の仕事&金運

仕事を断れずに引き受けすぎて、体調を崩してしまう年。あなたは善意のつもりでも、相手からは都合のいい便利屋だと思われているだけ。限界を感じる前にハッキリ断ることも大事です。真面目に仕事に取り組む姿勢は年末に評価されて流れが変わるので、2021年は体に気をつけながらもうひと踏ん張りしてみて。金運は、温泉やスパなど疲れをとるためにお金を使いましょう。マッサージに行くのもいいので、少し贅沢な時間を過ごして。

【命数】
17

妄想好きなリーダー

基本性格

実行力と行動力があり、気になることにはすぐに飛びつく人。視野が広くいろいろなことに興味を示しますが、ややせっかちなため飽きるのが早く、深く追求しないところがあり、雑な部分が増えてしまうでしょう。心が中学2、3年生のままで、おだてに極端に弱く、褒められたらなんでもやってしまうところがあります。正義感があり面倒見がいいので、先輩後輩から慕われることも多く、まとめ役としても活躍するでしょう。

2021年の開運アドバイス

ラッキーカラー　シーグリーン、ホワイト
ラッキーフード　ナポリタン、フルーツポンチ
ラッキースポット　ホームパーティー、避暑地

開運3カ条

1. 行動する前に先のことを考える
2. 急に重たいものを持たない
3. 周囲に上手に甘える

2021年の総合運

行動力とパワーのあるタイプですが、2021年はこれらがケガや体調を崩す原因になってしまいそう。勢いまかせに行動せず、慎重に丁寧に動くよう心がけて。また、おだてに乗りやすい性格なので、周囲の言葉に踊らされないようにしましょう。先輩や上司に合わせるのはいいですが、体調を崩すまでの連日の付き合いにならないように心がけて。健康運は、ぎっくり腰と足のケガに要注意。お酒を飲んだときは段差や階段などに特に気をつけましょう。

2021年の恋愛&結婚運

異性の前で素直に甘えられなくてチャンスを逃す年。好みではない人から言い寄られることもありますが、忙しい時期なので結果的に無視する感じになりそう。しかし、後にいい縁になる場合があるので、薄くでもいいのでつないでおきましょう。年末は後輩からの紹介に期待できそう。また、知り合いの集まりで素敵な年上の人に会えそうです。結婚運は、慌てると空回りするので、2021年は無理に話を進めないようにしましょう。

2021年の仕事&金運

まとめ役やリーダーとしての仕事をまかされはじめる時期。重圧がかかったり、結果がすぐに出ないことに焦ってしまうかも。自ら志願して責任ある仕事を引き受けたいと思っても、2021年は1歩引いてサポートに回るくらいが丁度よさそう。無理をしないようにしましょう。後輩の悩みを聞いてやる気になるようにアドバイスしてみて。金運は、見栄での出費が増えそうです。スポーツジムや運動にお金を使うようにするといいでしょう。

【命数】
18

上品な中学生

基本性格

無邪気ながら上品で、礼儀正しい人。好奇心旺盛でいろいろなことに興味を示しますが、慎重に情報を集めて丁寧に行動するタイプ。楽観的に見えても気遣いすることが多く、精神的に疲れやすいところも。目上の人やお金持ちから好かれやすく、不思議な人脈もできやすいですが、根は図々しいところがあります。心は中学2、3年生から変わっていないため、どこか子どもっぽい部分があり、見た目も若い雰囲気でしょう。

2021年の開運アドバイス

ラッキーカラー　ライトブルー、ミントグリーン
ラッキーフード　ピラフ、みかんのゼリー
ラッキースポット　マッサージ、デパート

開運3カ条

1. 親友と語る
2. 好きな音楽をゆっくり聴く
3. しっかりスキンケアをする

2021年の総合運

生活習慣をしっかり整えておけば問題のない年ですが、予想外に忙しくなり、人間関係もゴチャゴチャするため、ストレスから肌荒れや湿疹が出てしまいそう。普段以上にスキンケアをしっかりしたり、落ち着く音楽を聴きながらアロマの香りを楽しんだりするといいでしょう。健康運は、風邪をひいたり体調を崩したりしやすいので、無理は禁物です。腰も痛めてしまうことがあるので、重たい荷物を運ぶときは気をつけましょう。

2021年の恋愛&結婚運

やさしくて親切な人を見つけたり、出会ったりできる可能性はありますが、いい縁につながるチャンスを逃しそうな年。あなたの体の心配をしてくれる人に注目すると、素敵な人が見つかりそう。医療関係者の可能性もあるので、年末に知人の知人を通して医療に関わる人と出会ったら、期待していいかも。結婚運は、忙しくなる年なので話は進みにくいかも。年末や2022年に進展するように前準備をしておくくらいでのんびり構えて。

2021年の仕事&金運

真面目で丁寧な仕事ぶりが評価されるのはいいですが、仕事を押しつけられてしまったり、実力以上の仕事が舞い込んできたりしそう。キッチリ仕事に取り組むのはいいですが、周囲の雑な仕事ぶりにイライラしたり指摘したりすると、さらに仕事が増えてしまうので要注意。職場の付き合いも必要になるので、帰りの時間を決めて参加しましょう。金運は、スキンケアにお金を使っておきましょう。美容エステに行ってみるのもいいかも。

【命数】
19

好奇心旺盛な変わり者

基本性格

好奇心が豊かで、気になることはなんでも調べる探求心と追求心を持っています。熱しやすく冷めやすいタイプで、常に新しいことや人とは違う何かを追い求めてしまう人。理屈好きで屁理屈も多いので、周囲からは変わった人だと思われることも。心は小学6年生くらいで止まったまま、子どものように無邪気な自由人。芸術面で創作の才能がありますが、飽きっぽいため、好きなことが見つかるまでいろいろなことをするでしょう。

〉〉2021年の開運アドバイス

ラッキーカラー ブラック、ホワイト
ラッキーフード チーズ、ワッフル
ラッキースポット 大きな公園、マッサージ

開運 3 カ条

1. 他人の才能を認める
2. お菓子は控える
3. 海外旅行をする

2021年の総合運

才能が認められないストレスが限界に達しそうな年。急に環境を変えたくなる出来事や衝動に駆られることがありますが、2022年の夏までは現状を維持したほうがいいでしょう。2021年は周囲の才能を認め、おもしろさや楽しさを周囲に教えてみると、感謝されたりあなたの個性を認めてくれる人が現れたりしそうです。健康運は、目の疲れや肩こり、片頭痛に悩みそう。軽い運動をして、食事のバランスを整えましょう。同じものばかり食べないように。

2021年の恋愛&結婚運

忙しくて恋や出会いのチャンスが少ないほうが逆に恋愛したくなるタイプ。2021年の恋は危険な人や訳ありの人、個性的すぎる相手の可能性が高いので、軽はずみに近づかないほうがいいでしょう。遊びのつもりが本気になり、心身ともに疲れ果ててしまうことも。尊敬できる人を探して友達付き合いするくらいに留めましょう。結婚運は、天邪鬼なことばかり言っていると破談になったり、関係が悪くなったりするので素直になりましょう。

2021年の仕事&金運

求められることが増えて忙しくなる年ですが、現在の仕事に飽きて投げ出してしまいそうな運気。2022年の夏まで頑張ってみると大きく評価されたり、嫌な人がいなくなったりするので、ここは辛抱したほうがいいでしょう。仕事に集中できるのはいいですが、疲れがたまりすぎることもあるので、突き詰めすぎないように。金運は、有給を使って旅行や気晴らしをするといいでしょう。周囲へのお土産も忘れないように買っていきましょう。

【命数】
20

理屈が好きな中学生

基本性格

中学生のような純粋さと知的好奇心を持ち、情報を集めるのが好きな人。周囲から「いろいろ知っていますね」と言われることも多いでしょう。探求心もあり、一度好奇心の火がつくと深くじっくり続けることができます。見た目は若くても心は60歳なので、冷静で落ち着きがあります。ただし、理屈が多くなったり評論したりと、上から目線の言葉も多くなりがち。友人は少なくてもよく、表面的な付き合いはうまいですが、めったに心を開かない人。

〉〉2021年の開運アドバイス

ラッキーカラー ブラック、ゴールド
ラッキーフード エビフライ、ぜんざい
ラッキースポット 神社仏閣、書店

開運 3 カ条

1. どんな人でも尊敬できる部分を探す
2. 身近な人を褒める
3. 眼科に行く

2021年の総合運

興味のあることが増える年ですが、求められることも多くなり、予定がいっぱいになってしまいそう。疲れやすく、言葉が雑になると冷たい人と思われ空気が悪くなってしまうので、愛嬌や周囲の人を褒めることを忘れないように。目上や年上の人に振り回されることもありそう。健康運は、目の疲れや病気に要注意。肩こりや頭痛にも悩みそう。軽い運動と食事のバランスを整えることを心がけ、睡眠時間を増やすようにしましょう。

2021年の恋愛&結婚運

尊敬できないと恋心に火がつかないタイプ。2021年は納得できる出会いは少なそう。恋をする暇もなくなるほど忙しくなってしまうことがありますが、どんな相手でも褒めることからはじめてみるといいでしょう。褒め続けていれば、年末に素敵な出会いや紹介がありそうです。相手に恥をかかせないような対話ができるようにしておきましょう。結婚運は、相手に要求する前に自分ができる準備をしっかりするようにしましょう。

2021年の仕事&金運

自分のペースを乱されるほど仕事が増えたり、やらなくてはならないことが増えたりしてしまいそうな年。完璧を求めることはいいですが、頑張りすぎて体調を崩してしまうことがあるので、限界まで頑張らないようにしましょう。後輩や部下の成長を期待しつつ、教えられることはいろいろ伝えていきましょう。金運は、温泉やマッサージなどにお金を使うといい時期。老舗旅館などでゆっくりする時間を作ってみるのもいいでしょう。

ラッキーカラー、フード、スポットはプレゼントやデート、遊ぶときの口実に使ってみて

金のインディアン座 2021年タイプ別相性

自分と相手が2021年にどんな関係にあるのかを知り、
人間関係を円滑に進めるために役立ててみてください。

相手が 金のイルカ座
整理の年

一緒にいることで小さな問題が起きやすい相手。お互いに至らない点が表に出やすく、相手のわがままにうんざりしたり、迷惑をかけられたりするでしょう。大事なものをなくされること、約束を忘れられることがあるので、過度に期待しないように。年末に縁が切れることもあるでしょう。恋愛の場合は、相手に振り回されて疲れてしまいそう。短時間に会うくらいの関係はいいですが、深入りはストレスの原因になるので気をつけましょう。

相手が 銀のイルカ座
裏運気の年

あなたのイライラやストレスの原因となる相手。関わりをできるだけ減らしたほうがいいですが、仕事や心配事が増える覚悟はしておくこと。前向きな話で相手を励ますくらいの感じだといい関係を作れそう。突然の別れがあることも覚悟しておきましょう。恋愛の場合は、これまでとは違った才能や個性が目について興味がそそられる場合がありますが、遊びと割りきっておかないと運命を乱されて終わってしまうので気をつけましょう。

相手が 金の鳳凰座
準備の年

小さなトラブルや面倒なことが起きてしまう相手。相手に合わせるとやる気がなく無駄な時間が増えてしまいます。相手のペースに乱されないように。また、仕事を引き受けすぎると体調を崩すのでほどほどにしましょう。恋愛の場合は、疲れから冷静な判断ができなかったり、イライラして関係が悪くなりそう。相手の雑な部分も嫌になってしまうことがあるので、複数で楽しく遊ぶくらいの距離感がちょうどいいでしょう。

相手が 銀の鳳凰座
解放の年

結果を出すためには一緒にいるといい相手ですが、そのぶん苦労や面倒なことが増える覚悟が必要。秋までは自分のペースを大切にし、年末は協力することで大きな結果を出せて、今後の流れを大きく変えられることも。恋愛の場合は、魅力がアップしてくる人なので恋のライバルに先を越されそう。早めに好意を伝えて、束縛しないくらいのいい距離感を保っておくと年末に急展開があるかも。

相手が 金のカメレオン座
乱気の年

最も一緒にいないほうがいい相手。お互いに冷静な判断を欠いて、体調を崩したり、ストレスをためたりする原因になってしまいそう。限界を感じる前に距離をおき、関わりを減らしましょう。相手の指示や考えが裏目に出ることも多いので冷静に対応するように。恋愛の場合は、急に興味が薄れて気持ちが離れてしまいそう。別れや失恋をするほうが気持ちはスッキリしそう。マイナス部分が目につくので無理して会わないようにしましょう。

相手が 銀のカメレオン座
ブレーキの年

相手の役立つ人になれますが、いろいろなことを押しつけられてしまう場合があるので、限界を感じる前に相談をしたり、断ることも忘れないように。年末になると立場や状況が変わり、あなたにチャンスや幸運が巡ってくるでしょう。恋愛の場合は、秋までは相手に主導権があるので相手まかせでいいですが、年末は、あなた次第で状況が変わります。気になる相手ならこまめに会って、気持ちを伝えてみると一気に進展しそうです。

相手が 金のインディアン座
リフレッシュの年

お互いに忙しく、疲れやストレスをためてしまいそう。心境が少し似ているので、予定を詰め込まず、休む日や休憩などを取り入れ、ペースを落とせるような気遣いをして。ストレス発散になることを一緒に楽しむといいでしょう。語り合うのもいいですが、深酒で体調を崩さないように。恋愛の場合、忙しくて恋愛に目を向ける暇がなくチャンスを逃しそうですが、年末に進展する可能性が。定期的に会う日を作り、本音を語ってみて。

相手が 銀のインディアン座
健康管理の年

不仲にはなりませんが、お互いに忙しく距離が自然とあいてしまうかも。進むべき道、やりたいことがお互いに変わってくるでしょう。離れると思うよりもお互いに成長していると思ったほうがいいです。夏から秋はお互いに体調を崩しやすいので無理をしないようにしましょう。恋愛の場合は、友人くらいの距離感がよさそう。どちらも自分のペースを優先するので、タイミングの合うときにじっくり話しておくといいでしょう。

相手が 金の時計座
開運の年

あなたの頑張りや苦労を認めてくれる人。一緒にいることで忙しくはなりますが、能力を引き出してくれ、学びとなることを教えてくれそう。年末に今後を左右する人脈を広げてくれる可能性があるので、困る前に素直に頼ってみることも大事。恋愛の場合は、モテ期に入っているタイプなので、簡単に振り向かせられない相手。前向きな話をしたり、明るく楽しそうにし、こまめに会って人生を語ってみると気持ちをつかめるかも。

相手が 銀の時計座
幸運の年

あなたにチャンスを作ってくれたり、頑張りを認めてくれたりする人。結果が出ないことに焦らないで、前向きな発言や明るい未来の話をしておくといいでしょう。特に付き合いが長い場合は、相手の役にも立てる出来事があるでしょう。恋愛の場合は、異性の友人なら年末にいい関係に進めそう。なんでも話せる親友くらいの関係になって、相手の悩みや不安を聞くとよさそうです。年末の進展に期待をしてこまめに会っておきましょう。

相手が 金の羅針盤座
チャレンジの年（2年目）

相手にチャンスを作ってあげるのはいいですが、面倒を見るぶん忙しくなってしまいそう。負担にならない程度の距離感が必要になりそうです。年末に流れが変わり、急激に仲よくなったり、お互いに進むべき道が見えて縁が遠のく場合もありそうです。恋愛の場合は、相手を振り回すくらいの気持ちでいろいろな場所に連れていくといい関係になれそう。ただ、疲れが顔に出てイメージダウンする可能性があるので気をつけて。

相手が 銀の羅針盤座
チャレンジの年（1年目）

関わりが増えることで少し新しい情報を入手することができたり、変化を与えてくれたりする相手。マイナスな言葉がストレスになってしまうので、なんでもプラスに変換するといいでしょう。上手なサボり方や力の抜き方を学べることもありそうです。恋愛の場合、進展が遅い相手なので、気になる場合は押しきるといいですが、手順や約束などはキッチリさせて。年末に心をつかめそうなので、サプライズで喜ばせてみましょう。

金のインディアン座

毎月・毎日 運気カレンダー

［ 2020年11月～2022年3月の運気グラフ ］

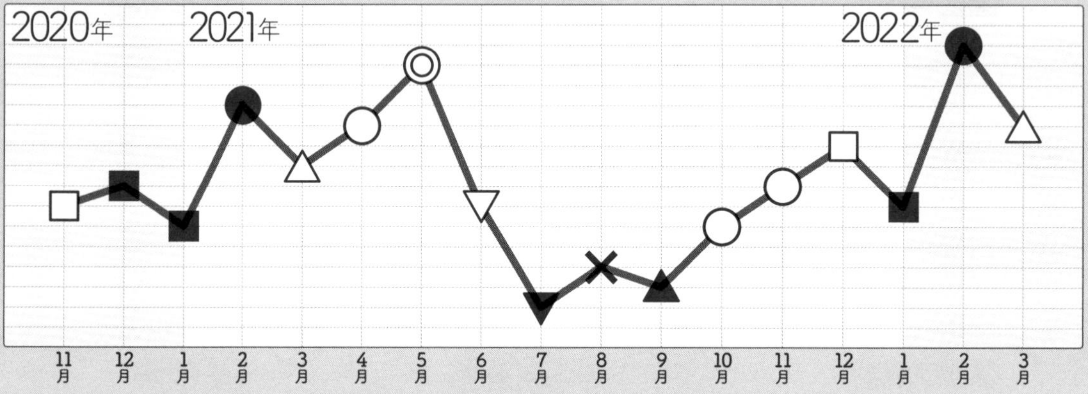

金のインディアン座の2021年は

■ リフレッシュの年

求められるも疲労がたまる。しっかり休むこと

この本で「占いを道具として使う」には、「毎日の運気カレンダー」（P.115～）を活用して１年の計画を立てることが重要です。まずは「12年周期の運気グラフ」（P.97）で2021年の運気の状態を把握し、そのうえで上の「毎月の運気グラフ」で、毎月の運気の流れを確認してください。

金のインディアン座の2021年は、「リフレッシュの年」。山登りでいうなら中腹にさしかかったあたり。求められることが増え、頑張りどころですが、休息も必要。自分のペースを守って進み、2022年に山の中腹を越え、いったん努力の結果が出ます。それを受けてさらなる決断をするために2021年は健康を保つことが重要です。2023～2024年は仕事も遊びも充実し、美しい山の景色を楽しめます。2025年に山頂へ。

☆ 開運の月　◎ 幸運の月　● 解放の月　○ チャレンジの月
□ 健康管理の月　△ 準備の月　▽ ブレーキの月　■ リフレッシュの月
▲ 整理の月　✕ 裏運気の月　▼ 乱気の月　＝ 運気の影響がない月

2020 11月

□ 健康管理の月

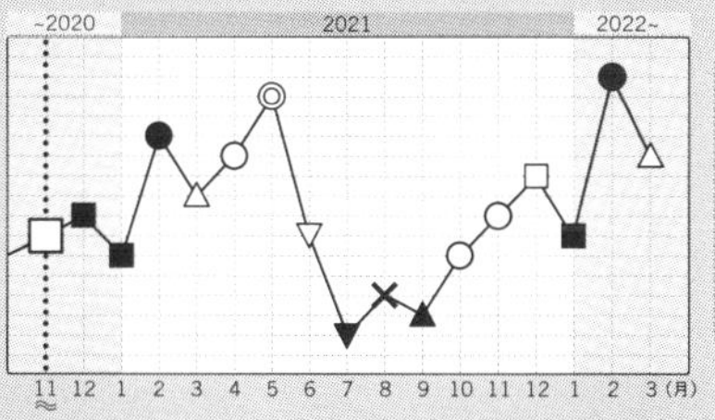

開運 3 カ条

1. はじめての場所に行く
2. 新商品を食べる
3. 知り合いの知り合いに会う

総合運

忙しいと逆に気持ちが安定するタイプなので、求められることが増える今月はやりがいがありそう。結果を残すために時間を忘れて集中できますが、疲労の蓄積には注意。また、知人の紹介で長い付き合いになる人に出会うかも。

恋愛＆結婚運

知り合いに呼ばれた飲み会で素敵な出会いがありそうな時期。ただし、予定がいっぱいでチャンスを逃してしまうか、忙しくて恋愛どころじゃないと感じるかも。恋愛をしたいなら、少しでも顔を出しておけば縁につながると覚えておいて。ここ２～３カ月、周囲の反応がいまいちならば髪型を変えましょう。結婚運は、結婚に向けて勢いをつけて進むにはいい時期です。

仕事＆金運

仕事運は、断れない仕事などで急に忙しくなる時期。合理的に進める方法を考える必要もありそうです。ただし、今月の頑張りは後に幸運をもたらすので踏ん張ってください。金運は、頑張った自分へのごほうびとしておいしいものを食べに行きましょう。高価なものや長く使えるものを思いきって購入するのにもいい時期です。

1 日	×	普段は興味のないことに首を突っ込むことになりそうです。臆病になって優柔不断になるよりも、「意外な経験を楽しめる」と思いきって飛び込んでみて。
2 月	▲	些細なことでも最後までしっかりやり終えるようにしましょう。今日は中途半端で終わらせないことが大事なので、最終段階まで気を抜かないようにして。
3 火	○	新しいことに目を向けるといいので、これまでとは違うやり方に挑戦したり、新しい仕事を進んでしたりしましょう。はじめて会う人から学ぶことも多そうです。
4 水	○	スピードを意識しすぎると慌てて仕事が雑になることもあるので、丁寧に進めるようにしましょう。特に挨拶やお礼はしっかりするように心がけておくこと。
5 木	□	人を楽しませる気持ちをより強く持つことで、運気の流れが大きく変わります。ちょっと恥ずかしい経験や失敗も、笑い話として語ってみるといいでしょう。
6 金	■	張りきりすぎて腰を痛めてしまったり、調子に乗って転んでケガをしたりするので気をつけて。特に足元がおぼつかなくなるので、段差には注意しておきましょう。
7 土	●	気になる人を食事や遊びに誘ってみると、会話中に相手からの好意を感じたり、交際に進展するきっかけが生まれたりと、望んでいる関係に進みそうです。
8 日	△	思わぬハプニングによって時間を浪費してしまい、物事が停滞しているように感じそうです。何事も楽しむ気持ちがあれば大きな問題にはならないでしょう。
9 月	◎	現実をしっかり受け止めることが大事な日。「自分の評価が低い」と嘆くより、正しい方向に進めるように軌道修正して。うまくやっている人を見習うことも大切。
10 火	◎	仕事で思った以上の結果を出せたり、目標を達成できたりするでしょう。いつも以上に真剣な姿勢で取り組み、困っている人を積極的に手助けすることが大事です。
11 水	▽	日中は人間関係が円滑になり、相手の本音を聞けてスッキリするなど、いい会話ができるはずです。夜は想定外の残業で予定が変更になってしまいそうなので心構えを。
12 木	▼	上司や面倒な取引先に振り回されやすい日です。相手の言葉が理不尽だったとしても学べることはあるので、心を落ち着かせて対応し、成長の糧にしましょう。
13 金	×	自分の意見を押し通そうとすると、横槍が入って思い通りに進みません。今日は周囲の意見に合わせ、波風を立てないようにおとなしくしておくほうがいいでしょう。
14 土	▲	身の回りをきれいにするといいので、不要なものはどんどん処分を。距離をおきたい人ときれいに別れられる運気なので、思いきって気持ちを告げる決断をして。
15 日	○	遊んだことのない人をイベントやライブに誘うと、相手の豊富な知識のおかげでおもしろい発見がありそう。行ったことのないお店へ一緒に行くのもよさそうです。
16 月	○	新しい流れに乗ることが大事なので、「これは新たな挑戦だ」と思ったら大胆に行動に移しましょう。狙い通りの結果にならなくても、経験値が上げられそうです。
17 火	□	真実だからといって、すべてを口に出さないで。相手が傷つかないように言葉を選んで、大人の対応を心がけなければ「対話」にならないことを心得ておくこと。
18 水	■	疲れを感じてダラダラしそうなので、休み時間に仮眠をとるといいでしょう。ストレッチなどで軽く体を動かしてもいいですが、頑張りすぎには注意が必要です。
19 木	●	周囲の人たちと協力しつつ、率直な意見や有益な情報を交換しながら楽しい時間を過ごせそうです。恋愛面でも、いい出会いや望むような展開があるでしょう。
20 金	△	やらなくてはならないことが増えそうな日。コツコツ丁寧にこなすことも大切ですが、できるだけ無駄なく効率的に終わらせられるように工夫するとよさそうです。
21 土	◎	中途半端で止まっていることを、最後まで終わらせるにはいい日です。読みかけの本を読んだり、買ったままの日用品を箱から出してセッティングしたりしてみて。
22 日	☆	古くなった家電を最新のものに買い替えるなど、「入れ替えのための買い物」をするのにいい運気。引っ越しや部屋の模様替えを決めるのにも絶好のタイミングです。
23 月	▽	身近な人に感謝の気持ちを伝えることが大事な日です。職場の人にお菓子を配ってみたり、家族が喜びそうなものを買ったりするといいでしょう。
24 火	▼	今日の不満やイライラはプライドの高さが原因です。周囲にあたるよりも、まずは自分の至らなさを認め、謙虚な気持ちや学ぶ姿勢を保ち続けるようにしましょう。
25 水	×	周囲の人の不平不満、誰かの悪口を聞くことになりそうな日。一緒になって悪口を言うと、あなたが言い出したことになってしまうなど、面倒なことになるので気をつけて。
26 木	▲	自分の欠点を指摘されることがありますが、反発すると評価が下がるだけなので素直に受け止めて。ハッキリ言ってくれる人に感謝できれば、必ず成長できます。
27 金	○	同じ方法で続けるのではなく、現状をよりよくするために改善すべき点を考えながら行動すること。失敗しても、チャレンジした経験が自分の宝になるでしょう。
28 土	○	イメチェンするなど、変化を楽しむことで運気が上がります。普段は行かない場所まで足を運んだり、遊んだことのない人を誘ってみたりするといいでしょう。
29 日	□	年内に達成できそうな目標をひとつ掲げてみるといい日なので、具体的に考えてみましょう。その目標を達成するために今日からできることをさっそくはじめてみて。
30 月	■	体調を崩しやすくなっているので、朝から体がダルく感じるときは無理しないように。温かいものを飲んだり、栄養バランスのいい食事を心がけるようにしましょう。

2020
12月

リフレッシュの月

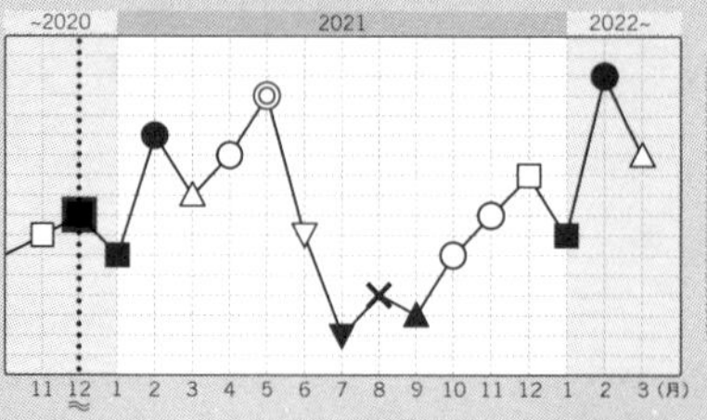

開運3カ条

1. 些細な約束でも守る
2. 計画をしっかり立てる
3. 生活リズムを整える

総合運

年内にやり残したことがないように、中旬までは全力で取り組むこと。約束やお礼を忘れていたら、すぐに行動しましょう。下旬からは疲れやすくなるので、忘年会での飲みすぎなど体に悪いことは避けてください。すでに不調が出ている場合は早めに病院で検査をしましょう。

恋愛&結婚運

いい感じの相手がいる場合はひと押しが肝心。「今夜飲みませんか？」と誘うと効果的です。断られてもあなたのことがジワジワ気になりはじめる可能性があるので、しつこくない程度にこまめに誘いましょう。下旬になると、予想外に忙しくなり、恋のチャンスを逃しそうです。結婚運は、授かり婚や勢いでの結婚以外のかたちで入籍するのは、ここから1年以上先になるかも。

仕事&金運

仕事運は、さらに忙しくなり求められるレベルも高くなります。叱られたら反省し、全力で要望に応えるようにして。周囲から役に立つテクニックを盗むくらいの気持ちで取り組むこと。金運は、まとめ買いによる節約で下旬の不要な出費を避け、健康維持にお金をまわしましょう。

1 火	●	自分で思った以上に仕事に集中できて、頭の回転もキレも好調な日。いつにも増して一生懸命仕事をしているあなたの姿を見て、好意を寄せる人が現れそうです。
2 水	△	何事も焦って答えを出そうとせずに、丁寧に進めるようにしましょう。勢いで下した判断は後悔する原因になるので、「焦りは禁物」と肝に銘じておくこと。
3 木	◎	努力を続けてきたことに運が味方してくれます。うれしければ表情豊かに喜ぶことでさらに運気がいい流れになり、人との縁にも恵まれるようになるでしょう。
4 金	☆	財布など長く使うものを購入するにはいい日です。仕事では今日の頑張りが後の高評価につながる可能性があるので、最後まで気を抜かないようにしましょう。
5 土	▽	買い物をするなら、午前中から出かけると欲しいものが手に入りそうです。運気が乱れる16時以降は予定を詰め込みすぎないようにして、家でのんびりしましょう。
6 日	▼	断りにくい先輩からの誘いがあるなど、職場の人に呼び出されてしまいそう。思い通りに進まないことが当たり前だと思って、流れに身をまかせてみましょう。
7 月	×	今日は予想外の出来事が多く、なかなか自分が望む方向へと向かえないかもしれません。不機嫌になる前に冷静に対応すれば、必ず学べることがあるでしょう。
8 火	▲	自分が楽することばかりを考えて行動すると、痛い目に遭いそうです。今日は「周囲と楽しもう」と思って行動すると、いい運気の流れに乗ることができるでしょう。
9 水	○	これまでとは違う流れに素直に従うことが大事な日。何事にも臨機応変な対応を心がけると、新しい流れにうまく乗れて周囲からの評価も上げられそうです。
10 木	○	興味があることを見つけたら、調べるだけでなく具体的な行動を起こすことが大事です。気になるアーティストのライブがあるなら、即チケットを購入してみて。
11 金	□	勇気を出して気になる人に連絡して、休日や年末年始の予定を聞いてみましょう。少し積極的になるだけで、恋がはじまるきっかけを作ることができそうです。
12 土	■	今日は予定を詰め込みすぎずに、昼寝をしたり温泉やスパでのんびりしたりと十分な休養をとるようにして。活動的になりすぎると、疲れが翌日に一気に出てしまいます。
13 日	●	好きな人との関係に変化がありそう。あなたから好意を伝えることで恋人関係に進展することもあるので、今日は臆病にならずに積極的に行動するといいでしょう。
14 月	△	小さなミスや忘れ物が多い日なので、何事も確認作業を怠らず早めに行動することを心がけましょう。時間のゆとりを持つことでミスを減らしてくれそうです。
15 火	◎	愛想を振りまくと運気の流れをつかめます。「上司が嫌い」などと幼稚なことを考えていると、運気の上昇に乗り損ねることになるので、相手を尊重する気持ちを持って。
16 水	◎	職場で活躍できる運気です。これまで以上に真剣に仕事に取り組んでみることで、あなたの味方が集まってくるなどして業務がスムーズになっていくでしょう。
17 木	▽	日中は、忙しくても自分の能力を発揮できるので、後輩に教えられそうな知識や経験は惜しみなく伝えましょう。夜は疲れやすくなるので、早めの帰宅を心がけて。
18 金	▼	誘惑に負けてしまい、仕事や勉強に集中できなくなりそうです。サボっているところを周囲に目撃され、人事評価を下げられることもあるので十分に気をつけておくこと。
19 土	×	何事も裏目に出やすく判断ミスもしやすいので、イライラすることが多くなってしまうかも。問題を他人の責任にせず、自分の言動を省みるようにしましょう。
20 日	▲	気分をスッキリさせるには大掃除がいちばん。使わないものや年齢に見合わないものなど、不要なものをどんどん捨てられるようにしておきましょう。
21 月	＝	はじめてのことにチャレンジするといい日。忘年会の幹事をやったことがないなら、お店を予約して仲間を集めてみると、大変でもやりがいを感じられそうです。
22 火	□	行動範囲を広げることで、刺激的でおもしろいことを発見できそうです。新しい出会いの輪も広がるので、気になる集まりには積極的に参加してみましょう。
23 水	■	仕事でもプライベートでも、これまで以上に準備や確認をしっかりしておくこと。クリスマスや年末年始の準備も念入りにすると、より楽しい時間を過ごせます。
24 木	■	日中は疲れがたまってやる気が出なくなりそうですが、夕方以降はテンションが上がって自然と楽しくなります。クリスマスイブは予想以上に盛り上がりそう。
25 金	●	恋人や片思いの相手と一緒に過ごせる楽しいクリスマスになりそう。仕事にも集中してテキパキと取り組めて、思ったよりも早く仕上げることができそうです。
26 土	△	大事なものを忘れたり時間を間違えたりしそうなので、普段より確認を念入りにするように。夜は親友や懐かしい人との縁を感じるような出来事がありそう。
27 日	○	同級生と縁がある日なので、偶然街中で会ったり、知り合いの集まりで再会したりしそうです。いい思い出話をすると運気が上がるのでいろいろと語り合ってみましょう。
28 月	◎	長く使うものを買うのにいい運気なので、家電や家具、財布やカバンなどを探しに出かけてみましょう。少し高価なものを選んでおくと間違いなさそうです。
29 火	▽	日中は大掃除を終わらせるのにいい運気なので、普段見て見ぬふりをしている場所もきれいにして。どんなものでも磨けばきれいになると覚えておきましょう。
30 水	▼	今日と明日は「予定が狂いやすい」と思っていれば、思い通りに進まないことに対してイライラしません。体調も崩しやすいので無理を重ねないように気をつけて。
31 木	×	急に予定が変更になったり、判断ミスをしたりしやすいでしょう。自分のことよりも家族や周囲の人のことを考えて行動すると、運気の流れが好転しそうです。

☆ 開運の日 ◎ 幸運の日 ● 解放の日 ○ チャレンジの日
□ 健康管理の日 △ 準備の日 ▽ ブレーキの日 ■ リフレッシュの日
▲ 整理の日 × 裏運気の日 ▼ 乱気の日 ＝ 運気の影響がない日

2021

1月

■ リフレッシュの月

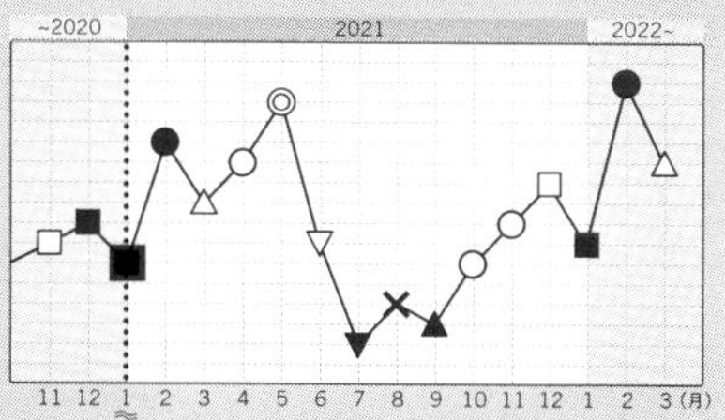

開運 3カ条

1. 体を休ませるための計画を立てる
2. 睡眠時間を長めにとる
3. 鍋料理を食べる

総合運

今月はしっかり休んだり、無理のないように計画をして行動することが大事。まずは、休みの予定を先に立てて温泉やスパ、旅行などで日ごろの疲れをとるようにしましょう。人間ドックや精密検査、眼科や歯科など普段気になっているけれどそのままにしているところはしっかり調べてもらい、治療するように。健康面に自信がある人でも軽い運動で汗を流したり、ストレス発散をしっかりすることで運気の流れがよくなるでしょう。

恋愛&結婚運

出会いのチャンス。デートの前日は8時間以上寝るようにすることが大事です。疲れた顔ではせっかくの出会いやデートが盛り上がらなかったり、顔色や肌の調子がさえず悪印象を与えてしまいそう。体調がすぐれないときや疲れを感じるときは無理をしないで、映画デートや家でまったりしてみて。相手のやさしさが見えて今後が大きく変わることもあるでしょう。結婚運は、今月は平行線のままになりそう。無理に話を詰めないように。

仕事&金運

不要な残業や無理な仕事をまかされてしまい、職場にストレスを感じるようになりそうな時期。疲れからイライラしてミスが増えるので今月はしっかり休み、疲れをためないようにしましょう。健康的な食事や体力作りも仕事の一環だと思ってやっておくといいでしょう。金運は、リフレッシュになると思えることにお金を使うことが大事。マッサージやエステ、温泉やスパなどに行くのもオススメです。

1 金	▲	キッチリとした服装で出かけたり、挨拶やお礼などをしっかりすることが大事。品格を出すことでいい1日を過ごせるようになるでしょう。雑な行動は控えるようにして。
2 土	○	新年の挨拶回りをするといい日。仕事関係、親戚、友人などに連絡をして会いに行ってみるといいでしょう。おもしろい話やいい経験になることを知れそうです。
3 日	□	買い物に出かけてみましょう。はじめてのお店や普段避けているお店に入ってみるといい発見がありそう。流行や旬のものを購入すると、運気の流れがよくなるかもしれません。
4 月	■	仕事はじめから頑張りすぎると一気に疲れが出てしまいます。ミスの連発につながるため、うまくセーブしながら仕事をすることが大事。新年会での飲みすぎには注意して。
5 火	■	風邪をひいてしまったり、疲れを感じてしまいそうな日。特に問題を感じない人も、油断をしているとケガをすることがありそうです。今日は無理をしないようにしましょう。
6 水	●	家族や身近な人に助けられたり、親切にしてもらえることがあるかも。感謝の気持ちを忘れず、困った人に手を差し伸べるようにするといい日になるでしょう。
7 木	△	時間や日程、数字を間違えてしまいそうなので、しっかり確認することが大事です。思い込みがトラブルの原因になるので、不安なときは周囲に確認をお願いしましょう。
8 金	○	付き合いが長い友人や仲間と会う機会がありそう。じっくり語り合うことで、いい発見があったり新しいアイデアが浮かび、頭の中が整理できるかも。思い浮かんだ友人に連絡して。
9 土	○	小旅行や体を休ませられる場所に行ってのんびりしたり、健康的な食事を心がけてみるといいでしょう。鍋料理や根菜を食べるようにすると体がスッキリしそうです。
10 日	▽	日中は積極的に行動してもいいですが、夕方あたりからは疲れや眠気に襲われることがありそう。早めに帰宅して、次の日の準備をしっかり行い、早めに就寝しましょう。
11 月	▼	余計な心配をしてケガをしたり疲れから集中力が低下しそう。こまめに休息をとり、ストレッチをするといいでしょう。胃腸にやさしいものを選んで食べることも大事です。
12 火	×	予想外に仕事が忙しくなったり、他人のトラブルに巻き込まれてしまうことも。心身ともに疲れてしまいがちなので、夜はゆっくりお風呂に入ってリフレッシュしましょう。
13 水	▲	身の回りの整理整頓をしましょう。散らかったままだと足の小指をぶつけてしまったり、転んでしまうことも。部屋の片づけをすると、なくしたと思っていたものが出てくるかも。
14 木	○	日ごろと違う生活リズムやこれまでとは違ったパターンで仕事に取り組んでみて。やる気が湧いたり、楽しく仕事ができそう。はじめて話す人からはいい話も聞けそうです。
15 金	□	いろいろな情報が入ってくる日ですが、どんな情報も話半分に受け止めることで冷静に分析できるようになるでしょう。鵜呑みにすると振り回されて疲れてしまうので気をつけて。
16 土	■	今日と明日は家でのんびりして、無理のないように過ごしましょう。暴飲暴食も避け、昼寝をして疲れをしっかりとること。蜂蜜入りの温かい飲み物を飲むのもよさそうです。
17 日	■	最も無理をしないほうがいい日。人混みや不要な外出を避けて、家でのんびりするといいでしょう。スタミナのつきそうなものを食べるといいですが、食べすぎには要注意。
18 月	●	周囲からの協力を得られ、楽しく仲よく仕事ができるかも。自分の能力をうまく発揮することもできそうですが、成長のために厳しい指摘をしっかり受け止める覚悟が必要です。
19 火	△	忘れ物やうっかりミスをしたり、自分の言ったことをすっかり忘れて無責任になってしまうことがあるので気をつけて。持ち前の明るさではごまかしきれない場合もありそうです。
20 水	○	自分のクセをしっかり理解して、行動を変えることが大事。「いつものことだから」で流していると、いつまでも成長しないどころか、自分で自分の首を絞めてしまいそう。
21 木	○	仕事に集中できる日ですが、新しい方法を取り入れてみたり、変化をつけることが大事です。考え方やアプローチの仕方を変えてみることで、コツをつかめるかもしれません。
22 金	▽	日中は順調に物事が進みそうですが、夕方以降に体調を崩したり、風邪をひくことがありそう。手洗いとうがいはしっかりして、寒さ対策も忘れないようにしましょう。
23 土	▼	余計な妄想や考えすぎで疲れてしまうことがあるかも。予定を乱す人も現れやすいので、自分の用事は早めに終わらせておきましょう。余計なひと言にも注意が必要です。
24 日	×	お金の心配や現実的な不安に襲われてしまいそう。自分のことばかり考えないで、周囲の人のことを考えると心配事の多くは打ち消されることになるでしょう。
25 月	▲	事前準備をしっかりして、身の回りを整理整頓することが大事。何事も最後までキッチリするように意識すると、仕事のレベルが上がりそう。気を緩めると大きな失敗をするかも。
26 火	○	新しい情報を入手したり、気になることを見つけられそう。少し不慣れなことにも思いきって挑戦してみるといいですが、体に負担のかかることは避けておきましょう。
27 水	□	職場の人や友人や知人と仕事終わりに語り合ってみることで気持ちと頭の整理ができるかも。愚痴を言うよりも前向きな話や未来の明るい話をすると運気がよくなるでしょう。
28 木	■	心身ともに疲れがたまる日。リフレッシュすることが必要な運気なので、仕事で時間がないという人も、夜はしっかり体を休ませたり、マッサージなどに行くといいでしょう。
29 金	■	疲れから集中力が途切れてしまい、不機嫌さが顔や態度に出てしまいそう。休憩時間に仮眠をとったり、フレッシュなジュースを飲んだりするとスッキリしそうです。
30 土	●	恋愛運が少しアップします。気になる相手に連絡をしてみるといい流れになりそう。話が盛り上がることがあるので、お茶に誘ったり、B級グルメを楽しんでみましょう。
31 日	△	仲がいい異性から連絡がきたり、偶然出会うことがありそう。好意を伝えられて困ってしまうことがありますが、周りの評判がいい人ならデートの約束をしてみましょう。

2021

2月

● 解放の月

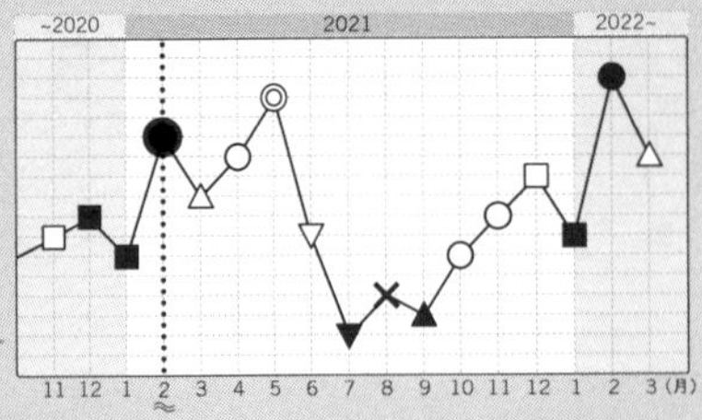

開運 3 カ条

1. メリハリのある生活をする
2. 気になる相手には自分から連絡をする
3. 温泉に行く

総合運

やる気も気力もアップして頭の回転が速くなる時期。明るい妄想もできて楽しい時間を過ごせますが、予定を詰め込みすぎてしまったり、飲み会や遊びに行く機会を増やしすぎて、疲れをためてしまうことがあるので気をつけましょう。家族や身近な人から体調の心配をされたときは素直に受け止め、異変を感じる場合は早めに病院に行くこと。健康運は、しっかり休む日を作ったり、仮眠をとる日を多めに作っておきましょう。

恋愛＆結婚運

2020年に出会った人で少しでも気になる人がいる場合は、今月中に連絡をしておくと後に恋人になることがあるかも。過度な期待はしないでメッセージを送り、食事やデートができればラッキーだと思っておきましょう。新しい出会い運はいい時期ですが、睡眠時間をしっかりとった日に会うように。疲れた顔では印象が悪くなってしまいます。結婚運は、昨年末に真剣に話ができたカップルなら勢いでの入籍はいいでしょう。

仕事＆金運

求められることが増えますが、実力以上の結果を出すことができる運気なので、本気で取り組むといいでしょう。ただし、スタミナ不足や疲れを感じることがあるので、しっかり休みをとって集中できるように調整をしておきましょう。限界以上の仕事は引き受けないことも忘れないように。金運は、マッサージや温泉など疲れをとることにお金を使うといいでしょう。健康的な食事を意識しておくことも大切です。

1 月	○	今の自分にできることを集中してやることで評価が上がりそうです。不慣れなことを無理してやるよりも、できることをより極められるように努めるといいでしょう。
2 火	◎	計画的に行動することが大事。無駄な動きを減らせるよう工夫したり、合理的に仕事をする方法を考えて行動してみるといいでしょう。いい近道も見つけられそうです。
3 水	▽	日中は積極的に行動し、早めに終えられそうな仕事はどんどん片づけておきましょう。夕方以降は疲れやすくなり、風邪をひいてしまうことがあるので気をつけて。
4 木	▼	予定通りに物事が進まなくなるかも。疲れて集中できなかったり、予定を詰め込みすぎて失敗をすることもあるので注意して。弱点を指摘されてしまうこともありそうです。
5 金	×	体調を崩してしまったり、喉の調子が悪くなってしまいそう。異変を感じる前にいろいろと予防をしておきましょう。今日は1日ゆとりを持って行動するといいでしょう。
6 土	▲	自分で思っている以上に集中力が欠けてしまっているかも。うっかり大事なものをなくしたり、約束を忘れることがありそう。遅刻などもしやすいので気をつけましょう。
7 日	＝	小さなことでもいいので、興味のあることに挑戦してみましょう。手応えを感じられなかったり、うまくいかないこともありそうですが、まずは行動することを優先してみましょう。
8 月	○	今日は生活リズムを少し変えてみましょう。出社する時間を少し早くしてみたり、いつもと違う時間の電車に乗ってみると、いい気分転換になり、おもしろい発見もありそうです。
9 火	□	軽く体を動かしたり、ストレッチなどをしておくといいでしょう。汗を流すことでスッキリできそうです。夜は疲れやすいので、無理はしないようにしましょう。
10 水	■	暴飲暴食や冷たいものには注意が必要です。胃腸の調子を崩してしまったり、体調を崩してしまうことがあるので気をつけましょう。体が温まるものを選ぶとよさそうです。
11 木	●	好奇心に火がつきそうな日。気になることに思いきって挑戦すると、いい経験や体験ができそう。あなたの能力や魅力を引き出してくれるような人に会えるかもしれません。
12 金	△	余計なことを妄想して話に集中できず、焦ってしまうことがありそう。スマホをいじりながら歩いて壁にぶつかってしまうことがあるので、慎重に行動するようにしましょう。
13 土	○	先輩やお世話になっている人に連絡をしてみましょう。相手に話を聞いてもらったり、相手の話をじっくり聞くことで頭の中が整理でき、学べることも多くありそうです。
14 日	◎	片思いの相手にチョコレートを渡すといい結果に。突然でもいいので渡すようにしましょう。義理チョコを持ち歩いておくと、偶然に会った人に渡せていい関係に発展するかも。
15 月	▽	日中は思いきった行動がいい方向に転がりそうですが、余計な仕事や面倒なことも引き受けてしまいそう。夜は疲れをためやすいので、無理をしないで早めに帰宅しましょう。
16 火	▼	ガッカリしたり嫌な気持ちになる出来事があるかも。些細なことを気にするよりも「このくらいで済んでよかった」と思うとよさそう。何事も楽しめるようになりましょう。
17 水	×	先のことを考えて不安になったり、心配事が増えてしまいそう。考えているばかりでは何も解決しないので、今できることをできるだけやっておくようにしましょう。
18 木	▲	目の前をきれいに片づけることが大事です。クローゼットや引き出しの中など、普段は見えないところもしっかり整えて、不要なものは処分するようにしましょう。
19 金	＝	人の話をじっくり聞くことで学べることが多くあり、すごい人の存在にも気づけそう。日々の努力の積み重ねや、本を読んで学ぶことの大切さを改めて知ることになりそうです。
20 土	○	はじめて行くお店でおもしろいものを発見できるかも。その後のお気に入りのお店になることもあるので、気になっている場所にはできるだけ行ってみるといいでしょう。
21 日	□	自分の勘を信じて動いてみましょう。気になる場所でおもしろい出会いがあったり、映画や芝居から学べることも多そうです。いい言葉や前向きな話を聞けるかもしれません。
22 月	■	朝からやる気が出ず、体が重たく感じてしまいそう。外出する前に軽くストレッチなどをしておくといいでしょう。風邪予防もしっかりして出かけるよう心がけて。
23 火	●	求められたことにはできるだけ応えてみるようにすると、能力や魅力がアップします。遠慮をしないでアピールすることも大事なので、今日は目立つ覚悟をしておきましょう。
24 水	△	先のことばかり考えていると、目の前のことで失敗しそう。基本的なことや慣れた仕事ほど雑になりやすいので、丁寧に進めることを心がけ、最後まで油断しないように。
25 木	○	懐かしい曲を聴くことで前向きになれたり、テンションを上げることができそう。子どものころから好きだったお菓子を食べてみるのも、気分転換の効果がありそうです。
26 金	◎	本領を発揮できる日。真剣に仕事に取り組むことでいい結果を残すことができそうです。適当に仕事をするほうが疲れるので、いつも以上に一生懸命になりましょう。
27 土	▽	大事な用事は日中に終わらせておくこと。夕方以降は予定が乱れ、周囲に振り回されてしまうことがありそう。予定の詰め込みすぎも避けておいたほうがよさそうです。
28 日	▼	無駄な外出は避けて、身の回りをきれいにするといいでしょう。知り合いに会うことになっている場合は、余計なひと言に注意して。話の聞き役になってみるとよさそうです。

☆ 開運の日　◎ 幸運の日　● 解放の日　○ チャレンジの日
□ 健康管理の日　△ 準備の日　▽ ブレーキの日　■ リフレッシュの日
▲ 整理の日　× 裏運気の日　▼ 乱気の日　＝ 運気の影響がない日

2021

3月

△ 準備の月

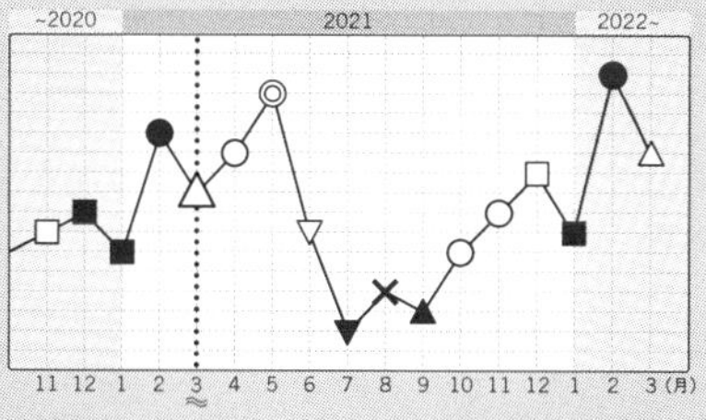

開運 3 カ条

1. しっかり準備をしてしっかり遊ぶ
2. なるべく睡眠時間は8時間以上とる
3. 時間にはゆとりを持って行動する

総合運

楽しく過ごせる時間が増えますが、準備不足やチェックミスなど普段なら避けられるようなミスが多いので、気を引き締めることが大事。しっかり遊ぶためにも、ほかのことへの準備を怠らないようにしましょう。時間にルーズになりすぎて遅刻したりダラダラ過ごしてしまうこともあるので気をつけて。健康運は、段差で転んでケガをしたり、指をドアに挟んでしまうことがありそう。酔ったときは特に注意するようにしましょう。

恋愛＆結婚運

異性と楽しい時間を過ごせるので、いい感じに進展しそうですが、軽い感じの人に振り回されてしまったり、もてあそばれてしまうこともあるので気をつけましょう。本命とデートをするときに疲れた顔や不機嫌になって、これまでの苦労が水の泡になってしまうこともあるので要注意。デートの前日は８時間以上寝るようにしましょう。結婚運は、話が進みにくいですが、相手を喜ばせる手料理を作るといいでしょう。

仕事＆金運

疲れを感じたり、集中力が途切れやすくなりミスが増えそうな月。睡眠時間を多くとり、無駄な残業は避けるようにしましょう。メリハリをつけて仕事をしたり、合理的に仕事を進められるように知恵を絞ることも大事。仕事での事故やケガには気をつけるようにしましょう。金運は、不要な出費が増えてしまう時期。大事なものを壊してしまったり、修理で出費することになるので、丁寧に扱うようにしましょう。

1 月	×	弱点や欠点を突っ込まれてしまいそう。叱ってくれる人に感謝しないで短気を起こしていると、いつまでも成長しないで同じ失敗を繰り返すので気をつけましょう。
2 火	▲	いつも以上に丁寧に行動することが大事。うっかりすると大事なものをなくしてしまうことがありそう。ピアスや指輪など、小さなアクセサリーの扱いには気をつけましょう。
3 水	＝	本を読んで勉強する時間を作るなど、情報を集めるにはいい日。行動する前によく考え、今日やるべきことを忘れないようにしましょう。詳しい人から学ぶことも大事です。
4 木	＝	大事な話はメモをしっかりとるようにしましょう。自分の記憶だけに頼っていると忘れてしまうことが多そうです。いい話やいい言葉もメモしておくと後で役に立つかも。
5 金	□	キッチリとした生活リズムで過ごすことが大事。ダラダラしたり、無計画な行動をしてしまうと、後悔することになるので注意が必要です。時間をしっかり守るようにして。
6 土	■	今日はしっかり休むことが大事です。風邪をひいてしまうこともあるので、特に人混みには気をつけましょう。今日はゆっくりお風呂に入って、早めに寝るよう心がけて。
7 日	●	異性の友人や知り合いにメッセージを送っておきましょう。「元気ですか？」くらいでいいので連絡をしておくと、後にこれがきっかけで関係に進展があるかも。
8 月	△	準備不足が原因で信用を失ってしまうことがありそう。出かける前にしっかりチェックをしておきましょう。妄想していて大事な話を聞き逃すこともあるので気を引き締めて。
9 火	○	気持ちがスッキリしないときは、付き合いの長い知り合いを誘って食事や飲みに行ってみて。語り合うことでストレスが発散できたり、考えがまとまることがあるでしょう。
10 水	○	無駄な出費が増えてしまいそう。時間がなくてタクシーに乗ったり、後輩や部下にごちそうをすることもありそうです。今日の出費は不運の消化だと思って割りきっておきましょう。
11 木	▽	些細なことでも真剣に取り組むことが大事。なんとなくやるとミスをしたり、あまり勉強にならないでしょう。一生懸命やることで、心地いい疲れを感じられそうです。
12 金	▼	仕事のミスで周囲に迷惑をかけてしまうことがあるので気をつけましょう。しっかり謝罪することが大事なので、不要な反発や言い訳をしないように心がけて。
13 土	×	しっかり休むにはいい日。ダラダラしすぎているとと感じるくらい、家でのんびりするとよさそうです。すでに予定がある人はこれ以上詰め込まないようにして、早めに帰宅しましょう。
14 日	▲	身の回りをきれいにするのはいいですが、必要なものを間違えて処分してしまうかも。どこにしまったか忘れてしまうこともあるので、片づけた場所の写真を撮っておきましょう。
15 月	＝	少しでもいいので新しいことに目を向け、学ぶ気持ちをしっかり持っておくことが大事でしょう。はじめて話す人から重要なことを教えてもらえるかもしれません。

16 火	＝	失敗から学ぶことが大事になりそう。うまくいかない原因や理由をしっかり探ることで、失敗を後に活かせるようにしましょう。何事も勇気を出して挑戦してみて。
17 水	□	丁寧に行動すること。特に締めくくりが大切になるので、最後まで油断しないようにして。お客さんや取引先の人を見送るときは、背中が見えなくなるまで見送りましょう。
18 木	■	油断して薄着をすると風邪をひいてしまうかも。暖かい日だと感じたとしても油断しないように気をつけて。うがいや手洗いも忘れずにしておきましょう。
19 金	●	異性から注目される日。普段よりも明るいイメージの服装を選び、笑顔を意識しておきましょう。ただし、異性ばかり気にするとドジなことをする可能性があるので気をつけて。
20 土	△	何事も楽しむ気持ちがあるといい日になりそう。真面目になりすぎるとイライラすることが増えるかも。他人の失敗を許せるようになってみるといいでしょう。
21 日	○	先輩や年上の人に連絡をして遊びに行ってみましょう。いろいろ語ってみるとおもしろいアイデアが浮かび、いいアドバイスをもらえそう。ときには本音を語ることも必要です。
22 月	○	目標や目的を改めて思い出してみて。欲しいものを考えたり、職場でのポジションなど、自分が将来どうなると幸せなのか想像してみると、やる気が出るでしょう。
23 火	▽	日中は肩の力を抜いて仕事をするといい結果が出そう。ただし、夕方あたりからは油断しすぎてミスにつながるので気を引き締めるように。忘れ物にも気をつけましょう。
24 水	▼	心配事が増えてしまうかも。お金のことや実力のことを考えるのはいいですが、勝手に落ち込まないように。周囲に感謝し、助け合うことができれば問題は解決するでしょう。
25 木	×	ミスが目立ってしまったり、空回りしやすいのでいつも以上に慎重に行動するようにして。裏目に出ることを楽しんでみると視野が広がり、おもしろい出会いにもつながりそう。
26 金	▲	雑な行動や適当な会話に気をつけましょう。油断をしていると突っ込まれてしまったり、弱点を突かれてしまうこともありそう。丁寧さを心がけて過ごしましょう。
27 土	＝	友人や知り合いの話の聞き役に徹しましょう。いつも話してばかりの人ほど、相手の話をじっくり聞いてみると学ぶことが多いでしょう。聞き上手になれるように頑張ってみて。
28 日	○	気になる場所に遊びに出かけましょう。少しくらい遠くても、おもしろそうだと思ったら足を延ばしてみて。知り合いや気になる相手を突然誘ってみるのもよさそうです。
29 月	□	１日のスケジュールをしっかり確認して、計画的に行動することが大事。無計画な行動は避け、終わりの時間をしっかり決めておくようにしましょう。身の回りも整えておくこと。
30 火	■	今月の疲れが出てしまいそう。無理をしないでペースを落とし、頑張りすぎないように。風邪をひいてしまうこともあるので、蜂蜜とシナモンを使ったものを食べておきましょう。
31 水	●	気になることを見つけて思わずウズウズしてしまうかも。好奇心の赴くままに行動すると、いい巡り合わせがあったり珍しい経験ができそう。勢いで恋人ができるかも。

2021

4月

○ チャレンジの月

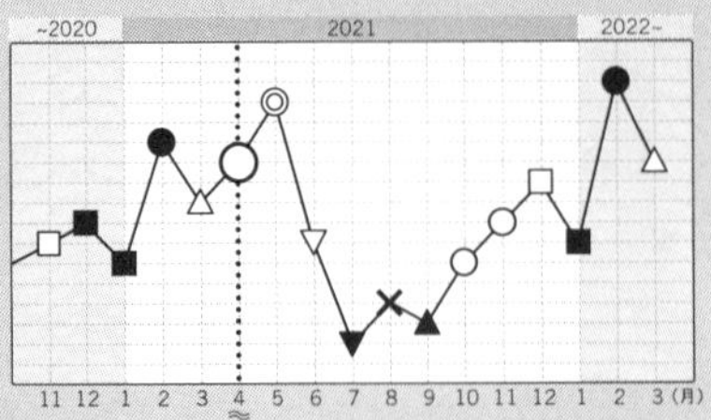

開運 3 カ条

1. 友人の集まりに参加する
2. 思い出のある場所に行く
3. 苦手なことに挑戦する

総合運

興味を抱くことが増え、視野も広がって人脈も増える時期。何事も前向きに捉えることができます。ただし、予定をいっぱいにしすぎてしまうと頑張りすぎて疲れをためてしまうことがあるので、しっかり体を休ませる日を作るようにしましょう。友人の集まりに参加するといい人脈を作れたり、興味のある人を見つけられそうなので、できるだけ顔を出して。健康運は、飲み会や外食が連続しないように気をつけましょう。

恋愛&結婚運

友人や知人からの紹介は、素敵な人だったり縁が長くなる可能性があるかも。突然の誘いでもできるだけ顔を出して、さほど気にならない相手とも連絡先は交換しておくといいでしょう。気になる人には、今月はこまめに連絡をして何度か会っておくといい関係に発展しやすそうです。好意を伝えなくても一緒にいる時間が大切なので、焦らないようにして。結婚運は、思い出があるお店にデートに行くと進展しやすくなるでしょう。

仕事&金運

実力を認められる一方、実力以上の仕事をまかされてしまうことがあるでしょう。難しく感じても思いきってチャレンジしてみるといい結果を出せたり、レベルを一気に上げることができそう。仕事のコツをつかむことができて周囲から褒められることもありそうです。苦手だと思っていた仕事でも挑戦してみる価値はあるでしょう。金運は、交際費で出費が激しくなりそうな時期。金遣いの荒い友人と一緒にいるときは気をつけましょう。

日	曜	運気	
1	木	△	エイプリルフールだとすっかり忘れて、ウソに引っかかってしまうことがあるので気をつけましょう。自分も周囲を笑わせるようなウソをついてみると人気者になれそうです。
2	金	◎	気持ちが乗らない感じがするときは、友人に連絡をして夕食を一緒に食べたり、飲みに行くといいでしょう。語り合うことで気持ちがスッキリし、前向きになれそうです。
3	土	◎	買い物や遊びに出かけるにはいい日。おいしそうなお菓子は友人や家族のぶんも購入しておきましょう。お世話になっている人にプレゼントを贈るのもよさそうです。
4	日	▽	友人や知り合いの話の聞き役になることが大事。しっかり相づちを打って相手が話しやすいようにしてみると、いい勉強になったり、大切なことに気づくこともあるでしょう。
5	月	▼	集中力が途切れやすく、疲れも感じやすくなりそう。ミスが増えるので無理をしないで、確認を忘れないようにしましょう。濃いめのお茶を飲んで気分転換するとよさそうです。
6	火	×	よかれと思ったことが裏目に出てしまいそう。困った人を助けるのはいいですが、本人の学ぶきっかけを逃してしまうので、相談や助けを求められるまでそっとしておきましょう。
7	水	▲	大事なものをなくしてしまうかも。データを間違って消去することもあるので、余計なことをしないように気をつけましょう。処分する前に確認をしっかりしておくこと。
8	木	○	同じやり方では飽きてしまうので、違う方法を見つけたり手順を変えてみるとうまく進められそうです。自分なりの新しい方法を探してみるといいので、いろいろ試してみて。
9	金	○	余計なことを考えすぎてしまったり、妄想が膨らんでしまいそう。いいアイデアを生み出すこともできますが、気になったことはメモしておかないとすぐに忘れてしまうかも。
10	土	□	なんでもまとめてやるといい日。ひとつひとつ進めると飽きて続かなくなるタイプだと覚えておくこと。3つのことを同時にやるくらいが、あなたには丁度いいでしょう。
11	日	■	今日はしっかり体を休める日にしましょう。マッサージや温泉やスパに行ってのんびりして。予定がすでに入っている場合は、ゆとりを持って行動することが大事になりそう。
12	月	●	気になる人にあなたの魅力が伝わりそう。メイクや髪型、服はいつも以上に気合いを入れておきましょう。笑顔で挨拶し、気軽に話しかけるとモテモテになれるかも。
13	火	△	普段ならミスしないようなことをしてしまうかも。細かな作業ほど失敗しやすそうです。スマホを落として画面を割ってしまうようなことも。些細なことにも注意しましょう。
14	水	◎	実力を発揮することができそう。思いきった行動や決断力が大切になるでしょう。マイペースなタイプですが、目標を決めて突き進んでみるといい結果が出せそうです。
15	木	◎	いい出会いやいい経験ができる日。好奇心の赴くままに行動してみましょう。お気に入りの店を見つけられたり、驚く人と出会えて仲よくなることもできそうです。
16	金	▽	日中はやる気が湧き、何事も前向きに捉えることができそう。夕方以降は心配事が増えたり、余計なことを考えすぎてしまうかも。余計な心配はしないようにしましょう。
17	土	▼	気が緩みすぎてしまいそう。寝すぎて1日を無駄に過ごすことがありそうです。逆に予定を詰め込みすぎて体調を崩してしまうこともあるので、計画的に行動しましょう。
18	日	×	積極的な行動が裏目に出てしまうかも。急に異性に強気になってしまったり、余計な発言をすることもあるので気をつけましょう。今日は控えめを心がけるとよさそうです。
19	月	▲	身の回りの片づけをキッチリしてから出かけて。職場もきれいに整理整頓するといいでしょう。そのためにも少し早めに出社し、時間に余裕を作っておくとよさそうです。
20	火	○	新しいことに敏感になると1日が楽しくなりそう。これから流行りそうなことを周囲に話すと、おもしろい情報が手に入るかも。知識のある人との会話も盛り上がりそうです。
21	水	○	本や雑誌を読むことでいい発見があるかも。あなたに必要な言葉を見つけることができそうです。得た情報はいろいろな人に話して活かせるようにするといいでしょう。
22	木	□	午前中は頭の回転が速くいい判断ができるでしょう。大事なことはどんどん決め、重要な仕事ほど先に取りかかりましょう。昼食後は集中力が一気に低下してしまいそう。
23	金	■	元気が出なかったり、テンションが上がらない日になりそう。思ったよりも疲れがたまっている場合があるので、無理をしないこと。ゆっくりお風呂に入っておきましょう。
24	土	●	デートをするにはいい日なので、気になる相手に突然連絡をしてみましょう。出会い運もいいので、友人や知り合いの集まりに参加すると素敵な人に出会えそうです。
25	日	△	気になるイベントやライブに行くと楽しい時間を過ごせそう。情報を調べてみると当日券でいい舞台を観ることができるかも。元気な人からパワーをもらえそうです。
26	月	◎	予想外の人と会ったり、久しぶりの連絡がありそう。連休中に改めて会う約束をしたり、近況報告をしておくといいでしょう。いい情報を教えてもらうことができるかも。
27	火	◎	お金のことを考えるといい日。貯金額を確かめたり、今後どれくらいのお金が必要になるか計算してみましょう。投資や資産運用の情報を集めるのもオススメです。
28	水	▽	日中は行動的になっておくと、いい縁や幸運を引き寄せることができそう。何事もプラスに捉え、いい言葉を発しておきましょう。夕方からは予定を乱されてしまうかも。
29	木	▼	連休の渋滞や予想外のトラブルに巻き込まれてしまいそう。予定の乱れは当然だと思って、早めに行動しておきましょう。忘れ物や時間の間違いにも注意が必要です。
30	金	×	余計な出費が増えたり、時間に追われてしまうかも。計画的に行動して「不運が出費で済んでよかった」と思っておきましょう。はじめて会う人とはほどよい距離感を忘れないで。

☆ 開運の日 ◎ 幸運の日 ● 解放の日 ○ チャレンジの日
□ 健康管理の日 △ 準備の日 ▽ ブレーキの日 ■ リフレッシュの日
▲ 整理の日 × 裏運気の日 ▼ 乱気の日 ＝ 運気の影響がない日

2021 5月

◎ 幸運の月

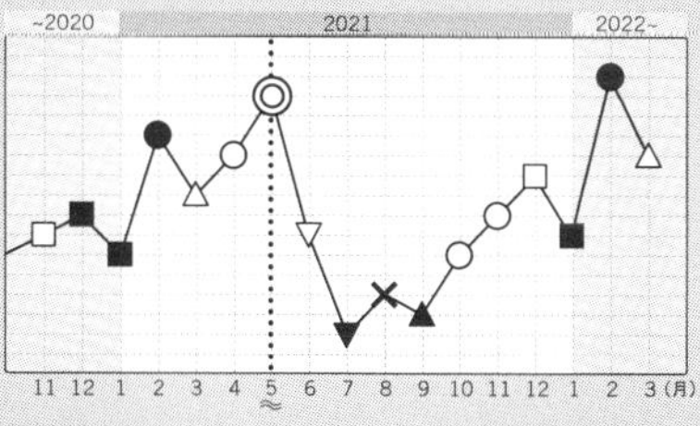

開運 3 カ条

1. 筋トレをする
2. 忙しいときほどしっかり休む
3. 頼りにしてくれる人に感謝する

総合運

基礎体力作りをし、生活習慣をしっかり整えるにはいい時期。体力が落ちていると感じている人はスクワットや腹筋、腕立て伏せを数回でもいいので毎日するようにしてみましょう。少しでも体調に異変を感じる場合は早めに病院に行って検査してもらうことも大事。「このくらいはなんともない」と勝手に判断しないようにして。健康運は、体調を崩す運気ではないですが、健康的な生活習慣をしっかり作ることが大事な時期でしょう。

恋愛＆結婚運

異性から遊びに誘われる機会が増え、プチモテ期を感じられる時期。デートをするのはいいですが、疲れる人と一緒になることもあるので相手選びを間違えないようにしましょう。新しい出会いよりも2019年、2020年に出会った人の中で一緒にいると楽だと思える人とのほうが、勢いで交際をしてもいい感じに進みそうです。結婚運は、結婚を決断するきっかけがある時期。お互いに相手のいい部分を改めて見ることが大事になるでしょう。

仕事＆金運

周囲から頼りにされることが多く、全力で取り組むことで信頼を得られるようになる時期。結果も大切ですが、何より手応えのある仕事や後に活かせる経験ができるでしょう。ハイペースで仕事をしたり、実力以上の仕事を受けてしまうことがありますが、しっかり仕事をしてしっかり休むことを忘れないように。付き合いでのお酒はほどほどにして上手にコントロールして。金運は、健康管理にお金を使うようにするといいでしょう。

1 土	▲	事前準備が足りないことがあるので、情報をしっかり調べてから出かけるように。出かける先のマップを事前に確認しておくなど、些細なことでも調べておきましょう。
2 日	○	気になることに挑戦をするといい日ですが、体力的な無理は避けるようにしましょう。調子に乗って走ったりジャンプすると、足首をひねってしまうことがあるかも。
3 月	○	普段なら興味が湧かないことが気になりそう。舞台やライブ、イベントなどが目についたら勢いで行ってみましょう。急な誘いをOKすると楽しい時間を過ごせそうです。
4 火	□	食事のバランスを整えておくことが大事。ヨーグルトなどの乳製品を意識して食べておくといいでしょう。また、軽く体を動かしてみると、頭も体もスッキリしそうです。
5 水	■	調子に乗って遊びすぎたり、食べすぎ飲みすぎには注意が必要です。思ったよりも疲れがたまってしまうので、こまめに休みをとるように。昼寝をするのもよさそうです。
6 木	●	言葉を大切にしましょう。些細なことをマイナスに受け止めないで、プラスに変換して言葉に出してみると異性から好かれることもあるでしょう。いい言葉に敏感に生活してみて。
7 金	△	余計な妄想が膨らんで、ミスにつながりそう。忘れ物やドジなケガなどには気をつけましょう。時間にルーズになりすぎると焦ってしまうこともあるので、気を引き締めて。
8 土	◎	好きな人と一緒にいられたり、親友と語り合うことができそう。急な連絡や偶然の出会いもあるので、勢いで食事に誘ってみましょう。異性の友人といい関係に進むことも。
9 日	◎	多少出費が増えてしまいそうですが、友人や知り合いと一緒に遊んでストレスをしっかり発散しましょう。おいしいものを持ち寄ってホームパーティーをするとよさそうです。
10 月	▽	日中は集中力が続きそうですが、15時くらいから急に眠くなったり、余計なことばかり考えてしまいそう。夜はミスが続くので、細かなことは最後まで確認を怠らないように。
11 火	▼	内緒にしなければならないことを言ってしまったり、口が滑って余計なひと言が出てしまうかも。楽しく話をするのはいいですが、少し考えてから言葉を発しましょう。
12 水	×	プレッシャーを感じる仕事をまかされて、心身ともに疲れてしまいそう。多少の緊張感は大事ですが、必要以上に自分を追い込まないで、気楽に考えるようにするといいでしょう。
13 木	▲	時間を気にすることが大事。期限を間違えたり、時間がかかりすぎてお客さんや取引先に迷惑をかけてしまうことがありそう。何事も少し早めに終わらせておきましょう。
14 金	○	いい経験ができますが、いい結果が出せるとは限りません。実験や調整をする時期だと思って、失敗から学ぶようにするといいでしょう。勝手に無理だと決めつけないように。
15 土	○	知り合いのオススメの場所やお店に出かけてみるといい1日になりそうです。何事もいい部分をいろいろ見つけるクセを身に付けることで、人生は楽しくなるでしょう。
16 日	□	無計画な行動は避け、1日の計画を立ててから動きましょう。無駄な時間を過ごしていると疲れてしまいそうです。ダラダラするくらいなら早めに寝て、明日に備えること。
17 月	■	起きるタイミングが悪く、スッキリしない目覚めになったり、疲れが残っていると感じそう。集中力が続かず、体調を崩しやすいので、無理は避けるようにしましょう。
18 火	●	浮かれてしまうような出来事が起こるかも。周囲から頼りにされ、能力を発揮することもできそう。みんなで楽しむことで運が味方につき、さらにうれしいことが起きそうです。
19 水	△	ドアや引き出しに指を挟んでしまったり、足の小指をぶつけて痛い思いをしそう。集中力が欠けていることを自覚しながらも、些細なミスを連発しやすいので気をつけましょう。
20 木	◎	経験を活かすことができるよう、自分のクセやパターンをしっかり分析しておくことが大事です。自分を上手にコントロールできるように、冷静に判断するようにしましょう。
21 金	◎	後輩や部下、友人、お世話になっている人などを集めてごちそうしたり、贈り物をしましょう。感謝の気持ちを形に表すことで、困ったときに協力してもらえるでしょう。
22 土	▽	日中は勢いまかせでも問題はなさそうですが、夕方あたりからは判断ミスをしたり、空回りしやすいので気をつけましょう。親や年上の人の小言を聞くことになるかも。
23 日	▼	しっかり体を休めるといい日ですが、急な誘いや誘惑に負けてしまうかも。疲れをためないためにも無理は禁物です。調子に乗りすぎないように気をつけましょう。
24 月	×	気分が乗らない1日になってしまったり、余計な妄想が膨らんでしまうことも。心配になるような出来事もありますが、考えても変わらないので、目の前の仕事に集中しましょう。
25 火	▲	身の回りの整理整頓をしたほうがいいでしょう。散らかったままでは大切なものをなくす原因になりそう。職場でも評価を落とすことになってしまうかもしれません。
26 水	○	視野を広げる努力をして。自分の好きなことばかりではなく、不慣れなことや苦手なこと、興味がないことにも手を出すと発見がありそう。少しの勇気が人生を変えるでしょう。
27 木	○	堂々と歩くことが大事。ダラダラ歩かないで、背筋を伸ばしてシャキシャキ歩いてみると、気持ちが前向きになることも。やる気も集中力もアップさせられるでしょう。
28 金	□	現状をしっかり受け止めることが大切です。うまく進まないことを他人や周囲や時代の責任にしないように。納得がいかない原因を自分の中で見つけるようにしましょう。
29 土	■	栄養ドリンクやサプリに頼ってばかりいないで、体を少し動かして軽く汗を流し、ゆっくり休みましょう。野菜や果物、鍋料理を意識して食べておくのもオススメです。
30 日	●	気持ちが楽になったり、うれしい出来事がある日。片思いの相手と仲よくなれたり、新しい出会いがありそう。オレンジやピンクの服を着て出かけるといいでしょう。
31 月	△	自分でも「あ!」と言ってしまうようなミスをしてしまうかも。特に初歩的なミスが多いので気をつけて。訂正や謝罪は早いほうがいいので、先延ばしにしないようにしましょう。

2021

6月

▽ ブレーキの月

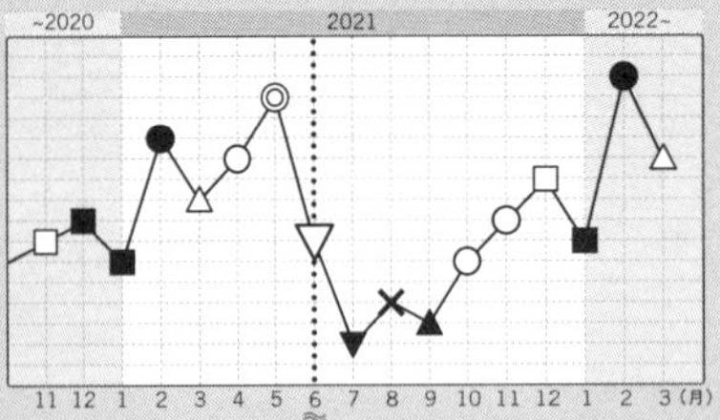

開運 3 カ条

1. 終わりの時間を決めて行動する
2. 基礎体力をアップさせる
3. メリハリのある生活を送る

総合運

中旬までは予定がいっぱいになり、思った以上に忙しくなる時期。無計画に行動すると慌ててしまったり、疲れがたまってしまうので、休みの予定や終わりの時間を事前に決めてから行動するようにしましょう。気になることにいろいろ手を出すのはいいですが、中途半端にならないように気をつけて。健康運は、下旬から疲れを感じたり、スタミナ不足になりそう。上旬から体力作りをしておくといいでしょう。

恋愛＆結婚運

デートや相手との関係を進める時間がなかなか作れない時期。忙しいからと諦めるのではなく、短い時間でも直接会ったほうが相手に気持ちが伝わることがあるので、デートの時間を決めて少しでもいいから話をすることが大切です。新しい出会い運もありますが、連絡先を交換しても進展は秋以降だと思って。結婚運は、中旬までは話が盛り上がるので勢いでの入籍もいいでしょう。ここでまとまらないとひとつ壁がくる覚悟をして。

仕事＆金運

思った以上の結果を出せて満足できる日も多いですが、そのぶん忙しく、求められることも増える時期。頼りにされることで心の満足度は上がりますが、中旬までは少しくらいの無茶が持続できても、下旬になると疲れから集中力が低下するので、こまめに休みをとり、リフレッシュするようにしましょう。金運は、今後に役立ちそうなものを購入するなら中旬までに。下旬は無駄な買い物や予想外の出費をしやすいので気をつけましょう。

1 火	◎	実力を発揮することができそう。積み重ねの多い人ほどうれしい流れに乗れるでしょう。経験が少ない人は先輩や上司から学ぶようにすると大きく成長できそうです。
2 水	☆	完璧を求めて仕事をすることで、まだ突き詰められる点があることを知り、至らない部分も見つかりそう。「人間は完璧にならない」と思って、レベルをひとつ上げた仕事をして。
3 木	▽	勢いまかせで行動してもいい日。運を味方につけられ、周囲からの協力も得られそう。ただし、夕方あたりからは集中力が低下しやすいので、小さなミスには気をつけましょう。
4 金	▼	言ったことを忘れてしまうなど、ドジなミスが重なってしまいそう。軽はずみにOKすると苦しい状況になってしまうことがあるので、話や条件などは最後までしっかり聞いて。
5 土	×	不安な気持ちや余計な妄想が増えてしまうかも。明るい未来を思い浮かべ、ポジティブな想像をするといいでしょう。考え方次第で何事にも前向きになれると思うとよさそうです。
6 日	▲	「過ぎたことは仕方がない」とキッパリ諦めたり、許したりすることが大事。ウジウジしていると不運を引き寄せます。いらないものを処分すると気持ちがスッキリするでしょう。
7 月	○	「食わず嫌い」やなんとなく避けていたことに挑戦しましょう。少しの勇気で人生が楽しくなり、笑顔になれることが起こるでしょう。好奇心の赴くままに行動してみるとよさそうです。
8 火	○	情報をしっかり集めることでいい仕事ができるかも。話のネタになったり、いいアイデアにつながることがあるので、いろいろなことに目や耳を傾けてみるといいでしょう。
9 水	□	時間を気にして仕事をしましょう。終わりの時間をしっかり決め、ダラダラした時間をできるだけ作らないように気をつけて。無駄にスマホを触らないよう注意が必要です。
10 木	■	少しくらい無理をしてもいいと思うと、限界まで頑張りすぎて体調を崩してしまうかも。今日はペースを少し落としてでも、体や精神を休ませる時間を作っておきましょう。
11 金	●	本気で取り組むことでいい結果が出そう。仕事も恋愛も真剣になってみるといいでしょう。適当に取り組んでしまうと中途半端な結果になってしまうので気をつけて。
12 土	△	確認をしないままで飛び込むと失敗しやすいでしょう。「新しくできたお店に行ってみるとオープン前だった」など、調べればわかるようなことをやってしまうので気をつけて。
13 日	◎	語れる友人や話が盛り上がる知り合いに連絡をして。じっくり深く語り合ってみると、気持ちも頭もスッキリしそう。同じ話を何度も繰り返すのはご愛嬌だと思いましょう。
14 月	☆	今日の頑張りが今後の出世や昇給に影響しそう。一生懸命に取り組み、過去の失敗はここで取り返すつもりで頑張ってみるといいでしょう。大きな結果を残すことができそうです。
15 火	▽	背筋を伸ばして堂々と歩くことで運気がよくなりそう。常にきれいな姿勢を意識して生活することが大切です。細かな所作も美しく見せられるようにしてみましょう。
16 水	▼	夢中になるのはいいですが、空気が読めない発言や無謀な行動に突っ走ってしまうことがあるので気をつけましょう。今日はひと呼吸おいてから冷静に判断するようにして。
17 木	×	よかれと思って手伝ったことが、後輩や部下の成長の妨げになるかも。失敗してもいいと思って温かく見守る気持ちを忘れないこと。問題が発生したら後でしっかりフォローして。
18 金	▲	資料や情報が足りないことがありそう。事前にしっかり準備して、少し先のことを考えながら仕事をするとよさそうです。少しくらい無駄になりそうなことでも用意してみて。
19 土	○	少しイメチェンをするといい日。髪を切ったり、服装のイメージを変えてみると気分がよくなりそうです。少し大人っぽくするのもオススメですが、明るい印象も忘れないで。
20 日	○	知り合いの集まる場所に参加してみることで、素敵な出会いやおもしろい人に会えそうです。恥ずかしがっていると出会いのチャンスを逃すので、少し図々しく生きてみて。
21 月	□	素早く判断する練習をしてみて。1秒で決めたことも30分じっくり考えて決めたことも大きく差がないと思って、今日は些細なことほど勘で判断してみるといいでしょう。
22 火	■	腰痛や肩こりなどに悩みそう。頑張りすぎには気をつけて、今日は少しペースを落としてみるとよさそうです。家で入浴剤を使ってゆっくりお風呂に入っておきましょう。
23 水	●	求められることはいいことですが、限界を感じるレベルの仕事や急な仕事をまかされてしまうかも。ひとりで頑張りすぎないで、周囲に助けをお願いしておくことも大事です。
24 木	△	ニコニコすれば運気はよくなりますが、ヘラヘラしていると人間関係が崩れてしまいそう。鏡の前で笑顔の練習をしてから外出しましょう。忘れ物にも気をつけておくこと。
25 金	◎	尊敬している人に連絡をするといい日。近況報告をしてみると、いい話を聞かせてもらえるかも。尊敬できる人に少しでも近づく努力を忘れないようにしましょう。
26 土	☆	買い物に出かけるにはいい日ですが、高価なものや長く使うものは避けて、服や小物を買いに行くといいでしょう。はじめて行くお店でいいものや掘り出し物が見つかるかも。
27 日	▽	好きな人に連絡するなら午前中がよさそう。ランチデートに誘ったり、日中に短時間でも会うといい展開に進めそうです。夕方からは家でのんびりして疲れをためないように。
28 月	▼	うっかり余計なことを言ったり、しゃべりすぎてしまうことがあるので気をつけましょう。適当な会話が結局はウソになってしまうこともあるので、言葉はしっかり選んで。
29 火	×	自分以外のトラブルに巻き込まれるかも。乱されることにイライラしないで、持ちつ持たれつだと思って、できることはやりましょう。逆にあなたが迷惑をかけることもありそうです。
30 水	▲	整理整頓と身の回りをきれいに整えることが大切。うっかり大事なものをなくして焦ることがあるので気をつけて。処分する前にしっかり確認することも忘れないように。

☆開運の日　◎幸運の日　●解放の日　○チャレンジの日
□健康管理の日　△準備の日　▽ブレーキの日　■リフレッシュの日
▲整理の日　×裏運気の日　▼乱気の日　＝運気の影響がない日

7月 2021

▼ 乱気の月

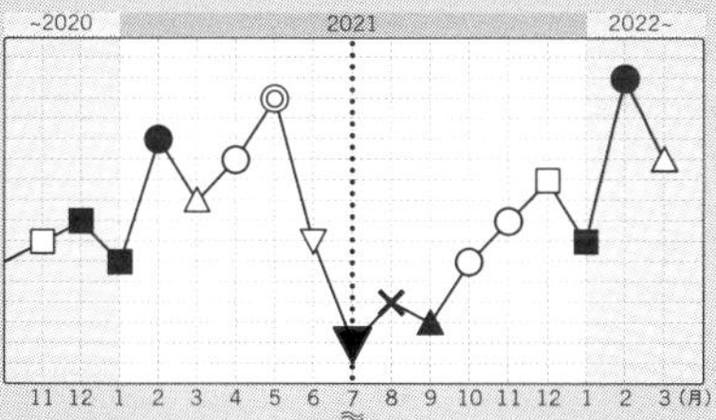

開運 3 カ条

1. 体調の異変には敏感になる
2. ストレス発散をマメにする
3. 困ったときはその道のプロに相談する

総合運

しっかり仕事をしてしっかり休み、体調に異変を感じた場合は早めに病院に行って検査をしてもらうといいでしょう。夏の暑さとエアコンの効きすぎた場所との気温差で、体調を一気に崩したり喉の調子を悪くするかもしれないので気をつけてください。この時期は予定が急に変更になったり、忙しくなりすぎてしまうこともあるので無理をして詰め込みすぎないように。健康運は、病気が発覚することがあるので早めに病院に行くようにしましょう。

恋愛＆結婚運

今月は気になる人との関係は進展が難しくなったり、空回りする感じになりそう。特に先月までいい感じだと思っていた相手とのチャンスを逃すかも。気になる相手がいる場合は、上旬に好意を伝えてみると気持ちをつかめるかもしれません。中旬以降は、新しい出会いも期待が薄いので過度な期待をしないで、自分磨きや趣味、仕事を頑張りましょう。結婚運は、話を進めようとするとうまく進まないので控えめに。

仕事＆金運

面倒な仕事や時間のかかる仕事をまかされてしまい、実力不足を感じることがある時期。苦手な仕事をすることになりストレスがたまったり、苦手な人と一緒に仕事をすること、クセのある取引先や苦手なお客さんを相手にすることもありそう。ストレス発散も仕事だと思って対処し、困ったときはすぐに相談を。金運は、出費が激しくなりそうな時期。何に使ったか覚えていない出費が増えそうなので家計簿をしっかりつけておきましょう。

1 木	＝	生活リズムを少し変えてみたり、小さな変化を楽しんでみましょう。普段避けていることに挑戦するといいですが、不健康なことは軽はずみにやらないようにしましょう。
2 金	＝	人の仕事を引き受けることになったり、予想外の仕事が増えてしまいそう。無理をするとストレスがたまるので、ほどよく力を抜くか、集中して一気に終わらせましょう。
3 土	□	気になる相手がいる場合は、今日は告白をして「付き合いたい」と伝えることが大事。うまくいかない可能性もありますが、このまま自然消滅するよりもいいと思いましょう。
4 日	■	体調を崩す原因になってしまう日。無理をせず、すでに異変を感じている場合は明日病院に行くようにしましょう。元気な人でも遊びすぎて体調を崩さないように気をつけて。
5 月	●	能力を発揮できる日ですが、寝不足で疲れがたまっていると実力を出しきれない場合があるでしょう。こまめに休んで集中できるようにし、無駄なことに時間を使わないように。
6 火	△	準備不足や確認ミスが増えそう。些細なことでもしっかり準備し、仕事は丁寧に最後までやるように。わからないことがあれば頭を下げて素直に聞くようにしましょう。
7 水	○	知ったかぶりをしていると恥をかいてしまうかも。知っているようで詳しく知らないことを適当に話さないようにしましょう。詳しい同僚や友人に聞いてみるとよさそうです。
8 木	○	小さなラッキーがある日。うれしいときはしっかり喜ぶとさらにいいことがありそうです。上司や先輩にごちそうしてもらえたり、くじ引きでささやかなものが当たることもありそう。
9 金	▽	礼儀や挨拶はしっかりして、恩返しや感謝の気持ちを忘れないようにしましょう。ちょっとした態度の悪さが人間関係を崩してしまい、気まずい空気になるので気をつけて。
10 土	▼	友人や知人に合わせてみると、違う世界を知れて楽しめそう。思い通りにしようと思っているとイライラすることになるので、今日は流れに身をまかせてみるといいでしょう。
11 日	×	休みの日に気が抜けて段差で転んでしまったり、ケガをしやすいので気をつけて。大事なものを落として壊してしまうこともあるので、取り扱いは慎重にするようにしましょう。
12 月	▲	考え方を変えることで大きく成長できる日。仕事は経営者の気持ちになってやってみましょう。周囲から見て自分の仕事ぶりが憧れられるか想像してみるのも大事です。
13 火	＝	いろいろな人の話を聞いてみると、おもしろい発見やいい情報を入手することができそう。はじめて話す人ほどいい話が聞けそうなので、思いきって話しかけてみましょう。
14 水	＝	新しいことに挑戦したくなる日ですが、落ち着いて考えてから行動するようにしましょう。無謀な挑戦になったり、面倒なことを引き起こす原因になる場合もあるので気をつけて。
15 木	■	余計なことを考えすぎて疲れてしまうかも。ボーッとしているとケガの原因にもなるので、目の前のことに集中するように。夜の付き合いは避けて、家でゆっくりしましょう。
16 金	■	頑張りすぎには注意が必要。体調に異変を感じるときは休みをとったり、早退して病院に行くようにしましょう。限界まで頑張らないようにして、体力を温存しておくこと。
17 土	●	自分のペースで1日を過ごすことができそう。知り合いから遊びの誘いもありそうです。楽しむことはいいですが、お酒を飲みすぎたり、遅くまで遊びすぎないようにしましょう。
18 日	△	冗談やウソに騙されやすい日。話は冷静に聞き、矛盾していることに気づけるようになりましょう。今日は欲張ってしまったり、自分だけの幸せを考えたりしないことも大事。
19 月	○	青春時代に聴いていた音楽を聴いてから仕事に出かけるとやる気になれそうです。最も自分が輝いていた時代や、大きな結果を出したときのことを思い出すのもいいでしょう。
20 火	○	数字と時間の確認をしっかりすること。厳しくチェックすることで抜けが見つかりそう。帰りに買い物に出かけるのはいいですが、不要な買い物をしないよう気をつけて。
21 水	▽	日中は忙しく、ゆっくりする時間は少なそう。夜は頑張った自分にごほうびをあげるといいので、おいしいものを食べに行ってみたり、スイーツを購入して帰りましょう。
22 木	▼	会社から面倒な仕事やこれまでとは違った仕事をまかされてしまうかも。納得がいかず悔しい思いをすることもありますが、イライラしないように平常心を保ちましょう。
23 金	×	上司の不機嫌に振り回されたり、部下や後輩のミスのしわ寄せがやってくるなど、予想外の出来事が多い日。対応することで一気にレベルを上げることもできそうです。
24 土	▲	余計なことを考えながらの行動には注意が必要。大事なものを置き忘れてしまったり、うっかりケガをすることもあるでしょう。妄想したいときは家でゆっくりするように。
25 日	＝	普段なら行かないような場所に出かけたり、映画や芝居を観に行って気分転換をしましょう。美術館や博物館でゆっくり過ごすのも勉強になってよさそうです。
26 月	＝	時間に追われてしまい、やるべきことが増えてしまいそう。手順を間違えないようにして、後回しにしたいと思うことほど先に終えるようにすると楽になるでしょう。
27 火	■	ストレスがたまるような出来事が起きそう。楽観的に考えられるといいですが、イライラや不満がたまってしまうときは話を聞いてくれる人に連絡をしてみるといいでしょう。
28 水	■	目の疲れや片頭痛に悩まされたり、エアコンの効きすぎた場所にいると喉をやられてしまうことも。しばらく歯医者に行っていない人は、仕事帰りに検査に行っておきましょう。
29 木	●	少しですが気持ちが楽になりそう。肩の力を抜いて仕事ができ、思ったよりもいい結果を出すことができそうです。仲間や協力してくれる人への感謝を忘れないようにしましょう。
30 金	△	時間にルーズになってしまい、遅刻をしたりダラダラ仕事をすることがありそう。休憩時間をオーバーすることもあるので気をつけて。仕事帰りに飲みすぎて終電を逃すことも。
31 土	○	付き合いの長い人に会うことで気持ちが楽になりそう。尊敬している人や憧れの人に連絡をして、少しの時間でもいいので会って話しましょう。マネできるところは吸収して。

8月

×裏運気の月

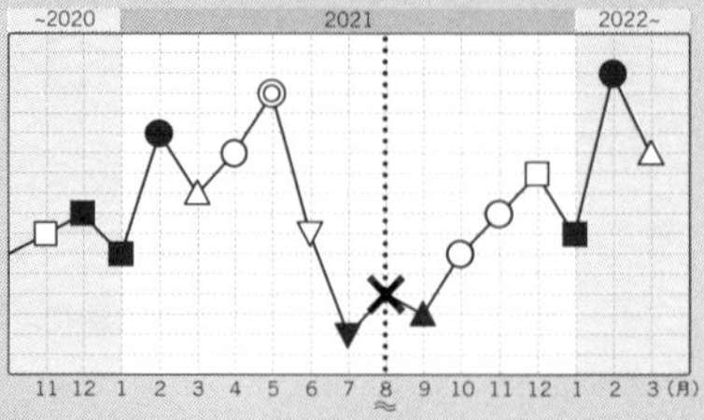

開運 3 カ条

1. 体を休ませる計画を立てる
2. 安請け合いはしない
3. 無理や無茶はなるべく避ける

総合運

予想外に忙しくなり、予定がいっぱいになってしまう時期。無理をすると体調を崩してしまったり、すでに異変を感じている部分の病気が発覚することもありそう。早めに病院に行くように意識しておきましょう。油断をしているとケガをすることもあるので、遊びに行った先で調子に乗りすぎないことも大切。健康運は、今月は最も注意が必要ですが、異変がない場合は軽い運動をして体調を整えておくといいでしょう。

恋愛&結婚運

順調に進んでいた相手とは距離があいてしまい、些細なことで気まずい空気になってしまいそうな時期。逆に好みではない感じの人と仲よくなったり、勢いで交際をスタートして後悔することもありそう。夏を楽しむのはいいですが、相手選びを間違えないようにしないと後に大変な思いをするかも。結婚運は、話が進みにくい時期ですが、恋人からの指摘には素直になり、苦手なことを克服する努力をするといいでしょう。

仕事&金運

予想外の仕事や急な仕事に追われてしまうことがある時期。職場への不満もたまりやすく、しっかり仕事をしてしっかり休むようにすることが大事。普段なら少しくらい無理な仕事をこなせても、この時期は苦しい状況になりやすいので安請け合いしないように気をつけて。金運は、ストレス発散や疲れを癒やすためにお金を使いましょう。暴飲暴食には気をつけないと体調を崩して大出費になることもあるので注意してください。

1 日	○	出費が増えてしまいそう。買い物に出かけるのはいいですが、不要なものを買わないように、欲しいものはメモして行きましょう。「安いから」で釣られないように気をつけて。
2 月	▽	仕事もプライベートも軽はずみにOKすると後に面倒なことになりそう。よく考えてから判断し、約束を簡単にしないようにして。夜は強気な先輩に振り回されてしまいそうです。
3 火	▼	同期に先を越されてしまうことがあるかも。相手の頑張りをしっかり認め、コツを教わったり、自分の至らない点に気づくことで今後の課題を作るようにしましょう。
4 水	×	「大人の事情」と言われて振り回されてしまったり、急に白紙になってしまうようなことがあるでしょう。イライラしないで「こんなこともある」と思って受け流せるようにして。
5 木	▲	なんとなく続けてしまっているスマホゲームや趣味に区切りをつけましょう。好きでもないのに続けてしまっていることをキッパリやめると、次に進めるようになりそうです。
6 金	＝	うまくいかないと感じるときは、新しい方法を取り入れたり、違う角度で物事を考えてみるとよさそう。大事なアドバイスをもらえることもあるので、人の話は最後まで聞くようにして。
7 土	＝	夏らしいことにチャレンジしましょう。これまでとは少し違ったメンバーで楽しい時間を過ごすことができそう。花火やビアガーデンに行ってみるといい思い出ができるかも。
8 日	■	今日はしっかり休みましょう。遊びすぎたり予定を詰め込んでしまうと、次の日に響いて体調を崩す原因になってしまいそう。特に夜は疲れがたまりやすいので気をつけて。
9 月	■	心身ともに疲れやすい日。気力が低下しているので昼すぎに眠気に襲われてしまったり、小さなケガをすることもあるので注意しましょう。喉の調子が悪くなることもありそう。
10 火	●	ハッピーな1日になりそう。周囲と楽しい話や深い話ができそうです。おもしろい情報を入手することもできそうなので、フットワークを軽くしてみるといいでしょう。
11 水	△	忘れ物をしやすいでしょう。出先で置き忘れてしまったり、スマホをなくして大慌てすることもあるので気をつけて。1日の予定をしっかり確認しておくことも必要です。
12 木	○	友人に薦められた本や漫画を読んでみると、思った以上に楽しめることがありそう。周囲の人にいろいろ聞いてみると、おもしろいものをたくさん教えてもらえそうです。
13 金	○	パーッとお金を使いたくなる日。自分だけではなく友人や知人を誘って、みんなで楽しい思い出を作ってみるといいでしょう。おいしいものを食べに行くのもオススメです。
14 土	▽	自分の用事は早めに片づけておくといいでしょう。夜は予定変更があり、時間に追われてしまうかも。後輩にごちそうするなど、急な出費が増えてしまうこともありそうです。
15 日	▼	夏の疲れが一気に出てしまいそう。疲れを感じる前にこまめに休みましょう。冷たいものの飲みすぎには気をつけること。昼寝をしたりして、ゆっくり時間を過ごしておきましょう。
16 月	×	予定が急にキャンセルになるなど、思い通りに進まないことが増えるかも。渋滞にはまって疲れたり、暑さでぐったりすることもあるので、対策を先に考えておきましょう。
17 火	▲	時間や順序をしっかり守ることが大事。「なんとなく」で行動しないで、時間を決めて丁寧に仕事をするように意識して。慣れたからといって手順をいい加減にしないように。
18 水	＝	疑問に思ったことを調べてみると、ほかのこともいろいろ学べていい発見があるでしょう。話のネタになりそうなことを探してみると、いい縁につながることもありそうです。
19 木	＝	小さな変化を楽しんでみて。出勤時間を変えてみたり、普段とは違った道を選んでみるとおもしろい発見がありそうです。新商品のお菓子を食べてみるのもいいでしょう。
20 金	■	疲れやストレスがたまってしまう日。ダラダラ仕事をするほうが疲れるので、メリハリをつけて一生懸命取り組むこと。夜の付き合いやお酒は、次の日のためにも控えましょう。
21 土	■	体のだるさやパワーダウンを感じるかも。不機嫌が顔に出てしまい周囲に気を使わせてしまうこともありそう。疲れからイライラしたときこそ、ご機嫌でいられるように心がけて。
22 日	●	予想外の人から遊びに誘われるなど、不思議な出来事がありそう。これまで遊んだことのないタイプの人から学べることもあるでしょう。くじ引きでいいものが当たることも。
23 月	△	小さなミスをしやすい日。事前にしっかり準備し、無計画な行動には走らないように。調子に乗りすぎてケガをすることもあるので、テンションが上がったときほど気をつけて。
24 火	○	学んだことや経験を上手に活かすことができそう。求められたことには全力で応えておきましょう。久しぶりに連絡がくる人からいい情報を得られることもありそうです。
25 水	○	スムーズに仕事が進み、いい結果を出すことができるかも。思ったよりも集中力が続きますが、頑張りすぎると一気に疲れてしまうので、こまめな休憩を忘れないようにして。
26 木	▽	日中は積極的に動くことで、周囲からも協力してもらえそう。夕方あたりからは1歩引いておとなしくしているほうがよさそうです。頑張りすぎて疲れをためないように。
27 金	▼	疲れを感じたり、集中力が続かなくなってしまうかも。些細なことでイライラするときは疲れが原因の場合があるので、ゆっくり休む時間を作り、早めに帰宅しましょう。
28 土	×	予想外に忙しくなったり、自分以外のトラブルに巻き込まれてしまいそう。心身ともに疲れてしまうことがあるので、できるだけリラックスできる時間を作るようにしましょう。
29 日	▲	掃除をするにはいい日ですが、指先をケガしたり重たいものを持って腰を痛めないように気をつけましょう。不要品を処分するときは、大事なものを捨てないようしっかり確認を。
30 月	＝	友人や知人を笑顔にさせるといい日になるでしょう。話で盛り上げたり、プレゼントで喜んでもらうとよさそうです。サービス精神を爆発させてみると人生観が変わってくるでしょう。
31 火	＝	急ぐのはいいですが、行動が雑になってしまいそう。ケガをする原因になったり、やり直しで二度手間になることもあるので、最初から丁寧に取り組むようにしましょう。

☆開運の日 ◎幸運の日 ●解放の日 ○チャレンジの日
□健康管理の日 △準備の日 ▽ブレーキの日 ■リフレッシュの日
▲整理の日 ×裏運気の日 ▼乱気の日 ＝運気の影響がない日

2021

9月

▲ 整理の月

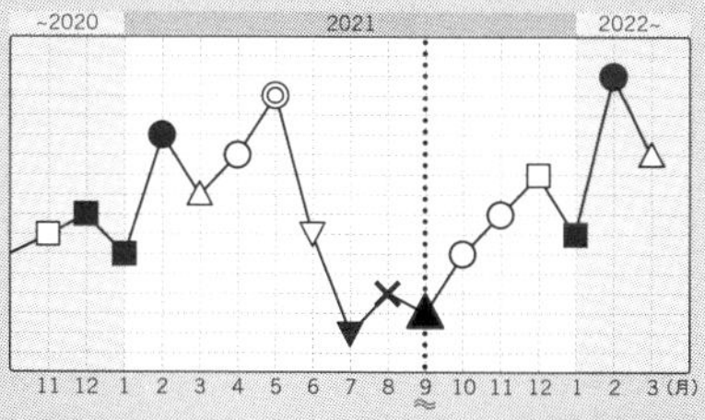

開運 3 カ条

1. 不要なものは処分する
2. 軽い運動をする
3. 尊敬できる人と話をする

総合運

モヤモヤした気持ちや現状に対する不満は下旬になると次第になくなってくるでしょう。不要なことに時間を使っていないで、ここでしっかり勉強したり、スキルアップのために努力をしておくことが大事。先を考えて、時間の無駄遣いになっていると思えることから離れたり、人間関係の整理も必要でしょう。健康運は、中旬までは腰痛や指先のケガなどに気をつけて。下旬以降は軽い運動やダイエットをはじめるにはいい時期です。

恋愛&結婚運

中旬までは進展は難しい時期なので、自分磨きをして、美意識を高めておくといいでしょう。定期的な運動をすることで恋にも前向きになれそう。異性受けが微妙だと思える服や小物、地味だったり暗いイメージのあるものは身の回りから処分しておくとよさそうです。新しい出会い運は下旬になると少し持ち直すので、知り合いの輪を広げてみて。結婚運は、くどい話が続くと縁が切れやすいので注意しましょう。

仕事&金運

仕事にやる気を失って転職や離職を考えていた人も、下旬になるとその気持ちが薄まってくるでしょう。今は目の前の仕事に一生懸命になり、楽観的に考えることで、自然とやる気や気力が回復してきます。仕事の妨げになるようなものを身近に置かないことも大事なので、身の回りをスッキリさせておくこと。金運は、不要なものを処分するといい時期なので、ネットで売って少し収入をアップさせるといいでしょう。

1 水	□	自分は何のために働いているのか、どこに向かっているのか冷静に考えましょう。なんとなく生活をしがちなタイプですが、改めて今月の目標を立てて、自分の方針を決めること。
2 木	■	疲れを感じたり、集中力が途切れやすくなっているので、今日は無理をしないこと。栄養ドリンクに頼ってしまうことになるかも。早めに帰宅して睡眠時間を多めにとりましょう。
3 金	●	仕事に真剣に取り組むと、いい流れで進められてゆとりもできそう。空いた時間は日ごろの運動不足を解消するのに使いましょう。ランニングをしたりスポーツジムに行ってみて。
4 土	△	ドジな1日になりそう。忘れ物や置き忘れ、転んでケガをすることなどもあるので気をつけましょう。約束をすっかり忘れて知り合いを待たせてしまうこともありそうです。
5 日	○	おいしいものを食べると運気アップ。少し贅沢なものを食べに家族を誘ってみて。友人や知り合いとBBQをするのも盛り上がりそう。相手を喜ばせることが幸運につながります。
6 月	○	時間やお金をかけることでいい勉強になるでしょう。ケチケチしていると大切なことを逃してしまうかも。得るということは失うことでもあると忘れないようにしましょう。
7 火	▽	日中は自分のペースで作業できますが、夕方以降はお願い事をされてバタバタしそう。自分にできないことは断ってもいいですが、丁寧に伝えないと誤解されることも。
8 水	▼	問題を他人の責任にしているといつまでも解決せず、イライラしそう。どんな問題でも自分のことだと考えて、今すぐにできることを少しでもやっておくといいでしょう。
9 木	×	ケガをしやすい日。集中力が欠けて机の角に足をぶつけたり、電車で足を踏まれてしまうことがあるかも。重たいものを急に持つと腰を痛めてしまうので気をつけましょう。
10 金	▲	いろいろなことを手放したくなりそう。環境に飽きて突然転職を考えてしまったり、大事にしていたものを処分したくなるでしょう。本当に不要なものから処分するようにして。
11 土	＝	今日は少し時間のかかることに取り組むといいでしょう。もの作りや料理、お菓子作りがオススメです。難しそうな本を読んだり、字の練習などをするといい集中力が続きそう。
12 日	＝	遊びに出かけるのはいいですが、予定を詰め込みすぎると疲れてしまいそう。お茶をする時間やのんびりする時間を作りましょう。早めに帰宅する予定にしておくとよさそうです。
13 月	□	本音を話すことで気持ちが楽になるでしょう。知り合いと語り合ってみると余計な言葉も出てきそうですが、自分の本音を確認できそう。愚痴や不満を言うだけにならないように。
14 火	■	寝不足や疲れを感じそう。頑張りすぎると体調を崩してしまうことがあるので、無理は避けるようにしましょう。軽く柔軟体操をして体を動かしておくとよさそうです。
15 水	●	どこに行っても目立ってしまいそうです。素敵な出会いといえるほどの出会いではないですが、後に役立つ縁や付き合いが長くなる人と会えるかも。挨拶やマナーを守るようにして。
16 木	△	うっかりミスが多い日。忘れ物や失言などをしやすいので気を引き締めて1日を過ごしましょう。機械の操作ミスで面倒なことも起こるので、知らない操作は勝手にやらないこと。
17 金	○	付き合いの長い人と縁がありそう。道でばったり会うなど、偶然の出会いもあるかも。少し話してみるといいアイデアが浮かんだり、さらにいい縁がつながることもあるでしょう。
18 土	○	日用品や消耗品を買うにはいい日。身の回りで足りなくなりそうなものをチェックして買いましょう。勉強になるものを購入するのもオススメ。時間を見つけて書店に行ってみて。
19 日	▽	自分の時間をしっかり作ってゆっくり過ごしましょう。強引な人に誘われることもありますが、早めに切り上げたり、ハッキリ断ることも大事。今日は早く寝て明日に備えて。
20 月	▼	やる気が出ず、仕事に集中できないかも。ボーッとする時間が増えて叱られてしまったり、ミスもしやすいので気をつけて。うまく進まないことでイライラしないよう要注意。
21 火	×	不満に目がいきすぎてしまいそう。当たり前だと思うことに感謝の心を忘れてイライラしないように。何事も勉強だと思って受け止め、自分の至らない部分をしっかり認めて。
22 水	▲	不要なものを身の回りから処分することが大事。ケガの原因になりそうなものは特に先に片づけておくといいでしょう。足元にものを置いてある場合は、どかしておきましょう。
23 木	＝	視野を広げることで新しい発見がありそう。あたりを見渡すと秋を感じられるかも。旬の食材を使った食べ物を選んでみるのもオススメ。職場では新しいことをまかされそうです。
24 金	＝	ソリの合わない人もいると思っておきましょう。話が嚙み合わないことや意見が合わないことがありますが、相手の考えにも正しいところがあるので、冷静に話を聞いてみて。
25 土	□	心身ともに休めるといい日。忙しい日々に追われて心のケアを忘れてしまうので、好きな音楽を聴いてのんびりしましょう。携帯電話を持たずに散歩すると心が落ち着くかも。
26 日	■	しっかり体を休ませましょう。すでに用事を入れてしまった人はこまめに休みをとるようにして、予定よりも早めの帰宅を。今日はゆっくりお風呂に入って、早く寝るようにして。
27 月	●	周囲の人とうまく協力したり、助けてもらえることがありそう。上司や同僚に感謝することを忘れないように。恋愛でも異性の友人といい関係になれることがありそうです。
28 火	△	小さなケガをしやすい日。慎重に行動すれば問題を避けられそう。忘れ物をしたり、確認忘れから焦ってしまうこともあるので、1日の予定をしっかり見ておきましょう。
29 水	◎	いろいろ経験をしておいてよかったと思えそう。これまでの苦労が役立ったり、辛抱強くなっていることを感じられるでしょう。いい人脈を持っていることにも気がつけそうです。
30 木	◎	派手なことをするよりも、地道で遠回りと思えることに時間をかけるといいでしょう。今日の頑張りが明るい未来につながると想像して、目先のことだけに捉われないように。

2021

10月

◎ チャレンジの月

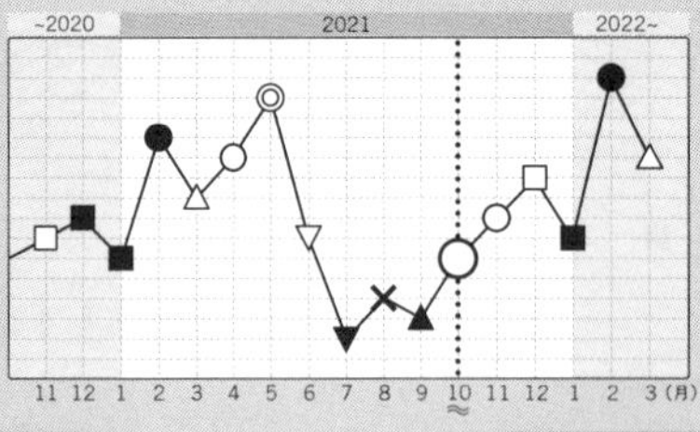

開運 3 カ条

1. 知り合いの輪を広げる
2. 視野を広げて情報を集める
3. 予定を詰め込んで忙しくする

総合運

気持ちが前向きになり、やる気が湧いてくる時期。フットワークが軽くなり興味があることも増えてくるでしょう。いろいろ調べて気になることには積極的になってみると、おもしろい経験ができ、人脈を一気に広げられそうです。周囲からの誘いやお願いは受け入れてみるといい流れに乗り、考え方や生き方を変えることもできそう。健康運は、今月から定期的な運動をはじめ、ダイエットや基礎体力作りをするといいでしょう。

恋愛&結婚運

新しい出会いが増える時期。知り合いを増やすつもりで行動したり、イメチェンをしてみるとこれまで仲がよかった異性の友人が好意を寄せてくるかも。髪型も服装も雰囲気を一気に変えてみるといいでしょう。人脈もここから変わるので新たな知り合いの輪に積極的に参加してみましょう。デートをするときは話のネタになるところがオススメ。結婚運は、一気に話を進めることができるので勢いで入籍日の話をしてみて。

仕事&金運

やる気が復活して一生懸命仕事に取り組めるようになる時期。求められることが増えはじめるのでジワジワ忙しくなりますが、そのぶん余計なことを考える時間がなくなって気持ちは楽になるでしょう。予定を詰め込んでいるほうが心が安定すると実感できそう。新しい仕事に挑戦したり、仕事のやり方を変えてみるなど工夫してみて。金運は、買い替えをするにはいい時期。使い古したと思えるものは最新のものに替えてみましょう。

1 金	▽	日中は順調に進んでも、夕方あたりからは余計なひと言やうっかり発言をしやすそうです。大切な用事は早いうちに済ませ、予定がなければ早く帰って家でおとなしくしましょう。
2 土	▼	予定を変更するのはいいですが、約束は断らないように。現状を変えたい気持ちや不満が爆発しそうですが、マイナスな妄想はやめて、明るい未来を想像するようにしましょう。
3 日	×	思い通りにいかず、余計なことを考えすぎてミスが増えてしまいそう。些細なことでイライラしないで視点や考え方を変えてみましょう。どんな状況でも楽しむことを忘れないで。
4 月	▲	本当に必要なことと不要なことを分けることが大事。無駄な時間を使うことからは離れましょう。集中力を削ぎそうなものが身の回りにあれば、見えないところにしまうこと。
5 火	○	同僚や身近な人からいいアドバイスをもらえそう。結果を出している知り合いや頑張っている人の意見はいい参考になるでしょう。ポジティブな話を聞くとやる気も出そうです。
6 水	○	行動力が増す日。好奇心の赴くままに行動してみると、いい出会いやおもしろい経験ができるでしょう。遠慮しないで質問したり、聞きたいことは素直に聞いてみるとよさそう。
7 木	□	日中の頑張りすぎには注意が必要。ペース配分を間違えると夜まで体が持たないかも。休憩中に水分をよくとり、リラックスグッズを使って体を休ませてあげることも大事です。
8 金	■	少し疲れを感じることがありますが、朝から軽く体を動かしておくと問題はなさそう。水分をしっかり補給し、健康的な食事を心がけておきましょう。朝は白湯を飲んでみて。
9 土	●	積み重ねが多い人ほどうれしい出来事がありそう。今日出会った人や関わった人が、運命を変える人になることも。人の集まりには積極的に参加し、話はしっかり聞くように。
10 日	△	気になるイベントやライブに行きましょう。友人や知人を誘ってみると思った以上に楽しい時間を過ごせそう。小さな失敗もしやすいので、丁寧に行動することを忘れずに。
11 月	◎	積極的に行動することでいい話を聞けそう。細かいことは心配しないで、思ったように行動してみると大きなチャンスが手に入ります。知り合いの紹介や人とのつながりは大切に。
12 火	☆	強気に仕事をすることが大事。遠慮して1歩引いてしまうとチャンスを逃してしまうかも。大事な出会いもあるので、図々しく生きるくらいが丁度いいと思って行動しましょう。
13 水	▽	午前中は自分の意見を通してもいいですが、午後からは周囲に上手に合わせることが大事です。タイミングを逃しても、後にもっといい環境で発表できる機会がくるでしょう。
14 木	▼	いい関係だと思っていた人と距離ができたり、タイミングが合わないと感じそう。細かいことはあまり気にしないでいいですが、挨拶やお礼だけはしっかりしておきましょう。
15 金	×	自分の気持ちがうまく伝わらないかも。自分の話をするよりも、相手を理解しようとする気持ちで最後までしっかり話を聞きましょう。相づち上手を目指すことも必要です。
16 土	▲	年齢に見合わないものを処分しましょう。幼稚なものや何年も置きっぱなしで使っていないものでも、ネットオークションに出してみると、思わぬ高値で売れることがありそうです。
17 日	○	生活習慣を見直すのにいい日。偏食や夜更かしなど、普段の生活のリズムで直したいことは今日から改善しましょう。できる範囲でいいので、理想のパターンを書いて貼ってみて。
18 月	○	目の前のことに一生懸命になりましょう。真剣に取り組むと仕事が楽しくなったり、これまでとは違った感覚で仕事に取り組めそう。特に午前中は本気になってやってみましょう。
19 火	□	今年の目標でやり残したことを振り返って。「もう2カ月しかない」ではなく「まだ2カ月ある」と思って取り組むことが大事。ダイエットや体力作りなどをはじめるのもよさそう。
20 水	■	集中力が途切れやすい日。気分転換をしながら仕事をするといいでしょう。旬の果物や野菜を食べると調子が戻ってくるかも。夜は急な誘いがあるので時間を空けておくこと。
21 木	●	身近な人があなたの魅力に気づきそう。職場や学校、通勤通学の途中でも周りを意識すると、視線を感じたり、突然話しかけられるかも。身だしなみはいつも以上にしっかりと。
22 金	△	周囲を笑わせることで運気が上がるかも。失敗談をするのは少し勇気がいりますが、恥ずかしいと思わずみんなを楽しませてみましょう。サービス精神が人生を大きく変えるでしょう。
23 土	◎	習い事や勉強をはじめるのに最適な日。仕事や勉強に役立つものは今日買いましょう。契約や申し込みをするにも最適な日なので、気になることに飛び込んでみるとよさそうです。
24 日	☆	今日購入したものがラッキーアイテムになりそう。家電の買い替えを考えているならここで購入しましょう。気になるお店に行ってみると、お得なものを見つけられそうです。
25 月	▽	日中は勢いで仕事に取り組めても、夕方以降は行動が雑になってしまうかも。欠点や弱点を指摘されたり、否定されてしまうこともありそう。素直に謝ることを忘れないで。
26 火	▼	調子に乗らないで慎重に行動することが大事。仲がいいからといって失礼なことを言わないように。正しいと思ってもなんでも言っていいわけではないので、言動には気をつけて。
27 水	×	遅刻したり予定を忘れるなど、ミスが増えてしまうかも。冷静に判断できなくなり、慌ててしまうことも。余裕を持って行動することで、難を避けることができそうです。
28 木	▲	身の回りをきれいに掃除することで気分よく過ごせそう。朝から目につくところを整え、磨いてきれいになるところはピカピカにしましょう。特に鏡はきれいにしておくこと。
29 金	○	自分の気持ちに素直に行動することで視野が広がります。新しいことにも自然と目を向けられるので、気になることをいろいろ調べて。気になるお店に入ってみるのもよさそう。
30 土	○	はじめて遊びに行く場所でおもしろい出会いや経験ができるかも。フットワークを軽くしておくことが大事です。気になっていたイベントに行ってみるのもいいでしょう。
31 日	□	ハロウィンで仮装を楽しむのもいいですが、ハメを外して遅くまで遊びすぎると、翌日以降に疲れを持ち越して体調を崩してしまいます。昼間のホームパーティーがオススメです。

☆開運の日　◎幸運の日　●解放の日　○チャレンジの日
□健康管理の日　△準備の日　▽ブレーキの日　■リフレッシュの日
▲整理の日　×裏運気の日　▼乱気の日　＝運気の影響がない日

2021 11月

○ チャレンジの月

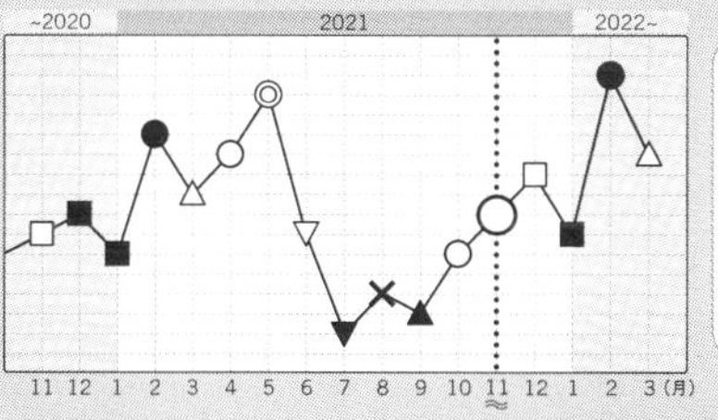

開運3カ条

1. 小さな勇気を楽しむ
2. 異性の前ではノリをよくする
3. 誘いは断らない

総合運

小さな勇気がいい体験と出会いを増やしてくれる月。少しくらい無理だと思っても行動してみると、いい出会いや経験ができ、チャンスをつかむ流れを作れそう。特に新しい出会いが増えるので、急な誘いでもOKしておくとおもしろい縁がつながりそうです。上手に振り回されてみて、利用されても気にしないくらいの心構えでいましょう。健康運は、体にいいものを選んで食べるようにすることが大事。軽い運動もこまめにしましょう。

恋愛＆結婚運

ほかのことで慌ただしくなり、恋愛のチャンスが巡ってきても逃しやすいので気をつけましょう。気になる相手からの連絡の返事を忘れたり、雑に扱ってしまうこともありそう。出会い運はいいので人との縁はつながりやすいですが、口約束のままで終わってしまうこともあるので、気になる人とは時間を作って短時間でも会っておくといいでしょう。すぐに進展しなくても気にしないこと。結婚運は、勢いで話をまとめることができる時期。

仕事＆金運

まかされる仕事や、やるべきことが増える時期。信頼されていると思える出来事や、導いてくれる人に出会えることも。少しくらいの無茶でも引き受けてやってみると能力がアップし、いい経験ができそうです。遠慮する前に1歩踏み込み、頭を下げてお願いをしてみるといいでしょう。仕事終わりの飲み会や誘いも大切にするといい縁ができそうです。金運は、仕事の付き合いでの出費が増えることがあるでしょう。

1 月	■	まだ頑張れるつもりでも無理が利かないかも。1年の疲れが出たり、体調を崩すことがあるので無理は避けましょう。しばらく行っていないなら、今月のうちに健康診断を受けて。
2 火	●	お願いされることが増える日ですが、チャンスやいい経験になる可能性があるので受け入れて頑張ってみましょう。明るいイメージの服装や清潔感を忘れないように。
3 水	△	おもしろいことや楽しいことに目を向けるといいでしょう。新しい趣味や気になるイベントを見つけられそう。美術館や博物館などに行くのもオススメ。チケットを予約してみて。
4 木	◎	実力を評価してもらえることがありますが、自信がなくて焦ってしまうかも。今できることには全力で応えてみるといいでしょう。夜は時間を作って買い物をするとよさそうです。
5 金	☆	悩みが解消し、流れが変わることを実感できそう。自分がどこに向かうのかしっかり定めたり、教えてもらった目的に向かって努力をはじめることが大事になるでしょう。
6 土	▽	午前中に買い物や用事を済ませて、午後からはのんびりするといいでしょう。少し早起きをすると満足できる1日になりそうです。気になる人をランチに誘ってみるのもオススメ。
7 日	▼	不安や心配事が増えてしまいそう。余計なことを考えすぎてモヤモヤしてしまうことも。今日は家でSF映画やアニメなど、現実世界とは離れたものを観て過ごすといいでしょう。
8 月	×	判断力が低下しやすい日。引き受けたくないことをOKして困ってしまうことがありそうですが、何事も覚悟して受け止めると、いい体験や経験に変えることができるでしょう。
9 火	▲	やることがいっぱいあるほうが集中できるタイプですが、今日は手順や順番をしっかり守り、計画的に進めることが大事です。重要なことから終わらせるようにしましょう。
10 水	○	自分のやり方にこだわるよりも、うまく結果を出している人をしっかり観察してマネをすることが大事。マネができてから、自分のオリジナルのやり方を模索してみましょう。
11 木	○	自分の言動が人のためになりそう。家族や友人、職場の人が悩んでいたらアドバイスやいい言葉を伝えてみましょう。誰かの役に立ちたい気持ちはいつかあなたにも返ってきます。
12 金	□	人生のヒントは常に世の中にあるもの。問題はそれを自分で見つけられるかどうかです。何か役立つものや大切なことがないか、周囲を見渡してみるといいでしょう。
13 土	■	今日は家でのんびりして、日ごろの疲れをとるように。予定がある場合は、これ以上詰め込まないようにして。旬の果物を食べるとリラックスできて集中力も上がりそう。
14 日	●	周囲にいい影響を与えられそう。笑顔でいるだけで周囲も笑顔にできそうです。機嫌よくしておくことで異性から注目され、いい縁もつながるので、元気と明るさを意識して。
15 月	△	うっかりミスが続く日。計算ミスや忘れ物など、ちょっと意識すれば避けられることも多いでしょう。時間がかかってもいいので落ち着いて行動し、再確認も忘れないように。
16 火	◎	大きな喜びを求めるよりも小さな喜びを見つけることが大事。子どものころなら大喜びできたようなことを探してみましょう。幸せとは些細なことだと忘れないように。
17 水	☆	積極的な行動が幸運を引き寄せます。決断を早くしたり、勘を信じて突き進んでみて。買い物をするにもいい日なので、見た瞬間に購入するかしないか決めるくらいでもよさそうです。
18 木	▽	日中はポジティブな妄想ができますが、そのぶん集中力が欠けてしまうことも。妄想話で周囲を楽しませてみましょう。夜は現実を突きつけられてヘコんでしまうかも。
19 金	▼	周囲に振り回される日。大きな決断を迫られたり、欠点や弱点を指摘されることがありそうです。面倒なことに巻き込まれる前に、早めに帰宅して家でゆっくり過ごしましょう。
20 土	×	不運と思うか、実力不足、勉強不足と思うかで人生は大きく変わるもの。不注意や油断は不運ではないので、学ぶことで次から回避できるようにしましょう。学ぶ楽しさも忘れずに。
21 日	▲	悪い習慣やクセをやめるにはいい日。本気で意識をすれば直すことができそう。耳の痛いことを言ってくれる人に感謝し、しっかり反省をすると大きく成長することができるでしょう。
22 月	○	おもしろい情報を入手できそう。気になることを検索するのはいいですが、一方的な情報ばかりではなく違う角度の情報も調べて。何事もいい面と悪い面があると忘れないように。
23 火	○	生活リズムを変えたり、身の回りを新しくするといいでしょう。季節感のある小物を取り入れて部屋の模様替えをしてみて。雰囲気や気分がよくなり、やる気も出るでしょう。
24 水	□	自分の考えだけが正しいと思っていると思わぬ落とし穴がありそう。周囲の意見をしっかり聞くことでいい話し合いができ、企画がまとまりそうです。反対意見ほど大切にして。
25 木	■	些細なことでイライラするときは疲れがたまっている証拠。無理をせず、昼寝をすると体も頭もスッキリするでしょう。軽い運動やストレッチをしておくのもオススメです。
26 金	●	いろいろな人から好かれそう。恋に発展することもあるので、出会いの場所には積極的に参加して。職場でもあなたが中心になって話ができたり、盛り上げ役になれるかも。
27 土	△	家族運がいい日。今日は家族との交流を大切にすると、そのひとときが安らぎを与えてくれて、明日からの活力になるでしょう。ケンカにならないよう、言葉遣いには要注意。
28 日	◎	親友やしばらくぶりの人と遊ぶことになりそう。あなたの好きなお店を紹介したり、みんなの思い出のある場所に行ってみるとよさそうです。いい人を紹介してもらえるかも。
29 月	☆	買い替えをするにはいい日。家電や長年履いている靴などを買い替えましょう。仕事道具の購入もよさそうです。年末や来年の購入を考えているなら、貯金をはじめるのもオススメ。
30 火	▽	日中は頼りになる人にまかせることができ、余裕で仕事が進みそう。夕方あたりからは、今度はあなたが頼られて忙しくなるかも。頼られていると思えば、前向きになれそうです。

2021 12月

健康管理の月

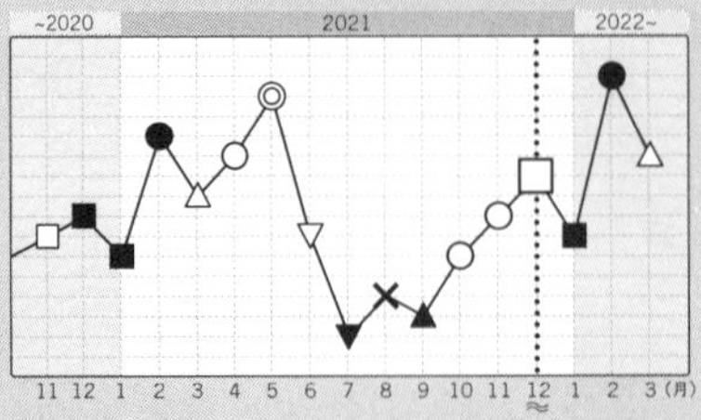

開運 3 カ条

1. 体のコンディションを整える
2. 知り合いから人を紹介してもらう
3. 計画的に時間やお金を使う

総合運

自分の行く先が見えてくる時期。ここ数年、忍耐強く辛抱してきた人ほど一気に流れが変わり、手助けしてくれる人が現れそうです。自分の行く先や希望の光が見えてくるので、思いきった行動に走ってみることも大事。ただし、無理をすると体調を崩してしまう場合があるので、しっかり休息をとるように計画しましょう。体の調子を整えることを意識して。健康運は、下旬に疲れを感じやすいので無理のないように。

恋愛&結婚運

上旬は慌ただしく、出会いのチャンスを逃してしまうかも。中旬には知り合いから紹介された人といい関係になったり、気になる人とも会えそうです。すぐに交際に発展しなくても、後の恋人や結婚相手となる人に会える可能性があるので、急な集まりや誘いは断らないようにしましょう。特に下旬はチャンスがありそう。結婚運は、婚約や入籍日を具体的に決めるにはいい時期。あなたからプロポーズしてもいいでしょう。

仕事&金運

上旬は予定がいっぱいになりながらも、満足できる仕事や充実した時間を過ごせそう。頑張りすぎると疲れが一気に出てしまうので、体調を崩さないように上手にコントロールすることが大事。下旬には、頑張ってきたおかげで流れや評価が変わることがあるでしょう。最後のひと踏ん張りと思って周囲と協力すると、予想以上の結果を残せそうです。金運は、家計簿をつけたり、計画的に出費をするといい勉強になるでしょう。

1	水	▼	集中力が欠けてしまう日。自分でもガッカリするようなミスをしたり、最後まで集中できなくなってしまいそう。こまめに休息をとり、時間を決めて取り組むようにしましょう。
2	木	×	苦労と思うか経験と思うかで人生は大きく変わるもの。年上の言葉に振り回されることがありますが、数年後にいい経験だったと思えるように、自分を成長させるきっかけにして。
3	金	▲	身の回りを片づけながら仕事をしたり、考え事をしながら掃除をするなど、まとめていろいろなことを進めてみて。周囲が落ち着きがないと思うくらいが、あなたらしくいられそうです。
4	土	○	些細なことでもいいので新しいことに挑戦しましょう。気になるイベントを見に行ったり、新商品のスイーツを購入してみて。輸入品のお気に入りのお菓子を見つけられるかも。
5	日	○	友達の誘いに即OKすることで、これまでとは違う世界を知れて、素敵な出会いもありそう。興味がなかったことに楽しみを見出せるなど、自分のためになる1日が過ごせるかも。
6	月	□	「できない」と勝手に決めないで「誰かがやっているなら自分にもできるかも」と思って挑戦してみましょう。簡単にできるわけがないからプロがいることを忘れないように。
7	火	■	忙しくて充実するのはいいですが、疲れが一気にたまってしまうかも。休むことも仕事のひとつだと思って、こまめに休息をとるように。目や肩の疲れもしっかりケアしましょう。
8	水	●	能力や魅力がアップする日。自分の勘を信じると好判断ができ、臨機応変な対応が評価されることもあるでしょう。恋愛運もいいので、気になる人にメッセージを送ってみて。
9	木	△	小さなミスをしやすいですが、他人の責任にしないでしっかり反省しましょう。「こんな自分はダメだ」と否定するのではなく、自分に足りない部分を知って今後に活かすこと。
10	金	◎	苦労を苦労のままにしないで、どうしたら活かせるのかを考えて行動して。辛いことを乗り越えたぶん精神的に強くなったり、感謝すべき人の存在に気づけることも忘れないで。
11	土	☆	買い物に行くといい日。お得な品が見つかり、セールや「ポイントが倍」などうれしいサービスを受けられるかも。美容室に行くにもいい運気なので、予約して行ってみましょう。
12	日	▽	午前中は行動的になっておくといいでしょう。気になる相手とはランチデートがオススメ。予定がない人は午前中に大掃除をして、身の回りをスッキリさせるとよさそうです。
13	月	▼	思わぬ邪魔が入ってしまったり、リズムの悪さを実感しそう。ひとつのことを最後まで丁寧にやり抜きましょう。完璧と思っても他人からはアラが見えることも理解して。
14	火	×	現実を突きつけられて困ったり、不安になりそう。のんきに過ごしていた人ほど焦ってしまうことも。過去の苦労を乗りきったことを思い出して、マイナスな話は流しましょう。
15	水	▲	不要だと思えるものは少しずつ処分しましょう。何年も置きっぱなしのものは早めに捨てて、「いつか使う」は使わないものだと割りきること。無理に価値をつけないように。
16	木	○	情報を集めるにはいい日。いろいろなことを調べて考え方を知るのはいいですが、善意で受け止めるとさらに見方を変えられそうです。本を読むと大事な言葉に出会えるかも。
17	金	○	まず行動することが大事。知識のある人と話をすると、思わぬ出会いにつながり、いい話も聞けるでしょう。図々しく生きてみると、異性の友人からおもしろい話も聞けそうです。
18	土	□	コンディションを整えることを考えて行動して。軽い運動やストレッチ、常温の水を2リットル飲んでみるのもオススメ。消化のいいものや胃腸にやさしいものを食べましょう。
19	日	■	友人や知人を集めていろいろ話をしましょう。みんなで大笑いすることで気持ちがスッキリしてストレス発散になりそう。暴飲暴食には注意し、終わりの時間を決めておくこと。
20	月	●	自分の意見が通りそうですが、言い方や言葉選びを間違えないように。これまで間違った方向に進んできた人は、軌道修正のお叱りを受けることがあるのでしっかり受け止めて。
21	火	△	遊び心が大切な日ですが、調子に乗りすぎて大失敗することも。ボケると運気が上がる日だと思い、話のネタになったり周囲の人に笑ってもらえたらラッキーと割りきりましょう。
22	水	◎	付き合いが長い人から連絡がありそう。夜に会う約束をすると、素敵な人を紹介してもらえたり、重要な情報を教えてくれるかも。急に思い出した人にもメッセージを送ってみて。
23	木	☆	クリスマスプレゼントを購入していない場合は、今日中に購入しましょう。お世話になった人にお菓子を買っておいたり、自分へのごほうびに服や家電を買うのもオススメです。
24	金	▽	日中はいい仕事ができ、自分でも順調に進む感じが心地よくなりそう。夜は予定が急に変わってしまったり、クリスマスイブとは思えないような残念な出来事に遭ってしまうかも。
25	土	▼	クリスマスケーキを落としてしまったり、予想外の人に振り回されてしまうことがありそう。後で笑い話にすると思って、イライラやガッカリを抑えるようにしましょう。
26	日	×	感情的になると不運が大きくなるだけ。イラッとしたときほど冷静になり、どうすることが最も魅力的な判断か想像しましょう。雑な言動には注意し、丁寧に1日を過ごして。
27	月	▲	大掃除をするといい日。捨てるかどうか悩んだものがあるなら一気に処分して。学生時代ものや昔のものはどんどん片づけ、年齢に見合う部屋に模様替えする準備をしましょう。
28	火	○	はじめて行くお店でおもしろいものを見つけられそう。気になる店員さんに出会えたり、いい体験ができそうです。何事もお試しだと思って楽しむと不思議な出会いもあるでしょう。
29	水	○	忘年会などの誘いには積極的に参加しましょう。自ら主催するのもいいので、みんなの夜の予定を聞いてみて。参加できない人はネットでつないでみると楽しい時間になりそう。
30	木	□	体重を測ったり、自分の体をじっくり見て、不要な肉がついている部分は落とせるように軽く運動してみて。基礎体力作りで、スクワットを数回でいいのでやっておきましょう。
31	金	■	大晦日なのに風邪をひいたり、疲れを感じてしまいそう。テレビを観て年越しを楽しむのもいいですが、お風呂に入って早めに就寝するとよさそう。絶好調で新年を迎えましょう。

☆ 開運の日　◎ 幸運の日　● 解放の日　○ チャレンジの日
□ 健康管理の日　△ 準備の日　▽ ブレーキの日　■ リフレッシュの日
▲ 整理の日　× 裏運気の日　▼ 乱気の日　＝ 運気の影響がない日

銀のインディアン座

12年周期の運気グラフ

銀のインディアン座の2021年は…

□ 健康管理の年

12年周期で見ると運気は中盤にあたる「健康管理の年」。上半期と下半期で運気の流れが変わり、上半期は今後の道を決めることになる重要な時期。下半期は生活習慣の改善が必要となる時期です。

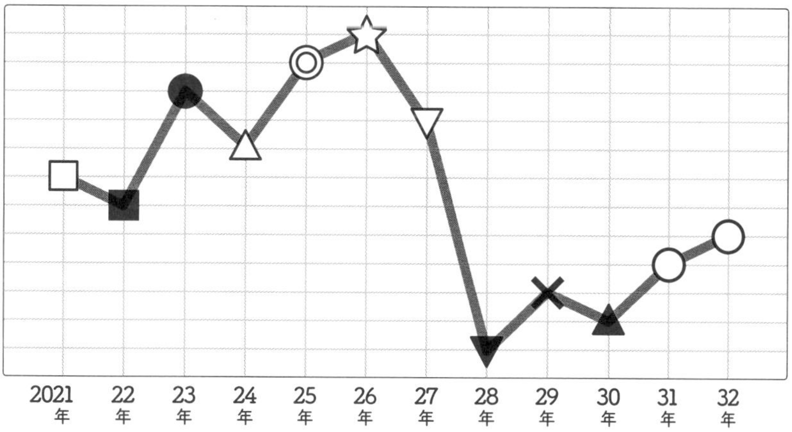

☆開運の年 ◎幸運の年 ●解放の年 ○チャレンジの年 □健康管理の年 △準備の年
▽ブレーキの年 ■リフレッシュの年 ▲整理の年 ×裏運気の年 ▼乱気の年 ＝運気の影響がない年

銀のインディアン座はこんな人

基本の総合運

妄想や空想が激しく、常にいろいろと考えていますが、楽観主義で、他人からの目や評価はあまり気にしないタイプ。かといって無神経ではなく、相手が何を考えているのかを察する力にも長けています。「人は人、自分は自分」「過去は過去、今は今、未来は未来」と割りきった考え方をし、何事にも執着せず飄々と生きます。学生時代の友人との縁を切ってでも、社会での知り合いを増やすことで能力や才能を開花させられるでしょう。心は中学2、3年生で止まったままで、見た目も若く見えることが多いでしょう。

基本の恋愛&結婚運

妄想恋愛をしがちで、いろいろな相手で想像しているタイプ。そのため好きになる人の理想が高くなりやすく、特に才能豊かな人やセンスのいい人、好きなことに一生懸命で輝いている人を好きになることが多いでしょう。ただし、自分のペースを邪魔するような相手とは長続きしません。適度な距離感を保てて自由にさせてくれる人となら続くでしょう。結婚願望は強くはありませんが、周囲の友人がみんな結婚をしてしまったり、恋人が積極的で束縛しないタイプだったりすると、突然結婚することもあるでしょう。

基本の仕事&金運

情報系や流動性のある仕事、ウェブ、最新の技術、若い女性に関わる仕事、日々の変化が多い仕事などが向いています。少し不安定なくらいのほうが楽しめることも。知り合いの数が多いほど幸運を引き寄せるので、転職や副業で成功したりすることも多いタイプ。気になったらいろいろやってみるのが大事です。「三方の星」（3つ同時に進行することで成功する）を活かすといいでしょう。お金の使い方も無駄をしやすく、不要な買い物が多いでしょう。同じ物を何度も買ったり、趣味や遊びに浪費することも多いのでほどほどに。

2021年の運気

□ 健康管理の年

2021年開運
3カ条

1. 流されないで自分なりのルールを作り直す
2. イメチェンしたり、環境を変える
3. 生活習慣の見直しをする

総合運

人生の軌道修正ができるのは上半期まで
生活習慣を整えることが開運のカギ

今後の人生を左右する大切な「健康管理の年」は、12年周期の運気の流れでいうと中盤に差しかかった時期。山登りにたとえれば、やっと頂上が見えはじめたくらいの時期です。2019～2020年で「チャレンジの年」の２年間の坂を駆け上がりながら、2021年はさらに急な坂を上がるような年。その中で自分の目指す頂上を変えたり、ペースを変えたり、ときには少し休憩もとらなくてはならない感じです。下半期には給水や栄養補給が必要な人も、そろそろ出てくる年だと思ってください。気にせずこれまでと同じようなペースで生活することもできますが、同じでいいのか、続けられるのか、真剣に考える必要があるでしょう。

2021年は、上半期と下半期で運気の流れが大きく変わります。上半期は、これまでの経験から自分の進むべき道を定め、夢や希望に向かって１歩前進する必要のある時期。新しいことに挑戦してみたり、視野をさらに広げるために行動的になったり、人脈を広げるにもいい時期です。下半期は、健康的な生活を送るために、生活習慣を整える時期になるでしょう。秋あたりから体調に異変を感じる場合は早めに病院に行く必要も。まずは、不健康な生活リズムをやめて睡眠時間を増やし、健康的な食事や適度な運動をするサイクルを作るようにしましょう。

銀のインディアン座は大きな決断をしたり、覚悟を決めたり、具体的で現実的な目標を決めることが不得意で、流されて生きているようなタイプ。ただ、流されながらも自分のペースだけはしっかり守ります。楽天家のように見せていますが、実は妄想力と空想力があり、人の裏側を探るなど、いろいろなことを考えて今のポジションを作っているでしょう。「決められたらやるけれど、自分から決めるのが面倒」と思うところもあります。特に、現状に極端な不満がなければ、「このままで悪くない」と問題なく生活を続けてしまう場合も多いでしょう。「状況的に流されているけれど、本人的には流されていない」という生き方を続けるのもいいですが、それが苦労と困難の原因になってしまう場合も。苦労のサイクルに入っても、マイペースゆえに抜け出そうとしないため、苦労が普通の生活になってしまっている人も多いです。ぬるま湯でもないのに「まあ、なんとかなるだろう」と浸かっている状態を抜け出す機会は、

2021年しかないと思ってください。

2021年の上半期は、人生の軌道修正ができる大事な時期。6月までに、引っ越し、転職、習い事をはじめるなど、環境に変化を起こす行動をとることが大切です。この時期に「自ら決断をして行動する」ことが重要。「誰かが決めてくれる」「流れに身をまかせて」では、これまでの人生となんら変わりはありません。2019年、2020年、2021年上半期に経験した中で「これに本気で取り組んでみたい！」と思えることがあるなら、今年は本気で挑戦してみてください。特に妄想、空想、アイデアを必要とする仕事や趣味に取り組むといいでしょう。

上半期の注意点は、目標や目的を決めないでなんとなく過ごしてしまうこと。特に不満がない人もいると思いますが、少しでも自分の成長につながることをはじめたり、不慣れなことに挑戦したり、それを克服できるようにすることが大事。向上心が必要となるので、まずは自分の目指す場所を見つけて。3、5、10年後の幸せな自分を想像して「成功した未来の自分が、今の自分に何を言うのか」考えてみると、やるべきことがハッキリしてくるでしょう。見つけた場合は5～6月にはスタートしてみるのがオススメ。また、作家、YouTuber、投資家など3つくらいやりたいことを見つけたほうがうまくいくタイプなので、ひとつに絞らないようにすることも大切です。時代を先取りするタイプなため、YouTube以外の新しいSNSで一躍有名人になれることも。

インディアン座は、3つのことを同時進行させるくらいのほうがうまくいきます。趣味も仕事も遊びも、なんでも同時並行するといいでしょう。周囲からは「そんなことはできない」「集中力がない」と言われる場合があると思いますが、飽きっぽいあなた特有の能力なので気になることはどんどんやってみて。本を読むときは1冊をじっくり読むより3冊を並行し、2～3ページ読んだらほかの本を読むくらいでいいでしょう。スマホを片手にテレビを観ながら、本を読むくらいのほうがいいタイプです。

どうしても気になることや興味のあることを3つ見つけられない場合は、そのひとつに「運動」を入れておいてください。下半期から体調を崩しやすくなるので、上半期から健康維持のための運動をやってみましょう。この運動も、ラジオを聞きながらのウォーキングやランニングなどにすると長続きするでしょう。

下半期は運気の流れがよく勢いもあり、予想以上に忙しくなります。特に仕事では要求されるレベルが高くなり、これまで以上に、真剣に仕事に取り組む必要が出てくるでしょう。実力以上の仕事をまかされ、プレッシャーに負けそうになったり、現状から逃げたくなったりする場合も。また、職場や仕事関係者との付き合いで、飲み会、接待などプライベートの予定もいっぱいになってしまいそう。充実した日々は送れますが、そのぶん過労になったり疲労をためすぎて体の調子を崩してしまう場合があります。早い人は上半期の段階で体調に異変を感じる場合も。特に9～10月あたりから体調に異変を感じやすく、12月下旬にも体調を崩すことがあるので気をつけて。下半期は、心身ともに疲れを感じていないか注意し、8、9、10月に少しでも異変を感じた場合は、そのままにしないで、早めに病院に行きましょう。

病院運、医者運が悪いタイプなので、自分で探さないで知り合いや周囲の人に評判のいい病院を紹介してもらいましょう。年末になっても調子が回復しない場合は、セカンドオピニオンを受けてほかの病院で調べ直してもらうように。この時期に病気や体調の崩れが出てくる場合は「大きな病気になる手前の時期」だと思ってください。「早めでよかった」と思われることが多いので、今はなんの問題もなく健康的な人でも、できれば下半期からは、生活習慣を整え、食生活を改善すること。運動もして健康的な生活を送るように心がけてください。仕事も忙しく、求められることが増えはじめる時期なので、簡単に休めない状況が続くと思います。そのぶん、休日はしっかり体を休ませるようにすること。飲酒も控えるようにしましょう。

健康的な生活を送るためには、2021年の１月からダイエット、筋トレ、基礎体力作りをはじめるのがオススメ。下半期になってからでもいいですが、できれば早めのほうが後悔しないでしょう。銀のインディアン座は、急にレベルの高いことや激しいことをスタートして、すぐに諦め、三日坊主になるクセがあります。腹筋を１日10回、スクワット10回、腕立て伏せ10回くらいで、なんとなく続けておきましょう。効果があるとかないとかは考えないでいいので、続けるようにしてください。10回も無理だという人は、１日３回でもいいので続けられるような回数にしましょう。銀のインディアン座は情熱的にバリバリ頑張るよりも、ダラ〜ッと続けるほうが結果的に効果も出るはず。たまに忘れてもいいので、１年を振り返って８割くらいできたら上出来だと思っておきましょう。休む日を作っても問題はありません。なんとなく健康を気にする１年が送れれば十分です。

「健康管理の年」は新たなスタートの年でもあります。「チャレンジの年」の２年間には、興味が湧いた体験や経験、多かれ少なかれ影響を受けた出来事、人との出会いがあったはず。少しでも気になるものや、習得してみたいと思えたことがある場合は、３、５、６月に学びはじめるといいでしょう。資格を取得するためにスクールに行くことや、趣味のカルチャースクールに通うのがオススメ。独学で勉強するのも悪くはないですが、時間がかってしまう覚悟を。

そして何より、「乱気の年」「裏運気の年」にスタートすることになってしまった仕事や趣味、人間関係をここで一度リセットすること。離れたほうがお互いのためにもいいので、５〜６月あたりでバッサリと縁を切り、離れるために思いきって引っ越しや環境を変えてみるのもいいでしょう。また、恋愛でも同様にズルズルした関係、不倫や三角関係があれば、５〜６月までに縁を切って終わらせておくこと。片思いの恋もハッキリさせるといいため、上半期中に気持ちを伝えておきましょう。

６〜７月上旬はイメチェンをするのにもいい時期。すでに、2020年から雰囲気を変えている人もいると思いますが、年齢に見合った服装や髪型を意識することが重要です。年齢のわりには若く見られる人が多いタイプですが、「若い」がいつまでも褒め言葉ではないことに気づかないでいると、年齢とのギャップが周囲から不気味に思われてしまうことも。趣味や持ち物を見回して、大人っぽくないと思われるものは処分するか、見えないところにしまうようにしましょう。切り替えをするにもいい時期なので、不要なものを処分するついでに、考え方や生き方などを変えてみるのもオススメ。発する言葉を変えることで、人として大きく成長できる運気でもあります。本を読んで知識を入れ込み、言い方や伝え方を学んでみましょう。

「健康管理の年」は2022年の「リフレッシュの年」に響く年でもあります。無理をすると体調を大きく崩し、2021年末から2022年にかけて体調のすぐれない１年になってしまう場合があるでしょう。そのシグナルは早い人であれば、春あたりや夏の終わりくらいから出はじめます。体力的な無理は避け、健康的な生活を送るように心がけてください。今年は健康的な生活習慣を作る１年だと思って、不健康と思えるようなことは避けて過ごしましょう。

恋愛運

運命の人に出会える可能性が体調を万全にしてデートにのぞもう

大切な出会いがあり、カップルは次の流れも決まる大事な年。「健康管理の年」の恋愛運は大きな分かれ目で、長い付き合いになる人とも出会う運気です。しばらく恋人がいない人ほど、2021年はいろいろな場所に顔を出し、知り合いの輪を広げて。数年後に再会して交際になる場合や「2021年から好きでした」と後に告白されるような出会いもあるでしょう。普段なら避けてしまうような場所や、急な誘いでもできるだけ顔を出してみてください。

交際期間が長くなっているカップルは、今後のことを真剣に話し合うのにいい運気。年内に結婚まで進むというより、具体的に入籍はいつくらいがいいのか話し合うことができそうな流れです。ただし、相手まかせにしてばかりいると恋人を困らせてしまいます。明るい未来や自分の理想など、前向きな話をすることが大切。年末に子どもができる授かり婚をする場合も。

2021年は、運命的な人に直接出会うより「運命の人や相性のいい人を紹介してくれる人」に出会える確率が非常に高い時期です。受け身で待ってばかりの銀のインディアン座ですが、できるだけ人の集まりに参加すること。異性を意識した行動が大切なので、異業種交流会や知り合いの知り合いが集まる会に率先して参加するといいでしょう。新しい出会いをつかむためにも、2021年はイメチェンや新たな雰囲気作りが大切に。ただし、2020年あたりから異性受けがいい感じであれば、そのままで構いません。この1年くらいデートを一度もしていない場合は、髪型を変えること。異性が好きそうな服装を選んでください。ちなみに銀のインディアン座はマイペースな性格が服装にも出やすいです。「こんな自分を好きになってくれる人がいればいい」だけでは、確率は低いです。好かれる努力を怠らないようにしてください。

すでに気になる相手がいる場合、2021年はチャンスが増えるので遠慮しないように。銀のインディアン座は、こまめに会い続けることで相手の気持ちをつかめるタイプです。3、5、6月は気軽に食事や飲みに誘ってみると、いい雰囲気になれそう。いざというときに恥ずかしがらず、臆病にならずに好意を伝えてみましょう。友人と呼べるくらい仲よくなっていたら、交際をスタートさせられる可能性が高いです。

注意が必要なのは、3年以上前に出会った人をいまだに好きだという場合。2021年は1、3月の段階で告白をして、しっかり振られておくことが大事です。付き合うことができればラッキーですが、2021年は諦めも肝心になる運気。気持ちの整理をつけるためにもハッキリさせておきましょう。不倫や三角関係、セフレなど、中途半端な関係の相手も早い段階で縁を切っておくこと。下半期の11～12月も出会い運的にいい運気ですが、仕事が忙しくなりすぎて逃すかも。体調が万全ではなく、第一印象を悪くしてチャンスをつかめない場合もあるでしょう。無理のないように体調管理をすると、いい出会いをつかめる可能性が高まります。

運気は、まだ中盤くらいの年ですが、将来のことを考えましょう。遊びの恋もいいですが、付き合う相手を変える時期でもあります。2021年は結婚する未来が考えられる相手を意識しておくといいでしょう。

開運のつぶやき ▶ ある程度の軋轢があるほうが精神は鍛えられて強くなる

結婚運

前向きに結婚話が進む1年
婚活中の人は気になる相手を3人見つけて

2021年は結婚を決めるのに最適な年。正式な婚約や今後の将来について真剣に話すなど、いろいろなことを決めるだけでなく、年内に入籍をするのにもいい時期です。実際の結婚が2023年になる可能性はありますが、現実的で具体的なことを恋人と前向きに話して。２年後を目標にして2021年から貯金をはじめるなど、お互いにやれることを見つけてみるのもいいでしょう。また、入籍は年内にして、披露宴を２年後にするのでもよさそうです。順序を気にしないなら先に籍を入れてください。

まだ恋人がいないけれど結婚を望む場合は、１、３、５、６、７月に知り合いの集まりへ顔を出すようにしてください。そこで出会った相手とこまめに連絡をとるといいでしょう。まずは気になる人を３人は見つけてください。なんとなく仲よくなるくらいでいいので、こまめに会えるような距離感を心がけましょう。もしも、その中のひとりから告白してもらえることがあれば交際をはじめることをオススメします。いざ告白されたときには怯まないようにしてください。相手が「時計座（金／銀）」だと、早ければ12月に入籍する流れができるでしょう。時計座との交際では偉そうな言葉遣いを避けて、平等心を持ってください。いろいろな人と接することが結婚までの近道になりそう。

2021年、最も注意したほうがよいのは「結婚をしない」などと、謎の意志を固めてしまうこと。運気の流れが「結婚しない方向」に進んでしまいます。また、心が中学生のままの銀のインディアン座は、余計な妄想が膨らんでしまい、現実的に考えられない場合があります。余計なことを考えないで、結婚できる自分をもっと想像するようにしてください。独身でいても結婚をしても、苦労はあるものです。苦労のない人生は送れないものだと思っておくのがいいでしょう。「結婚を楽しんでみる」くらいの気楽さを持ってみてください。

下半期になると体調が変化する運気とともに、授かり婚をする確率が上がります。「理由がないと結婚できない」などと思っているカップルは、わかりやすい理由ができて話を進めやすくなるはずです。銀のインディアン座は計画性がないところがあるので、お金の問題などいろいろなことでバタバタするかもしれません。それでも、いいきっかけを作ってもらえたと思ってください。急な入籍を楽しんでみるのもいいでしょう。

結婚を特に意識していなかった人は、自分の将来を想像して。どんな人と一緒にいると楽な気持ちでいられるのか考えてみましょう。もちろん、経済的な部分や相手の外見など、望むことはあると思いますが、「20年後も一緒にいるイメージができる人」を見つけるようにすると素敵な人を見極められそうです。そのほかにも「子どもができたらいい親になるだろうな」と想像できる相手と結婚するのもいいでしょう。相手の未来が想像できるということは、相手のいい部分を見ている証。身近にいる相手との将来をいろいろ妄想してみると、素敵な人がいることに気づける場合もあるでしょう。そのときはその相手とこまめに会って、いろいろ語ってみると相手の心を簡単につかめるはずです。気軽に誘ってみて、会話の中に好意的な言葉を交ぜ込んでみるといいでしょう。

仕事運

**目標に向かって軌道修正する時期
上半期は全力で仕事に取り組もう**

自分がやるべき仕事やポジションが見えてくる年。やりがいを感じられることで、大きな結果までは出なくても、満足のいく仕事ができそうです。さらにレベルの高い仕事や大きな結果を求めて真剣に取り組めば、よい流れができて協力者や味方が現れるでしょう。特に上半期は、結果に向かって努力することに全力で取り組んでください。真剣に仕事に打ち込むことで今後の仕事運の流れを変えられるでしょう。

2021年、最も注意したほうがいいのは、やる気のない感じや無気力なままで仕事に取り組むこと。特に上半期は、これまでの経験から自分のやるべきことをはじめ、目的や目標を定めなくてはならない時期です。夢や希望を叶えることができる、大切なスタートを切るタイミングなので、現在の仕事に覚悟して取り組み、運を味方につけてください。ここでやる気がない状態になったり、仕事をやりたくない態度を示したりすると、この先の仕事が一生苦しいものになってしまう場合があります。ときには諦めも肝心です。よくも悪くも覚悟をするようにしましょう。

どうしても現在の仕事に感謝ができず、不満がたまる場合は、転職をするのにいい年です。その場合、できれば5～6月に転職活動を。部署異動の希望を出すのもいいでしょう。このタイミングでの転職は長く影響するので、一生続けられる仕事を選ぶ必要があります。特技や得意なことに関わる仕事を選ぶようにしましょう。給料や福利厚生などの条件では選ばずに、多少の苦労は覚悟できるような好きな仕事を選ぶことが大切です。

ただし、下半期は仕事運も転職運も低迷。下半期に突入した場合は、2023年の秋まで現在の仕事を続ける覚悟をしたほうがいいでしょう。銀のインディアン座は、基本的にはなんとなく仕事をしているタイプですから、不満やマイナス面に目を向けず、仕事があることに感謝をして、目の前の仕事を真面目にこなしましょう。8、9、10月は心身ともに疲れて体調を崩しやすく、突然仕事を辞めたくなるかもしれません。ズル休みなど、これまでにない行動に走ってしまう場合も。思った以上にストレスがたまっている可能性があるので、休みの日は仕事以外のことに集中するように。楽しい時間を過ごしつつ、体をしっかり休めてください。

2021年は登山にたとえると、やっと中盤くらいにさしかかったところ。「最初に目指した頂上に向かいたいのか」、はたまた「ほかの頂上に変えるべきか」と、考える必要のある時期です。頂上に向かうためのコースがこれでいいのかも考えましょう。そのうえで自分を信じてそのまま進むのもいいですが、必要な道具や仲間の存在、自分に足りないこと、至らない点を見つけ直すようにしてください。

道を変えたり、目標を変えたり、目的を定め直して軌道修正する時期でもあります。無理のない計画や自分の実力を認める必要も出てくるでしょう。ときには夢を諦める場合もあり、辛い決断をする人も。苦労が続いてしまっている人は切り替えないといけない時期でもあるので、そのままの生活を送らないようにしましょう。自分のやれることを見つけて、気合いを入れ直して仕事に取り組むようにしてください。

開運のつぶやき ▶ 笑顔の価値に気が付いている人が幸運をつかむ

金運

上半期は投資、下半期は貯金に回して 6月の財布の買い替えで金運アップ

仕事運が上がっている途中なので、収入もゆっくりですが上がる年。いい時期ですが、そもそも浪費グセがあるのが銀のインディアン座です。しっかり計算して使っていたり、節約したりしていても、使うときには派手に使いすぎてしまいます。手元に残るものよりも、ごちそうすることや体験のために使うので「なんでお金が貯まらないんだろう？」と不思議に思っている人も多いでしょう。2021年の上半期はお金の使い方や投資、資産運用などを少しは学んでください。下半期は、健康維持や貯金にお金を回すようにするといいでしょう。

2021年の５〜６月は投資をはじめるのもオススメ。できるだけ手数料が少なく、リスクの少ないものを選びましょう。10年後くらいに「少し増えていればラッキー」と思えるくらいの少額投資で、毎月3000円くらいからはじめるといいでしょう。そもそも中学生のような心を持っているので、半分ゲーム感覚でやってみると、後に助かることになりそう。ただ、変動ばかりを気にすると仕事に集中できなくなるので、放っておいてもいいものを選びましょう。

2021年の上半期は、お金の使い方を考え直すのにいい時期。老後のことなど考えないで「なんとかなるでしょ」と思ってしまう銀のインディアン座ですが、少しの投資、少しの貯金をするようにしましょう。給料の２〜３割を投資や貯金にあてる生活を心がけてください。２〜３カ月ほど続けていれば、自然と慣れてくるはずです。給料をもらったらその２〜３割は「なかったお金」と考え、そこから生活費やお小遣いを計算して使うようにしてみて。

また、2021年は長く使えるものを購入するにもいい時期です。３、５、６月は、家、マンション、土地、車、家電、家具の購入や買い替えに最適なタイミング。新年早々から値段や相場を見て、情報を集めてみてください。特に６月の購入がオススメなので、それまでは少し節約をして一気に使うのもいいでしょう。また今年は、2023年の「解放の年」、2025年の「幸運の年」、2026年の「開運の年」に購入するものを決めておくのにもいいタイミングです。高額なものは、ここからコツコツ貯金をして、いずれかの年に購入できるようにして。

2021年の６月は、新しい財布を購入すると金運がアップします。６月の☆［開運の日］に購入をしてみるのが特によく、さらに購入した後はすぐに使いはじめるといいでしょう。ほかにも銀行口座や証券会社の口座などを新しく開くにもいいタイミングです。少しくらい面倒でも、自動車保険や健康保険の見直しなど、お金に関わることは６月にキッチリしておくようにしましょう。

何よりも銀のインディアン座は、なんとなくの浪費グセを直すように。◎［幸運の日］、☆［開運の日］だけに買い物をするように心がけるだけで、お金は簡単に貯まるはずです。ほかの日には衝動買いやネットでの購入をしないように。お金を使う日を決めることで、そのときに必要なものだけを購入できるようになります。それだけでも十分に生活できることに気がつけるはず。買い物の日が楽しみになって、お金の使い方にメリハリがつけられるようにもなるでしょう。2021年からいいサイクルができるので、１、３月あたりから、生活習慣になるようにやってみてください。

家庭運

話し合う時間をしっかり確保すること 家族みんなで夢のある目標を決めて

１年を通して仕事が忙しくなる年です。家族との距離があいてしまうほか、コミュニケーション不足になるかもしれません。夫婦でじっくり話さなかったり、相手の悩みや不安を気にしなかったり、ほったらかしにすると関係が悪くなってしまう場合があるでしょう。休日くらいはじっくり話してみてください。また、疲れているときには態度が悪くなり、気まずい空気になっていることに気がついていない場合も。家族に甘えていないで家で機嫌よく過ごすことも忘れないようにしましょう。

夫婦関係では、相手を喜ばせることをサボらないようにしてください。よくも悪くもルールができてしまう年であり、「言わなくてもわかっているだろう」と思っているとどんどん距離があいてしまうので、じっくりと話す時間を作りましょう。相手が喜ぶプレゼントを突然買って帰ったり、好物を買ってそっと置いたり、明るい家庭を作るための演出が大切。2021年は小さなことでもいいので何かやっておくと、いい夫婦関係が築けるでしょう。相手の笑顔のためにできることを実行すると、思った以上に夫婦関係がよくなるはず。相手もあなたのためにいろいろやってくれるようになります。相手に望む前に、まずは自分から行うようにして。

子どもと約束をするのにもいい年です。「海外旅行に行ってみたい」「テーマパークに泊まりで行ってみたい」「大きな車が欲しい」など、親の協力がないとできない夢のある話をして、その中のひとつでいいので果たす約束をしてください。それを家族みんなの目標にするといいでしょう。特に上半期に家族で決める目標は達成しやすいので、みんなでいろいろ話し合ってみて。達成するのは2021年ではなくてもいいですが、ここでの約束を忘れてしまうと、子どもが親を信用しなくなる場合があります。絶対に守れる約束を選ぶようにして、紙にも書いて張り出しておくといいでしょう。

両親との関係は、忙しいために顔を合わせる時間や連絡する回数が減ってしまいそう。しばらく連絡していないと感じたときは、電話をして声を聞くだけでも、お互いに安心できていいでしょう。誕生日や母の日、父の日なども忘れないように。いい関係が崩れにくくなるように、ささやかなものでもいいので贈るようにしてください。記念日ではなくても、おいしいものや気に入ったものがあるならプレゼントして。

2021年の下半期、家族からの体調に関わる言葉には、敏感になっておくことが大事。「顔色が悪いよ」「体臭が変じゃない？」「息が臭い」など、一瞬ムッとくるようなことを言われても、それは体調がどこか悪くなっているのを知ることができるチャンスです。感情的にならないで、どこか悪くなっていると思って、病院で検査をするか人間ドックを受けるようにしましょう。こうした家族からの言葉で、大きな病気を避けることができそうです。ちなみに「お酒を控えたら？」「ダイエットしたら？」「運動したほうがいいよ」なども健康に関わる言葉です。素直に話を聞いて、家族にも協力してもらうように。お酒を控えてみたり、食事を少し減らしてみたり、みんなで朝からラジオ体操をして軽く体を動かす時間を作るのもいいでしょう。健康的に生きるうえで家族の存在の大きさを感じられる年になるはずです。

開運のつぶやき ▶ 他人から「協力したい」と思わせられる人に運も味方する

健康運

勢いのある上半期から健康管理を心がけて異変を感じたら早めに病院へ行くこと

2021年の健康運は「健康管理の年」と名前がついているくらい、生活習慣や食生活を整えることが大切です。適度な運動を定期的に行うようにしてください。銀のインディアン座は飽きっぽく、何事も三日坊主で終わってしまうことが多いでしょう。それでは意味がなく、逆に体に悪い影響をおよぼすことになってしまうかも。無理のない程度でいいので、なんとなくでも続けられる健康法をやってみてください。

上半期はパワフルに行動できる時期でもあるので、筋トレや基礎体力作りをはじめてみて。ダイエットをスタートさせるにもいいタイミングです。スポーツジムに通ってみたり、スポーツサークルに入ったりしてもいいでしょう。ダンス教室や体を動かすカルチャースクールに通ってみるのもオススメです。楽しみながら長く続けられそうなことを選ぶようにしましょう。

ここ数年、不摂生を繰り返していた人や不健康な生活を続けていた人は、勢いのいい上半期でも2、4月に体調を崩す場合があります。予定を詰め込みすぎないように気をつけてください。飲酒も控えて、病院に行ってしっかり検査をしてもらいましょう。

このタイミングで身勝手に「大丈夫」と決めつけていると大きな病気を患ってしまうかもしれません。ときには命に関わる病気の場合があるので、ちょっとした異変でもしっかり調べてもらうこと。人間ドックに行くと早めに病気が見つかり、ラッキーなことにつながる場合もありそうです。家族や周囲から体調に関わることを言われた場合は、そのままにしないで検査をしておくこと。2021年に限らず、2020年あたりから体調に異変を感じているとしたら早めに調べておきましょう。

体調に問題が出はじめる可能性が高いのは下半期になってからです。特に8、9、10月は心身ともに疲れやすく、些細なことでイライラする場合も増えるでしょう。それは「疲れからのイライラ」ではありません。どこか体調が崩れて、病気になっている場合があります。周囲から心配されることが増えたと感じる場合や、いつも通りのあなたらしくない気持ちが続く場合は、早めに病院へ行くように。また、12月下旬も注意してください。風邪をひいたと思ったら長引いてしまうなど、普段とは違う体調の崩し方をしやすいので気をつけましょう。

そして下半期に入ってからでもいいですが、睡眠時間を1時間くらい長くするようにスケジュールを組むこと。食べ物もジャンクフードやお菓子などを減らして、消化がよく、健康的なものを選ぶようにしましょう。特に連日お酒を飲まないように、休肝日をしっかり作ってください。お酒に弱くなっている感じがあり、二日酔いで苦しむ場合もありそうです。

ストレスから肌の調子が悪くなってしまうこともあるでしょう。本音を話せる人と思いっきり馬鹿話をしたり、好きな音楽を聴いたり、気持ちをスッキリさせてください。余計な言葉が出てしまうかもしれないので、事前に「今日の暴言は半分以上ウソだから。でも聞いて！」と、フォローを忘れないように。愚痴や不満、悪口はその日だけにして、何度も言わないようにしましょう。繰り返しになると心身ともに本気でマイナスダメージになります。笑える愚痴を言うことが大事だと思っておきましょう。

年代別 アドバイス

年齢が違えば、起こる出来事もそれぞれに違います。
日々を前向きに過ごすための年代別アドバイスです。

年代別アドバイス 10代

夢や希望があるなら思いきって挑戦するといい年。資格取得、学んでみたいことなど、興味があるなら勇気を出して行動に移すのが大切です。特に上半期は少しくらい無謀だと思えることでも、挑戦してみる価値があるタイミング。下半期になってしまった場合、11～12月は未体験のことに挑戦しましょう。出会いを増やすといい時期なので、いろいろな人と語り合ってみるように。図々しく生きられるようにすると人生がここから大きく変わります。

年代別アドバイス 20代

自分のやるべきことをハッキリさせる年です。現実的なことを考え、5～6月には具体的な目標を掲げ、覚悟をすることが大事。運命的な相手に出会える年でもあります。少しくらい無理をしてでも知り合いの輪を広げる努力は怠らないように。環境を変えるのにもいい時期なので、引っ越しをしてみると、これまでの人生とは違う方向に進めそうです。未体験や未経験なことに興味が湧いたときは、飛び込んでみると人生観が変わるでしょう。

年代別アドバイス 30代

上半期はこれまでの人生を考えながら軌道修正する時期。なんとなく流れに合わせるのではなく、自分の得意とすることをハッキリ見つけ、周囲やほかの人に役立てるように生きることが大切です。責任ある立場を志願する必要もあるでしょう。年齢に関係なく、幅広い人と仲よくなる努力も重要。下半期も、勢いで突っ走れそうですが、10月にやる気を失いやすいので辛抱が必要です。12月は疲れをためないようにしっかり休む日を作りましょう。

年代別アドバイス 40代

これまでの頑張りがいい流れを作りそうな年ですが、体調にも異変が出てくる運気。上半期から油断できないので異変を感じる場合は無理せず、病院で検査をしてもらいましょう。仕事のペースを少し落として、周囲にまかせてください。下半期は睡眠時間を増やすこと。飲酒も控えて健康的な生活を心がけ、限界を感じるまで仕事やプライベートの予定を詰め込みすぎないようにしましょう。定期的な運動と胃腸にいい食事を心がけてください。

年代別アドバイス 50代

上半期中に定期的な運動をはじめ、基礎体力作りをやっておきましょう。ウォーキングや筋トレなど、少しでもいいので習慣になるくらいの簡単なことをやっておくこと。食生活なども年齢に合わせて変えましょう。下半期になる前に、体調に異変が出やすそうです。腰や喉に異変が出ることも多いので気をつけて。老後のお金のことを考えなくてはならない年でもあります。5～6月から定期的な貯蓄か、資産運用をスタートするといいでしょう。

年代別アドバイス 60代以上

上半期は、体力作りや健康的な生活の見直しが大切です。無理にならない程度に、日々の運動を行うことをオススメします。たとえば、歩く距離を延ばしてみるといいでしょう。下半期は、体調に少し異変が出やすい時期に入るので、無理をしないように。普段とは違う感じがする部分が出てきたときは、早めに病院に行って検査をしてもらうようにしましょう。特に問題が見つからなくても、ここから1年くらいは気をつけるようにしてください。

開運のつぶやき ▶ 他人を道具扱いする人は、己もいつか道具扱いされるもの

あなたの命数はP.10からはじまる命数早見表でチェック!

命数別2021年の運勢

【命数】

11

マイペースな子ども大人

基本性格

超マイペースな頑張り屋。負けず嫌いなところがありますが、他人への関心が薄く、深入りしたりべったりされたりすることを避ける人。心は中学3年生からまったく成長しないままで、サバサバした性格と反発心があるので、「でも」「だって」が多くなってしまうでしょう。妄想が好きで常にいろいろなことを考えすぎてしまいますが、根が楽観的なので「まあいいや」とコロッと別のことに興味が移り、そこで再び一生懸命になるでしょう。

〉〉2021年の開運アドバイス

ラッキーカラー グリーン、オレンジ
ラッキーフード ほうれん草のごま和え、フルーツヨーグルト
ラッキースポット キャンプ場、ファミレス

開運 3 カ条

1. 同年代の人の舞台やライブを観に行く
2. 行きつけの店を作る
3. 定期的に運動する

2021年の総合運

超マイペースに過ごせる1年。評価を気にせず、目の前のことに集中するといいでしょう。上半期は、同年代で頑張っている人に会うことでパワーが増したり、いいライバルを見つけたりできるので、同世代の多いプロスポーツや芝居などを観に行くといい刺激を受けられそう。下半期は、疲れがたまりやすいのでしっかり休む日を作り、胃腸にいいものを選んで食べましょう。健康運は、ストレス発散の運動をしておくといいでしょう。

2021年の恋愛&結婚運

定期的に通う場所やお店を作ることで、新しく素敵な出会いがある年。異性の友人を作る感覚でいたほうが恋に進展しやすいので、気合いを入れすぎないように。異性が多く集まる趣味をはじめてみるのもいいでしょう。趣味や好きなスポーツが同じ人を探してみるのもいいでしょう。結婚運は、友達のようなカップルになっているなら年内に入籍もいいですが、ケンカをしたらちゃんと謝り、金銭感覚もしっかり身に付けましょう。

2021年の仕事&金運

自分のペースで仕事ができる年。周囲にあなたの個性やパターンを理解してもらえそう。ただし、意地を張りすぎたり無駄に反発したりすれば苦労の原因になるので、素直に頭を下げ、謝れるように自分を成長させましょう。目的に正しく向かって頑張ることも忘れないように。金運は、お金に執着しないタイプなので、天引きの積み立て預金や、一定額の定期的な投資をはじめておくといいでしょう。旅行や体験で使いすぎないように注意。

【命数】

12

やんちゃな中学生

基本性格

淡々とマイペースに生きていますが、刺激と変化が大好きで、一定の場所でおとなしくしていられるタイプではないでしょう。表面的な部分と内面的な部分とが大きく違い、家族の前と外では別人のような部分もある人です。他人の話を最後まで聞かずに先走ってしまうほど無謀な行動が多いですが、無駄な行動は嫌いです。団体行動を嫌がり、たくさんの人が集まると面倒に感じ、単独行動に走るところがあるでしょう。

〉〉2021年の開運アドバイス

ラッキーカラー イエロー、ホワイト
ラッキーフード 炊き込みご飯、干し芋
ラッキースポット ファミレス、ゴルフ場

開運 3 カ条

1. 気になるイベントに行く
2. 新しい趣味をはじめる
3. 大胆になる

2021年の総合運

変化と刺激を求めて行動するにはいい年。ライブやイベント、旅行など気になる場所に行ってみることで視野が広がり、仕事のアイデアや話のネタにつながるでしょう。上半期は、自分が目指すべきことを見つけたときは、一気に環境を変えてでも勝負に出てみる価値があるタイミング。下半期は、独自の健康法だけを信じずに一般的な方法も取り入れてみましょう。健康運は、ストレス発散のヤケ酒、ヤケ食いで体調を崩すので気をつけましょう。

2021年の恋愛&結婚運

好きになる人が、一緒にいて本当に幸せになれる相手か考え直すにはいい年。好きな気持ちだけで突っ走って危険な恋や刺激を求めすぎるクセがあり、同じような失敗を繰り返しやすいタイプ。2021年から異性を見る目を変え、ドキドキやワクワクする感覚だけで判断せずに安定感ややさしい気持ちなどにもっと目を向けるように。結婚運は、仕事に集中したい人ほど入籍するといいですが、話をコロコロ変えて相手を振り回さないように。

2021年の仕事&金運

自分に不向きと思われる仕事をしている場合は、上半期に転職するといいでしょう。安定している仕事の場合は、趣味の時間をしっかり作ると仕事への不満も減らせそう。上半期は、目立つような仕事ぶりが大切。難しそうな仕事に挑戦することで、大きく成長もできそう。周囲の人との協力も大切になってくるでしょう。金運は、派手にお金を使うクセが身に付くと厄介な時期。お小遣いを減らして、少額でもいいので投資に回すようにして。

ラッキーカラー、フード、スポットはプレゼントやデート、遊ぶときの口実に使ってみて

12のタイプ別よりもさらに細かく自分や相手がわかる！
ここでは、生まれ持った命数別に2021年の運気を解説していきます。

【命数】
13

愛嬌があるアホな人

基本性格

明るく陽気な超楽観主義者。何事も前向きに捉えることができる一方で、自分で言ったことをすぐに忘れたり、話す内容が気分でコロコロ変わったりするシーンも。空腹に耐えられず、すぐ不機嫌になってわがままを言うことも多いでしょう。心は中学2、3年生からまったく成長しませんが、サービス精神豊富で周囲を楽しませることに長けています。運に救われる場面も多いでしょう。

〉〉2021年の開運アドバイス

ラッキーカラー　グリーン、オレンジ
ラッキーフード　ゴーヤチャンプルー、ゼリー
ラッキースポット　お祭り、森林

開運 3 カ条

1. 明るい服を着る
2. 周囲を笑わせる
3. 目標を3つ作る

2021年の総合運

人の出会いも多くなり、忙しくも楽しくなる年。人の輪の中に入ってみんなを楽しませることでチャンスをつかめるので、サービス精神を爆発させてみましょう。上半期は、あなたの魅力に気がつく人に会えるので、集まりには率先して参加してみて。明るく元気な感じにイメチェンしたり、話のネタになるグッズや服を購入するといいでしょう。下半期は、暴飲暴食とわがままな態度に注意。健康運は、喉や気管支には注意が必要です。

2021年の恋愛&結婚運

笑顔で楽しい雰囲気を出すことで、いい出会いが増える年。明るい感じの服や少し大胆な服を選んでみるのもオススメ。飲み会やコンパなどで異性と仲よくなるのはいいですが、知り合いどまりの人をたくさん増やすといい縁につながるので、浅く広く付き合ってみるといいでしょう。結婚運は、ノリと勢いで上半期に話がまとまる場合がありますが、わがままな面を出しすぎて自分で破談にしてしまうかも。年末は授かり婚をしやすい運気。

2021年の仕事&金運

人との関わりが多い仕事に就いている人が忙しくなる時期。忙しくも充実感が得られますが、なんとなく仕事をするのではなく、目標となるものをひとつでもいいので見つけるとやる気が出て、いい結果にもつながるでしょう。できれば3つくらい目標を作ってみると運を味方につけられそう。金運は、計算してお金を使うクセを身に付けるといい時期。「今週はいくらまで」と決めて生活してみるといいでしょう。

【命数】
14

語りすぎる人情家

基本性格

頭の回転が速く、語ることが好きなおしゃべりで常にひと言多いタイプです。何度も同じ話を繰り返すことも。極端にマイペースで、心は中学3年生からまったく成長していない人です。短気で恩着せがましいところがあります。人情家で、他人のために考えて行動することが好きな一面がある一方で、深入りされるのを面倒に感じるタイプ。空腹と睡眠不足になると、不機嫌な態度になるクセもあるでしょう。

〉〉2021年の開運アドバイス

ラッキーカラー　ブラック、イエロー
ラッキーフード　野菜炒め、いちご
ラッキースポット　美術館、ファミレス

開運 3 カ条

1. 勘を信じて環境を変える
2. いろいろな人と語る
3. 何かひとつを極める努力をはじめる

2021年の総合運

自分の勘を信じて環境を変えるには最適な年。嫌な予感や流れが変わった感覚があり、「このままここにいてはダメだな」と思うなら、引っ越しや転職などで環境を一気に変えるといいでしょう。特にそんな勘が働かない場合は、現状の生活に覚悟を決めて、何か自分の得意なことや極めたいことを見つけてみて。ひとつではなく複数見つけることも大切です。健康運は、基礎体力作りをしておくこと。年末は、体力の低下からの風邪に気をつけましょう。

2021年の恋愛&結婚運

あなたの話を盛り上げてくれる相手と恋をする年。ピンときたら相手の出方を待たず、きっかけ作りやこまめな連絡を心がけるといいでしょう。上半期はひと目惚れしたり、出会った瞬間に気になる相手を見つけられたりしそう。ただし、忙しく出会いも多いのでほかの人に目移りしてチャンスを逃すかも。下半期は、演出のうまい異性に気持ちが惹かれるかも。結婚運は、出会ったときに「この人と結婚する」と感じた場合は6月に入籍を。

2021年の仕事&金運

何かの専門技術や特技を身に付けはじめるにはいい年。すでに手に職をつけている人は、さらにほかのことを極めるのもいいでしょう。趣味が仕事につながる可能性もあるので、好きなことをとことん突き詰めてみることも大事。「この仕事をやってみたい」と思ったら転職するのもいいですが、一からやり直す覚悟を忘れないように。金運は、お金の使い方を直すといい年。お小遣いを2～3割減らしても楽しめるように工夫を。

【命数】

15

多趣味・多才で不器用な中学生

基本性格

多趣味・多才で情報収集能力が高く、いろいろなことを知っている人です。段取りと計算が得意ながら、根がいい加減なのでツメが甘い部分があるでしょう。基本的に超マイペースですが、先見の明があり、流行のさらに1歩先を行くところも。家に無駄なものやガラクタが集まりやすいので、いらないものはこまめに処分するようにしましょう。妄想話が好きなうえ、何度も同じような話を繰り返すことが多く、その心は中学3年生のままでしょう。

〉〉2021年の開運アドバイス

ラッキーカラー 黄緑色、青紫
ラッキーフード きのこのホイル焼き、もなか
ラッキースポット 水族館、遊園地

開運3カ条

1. 新しい趣味を増やす
2. 知り合いの輪を広げる
3. 些細な約束でもしっかり守る

2021年の総合運

興味のあることが増えて忙しくなる年。新しい趣味や人脈も広がり、フットワークもさらに軽くなるでしょう。知り合いのつながりを大事にすると不思議な縁がつながって、長い付き合いになりそうです。上半期はできるだけ多くの人に会い、気になることははじめておきましょう。下半期は、休みの予定を立てて体力的な無理がないように心がけて。健康運は、疲れをためないようにし、お酒の飲みすぎには気をつけましょう。

2021年の恋愛&結婚運

飲み会や友人の集まりで素敵な出会いがあったり、付き合いが長くなる人に会える年。髪型やファッションは年齢に見合うように心がけることも大事。恋に発展しなくても、異性の友人になれる人も見つかりそう。酒の席のノリだけで相手を見ていると痛い目に遭うことがあるので、友人や知り合いに相手の評判を聞いてみるといいでしょう。結婚運は、計画通りに進めるにはいい年。相手をおだてると話は進みやすいでしょう。

2021年の仕事&金運

活動の幅が広がる年。上半期は、忙しいながらも次のことに挑戦できるくらいのゆとりが持てそう。少しくらい無理だと思っても挑戦してみると、いい流れや経験もできそうです。情報や個性を活かせる仕事に転職するのもいいでしょう。下半期は、飲みの席はほどほどにして、仕事も詰め込みすぎないように。金運は、買い物がストレス発散になるタイプですが、衝動買いは避けるようにして。体験にお金を使ってみるといいでしょう。

【命数】

16

やさしい中学生

基本性格

真面目で地味なことが好き。基本的に「人は人、自分は自分」と超マイペースですが、気遣いはできます。ただし、遠慮して1歩引いてしまう部分があるでしょう。中学まではパッとしない人生を送りますが、社会に出てからジワジワと能力を発揮するようになります。やさしすぎて便利屋にされることもありますが、友人の縁を思いきって切り、知り合いどまりの人間関係を作れると、才能を開花させられるでしょう。

〉〉2021年の開運アドバイス

ラッキーカラー ホワイト、パープル
ラッキーフード 空心菜、アップルパイ
ラッキースポット アウトレット、図書館

開運3カ条

1. 自信をもつ
2. 言いたいことはハッキリ言う
3. 白湯を飲む習慣を作る

2021年の総合運

真面目でマイペース、じっくり、ゆっくりと前に進むタイプですが、ペースを少し変えることで後の人生が大きく変わるでしょう。謙虚な気持ちを持つのはいいですが、引くクセや臆病を克服しないといつまでも便利屋で終わりそう。まずは何事も楽しんでみる気持ちや思いきった行動が大切。言いたいことはハッキリ言ってみると、周囲の扱いも変わるでしょう。健康運は、冷え性なので湯船にしっかり浸かり、水分は多めに取るようにしてください。

2021年の恋愛&結婚運

慌ただしくも出会いが多くなる年。ただし、例年通り様子を窺うだけでは進展しないので、2021年はこれまでとは違う恋愛にしていく気持ちが大切。デートに誘ったことのない人は自ら誘って、告白も自分からしてみるといいでしょう。別れも自分からハッキリ告げることも大事。ひとつ殻を破ることでいい恋ができるようになるので、勇気を出してみましょう。結婚運は、自らプロポーズするといい年。自分の気持ちに素直になってみて。

2021年の仕事&金運

断れない仕事が増えてしまう年。自分の中では十分と思えても周囲からはさらに期待されて求められたり、仕事の量が増えたりする運気。難しいと思えても思いきって挑戦してみると大きく成長できる経験になるので、失敗して叱られてもヘコまないように。そもそも時間をかけて信頼を勝ち取るタイプだということを忘れないように。金運は、目標を決めて貯めるようにすると欲しいものを購入できそう。6月に少額の投資をはじめてみて。

ラッキーカラー、フード、スポットはプレゼントやデート、遊ぶときの口実に使ってみて

【命数】
17
パワフルな中学生

基本性格

実行力と行動力、パワーがあるタイプ。おだてに極端に弱く、褒められたらなんでもやってしまう人でしょう。面倒見のいいリーダータイプですが、かなりのマイペースなので、突然、他人まかせの甘えん坊になってしまうことも。行動が雑なので、うっかりミスや打撲などにも注意が必要です。何事も勢いで済ませる傾向がありますが、その図々しい性格が不思議な知り合いの輪を作り、驚くような人と仲よくなることもあるでしょう。

〉〉2021年の開運アドバイス

ラッキーカラー イエロー、オレンジ
ラッキーフード アサリのパスタ、バナナ
ラッキースポット 動物園、ファミレス

開運3カ条
1. 自分の進むべき道を定める
2. 値の張るアクセサリーを購入する
3. 後輩や年下の面倒をみる

2021年の総合運

勢いまかせの行動やパワーも魅力ですが、これまでの人生を振り返って自分の進むべき道や正しい方向に向かっているのかを真剣に考える必要がある時期。目指すことが違う場合や、納得がいかない場合は、5〜6月に転職や引っ越しなどをして生活リズムを大幅に変えるといいでしょう。計画や計算が足らないので、現実的な具体例を掲げてみましょう。健康運は、下半期は、腰痛や膝や足のケガに気をつけましょう。段差や階段には特に注意が必要です。

2021年の恋愛&結婚運

好きな人には積極的になれますが、諦めも早いので、2021年からは恋は粘るようにすること。好きな人は3人以上作るようにしましょう。「なんとなく好き」程度の気持ちがある人を気軽に飲みや食事に誘ってみると、その中のひとりといい関係に進めそう。付き合うかどうかせっかちになりやすいので、慌てないようにすることも大事。結婚運は、押しきるなら何事も自分で決めて、相手まかせにしないほうがいいでしょう。

2021年の仕事&金運

まとめ役やリーダーとしての素質があることが見えてくる年。仕事の幅が広がり責任ある仕事をまかされることも。すでに上の立場なら、もっと多くの人と仕事をするでしょう。小さなチームのリーダーでもいいので、まかされることで本来の力を発揮できるようになります。多少の空回りや失敗は、気にしないようにして。金運は、後輩や部下にごちそうするといい年。年齢に見合うものを身に着け、少しの見栄を張ってもいいでしょう。

【命数】
18
マイペースな常識人

基本性格

礼儀とマナーをしっかり守り、上品で気遣いができる人。マイペースで警戒心が強く、他人との距離を上手にとります。きっちりしているようで楽観的なので、時間にルーズなところや自分の言ったことをすぐに忘れてしまうところがあります。心は中学2、3年生から変わっていないため、見た目は若く感じられるところがあります。妄想や空想の話が多く、心配性に思われることもあるでしょう。

〉〉2021年の開運アドバイス

ラッキーカラー ホワイト、ライトブルー
ラッキーフード 雑煮、メロン
ラッキースポット 高級ホテルでディナー、ゴルフ場

開運3カ条
1. まずは行動してみる
2. 知り合いを食事に誘う
3. 失敗を楽しむ

2021年の総合運

マイペースですが、どこか臆病なところがあり自分を出しきれないタイプ。2021年は少し図々しく生きてみたり、普段なら挑戦できなかったことに思いきってチャレンジしたりするといいでしょう。特に上半期はいい出会いや勉強になることが多いので、異業種交流会や知り合いの集まりには積極的に参加し、自ら連絡先を交換するようにしましょう。健康運は、下半期は、ストレスから肌の調子が悪くなるので、ストレス発散を心がけて。

2021年の恋愛&結婚運

相手の気持ちを考えすぎて空回りしやすく恋愛下手なところがありますが、2021年は恋愛のルールやパターンを変えることが大事な年。まずは、異性に自ら連絡をして誘うこと。「自分が待っているなら、相手も待っているかも」と思って。少しの勇気が、後の恋愛にも大きく影響を与えることに。異性の友人を作るくらいの気持ちでいると、いい方向に進みそう。結婚運は、押しが大切。自分の気持ちを素直に言葉に出すことが大事です。

2021年の仕事&金運

仕事に真面目に取り組むのはいいですが、少し考え方を変えるといい年。人に自分と同じレベルやそれ以上を求めるよりも、相手の仕事のやり方やペースを認めることでお互いに楽になるでしょう。飲み会や仕事の人との付き合いも大切になるので、プライベートでも仲よくなれる仕事関係者を何人か作ってみるのもいいでしょう。金運は、話のネタになりそうなことや、みんなで楽しめそうなことにお金を使うといいでしょう。

【命数】
19
小学生芸術家

基本性格

超マイペースな変わり者。不思議な才能と個性を持ち、子どものような純粋な心を備えていますが、天邪鬼なひねくれ者です。臆病で警戒心はありますが、変わったことや変化が大好きで、理屈や屁理屈、言い訳が多いタイプ。好きなことになると、驚くようなパワーや才能、集中力を発揮するでしょう。飽きっぽく継続力はなさそうですが、なんとなく続けていることでいい結果を残せるでしょう。妄想が才能となる人でもあります。

〉〉2021年の開運アドバイス

ラッキーカラー　イエロー、ホワイト
ラッキーフード　スープカレー、チーズケーキ
ラッキースポット　旅館、百貨店

開運3カ条
1. 極めたいことを見つける
2. 他人を尊重する
3. ひねくれない

2021年の総合運

変化のスピードが速く飽きっぽいタイプですが、2021年の上半期は、自分が極めることを決める時期。興味のあるものから極めたいことを3つに絞り、同時に極める努力を続けてみると、後に驚くような才能に目覚めることができるでしょう。また、5、6、11、12月は大事な出会いと体験ができるので、否定していたことでもチャレンジしてみると人生観が変わってくるでしょう。健康運は、目の周りのマッサージと肩を動かす運動を習慣にして。

2021年の恋愛&結婚運

自分の気持ちに素直になれずに天邪鬼になってしまうタイプですが、2021年からは好意を寄せてくれる人のことを好きになってみる努力や素直に受け入れてみることも大切。少し違うタイプの恋愛も楽しんでみると、好きになる人の幅を広げられるでしょう。もっと人に興味を示してみるといい出会いにもつながりそう。結婚運は、結婚願望が薄いタイプですが、2021年から結婚について真剣に考えて準備をしておくといいでしょう。

2021年の仕事&金運

特殊な能力を必要とする仕事や芸術系、発想力やアイデアを活かせる仕事に就いている人は、今後楽しくなりそうな仕事がはじまる流れです。個性を認められるようにアピールすることは大事ですが、2021年は言い訳をしないことで評価が一気によくなるので、屁理屈などは控えて。転職をする場合は、長く勤める覚悟を決めましょう。金運は、節約生活を楽しみながら浪費グセを直すことが大切。天引きの積み立て預金をしましょう。

【命数】
20
マイペースな芸術家

基本性格

理論と理屈が好きで、探求心と追求心のある人。常にいろいろなことを考えるのが大好きで、妄想や空想ばかりするクセがあります。表面的な人間関係は作れますが、本音は他人に興味がなく、芸術面で不思議な物事にハマることが多いでしょう。非常に冷静で大人な対応ができますが、テンションは中学3年生ぐらいからまったく変わっていないでしょう。尊敬できる人を見つけると、心を開いてなんでも言うことを聞くタイプです。

〉〉2021年の開運アドバイス

ラッキーカラー　イエロー、パープル
ラッキーフード　天丼、ビターチョコレート
ラッキースポット　書店、ファミレス

開運3カ条
1. 極めたいことを見つける
2. 勉強をはじめる
3. 年上の知り合いや友人を作る

2021年の総合運

じっくり学ぶ対象を見つけることが大切な年。研究データを集めたり、手に職をつけたりするなど、ここ数年で興味が湧いたことをはじめてみるといいでしょう。芸術や美術、伝統的な習い事をはじめたり、よき先生を見つけたりもできそうです。大切な出会いもあるので、知り合いの輪を広げる中で年上の友人を作ってみるといいでしょう。健康運は、目の疲れや肩こりが出てきそう。軽い運動をし、食事のバランスを整えるようにして。

2021年の恋愛&結婚運

尊敬できる人を好きになるタイプですが、すべての異性を尊敬できるように見方や考え方を変えてみると、素敵な人を見つけられるようになる年。恋愛観を少し変えるきっかけがあるので、人の集まりには積極的に参加してみるといいでしょう。ひと回り以上年上の人との恋がはじまることもありそう。結婚運は、相手に合わせすぎると話が進まないので、結婚を希望するなら計画をしっかり立てて、相手を引っ張っていくといいでしょう。

2021年の仕事&金運

自分の得意な仕事を見つけたり、極めてみたい仕事を決めることが大切な年。資格取得など、必要な勉強は5、6、11、12月にスタートさせると順調に進められるでしょう。スクールに通うほか、独学で学ぶのもオススメ。憧れの人を見つけられる年でもあるので、人の紹介や縁を大切にしておきましょう。金運は、勉強になることにお金を使うといい年。マネーセミナーや勉強になる本を購入するのもいいでしょう。

ラッキーカラー、フード、スポットはプレゼントやデート、遊ぶときの口実に使ってみて

銀のインディアン座 2021年タイプ別相性

自分と相手が2021年にどんな関係にあるのかを知り、
人間関係を円滑に進めるために役立ててみてください。

相手が 金のイルカ座
整理の年

すでに関係性ができあがっている相手なら問題はありません。付き合いの浅い相手の場合は、今後の関係性が決まる年。縁が切れてしまう可能性が高いですが、相手の背中を押すことや新しい情報の提供をしてみるといいでしょう。恋愛相手の場合、急に気持ちが冷めてしまい、相手と合わない部分をたくさん見つけてしまいそう。相手からの好意を感じても気持ちがないときはハッキリ断るか、距離をあけたほうがお互いのためでしょう。

相手が 金のカメレオン座
乱気の年

お互いの運命を乱すことになる相手。できれば関わりを減らすことや距離をあけることが大事ですが、あなたの思っている以上に相手は悩み、困っている状況なので、深入りしない程度に手助けしてあげましょう。相手の判断は裏目に出るのでその心構えをしておき、次の手を打っておきましょう。恋愛の場合は、相手への興味がどんどんなくなりそう。縁をスッパリ切りたいくらいの気持ちになってしまうかも。無理せず流れに身をまかせて。

相手が 金の時計座
開運の年

仕事のパートナーなどとして、一緒にいることで仕事運や金運の流れが大きく変わる重要な人。一緒にいる時間を増やして、考え方や生き方を学んでみたり見習える部分はどんどんマネするといいでしょう。大事な人脈も作ってもらえるので誘いは即OKして。恋愛の場合は、お互いに心が惹かれる相手。語る時間を作れるようにこまめに連絡してみましょう。励ますことができるといいので、相手の心に響くような言葉やいい言葉を発して。

相手が 銀のイルカ座
裏運気の年

あなたの運命を大きく乱す可能性のある相手。予想外の発想やこれまでとは違う感じのことを楽しめる場合がありますが、結果的に不向きなことや不慣れな方向に進むことになり、無駄な苦労が増えるので気をつけましょう。あなたが相手にアドバイスをするほうが前向きに進められるでしょう。恋愛の場合は、これまでは興味のなかったところが気になり、ノリや勢いで関係が進んでしまうかも。とはいえ短期間で合わない部分に気がつきそう。

相手が 銀のカメレオン座
ブレーキの年

あなたの能力を引き出してくれるほか、今後の道や流れを作ってくれる大事な人。アドバイスには素直に従い行動してみると、数年後にチャンスをつかむことができそうです。相手のために提供できる情報を、できるだけ出しきってみるといい関係を作れそうです。年末は相手の進む道が変わって距離感も変化しそう。恋愛の場合、少し図々しいくらいこまめに会うことや仲よくなれるように努めるといい関係に。ひと押しはあなたからが必要。

相手が 銀の時計座
幸運の年

あなたの人生を大きく左右する人を紹介してくれる人。友人や知り合いの場合、遊ぶ機会が増えると思いますが、できるだけ顔を出して会を盛り上げ楽しんでみるといい縁につながるでしょう。お互い年末に、いい流れやチャンスをつかめそうです。恋愛の場合は、相手の気持ちに素直になれば交際に発展させられますが、恥ずかしがってしまうとチャンスを逃すので注意しましょう。気になっているならこまめに連絡して会ってみて。

相手が 金の鳳凰座
準備の年

昨年までとは違い、相手の気持ちがブレている時期なので関係が微妙になりそう。プライベートを楽しんで遊ぶくらいの関係はいいですが、大事なことは決めないほうがよさそう。結果的にあなたが振り回されて疲れてしまいそうです。恋愛の場合は、相手を引っ張り出していろいろなことを体験させてみるといい関係になれそう。深酒や深夜の映画など、普段なら挑戦しないような遊びの提案をしてみて。ただし、交際できても短く終わるかも。

相手が 金のインディアン座
リフレッシュの年

お互いに疲れやすい時期。仕事に関わるときには、仕事のペースや体調の変化を意識してみることが大切。健康情報の交換をすると役立つ話も出てきそう。オススメの健康法やサプリや病院の話をしてみるといいかも。恋愛の場合、進展は難しい時期ですが、お互いにストレス発散になる時間を作ってみると恋にも進みやすいです。食事や飲みに誘って語ってみると、お互いに気持ちがすっきりしていい関係に進みやすくなりそうです。

相手が 金の羅針盤座
チャレンジの年（2年目）

一緒にいることで楽しい経験が増える人。人脈も広げられる運気なので、人の集まりには誘ってみるといい縁をつないでもらえそう。お互いに変化を楽しめる年でもあるので、相手からの情報もすぐに体験してみるとおもしろい発見がありそう。恋愛の場合は、勢いまかせのデートもいいですが、キッチリ予約をして大人なデートを楽しめるといい関係になれそうです。上品な態度、マナーをしっかり守れるところを見せてみるといいでしょう。

相手が 銀の鳳凰座
解放の年

今後の人生に大きな影響を与える相手。簡単に協力してくれる相手ではないですが、相手のやり方や生き方、方法から学べることを見つけることが大切。じっくり観察して吸収してみましょう。相手からの誘いは即OKしてみるといい情報を得られそう。恋愛の場合は、明るく陽気に接してみると思ったよりもいい関係に進みやすいですが、相手のルールがしっかりしているので、第一印象やこれまでの態度が悪い場合は期待が薄いでしょう。

相手が 銀のインディアン座
健康管理の年

上半期はお互いに挑戦していることに協力をして背中を押してあげたり、役立つ情報を提供してあげるといいでしょう。下半期はお互いに体調の変化に気遣うことやアドバイスをして、無理のないスケジュールを組めるようにしましょう。相手まかせは不仲の原因になるので甘えすぎないように。恋愛の場合は、こまめに会うことで進展しやすい時期。ひと押しが大事なので、待たずに押しきってみると交際に発展しそう。少しの勇気が大事。

相手が 銀の羅針盤座
チャレンジの年（1年目）

情報交換をするにはいい相手。お互いに今気になっていることやハマっていることの話をするといいアイデアやおもしろい情報にたどり着けそうです。遠慮していると距離が縮まらないので、あなたのほうから歩み寄ってみたり、前向きな話をしてみて。恋愛の場合は、信頼できる人からの紹介だと縁がつながりやすいです。丁寧に接することを大事にしつつ、前向きな話や相手を喜ばせることに集中してみましょう。告白はムードを演出して。

銀のインディアン座

毎月・毎日
運気カレンダー

［ 2020年11月～2022年3月の運気グラフ ］

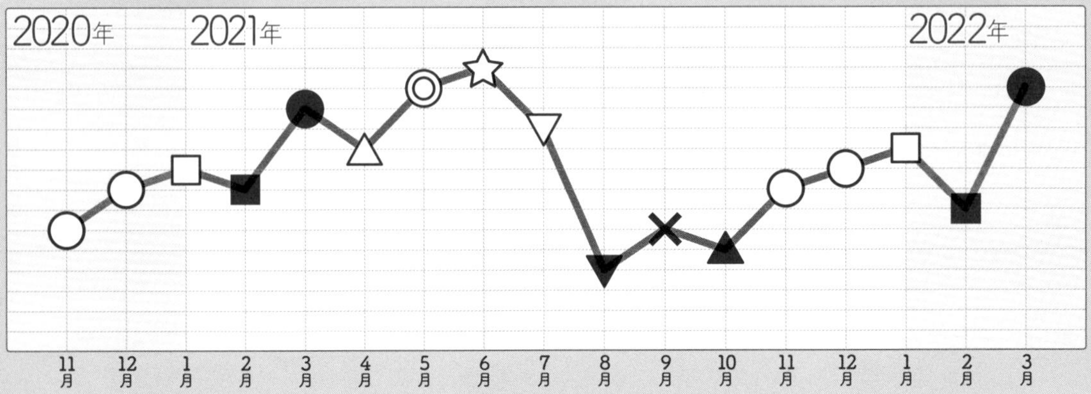

銀のインディアン座の2021年は

□ 健康管理の年

上半期は行動的に、下半期は生活習慣を整える

この本で「占いを道具として使う」には、「毎日の運気カレンダー」（P.147～）を活用して１年の計画を立てることが重要です。まずは「12年周期の運気グラフ」（P.129）で2021年の運気の状態を把握し、そのうえで上の「毎月の運気グラフ」で、毎月の運気の流れを確認してください。

銀のインディアン座の2021年は、「健康管理の年」。山登りでいうと中腹にさしかかったあたり。2019～2020年で増やした経験と人脈を手に、次の目標を決める時期です。2022年までは求められることが増え、疲れもたまるので健康を保ち、休息をとることも重要。2023年には、いったん努力の結果が出ます。それを受けてさらなる決断をして登り続けると、2024～2025年は仕事も遊びも充実し、2026年には山頂へ。

☆ 開運の月　◎ 幸運の月　● 解放の月　○ チャレンジの月
□ 健康管理の月　△ 準備の月　▽ ブレーキの月　■ リフレッシュの月
▲ 整理の月　✕ 裏運気の月　▼ 乱気の月　＝ 運気の影響がない月

2020 11月

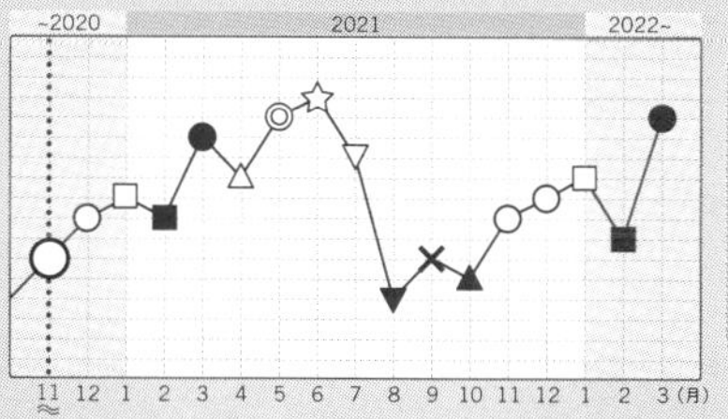

○ チャレンジの月

開運 3 カ条

1. 新しい環境や生活リズムに変える
2. 買い替えをする
3. 忙しくなるようにする

総合運

興味のあることややるべきことが増え、前向きな気持ちになる時期。新しい人との関わりも多く、新たな場に飛び込むといい経験ができます。厳しい人から意見を言われて面倒に感じても、後に感謝することになるかも。引っ越しで生活リズムを変えるのもオススメです。

恋愛&結婚運

新しい出会いが増えはじめるだけでなく、進展のなかった人との関係も動きはじめる時期。勢いで交際できる時期なので、片思いの人から久しぶりに連絡があったらチャンスです。しばらく恋人がいない人は思いきったイメチェンや、新しい趣味をはじめると素敵な縁につながりそう。結婚運は、結婚を前向きに考えられる時期。恋人のやさしいところをよく見るようにしましょう。

仕事&金運

仕事運は、対応力を試されるような依頼が舞い込む時期です。これまでと違うタイプの顧客や取引先にとまどいますが、実力で乗り越えられるなど、しっかり結果を出せそうです。金運は、新しいものに買い替えることがオススメなので、まずは下着や肌着などを一新しましょう。

日	曜	運気	
1	日	▼	周囲に期待しすぎるとガッカリすることが多いので、最初からあまり期待しないほうがよさそうです。何事もほどほどが楽しいと覚えておきましょう。
2	月	✕	自己中心的な発言は評価を落としたり、信用を失うだけなので、自分の言葉に責任を持つことを心がけて。また、相手の気持ちを考えてから言葉にするようにしましょう。
3	火	▲	忙しさを理由に適当な食事ばかりしていると、体調を崩したり肌の調子が悪くなったりしそう。時間がなくても栄養バランスのいい食事を心がけるようにして。
4	水	○	気になる習い事をはじめてみるなど、これまで体験していないことに挑戦するようにしましょう。知り合いの輪を広げる努力が、後の幸運につながります。
5	木	○	今の部屋に住んでから「恋人ができない」「仕事でうまくいかない」と思うなら、引っ越しを考えてもいいかも。仕事帰りに物件を探してみるとよさそうです。
6	金	□	年内に達成できそうな目標を掲げるにはいい日なので、新たな目標を3つ考えましょう。現実的かつ具体的で、今からでも達成できそうな目標が理想です。
7	土	■	油断すると風邪をひいてしまうなど体調を崩しそうなので、しっかり体を休ませましょう。すでに予定が入っている人は、無理のないスケジュールを組んで。
8	日	●	髪型や服装で思いきったイメチェンをするにはいい日です。今までとは雰囲気をガラリと変えることで、恋愛運も仕事運も一気に上昇することがあるでしょう。
9	月	△	前もって準備を怠らなければ、問題が起きない日です。特に、人の名前をど忘れすることがあるので、名刺やアドレス帳で事前に確認をしておくようにしましょう。
10	火	◎	「過去は過去」という気持ちを持っておくことが大事な日。1歩でも前に進めるように、地道な努力をし、周囲からのアドバイスにしっかり耳を傾けましょう。
11	水	◎	礼儀正しくすることが大事な日だと意識しておきましょう。下品で幼稚な言葉ではなく、上品な言葉をきちんと選ぶように心がけると幸運を呼び込めます。
12	木	▽	これまで親切にしてくれた人に連絡して近況報告をしたり、感謝の気持ちを伝えたりするといいでしょう。夜は少し早めに帰宅をして、ゆっくり過ごしてください。
13	金	▼	今日は日付や数字を間違えがちなので、慣れた仕事ほど慎重に取り組みましょう。大きなミスにつながってピンチに陥ったときは、素直に謝罪して周囲に助けを求めて。
14	土	✕	人の幸せな話を聞いたら素直に喜びましょう。心からお祝いすると自分にも幸運が訪れるので、ごちそうするなどして自分のことのように喜んであげるとよさそう。
15	日	▲	「何かおもしろいことはないかな」と思ったら、他人まかせにせず自分で楽しいことを発見できるようにして。自分だけでなく周囲を笑顔にすることを考えるのも大切です。
16	月	○	失敗を恐れて行動しないと自分の成長はありません。恥をかくような経験を繰り返さないためにも自分の行動を省みて、次の機会に活かすことを考えましょう。
17	火	○	どんなことにも全力で取り組んで、「本気になっている自分」を楽しんでみましょう。その一生懸命さがあなたの魅力を輝かせ、恋のチャンスをつかめることも。
18	水	□	何事も即行動することが大事な日です。特に、善意に基づいていることなら考えるより先に動いて。夜は少し疲れやすくなっているので、無理はしないようにしましょう。
19	木	■	目の疲れや肩こりに悩まされそうなので、肩を伸ばすストレッチなどで軽く運動するといいでしょう。食べすぎで胃腸の調子が悪くなる場合もあるので注意して。
20	金	●	知り合いの集まりに顔を出して初対面の人にやさしく接すると、運命の相手に出会える可能性があります。話が合う相手がいたら、迷わず連絡先を交換してみましょう。
21	土	△	楽しい1日になりそうですが、浮かれすぎて恥をかくこともあるので気をつけましょう。周囲の人たちが失態を笑い話にしてくれたらラッキーだと思っておいて。
22	日	◎	親や先祖がいるおかげで今の自分がいることを忘れずに、今日は家族を大事にしましょう。両親が喜びそうなものを選んでプレゼントしてみるのもよさそうです。
23	月	◎	気合を入れて仕事に取り組むことで、大きな契約がとれたりノルマが達成できたりと実力以上の結果を出せそう。仕事帰りには、自分へのごほうびを買ってあげましょう。
24	火	▽	周囲の人をじっくり観察して、どんな人なのか、何を考えている人なのかといろいろ想像してみて。相手によって対応を変えるなど、冷静な判断をすることが必要です。
25	水	▼	気持ちに余裕がなくなり慌ててしまったら、休憩時間に本を読んで心地いい言葉を頭に入れると落ち着きます。好きな音楽をじっくり聴いてもいいでしょう。
26	木	✕	今日は流れが変わるのを待つことが大事な日です。焦って行動したり無理にアピールしたりすると、裏目に出て苦労が増えてしまうので注意しておきましょう。
27	金	▲	普段なら避けられるミスをしやすいので、いつも以上に確認作業はしっかりと。特に適当な相づちと余計なひと言は問題になる場合があるので気をつけて。
28	土	○	知り合いの輪を広げることで素敵な出会いにつながりそう。イベントに参加したり気になる人に連絡をして遊んだりすると、想像以上に楽しく過ごせます。
29	日	○	今流行っているSNSやアプリを教えてもらうと世界が広がります。おもしろい人とつながることもあるので臆病にならず、まずは1歩踏み込んでみましょう。
30	月	□	何事も段取りが大事な日なので、なんとなくでスタートしないように。計画をしっかり立ててから行動して、ゴールまでしっかりと設定するようにしてください。

2020

12月

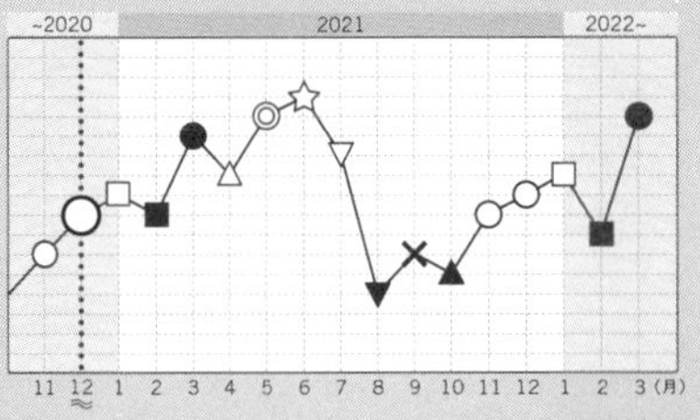

○ チャレンジの月

開運 3 カ条

1. 人脈を広げる
2. 新しい方法を取り入れる
3. まとめていろいろやってみる

総合運

先月以上に忙しくなります。気になることが複数あるならまとめて挑んでいきましょう。また、新しい出会いが刺激になるので、食事会や忘年会に参加して自分から人に話しかけることを心がけて。年上の親切な人から大事なことを学べます。

恋愛&結婚運

新しい出会いに期待してください。友人や知人から誘われた食事会や忘年会で出会う人と交際できる確率が高いので、急な誘いでもOKしましょう。第一印象が大切なので笑顔と明るい雰囲気を意識し、お礼や挨拶も忘れずに。連絡先を交換するのはいいですが、進展は焦らないことです。結婚運は、両家への挨拶の時期や日取りなど、結婚までの具体的な話をするといいでしょう。

仕事&金運

仕事運は、作業量こそ増えるものの、余計なことを考えず、気持ちよく仕事ができそうです。初対面の人とも仲よくなり、いい情報を教えてもらえることも。未体験のものほど周囲から学び、やるべきことを考えて結果を出しましょう。金運は、先月に引き続き、買い替えをするといい時期。今月は服や靴、小物の購入がオススメ。

1 火	■	疲れがたまっているうえに、ランチを食べすぎて眠くなり集中力が途切れがちになりそう。こまめに休憩をとり、フレッシュなジュースを飲むのがオススメです。
2 水	●	思った以上の成果が出ることで、気持ちが一気に楽になり大きなチャンスをつかめそうです。喜ぶのはいいですが、おしゃべりになりすぎないように気をつけて。
3 木	△	目移りしやすく、考えも行動もブレやすいので注意が必要。また、あなたにちょっかいを出してくる人が現れますが、もてあそばれないためにも相手にしないように。
4 金	◎	面倒なことや苦手なことは先に終わらせるといいでしょう。自分の行動パターンを冷静に分析できれば、スムーズに日常を過ごせるようになります。
5 土	☆	今年1年のごほうびを買うつもりで、10〜14時と18〜20時のあいだに欲しいものを購入するといいでしょう。財布など長く使えるものから探してみましょう。
6 日	▽	今日も買い物をするにはいい日ですが13時までには終えましょう。昨日の時間内に買えなかったものや年末年始に必要なものは、このタイミングで買ってみて。
7 月	▼	些細なことでイライラしてストレスを感じることが起きそう。他人に期待しすぎてしまうと不愉快になる可能性が高いので、人まかせにしないようにして。
8 火	×	意外なことが裏目に出やすいので、今日は流れに身をまかせるようにしましょう。タイミングの悪さを感じることが多いですが、割りきることも大事です。
9 水	▲	1年以上放置しているものや使わないもの、読まない本は思いきって処分して。迷っているものは段ボールに入れて、年末に改めて考え直すようにしましょう。
10 木	○	生活リズムを変えるなど、いつもとは違う1日にすると学べることがありそう。素敵な出会いもあるので、人に会うことに臆病にならないようにして。
11 金	○	目新しいことに敏感になりましょう。おもしろそうな新商品の情報が入ったら、すぐに買いに行くと話のネタになったり、新たなお気に入りを見つけられるかも。
12 土	□	今日と明日は予定を詰め込みすぎると疲れやすくなるので注意しましょう。忘年会で飲みすぎないなど、少し先のトラブルを避けるための知恵を働かせておきましょう。
13 日	■	温泉やスパでのんびりしたり、マッサージに行ったりすると体が休まります。無理をすると腰を痛めたり、風邪をひくこともあるので気をつけて過ごして。
14 月	●	ひとつのことに集中するよりも、複数を同時進行したほうが頭のキレがよくなりいい判断が下せそうです。完璧にできなくてもいいので全力で取り組みましょう。
15 火	△	誘惑に負けたり、気持ちを揺さぶられたりしそうな日。また、気が緩んで忘れ物、時間の間違いなど些細なミスを連発してしまうこともあるので注意が必要です。
16 水	◎	苦手なことも思いきって挑戦するといい結果につながります。自分でも思った以上に実力がついていることに気がつく、いい機会になるかもしれません。
17 木	☆	仕事運が最高にいい日なので、強引にでも推し進めるとうまく流れに乗れそうです。人との縁もつながりやすいので、人脈を広げておくといずれ役立つことがあるはず。
18 金	▽	日中は、遠慮をすると運を逃す場合があるので、何事も勢いで判断するくらいでいいでしょう。夜は疲れた顔をしていると厄介なことになるので、笑顔で乗りきって。
19 土	▼	よかれと思って友人を集めても、気が合わない人たちもいて気まずい空気になるだけ。あなたも余計な発言をしやすいので、今日は忘年会などは避けておきましょう。
20 日	×	余計なことを考えすぎて優柔不断になりそう。判断ミスをしやすい運気ではありますが、普段から慣れているほうを選択すると間違いは少ないはずです。
21 月	▲	決断を迫られたときこそ冷静に判断することが大事なので、努めて客観的になるようにしましょう。感情的に判断をすると失敗しやすいので十分に注意すること。
22 火	○	何事も失敗を恐れてしまうと前に進めなくなるので、勇気を出して行動するようにして。動くことで、はじめて話す人から成功のヒントになる情報も入手できそう。
23 水	○	行動範囲を広げる努力や初体験のことへの挑戦が大事。また、これまでとは違うアプローチで気になる人を誘うと、スムーズに交際に進むことができるかも。
24 木	□	焦って結果を出すよりも、「今日は学ぶことが多い日」だと思うように。現実をしっかり受け止め、今後どうすべきかを考えて作戦を立てておくといいでしょう。
25 金	■	唐突に忙しくなり、疲れから風邪をひくことがあるので無理をしないことです。日中は体力を温存して、恋愛運が上昇する夜にデートを楽しみましょう。
26 土	●	告白をされたり好意を伝えられたりしやすい日です。勇気を出して好きな人を食事に誘うと、望ましい展開が期待でき、新しい出会いにも恵まれるでしょう。
27 日	△	楽しむことで運気の流れがよくなるので、友人におもしろい話をして楽しんでもらうといいでしょう。忘年会をするなら、みんなで思いっきり笑って楽しんで。
28 月	◎	大掃除で懐かしいものに見入ってしまい集中できなくなりそう。運気を上げるには古いものをどんどん捨てたほうがいいので、ものに執着しないようにして。
29 火	☆	買い物をするときは長く使えるものや高価なものを選んでみて。服や靴などに使うお金をケチケチしていると運気が上がらなくなるので、パーッと使いましょう。
30 水	▽	昼までは買い物運がいいので、年末年始に必要なものをまとめ買いしましょう。夕方以降は運気が切り替わるので、家で大掃除をして不要なものはどんどん処分を。
31 木	▼	予定が大きく乱れてしまい、大晦日の予定がキャンセルになってしまいそう。空いた時間は、本を読んだり動画を観たりしてのんびり過ごすのがオススメです。

☆ 開運の日 ◎ 幸運の日 ● 解放の日 ○ チャレンジの日
□ 健康管理の日 △ 準備の日 ▽ ブレーキの日 ■ リフレッシュの日
▲ 整理の日 × 裏運気の日 ▼ 乱気の日 ＝ 運気の影響がない日

2021

1月

□ 健康管理の月

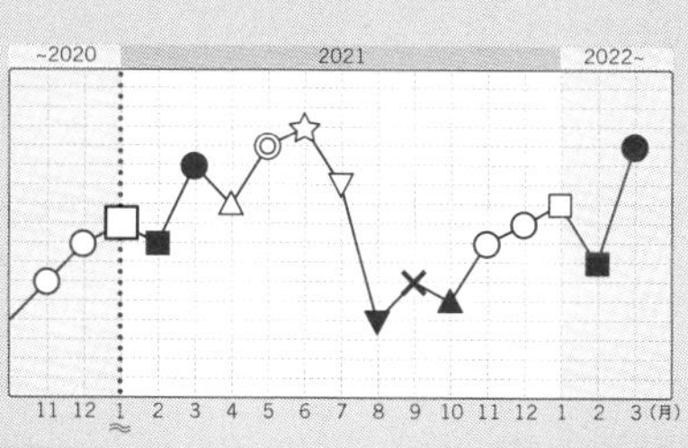

開運 3 カ条

1. 体力作りをはじめる
2. 現実的で具体的な高い目標を立てる
3. 明るい未来を想像する

総合運

2021年の目標を現実的かつ具体的に立てることでやる気になれたり、行動するきっかけを自ら作ることができそう。中旬以降は、生活習慣の見直しや肉体改造、ダイエットなどを考えて実行しましょう。健康的な体作りを考えたり、人間ドックを予約したり、歯の検診に行ったりするなど、少し気になっている部分を検査してもらうといいでしょう。体力作りの筋トレやスクワットを毎日やる習慣をつけるにもいいタイミングです。

恋愛&結婚運

好きな人に好意を伝えるにはいい運気。直接的な告白よりも「一緒にいると楽しい」「相性いいですね」など相手にあなたのことを考えさせるような言葉で、遠回しに告白をすると効果がありそう。出会いを求めている人は、中旬までは知り合いの輪を楽しんでみると素敵な人に出会えるかも。結婚運は、新年の挨拶がきっかけで進展する可能性があるので、今月は恋人を両親に会わせてみるといい展開に進むでしょう。

仕事&金運

なんとなく仕事をし、なんとなく続けていることが多いタイプですが、最終目標や最高の状態を想像することが大事な時期。妄想や空想でもいいので「自分がこうなったら最高だな」ということを思い描いてみるといいでしょう。時間をかけてでもいいので、その目標のために今月からできることをはじめてみましょう。金運は、体力をつけるためや健康維持のためにお金を使うといい時期。スポーツをはじめるといいでしょう。

1 金	×	新年早々予定が乱れたり、体調を崩したりしてしまいそう。今日は無理をせず、人混みに行く必要があればマスクをして、うがい・手洗いもしっかりしましょう。
2 土	▲	軽い気持ちで不要なものを捨てた後、必要なものや大事な部品、消してはいけないデータだったと判明するかも。要不要のわからないものはいったん時間をおいて後ほど判断を。
3 日	○	正月休みでのんびりしすぎた人や暴飲暴食した人は、散歩やスクワット、ストレッチなど軽い運動をしてみて。できれば毎日続けられるような内容にするといいでしょう。
4 月	○	仕事はじめを気分よくスタートできそうな日。新たな目標や今年達成すべきことを決めて取り組むといいでしょう。仕事道具や身の回りを新しいものに替えるとやる気がアップ。
5 火	□	求められることが増えたり、実力以上のことを求められたりしそう。日中は頑張れそうですが、夕方以降は集中力が途切れてしまうかも。早めに終わらせられるように努めて。
6 水	■	頑張りすぎて疲れがたまることがありそう。今日は無理をしないで計画的に時間を使い、限界を感じるほど頑張りすぎないようにほどよく過ごすといいでしょう。
7 木	●	職場や家族、友人から頼りにされそう。今の自分にできることはなんでもやっておくといいでしょう。異性の恋愛相談から恋に発展する場合もありそうです。
8 金	△	些細な段差でつまずいたり、ドアに指を挟んだりしてしまいそう。うっかりのミスで痛い思いをしないよう、今日は慎重に行動するようにしましょう。
9 土	○	友人や知人と遊ぶにはいい日。しばらく遊んでいなかった人に連絡をしてみて。急に気になる相手から連絡がきた場合は、予定を合わせて会ってみるといい流れになりそう。
10 日	◎	買い物に出かけるのがオススメ。長く使えるものや長年欲しいと思っていたものを購入するといいでしょう。家電量販店で調理器具や家電を購入すると、運気の流れがよくなりそう。
11 月	▽	午前中は前向きに取り組むことができそうですが、昼食後は眠くなったり、集中力が途切れたりしそう。夜は、年上の人に予定を乱されてしまいそうです。
12 火	▼	自分の考えや生き方だけが正しいと思うと、他人とぶつかってしまいそう。いろいろな考え方や生き方があることを忘れず、それらを受け入れるようにするといいでしょう。
13 水	×	余計なことを考える前に現実をしっかり受け止め、今やるべきことに真剣に取り組むようにしましょう。自分のことだけを考えていると心が乱れてしまいそうです。
14 木	▲	必要なものと不要なものをしっかり分けることが大事。年齢に見合わないものや使わないもの、読まない本、着ない服などは処分するか必要な人に譲るといいでしょう。
15 金	○	これまでとは違う仕事やほかのチームとの仕事、新しい取り組みがはじまりそう。面倒だと思わないで挑戦することの楽しさや新しい発見を喜んでみると、いい日になるでしょう。
16 土	○	普段なら興味のないことに目がいく日。気になった映画や芝居を観たり、ふらっと入った本屋で見つけた本を読んだりすれば、いい勉強になり、大切な情報を入手できそう。
17 日	□	軽い運動や散歩、ストレッチなどをするのがオススメ。サウナで少し汗を流してみると、気分も体もスッキリしそう。明日のために今日は早めに寝るようにして。
18 月	■	疲れを感じるときは糖分を少し摂ったり、仮眠をとって休んだりすることが大事。蜂蜜入りのドリンクを飲むと多少は体が楽になるでしょう。無理はしないように。
19 火	●	他人の喜ぶ姿を見ることが自分の喜びや幸福だと思えると、人生を一気にいい方向に進められそう。他人の笑顔のため、自分ができることに一生懸命取り組んでみて。
20 水	△	冷静に判断することが大事。慌てると大きなミスをしたり、周囲に迷惑をかけたりしてしまいそう。深呼吸をし、イラッときても数秒待つと気持ちを落ち着けられるでしょう。
21 木	○	経験を活かしながらも新しい挑戦をすることになる日。付き合いの長い人からのアドバイスを大切に。ときにはお叱りを受けることで成長できるでしょう。
22 金	◎	いつも以上に仕事に真剣に取り組むことが大切。上司や周囲に今日の頑張りが評価されることになりそう。面倒な仕事や片づけなどは自ら進んでやっておきましょう。
23 土	▽	買い物や大事な用事は午前中に済ませておくといいでしょう。14時以降はやる気がなくなり、予定が乱れたり、優柔不断になって無駄な時間を過ごしたりすることになりそう。
24 日	▼	しっかり体を休めたほうがいい日。外出して風邪をひいたり、疲れをためたりしないように気をつけましょう。計画的に行動するといいでしょう。
25 月	×	心配事や余計なことを考えてしまいそう。将来の不安やお金の心配などについて考えるのはいいですが、心配事のほとんどはすぐに忘れてしまうので、気にしないようにしましょう。
26 火	▲	身の回りを整理整頓しておかないと、大事なものをなくして焦ってしまいそう。「この辺に置いてある」はあてにならないので、きちんと整えるようにしましょう。
27 水	○	相手に気を使って距離をあけるより、図々しく話しかけてみるほうが一気に仲よくなれたり、これまで知らなかった話を聞けたりしそう。1歩踏み込むにはいい日です。
28 木	○	何度も言われていることを直すと成長につながります。自分で不慣れや苦手だと思っていることに挑戦したり、克服できるように努めたりする姿勢が大事になるでしょう。
29 金	□	人の話は最後まで聞くことが大事。先走ると大切なことを見落としてしまったり、進んだ先で何をすべきかわからなくなってしまいそう。
30 土	■	しっかり体を休め、リフレッシュに時間を使うといいでしょう。軽い運動をして温泉やスパで疲れをとるなど、健康的な1日になるように過ごしてみて。
31 日	●	気になる相手との関係が進展しやすい日。偶然の出会いやラッキーな出会いもあるので、家でダラダラせずに外出したり、知り合いを誘って遊びに出かけたりするといいでしょう。

2021

2月

■ リフレッシュの月

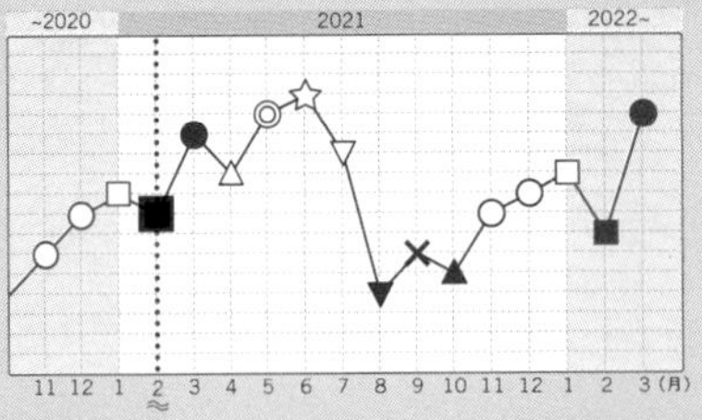

開運3カ条

1. 計画を立てて行動する
2. 後輩や部下を大切にする
3. 休みの予定をしっかり立てる

総合運

今月は、計画をしっかり立てて行動するように意識したほうがいいでしょう。急な誘いで予定を変更したり、スケジュールを詰め込んでしまうと、体調を崩したり疲れがたまったりしてトラブルの原因に。時間を意識して、スケジュールを確認してから出かけるようにしましょう。健康運は、体調を崩したり異変を感じたりした場合は早めに病院に行き、検査をしてもらうとよさそうです。

恋愛＆結婚運

気になる相手との進展が少ない時期。焦らず自分磨きをしたり、話のネタになる本を読んだり、経験を積んでおきましょう。下旬に後輩や部下から誘われた飲み会や食事会で素敵な人に出会えるかも。ただし、急展開することはないので、連絡先を交換して挨拶程度のメッセージを送っておくといいでしょう。結婚運は、進展する可能性は低い時期。疲れを感じているときに将来の話をすると、ケンカや気まずい空気になる場合があるので注意。

仕事＆金運

仕事に一生懸命になりたい気持ちがあっても疲れて集中力が続かなくなってしまったり、腰痛や喉の痛みが出てしまいそう。無理をせず、「しっかり休んでしっかり働く」という具合にメリハリをつけるようにしましょう。限界を感じる前に助けてもらうことも忘れないように。金運は、体調を整えるためにお金を使うといいので、ジムやマッサージ、ヨガなどに行ってみましょう。

1 月	△	余計なことばかり考えてしまい、目の前のことに集中できなくなってしまいそう。忘れ物やドジなミスをしやすいので、注意して。気を引き締めて1日を過ごしましょう。
2 火	○	得意なことを思う存分するといいでしょう。不慣れなことや苦手なことに手を出すと、面倒を引き寄せてしまいそう。今の自分にできることをしっかりやるようにしましょう。
3 水	◎	仕事に真剣に取り組むといい流れになり、思った以上に評価されるでしょう。ただし、無理は続かないので頑張りすぎには気をつけておきましょう。
4 木	▽	順調に進んでいたはずの流れが変わってしまいそう。日中は問題が起きなくても、夕方以降に面倒なことややる気を失うことがありそうです。早めに帰宅し、家でのんびり過ごして。
5 金	▼	考えがまとまらなくなったり、余計なことで無駄な時間を使ったりしそう。ネットサーフィンやスマホのいじりすぎには特に気をつけましょう。
6 土	×	知り合いに予定を乱されてしまったり、思い通りに物事が進まないことが増えたりして疲れてしまいそう。時間にはゆとりを持って行動し、夜更かしは避けるように。
7 日	▲	ダラダラすると疲れてしまうだけ。時間を決めて計画的に行動するといいでしょう。昼寝をするのもオススメですが、目覚まし時計をかけてから寝るようにして。
8 月	＝	些細なことでもいいので一生懸命に行い、こだわって仕事をしてみるとよさそうです。丁寧にやることで集中力も高まりそう。余計な妄想はほどほどに。
9 火	○	不慣れなことや苦手なことに挑戦すると成長でき、楽しくなりそう。小さなことでいいので、不得意なことを克服できるように練習してみるといいでしょう。
10 水	□	ひとつひとつの出会いを大切にし、感謝の気持ちを忘れないことが大事。お世話になった人を思い出して、恩返しができるように自分をレベルアップさせる努力をしましょう。
11 木	■	喉の調子が悪くなってしまいそう。風邪をひくこともあるので、マスクの着用や部屋の加湿をしっかりとして。鍋料理や体が温まるものを選んで食べるようにしましょう。
12 金	●	予想外に忙しくなったり、突然「会いたいです」と連絡がきたりしそう。気になる相手に連絡をしてみると、後にいい関係に発展するかも。メッセージを送っておきましょう。
13 土	△	指先をケガしたり、ドアに手足の指を挟んだりしそう。油断しないで、慎重に行動するようにしましょう。些細な段差にも気をつけて。
14 日	○	好きな人や少しでも気になっている相手がいたら、チョコレートを渡してみて。義理チョコでもいいので渡しておくと、いいきっかけになる場合がありそうです。
15 月	◎	これまでの頑張りが評価されたり、仕事で手応えを得たりしそう。自分の成長を感じられ、楽しく仕事ができそうです。ただし、疲れがたまりやすいので気をつけましょう。
16 火	▽	やることが増えて忙しくなるほど心が安定しそう。暇な時間があると余計なことばかり考えてしまうので、時間のあるときは弱点や欠点を克服するように努めましょう。
17 水	▼	余計なことを考えたり、集中力が続かなくなったりしそう。気分転換したり、今日中に達成できる小さな目標を立てたりするといいでしょう。
18 木	×	心配事が増えたり、他人のトラブルに巻き込まれてしまったりしそう。自分の用事は早めに片づけ、時間にゆとりを持って行動するといいでしょう。
19 金	▲	身の回りにある使わないものを処分するといい日。資料や雑誌、読まない本などは一気に片づけてしまいましょう。着ない服や記念品なども整理するといいでしょう。
20 土	＝	まだ行ったことのない近所のお店に入ってみるのがオススメ。思ったより気に入ることがありそう。思い浮かぶお店や場所を覗きに行ってみるといいでしょう。
21 日	○	普段なら避けてしまうことに挑戦すると、おもしろい発見やいい経験ができそう。人脈も広がる場合があるので、知り合いの集まりに参加してみるといいでしょう。
22 月	□	マイペースな生き方もいいですが、周囲の考えや流れに合わせてみるといい勉強になるでしょう。おもしろい情報を入手することもできそうです。
23 火	■	油断していると体調を崩してしまうので、うがいや手洗いはこまめにし、人混みではマスクを着用して。疲れをためない工夫も忘れないようにしましょう。
24 水	●	気になる相手にアピールするにはいい日。新しい出会いも期待ができそうなので、知り合いの集まりには参加してみて。明るい色の服を着ておきましょう。
25 木	△	余計なことを考えてしまいがち。うっかりミスや忘れ物をすることもあるので、気をつけて。再確認をしたり、いつも以上にしっかりチェックするようにしましょう。
26 金	○	なくしたと思ったものが出てきたり、大事なことを思い出すことができたりしそう。大切なことを書いてあるメモを見つけることもありそうです。
27 土	◎	しばらく行っていなかったお店に行くといい日。お得なサービスがはじまっていることに気づけるかも。知り合いに教えると喜ばれることもあるでしょう。
28 日	▽	日中は順調に進みそうですが、張りきりすぎて夕方以降は疲れてしまいそう。無理をしないようにし、昼寝をするといい1日を過ごせるでしょう。

☆開運の日 ◎幸運の日 ●解放の日 ○チャレンジの日
□健康管理の日 △準備の日 ▽ブレーキの日 ■リフレッシュの日
▲整理の日 ×裏運気の日 ▼乱気の日 ＝運気の影響がない日

3月 2021

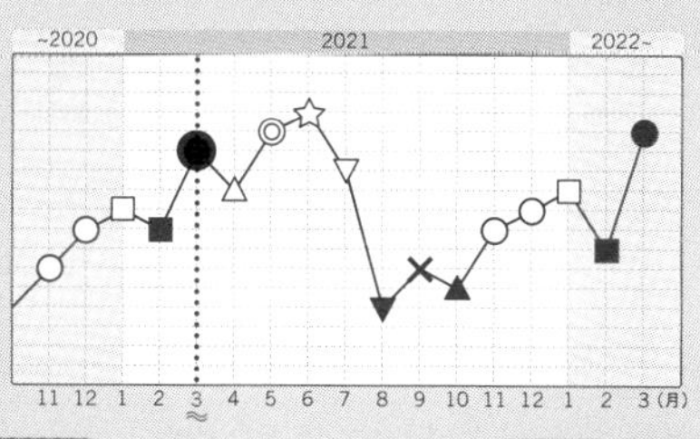

● 解放の月

開運 3 カ条

1. 定期的な運動をはじめる
2. 異性にマメに連絡をする
3. 仕事に役立つものを購入する

総合運

気持ちが吹っきれて前に進みはじめる月。今月から基礎体力作りや肉体改造、ダイエットなどで生活習慣を整えはじめると、後に「あのときはじめてよかった」と思えるので、無理のない程度にやっておきましょう。友人や知人と遊ぶ機会が増えて交友関係も広がり、長い付き合いになる人や今後の人生に必要な人にも出会える可能性があります。遠慮しないで少し図々しくなってみるくらいがいいでしょう。健康運は、軽く汗を流す程度の運動をやってみて。

恋愛＆結婚運

複数の相手といい関係になれそうな月。気になっている人がいる場合はこまめに連絡し、「今日は寒いので体調に気をつけて」「春ですね」くらいのメッセージを送るといいきっかけに。勢いでお茶や食事に誘ってみてもいいでしょう。新しい出会い運もよさそうです。知り合いの集まりや急に呼ばれた場所には顔を出しておきましょう。結婚運も、1年以上交際しているカップルは明るい未来の話を真剣にすると進展しやすくなります。

仕事＆金運

大きな仕事をまかされたり、いい結果を出せる時期です。自分に向いている仕事が何か明確にわかる場合は、先のことを考えて、転職や部署異動願いを出してみるのもいいでしょう。あなたの実力や才能を評価してくれる人に出会える可能性もあるので、遠慮しすぎず、本音を語ったりアピールしたりすることも大切です。金運は、仕事に役立つものを優先して購入するといいでしょう。役立つ本を見つけることもできそうです。

1	月	▼	余計なことを考えすぎてミスが増えそうな日。集中力が途切れやすいので、こまめに休憩しながら仕事に取り組むといいでしょう。雑にやると逆に時間がかかってしまいそう。
2	火	×	嫌な過去を思い出してひとりでテンションを落としたり、やる気が出なかったりしそう。気分転換したりおもしろい人と話をすると、一気にやる気になることがあるでしょう。
3	水	▲	わからないことをそのままにせず、周囲の人に聞くようにしましょう。恥ずかしいと思ってそのままにしておくと、後に問題になったり、面倒なことになるでしょう。
4	木	○	新しい情報に敏感なタイプですが、視野を広げてみるとこれまでとは違った情報を入手できそうです。一方の考え方だけではなく、反対の考え方も学ぶといいでしょう。
5	金	○	大事なことはしっかりメモをとっておくようにしましょう。自分の言ったことやアイデアも書き残しておかないと忘れてしまうかも。後にこのメモが役立つことになりそうです。
6	土	□	休みの予定をしっかり立てて行動することが大事。なんとなくダラダラするのではなく、何をしたいのか書き出してみるといいでしょう。夜は早めに寝るように。
7	日	■	しっかりリフレッシュをすることが大切。温泉やスパ、マッサージなど、疲れがとれると思えることはなんでもやっておきましょう。健康的な食事も意識して。
8	月	●	積極的に行動することで、運気の流れをつかむことができます。遠慮しないでいろいろな人と話してみたり、素直に気持ちを伝えてみたりすると、いい縁がつながることもあるでしょう。
9	火	△	異性から注目されることがあるプチモテ日。ピンクやオレンジなど少し明るい色の服を着たり、楽しそうに会話をしたりするといいでしょう。デートに誘われることもありそう。
10	水	◎	スタートする前に「難しい」と勝手に思わないで、まずは5分でもいいので取りかかってみて。思った以上に集中でき、これまでの経験を活かすこともできそうです。
11	木	☆	今後を左右する大事な日。仕事に真剣に取り組んで結果を出し、人との出会いも大切にしましょう。買い物をするにもいい日なので、気になるお店での衝動買いもオススメ。
12	金	▽	予想外の人と仲よくなったり、意外な人からデートに誘われたりしそう。勢いで判断しても、いい方向に進むでしょう。夜は予定が乱れて慌てることがありそうです。
13	土	▼	今の環境や趣味などに飽きてしまいそう。大人として1歩成長するきっかけになる場合もあるので、思いきって手放してみたり、ほかのことに目を向けたりするといいでしょう。
14	日	×	予定が急になくなったり、逆に暇でのんびりするはずが急に知り合いから誘われて慌ただしい日になったりしそう。予想と違うことを楽しむといいでしょう。
15	月	▲	仕事や勉強に集中するためにも身の回りはきれいに整えることが大事。散らかったままでは集中できなくなってしまいそう。片づける時間を先に作っておくといいでしょう。
16	火	○	今のあなたが与えられることや教えられることは、できるだけやっておいて。「もったいない」「惜しい」とケチケチしないように。相手の笑顔になる行動をしてみましょう。
17	水	○	少しでもいいので不慣れなことや苦手なことに挑戦してみて。難しく感じる理由やうまくいかない原因をしっかり考え、今後の課題にするといいでしょう。
18	木	□	自分の気持ちに素直になることで運を味方にできそう。天邪鬼な発言やマイナスな発言は自分を苦しめるだけなので、いい話や素敵な言葉を発するように心がけましょう。
19	金	■	午前中に頑張りすぎて、午後から眠くなってしまいそう。体力を温存しながら仕事をしたり、時間があるときは仮眠をとったりすると、いい1日を過ごせるでしょう。
20	土	●	デートをするには最高な日。少しでも気になる相手には連絡をして、特にいない場合は異性の友人を誘ってみましょう。出会いがありそうな場所に行くと素敵な縁に恵まれるかも。
21	日	△	楽しい1日を過ごせそうな運気。遊びの計画を立てるといいでしょう。突然知り合いから遊びに誘われることもありそう。ただし、ドジなことをやりやすいので気をつけて。
22	月	◎	何事ももうひと踏ん張りをし、簡単に諦めないことが大事。少しでもいいので前に進もうと頑張ると、いい結果につながりそう。頑張る姿を見た周囲からの協力も得られそうです。
23	火	☆	数字や時間にこだわって仕事をすると、いい結果が出そう。これまで以上に一生懸命取り組んでみるといいでしょう。大事な出会いがあったり、重要なアドバイスを聞けるかも。
24	水	▽	日中は勢いまかせで行動してもいい結果につながりそうですが、夕方あたりからは通用しなくなるかも。データや数字の根拠など、しっかりとした理論が必要となりそうです。
25	木	▼	順調に進んでいた流れが変わるなど、急ブレーキがかかりそう。調子に乗らないで慎重に丁寧に取り組めば、問題は簡単に避けられるでしょう。
26	金	×	珍しくクヨクヨしたり、マイナスな妄想をしたりしそう。ときにはマイナスなことを考えてもいいですが、不要な心配をする暇があったら目の前の掃除をすると簡単に忘れられそう。
27	土	▲	身の回りの不要なものや、年齢に見合わない幼稚なものを処分するといいでしょう。どう見てもガラクタなら、どんどん捨てて。大の大人が持つべきものか、冷静に考えましょう。
28	日	○	はじめて会う人と楽しい時間を過ごせそう。知り合いとの花見に参加したり、飲み会や食事会に出席したりするといいでしょう。普段なら遊ばない人と遊んでみて。
29	月	○	初体験が増える日。出会いや経験することが多くなるので楽しく受け入れ、自ら気になることに挑戦するといい縁がつながりそう。勇気が幸運の鍵になるでしょう。
30	火	□	2021年度の目標をしっかり掲げてみることが大事。1年後の今ごろはどんなふうに自分を成長させていたいか、真剣に考えてみて。具体的で現実的な目標が大切でしょう。
31	水	■	うっかりで小さなケガをしたり、頑張りすぎて疲れをためたりしがちな日。「張りきりすぎない、調子に乗らない」と気をつけていれば、問題は避けられるでしょう。

2021

4月

△ 準備の月

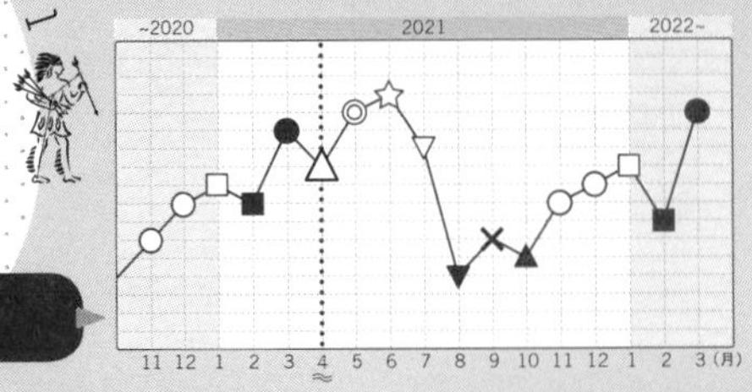

開運3カ条

1. 失敗は笑い話にする
2. 10分前行動を心がける
3. 確認を怠らない

総合運

調子に乗って大失敗したり、冷静になって判断すれば避けられそうなトラブルに自ら飛び込んでしまうことがあるでしょう。確認と情報収集をしっかりしてから行動に移し、勢いだけで進まないように。失敗が多い月ですが、今後気をつける課題になると思っておくといいでしょう。忘れ物が増えて困る場合があるので、事前の準備と確認も忘れないように。健康運は、小さなケガや指先のケガなどには気をつけましょう。

恋愛&結婚運

イベントやサークルに参加するとノリの合う人に出会えたり、異性の友人といい関係に発展することもあるでしょう。笑顔を見せたり元気よくしているだけで相手の気持ちをつかめそう。明るい感じの服を選んでおくとよさそうです。デートや遊ぶ約束に遅刻をして評価を落とす可能性があるので、早めに行って待っているくらいにしましょう。結婚運は、ドジな面を見られてしまいそうですが、笑いに変えられれば明るい未来の話もできそう。

仕事&金運

上旬は勢いで仕事に取り組めそうですが、中旬あたりからは仕事に飽きてしまい、集中力が続かなくなってしまいそう。遅刻や忘れ物が増えたり、数字や時間を間違えてしまうことがあるので、気を引き締めて仕事に取り組むようにしましょう。特に昼過ぎにボーッとしたり、余計なことを考えやすいので気をつけて。金運は、余計な買い物が増えてしまう場合があるので、本当に必要かしっかり考えるようにしましょう。

1	木	●	異性から突然誘われたり、好意を寄せてくる人が現れたりしそう。エイプリルフールだと思っていたら本気という可能性も。気になる相手には冗談半分の告白が効果がありそう。
2	金	△	大事なものを忘れたり、大きな勘違いをしたりしそう。いつも以上に慎重に行動し、しっかり確認するのがオススメ。足元の段差などにも十分気をつけて歩きましょう。
3	土	○	友人や知り合いの集まりに参加したり、人との縁を楽しんだりできる日。気になるお店に入ってみると、懐かしい人に会えるかも。思い出の曲を聴くと、心が落ち着くでしょう。
4	日	◎	遊びに出かけるのにいい日なので、ライブや気になるイベントに参加してみましょう。美術館の展示物からいい刺激や学びを得られることもあるので、じっくり眺めてみて。
5	月	▽	日中は、いい結果を残せたり仕事が順調に進んだりしそう。夕方近くから集中力が途切れ、自分のリズムで仕事ができなくなってしまうかも。大事な仕事は早めに片づけて。
6	火	▼	油断をしやすい日。いい加減な仕事ぶりや雑な対応を突っ込まれてしまうことがありそう。他人の責任にせず、しっかり反省して成長するようにしましょう。
7	水	×	最も油断をしやすい日。人の話を最後まで聞き、余計なことを考えないのが大事。不安や心配はただの妄想なので、明るい未来を想像するといいでしょう。
8	木	▲	身の回りをきれいにするのはいいですが、間違って大事なものを処分したり、掃除中に物を壊したりしないよう気をつけましょう。雑な掃除はしないように注意して。
9	金	○	気になることを調べるといい情報が入ってきますが、ネットのウソの情報や偏った情報を信じると恥ずかしい思いをすることも。しっかりとした情報を集めるようにしましょう。
10	土	○	はじめて遊ぶ人と楽しい時間を過ごせそう。知り合いの集まりに参加してみたり、いろいろな人を集めて飲み会や食事会を開いてみると、いい出会いがあるでしょう。
11	日	□	体を少し動かして汗を流すのがオススメ。軽いスポーツやウォーキングをするといいでしょう。ストレッチやヨガをすると体をスッキリさせられそうです。
12	月	■	起きるタイミングを間違えて、寝不足や頭がスッキリしない感じになりそう。ストレッチをしたり体を軽く動かしたりすれば、シャキッとするでしょう。食べすぎにも気をつけて。
13	火	●	気になる相手に「今夜ご飯に行きませんか?」とメッセージを送ってみると、いい返事をもらえそう。断られても気にしないで後日改めて誘ってみると、いい関係に発展しそうです。
14	水	△	楽しくおしゃべりしたり仕事をしたりするのはいいですが、余計なひと言を発したり仕事でのミスをしやすいので気をつけて。調子に乗りやすい日だと思っておきましょう。
15	木	○	自分の得意なことにしっかり取り組み、アピールすることが大事。苦手なことや不慣れなことにまで手を出さないように気をつけましょう。「得意」と「好き」を間違えないように。
16	金	◎	仕事でいい結果を出したり、手応えを感じたりできそう。忙しいくらいのほうが仕事に集中できるので、暇を感じたら今できることに積極的に取り組んでみるといいでしょう。
17	土	▽	午前中に買い物や用事を済ませておいて。夕方あたりからは予定が乱れたり、体調を崩したりしそうなので気をつけましょう。健康的な食事を心がけてみて。
18	日	▼	予定通りに進まなかったり、予想外の出来事が多かったりしそう。無理をすると疲れてしまうので、何事もほどほどに。時間にはゆとりを持って行動しておきましょう。
19	月	×	上司や取引先、顧客の不機嫌に振り回されてしまいそう。どんなときでも平常心を忘れず、上手に受け流せるようにしてみて。笑顔で乗りきるといいでしょう。
20	火	▲	流れにひと区切りつく日。仲のよかった人と距離をおくことになったり、嫌なところを知ってしまったりしそう。やる気が急になくなってしまうことなども起きそうです。
21	水	○	疑問に感じたことはネットで調べてみるといいでしょう。思い違いや勘違いしていたことがありそう。詳しい人と話をすることもいい勉強になるでしょう。
22	木	○	行動することがいい勉強になります。悩んだらまずは動いてみるといいでしょう。失敗やうまくいかないことから、次をどうするかいろいろ考えてみましょう。
23	金	□	日中はテンションが高く、些細な困難でも乗り越えることができそうです。夕方以降は疲れを感じることがあるので、無理をしないようにして。夜の付き合いはほどほどに。
24	土	■	予定がない場合は、家でゆっくりのんびりするのがオススメ。昼寝をしたり、映画やTVを観たりして過ごしましょう。予定がある場合は、これ以上無理に詰め込まないようにして。
25	日	●	デートをするのがオススメ。気になる相手を誘ってみると、いい関係に発展しやすいでしょう。テーマパークに行くと素敵な思い出ができそう。明るい感じの服を着てみて。
26	月	△	相手の名前を忘れてしまったり、思い出せないことが出てきたりしそう。大事なことはメモをし、事前に確認しておくといいでしょう。忘れ物にも注意が必要です。
27	火	○	新装開店のお店や最近できたお店に行ってみて。お気に入りのものを見つけられたり、話のネタになることが起こりそう。おもしろい人と出会えることもあるでしょう。
28	水	◎	買ったままで読んでいなかった本を読んだり、着ないままだった服をあえて選んで着るといい日。忘れていたことを思い出したら、できるだけやっておくと運気がよくなるでしょう。
29	木	▽	現実をしっかり受け止めることが大事。些細なことにも感謝できるように心がけると、人生観が変わってくるでしょう。他人に過剰に期待をしないことも大切です。
30	金	▼	年上の人に振り回されたり、予定通りに進まないことが増えそう。時間にゆとりを持って行動し、ちょっとした不愉快は気にしないようにしましょう。

☆開運の日　◎幸運の日　●解放の日　○チャレンジの日
□健康管理の日　△準備の日　▽ブレーキの日　■リフレッシュの日
▲整理の日　×裏運気の日　▼乱気の日　＝運気の影響がない日

5月 2021

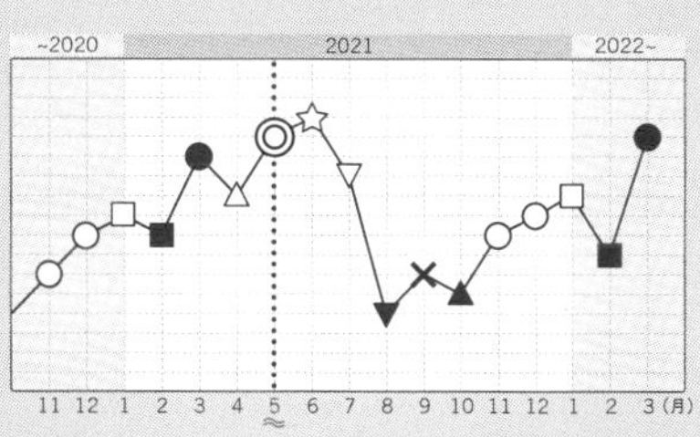

◎ 幸運の月

開運 3 カ条

1. 知り合いにできるだけ会う
2. 予定をいっぱいにする
3. 出先で知り合いを探す

総合運

これまでの経験や人脈を活かすことができる時期。予定がいっぱいになりやることが増えますが、慌ただしいほうがあなたらしく過ごすことができるので、空いた時間は遊んでばかりではなく知り合いの輪を広げることに努めてみて。習い事や興味があるけれどタイミングが合わなかったことへの挑戦も大事。新しい趣味をはじめてみるのもいいでしょう。健康運は、休日はスポーツをしたりハイキングに出かけるとよさそうです。

恋愛&結婚運

異性の友人やすでに知り合っている人といい関係に進める時期。「この人は高嶺の花」と思っている人があなたに好意を持っている可能性があるので、少し勇気を出してデートや遊びに誘ってみるといいでしょう。偶然の出会いから恋に発展する場合もあるので、「こんな場所で会う？」と思った人も意識しておきましょう。結婚運は、今月は話が進みやすいので、連休中に両親に紹介するといい流れになるでしょう。

仕事&金運

仕事の量が増えたり、頼られることが多くなる時期。期待にできるだけ応えようとすると大きく成長できますが、「押しつけられた」と思ってしまうと前に進めなくなるので、結果を出すために全力で取り組むといいでしょう。付き合いの長い上司や先輩からのお願い事を引き受ける流れもありますが、後にここでの仕事が大事な分岐点となりそう。金運は、仕事に使うものや以前から必要だと思っていたものを購入するといいでしょう。

1 土	✕	計画の甘さが出てしまいそう。時間に追われてイライラしたり、慌てて疲れてしまったりするので、ゆとりを持って動いて。「なんとなく」で行動しないようにしましょう。
2 日	▲	財布やカバンの中をきれいにしたり、目についた場所をきれいにしたりするといい日。ぐちゃぐちゃになっている場所ほど整え、不要なものは一気に処分するようにしましょう。
3 月	○	視野が広がり、楽しいことやおもしろいことを発見できそう。調べてみると、気になるイベントやライブなどを見つけられるでしょう。勢いで行ってみて。
4 火	○	急に思いついたことに挑戦するといい日。うまくいかなくても経験することが大事でしょう。うまくできる人を尊敬するきっかけにもなりそう。料理やお菓子作りなどがオススメです。
5 水	□	体を動かすことが大事。軽い筋トレや柔軟体操をすると、体の軽さを感じられそうです。夜はしっかりお風呂に入って、体を温めるようにしましょう。
6 木	■	頑張りすぎてしまいそう。限界まで遊びすぎたり、予定を詰め込みすぎたりするので、今日はゆとりを持って行動し、こまめに休憩するようにしましょう。
7 金	●	気分がよくなる出来事や笑顔になることがあるでしょう。褒められたりチヤホヤされたりしそう。会いたかった人に会えたり、つながることができそうです。明るい感じの服を選んで。
8 土	△	周囲から突っ込まれてしまうことが多い日。情報収集の甘さやドジな部分を突かれてしまいそう。思ったより天然ボケをしやすいので、気をつけましょう。
9 日	◎	家族や親類など身近な人と縁がある日。しばらく会うことのなかった人から連絡があったり、偶然出会って話が盛り上がったりしそう。いい話を聞けるので、語り合ってみて。
10 月	☆	重要な仕事をまかされたり、大事な判断をすることになりそう。面倒だと思っても、思いきって挑戦することで道が切り開かれるでしょう。弱気にならず、勇気を出して飛び込んで。
11 火	▽	日中は、自分のペースで仕事ができていい感じに進められそう。夕方あたりからは上司や先輩に振り回されたり、急な予定変更があるかも。予定を空けておくとよさそうです。
12 水	▼	余計な心配をしたり、考えすぎになりそう。現状の幸せを見落としてマイナスなことに目を向けないように。親切にしてくれたり、やさしくしてくれたりする人の存在も忘れずに。
13 木	✕	周囲の目や余計なことが気になって、目の前のことに集中できなくなってしまいそう。気分転換をして気持ちを切り替えたり、時間を決めて行動したりするといいでしょう。
14 金	▲	いい意味で諦めも肝心。難しいことや不慣れなことは素直に頭を下げて教えてもらったり、協力してもらったりしましょう。恋愛でも進展のない人や冷たい人はキッパリ諦めて。
15 土	○	気になるお店やイベントがあるなら友人を誘って行ってみると、いい経験ができそう。ひとりで飛び込んでもおもしろい体験ができそうです。行動力が幸運の鍵となるでしょう。
16 日	○	普段なら行かないような場所に出かけるといいでしょう。気になるカフェや新装開店のお店などに入ってみると、素敵な出会いもありそうです。
17 月	□	相手を褒めることや認めることが大事。ちょっとしたところでもいいので褒めてみると、いい関係を作ることができるでしょう。苦手な人でもいいところを見つけるようにしてみて。
18 火	■	しっかり仕事をして、しっかり休むことが大事。メリハリのある生活を心がけることで、充実した1日を過ごせるでしょう。ダラダラすると逆に疲れてしまいそうです。
19 水	●	思わぬチャンスがやってきそう。少しですがこれまでの努力が報われたり、上司や年上の人からいい話を聞いたりできそう。少し図々しくなってみると、いい縁がつながりそうです。
20 木	△	注意力が低下してしまいそう。スマホをいじりながら歩いていると段差でつまずいたり、スマホを落として画面を割ってしまったりすることも。気を引き締めて1日を過ごして。
21 金	◎	付き合いの長い人とじっくり語り合うといいでしょう。異性の友人と話すことで気持ちが楽になったり、恋がはじまったりすることも。素直な気持ちを伝えるといい関係に発展しそう。
22 土	☆	プチラッキーなことが起きそう。買い物に行くと特売品を見つけられたり、特別に割り引いてもらえるかも。デートをするにもいい日なので、行動すればうれしいことが重なりそうです。
23 日	▽	好きな人をデートに誘ってみたり、気になる相手と映画に行ったりするといいでしょう。ランチデートに出かけるのがオススメ。夜は早めに帰宅して家でのんびり過ごして。
24 月	▼	叱られたり、不機嫌な人にヘコまされたりしてしまいそう。自分の機嫌は自分でしっかりとることが大事。「相手にも何か事情があるのかな」と笑顔で流すようにしてみて。
25 火	✕	いつも以上に挨拶をしっかりし、礼儀やマナーを守るようにしましょう。無作法な人を気にすることなく、自分はキッチリできるようにすると、品のよさがいい流れを引き寄せるでしょう。
26 水	▲	シンプルに物事を考えることが大事。自分のことを一番に考えないで、相手や取引先のことなどを最優先で考えて判断するように。自分本位な姿勢は評価を落とすだけでしょう。
27 木	○	いろいろな人と話すことが大切。ワクワクするような話を聞かせてもらえることもあるので、会話の中に入ってみるといいでしょう。聞き上手になるとお得な情報も得られそう。
28 金	○	テンションが自然と高くなり、勢いまかせで行動できる日。まずは取り組むことでいい経験ができそう。失敗から学んで同じことを繰り返さないように気をつけましょう。
29 土	□	気になる相手がいれば連絡をして、後日デートをする約束をしてみて。おいしいお店や気になるお店を予約するといいでしょう。特にいない人は、知り合いを集める予定を立ててみて。
30 日	■	温泉やスパ、のんびりできる場所に行くといい日。思ったより疲れがたまっているので、昼寝をするなどゆっくり過ごして。マッサージに行ってみるのもいいでしょう。
31 月	●	頭の回転が速くなり、いい判断ができそう。仕事では大きな結果やおもしろいアイデアを出せそうです。異性から好意を寄せられることもあり、交際のチャンスもあるかも。

2021

6月

☆ 開運の月

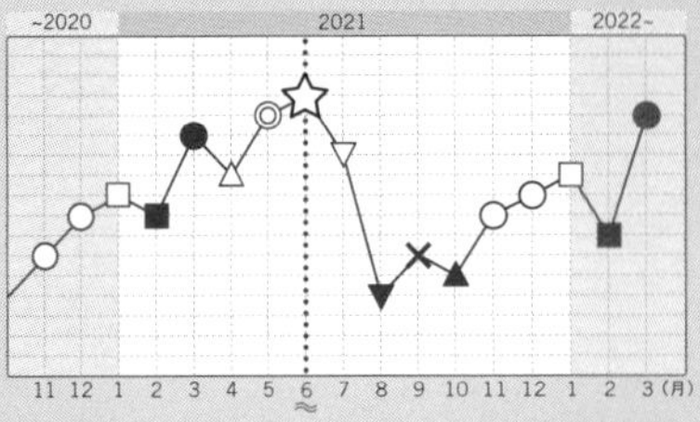

開運 3 カ条

1. 覚悟を決めて行動する
2. 好きな人に気持ちを伝える
3. 髪を切る

総合運

今後の人生を決めるには最高にいい時期。ふわっとした目標ではなく、この先を覚悟して突き進むくらいの気持ちが大切。過去1～2年で体験した中で、自分が情熱を燃やせるものや人生を賭けてでも突き進みたいと思ったことがあるなら勇気を出して行動してみるといいでしょう。引っ越したり、環境を思いきって変えると運命をいい方向に大きく変化させることもできるでしょう。健康運は、定期的に運動をしたり、ジムに通いはじめるのがオススメ。

恋愛&結婚運

好きな人に気持ちを伝えることで大きく動き出す月。すぐに交際とならなくても後に付き合えたり、長い付き合いになれるので、勇気を出すことが肝心。新しい出会い運もよく、運命的な人と出会える可能性もあるので、知り合いからの紹介に期待して集まりに顔を出して。月初めに髪を切ってきれいに整えてもらいましょう。結婚運は、自らプロポーズするにはいい時期。ともに苦労する覚悟を決めるといい夫婦になれるでしょう。

仕事&金運

現在の仕事で自分の目指すものをしっかり決めたり、やるべきことをハッキリさせるといい時期。なんとなく仕事を続けてしまうタイプですが、「本当にやりたいことはこの仕事か」と真剣に考えてみたり、今の仕事を極めてみようとする覚悟も大切。思いきった転職をするにもいいタイミングです。異動願いを出すのもよさそう。金運は、貯金をする場合は目標金額をしっかり決めて。投資をスタートするにもいい時期です。

1 火	△	調子に乗って恥ずかしい思いをしたり、忘れ物などのうっかりミスをしたりするので気をつけて。何事も丁寧に確認して行動するように心がけておきましょう。
2 水	◎	厳しいことを言ってくれた人や叱ってくれた人の言葉を思い出して、気を引き締めて取り組むと、いい結果を出せたりやる気が出たりしそう。反省を活かして前に進みましょう。
3 木	☆	数字や時間、目標にこだわって仕事をすると、いい結果を出せそう。いつも以上に真剣に仕事と向き合い、今の実力を出しきるつもりで取り組むと運が味方するでしょう。
4 金	▽	満足できる1日が送れそう。いろいろな考えをまとめたり、気持ちの整理をつけたりできるでしょう。サポート役としても活躍できそうです。夜は、断れない急な誘いがあるかも。
5 土	▼	予定が急に変更になったり、思い通りに進まないことが多くなったりしそう。普段なら興味がなかったことを知れたり、無駄な時間を過ごすことで逆にのんびりできると思いましょう。
6 日	×	先輩や上司、年上の人に予定を乱されてしまいそう。いい話を聞けることもあるので、話の聞き役になっておくといいでしょう。お礼や挨拶も忘れないようにして。
7 月	▲	身の回りにある不要なものはできるだけ処分し、スッキリさせるといい日。使わないものをそのままにしたり、「もったいない」と思って置きっぱなしにしたりしないように。
8 火	○	新しいことに挑戦すると運を引き寄せられそう。些細なことでもいいので普段とは違ったチャレンジをしてみたり、気になることをやってみたりするといいでしょう。
9 水	○	目立つことで運気の流れをよくできそう。積極的に発言をしたり、自分の意見をしっかり伝えてみたりするといいでしょう。失敗しても取り返すことができるので、臆病にならないように。
10 木	□	堂々と歩くことで運気がよくなるでしょう。背筋を伸ばしてみるといいことが起こりそう。世界が変わって見えることもあるので、歩くスピードも少し速くしてみて。
11 金	■	疲れが残りやすい日。頑張るためにも、しっかり体を休ませることが大事だと忘れずに。こまめに休みを入れながら、目の前の仕事に集中するといいでしょう。
12 土	●	好きな人に気持ちを伝えたり、急でもデートに誘ってみたりするといいでしょう。「押しが肝心」と堂々とすることが大事。新しい出会い運もいいので、知り合いの集まりに参加して。
13 日	△	しっかり遊ぶことで運気が上がりそう。気になる場所やテーマパークなどに出かけてみるといいでしょう。恋愛運もいい日なので、気になる相手との進展があるかも。明るい服を着て。
14 月	◎	大事なことを思い出せそうです。忘れていた約束は些細なことでも守るといいので、「遊びに誘う」と言ったままになっていた人に連絡をしてみると、うれしい返事が聞けそう。
15 火	☆	仕事で大きな結果を出したり、チャンスをつかんだりする可能性が高い日。勇気を出して思いきって飛び込み、気持ちを伝えてみると、周囲からも協力してもらえそうです。
16 水	▽	足りないことではなく、今ある環境で恵まれている部分に目を向けて感謝することが大事。ないものを欲しがっても楽しくならないことに早く気がつくといいでしょう。
17 木	▼	無神経な人や心ない人も世の中にいると気がつくのはいいですが、いちいち嫌いになってその人に注目するほど人生は暇ではありません。本を読んで知識を少しでも増やして。
18 金	×	自分のことばかり考えるよりも、いろいろな人の支えがあって今の自分がいることに気がついて。感謝できる人や恩返ししなければならない人を思い浮かべてみるといいでしょう。
19 土	▲	悪友やあなたを振り回す人とは距離をあけて。自分の時間を大切にしたり、身の回りをきれいに掃除したりすると気持ちがスッキリするでしょう。思いきって縁を切ることも大事。
20 日	○	自分でも珍しいと思える方向に進んでみるといい日。普段なら行かないようなお店に入ってみたり、普段誘われてばかりの人をこちらから誘ったりするといい刺激や発見がありそう。
21 月	○	気になる相手にはいつもと違ったアプローチをするといいでしょう。仕事にもこれまでとは少し違うリズムで取り組むと、やる気が出たり集中力が保てるようになったりしそう。
22 火	□	今後のことをしっかり考えるといい日。人生を好転させるきっかけになる出来事もありそうな運気なので、流れにまかせないで今気になることを調べて、自分の道を決めてみましょう。
23 水	■	メリハリある生活が大事。仕事に集中したぶんはしっかり休むと効率よく仕事ができるので、ストレッチや屈伸をする時間を作ってみて。昼食の食べすぎにも気をつけましょう。
24 木	●	実力を評価されたり、大事なことをまかされたりしそう。遠慮しないで思いきって行動すると、いい結果につながるでしょう。今日の頑張りを見ている人がいるはず。
25 金	△	少しくらいの困難はゲームだと思い、「どうやったら攻略できるかな?」と考えて取り組むとクリアするプロセスを楽しめそう。ポジティブな考えが魅力をアップさせるでしょう。
26 土	◎	以前好意を伝えた人や、片思いの人との関係に変化がありそう。偶然の出会いや突然の連絡があるかも。怯まないで一気に関係を深めるように努めるといいでしょう。
27 日	☆	買い物をするには最高な日。長く使うものや高価なもの、財布、服や靴などは今日購入するといいでしょう。引っ越しを考えている場合は、契約するにもいいタイミングです。
28 月	▽	日中はいい決断や判断ができ、周囲から評価されたり認められたりしそう。夕方以降は、注意力が低下して小さなミスをしたり、予定を乱されたりしてしまいそうです。
29 火	▼	勉強や地道なことをするのがオススメ。読書をしたり、不慣れなことをじっくり進めてみるといいでしょう。結果が出なくても焦らないで、今日はゆっくり進める日だと思いましょう。
30 水	×	年配者の方と仲よくなれそう。気難しい人や威圧感のある人ほど、図々しくなんでも聞いてみると、簡単に打ち解けられるでしょう。ただし、挨拶やお礼、笑顔はしっかりして。

☆ 開運の日　◎ 幸運の日　● 解放の日　○ チャレンジの日
□ 健康管理の日　△ 準備の日　▽ ブレーキの日　■ リフレッシュの日
▲ 整理の日　× 裏運気の日　▼ 乱気の日　＝ 運気の影響がない日

2021 7月

▽ ブレーキの月

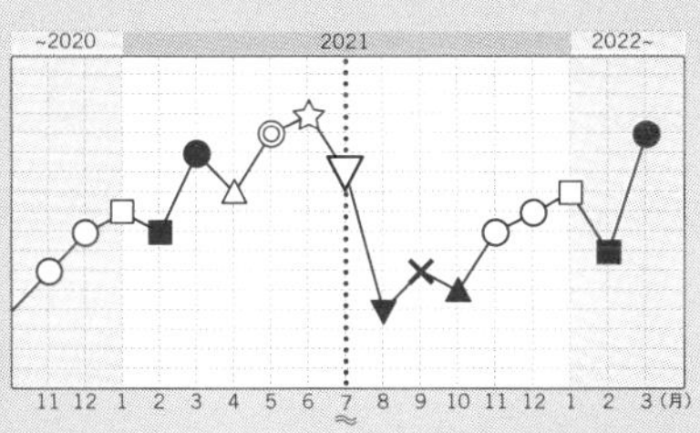

開運 3 カ条

1. 自分の明るい未来を想像する
2. 思ったことはハッキリ言う
3. 現実を認めて、課題を見つける

総合運

あまり深く考えないで前に進むタイプですが、体調も含め少し先のことまでしっかり考えたほうがいい時期。現実的に考えて今の自分に足りないことや極められそうなことが何か書き出してみたり、周囲の意見をしっかり聞いたりするといいでしょう。自分では思ってもみない部分を評価してくれたり、大事なアドバイスをしてくれる人も現れそうです。健康運は、下旬から体調に異変を感じることがありそう。早めに病院に行って。

恋愛＆結婚運

ここ数カ月いい関係になっている相手がいる場合は、ハッキリ気持ちを伝えてみることで交際をスタートさせられそう。少しの勇気や押しが大事になるので臆病にならず、デートに誘って相手の気持ちを確かめてみることが大切。新しい出会い運は中旬まではいいので、知り合いの輪の中にどんどん入ってみましょう。結婚運は、勢いで結婚する流れや決め手になるような出来事がありそうです。

仕事＆金運

納得のいく結果やそれ以上の評価をされる時期。少しプレッシャーのかかる仕事をまかされることもありますが、思いきって挑戦するといい結果を出せたり、実力を発揮したりできそう。満足するのはいいですが、最高と言えるところはまだ先なので、次の課題や目標も忘れないように。金運は、思わぬところでごちそうしてもらえたりラッキーなお小遣いをもらえたりしそう。また、中旬までに買い物をすることで運気が上がります。

1	木	▲	引くときはしっかり引くことが大事。中途半端な立ち位置にいるよりも、１歩下がってやれることを見つけるといいでしょう。ときには逃げることも大事です。
2	金	○	はじめての場所や新しいお店に行くことでいい体験ができそう。変化を楽しむことが大切なので、ケチケチしないように。珍しい人に誘われたら、運気の流れがいい証でしょう。
3	土	○	小さな勇気で人生が変わりはじめる日。気になる人をデートに誘ってみたり、時間があるときは知り合いを遊びに誘ってみたりしましょう。普段やらない行動が流れを変えてくれそう。
4	日	□	「地道な努力の積み重ねが人生では大切」だと忘れないことが大事。筋トレやダイエット、苦手なことを克服する勉強をスタートするには最高の日でしょう。
5	月	■	午前中は、全力で仕事に取り組めそうですが、午後から疲れを感じたり、集中力が途切れたりしてしまいそう。細かなミスや指先のケガなどもしやすいので気をつけて。
6	火	●	頭の回転やキレがよくなりそう。臨機応変に対応でき、いい判断もできそうです。恋愛面でもいい感じの流れになりそうなので、臆病にならないで１歩踏み込んでみるといいでしょう。
7	水	△	約束や言ったことをすっかり忘れてしまったり、寝坊や遅刻などをしたりしそう。手を滑らせてスマホを落としたり、食器を割ってしまったりしないよう気をつけて。
8	木	◎	いろいろな人のおかげで今の自分がいると実感できそう。経験を活かそうと努めることで、才能や能力を発揮することもできます。満足できないときは至らない点を認めて努力を。
9	金	☆	これまでの頑張りを認められ、役立つことができる日。目標を達成でき、満足できることもありますが、次の目標を定めるのにもいい運気。些細なことでも本気で取り組んで。
10	土	▽	周囲の意見を聞いたり、空気を読むのはいいですが、自分の意見や意志をしっかり表現することも大事。夕方以降は、先輩や上司に振り回されてしまいそう。
11	日	▼	無駄な時間ができたり、予定が大きく乱れたりしそう。イライラせず、流れに身をまかせることが大切。過度に期待するとガッカリするだけなので、ほどほどに。
12	月	×	不安になることや余計なことを考えすぎてしまいそう。ないものねだりをするよりも、今の自分で十分だと思って。これまでに何があり、何を得てきたのか考えることが大事でしょう。
13	火	▲	後輩や部下にまかせたことが残念な結果になってしまいそう。他人の成長を期待し、いい部分を認めるようにしましょう。ぜんぶ自分でやったほうが早いと思わないように。
14	水	○	挨拶は自分から先にすることが大事。相手に言われる前にすることで、運気がよくなります。相手の名前を添えるとなおいいでしょう。笑顔と姿勢をよくすることも忘れずに。
15	木	○	気になっていた人と話したり、はじめて会う人と仲よくなれたりしそう。いろいろ話してみると思った以上に盛り上がり、楽しい時間を過ごすことができそうです。
16	金	□	周囲と協力することで大きな仕事を成し遂げられ、いい結果につながりそう。自分のペースも大切ですが、周囲に合わせることでできることもたくさんあると学んでおきましょう。
17	土	■	エアコンの寒さと外の暑さで体調を崩したり、喉の調子が悪くなったりしそう。異変を感じる前に水分補給をしっかりと。腰痛にも注意が必要。重たいものを持つときは気をつけて。
18	日	●	気持ちが伝わる日。好きな人に告白したり、好意を伝えたりするといい流れになりそう。デートにも最適な日なので、急でもいいので誘ってみて。たくさん笑うようにしましょう。
19	月	△	遊び心で行動するのはいいですが、調子に乗りすぎて大失敗することがあるので気をつけて。しゃべりすぎて余計なことを言ってしまったり、転んでケガをしたりしそう。
20	火	◎	知り合いからいい情報を入手したり、不思議な縁を感じたりしそう。偶然出会った人と話してみると大事な話を聞けることがあるでしょう。いい人を紹介してもらえることも。
21	水	☆	何事も全力で取り組むことでいい結果が出そう。欲張るとチャンスをつかめないので、ひとつに集中するとよさそうです。余裕があるときに次を狙いましょう。
22	木	▽	実力を発揮できる日ですが、午前中で集中力が途切れてしまいそう。午後は困難な出来事が起きたり、現実を突きつけられて不安や心配事が増えたりしそうです。
23	金	▼	挫折したり、やる気を失ったりしそう。他人まかせになってしまったり、気分で仕事をしてしまったりも。目の前の仕事を丁寧に終わらせることに集中するといいでしょう。
24	土	×	何事も早めに行動しておくことが大事。ギリギリで間に合うと思っていると失敗につながったり、焦ったりすることに。ゆとりを持って行動するようにしましょう。
25	日	▲	不要なものは処分するといい日。カバンや引き出しの中にあるものをきれいに整え、ゴミは処分しましょう。仕事道具は特にきれいにしておくといいので、そのための時間を作って。
26	月	○	挑戦したいことを見つけたら素直に行動に移して。評判のいいことや流行っていることをはじめてみるのもいいでしょう。話のネタになったり、いい出会いもありそうです。
27	火	○	事前に調べずに行動することで、いい経験ができるでしょう。無駄な時間を過ごすことで見られる風景もあります。行き当たりばったりを楽しんでみましょう。
28	水	□	生活リズムを整えることが大事。不摂生をやめてバランスのいい食事を心がけるようにしましょう。夜は疲れがたまりやすいので、無理な行動は避けて。
29	木	■	夏バテや疲れを感じそう。体力的な無理を避け、ランチやディナーはスタミナのつくものを食べるようにしましょう。冷たいものの飲みすぎにも注意が必要です。
30	金	●	自分の気持ちに素直になるのはいいですが、相手のことをもっと考えて行動すると大きな結果につながりそうです。やさしさや親切さを心がけて行動してみるようにしましょう。
31	土	△	軽はずみな行動は控えたほうがよさそう。先を考えないでOKすると、後に面倒なことになってしまいそうです。能力的に限界を感じることもあるので、慎重に判断して。

8月

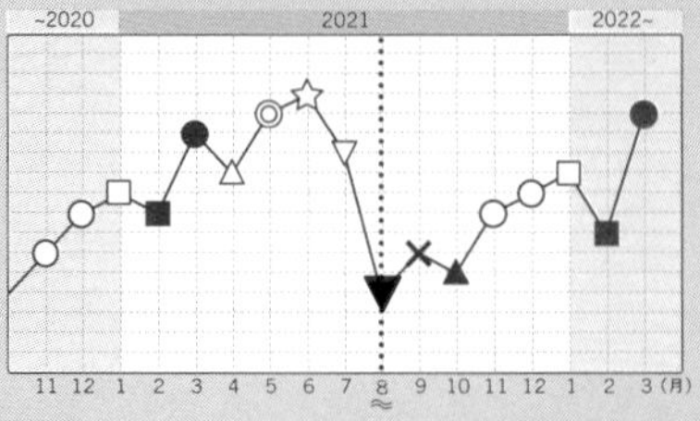

▼乱気の月

開運3カ条

1. 生活習慣の見直しをする
2. マメに休む
3. 毎日軽い運動をする

総合運

現状の生活に不満が出てしまったり、ストレスがたまってしまうことがある時期。思った以上に疲れもたまっている可能性があるのでしっかり休み、少しでも体調に異変を感じる場合は、病院に行って検査を受けるように。生活リズムや食生活の見直しをすることも大事になるので、不摂生だと思われるような行動は避けましょう。健康運は、油断をすると体調を崩してしまいそう。我慢や無理は避けてゆっくり休むようにしましょう。

恋愛&結婚運

先月までいい関係に進んでいた相手と距離があいてしまいそう。深く考えるよりも「タイミングを逃したかな」くらいの気持ちでいるか、異性の友人と思って割りきっておくと秋以降に動きがありそうです。新しい出会いは期待は薄いですが、好みではない人から好かれてしまうことがあるので距離感を間違えないようにしましょう。結婚運は、授かり婚で話が進むことがありますが、現実的な話ばかりすると進まなくなるのでほどほどに。

仕事&金運

実力以上の仕事をまかされることや辛い状況に追いこまれてしまうことがありそう。限界を感じる前に違う方法を探したり、協力をあおいだりするなど知恵を絞ることが大事。ここを乗り越えると大きく成長はできますが、体調を崩してまで頑張らないようにしましょう。休日にしっかり疲れをとるのも仕事の一部だと思うことが大事。金運は、リフレッシュできることやストレス発散にお金を使うといいでしょう。ただし、飲みすぎには注意。

1 日	○	改めて身近なところを見直すと、普段見ていなかったことがいろいろあると知れて、おもしろい発見がありそう。夕方以降は小物や部屋に飾る装飾品などを買うのがオススメ。
2 月	○	計画的に行動することが大事。1日の予定を確認し、上手に時間を作るようにしましょう。空いた時間に連休の予定を立てたり、情報を調べたりするといいでしょう。
3 火	▽	日中はいい流れで仕事ができそうですが、夕方あたりから思い通りにいかないことが続いてしまいそう。「自分は自分、他人は他人」と割りきり、落ち着いて行動して。
4 水	▼	苦手な人と一緒になる時間が増えてしまいそう。苦手な人と仲よくしたり、「なぜ苦手なのか」をしっかり分析したりすると、成長できるきっかけをつかむことができそうです。
5 木	×	空回りしたり、問題が起きたりしやすく、自分を見つめ直すきっかけになるでしょう。至らない点をしっかり認めるようにして。花を飾ると、気持ちがよくなるでしょう。
6 金	▲	無駄なものを持ち歩かないようにするためにも、カバンの中をしっかり整理して。身の回りも整理整頓することで、無駄な時間を使うことを避けられるでしょう。
7 土	＝	珍しい人から誘いがありそう。面倒だと思って簡単に断らず、短い時間でも会って話してみるといいでしょう。儲け話や甘い誘惑には注意が必要。冷静に判断するようにして。
8 日	＝	普段なら観ないタイプの映画や芝居を観に出かけるのがオススメ。異性の友人を誘ったり自分でも「意外だな」と思える人に連絡したりすればおもしろい発見や体験ができそう。
9 月	□	マイペースに過ごすことで気持ちが楽になれそう。ひとりで行動したり、休憩時間をゆっくり過ごしたりするといいでしょう。仕事終わりに散歩をするのもいいかも。
10 火	■	疲れからイライラしたり、目の前のことに集中できなくなったりしそう。休み時間に少しでもいいので仮眠をとると、一気に楽になりそう。目の周りのマッサージもこまめにして。
11 水	●	運気の流れがよく物事がスムーズに進む日ですが、張りきりすぎて疲れをためたり、実力以上の仕事を受けたりしそう。追い込みすぎないようにゆとりを持って過ごして。
12 木	△	遊び心がいい出会いや幸運を引き寄せてくれるでしょう。考え方を柔軟にし、どんな状況でも「楽しみ」を見つけられるように。周囲を笑わせるサービストークで運気がアップ。
13 金	○	これまでの経験を活かすことでいい判断ができそう。嫌な予感には敏感になっておき、後回しにしないことも大事。意外な人から評価されることや褒められることもあるでしょう。
14 土	○	身の回りで必要なものを買いに行ったり遊びに出かけたりするにはいい日ですが、予想外の出費をしやすいので、金額を決めてから出かけるようにしましょう。
15 日	▽	早起きをして午前中から動いておくといいでしょう。珍しい場所に行ったり、のんびり散歩をしたりするのもオススメ。昼寝や瞑想、深呼吸をすると、気持ちが楽になるでしょう。
16 月	▼	休みボケを連発しやすい日。遅刻や寝坊、忘れ物などで焦らないよう気をつけて。初歩的なミスもしやすいので注意が必要です。いつも以上に気を引き締めて仕事をしましょう。
17 火	×	余計なことを妄想し、ミスを起こしてしまいそう。なくし物もしやすいので、ひとつひとつ丁寧に確認し、スピードより慎重さを重視して。はじめる前にひと呼吸おいて落ち着くこと。
18 水	▲	大事な決断は別の日にしましょう。今日は判断ミスをして後悔することになりそう。無理なことは簡単に引き受けず、いい加減な発言をしないように気をつけましょう。
19 木	＝	過去の失敗を思い出して落ち込んだり、恥ずかしがったりしないように。「過ぎて去ったこと」と気持ちを切り替えて。いつも以上にしっかりと挨拶をし、明るく振る舞って。
20 金	＝	新しいことに目が向きそう。気になったものを買うのはいいですが、自分のためだけではなく周囲の人にプレゼントするのもよさそうです。新商品のスイーツを探してみて。
21 土	□	ゆとりを持って行動することが大事。普段より10分早く行動してみると、いつもと違った目線でおもしろい発見もありそう。心にも余裕ができて笑顔で過ごせそうです。
22 日	■	今日はしっかり体を休めることが大切。遊びに出かけたら、こまめに休み、ほどよく涼しい場所を見つけましょう。冷たいものの飲みすぎで胃腸の調子を崩さないように注意して。
23 月	●	注目されるのはいいですが、悪いところも目立ってしまうことがあるでしょう。体調について指摘をされたときは話を流さず、病院に行って検査してもらうようにして。
24 火	△	準備しておかないといけないことを、すっかり忘れてしまいそう。ささいなことだと思っていると大きな問題になってしまう場合もあるので、言い訳をしないでしっかり対応して。
25 水	○	気になる人に話しかけたり、気になっていたお店に入ったりすると、偶然の出会いやおもしろい人とのつながりができそう。自分の勘を信じて行動してみるといいでしょう。
26 木	○	少額で気になるものを購入するにはいい日。文房具や小物、消耗品を買いに出かけるといいですが、ネットで購入すると高額なものや間違ったものを選んでしまうので気をつけて。
27 金	▽	日中は問題なく過ごせそうですが、夕方あたりから体調を崩してしまったり、疲れを感じたりしそう。暑いからと冷たいものばかり飲まず、温かいお茶を飲むことも大事でしょう。
28 土	▼	時間を無駄にしたり、予定通りに進まないでイライラすることがありそう。過度に期待をするとガッカリするだけなので、今日は振り回されて当然だと思って過ごしましょう。
29 日	×	無駄な外出は避けて自宅でのんびりしたり、部屋の片づけをしたりするのがオススメ。すでに予定が入っている場合は、忘れ物に気をつけ、わがままは避けるようにしましょう。
30 月	▲	職場をきれいにし、目の前を整理整頓するようにしましょう。引き出しの中や、普段見て見ぬふりをしているところもしっかりきれいにして。なくし物も出てきそう。
31 火	＝	感謝を伝えるといい日。いつもお世話になっている人や支えてくれる人に、改めて「ありがとう」と伝えて。相手からもお礼の気持ちが聞け、いい気持ちで来月を迎えられそう。

☆開運の日 ◎幸運の日 ●解放の日 ○チャレンジの日
□健康管理の日 △準備の日 ▽ブレーキの日 ■リフレッシュの日
▲整理の日 ×裏運気の日 ▼乱気の日 ＝運気の影響がない日

2021 9月

× 裏運気の月

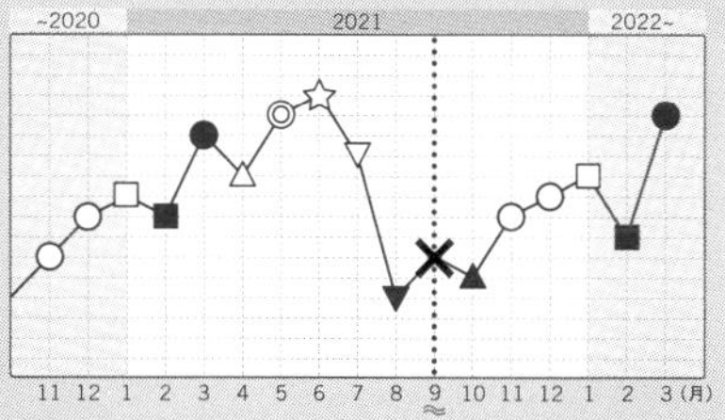

開運 3 カ条

1. ダメ元を楽しむ
2. 会うと元気になれるポジティブな人と話をする
3. 年上と遊ぶ

総合運

現実的なことを考えすぎて急に不安になったり、心配事が増えたりしそうな時期。今の環境に不満を感じたり、余計な妄想が膨らむこともあるでしょう。ピンチがチャンスになる場合もあるので、プラスに受け止めることが大事です。これまでにない人脈を作ることもできるので、年配者には礼儀正しくしておくといいでしょう。健康運は、突然疲れを感じたり、体調に異変が出てきたりするので、早めに検査を受けましょう。

恋愛&結婚運

相手に心を振り回されてしまったり、いい関係になっていた人とタイミングが合わない感じになりそうな時期。無理に進展させようと考えず、相手に流れをまかせるくらいのほうがよさそうです。新しい出会いは、意外な人と急に仲よくなりそうですが、今月は知り合い程度になっておき、年末に進展を期待するといいでしょう。結婚運は、タイミングが悪いときに突然結婚話になるかも。聞き流してしまうことがあるので気をつけて。

仕事&金運

仕事を突然投げ出したくなったり、気力が落ちたりしてしまう時期。予想外の仕事をまかされる場合もありますが、うまくいかなくて当然だと思って取り組んでみると思った以上の結果を出すことができそう。やる気がなくても目の前の仕事を投げ出さず、諦めないようにしましょう。金運は、普段なら興味のないものを購入したくなる時期ですが、後悔する可能性が高いので簡単に購入や契約をしないように注意してください。

1 水	＝	苦手なジャンルに挑戦することが大事。運動が苦手なら外に出て体を動かし、勉強が苦手なら書店で気になる本を購入してじっくり読むといいでしょう。
2 木	□	「笑顔で自分から挨拶する」「『すみません』ではなく『ありがとうございます』を言う」など、今日中に達成できそうな目標を立てたり、ちょっとしたチャレンジを楽しんだりしてみて。
3 金	■	疲れから仕事でイライラしたり、ミスをしたりしやすいでしょう。ストレスを発散するのがオススメ。仕事終わりに友達を誘って、カラオケや飲みに行くとよさそうです。
4 土	●	1日なんの予定もなく暇つぶしするつもりだった人ほど、異性から突然誘われたり、意外な人から誘われたりしそう。チャンスを逃さないことも大事ですが、大きな期待はしないで。
5 日	△	美術館やライブ、映画などの趣味に時間を使いましょう。しっかり遊ぶのはいいですが、時間を忘れたり忘れ物をしたりしないよう注意して。寝る前には明日の準備を忘れずに。
6 月	○	懐かしい音楽を聴いてから出社すると、やる気が継続できそう。最も頑張っていた時期に聴いた曲を選んで。ただし、鼻歌を誰かに聴かれ、恥ずかしい思いをするかも。
7 火	○	積み重ねのある人はチャンスが、ない人はピンチが訪れる日。新しい仕事をまかされたり、急な対応を求められたりしそうですが、経験を活かせれば評価されそう。
8 水	▽	考えがまとまらなくなりそう。優柔不断になったり、判断力の低下を実感したりするかも。特に夜は振り回されることや無駄な時間を使うことが増えてしまいそうです。
9 木	▼	周囲の意見に振り回されてしまいそう。コロコロ変わる意見にいちいちイライラせず、冷静に対応して。少し先のことを考えて行動することで問題は解決するでしょう。
10 金	×	予定を乱されてしまいそう。先輩や年上の人の機嫌に振り回されてしまうことがありますが、相手にうまく合わせて機嫌よくさせられれば運気もよくなるでしょう。
11 土	▲	身の回りや自分の頭の中を整理するといい日。目の前のことだけに必死にならず、これから必要となる能力や努力することを見つけましょう。深呼吸や瞑想をする時間を作って。
12 日	＝	気力が湧かないときほど、少しでも気になることを調べたり、実行したりして。気になるイベントやライブを見つけたら、すぐに行動に移して観に行くといいでしょう。
13 月	＝	新しい取り組みがはじまりそうな日。課題と思う前に、新鮮さを楽しんでみて。経験する前から否定的になってしまうと、気力を失われることになりそうです。
14 火	□	じっくり考えても即決しても大差はないでしょう。できるだけ判断を速くすることで無駄な時間を減らせそう。夜は疲れやすいので、無理に予定を入れないようにして。
15 水	■	寝不足や疲れを感じてしまいそう。仕事終わりはすぐに帰るといいので、不要な残業は避けるようにして。お風呂に好きな香りの入浴剤を入れてゆっくり浸かりましょう。
16 木	●	予想よりスムーズに物事が進みますが、調子に乗りすぎないこと。目立ちすぎて余計な仕事が増える場合も。気になる相手に連絡し、月末や来月に遊ぶ予定を立てるといいかも。
17 金	△	うっかりミスや小さなミスを連発することになりそう。余計な妄想は控えて。油断せず、抜けていることがないか一度確認し、落ち着いた行動をとるように心がけましょう。
18 土	○	同じ話を繰り返してくどくなったり、いつもの悪いクセが出たりしそう。気をつければ問題を避けられるので、自己分析をして恥ずかしい思いをしたことを振り返ってみましょう。
19 日	○	不要なものを処分し、年齢や流行に合ったものに切り替える準備をしましょう。いらないものは処分するかネットで売って。服を買うときは異性の友人に選んでもらうのがオススメ。
20 月	▽	午前中は集中力が続くので、大事なことはどんどん先に終わらせて。昼食後は眠くなったり、注意力が散漫になったりしやすいので気をつけましょう。食べすぎにも要注意。
21 火	▼	人間関係が面倒になったり、信頼関係が崩れたりしそう。自分の意見を無理に通さず、1歩引いた角度から発言を。相手も正しいと忘れず、誤解を生みそうなら自分から謝って。
22 水	×	なんとなく続けていることが多いタイプですが、それが苦労や成長できない原因の可能性があるので、不要と思える趣味やアプリなどは処分を。時間を有効に使って。
23 木	▲	自分の知らないことやわからないことは素直に聞きましょう。上司や先輩、詳しい人に教えてもらう中で周りにいてくれる人へのありがたみも感じることができそうです。
24 金	＝	積極的に行動し、失敗から学ぶようにするといい日。失敗を恐れて何もしないことのほうが問題だと忘れないように。失敗を笑うような人は無視するか関わらないようにして。
25 土	＝	友人や知人に誘われることがありそう。予定を変更してでも、友人からの誘いには積極的に応じて。自分の知らないお店やはじめての場所に行き、新しい経験ができそう。
26 日	□	明るい未来や少し先のことを考えられるでしょう。マイナス面ではなく、今の自分が何をできるか思い浮かべて。足りないことは勉強したり、すぐにできることをはじめましょう。
27 月	■	休み明けでテンションが上がらなくなってしまいそう。家で軽く運動やストレッチをしてから出社すると、頭の回転も速くなるでしょう。だるさを感じたら蜂蜜入りのドリンクを飲んで。
28 火	●	周囲をいい感じで動かせたり、説明上手や伝え上手になれそう。言葉を選び、タイミングをしっかり見計らうようにしましょう。気になる相手との関係にも進展がありそうです。
29 水	△	遊び心で挑戦することでスキルアップできる日。真面目に取り組むのもいいですが、ゲームのようなものだと思って不慣れなことや苦手なことに挑戦してみましょう。
30 木	○	引き出しの奥からなくしたと思っていたものが出てきたり、急にこれまでの経験が役立つことがありそう。「何事も経験してみるものだ」と思えることもありそうです。

2021 10月

▲整理の月

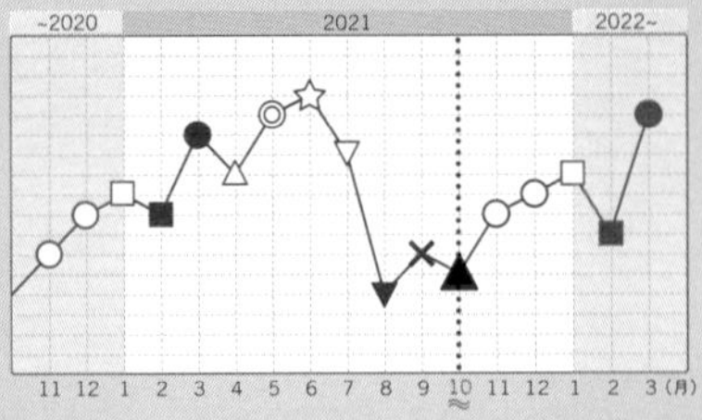

開運 3 カ条

1. 語れる友人に会う
2. ポジティブな妄想をする
3. 不要な縁を切り、無駄なものは処分する

総合運

現状に飽きてしまい、変化を求めてしまう時期。投げ出したくなる気持ちが強くなり、無責任な行動に走ってしまったり、いい加減な判断をしてしまうことも。気持ちを落ち着かせるためにポジティブな友人と話をしたり、相談できる先輩や上司とじっくり語り合ってみたりすることも大事。身の回りにある集中力の妨げになるようなものは処分を。健康運は、行動が雑になりやすくケガをしたりメンタルが崩れやすいので気をつけて。

恋愛&結婚運

中旬までは恋愛のことを考える余裕がなくなり、失恋しやすい時期。片思いの相手に好きな人や恋人がいることが発覚して、落ち込んでしまいそう。タイミングが悪く、関係がうまく進まなくなることも。下旬になると進展しやすくなるので焦らないように。新しい出会いは期待が薄いので、自分磨きをしたり話のネタを増やしたりするといいでしょう。結婚運は、本気モードの話し合いは逆効果になるので、来月以降に話をしてみて。

仕事&金運

突然仕事を辞めたくなったり、現状から逃げたくなったりしてしまう時期。下旬になれば自然とやる気が湧いてきますが、中旬までは集中力が続かなかったり、周囲のアラが目についたり、些細なことでイライラしたりすることが増え、愚痴や不満を言いたくなりそう。話を聞いてくれる友人に相談をすると気持ちが楽になるでしょう。金運は、不要なものは処分して買い替えの準備を。ただし、高額な買い物は避けておきましょう。

1	金	○	今やるべきことがハッキリするでしょう。現実的な目標をしっかり立てたり、具体的な方法を見つけたりできそうです。周囲からの意見もきちんと聞いておきましょう。
2	土	▽	午前中に買い物や用事をできるだけ済ませて。午後は家でのんびりし、予定を詰め込みすぎないように。夜は、予定通りに進まないことが当然だと思っておきましょう。
3	日	▼	約束の急なキャンセルや、予定が大幅に乱れることがありそう。空いた時間にのんびりするのもいいですが、読書や勉強をするのがオススメ。不慣れや苦手を少しでも克服して。
4	月	×	やる気が出ないまま仕事に取り組んだり、上司のひと言でモチベーションが一気に落ちてしまったりしそう。結果を出すことより、目の前の仕事に丁寧に取り組むことを重視して。
5	火	▲	身の回りも気持ちも「整理」が必要。目についた不要品を処分し、過去のわだかまりは許したことにして気持ちを切り替えましょう。自分に対しても許す気持ちを忘れないように。
6	水	＝	環境を変えたい気持ちが強くなりますが、動くには時期早尚。冷静に現状の幸せを見つけ、前向きなことを考えるのが大事です。陽気な人と一緒にいれば楽になることも。
7	木	＝	新たな挑戦が運気を上げるきっかけとなる日。自分の仕事ではないと決めつけて、面倒なことや苦手なことから目を背けていないで、積極的に取り組んでみましょう。
8	金	□	仕事も生活も楽しくする工夫が必要。考え方や生き方を少し変えてみたり、失敗を楽しむくらいの気持ちで実験をしたりするといいでしょう。結果よりも過程をおもしろがって。
9	土	■	心身ともに休みが必要な日。温泉やスーパー銭湯などのリラックスできる場所、居心地のいいカフェでのんびりするといいでしょう。友達や家族とじっくり話すと気持ちもスッキリ。
10	日	●	気持ちを楽にしてくれる人に会えそう。知り合いの集まりに参加したり、本音を話せる友人を誘って遊びに行ったりするといいでしょう。久しぶりに思いきり羽を伸ばして。
11	月	△	午前中は時間に追われたり、小さなミスや準備不足がありそうなので要注意。夕方以降は家族との会話や親友への連絡で、大切なことを思い出せそうです。
12	火	○	最も自分が輝いていた時期や頑張っていたころに流行っていた音楽を聴くと、やる気が一気に増しそう。朝から音楽を聴くといいので、CDやネット配信曲を探してみましょう。
13	水	◎	大切な人と出会ったり、仲よくなったりできる日。いい人間関係を作れるので、いろいろな人と話をして。特に初対面の人には積極的に話しかけると、いい縁がつながるでしょう。
14	木	▽	挨拶やお礼はいつも以上にしっかりすることが大事。午後はボーッとしやすく、上司や取引先の前で失態を犯すことがあるので注意して。夜は、タイミングの悪さを実感しそう。
15	金	▼	午前中はいい感じで仕事ができそうですが、昼食後から頭の回転が鈍くなり、調子が悪くなりそう。疲れがたまったり、ソリの合わない人と一緒になる時間が増えたりしそうです。
16	土	×	やる気の起こらない日。今日は家でゆっくりし、映画や動画を観てダラダラ過ごすのもいいでしょう。詩集や前向きになる本を読んでみると気持ちが楽になることもありそうです。
17	日	▲	大掃除をしましょう。「いつか使うだろう」と残していたものや何年も使っていないものは率先して処分して。捨てることで気持ちがスッキリし、いい運気を引き寄せます。
18	月	＝	新たな課題ややるべきことが増えそう。プレッシャーに感じる前に「期待に応えてみよう」と受け止めるといいでしょう。考え方や仕事のやり方を工夫することも忘れないように。
19	火	○	変化を楽しむといい日。今日は違うグループや部署の知り合いを誘ったり、生活リズムを変えてみて。自分の価値観と違う話が聞け、視野が広がり、おもしろい出会いがありそう。
20	水	□	自分の役割をしっかり果たすことが大事。求められた以上の結果を少しでも出そうと切磋琢磨することで、仕事のおもしろさを見つけられ、周囲との協力も楽しめそうです。
21	木	■	集中力が途切れやすく、疲れを感じやすいでしょう。不注意から打撲や小さなケガをしやすいので注意して。濃いお茶を飲むと気持ちが引き締まり、ミスを減らせそうです。
22	金	●	よくも悪くも注目を集めるでしょう。サボってしまった人は欠点を指摘されることがありますが、しっかり受け止めて。頑張っていた人にはチャンスが巡ってきそうです。
23	土	△	遊びに出かけるにはいい日ですが、後悔することが多そう。「安い!」と買ったものがほかの店でもっと安く売っているかも。今日は慌てると損をするので、冷静に判断して。
24	日	○	いい思い出のあるお店に行くといいでしょう。気になる相手を誘うと、いい関係に発展しそう。友人とも縁がある日なので、偶然の出会いから話が盛り上がりそうです。
25	月	◎	運を味方につけられ、直感が冴える日。思いきって行動することでいい結果を残せ、周囲をうまく動かせそう。本気で取り組むことで楽しく仕事ができるようになるでしょう。
26	火	▽	朝から全力で仕事に取り組むことが大事。夕方あたりからはやる気を失ったり、目の前のことに集中できなくなったりしそう。夜は疲れやすいので、早めに帰宅してのんびりして。
27	水	▼	上司の気分や取引相手の理不尽さに振り回されてしまいそう。忍耐も必要になりますが、面倒なことから学べることも多いので、対応力を鍛えるときだと思って前向きに受け止めて。
28	木	×	周囲のトラブルが降りかかってきたり、面倒なことが回ってきたりしそう。損な役割を買って出たり、覚悟して取り組んだりすれば、意外と簡単にクリアでき、いい勉強になりそう。
29	金	▲	計画的に行動し、些細なことでもキッチリやることが大切。身の回りや引き出しを整理整頓すれば、自然とやる気もアップするでしょう。散らかったままでは集中できないかも。
30	土	○	新しい趣味や気になることを見つけられるでしょう。書店に行くと、いい本や漫画を発見できそう。流れに逆らわずに受け入れると、視野を広げることもできそうです。
31	日	○	普段と違う行動が幸運やいい縁につながる日。気になるイベントに参加してみて。特に、恥ずかしくて足踏みしていたことなどは自分の殻を破って挑戦してみるのも大事です。

☆開運の日 ◎幸運の日 ●解放の日 ○チャレンジの日
□健康管理の日 △準備の日 ▽ブレーキの日 ■リフレッシュの日
▲整理の日 ×裏運気の日 ▼乱気の日 ＝運気の影響がない日

2021

11月

○ チャレンジの月

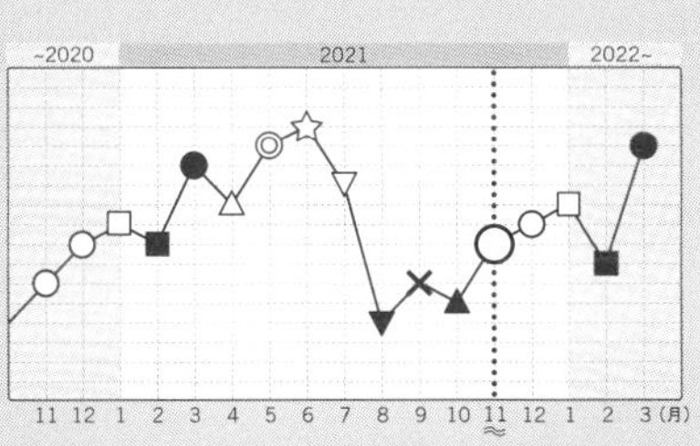

開運 3 カ条

1. 生活リズムを変える
2. 休みの予定を先に決める
3. イメチェンをする

総合運

やるべきことが増えて慌ただしくなりますが、好奇心が旺盛になる時期。予定がある程度入っているほうが心が安定するタイプなので、プライベートの予定を先に入れておきましょう。出会いも多く、知り合いの輪が広がるので誘われた場所に行くと思わぬチャンスをつかめそう。フットワークを軽くするといいでしょう。健康運は、新しい生活習慣を作るにはいい時期。睡眠時間を増やすなど、いろいろ試してみて。

恋愛＆結婚運

出会いのチャンスが多くなる時期。誘いや紹介が多くなるので、余計なことを考えずに会ってみることが大事です。ときめきやドキドキ感を求めるよりも「異性の知り合いを増やそう」くらいの感じでいると、いい出会いをつかめるでしょう。すでに気になる相手がいる場合は、これまでとは違うアプローチや、イメチェンをしてから会うとよさそうです。結婚運は、友人や知り合いの後押しで一気に話が進むことがあるでしょう。

仕事＆金運

先月までの気持ちからは切り替わり、気力がアップしてくる時期。やる気になるというよりも、やらなくてはいけないことが増えるので、余計な心配事を忘れて前向きになれそうです。周囲を気遣うより、今できることに取り組みましょう。環境を変えることでいい流れになることもあるので、引っ越しをしてみるのもよさそうです。金運は、買い替えやイメチェン、引っ越しなどに出費を。古いものに執着しないようにして。

1 月	□	今後の予定をいろいろ決めておくといいでしょう。知り合いに連絡して会う日や飲み会を設定したり、イベントやライブのチケットを予約したりすれば、仕事を頑張るいい理由に。
2 火	■	体調が崩れるほどではないですが、異変を感じやすい日。心身ともに疲労している可能性があるので、こまめに休み、たくさん笑わせてくれる人に会うといいでしょう。
3 水	●	能力を発揮でき、満足とまではいかずとも手応えを感じられそうです。夜は、食事会や飲み会でいい出会いがありそう。誘ってくれた友人や周囲が勧める縁を素直に受け入れて。
4 木	△	一瞬ゾッとするようなミスをしやすいでしょう。冷静になって判断すれば問題を簡単に避けられるので、少しだけ先を想像して行動するように。失言や不要な行動に注意して。
5 金	◎	今の自分に合う生活リズムを作るといいでしょう。試しに朝起きる時間、食べるものの内容や順番などを変えてみて。変化を楽しみ、調子のよさを取り戻しましょう。
6 土	☆	久しぶりに買い物に出かけたり、髪を切って気分を変えたりするといいでしょう。気になる家電や部屋の模様替えになるものを購入するのもよさそうです。服は衝動買いしてみて。
7 日	▽	買い物や用事は午前中に済ませて。気になる相手をランチデートに誘ってみると、楽しい時間を過ごせそう。夕方以降に出歩く場合は、はしゃぎすぎに要注意。時間を忘れて焦りそう。
8 月	▼	余計なことを考えすぎてしまいそう。マイナスな想像はほどほどにし、現状の幸せや喜べることを見つけるようにして。水を差すようなことを言う人の言葉に惑わされないように。
9 火	×	不完全燃焼でやりたいこともうまくいかず、気持ちだけが焦ってしまいそう。至らない点を認めて学ぶように。帰宅後は音楽やストレッチなど、好きなことで気持ちを切り替えて。
10 水	▲	これまでのやり方や考え方を改めるのがオススメ。同じ方法でダメならキッパリ諦め、まったく違うことに挑戦するといいでしょう。諦めるから前に進めることもあると忘れずに。
11 木	○	新しいことに挑戦するといい日。変化を恐れず、次のステージに上がることを目標にしましょう。すぐに結果が出なくても、いつまでも同じ状況で立ち止まらないようにして。
12 金	○	勘を信じて行動してみるといいでしょう。気になるお店に行ったり、書店で気になる本を購入したりすると、ヒントや素敵な言葉を見つけられそうです。
13 土	□	健康的な体作りをはじめてみましょう。軽い運動やストレッチを、毎日できるくらいのペースではじめて。自分のペースを見極めないと三日坊主になるので、気をつけましょう。
14 日	■	温泉やスパ、マッサージなどに行き、日ごろの疲れをしっかりとるといい日。すでに予定が入っている場合はゆとりを持って行動し、早めに帰宅して湯船にしっかり浸かりましょう。
15 月	●	気持ちが楽になり、笑顔で過ごせるでしょう。プレッシャーから少し解放されたり、開き直ったりできそう。あなたの魅力に気づいた人から遊びに誘われることもあるでしょう。
16 火	△	判断ミスをしやすいかも。余計なことを考えていると判断を誤りやすいので注意して。忘れ物やうっかりミスも多くなりそうなので、気を引き締めて1日を過ごしましょう。
17 水	◎	付き合いの長い年上の人に相談をするといいでしょう。素直に頭を下げ、知恵を借りることが大切。言葉を鵜呑みにして行動すると、思った以上にうまくいくことがありそうです。
18 木	☆	予想以上の結果を出せる日。運を味方につけられ、思いのほかいい流れになったり、目標を達成したりできそう。何事にも積極的になると、自分でも驚くパワーが出せるでしょう。
19 金	▽	尊敬できる人の話を聞くといいでしょう。予想以上にいい話を聞け、悩みや不安がなくなりそうです。うれしいことや楽しいことは自分で見つけたり、作ったりしましょう。
20 土	▼	現実を突きつけられてしまいそう。恋人や好きな人と気まずい空気になることがあるので気をつけて。甘さを突っ込まれても逆ギレしないように、大人な対応を心がけましょう。
21 日	×	裏目に出ることが多いでしょう。自分で決断するのが難しければ、遠慮せず家族や友人に相談して、その判断に身を委ねてみて。相手に合わせることで発見もありそうです。
22 月	▲	思った以上に雑になってしまいがちなので、何事も丁寧に行うといい日。忘れ物や手を滑らしてコップを割ってしまうことがあるので気をつけて。落ち着いて行動しましょう。
23 火	○	出社時間や食習慣など、生活リズムを変えるといい日。悪習慣になっていることは今日からやめるようにしましょう。スマホゲームやSNSの時間を削って有効に使って。
24 水	○	自分が話をするより相手の話を最後までしっかり聞くことが大事。自分とは違う考え方や知識を持つ人の話は、いい勉強になるでしょう。気持ちを理解しようとしながら聞くように。
25 木	□	自分が目指す場所を決めることが大切。どうすれば未来の笑顔につながるか考えて、今から行動を変えてみましょう。ダイエットや筋トレなど肉体改造をはじめるにもいい日です。
26 金	■	肉体的な疲れをとることも大事ですが、今日はストレス発散を。仕事終わりに軽い運動をし、友人や知人とたわいもないことを語ることでスッキリできそうです。
27 土	●	好きな人には素直になってみて。今日会うことができる相手とは後に縁がつながる可能性があるので、期待が薄いと思わないでダメ元で連絡してみるといいでしょう。
28 日	△	何事も遊び心や楽しむことが大事。少しくらいの失敗や恥ずかしいことは、クヨクヨしないで笑い話にするくらいがいいでしょう。相手を笑わせたら運気アップだと思って。
29 月	◎	あなたの個性を認めてくれている人に相談すると、縁のつながりのおもしろさや楽しさを感じられそう。「恩返し」や「恩送り」の気持ちを忘れないようにしましょう。
30 火	☆	行動を優先することが大切です。結果を考えるより、まずはやれることをできるだけやっておいて。自分の気持ちに素直になることで、人の気持ちをつかむこともできるでしょう。

2021

12月

○ チャレンジの月

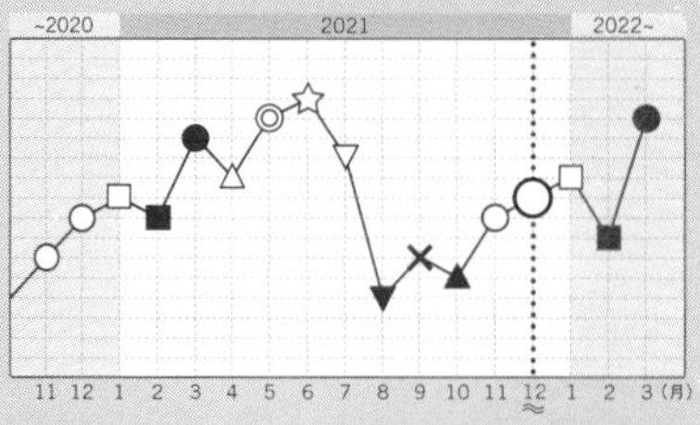

開運 3 カ条

1. 期待に全力で応える
2. 人の集まりには参加する
3. 時間を上手に使う

総合運

少し無茶なお願いをされたり、予想以上に予定がいっぱいになってしまいそうな時期。スケジュールに少し空きを作っておくといい感じに予定が入るので、遊びの予定などを詰め込みすぎないように。新しい出会いや経験も増える時期なので、フットワークをできるだけ軽くし、難しいと感じることに挑戦するといい勉強になるでしょう。健康運は、腹筋や腕立て伏せ、スクワットなどを定期的に行うようにしましょう。

恋愛&結婚運

慌ただしく時間が過ぎる中で、出会いがあってもチャンスをつかむことができない時期。会ってゆっくり話をしたくても仕事が忙しくて気力がなくなったり、恋愛を面倒に感じてしまうことも。知り合いの集まりに参加すると素敵な人に会えますが、妄想恋愛で終わらないよう積極的に行動して。結婚運は、「今はまだタイミングじゃない」と言ってしまうと逃してしまいそう。相手の気持ちをもっと考えてみましょう。

仕事&金運

新しい仕事に前向きに挑戦できたり、実力以上の仕事をまかせてもらえる時期。苦しいと思う前に「期待に応えよう」と思って全力で取り組めば大きく成長でき、サポートしてくれる人の存在にも感謝できるようになるでしょう。ひとりでなんでもやるのではなく、協力してもらうにはどうするといいかを考えることも大事。金運は、服装のイメージを変えるといい時期なので年齢よりも少し年上に見えるファッションを意識して。

1	水	▽	日中はいい選択ができ、思った以上の結果を出せて評価につながりそう。勢いで行動してもよさそうです。夕方以降は判断が甘くなるので、慎重に行動しましょう。
2	木	▼	無理に流れを変えようとしたりあらがったりすると、裏目に出てしまいます。逆らわずに流れに乗り、感情的にならないように冷静に判断しましょう。怒りは評価を下げるだけです。
3	金	×	迷いが生まれてしまいそう。判断を迫られてもなかなか決められず、作業が滞りそうです。マニュアルを大事にし、経験のある人に相談をすると解決が早くなるでしょう。
4	土	▲	少し早いですが、大掃除をするのがオススメ。不要なものを処分したり、使わないものを片づけたりするといいでしょう。手を触れることのない置きっぱなしのものから処分してみて。
5	日	○	交友関係を広げることで素敵な人に出会える日。人の輪を大きくするイメージで行動してみましょう。思い浮かんだ人に連絡して、みんなを集めてみるとよさそうです。
6	月	○	新しい仕事や違うチームでの仕事が舞い込んできそう。遠慮しないで新しい流れに乗ってみたり、これまでとは違う方法を試したりすると、いい経験を積めそうです。
7	火	□	時間を有効に使うように意識して過ごすといいでしょう。「時間が足りない」のではなく「時間の使い方が下手」なだけ。無駄なことに時間を使わないように意識して行動を。
8	水	■	頑張りすぎには注意して。健康を意識してひとつ前の駅から歩くのはいいですが、突然はじめると筋肉痛になったり、疲れがたまってしまうかも。不慣れなことをやるときは少しずつ。
9	木	●	妄想や空想が役立つ日。妄想話をすると思った以上に盛り上がり、不思議といいアイデアにもつながりそう。人間関係も広がりやすくなるので、臆病にならずいろいろな人と話して。
10	金	△	「言われたこと以上の仕事をする」と心に留めて。なんとなく仕事をすると、相手の期待を下回ってガッカリされてしまいそう。期待に応えて喜ばせるくらいの気持ちでいましょう。
11	土	◎	異性の知り合いや仲のいい人から連絡があるかも。食事や飲みに行くとおもしろい人を紹介してもらえたり、いい縁がつながったりしそう。しばらく会っていない人に連絡してみて。
12	日	☆	買い物をするには最高の日。服や靴、クリスマスプレゼントを購入するといいでしょう。買い替えを考えている家電があるなら、即購入を。長く使えるものを買うと運気アップ。
13	月	▽	日中は忙しくてもやりがいを感じられそう。まとめていろいろなことをやっておきましょう。夜は疲れがたまりそうなので、家でのんびりSFやアクション映画を観るのがオススメ。
14	火	▼	理不尽なことを言われてイライラしたり、嫌な気持ちになったりしそう。難題ほど乗り越えたときに力が身に付くと思って知恵を絞り、考え方を変えてみるといいでしょう。
15	水	×	周囲との考え方の違いで悩むでしょう。甘い考えや現実的でない生き方を突っ込まれ、腹が立ってしまうことがありそう。自分の心やペースを乱されないように平常心を心がけて。
16	木	▲	執着から離れることで心が楽になるでしょう。嫌な過去の思い出をいつまでも気にせず、現状の幸せややさしくしてくれた人のことを思って生活するとよさそうです。
17	金	○	異業種の人と接することで新たな発見がありそう。普段と違う角度からものを見ることができ、今後の自分の指針になります。知り合いの集まりにできるだけ顔を出してみて。
18	土	○	自分が来年以降「どうなっていたいか」を想像して、計画を立てるのがいいでしょう。やりたいことや欲しいものなどをメモにして可視化すると、より現実的になります。
19	日	□	お世話になった人に年賀状を書くにはいい日。必ず感謝の気持ちをひと言添えるようにして。クリスマスプレゼントを買いに行くにもいいタイミングでしょう。
20	月	■	寝不足になったり起きるタイミングが悪くなりそう。ダラダラ仕事をするとさらに疲れてしまうので、伸びやストレッチをして気合いを入れ直して。薄着で風邪をひかないように。
21	火	●	周囲から頼られたり求められることが増えたりして、うれしい悲鳴を上げそう。全力で応えると感謝されるでしょう。面倒も引き寄せそうですが、相手が喜ぶことをやってみて。
22	水	△	ヒヤッとするミスをしがち。ギリギリで回避できることもありますが、自分で思っている以上に注意力が低下しているので気をつけて。確認作業や事前準備を怠らないように。
23	木	◎	実力を出しきってみることで、期待された以上の結果を残せそう。苦労したことや経験したことを活かせたり役立てたりできる機会が出てくるでしょう。
24	金	☆	少し図々しくなると交渉がうまくいきそう。粘りは大事ですが、愛嬌があるとさらにいい流れに変えられそうです。一緒にいて楽しい感じやおもしろい空気を出してみて。
25	土	▽	お昼にクリスマスパーティーをするのがオススメ。友人や知り合いを集め、みんなでプレゼント交換をするなど、楽しそうな企画を考えてみるといいでしょう。
26	日	▼	年末年始の準備をするのはいいですが、何事も雑になってしまうので丁寧に行動を。掃除中に間違って大事なものを捨ててしまったり、年賀状を書き間違えてしまったりしそう。
27	月	×	思わぬトラブルに巻き込まれて無駄な時間を過ごしたり、体調を崩したりするので気をつけて。今日は地味なことをのんびりコツコツやるといいので、手近な場所の掃除をして。
28	火	▲	先日処分できなかったものを捨てたり、掃除ができていない場所をきれいにしましょう。着ない服や使わないものはどんどん処分し、「売れるかも」と置きっぱなしにするのはやめて。
29	水	○	忘年会の幹事を率先してやってみましょう。知り合いに連絡して集まってみて。来られない人は、ネットで飲み会に参加してもらうと楽しい時間を過ごせそうです。
30	木	○	買い物ならこれまで行ったことのないお店に行くといい発見がありそう。偶然の出会いやおもしろい体験もありそうです。例年とは違うものを購入するといいでしょう。
31	金	□	将来の自分を想像するといい日。そのために来年は何が必要か、真剣に考えてみましょう。夜は体調を崩しやすいので暴飲暴食を避け、イベントに行くときは気をつけて。

☆開運の日 ◎幸運の日 ●解放の日 ○チャレンジの日
□健康管理の日 △準備の日 ▽ブレーキの日 ■リフレッシュの日
▲整理の日 ×裏運気の日 ▼乱気の日 ＝運気の影響がない日

金の鳳凰座

12年周期の運気グラフ

金の鳳凰座の2021年は……

△ 準備の年

2021年は2022年、2023年に待ち受ける幸運の波に乗るための「準備の年」。真面目に取り組むだけでなく、「しっかり遊ぶ」がキーワードです。また、ミスが増えるので確認や準備はしっかりしましょう。

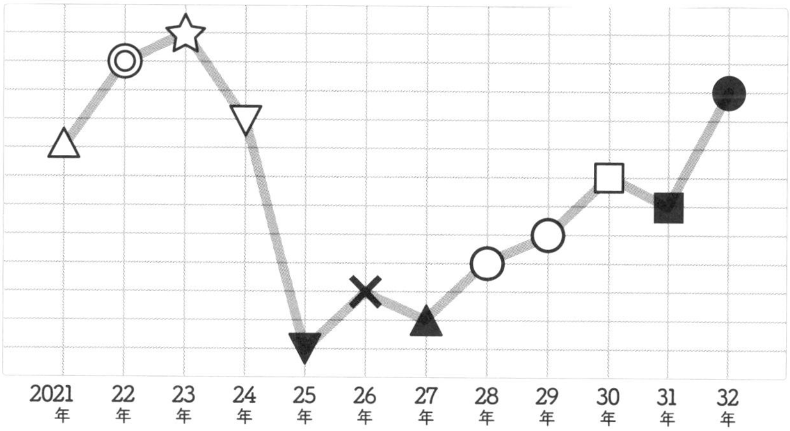

☆ 開運の年　◎ 幸運の年　● 解放の年　○ チャレンジの年　□ 健康管理の年　△ 準備の年
▽ ブレーキの年　■ リフレッシュの年　▲ 整理の年　✕ 裏運気の年　▼ 乱気の年　＝ 運気の影響がない年

金の鳳凰座はこんな人

基本の総合運

燃える孤高の鳥である鳳凰は、情熱家で一度火がつくと燃え尽きるまで続くパワーがあります。普段は物静かでも、内に情熱を秘めていることが多く、じっくりゆっくり進みながら内面は燃えたぎっているでしょう。団体行動や集団の中にいるよりもひとりの時間を大事にするため、自然としゃべりが下手になってしまい、伝え下手なところが出てくるかも。何事もしっかり考えますが、考えすぎてチャンスを逃しやすく、土台が頑固なため、勘違いや見当違い、人間関係のトラブルも多いタイプです。

基本の恋愛&結婚運

好みのタイプがハッキリしているため、一度好きになると同じような相手を好きになることが多いタイプ。恋の火がつくと相手のことばかり考えすぎて、深読みして空回りしたり、気持ちを言葉で伝えることが苦手でチャンスを逃してしまったりすることも多いでしょう。真面目で心の広い人と結ばれると幸せになれます。結婚は安定した人を望む傾向があり、両親や祖父母を大切にする人との結婚を望むでしょう。結婚後は安定した家庭生活を送りますが、頑固なので自分のリズムや生活パターンを変えられないでしょう。

基本の仕事&金運

時間と忍耐が必要な仕事や、体を使う仕事に向いています。どんな仕事でも「自分はこれだ！」と思って情熱を燃やせれば、時間がかかっても必ず結果を出し、評価される人。職人的仕事、時間や手間がかかる仕事、研究や、変化の少ない仕事が最適です。流行のことやチームワークでは苦労しがちですが、一生懸命に取り組むと、しだいに周囲の目も変わります。金運は、若いうちに「お金の勉強」をすると、投資などで安定して収入を得られることもあるでしょう。流動が激しい博打などには手を出さないほうがいいでしょう。

2021年の運気

△ 準備の年

2021年開運 3カ条

1. メリハリのある生活を送る
2. 遊びの計画をしっかり立てる
3. 事前準備と再確認を忘れない

総合運

準備と確認でミスを回避して
適度に遊んで翌年に備えよう

何事も事前準備が大切になる「準備の年」。2020年の下半期から流れが大きく変わり、本来の魅力が発揮できて、勢いよく流れに乗っている感覚があるでしょう。2021年もこの勢いがそのまま継続すると思うことはいいのですが、勢いまかせの行動はトラブルを発生させたり、余計な問題を作ったりすることにつながります。金の鳳凰座は頑固でまっすぐ、一度火がつくとその勢いを簡単に止めることのできないタイプ。2021年も全力で突っ走っていこうとしますが、今年は本来持っているじっくり計画を立てる力や事前の情報を集める力が出せず、しっかり考える時間を作ることができないまま先走ってしまいがちです。調子に乗って大失敗したり、あなたには珍しいミスが続いたりすることが増えて、思わぬ恥をかくこともあるでしょう。一度落ち込むと、今度はなかなか立ち上がれなくなってしまうクセもあるので、不要な不運を避けるためにも、準備や確認をしっかり忘れないように心がけてください。2021年はこれだけで、十分楽しい１年を過ごせるでしょう。

「準備の年」は、準備が自然と整うのではなく「準備をしてください」という意味です。特に2022年からの「幸運の年」、2023年の「開運の年」に向かうための準備期間でもあるので、まずは焦らず慎重かつ丁寧に行動するようにしてください。準備ばかりで楽しくないイメージがつきそうですが、2021年は運気を上げるために「しっかり遊ぶ」ことが重要。金の鳳凰座は、みんなで集まってわいわいする、初対面の人と楽しく会話をする、ノリや勢いで楽しむということよりも、ひとりの趣味や自分の世界を楽しむほうが得意な人が多いです。もちろん中にはノリのいい人もいますが、2021年はさまざまなタイプの人に会って交友関係を広げ、未体験の遊びをして、「しっかり遊ぶ」ことが大事です。普段なら誘われても断ってしまう飲み会やイベント、異業種交流会、旅行などに率先して参加することで、自分が知らなかった楽しい世界を体験できるでしょう。2021年のスケジュール帳には、最初に「遊びの予定」を埋めてから仕事の予定を組むくらい、きちんと仕事をこなしながらもしっかり遊ぶようにしましょう。ただし、一度ハマると今度は抜けられなくなってしまうタイプでもあるので「今年の遊びは今年で終わり」だと思っておいてください。

また、経験を重ねる中で、「やっぱり自分に合わない」ことを知るための年でもあるので、人生の食わず嫌いを少しでも減らすようにしてください。たとえば「スポーツ観戦はテレビで観るのが最高」と思うのなら、あえてスタジアムに行ってみる。音楽フェスに行ったことがないのなら、チケットを取って参加してみる。海外旅行に行ったことがないのなら、思いきってツアーに参加して、ベタな遊びを経験してみるというように。予想以上にいい体験ができ、視野が広くなり、考え方を柔軟にすることができそうです。できれば、「一流」と言われているものを観たり体験したりすると、刺激を受けて学びにつながるので、ぜひ実践してみてください。

「準備と遊びが大切な１年」とお伝えしても、仕事に一生懸命で、なおかつ自分自身が変化することを得意としていないタイプ。すぐに生活リズムを変えることは難しいでしょう。しかし、2021年のあらゆる運気は遊ぶことでアップします。仕事に真面目に取り組むのはいいことですが、それだけに専念してしまうと思ったよりも結果が出ない、つまらないミスが増えてしまうなど、１年を楽しめないことがあります。どうしても仕事に力を入れたいと思う人は「仕事は遊び」と思って取り組むといいでしょう。趣味と仕事が同じような感覚の人にとってはいい年でもありますが、それでも視野を広げる時期ということを忘れないようにしてください。仕事ばかりに精を出していると、全体運が上がらず、2022年、2023年の運気のいい時期がパッとしないなんてことになりかねません。2021年は「準備の年」なので、前日には着る服を決める、スケジュールは事前に確認をするなど早めに行動するようにしましょう。遅刻や寝坊も多くなるため、時間には気をつけるように。できれば10～20分前行動を習慣にして、これまでよりもかなり時間にゆとりを持って行動すると、忘れ物やうっかりミスを事前に回避できる可能性があります。また、多くの人と会話を楽しむのはいいことですが、失言には注意しましょう。間が悪くなると、言わなくていいひと言が飛び出す可能性があるので、丁寧で上品な言葉選びを心がけてください。話の上手な人のマネをするなど、遊び半分に話し方の練習をしてみると、思わぬ収穫があるかもしれません。

2021年は遊ぶことが重要だとお伝えしていますが、「遊ぶ」と「快楽に走る」は大きく違います。自分の欲望をありのままに出して、単なるわがままや欲に溺れていいわけではないので、勘違いをしないようにしてください。「遊び」だからといって不特定多数の人と体の関係を持つことや、法律に違反することは運気アップにはなりません。あくまでも2021年は「遊び心を育てる」という意味での遊びが大切です。普段なら避けていたことに挑戦をして、楽しんでみて。賭け事はオススメしませんが、１回だけ少額で体験してみるのもいいでしょう。また、普段派手な服や露出の多い服が苦手な人は、少し華やかな服を選んで、夏には大胆に肌を出した服を着てみるのもオススメ。髪の色を少し明るく染めるのもいいでしょう。見知らぬ人が参加するバスツアーや海外旅行に参加してみると、思った以上に楽しい知り合いができる可能性も。趣味の幅を広げるために体験教室に行ってみるなど、普段なら避けてしまうところを「遊び心」で行動してみることが大切です。

この１年で避けなくてはならないのが、大きな決断。結婚、引っ越し、転職、家やマンションの購入など、人生を大きく左右するであろうことは「準備の年」には向いていません。結婚はノリや勢いで入籍する場合がありますし、勢いは大事なことですが、「準備の年」には思わぬ落とし穴があることも。お互いに足りない部分や欠けているところをしっかり見直す必要があるでしょう。引っ越しも、急に気分が変わって違う場所に移動したくなりますが、移ってから後悔して、すぐにまた引っ越したくなる衝動に駆られるのでやめておきましょう。転職も同様に、2020年に流れがよかった人ほど調子に乗って転職や部署異動願いを出してしまいそう。ただし、そもそも人間関係を作ることが不得意なタイプということを忘れずに。仮に願いが叶ったとしても、新しい職場環境で一から人間関係を作るのが大変で、仕事に集中できなくなりそうです。気持ちの変化が起きたとしても、2020年からの流れを維持することが大事です。

2021年は、準備不足や確認不足による、小さなミスが増える年です。寝坊、遅刻、忘れ物、予定の確認ミス、連絡ミス、失言、約束を忘れるなど、ほとんどが小さなことですが、その多くはあなたの思い込みによるもの。「大丈夫だろう」「慣れているから」「いつも通り」と思ったときほど、準備と確認をしっかり忘れないようにしましょう。「準備をしたから安心」と思わずに再度確認すると、日付や時間や数字、金額を間違えているなど、ドキッとするようなミスを見つける場合も。2021年は神経質にまではならなくてもいいですが、いつもよりきっちりと過ごすように心がけておいてください。また、最も注意したいのは車の運転です。大きな事故よりも、車を擦るなどして不要な出費でガッカリするかもしれません。ほかにも普段ならやらないようなことに手を出して、大事なものを壊してしまうかもしれないので気をつけて。「時間があるから掃除でも」と思って動いてみたら大事な食器を割ってしまったり、機械を落として壊してしまったり。スマホを落として画面を割ることもありそうです。もし起こってしまったら、笑い話のネタになると思いましょう。

また、2021年は遊びの年でもありますが、人との縁のつながりは弱いので「今年の出会いは今年で終わり」と割りきっておくといいでしょう。想像していた以上に楽しい思い出ができて、ついつい長い縁になる場合もありますが、基本的に2021年の出会いは、一度切れてしまっても、数年後に再会できたら本当に縁のある人だと思っておきましょう。下半期からは、懐かしい縁や古い縁がつながりはじめるので、新しい出会いよりも懐かしい人にできるだけ会っておくといいでしょう。特に12月は、同窓会や同期会など、しばらく会っていない人の集まりに参加してみると、いい刺激や学びがあるでしょう。やる気に火をつけてくれるような人に会える場合もありそうです。疎遠になっている友人に連絡してみるのもいいでしょう。

仕事ばかりに時間をとられてしまうと、どんどんやる気を失ってしまう年。休んだり遊んだりすることは悪いことではありません。2020年まで十分に頑張ってきたと自分を褒めて、2021年は体を休ませたり、精神的にリラックスしたりする時間をしっかりとるようにしてください。充電を満タンにするイメージで、少し贅沢なときを過ごしてみるのもいいでしょう。そうした時間を送ることで周りに先を越されて焦ってしまう人もいますが、本領発揮は2022年からなので落ち着いてください。また、異性からモテることやチヤホヤされることもあるので、異性を意識したイメチェンをするなど、普段ならやらないことに時間を使うのもいいでしょう。

将来2021年を振り返ったときに「なんだかんだでよく遊んだな」と思えるような年にしましょう。つまらないミスで信用をなくすことだけは避けるために、繰り返しになりますが、事前準備と再確認を忘れないように。メリハリのある生活をしながらも今ある幸せを見失わないようにして、楽しい1年を過ごしてください。

恋愛運

恋愛のチャンスが豊富な年
明るい雰囲気にイメチェンして

「準備の年」は遊びの年でもあるので、自然と恋のチャンスは多くなります。ただ、金の鳳凰座はたくさんの人と遊ぶよりもひとりの時間を大切にするほうが好きなため、自ら見知らぬ人の中に飛び込むのは不得意な人が多いでしょう。2021年は少しでも興味を持ったものや普段なら避けてしまうものでも、楽しそうならチャレンジしてみると異性との関係も急激によくなります。極端に明るくふるまう必要はないですが、いつも元気に見られるように笑顔を忘れず、少しテンションを上げるだけで十分モテる年に。2020年の「解放の年」からあなたの魅力が輝きはじめているため、すでにモテを感じている人もいると思いますが、2021年はさらに加速します。待ちの姿勢ではなく、積極的に行動してみる価値があるでしょう。

長い間恋人ができなかった人にも、チャンスのある運気。問題は、金の鳳凰座の頑固さと過去の恋への執着が原因で新たな恋に進めないことです。一度火がつくとなかなか消えないタイプであり、同じ人を思い続けてしまったり、昔の失恋や痛手を忘れられないで引きずってしまったりすることが多いでしょう。たとえ嫌な恋だったとしても昔の恋人との復縁を願ってしまうことも。2021年は「昔の恋は忘れる」ことが大きなポイント。よくも悪くも、気持ちの整理をすることが重要です。また、2021年は遊びを通じて「恋愛にいい相手」が出現する年でもあるので、いろいろな場所に出かけましょう。そして何より、「恋愛のパターン」を変化させるようにしましょう。

ただし、2021年の恋は「遊びの恋」と割りきることが大切。「準備の年」は、将来の結婚相手と交際する確率よりも、遊びを楽しむための相手と恋愛する確率の高い期間だと思って。「遊ばれるのは嫌だ」よりも「恋愛を楽しむ」くらいに考えて、気軽に交際しましょう。2021年の恋は長く続けないほうがいい場合も多いです。ただし、出会った年が2017年、2018年、2020年の相手なら縁が強くなるので、楽しませようというサービス精神を全開にし、関わってみるといいでしょう。すると、早ければ1月〜4月に簡単に恋人ができます。

2021年はモテ期の年と言ってもいい運気ですが、自分からモテにいくことも大事。流行の服やメイクにトライし、髪型は異性を意識して変えてみるなど、異性から注目される工夫も必要です。五星三心占いの中で2番目に美形が多い星の持ち主なので、磨けば周囲が驚くような美人もしくはイケメンになれることも多いです。普段は「そんなタイプではない」という思い込みが邪魔をしますが、2021年は華やかに変身してみましょう。どうしても嫌でも、この1年間だけと思って、明るく変身してみてください。

異性から注目されて遊ぶ機会も増え、恋人を作りやすい1年です。金の鳳凰座はいろいろと考えすぎるタイプですが、恋を楽しむことを忘れないように。ただ、危険な異性ももちろんいるので、周囲の評判などは事前に確かめておきましょう。魅力が輝く年は、変な虫も寄ってきます。失敗をしたときはその反省を活かすことで、2022年、2023年は結婚に結びつく素敵な縁につながるでしょう。楽しみながら勇気を育てる年だと思って、華やかに1年を過ごしていくと、いい恋をつかめます。

開運のつぶやき　結婚とは幸せになることではなく、苦労をともにできる相手を探すこと

結婚運

**入籍よりも結婚に向けた準備を
今さらと思うことでも相手に確認して**

「準備の年」は、結婚を決めるには不向きな年。2021年は結婚相手と将来のことを真剣に考えるだけでなく、ふたりの時間をしっかり楽しんでみるなど関係性をよくして、「この人と一緒にいたら少し苦労しても楽しく乗り越えられそう」と思わせることが重要です。真面目に交際をするのはいいことですが、楽しむことを忘れてしまうと先が想像できなくなってしまいます。2021年は、相手の喜ぶことが何かをもっと知っておくための、準備の期間だと思っておきましょう。ただし、2020年の段階で入籍日を決めていて、2021年に結婚をするという人は問題ないので、安心してください。2020年の「解放の年」の判断を大切にしていれば、もし問題が起きて先延ばしにする場合にも、自然と結婚に向けた話を進められるでしょう。

結婚運がまったくない運気とまでは言いませんが、結婚生活を見据えた準備をする年だと思って、披露宴や新婚旅行の話などをするといいでしょう。少しくらい非現実的な話をして、盛り上がっておくことも大事。「先に新婚旅行に行こう」くらいのノリと勢いを、楽しんでみて。どうしても年内に入籍をする場合には、2月上旬と運気的に安定している12月がオススメ。できれば2022年になってからの入籍が運気的にはいいので、この時期は焦る気持ちを抑えて、結婚資金の用意など、現実的な準備をいろいろとやっておくといいでしょう。

また、2021年は結婚への準備不足が問題になります。入籍を考えていても、生活費や住む場所、相手の収入や貯金の金額に驚いたり、「実は借金があって」「バツイチで」「子どもがいて」「親や家族に問題があって」などなど、年内に発覚しなくても、後からいろいろなことが明らかになったりするでしょう。問題の多くは「事前に調べておけば」と思えることがほとんどです。やはり2021年は入籍を焦らず、「お互いのことを知る」「愛情の確認」という意味を込めて、結婚に向けて具体的なことを知る年にしましょう。特に金の鳳凰座は思い込みが激しいので、相手に「借金があること言ったよ」「結婚しているって言ったけど」と言われてしまい大慌てすることが。自分の思い込みや勘違いに気をつけましょう。今さら聞けないと思うことも、年内に勢いで聞いてみて。

まだ恋人がいないけれど結婚をしたい人は、2021年は遊びの恋で終わってしまうので、2020年に出会った気になる人と仲よくしたり、交際できるように相手を楽しませてあげたりすると、結婚に向けて話を進められる可能性が。年内は、先に妊娠が発覚してからの入籍もあり得るでしょう。「時計座（金／銀）」「銀の鳳凰座」「銀のカメレオン座」との結婚は、相手の運気がいいので、余計な問題をうまく回避してくれる可能性があります。ただ、相手の運気のほうがいい場合には、相手の希望にできるだけ合わせる必要があり、あなたの頑固なところが邪魔しないように気をつけましょう。

気分の変化がある年でもありますが、恋人との時間を楽しむことを忘れず、付き合ってくれていることに対して感謝の気持ちをしっかり持っていれば、自然といい方向に話は進んでいきます。相手に望みすぎないで、足りないところは自分が補うようにして、お互いに成長するように心がけましょう。

仕事運

うっかりミスの連発に注意！「遊ぶ」ことで仕事へのやる気もアップ

2021年の４月までは2020年からの勢いのまま仕事が進み、満足のいく結果を出すことができそうです。ただし、「準備の年」は準備不足が原因でミスを連発しやすいのでご注意を。特に４月の後半以降は、小さなミスが非常に出やすくなります。これまでにはなかった遅刻、寝坊、忘れ物、勘違いなどで周囲に迷惑をかけ、冷や汗をかくような出来事が増えるでしょう。大事な書類をシュレッダーにかけてしまったり、間違った情報をネットにアップしてしまったりするなど、これまでなら絶対にないようなミスをする可能性が高くなっています。金の鳳凰座は本来じっくり考えてから行動するタイプですが、2021年は、考えなしに行動することや、計算の甘さや判断の緩さが出てしまうでしょう。多くの場合、事前にしっかり情報を集め、先のことを考えて準備をする、そして確認を怠らなければ苦労を回避することができます。例年以上に気を引き締めてください。

運気の流れは悪くはないのですが、集中力が散漫になったり、やる気を失ったりする年でもあります。2021年になると突然、転職や部署異動をしたくなる気持ちが湧いてくるでしょう。一度不満や文句が浮かぶとそのことばかり考えるという負の連鎖に落ち入ってしまう場合が。2021年の転職や部署異動は、すぐに後悔したり、思い違いだったと反省したりする流れです。どんなに不平不満がたまっていても現在の仕事を継続するように努めましょう。

2021年は仕事運を無理に上げることよりも、プライベートを楽しむことが大事な年。仕事仲間と飲み会や食事会、休日のBBQに行ったり、普段なら参加しない仕事終わりのスポーツの集まりなどにも行ったりしてみるといいでしょう。周囲から「珍しいね」と言われる集まりに積極的に参加したり、取引先の相手を飲みに誘ったりしてみるのもいいでしょう。接待ゴルフなどに行ってみると、予想以上に楽しめたということもありそうです。金の鳳凰座は自分から話すことが苦手なタイプが多いので、聞き役や相槌上手を目指すといいでしょう。急に偉い人に気に入られて、大きなチャンスにつながるかも。

また、仕事を遊びだと思って取り組むことも大事です。少し難解な仕事でも「これは難しいゲームだ」と思って、攻略するためにどうするといいのか知恵を絞ってみたり、工夫したりすることで、仕事の楽しみ方を発見することができそうです。2021年は、しっかり仕事をしてしっかり遊ぶということが大事。無理に残業をしたり結果を出そうと焦ったりするよりも、少し気楽に構えて周囲に素直におまかせしてみることも必要です。自分の失敗をフォローしてくれた人には、年齢に関係なく感謝の気持ちをしっかり伝えることで「持ちつ持たれつ」の関係をうまく作れるようになるでしょう。

仕事へのやる気は、何事も楽しむことで、12月に一気に復活してきます。2021年は少し肩の力を抜いて、楽しむことを優先してもバチはあたりません。これまで頑張ったぶんのごほうびをもらうというイメージで、有給消化をして旅行に出かけ、職場のみんなにお土産を配るくらいの余裕が大切。やる気が出ないときほど気持ちを切り替え、遊びや趣味、付き合いに時間を使うと、仕事にも集中できるでしょう。

開運のつぶやき ▶ 人生が成功するか、しないかは、試した回数が多いのか、試さなかったのかだけ

金運

簡単な儲け話には要注意
価値ある体験にお金を使おう

出費が増える１年ですが、楽しめることにお金を使うと、人生を豊かにすることができる年。ちまちまとお金を貯める、金儲けすることを考えるよりも、2021年は旅行やライブなどにお金を使ってみるといいでしょう。家電や車、マンションなどの形が残るものを購入するよりも、体験や経験をすることに出費してください。学ぶことにもお金を使うといいので、習い事やカルチャースクールに通ってみたり、体験教室などに行ってみたりするのもいいでしょう。2021年は自分ひとりが楽しむためにお金を使うのではなく、ホームパーティーを開いて日ごろお世話になっている人にごちそうをしたり、プレゼントやお中元、お歳暮などを少し奮発したりしておくといいでしょう。異業種交流会や飲み会、コンパ、セミナーなど、普段は避けているような集まりにも参加してみると、いつもとは違う人脈が広がって楽しめそうです。ただ、欲望が強い人に出会いやすく、「簡単な儲け話」を持ちかけられた場合には大損する可能性が高いので、手を出さないように。旅行はバスツアーや団体での海外旅行、世界遺産ツアーなどに参加してみると、よりいい刺激を受けられるでしょう。日ごろよりもワンランク上のサービスが受けられるホテルや一流のサービスを受けられる場所に行ってみると、いい体験と学びを得る機会になりそう。

2021年に最も要注意なのが、投資や資産運用です。「準備の年」は、準備不足や確認不足によるミスが起こるので、誤って想定外の大出費になったり変な契約を交わしてしまうことも。大金が動くようなときには改めて考えなおしたり、信頼できる人や詳しい人に相談したり、情報をしっかり集めたりするようにしましょう。それで安心できたとしても、高額を動かすのには不向きな運気なので、「遊び」と言えるくらいの少額にとどめておいてください。

また、2021年はお金を遊びにつぎこむことで、お金の流れを学べる運気でもあります。さらにお金を出した先のことを考えてみると、どこが儲かるかが想像できます。経費がいくらくらいでどのくらい儲かるのかなどを考えると、後に仕事で役立つことも出てくるでしょう。日ごろお金を使うことでさえ、お金の流れを学べる年だと意識しておいてください。

2021年は「活きたお金の使い方」を学ぶ年だと考えましょう。本当に今買うべきなのかを吟味せず、なんとなくの買い物で無駄な出費をしてしまいお金が貯められない人がこのタイプには多いですが、金の鳳凰座は一度貯蓄をはじめると、どんどん貯まります。しかし、そのぶんケチにもなりやすく、また反対に、一度浪費癖がつくとなかなか直らないという両極端なタイプでもあります。「スマホゲームやアプリへの課金が本当に必要なのか？」など、今一度お金の使い方を見直してみてください。後悔しないお金の使い方を学ぶためにも、いろいろな体験や出会いにお金を使ってみましょう。将来の自分への投資だと思って、スポーツジムやエステなどに行くのもいいでしょう。舞台やライブなどを観ると、エンタメの素晴らしさを学べる年でもあるので、積極的に気になるアーティストのライブや音楽フェスなどに足を運んでみてください。2021年にする経験は、後の人生で語れるくらいいいものになるでしょう。

家庭運

旅行やイベントを思いきり楽しんで 悩みは家族に相談してみよう

2021年は、家族との関係を楽しむことが大事な年です。誕生日や記念日、イベントなどは例年以上に盛り上がるでしょう。久しぶりに連泊の家族旅行や、海外旅行をするかもしれません。憧れのテーマパークに宿泊付きで行くことになるなど、一生の思い出がたくさんできそうです。その代わりに出費も増えてしまうので、出費の大小にかかわらず、節約するところはしっかりしましょう。目標を家族旅行や家族へのプレゼントに設定し、家族みんなで楽しみながら節約に励んで。みんなで頑張ったごほうびは想像以上の思い出になりそうです。

夫婦関係では、失言に気をつけ相手に対して雑な扱いをしないように要注意。夫婦に限らず、人は雑に扱われることに最もムッとくるものです。挨拶を欠かさずお礼を忘れずに伝え、相手を尊重して丁寧な言葉遣いを心がけてください。「ありがとう」のひと言で、どれだけ家族の空気が変わるかを想像するといいでしょう。趣味の時間や仕事の付き合いなどを増やしすぎてしまうと、気まずい雰囲気になりそう。家族の気持ちを考えて遊びや付き合いを断ることも忘れないようにしてください。

子どもとの関係は、親子で一緒に成長できるようにするといいでしょう。たとえば、子どもが忘れ物や遅刻などをしてしまっても、「自分と似ている」と認め、どうすれば同じような失敗を繰り返さないのか、一緒に対策を考えてみてください。また、2021年は子どもと遊ぶ約束や、ごほうびの約束などを忘れやすいので要注意です。「そんな約束していない」「覚えていない」と言ってしまっては、信用を失って親子の関係が悪くなってしまいます。うっかり忘れてしまったら、しっかりと埋め合わせをしてください。それ以前に、絶対に忘れないように大きくメモに書いて目立つところに貼っておくようにしましょう。実行できなそうだと思う約束は、そもそもしないようにすることも大事。

両親との関係も問題は少なそうです。しかし、大事な話を聞き流すとケンカの原因になるので、話を最後まで聞くように気をつけて。一緒に旅行に出かける計画を立ててみるといいでしょう。同居やお墓、相続などの重たい話は、うまくまとまらずに揉め事の原因になってしまうので、強く口出ししないように心がけてください。どうしても決めなくてはならないときは、流れにまかせてみたり、常識の範囲で判断したりするようにしましょう。両親へのプレゼントには、少し遊び心のあるものを贈ってみると喜ばれます。

家族とわだかまりがある人は、12月に流れを変えるきっかけが訪れます。頑固者のあなたが先に折れて謝るなど、大人な対応をすると自然といい方向に進むようになるでしょう。ただし、数年かかっている長い問題の場合には、時間をかけてゆっくり関係を修復するほうがよさそうです。

仕事で悩みがあったり、やる気をなくしてしまったりしたときには、家族に相談をしてみるといいアドバイスがもらえそうです。自分の考えだけを通すよりも、客観的に見ている人からの言葉を聞き入れることが大事です。家族からの助言はストレートな言葉が多く、ムッとすることもあると思いますが、はっきり言ってもらえることに感謝の気持ちを忘れないようにしましょう。

健康運

小さなケガや飲みすぎに注意！
忍耐強さが原因で体調を崩す場合も

楽しく遊ぶ年にするためにも健康が大切ですが、2021年はドアや引き出しに指を挟んでしまうなど、うっかりミスによる小さなケガに注意が必要です。普段は転倒や打撲などしない人でも、些細な段差で転んだり、お酒で酔っ払って調子にのりすぎたりして、足を擦りむくなどしそうです。周囲から「子どもじゃないんだから」と言われるようなミスを連発するかもしれません。遊びに出かけるのはいいのですが、テンションが上がりすぎてケガをしないように気をつけましょう。大ケガになるほどではなくても、不便に感じることがあるでしょう。夏は海やキャンプなどに行くと楽しいイベントになります。しかし、日焼け止めを忘れて肌を焼きすぎて後悔したり、虫に刺されてテンションが下がったりすることがあるので、日焼け止めや虫よけなどの事前準備を忘れないようにしてください。また、急に体を動かしてケガをすることもあるので、しばらく運動をしていない人ほど、柔軟体操や体力作りをしてから体を動かすようにしましょう。料理をする人は包丁で指を切ってしまったり、油がはねてヤケドをしたりしやすいので、慎重な行動を。さらに、遊びの時間が多いからといって、ひとりで座りっぱなしでゲームに没頭したり、自転車で長距離を走ったりしていると痔になってしまう場合があるので、同じ姿勢が続くときにも注意してください。忍耐強さが原因で体調を崩してしまう場合もありそうです。

最も注意が必要なのは、お酒を飲んだときです。段差で転ぶ以外にも、飲みすぎで体調を崩してしまうことが何度もありそう。二日酔いで苦しんだのに、数日後にまた同じようなことをやってしまう可能性が。飲酒の際は、お酒と同量の水を飲むようにしましょう。また、休肝日をしっかり作るなど、連日連夜飲み続けることもないようにしてください。2021年は、自分が予想している以上に油断をしてしまう運気でもあります。暴飲暴食をして、気がついたら服のサイズが変わっているくらい太ってしまっていたということもあるでしょう。楽しい時間を過ごすのはいいことですが、食べすぎ飲みすぎには気をつけてください。食べる機会が増えたなと思う前に運動にとりかかり、カロリー消費を忘れないようにしてください。

2021年は遊び心が大切な年なので、美容と健康を兼ねて、スポーツをするといいでしょう。ただし、外でのスポーツは日焼けで肌を傷めてしまうことがあるため、ケアをしっかりすること。ウォータースポーツを楽しんでみるのもいいでしょう。軽く汗を流すくらいの運動を楽しみながらやってみるのがオススメ。なお、金の鳳凰座は夜になると元気になる人が多いので、ついつい深酒をしたり睡眠時間を削って遊んだりしてしまいがち。生活習慣が乱れないようにするためにも、毎日同じ時間に寝て、飲み会の解散時間はあらかじめ決めておくようにしましょう。

基本的に健康運は問題が少ない年ではありますが、油断をすると思わぬケガや風邪に見舞われてしまいます。うっかりミスのないように気をつけると、健康に過ごせるでしょう。楽しみながら体を動かせることを自分で見つけるようにしてください。そして遊び感覚ではじめてみましょう。

年代別 アドバイス

年齢が違えば、起こる出来事もそれぞれに違います。
日々を前向きに過ごすための年代別アドバイスです。

年代別アドバイス 10代

遊ぶ機会が多く楽しい1年になりますが、そのぶん誘惑も多く間違った道に突っ走ってしまうことがあるので、羽目を外すのもほどほどにしておきましょう。明るく変身するのはいいですが、2021年だけの特別な自分だと思って、2022年は元のキャラに戻しましょう。恋愛面ではモテを楽しめる時期ですが、相手にもてあそばれてしまうこともあるので、愛がないと思ったときには執着せず、縁を切る勇気を出して。

年代別アドバイス 20代

誘惑の多い1年です。何事も楽しむように行動することが大切ですが、仕事へのやる気を失って転職や離職に進みやすいので、気をつけましょう。現在の仕事を継続しながら、趣味や恋愛を楽しむ時間を増やすようにしてください。音楽フェスやイベント、ライブなど普段なら行かないようなものに参加してみると、人生観が変わって前向きになれるでしょう。髪型や服装を、少し年上に見えるくらいの感じにするとよりいいです。

年代別アドバイス 30代

たまにはのんびりする時間を作って、旅行をしたり劇場や美術館へ行ったりすることが大事です。仕事ばかりになってしまうと人生を楽しめなくなってしまうだけでなく、仕事への気力を失うこともあるので気をつけましょう。また、仕事への不満ばかりためないで、プライベートを充実させて仕事があることへの感謝も忘れずに。間違えても転職をしないように。珍しいミスをしやすいので、確認作業はいつも以上にしっかりしましょう。

年代別アドバイス 40代

大人な趣味を見つけるにはいい年です。少し敷居が高いと思われた場所で食事をするなど、小さな贅沢を楽しんでみてください。服装や外見も大人っぽい印象に変えることで、人生を楽しめるようになるでしょう。読書をする習慣を身に付けると、より人生が豊かになるので、寝る前に10分だけでも読む習慣を身に付けてみてください。また、「食わず嫌い」の克服に挑戦するといいので、遊び半分で挑戦してみましょう。

年代別アドバイス 50代

カルチャースクールに通ったり、気になることの勉強をはじめたりするにはいい年。遊び半分でいいので、楽しめる何かをスタートしてみてください。「今さらはじめても」と思うことこそ、挑戦してみるといいでしょう。続かなくても、どんな感じのものか知ることが大切。また、コンサートや旅行などこれまで避けていたことをやってみると、思いのほか楽しい時間を過ごせます。明るい感じを意識したり、若返る努力をしたりするのも大切でしょう。

年代別アドバイス 60代以上

些細な段差のケガには注意が必要です。足元には十分気をつけて、不要なものを床に置かないようにしてください。また、聞き間違えや勘違いをして大損することもあるので、人の話はしっかり最後まで聞いて、冷静に判断するようにしましょう。温泉旅行をしたり、芝居を観に行ったり、新しい趣味をはじめてみたりするといいでしょう。友人や知人から誘われた集まりに参加してみると、思わぬ収穫がありそうです。

あなたの命数は
P.10からはじまる
命数早見表でチェック!

命数別2021年の運勢

【命数】
21

頑固な高校1年生

基本性格

サッパリとした気さくな性格ですが、頑固で意地っ張りな人。負けず嫌いな努力家で、物事をじっくり考えすぎることも。仲間意識を強く持つものの、ひとりでいることが好きで単独行動が自然と多くなったり、ひとりで没頭できる趣味に走ったりすることも多いでしょう。しゃべるのが苦手で、反発心を言葉に出してしまいますが、ひと言足りないことでケンカになるなど、損をしてしまうことが多い人でしょう。

〉〉2021年の開運アドバイス

ラッキーカラー ワインレッド、ラベンダー
ラッキーフード そば、ビスケット
ラッキースポット スポーツジム、海

開運3カ条

1. 勝ち負けを気にしない
2. 相手に花をもたせる
3. エンターテイメントを楽しむ

2021年の総合運

頑張り屋のあなたが「頑張らなくていい」1年。力を抜いて、時にはサボって、ゆっくり人生を歩む運気だと思ってください。勝ち負けにこだわると疲れてしまうので、プライベートや趣味をできるだけ楽しんでみたり、忙しくて楽しめなかったエンターテイメントや文化的なことを体験したりするといいでしょう。健康運は、飲みすぎや食べすぎで体型と生活習慣が乱れそう。胃腸の調子も崩しやすいので気をつけておきましょう。

2021年の恋愛&結婚運

2020年から仲よくなった相手がいるなら、遊びに誘ってみたり距離を縮めるチャンスに恵まれたりするでしょう。特に春までは押しきれるので、少し強引でも誘ってみるといいですが、色気と愛嬌が足らないので会うときには自分をしっかり輝かせる努力を忘れないように。下半期は遊びのノリでの交際がありそうなので、フットワークを軽くしておきましょう。結婚運は、ケンカをしてもお互いに気にしないで修復できる人ならいいでしょう。

2021年の仕事&金運

仕事を頑張りすぎて燃え尽きてしまう可能性がある年。年度切り替えの3月までは全力で突き進んでもいいですが、その後に燃え尽きてしまったり、やる気を削がれたりすることがありそう。2021年は焦らず、ペースを少し落としてみて。同期や周囲に花を持たせるくらいの気持ちで、ゆとりを持って仕事に取り組みましょう。金運は、欲しかった趣味の道具を揃えたり、スポーツ観戦に行ったりするといいでしょう。ジム通いもオススメ。

【命数】
22

単独行動が好きな忍耐強い人

基本性格

向上心や野心があり、内に秘めるパワーが強く、頑固で自分の決めたことを貫き通す人。刺激が好きで、ライブや旅行に行くと気持ちが楽になりますが、団体行動は苦手でひとりで行動するのが好きなタイプ。決めつけがかなり激しく、他人の話の最初しか聞いていないことも多いでしょう。心は高校3年生のようなところがあり、自我はかなり強いものの、頑張る姿や必死になっているところを他人には見せないようにする人です。

〉〉2021年の開運アドバイス

ラッキーカラー 茄子紺、グレー
ラッキーフード すき焼き、みたらし団子
ラッキースポット ライブハウス、プール

開運3カ条

1. 旅行に行く
2. 人の輪の中に入る
3. 一発逆転を狙わない

2021年の総合運

旅行やライブに行く機会が増える、楽しい年。先に予約をすることやチケットを取ることでやる気が増すようになるでしょう。少しくらい無茶なスケジュールでも強行してみるといい思い出ができそうです。話を聞かないことが問題になるので、わかったつもりになっているときほど最後までしっかり聞くようにしましょう。団体が苦手でも複数の人の集まりには参加してみて。健康運は、アルコール度数の高いお酒とヤケ酒、ヤケ食いには注意が必要です。

2021年の恋愛&結婚運

刺激的な恋愛を楽しむにはいい年。一夜の恋や出会ってすぐの交際が盛り上がるでしょう。ただし、勢いまかせになるので、場合によっては危険な異性に引っかかって面倒なことが起きる覚悟はしておいて。安定を求めるなら2020年に出会った人の中から探してみるといいですが、特に音楽の趣味が合う人がオススメ。結婚運は、遊び心が強くて結婚には不向きな年なので、相手の運気にまかせて。意地を張りすぎないように注意。

2021年の仕事&金運

仕事に集中するなら2〜3月がいい結果を出すことができそう。その後は仕事よりもプライベートを楽しむほうがいい運気に変わるので、仕事は無駄なく最小限なくらいでいいでしょう。仕事のスタートよりもゴールが大事になるので、締めくくりだけはしっかりするようにしておきましょう。12月に突然流れが変わるので、気合いを入れて取り組んで。金運は、旅行やライブに出費が増えそう。格闘技を観に行くと血が騒ぎそうです。

ラッキーカラー、フード、スポットはプレゼントやデート、遊ぶときの口実に使ってみて

12のタイプ別よりもさらに細かく自分や相手がわかる！
ここでは、生まれ持った命数別に2021年の運気を解説していきます。

【命数】
23
陽気なひとり好き

基本性格
ひとつのことをじっくり考えることが好きで、楽観主義者。頑固で決めたことを貫き通しますが、「まあなんとかなるかな」と考えるため、周囲からもどっちのタイプかわからないと思われがち。サービス精神はありますが、本音はひとりが好きで明るい一匹狼のような性格。空腹が苦手で、お腹が空くと何も考えられなくなり、気分が顔に出やすくなるでしょう。不思議と運に救われますが、余計なひと言に注意が必要です。

2021年の開運アドバイス

ラッキーカラー　スカーレット、紺色
ラッキーフード　揚げ出し豆腐、あんみつ
ラッキースポット　音楽フェス、パーティー

開運3カ条
1. 周囲を笑わせる
2. 数字と時間はしっかり守る
3. 挨拶やお礼を丁寧にする

2021年の総合運
楽しく人生を過ごすタイプですが、2021年はおふざけが過ぎてしまうので、調子に乗りすぎないように気をつけましょう。遊びを楽しむときは自分だけでなく、できるだけ多くの人を巻き込んでみるといい思い出もたくさんできるでしょう。感情的になりやすいのでわがままな態度には気をつけましょう。油断が多く、食べすぎて急激に太ってしまうことがあるので気をつけて。健康運は、ドジなケガに注意。慌ててケガをしないように。

2021年の恋愛&結婚運
恋を楽しむのはいいですが、勢いまかせになりそうな年。その日限りで終わってしまう可能性があるので、相手選びを間違えないように。面倒なトラブルに巻き込まれるかもしれません。みんなの中に入って楽しむことで人気者になり、モテるようになるでしょう。笑顔と愛嬌、明るい服を意識してみて。耳を出すと急に異性からの評判がよくなりそうです。結婚運は、授かり婚をする確率が高く、急な入籍をする場合も。

2021年の仕事&金運
仕事でミスが続いてしまいそうな年。数字や時間などは、特に再確認が必要。大きな失敗で気まずくなる場合があるので、丁寧に仕事をするように。気分で仕事をしないで、気持ちを込めてするようにしましょう。職場の空気をよくするためにも、挨拶やお礼を自ら元気よく言うようにするといいでしょう。職場の人との付き合いの飲み会や食事会も大切に。金運は、遊びで出費が増えすぎたり、食べすぎたりしてしまうので、計画を立てて。

【命数】
24
冷静で勘のいい人

基本性格
じっくり物事を考えながらも最終的には勘で決める人。根はかなりの頑固者で、自分の決めたルールを守り通し、簡単に曲げたりしないタイプ。土台は短気で、機嫌が顔に表れ、言葉にも強く出がち。余計なひと言は出るのに、肝心な言葉は足りないことが多いでしょう。想像力が豊かで感性もあるため、アイデアや芸術系の才能を活かせれば、力を発揮できる人でもあります。過去に執着するクセはほどほどに。

2021年の開運アドバイス

ラッキーカラー　朱色、ブラック
ラッキーフード　寿司、スイカ
ラッキースポット　神社仏閣、海の見えるホテル

開運3カ条
1. 睡眠時間を少し増やす
2. 前向きな話をする
3. 景色のいい場所に行く

2021年の総合運
ストレス発散するには最適な年。思った以上に進まないことにイライラしないで、映画やアートを観る機会を増やして心を癒やす時間を作ることが大事。自然の多い場所や贅沢なホテルでのんびりするのもいいでしょう。短気を起こさない状況を自ら作るよう、工夫しておきましょう。過去の失敗は、自分のも他人のも気にしないようにすることも大事。健康運は、睡眠時間が減ると不機嫌になるので、夜遊びや夜更かしをしないように注意してください。

2021年の恋愛&結婚運
ひと目惚れするタイプなので、2020年中に気になる人を見つけた場合は、その人を遊びに誘ったり、こまめに会ったりしましょう。楽しい空気や好意を全面に出していけば一気に進展しそう。ただ、余計なひと言や短気が出てしまうと一気に終わりを迎えてしまう場合があるので気をつけて。2021年のひと目惚れは、体の関係だけで終わってしまいそう。結婚運は、2、12月にピンときた場合は、勢いで入籍してもいいでしょう。

2021年の仕事&金運
頭の回転がよくなり春まではいい判断ができそうですが、その後は職場に不満や苛立ちを感じることが増えてしまいそう。短気を起こして離職や転職をしないようにしましょう。勘も外れやすいので、迷惑をかけない程度に仕事をして、プライベートを楽しむ時間をうまく作るようにしましょう。愚痴や不満よりも、前向きな話を職場の人とするといいでしょう。金運は、浪費が激しくなりそう。美的センスを磨くことにお金を使いましょう。

【命数】

25

ひとりの趣味に走る情報屋

基本性格

段取りと情報収集が好きで、常にじっくりゆっくりいろいろなことを考える人。幅広く情報を集めているようで、土台が頑固なため、情報が偏っていることも。計算通りに物事を進めますが、計算自体が違っていたり、勘違いで突き進んだりすることも。部屋に無駄なものや昔の趣味のもの、着ない服などが集まりやすいので、こまめに片づけて。気持ちを伝えることが下手で、常にひと言足りないところがあるでしょう。

2021年の開運アドバイス

ラッキーカラー　山吹色、ホワイト
ラッキーフード　きつねそば、蜂蜜
ラッキースポット　水族館、プール

開運3カ条

1. 趣味の幅を広げてみる
2. 質問上手を目指す
3. みんなが得することを考える

2021年の総合運

フットワークを軽くすることで運気の流れがよくなる年。特に酒の席でおもしろい出会いがありそう。情報は曖昧なものも増えるので、鵜呑みにすると損することも。冷静に分析するようにしましょう。少し大人な趣味をスタートさせるといいので、音楽のジャンルを変えたり、普段は入りにくいようなお店に挑戦したりするといい体験ができそう。健康運は、休肝日やしっかり体を休ませる予定を立てることが大事。詰め込みすぎないように注意して。

2021年の恋愛&結婚運

ひと目惚れをするのはいいですが、外見だけで判断をして中身が伴わない人に振り回されてしまうことがありそう。特に飲み会などの酒の席で出会う人には注意が必要。「とりあえず」で交際を進めても、問題がいろいろ出てきてしまいそう。「2021年の恋は短く終わらせる」と覚悟するくらいのほうがよさそうです。周囲の本音を聞くことも忘れないように。結婚運は、2021年の勢いまかせは後悔するので、決断は先のこととして。

2021年の仕事&金運

3月までは計算通りに物事が進んで満足できそうですが、その後は見積もりの甘さや計算ミスが出やすいので注意して。仕事に集中できなくなりそうですが、終業後や休日に予定をいろいろ入れて楽しみを作ってみるといいでしょう。飲み会やイベントを企画して実行してみるといいかも。金運は、不要な買い物が増えるので、ネットやお店での衝動買いには気をつけましょう。飲み会や交際費が思った以上に増えそうです。

【命数】

26

我慢強い真面目な人

基本性格

頑固で真面目で地味な人。言葉を操るのが苦手で、受け身で待つことが多いでしょう。反論したり自分の意見を言葉に出したりすることが苦手で、ひと言ふた言足りないことも。寂しがり屋ですがひとりが一番好きで、音楽を聴いたり本を読んだりしてのんびりする時間が最も落ち着くでしょう。何事も慎重に考えるため、すべてに時間がかかり、石橋を叩きすぎてしまうところがあります。また、過去に執着しすぎてしまうところも。

2021年の開運アドバイス

ラッキーカラー　藍色、藤色
ラッキーフード　うなぎ、シャーベット
ラッキースポット　温泉、公共施設

開運3カ条

1. 明るくイメチェンする
2. ケチケチしないで遊ぶ
3. 聴く音楽のジャンルを増やす

2021年の総合運

真面目に取り組んできた人ほど、2021年は思いっきり遊んでください。少しくらい出費が増えてもいいので、旅行やライブ、エステやホテルでの食事など一流のサービスを受けてください。ケチケチしていると視野が狭くなってしまうので、2021年は行動範囲を広げるだけ広げる勇気が大切。おもしろい出会いも多いので、人の集まりには少し無理をしてでも顔を出すように。ノリのよさが幸運を呼ぶでしょう。健康運は、温泉旅行に行くといいでしょう。

2021年の恋愛&結婚運

明るい服や髪型に思いきってイメチェンをしたり、流行に合った服を選んだりするといいでしょう。少しいい美容室で髪を切るのもよさそう。恋に臆病な人ほど2021年は交際のチャンスがあるので、自信を持って、引かないようにしましょう。異性の前では笑顔と楽しい感じを出しておくといいので、素直によく笑って。結婚運は、将来の話を真面目にするよりも、お互いに夢や理想を語ってみるほうが、いい方向に話が進みそうです。

2021年の仕事&金運

強く言われてしまうとなかなか断れないタイプですが、受け入れていいのは3月まで。4月以降は、仕事以外の時間を楽しめるようにすることが大事。習い事やイベント、ライブ、有給を取って旅行に行ったりしましょう。あなたには珍しいミスや遅刻などがあるので、焦らないように。失敗からも学べるので、ショックを受けすぎないように。助けてもらった人に感謝をして。金運は、娯楽に楽しくお金を使うといいでしょう。

ラッキーカラー、フード、スポットはプレゼントやデート、遊ぶときの口実に使ってみて

【命数】

27

猪突猛進なひとり好き

基本性格

自分が正しいと思ったことを頑固に貫き通す正義の味方。曲がったことや自分の決めたことを簡単には変えられない人ですが、面倒見がよく、パワフルで行動的。ただ、言葉遣いが雑でひと言足りないところがあります。おだてに極端に弱く、褒められたらなんでもやってしまいがち。後輩や部下がいるとパワーを発揮しますが、本音はひとりがいちばん好きなタイプ。自分だけの趣味に走ることも多いでしょう。

〉〉2021年の開運アドバイス

ラッキーカラー　オレンジ、グリーン
ラッキーフード　天ぷらそば、ようかん
ラッキースポット　海の見えるホテル、ホームパーティー

開運3カ条

1. みんなで楽しむ会を主催する
2. 先のことを考えて行動する
3. 年下の友人を作る

2021年の総合運

パワーがあふれて楽しめる年ですが、雑な行動が問題を起こしてしまうので、丁寧に行うことを心がけ、せっかちには注意して。2021年は仲間を集めてパーティーや飲み会、イベントを主催したり、積極的に参加したりするといい出会いや学べることが増えるでしょう。自分の考えややり方だけが正しいと思わず、いろいろな考え方を取り入れるにもいい運気です。健康運は、段差や階段につまずくなど、ドジなケガに注意。お酒での大失敗にも気をつけましょう。

2021年の恋愛&結婚運

ノリや勢いで交際したり、深い関係になったりしやすい年。気になる人を押してみるのはいいですが、空回りすることも多いので、押してダメなら引くことも忘れないようにしましょう。チヤホヤされて調子に乗りすぎることもあるので、テクニックのある異性にも気をつけて。後輩や部下からモテる場合もありそう。結婚運は、押しきれば話を進められますが、後に問題がいろいろ出てくるので現実的なことを考えて。

2021年の仕事&金運

3月まで勢いよく仕事ができますが、その後は周囲への不満や文句がたまりやすく、突然離職や転職を考えそう。2021年は簡単に判断しないで、現在の仕事を大事にしてください。仕事は自分でも思った以上に雑になったりミスが増えたりするので、確認作業を忘れずに。後輩や部下と飲み会や遊ぶ機会を作ると、その後にいい感じで仕事を進められるでしょう。金運は、ごちそうする機会が増えて出費が増えそう。豪快な買い物はほどほどに。

【命数】

28

冷静で常識を守る人

基本性格

礼儀正しく上品で、常識をしっかり守れる人ですが、根は頑固で融通の利かないタイプ。繊細な心の持ち主ですが、些細なことを気にしすぎたり、考えすぎたりすることも。しゃべることは自分が思っているほど上手ではなく、手紙やメールのほうが思いが伝わることが多いでしょう。過去の出来事をいつまでも考えすぎてしまうところがあり、新しいことになかなか挑戦できない人です。

〉〉2021年の開運アドバイス

ラッキーカラー　クリーム色、ホワイト
ラッキーフード　天ぷら、チョコパフェ
ラッキースポット　リゾートホテル、プール

開運3カ条

1. 笑顔と愛嬌を忘れない
2. 少し大胆な服を着る
3. お笑いのライブを観に行く

2021年の総合運

几帳面な人ほど崩れてしまいそうな年。珍しいミスをして恥ずかしい思いをしそうですが、大きな問題にはならないので、フォローしてくれた人に感謝を忘れないように。落語やお笑いのライブ、テーマパークなどに行く機会を作ってみると、人生が豊かになるでしょう。普段は行かないような場所に遊びに行ってみるのもいいでしょう。健康運は、うっかりスキンケアを忘れて肌を傷めたり、外出時に日焼け止めを忘れてシミができたりしそうなので注意して。

2021年の恋愛&結婚運

普段なら興味の薄い人と恋に落ちてしまいそうな年。やや強引な人と交際したり、関係を持ったりすることがありますが、臆病にならずに恋や人生を楽しむことを優先するといいでしょう。順序ばかり気にしていると恋が楽しめない場合があるので、ノリのいい感じを出してみて。スタイルのわかる服や露出の多い服を着るといいですが、変な異性も寄ってくるのでうまく避けるように。結婚運は、お互いの両親に好かれるようにするにはいい年。

2021年の仕事&金運

寝坊や遅刻、数字や金額間違いなど、普段なら絶対にしない小さなミスをしやすい年。確認をすれば避けられるので問題はなさそう。転職の誘惑だけには気をつけておきましょう。今の職場のよさを忘れないように。職場や仕事の関係者とプライベートでも仲よくなってみると、仕事の感覚が変わって後にやりやすくなるでしょう。金運は、華やかな服や話のネタになりそうなものを購入してみて。周囲が笑顔になるお金の遣い方がオススメです。

【命数】

29

頑固な変わり者

基本性格

自由とひとりが大好きな変わり者。根は頑固で、自分の決めたルールや生き方を貫き通しますが、素直でない部分があり、わざと他人とは違う生き方や考え方をすることが多いでしょう。芸術面で不思議な才能を持ち、じっくり考えて理屈っぽくなってしまうことも。しゃべることは下手でひと言足りないことも多く、団体行動は苦手で常に他人とは違う行動をとりたがります。言い訳ばかりになりがちなので、気をつけましょう。

〉〉2021年の開運アドバイス

ラッキーカラー ワインレッド、パープル

ラッキーフード ホルモン焼き、プラム

ラッキースポット リゾートホテル、南国のビーチ

開運3カ条

1. 収入の２割以上は貯金する
2. 異業種交流会に参加する
3. 海外旅行に行く

2021年の総合運

自由な発想や行動力が増す年。お金を節約してでも海外旅行や世界遺産、普段は行くことのないような場所に行くといい刺激を受けられそう。海外の美術館や有名な舞台を観に行くのもいいでしょう。突然あらゆることを投げ出したくなりますが、現実的なことを見失わないように。人の集まりに参加することでおもしろくも尊敬できる人に出会えそうです。健康運は、夜中に趣味に没頭しすぎて寝不足や肩こり、目の疲れを招かないよう注意。

2021年の恋愛&結婚運

才能に惚れるか、変わった異性に惚れるタイプなので、凄い人と交際しますが、2021年は変な人に引っかかりやすいので、冷静に判断して。また、あなたの魅力に気がつかないまま近寄ってくる人もいるので、最初の数回は楽しめてもすぐに飽きてしまうことが。異性の友人を作るくらいにしましょう。結婚運は、結婚願望がまったくなくなりそう。想定外の授かり婚をした場合、離婚率がとても高いので、気をつけて。

2021年の仕事&金運

３月は才能や実力を認めてもらえそうですが、４月以降は、突然仕事へのやる気を失って転職や離職に走りそう。自由を求めて行動しやすいですが、大きな判断ミスに。突然「海外で仕事したい」などと周囲から不思議に思われるようなことを言い出しそうですが、今年は12月までは現在の仕事を頑張りましょう。数字や金額などを間違えるミスをしやすいので特に注意が必要。金運は、浪費が激しくなるので、価値のあるものを選んで。

【命数】

30

理屈が好きな職人

基本性格

理論と理屈が好きで、探求心と追求心を持っています。自分の決めたことを貫き通す完璧主義者で、超頑固な人。交友関係は狭く、ひとりが一番好きなので、趣味にどっぷりハマることも多いでしょう。芸術や神社仏閣などの古いものに関心があり、好きなことについて深く調べるため知識は豊富ですが、視野が狭くなる場合も。他人を小馬鹿にしたり評論したりするクセはありますが、他人を褒めることで認められる人になるでしょう。

〉〉2021年の開運アドバイス

ラッキーカラー ホワイト、ゴールド

ラッキーフード 寿司、いちごのショートケーキ

ラッキースポット 神社仏閣、書店

開運3カ条

1. ミスは素直に謝る
2. エンタメを楽しむ
3. 知り合いを食事に誘う

2021年の総合運

集中力が欠けたり、向かう先を見失ったりしてしまう年。３月までは才能や頑張りが認められますが、その後は急に興味が薄れたり、完璧主義が崩れたりしてしまうような出来事が起きそう。自分にやさしく、他人にはもっとやさしく接するようにしましょう。ミスを隠そうとしないで素直に謝り、周囲に感謝を忘れないように。健康運は、指先のケガや打撲などがありそう。タイ古式マッサージ、ストレッチなどをするのがオススメです。

2021年の恋愛&結婚運

本来なら尊敬できる人しか好きにならないタイプですが、今年は違うタイプに押しきられてしまったり、珍しいタイプと関係が進んだりしそう。後に「あのときは血迷った」と思うことがあるでしょう。しばらく恋から遠のいている人は「恋を楽しむ」と割りきれば問題ないですが、ドMのようなタイプが近寄ってきそう。結婚運は、具体的な話を進めるよりも、ふたりの時間を思いっきり楽しめることで、話が進められるようになるでしょう。

2021年の仕事&金運

３月まではいい仕事ができ、完璧な形を残すこともできそう。その後は不完全な仕事や、納得のいかない仕事が増えてしまいそう。集中できない出来事が起こったり、プライドを傷つけられてやる気を失ったり、尊敬できる人を見失ったりしそう。職場の人と交流を深め、もっと関心を持って接してみるといいでしょう。どんな仕事でも尊重する気持ちを持って。金運は、人付き合いにお金を使うといい年。飲みに誘ってごちそうしましょう。

ラッキーカラー、フード、スポットはプレゼントやデート、遊ぶときの口実に使ってみて

金の鳳凰座 2021年タイプ別相性

自分と相手が2021年にどんな関係にあるのかを知り、
人間関係を円滑に進めるために役立ててみてください。

相手が 金のイルカ座
整理の年

ちょっとした行き違いや勘違いで縁が切れてしまったり、疎遠になる可能性がある相手。あなたの雑なところや失敗も原因になりやすいので、挨拶やお礼はもちろん、日々丁寧に接しましょう。ただ、新たな挑戦をするために別れることになる場合も。恋愛相手の場合は、お互いの気持ちが安定しないため、失恋や別れ話になる可能性が高い年です。遊び心を大切にするのはいいことですが、気遣いややさしさも忘れないようにしましょう。

相手が 金のカメレオン座
乱気の年

これまでいい関係だった場合でも、突然縁が切れたり興味がなくなってしまう相手。「裏切られた」と思う場合もありますが、相手にも事情があるので考えすぎないように。価値観や大切にしていることの違いが出る年だと思いましょう。恋愛相手の場合は、相手の不安定な感じが逆に魅力に感じられて恋をする可能性があります。しかし、相手の気持ちが安定しないので、いい関係にはなれないでしょう。見守るくらいの距離感がよさそうです。

相手が 金の時計座
開運の年

一緒にいることで幸運をもたらしてくれる相手ですが、あなたが相手の足を引っ張ってしまったり、迷惑をかけたりする場合が。何事も丁寧に慎重に過ごすようにしましょう。仕事関係で出会った場合は特に大切にすると、救ってもらえることもあるでしょう。恋愛相手の場合は、相手を大切にすることで仕事運がよくなることや収入が安定することが。一緒にいるときはしっかり楽しむためにもケチケチしないようにしましょう。

相手が 銀のイルカ座
裏運気の年

相手の雑な部分や嫌なところが目についてしまい距離があいてしまいそう。一緒にいることで問題や面倒なことが起きやすいので深入りは避けたほうがよく、また、お互いに足を引っ張ってしまうこともあるでしょう。恋愛相手の場合は、魅力を感じられなかったり、一緒にいても相手のマイナスな部分が気になってしまいそう。お互いに頑固な部分があるので合わないかも。距離をおいて、異性の知り合い程度にしておくとよいでしょう。

相手が 銀のカメレオン座
ブレーキの年

相手の心のゆとりに助けられますが、甘えてばかりにならないように。年末に進むべき道が変わって疎遠になってしまう場合があるので、感謝の気持ちを忘れないように。歴史や伝統、文化の話をするといい関係になれそうです。恋愛相手の場合は、古い考え方が合うふたり。相手を楽しませて自分も楽しむくらいの気持ちが大切。約束を忘れてしまうことや雑な行動で関係が壊れてしまう場合があるので、丁寧に過ごすように心がけましょう。

相手が 銀の時計座
幸運の年

あなたのミスを何度も許してくれる相手。やさしさに甘えていないで、失敗しないように気をつけることや成長を見せることが大切。あなたの心の強さは相手から憧れられる長所にもなりますが、融通が利かない部分はマイナスになりそう。恋愛相手の場合は、長い付き合いで異性の友人のような関係ができているなら、遊んでいるうちにいい関係に進めそう。知り合ってからの期間が短いと関係を深めるのに時間がかかってしまいそうです。

相手が 金の鳳凰座
準備の年

今年は一緒にいることで楽しい時間を過ごせたり、嫌な思い出を楽しく変化させてくれたりする相手でしょう。ただ、大事な決断や今後を左右する相談は避けたほうがよく、お互いに頑固すぎて判断を誤ってしまう可能性があるでしょう。恋愛相手の場合は、気持ちが安定しないため、うまくいってもお互いにほかの異性に目がいってしまうなど浮気しやすいでしょう。今年は異性の友人や仲間だと思って楽しく過ごすといいでしょう。

相手が 金のインディアン座
リフレッシュの年

相手の気分や体調に振り回され、あなたの失敗で相手に迷惑をかけてしまいそうな年。嚙み合わない感じがありますが、やさしさと親切心を忘れなければ問題はないでしょう。相手を少しサポートしてあげるくらいの余裕を持っておきましょう。恋愛相手の場合は、遊ぶことはいいですが、相手を疲れさせてしまいそう。無理をしないでほどよく距離をとり、相手にできるだけ合わせてみるといい関係に。年末にチャンスがあるので焦らないように。

相手が 金の羅針盤座
チャレンジの年（2年目）

あなたの固定観念を和らげてくれる相手。いろいろな考え方や生き方があることがわかって楽しくなりそうです。互いにひとりの時間や人との距離感を大切にするので、楽な関係を作れそうですが、あなたの失態で縁が遠のく可能性があるので気をつけましょう。恋愛の場合は、今年はあなたの遊び心に火がついているので、気になる場所に誘ってみるといい関係になりそう。常にデートに変化を演出することができるといいでしょう。

相手が 銀の鳳凰座
解放の年

一緒にいることで楽しい時間を過ごすことやお互いに魅力をアップさせることが。しかし、あなたのやる気のなさが伝わってしまったり雑な行動で迷惑をかけてしまったりする場合があるので、慎重に行動するようにしましょう。恋愛相手の場合は、魅力に気がついたときには恋のライバルに先を越されてしまうなど、タイミングを逃している可能性があります。新年を迎えた段階で気持ちを伝えておくと、時間がかかってもいい関係になれそう。

相手が 銀のインディアン座
健康管理の年

緒にいることで前向きになれたりやる気になれる相手。あなたの失敗も笑って流してくれることもあり助けられそう。相手が環境を変えようとするときは背中を押してあげるといいので別れることになっても悲しまないようにしましょう。恋愛の場合は、信頼できる相性ですが、あなたのほうがほかの異性に目移りすることや浮気が発覚しやすいので気をつけましょう。定期的に飲み会や食事に誘ってみるといい関係に進みやすいでしょう。

相手が 銀の羅針盤座
チャレンジの年（1年目）

今年を楽しむために必要な相手。互いに新しいことを楽しんだり挑戦してみるといい体験や経験ができそう。あなたは失敗しやすいですがいい勉強ができて、相手から見ればいいデータになりそうです。よくも悪くも見本になれそうです。恋愛の場合は、相手は出会いが多くなる運気なので、その中のひとりになりそうですが、楽な感じが相手に伝わればいい関係を作ることができるので、ドジな話や失敗談をしてみるといいでしょう。

金の鳳凰座

毎月・毎日
運気カレンダー

〔 2020年11月～2022年3月の運気グラフ 〕

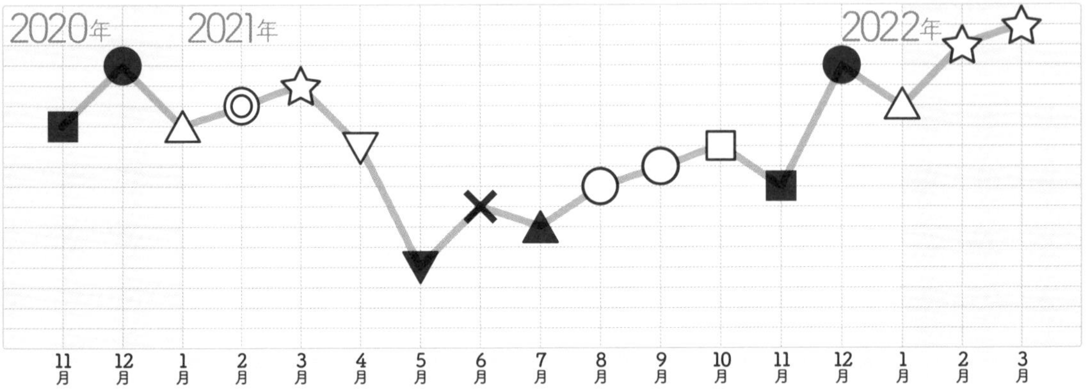

金の鳳凰座の2021年は

△ 準備の年

しっかり仕事してしっかり遊ぶ。準備不足に注意

この本で「占いを道具として使う」には、「毎日の運気カレンダー」（P.179～）を活用して１年の計画を立てることが重要です。まずは「12年周期の運気グラフ」（P.161）で2021年の運気の状態を把握し、そのうえで上の「毎月の運気グラフ」で、毎月の運気の流れを確認してください。

「金の鳳凰座」の2021年は、「準備の年」。山登りでいうと中腹を抜け、頂上が見えてきたところ。長い目で見ると、運気は上昇中です。「遊ぶことが大事な年」で、楽しんで笑顔になることが大事。2022年はさらに運気が上昇し、2023年にこれまでの積み重ねの成果が出ます。2022～2023年にさらに喜びを感じるためにも、2021年は遊びを満喫しましょう。

☆ 開運の月　◎ 幸運の月　● 解放の月　○ チャレンジの月
□ 健康管理の月　△ 準備の月　▽ ブレーキの月　■ リフレッシュの月
▲ 整理の月　✕ 裏運気の月　▼ 乱気の月　＝ 運気の影響がない月

2020 11月

■ リフレッシュの月

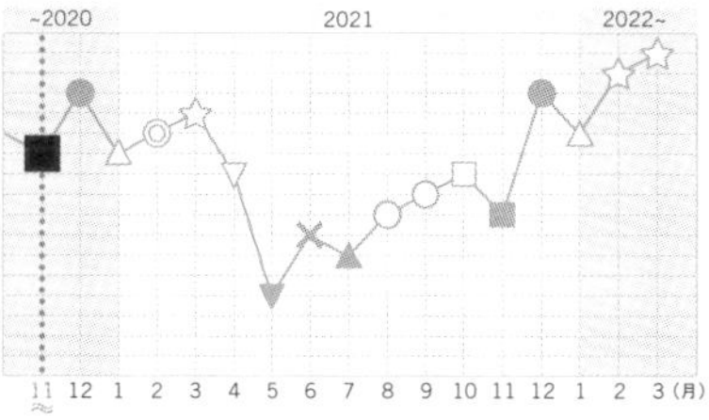

開運 3 カ条

1. しっかり休む予定を立てる
2. 鍋料理を食べる
3. マッサージに行く

総合運

のんびり過ごす日を作り、温泉やスパで疲れをとることが大事な月です。睡眠不足になりやすいので、８時間以上眠る生活を目指して不健康なことは避けてください。歯のクリーニングやエステで美意識を高めるのもオススメ。

恋愛＆結婚運

今月の恋は焦らないことが大切。会話に困らないように本を読み、映画や音楽のDVDを観て感性を高めるなど自分磨きに時間を使って。デートをしてもいいですが、疲れやすいので長時間出かけることを避けて早めに切り上げましょう。スポーツのデートも楽しい時間を過ごせますが、頑張りすぎてケガをするかも。結婚運は、今月は変化がありません。来月に期待しましょう。

仕事＆金運

仕事運も、ゆとりを持って取り組むといい時期。疲れから、腰痛や肩こりになり集中力が途切れ、やる気を失ってしまうことも。大事な会議のときに風邪をひくこともあるので、疲れをとるのも仕事のうちだと思って休日は遊びを控えましょう。金運は、疲労回復のためにマッサージや温泉にお金を使うといいでしょう。

日	曜	運気	
1	日	○	朝から晩まで予定がいっぱいでも、変化を求めて行動をして。今日はたくさんの人に会うので、おもしろい出会いや素敵な体験の機会に恵まれやすいでしょう。
2	月	○	情報を集めてから行動することが肝心。ただし、ネットなどのウソの情報に踊らされ間違った方向に進まないよう、正しい情報かどうかを精査することも忘れずに。
3	火	■	大事な仕事から先に終えること。順番を考えずに進めると、周囲から「融通が利かなくて能力が低い人」と思われます。臨機応変な対応を心がけましょう。
4	水	■	小さな段差につまずいてケガをしないように、急いでいるときほど慌てないようにしましょう。夜は面倒でも誘われた場所に顔を出すと、いい出会いに恵まれそう。
5	木	●	物事がスムーズに進む日なので、気になっていた人との関係が進展したり、仕事もはかどったりしそう。少し欲張ることでさらにいい結果へとつながるでしょう。
6	金	△	重要な書類に飲み物をこぼしたり、食事をひっくり返してしまうなど、ドジを連発しそうです。今日は終日、いつも以上に用心深く過ごすようにしましょう。
7	土	○	旧友や付き合いが長い人と縁がつながり、連絡するとタイミングよく会える段取りができそう。また、片思いの人にLINEを送ると、期待通りの返事が届きそうです。
8	日	◎	贅沢な空間でリフレッシュして過ごすと運気が上がります。タイ古式マッサージ、ヨガリトリートなど心と体を癒やすことにお金を使うといいでしょう。
9	月	▽	日中は物事がスムーズに進みますが、夕方以降は予定が乱れそう。夜になってもいつものようにテンションが上がらず、気分がすぐれない１日になってしまうかも。
10	火	▼	思い通りにならずイライラすると、厄介なことが重なり人間関係がこじれそうです。今日のトラブルは、辛抱強さを鍛えるための試練として受け止めましょう。
11	水	×	自分で考えているよりも疲れがたまっていて、やる気が起きないかも。今日は限界まで頑張らず、休憩時間に昼寝をするなどしっかり休むことも心がけましょう。
12	木	▲	スマホやパソコンで使うパスワードや、大切なものをしまった場所などを忘れてしまうかも。探したり思い出したりするときは、焦らずにひと呼吸おいて落ち着きましょう。
13	金	＝	悪意ある人が発信する情報に惑わされないように用心しましょう。一度信じると考えを変えないタイプだと自覚して、安易に情報に飛びつかないよう気をつけて。
14	土	□	仲間と一緒に、サイクリングやジョギングなどスポーツで汗を流すと気持ちがすっきりします。健康的なイベントに参加すると、知識を得られて勉強になりそう。
15	日	■	遊びは適度な時間で切り上げ、食事は腹八分目にすることを心がけて。今日は何事もほどほどに終えることで、不思議と楽しい１日を過ごせるでしょう。
16	月	■	朝から体がダルくてやる気が出ませんが、ストレッチで気持ちを切り替えられます。昼食をとりすぎると、胃腸の調子を崩してしまうので注意して過ごしましょう。
17	火	●	周囲から求められることに全力を尽くすことは大事ですが、限界まで頑張らないようにしましょう。困ったときは素直になって、周囲に助けを求めてみるとよさそうです。
18	水	△	書類や企画書などで重要なことを見落としそうなので、確認作業はいつも以上にしっかりと。数字などの細かい部分だけでなく全体的によく見直しましょう。
19	木	○	嫌な予感がするときは慎重に行動することを心がけて。自分のダメなパターンで過去と同じようなミスをするなど、悪いクセが出がちな日だと意識しておきましょう。
20	金	◎	仕事が順調に進んでいるからと、気やすくほかの仕事も請け負ってしまうと残業することになるかも。あなたをおだてる人に利用される日なので、十分に警戒して。
21	土	▽	午前中をダラダラ過ごすと、あっという間に夕方になって１日が無駄になります。日中は身の回りを片づけて買い物に行き、のんびりするなら夕方以降にして。
22	日	▼	後先考えず無謀な行動に走りがちな日ですが、冷静になりましょう。ゴールを決めないまま何かをはじめても迷うだけです。何事も計画的な行動を心がけること。
23	月	×	今日は確認作業を怠らないこと。LINEでは意味を取り違えて返信し相手の気分を害したり、書類に漢字の変換ミスがあったりと、細かな失敗をしてしまいそうです。
24	火	▲	ウソでもいいからポジティブな感じの言葉を口にすると、気分が明るくなるでしょう。あなたの楽観的な言動に周囲も笑顔になり、自分もやる気が出せそうです。
25	水	＝	仕事は従来通りの方法で進め、しっかり結果を出すことを目標にしましょう。新しいことに挑戦するのは大事ですが、今日は無理せず見送ったほうがよさそうです。
26	木	□	何事も結果を出そうと焦らないほうがいい日です。仕事が遅れてしまいそうなら相手に事情を説明し、雑にならないように最後まで丁寧に行うといいでしょう。
27	金	■	単独行動はトラブルの原因になるので、周囲と足並みをそろえることが大事になります。運気が切り替わる夜は体調を崩しやすいので気をつけましょう。
28	土	■	出会い運が好調になる夜に備え、歯をきれいにしておきましょう。日中に歯科医院に予約を入れて歯のクリーニングをすると、自信を持って新たな出会いを楽しめます。
29	日	●	片思いの相手とは一気に距離を縮めるよりも、まずは友人になることを考えて。フランクな間柄になっておくと、後に交際に進展する可能性が高まるでしょう。
30	月	△	責任感を強く持たないと、信用を失う日です。適当な発言をやめて、投げやりな行動をしないようにしましょう。気をつけないと判断ミスから大失態を演じかねません。

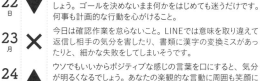

2020

12月

● 解放の月

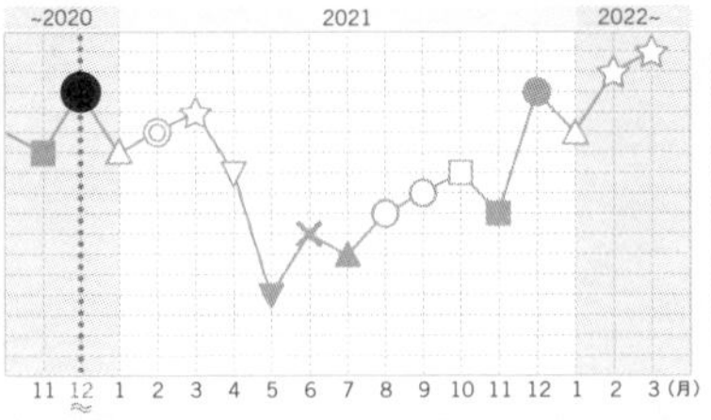

開運3カ条

1. すべてがチャンスだと思って受け止める
2. 好きな気持ちに素直になる
3. 本気で仕事をする

総合運

積み重ねてきたことの答えが出る最高の月です。うれしいことやチャンスは受け止めることが大事なので遠慮は不要。あなたの能力や魅力に気づく人とも出会えるので、誘われた場所には顔を出して挨拶やお礼をしっかりと。夢を語る時間を作り、自分をアピールすることも忘れずに。

恋愛&結婚運

交際がスタートする確率が高い時期。好きな人に素直に気持ちを伝えるか、今月告白された人にOKの返事を出すと、思った以上にいい人で素敵な交際になりそうです。新しい出会いも期待できるので、飲み会やイベントには明るい印象の服を着て積極的に参加しましょう。結婚運は、恋人からプロポーズされることがありそう。自分から逆プロポーズするにもいい運気です。

仕事&金運

仕事運は、重要な業務をまかされて本気で取り組んだ結果、昇給や昇格につながりそうです。現実に納得がいかない場合は、仕事に役立つ勉強をはじめましょう。職場の人に感謝すると大切なことや自分の役割が明確になります。金運は、自分へのごほうびを買うといい月です。

1 火	☆	同僚や友人から好意を寄せられ、告白されることがあるかも。交際をスタートしてもいい運気なので、好感を持っている相手なら一気に関係を進めてみましょう。
2 水	☆	少しくらい強引に推し進めることで、難しいと思っていたこともクリアできる運気です。仕事も順調に終わらせることができ、実力以上の結果を出せそうです。
3 木	▽	実力不足が露呈して、協力し合うことの必要性を痛感しそう。自分の力だけで解決できないなら周囲に助けを求め、また感謝することも忘れないようにしましょう。
4 金	▼	決断には不向きな日なので、「何事もいつも通り」と心得て。目先の欲望に流されないよう、今日は「変化が苦手な自分」の本領を発揮するといいでしょう。
5 土	×	対人関係では、相手の性格や知識を見越すことが大事になります。自分の言葉を相手が理解できるか、どう反応するかまで考えたほうが円滑に進みそうです。
6 日	▲	縁が薄い人とは距離ができそうですが、執着せず流れに身をまかせること。また、身近なものが壊れたら、不運を消化するための身代わりだと思って諦めましょう。
7 月	○	人生に役立つアドバイスや前向きになれる言葉が聞けそうです。成功している人が考えていることを学び、視野を広げるように心がけて行動しましょう。
8 火	◎	プライドを守るために経験を避けることは、不運につながります。また、今日は初対面の人との縁が今後につながることもあるので、積極的に行動をしてみるとよさそうです。
9 水	□	何事も楽な方向に進んでも学べることは少ないので、「面倒だな」と感じたほうを選んでみましょう。今の苦労は未来の自分の力になると信じて突き進んで。
10 木	■	無理を重ねると大きく体調を崩しやすい運気です。栄養があるものを食べ、睡眠時間をたっぷりとるなど、体力を温存するように努めて過ごすといいでしょう。
11 金	●	自分のためではなく、人を笑顔にできることを探してみるといいでしょう。それを少しでも実践できると、あなたの魅力が輝いて実りある1日になるはずです。
12 土	△	思いきり遊ぶといい日ですが、友人や恋人などグループで行動しなければ運気は上がりません。ひとりで過ごさないよう、周りに声をかけてワイワイ楽しんで。
13 日	☆	苦手なことを少しでも克服する行動をしはじめなければ、視野が狭いままです。勇気を持って1歩踏み出し、乗り越える努力を続けて視野を広げられるようにしましょう。
14 月	☆	真剣に仕事に取り組むと、念願だった目標を達成して満足な成果を得られます。記念に自分へのごほうびを買えば、それがラッキーアイテムになるでしょう。
15 火	▽	運が味方する日中は何事も問題が起きず、そこで感謝と恩返しを忘れずにいれば好調が続きそうです。ただし、夜は突然の飲み会などで予定変更があるかも。
16 水	▼	何事も「思い通りに進まないことが当たり前」と思い、ヘコまないこと。苦労や困難があるほうが学びの機会が多く、成長できるものだと思っておきましょう。
17 木	×	生来の頑固な性格が前面に出すぎると、周囲と波長が合わなくなり孤立してしまいそう。周りのことを考えて、人に喜ばれるような行動をとることを心がけて。
18 金	▲	何事も結論を焦らず、腰を据えて考えること。考えが足りないまま判断を下すと、失態を演じたり評価を下げる原因になったりするので気をつけましょう。
19 土	◎	今日出会った人は、出身地が同じだったり共通の趣味があったりと、初対面でも会話が盛り上がりそうです。その中に交際へと発展する相手がいるかもしれません。
20 日	◎	昨日に引き続き出会い運が好調なので、人が集まる場所には積極的に顔を出してみて。笑顔を絶やさず人の話を聞くと、その相手を通じていい縁がつながりそう。
21 月	□	「迷ったときはまず行動」をモットーに、経験を積むことを優先して。忘年会の幹事も経験のひとつと思い、仲間に連絡して幹事役に立候補してみましょう。
22 火	■	体力が低下しているのを感じたら、無理せずに少しペースを落とすこと。夜は突然の誘いがありそうですが、体調を第一に考えた選択をするようにしましょう。
23 水	●	仕事も恋も諦めないことが大事です。最後まで一生懸命に仕事をすると期待以上の評価になり、恋も最後のひと押しで形勢逆転する流れになるでしょう。
24 木	△	恋愛運が好調なので、恋人とロマンティックなクリスマスイブを過ごせるかもしれません。フリーの人は友人と素敵な思い出を作れる日になりそうです。
25 金	☆	知り合い同士が友人だったり、街で偶然友人と出会ったりと、人との縁を感じそう。今夜はプチ同窓会になり、その席にはいない旧友の話で盛り上がることがあるかも。
26 土	☆	買い物には最高の日。今年頑張ったごほうびとして、高価なものや家電や家具などで長く使えそうなものをまとめ買いしてみて。投資をはじめるのもよさそうです。
27 日	▽	大掃除は日中に終わらせ、夜は家でのんびりするのがオススメ。大掃除では不要なものをどんどん処分して、きれいにできる場所はピカピカに磨きましょう。
28 月	▼	約束をキャンセルされたり、想定外の渋滞にハマったりと、予定通りに進まないでしょう。些細なことにイライラせず、物事のプラスの面を探す練習をしてみて。
29 火	×	行動が裏目に出やすいので、無謀なことはしないように。また、お酒を飲むと調子に乗りすぎたり口が滑ったりと、後悔が残る結末を迎えるので注意が必要です。
30 水	▲	年齢に見合わないものや流行遅れのもの、ネガティブなイメージのあるものはどんどん処分しましょう。時間泥棒になるアプリやゲームも消去するといいでしょう。
31 木	◎	カウントダウンライブの会場、友人や恋人の家で過ごすなど、これまでとは違った大晦日になりそうです。心に残る、変化に富んだ体験になるでしょう。

☆ 開運の日　◎ 幸運の日　● 解放の日　○ チャレンジの日
□ 健康管理の日　△ 準備の日　▽ ブレーキの日　■ リフレッシュの日
▲ 整理の日　× 裏運気の日　▼ 乱気の日　＝ 運気の影響がない日

2021 1月

△ 準備の月

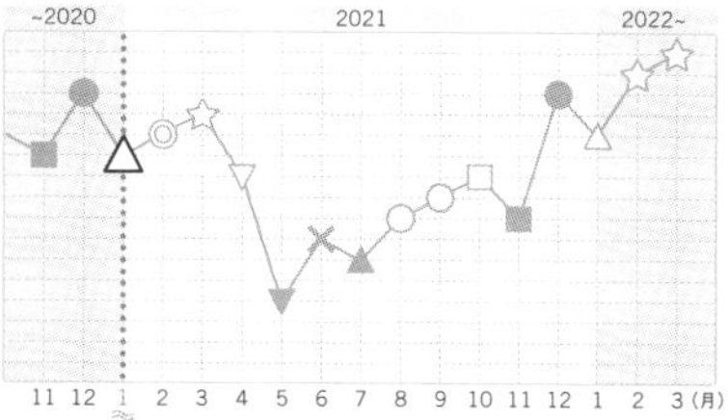

開運 3 カ条

1. 10分前行動を心がける
2. メリハリのある生活をする
3. 時間や数字は何度も確認する

総合運

今月は何事も事前準備をしっかりしておかないと、焦ってしまうことや大失敗につながってしまうことがあるので気をつけましょう。思い込みが強いタイプのため、完璧だと思っていても思わぬ落とし穴があることが多いので、しっかり確認をするように。特に時間や日程を間違えてしまうことがあるので、スケジュールや計画をしっかり立てて確認するといいでしょう。うっかりのケガや事故にも気をつけて。

恋愛&結婚運

「準備の月」は不思議と恋愛運がいい場合が多く、今月は気になる相手に誘われることや普段なら遊ばないような人と仲よくなれることがあるでしょう。お酒の勢いやその場のノリで交際したり、深い関係になるなど、普段なら考えられないような展開もあり得るので、相手選びを間違えないように。結婚運は、将来の話を真剣にするよりも冗談半分に明るい未来の話をするといい流れになりそう。

仕事&金運

遅刻や報告・連絡のし忘れなどの些細なミスから、数字や時間の間違いなど普段ならしないようなミスを連発することがあるので、気を引き締めて仕事に取り組むようにしましょう。特に、慣れた仕事ほどミスをしやすい場合があるので気をつけること。ボーッとしたり仕事にやる気を失いやすいので、目標や仕事終わりの楽しみをしっかり作っておくといいでしょう。金運は、交際費が増えそう。

日	曜	運気	内容
1	金	○	今年の初詣はいつもと違う場所を選んだり、行く時間帯を変えてみて。変化を楽しむことで1年のはじまりをいい日にできるので、例年とは違う元日を過ごしてみましょう。
2	土	□	1年の目標を掲げるのに最適な日です。現実的かつ具体的な目標を立ててみるといいでしょう。目標が決まったなら、少しでもいいので今日からできることをはじめてみて。
3	日	■	今日はしっかり体を休ませることが大事。温泉やスパに行ってのんびりするか、家でゆっくりしてみて。ダラダラするよりストレッチなどで少し体を動かしておきましょう。
4	月	●	仕事はじめからいい感じで仕事を進められそう。新年の挨拶をきちんとしたり、礼儀正しくすることで評価や人間関係がよくなります。気を抜かずしっかりとやりましょう。
5	火	△	寝坊や遅刻をする可能性あり。慌てると忘れ物をしてしまうので、外出前にはちゃんと確認するようにしましょう。打撲したり些細な段差で転倒しやすいので気をつけること。
6	水	○	友人やしばらく会っていなかった人との縁を感じる日です。新年会をすることになりそうなときは即OKしましょう。今日は懐かしいお店や場所に行くといい出会いがありそう。
7	木	◎	余計なことを考えて、仕事でのミスや段取りの間違いなど失敗をしてしまう可能性があります。買い物でも余計なものを誤って購入してしまうかも。目の前のことに集中しましょう。
8	金	▽	周囲が喜ぶことをするといい日。お菓子をプレゼントしてみたり、冗談や失敗談で周囲を笑わせて場を和ませるのもいいでしょう。夜は予定が乱れやすいので気をつけて。
9	土	▼	大きな判断ミスをしやすいかも。遊びに出かけるのはいいですが、大金を動かす契約や大きな買い物を軽はずみにすると後悔するので気をつけましょう。甘い話や誘惑にも要注意。
10	日	×	約束を忘れたり、時間を勘違いして慌ててしまうことがありそうな日です。スケジュールを事前にしっかり確認しておいたり、早めの行動を心がけておくといいでしょう。
11	月	▲	忘れ物や置き忘れ、しまった場所を忘れてしまうことなどがありそう。身の回りを整理整頓してきれいにしておくと余計な時間を使わなくてよくなるので、しっかり整えて。
12	火	=	何事にも興味を持ってみることが大事です。「つまらない」と決めつけると、大切な情報や素敵な出会いを逃してしまうかも。幸運の鍵は好奇心にあることを忘れないように。
13	水	=	はじめて話す人から学ぶことがありそうです。すべての人を尊敬し、尊重することで世界が広がって興味が湧くことを見つけられるでしょう。前向きに人と話してみて。
14	木	□	何事も思い込みで決めないで確認をすることが大事。フェイクニュースやあやふやな情報に振り回されて信用を落としてしまったり、冗談でからかわれてしまうかもしれません。
15	金	■	段差でつまずいたり小さなケガをしやすい日です。慎重に行動して慌てないようにしましょう。夜は気になる相手から誘われて予定が変更になり、焦ってしまうことがあるかも。
16	土	●	デートや遊びに出かけるにはいい運気。ケチケチせずパーッと遊んで、ストレスを発散してみましょう。恋もいい流れに進めそうなので、気になる相手を思いきって誘ってみて。
17	日	△	イベントやライブに行くと楽しい時間を過ごせていい思い出ができそうですが、忘れ物や時間の間違いで大慌てしてしまうかも。ギリギリの行動はしないように気をつけましょう。
18	月	○	自分のリズムを取り戻すことが大事な日です。得意なことを自分のやりやすいように進めるといいでしょう。新しいやり方や不慣れなことは失敗しやすいので気をつけて。
19	火	◎	数字や成績を上げることより、ゆっくりでいいので丁寧に仕事をすることが重要。手際がいいこととただ早く終わらせることは違います。周囲の流れに無理に合わせないで。
20	水	▽	自分のことよりも、相手がどうしたら喜んでくれるかを考えて行動するといい日。何事もプラスに考えて行動することも大事です。勝手にマイナスに考えないようにしましょう。
21	木	▼	やる気を失うことやテンションの下がることを言われてしまいそう。些細なことを言い訳にしないで、「こんな日もある」と気持ちを切り替え、やるべきことに集中しましょう。
22	金	×	好きな人の前でドジな姿を見せてしまったり、雑な行動をしてしまうかも。今日は無理をして好きな人に会わないほうがよさそうです。いつもより丁寧さや上品さを意識して。
23	土	▲	映画やお芝居を観に行くと前向きになれたり、いい刺激を受けられそう。同世代が出ている舞台を観て一気にやる気が出ることもあるので、調べて行ってみましょう。
24	日	=	お手伝いを進んですることで運気の流れがよくなる日。自分は手助けのタイミングが少しずれてしまうタイプだと自覚して、他人がラッキーだと思えることを積極的にやってみて。
25	月	○	自分の考えが正しいと思うよりも、結果を出している人やうまくやっている人の考え方や生き方、行動パターンを学んでみて。少しでもいいのでマネをしてみるといいでしょう。
26	火	□	1日数分でできることをはじめるにはいい日。腹筋や腕立て伏せ、スクワットを10回ずつしてみたり、字をきれいに書く練習など、些細なことでもいいのでやりはじめてみるといいかも。
27	水	■	元気なのはいいですが、頑張りすぎや遊びすぎ、長時間飲みすぎなど、次の日に響きそうなことをしてしまいそう。節度を守るようにするといいでしょう。
28	木	●	周囲から注目されたり、期待されることがありそうです。期待に応えると大きく成長できるので、思いきって取り組むといいでしょう。恋も勇気が流れを大きく変えてくれるかも。
29	金	△	準備できているという思い込みには要注意。確認を怠ると面倒なことや困ってしまうことが起きるでしょう。置き忘れや忘れ物などには特に気をつけて。思わぬミスにも用心です。
30	土	◎	出先で偶然出会った人と仲よくなったり、素敵な縁を感じられそうな日です。久しぶりに語って気持ちがすっきりした、おもしろい話が聞けるかもしれません。
31	日	☆	買い物に出かけてみるといいでしょう。服を購入すると運気が上がる日でもあるので、明るいイメージのものや気になる相手を意識したものを選んでみると恋愛運がアップしそう。

2021

2月

◎ 幸運の月

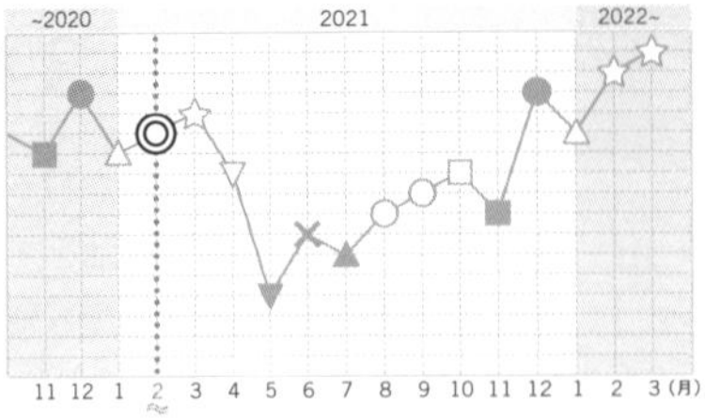

開運 3 カ条

1. 親友と遊ぶ
2. 苦労した話で笑わせる
3. 気になったらなんでも調べてみる

総合運

これまでの経験を上手に活かせそう。プライベートで親友や長い付き合いの人と仲よくできる時間が増えたり、うれしい出会いもありそうです。大きな勘違いをして大恥をかいてしまったり、トラブルを引き起こしてしまうことがあるので、思い込みには特に気をつけるようにしましょう。些細なことでも確認作業をすれば問題は避けられそうです。健康運は、段差での転倒や、お酒の席での大失敗に気をつけましょう。

恋愛&結婚運

異性と遊ぶ機会が増えたり、コンパや飲み会で気の合う人と出会える可能性があるでしょう。突然の誘いでも親友や信頼できる人の誘いなら顔を出してみると、素敵な人を紹介してもらえそう。ただ、今月出会う人は結婚相手よりも恋愛相手としていい人の可能性が高いでしょう。結婚運は、恋人と真剣に話を進めるよりも将来の明るい話ができるといいでしょう。焦って空回りをしないように。

仕事&金運

思ったよりも忙しくなったり求められることが増える時期。経験や人脈を活かすことができ、いい流れで仕事に取り組めるでしょう。昔の上司や先輩からほかの仕事に誘われたり、話を聞くことになりそうですが、軽はずみにOKしないようにしましょう。金運は、趣味をしっかり楽しむことでやる気が出てくるので、長年欲しかったものを購入したり、交際費をケチらないようにして。

1 月	▽	日中は全力で取り組むことでいい結果を生んだり、評価されることがありそう。夕方からはやる気を失ったり、テンションが下がってしまうことがあるかもしれません。
2 火	▼	油断したり調子に乗りすぎてしまうことがあるので気をつけましょう。周囲におだてられた結果、面倒なことをまかされてしまう場合もあるので注意が必要です。
3 水	×	長年苦手だと思っている人と接する時間が増えてしまいそうな日です。相手のいい部分を探し出す訓練だと思って、少しでも長所を探してみるといい勉強になるでしょう。
4 木	▲	些細なことで身近な人や恋人と気まずい関係になってしまうかもしれません。相手に求めすぎる前に、自分が変わらなくてはならないことを見つけるようにしましょう。
5 金	○	遊び心が大切な日。仕事をゲーム感覚で考えてみたり、工夫して楽しんでみるといいでしょう。相手の気持ちを想像してみることで、会話や仕事が楽しくなりそうです。
6 土	○	自分とは違った発想をする人や、前向きな人と話してみるといいでしょう。人生観が変わったり、視野が広がることがあるかもしれません。小さな幸せに気がつくこともできそう。
7 日	□	気になる人や片思いの人に連絡をするといいかも。会うことになった場合は、相手を楽しませる気持ちを忘れないようにしましょう。夜は早めに就寝して明日に備えて。
8 月	■	体が重たく感じてしまったり、気持ちと体がバラバラになりそうな日です。今日はこまめに休みながら仕事をし、仮眠をとっておくといいでしょう。風邪にも気をつけて。
9 火	●	過去の苦労が活かせる日。あなたを頼りにする人が現れたり、大切なことをまかされるかもしれません。魅力もアップするので、気になる人に会えるといい関係に発展しそう。
10 水	△	余計なことを考えすぎてしまうかも。忘れ物やうっかりミスをしやすいので、気を引き締めて仕事に取り組みましょう。ボーッとして叱られてしまうこともありそうです。
11 木	○	目標や目的を思い出して、明るい未来のために自分が今、何をするべきかハッキリさせるといい日です。まずは今の自分に何ができるかを考えて、行動するようにしましょう。
12 金	◎	同僚や仲間と飲みに行ったり、友人を誘って語り合ってみると気持ちや頭の中が整理できそう。愚痴や不満よりも、前向きな話や夢の話をすると運気もよくなるでしょう。
13 土	▽	遊びに出かけるのにいい日です。思ったよりもいい思い出になったり、楽しい仲間や友人が集まってくるかもしれません。突然でもいいので誘ってみるといいでしょう。
14 日	▼	好きな人にチョコレートを渡すのはいいですが、タイミングが悪く会えなかったり気まずい空気になってしまいそう。何事もプラスに変換できるよう心がけておきましょう。
15 月	×	会話のテンポや決断のタイミングがずれてしまいそう。周囲から突っ込まれてしまったりモタモタしやすいので、少し早めの判断ができるように気をつけておきましょう。
16 火	▲	気持ちを切り替えるにはいい運気。「過去は過去」と割りきることが大事です。嫌な思い出や嫌いな人のことを考えるほど人生は暇ではないと思って、明るい未来のために行動を。
17 水	○	変化を楽しむといいでしょう。髪型や服装をいつもと少し違った感じにすると、前向きになれたりやる気が出るかも。はじめて話す人とも楽しい時間を過ごせそうです。
18 木	○	視野を少し広げると、おもしろいことや楽しいことがいっぱいあると気がついたり、幸せを見つけられそうです。感謝の気持ちを忘れないようにするといいでしょう。
19 金	□	じっくり物事を考えるのはいいことですが、考えすぎて行動するチャンスを逃さないようにしましょう。夜は疲れやすいので、暴飲暴食や夜更かしは避けるようにして。
20 土	■	今日は家でのんびりしたり、日ごろの疲れをしっかりとるようにしましょう。すでに予定が入っている場合は、時間にゆとりを持って行動するようにするといいでしょう。
21 日	●	気になる相手とデートするにはいい運気。突然でも映画やお茶に誘ってみるといい返事がありそうです。明るいイメージの服を選び、会話では話し役と聞き役を上手に演じ分けて。
22 月	△	いつも通りの生活リズムで過ごすといい日です。無謀な行動をとったり余計なことを急にやりたくなってしまうこともあるので、気をつけましょう。誘惑にも注意しておく必要があります。
23 火	○	友人の中に気になる人がいる場合は、今日連絡をしておくと後にいい関係へと発展することがあるでしょう。異性の友人から連絡をもらえることもありそうです。
24 水	◎	いい本やいい情報に巡り合える日。時間を作って書店に行くと、勉強になる本や少し運命を変えられる本を見つけられそうです。ネットでも探してみるといいでしょう。
25 木	▽	日中は思いきった行動が大切。モタモタしていると流れに乗り遅れてしまうかもしれません。夕方以降は予定が乱れやすいので、自分の用事は早めに片づけておきましょう。
26 金	▼	誤解や勘違いをしやすいかもしれません。人の話は最後までしっかり聞くようにすることが大事。特に思い込んでしまうと聞かなくなってしまうクセがあるので気をつけましょう。
27 土	×	人のトラブルや面倒なことに巻き込まれてしまいそう。困ったときはお互い様だと思って助けてあげたり、今の自分ができることをやっておくといいでしょう。
28 日	▲	掃除で身の回りをきれいにすると運気が上がりますが、間違って大事なものを捨てたり、使い古したものに執着して捨てられないことがありそう。取捨選択は間違えないようにして。

☆ 開運の日　◎ 幸運の日　● 解放の日　○ チャレンジの日
□ 健康管理の日　△ 準備の日　▽ ブレーキの日　■ リフレッシュの日
▲ 整理の日　× 裏運気の日　▼ 乱気の日　＝ 運気の影響がない日

2021 3月

☆ 開運の月

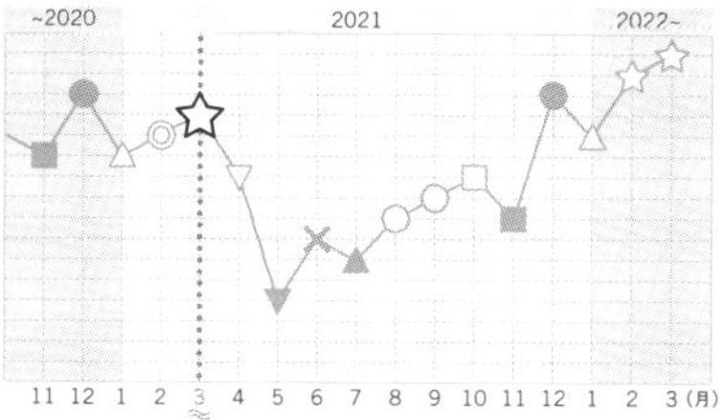

開運 3 カ条

1. 遊びの予定を先に立てておく
2. 変化を楽しむ
3. サービス精神を出す

総合運

これまで興味のなかったことに目を向けられ、視野を広げることができる月。頑固な生き方を少し和らげてくれるような人と出会ったり、おもしろい体験も多くなりそう。小さな失敗やドジな出来事も起きますが、周囲のやさしさや許してくれる感じに安心できたり、気持ちが楽になることもあるでしょう。ただ、忘れ物や時間の間違いを連続でしてしまう場合があるので気をつけて。健康運は、暴飲暴食で太ってしまうので注意しましょう。

恋愛＆結婚運

人との関わりが増える運気ですが、「私はこのタイプが好き」「恋愛とはこう！」と決めつけていると出会いのチャンスやいい流れを逃してしまいます。今月は異性と楽しく過ごすことだけを考えてみるといいでしょう。先月あたりから仲よくなった人とさらに仲よくなることができそうです。結婚運は、恋人を楽しませることに集中してみるといい関係に進みそう。将来の話をするなら下旬に。

仕事＆金運

仕事のやる気を少しなくしてしまったり、珍しいミスが増えてしまいそうな時期。仕事の楽しさを見つけたり、休みや仕事終わりの予定を先に立てておくと、モチベーションが上がってくるでしょう。自分の仕事によって笑顔になっている人を想像することも大事です。金運は、出費が多くなってしまう時期ですが、おいしいものを食べてみたり、ライブやイベントなどに行ってストレスを発散させて。

1 月	○	楽しいと思えることに挑戦をするといい日ですが、自分だけが楽しめるものではなく、周囲も笑顔になることをしてみましょう。おもしろそうなアプリを探してみるのもオススメ。
2 火	○	じっくりゆっくり物事を進めるタイプですが、今日は勘を信じて行動してみたり、好奇心の赴くままに動いてみるといい経験ができそうです。体験することを楽しんでみて。
3 水	□	時間をしっかり守って行動することが大事な日。何事も早めに終わらせ、ゆとりを持って行動しておくといいでしょう。のんびりすることが多いので、早さを意識してみて。
4 木	■	些細なことでイライラすることがありそう。思ったよりも疲れがたまっているかもしれないので、今日は無理をしないようにしましょう。うっかりのケガにも注意して。
5 金	●	気になる相手に連絡をするといい返事が聞けそうです。タイミングが合うなら、今夜の食事に誘ってみると一気に進展する可能性もあるでしょう。まずは連絡をしてみて。
6 土	△	遊びに出かけるといい日。思いっきり楽しむことで運気の流れがよくなるので、デートにも最適です。突然の誘いに乗ったり、楽しそうなイベントやライブに行ってみましょう。
7 日	◎	親友や付き合いが長い人と縁がある日です。じっくり話すことで気持ちの整理がつき、ストレス発散になりそうです。懐かしい音楽を聴いたり、カラオケで歌うと運気もアップ。
8 月	◎	あなたの存在が職場で必要とされたり、これまでの経験を役立てられるかも。やっと評価されることや認められることもありそうです。自信を持って仕事に取り組みましょう。
9 火	▽	日中は順調に物事が進み満足できそうですが、夕方あたりからは集中力が切れて誘惑に負けてしまいそう。無駄な残業をしてしまったり、ダラダラしやすいので気をつけて。
10 水	▼	ノリや勢いで判断をすると、大失敗してしまったり確認ミスを起こしやすいので注意が必要です。今日は何事も落ち着いて判断するように心がけるといいでしょう。
11 木	×	誘惑に負けやすく、無駄な時間を過ごしてしまったり何事も中途半端になりやすいので気をつけて。スマホやネットを見ると時間を失うだけなので、必要以上に見ないこと。
12 金	▲	身の回りが散らかりやすい日。ひとつひとつ丁寧に終わらせておかないと面倒なことになってしまいそうです。不要なものはどんどん処分するか、片づけるようにしましょう。
13 土	○	はじめて行く場所でいい思い出ができるかも。プチ旅行してみたり、気になる場所に出かけてみましょう。美術館や劇場に行ってみるとよさそう。映画館もオススメです。
14 日	○	ノリの合う人を紹介してもらえたり、楽しい出会いがありそうな日です。友人や知人の集まりに参加してみましょう。興味が湧くような話を聞かせてもらえることがあるかも。
15 月	□	なんとなく行動するのではなく、優先順位を考えて仕事をするといいでしょう。臨機応変な対応を心がけないと、判断ミスにつながってしまうことがあるので気をつけて。
16 火	■	油断をしていると風邪をひいてしまったり、胃腸の調子が悪くなってしまうかも。蜂蜜入りのドリンクを飲んでみたり、健康的な食事を意識してとるようにするといいでしょう。
17 水	●	よくも悪くも注目される日。気になる人を意識して服を選んでおくとモテることがあるので、華やかなものを選んでおきましょう。仕事では大事なことをまかされるかも。
18 木	△	ミスが重なってしまいそうです。確認をすれば避けられる問題が起きるかもしれないので、しっかりと確認するようにしましょう。不安なときは周囲にも確認をお願いしてみて。
19 金	◎	経験を活かせたり成長を感じられる日。苦労したことや学んできたことを活かせるかも。これまで不慣れだったことや、困難だと思っていたことも少し克服できそうです。
20 土	☆	髪を切りに行くといい日です。春らしい感じのちょっとしたイメチェンをしてみるといいでしょう。買い物をするにもいい日なので、季節や年齢に見合う服を購入してみて。
21 日	▽	大事な用事は午前中に終わらせておくとよさそう。午後はのんびり過ごして、近所の温泉やスパに行ってみるといいかもしれません。夜は早めに寝て、明日に備えておきましょう。
22 月	▼	苦手な仕事や面倒な仕事をやることになってしまいそうな日。取引先やお客さんの不機嫌に巻き込まれてしまうこともあるかもしれません。上手に受け流すことも大事です。
23 火	×	よかれと思って言ったことで気まずい空気になってしまったり、余計なことをやって迷惑をかけてしまうことがありそう。今日は必要なことだけをするように心がけてみて。
24 水	▲	今日やるべきことをしっかり確認してから仕事に取り組むことが大事。うっかり忘れてしまうことがあるので要注意です。時間も意識して過ごすといいでしょう。
25 木	○	新たな挑戦をすることでやる気が出せそうな日です。慎重になりすぎてしまうと流れに乗れなくなるので、些細なことでも勇気を出してチャレンジしてみましょう。
26 金	○	少しでもいいので生活リズムを変えてみると、新しい発見があったり気持ちに変化が現れそうです。出勤する時間を早くしてみたり、帰宅時間を少し変えてみるといいでしょう。
27 土	□	次の休みの予定がない人は、計画を立ててみると仕事にやる気が出そう。休み時間に知り合いを遊びに誘ってみましょう。話題の場所やお店に行く予定を入れてみて。
28 日	■	楽しい時間を過ごせそうですが、昼寝やゆっくりする時間も作っておきましょう。出かけるときはお茶を飲んでのんびりするといいかも。マッサージへ行くのにも最適な日です。
29 月	●	デートをするのにいい日で、気になる相手から遊びに誘われるかも。告白をされて交際をスタートさせることもありそう。明るいイメージの服装で、笑顔を忘れないように。
30 火	△	珍しく遅刻や寝坊をしやすい日です。忘れ物をして焦ってしまうこともあるので、事前にしっかり確認しましょう。些細なミスが重なるので、一度の失敗で気を引き締めて。
31 水	◎	後悔していることがあるなら思いきって行動して。片思いの人に気持ちを伝えるといい返事が聞けるかもしれません。進展がなくても、これをきっかけに縁がつながることも。

2021

4月

▽ ブレーキの月

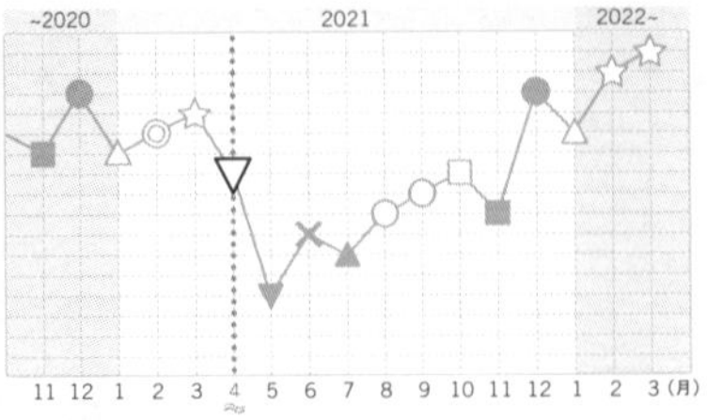

開運 3 カ条

1. 人の集まりには参加する
2. 中旬までは積極的に行動する
3. 下旬は何事も慎重に行う

総合運

中旬までは運気の流れに乗れて満足できることや楽しい出来事が多いでしょう。少しくらいは調子に乗っても問題ないので、ひとりの時間ばかりを大事にしないで出歩いてみたり、集まりに参加してみるといいでしょう。下旬は、寝坊や遅刻などをしやすい時期。思った以上に集中力が途切れやすいので、確認作業や事前準備をしっかりするようにしましょう。健康運は、小さなケガに注意すること。下旬からは疲れを感じやすくなりそう。

恋愛&結婚運

気になる相手とは中旬までにこまめに連絡したりデートの約束をすると、一気に進展することがあるでしょう。相手の出方を待ってしまったりひとりの時間を楽しもうとするとチャンスを逃してしまうので、友人や知人と遊んでいるときに気になる人を誘ってみて。新しい出会いは中旬まではいいですが下旬は期待が薄そうです。結婚運は、将来の真剣な話をするよりも、明るい未来の話をして。

仕事&金運

中旬までは順調に仕事をこなせそうです。目標を達成できたり、いい結果を出すこともできそうですが、下旬になるとミスが続いてしまったり、やる気を失ってしまうことがありそう。上司や先輩の言葉を悪く受け止めずに、やる気が出ないときこそ目の前のことから取りかかってみて。金運は、無駄な出費が増えてしまいそうな月。特に下旬は散財することになるので、慎重にお金を使うように。

1 木	◎	趣味や楽しいことにお金を使って。やや出費が激しくなりやすいので、計算して買い物をするようにしましょう。値段を見ないで購入すると後で驚くことになるかもしれません。
2 金	▽	日中は明るい感じで過ごせそうです。夕方あたりからは集中力がなくなってしまったり、自分でもドジだと思うことをやってしまったりしそうなので気をつけましょう。
3 土	▼	予定を乱されてしまうかもしれません。ひとりでのんびりするはずが家族に乱されてしまったり、機械トラブルなどで無駄な時間を使うことになってしまいそうです。
4 日	×	誘惑に負けてしまいそう。余計な行動に走ってしまったり、間違った方向に進んでしまうので注意しましょう。甘い話や儲け話などには特に気をつける必要があるでしょう。
5 月	▲	身の回りや職場をしっかり整理整頓しておかないと大事なものをなくしてしまい、探すのに時間がかかってしまいそう。不要なものは捨て、見える範囲はすっきりさせておいて。
6 火	○	面倒だと感じることほど先に終わらせておくといいでしょう。後回しにすると、やることが増えたときに対応できなくなりそう。早めに終わらせるくらいの気持ちが大切です。
7 水	○	インプットすることが大事な日。本や雑誌を見たり、話題の映画を仕事終わりに観に行くといいでしょう。ネット以外の情報が、今後の役に立つかもしれません。
8 木	□	言いたいことは一度文章にまとめてみると整理できて、丁寧に伝えられそうです。メールを送る前は、長くなりすぎていないか確認をすることも忘れないようにしましょう。
9 金	■	朝から疲れを感じたり、昼すぎに眠くなってしまいそうな日。ストレッチをすると眠気をとることができそうですが、無理をすると体調を崩す場合もあるので気をつけて。
10 土	●	知り合いや友人から突然遊びに誘われることがありそう。顔を出してみると思った以上に楽しい時間を過ごせたり、いい出会いがあります。清潔感のある服を選ぶといいでしょう。
11 日	△	思わぬところで恥ずかしい思いをしやすい日です。勘違いしていることを指摘されてしまうかも。食べこぼしをして、お気に入りの服を汚してしまうこともあるので注意して。
12 月	○	友人や付き合いの長い人に助けられそう。困ったことを相談してみたり、悩みや不安を話してみると解決策を教えてもらえるかもしれません。人の大切さを学べるチャンスです。
13 火	◎	数字や時間にこだわって仕事をしてみて。なんとなくダラダラ仕事をすると、信用を落としてしまうかもしれません。時間を守ってキッチリすれば、評価を上げられるでしょう。
14 水	▽	日中は問題なく仕事を進めることができそうですが、夕方以降は余計なことばかり考えてしまいそう。誘惑に負けて仕事をサボってしまったり、スマホをいじりすぎてしまうかも。
15 木	▼	不機嫌な人と一緒になったり、お客さんの気分に振り回されてしまいそう。我慢することで忍耐力がつくと考えてみて。何事も「これくらいで済んでよかった」と思っておくこと。
16 金	×	よかれと思ってやったことが裏目に出て、気まずい空気になってしまうかもしれません。突然思いついても安易にやらないようにしましょう。失敗からも学ぶようにしてみて。
17 土	▲	物を捨てるにはいい日ですが、間違って大事なものまで処分することがあるのでしっかりと確認を。何年も使っていないものを一気に処分すると、運気がよくなるでしょう。
18 日	＝	ゆっくりするといいですが、時間は命だということを忘れないように。未来の自分が喜ぶことに時間を使うようにしましょう。人生に役立ちそうな本を買って読んでみて。
19 月	○	新しいことを発見しようとするだけで人生が楽しくなる日。電車の広告やコンビニの新商品などからいい情報を得られるかもしれません。気になるものは購入するといいでしょう。
20 火	□	週末や連休の予定を立てるのにいい日です。友人に予定を聞いてみたり、食事や旅行の予約をしてみましょう。イベントやライブの情報など、気になるものを見つけられそうです。
21 水	■	頑張りすぎると疲れがたまってしまうかもしれません。今日は無理をせず、ペースを少し抑えることが大事です。食べすぎにも気をつけないと、胃腸の調子を崩してしまいそう。
22 木	●	期待された以上の結果を出せたり、思いきった行動でいい流れを作ることができそうです。自信を持って行動して、マイナスなことを考えないようにするといいでしょう。
23 金	△	大事なものを忘れてしまったり、時間を間違えてしまうことがありそう。見間違いをしたり確認が雑になってしまうので、何事も丁寧にきっちりするよう心がけて。
24 土	○	友人や恋人に合わせてみるとおもしろい発見が。勝手につまらないと決めつけていたことが、楽しいことだとわかるかもしれません。話題の映画や舞台を観に行ってみましょう。
25 日	○	美術館や芸術に関わる場所に行ってみるといい日。じっくり見ることで感性が磨かれ、勉強になることをたくさん見つけられそうです。博物館も楽しめるのでオススメです。
26 月	▽	日中は前向きに取り組むことができそうですが、夕方あたりからやる気を失ってしまったり、リズムを崩されてしまうかも。大事なことは早めに終わらせておいて。
27 火	▼	思い通りに進まないことが多く、些細なことでイライラすることがありそう。何事も上手に流すことが大切なので、特に人と意見が食い違ったときは相手に譲るようにしましょう。
28 水	×	厄介なことをまかされてしまったり、苦手なことをやらされることになりそう。勉強にはなりますが、時間がかかりすぎてしまったり、悩んでしまうかもしれません。
29 木	▲	伝えたいことを整理することが大切。あれもこれも伝えると相手は理解できないので、ひとつずつ丁寧に話すようにするといいでしょう。大事なことはメモもしておいて。
30 金	＝	あまり聴いたことのないジャンルの音楽を試しに聴いてみたり、気になるお店に入ってみるといい日。お気に入りを見つけて気持ちが前向きになることもあるでしょう。

☆ 開運の日 ◎ 幸運の日 ● 解放の日 ○ チャレンジの日
□ 健康管理の日 △ 準備の日 ▽ ブレーキの日 ■ リフレッシュの日
▲ 整理の日 × 裏運気の日 ▼ 乱気の日 ＝ 運気の影響がない日

2021 5月

▼ 乱気の月

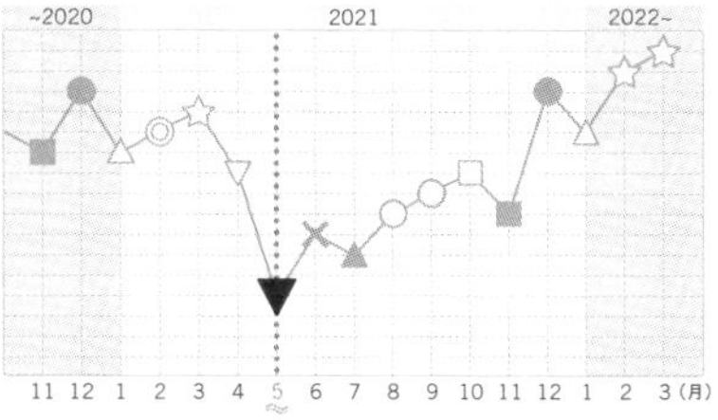

開運 3 カ条

1. 次の日の用意は完璧にする
2. 自分も他人も許す
3. 生活リズムをしっかり整える

総合運

勘違いからのミスや思い込みからの大失敗がある時期です。今月は次の日の予定をしっかり確認したり、事前準備をきちんとしておくことが大事。就寝する前に準備を完璧にしておきましょう。寝坊や遅刻もしやすいので早めに寝るようにし、予定を詰め込みすぎないようにすること。誘惑に負けて遊びすぎてしまうことがあるので気をつけましょう。健康運は、お酒の飲みすぎでの二日酔いやうっかりの転倒でのケガに注意。

恋愛＆結婚運

相手に気持ちを振り回されたり、思い通りに進まないことが多いでしょう。強引な人や好みではない人から好意を寄せられたときには、ハッキリ断ることも必要。お酒の席での勢いで関係を持って後悔することもあるかも。新しい出会いも期待ができないので距離をおいて様子見して。今月は自分磨きをしたり、本を読んで知識を増やすと後に活かせるでしょう。結婚運は、相手からの出方に合わせて。

仕事＆金運

仕事へのやる気が出ない日が増えてしまったり、ミスや遅刻、寝坊など目に見えて失敗することが増えそう。気を引き締め、事前準備と確認作業はしっかりするように。仕事を辞めたくなったり転職を考えることもありますが、ここでの判断は後悔するので、仕事があることに感謝して自分の至らない部分をしっかり認めるように。金運は、忘れ物やなくし物による余計な出費や、交際費が増えそう。

1 土	＝	変化を楽しんで受け入れることが大事です。急な誘いをOKしてみると、意外な出会いがあったりおもしろい体験ができそう。ただし、小さなミスをしやすいので気をつけて。
2 日	□	日中は楽しい時間を過ごせそう。気になることに挑戦をしてみるといい経験もできそうです。夕方以降は疲れやすくなるので、無理をしないよう早めに就寝するといいでしょう。
3 月	■	しっかり休むにはいい日です。温泉やスパでのんびりしてみたり、マッサージに行ったりしてみて。思いきって家で何もせず、ダラダラ過ごすのもいいでしょう。
4 火	●	友人や仲間と楽しい時間を過ごせそう。ひとりの時間もいいですが、本音を話せる人と一緒にいると、前向きになれたり思い出もできそう。笑い話をたくさんすると運気もアップ。
5 水	△	時間を間違えてしまったり、大きなミスをしやすいので気をつけましょう。忘れ物をして焦ってしまうこともあるかも。小さなことでもしっかりと確認するようにしてみて。
6 木	○	協力してくれる人や支えてくれる人の存在を忘れないことが重要です。恩返しの気持ちを大切にしましょう。些細なことでもいいので、少しでも返せるように努めてみて。
7 金	○	予定外の出費が増えてしまいそう。後輩にごちそうする流れになってしまったり、不要なものを勢いで買ってしまうかも。出費は不運の消化だと思っておくといいでしょう。
8 土	▽	日中は楽しい時間を過ごせたり、のんびりできて昼過ぎまで寝てしまうことがあるかもしれません。夕方あたりから動き出すのはいいですが、自ら疲れる方向に進んでしまいそう。
9 日	▼	余計な行動は控えたほうがいい日。今日は部屋の掃除をしたり身の回りをきれいにしてみて。不要だと勘違いして大事なものを処分することがあるので、捨てる前に再確認しましょう。
10 月	×	寝坊や遅刻をして信用を失ってしまったり、大事なものをなくしてしまうことがあるので注意して。ミスをごまかすと後に大きな問題になるので、早めに報告しましょう。
11 火	▲	やる気が出ないことを突っ込まれてしまったり、上司や先輩から叱られてしまうかもしれません。ミスはしっかり認めて、今できることに全力で取り組むようにしましょう。
12 水	＝	情報を集めることや本を読むことが大事な日。ネットの情報を鵜呑みにすると痛い目に遭うので、雑誌や本を読んで学ぶといいでしょう。必要なことはメモしておいて。
13 木	＝	失敗から学ぶつもりで行動するといい日ですが、同じ失敗は評価が落ちるだけです。少しでもいいので新しいことに挑戦してみたり、前向きな失敗をするようにしましょう。
14 金	□	今日は大事なことを決めないほうがいいでしょう。流れに身をまかせたり、周囲の意見に合わせたりしてみて。身勝手な判断や正義感、自分本位な考えは苦労を招くだけです。
15 土	■	日ごろの疲れをとるためにしっかり休むといい日。すでに予定が入っている場合は、こまめに休んだり足湯などに行くといいでしょう。胃腸にやさしい食事を選ぶようにしてみて。
16 日	●	気持ちが少し楽になるかもしれません。ストレスを発散できたり、ひとりの時間を楽しめそうです。映画を観る時間などを作って、ゆっくりとした時間を過ごすといいでしょう。
17 月	△	忘れ物に要注意。普段なら絶対に忘れないものを置き忘れたり、なくしてしまうことがあるので気をつけて。10分前行動をして、時間にゆとりを持っておきましょう。
18 火	○	底力を出すことができる日。追い込まれたり求められたりしますが、経験を活かせば周囲の期待以上の結果を出すことができそうです。学びが足りないと感じるときは努力して。
19 水	○	新商品を購入してみましょう。「これは挑戦だな」と思えるような変わり種の商品を見つけたら購入してみたり、避けていたジャンルの映画を観ることでいい刺激を受けられそう。
20 木	▽	集中力が続きますが、夕方あたりからやる気を失ったり誘惑に負けてしまいそう。大事な用事は早めに片づけておくこと。夜は面倒なことに巻き込まれやすいので気をつけて。
21 金	▼	不機嫌や調子の悪さが顔に出てしまいそうな日。自分の機嫌くらいは自分でとり、笑顔でテンションを高くすることで乗りきるようにしましょう。カラ元気でいいので出してみて。
22 土	×	愚痴や不満や文句が出てしまうかも。口が悪くなる原因は自分にあります。他人や周囲の責任にする幼稚な発想を持たないようにしましょう。自分の問題をしっかり見つめてみて。
23 日	▲	恋人や身近な人と嚙み合わず、イライラすることがありそう。今日は距離をおいたほうがよさそうな運気です。ひとりの時間を楽しんだり、大掃除をしてすっきりしましょう。
24 月	＝	資格やスキルアップの勉強について情報収集してみたり、投資や先のことを考えて準備をしてみるといいでしょう。行動に移す前にはいろいろ比べてみることが大切です。
25 火	＝	気になるお店を見つけたら、入ってみるといい発見がありそうです。会社の周辺を探索してみて、「こんな店あった？」と思ったなら覗いてみるといいでしょう。
26 水	□	何事も手順をしっかりと守ることが大事な日。自分のやり方を突き通していると、評価を落としてしまうことがあるかも。基本を思い出し、忘れたことは学び直しましょう。
27 木	■	小さなケガをしたり体調を崩しやすいので、無理はしないように。熱いものを食べてヤケドすることもありそう。夜は気になる相手と縁があるので、いい関係に進展しそうです。
28 金	●	よくも悪くも目立ってしまったり、注目される流れになりそう。ゆっくり丁寧に言葉を選んで伝えると、いい流れを作ることができるでしょう。チャンスでも焦らないように。
29 土	△	考えがまとまらず何もしなかったり、ボーッとネット動画を観たり、ゲームをするだけの１日になってしまいそう。本を読んで学ぶ時間を作ったほうがいいことを忘れないで。
30 日	○	親友に会うことで運気が上がる日。突然でもいいので遊びに誘ってみるといいでしょう。異性の友人に会う場合は、恋愛相談をすると前向きになれそう。頑固さが和らぐことも。
31 月	○	数字や時間、お金にこだわって仕事をするといい日。最後まで油断せず、諦めないでもうひと粘りするといい結果を残せそう。無駄な時間を過ごさないように意識してみて。

2021

6月

✕ 裏運気の月

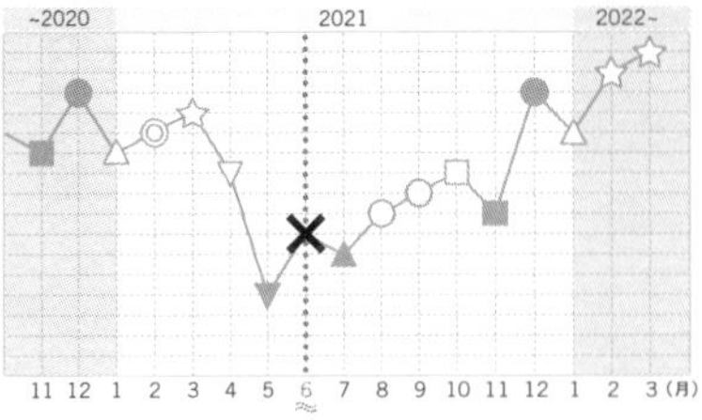

開運 3 カ条

1. 甘い話には簡単に乗らない
2. 謙虚な姿勢を貫く
3. しつこいくらいに確認する

総合運

誘惑に負けやすく、心に隙ができてしまったり、判断ミスが増えてしまう時期。落ち着いて行動し、先のことを少し考えることで問題は避けられますが、甘い話には特に注意しましょう。楽しい時間も増えますが、終わりの時間を決め、ほどほどにすることを忘れないようにしないと、ケガをしたり、後悔することになるので気をつけて。健康運は、大きなドジでケガをすることがあるので慎重に行動しましょう。

恋愛&結婚運

「恋愛は遊び」と割りきることができる人は、少し刺激的ですが、気になる相手との関係を深められそうな時期。ただ、ここでの縁は短く終わるので、先々を考えた真剣な恋とは違うことを忘れないように。危険な恋やコロッと騙されてしまうようなこともあるので、友人や周囲の評判をしっかり聞くことも大切でしょう。結婚運は、無理に話を進めようとするとケンカになりそうなので、不機嫌なときは距離をおくことが大事です。

仕事&金運

これまでにないミスをする可能性がある時期。確認作業や事前準備はしっかりするようにしましょう。会社に大きな迷惑をかけてしまったり、信用を失ってしまったりするので気をつけて。大きな問題や出来心でのサボりがバレてしまうこともあるので、気を引き締めて仕事に取り組みましょう。金運は、不要なものに出費したり飲み食いで使いすぎてしまうことがあるので注意。カードでの買い物も気をつけないと後悔しそう。

1 火	▽	幸せの欠片は非常に小さく、見つけにくいものだと思っておきましょう。小さな幸せを見つけて喜ぶことができると、いい1日を過ごせます。夜は誘惑に負けやすいので注意して。
2 水	▼	面倒事に巻き込まれるか、あなたが面倒なことを引き起こしてしまうかも。確認をしっかりすることが大切ですが、自分の思い込みが不運の原因になる場合があるので気をつけて。
3 木	✕	裏目に出ることが多い日。今日はいつも以上に慎重に行動するようにしましょう。時間に追われてしまうと危険なので、何事もゆとりを持って行動するようにしてみて。
4 金	▲	落ち着いて行動することが大事でしょう。身の回りを整えてきっちりしておくと、ミスが減らせて不運を避けられそうです。夕方以降はやる気や遊び心が出てくるかも。
5 土	＝	勉強をすることで視野が広がり、自分の無知に気づくことができるかもしれません。本を読んで、いい言葉や素敵な文章を見つけてみましょう。気になることは書き出してみて。
6 日	＝	頑固者で嫌いな人の意見に耳を貸す必要はありませんが、耳の痛いことを言ってくれる人には感謝して、聞き入れておくことが大事です。親や身近な人の言葉も受け止めて。
7 月	□	じっくり考えて判断することも大切ですが、自分の勘を信じて一瞬で判断してみるといい日。ランチや夕食はササッと決めてみると、当たりを引くこともあるでしょう。
8 火	■	寝不足や疲れがたまって判断ミスをしてしまい、頭の回転の悪さを自覚するかも。甘いものを食べてゆっくりする時間を作っておくといいでしょう。ランチの食べすぎに要注意。
9 水	●	自分中心に考えるより、相手のことを考えて手伝ったり協力してみることが大切。信頼されたり手助けしてもらえるようになるでしょう。相手のいい部分を褒めることも大事です。
10 木	△	普段よりもゆとりを持って行動するといい日。ボーッとしていたら時間に追われてしまったり、確認ミスをしやすいので気をつけましょう。温かいお茶を飲んでひと息ついて。
11 金	○	信頼していた人から厳しいことを言われたり、本質を突かれてヘコんでしまうことがありそうです。相手の言葉を善意だと受け止めて、プラスに変換するといいでしょう。
12 土	○	買い物に出かけるのはいいですが、見慣れないものを好奇心で購入すると大失敗しそうな日。新商品などには簡単に手を出さず、押しの強い店員さんには気をつけましょう。
13 日	▽	日中は活動的になって、身の回りをきれいにしたり用事を片づけておくといいでしょう。夕方以降は予定が乱れて疲れやすくなるので、無理をしないように過ごしてみて。
14 月	▼	週のはじめから遅刻やミスをしやすい日。思ったよりも注意力や集中力が低下しているので、ひとつひとつ丁寧に仕事をし、確認や準備を怠らないよう気をつけましょう。
15 火	✕	ゆっくり物事を進めると問題を避けられそう。周囲のスピードに合わせると慌ててしまったり、ミスをしやすいので気をつけましょう。素直に謝ることも忘れないように。
16 水	▲	何事も考えすぎず、シンプルに考えて今やるべきことをきっちり終えましょう。与えられること、伝えられることをできるだけやってみて。ケチケチすると運は巡ってきません。
17 木	＝	考え方に変化がありそうな日。普段興味がないことを調べたくなったり、手を出してしまうかもしれません。友人から薦められたものを購入すると、後悔する可能性も。
18 金	＝	気になることに挑戦をするといい勉強になるでしょう。ものは試しと思って行動してみると、勇気が湧いてくるかもしれません。臆病になりすぎないように気をつけましょう。
19 土	□	今日と明日はしっかり体を休ませるようにしましょう。ひとりの時間にゲームやスマホをいじりすぎると、目が疲れてしまうことがあるので、電源をオフにして過ごしてみて。
20 日	■	ひとりでのんびりするといい日です。映画を観に行ってみたり、マッサージに行くといいでしょう。近くに温泉やスパがある場合は、出かけてゆっくり過ごしてみて。
21 月	●	不思議と目立ってしまうかもしれません。努力した人は能力を認められそうですが、サボってしまった人は突っ込まれてしまうことがあるので、気を引き締めておきましょう。
22 火	△	間抜けな発言や余計な行動をしやすい日です。今日は思った以上にずれてしまうことがあるので注意して。周囲に合わせて、波風を立てないように過ごすといいでしょう。
23 水	○	親友や昔からの知り合いの忠告はしっかり聞くことが大切です。突っ込まれてしまう場合もありますが、相手はよかれと思って言っていることを忘れないようにしましょう。
24 木	○	周囲に判断を委ねたほうが、損や無駄なことが減りそう。自ら選択するとハズレを引いてしまう可能性がありますが、流れに身をまかせておくことで学べることも多いでしょう。
25 金	▽	自分を信じることも大切ですが、周囲やまかせた人を信用することも大切です。信用と期待は別物。信用する気持ちをしっかり持って過ごすと、視野も考え方も変化するでしょう。
26 土	▼	予定が大きく乱れたり、予想外の出来事が多いかも。誘惑に負けて余計なものを買ってしまったり、危険な人物に振り回されてしまうこともあるので気をつけましょう。
27 日	✕	財布やスマホの置き忘れなど、派手なドジをしやすい日。段差や階段で転んでケガをすることもあるので、足元には特に気をつけましょう。気が緩みやすい日だと思っておくこと。
28 月	▲	忘れ物をしやすいかも。カバンの中をきれいに整え、職場の周りもきれいに整えるようにしましょう。間違えて大事な書類を捨ててしまうこともあるので、確認はしっかりと。
29 火	＝	小さなことでもいいので新しい挑戦をすると、気持ちが前向きになって楽しいことが見つけられそう。新しいアプリを試してみたり、周囲に聞いてみるのもいいでしょう。
30 水	＝	少しくらい回り道や遠回りをするつもりで、地道な努力や勉強をするといい日です。一見無駄だと思われても、ゆっくりじっくり自分のペースではじめてみるといいでしょう。

☆開運の日 ◎幸運の日 ●解放の日 ○チャレンジの日
□健康管理の日 △準備の日 ▽ブレーキの日 ■リフレッシュの日
▲整理の日 ✕裏運気の日 ▼乱気の日 ＝運気の影響がない日

2021 7月

▲ 整理の月

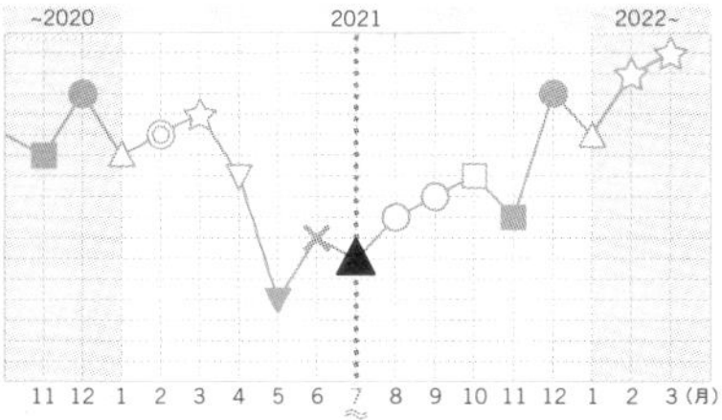

開運 3 カ条

1. 1日のスケジュールを確認する
2. 不要なものは処分する
3. 判断する前にもう一度考えてみる

総合運

判断ミスをしたり、準備不足になりやすい時期。これまで以上に確認作業をし、丁寧に行動するように心がける必要があります。特に身の回りを整理整頓すると小さな不運やトラブルを避けることができるので、こまめに片づけて。何年も手をつけていないものや今後着ないと思う服は処分するようにしましょう。ただし、軽はずみに処分すると必要なものだった場合もあるので気をつけて。健康運は、うっかりからのケガに注意しましょう。

恋愛＆結婚運

中旬までは気になる相手との関係の進展は期待が薄いので、自分磨きをしたり、年齢に見合わない服や身の回りのものの整理を。異性から見てどんなふうに思われるか冷静に判断して服や小物を選び直せば、少し大人っぽく年齢に見合った感じにできそう。下旬は、知り合いや友人の紹介で出会いがありそうですが、異性の友人くらいの距離感でいましょう。結婚運は、今月は無理に話を進めずに。

仕事＆金運

仕事をはじめる前に1日のスケジュールをしっかり確認したり、前日から準備万端にしておくことが大事。深酒をして二日酔いや疲れをためたまま仕事に向かうことのないように。自分で思う以上にミスや確認忘れが出やすく、雑に仕事を進めて二度手間になったり、周囲に迷惑をかけてしまうこともあるので注意。金運は、忘れ物やなくし物で不要な出費が増えそう。電車の時間を間違えてタクシーに乗るハメにもならないように。

1 木	□	情報はしっかり集めて、思い込みだけで突っ走らないようにしましょう。何事も丁寧に確認することは大切ですが、ゆっくりしすぎないよう気をつける必要もありそうです。
2 金	■	日中は元気に仕事ができても、夕方あたりからパワーダウンを感じそう。無理をせず、こまめに休んで1日を乗りきれるようにしましょう。夜の付き合いは避けて早めに帰宅を。
3 土	●	ひとりの時間を楽しめそう。外出先でいい縁に恵まれたり、おもしろい体験ができるかも。少しの時間でもいいので、気になる場所に行ってみたり、ひとりで映画を観に行ってみて。
4 日	△	気になる人や友人に、予定や心を乱されてしまいそうな日。相手を楽しませるといい関係に進めそうですが、失言をしたりタイミングを逃して気まずい空気になってしまうことも。
5 月	○	何事も楽しいことだと前向きに捉えてみたり、難しく考えないようにすることが大事。思い込みが強いタイプなので、自分で決めたルールなら都合のいいように変えてみましょう。
6 火	○	大きな結果を望むより、些細な成長や小さな結果を喜ぶといいでしょう。周囲の協力や支えがあったことを忘れないように。節約とケチは大きく違うことも覚えておきましょう。
7 水	▽	日中は集中できて仕事がはかどりそうですが、夕方あたりからチームワークが必要なことをしたり、手助けすることになりそう。困ったときはお互い様と思って進んで手伝って。
8 木	▼	大事な約束を忘れてしまったり、仕事の手順を間違えてしまうことがあるでしょう。報告・連絡・相談をしっかりすることで、トラブルを最小限に抑えたり避けることができそう。
9 金	×	予想外の展開が多い日。意外な人から遊びに誘われることもありそうです。OKするのはいいですが、思った以上に時間を奪われたり、面倒な感じになることがあるでしょう。
10 土	▲	部屋の掃除をするにはいい日です。まずは玄関をピカピカにしたり、水周りをきれいにしておきましょう。余裕があるときは、冷蔵庫の中もすっきり整理整頓してみて。
11 日	＝	集中力が続かなくなってしまいそう。昼寝をしたり好きな動画を観てのんびりするといいでしょう。外出するときは帰りの時間を決めるなどして、計画的に動いてみましょう。
12 月	＝	じっくり仕事に取り組むといいでしょう。時間に追われてしまうとミスをしやすいので、何事も早めにスタートしてみることが大事です。実力をアップさせる方法も考えてみて。
13 火	□	なんとなく続けている趣味が本当に楽しいのか、ストレス発散になっているのか、時間を無駄に使っていないか冷静に考えて。ときには今後のためにやめる判断も必要です。
14 水	■	暑さに負けてしまいそうな日。水分をしっかりとったり、日傘を使うといいでしょう。涼しい場所を探すのはいいですが、喉の調子を悪くしないように気をつけて。
15 木	●	うれしい出来事があるかもしれません。喜びはしっかり表すといいですが、調子に乗らないことが大事です。家に帰るまで慎重に行動し、落ち着いて判断するようにしましょう。
16 金	△	集中力が欠けてしまうかも。仕事をサボってしまうと信用や信頼を失い、取り返すまでに時間がかかってしまいそう。自分で不運の種を蒔かないよう気をつけましょう。
17 土	○	年上の人と話をすることで解決策や大切な話が聞けそう。最後までしっかり話を聞き、結論を自分の中だけで出さないようにしましょう。どういうことかいろいろと考えてみて。
18 日	○	知り合いや友人の集まりに参加すると楽しい時間を過ごせそう。少し早いですが、夏らしい遊びをしたりプールに行ってみるといいでしょう。集団の楽しさを改めて感じることも。
19 月	▽	日中は順調に進んでも、夕方あたりからなくし物やうっかりミスをしやすいので気をつけましょう。段差でつまずいてしまうことがあるので、足元にも注意が必要です。
20 火	▼	失敗やうまくいかないことが増える日。言い訳しないで謝罪し、失敗からしっかり学ぶようにしましょう。他人の責任にしていると、いつまでも同じことを繰り返してしまいます。
21 水	×	今日は本質を見抜いたり、真実は何かを真剣に考えてみて。表面的な言葉に振り回されないで、しっかり考えるようにしましょう。わからないことは教えてもらうことも大事です。
22 木	▲	面倒事や苦手なことを後回しにせず、先に終えておくといいでしょう。最後にすると余計に面倒になるので気をつけて。モタモタすると上司や先輩から叱られてしまうかも。
23 金	＝	視野を広げることが大事な日。「つまらない」と決めつけないで、どんなものか実際に見てみたり調べてみましょう。まずは知ることで、おもしろさや楽しさを発見できるかも。
24 土	＝	たまには贅沢をするといいですが、高級なお店に行くよりもホテルのランチを楽しむほうがリーズナブルでいいかもしれません。友人や気になる人を誘って出かけてみましょう。
25 日	□	過去を言い訳にすると前に進めなくなってしまいます。「過ぎて去ったから過去」だと強く思い、相手を許すことで前に進めるでしょう。過去の栄光にすがるのもやめましょう。
26 月	■	肉体よりも精神的に疲れてしまいそうな日。気を使う人や年齢が離れた人に振り回されてしまうこともありそうです。好きな音楽を聴いて気持ちを切り替えるといいでしょう。
27 火	●	頑張って粘ってきた結果が出る日。頑張っていないと厳しい結果が出てしまうので、反省して成長できるように取り組むといいでしょう。至らないことは素直に認めて努力して。
28 水	△	ドジな出来事が起きてしまう日。笑えるような失敗はいいですが、シャレにならない大失敗もしやすいので気をつけましょう。大事な書類をシュレッダーにかけてしまうかも。
29 木	○	求められたり頼られたら、素直に応えることで気分よく過ごせるでしょう。友人からのお願いならなおさら役に立てるように頑張ってみて。ただしお金の貸し借りは避けること。
30 金	○	自分の考えや生き方だけが正しいと思っていると、イライラしたり苦しくなりそうです。相手のやり方や考え方を素直に受け入れてみると、気持ちが楽になるでしょう。
31 土	▽	まずはどんな人からも好かれる努力を。その中でも、意見が合わない人やソリの合わない人がいることを知っておきましょう。好かれている人のマネをすることも大事です。

2021

8月

○ チャレンジの月

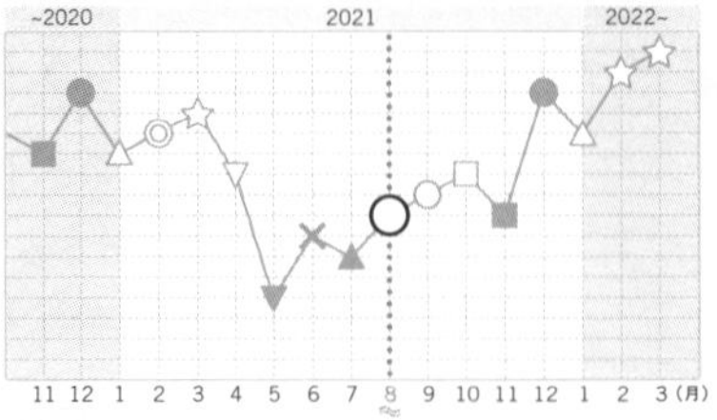

開運3カ条

1. 楽しむ気持ちを忘れない
2. 人の集まりには積極的に参加する
3. 明るいイメージの服を着る

総合運

気持ちが楽になり、楽しい時間や遊びに出かける機会が増えるようになる時期。普段なら乗らないような誘いにも興味が湧いてきたり、ノリや勢いで行動できることもあるでしょう。何事も楽しんでみようと思うことで素敵な出会いや経験もできそうですが、小さなミスやドジな出来事も増えるので、事前の準備や確認だけはしっかりやっておくこと。健康運は、調子に乗りすぎたときのケガに注意が必要。飲酒後のケガにも気をつけて。

恋愛&結婚運

飲み会やコンパなどで出会いのチャンスに恵まれそうな月。過去の嫌な思い出に縛られていると前に進めなくなるので、今月は何事もおもしろがってみるといい出会いにつながりそうです。ただ、結婚につながる出会いの可能性は薄いので、友人を作るつもりで顔を出してみましょう。趣味の合う人や共通の話題のある人と会えるかも。結婚運は、明るい未来やおもしろい話をしてふたりで楽しむ時間を作ると前向きに進みそうです。

仕事&金運

職場を変えたい気持ちになったり、やる気がなかなか出ない時期。今の仕事や職場の人と楽しく仕事をするためにどうするといいのか、いろいろ試してみましょう。休み明けにお土産を渡してみたり、飲み会などでコミュニケーションをとってみると、仕事が楽になったり思ったよりもいい環境に変化することもあるでしょう。楽しめるようにする工夫を忘れないようにして。金運は、遊びで出費が激しくなりますが、いい思い出ができそうです。

日	曜	運気	
1	日	▼	約束をすっかり忘れてしまったり、勘違いを指摘されてしまうようなことがあるかも。ドジなことが重なってしまうので、気を引き締めて確認を忘れないようにしましょう。
2	月	×	誘惑に負けてしまったり、サボりグセが出てしまいそう。合理的に進めることと手抜きをすることは大きく違うので、間違えないようにしましょう。甘い誘惑にも気をつけるように。
3	火	▲	なくし物を見つけられそうな日です。引き出しの中やカバンの中を整理してみるといいでしょう。身の回りで散らかっているところは見て見ぬふりをせず、きれいに整えてみて。
4	水	○	普段関係の薄い人と話してみると、いい話が聞けたり関係に変化が出るかもしれません。まずは笑顔で挨拶をしてみたり、たわいもない会話をしてみるといいでしょう。
5	木	○	知らないことを知る楽しさを経験できそう。小さなことでもいいので、思いきってチャレンジしてみて。普段なら遠慮している物事にも飛び込んでみるといいでしょう。
6	金	□	連休をどんなふうに過ごすかしっかり計画を立ててみるといい日。休憩中や仕事が終わった後、友人に予定を聞いてみて。夏らしいことを計画してみるといいでしょう。
7	土	■	しっかり体を休ませるといいでしょう。遊びに出かけると体調を崩してしまうことがあるかもしれません。暑さ対策をしつつも、冷たいものの飲みすぎには気をつけて。
8	日	●	不思議といろいろなお誘いがあり、気になる人との関わりが増えそう。受け身にならず、気になる人には自分から連絡すると、集まりに参加できて楽しい時間を過ごせそうです。
9	月	△	忘れ物やうっかりミスをしやすい日ですが、落ち込まないで「このくらいでよかった」と前向きに受け止めることが大事でしょう。ポジティブでいると人気者になれそうです。
10	火	○	しばらく会っていなかった人から連絡があったり、出先で偶然出会ったりしそう。うれしい情報を教えてもらったり、いい話を聞けるかもしれないので、食事やお茶に誘ってみて。
11	水	◎	自分や家族、周囲が笑顔になるためにお金を使いましょう。おいしいものを食べに行ったり、少し贅沢をするのもよさそうです。ごちそうすることで運気の流れもよくなります。
12	木	▽	日中は勢いまかせでも楽しい時間を過ごせそうですが、夕方以降はミスが目立ってしまったり周囲に振り回されてしまうことがあるでしょう。調子に乗りすぎないように気をつけて。
13	金	▼	他人に過度に期待するとイライラするだけ。いろいろな人がいることを知り、相手の事情を考えられるようにしましょう。あなたが周囲に迷惑をかけることもあるので注意して。
14	土	×	大きなミスをして恥をかいてしまうことがありそう。今日はいつもより慎重に行動しないと、後悔してしまうかもしれません。ドリンクを倒して服を汚してしまうなんてことも。
15	日	▲	不要なものを処分するといい日。何年も放置している使わないもの、着ない服は処分してすっきりさせましょう。捨てるときは大事なものが入っていないかチェックを忘れずに。
16	月	○	出社時間を少し変えてみたり、変化を楽しんでみましょう。周囲を観察してみると、おもしろい人や気になることを見つけられそう。大切なことを見落としていると気づくかも。
17	火	○	他人の愚痴や不満を聞いてみることで、自分の悩みや不安がちっぽけなことだと気づきそう。相手の話を聞くときは、冷静になって話の矛盾を見つけるようにしてみましょう。
18	水	□	独自のルールで生きるタイプですが、それが苦労や不運の原因になっていることがあります。その考えが本当に正しいのか、善意はあるのか、見直してみるといいでしょう。
19	木	■	ちょっと体を動かしてみたり、柔軟体操をしてから出かけると体が軽くなりそう。頑張りすぎると疲れてしまうのでほどほどに。胃腸にやさしいものを食べることも大事です。
20	金	●	頭の回転がよくなったり、タイミングのいいことが重なりそう。運のよさを感じられたときは、気になる人に連絡してみて。思いきってデートに誘うといい返事が聞けるかも。
21	土	△	普段なら避けてしまいそうな遊びに挑戦するといい日。少しくらい面倒だと思っても、思いきって飛び込んでみて。面倒の先に楽しい思い出があることを忘れないように。
22	日	○	親友とじっくり語ってみたり、本音で話せる人と一緒にいると学べることがあるかもしれません。厳しい言葉を言ってくれる人を大切にしたり、頑張っている友人に会ってみて。
23	月	◎	いい仕事ができる日。目的や目標に向かって努力することで、いい結果や手応えを感じられます。なんとなくで仕事をせず、何を求められているのかを明確にして取り組んでみて。
24	火	▽	日ごろの頑張りを認めてもらえたり、小さなラッキーがあるかも。周囲に感謝を忘れないようにしましょう。夜は予定を乱されることがあるので、自分の用事は早めに終わらせて。
25	水	▼	あなたのリズムで仕事をすると、迷惑をかけてしまうことがありそう。周囲のスピードや対応に合わせることが大事。至らない点はしっかり認め、成長するように心がけましょう。
26	木	×	面倒だからと後回しにすると、さらに面倒になってしまうかもしれません。苦手なことや不慣れなことは先に終わらせておきましょう。楽しようとせず、地道な努力を続けてみて。
27	金	▲	無駄なことに時間を使わないよう意識するといい日。スマホやゲームに夢中になっている時間を計算してみましょう。時間は命だということを忘れないで、大事に使うこと。
28	土	○	気になるイベントやライブに出かけてみるといい思い出に。思った以上に素敵な出会いもありそうです。頑張っている人からいい影響を受けることもあるでしょう。
29	日	○	小さなことでもいいので、チャレンジすることが大事。新商品のお菓子やアイスを買ってみるといいでしょう。普段なら読まないような雑誌や本を買ってみてもいいかも。
30	月	□	少しでもいいので合理的に行動してみたり、不要なことから離れてみて。なんとなくで継続していることをやめてみるのも大事です。不要なアプリを消去するのもいいでしょう。
31	火	■	夏の疲れが一気に出てしまいそうな日。今日は無茶な行動は避けて、暑さ対策とエアコンの寒さ対策の両方をやっておきましょう。スタミナのつきそうなものを食べてみて。

☆開運の日　◎幸運の日　●解放の日　○チャレンジの日
□健康管理の日　△準備の日　▽ブレーキの日　■リフレッシュの日
▲整理の日　×裏運気の日　▼乱気の日　＝運気の影響がない日

2021

9月

○ チャレンジの月

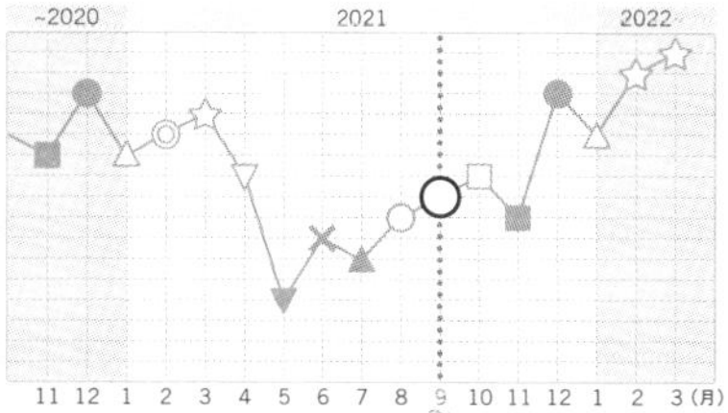

開運3カ条

1. フットワークを軽くする
2. 興味のあることに挑戦する
3. 芸術を鑑賞する

総合運

行動力が増して新しいことに挑戦したい気持ちが高まってくる時期。変化を楽しむのはいいですが、重要な決断は避けておくこと。この時期は、旅行したり体験を増やすことが大事なので、普段なら観ないような映画や芝居を観たり、美術館や博物館などに足を運んでみましょう。神社仏閣や歴史を感じられる場所に行くのもオススメ。健康運は、これまで体験していないスポーツに挑戦するのもいいですが、ケガには気をつけて。

恋愛＆結婚運

視野が広がり出会いのチャンスも自然と多くなる時期。習い事をはじめたり、知り合いの集まりに参加してみるといいでしょう。明るい感じのイメチェンをするためにも、新しい美容室で思いきった髪型にしたり、雰囲気の変わる服を選んでみると、異性からの評判もよくなりそう。すでに気になる相手がいる場合は、これまでとはまったく違うアプローチをしてみて。結婚運は、入籍やその先の話は冗談半分くらいの話し合いがオススメ。

仕事＆金運

前向きに仕事に取り組める時期。メリハリをつけてしっかり仕事をし、自分の役割を果たしてからしっかり遊ぶようにするとやる気がさらに増すでしょう。職場の人と交流したり、異業種の人が集まる場所に顔を出してみると仕事につながったり、いい情報を入手することができそうです。ひとりの時間を減らすように心がけておきましょう。金運は、人付き合いや体験にお金を使うといい月。気になるイベントやライブを観に行ってみましょう。

1	水	●	あなたの魅力に気づいてくれる人が現れるかも。仕事終わりに人の集まりに参加してみて。ただ、今は恋愛を楽しむ時期。結婚の縁は薄そうです。仕事でも能力を発揮できそう。
2	木	△	リラックスして過ごすのはいいですが、抜けが多くなってしまいそうな日。忘れ物や約束を忘れることがありそうです。確認したつもりにならず、きっちりやるように心がけて。
3	金	○	経験を活かすことで不要な不運や苦労を避けられます。嫌な予感や、過去に似た流れがあったことを思い出したら避けるように。判断力の早さで幸運をつかむことになるでしょう。
4	土	◎	イベントやライブを調べるとおもしろい催しを見つけられそう。観に行くといい体験ができるでしょう。美術館や博物館もオススメです。友人や気になる人を突然誘ってみて。
5	日	▽	用事や買い出しは日中に終わらせておくといいでしょう。夕方以降は疲れをしっかりとることが大事。家でのんびりお気に入りの音楽を楽しみ、なるべく早く就寝しましょう。
6	月	▼	期待を裏切られたりガッカリすることがありそう。後輩や部下にまかせた仕事でミスが見つかったり、言ったことが伝わっていないなんてことも。自分の悪い点も見つけましょう。
7	火	×	友人や知り合いの集まりに参加するのはいいですが、言葉足らずで誤解を招くかも。言葉選びは慎重に。失言したらすぐに謝り、その失敗を胸に留めておくと人間性がアップしそう。
8	水	▲	他人を許すことができるとコミュニケーション能力が上がるでしょう。些細なことをいつまでも引きずらないで、過ぎたことに執着しないように。過去の自慢話もやめましょう。
9	木	○	はじめて会う人と楽しく話せたり、いい情報が入手できそう。勝手な思い込みで臆病にならないで1歩踏み込んでみて。仕事終わりに気になる場所に顔を出してみるといいでしょう。
10	金	○	生活リズムを少し変えると楽しくなりそうな日。ダンス教室や音楽教室など、普段なら避けていた場所に飛び込んでみて。人生が華やかになったり、楽しみが増えるでしょう。
11	土	□	何も準備せず、行き当たりばったりな行動をすると疲労がたまってしまいます。1日の計画を立ててから行動するように。夜の急な誘いは次の日に響くので断ってもよさそう。
12	日	■	今日は家でのんびり過ごしたり、本を読んで昼寝するといい日です。日ごろの疲れをしっかりとるようにしましょう。すでに予定が入っている人は早めに切り上げげて。
13	月	●	不思議と楽しいことやおもしろいことが起こりそう。自分のルールに縛られると見逃すため、周囲をしっかり観察してみて。些細な幸せにアンテナを張ると楽しくなってきます。
14	火	△	緊張感がなくなる日。寝坊や忘れ物をしたり、仕事で数字や時間を見間違えたりするので気をつけて。間違った人にメッセージを送ってしまうこともあるため、しっかり確認を。
15	水	○	仕事が少し楽しくなりそう。真面目に取り組んだ人ほど気持ちが楽になったり、楽しさを見つけられます。手応えを感じない場合は、経験や勉強の不足を認めて楽しく努力して。
16	木	◎	少しお得なことがある日。上司や先輩からランチや飲み物をごちそうしてもらえたり、軽い気持ちで買い物をすると、割引やポイントが多くつけられることがありそうです。
17	金	▽	自分も周囲も笑顔になれることに一生懸命になるといいでしょう。失敗談を披露したり冗談を言ってみるといい空気に。少し滑っても逆にネタになります。疲れを感じたらマッサージへ。
18	土	▼	油断をしていると騙されたり、人にもてあそばれてしまうかも。気を引き締め、相手の話はしっかり聞くこと。現実的にあり得ない話や矛盾している話には注意しましょう。
19	日	×	普段とは違った遊びに興味を示したり、関係の薄い人と遊ぶ機会がありそう。間違った方向に進みがちなので、調子に乗らないように。イメチェンは失敗しやすいので要注意。
20	月	▲	古いやり方や考えをやめるのにいい日。最初は面倒ですが、少しでもいいので流行に合わせるとおもしろい発見があるでしょう。話題の映画を観に行くと話のネタになります。
21	火	○	相手の欠点や弱点に目を向けるのではなく、相手のいい部分を見るようにしましょう。身近な人のプラス面や、今の仕事のいいところを20個ノートに書き出してみて。
22	水	○	少し気分を変えることが大事な日。インテリアや生活リズムを変えてみて。出勤時間や通勤経路を変えると発見がたくさんあるかも。興味があることも発見できそうです。
23	木	□	気になる習い事をはじめてみたり、仕事や勉強に役立つ本を買って読みはじめましょう。少し挑戦する気持ち持つとやる気が増すので、まずは行動してみるといいでしょう。
24	金	■	些細なことでイラッとくるときは、疲れがたまっている証です。無理をせず、こまめに休憩するようにしましょう。チョコレートを食べて気持ちを落ち着かせてみて。
25	土	●	友人や気になる相手から遊びに誘われることがありそう。家でのんびりすることを優先しないで、外出して明るく元気に過ごすと素敵な出会いにも巡り合えるでしょう。
26	日	△	出先で忘れ物をしやすい日。うっかりミスを連発することがあるので、一度小さなミスをしたら本気で気をつけるように。席を立つときは、必ず振り返って確認しましょう。
27	月	○	コツコツ前向きに仕事と向き合ってきた人は、評価される出来事が起きそう。いつもと違う未経験のことに挑戦するのも大切です。少しの勇気が流れをいい方向に変えることも。
28	火	◎	真剣に仕事に取り組むといい結果が出る日です。数字と時間にこだわって仕事をするといいでしょう。頑張ったごほうびに、おいしいスイーツや好物を買って帰りましょう。
29	水	▽	午前中から何事も情熱を持って取り組みましょう。大事な用事や期日があることは日中に終わらせて。夕方からは無理をせず、早めに帰宅を。この選択がいい循環をもたらします。
30	木	▼	自分の都合だけを考えているとイライラしたり、嫌な思いをしそう。相手にも都合があるので、許して認めることが大事です。自分だけが正しいと思うと苦しくなる原因に。

2021

10月

□ 健康管理の月

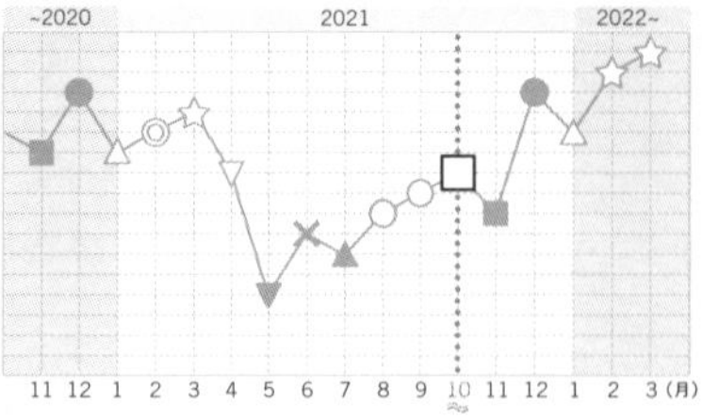

開運 3 カ条

1. 簡単に断らない
2. 肯定的な発言をする
3. お笑いのライブに行く

総合運

流れに身をまかせることで楽しいことやおもしろいことを見つけられる時期。誘いやお願いは断らないで受けると、これまでとは違う方向に進めそう。「無理」「難しい」と思うことほど思いきって行動してみると、楽しい思い出ができたり、いいきっかけになって考え方が変わるでしょう。気の合う知り合いを作ることもできるので、集まりには顔を出して。健康運は、下旬に疲れがたまったときにケガをしやすいので気をつけてください。

恋愛&結婚運

気になる相手と楽しく遊ぶことができる時期。真面目な話をするのもいいですが、エンタメやお互いの趣味を楽しんでみることでいい関係に進められそう。普段なら行かないようなお笑いのライブや寄席に行ってみると思った以上にいい経験に。その後もふたりの会話に出てくるいいデートになりそうです。新しい出会いは、ノリの合う人に会えそうですが、進展に時間がかかるかも。結婚運は、年末年始の話題がいいきっかけになりそう。

仕事&金運

中旬までは、頼まれた仕事は断らずにOKしてみるといい時期。うまくいかないこともありますが、断らないことで大切な体験ができるでしょう。行動しながら次をどうするか考える力を身に付けられるようになるので、経験もしていないのに勝手に難しいと思わないように。月末は無理をすると体調を崩すので注意。金運は、遊びに出費することが増えそうですが、浪費癖がつきやすくなるので気をつけましょう。

1	金	✕	他人のマイナス面ばかり注目していると、気力が落ちてしまうかも。勘違いや聞き間違いもあるので気をつけましょう。どんなことにもプラスの面があるのだと忘れないで。
2	土	▲	不要なものを処分するのにはいい日。間違って大事なものを捨ててしまったり、いらないと思ったデータが必要になることがあるので、確認作業はしっかりするようにして。
3	日	○	スポーツジムやヨガ教室などに見学に行ってみるといいでしょう。少しでも興味があるなら行動に移してみて。欲しかった情報を手に入れられることもありそう。
4	月	○	苦手と思ったことに挑戦するといい日ですが、覚悟を決めるほどではなく、遊び半分で挑戦してみるといいでしょう。失敗は話のネタにするくらいの気持ちで挑戦してみて。
5	火	□	許すことで前に進める日。過去のすべてを許すと決めることで気持ちが楽になるでしょう。相手ではなく自分のために許すことを覚えると、生活リズムも整い心も豊かになります。
6	水	■	転倒や打撲に注意が必要です。行動が思ったよりも雑になってしまうことがあるので、丁寧に行動を。指を挟んで痛い思いをしてから「今日の運気」を見ないように。
7	木	●	気になる人に連絡をするといいでしょう。好きな気持ちはあるけれど、「何か引っかかる」相手に連絡をしてみて。相手の態度を分析すれば、今後どうすればいいか見えてきます。
8	金	△	勘違いを指摘されて恥ずかしい思いをしそう。「あれ、そういう意味なの?」と思ったら教えてくれた人に感謝を。知らないことを突っ込まれてしまう場合もあるかもしれません。
9	土	○	魅力がアップする日。朝から気になる人に積極的に連絡をしてみるといい返事が聞けそう。相手を思ってプレゼントを持っていくと、一気にいい関係に進展する可能性も。
10	日	◎	行きつけのお店に買い物へ行ってみましょう。服や消耗品を購入するといいので、午前中から出かけてみて。少し贅沢なランチやディナーを食べると運気が上がります。
11	月	▽	日中はいい判断ができそう。大事な作業や用事は早めに取りかかっておくといいでしょう。夜は予定や運気を友人や知人に乱されてしまい、無駄な時間を過ごすかもしれません。
12	火	▼	タイミングの悪さを実感しそうな日ですが、遅れてもいいので言いたいことは伝えてみるといいでしょう。変な空気になることを恐れず、丁寧に伝えるように心がけてみて。
13	水	✕	よかれと思った行為が裏目に出て問題になるかも。ひと呼吸おいて、丁寧に進めるよう心がけて。もし嫌なことが起きても「このくらいで済んでよかった」と思いましょう。
14	木	▲	白黒ハッキリすることで気持ちが楽になる日。中途半端な恋愛関係や人に言えない恋は、ここでスッパリ縁を切るといいでしょう。重荷から解放されることがあるかも。
15	金	○	新しい出会いがありそう。これまでにない、いい刺激を受けられそうなので、様々なことにアンテナを立ててみて。仕事帰りは面倒でも、気になる場所に出かけるといいでしょう。
16	土	○	気になる場所に遊びに行ってみて。初デートにもいい日なので、気になる相手に連絡をしてみるといいでしょう。話題のエンタメやイベントを観に行くのがオススメ。
17	日	□	無理をしないで過ごすといい日。リラックスできる音楽を聴きながら、食事や生活習慣をノートに書き出して見直してみて。体の内側のメンテナンスに意識を向けると発見がありそう。
18	月	■	不機嫌が顔に出てしまうかも。疲れがたまっていることが原因になりそうなので、朝から軽く体を動かしてすっきりしましょう。朝食をしっかりとってから出かけるようにして。
19	火	●	いい言葉や素敵な言葉をSNSなどで発信してみて。ノートにメモしてみるのもいいでしょう。いい縁がつながったり、モテるようになるかも。いい言葉に敏感になりましょう。
20	水	△	楽しむことが大事な日。なんでも引き受けてみたり、ノリや勢いで判断してみましょう。失敗することもありますが、経験を楽しむことで前向きに捉えられるようになります。
21	木	○	経験を活かすことで、楽しめたりいい結果を出せる日。予想以上に仕事がはかどって、おもしろくなることもあるでしょう。尊敬する先輩や上司の話を真剣に聞くことも大事です。
22	金	◎	明るい未来を想像して仕事をすることが大事。レベルの高い仕事を目標にすると、やる気も湧いてくるでしょう。今日は本気で取り組むといい結果が出るので頑張ってみて。
23	土	▽	気になる人がいるならランチやイベントなど日中デートをしてみて。夕方以降は流れが悪くなり、タイミングを逃してしまうかも。早く帰宅し、湯船に浸かって早めに寝ましょう。
24	日	▼	自分の考えや生き方だけが正しいと思っていると、苦しい状況になってしまいそう。いろいろな人のおかげで自分がいることや、相手も正義だということを忘れないように。
25	月	✕	疲れを感じたり、体調を崩しやすい日。要求に応えながらも上手に休んだりして息抜きを。残業やお酒の付き合いは控えるといいでしょう。不運と思わず「こんな日もある」と思って。
26	火	▲	ひと言ふた言足らない感じの会話になりそう。誤解されて後で面倒なことにならないように、言いたいことはメモしておいたり、伝えきれないことはメールを送っておきましょう。
27	水	○	変化が苦手なタイプですが、慣れたやり方ばかりではなく、少し違う方法を試してみるといいでしょう。効率よく仕事ができたり、新たな発見を楽しめるようになるでしょう。
28	木	○	幸せとは「今」だと気がつくと前に進めそう。悩みや不安を感じるより、現状に感謝すると気持ちが楽になるでしょう。振り返っても夢も希望もないことを忘れないように。
29	金	□	自分の考えを押し通すより、周囲と歩調を合わせると楽しめます。些細なことを否定せず、肯定して受け入れると不思議と楽しくなるでしょう。夜はスキンケアをしっかりとして。
30	土	■	今日はしっかり体を休めておくことが大事な日です。家で映画や動画を観てゆっくりしたり、昼寝をするのもいいでしょう。元気が余る場合は、運動で少し汗を流してみて。
31	日	●	気になる人とデートするといいでしょう。お誘いは断らず、相手が微妙な場合は友人も誘うと盛り上がったりいい関係に発展するかも。ただし、「とりあえず」で交際をはじめないように。

☆ 開運の日　◎ 幸運の日　● 解放の日　○ チャレンジの日
□ 健康管理の日　△ 準備の日　▽ ブレーキの日　■ リフレッシュの日
▲ 整理の日　✕ 裏運気の日　▼ 乱気の日　〓 運気の影響がない日

2021 11月

リフレッシュの月

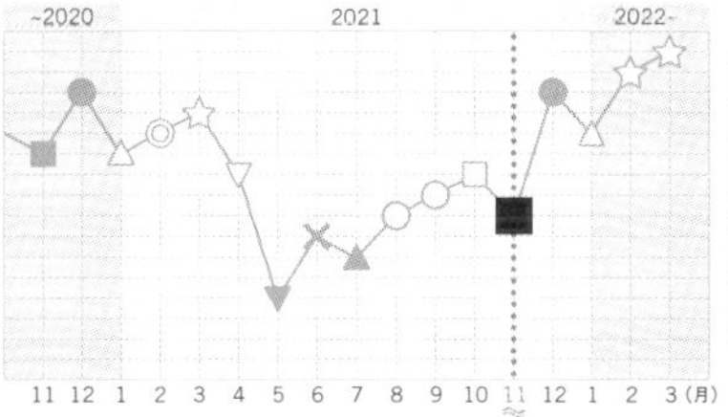

開運 3 カ条

1. 全身のストレッチをする
2. 赤い服を着る
3. 小さな目標を立てる

総合運

判断力や決断力が低下する時期。大きな間違いよりも小さな判断ミスが増えてしまいそう。「間違えた」と思ったときにそのままにすると、後に不要な苦労や不運に変わることがあるので、訂正や修正、やり直しは早めにしましょう。しっかり体を休ませる計画を立てておくことも大事。休みの日はのんびりするように心がけて。健康運は、ドジなケガに要注意。歩きスマホで壁に激突したり、段差で大ケガをすることがありそうなので注意。

恋愛&結婚運

中旬まではあなたの気持ちをもてあそぶ相手と関わったり、距離感やリズムの合わない人に好意を寄せられることがありそう。一緒にいて楽しくても、「何か違う」と感じたらしっかり態度で示すことが必要。月末にデートの誘いや出会いの機会が増えそうなので、気になる人をアミューズメントパークに誘ってみるといい関係に進めそう。結婚運は、話が進みにくい時期なので相手の理解に努めて。

仕事&金運

仕事に集中できない時間が増え、珍しいミスが続きそうな時期。噛み合わない感じややる気のない日が増えてしまうので、小さな目標を立てたり時間を決めて集中するように。でないと無駄な時間を過ごして疲れをためてしまいそう。仕事終わりにストレス発散に軽い運動をして汗を流すと気力が復活したり、頭の回転がよくなるでしょう。金運は、油断していると不要な買い物が増えそう。

1	月	△	思いがうまく伝わらない日。「そんなつもりじゃないのに」と思ったら、丁寧にメールやSNSで伝え直してみて。引っかかったことは先延ばしせず、素直に謝るように。
2	火	○	チャンスに恵まれても油断すると逃してしまいそう。気を引き締めて相手の話をしっかり聞いたり、前向きに捉えるといい流れに乗れるでしょう。自分を信じることも忘れずに。
3	水	○	レベルの高い仕事を目指してみて。なんとなく仕事をしたり無難に終わらせないで、最後までこだわるといいでしょう。一生懸命になれることほど楽しいことはないと知ることができそう。
4	木	▽	日中は勢いで物事が解決し、問題は起きないでしょう。夕方あたりからは、判断ミスをしたり、余計なことを考えてしまいそう。トラブルはすぐ相談すると解決が早そうです。
5	金	▼	睡眠不足や疲労の蓄積から判断ミスをしやすい日。叱られることもありそうですが、自分のふるまいや失敗を認め、次の糧にすることが大事。仕事の効率低下を感じたら休息を。
6	土	×	誘惑に負けてしまったり、注意力が低下しやすいかも。無謀な行動に走ってしまったり、いい加減な判断をしやすいので、契約や大事なことを決めるのは先延ばしにしましょう。
7	日	▲	気分転換も兼ねて掃除をするといい日。整理整頓で不要なものを処分し、すっきりさせると気分もよくなるでしょう。空いた時間は散歩などで体を動かすと心が整えられそうです。
8	月	＝	目の前のことに集中するのはいいですが、少し先のことを考えて今やるべきことを見つけるのも大切。将来役立つことを学んでおいたり、体を鍛えたり、やれることを探してみて。
9	火	＝	不慣れなことや苦手なことに挑戦すると、人は大きく成長できるもの。自分を苦しめるほどの向上心はいりませんが、苦手なことに挑戦して新しい自分を発見することは大切です。
10	水	□	自分自身の向き不向きを理解できていないとわかったうえで、周囲の人に何をやるべきか聞いてみて。驚くようなことを言われても、否定せず受け入れてみるといいでしょう。
11	木	■	体調を整えることも仕事のひとつと思って、ゆっくりする時間を作るといいでしょう。ランチや休憩時間はリラックスできる場所に行ったり、温かい飲み物を飲んでくつろいで。
12	金	●	気になる人との関係に進展がありそう。メッセージを送ってみるといい関係になれるかも。相手が返事をしやすい言葉を選ぶことが大切。急に会えるときも笑顔と挨拶を忘れないで。
13	土	△	気持ちが緩んで失敗が続いてしまいそうな日。段差でつまずいてしまったり、忘れ物をして慌ててしまうことがあるかも。多少の遅れは気にせず、何事も丁寧に進めて。
14	日	○	しばらく会っていなかった人と偶然出会ったり、急に遊びに誘われることがあるかも。友人と前向きな話をすると運気も上がるので、明るい未来の話をしてみるといいでしょう。
15	月	○	叱られることがありますが、これも運のよさ。間違ったときに注意してくれる存在がいて、期待されている証だと思いましょう。言ってもらえるうちが華だと忘れないように。
16	火	▽	自分を信じて積極的に行動するといい結果を出せるでしょう。自分ひとりでやっていると思っていると不満に変わるので、支えてくれている人の存在を忘れないようにして。
17	水	▼	他人に翻弄されそうな日。「この人はいい人」と思い込むと振り回され続けてしまうかも。冷静になって、「この人はどうなのかな?」と見直す機会だと思うといいでしょう。
18	木	×	心に隙ができてしまいそう。欲望に流されてしまったり、仕事をサボってしまいがちです。やる気が出ないなら深呼吸をして、普段とは違う方法を試してみるといいでしょう。
19	金	▲	よくも悪くもハッキリしないことがいい日です。白黒つけるのではなく、グレーを認めて楽しんでみるといいでしょう。決断を迫られたときは、周囲の意見を取り入れてみて。
20	土	＝	大人しくしていても変化はないので、積極的に行動してみることが大事。小さな勇気を出すと楽しい出来事を引き寄せられるでしょう。多少の失敗で臆病にならないようにして。
21	日	＝	知人の集まりで出会った人と意気投合できそう。知ったかぶりをすると恥ずかしい思いをするので、聞き上手を意識して。わからないことは教えてもらうといいでしょう。
22	月	□	何事も順序を守ることが大切な日。上下関係や挨拶や礼儀をこれまで以上にしっかりしてみるといいでしょう。初歩的なことを忘れている場合は、もう一度勉強してみて。
23	火	■	ドアに指を挟んでしまったり、階段で転んでしまうなど小さなケガに注意して。痛い思いをするから学習することもできますが、気を緩めなければ問題は避けられるでしょう。
24	水	●	大事な情報や今後重要になる出会いがあるかもしれません。知り合いの紹介や人の集まる場所にはできるだけ顔を出すといいでしょう。笑顔と清潔感のある服装を心がけて。
25	木	△	時間の見間違いや勘違いをしやすい日。約束の時間も間違えてしまいそうです。思い込みから見逃すこともあるので、何事もしっかり確認を。いつも以上に慎重に過ごしましょう。
26	金	○	人との縁でいい流れをつかめそう。友人や付き合いが長い人に感謝できたり、些細な話で前向きになれることがあるかも。夜は懐かしい人からの連絡で思い出話に花が咲きそう。
27	土	○	外食やライブに出かけるにはいい日。残るものより、体験や経験に出費するといいでしょう。美術館などに行ってゆっくり絵画を観ると勉強になり、感性が磨かれます。
28	日	▽	日中は計画通りに進められそうですが、夕方あたりからは予定が乱れたり、ダラダラ過ごしすぎてしまうかも。夜は明日のためにも家でのんびりし、準備を怠らないように。
29	月	▼	遅刻や寝坊、忘れ物に注意が必要な日。慌てて行動するとケガをしやすいので、落ち着いて行動ができるよう、時間にはゆとりを持って早めに行動することを心がけましょう。
30	火	×	欠点が表に出やすい日ですが、欠点を魅力や能力に見せる方法を考えてみるといいでしょう。「モタモタしているのではなく、丁寧だ」と思うだけで気持ちは楽になります。

2021

12月

● 解放の月

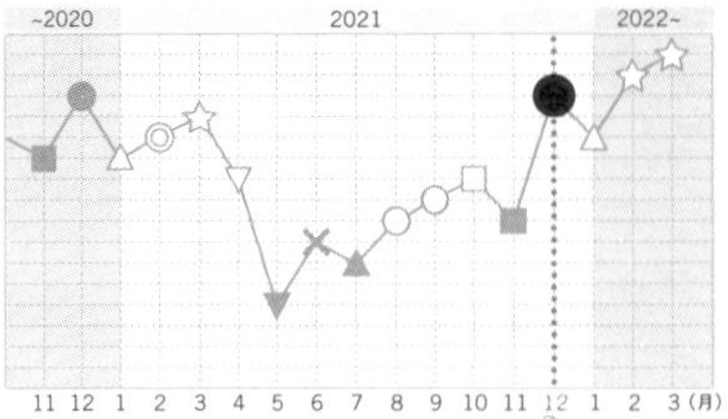

開運3カ条

1. 懐かしい人に会う
2. 積極的に行動する
3. ヘアサロンに行く

総合運

流れが大きく変わる月。大きなチャンスが訪れ、これまでの頑張りや努力を評価してくれる人が現れることがあるでしょう。同窓会や懐かしい人の集まりに顔を出すといい縁がつながるので、少しくらいマイナスなイメージのある相手でも「懐かしい、久しぶり」と思うなら会ってみるといいでしょう。お互いの成長を確認することも大事。健康運は、一度ケガをしたところをまた痛めてしまうことがあるので、自分の行動のクセを分析して。

恋愛＆結婚運

異性と出会う機会が増える月。親友や付き合いの長い人から素敵な人を紹介してもらえたり、偶然の出会いから恋がはじまったりしそう。昔の同僚や同級生に会う機会があれば顔を出してみて。当時は興味がなかった人を好きになったり相手から惚れられることもありそう。同性ばかりで集まるときは異性の友達を誘うことを提案してみて。結婚運は、大きく話が動き出すことも。

仕事＆金運

仕事のやる気が復活したり、責任ある仕事をまかされるかも。あなたの実力や能力を認めてくれる人が現れたり、辞令が急に出ることもあるでしょう。加減をしないで目の前の仕事に全力で取り組んでみると、支えてくれる仲間や協力者も集まりはじめそうです。仕事仲間と忘年会や親睦会を主催してみると、仕事がさらにやりやすくなるでしょう。金運は、みんなと楽しめることにお金を使いましょう。

1 水	▲	部屋の掃除や机周りの整理をし、気が散るものはしまいましょう。時間を無駄にしているアプリは思いきって削除し、その時間を読書に充てると、幸運をつかみやすくなりそうです。
2 木	＝	無理に新しいことに取り組むと挫折しやすい日。まずは「お試し」だと思って軽い気持ちで取り組むといいでしょう。なんとなく知ってから、今後どうするかを判断してみて。
3 金	＝	うまくいかない状況を楽しみましょう。思い通りにならないのは当たり前。羨ましいと感じる人たちも同じように感じています。失敗を恐れず、前を向いて進んでみて。
4 土	□	休みの計画を立てるにはいい日。友人や知人に連絡をして、空いている日の確認をしてみるといいでしょう。気になるイベントやライブのチケットの予約をしてみて。
5 日	■	日中は部屋でストレッチなどをして、意識的に体を動かすといいでしょう。温野菜を使った料理を多めにとることもオススメです。夜は遊びやデートに誘われることがあるかも。
6 月	●	想像していなかった人から助けを求められることがある日。手助けをすると感謝されていい関係ができそう。頼られることが増えるので、やれることはできるだけやってみて。
7 火	△	仕事ではミスが出やすいので注意が必要ですが、恋愛運はいい日です。気になる相手から注目を集めたり、うれしい関係になれそう。笑顔と愛嬌、清潔感を心がけてみて。
8 水	◎	長い付き合いの人に連絡をするといいでしょう。困ったことを解決してもらえたり、大事なアドバイスが聞けそう。夜はおいしいものを食べに行ったり、自分へのごほうびを買って。
9 木	☆	目標を決めて仕事をするといい結果につながるかも。仕事以外の時間は飲み会や食事会の計画をするといいので、思い浮かぶ人に連絡してみて。懐かしい人が幸運を引き寄せそう。
10 金	▽	日中は希望通りに物事が進んだり、スムーズに仕事ができて満足できそう。夜は誘惑に負けて食べすぎてしまったり、遊びすぎてしまうかも。調子に乗りすぎないよう気をつけて。
11 土	▼	予定が乱れてしまったり、心が折れてしまうようなことが起きそうな日。普段以上に落ち着いて行動し、甘い話や誘惑に乗らないように気をつけて。お得な情報は危険かも。
12 日	✕	裏目に出やすい日です。信頼していた人から裏切られてしまったり、期待外れなことが起きそう。冷静に考えてみると元々そんな人だったり、周囲の評判通りだと気づけるかも。
13 月	▲	月末にかけてお誘いが増えて忙しくなりそうなので、しっかり計画を立てて行動することが大事。職場の掃除を念入りにするのもいいでしょう。ゴミや不要なものは一気に捨ててみて。
14 火	○	失敗から学ぶことが大切な日。同じことを繰り返さないために、何をすればいいかを考えてみましょう。新商品のお菓子を買ってみるとお気に入りを見つけられるかも。
15 水	○	相手の気持ちを理解できるよう努めましょう。もっとよく相手のことを想像し、立場や状況も考えてみるといいでしょう。相手の喜ぶことが何か試してみることも大事です。
16 木	□	一生懸命な姿を見せることが大事。頑張ることが格好悪いと思っているとチャンスを逃します。ひとつのことに真剣に取り組み、不器用でもいいので本気を出してみて。
17 金	■	やるべきことが増えて疲れがたまり、集中力が途切れやすくなりそうな日。油断して風邪をひかないよう気をつけましょう。夜は鍋料理を食べて体調を整え、お酒はほどほどに。
18 土	●	クリスマスプレゼントを買いに行くといいでしょう。自分の服を買うときは、年齢や流行に合わせるように。イメチェンをするつもりで、普段なら選ばない品を購入してみて。
19 日	△	電車を乗り間違えてしまったり、忘れ物をすることがあるので気をつけましょう。周囲の人が協力してくれたときはお礼を忘れないように。事前準備と確認はしっかりしましょう。
20 月	◎	自分の力を試せたり、実力を発揮できる日です。遠慮しないで積極的に挑戦してみたり、少しだけ図々しく生きてみるといいでしょう。苦労してきたことを活かせそうです。
21 火	☆	目標や目的を見失わないことが大事。今の自分の力を考えるより、成長を期待して突き進みましょう。結果を気にするより過程を楽しむことで、目指すべき場所にたどり着けます。
22 水	▽	日中は気持ちが晴れて楽しく仕事ができそう。加減するより一生懸命であるほうが楽しくなれます。夕方は面倒なことが回ってきそうですが、勉強だと受け止めるといいでしょう。
23 木	▼	思い込みで飛び込まず、調子に乗らないようにしましょう。落ち着いて判断しないと空回りして無駄な時間を過ごすことに。自分のことより相手のことを考えて行動しましょう。
24 金	✕	急な仕事や予定変更で予想外にバタバタしそうな日。クリスマスイブだと浮かれている人ほどガッカリする日になってしまうので、みんなでミスがないように協力しましょう。
25 土	▲	クリスマスですが大掃除をするにはいい日。長年使って古くなったものや、使わなくなっているものは思いきって捨てましょう。「いつか使うかも」と思うものも潔く処分して。
26 日	○	忘年会を主催したことがないなら、幹事になり友人や知り合いを集めてやってみましょう。新たな挑戦をすることで、学びや楽しいことを見つけられます。いい縁もつながりそう。
27 月	○	「はじめて」を楽しむことで運気がよくなる日。勇気を出して気になるお店に入ると、素敵な経験やおもしろいものが見つかりそう。普段避けるものを食べたり飲んだりしてみて。
28 火	□	大掃除をするなら午前中に一気にやってしまいましょう。遅くても夕方までに終わらせて。頑張りすぎると疲れてしまいます。夜はお風呂にゆっくり入ってのんびりしましょう。
29 水	■	疲れをとるのにいい日。マッサージや温泉でのんびり過ごして。少食を意識して軽く運動をし、健康的な体作りをしておきましょう。好きな音楽を聴きながらの昼寝もオススメ。
30 木	●	片思いの相手に気持ちを伝えるといい関係に進めそう。臆病にならないようにしましょう。イメチェンや新しい服を買いに行くのもいいので、明るいイメージの服を選んでみて。
31 金	△	ドジなことをしそうな日。約束をすっかり忘れて慌ててしまったり、時間を勘違いしていることに気づきそう。カウントダウンは親友や仲間と過ごすと楽しい年越しに。

☆ 開運の日　◎ 幸運の日　● 解放の日　○ チャレンジの日
□ 健康管理の日　△ 準備の日　▽ ブレーキの日　■ リフレッシュの日
▲ 整理の日　✕ 裏運気の日　▼ 乱気の日　＝ 運気の影響がない日

銀の鳳凰座

12年周期の運気グラフ

銀の鳳凰座の2021年は…

● 解放の年

7年の闇から抜けて、ため込んできた本来のパワーが放たれる年です。「運気はいい」と思い込むことで本領発揮できるでしょう。この先、2023年、2024年にはじまる幸運期に向けて運気はどんどん上昇。

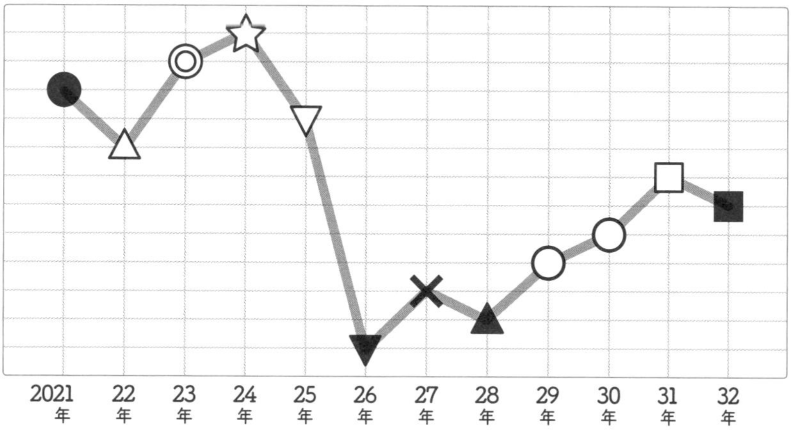

☆開運の年　◎幸運の年　●解放の年　○チャレンジの年　□健康管理の年　△準備の年
▽ブレーキの年　■リフレッシュの年　▲整理の年　×裏運気の年　▼乱気の年　＝運気の影響がない年

銀の鳳凰座はこんな人

基本の総合運

金の鳳凰座が燃えたぎっているのなら、銀の鳳凰座はじっくりゆっくりと燃え続けるタイプ。些細なことで自分の信念を曲げることなどなく、まっすぐ突き進んでいきます。壁にぶつかってもその壁を倒すまで押し続けるような人。周囲からのアドバイスも簡単には聞き入れずに自分の生き方や考えを通すでしょう。年齢とともに臨機応変な対応を覚えられればいいですが、若いうちは不器用で伝え下手なところが出てしまいます。交友関係は狭いのですが、一度仲よくなると深い付き合いをすることになるでしょう。

基本の恋愛&結婚運

本気で好きになるまでに時間はかかっても、一度火がつくと延々と燃え続けます。ストレートに気持ちを出す人ですが、すぐに行動には移せず、片思いの時間が長くなってしまうでしょう。相手のやさしさを勘違いして好きになり、猪突猛進になってしまうことも。また、押しに非常に弱いので、最初の印象が悪くない人に告白されて、強引な相手ととりあえず付き合って後悔する経験もありそうです。結婚相手には、両親と似ている部分がある人や自分の家族に近いタイプの人を望む傾向があるでしょう。

基木の仕事&金運

どんな仕事でも、一度はじめると忍耐強く続けられ技術も身に付きますが、時間がかかってしまったり独特な方法で仕事を進めたりするため、職場では浮いてしまうことも。不向きだと思われる仕事でも、好きになると辞めることなく突き通すところもあるでしょう。ただし、転職グセがつくと何度も同じ理由で転職してしまうので気をつけて。金運は、貯金のクセがつけばどんどん貯まりますが、浪費グセがついてしまうとなかなかやめられなくなるので、早めに保険や定期預金、少額の投資などをはじめるといいでしょう。

2021年の運気 ●解放の年

2021年開運 3カ条

1. 考える前に自分を信じて行動する
2. 何事も「運がいい」と思う
3. 言いたいことはハッキリ言う

総合運

新しい出会いや変化にツキあり
「運気がいい」と思ってなんでも挑戦を

長い苦労と積み重ねの期間が終わり、魅力と才能が評価される年。「解放の年」は、不要なプレッシャーから解放されて本来の力を発揮することができる最高の１年です。長い間辛抱した人ほど、頑張った甲斐があったと思える出来事が増え、運も周囲もあなたの味方や後押しをしてくれるでしょう。ただし、銀の鳳凰座は五星三心占いの中で、最も頑固なタイプ。一度情熱の火がついてしまうと消えることがなく燃え続ける人です。たとえ間違っていたとしても、自分の道を突き進み、壁にぶつかっても壁をぶち壊すような人なので、そのぶん無駄な苦労や我慢が多い人でもあります。器用に困難を避けたり、臨機応変に対応したり、表面的にふるまったりということが上手にできません。2021年は、長い人では約７年の闇から抜けて、いよいよため込んでいた力を発揮できるチャンス。こんなに最高の年なのに、根の頑固さが出て「自分には無理」と思い込んでしまうと、チャンスを逃してしまいます。今年は騙されたと思って、なんでも挑戦してみましょう。

１月から運気の流れはよく、ここから一気にその流れに乗るためには「今年は運気がいい」と思い込んでください。最も思い込みのパワーが強いタイプでもあるので、この性質をうまく利用すると、人生は簡単にいい方向へ進みます。どんなにいい状況になっても「自分の描いた幸せではない」といつまでも不満に思っていては、幸せをみすみす逃します。そもそも、人生が思い通りになっている人はひとりもいないので、細かいことは気にせず、柔軟に考え方を変えることが大切です。運気の流れがいい時期でも、なんでもかんでも思い通りになるというわけではなく、これまで努力を積み重ねてきたことに対して運を味方につけることができ、身に付いた能力が認められるようになります。また、結果をしっかり受け止めて、今後はどのように頑張っていくべきか、方向性を定めることが大切。諦めが肝心になる場合もありますが、2021年いっぱいは簡単に諦めず、これまで以上に一生懸命、本気で取り組んでみましょう。また、思い込みのひとつとして、「占いだから」とまったく信じない人もいますが、占いの結果がいい年なので「占いは当てにいくもの」と考え方を変え、この本を上手に活用してください。

2021年の「解放の年」の運気は今年いちば

ん運気がいい「開運の年」と2番目にいい「幸運の年」と変わらないほど。しかし、人との別れや縁が切れることがあります。銀の鳳凰座は一度縁がつながるとなかなか切ることができませんが、今年はなんとなく続いている人間関係が終わる年に。「運気がいいのに最悪」と思わず、「運気がいいから縁が切れる」と思ってください。中には悲しい別れもあるかもしれませんが、そこから学びを得られたり、もっと素敵な人と出会ったりすることにつながるでしょう。本当に縁のある人や大切な人とはいずれまた再会できるので、2021年の別れは気にしないで。とりわけ友人関係では「あんな人ではなかったのに」と思ってしまうような裏切りを受ける場合がありますが、それは運気が解放されて相手の本性が見えただけ。今まで気づけなかったことが明らかになって、ラッキーと思うようにしましょう。本来相性の悪い人、あなたにとってマイナスとなる人、悪友などとは距離ができるようになります。ほかにも、離婚や急な引っ越し、部署の異動、機械の故障といったこともありますが、その多くは「乱気の年」「裏運気の年」に決断したことや、「乱気の月」「裏運気の月」にはじめたこと、手に入れたものが多いと思います。「そもそも縁がなかった」と考え、過ぎたことに執着しないようにしましょう。

今後の運気を上げて人生をいい方向に進めるためにも、今年はできるだけ初対面の人にたくさん会うように努めてください。飲み会や食事会、異業種交流会など、日ごろは誘われてもなかなか顔を出さないタイプだと思いますが、フットワークをできるだけ軽くし、八方美人を目指すくらいの気持ちで人の集まりに参加するようにしましょう。「そのような場所は楽しくない」「お金と時間の無駄」「話すことがない」「人見知りだから」という気持ちは十分わかりますが、人は苦手をそのままにしていては成長できず、チャンスをつかむこともできません。他人からすれば、いつまでも「ネギが嫌い」などと言いながらネギだけよけて食べない大人を見て、「それくらい食べればいいのに」と思ってしまうのと同じこと。人は困難に立ち向かうから成長できます。困難から逃げてばかりでは、いつまでも同じところをぐるぐる回っているだけ。どんな困難でも、一度乗り越えてしまえば経験として自分を成長させてくれるでしょう。ともかく、2021年は運を味方につけている年なので、たくさんの人に会うことで、あなたの魅力や才能を見出してくれる人に出会えるチャンスをつかむことができます。初対面の人からすれば、「解放の年」に入っているあなたは輝いて見え、優れた能力を持つ魅力的な人にうつるでしょう。そして、あなたも素敵な人を見つけられる可能性があるので、遠慮はせずにいろいろなところに顔を出しておきましょう。また、人に会う前には思いきってイメチェンすることをオススメします。自分で似合うと思った髪型や服装のスタイルを長年変えないままでいる人が多いと思いますが、2021年は年齢と時代に合わせて少し明るく、華やかにすることが大事。どんなにお気に入りの服や値段が高いものでも、今年はすべて買い替えるくらいの気持ちが必要です。新しい服を購入するときに、同じようなものを選んでしまいがちなので、自分では決めずに、オシャレな友人や知人にコーディネートしてもらいましょう。髪型は、はじめての美容室で「明るくイメチェンをしたいので、おまかせで」と伝えて異性の美容師さんにカットしてもらうと、評判がよくなりモテるでしょう。イメチェンやファッションにこだわることはかなり不慣れなことだと思いますが、運気がいいときだからこそ積極的に試してみて。

運気がいい年ではありますが、最も気をつけて欲しいのは「遠慮する」こと。運気の流れがいい「解放の年」に、遠慮をして1歩引いてしまうと、運気の流れはあなたの意思に味方し、せっかくの上がり調子の運気の波が引いて、いい効果がまったく出なくなってしまいます。自分には不釣り合いだと思う相手を紹介されたときに「自分とは合わないから」と連絡をしなかったり、重要な仕事をお願いされても「自分には荷が重い」と思って断ったりしてしまうと、周囲からの評判がガタ落ちに。また、これまでのあなたの頑張りに感謝している人が恩返しでやってくれたことを断ると、「せっかくチャンスを作ったのに」とガッカリされてしまう場合もあるので、相手の厚意は素直に受け止めて。マイナス面を無理に探すことも避けてください。「あの人が悪い、これが悪い、時代が悪い、政治が悪い」などと悪いところばかりに目を向けていると、そもそも頑固な性質なので思い込みが強くなり、さらにマイナスな情報ばかり集めて、どんどん暗くなっていってしまいます。そこに運が味方をしてしまうので、ますます悪いことばかりが目につき、息苦しい世界に。マイナス面に目を向けないで、意識してプラスに変換したり、考え方を変えたりすることが大切です。自分だけの世界にこもって黙々と作業をしたり、人前ではなく陰で努力をしたりすることが好きな人が多く、その情熱がなかなか認められないことも多いですが、いよいよ実力を表に出すことになる1年だと思って。

自分のルールや正義を通し、信念を曲げないことは大切ですが、ときにはその独自のルールを変えてみることも必要です。改めてルールをじっくり考える際には過去を気にするよりも、この7年間の経験を活かして、今後のために必要なことを考えるといいでしょう。生活習慣の改善や定期的な運動、食事のバランス、習い事や勉強など、一度生活のサイクルを決めると長く続けられるタイプだからこそ、2021年からよりよいリズムを自分で作ってみてください。少なくとも2〜3年は続けることが大切なので、難しいことは避けて。2020年に体調を崩した人は、睡眠時間を増やすことも必要になるので、普段よりも1時間以上早く寝る生活習慣にしてみましょう。継続することの重要さは理解していると思いますが、「継続」と「連続」は違います。「毎日必ず続けないとダメ」ではなく、これから2〜3年はなんとなくでいいので、生活習慣を整えてみて。毎日すべての項目をクリアするのではなく、7〜8割くらいできていれば十分あなたの力になります。肩の力を抜いて、続けてみてください。

2021年は余計な心配はすることなく、絶好調だと感じながら、流れに身をまかせるだけで十分満足する結果が出るでしょう。「無理」「難しい」「できない」と思い込まないで、求められたら「とりあえずやってみよう」と思って行動し、期待にできるだけ応えてみると、自然と楽しくなってきます。周囲から求められることや感謝されることが増えて、充実した日々を過ごすことができそうです。数年後になってから「思い返せば、今年から人生が変わった」というほど運気のよい年になると思います。出会いや変化が多い年ですが、今年起きる出来事のすべては結果的にいい方向に進んでいるのだと思って、上手に流されてください。自分の目指す場所へと突き進むことも大切ですが、運気の流れに乗る楽しさも知ると、自然と進むべき道が見えてくるでしょう。

「解放の年」は光り輝く年であり、スポットライトが当たる年。人前に立って目立ったり注目されたりするなど、苦手なこともありますが、不運ではなく「自分の出番がきた」と思って受け入れるといい1年を送れます。実力を出しきる価値のある年だと思って過ごしてください。

恋愛運

魅力が輝き注目される最高の年
過去の恋や思い込みは捨てて

あなたの魅力が輝き、異性から注目される最高の年です。しばらく恋人のいなかった人でも、出会いのチャンスがあったり、告白されたりするでしょう。ときには複数の人から言い寄られて困ってしまうことも。銀の鳳凰座は、恋のパターンや好みのタイプを限定しすぎてせっかくのチャンスを逃してしまうことがあるので、2021年は勇気と行動力が必要です。過去の恋愛や恋人を気にしすぎて次に進めないこともあるので、気持ちを切り替えて、今の自分に見合う相手を見つけることが大切になります。

あなた次第で簡単に恋人ができますが、「自分の好きな人」にこだわりすぎてしまうのはよくありません。また、たとえ好きな人ができても、自分からはなかなか動かずただ待っているだけでは実るはずの恋もうまくいかなくなってしまうので、積極的な行動を。そして、2021年は異性を意識したイメチェンをしましょう。銀の鳳凰座は自然と暗い色の服を選んでしまうことが多いタイプですが、明るい色や、普段は着ないような大胆な服を選んでみるといいでしょう。できるだけ年齢と流行に合わせながら、モテている人の服などを参考にしてみてください。自分で選ばず、オシャレな友人にコーディネートしてもらうのもオススメです。

注意しなければいけないのは、あなたが「自分は恋愛ができない」「絶対にモテない」「恋愛はもうしない」「異性は信用できない」など完全に恋愛スイッチをオフにすること。これではさすがに運気がどれだけよくてもまったく意味がなくなってしまいます。特に何年も恋から遠のいている人は、2021年から気持ちを切り替えて。年内に恋人ができなくても、2023、2024、2025年に、恋人になったり結婚につながったりする素敵な相手を見つけられます。まずは「恋をしない」なんていう気持ちをやめて、異性の友人を作ることや、恋する気持ちを楽しんでみてください。過去に傷ついたことで前向きになれなかったとしても、割りきることが必要。人は過去には戻れないので、過ぎたことにはこだわらず、生き方や考え方を変えるようにしましょう。2021年からイメチェンをしたり、異性を意識すると、早ければ年内に、あなたの魅力に惹かれて近づいてくる相手も現れるでしょう。

さらに早ければ、1～2月には異性との交流が増えて、勢いで交際がスタートすることも。1月から服装や髪型、メイクなどに気合いを入れて、何よりも笑顔や愛嬌を大切に、口角を上げて元気よく過ごしてみてください。4～5月は仕事が忙しくなりますが、変わらず誘いは増えるので、飲み会などの集まりにはできるだけ参加しましょう。このあたりで出会った人とは、連絡先を交換して友達になっておくと、後に恋に発展するかもしれません。10～11月も出会いが多くなります。これまで興味の薄かったタイプのよさが見えるなど、恋愛観に変化が訪れそう。いろいろな人と話してみましょう。想像もしていなかったところで恋心に火がつくこともありそうです。

2021年から恋のパターンや好みのタイプを変えてみることで、今後の恋愛運が大きく変わってきます。「モテる」と思い込むことで、自分でも驚くほど恋を楽しめるようになります。また、気になる相手をひと目惚れさせるくらい、自分磨きを楽しんでみるのもいいでしょう。

開運のつぶやき　「強くなる」と「強く見せよう」は、「モテる」と「モテそう」くらい大きく違うもの

結婚運

結婚を決めるのに最高な年
春までに恋人に結婚話を振ってみて

結婚を決めるには最高な運気の年。交際期間が1年以上で結婚願望が強い人なら、年内に結婚が決まる可能性が高いでしょう。恋人と新年早々から具体的に将来の話をすると、思った以上にスムーズに結婚へと進めることができそう。恋人もあなたの頑固さを理解しているので、相手まかせにせず、あなたから結婚について前向きな話を進めるようにしましょう。

2021年は「結婚ができる年」ですが、「結婚にオススメな年」でもあります。2021年の入籍は、将来の大きな幸せを保証できる運気なので、1、3、4、10、11月にふたりの思い出の日があれば、入籍してください。生活費や住む場所、結婚式、新婚旅行など決めなくてはならないことは後回しでも大丈夫。あなたが覚悟を決めるためにも先に籍を入れましょう。古い考えや順序にこだわってチャンスを逃さないように。銀の鳳凰座は、家庭を持ったほうが安定して仕事に集中できるタイプです。仕事を頑張りたいと思うなら、なおさら早く結婚をするといいでしょう。

2021年はあなたの魅力がアップする年でもあり、相手からプロポーズされる可能性も非常に高いです。すでに心の中で「この人だ！」と決めているときは即OKし、両親の顔合わせや挨拶の日などを一気に決めてください。先延ばしにすると、タイミングを逃すことも。交際して間もない人や出会ったばかりの人から、プロポーズをされたり結婚を前提にしたお付き合いを申し込まれたりした場合は、周囲からの評判など、相手の情報をしっかり集めてから進めましょう。評判が悪いときには冷静な判断を。

まだ恋人がいないけれど結婚願望のある人は、2021年は運気が最高にいいと信じて、まずイメチェンすることが大事。行ったことのない美容室で、異性の美容師さんに「明るい感じに。あとはおまかせで」と伝えてカットしてもらうといいでしょう。服装は、恋人がいない期間に着ていたアイテムはすべて処分して買い替えるくらいの気持ちが必要。恋愛が得意な友人や、オシャレな友人にコーディネートしてもらうなどし、自分では避けがちな色や形の服を着るのがオススメです。出会いは友人からの紹介にツキがありそう。ホームパーティーや仲間の集まりにはできるだけ参加しましょう。お見合いの専門機関などに登録するのもいいです。年末までに仲よくなった相手とは交際に発展して、一気に結婚できる可能性が。特に「時計座（金／銀)」の相手を狙うと、話が一気に進められるでしょう。相性や出会いのタイミングが悪かった人とは、残念ながら破談になる年でもありますが、数年後に「結婚しなくてよかった」と思えるのでご安心を。2021年に縁が切れることがあったとしても結婚を諦めないように、出会いの場には積極的に参加してください。

「鳳凰座」は付き合いが長くなり、結婚のタイミングを逃してしまうことが多いです。春までに恋人に「今年は運気がいいから、結婚するとさらに運気がよくなるみたいだよ」と試しに言ってみてください。もしそれに乗らない相手なら、残念ながらほかの人を探したほうがいい場合があります。夏には些細なケンカや揉め事がありますが、これがいいきっかけになって年末までに入籍できることもあるので、素直に謝ったり、成長している姿を見せたりすることも大切になるでしょう。

仕事運

仕事を楽しむ余裕が出てくる年 人のアドバイスはよく聞くこと

仕事の状況や環境が大きく変わり、長く辛抱していた人ほど大きなチャンスや、「これまで頑張ってきてよかった」と思える出来事が起こりそうな年。プレッシャーから解放され、肩の力を抜いて仕事を楽しめるような流れもできそうです。昇格や部署異動などもあり、その瞬間は「最悪」と思ったとしても、結果としてこの辞令はいい方向に進むので、安心して受け入れるといいでしょう。

銀の鳳凰座は、器用でなんでもできる人よりも、ひとつの仕事を極められる人が多く、2021年は一目おかれる存在になったり、目標を達成して周囲から厚く信頼されたりするでしょう。目標に向かって長く努力を続けていた人ほど、今年はいい結果を残すことができます。「解放の年」は「能力を解放する」こともできるので、自分が思っている以上に、実力が身に付いていることを知る機会があるかも。そのため、急に大きな仕事やチャンスが舞い込んできても、臆せず受け入れていつも通りに取り組むと、自然と道が開けるようになります。また、これまで職場にソリの合わない上司や先輩がいた場合には、その人たちの異動や転職が決まり、楽しい環境になることも。

銀の鳳凰座には、ひとつの仕事を長く続けられるタイプとは真逆に、ひとつの仕事がまったく続けられず、数年で辞めてしまうタイプもいます。一度ルールができるとそれに従ってしまうため、2～3年に一度転職を繰り返すので何も身に付かず、苦労が絶えません。もしあなたがこのタイプならば、今年は最後の転職のタイミングだと思ってください。人間関係を作ることが不得意なので、転職を繰り返すよりも1カ所で長く勤めるほうがあなたにとって働きやすい環境を作れます。サービス業など多くの人と関わる仕事も不向きなので、裏方的な仕事や製造、管理、ガテン系の仕事のほうがオススメ。また、「頑張ることが目標」になってしまうタイプも多いですが、それではいつまでも結果が出ずに、認められることも褒められることもありません。3、4、9、10月には、自分が将来どうなりたいのか、職場でのポジションや社会貢献などについて、しっかり目標を定めて突き進むといいでしょう。

仕事で結果を出して満足できる人も多いと思いますが、2021年は仕事が楽しくなるきっかけを見つけることによって、今後の仕事運が左右されることになる大切な年です。これまで経験してきたことをフル活用してみると、自分の職場内でのポジションや、最適な働き方がしっかり見えてくるでしょう。なかなかやる気に火がつかなくて、長い期間ダラダラと働いてきた人が、情熱を燃やせる仕事を見つけられるのが「解放の年」でもあります。どんな仕事でも求められた以上の結果を出すように真剣に取り組み、周囲からのアドバイスをよく聞くように。自分が編み出した方法だけでは、うまく前に進めない場合も。今年もらうアドバイスには、あなたにとって必要な言葉が必ず含まれているので、しっかり聞き入れましょう。

運気がいいからといって調子に乗りすぎて、周囲からネガティブに捉えられてしまうこともあります。自分の儲けよりも相手や周囲の得になるような働き方をして、協力し合う人の輪をより大きくするように心がけると、さらに運気がよくなり、仕事がおもしろくなるでしょう。

開運のつぶやき　辛いとか苦しいときほど、挑戦が大切

金運

イメチェンや引っ越しにお金をかけて出費のサイクルを守って貯蓄開始

運気は問題なくいいですが、金運は大きな結果が出る年ではありません。そもそも銀の鳳凰座は、その熱でお金まで燃やしてしまうようなタイプ。もちろん実際に燃やすという意味ではなく、一度習慣が身に付かないと、貯金をしたり増やしたりすることが不得意な人が多いということです。節約が好きだと言いながら、独自の価値観で周囲が理解できないようなものに突然大出費してしまうクセなど、気づいたらお金が貯まっていないということがあるでしょう。

2021年は、お金について学ぶための年です。うまくいけば3〜4年後に大金を手に入れられる可能性も十分にあるので、お金の使い方や貯め方などの勉強をしてください。プロの意見も大切になるので、ファイナンシャルプランナーに相談をして、無駄な保険や出費がないかチェックしてもらうといいでしょう。なかなかその勇気がないという人は、本を読んで学び、実行してください。また、あなた自身がファイナンシャルプランナーの資格を取得してみると、今まで知らなかった節約術や、これまでの無駄な出費の多さに驚くこともあるでしょう。加えて、2021年からは家計簿をつけてください。できれば年度はじめの4月にスタートさせて、最低1年は続けるように。細かい出費までしっかりつけて、使途不明金のないようにすることが大切です。習慣にするために、「○曜日の○時は家計簿をつける時間」などと決めておくといいでしょう。さらに、できれば少額の投資もはじめてください。毎月3000円でいいので、10〜20年後に少し増えていればいいかなと思える投資や、NISAやiDeCoなどがオススメ。

節約をはじめると、極端なケチになってしまうことも多いので、運気カレンダーの◎［幸運の日］、☆［開運の日］のタイミングで買い物をすることを守ってください。このサイクルができるだけで、不要な買い物による出費を抑えられて、十分にお金を貯められます。特に☆［開運の日］は、高価なものや長く使うものを買ったり、契約や引っ越しをするといいでしょう。なんとなくの出費を抑えることが、銀の鳳凰座にとって非常に大事なことなので、ぜひ参考にしてみてください。

一度サイクルができてしまえば、お金はおもしろいように貯められるタイプです。運用上手にもなれるので、今年はスタートの年だと思って、これまで避けてきたお金の勉強に取り組んでください。ただし、博打的なものや変化の速いFXは不向きです。一時はいい結果が出たとしても最終的に大損する可能性が高いので、早く結果が出るものや、流れの速いものは避けたほうがいいでしょう。また、今年は人との出会いが多くなりますが、「簡単に儲かる」「すぐに儲かる」の言葉は、鵜呑みにしないように。

2021年にお金を使うなら、まずはイメチェンに使うといいです。服のイメージを思いきって変えてみたり、年齢に合わせたブランドにアップデートしたりしてみましょう。くれぐれも、これまでと同じ店で同じようなものばかり購入しないように。また、運気をさらに上げるためには引っ越しをして環境を変えるといいでしょう。引っ越しをするにはいいタイミングなので、家やマンションの購入も真剣に考えて、実行してみてはいかがでしょうか。特に3、4、10、11月の◎［幸運の日］、☆［開運の日］が引っ越しにいい時期です。

家庭運

夫婦でイベント作りに励もう 子どもとの交換日記もオススメ

家族円満で楽しい時間が増える年です。仕事のストレスが減るぶん、家族と向き合う時間が増えてくるでしょう。少し距離ができてしまったと思われる家族でも、旅行やイベントなどで楽しい思い出を作ることができそうです。銀の鳳凰座は、家庭が安定することで運気がよくなるタイプなので、誕生日や記念日はこれまで以上にしっかり盛り上げるようにして、プレゼントなども奮発してみるといいでしょう。

夫婦で恒例のイベントを作る年でもあります。「解放の年」はルール作りをすることで、その後の運気がいい方向へ流れていきます。５月の連休は必ず温泉旅行をする、お盆は実家に行く、ハロウィーンパーティーは仮装をするなど、お互いが楽しめて無理のない恒例イベントを作ってみてください。夫婦や家族が楽しめるような行事や、実はみんなでやってみたいと思っていたことがあれば、家族に提案してみて。

ただし、銀の鳳凰座は忍耐強い性格のため、「この家族円満は自分が我慢しているだけ」と思い込むと、溝が広がってしまうので要注意。過去に執着するタイプですが、嫌な思い出は水に流し、家族の存在に感謝して、今を楽しみましょう。あなたが我慢していると思っているのなら、同じように相手もあなたの頑固さや融通が利かないところを我慢している可能性が高いです。決して、自分だけが辛抱していると思わないように。特に、５～６年前から問題を抱えている夫婦や、「乱気の年」「裏運気の年」に結婚した夫婦は、離婚に向けて一気に話が進んでしまうことがあります。ここ１～２年不仲で、別居やケンカが絶えない場合も、2021年で縁が切れてしまう可能性があるでしょう。「解放の年」は、問題から解放されることで気持ちが楽になる年でもあり、離婚は仕方がないと思ってください。年内に離婚が決まっても、2023、2024、2025年に再婚する流れがあります。ただし、相手を見る目、恋愛のパターン、好みのタイプなどを変えないと、同じことを繰り返すか、婚期を逃してしまうでしょう。

子どもとの関係もいい年。子どもの話をしっかり聞くことで楽しくコミュニケーションができて、いい親子関係を作れます。ただし、何事も決めつけが激しいために、子どもの話を聞かない状況になっている場合は、相談や質問を最後までしっかり聞くように。もし、あなたの言いたいことが理解してもらえない場合は、手紙を書いてみるとしっかり伝わるようになるでしょう。交換日記などをはじめるのもオススメ。また、長年約束したままになっていることがあれば、実現するのにいい年。家族旅行で子どもが行きたがっていたテーマパークなどに行くのもよさそうです。さらに、プレゼントには希望のものを渡すといいでしょう。一方、子どもから思わぬプレゼントをもらって、感動するようなこともあるかもしれません。

両親との関係もいい方向に進む年。今後のことを話すのにもいいタイミングですが、両親を誘って食事会をするなど、小さなことでもいいので思い出作りをして、親孝行しましょう。わだかまりがある場合は、運気のいいあなたから謝ったり、歩み寄ったりしてみると、いい関係に修復するきっかけになりそう。親子だからこそストレートに言えることはありますが、くれぐれも言いすぎないように注意してください。

開運のつぶやき ▶ 運のいい人は、話を上手に聞く。運の悪い人は、自分の話ばかりする

健康運

睡眠時間をしっかり確保して美意識をこれまで以上に高めよう

体調は問題なく、絶好調に過ごせる1年。スポーツをはじめるなど、生活習慣を見直して健康的な生活を心がけましょう。無理なダイエットを試みるよりも、基礎体力作りをするくらいの気持ちで運動をはじめたほうが、理想のスタイルに近づけます。ただし、2020年の年末あたりから体調を崩している人は、2021年になってからさらに調子が悪くなる場合があるので、早めに病院に行って検査をしましょう。

銀の鳳凰座は、無駄に夜中に起きていたり、深酒をしたりと、日ごろから睡眠不足になっている人が多いので、2021年は睡眠時間を増やして、休肝日もしっかり作るようにしましょう。食事のバランスも年齢に見合うように整えることが大切です。また、夏は調子に乗りすぎてケガをしたり、日焼けをしすぎたりして後悔することがあるので気をつけて。運気がいいときほど体のことは二の次になってしまいがち。体のケアを忘れないようにしましょう。2021年は運気がいいために自分の好きなように時間を使えますが、結果的に夜更かしや深酒、不健康な生活に走りやすいので注意して。

美意識を高めるにも、最高な1年です。2021年から、軽い運動をはじめてみるといいでしょう。忍耐強いタイプなので、ランニングやマラソンがオススメですが、ハマりすぎるとケガの原因になったり体調を崩してしまうので、ほどほどに。自転車も痔になりやすいので、乗りすぎには注意が必要です。ひとりで没頭できる運動が向いているので、できれば家でストレッチや筋トレをするといいでしょう。朝と夜に体をほぐすのが効果的。1日10分の運動習慣を身に付けてみましょう。また、パーソナルトレーナーをつけて、体をしっかり絞るのも、2021年からチャレンジするとうまくいきます。これは、忍耐強い銀の鳳凰座に向いているトレーニング方法です。理想の体形に向かって取り組んでみてください。

五星三心占いでは2番目に美形が多いのが「鳳凰座」なので、美意識を高めると、周囲が驚くほど美しくなることもできます。2021年は美容関係にお金を使ってみてください。3〜4月くらいからエステに行くといいでしょう。

銀の鳳凰座は、「絶対に美しくなんてならない」などと自分で決めつけていると、どんな人のアドバイスも聞き入れないでしょう。この本のアドバイスの多くも飲み込めないかもしれませんが、2021年はプラスになると思えるものにはできるだけ挑戦してみることが大切です。特に美意識は2021年からいい流れになっていて、あなたの魅力がどんどんアップする年でもあるので、勝手に諦めないように。年齢に合わせた魅力をしっかり出せるように、美容やファッションについて学ぶことも大事です。また、髪型を意識すると運気もよくなるので、こまめに美容室に行くようにしてください。落ち着いた雰囲気もいいですが、できればいつもより少し明るく、華やかになるようにするとよりいいでしょう。歯の矯正やホワイトニング、ムダ毛処理などをするのにもいいタイミングです。

2021年は、注目されることで運気が上がり、幸運をつかめる年。目立つポジションにいることは苦手でもいい経験になります。周りから注目されるようにしっかりと自分磨きをして、美意識をこれまで以上に高めていきましょう。

年代別 アドバイス

年齢が違えば、起こる出来事もそれぞれに違います。
日々を前向きに過ごすための年代別アドバイスです。

年代別アドバイス 10代

「今年から本当の人生がスタートする」と思えるほどのいい運気です。自分のルールを壊してでも、人との出会いのためにフットワークを軽くし、気になることはなんでも挑戦してみましょう。過去を気にしていても前には進めないので、すべてはいい経験だったと割りきってください。また、ファッションや髪型を年代に見合う範囲で変えてみるといいでしょう。周りから注目されて恋人ができやすいので、周りの目を意識して過ごしてみましょう。

年代別アドバイス 20代

あなたの魅力が輝く素敵な年です。気になる相手に積極的になってみたり、人が集まる場に参加してみたりすると簡単に恋人ができるでしょう。その前に、少し目立つくらい明るく華やかにイメチェンをしておくことが必要。実年齢より少し上に見えるくらいの服を選んでみると周囲からの扱いも変わりそう。仕事ではやっと苦しい状況を抜けられるので積極的に取り組むと、やりたかった仕事をまかせてもらえたり関わらせてもらえたりしそう。

年代別アドバイス 30代

苦労が報われて、気持ちが楽になる年。自分の生き方を変えずに通してきた人は、重要な仕事をまかせてもらえる流れです。遠慮しないで受け止めて、もっといい結果を出せるように努めるといいでしょう。2021年は、今後の運命を左右する人に出会える運気でもあるので、人脈を広げる努力も怠らないようにしてください。髪型やメイクなどの雰囲気を変えるのもいいでしょう。スッキリとした髪型がオススメです。

年代別アドバイス 40代

長く辛抱してきたことに対して、結果が出る年です。実力を認めてもらえて、目標に向かって大きく前進できそう。2021年は少し無理をしてでも知り合いの輪を広げてみることが必要です。特に若い人との交流を増やしてみると、学べることがあったり大事な縁につながったりしそう。新しい趣味をはじめるにもいい時期なので、これまでとは違う大人の趣味や習い事をやってみたり、大人の社交場に行ったりするのもいいでしょう。

年代別アドバイス 50代

区切りをつけられるいい年です。苦労から抜けられて、やっと楽になれるでしょう。意地を張り続けるのはやめて、人にまかせられることはお願いしてみるなど、これまでと対応を変えるようにして。また、若い人から大事な情報を入手することもできるので、交流の幅を広げてみるのもいいでしょう。旅行や舞台などに行くと、いい刺激をもらえます。長年思い続けていた場所に行ってみるのもいいです。少し若返るイメチェンもしましょう。

年代別アドバイス 60代以上

楽しい出来事やうれしいことが増える年。2020年に体調を崩した人は同じような病気には注意をしつつ、2021年からは体力作りなど、定期的に体を動かすようにすることが大切です。生活習慣をなかなか変えられないタイプですが、2021年は先のことを考えて必要と思えることはできるだけやっておきましょう。食生活は胃腸にいいものや果物を多めに摂取するように心がけてください。食事のときは、水分をしっかりとるようにしましょう。

開運のつぶやき ▶ 嫌いな人のマネだけはしないだけでも、人生はいい方向に進むもの

あなたの命数は
P.10からはじまる
命数早見表でチェック！

命数別2021年の運勢

【命数】
21
覚悟のある意地っ張りな人

基本性格

超負けず嫌いな頑固者で、何事もじっくりゆっくり突き進む根性を持つ人。体力と忍耐力はあるものの、そのぶん色気がなくなってしまい、融通の利かない生き方をすることが多いでしょう。何事も最初に決めつけるため、交友関係に問題があってもなかなか縁が切れなくなったり、我慢強い性格が裏目に出たりすることも。時代に合わないことを続けがちなので、最新の情報を集めたり視野を広げたりする努力が大事です。

〉〉2021年の開運アドバイス

ラッキーカラー レッド、マリンブルー
ラッキーフード お好み焼き、ヨーグルト
ラッキースポット 映画館、スタジアム

開運3カ条
1. 次のライバルを見つける
2. スポーツをはじめる
3. 同年代の知り合いを増やす

2021年の総合運

これまで頑張ってきてよかったと思える年。同年代の人の中でも高く評価されることがあるので、些細なことでも本気で取り組めば、あなたの魅力や才能が輝きはじめるでしょう。ただし、夏場は素直に負けを認め、過ちを認めて謝ることが評価されるので、意地を張りすぎないようにして下さい。健康運は、体の調子のよさを感じるときは定期的な運動をすると、ストレスの発散にもなっていいでしょう。

2021年の恋愛&結婚運

職場の人や異性の知り合い、身近な人と恋に発展する年。習い事や定期的に行く場所にも素敵な出会いがある年なので、気になるところへはすぐにでも行くように。色気を少し出すために服や靴、髪型は異性を意識すると簡単にモテるようになるでしょう。気軽に誘ったり、「一緒にいると楽」な空気を出したりして。結婚運は、あなたからのプロポーズで入籍日を決め、推し進めるといいでしょう。

2021年の仕事&金運

頑張りが認められ、同期やライバルに差をつけることができる年。長い間苦労をしてきた人ほど大きな結果を出せ、よき味方や協力者も集まるでしょう。本気で取り組むことができて仕事がより楽しくなったり、次の目標やライバルを見つけられそうです。数字や時間、儲けなどにもっとこだわって仕事をすると、より評価されるように。金運は、頑張ったごほうびを購入するといいでしょう。

【命数】
22
決めつけが激しい高校3年生

基本性格

かなりじっくりゆっくり考えて進む、超頑固な人。刺激や変化を好み、合理的に生きようとします。団体行動が苦手で、ひとりの時間が好き。旅行やライブへ行く機会も自然に増えるでしょう。向上心や野心はかなりありますが、普段はそんなそぶりを見せないように生きています。他人の話の前半しか聞かずに飛び込んでしまったり、周囲からのアドバイスはほぼ聞き入れずに自分の信じた道を突き進んだりするでしょう。

〉〉2021年の開運アドバイス

ラッキーカラー イエロー、ホワイト
ラッキーフード 豚汁、ごま団子
ラッキースポット リゾートホテル、水族館

開運3カ条
1. 大胆に行動する
2. 好きな異性には強気になる
3. 大きな目標を掲げる

2021年の総合運

状況が一気に変わる1年。秘めた能力を発揮する流れもあり、実力が評価されるようになるでしょう。豪快な行動がいい結果を生み出すので、失敗を恐れず思いきって挑戦すると運も味方してくれそう。思った以上に順調に進みすぎて手応えのなさにガッカリする場合もありますが、2021年は狙い通りに進む運気。目標をもっと高くしてみるといいでしょう。健康運は、健康的な生活ができそうですが、胃腸に悪そうなものは避けて。

2021年の恋愛&結婚運

狙った相手を落とすことができる年。少しくらい強引でもいいので、押しきってみるといいでしょう。ただ、刺激的な恋を求めすぎると危険な相手と関係を持ってしまう場合もあるので、ほどほどにするように。不倫や三角関係などに走って相手を奪うことができても、その後に大きな問題になりそう。結婚運は、好きになると止まらなくなるタイプなので、結婚へと話を進めるにはいいですが、相手をしっかり見極めるようにしましょう。

2021年の仕事&金運

大きな目標を達成することができる年。ここ数年辛抱や苦労が続いた人ほど一発逆転したり、周囲が驚く結果を出したりできるでしょう。また、次の目標を見つけることもできてやる気を出せそう。大人数で一緒にやる仕事より、単独や小人数でやるほうがいい結果を出せ、周囲の人を上手に活かす方法も見つけられそうです。金運は、収入が上がっても、それ以上に使ってしまいそう。積み立て貯金や定額の投資をするといいでしょう。

ラッキーカラー、フード、スポットはプレゼントやデート、遊ぶときの口実に使ってみて

12のタイプ別よりもさらに細かく自分や相手がわかる！
ここでは、生まれ持った命数別に2021年の運気を解説していきます。

【命数】
23

頑固な気分屋

基本性格

明るく陽気ですが、ひとりの時間が大好きな人。サービス精神が豊富で楽しいことやおもしろいことが大好き。昔からの友人を大切にするタイプです。いい加減で適当なところがありますが、根は超頑固。周囲からのアドバイスには簡単に耳を傾けず、自分の生き方を貫き通すことが多いでしょう。空腹になると機嫌が悪くなり、態度に出やすいところと、余計なひと言は多いのに肝心なことを伝えきれないところを持っています。

〉〉2021年の開運アドバイス

ラッキーカラー ターコイズブルー、レッド
ラッキーフード 茶碗蒸し、レモンパイ
ラッキースポット お祭り、映画館

開運3カ条

1. 何事も楽しむ
2. パーティーに参加する
3. 明るい色の服を着る

2021年の総合運

楽しい出来事が多くなる1年。自分も周囲も笑顔になることに一生懸命になると、さらに楽しい出来事やうれしいことが増えます。2021年は知り合いも増える運気なので、人の集まりやパーティーなどにできるだけ参加してみて。失敗談やドジな話など周囲が笑うような話をすることで、一気に人気者にもなれそう。明るい色の服を着るなど、目立つ努力も大切です。健康運は、食べすぎて太りやすいので、「腹八分目」を心がけて。

2021年の恋愛&結婚運

あなたを楽しませてくれる相手が集まる年。第一印象が悪い人やノリの合わない人を避けてしまいそうですが、2021年は異性の友達くらいの仲になってみると、後にいい縁がつながる場合も。異性の前では笑顔や元気さを出すだけでモテるようになります。相手の素敵な部分を素直に褒めることも大事。髪型を少し丸みのある感じにするといいでしょう。結婚運は、勢いまかせで突然結婚する流れになりそう。貯金などの準備をしておいて。

2021年の仕事&金運

仕事を楽しめる年。求められた以上の結果を出せたり、一生懸命取り組むことで仕事が急に楽しくなるでしょう。仕事のよきパートナーやチームができることもあり、スムーズに仕事を進められそう。また、気の合う人が現れ、職場の空気が一気によくなることも。仕事を遊びだと思うことで、やる気もアップさせられそうです。金運は、浪費が激しくなる年。「欲しいから買う」のではなく、「必要だから買う」にするとお金が貯まりそう。

【命数】
24

忍耐力と表現力がある人

基本性格

じっくり物事を考えているわりには、直感を信じて決断するタイプ。超頑固で、一度決めたことを貫き通す力が強く、周囲からのアドバイスを簡単には受け入れないでしょう。短気で毒舌な部分があり、おっとりして見えても実は攻撃的な一面も。過去の出来事に執着しやすく、恩着せがましいところもあります。感性は豊かで、新たなアイデアをどんどん生み出したり、芸術的な才能を発揮したりすることもあるでしょう。

〉〉2021年の開運アドバイス

ラッキーカラー レッド、イエロー
ラッキーフード カキフライ、ジャムパン
ラッキースポット 旅館、美術館

開運3カ条

1. 勘を信じて行動する
2. 質問上手と聞き上手を目指す
3. ひとつのことを極める

2021年の総合運

勘が冴えて流れを変える年。流れを簡単に変えないタイプですが、2021年はあなたの勘がズバリと当たる運気です。苦労が絶えない人ほど勘を信じて環境を変えてみると、いい方向に進められるようになるでしょう。運気がいいぶん、余計な言葉が出てしまうこともあるので、下品な言葉は選ばないように気をつけて。健康運は、基礎体力作りをはじめたり、自分の話を聞いてくれる人を大切にしたりするといいでしょう。深酒には要注意。

2021年の恋愛&結婚運

ひと目惚れする相手が現れる年。出会った瞬間に衝撃が走り、その人のことばかり考えたりすることがありそう。2021年は運気がいいので、自信を持って連絡して誘いをかけてみて。自分の話ばかりではなく相手の話をたくさん聞くためにも、質問上手を目指しましょう。片思いの恋にも動きがありそうですが、過去のことを言いすぎると縁がつながらないので、前向きな話を。結婚運は、電撃結婚がある運気。勢いまかせで入籍してもOK。

2021年の仕事&金運

仕事を極め、目標を達成できる年。自分のやるべき仕事がひとつ見えたり、大事なポジションをまかされたりしそう。責任を背負うことで、さらにパワーを増すことができます。ただし愚痴や不満が出るクセを直し、仕事があることに感謝と謙虚な気持ちを忘れないように。突然、短気を起こさないよう気をつけて。金運は、衝動買いが増えてしまいそう。本当に価値のあるものなのか見極めることが大事です。交際費を増やすといいでしょう。

【命数】

25

忍耐力がある商売人

基本性格

フットワークが軽く、情報収集も得意で段取りも上手にできる人。頑固で何事もゆっくり時間をかけて進めるタイプ。表面的には軽い感じに見えても、芯はしっかりしています。頑固なため視野が狭く、情報が偏っている場合も多いでしょう。お調子者ですが、本音はひとりの時間が好き。多趣味で買い物好きになりやすく、部屋には使わないものや昔の趣味の道具が集まってしまうことも。

〉〉2021年の開運アドバイス

ラッキーカラー ライトブルー、ホワイト
ラッキーフード 山芋ステーキ、黒ごまクッキー
ラッキースポット 商店街、映画館

開運 3 カ条

1. フットワークを軽くする
2. 約束を守る
3. 情報を集めて発信する

2021年の総合運

計算通りに物事が進む年。視野も広くなり、人との交流も広げられるでしょう。飲み会や食事会などに誘われる機会も増えるので、できるだけ参加してみて。いい出会いや、今後を左右する出来事、情報の入手に恵まれそうです。忙しいことで心が安定するので予定を詰め込んだり、新しい習い事や趣味を作ったりするといいでしょう。気になることはすぐにはじめて。健康運は、寝不足に注意が必要。睡眠時間を増やしましょう。

2021年の恋愛&結婚運

自分で思った以上にモテる年。年齢に見合う流行のファッションをしたり、都会的な感じにイメチェンしたりすると、異性から注目を浴びることができるでしょう。ただ、仕事ばかりになってしまうとチャンスを逃すので、両方手に入れるつもりで生活することが大切。小さな約束でもしっかり守るといい相手を見つけられるようになるので、口約束も大事にして。結婚運は、計画通りに進められる年。ほかの相手に目移りしないように注意。

2021年の仕事&金運

同じ仕事を長く続けていた人ほど信頼を得られる、最高の年。これまでの情報や才能をうまく活かしたり、計算通りに物事を進めたりできるでしょう。アイデアや頭脳を活かして満足できる結果を出せたり、信頼できる仲間ができたりするので、少しくらい難しいと思っても受け入れてみることが大事。職場や仕事関係者と仲よくなれ、交友関係も広がりそうです。金運は、ラッキーな収入やごちそうしてもらえる機会が増えそう。

【命数】

26

忍耐力がある現実的な人

基本性格

超がつくほど真面目で頑固。他人のために生きられるやさしい性格で、周囲からのお願いを断れずに受け身で生きる人。一方で「自分はこう」と決めた生き方を簡単に変えられないところがあり、昔からのやり方や考え方を変えることがとても苦手。臆病で寂しがり屋ですが、ひとりが大好きで音楽を聴いて家でのんびりする時間が欲しい人。気持ちを伝えることが非常に下手で、常にひと言足りないので会話も聞き役になることが多いでしょう。

〉〉2021年の開運アドバイス

ラッキーカラー ピンク、ホワイト
ラッキーフード 酢豚、かりんとう
ラッキースポット 水族館、映画館

開運 3 カ条

1. 思いきって行動する
2. 明るくイメチェンする
3. 引かない

2021年の総合運

「辛抱してきてよかった」と思える年。注目されることを避けずに、少しくらい目立つ場所や矢面に立ってみることも大事。引いてばかりでは実力を発揮できず、チャンスを逃すので、何事にも堂々と挑戦してみて。少し苦手でも華やかな感じや品のある服を選び、飲み会など新たな人の集まりや音楽ライブに参加してみましょう。健康運は、朝に少しだけ運動やストレッチをする時間を作ると、いい習慣となるでしょう。

2021年の恋愛&結婚運

自信を持つことが最も大切な年。恋に臆病になっている人でも、2021年は異性の友達を作るくらいの気持ちで人の集まりに参加しましょう。相手からの出方を待っていないで勇気を出して遊びに誘ってみたり、好意を伝えるようにしたり、一緒にいるときはできるだけ楽しい感じや笑顔を心がけて。髪を短くして爽やかな感じにすると、異性から注目されるでしょう。結婚運は、入籍へと話を進められそう。理想や希望のある話をしてみて。

2021年の仕事&金運

地道な努力が結果に結びつく最高の年。遠慮しないで実力を出しきり、もっとレベルの高い仕事に取り組むといいでしょう。大きなチャンスは受け止めて全力で応えることで道が開かれ、今後の流れを大きく変えることができるかもしれません。信頼されていると信じて勇気を出して行動することも大切です。金運は、家やマンションなど資産価値のあるものを手に入れるにはいい年。高価な買い物をするのもよさそうです。

 ラッキーカラー、フード、スポットはプレゼントやデート、遊ぶときの口実に使ってみて

【命数】
27
落ち着きがある正義の味方

基本性格
頑固でまっすぐな心の持ち主で、こうと決めたら猪突猛進するタイプ。正義感があり、正しいと思い込んだら簡単に曲げられませんが、強い偏見を持ってしまうこともあり、世界が狭くなることが多いでしょう。常に視野を広げるようにし、いろいろな考え方を学ぶといいでしょう。また、おだてに極端に弱く、褒められたらなんでもやってしまうところがあります。話し方も行動も雑なところがあるでしょう。

〉〉2021年の開運アドバイス

ラッキーカラー グリーン、ホワイト
ラッキーフード 鍋焼きうどん、スイートポテト
ラッキースポット 映画館、異業種交流会

開運3カ条
1. チャンスに飛びつく
2. 年下と仲よくなる
3. 頑張っている人を褒める

2021年の総合運
パワーあふれる1年。自分が信じて突き進んでいたことに答えが出ますが、間違った方向に進んでしまった場合は軌道修正が必要になります。人の集まりに参加して甘えられる年上の人を探すのもいいですが、今年は年下の知り合いを増やすようにしてください。周囲を褒めることでいい味方や協力者も増えるので、素直に言葉に出してみましょう。健康運は、体を休ませるサイクルを作り直し、ストレッチや前屈をこまめにしましょう。

2021年の恋愛&結婚運
思った以上に順調に進む運気ですが、段取りが大切になるので勢いまかせだけにならないようにしましょう。少しくらいうまくいかなくても気にせず、ゆとりを持っておくことでいい方向に進むでしょう。最高の出会いもあるので、人の集まりにはできるだけ顔を出してみると素直に甘えられる人に会うことができそう。2021年の交際は縁が強いでしょう。結婚運は、入籍に最高な年。気持ちをハッキリ伝えて押しきってみるといいでしょう。

2021年の仕事&金運
実力を発揮することのできる年。あなたに大きな仕事をまかされる流れや大きなチャンスに恵まれるので、自信を持って挑戦するといいでしょう。特にひとつの仕事を長く続けてきた人ほどうれしい結果が出たり、目標を達成できたりするでしょう。何事も簡単に諦めないで粘り強く取り組むと、大きな壁を崩したり、周囲の協力を得たりできそうです。金運は、後輩や部下、ともに頑張った仲間にごちそうするといいでしょう。

【命数】
28
ゆっくりじっくりで品のある人

基本性格
上品で常識やルールをしっかり守る人ですが、根は超頑固で曲がったことができないタイプ。ひとりが好きで単独行動が多くなる一方、寂しがり屋で人の中に入りたがるところもあるでしょう。自分の決めたことを曲げない気持ちが強いのに、臆病で考えすぎてしまったり、後悔したりすることも。思ったことを伝えるのが苦手で、ひと言足りないことが多いでしょう。ただ、誠実さがあるので、時間をかけて信頼を得るでしょう。

〉〉2021年の開運アドバイス

ラッキーカラー ホワイト、シルバー
ラッキーフード 寿司、みかん
ラッキースポット 百貨店、映画館

開運3カ条
1. 少し図々しくなる
2. 評価は素直に受け入れる
3. 華やかな服を選ぶ

2021年の総合運
あなたの個性や才能が認められる年。物事を我慢強く続けていた人ほど運を味方につけられたり、協力者が現れたりするので、人との交流に臆病にならずに少し図々しいくらい積極的になってみるといいでしょう。苦手なタイプの人を拒否しやすいですが、2021年の出会いは大切にしたほうがいいので、簡単には縁を切らないようにして。健康運は、好きなアーティストのコンサートに行ったり、本音を語ってみたりすると、ストレス発散になっていいでしょう。

2021年の恋愛&結婚運
誠実な恋ができる年。片思いが長くなったり、臆病で相手の様子を窺いすぎたりするところがあり、また好き嫌いがハッキリしているためにチャンスを逃しやすいタイプですが、2021年は、理想に近い相手と出会えたり、交際がスタートするかも。人の集まる場所にはできるだけ顔を出して。隙が見えないので、少し大胆な服や明るい色の服を選んで、笑顔や明るさを出してみましょう。結婚運は、長い付き合いの人は話がまとまりそう。

2021年の仕事&金運
真面目で丁寧な仕事ぶりが評価され、責任ある立場をまかされることもある年。自分のやり方を通してきたことも認められ、いい結果も出せるようになるでしょう。何事にもキッチリしていますが、評価してもらったときは素直に喜び、遠慮しないようにしましょう。目立つポジションになることを避けてしまうと、仕事運を自ら悪くしてしまう場合が。金運は、自分へのごほうびを買うといい運気。長く使えるものを選びましょう。

【命数】

29

覚悟のある自由人

基本性格

独特な世界観を持ち、他人とは違った生き方をする頑固者。自由とひとりが好きで他人を寄せつけない生き方をし、独自路線を突っ走る人。不思議な才能や特殊な知識を持ち、言葉数は少ないものの、理論と理屈を語るでしょう。周囲からは「変わってる」と言われることも多く、発想力が豊かで、理解されれば非常におもしろい人だと思われます。ただし、基本的に他人に興味がなく、尊敬できないと本音で話さないのでチャンスは少ないでしょう。

〉〉2021年の開運アドバイス

ラッキーカラー　パープル、グレー
ラッキーフード　担々麺、ラズベリー
ラッキースポット　リゾートホテル、百貨店

開運 3 カ条

1. 初対面の人が集まる場所に行く
2. 人の才能を認める
3. 美術館に行く

2021年の総合運

個性や才能、センスを認められる年。おもしろいアイデアで周囲を楽しませたり、マニアックな情報を役立たせたりできそう。頑固で飽きっぽいので2021年は投げ出さずに何事ももうひと粘りし、あなたが認められる場面ではひねくれないようにして。うれしいときは素直に喜び、他人のいい部分を褒めることで、さらに認められるでしょう。健康運は、肩や首を動かす運動やストレッチをしてみて。眼科に行く必要も出てきそう。

2021年の恋愛&結婚運

才能に惚れるタイプですが、2021年は衝撃を受ける出会いがある運気。好きになってもひねくれているとチャンスを逃すので、きっかけを作る努力をしましょう。変な刺激を求めて突っ走ったり、相手からの告白を天邪鬼になって逃したりしないよう気をつけましょう。結婚運は、入籍をするには最高にいい運気。結婚後の束縛や窮屈なイメージを持たず、前向きに考えてみると話が進みそうです。

2021年の仕事&金運

独特な才能を持ち、長い期間評価されなかった人ほど認められる年。あなたの発想力が役に立つ流れになります。ソリの合わない上司やウマの合わない同僚と離れることができ、自由に仕事ができるようになりそう。どんな仕事もおもしろがるといい結果につながるので、考え方や発想を変えれば楽しい職場になりそうです。金運は、浪費しやすいですが、習い事をはじめてみましょう。海外旅行や世界遺産、美術館に行くのがオススメ。

【命数】

30

頑固な先生

基本性格

理論と理屈が好きな完璧主義者。おとなしそうですが秘めたパワーがあり、自分の好きなことだけに没頭するタイプ。何事にもゆっくりで冷静ですが、心が60歳なため、神社仏閣など古いものや趣深い芸術にハマることが多いでしょう。尊敬する人以外のアドバイスは簡単に聞き入れず、交友関係も狭く、めったに心を開きません。「自分のことを誰も理解してくれない」と思うこともあるほどひとりの時間を大事にするでしょう。

〉〉2021年の開運アドバイス

ラッキーカラー　ブルー、ブラック
ラッキーフード　コロッケ、ごま団子
ラッキースポット　世界遺産、書店

開運 3 カ条

1. 自分の学んできたことを役立たせる
2. 年上の知り合いを作る
3. 人のいい部分を探す

2021年の総合運

学んできたことや研究、勉強、探求していた技術に結果が出る年。自分の理論を身をもって証明することができ、「粘り強く取り組んできてよかった」と思えることがあるでしょう。出会い運もよく、才能を引き出してくれる人にも会えるので、人の集まりには必ず顔を出して。挨拶やお礼はきっちりし、その場を楽しむ努力も忘れないように。健康運は、食事と睡眠時間のバランスをきちんと整えましょう。

2021年の恋愛&結婚運

尊敬できる相手を見つけられる年。年上の人の多い集まりに参加したり、年齢の離れた人に注目したりすると恋心に火がつきそう。頭のいい人ほどクセが強いので、否定をしないで何事も受け入れてみて。プライドの高さから相手まかせになってしまうので、自ら誘ったり、きっかけを作ったりする努力を忘れないように。異性に会うときは黒い服は避けて。結婚運は、入籍をするには最高な年。両親に挨拶をして、細かな日取りなどを先に決めて。

2021年の仕事&金運

頭脳や技術を最高に活かせる年。長い間研究やデータを積み重ねてきたことが大きく役立ち、認められるでしょう。職人と言われるくらい手に職をつけることができ、自分の学んできたことを教える立場にもなりそう。フットワークを軽くすることで仕事の大きなチャンスをつかめます。出会った人の長所を見つけることを意識してみて。金運は、少額ではじめられる長期的な投資の勉強をスタートするといいでしょう。

ラッキーカラー、フード、スポットはプレゼントやデート、遊ぶときの口実に使ってみて

銀の鳳凰座 2021年タイプ別相性

自分と相手が2021年にどんな関係にあるのかを知り、
人間関係を円滑に進めるために役立ててみてください。

相手が 金のイルカ座
整理の年

興味が薄れて距離があいてしまうことや年末に向けて縁が切れてしまうことがある相手。あなたにとってはマイナスになるかもしれませんが、相手はあなたを頼ってくるので、冷静に判断しながら付き合うといいです。ただし、深い関わりは危険でしょう。恋愛相手の場合は、あなたが相手との縁を切ってしまったり、合わない部分ばかりが目についてしまいそう。知り合って短い人ほど年末までに終わってしまうと思っておきましょう。

相手が 金のカメレオン座
乱気の年

これまでの関係性がしっかりできていた人でも、距離があいてしまったり相手の考えが理解できなくなったりしそう。一緒にいると面倒なことに巻き込まれやすいので深入りはオススメできませんが、小さくても手助けしてチャンスを作ってあげるといいでしょう。恋愛相手の場合は、相手の魅力が欠けてしまい、かげりが見えてしまいそう。これまでの気持ちが突然冷めて距離をおきたくなり、今年で縁が切れてしまう場合もある相手でしょう。

相手が 金の時計座
開運の年

あなたの運気を上げてくれる最高の相手。指示やアドバイスにはできるだけ素直に従って行動することで大きく流れが変わるので、自分の生き方ややり方などにこだわりすぎないように。交流好きなタイプなので、この相手の友人とも仲よくしましょう。恋愛相手の場合は、交友関係が広いので自分にはチャンスが少なそうに見えますが、恋愛相談や人生相談をするといい関係に。ただし、助言を無視すると関係が悪くなるので素直に聞いて。

相手が 銀のイルカ座
裏運気の年

予想外の出来事が多く、刺激のある相手ですが、相手が「裏運気」なので極端な結果が待っています。仲よくなり親友のようになる場合もあれば、絶縁状態になってしまうこともあるでしょう。不義理な行動がある場合は、離れて正解です。恋愛相手の場合は、あなたが好きなら短い期間盛り上がりますが、相手からは「好みのタイプではない」と思われそう。突然の別れや縁が切れて興味のない異性のひとりになってしまう場合もあるでしょう。

相手が 銀のカメレオン座
ブレーキの年

一緒にいることで大きな結果や幸運をつかめる最高の相手。ただし、相手のほうが頭の回転が速く人脈も広いので、結果や成果を奪われてしまう場合が。それでも学び方ややり方がわかったりしそう。年末に流れが変わって、お互いが別々の道を歩むことになるかも。恋愛相手の場合は、興味があるなら積極的に誘ってみると簡単にいい関係に進めそう。相手はモテる時期に入っていますが、押しには弱いので年末まで粘るといい結果に。

相手が 銀の時計座
幸運の年

恩返しのつもりで協力するとお互いが幸運をつかむ年。些細なことでも助けてもらったことや関わってくれたことに感謝をして、できるだけ相手が喜ぶことを考えて行動してみるといい関係になれそう。秋から年末に向けてふたりの力で大きな結果が出るでしょう。恋愛相手の場合は、友人のような関係になっていればチャンスがあるので、早めに気持ちを伝えて秋までは粘ってみましょう。年末のダメ元の告白でもいい関係に進めそう。

相手が 金の鳳凰座
準備の年

楽しい時間を過ごすにはいい相手ですが、仕事や大切な用事の場合は相手のミスや雑な部分が目立ってしまうことが。しかし、温かい目で見守っておきましょう。少し先回りすることの大切さを教えてもらえそうです。恋愛相手の場合は、酒の席やコンパなどで、勢いで関係を持ってしまうことがありそう。真剣な交際よりも遊びと割りきってみると楽しい時間が過ごせますが、このタイプとは1年くらいで気持ちが冷めてしまいそうです。

相手が 金のインディアン座
リフレッシュの年

明るく陽気に見えても忙しすぎて体調を崩してしまったり、悩んでいる可能性がある相手です。やさしく接してあげたり話を聞いてあげるといいでしょう。年末あたりから協力する流れや手助けする関係にもなりそうです。恋愛相手の場合は、こまめに会うことができるくらいの距離感を保っておき、年末まで粘ってみることが大事でしょう。一緒にいるときはよく笑っておきましょう。

相手が 金の羅針盤座
チャレンジの年（2年目）

一緒にいることでコミュニケーション能力が少しアップしたり、人脈を広げられるようになったり、前向きに物事を考えられたりなど、発想を変えるきっかけになりそうです。固定観念が強いあなたにとって、違った角度の考え方が得られ、視野を広げられるようになるでしょう。恋愛相手の場合は、あなたの魅力がアップする年。チャンスは多くなりますが、上品な感じに話し方やマナーなどをキッチリするといい関係になれそうです。

相手が 銀の鳳凰座
解放の年

一緒にいることでお互いの能力や魅力をアップさせられる相手。目指していることが同じ場合は特にいい結果を出すことができるので、少し強引にでも思いきったことにふたりで挑戦してみると、年末にはうれしい流れになっているでしょう。恋愛相手の場合は、お互いに魅力がアップしてくる年。相手の出方を待っていると動かないので、押しきることが大事。髪型を変えてみるなどイメチェンをすると心をつかめそうです。

相手が 銀のインディアン座
健康管理の年

一緒にいることで前向きになり、挑戦ができるようになる相手。あなたの背中を押してくれたり、考え方や生き方に影響を与えてくれそう。忙しくなりますが、今年から長い付き合いになる可能性があるので連絡や相談などはこまめにしておきましょう。恋愛相手の場合、相手の魅力に気づいているなら会う回数を少し増やして一緒にいる時間を楽しむようにしましょう。会話のテンポについていけるようにするといい関係に進めそうです。

相手が 銀の羅針盤座
チャレンジの年（1年目）

ほどよい距離感でサッパリとした関係を作れる相手。一緒にいることで新しい情報を手に入れられたり、仕事でも変化を求められたりしそうです。何事も前向きに受け止めてみるといい関係に。否定をしないでできるだけ肯定するといいでしょう。恋愛の場合は、一緒にいることで前向きになれますが、お互いに恋の進展に時間がかかるので、あなたから積極的になることが大事。挨拶や礼儀やマナーがしっかりできるといい関係になれそう。

銀の鳳凰座

毎月・毎日 運気カレンダー

［ 2020年11月～2022年3月の運気グラフ ］

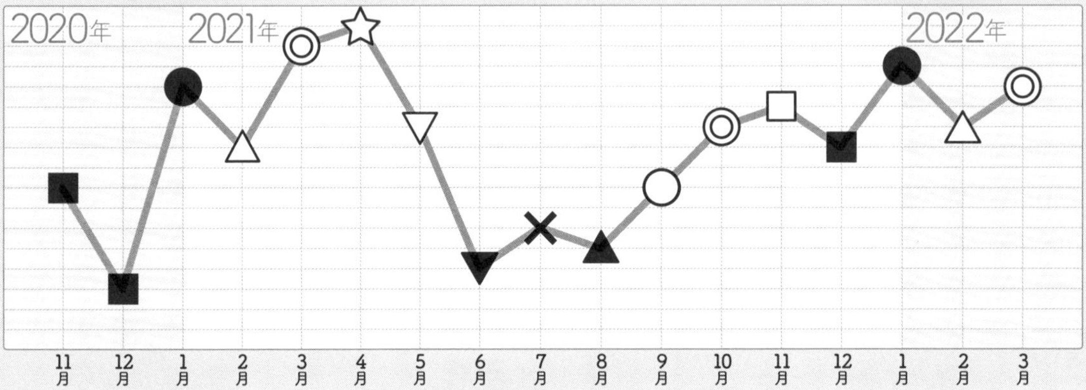

銀の鳳凰座の2021年は

● 解放の年

長い苦労と積み重ねが終わり、才能が評価される

この本で「占いを道具として使う」には、「毎日の運気カレンダー」（P.211 ～）を活用して１年の計画を立てることが重要です。まずは「12年周期の運気グラフ」（P.193）で2021年の運気の状態を把握し、そのうえで上の「毎月の運気グラフ」で、毎月の運気の流れを確認してください。

「銀の鳳凰座」の2021年は、「解放の年」。山登りでいうと中腹を抜けたあたり。運気は上昇中ですが、いったんここで積み重ねてきた努力の結果が出ます。2022年は遊びが大事な年となり、2023年はさらに運気が上昇。2024年に山頂にたどり着きます。これから数年は、山登りのラストスパートと思って、やりたいことに全力で打ち込みましょう。2021年は、ここまでの結果を受けて、軌道修正もできる年です。

☆ 開運の月　◎ 幸運の月　● 解放の月　○ チャレンジの月
□ 健康管理の月　△ 準備の月　▽ ブレーキの月　■ リフレッシュの月
▲ 整理の月　✕ 裏運気の月　▼ 乱気の月　＝ 運気の影響がない月

2020 11月

■ リフレッシュの月

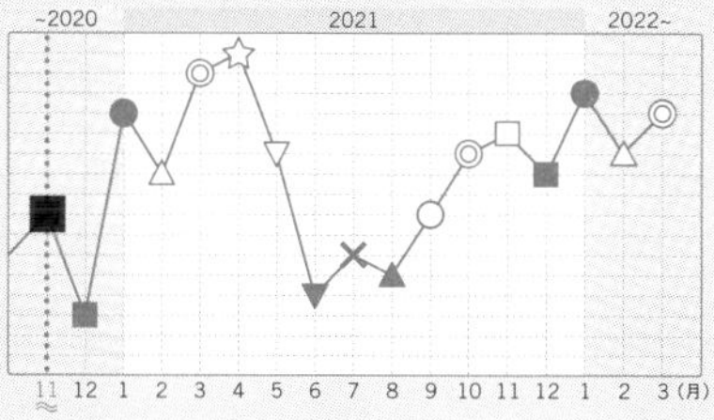

開運 3 カ条

1. お風呂にゆっくり入る
2. 暴飲暴食は避ける
3. ストレッチをして外出する

総合運

今月と来月は無理をしないことが大事。寒さ対策はもちろんのこと、うがいや手洗いをこまめにして温かい料理を食べ、家でゆっくりお風呂に入り睡眠は8時間以上とりましょう。好きな音楽を聴いたり本を読んだりしてのんびり過ごし、夜更かしや飲酒はなるべく避けることです。

恋愛＆結婚運

上旬に少し恋愛のチャンスがありそうですが、タイミングが悪くて逃してしまう可能性が。気になる人がいるなら好意を伝えたほうがいいですが、この時期は相手に気持ちを振り回されストレスの原因になることもありそうです。疲れを感じている下旬は、小さなことでイライラし、元気が出ないことが多いので、デートは避けたほうが無難でしょう。

仕事＆金運

仕事運は、中旬まで順調でも下旬から一気に疲れを感じ、ストレスで肌荒れなどを起こしたり、体調を崩しそう。休憩時間は昼寝をし、休日は予定を詰め込みすぎないこと。また、限界を感じる前に、上司に相談して対策を考えましょう。金運は、健康になることにお金を使うように。

1 日	▲	感情的になってネガティブな発言をしていると、恋人と大ゲンカしそうです。失恋につながりやすいので、余計な発言に気づいたらすぐに謝るようにしましょう。
2 月	＝	意地を張って「絶対○○に違いない！」と思い込むことで視野が狭くなり、仕事や恋のチャンスを失ってしまいます。思いきってこだわりを捨てるようにして。
3 火	□	考えすぎても何も変わらないので、まずは行動することです。前向きになれないときは体を動かすとやる気が出るので、軽い運動をしてみるといいでしょう。
4 水	□	一生懸命仕事に取り組むと楽しくなります。今日の頑張りが2021年の運命を左右する可能性があるので、今の仕事への感謝を忘れず、真剣に取り組んでおきましょう。
5 木	■	ストレスがたまる日です。精神的な疲れを感じたら仕事帰りにパーッと遊びに行ってみたり、好きな音楽をゆっくり聴く時間を作ったりするとよさそうです。
6 金	●	積極的に行動するほど運が味方します。気になる人がいたらデートに誘ってみたり、仕事では自分の意見をしっかり伝えることが大事になりそう。何事にも能動的になりましょう。
7 土	△	適当な判断は後悔の原因になるので、何事も確認しないでOKを出したり、曖昧な返事をしたりしないように気をつけて。夜は親友と語り合うと気持ちが楽になりそうです。
8 日	○	元恋人や片思い中の相手と偶然出会えたら、縁がある可能性大。恋の転機になる日なので、LINEやSNSで連絡して相手との接点を積極的に増やすのも一案です。
9 月	◎	時間をかけてきたことに結果が出そう。大事なことを決断するのにいい日なので、結果に満足できていなければ努力の方法を変えるか、進む道を変えることを考えてみて。
10 火	▽	日中はいい判断ができるので、白黒ハッキリさせる必要があることは早い時間に決断するといいでしょう。ただし、夕方以降は判断ミスをしやすいので、流れに身をまかせて。
11 水	▼	新しいことに挑戦すると、自分が思った以上にできないかもしれません。会得するまでには長い時間がかかってしまうことを覚悟して、腰を据えて取り組みましょう。
12 木	×	他人のアラが目についてしまい、些細な言動にイライラして空回りしそうです。ネガティブな感情をぶつけて他人に迷惑をかけないように気をつけましょう。
13 金	▲	大事にしていたものを壊してしまったり、なくしたりしそうです。また、どこにしまったのか忘れることもあるので、片づけた場所はスマホで写真を撮っておくといいでしょう。
14 土	＝	髪型を変えるにはいい日。思いきったイメチェンをすると前向きな気持ちになって、やる気が出てくるでしょう。髪の色を少し変えてみるのもよさそうです。
15 日	□	フットワークを軽くして、気になるイベントやライブなどに行くと素敵な経験が待っていそう。初対面の人とも会話が盛り上がり、仲よくなれることがあるかも。
16 月	■	自分で難しいと思い込んでいることを、「簡単」「できる」と思って行動してみましょう。いい意味で勘違いして、苦手なことも難なくできるようになるかもしれません。
17 火	■	睡眠不足から、会議中にウトウトしそうなので気をつけて。仕事に集中できないときは軽いストレッチをしてみたり、温かいお茶を飲むのがオススメです。
18 水	●	勝算があると思えることは、思いきって挑戦するといいでしょう。いつも考えるだけで行動に移せずチャンスを逃しがちですが、今日は自分の勘を信じて突き進んでみて。
19 木	△	小さなミスをしやすい日です。いつもなら問題なく簡単にできることも今日は失敗してしまうかも。準備を怠らず、最後まで気を抜かないようにしましょう。
20 金	＝	何事も諦めずに粘ってみると、いい結果が出せるかも。また、付き合いが長い人からのアドバイスを大事に受けとることができれば、運気の流れがよくなるでしょう。
21 土	○	今日は気になる人を誘って食事に行くといいでしょう。いきなり進展を望むと、せっかくの良好な関係が崩れてしまうので、ゆっくりと距離を縮めるようにしましょう。
22 日	▽	友人とランチに行くとお互いの近況報告をしながら楽しい時間を過ごせそうです。明日に備えて夕方には帰宅し、仕事の準備をしてゆっくりお風呂に入りましょう。
23 月	▼	面倒な問題を誰かに押しつけてしまう姿勢が、不運へとつながっていきます。何事も他人まかせにせず、自分ができることは自分でやるようにしましょう。
24 火	×	ソリの合わない人に厳しい言葉で欠点を指摘されそう。言われたことにショックを受けるよりも、指摘してくれたことに感謝できれば、大きく成長できそうです。
25 水	▲	感情的な判断をすると自ら評価を落としてしまいます。自分の気持ちは自分できちんとコントロールして、無関係の人に怒りをぶつけたりしないようにしましょう。
26 木	＝	自分のやり方にこだわって意地を張っているのが、前に進めない原因かもしれません。思考の柔軟性を大切にして、自我が強くなりすぎないよう注意しましょう。
27 金	□	起きる時間や出社時間を変えるなど、少し生活習慣を変えるとやる気が出てきます。新しいリズムで生活することで見える、新しい風景を楽しんでみましょう。
28 土	■	「ひとりの時間が大事」と思わないで、知人に誘われた場には顔を出してみましょう。はじめて会う人と楽しい時間を過ごせて、いい縁もつながりそうです。
29 日	■	今日はしっかり体を休ませ、日ごろの疲れをとることに専念しましょう。家で昼寝をしたり、温泉、スパ、マッサージなどに行ったりするのがオススメです。
30 月	●	親しくしている人との関係に変化がある日。好意を寄せられて突然告白されたら、「好みではない」と決めつけず、いい部分を探すと好きになれることがあるでしょう。

2020

12月

■ リフレッシュの月

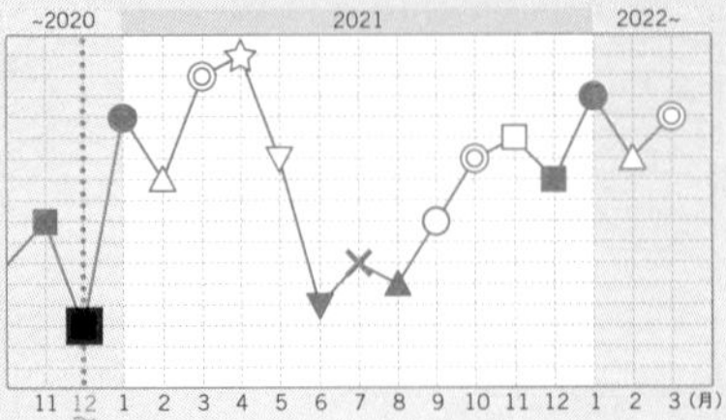

開運3カ条

1. 睡眠時間は8時間以上にする
2. 異変を感じたら早めに病院に行く
3. 旬のフルーツを食べる

総合運

体調に要注意の1カ月。先月から用心している場合は問題を避けられますが、少しでも異変を感じるなら早めに病院へ。忘年会で調子に乗ると大ケガをして後悔することもあるので飲酒はほどほどに。手洗いで風邪の予防をし、ゆっくり入浴して睡眠時間もたっぷりとりましょう。

恋愛＆結婚運

恋人から「顔色が悪くない？」など体調に関わることを指摘された場合は、病院に行くこと。早めに対処でき、恋人の存在に感謝することもありそうです。また、体調が悪いときにやさしくしてくれる人が後の恋人になる可能性も。助けてくれる人には注目しておきましょう。今月はあまりテンションが上がらないので、デートは映画館などゆっくりできる場所に行きましょう。

仕事＆金運

仕事運は、大事な日に風邪をひいたり、胃を悪くしたりするので、疲れをためないように残業を減らしコンディションを整えること。周囲に迷惑をかけないよう大事な仕事を優先的に。金運は、体調管理のための出費が増えそう。暖かい上着を購入しましょう。

1 火	△	遅刻するなど時間にルーズになって信用を失わないように、いつもより早めに行動すること。また、判断ミスをしやすい日なので冷静さを心がけておきましょう。
2 水	＝	昔好きだった音楽を聴いてから外出すると、何事も楽しくいい結果を出せるでしょう。また、同世代の人と話をすると、いいヒントをもらえることがあるかも。
3 木	＝	ダウンやコート、手袋やマフラーなどの冬ものを購入するといい日。仕事帰りに買い物に行って、こたつやヒーターなどの電化製品を探してみるのもオススメです。
4 金	▽	待っているだけでは、何も変化はないでしょう。自分のスキルを惜しみなく人に分け与えることで、他人から返ってくるものがあると覚えておきましょう。
5 土	▼	相手の出方を見て誘われるのを待っていても、何も起こりません。楽しい1日を過ごすためにも、思いきって自分から友人や恋人を誘ってみるといいでしょう。
6 日	×	失敗しやすい日なので、強引に推し進めず流れに身をまかせるようにして。また、面倒な人と関わる場合は、距離感を間違えないように意識しましょう。
7 月	▲	「家族の誰かがやるだろう」と思うことは、率先して自分がやるようにしましょう。身の回りをきれいに掃除して、不要なものを一気に処分すると気持ちが楽になります。
8 火	＝	求められることが増えて疲れがたまりそうです。今日は少しくらい無理が利いても、ここから連日忙しくなりそうなので、体力の温存を心がけましょう。
9 水	□	新しいことにチャレンジしたいと思っても、今日は控えるといいでしょう。やるべきことが増える時期なので、自分の実力を超えることもあり、疲弊しそうです。
10 木	■	今日と明日は疲れがたまりやすいので、少しくらい予定を変更してでも体調を最優先に考えて。食事のバランスを整え、乳酸菌飲料も飲むようにしましょう。
11 金	■	体調を崩しやすくなっているので、異変を感じたら早めに病院に行きましょう。すでに夜の付き合いや遊びの予定が入っている人も、飲酒は避けるようにしましょう。
12 土	●	恋愛運がいい日ですが、デートでは疲れが顔に出て相手に気遣われるなど、盛り上がれない流れになりそう。今日はのんびりと家デートをするのがオススメです。
13 日	△	親しくしている人といいムードになって、付き合う可能性がある運気。逆に気になっている人がいるなら、自分から誘ってみるといい感じになれそうです。
14 月	＝	苦手な仕事をまかされたら、これまでの経験を活かして合理的に進めることを目指しましょう。以前よりも順調に進められて、自分の成長に気づくことができるかも。
15 火	＝	順調に物事が進む日です。大きな成果ではなくても、時間内にノルマを達成できるかもしれません。また、周囲を手伝うことで感謝されることがあるでしょう。
16 水	▽	日中は活動的に過ごせますが、午後からはジワジワと疲れを感じて集中力が欠けてしまいそうです。体調が悪くなったら、無理せず早めに帰宅しましょう。
17 木	▼	風邪をひくなどして、体調がすぐれない1日になってしまいそうです。腹痛など異変を感じるようなことがあれば、早めに病院に行って検査してもらいましょう。
18 金	×	今日は不慣れなことや余計なことには手を出さないようにしておきましょう。判断力が低下して仕事がうまく回らないときは、目の前の仕事に集中しましょう。
19 土	▲	事故や大ケガをする可能性がある日なので、外出は控えて家でテレビやDVDを観るなどゆっくり過ごしましょう。また、スマホの使いすぎで指を痛めないように注意して。
20 日	＝	人混みで風邪をうつされたり、行列や渋滞でヘトヘトになったりしそう。外出するなら、体が温まるものを食べに行くくらいにしておくのがよさそうです。
21 月	□	目新しいものを手に入れると想像以上に気に入りそうです。また、新商品のお菓子を購入して職場で配ると、話のネタになって会話が盛り上がるでしょう。
22 火	■	栄養不足にならないように食事のバランスを考え、根菜や果物をしっかり食べておきましょう。今夜は旬の食材を使った鍋料理を食べると運気が上がりそうです。
23 水	■	心身ともに疲れがたまっているので、異変を感じたら病院に行くか、ゆっくり休むように。今日無理をすると本格的に体調を崩してしまい、後悔することになるかも。
24 木	●	急にシフトが変わって早く帰れたり、周囲の協力で仕事が早く片づいたりと、ラッキーな流れになりそうです。今日は感謝の気持ちを忘れないようにしましょう。
25 金	△	食べすぎて胃腸の調子が悪くなったり、二日酔いで苦しんだりと、浮かれすぎると大失敗をしそうです。また、約束を忘れやすい運気なので確認を怠らないようにして。
26 土	＝	しばらく会っていなかった人と、偶然の出会いから縁がつながりそうな日。友人との忘年会を予定しているなら、いい思い出があるお店を予約しましょう。
27 日	＝	年末年始の買い物をするにはいい日で、必要なものをサービス価格でまとめ買いすることができそう。美容に役立つものを購入するのにもいい運気です。
28 月	▽	夜は風邪をひくなど体調を崩してしまうことがあるので、大掃除や大事な用事は日中に済ませておくとよさそう。体を冷やさないように気をつけて過ごしましょう。
29 火	▼	今日から3日間は特に体調を崩しやすい運気なので、健康第一で行動しましょう。気が緩んでお酒を飲みすぎてしまったり、胃腸の調子を崩さないように注意して。
30 水	×	思いがけない場所で転んでケガをするかも。今日は家でのんびり本を読んだり、ネットで情報を集めて年始の予定を立てたりするのがオススメです。
31 木	▲	不要なものを処分するときは、指を切るなど些細なケガがないよう気をつけて。カウントダウンは友人や恋人、家族と一緒に過ごし、楽しく新年を迎えましょう。

☆開運の日　◎幸運の日　●解放の日　○チャレンジの日
□健康管理の日　△準備の日　▽ブレーキの日　■リフレッシュの日
▲整理の日　×裏運気の日　▼乱気の日　＝運気の影響がない日

2021

1月

● 解放の月

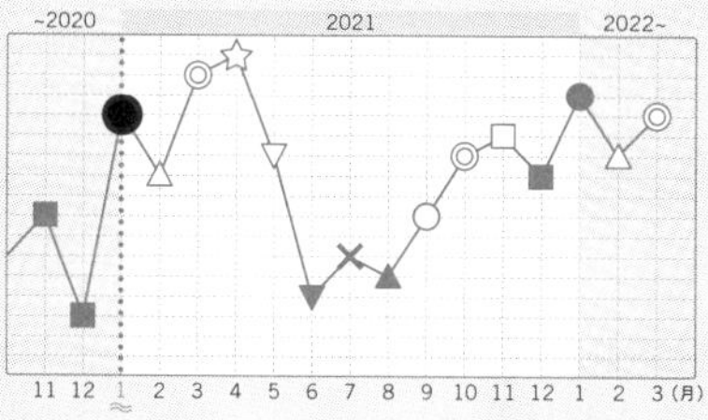

開運 3 カ条

1. 遠慮をしないで思いきって行動する
2. 長く使えるものを買う
3. 好きな人にしっかりアピールする

総合運

今月から運気の流れが一気に変わりチャンスに恵まれたり、あなたの味方が現れたり、才能や努力が認められることがあるでしょう。何事も積極的に行動し、全力を出しきってみると驚くような結果や大きな幸せをつかめそう。ただ、変化が苦手で幸運を「不慣れで面倒」と思い込んでしまうとこの流れを逃してしまうことがあるので、気をつけて。今月起きることは結果的によかったことになるので、しっかり受け止めるように。

恋愛＆結婚運

周りからの視線が変わったり注目されたりするようになる月。上旬に美容室に行ってイメチェンをしたり、異性を意識して髪型や服を選ぶことも大事。新しい出会いから恋に発展することもあるので、新年会や飲み会は気合いを入れて参加して。気になる人や好印象の相手から告白されるかも。結婚運は、恋人からプロポーズされたり、前向きな未来の話をしたり同棲を開始するなど進展がありそう。

仕事＆金運

あなたの能力が発揮され、これまでの苦労が報われる流れになりそう。肩の力が抜けて壁を越えたことを実感できたり、苦手な仕事におもしろみを感じられたり、上司や会社の対応に変化が起こりそうです。金運は、長く使えるものを購入したり、引っ越しを決めたり、大きな買い物をするのがいいでしょう。服や靴を購入すると運気が上がりそうです。

1 金	○	新年早々、気になる人にデートのお誘いをしてみましょう。一緒に初詣に行けたり、仲よくなれる流れになりそう。少しの勇気が今後の恋愛運を大きく分けることになるかも。
2 土	○	買い物や外出をすると、素敵な出会いやいい経験ができそう。行動することが最も大事な日なので、好奇心の赴くまま動いてみましょう。気になる映画を観に行くのもよさそう。
3 日	□	友人や知人からの誘いは即OKするといいでしょう。新年会に顔を出してみたり、普段関わりが少ない人がいる場所に行くと素敵な出会いにつながるかもしれません。
4 月	■	仕事はじめから風邪をひいてしまったり、体調がすぐれない感じがありそう。今日は無理をせず、ゆっくり仕事を進めるようにしましょう。ショウガ入りの温かい飲み物を飲んでみて。
5 火	●	昨日の遅れを取り戻せるくらい気持ちが前向きになったり、やる気が出そう。気になることには積極的に行動し、異性を意識した服や髪型にすると、素敵な恋がはじまるかも。
6 水	△	確認ミスを指摘されて周囲に助けてもらうことがありそう。うっかりミスを助けられたら、お礼をしっかり言うことが大事。自分の頑固さや視野の狭さを改めるようにしましょう。
7 木	☆	外出先で偶然知り合いに会ったり、昔の同級生などと縁がありそう。そこから仕事や恋につながる縁がはじまるかも。自ら話しかけ、後日会う約束をしてみるといいでしょう。
8 金	☆	手応えのある仕事ができそう。目標を達成できて満足できる1日になりそうです。買い物をするにもいい日なので、時間を見つけてネットで欲しいものを購入するといいでしょう。
9 土	▽	ランチデートをするには最高な日。気になる相手を誘ってみるといい感じに。軽い気持ちで「お茶しませんか？」と誘ってみましょう。夜は予定が乱れやすいので注意して。
10 日	▼	友人や知り合いに予定を乱されたり、ドタキャンされてしまうかも。家でのんびりするつもりでも、家族や友人、機械のトラブルなど、思わぬ出来事に巻き込まれてしまいそう。
11 月	×	不運やトラブルの原因の多くは、あなたの思い込み。冷静に考えてみれば、原因や突破口は自然と見えてくるでしょう。周囲のアドバイスにも素直に従って行動しておきましょう。
12 火	▲	自分の部屋や身の回り、仕事場もきれいに整理整頓することで運気の流れがよくなるでしょう。不要なものは処分するといいですが、間違えて大事なものを捨てないように注意して。
13 水	◎	これまでの経験を活かしながらも、新しいことに挑戦するといいでしょう。難しいと勝手に決めつけないで、まずは取りかかってみると手応えを感じられそうです。
14 木	◎	友人や知人から学ぶことがあるかも。上手にやっている人にはそれなりの努力や工夫があるもの。そこを見落とさないようにし、見習えることを今日からやってみましょう。
15 金	□	恋人と大事な話をするといいでしょう。将来について前向きに話が進められそう。気になる相手に好意を伝えてみたり、デートや食事に誘ってみるといい展開になりそうです。
16 土	■	今日は体を休ませて日ごろの疲れをとるといいでしょう。マッサージやヨガ、整体などに行くのもオススメ。軽い運動をして汗を流すのもいいですが、頑張りすぎには注意して。
17 日	●	デートをするには最高な日。気になる人を突然でもいいので誘ってみましょう。特に気になる相手がいない場合は、髪を切るにもいい運気なので、評判のいい美容室に行ってみて。
18 月	△	寝坊や遅刻などをしやすいので、今日は少し早めに行動したり、スケジュールをしっかり確認しましょう。機械の操作ミスやスマホを落として傷つけてしまうこともありそうです。
19 火	☆	長年積み重ねてきたことを評価されたり、期待に応えることができそう。自信を持って行動したり、これまでの経験を活かせるように心がけてみるとうまくいくでしょう。
20 水	☆	いい仕事のパートナーを見つけられたり、長い縁になる人と出会えそう。職場関係の人や知り合いの集まりに顔を出して、いろいろな人にしっかり挨拶をしておきましょう。
21 木	▽	日中は運気の流れがいいので、満足できる結果が出てやる気も増えそう。勢いで判断や行動をすることも大事です。夜は時間通りに進まなくなるので、用事は早めに終わらせて。
22 金	▼	面倒な人や考え方が違いすぎる人と一緒になることがありそう。巻き込まれてイライラするよりも「いろいろな人間がいるものだ」と思って、気楽に流しておくといいでしょう。
23 土	×	仕事も遊びも他人まかせになっている部分は楽ですが、その甘えが自分を弱くしていることに気づきましょう。甘えが弱点や欠点にならないように意識を変えることが大事です。
24 日	▲	過去の恋に執着していると、せっかくの「解放の年」「解放の月」の運気のよさを感じられません。好みのタイプも含めて、今の自分に見合う人を見つけられるように気持ちのリセットを。
25 月	○	何事にもチャレンジすることが大事。小さなことでもいいので未経験のことに挑戦すると、新鮮に感じることや学べることもあるでしょう。新しい店を開拓するのもよさそうです。
26 火	◎	友人や知人からの遊びの誘いや、気になる相手とのデートは即OKするといいでしょう。予定をスケジュール帳に書き忘れたり、時間を間違えたりしないよう気をつけて。
27 水	□	今後の目標をしっかり定め、自分の意志の強さを上手に使うことで周囲の人ができないことを成し遂げられるでしょう。今日はいいスタートを切れる日になりそうです。
28 木	■	余計なことを考えすぎて神経質になったり、ボーッとしてケガをすることがありそう。疲れがたまっている可能性があるので、こまめに休憩をとり、仮眠をするといいでしょう。
29 金	●	あなたの魅力がアップする日。期待されたことに全力で応えると、いい結果が出て仕事が楽しくなるでしょう。恋愛でも異性から誘われたり、視線を感じることがありそうです。
30 土	△	小さなドジをやってしまいそう。恥ずかしい思いをしたくないなら、確認作業を怠らず、慎重に行動しましょう。夜は恋愛運がいいので、好きな人と過ごせるようになるかも。
31 日	◎	最近仲よくなった人も、昔からの付き合いの人も、みんなー緒に遊んでみると思った以上に盛り上がりそう。いい縁がつながるので、気になる人を誘ってみるといいでしょう。

2021

2月

△ 準備の月

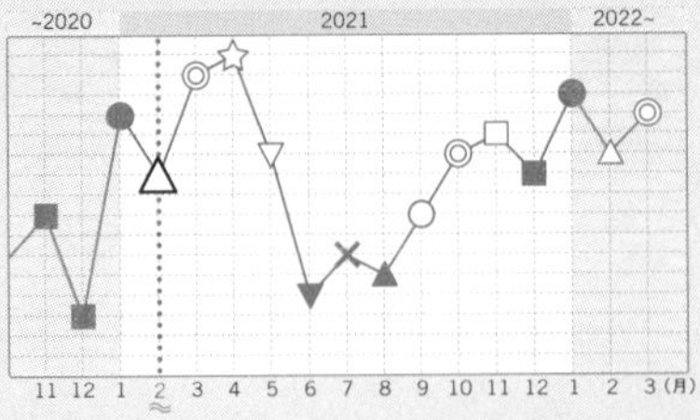

開運 3 カ条

1. しっかり仕事して、しっかり遊ぶ
2. 遊びや休日の予定を先に立てる
3. 確認と事前準備はいつも以上に

総合運

些細なミスから大きな確認ミスやうっかりミスが増えたり、余計なことばかりボーッと考える時間が増えてしまいそうな時期。集中することも大事ですが、今月はメリハリをしっかりつけ、「遊びの予定を先に立てる」ことでやる気がアップして前向きになれそうです。ひとりの趣味もいいですが、できれば仲間や友人と思いっきり遊んでみるといいでしょう。健康運は、ドジで小さなケガをしやすいので気をつけましょう。

恋愛&結婚運

先月あたりから仲よくなっている相手がいる場合は、今月はさらに関係を深めるチャンス。相手を喜ばせたり一緒にいるときに楽しそうにしたりするだけで進展しやすくなります。明るい感じの服や品のあるものを身に着け、話題の映画を観に行くといいでしょう。出会い運は、恋愛相手としていい人が現れそう。結婚運は、今月は深い話は避けて明るい未来の話をするくらいがよさそうです。

仕事&金運

楽しく仕事に取り組める時期ですが、珍しいミスや確認もれ、事前準備が足りないことを突っ込まれてしまうことがありそう。「自分は間違えない!」と思い込んでいる人ほど注意が必要です。特に、数字や時間、お金はしっかり確認するように心がけておきましょう。金運は、遊びにお金を使うことで気持ちがすっきりします。趣味にお金を使うのもいいですが、人との交流にも使ってみましょう。

1 月 ◎ 楽しく仕事ができたり、能力や魅力を十分に発揮できそう。勘違いや思い込みからの間違いを指摘されることもありますが、言ってもらえることへの感謝を忘れないように。

2 火 ▽ 日中は少しくらい強引に物事を進めても、いい流れに乗れるでしょう。口頭で伝わらないときは手紙やメールを使ってみて。夜は疲れがたまりやすいので、無茶はほどほどに。

3 水 ▼ 弱点や欠点を突っ込まれたり、イラッとくるような出来事がありそう。何事も慎重に行動するように心がけ、ゆっくりでもいいので丁寧に取り組むようにしましょう。

4 木 × 楽ができる話や「簡単に」の言葉には注意が必要です。信用を失ったり、間違った道に進んでしまうことがあるので、軽はずみな判断をしないように気をつけましょう。

5 金 ▲ 年齢に見合わないと感じるものから離れることが大事。幼稚な趣味やダラダラと続けてしまっているアプリ、苦手な人間関係なども思いきって整理するといいでしょう。

6 土 ○ 遊びに行くにはいい日。はじめて行く場所や、これまで経験したことがない遊びができるところを選びましょう。はじめて遊ぶ人とは楽しい時間を過ごすことができそうです。

7 日 ○ 突然の誘いや急な予定変更がありそう。家でじっとしていないで、誘われたら即OKを出しましょう。面倒なことの先にはおもしろいことがあるので、積極的に楽しんで。

8 月 □ 手順をしっかり守ることが大事です。慣れた仕事だと思って雑になってしまうと、後悔することになりそう。基本や初心を忘れないように心がけるといいでしょう。

9 火 ■ 小さなケガや肩こり、目の疲れなどの不調を感じそう。軽く動いて体を温めてみるとスッキリするかも。夜は意外な人からの誘いや、恋のチャンスがあるかもしれません。

10 水 ● 少し早いですが、好きな相手にチョコレートを渡しておくと効果があるでしょう。少し気になるくらいの人でも、今日渡しておくと、後にいい縁がつながる可能性がありそうです。

11 木 △ 仕事に集中できない日。忘れ物やうっかりミスをしたり、説明を聞き逃してしまうことがありそうです。話は気をつけて聞き、ひとつひとつのことに集中するようにして。

12 金 ◎ 親友や付き合いの長い人からの情報が役立つことになるでしょう。休み時間や仕事終わりに連絡をしてみて。深い話をすることで、気持ちがすっきりするかもしれません。

13 土 ◎ 遊びにお金を使うといい日。ひとりでジッとしていたり、ケチケチしたりしないで、久しぶりにパーッと楽しんでおきましょう。さっそく知り合いや友人を誘ってみて。

14 日 ▽ 異性から突然遊びに誘われ、楽しくデートができそうです。お茶をごちそうしたり、ちょっとしたプレゼントを贈ってみると、いい関係が長く続くでしょう。

15 月 ▼ 同じような失敗を繰り返してしまいそう。信用を失ってしまうことになるので、苦手な仕事ほどしっかり確認作業をしたり、雑に終えないように気をつけましょう。

16 火 × 自分勝手な判断や行動に走ってしまいそう。問題を他人の責任にしていると大きなトラブルになるだけなので、今の自分にできることを精一杯やるようにしましょう。

17 水 ▲ あなたを支えてくれた人や、フォローしてくれた人に感謝の気持ちを表すことが大切です。お世話になった人を思い出すことで、やる気になることもあるでしょう。

18 木 ○ フットワークを軽くしておくと、素敵な出会いやいい経験ができそう。誘われた場所には積極的に顔を出し、気になる場所にも立ち寄ってみるといいでしょう。

19 金 ○ 明るい未来を想像して、素敵な言葉を発するように心がけると運気の流れがよくなるでしょう。不満や愚痴を言うよりも感謝できることを見つけて、言葉に出しておきましょう。

20 土 □ 少し遠出をして温泉やスパに行ってみましょう。サウナで汗を流してのんびりすると、日ごろの疲れがとれて気分がすっきりしそうです。ただし、湯冷めには気をつけること。

21 日 ■ 外出先で体調を崩したり、疲れを感じてしまいそう。今日は無理をしないで、ゆっくりのんびりするといいでしょう。転んでケガをすることもあるので気をつけて行動して。

22 月 ● 積極的に行動することで楽しさを感じられるでしょう。待ちの姿勢や指示待ちではいつまでもおもしろいことは起こらないので、些細なことでも自ら進んで動くようにしましょう。

23 火 △ 些細な確認ミスやチェックミスをしやすい日。いつも通りだと思って安心していることほど注意深くなる必要があるので、念入りに再確認をするといいでしょう。

24 水 ◎ 成功体験を思い出して自分がうまくいくパターンを考えてみましょう。やる気になる音楽を聴いてみるといいでしょう。青春時代を思い出すのもよさそうです。

25 木 ◎ 少し贅沢なランチやディナーを食べに出かけて。日ごろの頑張りに対するごほうびを自分にあげることで運気が上がりそう。おいしいスイーツを買いに行くのもオススメです。

26 金 ▽ 頑張りが空回りすることになりそう。少しでもうまくいったりいい結果が出た場合は、ラッキーだと思っておきましょう。夜は忘れ物や失敗をしやすいので気をつけて。

27 土 ▼ 調子に乗っているときや、順調に進んだときほど注意が必要です。思った以上に油断したり、聞き逃しや勘違いをすることもありそう。冷静になれるように意識しておきましょう。

28 日 × 予定通りに物事が進まない日。渋滞や行列に巻き込まれたり、無駄な時間を過ごすことがあるでしょう。あまりイライラしないで、流れに身をまかせておくとよさそうです。

☆開運の日 ◎幸運の日 ●解放の日 ○チャレンジの日
□健康管理の日 △準備の日 ▽ブレーキの日 ■リフレッシュの日
▲整理の日 ×裏運気の日 ▼乱気の日 =運気の影響がない日

2021 3月

◎ 幸運の月

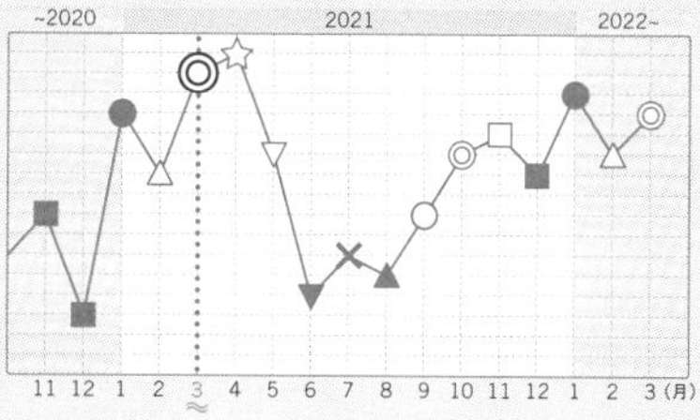

開運 3 カ条

1. 親友に会う
2. 実力を出しきってみる
3. 行きつけのお店に行く

総合運

不要な縁が切れたり、プレッシャーから解放されて気持ちが一気に楽になりそう。あなたに味方してくれる人やこれまでの頑張りを評価してくれる人が現れそうです。実力を発揮する月でもあるので、今の自分の力を出しきってみることで今後の流れが見えてくるでしょう。友人や知人から頼られたり感謝されたりすることもあり、満足できることも増えるはず。健康運は問題ないですが、付き合いでの食べすぎや飲みすぎに気をつけて。

恋愛&結婚運

気になる相手といい関係になれたり、交際をスタートできる運気。片思いが実ることがありますが、逆にキッパリ諦めなければならない場合も。今月で白黒ハッキリさせる覚悟をしておきましょう。新しい出会いは親友からの紹介が期待できるので友人に相談して。好みなど条件が多すぎるとチャンスを逃すので、ひとつに絞るように。結婚運は、恋人とは明るい未来の話をしましょう。

仕事&金運

職場で自分のポジションができたり、やりがいを感じられる仕事ができそう。実力を発揮でき、結果を出すこともできるので前向きに楽しく取り組めそうです。ここで不満やミスが増える場合は、不向きな仕事をしている可能性があるので転職や部署異動願いを出してみるのもよさそう。金運は、長い間欲しいと思っていたものを購入するといい時期。行きつけのお店でいいものを見つけられそう。

1 月	▲	年齢や季節に見合わないものは処分したり、目の前から片づけるようにしましょう。捨てるタイミングがわからない使い古したものは、ここで潔く処分すると運気がよくなります。
2 火	○	新しいことに挑戦をすることで決めつけや固定観念を外すことができそう。周囲から勧められることに従って素直に行動してみると、思った以上に楽しめることがあるでしょう。
3 水	○	周囲を見渡すといろいろ変化していることに気づけるでしょう。いつも同じだと思わないで、小さな変化を見つけて楽しめるようになりましょう。他人の変化にも敏感になってみて。
4 木	□	明るい未来に向けて大きな目標を掲げましょう。また、今日中に達成できる小さな目標も立ててみて。自分の得意なことで達成感を得られると、自らやる気を出すことができそう。
5 金	■	気持ちは前向きでも疲れを感じてしまったり、思った以上に疲れをためてしまうことがありそう。今日は無理に頑張らないで、上手にサボったりこまめに休むことが必要です。
6 土	●	あなたの魅力が輝く日。デートをするには最高な日なので、気になる相手を突然でもいいので誘ってみましょう。人の集まりに参加すると、素敵な出会いもありそうです。
7 日	△	思いっきり遊ぶことで運気が上がる日ですが、ひとりの趣味の時間ではなく、仲間や友人を集めることが大事。いろいろな人からいい刺激を受けたり、いい情報が手に入りそう。
8 月	◎	本気で取り組むことで運を味方にできるでしょう。些細なことでも最後までこだわったり、丁寧にしっかり取り組むようにすると、いい結果や評価につながりそうです。
9 火	☆	時間や数字にこだわってみると、いつも以上にいい結果を出すことができそう。仕事帰りに自分へのごほうびを買うといいので、気になっているお店に行ってみましょう。
10 水	▽	求められることにはできるだけ応えてみると、いい結果が出るでしょう。後輩や部下にアドバイスをすると感謝されることもあるので、教えられることは伝えてみて。
11 木	▼	タイミングのよさやいい流れを感じられそう。勢いで行動したり、勘を信じてみるといいでしょう。夜は予定を乱されやすいので、ゆとりを持って行動しておくとよさそうです。
12 金	×	予想外の展開がある日ですが、不運と思うよりも「人生にはいろいろなことが起きるもの」だと思って受け流しましょう。過ぎたことをいつまでも考えないように。
13 土	▲	身の回りを掃除するには最適な日。古くなったものは処分して、明日買い替えるといいでしょう。年齢に見合わないものや季節に合わないものはどんどん片づけるようにして。
14 日	○	はじめて行くお店でいい買い物ができそう。買い替えを考えているものを選んだり、これまで興味のなかったものも見てみましょう。詳しい人に説明してもらうとよさそうです。
15 月	○	思ったよりも忙しくなり、予定がいっぱいになってしまうかも。忙しさの中で新たな課題が見つかることもありますが、やる気次第で簡単にクリアできるようなものでしょう。
16 火	□	自分の至らない部分はどこか、冷静に考えて成長できるように努めることが大事。サボったり力を抜いたりすると後でしわ寄せがくるので、今日は頑張っておきましょう。
17 水	■	やることが増えてしまいそう。実力以上の仕事をまかされて、時間が足りない状況に追い込まれることもありそうです。疲れが一気にたまってしまうので注意しましょう。
18 木	●	積極的に行動することで魅力や才能が輝く日。ゆっくりしないでどんどん行動することで、いい流れを自ら作ることができるでしょう。恋愛もいい感じに進めることができそう。
19 金	△	失敗は話のネタになると思っておくといいでしょう。何事も考え方ひとつでプラスになると思えると、なんでも楽しくなりそうです。マイナスに思っていることも笑いに変換して。
20 土	◎	やる気が増す日。午前中から積極的に動くと楽しいことを見つけられそう。素敵な出会いもあるので、人の集まりに参加したり、片思いの相手に連絡をするといいでしょう。
21 日	☆	買い物に出かけましょう。財布やカバンなど、長く使えるものや高価なものは勢いで購入してみて。引っ越しを考えてみたり、投資の勉強をはじめるのもオススメです。
22 月	▽	日中は集中力が続き、自分でもいい仕事ができたと思えそうですが、夕方あたりからは失速したりやる気をなくすような出来事がありそう。無理をしないで夜はのんびりして。
23 火	▼	周囲に心を乱されてしまいそう。メッセージの返事がなかったり、既読スルーをされても焦らないで。相手には相手の都合があるということを忘れないようにしましょう。
24 水	×	仕事も人も、嫌な部分に焦点を当ててしまうと、どんどん嫌になってしまうだけ。プラス面やいいところを見つけるように意識することを忘れないように1日を過ごしましょう。
25 木	▲	大事なものをなくしかけるので注意が必要です。近くの人が落とし物に気づいてくれたり、ミスを指摘してくれたときは、感謝やお礼をしっかり伝えるようにしましょう。
26 金	○	気持ちを切り替えて、新しいことに目を向けることが大事。過去を引きずってしまうといい流れに乗れなくなってしまうので「今は今、昔は昔」だと思っておきましょう。
27 土	○	お花見や近くの公園に散歩に行くと、いい出会いやおもしろい発見があるかも。はじめてのメンバーでお花見をすると、思った以上に楽しめたり、素敵な出会いにつながりそう。
28 日	□	3年後の今ごろには自分はどうなっているか考えてみましょう。明るい未来を想像して、今からできることをさっそくスタートさせてみると、希望が叶うようになりそうです。
29 月	■	午前中はボーッとすることが増えてしまったり、集中力が途切れやすくなってしまいそう。出かける前にストレッチなどをして軽く体を動かしておくとよさそうです。
30 火	●	記念になったり思い出に残る1日になりそう。気になる相手に連絡をして、会って話をすると交際がはじまることも。運命的な出会いがあるので、知り合いの集まりに参加してみて。
31 水	△	周りを楽しませるとモテるようになる日。どうしたら相手が喜んでくれるのか想像しながら試してみて。自分がうれしかった思い出などを参考にするといいでしょう。

2021

4月

☆ 開運の月

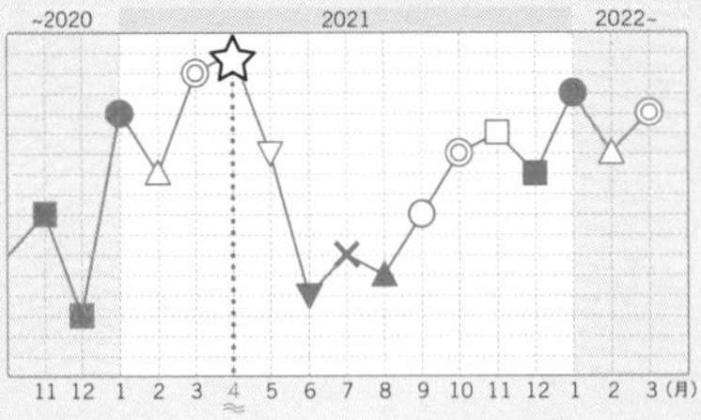

開運 3 カ条

1. 自分に自信を持つ
2. ファッションに目を引くアイテムを取り入れる
3. はじめて会う人には自分から挨拶をする

総合運

あなたの魅力や才能が評価され、注目される月。自信を持って行動し、堂々とすることによって運を味方につけられるので、遠慮したり、過去の失敗を理由に臆病にならないでください。小さな勇気が人生を変えることになる出会いやきっかけを呼び寄せるでしょう。長く苦労や辛抱をしてきた人ほど大きなチャンスがやってくるので、流れに乗るようにして。健康運は、運動をはじめるには最高のタイミングです。

恋愛＆結婚運

しばらく恋から遠のいていた人でも、異性との関わりが増えたり突然モテはじめるでしょう。恋人がいなかったときと同じ髪型や服装はできるだけ避けて、異性を意識してイメチェンをしてみて。飲み会やコンパなど出会いの場所にはできるだけ積極的に参加してみると運命的な出会いがあるかもしれません。結婚運は、突然プロポーズされることがあるかも。婚約、入籍を決めるにもいい時期。

仕事＆金運

重要な仕事をまかされることや今月の頑張り次第で昇給や昇格をすることがあります。丁寧にしっかり仕事をし、実力を出しきる気持ちで全力で取り組むといい結果や評価につながるでしょう。自分で無理と決めず、勝手に限界を作らないように思いきって挑戦すると、ひとつ壁を乗り越えられそうです。金運は、自分を輝かせることができるものや将来に役立つもの、投資にお金を使いましょう。

1 木	◎	友人や付き合いの長い人と縁があり、楽しい時間を過ごせたり、いい刺激を受けられるかも。幸せをつかんでいる人や、成功している友人の話はいい勉強になるでしょう。
2 金	☆	急に周囲があなたに注目することになりそう。大きなチャンスが巡ってきますが、遠慮すると幸運の流れを逃すので、勇気を出して受け入れて。素敵な出会いもありそうです。
3 土	▽	ランチデートや日中に買い物に出かけるといいでしょう。気になる人に連絡をしてみると、買い物を楽しめたり、関係がいい感じに進展するかも。ただし、夜は疲れがたまりそう。
4 日	▼	今日は予定通りに物事が進まなくなってしまいそう。電車の遅れや謎の渋滞など、無駄な時間を過ごすことになるかも。外出先でイライラしないようにする修行だと思いましょう。
5 月	×	自分の思いが上手に伝わらなくてヤキモキすることがあるかも。一度文章に書いてみると、丁寧に伝えることができるでしょう。誤解をそのままにしないよう訂正も必要です。
6 火	▲	いるものといらないものをしっかり分けることが大事。年齢に見合わないものは処分し、長い間着ている服も捨てましょう。時間を無駄に使うアプリも思いきって消去して。
7 水	○	変化を好まないタイプですが、変化や新しいことにもっと目を向けましょう。いい出会いやこれまでにない経験ができるようになりそうです。気になることはいろいろ調べてみて。
8 木	○	ひとりで行動するよりも、人の中に入ってみるといいでしょう。相手に合わせることで、いい経験ができるかも。勘違いや誤解を解くこともできそうです。
9 金	□	何事も焦らずじっくり進めましょう。自分の目標が何かを見失わないようにし、現実的な目標を改めて定めてみるとよさそうです。明るい未来の自分を想像してみて。
10 土	■	しっかり体を休ませるといい日。頑張りすぎると体調を崩したり、疲れがたまりすぎてしまうことがありそう。昼寝をしたり、ゆっくりする時間を予定に入れておきましょう。
11 日	●	異性から告白されたり、突然デートに誘われることがありそう。気になる人との進展を願っているなら、思いきって連絡をしてみるといい関係になれるかも。話題の映画に誘って。
12 月	△	時間を間違えたり、寝坊や遅刻をする可能性がある日。珍しいミスをして焦ってしまったり、失言もしやすいので、今日は何事にも丁寧に過ごすように心がけましょう。
13 火	◎	地道に積み重ねてきたことにはいい結果が出そう。簡単に諦めないで、何事もひとふんばりすることが大事です。友人からのアドバイスも大切にするといいでしょう。
14 水	☆	本気を出すことで運を味方につけられるかも。仕事に真剣になれば、大きな結果やチャンスをつかむことができそう。恋に本気になると、素敵な恋人ができることもあるでしょう。
15 木	▽	周囲の協力や支えてくれる人への感謝を忘れないようにしましょう。自分だけが頑張っていると思うと、後で思わぬ落とし穴に落ちてしまうことがあるかもしれません。
16 金	▼	誘惑に負けて仕事をサボったり、やる気を失うようなことがありそう。特に夜は甘い話に騙されてしまうことがあるので気をつけて判断するように心がけましょう。
17 土	×	判断ミスをしやすい日。勢いまかせで決めないで、情報をしっかり集めるようにしましょう。いいところばかりではなく、リスクの情報もしっかり見るようにするとよさそうです。
18 日	▲	部屋の片づけをしましょう。季節に合わないものはしまい、昔の思い出の品も片づけるといいでしょう。使い古した感じがあるものは新しく買い替えるようにしましょう。
19 月	○	新たな挑戦をすることで人脈が広がったり、いい経験ができそう。思いきって行動したり、不慣れなことや苦手だと思っていることにもチャレンジしてみるといいでしょう。
20 火	○	思い込みを崩すにはいい日。苦手だと思っていた人と話してみると、思った以上に打ち解けられるかも。不得意だと思っていた仕事に挑戦すると、手応えを感じることがありそう。
21 水	□	週末や連休の予定を立てておきましょう。気になる旅行先やライブやイベントの情報を調べて予約して。一緒に行くことができそうな友人に連絡するのもよさそうです。
22 木	■	スタミナ不足を感じたり、日中は眠気に襲われてしまいそう。ストレッチなどで体を動かして気合いを入れるといいでしょう。お昼は食べすぎないように注意して。
23 金	●	魅力や才能を褒められて笑顔になることがあるかも。喜ばせてくれた人に感謝をして、相手のいい部分も褒めて認めることを忘れないようにすると、運気がよくなるでしょう。
24 土	△	遊びに出かけるにはいい日。普段なら遊ぶことのない人と楽しい時間を過ごすことができそう。調子に乗りすぎてドジなことをする場合もあるので気をつけましょう。
25 日	◎	お気に入りのお店や場所に行くことになりそう。親友や縁の深い人と一緒にいる時間も増えそうです。片思いの恋に進展があるかもしれないので、気になる相手に連絡してみて。
26 月	☆	納得のいく結果や実力以上の結果を出すことができるかも。本気で取り組むことで流れを変えられそうです。厳しい指摘を受けることもありますが、後に感謝できるでしょう。
27 火	▽	日中は周囲の協力を得て納得のいく結果を残すことができそう。自分のやり方を通すといいですが、夕方あたりからは歯車が狂いやすくなるので、強引に推し進めないように。
28 水	▼	自分も周囲も気が緩んでしまうかも。ミスにミスが重なって無駄な時間を使ってしまいそう。信用を落としてしまうので、些細なことでも最後までしっかりやるようにして。
29 木	×	テンションを上げるのはいいですが、空回りすることも。過剰に期待するとガッカリすることもありますが、平常心を保つようにしましょう。結果が予想外に出てもヘコまないように。
30 金	▲	身の回りをきれいに整え、クローゼットの中も整えておきましょう。季節外れの大掃除をすることで気持ちがすっきりしそうです。いらないものはどんどん処分して。

☆ 開運の日　◎ 幸運の日　● 解放の日　○ チャレンジの日
□ 健康管理の日　△ 準備の日　▽ ブレーキの日　■ リフレッシュの日
▲ 整理の日　× 裏運気の日　▼ 乱気の日　＝ 運気の影響がない日

2021 5月

▽ ブレーキの月

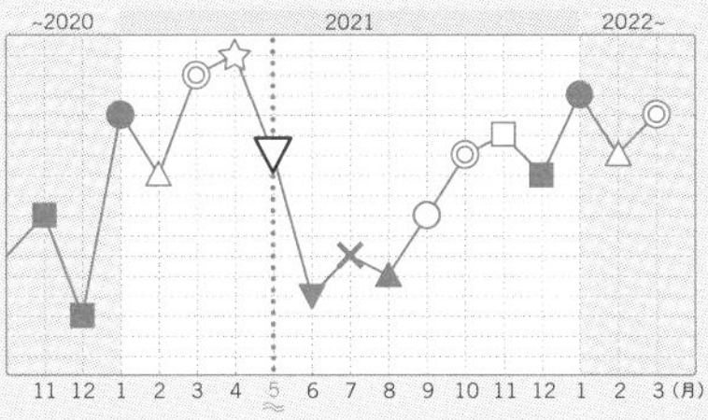

開運 3 カ条

1. 中旬までは積極的に行動する
2. 明るい感じの服を着る
3. 周囲からの協力や支えに感謝する

総合運

中旬までは、協力してくれる人やあなたの才能や魅力に気がつく人が現れる時期。過去のマイナスなイメージに縛られていないで、何事も積極的に行動し、アピールすることで運を味方につけられるでしょう。下旬は、流れが大きく変わり、誘惑に負けてしまったり集中できない時間が増えてしまいそう。調子に乗って失敗をすることもあるので気をつけて。健康運は、下旬は体調を崩しやすいので無理をしないようにしましょう。

恋愛&結婚運

気になる相手にアピールするといいのは中旬まで。特に先月あたりから急に仲よくなった人や気になる人には積極的になりましょう。少し大人っぽくイメチェンしたり、明るい感じの服を着たりすると、異性から注目されるかも。第一印象だけで相手を決めつけないことも大事。下旬は、タイミングが悪くなり、進展は期待が薄そう。結婚運は、連休中に両親に会うなどすると一気に進展するかも。

仕事&金運

実力以上の結果を出すことや周囲から協力してもらえることがある時期。特に中旬まではいい勢いで仕事ができそう。「誰の担当でもない仕事」を進んでやると、一気に評価が上がるでしょう。事前準備や後片づけは「誰かがやるだろう」と放置しないようにして。金運は、中旬までは買い物をすると運気がよくなるので、服や靴などを購入して。家電の買い替えをするにもいいタイミングです。

1 土	○	同じ遊びばかりしていないで、新しいことに挑戦をしてみましょう。これまでとは違ったメンバーやはじめての場所で遊んでみると、楽しい思い出もできそうです。
2 日	○	気になったことに挑戦するといい日。まずは行動して、その後にいろいろ考えてみることが大事でしょう。気になったお店に入ってみたり、衝動買いをするのもよさそうです。
3 月	□	恋人と真剣に将来の話をしてみましょう。両親や友人に紹介して、婚約発表するのもよさそうです。将来の夢を語ってみると、周囲からの協力を得られるかもしれません。
4 火	■	しっかり休みましょう。自然の多い場所でのんびり過ごしたり、温泉やスパに行くのもオススメ。軽く運動をして汗を流すのもよさそうですが、その後の食べすぎには注意して。
5 水	●	魅力や才能が輝きそう。異性との集まりに参加するとひと目惚れされたり、後の恋人に会えるかもしれません。華やかな服装や髪型を心がけ、メイクにも気合いを入れておくこと。
6 木	△	確認ミスや勘違い、誤解するようなことがあるかも。人の話は最後までしっかり聞き、文章も最後まで読むようにしましょう。理解していると思ったときほど注意が必要です。
7 金	◎	親友や付き合いが長い人の存在が大きく感じられそう。悩みや不安があるなら、素直に相談して本音を語ってみて。いいアドバイスがもらえたときは、素直に受け入れましょう。
8 土	☆	買い物や契約をするにはいい日です。習い事やスポーツジムに通いはじめたり、長く使うことになるものを購入しましょう。仕事道具の買い替えをするのもオススメです。
9 日	▽	日中は思った以上にいい流れになりそう。気になる人を思いきってランチデートに誘ってみると関係が進展するかも。夕方以降は判断ミスをしやすいので気をつけましょう。
10 月	▼	集中力が途切れてしまい、余計なことに目がいったり、誘惑に負けてしまうことがあるかも。自分勝手な判断をしないで、周囲のためにも気を引き締めておきましょう。
11 火	×	裏目に出ることが多い日。自分の考えや生き方だけが正しいと思っていると苦しくなるので、何事も臨機応変な対応ができるように心がけておくといいでしょう。
12 水	▲	気分が乗らないときは身の回りをきれいに整理したり、掃除をしたりするといいでしょう。光りそうなものはピカピカに磨くと、気分もよくなり集中力もアップしそうです。
13 木	○	些細なことでもいいので、幸せを見つけることが大事。他人に対して過剰に期待をするとガッカリしたり、イライラするだけだと忘れないで。感謝できることを探してみましょう。
14 金	○	周りから頼りにされるように心がけましょう。人との関わりを面倒だと思ってしまう生き方よりも、人から頼られる生き方のほうが、何百倍も素敵だと忘れないようにして。
15 土	□	今日と明日で日ごろの疲れをしっかり抜くことを目標にして。日中は体を動かして汗を流し、夕方からは健康的な食事をとりましょう。ゆっくりお風呂に入り、早めに寝ること。
16 日	■	ゆっくりする時間を作ったり、好きな音楽を聴きながら昼寝をするといいでしょう。ハーブティーを飲みながら読書をするなど、いつもより贅沢な時間を過ごすのもオススメです。
17 月	●	気持ちが楽になる日。面倒なことから解放されたり、苦労していたことから抜けられそう。これまで努力してきたことが実力として身に付いていると気づくこともできそうです。
18 火	△	約束を忘れたり、予定を間違えたりしそう。思い込みで周囲に迷惑をかけてしまうこともあるので、確認作業はしっかりするように心がけておくといいでしょう。
19 水	◎	周囲の協力があって仕事ができていることを忘れないように。好き嫌いを思う前に、いろいろな人の存在のおかげで仕事が成り立っていると気づき、感謝するようにしましょう。
20 木	☆	今出せる実力や能力を思いっきり出しきることが大事。遠慮したり加減したりすると、大きなチャンスを逃すことになりそうです。恋にも本気になって行動してみましょう。
21 金	▽	日中は気持ちで乗りきれそうですが、夕方あたりからはやる気を失って、余計なことばかり考えてしまうかも。マイナスな情報に振り回されてしまうこともありそうです。
22 土	▼	不安や心配事が増えてしまいそう。現状に不満が出て、いろいろなことが嫌になることがあるかも。そんなときはひとりの時間を作り、好きな音楽を聴いてのんびりしましょう。
23 日	×	予定が急に変更になったり、体調を崩して自分がドタキャンすることになるかも。問題が起きていないときでも、勢いまかせの行動は控えておいたほうがいいでしょう。
24 月	▲	他人に期待をしすぎるとイライラするだけなので、最小限の期待に留めておきましょう。何事も自分でやるようにして、受け身で待っているだけにならないよう注意して。
25 火	○	「新しい」を楽しむことが大事ですが、素直に受け入れられず、逆らったり否定的になったりしてしまいそう。意識を切り替え、新しいことを楽しめるように努めましょう。
26 水	○	関わりが少ない人に話しかけるなど、少し勇気を出すだけで人生が変わってくるかも。気になっていた近所の飲み屋やバーに入ってみると、思わぬ出会いや発見がありそうです。
27 木	□	現状の生活に飽きはじめたり、疑問を感じたりしそうです。尊敬できる人や頼りになる友人に相談してみると、気持ちがすっきりしたり、いい話を聞くことができるかも。
28 金	■	疲れがたまりやすい日。風邪をひいたり、胃腸の調子が悪くなったりするかも。重たいものを急に持つと、腰を痛めてしまうことがあるので気をつけましょう。
29 土	●	ひとりで過ごす予定だった人ほど、友人や異性から誘いがありそうですが、振り回されて疲れてしまうことも。デートの予定がある人は相手を楽しませることだけを考えましょう。
30 日	△	スマホの操作ミスをしたり、手が滑って落として画面を割ってしまうなど、いろいろミスが増えてしまいそう。大事なものを置き忘れてしまうこともあるので気をつけましょう。
31 月	○	同僚や友人に薦められた本を読んだり、映画を観たりするといい勉強になるでしょう。周囲からのオススメを否定しないで楽しめば、人生観がどんどん変わっていきそうです。

2021

6月

▼乱気の月

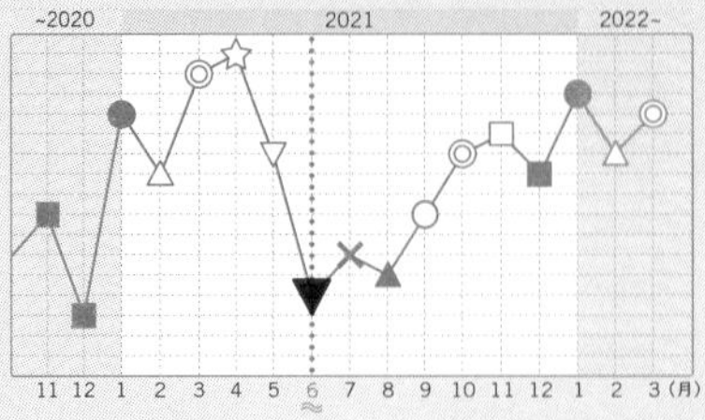

開運 3 カ条

1. 自分磨きをする
2. 本を読んで知識を増やす
3. 何事も最後まで丁寧に取り組む

総合運

調子に乗りすぎたり、空回りしたりしやすい月。大きな問題が発生するというより、勢いまかせに行動することや浮かれてしまうことが不運の原因になるので、慎重に丁寧に行動するように心がけましょう。誘惑に負けやすく、安易な方向に進んだり甘い言葉に弱くなったりしやすいので、欲望に流されすぎないように気をつけて。健康運は、お酒を飲みすぎたり、生活リズムが乱れて体調を崩さないよう気をつけましょう。

恋愛&結婚運

今月は恋の進展は期待しないほうがよさそう。異性との会話に困らないように本や雑誌を読んでおくと、いいネタを見つけることができるでしょう。自分を磨く時期だと思って肌やムダ毛、爪、髪をきれいに整えて。ダイエットを兼ねた体力作りをするのもオススメ。結婚運は、先月まで盛り上がっていたカップルほど落ち着いてしまいそう。無理に話を進めないほうがいいでしょう。

仕事&金運

順調に進んでいた仕事ほど流れが止まってしまったり、トラブルが発生したりしそう。あなたの集中力も途切れやすく、ミスが増えやすくなるので、慣れた仕事ほど丁寧に最後までやるように意識して。ラッキーだと思える仕事は途中で面倒なことになるので簡単に飛びつかないように。金運は、出費が激しくなってしまいそう。交際費やお祝いなどでお金がどんどん出てしまいそうです。

1 火	○	勢いまかせで行動してもいい結果につながる日ですが、丁寧に仕事をすることを忘れないように。思ったよりも雑になってしまったり、詰めの甘さが出てしまうことも。
2 水	▽	日中は周囲からの協力やいい人間関係に恵まれて、楽しく過ごすことができそう。夕方以降は気まずい空気になってしまったり、気持ちが沈んでしまうような出来事があるかも。
3 木	▼	思い込みや勘違いをしやすい日で、確認したと思い込んでいても抜けがあったりしそう。数字や文章はしっかりチェックし、理解できないところは質問して聞くようにしましょう。
4 金	×	急な予定の変更があり、流れが大きく変わりそう。仕事をサボってしまったり、やる気を失いやすいので注意が必要です。心も運気も乱れてしまうので、気をつけましょう。
5 土	▲	部屋の掃除をして、身の回りをきれいにしましょう。不要なものや中途半端になっているものは処分するように。冷蔵庫にある賞味期限切れの調味料や食材も見つけて捨てること。
6 日	＝	のんびりする予定が変更になって、急に遊びに誘われることがありそう。はじめて会う人と話すことや初体験を楽しむことで、たくさんの学びを得ることができるでしょう。
7 月	＝	大事なことはメモをとったり録音したりしておきましょう。うっかり忘れたり勘違いすることがありそう。周囲の人にも予定や数字、時間などを確認するとよさそうです。
8 火	□	失敗から学ぶことが大事です。うまくいかない原因は何かを考えて突き止めること。どんなことも繰り返してみるとできるようになるので、簡単に諦めないようにしましょう。
9 水	■	疲れや寝不足を感じそう。注意力も低下しているので、ケガや事故にも注意が必要です。こまめに休憩をとり、夜更かしはしないようにして、早めに寝るようにしましょう。
10 木	●	気持ちが楽になり、物事がスムーズに進むでしょう。ゆっくりするのはいいですが、悪目立ちしてサボっていると思われることもあるので、気を緩めすぎないようにしましょう。
11 金	△	人の意見に振り回され、考えがまとまらなくなりそう。人の話は最後までじっくり聞いて、冷静に判断するようにしましょう。「なんとなく」の決断は避けるようにして。
12 土	○	友人や知り合いとの縁を感じられるかも。外出先で偶然出会った人と話をするのはいいですが、悪友にも会う可能性があるので、嫌な思い出がある人とは距離をおきましょう。
13 日	○	食品や必需品を購入するにはいい日ですが、つい余計な買い物をしてしまいそう。欲しいものはメモをしてから出かけましょう。新商品は失敗しやすいので避けたほうがよさそう。
14 月	▽	ひとりで頑張りすぎないで、周囲に協力してもらえるようにすることが大事。あなたを支えてくれている人の存在も忘れないで、感謝の気持ちを持って仕事をするといいでしょう。
15 火	▼	他人にまかせるときは相手を信用すること。期待外れだと思ってイライラすると、さらに面倒なことに目を向けてしまいそう。期待はほどほどにして、信用を大事にしましょう。
16 水	×	無謀な行動で普段なら興味のないことに手を出してしまいそう。判断ミスをしやすいので、考えなしに行動しないようにして。少し先のことまで想像してから実行しましょう。
17 木	▲	人間関係が崩れ、噛み合わなさを感じてしまいそう。無理に仲よくしないで、距離をしっかりとるようにしましょう。また、仲がいいからと思って、相手に甘えすぎないように。
18 金	＝	周囲のオススメを素直に受け止めましょう。薦められた映画や本に触れてみると、いい勉強になったりおもしろい発見がありそうです。自分の世界だけで生きないように。
19 土	＝	視野を広げるにはいい日。普段なら行かない場所や気になるお店に入ってみましょう。おもしろそうなイベントがあれば覗いてみることで、いいものを見ることができそうです。
20 日	□	1日の計画をしっかり立てて行動しましょう。帰りや終わりの時間を守って、早めに帰宅できるよう心がけて。夜は思ったよりも疲れがたまってしまうかもしれません。
21 月	■	休憩時間にうまく休めなかったり、予想外に忙しくなったりして、疲れをためてしまいそう。今日は早めに帰宅して、家でのんびりする時間を作るようにしましょう。
22 火	●	間違った方向に進んでいるときは、注意やお叱りをしっかり受けそうです。不運ではなく、軌道修正できたことがラッキーだと忘れないように。注意されるという幸運もあるでしょう。
23 水	△	周囲の意見に振り回され、考えがまとまらなくなってしまう日。大事なことは後日決断するか、ほかの人にまかせてみるのもいいでしょう。なんとなく判断しないようにして。
24 木	○	継続してきたことにいい結果が出て、さらにおもしろい方向に進むでしょう。実力のない人は学ぶことや教わることが必要になりますが、素直に受け入れると大きく成長できそう。
25 金	○	お金をかけないで知恵を絞り出すことが大事。お金をうまく活かす方法を考える必要もありそうです。後輩や部下にごちそうをすると、その後に得することができるかも。
26 土	▽	大事な用事や掃除、買い物は午前中に済ませて。夕方からは無理をしないでのんびり過ごすといいでしょう。急な予定変更で心を乱されてしまうこともありそうです。
27 日	▼	軽はずみな判断には注意が必要です。不慣れなことをしたり、先を考えない決断をすると後悔することになるので気をつけて。平凡で何もない日曜日をゆったり楽しみましょう。
28 月	×	他人に心を乱されてしまい、イライラすることがありそう。社内でも嫌な空気が流れてしまうので注意しておきましょう。何事も冷静に慎重に行動することが大切です。
29 火	▲	事前準備や確認作業を怠らないことが大事になりそうです。珍しいミスをしたり、大切なものを忘れてしまうようなことがあるので、油断しないように気をつけましょう。
30 水	＝	善意を持って行動することが大事。少しくらいの苦労や困難は当然だと思って受け止めて。覚悟をしておくと気持ちは楽になりそう。楽をしようとすると苦しくなるので気をつけて。

☆開運の日 ◎幸運の日 ●解放の日 ○チャレンジの日
□健康管理の日 △準備の日 ▽ブレーキの日 ■リフレッシュの日
▲整理の日 ×裏運気の日 ▼乱気の日 ＝運気の影響がない日

2021 7月

× 裏運気の月

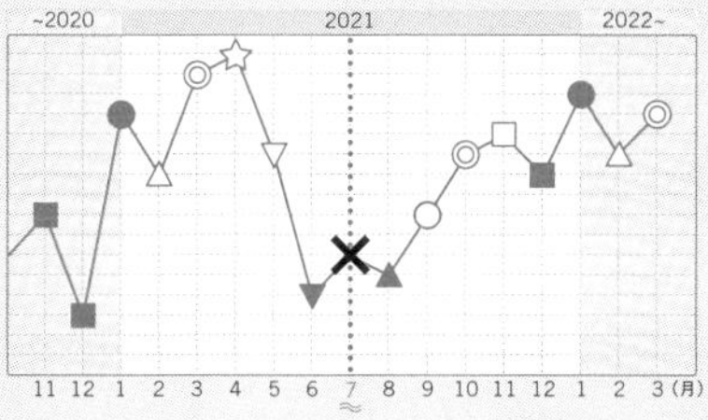

開運 3 カ条

1. 予想外を楽しむ
2. 欲張らない
3. 自分からコミュニケーションをとりにいく

総合運

例年なら7月は予想外の出来事が多く、困惑することや遊びすぎたり浮かれたりすることもありますが、今年は人間関係で学べたり、意外な人から注目されたり、不思議な縁を感じられるでしょう。つまらないと決めつけないで「何か楽しめることはないかな」と思って行動してみることが大切。ただ、欲張ると面倒なことに巻き込まれるので気をつけて。健康運は、暴飲暴食に要注意。

恋愛&結婚運

焦って強引になってしまうと空回りし、いい関係が崩れてしまうことがあるので、相手の出方を窺ったり、自分磨きをしておくといいでしょう。新しい出会いは、遊びの関係で終わったり、ハッキリしない関係が続いたりしそう。相手選びは慎重にし、飲み会やコンパでのノリや外見だけで判断しないようにしましょう。結婚運は、自分の考えよりも相手の考えをしっかり聞くことが大事です。

仕事&金運

忍耐強いタイプですが、今月は仕事へのやる気を失ったり、誘惑に負けたりしそう。少しくらいサボってもいいと思ったときに限って上司に見られたり、後輩に報告されるので気をつけて。職場の人とのコミュニケーションが大事になるので、あなたから食事や飲みに誘ってみて。金運は、身近な人や職場の人と仲よくなるためにお金を使うといい時期。ごちそうすると運気も上がります。

1 木	＝	周囲に薦められたものを食べたり、オススメの漫画を読んでみると思った以上にハマってしまうかも。自分基準ではなく相手の基準に合わせることを楽しんでみるといいでしょう。
2 金	□	少し先を考えて行動しましょう。最悪と最高、ふたつの結果を想像することも大事です。最高の結果になるために必要なことや足りないことが何かを見つけることができるかも。
3 土	■	今日はしっかり休んで疲れをとり、体調を整えることに専念しましょう。外出するのはいいですが、暑い場所や日焼けする場所は避け、水をしっかり飲むようにしましょう。
4 日	●	意外な人から急な誘いがあり、遊ぶことになりそう。デートをするにはいい日なので、素直に楽しんでおきましょう。ただし、勢いで交際するのは避けたほうがよさそうです。
5 月	△	苦手なことや面倒な仕事を他人に押しつけないように。雑な仕事をすると信用を落としてしまいます。苦手だからこそ丁寧に取り組み、最後まで油断しないようにしましょう。
6 火	○	自分の失敗のパターンやクセを把握することが大事です。どうしたらやる気になるか考えたり、うまくいかない原因をしっかり探って今後に活かすようにしましょう。
7 水	○	大事な仕事や役割をまかされることがありそう。「押しつけられた」と思わないで「期待に応えよう！」と思う人に運は味方します。何事も前向きに受け止めるようにしましょう。
8 木	▽	少しでもいいので勉強になることに挑戦しましょう。不慣れなことや苦手なことをしっかり克服できるように、本を読んで知識を増やしておくことも大切になりそうです。
9 金	▼	思い通りに進まないことにイライラしないで。どんな人も思い通りになっていないから、工夫や対応力を身に付けていると気づくこと。知識を活かして「知恵」をつけましょう。
10 土	×	嫌な思い出や嫌いな人のことを考えるほど人生は暇ではないと思って、自分の好きなことに集中しましょう。余計なことは忘れてもいいですが、約束は忘れないようにして。
11 日	▲	いい意味で諦めることで気持ちが楽になりそう。進展がない長い片思いや、好きだけどなかなか習得できないことは、一度諦めるかやり方を変えてみるといいでしょう。
12 月	＝	考える前に行動してみるとやる気が出そう。目についたことを率先してやれば、周囲からも感謝されて気分がよくなりそう。「誰かがやる」と思ったことはあなたがやりましょう。
13 火	＝	考えをメモしておくと後で必要になったり、いいアイデアにつながりそう。素敵な言葉や役立ちそうな情報も書き残しましょう。ただし、メモした紙をなくさないように注意して。
14 水	□	ひとりでなんでもやろうとせず、チームワークを大切に。他人を尊敬して認めることで、いい人間関係を作ることもできそう。まかせるときは、相手を信じることも忘れないように。
15 木	■	やる気があっても眠気に負けたり、仕事でミスしやすいので気をつけて。お茶やコーヒーを飲んだり、軽くストレッチをしましょう。夜は早めに帰宅して、ゆっくり寝ましょう。
16 金	●	多くの幸せを望むより、ひとつの幸せに集中することが大事です。幸せをまとめてつかもうとしないで、まずはひとつ手に入れてから、次の幸せをつかむ努力をするように。
17 土	△	緊張感がなくなってしまう日。気がついたら昼過ぎまで寝てしまったり、ついダラダラ過ごしてしまいそう。食べこぼしや食器を落として割ってしまうようなドジもやりがちです。
18 日	○	家族との会話や連絡が大切です。思ったよりも大事な話をされたり、耳の痛いことも言われそう。反発しないで素直に受け入れ、直せるところはすぐに直すようにしましょう。
19 月	○	大きな幸せを望むより、ささやかな幸せを見つけて満足することが大事な日。感謝できることは山ほどあると忘れないように。当たり前と思うことすべてに感謝の気持ちを持つこと。
20 火	▽	話を最後までしっかり聞きましょう。聞き上手になることが大事なので、相づちやリアクションをしっかりするようにして。質問も上手にできるよう準備しておくとよさそうです。
21 水	▼	自分のことだけでいっぱいいっぱいにならないように。周りにも自分しか見えていない人がいますが、冷静に物事を判断し、相手の立場になって考え直すと答えが見えるでしょう。
22 木	×	普段なら興味のないことが気になる日。予想外の人と仲よくなれたり、これまでとは違った情報を入手できそうです。何事も勉強だと思って調べてみるといいでしょう。
23 金	▲	仕事にキレがないと感じてしまいそう。今日は早めに帰って家でゆっくりお風呂に入り、体のメンテナンスをするようにしましょう。柔軟体操などをするのもよさそうです。
24 土	＝	ストレス発散に出かけるにはいい日。ひとりの時間を楽しむなら映画がオススメですが、友人と一緒の場合はカラオケで思いっきり歌うとすっきりすることができそうです。
25 日	＝	はじめて行く場所でいい経験ができそう。おもしろい出会いもあるので、人の集まりに参加してみましょう。新商品のアイスを買うと、思った以上においしくてハマってしまうかも。
26 月	□	時間をしっかり守って行動することが大事。ピッタリではなく、少し早めにはじめて早めに終えるように心がけて。ダラダラ仕事をしないで、無駄な時間を減らすようにしましょう。
27 火	■	不満や文句が出るのは、不眠やたまった疲れが原因かも。こまめに休みをとったり、昼休みにしっかり体を休ませるようにしましょう。甘いものを食べておくといいでしょう。
28 水	●	忙しくも充実する日。求められたことにはできるだけ応え、今の自分ができることはなるべくやっておきましょう。全力で取り組むことで気持ちもすっきりするでしょう。
29 木	△	決めつけたり頑固になりすぎるとトラブルから抜けられなくなりそう。意地を張らずに譲ったり諦めるタイミングを見極めて。何事も肩の力を抜いて取り組みましょう。
30 金	○	経験を活かすことが大事。同じ失敗をすることが評価、信頼、信用を最も失うことだと忘れないように。確認作業や事前準備をしっかりすれば問題を解決できそうです。
31 土	○	大事な話や情報を入手できそう。勝手に決めつけて話を聞かないことはやめましょう。知っていることも勘違いしている場合があるので、注意して聞くようにしましょう。

2021

8月

▲ 整理の月

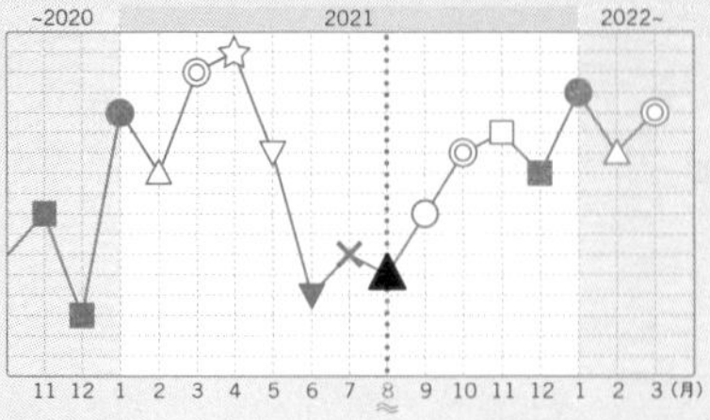

開運 3 カ条

1. 不要なものを手放す
2. 髪を切る
3. 物事に執着しない

総合運

執着しているものから離れることが今後の運気に大きく影響してくる時期。失敗や挫折をしたからこそ努力をして自信につなげることが大事だと忘れないようにしましょう。マイナスなイメージのあるものは目の前から処分し、振り回す人とは縁を切ることも必要です。幼稚なものや年齢や流行に合わないものを一緒に処分するのもよさそうです。健康運は、ダイエットや筋トレをするといいので、定期的に運動をするように心がけましょう。

恋愛&結婚運

中旬までは恋の進展は少なそう。髪を切ってきれいに整え、服装を夏らしく変えてみましょう。昔から使い続けているものもいいですが、できれば年齢に見合うものに変えると異性からの目も変わってくるでしょう。下旬に新しい出会いがあるので期待するのもいいですが、急いで結果を求めないように。結婚運は、大事な話は来月のほうがいいので、今月は夏の思い出を作るように努めて。

仕事&金運

仕事道具の手入れや事前の準備、職場の整理整頓をしっかりすることが大事。散らかったままの職場では効率が悪くなるので整えましょう。道具を買い替えたり、仕事で使うものを最新のものに替えたり、その準備をして。不要な作業はやめる判断も必要になりそう。金運は、買い替えの準備をするといい時期。不要品をネットで売るといい収入になりそう。買い替えは下旬以降に。

日		
1 日	▽	日中は楽しい時間を過ごせそう。ひとりで映画を観に行ったり、気になるお店に行ってみましょう。夕方以降は予想外の出来事に巻き込まれやすいので早めに帰宅して。
2 月	▼	ソリの合わない人と一緒になる時間が増えてしまうかも。苦手な人と一緒にいることで学べることもあるので、なぜ苦手なのか理由を考え、対策を考えてみるといいでしょう。
3 火	×	「自分が正しい」「間違えてない」と思ったときほど危険だと思っておきましょう。「自分もどこか悪いかな？」と思ってみると、学べることや歩み寄れる部分を見つけられそう。
4 水	▲	こまめに掃除をすることが大事です。身の回りをきれいに整え、使ったものはすぐに元に戻すように。几帳面に生活をすることで、いいリズムで過ごせるようになるでしょう。
5 木	＝	不慣れなことや未経験なことを面倒だと思わないで、そこに楽しみを見つけられるようになりましょう。考え方や捉え方ひとつで人生を楽しくすることができそうです。
6 金	＝	意地を張りすぎたり、固定観念が強くなりすぎてしまうと変化するきっかけを逃してしまうかも。理解できない話も最後までしっかり聞き、どういうことなのかよく考えてみて。
7 土	□	予定を立てて行動しないと、ダラダラ過ごしてすぐに1日が終わってしまいそう。運動する時間を作っておくといい日なので、午前中からキチキチ動いておきましょう。
8 日	■	体のだるさを感じたり、夏の疲れが出てしまうかも。今日は無理をしないでゆっくり過ごすといいでしょう。スマホをいじりすぎて目に疲れをためないように気をつけて。
9 月	●	突然求められることがあるかも。今の自分の力を出しきるつもりで取り組むと、評価が上がったり、感謝されるようになりそう。目の前のことに一生懸命になりましょう。
10 火	△	確認ミスやうっかりミスが増えてしまいそう。自分でも「あれ？」と思ってしまう失敗をしやすいので気をつけて。失言やタイプミスもしやすいので注意が必要です。
11 水	○	苦手だと思い込んでいたことが、いつの間にか簡単にできていることに気づけるかも。自分の成長や実力を知り、新たなことに挑戦できそう。昔苦手だったことを思い出してみて。
12 木	○	日用品や消耗品を買いに行くにはいい日。必要なものをメモしてから出かけないと、不要なものを購入してしまうかも。お世話になっている人への贈り物を買うのもよさそうです。
13 金	▽	人との距離感をしっかりとることが大事。日中はいい関係で進みそうですが、夕方あたりからは心を乱されてしまう出来事がありそう。あまり深入りしないようにしましょう。
14 土	▼	予想外の出来事が起きやすく、急に予定を変更する必要が出てくるかも。謎の渋滞や予約のミス、機械トラブルに巻き込まれることもあるので、気をつけて行動しましょう。
15 日	×	財布の中身を確認しないで、出先で困ってしまうかも。忘れ物で焦ってしまうこともありそうです。時間やお金、持ち物は先にしっかり確認してから出かけるようにしましょう。
16 月	▲	笑顔で挨拶を心がけ、最後まで気を抜かないで仕事をしましょう。思った以上に雑な行動をしやすいので気をつけて。必要以上に丁寧に仕事をするくらいが丁度よさそう。
17 火	＝	同じような失敗を繰り返さないことが大事。自分でも驚くようなことを見つける努力をして。見知らぬお店に入るといい体験ができるので、好奇心の赴くままに行動しましょう。
18 水	＝	少しくらいの困難は誰にでもあると思って、苦労の原因をしっかり追究するようにしましょう。自分の足りないところや至らない点をしっかり認め、次の成長につなげて。
19 木	□	自分に必要なことと不要なことをしっかり区分けしておきましょう。長く続けていても年齢に見合わない趣味から離れたり、服装も年齢に合わせるようにするとよさそうです。
20 金	■	疲れからイライラしやすくなっていたり、体調を崩しやすいので無理をしないように。特に暑さに弱いので、長時間外にいるときは水分補給などの対策を考えておきましょう。
21 土	●	好きな人に連絡をしたり、出会いの場所に顔を出してみましょう。異性の前では明るくふるまうといいので、質問上手と聞き上手のどちらも目指してみるとよさそうです。
22 日	△	楽しい1日を過ごせますが、気がついたらアクセサリーをなくしていたり、忘れ物をしていることがあるので気をつけて。特に楽しい時間を過ごすときほど確認はしっかりと。
23 月	○	自分の好きなことよりも得意分野を活かせるようにして。周囲から頼られるのは大切なことなので、できることは一生懸命取り組むと、周りの人に感謝され満足できそうです。
24 火	◎	お気に入りの食器が割れたり、身近な機械が壊れてしまうかも。あなたの不運の身代わりになって壊れることがあるので、感謝の気持ちを持って新しいものに買い替えましょう。
25 水	▽	日中はいい結果が出やすいですが、過度な期待はしないように。結果をしっかり受け止め、夕方からは今後の対策をしっかり練るようにしましょう。夜は体調の変化に注意して。
26 木	▼	トラブルの原因の多くはあなたの思い込みだと思っておきましょう。他人の責任にしているといつまでも同じことを繰り返すので、原因を探って成長すべき点を見つけてみて。
27 金	×	周囲からの指摘は素直に聞き入れて。無視や聞く耳を持たない態度は自分の人生を苦しくする原因になるだけ。ハッキリ言ってくれる人への感謝を忘れないようにしましょう。
28 土	▲	日中は部屋の掃除をして、身の回りをきれいにしましょう。使わないものや古くなったものは一気に処分を。夜は友人や知り合いを誘って食事に行くといい話や思い出ができそう。
29 日	＝	友人の誘いに乗ってみると世界が広がります。最初は面倒に感じても、思ったよりも楽しい時間でいい発見もありそうです。自分から気になる人に連絡をするのもいいでしょう。
30 月	○	わからないことは素直に聞くことが大事。自分勝手な思い込みで進めると、二度手間になって迷惑をかけてしまうことがありそう。素直に頭を下げて学ぶ姿勢も大切でしょう。
31 火	□	疲れから集中力が途切れてしまう日。転倒や打撲をしやすいので無理をしないように。重たいものを急に持って腰を痛めることもあるので、腰をしっかり落として持つようにして。

☆ 開運の日　◎ 幸運の日　● 解放の日　○ チャレンジの日
□ 健康管理の日　△ 準備の日　▽ ブレーキの日　■ リフレッシュの日
▲ 整理の日　× 裏運気の日　▼ 乱気の日　＝ 運気の影響がない日

2021 9月

○ チャレンジの月

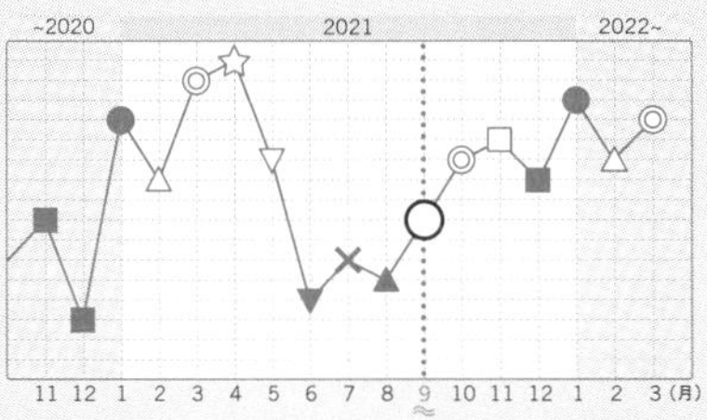

開運 3 カ条

1. 初対面の人に会う機会を増やす
2. 生活リズムを大幅に変えてみる
3. 思いきったイメチェンをする

総合運

興味のあることが増えて行動力が増してくる時期。気になっていたことに、なんでもチャレンジすることが大事。まずは行動して体験することで今後の人生が大きく変わってくるでしょう。新しい人脈もできる時期なので、人の集まりやイベント、ライブ、地域の行事などに参加してみて。気になったお店に入ってみると素敵な出会いがありそう。健康運は、体力作りを計画的にはじめるといい時期なので目標を立てて計画的に行って。

恋愛＆結婚運

片思いに進展がある時期。押しが大事になりますが、相手に好かれるような作戦や相手に合わせることを忘れないで。極端に外見を磨く必要はありませんが、美意識はいつも以上に高めて。出会い運がいいので、外出や飲み会、人の集まりには積極的に参加を。イメチェンをすると一気に恋が進展することもありそう。結婚運は、前向きな話ができますが、過去のことをグチグチ言わないように。

仕事＆金運

職場での空気や流れが変わる時期。実力を認められて評価されはじめたり、新規の仕事やはじめて会う相手との仕事が楽しくできたり、大きなチャンスをつかむこともできそうです。些細な失敗や不慣れなことを気にせず前向きに挑戦する気持ちが、大きな結果にもつながってくるでしょう。金運は、買い替えをするとよく、最新の家電や流行の服を購入するのがオススメです。

1 水	■	夏の疲れが出てきて食欲が減ったり、生活リズムが崩れそう。無理をしないで休憩時間に仮眠をとるなど、ゆっくりできる時間を作りましょう。食事は旬の食材に目を向けてみて。
2 木	●	気持ちが楽になる日。頑張りを素直に認めてもらえたり、希望したことが動きはじめるかも。いい意味での別れもありますが、素敵な出会いもあるので集まりには参加してみて。
3 金	△	今日は判断ミスをしやすく、「やっぱりああすればよかった」と後悔することになるので気をつけて。大きな判断をするのは避けて、流れに身をまかせておきましょう。
4 土	◎	親友と語ることで自分の進むべき道が見え、大切な考え方を取り入れることができるかも。縁を感じる出会いもあるので外出してみて。異性の友人と恋がはじまることもありそう。
5 日	☆	買い物や契約などの決断をするにはいい日。覚悟を持ってスタートすれば金運アップにもつながるので、将来の自分のためにお金を使い、投資や資産運用の勉強もはじめてみて。
6 月	▽	忙しくすることで楽しい1日を過ごせそう。予定が詰まっているくらいのほうがいいと思って、どんどん積極的に取り組みましょう。夜は反動で疲れが出やすいので早めの帰宅を。
7 火	▼	周囲のトラブルに巻き込まれそう。他人のミスのしわ寄せで、無駄な時間を過ごすことになるかも。イライラしないで「困ったときはお互い様」だと思っておきましょう。
8 水	×	思った以上に予定が乱れるなど、意外な展開が多そうです。無理に逆らうとパワーを使うだけなので、流れに身をまかせながら楽しめることやおもしろいことを見つけるようにして。
9 木	▲	区切りをつけるにはいい日。年齢に見合わないものや使い古したもの、マイナスの思い出があるものはどんどん処分して。夜は気になっていた映画や本に触れると楽しめそう。
10 金	○	珍しい人からお誘いを受けたり、お願いをされたりしそう。OKをしてみるといい縁がつながり、おもしろい出会いもありそうです。面倒だと思っても飛び込んでみましょう。
11 土	○	思っている以上に頑固者でなかなか新しい挑戦をしないタイプですが、小さなことでもいいので避けていたことにチャレンジして。いい出会いにつながることもあるでしょう。
12 日	□	気になる相手を誘ってみたり、気持ちを伝えてみましょう。すぐにいい返事が聞けなくても、ここでの布石が後にいい結果につながるかも。髪を切るにもいい運気です。
13 月	■	夜更かしをして寝不足のまま仕事をすることになってしまいそう。肌の調子も悪くなりやすいので、スキンケアなどをしっかりしましょう。集中力が途切れやすいので確認も忘れずに。
14 火	●	長く辛抱していた人ほど笑顔になれることが起きるかも。前向きに捉えて、今日起こることは明るい未来につながると思いましょう。ひと目惚れするような出会いもありそうです。
15 水	△	思い込みや勘違いで失敗をしやすい日。確認をしないで勢いまかせで行動するのは危険です。事前準備と確認をしっかりして、勘違いしていないか周囲に聞くことも大事でしょう。
16 木	◎	長い付き合いの人があなたを高く評価し、味方をしてくれそう。困ったことを相談したり、頼れる人に連絡をしてみて。親友の大切さを改めて知ることもあるでしょう。
17 金	☆	能力や個性を発揮できそうです。本気で取り組んでみると仕事が楽しくなるでしょう。夜は少し贅沢な食事や買い物をして。普段は避ける服を選ぶとモテるようになりそう。
18 土	▽	日中は積極的に行動すると幸運をつかめるので、気になる人をランチデートに誘ってみて。夜は予定や予想通りに進まないことになるので、無理はしないようにしましょう。
19 日	▼	ひとりの時間が虚しく、人の集まりも面倒になってしまいそう。好きな音楽を聴いたり、映画館でのんびり映画を観ると気持ちが楽になるでしょう。貪欲になると苦しくなるかも。
20 月	×	突然予定がキャンセルになったり、時間通りに進まないことが増えそう。今日は乱されて当然だと思って、自分の役割と目の前のことに集中しておくといいでしょう。
21 火	▲	捨ててはいけないものをうっかりゴミに出してしまうかも。忘れ物やなくし物をしやすいので、出かけるときやお店を出るときは、必ず確認することを自分に課しておきましょう。
22 水	○	迷っている時間は無駄になるだけ。迷ったときほど挑戦すると、恋のチャンスをつかんだり、デートの誘いがうまく進みそうです。生活リズムを少し変えてみるのもいいでしょう。
23 木	○	新しい出会いや人脈、視野が広がる日。ひとりが楽だと思わないでフットワークを軽くしておきましょう。周りの人を褒めたり感謝してみると、自然と幸せになれそうです。
24 金	□	自分の3、5、10年後の明るい未来を思い浮かべ、未来の自分が今のあなたに何を言うか考えてみましょう。今やるべきことがハッキリしたら、すぐに動き出してみて。
25 土	■	心身が疲れてきていると感じたら、日中は無理をせずひとりの時間を作り、筋トレやストレッチをしてみて。夜は話を聞いてくれる異性に連絡してみると、恋の進展があるかも。
26 日	●	告白されたり交際がスタートするかも。相手を喜ばせることを心がけ、その時間を楽しむようにしましょう。新しい出会いやいい体験もできるので、思いきって行動してみて。
27 月	△	小さなミスをしやすい日。笑ってごまかせることもありますが、ミスをしないように事前にしっかり確認を。思い込みが激しいので、自分勝手に大丈夫だと決めつけないようにして。
28 火	◎	粘り強さがいい結果につながります。簡単に諦めないでひとふんばりしてみて。あなたの実力を評価してくれる人や、魅力を理解してくれる人が身近に現れることもあるでしょう。
29 水	☆	カバンやスマホなど買い替えを考えているものがあれば、思いきって購入しましょう。年齢や時代に合った最新のものを選ぶといいでしょう。明るくイメチェンするにもいい運気。
30 木	▽	ダラダラ過ごすと一気に疲れを感じるかも。思いきって忙しくするほうが、やる気も出てくるでしょう。夜はゆっくりお風呂に入って、のんびりする時間を作るとよさそうです。

2021

10月

◎ 幸運の月

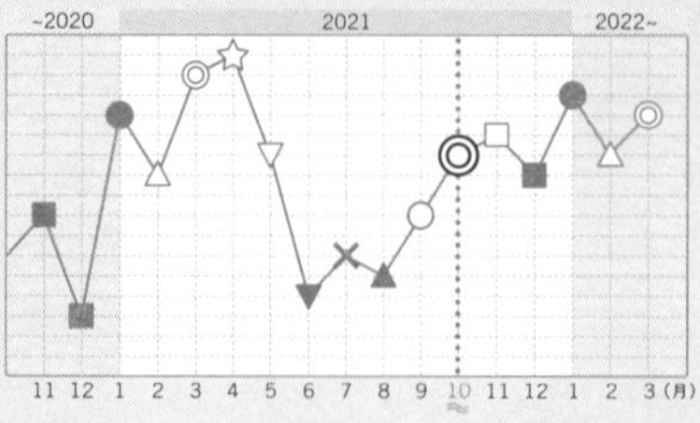

開運 3 カ条

1. まずは行動する
2. 新しいお店に行く
3. 言いたいことは責任を持ってハッキリ言う

総合運

興味のあることが増え、新しい人脈も作れる月。現状を変えたいと思うなら、一気に動くことが大事。気になったことはすべて体験してみるくらいの気持ちで、まずは行動してみるといいでしょう。不慣れだ、苦手だと思い込まず、１歩踏み込んでみるとこれまでとは違った世界を見られるように。思いきったイメチェンや引っ越しを決断するのもオススメ。健康運は、スポーツジムに通いはじめたり、パーソナルトレーナーをつけてみるのもいいでしょう。

恋愛＆結婚運

フットワークを少し軽くするだけで出会いが多くなる月。気になる相手と出会うこともできるでしょう。相手からの出方を待っていないで、これまでにないアプローチをすると縁をつかめるので、過去と同じようなパターンを繰り返さないこと。すでに気になる相手がいる場合は、最新のスポットや開店したばかりのお店に行くといいデートができそう。結婚運は、恋人を遊び気分で式場見学に誘ってみるといい感じに話を進められそう。

仕事＆金運

仕事に前向きに取り組める時期。少しくらい困難なことでも思いきって挑戦するといい結果を出せ、いい経験ができそう。遠慮したり動かないままでいたりすると、いつまでも状況は変わらないまま。言いたいことをハッキリ言うことも大事です。新しい仕事をまかされたら、「期待されている！」と前向きに捉えて。金運は、買い替えに向く時期。年齢に見合った流行の服を購入するといいでしょう。

1	金	▼	周囲の人とノリが合わないと感じ、空回りするかも。気まずさや寂しさを感じても、考えすぎないで「失敗したな」くらいに思って。感動する本を読むと気持ちが落ち着きそう。
2	土	✕	思い通りにならないことが多い日ですが、些細なことでイライラしないように。タイミングの悪さや予想外のことをおもしろがっておきましょう。小さなケガには気をつけて。
3	日	▲	柔軟な発想を心がけて。意見を素直に聞き入れて行動するとおもしろい発見がありそうです。忘れ物やなくし物をしやすいので、出かけるときやお店を出るときは確認しましょう。
4	月	○	小さなことでもいいので「新しい」と思うものを見つけて挑戦しましょう。周囲から薦められた映画を観ると思った以上に楽しめたり、いい影響を受けることができそうです。
5	火	○	新しい出会いや人脈、視野が広がりそう。普段話をしないタイプの人と話すと思った以上に盛り上がり、学びも多いでしょう。フットワークを軽くすることが幸運のカギです。
6	水	□	無駄な時間を使っているアプリやゲームは消去し、時間をもっと大切なことに使いましょう。基礎体力作りや読書をする習慣づけなどをはじめてみるとよさそうです。
7	木	■	体調を崩しやすく、便秘や腹痛に悩まされることがありそう。柔軟体操やウォーキングなど負担のかかりづらい軽い運動をして、旬の食材を取り入れた健康的な食事を心がけて。
8	金	●	目標に向かって突き進むといい結果を出せそう。思いきって行動してみると運を味方につけられるので、恋愛でも気になる相手には積極的になってみるといいでしょう。
9	土	△	友人や知人の集まりで素敵な出会いがありそう。紹介してもらえる場合はチャンスなので、積極的になって。笑顔と愛嬌を忘れず機嫌よく過ごせば、思った以上に注目されるかも。
10	日	◎	片思いの相手に連絡してみて。すぐに結果を求めるよりも「いいきっかけになればいいかな」くらいの感じで考えましょう。会うことができるときは行きつけの店を紹介して。
11	月	☆	契約や買い替えをするにはいい日。資産運用の勉強をはじめ、将来の自分のためになることにお金を使いましょう。仕事は夢中になればなるほど楽しくなるでしょう。
12	火	▽	日中は目標を達成できたり、集中力が続いていい仕事ができそう。夕方あたりからはやる気がなくなったり、誘惑に負けてしまうことも。夜は余計なことをしないようにして。
13	水	▼	苦手なことや不慣れなことをまかされて疲れてしまうかも。経験が成長につながるので、マイナス面ばかりを見ないこと。他人の責任にせず、自分に問題があると思って受け止めて。
14	木	✕	目の前のことに集中できない日。珍しいミスもしやすく、誘惑にも負けやすいので気をつけて行動しましょう。スマホは見えないところに置いたほうがよさそうです。
15	金	▲	過去は過去と割りきることが大事。「過去は変えられるもの」と思えるようになると、運を味方につけられます。明日や未来の明るい前向きな話だけをするようにしましょう。
16	土	○	新しい情報を積極的に集めてみましょう。書店に行ったり、友人に連絡してお茶をしてみるといい話が聞けるかも。新しい美容室に行き、髪型を変えてみるのもオススメです。
17	日	○	些細なことでもいいので、新しいチャレンジをしてみて。人の集まる場所や紹介の場に顔を出すと、素敵な出会いがありそう。習い事やイベントなどにも参加するといいでしょう。
18	月	□	今週や今日１日の予定をしっかり確認してから仕事に取り組みましょう。なんとなく仕事をすると不満や苦労の原因になりそう。夜は疲れがたまりやすいので無理をしないように。
19	火	■	睡眠不足や疲れを感じそう。無理をせず体を休める時間を作ることが大事です。早めに帰宅してゆっくりお風呂に入り、入浴後は柔軟体操などの軽い運動をしてみましょう。
20	水	●	あなたの魅力を理解してくれる人や協力者が現れる日。日ごろの頑張りを認められ、重要な仕事をまかされることがありそうです。チャンスに敏感になってみるといいでしょう。
21	木	△	何事もしっかり準備しておけば楽しい１日を過ごせそう。準備を怠ると焦ったり困ったりしそうなので気をつけて。特に大丈夫だと思い込んだときほど注意しましょう。
22	金	◎	経験をうまく活かすことができ、マイナスな経験がプラスに変わることもありそうです。親友や付き合いが長い人からのアドバイスが役立つので、悩みや不安があるなら相談して。
23	土	☆	買い物をするにはいい日。長く使えるものや仕事に使うものを購入するといいでしょう。服や小物は年齢に見合ったものを選んでみて。習い事をスタートするのもよさそうです。
24	日	▽	午前中はのんびりしないで行動的になっておきましょう。ランチデートをしたり、人の集まりにも積極的に参加して。夕方以降は判断ミスをしやすいので大事な決断は後日に。
25	月	▼	周囲からのアドバイスを無視すると、自ら苦労を招きそう。自分の欠けている部分をきちんと受け止められると成長できるので、言ってくれた人への感謝を忘れないようにして。
26	火	✕	時間がかかって仕事が遅れてしまうかも。周囲に迷惑をかけてしまう前に状況を報告しておくことが大事。手遅れになってから相談しないようにして、確認作業も忘れないで。
27	水	▲	よくも悪くも区切りがつくことになる日。身近なものが壊れたり、なくしてしまうことがありそう。不要なものは処分するか、家族や職場の人などで欲しい人にあげましょう。
28	木	○	いろいろな表現方法を試してみて。少しくらい失敗しても問題はないので、言葉やタイミングを選んでみましょう。相手との会話も予測してみると話の流れをうまくつかめます。
29	金	○	新しい出会いに積極的になりましょう。最初はピンとこなくても、話してみると印象がよく楽しくなりそう。おもしろい情報を教え合う間柄になるので、連絡先を交換して。
30	土	□	過去の話をするよりも、明るい未来の話をしましょう。その未来のためには何を努力すればいいのか想像してみるとよさそうです。友人からのアドバイスも大事にして。
31	日	■	うっかりのケガに注意が必要です。打撲や転倒をすることがあるので、時間にはゆとりを持って慌てず行動しましょう。激しい運動よりは、軽く汗を流すくらいの運動にとどめて。

☆ 開運の日　◎ 幸運の日　● 解放の日　○ チャレンジの日
□ 健康管理の日　△ 準備の日　▽ ブレーキの日　■ リフレッシュの日
▲ 整理の日　✕ 裏運気の日　▼ 乱気の日　＝ 運気の影響がない日

2021 11月

□ 健康管理の月

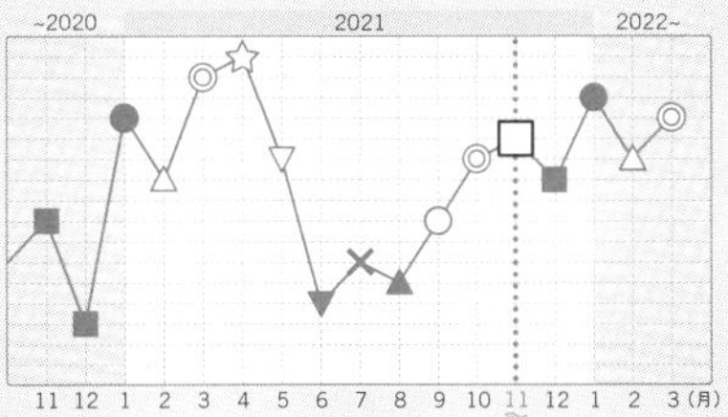

開運3カ条

1. 覚悟を決める
2. コンディションを整える
3. 異性を意識して過ごす

総合運

現実をしっかり受け入れ、自分のやるべきことや未来のことをしっかり考えるにはいい時期。特に基礎体力作りやダイエット、健康面を考えてコンディションを整えることにこだわってみて。生活習慣の見直しや運動、健康的な食事を意識することが大切。将来の自分のためにルールを変更するには最高の時期です。健康運は、最高のコンディションを維持するために何が必要なのか考えて行動するといいでしょう。

恋愛&結婚運

好きな人に好意を伝えることが大切な月。結果を焦らないことが大事なので、いい返事が聞けなかったからと勝手に諦めず、長い目で見るくらいの気持ちでいるといいでしょう。出会い運は、中旬までは縁が深くなる相手に会える可能性があるので、集まりにはできるだけ参加して。美容室で髪を整えてみたり、異性を意識した服装にこだわることも大事。結婚運は、婚約を決めるにはいい運気。入籍日などを楽しく話してみて。

仕事&金運

自分のポジションや今後やるべきことがハッキリする時期。納得がいかない場合は希望を会社に伝えたり、相談することも大事。今の結果に焦るより、自分の至らない点を克服しながら得意なことやできることをしっかりやるといいでしょう。目標を達成するために何を失わなければならないかをハッキリさせ、覚悟をする必要もあります。金運は、長期的に使えるものや仕事道具を買い替えてみると上がるでしょう。

1	月	●	思った以上に望んでいた方向へ動けそう。少しの勇気が運命を大きく変えるので、怖がらず強気に行動してみましょう。好きな人に連絡をしてみるのもいいでしょう。
2	火	△	勘違いしていることを突っ込まれてしまうかも。周囲から指摘されたときは、ごまかさないで教えてくれた人に感謝して。少し恥ずかしいくらいの出来事でもいい思い出になりそう。
3	水	◎	やる気が湧く日。1歩踏み込んでみることでいい結果につながり、流れを変えることができそう。気になる習い事をはじめたり、薦められた映画や本に触れるのもいいでしょう。
4	木	☆	大事なことを決断するには最高な日で、具体的で現実的な目標を掲げることが大事。求められた仕事に全力で応えると希望の光が見えるでしょう。買い物をするにもいい運気です。
5	金	▽	日中は何事にも積極的になるといい結果を出せそう。優先順位や緊急度が高いものからどんどん片づけて。夕方以降は相手に合わせ、意見をしっかり聞くようにしましょう。
6	土	▼	苦手なことや面倒なことに直面しやすい日。壁にぶつかったときほどうまくよけることが苦手なタイプなので、考え方や発想を変える練習だと思って切り替えをしてみましょう。
7	日	×	外出するのはいいですが、普段より油断しやすいので注意して。不要な買い物や無駄な契約をすることがありそう。あなたのことを振り回す知り合いにも会ってしまいそうです。
8	月	▲	「いるもの」と「いらないもの」を分けてみて。いつまでも使わないものやなんとなく置きっぱなしのものは一気に片づけましょう。謎の調味料や使わない化粧品も捨てること。
9	火	○	新しいことに挑戦するときは失敗を考えないように。決めつけで避けていたことや苦手意識があることに挑戦するといい体験ができそうです。苦手を克服する楽しさも忘れないで。
10	水	○	いつもよりも判断のスピードを上げてみて。自分では急いでいるつもりでも、周囲から「ゆっくりしている」と思われるタイプだと思って、普段の倍の速さを意識しましょう。
11	木	□	体のコンディションを整えるために何をするといいか調べて、実際にやってみましょう。軽い運動や筋トレ、ダイエット、寝る時間、食事のバランスなどいろいろ試してみて。
12	金	■	体のことに気を配りながら計画的に行動することが大事。無駄に残業をせず、軽い運動や栄養バランスを考えた食事を心がけると、よりテキパキと素早く行動できるでしょう。
13	土	●	異性から突然デートに誘われたり、恋人と将来の話を真剣にできて進展がありそう。気になる人に連絡すると、交際に発展する可能性も。礼儀や挨拶をしっかりしておきましょう。
14	日	△	遊びに出かけるのはいいですが、集中力が低下しているので、忘れ物や時間を間違えるなどのミスがありそう。約束を忘れて焦ってしまうこともあるので気をつけましょう。
15	月	◎	積み重ねてきたことにいい結果が出る日。知識や経験を活かせる出来事が起こるでしょう。強い思いが周囲の人の心を動かし、流れを変えることも。怖がらず積極的に動いてみて。
16	火	☆	手応えのあるいい仕事ができるでしょう。実力以上の結果を出せたり、重要な仕事をまかされることも。責任感を持って真剣に取り組むと、いいポジションを与えられるかも。
17	水	▽	日中はいい判断ができそう。勢いでなんでもクリアできるので自信を持ちましょう。夕方以降は早めに帰宅し、ストレッチなどをしてから湯船に浸かって1日の疲れを癒やして。
18	木	▼	外出するときは身の回りや持ち物のチェックをしましょう。財布や携帯電話を忘れるなど大きなミスをしそうです。つまらない失敗をしてガッカリしないように気をつけて。
19	金	×	周囲の不機嫌に心を乱されてしまいそう。職場で嫌味を言われたり、不機嫌な態度をとられてしまうかも。「どんな人も常に調子がいいわけがない」と思っておきましょう。
20	土	▲	大掃除ほどではなくても、身の回りをきれいにしましょう。今日頑張っておくと来月の大掃除が楽になりそうです。クローゼットの中や普段掃除しない場所も掃除してみて。
21	日	○	年齢を気にせずいろいろな人と会話してみて。出会いがないと嘆く人は、見た目の雰囲気を変えるとよさそうです。今日出会った人には心を込めたお礼のメッセージを送りましょう。
22	月	○	いつもよりも明るいイメージや華やかさのある服を選んでみて。気持ちが前向きになり、やる気もアップしそう。いい出会いもあるので、笑顔や挨拶を忘れないようにしましょう。
23	火	□	何事も率先して取り組むことが大事。後回しにするとチャンスを逃してしまうかも。夜は好きな音楽を聴いてゆっくりする時間を作ると、ストレス発散や気力の回復になりそう。
24	水	■	基礎体力の低下を感じそう。スポーツジムやヨガなどの体験教室に行くといいでしょう。美意識を高めることで体調もよくなるので、体を引き締める計画を立ててみて。
25	木	●	能力や魅力がアップする日。積極的にアピールすれば恋のチャンスをつかめたり、職場で中心的な存在になれそうです。自信を持って行動すれば運のよさを実感できるはず。
26	金	△	珍しく調子に乗りすぎて余計な発言や行動をしやすいでしょう。できない約束をして追い込まれることがあるので気をつけて。後輩や部下に見栄でごちそうすることもありそう。
27	土	◎	久しぶりに体を動かしてみましょう。ボウリングなどの軽い運動をしたり、ウォーキングを楽しんでみるのもよさそう。親友を誘ってみると、思ったよりも盛り上がりそうです。
28	日	◎	買い物には最高の日。契約や決断にも最高の運気なので、習い事や引っ越しを決めるといいでしょう。今日手に入れたものはラッキーアイテムになるので、服や靴を見に行ってみて。
29	月	▽	日中は実力が評価されるので、気になることには積極的に取り組んで。笑顔で過ごすと幸運を引き寄せます。夕方以降は誘惑に負けたり、サボっている姿を上司に見られるかも。
30	火	▼	頑固さが原因で大切なことを見落としてしまいそう。簡単に否定をしないで、どんなことか理解するように努めましょう。わからないことは教えてもらったり調べたりして。

2021

12月

■ リフレッシュの月

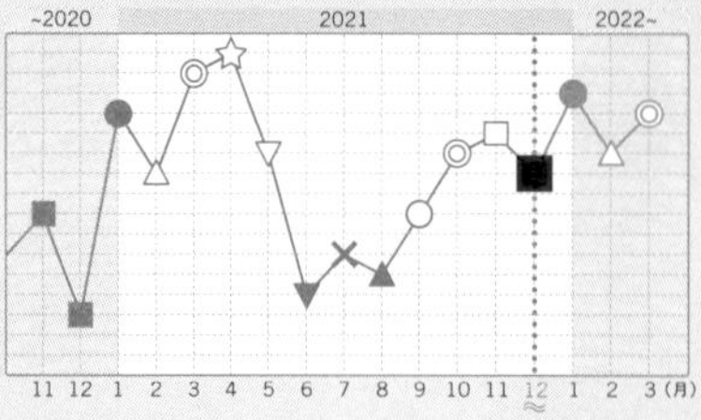

開運3カ条

1. 体を休ませる計画を立てる
2. 睡眠時間は8時間以上とる
3. マッサージなどの癒やしスポットに行く

総合運

頑張りすぎには注意が必要な月。しっかり仕事をしてしっかり休むことが大事。温泉旅行やのんびり休息する計画を事前に立てたり、体に負担をかけないスケジュールを組むことも忘れないように。夜更かしが多いタイプですが、睡眠時間を少し多めにして体調を万全にしておくと仕事や恋のチャンスもつかめるでしょう。健康運は、疲れを感じたり、風邪をひいたりしやすい時期なので、しっかりお風呂に入って早めに就寝して。

恋愛&結婚運

疲れた顔をしているとチャンスを逃すので、デートや出会いの場の前日は8時間以上睡眠をとるように。顔の印象が変わり、化粧のノリもよくなります。新しい出会いは下旬にあるので忘年会やクリスマスパーティーは面倒でも顔を出して。ここで運命的な出会いにつながる可能性も。結婚運は、下旬から年越しにかけてプロポーズされるかも。あなたからプロポーズするのもよさそうです。

仕事&金運

急に仕事が忙しくなったり、頼られたりすることが増えそう。無理に頑張りすぎると体調を崩したり、イライラして人間関係が崩れてしまうので「体を休ませることも仕事のうち」と思って計画的に休息をとりましょう。困る前に協力してもらうことも大事。月末に大きなチャンスや今後の流れが変わる出来事も起きそうです。金運は、マッサージなど疲れをとるためにお金を使うといい月。

1 水	×	トラブルの原因は自分の視野の狭さや決めつけによるもの。自分の意見や希望を押し通すよりも、その場の空気や状況に合わせた柔軟な対応を心がけておくといいでしょう。
2 木	▲	負担になる仕事は後輩や部下にまかせられるようにやり方を教えて、少し楽をして。背負い込みすぎないことや負担を軽くすることも仕事と思い、協力する大切さを忘れないように。
3 金	＝	初対面の人にいい印象を与えられるように意識して。笑顔や愛嬌が足りないことが多いので、どうしたら相手が話しやすいか考えて行動しましょう。挨拶やお礼もしっかりと。
4 土	＝	近所を散歩すると新しいお店を見つけることができそう。新たな発見やお気に入りの場所ができることもありそうです。今日は小さな勇気を楽しんでみましょう。
5 日	□	時間をキッチリ決めて行動しましょう。体に負担がないように気をつけ、スパや温泉に行ってゆっくりする時間を作るといいでしょう。カフェでのんびり本を読むのもオススメ。
6 月	■	疲れがたまっていると些細なことで不機嫌さが出てしまいそう。イライラするときほど心を落ち着かせるように深呼吸して。疲れている人の気持ちを理解することもできそうです。
7 火	●	求められることが増えそうです。お願いにできるだけ応えると、信頼や感謝につながりそう。あなたの姿勢を後輩や部下がマネすることもあるので、いい手本になりましょう。
8 水	△	ドジなケガをしたり、集中力が欠けてしまいそう。ドアに指を挟んだり、歩きスマホで人にぶつかってしまうことも。忘れ物や遅刻にも十分気をつけておきましょう。
9 木	○	努力や積み重ねが発揮される日。培ってきたスキルを活かせるので、求められたことには素直に応えて。少し疑問に思っても「今日は運気がいい」と信じて突き進みましょう。
10 金	○	商談や交渉がうまくいきそう。丁寧に言葉を選び、挨拶やお礼は先に言うようにして。押しきられそうになっても負けないで押し返したり、ハッキリ言うことも大事です。
11 土	▽	日中はおいしいものを食べたり、映画や舞台を観に行きましょう。気になる人をランチデートに誘うといい関係に発展するかも。夕方以降は予定を入れず、家でゆっくりして。
12 日	▼	疲れを感じる人は無理をしないで、予定を変更してでも家でゆっくりしましょう。マッサージや温泉に行くのもよさそうです。元気な人でも今日は予定を詰め込みすぎないように。
13 月	×	判断ミスをしやすい日。無駄に時間を使ってさらに忙しくなったり、面倒なことになりそう。普段じっくり考えることは勢いで決めないで、わからないときは人に相談して。
14 火	▲	価値があると思い込むと物がなかなか捨てられないタイプなので、本当に必要なのか冷静に判断を。年齢に見合っているか周りを見て考え、今の自分に見合わないものは処分して。
15 水	＝	新しい仕事や不慣れなことをまかされてしまいそう。まずはやってみないとわからないので、取り組みながらコツをつかみましょう。苦手と思っていてもすんなりできることも。
16 木	＝	変化を楽しむといいですが、自分のやり方にこだわりすぎてしまうかも。頑固にならないで新しい方法を試したり、普段と違うやり方を楽しんでみるといいでしょう。
17 金	□	予定を詰め込みすぎると精神的な余裕がなくなりそう。今日は体力を温存しながら行動して。家に帰ってスマホの見すぎやゲームのしすぎて疲れをためないようにしましょう。
18 土	■	しっかり体を休ませること。家でダラダラすると逆に疲れてしまうので、午前中から少し体を動かし、午後はのんびりしましょう。胃腸にやさしい消化のいいものを選んで食べて。
19 日	●	突然遊びに誘われるかも。異性の場合は交際に発展する相手の可能性があるので少し期待していいかも。気になる人がいる場合は自ら連絡をして、会う約束をするといいでしょう。
20 月	△	珍しく寝坊や遅刻などをしやすい日。大事にはならなくても、上司や先輩には謝罪を忘れないように。ほかにも珍しいミスをしやすいので、気を引き締めて過ごしましょう。
21 火	○	目の前の仕事に全力で取り組むと、いい結果や評価につながりそう。仕事終わりに後輩を誘って食事をごちそうしたり、1年間頑張った自分へのごほうびを購入するといいでしょう。
22 水	○	思った以上にいい流れに乗れるので、周囲に助けてもらえたり、目標の数字や時間を達成することができそう。自分の力だけだと思わないで、支えてくれた人に感謝しましょう。
23 木	▽	感謝することで感謝されるようになる日。一度嫌いになってもう仲よくできないと思う相手にも、感謝をしたり許してあげたりできると、大きな成長につながるでしょう。
24 金	▼	思った以上に仕事が忙しくなったり、トラブルに巻き込まれてしまうかも。予定が変わってガッカリなクリスマスイブになる場合があるので、過度な期待をしないようにして。
25 土	×	クリスマスに恋人や家族とケンカをして気まずい空気になるかも。自分中心に考えないで、相手の立場になると言葉や態度を変えられそう。あなた次第で問題は回避できます。
26 日	▲	大掃除をするには最高にいい日。不要なものやこの1年使わなかったものは処分して。磨けるものはピカピカにすると運気もよくなります。1年で最もきれいな部屋にしましょう。
27 月	○	イベントやライブ情報を調べると気になるものが見つかりそう。少し先でもチケットを予約してみるといいでしょう。時間を作って気になる映画を観に行くのもオススメです。
28 火	○	年末年始の買い物に行くときは、はじめて行くお店を選んでみましょう。行動範囲を広げることができ、お得な商品やおもしろそうな品を見つけることもできそうです。
29 水	□	年賀状を書き忘れている人は日中に終わらせておきましょう。買い物なども早めに済ませて。夕方以降は体調を崩しやすいので、予定の詰め込みすぎや暴飲暴食は避けること。
30 木	■	午前中から体を動かし、午後は昼寝をしてゆっくり過ごして疲れをしっかりとることが大事。油断していると風邪をひいてしまうことがあるので、温かいものを食べるように。
31 金	●	うれしい出来事がありそう。気になる相手と交際がはじまったり、プロポーズされるかも。遠慮しないで自分の幸せに向かって素直に行動して。来年の目標を立てるにもいい日。

☆開運の日　◎幸運の日　●解放の日　○チャレンジの日
□健康管理の日　△準備の日　▽ブレーキの日　■リフレッシュの日
▲整理の日　×裏運気の日　▼乱気の日　＝運気の影響がない日

金の時計座

12年周期の運気グラフ

金の時計座の2021年は…

☆ 開運の年

五星三心占いの中で最も運気のいい「開運の年」。恋愛も仕事も絶好調のこの１年は、遠慮をしないで欲張ることが大切です。また、新たなスタートを切る年でもあるので、新たな目標に向かって行動を。

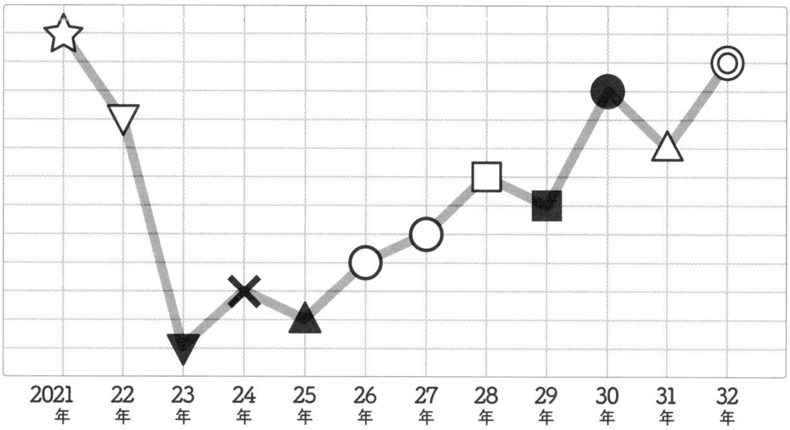

☆開運の年　◎幸運の年　●解放の年　○チャレンジの年　□健康管理の年　△準備の年
▽ブレーキの年　■リフレッシュの年　▲整理の年　✕裏運気の年　▼乱気の年　＝運気の影響がない年

金の時計座はこんな人

基本の総合運

人に時を教えることが役目の時計と同じように、人の役に立つことで幸せを感じる人です。権力を振りかざす人や偉そうな人は嫌いですが、基本的には差別や区別をしないので自然といろいろな人が集まり、マイノリティなタイプの友人もできるでしょう。振り子時計だけあって気持ちが右に左にとブレやすく、周囲の言葉や意見に振り回されることも。人との関わりが多いぶん、チャンスもやってきますが、苦労も多く、精神的に疲れてしまうこともあるタイプです。情に流されて人との縁がなかなか切れないことも多いでしょう。

基本の恋愛＆結婚運

精神的に頼りになる人を望みながらも、逆にこちらに頼ってくるような人と恋をすることが多いタイプ。情にもろく「私だけが理解できている」と思い、変わった人や夢を追いかけている人にハマってしまいがちです。周囲が止めるのを無視してでも一緒になってしまうこともありますが、あなたの場合は、お金や地位よりも愛や互いに苦労をともにできる人と一緒にいることを大事にします。結婚後も互いに尊重し合いながらも、派手な生活よりも心の満足を大事にする夫婦生活を理想とするでしょう。

基本の仕事＆金運

ノルマやマニュアルでガチガチの会社よりも、人情味のある社長がいるような職場のほうが合うタイプ。「この人がいるから頑張ろう」と思えるような、人と人とのつながりを大事にしながら仕事ができるとベストです。教育や育成、トレーナー、看護や保育など人との関わりが多く、あまり商売的ではない仕事が最適でしょう。金運は、ケチではありませんが、高価なものや派手な金遣いを自然と避け、分相応の品選びができる人です。たまの贅沢はいいですが、困った人や若い人のためにもお金を大切に使えるタイプでしょう。

2021年の運気

☆開運の年

2021年開運3カ条

1. 欲張る
2. 財布を買い替える
3. 人にたくさん会う

総合運

絶好のチャンスが舞い込む最高の1年
新たな目標に向かってスタートして

五星三心占いの中で最も運気のいい「開運の年」。人とのつながりが多く、たくさんの人を支えて救ってきた人ほど喜びを感じる機会が増えるでしょう。自分の人生に満足できるだけではなく、関わってきた人の幸せや、ともに喜べる仲間の存在を感じることもできます。「時計座（金／銀）」は、振り子時計のように右へ左へと常に心が揺れているため、周囲の幸せのことまで考えてしまい、なかなか自分の幸せをしっかりとつかむことができない人が多いです。2021年は、自分は誰のために生きているのか、またその「誰か」がハッキリしている人ほど幸運が大きく感じられます。同時に、その「誰か」を見つけることができる年でもあるため、人とのつながりや関わりをできるだけ増やして、人脈を広げるようにしてください。また、「開運の年」は新たにスタートを切る年でもあります。目標や目的を決定するだけではなく、「そこに向かうために覚悟をしなければならない年」だと思っておいてください。そして、今年覚悟したことは簡単に諦めてはいけません。多少止まることがあってもいいので、投げ出さずに、継続することを忘れないように。

「開運の年」は、恋愛も仕事も素敵な出会いがあります。そもそも人脈作りが上手な人が多いタイプですが、2021年は例年以上に人に会うようにしてください。飲み会、パーティー、異業種交流会など、人の集まりに参加することで運命が大きく変わるチャンスを得られるので、少しの時間でもいいので顔を出してみましょう。また、幹事を担当する、集まりを主催するなど、出会いの場を提供する人になってみるのもいいでしょう。「そんなのは荷が重い」と思う人ほど、「2021年は自分中心に人脈を作ってみる」と意気込んでみてください。「自分のため」だと動けない場合は、「親友が恋人を作るための手助け」などと思って会を開いてみましょう。友人に合う人を探すために出会いの場に行ってみると、あなたに縁のある人も見つけることができるでしょう。もちろん人との関わりが増えると、面倒な人、水を差す人、ネガティブな人も現れます。しかし、2021年はそんな人たちをはね除けられるくらいのパワーがあると思って、できるだけ行動するようにしてください。まずは、試しにやってみることが大事です。2021年の失敗は、笑い話やいい経験にしかならないと思っておいてください。

努力や苦労が報われるので、他人のために頑張っていた人ほどうれしい出来事のある年です。結果が出る運気ですが、当然あなた以上に正しい努力の積み重ねが多い人のほうが大きな結果を出します。それを妬んだり恨んだりするタイプではありませんが、結果を出した人は、それなりに失っていることも多いと忘れないでください。また、2021年の結果にしっかり納得することも重要です。「自分の人生はこんなものではない」ではなく、「運を味方につけた最高点がここ」と認めることが、今後の成長や次の目標、生き方に関わってくるでしょう。いい意味で平等心があるタイプですが、人は生まれつき不平等で差がある生き物だからこそ、頑張る楽しさや努力のおもしろさがあるということを、忘れないようにしてください。正義感ややさしい気持ちがあることはいい面ですが、自分や他人が評価されないことに不満をためるのではなく、まずは認めて、受け止めると次にやるべきことが見えてくるでしょう。

金の時計座の「開運の年」で最も注意すべきは、「欲張ることに躊躇する」こと。2021年は運を味方につけられて恋も仕事も注目され、絶好のチャンスが舞い込み、周囲に味方や協力者も集まります。これ以上にない運気の流れを感じることができますが、金の時計座は「私よりもほかの人に」「お先にどうぞ」「もっと適任がいます」などの姿勢で、この幸運をみすみす逃してしまうことも。謙虚なところはいいですが、「2021年の幸福は、これまで自分が支えてきた皆さんからの恩返し」だと思って、しっかり受け止めるようにしてください。感謝の対価が、仕事のチャンス、収入アップ、素敵な人脈など、いろいろな形になってあなたに返ってくるのが「開運の年」です。これを「私よりもほかの人に」と流してしまうと、いつまでも幸福にはなれません。「欲張り」や「自分だけの幸せを考えての行動」と捉えるのではなく、感謝と恩返しと受け止めて、「ここで幸せになったら、そのお返しをすればいい」と、好循環を作るように考えてください。裏に野心を秘めているタイプでもあるので、ここで一気に注目を浴びて目立つことで、責任を背負ってさらにたくさんの人を幸せにすることもできます。幸運や幸福に臆病にならないようにしてください。

時計は人に見てもらってこそ存在価値があるので、「時計座」も人との関わりが好きな人が多いですが、運気がいい「開運の年」だからこそ、もうひとつやっていただきたいのが若い人と関わること。自分よりも年下の人と一緒に過ごしたり、遊んだりするといい影響があります。そして彼らに、これまでに自分が経験したこと、学んできたこと、習得した技術を伝えてみるといいでしょう。教育や育成とまでいかなくても、若い人と関わるうえで自分が教えられることや伝えられることを見つけておいてください。それが特別な才能でなくても構いません。たとえば楽器ができれば教室を開くこともいいですが、演奏ができないのなら、音楽の楽しみ方を教えたり、学ぶことのおもしろさを伝えたりすると喜ばれるでしょう。面倒見がいいタイプなので、自然とやっている人も多いと思いますが、「2021年は若い人に何か託す」という思いで関わってみると、あなたも相手も人生が大きく変わります。長い付き合いの大切さや幸せとは何かを知れるきっかけにもなるでしょう。

「時計座」は別名「庶民の星」なので、平凡で平均的な生活を好みます。ときには特別な出来事があってもいいですが、他者との差が本質的にうれしいわけではなく、「ひとりだけ幸せでも」と思うところがあります。先ほども書いた通り、2021年はその平均や普通のレベルを少し上げてみましょう。普通の基準は人それぞれ

開運のつぶやき　人生に練習はない。人生は常に本番

ありますが、これまでの生活よりも少しだけ贅沢をするほうが後の人生は安定するので、そのために知恵を絞ることが2021年は大事になります。特に「時計座」は、生活が安定したほうが心のブレが少なくなるタイプ。そのため、2021年は持ち家やマンションを購入して賃貸ではない生活をスタートする、積み立て投資をはじめるなど、お金の面でしっかりと安定を狙うことも大事になるでしょう。つまり「どうすれば、自分の心が無駄にブレないのか」をしっかり考えたうえでの行動が大事になります。また、人との縁が切れることも苦手なため、なんとなくつながっている人も多いと思います。中には、あなたをマイナス方向に引きずってしまう人や、ネガティブな情報ばかり伝える人、愚痴や不満ばかりを話す人も周囲にいるはずです。やさしく受け止めて聞くのもいいですが、2021年はマイナス感情に気持ちを揺すってくる人とは縁を切ることも大事。どうしても縁が切れないときは、少し距離をとってみましょう。それもできない場合は、嫌われる覚悟で「そんなことは言わないほうがいい」とハッキリ言うことも大切です。目上の人や権力者に対して強く出ることはあっても、友人や仲間、後輩には物を言えないところがあるので、2021年は言葉を選びつつ注意をしてあげるといいでしょう。自分がマイナス方向に引きずられることを防げて、何よりも相手のためになります。

春は例年通り、気持ちが揺れてしまい少しガッカリするような出来事もあります。しかし、2021年は大きなマイナスになるどころか結果的にいい方向に進むので、些細なことは気にしないようにしてください。「開運の年」は、いろいろな人から注目をされ、運を味方につけて輝くときです。多くの人があなたの才能や魅力に気づき、チャンスに恵まれることが増えると思います。臆病にならないで、まずは試しにでもいいので行動し、取り組んでみることを忘れないように。難しいと感じる場合でも、期待以上に結果を出すことができるので、自分の力と周囲のパワーを信じて挑戦してみましょう。何よりも現状の自分の人生に納得し、周囲の人と比べないようにしてください。今年の結果に満足して感謝する気持ちが、次の幸せにつながります。また、周囲との関わりが大事な年でもあるので、幸せを見失ってしまっている人には、現状の幸せを教えてあげましょう。ほかにも、考え方や生き方のコツを少しでもいいので教えてみてください。あなたの言葉ひとつで、前向きになれる人が大勢出てくるでしょう。そのために、いい言葉やいい話に敏感になること、学ぶことを忘れないようにして。

引っ越し、転職、イメチェン、入籍、起業、独立など、あらゆることに挑戦するのに最適な運気です。これまでの人生に納得がいかなかった人ほど「運命を変える年」だと思って1年を過ごしてみましょう。面倒見がいいことは素晴らしい資質です。しかし、2021年だけは少しわがままになって、欲張る気持ち、根にある野心、向上心を爆発させることを忘れないようにしてください。今年はあなたにスポットライトが当たる最高の年であり、よくも悪くも答えが出てしまいますが、何事も自信を持って堂々と取り組み、自分の頑張りが人の幸せにもつながっていると思って過ごしましょう。また、お人好しで利用されることも多いタイプですが、その価値を最大限に活かせば、それが魅力になると思って前向きに生活しましょう。何よりもあなたを応援してくれる人や、支えてくれる人に恩返しをするためにも、結果をしっかり出すように努めてください。幸運をしっかりつかみ、感謝を伝えられるようにしましょう。あなたの幸せが、周囲の人の笑顔や幸福にもなる年だと思って楽しく過ごしましょう。

恋愛運

魅力が輝き、大いにモテる運気
運命の人に出会える可能性も

最高の恋人ができる年。あなたの理想に最も近い相手から好意を寄せられたり、交際をスタートさせることができるでしょう。しばらく恋から遠のいている人にも大きなチャンスがやってくるので、好きな人にはしっかりとアピールして、きっかけ作りを忘れないように。2021年はあなたが輝く年です。そのまぶしさに怯んでしまう相手もいるので、待ってばかりでは「遠い存在」と思われてしまうかもしれません。あなたのほうから手を差し伸べると、トントン拍子で進むでしょう。新しい出会い運もいいので、人の集まりにはできるだけ参加して。少し異性を意識した服装や、明るいイメージのファッションにすることも大切です。

「まったく問題のない最高の恋愛運！」と言いきりたいところですが、運気の流れがよすぎるあまり、仕事で運を使い果たしてしまったり、他人の面倒ばかり見て自分のことを後回しにしたりと、チャンスを逃す場合もあります。そのため「恋人を作りにいくようにすること」を忘れないように。さらに、金の時計座の最もいいところである「どんな人とも平等に付き合うこと」が、相手から見ると「八方美人」や「誰にでもやさしいから自分へ向けられたやさしさは特別なものではない」と、思わせてしまうことも。相手が先に諦めてしまう可能性もあるため、ほかの人と差をつけて接するなど、好きな人にはしっかりアピールすることも大事です。「そんな区別はできない」というならば、好きな人にだけメールやメッセージで伝えておくといいでしょう。あなたのやさしさで苦しんでしまう人もいるので、好意がない場合にはハッキリと「好きな人がいます」と伝えることもやさしさだと覚えておきましょう。大事な縁が切れない2021年は、臆病にならないことが大切です。

最高の出会い運の年でもあるので、人の集まりにはできるだけ参加するようにしましょう。知り合いや友人のホームパーティー、食事会、仕事関係の飲み会、イベント、ファンの集い、異業種交流会、セミナーなどなど、素敵な出会いが多いので、顔を出せるところにはできるだけ行くようにするといいでしょう。年内に交際をスタートできれば最高にいいですが、「2021年に出会った人」が運命の相手の可能性も。連絡先は積極的に交換しましょう。仲のよかった相手が突然告白してくるなど、急にあなたの魅力に気づくこともあります。「開運の年」は魅力も能力もアップするぶん、選びきれないことも。モテ期を楽しめるのはいいですが、誰を選べばいいのか、どのタイミングで付き合っていいのか悩んでしまうことも。その場合、1、6、7、8、10、12月に出会った相手なら間違いないと信じて、交際をスタートさせてみるといいでしょう。片思いの相手とも良好な関係に進みやすくなるので、この期間に遠慮なく連絡をしてみましょう。

仕事を頑張りすぎてしまうタイプでもあるので、2021年は「仕事も恋もまとめてとる」と思って、欲張りになってみてください。後に「仕事が忙しかったから」と言い訳をしないような生き方も大事。2021年は、華やかで輝く年です。人に好かれる努力をすることで驚くほどモテることもあるので、自分磨きを忘れないでください。自分の輝きが増すことを素直に受け入れて、素敵な恋を楽しみましょう。

開運のつぶやき ▶ 恐れは無駄。慎重は大切。違いがわからないと運も味方しない

結婚運

スピード婚もあり得る、結婚に最適な年
婚活中の人は1～2月の出会いに期待

結婚を決めるには最高の年。交際期間が短いカップルでも年内に入籍の流れに進むことも。仕事の忙しさから2022年に持ち越される場合もありますが、年内に結婚の話で盛り上がることが多いでしょう。遠慮をしないで、一気に話を進めるようにして。ときには、交際もしていない相手から「結婚を前提に」と、告白とプロポーズがセットでくる場合も。上半期に交際がスタートして下半期に入籍をする場合もあるほど、2021年はスピーディーに話が進むので流れを止めないようにしましょう。モテ期のため、どの人と結婚しようか悩むことがありますが、本気で言ってくれる人の言葉を信じることが大事。

恋愛運と同様に2021年の問題となるのが、仕事運の流れがよすぎること。「今は仕事で責任がある立場だから」「生活を安定させてから」など、結婚を後回しにしていると、チャンスを逃してしまうので気をつけて。また、2021年にあなたにプロポーズしてくる人は、今は普通の仕事をしていても、後にお金持ちになったり、仕事で大成功する可能性もあるので逃さないようにしましょう。この運気は1月と12月にあります。すでに目星がついている相手がいて1月にまだハッキリしない場合は、年末までじっくり見て入籍をするのもいいでしょう。仕事が忙しいことを理由にする人でも、籍だけは12月に先に入れておいてもよさそうです。

心が揺れやすい金の時計座は、結婚することで仕事に集中できます。先に結婚を決めてしまったほうが、この1年はより仕事運をアップさせることができるため、早々に入籍をして、結婚式や披露宴のことは後回しにするのもいいでしょう。ただ、忙しいからといって、披露宴をやらないままでいると後に心のブレが大きくなったときに、ケンカの火種になる場合があります。ささやかでもいいので、友人や知り合いを呼んでパーティーくらいはやっておきましょう。あなたが思っている以上に、あなたの幸せを祝福したい人が多くいるので、遠慮することはありません。

「年内には結婚をしたいけれど、現在恋人がいない」と嘆いている人は1～2月に友人や知人からの縁で出会う人に注目してください。ここで仲よくなる人と一気に進展させたいところですが、3～4月はネガティブになることが多いので、無理はせずに。6～8月は進展もしやすく、新しい出会いも多くあります。そのため、しばらく恋人のいない人は、年齢に見合う異性を意識したイメチェンをしてみるといいでしょう。明るく前向きな発言をすることでも相手の心を鷲づかみにすることができそう。10月に交際し、12月に入籍とスピード婚もあり得るので、勇気を出して飛び込んでみて。

結婚とは「お互いに苦労を乗り越える相手とするもの」と思ってください。自分の幸せを保証するためでも、心の安定を求めるためでもなく、人生という苦難を「この人とならともに乗り越えられるだろう」と、そういった目線で見ると素敵な人を見分けることができます。生活やお金も大切ですが、何よりもあなたの心の支えになり、やさしさを理解してくれる人を選ぶようにして。そして、ともに笑える人を見つけるといいでしょう。2021年はそんな運命の人を見つけられる運気です。信じて行動するようにしてください。

仕事運

出世、昇格、昇給のチャンス到来
真剣に取り組むほど運が味方に

「開運の年」で最も運を味方にできるのが「仕事」。才能や実力が評価され、協力者も集まるので最高の結果を出すことができるでしょう。辛抱強く続けてきた人ほど、出世、昇格、昇給など大きな成果を残すことができます。少しくらい難しいと感じる仕事でも思いきって挑戦して、小さな失敗を気にしないことも大事。特に、恋愛や結婚などに目がいかずに仕事に全集中できる人ほど、楽しく働けるでしょう。

運気の流れがいいぶん、頑張らなくても結果が出てしまい、周囲のおかげで一緒に評価が上がってしまうこともありそう。喜ぶのはいいですが、実力が追いつかないままでいると、数年後に「2021年の評価」があなたを苦しめる原因になります。「ラッキー」で終わらせてしまわないように、評価やチャンスに見合う力を身に付けるようにしましょう。結果を出すことで、給料やボーナスが増えることも。しかし、その際に「もっともらえるだろう」「実績よりもお金が少ない」など、不満をためないように気をつけましょう。謙虚な気持ちがないと、せっかくの流れを自分で台無しにすることもあります。また、どんな仕事もひとりでできるわけがありません。支えてくれた人やつながりのある人など、周囲の人々への感謝の気持ちを忘れないようにしましょう。

2021年は仕事に関わる大事な人にも会える運気です。3～5月以外の出会いは、できるだけ大切にするように。特に、仕事関係者との付き合いの場には、できるだけ顔を出してみるといいでしょう。半分遊びのような飲み会や接待ゴルフなどの集まりがきっかけで、大きな仕事につながるかもしれません。また、仕事関係者や取引相手が親友になることもあるでしょう。いいライバルや助けてもらえる人にも出会える可能性が高いので、お礼や挨拶などはこれまで以上に丁寧にするようにしましょう。

人のよさが出すぎることにも注意が必要です。謙虚さと感謝を大切にするあまり、重要なポジションをまかされたときに遠慮して断ってしまい、せっかくのチャンスを活かすことができない場合があるでしょう。自信を持って受け入れることでさらに仕事運がよくなるので、臆病にならないようにして。同期に差をつけることになりますが、気にしすぎる必要はありません。頑張った自分を褒めてあげましょう。

夢を追いかけてきた人には、ひとつの区切りになる年です。同時に、残念ながら不向きな仕事に取り組んでいる人には厳しい結果が出てしまうこともあるでしょう。それは、本来のあなたに見合った仕事に進む選択をさせるための流れです。思いきって道を変えてみましょう。特に10月か12月、または2022年に転職をするといいでしょう。同じような仕事ではなくまったく違う仕事を選ぶことも大事。サービス業、介護、教育関係など、人との関わりや人の成長に接する仕事がいいでしょう。

2021年は仕事に真剣に取り組むことで周囲の評価や流れを変えることができます。一生懸命になるほど仕事が楽しくなり、運も味方につけられるでしょう。周囲と仲よく仕事をするのはいいですが、上を目指して責任のある立場を目指してみたり、レベルの高い仕事を心がけてみてください。

金運

小さな金運アップが重なる年
高額な買い物や長く使えるものの購入を

ここ数年の中で最も収入アップや臨時収入が見込める年になるでしょう。ただ、贅沢をすることで幸運を逃すなど、大金持ちになることが幸せに直結しないタイプです。そのため、収入のレベルが少し上がって安定したり、プチボーナスを頂けたりするなど、小さな金運が重なるような場合が多いでしょう。また、懸賞やクジも当たりやすいので、試しに購入や応募をしてみるといいかもしれません。

レアなライブのチケットの予約ができることもあるので、憧れのアーティストの予定を調べて応募してみるのもよさそう。ほかにも、趣味を活かすといい副業になる場合もあるので、ものは試しでネット販売や動画のアップをしてみて。すぐに結果が出なくても、続けてみることが大事。「開運の年」にはじめたことが今後の金運を大きく変えるきっかけになります。

また、資格取得やスキルアップも大切。気になることを勉強し、資格をとることで、仕事の内容を大きく変えることもできそうです。少し難しいと思っていることでも、2021年は挑戦する価値があると思っておいてください。また、少額でいいので定額の投資をスタートしてみましょう。本を購入し、簡単そうなものからはじめてみてください。すぐに結果を求めないで、12年後にいい結果が出ると思って取り組んでみるといいでしょう。さらに、保険や日々の出費の見直しをするのにもいい年です。ファイナンシャルプランナーへの相談をはじめ、スマホを大手キャリアから格安スマホに変えてみたり、電気、ガス、ネットをセットにして料金が安くなるプランを調べてみるなど、身近なところからはじめてみましょう。わずかな節約にしかならなかったり、このあたりはすでにやり終えている場合も多いかもしれませんが、2021年は細かな出費までしっかり調べてみる価値があるでしょう。

家、マンションの購入を考えている場合は、2021年が最高にいいタイミングです。ダメ元でローンの申請をしてみると通ることも。一方、すでに持ち家やマンションがある人で売りに出すことを考えている場合は、2021年に売りに出してみると、思った以上にいい値段がつくこともあるでしょう。試しに査定に出してみるのもよさそうです。賃貸の人で、マイホームの購入を考えている人は、中古物件でもいいので探してみて。もし、手が届きそうな物件の場合は、思いきって購入するといいでしょう。

ほかにも、お金に関わるものを購入することで金運が上がります。特に財布の買い替えがオススメ。これまでの人生の中で最もいいものを1月に購入してください。安い財布は選ばないようにしましょう。また、新しい銀行口座を作ったり、投資用の口座を作ったりしてみてもいいでしょう。お金に関わることは下半期の10月でもいいので、いろいろと積極的に動いてみてください。高額な買い物や長く使えるものを購入しておくのもオススメです。

ただ、いくら運気がいいといっても友人や知人の間でのお金の貸し借りはしないようにしましょう。情に弱いタイプなので、面倒な関係がズルズルと長引いてしまい、後に人間関係が悪くなってしまうことがあります。どうしても貸す場合は「あげる」つもりで、縁を切ったほうがいいでしょう。

家庭運

家族を後回しにすると問題になるかも 家族旅行や記念日は盛大に祝おう

運気が最高にいい年なので、家庭運も問題ありません。しかし、仕事が忙しくなり人付き合いも増えるため、家族のことが後回しになってしまうことがあります。気がつかない間に溝ができてしまう場合もあるので注意が必要です。2021年は問題が発生しにくいですが、数年後に「仕事ばかりして」「自分ばかり楽しそうにして」などケンカの原因になってしまうことがあります。「自分が仕事に打ち込める時間や楽しい時間を過ごせることは、すべて家族が支えてくれているおかげ」と、感謝の気持ちを忘れないようにしましょう。調子に乗って自分が正しいと思い込んでしまうと、家族の気持ちが離れてしまう原因になります。傲慢な生き方をしないように気をつけましょう。

2021年は、家族旅行を豪勢にしたり、記念日を派手に祝ったりするといい年。極端にお金をかけなくてもいいですが、いろいろな企画を考えてみましょう。キャンプ、BBQ、家族で体験教室に参加するなど、普段ならやらないことに挑戦してみると、素敵な思い出ができるでしょう。海外旅行や憧れの場所に行ってみるのもよさそうです。新年に家族の意見を聞いて旅行の計画を立ててみてください。そうすると、家族旅行のある連休やお盆休みなどの長期休みが待ち遠しくなり、より一層いい家族関係が築けるようになるでしょう。

子どもとの関係も問題は少ないですが、仕事に打ち込みすぎてしまうと後に問題になるかもしれません。時間のあるときは子どもの話をしっかり聞くことが大事です。また、運気のいいあなたの影響を受けやすいので、言葉を選ぶようにしましょう。子どもの誕生日会に子どもの友人を呼んでみるなど、子どもの記念日は少し気合いを入れて頑張っておくといいでしょう。ハロウィーンパーティー、クリスマスパーティーをはじめとするイベントなどの企画も考えてみてください。みんなで手作りの飾りつけをすると、盛り上がって楽しいひとときを過ごすことができるでしょう。また、教育にもいいので季節行事なども忘れないようにしてください。昔ながらの風習など、面倒でもきちんとやってみるといいでしょう。

両親との関係も良好な運気。これまでの感謝を伝えることはもちろん、仕送りや贈り物、誕生日プレゼントには例年以上に力を入れてください。また、しばらく一緒に旅行に出かけていない場合は、温泉旅行など、近場でもいいので両親が喜ぶような場所に連れていきましょう。両親の昔の話や祖父母の話なども聞いてみると、これまでのつながりの大切さや苦労を知ることができて、より感謝の気持ちが湧くかもしれません。親孝行できる年だと思っていろいろやってみてください。

人間関係を大切にする金の時計座は、家族にもやさしく接することができますが、仕事中心になりすぎて、家族を楽しませることをつい忘れてしまう場合もあります。忙しくも充実した１年ですが、あなたの頑張りを温かく見守ってくれる家族の存在があるからこそ、仕事に力を入れられることを忘れないようにしましょう。多少面倒なことでも家族で挑戦すると大きな思い出になります。手間のかかることをあえて家族でやってみるといいでしょう。

開運のつぶやき ▶ 人の助けを素直に借りる勇気も大切

健康運

元気に過ごせて生活習慣を見直すにもいい１年
少しお金をかけて美意識を高めよう

健康面は心配のない１年。最も元気に過ごすことができますが、仕事もプライベートも忙しくなりすぎて疲労がたまりやすいので気をつけてください。数年前から体調を崩していた人は、この機会に生活習慣をしっかりと見直すと、体調の悩みが解決するでしょう。ほかには、歯並びを治すにもいいタイミングです。評判のいい歯科医院に行ってみましょう。エステやムダ毛処理など、少しお金をかけて体のメンテナンスをするのもいいでしょう。また、定期的な運動をスタートするにも最適な年なので、スポーツジムに通いはじめてみるのもオススメ。

美意識を高めるにはいい年です。金の時計座は肌が弱い人が多いタイプ。そのため、日ごろのスキンケアや水分バランスの調整をはじめ、しっかり汗を流すための運動が大事になってきます。また、心がブレやすく人との関わりで自然に多くのストレスを抱えやすい一面も。些細なことを気にしてイライラしたり、終わったことをクヨクヨと考えすぎたりしないように心がけてください。ちなみに、心のブレは裏にあたるタイプが「銀の羅針盤座」であることが原因。心が揺れるときは自分を落ち着かせるために、「まぁいいか」「なんとかなる」「このくらいでよかった」と、ポジティブな発言をするようにしてください。臆病になりそうなときは「大丈夫。怖くない」と心の中で繰り返していると心が安定してくるので、試してみるといいでしょう。また、2021年は美意識を高めるために、エステをはじめ、これまでより少しいい美容室に行ってみたり、敷居が高いと思われるお店で服を購入してみたりするとよさそうです。ただし、ブランド品ばかりになると運気が乱れやすくなるので、財布やカバンや上着など、ひとつでもいいのでブランド品以外の良質なものを身に着けてみてください。

また、スポーツをはじめるにもいい運気です。長く続けられるものを選ぶといいですが、ひとりで黙々と続けるスポーツはあまり向いていません。それよりもバスケ、テニス、ゴルフなど、みんなで遊びながら続けられるゲーム的な要素がある球技を選ぶといいでしょう。気になるものをスタートさせてみると、健康にいいだけでなく、素敵な出会いにつながることもあります。ほかにも、日焼けなど肌には注意が必要ですが、スキューバダイビングなどのウォータースポーツは楽しくストレスを発散できるのでオススメです。精神的にもっと鍛えたいと思うなら、古武道や格闘技の教室などに通ってみてください。また、お寺での座禅やデトックスができる断食道場でのダイエットもいいでしょう。

2021年は、最高にいい運気ですが、「最高に運気がいいからこそ病気が早期発見される」こともあります。もし、体調に異変を感じる場合は、早めに病院で検査をしましょう。特に年齢を重ねている人は今年調べてもらっておけば大きな病気になることを避けられ、予防方法も教えてもらえます。時間があるときに人間ドックに行っておくといいでしょう。

忙しくも充実する１年です。気づいたら体のメンテナンスを忘れて後回しにしてしまうこともあるので、しっかりと休日を作り、温泉旅行や自然の中でのんびりするなど、心身ともにリラックスしましょう。

年代別 アドバイス

年齢が違えば、起こる出来事もそれぞれに違います。
日々を前向きに過ごすための年代別アドバイスです。

年代別アドバイス 10代

最高の１年にするために、まずは何事にも積極的になりましょう。少しわがままになるくらいに欲張ってもいい年です。自分も周囲も笑顔になることに一生懸命になってみるといいでしょう。交友関係を広げるために、いろいろな人に会ってみると、いい目標や夢を見つけられます。2021年に学んだことや取得した資格で人生が大きく変わるので、目先の楽しさだけを追うのではなく、勉強や読書をしっかりしましょう。

年代別アドバイス 20代

今後の人生を決める重要な年。結婚をするには最高の運気です。仕事も本気で取り組む価値があるので、これまで以上に真剣に。新しい出会いが多く、運命的な人に出会える可能性も高いので、人の集まる場所には積極的に顔を出しましょう。イメチェン、引っ越しをするのにもいいタイミングです。人生で最も忙しいといえるほど、予定を詰め込んだり、人に会ったりすると、充実した日々を過ごすことができるでしょう。

年代別アドバイス 30代

大きな結果が出る最高の年。運命を左右する大切な年でもあります。家、マンションの購入を考えている人は、年内に決断をするといいでしょう。また、引っ越しをするにも最高の年です。年齢に関係なく幅広く交流をすると、あなたの人生観を変える出会いがあったり、憧れの人に会うこともできるでしょう。フットワークを軽くしてあらゆる場所に顔を出し、何事も勇気を出して挑戦してみましょう。気になったら、まずは取り組むことが大切です。

年代別アドバイス 40代

今後の人生を決める重要な年。特にお金に関わることをしっかり決めるといいので、投資や資産運用は年内にはじめましょう。幅広く人と会うことも大切です。後輩や部下を含めて年下の人と遊ぶ機会を増やしてみるといいでしょう。家やマンションを購入するにも最高のタイミング。ほかにも、長期的に使う家具や家電の買い替えをするにもいい時期です。趣味の習い事をスタートさせてみると数年後に「習っていてよかった」と思えるでしょう。

年代別アドバイス 50代

充実した１年を送れます。年下や若い人との交流を深めてみるといいでしょう。気になる行事やファンイベントに参加してみると楽しい思い出ができそうです。自分が経験してきたことを教えるだけではなく、若い人から教えてもらうと、楽しい方法をいろいろと知ることができそうです。また、定期的な運動をスタートするといいので、友人や周りの人を誘ってまずはスポーツイベントに参加してみましょう。

年代別アドバイス 60代以上

楽しい出来事や満足のいくことが多い１年。2021年から基礎体力作りや生活習慣を整えるといいでしょう。人の流れが大きく変わる年でもあり、新たな趣味をはじめたり、カルチャースクールに通ったりするなど、少しでも気になっていることがあるなら積極的に学びにいってみましょう。また、これまで自分が学んできたことを、少しでもいいので若い人に教えることも大切です。

開運のつぶやき ただ遊ぶのではなく、仕事につながる遊びが大事

あなたの命数は
P.10からはじまる
命数早見表でチェック!

命数別2021年の運勢

【命数】
31
誰にでも平等な高校1年生

基本性格

心は庶民で、誰とでも対等に付き合う気さくな人。情熱的で「自分も頑張るからみんなも一緒に頑張ろう!」と部活のテンションのような生き方をするタイプで、仲間意識や交友関係を大事にします。一見気が強そうでも実はメンタルが弱く、周囲の意見などに振り回されてしまうことも。さっぱりとした性格ですが、少年のような感じになりすぎて、色気がまったくなくなってしまうこともあるでしょう。

2021年の開運アドバイス

ラッキーカラー ピンク、レッド
ラッキーフード 焼肉、チョコクッキー
ラッキースポット スタジアム、アミューズメントパーク

開運3カ条

1. 同年代の集まりに参加する
2. スポーツや習い事をはじめる
3. 新たなライバルを見つける

2021年の総合運

頑張りが認められ、ライバルや同期に差をつけて幸福を手に入れられる時期。頑張れば頑張るほど評価されるので、満足できる1年を送れるでしょう。達成してみたい目標をできるだけ高くするためにも、目標となる人を見つけることが大切。スポーツサークルやスポーツジムに入会すると、運命的な出会いがあり、刺激になる人に会うこともできそう。健康運は、果物をいつもよりも多めに摂取すると、胃腸の調子がよくなるでしょう。

2021年の恋愛&結婚運

友人や職場などの身近な人との恋が盛り上がる年。職場や身近に気になる人がいない場合は、習い事をしたり定期的に行く場所を作ったりしてみて。同年代の人に同じくらいの年の人を紹介してもらうのもオススメ。同じタイミングで笑う人や好きな芸人さんが同じ人とは相性がいいので、いろいろな人と「好きな芸人さんの話」をしてみて。結婚運は、話が一気にまとまる年。いつ入籍するか具体的に話をして、婚約することも大事でしょう。

2021年の仕事&金運

頑張りが認められ、評価される年。正しく努力した人ほど大きな結果を出したり、同期に差をつけたりすることもできそうです。少しくらい難しいと思っても、気合いと根性で乗り越えて大逆転できるでしょう。周囲の人からの助けや協力を得ることで、仲間やチームワークの大切さを知ることもできそう。できないことは素直に助けを求め、頭を下げる姿勢が大事。金運は、欲しかったものを思いきって購入するといいでしょう。

【命数】
32
刺激が好きな庶民

基本性格

おとなしそうで真面目な印象ですが、根は派手なことや刺激的なことが好きで、大雑把なタイプ。心が庶民なわりには一発逆転を目指して大損したり、大失敗することがあるでしょう。人が好きですが団体行動は苦手で、ひとりか少人数での行動を好みます。頭の回転は速いですが、そのぶん他人の話を最後まで聞かないところがあります。へこんだ姿を見せることは少なく、我慢強い面を持っていますが、実は寂しがり屋な人です。

2021年の開運アドバイス

ラッキーカラー 青紫、ゴールド
ラッキーフード とんかつ、チョコレート
ラッキースポット アミューズメントパーク、喫茶店

開運3カ条

1. 格闘技を習う
2. 本気を出す
3. フェスや旅行に行く

2021年の総合運

願いや目標を達成できる最高の年。合理的に物事が進められ、無駄のない日々を送ることができそう。あなたの頭の回転や切り替えのスピードの速さが役立つことも多くなるでしょう。旅行やライブに行くことで運気の流れがよくなるので、気になっていたフェスに参加してみたり、憧れの海外旅行をしたりするなど思いきった行動をすると、いい思い出もできるでしょう。健康運は、ダイエットを兼ねて、ボクササイズや道場での運動をはじめるといいでしょう。

2021年の恋愛&結婚運

好きな人を振り向かせることができ、狙った相手と交際ができる年。相手を観察して、その好みに合わせられそう。興味のない異性から好意を寄せられて困ってしまう場合もありますが、つかず離れずの感じで少し距離をおいておくといいでしょう。ライブやオフ会などで素敵な人と会うことがあるので普段参加していない集まりに顔を出してみて。結婚運は、突然入籍をする可能性がある年。自分の選んだ人を信じて、思いきって入籍を。

2021年の仕事&金運

密かに身に付けていた能力を発揮したり、研究していたことが役立ったりする年。遠慮しないで実力を出しきってみると大きな結果を残すことができるので、何事も全力で取り組んでみるといいでしょう。仕事に本気で取り組むことで、仕事の楽しさやおもしろさを再確認することも。あなたに役立つ助言をくれる人やサポートしてくれる人にも出会えそうです。金運は、旅行やライブにお金を使って、人生の楽しみを見つけましょう。

12のタイプ別よりもさらに細かく自分や相手がわかる！
ここでは、生まれ持った命数別に2021年の運気を解説していきます。

【命数】
33

サービス精神豊富な明るい人

基本性格

明るく陽気で、誰とでも話せて仲よくなれる人。サービス精神豊富で、ときにはおせっかいなくらい自分と周囲を楽しませることが好きなタイプです。おしゃべりが好きで余計なことや愚痴、不満を言うこともありますが、多くはよかれと思って発していることが多いでしょう。楽観的ですが、周囲の意見に振り回されて心が疲れてしまうこともありそうです。

2021年の開運アドバイス

ラッキーカラー ピンク、レッド
ラッキーフード カツ丼、チョコレート
ラッキースポット テーマパーク、マッサージ

開運 3 カ条

1. 仲間や友人を集めて紹介する
2. お腹いっぱい食べない
3. 笑顔で過ごす

2021年の総合運

仲間や友人を集める会を主催したり、友人や知り合いを紹介したりするなど、人と人とのつなぎ役になるとさらに人生が楽しくおもしろくなるでしょう。誘われた集まりには、できるだけ参加を。元気と笑顔が幸運を引き寄せてくれるので、何事もポジティブに受け止めて楽しむようにすると、本当におもしろくなってくるでしょう。健康運は、ダンスをはじめたり、夕食を「腹八分目」にすると、体がすっきりして楽になるでしょう。

2021年の恋愛&結婚運

異性から注目されチヤホヤされることが多い年。ご機嫌でいるだけでモテるようになるのはいいですが、興味のない人からも好意を寄せられて困ってしまう場合があるかも。好きな人には素直に近づいたり、気持ちを打ち明けたりするとすんなりいい関係に進めそうです。新しい出会いは、明るいイメージの服を着て飲み会や知り合いの集まりに参加するといいでしょう。結婚運は、明るい未来の話を楽しそうにすることで進展しそう。

2021年の仕事&金運

楽しい職場になったり、自分の実力以上の結果が出せたりする年。周囲を前向きにさせる言葉をかけ、楽しく仕事に打ち込む姿を見せることで、いいチームワークにつながるでしょう。ダメ元で取り組んだ仕事や思いきって挑戦したことに大きな結果がついてくる場合があるので、勇気を出して。「失敗してもいいかな」くらいの気持ちで挑戦するといいでしょう。金運は、レアなものを購入できたり、臨時収入がありそうです。

【命数】
34

最後はなんでも勘で決めるおしゃべりな人

基本性格

頭の回転が速くおしゃべりですが、ひと言多いタイプ。交友関係が広く不思議な人脈を作ることも上手な人です。何事も勘で決めようとするところがありますが、周囲の意見や情報に振り回されてしまうことも多く、それがストレスの原因になることも。空腹や睡眠不足で短気を起こしたり、機嫌の悪さが表面に出たりしやすいでしょう。人情家で他人の面倒を見すぎたり、よかれと思ってハッキリ言いすぎてケンカになったりすることも。

2021年の開運アドバイス

ラッキーカラー パープル、ホワイト
ラッキーフード ステーキ、チョコパン
ラッキースポット 映画館、ファミレス

開運 3 カ条

1. 勘を信じて行動する
2. 言葉を選んで発する
3. 筋トレをする

2021年の総合運

最も勘が冴え、「未来が読める」と思ってしまうほどの年。よくも悪くも素早く判断するといいですが、行動しないままでは意味がないので、勘を信じて実行に移すようにしましょう。情に極端に弱いので、ときには見切りをつけることも大事だと忘れないように。出会い運がよく、会った瞬間にピンときた人とは連絡先を交換しておき、2021年からこまめに会うようにしておくといいでしょう。健康運は、基礎体力作りをして。

2021年の恋愛&結婚運

ひと目惚れの恋が実る年。出会ったときに「この人とは付き合える」と思った人に連絡してみたり、会いに行ったりしましょう。少し積極的になるだけでいい展開になりそう。新しい出会い運もいいので、出会いを期待できそうな場所に行ってみて。見た瞬間に運命の相手を見つけられることがあるでしょう。おしゃべりと短気には要注意。挨拶やお礼を含め、丁寧に接するように。結婚運は、勢いでできる年。自分の気持ちに素直に行動して。

2021年の仕事&金運

あなたの発言が職場の流れを変えたり、アイデアや企画が思った以上に通ったりしそうな年。デザインや芸術系の仕事で、最も能力を発揮することができるでしょう。面倒を見ていた人の成功を目にすることも。あなたの頭脳や才能が高く評価される機会があるので、自信を持ってアピールしておきましょう。金運は、浪費をしやすいので注意が必要。資産価値のあるものを選んだり、勘で投資をはじめたりすると、数年後に助かることも。

【命数】

35

社交的で多趣味な人

基本性格

段取りと情報収集が得意で器用な人。フットワークが軽く、人間関係を上手に作ることができるタイプです。心が庶民なので差別や区別をしませんが、本音では損得で判断するところがあります。使わないものをいつまでも置いておくので、物が集まりすぎてしまうことも。こまめに処分したほうがいいでしょう。視野が広いのは長所ですが、そのぶん気になることが多くなりすぎて、心がブレてしまうことが多いでしょう。

〉〉2021年の開運アドバイス

ラッキーカラー　ホワイト、濃藍
ラッキーフード　ポークソテー、アーモンドチョコ
ラッキースポット　デパート、水族館

開運3カ条

1. 損得を考えないで行動する
2. 異性には短時間でも会う
3. 仕事の関係者に感謝の気持ちを表す

2021年の総合運

1年を通してお得な流れを感じる年。収入面も出会いも満足できるようになるでしょう。そのためにできるだけ行動したり、予定をしっかり立てたりすることが大事です。損得抜きで人脈を広げ、新たな趣味をスタートさせることも大切。一見無駄だと思えても年内に気になったことは学んでみる価値があるので、時間を作って挑戦してみて。健康運は、お酒の飲みすぎに注意。しっかり体を休ませる日を優先して予定に入れましょう。

2021年の恋愛&結婚運

順調に恋が進む年。仕事が忙しくなる年なので、出会いのチャンスをつかむための計画や会える時間をしっかり決めることが大事。短い時間でも会える人と、交際に発展しやすいでしょう。理想的な人と出会えそうですが、酒の席など出会った場所によっては注意が必要なので、周囲の評判を聞くように。結婚運は、しっかり計画を立てておくことでいい流れに進むでしょう。相手まかせにしないで、自分で決めて動くようにして。

2021年の仕事&金運

計算通りに仕事が進み、思った結果をしっかり出せる年。会社の収益がアップしたり、業績に大きく貢献したりできるでしょう。実績を作ることができ、昇格や昇給もあり、満足できそうです。周囲に感謝を忘れないように。必要な情報の収集や人脈ができる年なので、いろいろな人に会うようにして。飲み会やパーティーでの出会いも大事になりそう。金運は、買い物が増えそうですが、長く使えるものを選ぶようにするといいでしょう。

【命数】

36

誠実で真面目な人

基本性格

とても真面目でやさしく、誠実な人です。現実的に物事を考えて着実に人生を進めるタイプですが、何事にも時間がかかってしまうところと、自分に自信を持てずビクビクと生きてしまうところがあるでしょう。他人の強い意見に弱く、自分で決めても流されてしまうことが多いでしょう。さまざまなタイプの人を受け入れることができますが、そのぶん騙されやすかったり、利用されやすかったりもするので気をつけて。

〉〉2021年の開運アドバイス

ラッキーカラー　ホワイト、ネイビー
ラッキーフード　豚玉、ガトーショコラ
ラッキースポット　温泉、アミューズメントパーク

開運3カ条

1. 思いきって行動する
2. 自分の気持ちに素直になる
3. 華やかな服を着る

2021年の総合運

真面目に努力してきたことが評価される年。「地道に積み重ねてきてよかった」と思えたり、信頼されたことで大きなチャンスにつながったりしそう。ただ、チャンスに臆病になってしまうとせっかくの幸福が逃げてしまうので、しっかり受け止めて。また、今年は遠慮せず、人にたくさん会うようにしましょう。1歩引いて様子を窺うことなく、自ら目立つポジションに立ってみて。健康運は、基礎代謝の上がる運動をしておきましょう。

2021年の恋愛&結婚運

片思いの恋が実る年。勇気を出して自分の気持ちを打ち明けたり、積極的にデートに誘ったりするといいでしょう。相手の出方を待っていないで、素直に恋を楽しんでみて。新しい出会い運もいいので、何事も進展する前から臆病にならないように。「怖くない」と心で思えば度胸もついてくるでしょう。華やかな服や異性を意識した髪型にしてみて。結婚運は、話を進めやすい時期。自分の意思をしっかり伝えて日取りを決めましょう。

2021年の仕事&金運

真面目に取り組んだ人ほど評価される年。重要な仕事をまかされたときは遠慮せず思いきって挑戦してみるといい結果を出せたり、周囲に協力してもらえたりするでしょう。人の縁がつながって大きな仕事をまかせてもらえることや、収入アップにつながる流れができることも。自信を持って仕事に取り組めば運を味方につけられるので、堂々と臨みましょう。金運は、高価なものを買うにはいい年。家やマンションの購入に最適です。

【命数】
37
面倒見がいい甘えん坊

基本性格 行動力とパワーがあり、差別や区別が嫌いで面倒見のいいタイプ。自然と人の役に立つポジションにいることが多く、人情家で正義感もあり、リーダー的存在になっている人もいるでしょう。自分が正しいと思ったことにまっすぐ突き進みますが、周囲の意見に振り回されやすく、心がブレてしまうことも。根の甘えん坊が見え隠れするケースもあるでしょう。おだてに極端に弱く、おっちょこちょいで行動が雑で、先走ってしまいがちです。

2021年の開運アドバイス

ラッキーカラー 藤色、グリーン
ラッキーフード ラーメン、チョコレート
ラッキースポット 動物園、喫茶店

開運3カ条
1. まとめ役になる
2. 簡単に諦めない
3. 年下と遊ぶ

2021年の総合運
積極的に行動でき、あなたに味方する人が多く集まる年。リーダー的存在になれたり、あなた中心に周囲が動いてくれたりするでしょう。仲間や友人を集めて楽しいイベントを考えたり、飲み会などを仕切ったりしてみると、思った以上に周囲から喜んでもらえそう。これまで縁のなかった人とも仲よくなれ、2021年から長い付き合いになる人も現れそうです。健康運は、朝から体を動かしてみたり、ストレッチをしたりしてから出かけるといいでしょう。

2021年の恋愛&結婚運
好きな人には素直に気持ちを伝えるといいですが、2021年は簡単に諦めないで少し粘ってみたり、押しきってみたりすることが大事。年下からモテる運気でもあるので、うまく甘えさせてあげたり、積極的に遊びに誘ったりするといい感じで進むようになるでしょう。年上には素直に甘えてみて。新しい出会いは、後輩からのつながりでありそうです。結婚運は、交際期間が短くても一気に進めるといいので、モタモタしないようにしましょう。

2021年の仕事&金運
目標に向かって突き進むことのできる年。団結する力やまとめ役として能力を活かすことができたり、後輩や部下の能力をうまく引き出したりできそうです。経営者の目線で仕事に取り組むと、これまで以上のいい結果を出せたり、仕事に対する考え方を変えたりできそう。独立や起業をするにもいい運気なので、思いきって挑戦するのもいいでしょう。金運は、ごちそうする回数が増えそうですが、後に返ってくることがあるでしょう。

【命数】
38
臆病な庶民

基本性格 常識やルールをしっかり守り、礼儀正しく上品ですが、庶民感覚をしっかり持っている人。純粋に世の中を見ていて、差別や区別を嫌い、幅広い人と仲よくできます。ただ、不衛生な人と権力者、偉そうな人だけは避けるようにしています。気が弱く、周囲の意見に振り回されてしまうことや、目的を定めてもぐらついてしまうことが多いでしょう。見栄っ張りなところや、恥ずかしがって自分を上手に出せないところもありそうです。

2021年の開運アドバイス

ラッキーカラー ホワイト、パープル
ラッキーフード しゃぶしゃぶ、チョコタルト
ラッキースポット 百貨店、アミューズメントパーク

開運3カ条
1. 自ら挨拶をする
2. 知り合いの輪を広げる
3. 素直に発言をする

2021年の総合運
気持ちが落ち着き、目標や夢を達成できる楽しい1年。丁寧に過ごすのはいいですが、遠慮せずに積極的に行動したり、自己アピールしたりすることも大事。恥ずかしがっているとチャンスを逃してしまうので、多少の失敗は気にしないように。たくさんの人に会うことによっていい縁を得たり、今後の人生が大きく変わったりするので、自分から先にしっかりと挨拶するよう心がけて。健康運は、スキンケアをしっかりするといいでしょう。

2021年の恋愛&結婚運
理想的な人と恋が進展しやすい年。臆病になるとせっかくのチャンスを逃してしまうので、きっかけ作りをしたり、好意を伝えたりするといいでしょう。あなたの品のよさが相手からはガードの堅さと受けとられやすいので、砕けた話やスキンシップをするといい感じに進みそう。新しい出会い運もいいので、人の集まりに顔を出すときは笑顔を忘れないように。結婚運は、年内に籍を入れたいと伝えることで話が進むでしょう。

2021年の仕事&金運
丁寧な仕事ぶりが高く評価され、満足できる結果を残せる年。2021年は特に最後まで気を抜かずにきっちり仕事することで、大きなチャンスをつかんだり、目上の人に引き上げてもらえたりする場合もあるでしょう。自分が正しいと思うことは意見したり、発言したりすることも大事。いい後輩や部下にも恵まれるので面倒を見ることも大切です。金運は、少し贅沢をするにはいい年。憧れのお店での食事やコンサートに行くとよさそうです。

【命数】

39

常識にとらわれない自由人

基本性格

自分では普通に生きているつもりでも、周囲から「変わっているね」と言われることが多い人。心は庶民ですが、常識にとらわれない発想や言動が多く、理屈や屁理屈が好きなタイプ。自由を好み、他人に興味はあるけれど束縛や支配はされないように生きる人です。心は中学１年生のような純粋なところがありますが、素直になれず損をしたり、熱しやすく飽きっぽかったりして、ブレてしまうことも多いでしょう。

〉〉2021年の開運アドバイス

ラッキーカラー ホワイト、バイオレット

ラッキーフード プルコギ、いちごのタルト

ラッキースポット 百貨店、喫茶店

開運 3 カ条

1. 他の人を褒める
2. 恥ずかしがらずに素直になる
3. 知識をおもしろく伝える

2021年の総合運

個性が認められて楽しく過ごせる１年。あなたのアイデアや知識を活かすことができるので、遠慮せず積極的に行動してみることが大事。流れがいいので調子に乗りやすいですが、いいものは素直に褒めたり、周囲の人にすごさや楽しさを教えてみると感謝されたり、いい人脈につながることもあるでしょう。批判や否定をしていると陰で評判が悪くなるので、気をつけて。健康運は、周囲が興味の薄いスポーツをはじめてみましょう。

2021年の恋愛&結婚運

異性から注目されてモテる年ですが、相変わらず天邪鬼なままではチャンスを逃すだけ。恥ずかしがらず素直になれば恋人は簡単にできるでしょう。好きな人を自ら誘ってみる勇気が大事です。ただ、個性的な相手を好むタイプなので、自分の幸せを考えて心やさしい人を選ぶようにすることも大切です。結婚運は、結婚するにはいい時期。そもそも結婚願望が薄いので、このタイミングで入籍するといいでしょう。

2021年の仕事&金運

才能を活かすことができる年。これまで風変わりだと思われていただけの人も、知識や能力を最高に発揮できたり、求められるようになるでしょう。結果を出せて満足するのはいいですが、急に環境に飽きて投げ出したくなってしまうので、踏み止まるようにして。あなたにいい刺激を与えてくれる人に会える可能性が高いので、仕事関係者の知り合いのつながりなどを大事にしましょう。金運は、外貨預金や海外の投資がオススメです。

【命数】

40

下町の先生

基本性格

自分の学んだことを人に教えたり伝えたりすることが上手な先生タイプ。議論や理屈が好きで知的好奇心があり、文学や歴史、芸術に興味や才能を持っています。基本的には人間関係を作ることが上手ですが、知的好奇心のない人や学ぼうとしない人には興味がなく、好き嫌いが激しいところがあります。ただし、それを表には見せないでしょう。「偉そうな人は嫌い」と言うわりには、自分がやや上から目線の言葉を発してしまうところも。

〉〉2021年の開運アドバイス

ラッキーカラー ホワイト、ゴールド

ラッキーフード ヒレカツ、コーヒーゼリー

ラッキースポット おいしいお店、美術館

開運 3 カ条

1. 尊敬できる人を見つける
2. 年上の友人を作る
3. ひとつのことを極めてみる

2021年の総合運

これまで学んできたことや知識を活かせる年。頭の回転もよくなっていいアイデアが浮かんだり、上手に指導できたり、目上の人とも仲よくなったりできるでしょう。好きなことを深く学べる機会もあるので、自分の成長を楽しむこともできそう。技術や学んだことを教えると感謝されるようになるので、年下の人に伝えてみて。健康運は、食事のバランスを整えることが大事。古武道や精神修行にもなる運動をはじめましょう。

2021年の恋愛&結婚運

尊敬できる人や年上との恋がはじまる年。気になる人を素直に褒め、認めることで恋がはじまりそう。言葉が冷たくなりやすいので、好かれるような言葉選びが大事になるでしょう。新しい出会いは、友人の紹介や習い事をはじめてみると、素敵な人に会えそう。年上の人が集まる会に参加してみましょう。大人っぽい服装や、実年齢よりも上に見えるような服を選ぶとよさそうです。結婚運は、ひと押しが大事。明るく前向きな話をしてみて。

2021年の仕事&金運

これまでの仕事ぶりが評価され、あなたの技術や頭脳が必要とされる年。どんな仕事も完璧を目指し、極めるために勉強をすることが大事。今後に役立つ技を習得したり、大事なことを学んだりできる環境になりそう。よき指導者や上司に会うこともできそうです。あなたの持つ技術や知識を若い人に伝えてみると、後に役立つことになるでしょう。金運は、長期的に使えるものや資格取得の勉強に役立つものの購入がオススメです。

ラッキーカラー、フード、スポットはプレゼントやデート、遊ぶときの口実に使ってみて

金の時計座 2021年タイプ別相性

自分と相手が2021年にどんな関係にあるのかを知り、
人間関係を円滑に進めるために役立ててみてください。

相手が 金のイルカ座　整理の年

年末に向けて縁が切れたり、距離があいたりする可能性がありますが、次にやるべきことや道を見つけたと思って執着しないようにしましょう。縁があればまた仲よくなれると思っておくこと。別れ方を教えてくれた人だと受け止めましょう。恋愛の場合は、相手の魅力や個性が変化して気持ちが冷めてしまうかも。わがままな行動にガッカリすることや気持ちを振り回されてしまうこともありそう。年末に別れて気持ちがすっきりすることも。

相手が 銀のイルカ座　裏運気の年

急激に仲よくなっても、突然縁が切れてしまいそうな人。運気の影響で相手の裏側を見ているときなので、仲よくなったとしてもいずれは縁が薄くなると思っておくとよさそう。相手も珍しいタイプと仲よくなったと思っているでしょう。恋愛の場合は、相手からの思いが強くなりますが、結果的に振り回されるか、遊ばれてしまいやすいので、真剣な恋には発展しにくいでしょう。ここは深入りしないで、友人くらいの距離感がオススメです。

相手が 金の鳳凰座　準備の年

相手のやる気がないところや雑な部分に目がいってしまいそう。温かい目で見守っておくと、プライベートで遊ぶぶんには楽しい思い出ができそうです。相手まかせにすると余計なトラブルが起きやすいので気をつけましょう。恋愛の場合は、遊びだと割りきってみると楽しい時間を過ごせそうですが、相手の頑固な部分や融通の利かない感じにガッカリすることもありそう。夜の付き合いが増えそうなのでほどほどにしておきましょう。

相手が 銀の鳳凰座　解放の年

一緒にいることでお互いの魅力がアップする相手。これまでの関係が微妙でも、2021年は嚙み合ったり、うまく合わせられそう。相手は頑固すぎるので、あなたが合わせるほうが時間の無駄にならないでしょう。恋愛の場合は、相手はすでに答えが出ているので、素直に気持ちを聞いてみて。あなたの魅力が最高に輝くときで、押しきれる時期でもあるので、簡単に諦めないでこまめに好意を伝えてみると交際に発展しそうです。

相手が 金のカメレオン座　乱気の年

これまでいい感じの相手でも、相手の気持ちの変化や態度にガッカリしたり、距離をおきたくなったりしてしまいそう。あなたの思っている以上に悩みや不安を抱えているので、話を聞いてあげられるといいですが、頼られすぎて面倒になってしまうかも。恋愛の場合は、相手の態度に振り回されて気持ちが冷めそうな年。好みだったはずの部分や魅力に陰りが見え、突然気持ちが冷めてしまいそう。知り合いの１人だと思っておきましょう。

相手が 銀のカメレオン座　ブレーキの年

一緒にいることで幸せを手に入れられたり、達成感を味わえる相手。夏から年末は仲よくなれるチャンスが増え、お互いにいい影響を受けられ人脈も広げられそう。仲間や友人を集めて交流を深めると、いい情報も交換できます。恋愛の場合は、年始か夏以降に素直に気持ちを伝えるといい関係に進めそう。相手の優柔不断とあなたの心のブレる時期が重なると進展に時間がかかるので、相手の出方を待っていないで押しきることも大事。

相手が 金のインディアン座　リフレッシュの年

明るく陽気に見せていても疲れやストレスがたまっている状態なので、べったりしないでほどよく距離をあけることが大切。相手の顔色や体調の変化に気がついたときは、ハッキリ言ってあげることで感謝されていい関係を作ることができそうです。恋愛の場合は、年末になると相手に心のゆとりが出てくるので、仲よくなれたり進展が期待できたりしそう。それまでに無理をすると不機嫌になり恋が冷めてしまうことがあるので注意。

相手が 銀のインディアン座　健康管理の年

あなたが相手の人生を大きく変えるきっかけを作ることになりそうな年。生き方や考え方、仕事の取り組み方などを語ってみると、相手の考え方や生き方が変わりそう。あなたも相手のマイペースさに大きく影響を受けて、勇気をもらえることも。恋愛の場合は、相手の生き方に惚れることや憧れることがあるでしょう。こまめに会い、親友になるくらいの距離感でいると、突然告白される流れが作れそう。定期的に会っておきましょう。

相手が 金の時計座　開運の年

一緒にいることで運気がさらによくなる最高の相手。夢や希望をともに叶えることができるので、関わる時間を増やしたり、お互いの人脈を紹介し合ったりすると役立つことがあるでしょう。春にネガティブな考えに陥ることも似ているので、この期間はお互いに心の支えになって。恋愛の場合は、気になる相手なら素直に気持ちを伝えるといい関係に進めますが、お互いにモテ期なので、モタモタしているとライバルに先を越されるかも。

相手が 銀の時計座　幸運の年

友人や付き合いの長い相手なら一緒にいることで幸運を得られる年。一緒に仕事をするにもいい相手なので、しばらく会っていないときでも、久しぶりに連絡をしてみるとお互いに役立つ情報を得られたり、人脈が広がったりするかも。恋愛の場合は、友人としてすでに仲がいい相手なら交際に進められるでしょう。同級生など共通の知り合いを集めて遊んでみるとチャンスをつかみやすいので、みんなに連絡をしてみるとよさそうです。

相手が 金の羅針盤座　チャレンジの年（2年目）

遊びに誘い出していろいろなことを一緒に体験することで仲よくなれる相手。相手を引っ張り出していろいろな人に紹介してみると不思議な縁をつかめたり、才能を引き出してくれる人に出会えたりしそうです。これが後にあなたにも幸運として返ってくるでしょう。恋愛の場合、あなたから積極的になれば簡単にいい関係になれるでしょう。ポジティブな話や前向きな話をして、相手を応援することでさらにいい関係に。

相手が 銀の羅針盤座　チャレンジの年（1年目）

やるべきことが見つからないで困っている可能性があるので、おもしろい人を紹介してみたり、役立ちそうな情報を伝えてみたりするといいでしょう。好きなことが見つかると驚くほど才能を開花させられるタイプなので、そのきっかけを作ってあげられそう。恋愛の場合は、プライドの高さから告白はなかなかしてこないので、あなたから積極的になってみると簡単にいい関係に。少しくらい反応が悪くても気にしないで押しきってみましょう。

金の時計座

毎月・毎日
運気カレンダー

［2020年11月～2022年3月の運気グラフ］

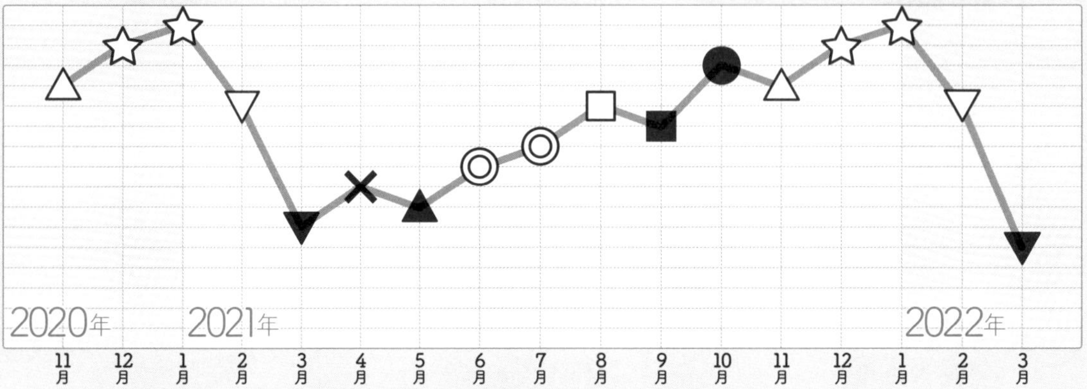

金の時計座の2021年は

☆ 開運の年

運が味方につく絶好の年。あなたを中心に世界が回る

この本で「占いを道具として使う」には、「毎日の運気カレンダー」（P.243～）を活用して１年の計画を立てることが重要です。まずは「12年周期の運気グラフ」（P.225）で2021年の運気の状態を把握し、そのうえで上の「毎月の運気グラフ」で、毎月の運気の流れを確認してください。

「金の時計座」の2021年は、「開運の年」。山登りでいうと頂上で、まさに最高の年です。魅力や才能を評価され、さらに運を味方につけられるので、何事にも積極的になることが大事。2022年から運気の流れが変わり、2023～2024年は「裏の時期」に入ります。裏の時期はこれまでとは違った変化が起こるので、2021年はやりたいことに全力で取り組み、この先の覚悟を決めることも重要です。積極的に行動しましょう。

☆ 開運の月　◎ 幸運の月　● 解放の月　○ チャレンジの月
□ 健康管理の月　△ 準備の月　▽ ブレーキの月　■ リフレッシュの月
▲ 整理の月　✕ 裏運気の月　▼ 乱気の月　＝ 運気の影響がない月

2020

11月

△ 準備の月

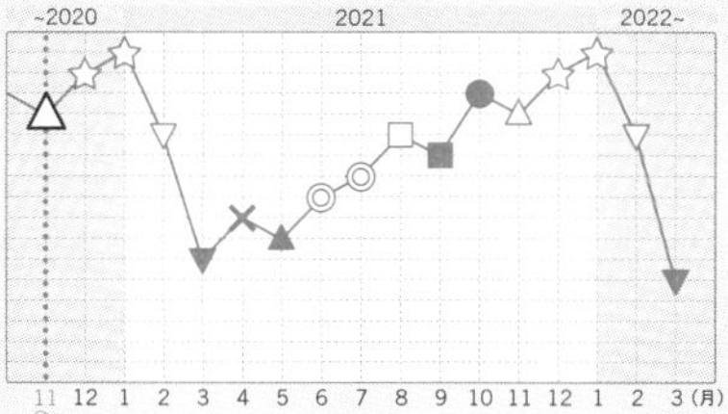

開運 3 カ条

1. メリハリをつけて遊ぶ
2. 確認作業と準備を忘れない
3. 失敗談で周囲を笑わせる

総合運

しっかり仕事をして遊び、何事も楽しむようにすると人生が一変するかもしれない月。みんなの笑顔のために時間やお金を使うといいでしょう。ただし、準備不足でミスをしやすいので、大事な契約などは来月以降にすること。

恋愛&結婚運

周囲から注目されてチヤホヤされますが、目移りしていると本命の人に飽きられたり、相手の気持ちが離れたりしそうです。好きな人がいない場合は気になる相手を遊びに誘い、ノリが合うか確かめたほうがいいですが、勢いで一夜限りの恋になってしまうことも。遊びがクセにならないように気をつけること。結婚運は、先月まとまらなかったカップルは、来月に具体的な話をしましょう。

仕事&金運

仕事運は、やる気はあっても集中力が途切れ小さなミスをしそうです。この時期は失敗しても、後に笑い話になるので気にしなくてもいいですが、普段ならしない忘れ物や勘違い、遅刻や寝坊には気をつけること。金運は、ケチケチせずに遊びにお金を使って楽しい時間を過ごしたほうがいい時期です。

1	日	□	目標が複数あると集中できず、達成が遠のきます。仕事だけでなく、恋愛や結婚でも相手に求めることをひとつに絞れば順調に進むようになるでしょう。
2	月	■	眠気が強まる1日なので、油断して仕事中にウトウトしないように休憩中に仮眠をとっておきましょう。また、昨日スキンケアをサボった人は、肌荒れに悩みそうです。
3	火	●	些細なことでも人から何かを受けたときには、笑顔で「ありがとうございます」「助かります」と素直に感謝の気持ちを表すとモテるようになるでしょう。
4	水	△	「少しくらいの遅刻はいいかな」と油断すると評価を落とすので時間はしっかり守ること。また、確認作業が甘くて周囲に迷惑をかけたりしないように注意して。
5	木	◎	付き合いが長い人からの指摘は相手のほうが正しいので、感謝の気持ちで受け止めて改善するようにしましょう。無視をして自分の非を認めないと幸運を逃します。
6	金	◎	仕事で思った以上の結果を出せますが、運が助けてくれていることを忘れないようにして。自分の実力だと思っていると、後に苦労する原因になりそうです。
7	土	▽	「苦手だな」と思っていた人と楽しく話せて、いい時間を過ごせそう。人の集まりには積極的に参加して、相手のいい部分を探すように意識してみるといいでしょう。
8	日	▼	自分の考えだけが正しいと思って人に押しつけると、ケンカになり気まずい関係に。相手なりの考えや正しいと思っている部分を尊重することも大事です。
9	月	×	ネガティブな考えになってやる気を失いそうですが、付き合いの長い人に相談すると気持ちがすっきりするでしょう。ときには弱音を吐いてみることも必要です。
10	火	▲	机の上や引き出しの中まで、身の回りをきれいに整理整頓して、不要なものは処分しましょう。使わない化粧品や賞味期限切れのものも捨ててしまうこと。
11	水	○	新しいものに興味を示すのはいいですが、仕事中にゲームやSNSなど余計なことばかり考えると、仕事に影響してミスをしやすくなるので気をつけるように。
12	木	○	コートやダウンなど季節の服を買いましょう。仕事終わりに買い物に出かけたりネットで探したりしながら、好きな人を意識した色や明るいイメージのものを選んで。
13	金	□	小さな目標でも掲げることが大事。すでに達成して次が決まらない人は、年内にできそうな目標を掲げて。ダイエットや筋トレに関する目標でもよさそうです。
14	土	■	今日は栄養バランスのいい食事を心がけ、胃腸にやさしそうなものを選んで食べるのがオススメ。しっかり休んで日ごろの疲れをとるようにするといいでしょう。
15	日	●	友人からの誘いが重なりそう。どうせならみんなまとめて一緒に会ってみると、想像以上に盛り上がるでしょう。これからのいい縁につながりそうです。
16	月	△	決断や契約をする場合は、今日ではなく明日以降にしましょう。先のことを考えないで適当な判断をしてしまうことがあるので、一度冷静になってから決めるように。
17	火	◎	経験を上手に活かせる日。その力を自分だけのために使わないようにし、周囲を助けられそうなことがあれば、進んで手を貸すようにするといいでしょう。
18	水	◎	運を味方につけられる日ですが、今日の結果に納得がいかない人は、努力の方向性が間違っていたということ。軌道修正をして、地道にしっかり学び直しましょう。
19	木	▽	夜は周囲に予定を振り回されそうな運気です。仕事でもプライベートでも、やるべきことはできる限り日中に終わらせて、夕方以降はゆとりを持って過ごしましょう。
20	金	▼	些細なことで感情的になって、不機嫌な表情が出てしまいそう。どんなときも上機嫌でいることを心がけ、イライラしたらチョコレートを食べて落ち着いて。
21	土	×	身近な人への甘え方を間違えると関係が悪化するかも。相手まかせにしすぎないことを心がけ、逆に自分に甘えすぎるような人には思いをハッキリ伝えることが大事。
22	日	▲	いい関係だと思っていた相手と距離ができてしまいそう。今日は相性が微妙な人との縁が切れやすく、自分の不運の「身代わり」として身近なものが壊れることがあるかも。
23	月	○	無理に新しいことに挑戦するよりも、これまで通りの安心できる方法で仕事をしましょう。新しいやり方や情報に振り回されると、ミスにつながりやすいので気をつけて。
24	火	○	あなたに必要な情報が入ってくる日なので、視野を広げるためにもいろいろな人と話してみて。長年やりたかった仕事との縁がつながることもありそうです。
25	水	□	複数のことを同時に進めるのではなく、ひとつの仕事をしっかりやり終えることが大事。締めくくりまで油断をしないように意識すると、いい仕事ができそうです。
26	木	■	疲れを感じるときは、栄養ドリンクではなく蜂蜜入りの飲み物を作って飲むといいでしょう。モヤモヤすることがあったら、本音を話せる人に話を聞いてもらうこと。
27	金	●	友人や仲間を大事にすると運気の流れがよくなります。いいチームワークで仕事が進んで目標を達成できるでしょう。誤解が生じていた人間関係も修復できます。
28	土	△	遊ぶにはいい日ですが、調子に乗りすぎて大失敗をしたり、忘れ物などドジなことをしてしまいそう。大恥をかいてしまわないように、上品な行動を意識しましょう。
29	日	◎	身近な人から告白されたり、自分から片思いの人に告白して成就したりと、恋愛運が好調です。自分に素直に行動すると好きな人との関係が一気に深まるでしょう。
30	月	☆	大事な商談が成功したり、ノルマを達成したりといい仕事ができて結果を残せそうです。弱気にならないで、何事も強気に勝負するといい方向に進めるでしょう。

2020

12月

☆ 開運の月

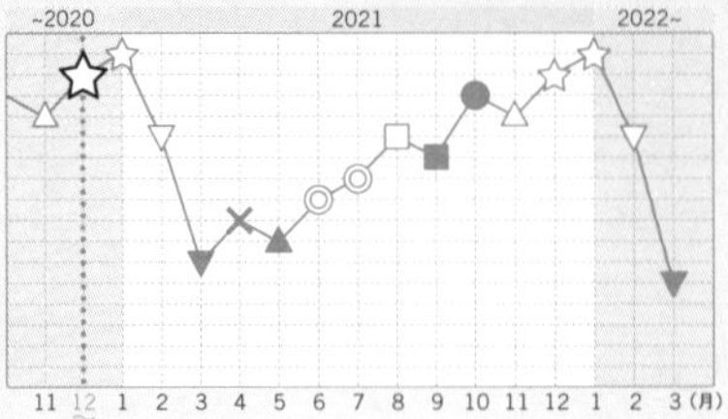

開運 3 カ条

1. 人とのつながりを大事にする
2. 好きな気持ちに素直になる
3. 高価な買い物をする

総合運

あなたの努力を認めてくれる人が集まる時期。偶然の出会いから大きなチャンスをつかみ、運命の人を紹介してもらえそうです。しばらく会っていなかった人からの連絡を大事にし、ふと思い出した人には連絡するようにして。親友が幸運を運んでくることもあるでしょう。

恋愛&結婚運

何度かデートを重ねている人に気持ちを伝えることが大事な時期です。相手もあなたを恋人候補として意識している可能性が高いので、お互いの気持ちを確かめましょう。また、思いがけない人から告白されてとまどう場合もありますが、精神的に頼りになる相手なら付き合うのもいいかもしれません。結婚運は、交際期間が短くても、入籍するには最高のタイミングでしょう。

仕事&金運

仕事運は、満足できる結果や要求以上の成果を残せる時期。無理に新しいやり方をせず、これまでの経験を活かし、知恵も人脈も出しきりましょう。頑張り方次第で次の流れが見えます。金運は、欲しかったものや長く使えるものを購入するといいでしょう。マンションや家の購入もオススメ。

日	曜	運	
1	火	▽	困っていることを上司や頼れる先輩に相談すると、解決策を簡単に教えてくれます。ただし、夜は無駄に忙しくなりそうなので注意しておくといいでしょう。
2	水	▼	今日は実力を試される日。力のある人は簡単に乗りきれそうですが、周囲に頼りきりの人や運まかせでやってきた人は、勉強させられることになりそうです。
3	木	×	付き合いの長い人が必ずしも大事な人とは限りません。なかなか縁が切れない悪友や、あなたを振り回すネガティブな人とは、距離をおくことも視野に入れましょう。
4	金	▲	中途半端なことはできるだけ今日中に終わらせましょう。特に恋愛は相手の気持ちを確認する必要があるので、すっきりしないことがあれば、白黒ハッキリつけるように。
5	土	◎	小さなことを気にせず思いきって行動すると、いい出会いがあったり素敵な経験ができたりします。体験教室や友人の集まる場所には顔を出しておくといいでしょう。
6	日	◎	部屋の模様替えを目的に大掃除をしましょう。季節に合わないものはしまって、年齢に見合わないものは処分すること。懐かしい曲を流すと作業が進みます。
7	月	□	面倒だからといって、不慣れなことや苦手なことを避けていると前に進めません。自分の将来のためにも、苦手なことを少しずつでも克服するように心がけて。
8	火	■	余計なことを考えすぎると疲れてしまうので、楽観的に考えるようにしましょう。今日はストレス発散になりそうなディナーを食べに行くのがオススメです。
9	水	●	「恋のチャンスがない」と嘆く人は、身近な人に注目してみましょう。周囲で目が合う相手はあなたに好意を抱いているので、あなたが意識することで関係が進展するかも。
10	木	△	財布の中を見て、出費の多さに気がつきそうな日。カードで買い物をする人も使いすぎている可能性がありそう。特にネットでの買い物には注意が必要です。
11	金	☆	調子のよかった日と同じように行動すると、いい結果が出せます。いい思い出がある服を着て、自分の調子がよくなるパターンを覚えておくようにしましょう。
12	土	☆	自分の欲しいものを手にできる運気のため、デートには最高な日。いい雰囲気になっていた人と交際がはじまって、深い関係にもなりやすいでしょう。
13	日	▽	年末までのスケジュールを確認しておくといいでしょう。予定があきそうな日は、しばらく会っていない友人を誘って忘年会の計画を立てるとよさそうです。
14	月	▼	あなたのペースを乱す人が現れたり、集中力を奪われたりする日。自分のペースで仕事ができなくなったときは、目の前のことに集中して少しずつでも進めてみましょう。
15	火	×	モタモタしている人にイライラしたり、他人の仕事ぶりばかりに目がいったりしそう。そこでのひと言が余計なお世話になることもあるので、発言には気をつけること。
16	水	▲	後輩や部下にまかせた仕事が思った以上にできていなくて、ガッカリしそうです。自分の伝え方が悪かったことや過度に期待したことを反省するようにしましょう。
17	木	◎	多忙なときに追加で仕事をまかされた場合、無理だと思ったらひとりで抱え込まずに周囲に頼みましょう。仕事を効率的に進められるように知恵を絞ることが大切です。
18	金	◎	新しい方法とこれまでの経験をうまく融合できそう。若い人の考えを学んで自分の経験に加えると、物事をスムーズに進められて、新たなやり方も生み出せます。
19	土	□	クリスマスプレゼントや年末年始に必要なものをまとめ買いし、年賀状を書くこと。外出で疲れたら、夜はスタミナがつくものを食べてパワーを充電しましょう。
20	日	■	掃除や身の回りを片づけるのはいいですが、指をケガしたり腰を痛めたりしないように気をつけて。今日は簡単な掃除にしておいて、来週末に大掃除をしましょう。
21	月	●	恋愛を諦めていた人にもチャンスが訪れる日。仕事関係の人と意気投合したり、身近な人から素敵な人を紹介されたりといい縁がつながっていきそうです。
22	火	△	適当な会話をするときは、声の大きさを控えめにして周囲にあまり聞かれないように。運悪く人の悪口に思えるようなところだけを聞かれ、人間関係が気まずくなります。
23	水	☆	実力がある人は運を味方につけて仕事でいい結果を出して、一気に評価を上げるなど注目を浴びます。恋人のいる人は、未来に向けて1歩前進できそうです。
24	木	☆	楽しいイベントに参加していい思い出ができるなど、素敵なクリスマスイブを過ごせそう。恋人がいない人は友人とパーティーを開いて楽しみましょう。
25	金	▽	あなたにやさしくしてくれる人や協力してくれる人に感謝すること。受けた恩を忘れずに、少しでもお返しできる方法を考えて実践していきましょう。
26	土	▼	予定がキャンセルになるなど、思い通りに進まない日。時間があいたからといってスマホを触って無駄に過ごさずに、本を読んで勉強するようにしましょう。
27	日	×	買い物に出かけるとお得商品を買いすぎて浪費しそう。また、風邪をうつされやすいので、来年に向けて体調を崩さないためにも今日は家で拭き掃除をしておきましょう。
28	月	▲	不要なものを処分するにはいい日。「思い出だから」といって、物にあふれた部屋で生活するよりも、どんどん捨てて身の回りをすっきりさせたほうがよさそうです。
29	火	◎	年末年始に必要になるものははじめて行くお店で買うとお気に入りのひとつになるでしょう。また、話題の場所に行くとリピーターになるほど好きになるかも。
30	水	◎	今日は髪を切って来年着る服を買いましょう。思いきってイメチェンすると注目を集めることができたり、恋のきっかけにもなるので明るい雰囲気になるように心がけて。
31	木	□	今年1年を振り返って何ができたのかじっくり考え、2021年の目標を具体的に掲げましょう。恋人ができなかった人は理想像をちょっと妥協したほうがいいかもしれません。

☆ 開運の日　◎ 幸運の日　● 解放の日　○ チャレンジの日
□ 健康管理の日　△ 準備の日　▽ ブレーキの日　■ リフレッシュの日
▲ 整理の日　× 裏運気の日　▼ 乱気の日　＝ 運気の影響がない日

2021 1月

☆ 開運の月

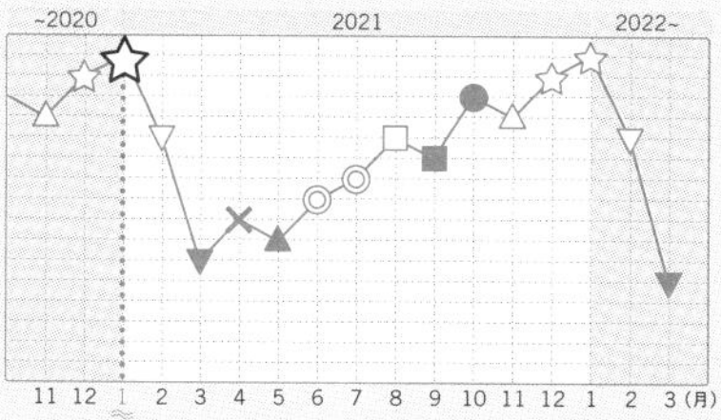

開運3カ条

1. 勇気を出して積極的に動く
2. たくさんの人に会って話をする
3. 長く使えて価値のあるものを購入する

総合運

これまでの苦労や積み重ねが幸運に変わる最高の月。特に人のために行動することができるタイプなので、いろいろな人から協力してもらえたりチャンスを作ってもらえることがあるでしょう。今月は素直に甘えたりお願いをすると、喜んで力を貸してくれるはず。最高の人脈ができる時期でもあるので人の集まりにはできるだけ参加すること。今月は〝スタートの月〟でもあります。習い事や長く続けられる趣味をはじめてみましょう。

恋愛&結婚運

好きな人と交際をスタートできたり素敵な出会いに恵まれる月。視線を感じたら自分に好意がある相手だと思って近寄ると進展しそう。今月偶然出会う人やこまめに会うことができる人ともいい関係になれるので、遠慮せず少し勇気を出して飛び込んで。結婚運も最高にいいので、恋人のいる人は今月プロポーズされたり真剣に将来の話もできそう。あなたから切り出してもOKです。

仕事&金運

仕事で大きな結果を出せたり、大事な仕事をまかされそう。今月の頑張り次第で後の仕事運が大きく変化するほど大事な時期です。これまで以上に真剣に取り組み、若い人の教育や育成に力を入れることも大事。仕事関係者と仲よくなれるので今月は気になる人を誘ってみるといい話が聞けそうです。金運は、高額な買い物、不動産、株などにお金を使うといい月。価値のあるものを購入して。

1	金	■	新年早々風邪をひいたり、暴飲暴食で胃腸の調子を崩すことがありそう。今日は無理をしないで家でのんびりするか、外出をしても近所での初詣くらいにしておきましょう。
2	土	●	気になっている相手から遊びの誘いやメッセージが届きそう。このチャンスを逃さず、正月休み中に会えるように約束しましょう。自分から相手に連絡するのもよさそうです。
3	日	△	時間にルーズになって、予定通りに進まないことがありそう。珍しく気持ちが緩んでいて、判断ミスをしやすいので気をつけて。大事な決断は明日以降にしましょう。
4	月	☆	人とのつながりや縁を感じる日。偶然に懐かしい人に会ったときは何か大事な縁につながることがあるので挨拶をしっかりすること。後日会う約束をしてみるといいでしょう。
5	火	☆	仕事で大きな結果を出せたり、周囲から期待されることがありそう。本気で仕事に取り組むと、思った以上に楽しくなり周囲からの協力を得られたり、感謝できたりしそうです。
6	水	▽	満足できる結果が出せて、楽しく過ごせる1日でしょう。ただし、夜は疲れを感じたり、余計なことを考えすぎてしまうので、無理をしないで早めに帰宅してのんびりしましょう。
7	木	▼	あなたの思いが通じない人や、考え方や生き方が違う人に振り回されてしまいそう。上手に流したり、「いろいろな生き方があるな」と思って学ぶようにするといいでしょう。
8	金	×	約束や予定を忘れてしまったり、軽はずみにOKしたことが面倒になったりしそう。今日は普段よりも雑になってしまうことがあるので、注意して過ごしましょう。
9	土	▲	2020年中に処分できなかったものは今日中に片づけるようにしましょう。身の回りをきれいに掃除して整理整頓すると、気持ちがすっきりしていい週末を過ごせそうです。
10	日	◎	友人や知人と楽しく過ごせる日になりそう。素敵な人を紹介してもらえるので、身なりはしっかり整えておくこと。礼儀正しく、挨拶は自分からすると運気がよくなります。
11	月	◎	チャレンジしてみたいと思った仕事ができたり、新しいやり方をうまく取り入れることができそう。これまでの経験もうまく活かすことができ、やる気にもなれるでしょう。
12	火	□	体重を量ったり、自分の体形を見たりして、ダイエットを考えたり、基礎体力作りをスタートさせるには最高にいい日。目標を立ててゆっくりでもいいのではじめてみましょう。
13	水	■	寝不足や疲れを感じるかも。無理をすると風邪をひいてしまうことがあるので、防寒対策をしっかりしたり、体が温まるものを選んで食べるようにするといいでしょう。
14	木	●	頭の回転がよくなっていいアイデアを出せたり、周囲から協力してもらえることがありそう。うれしいサプライズや異性からやさしくされることも。恋のチャンスも巡ってきそう。
15	金	△	小さな失敗が重なってしまうかも。財布や携帯電話を置き忘れて焦ったり、時間を間違えてしまうことなどがありそうです。事前にしっかり確認をするようにしましょう。
16	土	☆	友人だと思っていた人から好意を寄せられたり、気になっていた人から連絡がくることがありそう。自分の気持ちに素直に行動してみると、運を味方につけられるでしょう。
17	日	☆	買い物をするには最高にいい日。今日手に入れたものはあなたのラッキーアイテムになるので、長く使えるものを選びましょう。契約や引っ越しなどをするにもいい運気です。
18	月	▽	昨日のいい運気の流れが続いていますが、満足できたときほど周囲に感謝することを忘れないように。夕方以降は疲れを感じたり、迷いが出やすいので気をつけましょう。
19	火	▼	慎重に冷静に判断することは大事ですが、マイナスに考えすぎてしまわないようにしましょう。冷たい言葉や心ない言葉には傷つかないよう、上手に聞き流すとよさそうです。
20	水	×	今日は何事も調子に乗らないように、慎重に判断することが大事です。うっかりのミスで信用を落としてしまうことがあるので、相手のことを思って判断するようにしましょう。
21	木	▲	仕事道具や仕事着をきれいにしたり、職場をいつも以上に整理整頓しておきましょう。自分の周りだけではなく目についたところもきれいにすると、運気がよくなりそうです。
22	金	◎	長く希望していた夢が叶ったり、いい流れに乗れそう。いい人脈を作れたり、チャンスをつかむことができる可能性があるので、遠慮しないで恋も仕事も積極的に行動しましょう。
23	土	◎	はじめて行く場所でいい出会いやおもしろい発見があるかも。書店で気になる本を探してみたり、芝居や映画を観るといい刺激を受けて、やる気になることもありそうです。
24	日	□	軽い運動やストレッチをするといいでしょう。友人を誘ってスポーツをして汗を流してみるのもよさそうです。夜はゆっくりお風呂に入って、しっかり疲れをとるようにして。
25	月	■	少し肌の調子が悪くなり、口内炎やニキビなど気になるところが出てきそう。果物やビタミン豊富なものを食べたり、ハーブティーを飲んでゆっくりする時間を作りましょう。
26	火	●	周囲から期待されることに素直に応えることで、魅力や能力がアップしそう。何事も全力で取り組んでみると、生きる喜びや楽しくなることをたくさん見つけられそうです。
27	水	△	勢いまかせで行動したり、安請け合いをしたりすると面倒なことになってしまうかも。いい加減な返事をしないで、人の話は最後までしっかり聞いて判断するようにしましょう。
28	木	☆	気になることにはすべてチャレンジするくらいの勢いが大事。「人生は一度だけ、後悔しないためにもまずは行動する」と思って勇気を出すと、いい結果につながるでしょう。
29	金	☆	日中は仕事運がよさそう。自分の仕事を全力でやるのは当然ですが、周囲の仕事を手助けすることも大事。「何かお手伝いできることはありますか？」と尋ねてみましょう。
30	土	▽	ランチデートをするには最高にいい日。この日に合わせてデートの約束や遊ぶ予定を立てておくといいでしょう。ただし、夜は予定が変更になって振り回されてしまいそう。
31	日	▼	わがままな発言をしたり、自分のことだけを考えないようにしましょう。気持ちが浮かないときは、感謝できることを少しでも探してみると、前向きになることができそうです。

2021

2月

▽ ブレーキの月

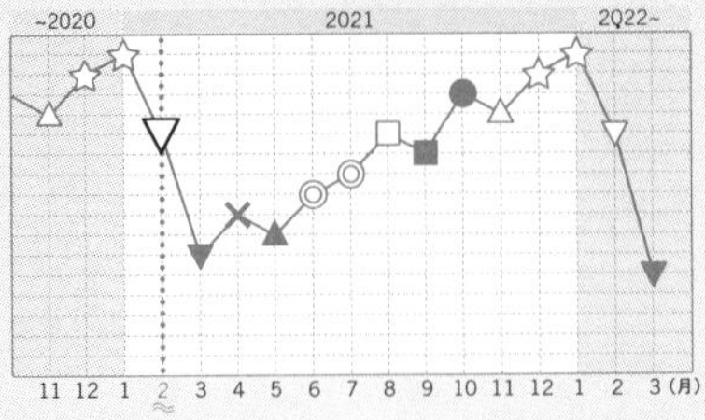

開運 3 カ条

1. 「自分、相手、周囲」を笑顔にする
2. 遠慮しないで行動する
3. 気になる人の前では素直になる

総合運

満足できる結果が出たり、周囲から評価されるなどうれしい出来事が多い時期。遠慮しないで少しわがままになるくらいのほうがいいですが、中旬を過ぎると流れが変わってくるので、他人や周囲を笑顔にするために行動するよう心がけて。感謝できる人の存在を忘れず、協力してくれた人や仲間を大事にするといいでしょう。下旬はストレスから肌荒れを起こしたり体調を少し崩すことがあるので、予定は詰め込まないように。

恋愛&結婚運

先月あたりからいい関係になっている相手がいる場合は、今月から交際をスタートできたり、告白される流れになりそう。友人や知人が同じ人を好きになっていると知ったときに譲らないで、自分の気持ちに素直になること。新しい出会い運は中旬までいいのでフットワークは軽くして。1〜2年の交際期間があるカップルは今月中に入籍や婚約をするとよさそう。突然のプロポーズもあるかも。

仕事&金運

職場であなたが中心になったり、実力以上の結果を出せる時期。遠慮しないで思いきって仕事に取り組んだり、真剣にやることで職場の空気が変わり、楽しく仕事ができるようになるでしょう。教えられることはケチケチしないで伝えることも大事になりますが、後輩や部下の考えや気持ちも聞いてみましょう。金運は、少し収入が上がったり、お得な買い物ができるかも。情報を調べてみて。

1 月	✕	余計なことを考えすぎてしまったり、マイナスな情報に心を乱されてしまうことがあるので気をつけましょう。寝る前にはプラスの妄想をするといいでしょう。
2 火	▲	お気に入りのものをなくしたり、壊してしまったり、傷つけてしまうことがありそう。スマホを落として画面を割ってしまったり、靴を汚してしまわないよう気をつけましょう。
3 水	○	おもしろい発見がありそう。意外なことを知ることで好奇心に火がつきそうです。はじめて話す人からおもしろい話を聞けることもあるので、対話を楽しんでみるといいでしょう。
4 木	◎	友人や周囲の人から素敵な人を紹介してもらえる流れになりそう。大事な情報を教えてもらえることもありそうです。人とのつながりのおもしろさに改めて気がつけるでしょう。
5 金	□	気になる相手がいるなら、連絡をしてデートの約束をしましょう。「土日は空いてる？」と気軽に尋ねて。断られても「また誘うね」くらいあっさりすると縁がつながりそう。
6 土	■	今日は体を動かして軽く汗を流し、その後はしっかり体を休ませましょう。すでに疲れを感じてしまっている人は、昼寝をする時間を作り、のんびりする1日にするとよさそう。
7 日	●	異性から突然相談の連絡があったり、遊びに誘われるかも。複数から誘われることもあるので、時間を決めて会っておきましょう。突然好意を伝えられることもありそうです。
8 月	△	うっかり時間を間違えてしまったり、数字を見間違えてしまうことがありそう。思ったよりもボーッとすることがあるので、確認作業はしっかりするようにしましょう。
9 火	☆	仕事への取り組み方を考え直してみたり、これまでよりも真剣に向き合うことが大事です。自分で思っている以上に実力を発揮できる日になるので、頑張ってみましょう。
10 水	☆	他人のために頑張ってきたことや、仕事に取り組む姿勢が高く評価されそう。魅力や才能を見抜いてくれる人が現れ、大抜擢されることもあるので、臆病にならないで受け入れて。
11 木	▽	大事なことは午前中に決めましょう。気になる相手をデートに誘うなら、お昼にメッセージを送ってみるといいでしょう。夕方以降は予定が乱れやすいので気をつけて。
12 金	▼	他人にやさしくするのはいいですが、情に振り回されてしまったり、態度の悪い人と関わって疲れてしまうことがありそう。ほどよい距離感を保つことを忘れないようにして。
13 土	✕	今日は無駄な外出は避けて家でのんびりしたり、身の回りの掃除や片づけをするといいでしょう。長年使っていないものを処分するには絶好のタイミングです。
14 日	▲	バレンタインですが、好きな人にチョコレートを渡すなら夕方以降のほうが効果がありそう。デートの約束をするときは少し遅めに会ってみるといいでしょう。
15 月	○	気になる習い事をはじめてみたり、読んでみたいと思った本を購入するといいでしょう。いい気づきや勉強になることを見つけられたり、話のネタを作ることができそうです。
16 火	○	生活リズムを少し変えてみたり、変化を楽しんでみましょう。偶然の出会いが生まれていい縁につながったり、いいヒントが思い浮かぶこともありそうです。
17 水	□	何事も丁寧にきっちりするように心がけましょう。挨拶から小さなチェックまで、自分のできる範囲でいいので「今日はしっかりした自分になれた」と思えるように行動して。
18 木	■	うっかりミスでケガをすることがありそう。わずかな段差でつまずいて転んでしまったり、ドアなどに指を挟んだりしないように気をつけ、今日は慎重に行動しましょう。
19 金	●	気になる相手と仕事終わりにデートをしましょう。あなたの行きつけのお店を紹介したり、手料理を作ってみるのもいいでしょう。一気にいい関係に進むこともありそうです。
20 土	△	精神的にリラックスをするにはいい日。のんびりお茶を飲んでみたり、ゆったりとした時間が過ごせる場所に出かけてみましょう。ボーッとして忘れ物をしないように注意して。
21 日	◎	片思いの相手がいるなら、今日は気持ちを伝えるにはいい運気。余計なことを考えないで素直になるといい展開になりそう。ここで動かないときはキッパリ諦めるといいでしょう。
22 月	☆	仕事に真剣に取り組むことでいい結果につながりそう。求められている以上の結果を出せるように、一生懸命になってみると仕事が楽しくなり、時間も短く感じられそうです。
23 火	▽	日中は人間関係が良好ですが、夕方あたりからは空回りしたり、よかれと思った行動で気まずい感じになってしまうことがあるかも。言葉選びや行動は慎重にしましょう。
24 水	▼	やる気を失ってしまったり、人間関係で不安や心配なことが出てきそう。振り回されることもありますが、現実をしっかり見て、今やるべきことに集中しましょう。
25 木	✕	冗談やウソに騙されてしまうかも。相手の話をしっかり聞くことは大切ですが、うまい話は疑ったほうがいいでしょう。調子のいいことを言う人にも気をつけて。
26 金	▲	身の回りをきれいにするといい日。データや写真の整理などをするといいでしょう。着ない服や古くなったものを一気に処分すると気持ちがすっきりしそうです。
27 土	○	自分でも珍しいと思うことに興味が湧きそう。気になったことは、少しくらい面倒だと思っても挑戦してみるといいでしょう。失敗もいい経験にすることができます。
28 日	○	はじめて行く場所に幸運があるかも。気になるお店を見つけたら友人を誘ってみると、素敵な出会いや経験につながるでしょう。若い人との縁を感じられることもありそうです。

☆ 開運の日　◎ 幸運の日　● 解放の日　○ チャレンジの日
□ 健康管理の日　△ 準備の日　▽ ブレーキの日　■ リフレッシュの日
▲ 整理の日　✕ 裏運気の日　▼ 乱気の日　＝ 運気の影響がない日

2021 3月

▼ 乱気の月

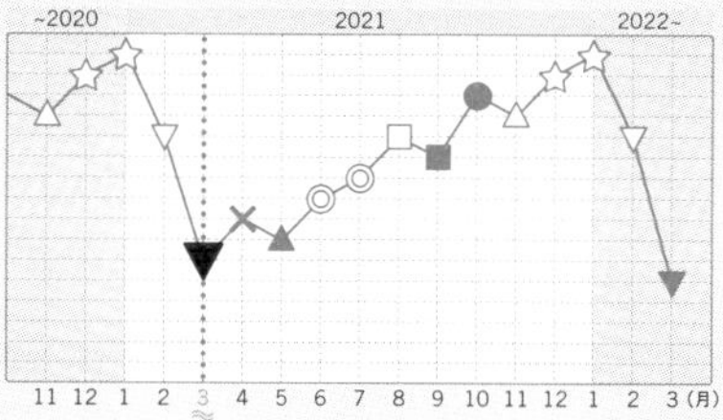

開運 3 カ条

1. 寝る前に明るい未来を想像する
2. 相手のいい部分を探す
3. 面倒なことを楽しむ

総合運

1年の中で最も注意が必要な月ですが、ネガティブな考え方をせずに、迷いのある行動をしなければ問題はないでしょう。いろいろ考えさせられることがありますが、多くの問題や心配事は時間が解決してくれそう。人との縁が切れることがあっても、ここで離れる人とは縁がなかったと思っておくといいでしょう。健康運は、肌荒れを起こしたり体調を崩しやすいので、異変を感じたときは早めに病院に行き、風邪の予防もしっかりと。

恋愛＆結婚運

いい感じの相手とも気まずい空気になったり、思った以上に空回りすることがありそうな時期。自分の思いを押しつけるよりも、相手中心に動いてみるといいでしょう。すでに相手に合わせているという場合は逆に自分中心に動いてみて。新しい出会いは期待が薄いので無理に出会いの場に行かなくてもよさそう。結婚運は、恋人とすれ違いがある時期ですが、些細なことは気にしないように。

仕事＆金運

仕事に対して前向きになれなかったり、苦手な上司や部下との関わりが増えるなど、人間関係で気持ちが不安定になりそうな時期。余計なことを考えすぎないで、やさしくしてくれる人や支えてくれる人のために目の前の仕事に一生懸命取り組んでおきましょう。金運は、不要な出費が増えそうですが、人の笑顔のための出費は問題ありません。ケチと思われないようにしたほうがいいでしょう。

1	月	□	何事も慎重に考えて判断しましょう。考えがまとまらないときは周囲に相談をしてみて。夜は疲れを感じやすく体調を崩しやすいので、無理に予定を入れないように。
2	火	■	油断をしていると風邪をひいてしまったり、ケガをしやすいので気をつけましょう。体力を温存しながら仕事をするといいので、頑張りすぎないようにほどよくサボりましょう。
3	水	●	気持ちが楽になるいい日ですが、調子に乗りすぎて恥をかいてしまうことがあるので要注意。異性から視線を感じるときは自分に好意がある人だと思っておくといいでしょう。
4	木	△	情報不足や間違った情報に振り回されてしまうことがあるので気をつけて。特にネットの情報だけを見ていると、いい加減なことも多いということを忘れないように。
5	金	○	いろいろな人の考え方や生き方を学ぶといいでしょう。付き合いが長い人と語ってみると、いい勉強になることが多く、新たな魅力を発見することもできそうです。
6	土	○	日用品や消耗品を買いに行くにはいい日ですが、長く使うものの購入は避けたほうがいいでしょう。欲しいものはメモしてから買いに行き、衝動買いは避けるようにして。
7	日	▽	今日は家でのんびりしたり、部屋や身の回りをきれいに片づけておきましょう。長い間使っていないものや着ていない服などは、処分するかネットで売ってしまうようにして。
8	月	▼	遅刻や忘れ物をしやすく焦りやすいうえに、渋滞や時間の間違いなどいろいろな不運が重なってしまいそう。今日はいつもよりも早めに行動して、ゆとりを持っておきましょう。
9	火	×	他人の雑な部分が目についてイライラすることがありそうです。あなたの雑な部分も出てしまっていることがあるので、他人は鏡だと思って気を引き締めましょう。
10	水	▲	何事も手順をしっかり守り、丁寧さを心がけるようにしましょう。特に締めくくりは大切なので、終わりまで油断しないように。最後が適当になると評価は上がりません。
11	木	＝	好奇心は大切ですが、一気に行動する前に情報をしっかり集めるようにして。まずは経験者から話を聞いて、プラス面とマイナス面をしっかり分析するようにしましょう。
12	金	＝	新しいことに興味を示すことが大事。なかなか興味が湧かない場合は、最新の映画を観たり、舞台やライブを観に行きましょう。チケットの予約や購入をするとよさそうです。
13	土	□	計画的に過ごすといい1日になるので、出かけるときは帰りの時間を決めておきましょう。ダラダラ過ごすと疲れてしまうかも。予定を早めに切り上げることも必要になりそう。
14	日	■	しっかり体を休めるといいでしょう。予定を詰め込んでしまうと体調を崩すので気をつけて。マッサージや整体に行ったり、近くの温泉やスパでのんびりするのもオススメです。
15	月	●	順調に進むときほど周囲の力や支えてくれる人の存在を忘れないようにしましょう。親切な人にやさしくしたり、感謝の気持ちを忘れないことで、いい人間関係を作れそうです。
16	火	△	今日は何事も慎重に行動し、確認やチェックをしっかりするように心がけて。特に事前の確認と最後のチェックを怠らないようにすれば、面倒なことを避けられるでしょう。
17	水	○	友人や知り合いと仲よくするのはいいですが、距離をおいて欲しいと思っている人もいることに気づくようにしましょう。べったりしない関係を作れるようにするとよさそう。
18	木	○	現在の貯金や、財布の中にどのくらいお金があるか確認しておくといいでしょう。仕事の領収書や精算も忘れないように。保険なども一度確認しておくとよさそうです。
19	金	▽	挨拶やお礼をしっかり言うことを忘れないように。特に感謝の気持ちを伝えないと、運気の流れを逃してしまうことがあるので、お礼はしっかりするようにしましょう。
20	土	▼	予定が乱れてしまうことがある日。強引な人にペースを乱されてしまったり、相手に合わせすぎて疲れてしまいそう。無理なときはハッキリ断れるようにしておきましょう。
21	日	×	耳の痛いことやハッキリ言ってくれる人に「ありがとうございます」と思えることが大事です。自分に都合の悪い話こそしっかり聞くようにするといいでしょう。
22	月	▲	忘れ物をして慌ててしまったり、取引先の名前がわからなくて焦ってしまうことがありそう。事前に確認をしてしっかり準備をしておけば、問題は避けられるでしょう。
23	火	＝	過去に執着をしても意味はありません。新しいことに目を向け、過ぎ去ったことは割りきるようにしましょう。少しでもいいので挑戦をすると、いい経験ができそうです。
24	水	＝	人をしっかり観察することで勉強や分析ができるかも。対話をする中で大事なことに気づくこともありそうです。本を読んでいろいろな人の考えを学んでおくことも大切でしょう。
25	木	□	理論通りに進まない、計算通りに進まないと感じるときは、自分の理論や計算が間違っているだけ。想定や計画の甘さを素直に認めて、考え方を改める必要があるでしょう。
26	金	■	日中の疲れが残ってしまいそう。飲み会で暴飲暴食をして体調を崩してしまったり、酔って後悔することがあるので気をつけましょう。早めの帰宅を目標にしておくこと。
27	土	●	思ったよりも順調に物事が進むでしょう。気になる相手を誘って日中に映画を観たり、ランチデートをしてみて。時間を決めて短い時間で会ったほうが印象がよくなりそうです。
28	日	△	友人や知り合いと楽しく話をするのはいいですが、愚痴や不満や文句は言わないように。余計な言葉で空気が悪くなってしまうことがあるかもしれません。
29	月	○	成功体験にこだわっていると前に進めなくなるだけ。過去の結果はどうでもいいことだと思って、新しいことに目を向けるようにして。若い人からももっと学んでおきましょう。
30	火	○	大事な仕事をまかせてもらえ、真剣に取り組むことでいい結果が出そうです。マイナスに考えるよりも、前に進む熱意や挑戦する気持ちを忘れないようにしましょう。
31	水	▽	日中は周囲の人と楽しく過ごせそうですが、夕方あたりからは噛み合わない人と一緒になったり、タイミングが合わなくなってしまいそう。気になる人との関係も微妙になるかも。

2021

4月

✕ 裏運気の月

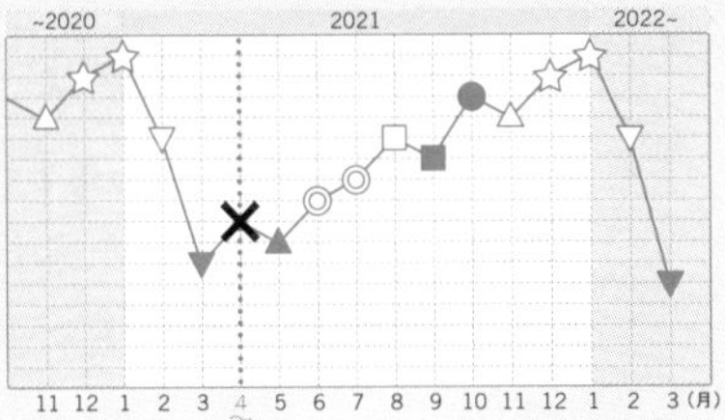

開運3カ条

1. 意外な出会いを楽しむ
2. 予定が乱れることは当たり前だと思う
3. 少し贅沢な食事をする

総合運

普段なら興味のない世界に、なぜか飛びこんでしまうことがある月。常識の範囲内なら少しくらいの無茶はいい経験や勉強になるでしょう。これまで縁のなかったような人や意外な人と仲よくなる場面もありますが、ここでの縁はやや薄いので深入りをしないで、後に縁が切れる覚悟をしておくといいでしょう。健康運は、体調を崩してしまわないよう注意して。肌荒れを起こすことがあるのでスキンケアはしっかりしておくこと。

恋愛＆結婚運

興味の薄いタイプの人から好意を寄せられたり、自分でも驚くような人にひと目惚れするかも。「裏運気の月だ」と自分に言い聞かせて冷静になって。一夜の恋やこれまでにない展開もあるので割りきれるなら飛び込んでもいいですが、ここで深入りした相手とは長い付き合いはないでしょう。結婚運は、マリッジブルーになって、不安や心配事が多くなりそう。考えすぎはほどほどに。

仕事＆金運

突然重要な仕事をまかされたり、不慣れな仕事をやることになる時期。人間関係でも面倒なことに巻き込まれたり、好きだった先輩や上司、同僚の異動や転職でやる気を失ってしまうことも。マイナス面を探すよりも今ある仕事に感謝して真剣に取り組んでみましょう。金運は、高級なお店でランチを食べたり、少し贅沢な買い物をするのもオススメ。ただし、ローンでは購入しないように。

1 木	▼	孤独を感じたり、人間関係で悩みができてしまうかも。エイプリルフールを利用して、冗談半分のウソで周囲を笑わせてみると、流れを変えることができるでしょう。
2 金	✕	珍しいミスをしやすい日。恥ずかしい思いをしたり、ドジなことをする可能性があるので気をつけましょう。名前を間違えてしまったり、勘違いをすることもありそうです。
3 土	▲	部屋を見渡して、季節外れのものは出しっぱなしにしないで片づけ、春らしい感じに模様替えしましょう。不要なものは処分して、身の回りをすっきりさせるのもよさそうです。
4 日	＝	時間があるときは散歩をしたり、映画を観てのんびり過ごすようにするといいでしょう。予定を詰め込んでしまうと疲れてしまうので、今日は無理をしないようにして。
5 月	＝	勉強になることが多い日。自分の考えとは違う人から学べたり、いい話も聞けそう。大事なことはしっかりメモをとっておきましょう。不便さを知ることも勉強になりそうです。
6 火	□	規則正しい生活を心がけることが大事。時間を意識して1日を過ごし、睡眠時間を少し多めにするといいでしょう。無駄にスマホをいじったり、ゲームで遊びすぎないように。
7 水	■	肌の調子が悪くなってしまったり、疲れを感じやすいでしょう。集中力が低下しやすいのでこまめに休憩をとるといいかも。気分転換に炭酸水を飲んでみるとすっきりしそうです。
8 木	●	よくも悪くも目立ってしまう日。異性から注目されるのはいいですが、面倒な人に目をつけられてしまうこともあるので気をつけましょう。派手な服は避けたほうがいいかも。
9 金	△	小さなミスが続きそう。手を滑らせてコップを落とし、服を汚してしまったり、転んでケガをしたり、ドアに指を挟んでしまうことがあるかも。今日は丁寧に行動しましょう。
10 土	○	久しぶりに会う人や親友と楽しい時間を過ごせそう。愚痴や不満を話すのもいいですが、できれば明るい未来や前向きな話をすると運気が少しよくなるでしょう。
11 日	○	買い物をするのはいいですが、余計なものまで買ってしまうかも。値段をしっかり見て、本当に必要なものか冷静に判断しましょう。欲しいものをメモして買いに行くとよさそう。
12 月	▽	ニキビや肌荒れに悩んでしまいそう。野菜や果物を多めに食べておくとよさそうです。軽い運動をするのもいいので、ストレッチをしてから出かけてみましょう。
13 火	▼	取引先やお客さんの気分に振り回されてしまいそう。どんなときでも平常心と笑顔を心がけ、振り回されないように。上手に流せるようにすると大きく成長できるでしょう。
14 水	✕	親切が裏目に出てしまうかも。困っている人を助けるのはいいですが、余計なことを言ってしまったり、やらなくていいことをして面倒を増やしてしまうことがあるので要注意。
15 木	▲	恋人やいい関係に進んでいた人とケンカになったり、気まずい関係になってしまいそう。しつこくならないように気をつけ、自分の正義を押しつけないようにしましょう。
16 金	＝	新商品に手を出したくなりそうですが、ガッカリすることや失敗することも多そう。不運と捉えるのではなく、この経験をおもしろおかしく話せるようにチャレンジしてみましょう。
17 土	＝	ちょっと遠出をして見知らぬ街に行ったり、買い物に行ったことのないお店に入るなど、少し勇気を出して行動してみて。いい発見や出会いもあり、すべては勉強になると思えそう。
18 日	□	軽く運動をして汗を流してみたり、散歩をして普段より歩いてみて。筋トレやスポーツジムの体験教室に行ってみるのもオススメ。詳しい友人に聞いてみましょう。
19 月	■	昨日の疲れが残ったり、風邪をひいてしまいそう。今日は無理をしないで少しペースを落とし、休憩中に仮眠をとるといいでしょう。夜は気になる相手から突然誘われるかも。
20 火	●	あなたの魅力や才能に惚れる人が現れそうですが、年齢が離れすぎている人や既婚者にモテてしまうことも。やさしくしすぎると面倒なことになるので気をつけましょう。
21 水	△	慣れた仕事を「このくらいで」と甘く考えていると、大きな問題になることがあるので要注意。確認や事前準備をしっかりしておけば避けられることばかりなので気をつけて。
22 木	○	素敵な人に少しでも近づけるように努めることが大事。困ったときや気持ちが上がらないときは、憧れの人や尊敬できる人がどんなふうにして乗りきるか想像して行動しましょう。
23 金	○	「損して得とれ」を学ぶことになる日。無駄な時間や不要な費用を使うからこそ学べることもあるでしょう。マイナス面ばかり見ないでプラス面がどこなのか探してみて。
24 土	▽	日中は気持ちよく物事が進みそうですが、夕方あたりからは予定が乱れ、バタバタしてきそう。余計なひと言で気まずい空気になることもあるので、発言には気をつけて。
25 日	▼	楽しんでいるときほど水を差すひと言やテンションが下がる出来事がありそう。今日は冷静に落ち着いて行動するようにするといいでしょう。飲酒には注意が必要です。
26 月	✕	信用していた人に裏切られてしまうかも。他人まかせにするのもいいですが、過剰に期待をしないほうがよさそうです。自分でできることはできるだけやるようにしましょう。
27 火	▲	この1カ月でソリが合わない感じがする人とは距離をおいたほうがいい日。「人としてどうかな？」と疑問を感じる人とは縁をキッパリ切ってしまってもいいでしょう。
28 水	＝	新しいことに目を向けると視野が広くなっていいですが、余計な情報も入ってしまうので気をつけましょう。いろいろな考え方があるものだと思って受け止めるとよさそうです。
29 木	＝	はじめて会う人といろいろ話してみましょう。これまでの話のネタが活かせることがありそうです。盛り上げ上手になることができると、さらに素敵な縁ができることも。
30 金	□	今後のお金のことをしっかり計算してみて。連休中の遊びの費用や、5〜10年後にどのくらいの貯金があるといいか、欲しいものの値段なども調べてみて、コツコツ貯金しましょう。

☆ 開運の日　◎ 幸運の日　● 解放の日　○ チャレンジの日
□ 健康管理の日　△ 準備の日　▽ ブレーキの日　■ リフレッシュの日
▲ 整理の日　✕ 裏運気の日　▼ 乱気の日　＝ 運気の影響がない日

2021 5月

▲ 整理の月

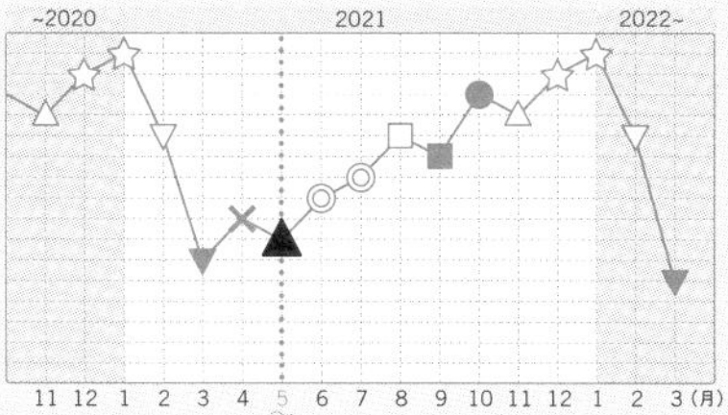

開運 3 カ条

1. 離れる人に執着しない
2. 年齢に見合わないものは処分する
3. 目につくところはきれいにする

総合運

運気の流れがいい年だからこそ、縁が切れることがある月。相性が悪い人や悪友、本来関わらないほうがいいタイミングで出会った人とは離れることになったり、縁が切れることがあるでしょう。執着や後悔をすると前に進めなくなってしまうので気をつけて。人以外にも不要なものを処分したり年齢に見合わない幼稚なものなども捨てるといいでしょう。健康運は、小さなケガをすることがあるので行動は慎重にしてください。

恋愛＆結婚運

中旬までは恋人とケンカしたり、すれ違いになるかも。ネガティブな考えや言葉を発していると別れることになるので、自分が正しいと思わず相手のことを思って言葉を選んで。新しい出会い運は下旬から少しよくなるので、友人や先輩からの紹介は期待を。結婚運は、結婚願望が薄かった人ほど、急に結婚に前向きになりそう。勢いで婚約をしたり、入籍の日を具体的に決めてもいいでしょう。

仕事＆金運

丁寧に仕事に取り組むことが大事な時期。雑になったり手順や基本を無視するとトラブルを引き起こしてしまうかも。時間やスケジュール、目標などをしっかり確認して、些細なことまでキッチリするように。しっかり締めくくれるように意識して仕事をするといいでしょう。職場や仕事道具をきれいに整えると、気持ちが前向きになりやる気も出そうです。金運は、不要なものを売りましょう。

1 土	■	ゆっくりする予定が逆に忙しくなってしまったり、疲れがたまってしまうことがありそう。暴飲暴食には注意し、天気予報の気温を見て着るものをしっかり選んでおきましょう。
2 日	●	不思議といろいろな人から遊びに誘われるかも。気になる人からも連絡がくることがありますが、タイミングが合わず、ほかの人と先に約束をしてしまっているなんてことも。
3 月	△	なくし物に注意が必要な日。いらないものだと思って処分したら大事な資料や部品だったという可能性もあるので気をつけましょう。財布やスマホの置き忘れにも注意して。
4 火	○	友人や知り合いから大切な話や言葉を聞けることがあるでしょう。どんな言葉も善意を持って受け止めて、上手にプラスに変換できるように努めると大きく成長できそうです。
5 水	○	出費が多くなりますが、そのぶん楽しめることも多そう。映画や舞台、テーマパークなどに行ってはしゃいでおきましょう。遊ぶときはしっかり遊ぶことで運気がアップします。
6 木	▽	片づけや買い物など、用事は午前中に終わらせておくと順調に進んでいいでしょう。夕方になると混雑に巻き込まれたり、予定が乱れることが多くなりそうです。
7 金	▼	大事なものをなくしてしまったり、時間を間違えて焦ってしまうことがありそう。よく確認をして、冷静になることを忘れないように。うっかりミスが重なることもありそうです。
8 土	×	恋人や家族、親友など身近な人とケンカになったり、不機嫌になってしまうことを言われそう。図星なことを言われたときほど感謝の気持ちを忘れないようにしましょう。
9 日	▲	季節に合わないものや年齢に見合わないものは処分するといいでしょう。大掃除をするつもりで身の回りを片づけてみて。クローゼットにある着ない服も処分しておくこと。
10 月	＝	休み明けでやる気がなかなか出ない感じがありそう。目の前のことに取り組んでいるうちに自然とやる気も出てくるので、グズグズするのはやめましょう。
11 火	○	少しでもいいので新しいやり方に挑戦してみて。便利なアプリを紹介してもらえることもあるので、詳しい人に教えてもらったり、自分でも調べてさっそく使ってみましょう。
12 水	□	現実をしっかり見つめることが大事。苦労や困難は必ず自分に原因があるので、弱点や欠点を克服する努力を忘れないように。やり方を変えることもときには必要でしょう。
13 木	■	頑張りすぎに要注意。頑張ることはいいのですが、勢いで行動するとケガをしたり、転倒することがあるかも。こまめに休み、家でゆっくりお風呂に入って疲れをとりましょう。
14 金	●	周囲から求められることにできるだけ応えると、みんなで笑顔になれて充実した1日になりそうです。あなたの魅力に惚れる人が現れたり、あなたに恋する人が出てくるかも。
15 土	△	遊びに出かけることでストレス発散ができたり、いい人間関係を作ることもできそう。些細なドジが増えるので、食べこぼしをしたり、ドリンクを倒さないよう気をつけましょう。
16 日	○	親友や付き合いが長い人と縁がありそう。悩みや不安を話してみるとすっきりしそうです。楽しい話や笑い話をすると前向きになれることもあるので、急でもいいので誘ってみて。
17 月	◎	実績を認められることがある日ですが、期待に応えなくてはならないことがプレッシャーになってしまうことも。今の自分の力を素直に出すことだけを考えて仕事をしましょう。
18 火	▽	日中はやりがいを感じることができそうですが、夕方あたりからは人間関係が面倒になったり、投げ出したくなってしまうかも。心ない人の言葉には振り回されないように。
19 水	▼	ひとりになる時間が増えてしまいそう。寂しいと思う前に、本を読んだり、ひとりだからできることに集中するとよさそうです。勉強をするにもいい日だと思っておきましょう。
20 木	×	偉そうな人と一緒になる時間が増えるかも。本当に偉い人は偉そうにしないのであまり臆病にならないで。相手を避けず、逆にやさしくしてあげるといい関係を作れるかも。
21 金	▲	いい意味で諦めも肝心な日。家電が壊れてしまったり、食器が割れてしまったら「身代わり」と思っておくこと。離れる人がいるときは縁がない人だと割りきるといいでしょう。
22 土	○	はじめて行く場所でテンションが上がる出来事がありそう。素敵な出会いやおもしろい経験ができるので、少し勇気を出してみて。臆病でチャンスを逃さないように。
23 日	○	少しだけ前に出るといい日。1歩前に進むイメージで普段なら飛び込めない世界に入ってみましょう。気になるお店やイベントに参加してみると、いい経験ができそうです。
24 月	□	何事も気持ちの切り替えが大切。過去に執着をしないで次の目標ややるべきことをハッキリ定めるといいでしょう。筋トレや肉体改造をはじめるにもいいタイミングです。
25 火	■	頑張りすぎると疲れが出てしまいそう。肌の調子が悪くなったり、口内炎などで悩むこともありそう。ビタミン豊富なものや野菜や果物をしっかり食べておくといいでしょう。
26 水	●	周囲からの視線を感じるかも。不思議と目立ってしまったり、大事なことをまかされることもありそうです。遠慮しないで思いきって挑戦すると、いい結果につながるでしょう。
27 木	△	うっかり寝坊をしたり、数字や時間を間違えてしまうことがありそう。しっかり確認するように心がけ、事前準備もこれまでよりもキッチリするようにしましょう。
28 金	◎	周囲や友人の頑張りからやる気をもらえて、一気に前向きになれそう。ともに頑張れる人や協力してくれる人の存在に感謝もできそうです。簡単に諦めないで粘る気持ちを大切に。
29 土	◎	買い物をするにはいい日。生活必需品や備品の買いだめをしたり、新商品を試しに購入してみましょう。古くなっていると感じるものは処分して、買い替えるのもよさそうです。
30 日	▽	ランチデートや日中のホームパーティーに参加してみましょう。いい関係を作れたり、素敵な時間が過ごせそうです。夕方あたりからは周囲に振り回されやすいので気をつけて。
31 月	▼	空回りをしやすい日。よかれと思って行動すると変な空気になってしまったり、お節介になってしまうことがありそう。相手のことをもっと考えてから行動しましょう。

6月

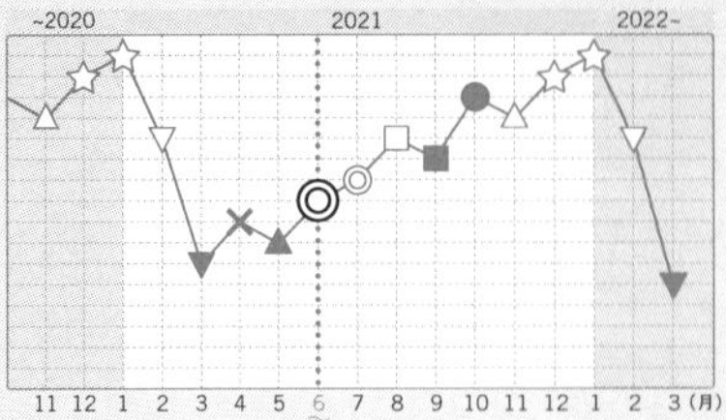

◎ 幸運の月

開運 3 カ条

1. 新しいことにトライする
2. 出会いの場所に出かけてみる
3. 生活リズムを変える

総合運

環境を変えたり新しいことへの挑戦をはじめるには最高の月。出会いも多くなり、いろいろな情報も入ってくるので振り回されることもありますが、試しにやってみるといい経験になるので、臆病になりすぎないようにしましょう。はじめて入ったお店で素敵な出会いやいい縁につながることもあるので、自分の勘を信じて行動してみて。健康運は、問題がないときなので、スポーツやヨガをはじめてみるといいでしょう。

恋愛＆結婚運

素敵な人との出会いが多くなる時期。気になる人が増えすぎて目移りしたり、複数の人から言い寄られることも。仲よくするのはいいですが、特別扱いする人を決めないとただの友人止まりになるかも。気になる相手とは話題のスポットやこれまで行ったことのない場所でのデートがオススメ。結婚運は、前向きに考えることで気持ちが高ぶってくるでしょう。勢いで籍を入れてもいい運気です。

仕事＆金運

周囲から頼りにされたり、実力を発揮することができる時期。特に新しい仕事にはやる気が起きるでしょう。新しい仲間ができたり新たな取引先を担当することもありそうです。古いやり方にこだわらないで時代に合わせてみるとスムーズに仕事を進められそう。金運は、最新家電を購入したり、買い替えをするにはいい時期。長く同じ場所に住んでいる場合は引っ越しや部屋の模様替えをしてみて。

1	火	×	予定を乱されてしまったり、不機嫌な態度で接してくる人に心を乱されてしまいそう。「どんな人も常に絶好調ではない」と思って、上手に流すようにするといいでしょう。
2	水	▲	慌ててなくし物をしたり、雑な行動で不要な時間を過ごすことになりそう。手順をしっかり守り、何事も丁寧に取り組むことが大事です。身の回りはきれいに整えておくこと。
3	木	○	フットワークを軽くすることが大事。少しくらい面倒でも集まりにはどんどん顔を出し、お願いを引き受けてみると人生が楽しくなるでしょう。いい縁もつながりそうです。
4	金	○	意識して視野を広げると、おもしろいことを発見できそう。素敵な出会いもあるので気になる場所には顔を出して。知り合いに連絡すると、いい情報も手に入りそうです。
5	土	□	気になる相手に連絡をするといいでしょう。好意を伝えてみると一気に状況が変わってくるかも。出会い運もいいので、新しい出会いがある場所に出向くとよさそうです。
6	日	■	のんびりするにはいい日です。人に会わないで本を読んだり、お茶を飲みながらゆったりとした時間を過ごすとよさそう。エステやマッサージなど美意識を高めるのもオススメ。
7	月	●	困っている人に手を差し伸べ、協力することで運を味方につけられそう。恩のある人ややさしくしてくれた人には、自分ができることで喜んでもらえそうなことをやってみて。
8	火	△	約束の時間を間違えてしまったり、勘違いからのミスをしやすいので確認をしっかりしましょう。失敗したときは素直に認めて謝り、明日以降に取り返すようにして。
9	水	◎	調子のよさを実感できそう。これまでの努力や積み重ねてきたものが役立つことがあるでしょう。見切りをつけるにもいいタイミングなので、腐れ縁がある人との関係を見直して。
10	木	☆	仕事に真剣に取り組むことで、大きな結果につながるかも。仕事以外にも大事なことを手に入れられる運気なので、書店に行ってみると今後を左右するいい本が見つかりそう。
11	金	▽	自分と周囲が幸せになるように行動することが大事。相手のことを考えすぎたり、自分のことばかり考えないようにバランスを間違えないで。夜は予定が乱されてしまいそうです。
12	土	▼	心を乱されるような出来事がありそうですが、些細なことをマイナスに考えすぎないで、プラス面を探すようにしましょう。苦労や困難はどんなときでもあるものだと割りきって。
13	日	×	空回りをしやすい日。よかれと思って言ったことで気まずい空気になってしまうかも。言葉や言うタイミングはしっかり選び、相手の気持ちをしっかり考えておきましょう。
14	月	▲	散らかった場所をしっかり整えることや、キッチリすることでやる気が出たり、前向きになれそうです。ぐちゃぐちゃになっている場所やホコリがたまっている場所はきれいにしましょう。
15	火	○	興味があることは素直に調べてみたり、詳しい人に教えてもらうといいでしょう。最新の情報をしっかり集めることで話のネタができたり、前向きになれそうです。
16	水	○	少し損をする役を演じることもときには大事。面倒なことや雑用に進んで取り組むことで信頼を得られるかもしれません。人まかせにしないで気になったことは率先してやってみて。
17	木	□	素早い判断が大事。些細なことでも即決するようにするとあらゆることを早く判断できそうです。モタモタしないように意識して、自分の勘を磨く日だと思っておきましょう。
18	金	■	精神的な疲れがたまりそう。好きな香りを嗅いだり、甘いものを食べてリフレッシュしましょう。軽く体を動かして汗を流すのもいいですが、頑張りすぎないように気をつけて。
19	土	●	素敵な出会いがある日。知り合いや友人の集まりに参加してみると、ひと目惚れする人に会えるかもしれません。突然思わぬ人から遊びに誘われたり、告白されることもありそう。
20	日	△	思いっきり遊ぶといい日です。気になる場所に出かけてみたり、遊園地やライブやイベントに行ってみると思った以上にいい思い出になりそう。うっかりミスには気をつけて。
21	月	◎	これまでの苦労を活かせたり、培ってきた人脈が役に立ちそう。手応えがなかった仕事でもコツをつかむことができ、気持ちが前向きになるかも。憧れの人と仲よくなれることも。
22	火	☆	重要な仕事をまかされ、本気で取り組むことで周囲からの評価が変わりそう。いつもと同じ仕事でもこれまで以上に真剣に取り組んでみて。頑張りをアピールすることも大事です。
23	水	▽	日中は勢いで進められますが、夕方あたりからは周囲に振り回されてしまうかも。予定が乱れたり、自分以外の仕事を手伝う流れになりそうなので、自分の用事は早めに片づけて。
24	木	▼	ネガティブな言葉に振り回されてしまいそう。愚痴や不満も出やすいので、いい言葉を選ぶように心がけましょう。文句ばかり言う人とは距離をおく必要もありそうです。
25	金	×	意外な人と仲よくなることができますが、後に面倒なことになる可能性もあるので、距離感を間違えないように。特に異性の場合は痛い目に遭うことがあるので気をつけましょう。
26	土	▲	睡眠時間を増やしたり、家でのんびりするといいでしょう。肌の調子を整えるためにパックなどのスキンケアをしっかりして、爪の手入れもしておくとよさそうです。
27	日	○	旅行に出かけるにはいい日。行ったことのない土地に足を延ばしたり、渋い喫茶店やお店に入ってみると素敵な出会いやおもしろい発見がありそう。舞台を観に行くのもオススメ。
28	月	○	学ぶことが増えそう。新しいことに興味を示していろいろ調べたり、知らないことを勉強してみるとどんどん楽しくなりそうです。好奇心の赴くままに行動してみましょう。
29	火	□	段取りをしっかりすることが大切。ダラダラ仕事をしたり、予定以外のことを受け入れすぎるとドッと疲れてしまいそう。計画を立ててキッチリ行動するようにしましょう。
30	水	■	疲れを感じたり、集中力が続かなくなってしまいそう。無理をしないで休憩時間はしっかり体を休ませるといいでしょう。慌てて行動するとケガをすることもありそうです。

☆開運の日　◎幸運の日　●解放の日　○チャレンジの日
□健康管理の日　△準備の日　▽ブレーキの日　■リフレッシュの日
▲整理の日　×裏運気の日　▼乱気の日　＝運気の影響がない日

2021 7月

◎ 幸運の月

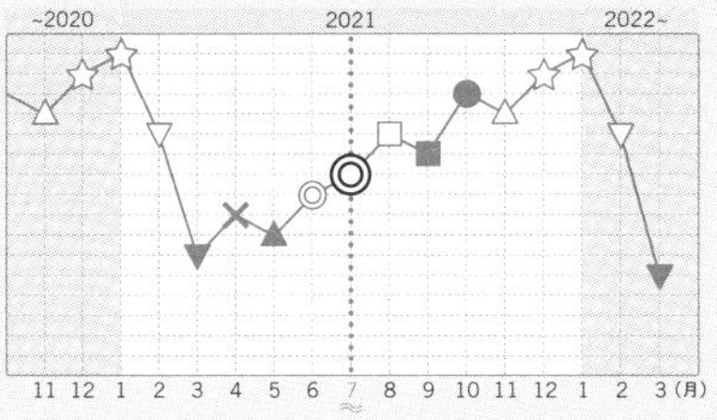

開運 3 カ条

1. 誘われたときは断らない
2. フットワークを軽くする
3. これまでと違う方法を試す

総合運

行動力が幸運を引き寄せる月。フットワークをできるだけ軽くして、集まりに誘われたときはなるべく顔を出しましょう。いい縁につながったり新しい情報を入手することもできそうです。長年チャレンジしたいと思っていたけれどなかなかできなかったことを思いきってやってみるにもいい運気。引っ越しや美容室を変えてみるなど変化を楽しんでみましょう。健康運は、体力作りやダイエットなどをはじめるといい時期です。

恋愛&結婚運

出会いが多くなる運気。飲み会やコンパに誘われたり、集まりに呼ばれる機会も増えそう。急な誘いでもOKしてみると素敵な出会いやおもしろい縁につながることも。好きな人にはわかりやすくアピールしないと恋のチャンスを逃す可能性があるので、こまめに連絡をしてみて。結婚運は、結婚に向けて前向きに話せるでしょう。具体的に話が進む前にマリッジブルーにならないように注意して。

仕事&金運

やりがいのある仕事をまかされて、いい結果を出せそうです。自分が育てた後輩や部下が活躍するなど、うれしい報告を受けることも。仕事関係者からいい縁をつないでもらって仕事がさらにいい流れに進んだり、求められることが増えて満足できるなど充実した日々を過ごせそう。金運は、流行の服を買うことで運気が上がる時期。話題の映画を観に行ったり、気になるイベントに参加してみて。

1 木	●	大きく成長できるきっかけになる日。積極的に行動することで幸運をつかめたり、大切な体験ができそうです。恋愛でも急展開があるので、期待して相手に会うといいでしょう。
2 金	△	いろいろなことが面倒になってしまうかも。雑に仕事をしたり、サボってしまうと上司や先輩に見られてしまい、お客さんからの評判も悪くなるので気をつけましょう。
3 土	◎	友人と楽しい時間を過ごせて、いい思い出ができそう。大事なアドバイスをしてもらえたり、背中を押してもらえそうです。夜は気になる相手に連絡すると進展しやすいでしょう。
4 日	☆	引っ越しや結婚、独立や起業、投資など、大事な決断や契約をするにはいい日です。勇気と覚悟ある決断で運を味方につけられます。幸せを手にすることに臆病にならないで。
5 月	▽	コミュニケーションをしっかりとることが大事。人間関係が苦手な人もいるので、上手に距離感をとり、相手が話しやすくなる言葉を選んでみるといいでしょう。
6 火	▼	周囲に振り回されてしまったり、理不尽な人に心を乱されてしまうことがありそう。文句を言わないで流れに身をまかせておきましょう。正義感がトラブルの原因になることも。
7 水	×	無神経な人の言葉にショックを受けてしまうかも。家族や仲がいい人の言葉には善意があることを忘れないようにし、問題は自分の中にあるということを覚えておきましょう。
8 木	▲	心と体のバランスが悪くなってしまいそう。体調が万全なのにやる気がなかなか出ないことも。好きな音楽を聴いてみたり、軽く体を動かしてみるといいでしょう。
9 金	○	思いきった行動が大切になるでしょう。小さなことでもいいので、勇気を出して言ってみたり、行動に移してみるとよさそうです。失敗をしてもそこから学ぶようにして。
10 土	○	友人や恋人に悩みや不安を話してみると気持ちがすっきりしそう。語ることで頭の中も整理できそうです。いいアドバイスをもらえたり、やさしくしてもらえることに感謝して。
11 日	□	気になる相手をデートに誘ってみるといい日です。真面目な感じで誘うよりも「今日時間ありますか？　お茶しませんか？」くらいの軽い感じでメッセージを送ってみて。
12 月	■	疲れからイライラすることがありそう。無駄なことに時間を使っていないで、効率よく仕事を進められるように心がけて。早く仕事を終えて、ゆっくりする時間を作りましょう。
13 火	●	出会いも仕事もチャンスに恵まれそう。思いきって行動し、アピールをしっかりすることも大事です。少しくらい困難と思える仕事も、自ら志願して挑戦するといいでしょう。
14 水	△	なんとなく過ごすとすぐに1日が終わってしまうかも。当たり前なことにも感謝の気持ちを忘れないように。笑顔で周囲を明るくすると運気もよくなるので試してみましょう。
15 木	◎	これまでの経験をうまく活かすことができそう。苦労したことや過去のすべてがよかったと思えると、さらに気持ちが前向きになって力が湧きます。学んだことを出しきってみて。
16 金	☆	仕事運がいいので、いつも以上に真剣に仕事に取り組んでみることが大切です。買い物をするにもいい日なので、時間がないときはネットで欲しいものを購入するといいでしょう。
17 土	▽	時間を作って気になる相手に会いに行ってみて。積極的な行動が恋のチャンスをつかむでしょう。夕方以降は予定を乱されてしまったり、視野が狭くなるので気をつけること。
18 日	▼	順調に進んでいると思っていることも、急に流れが変わってしまうかも。恋人といい関係だと思って調子に乗りすぎると、思わぬ落とし穴があるので気をつけましょう。
19 月	×	優先順位や手順を間違えてしまうことがありそう。慣れたことほど落ち着いてミスのないように気をつけましょう。珍しい失敗もあるので、そこから学んで次に活かすようにして。
20 火	▲	身の回りをきれいにすることが大事。しばらく掃除をしていない場所からきれいにして、不要なものはどんどん処分しましょう。大事なものが見つかることもありそうです。
21 水	○	無駄な時間を削っていくと、自然と自分の進むべき道が見えてくるでしょう。ダメな部分を削る作業を忘れないようにして。情に流されるとチャンスをつかめなくなりそうです。
22 木	○	褒められたいならば、先にあなたが相手を褒めること。相手のいい部分を見つけて言葉に出すことが大事です。自分がされてうれしいことを先にやれるように意識して過ごして。
23 金	□	時間を気にしながらきっちり仕事をすることで、やる気になれたり、スムーズに進めることができるでしょう。ダラダラ仕事をしないように、メリハリをつけて取り組んで。
24 土	■	家でのんびりするとよさそうです。外出先では忘れ物やうっかりミスをしやすいので気をつけて。場所や予定を間違えてしまうこともあるので、事前にしっかり確認しましょう。
25 日	●	告白をされたり、あなたの魅力や才能を認めてくれる人が現れるかも。人の集まりには積極的に参加しておくと、運命的といっていいような出会いがあるかもしれません。
26 月	△	面倒な仕事を他人まかせにしたり、苦手な仕事から逃げたいと思ってしまいそう。面倒で苦手な仕事ほど進んで取り組むことで成長できるでしょう。小さなミスに気をつけましょう。
27 火	◎	苦手なことや不慣れなことを克服する努力が大事。苦手に思って避けてしまった人と話してみたり、地味な仕事にじっくり取り組んでみると、いい手応えを感じられそうです。
28 水	☆	人との関わりを楽しんでみることで運気のよさを実感できます。紹介できる人を見つけたり、困っている人をみんなで助けると、いい縁につながることがありそうです。
29 木	▽	日中はよくも悪くも注目されそう。異性からの視線を感じることもあるので、自分の魅力がアップしていると思いましょう。夜は無駄遣いをしやすいので気をつけて。
30 金	▼	ネガティブな情報に振り回されたり、曖昧な情報を信じて無駄な時間を過ごしてしまいそう。真実をしっかり見極めるためにも本を読んで、先のことをもっと考えましょう。
31 土	×	慎重に行動することが大事。衝動買いは失敗しやすいので勢いで購入しないようにして。友人や恋人の気分に振り回されてイライラすることもあるので気をつけましょう。

2021

8月

□ 健康管理の月

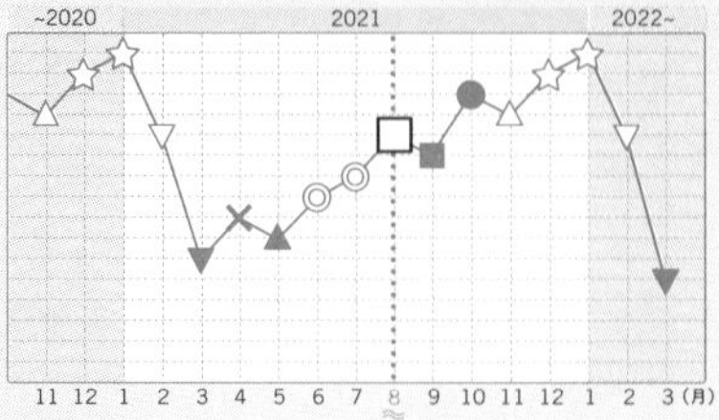

開運 3 カ条

1. 遠慮しないで突き進む
2. ヘアサロンに行って髪を切る
3. 長く使えるものを購入する

総合運

今後の道がハッキリ見えてくる時期。流れに逆らわないでしっかりチャンスをつかみにいくことが大事。ここでは遠慮はいらないので積極的に行動してみたり、アピールをしっかりしておくといいでしょう。少し目立つくらいのイメチェンをしてみたり、自分の意見をしっかり言えるようにしておきましょう。引っ越しや環境を思いきって変えるにもいい時期です。健康運は、体力作りやダイエットをスタートしてみましょう。

恋愛&結婚運

好きな人に気持ちを伝えておくことが大事な月。すぐに交際につながらなくても、相手があなたを意識して、後に付き合うことができる流れを作れそう。こまめに連絡したり、気軽に食事に誘って様子を窺っておくことも大事。新しい出会い運もいいので、今月の知り合いの集まりには顔を出しておくこと。美容室で髪をきれいに整えてもらいましょう。結婚運は、入籍日を決めるにはいい時期。

仕事&金運

周囲と力を合わせることでいい仕事ができそうです。周りに感謝を伝え、ねぎらうことも忘れないように。次の目標を立てたり、取り組んでみたい仕事を見つけてみるのもいいでしょう。日ごろ隠している野心や夢の話をすると、周囲からいいアドバイスや協力を得られる流れもできそうです。金運は、長く使うものを購入するにはいい時期。仕事道具や財布やカバンなどを購入しましょう。

1 日	▲	いい意味で諦めや別れが大事になりそう。ステップアップするためにも、過去に強く執着しないように。ひとりの時間を楽しんでみると、いい発見もたくさんありそうです。
2 月	○	新商品のアイスを購入してみると、驚きのおいしさを体験できるかも。些細なことでもいいので新しいことに目を向けて行動してみると、いい出会いにもつながりそうです。
3 火	○	視野を広げて新たなことを探してみて。小さなことでも挑戦してみると思った以上に楽しめそう。普段話さない人と話したり、書店で気になる本を手にとってみるのもオススメ。
4 水	□	時間や数字、お金のことはきっちりすることを意識して。雑な感じで仕事をするよりも、丁寧に仕事をすることで能力もアップします。特に時間への意識を大事にしましょう。
5 木	■	他人に過度な期待をするとイライラしてしまうのでほどほどに。仕事終わりのストレス発散がオススメです。親しい仲間とカラオケやボウリングなどに行ってみましょう。
6 金	●	求められることが増えて忙しくなりそう。些細なことでも全力で取り組むと、やる気が出て魅力もアップしそう。異性から注目されたり、デートに誘われることもありそうです。
7 土	△	信頼できる友人や家族の意見に振り回されてしまいそう。ノリや勢いで乗りきろうとすると失敗する可能性も高いので、慎重に行動して、正しい情報をしっかり集めましょう。
8 日	◎	恋人と大切な時間を過ごせる日。将来の話をするのもいいですが、付き合いはじめの思い出話もオススメです。懐かしい人や縁のある人と不思議とつながることもあるでしょう。
9 月	☆	目先のことだけを考えて仕事をしないで、将来を考えて努力をはじめて。スキルアップや自分の価値を高めるために必要な勉強をしたり、投資について学びはじめるのもよさそう。
10 火	▽	日中は思った以上にいい流れに乗り、うれしい出来事もあるので、感謝の気持ちを忘れないように。夕方以降は予定を詰め込まないで、ゆとりを持って行動しておきましょう。
11 水	▼	マイナスな情報に振り回されたり、思い通りにならないことが増えてしまいそう。不利な経験から知識を身に付けることができると思えば、ピンチをチャンスに変えられます。
12 木	×	雑な部分が表に出てしまうかも。弱点や欠点を指摘されることもありますが、言ってくれたことに感謝して。自分のマイナス面を知って、今後成長するための課題にしましょう。
13 金	▲	身の回りを片づけるのはいいですが、間違って大切なものをなくしたり、壊してしまいそう。これを機に日ごろから持ち物の整理整頓をして、不要なものを捨てるように。
14 土	○	夏らしい遊びをしていない人は、友人を誘ってビアガーデンに行ったり花火をするといいでしょう。海やプールに出かけるのもいいですが、日焼け対策はしっかりやること。
15 日	○	はじめて会うタイプの人からいい刺激を受けることができそう。普段行かないような場所に行ってみるなど、小さな刺激を探してみるといい流れに乗れるでしょう。
16 月	□	数字を大切にするといいでしょう。体重計に乗ってダイエットをはじめたり、体力作りをスタートするのもよさそうです。仕事でも数字や時間にしっかりこだわってみて。
17 火	■	思ったよりも疲れがたまって、集中できずにイライラすることがありそう。好きな音楽を聴いたり、栄養バランスのいい食事をとり、明日に備えて心と体を整えておきましょう。
18 水	●	頭の回転がよくなり気持ちもすっきりしそうな日。好きな人に連絡をしてデートに誘ってみるといい返事が聞けそう。職場でも大切な仕事をまかされて、いい結果を出せそうです。
19 木	△	ほかの人のことが気になって目の前のことに集中できなくなったり、注意力が散漫になってしまいそう。事前準備と確認作業を忘れないようにし、気を引き締めておきましょう。
20 金	◎	経験を上手に活かすことができ、苦労した人ほど笑顔になる出来事がありそうです。何事も「場数」が大事なことを理解できるので、今後もいろいろなことを経験しましょう。
21 土	☆	買い物に出かけるにはいい日。長く使えるものを購入したり、習い事をはじめてみるといいでしょう。スポーツジムに入会したり、体験教室に行ってみるのもオススメです。
22 日	▽	気になる相手を突然でもいいのでランチデートに誘ってみましょう。夜は予定が乱れたり、バタバタすることになりそうなのでゆとりを持って行動するといいでしょう。
23 月	▼	自分勝手な行動をしてしまうと、これまで積み重ねてきた信用を失ってしまうので注意しましょう。困難に直面したときほどポジティブな発想ができるように意識しておくこと。
24 火	×	人に振り回されてしまいそう。八方美人と突っ込まれてしまうこともありそうですが、善意のない人の言葉に振り回されないように。善意を持って行動するように心がけて。
25 水	▲	気持ちの切り替えが必要になるでしょう。無駄なものは処分し「もったいない」と思ってとってある使わないものも捨てましょう。人間関係を整理するにもいい運気です。
26 木	○	人との出会いを楽しめる日。食事に行った先で素敵な人と出会ったり、仕事帰りに気になったお店に入ると仲よくなれる人と話をできるかも。些細な勇気が人脈を変えそうです。
27 金	○	人とのコミュニケーションを大切にしましょう。耳の痛いことを言われたり、未熟さに気づかされることがあったら、素直に聞き入れて自分の成長に役立てるようにしましょう。
28 土	□	遊びに出かけるときは先に計画をしっかり立て、情報を集めておきましょう。行った先で困ってオロオロすることになったり、遅刻で迷惑をかけないように気をつけて。
29 日	■	疲れを感じやすい日。今日はしっかり体を休めて夏の疲れをとるようにしましょう。焼肉などのスタミナのつきそうなものを食べるといいですが、食べすぎ飲みすぎには要注意。
30 月	●	頼りにされることがありそうな日。後輩や部下の相談に乗ってみるとうまく解決できることがありそう。愚痴や不満を聞きながらポジティブな言葉で解決してみるといいでしょう。
31 火	△	確認ミスや準備不足が失敗につながってしまいそうなので、慣れていることほど気を引き締めるように。楽しい時間も調子に乗りすぎるとケガや事故の原因になるので気をつけて。

☆ 開運の日 ◎ 幸運の日 ● 解放の日 ○ チャレンジの日
□ 健康管理の日 △ 準備の日 ▽ ブレーキの日 ■ リフレッシュの日
▲ 整理の日 × 裏運気の日 ▼ 乱気の日 ＝ 運気の影響がない日

2021

9月

■ リフレッシュの月

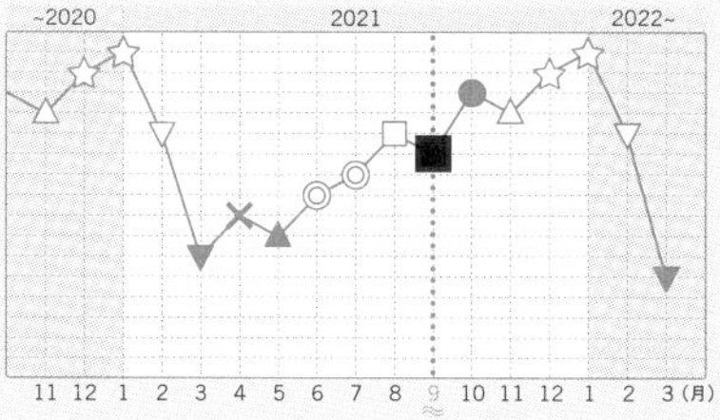

開運3カ条

1. 定期的な運動をする
2. スキンケアをしっかりする
3. 野菜の多い鍋料理を食べる

総合運

基礎体力作り、ダイエット、筋トレなどをするには最適な時期。生活習慣の見直しをして、睡眠時間を増やしたり、ストレス発散になることを定期的に行うようにしましょう。今月は、疲れが出たり体調を少し崩してしまうこともありますが、原因を追究して今後の対策を考えることも大事です。下旬にあなたの魅力を評価してくれる人に出会えるでしょう。健康運は、肌の調子や口内炎に悩んでしまうことがあるので気をつけましょう。

恋愛&結婚運

中旬まではあなたからのアプローチでは変化が少ないでしょう。気になる人がいる場合は下旬にデートに誘い、来月に会う約束をして。今月は自分磨きの時期だと思って、スキンケアや髪の手入れ、爪やムダ毛の処理などをしっかりやること。相手との会話に困らないように本を読むことも大事。ネットの情報は相手も知っていて盛り上がらないかも。結婚運は、下旬に少しいい展開がありそう。

仕事&金運

予想外に忙しくなったり、求められることが増えそう。効率の悪い動きにならないように先のことを考えて仕事をし、周囲と協力することも大事。情報の共有などもしっかりやっておかないと面倒なことが増えて疲れるだけになるかも。下旬には大事な仕事をまかされそうです。金運は、スポーツジムやヨガ教室など体を動かすことにお金を使いましょう。下旬にお得な買い物もできそうです。

1 水	◎	付き合いが長い人からのアドバイスで気づかされることがたくさんありそう。自分の考えを改めて理解できたり、目的を再認識できるので、思いのままを話すといいでしょう。
2 木	☆	計算通りに物事が進む日。思った以上にいい結果を出して信頼を勝ちとることができるので、強気で勝負するといいでしょう。習い事をスタートさせるにもいいタイミングです。
3 金	▽	活発に行動することで有意義な1日を過ごせそう。大事なことは昼間のうちにすべて終わらせるつもりで動いたほうがよさそうです。夜は明日の支度をして早めに休みましょう。
4 土	▼	遊びに出かけるのはいいですが、予定を詰め込みすぎると疲れてしまいそう。無理のないようにゆとりを持って行動するようにしましょう。今日は飲酒は控えたほうがいいかも。
5 日	×	ネガティブな情報に振り回されてしまうかも。暇だと余計なことばかり考えたり、フェイクニュースに騙されることがあるので気をつけて。話題の小説や映画に触れてみて。
6 月	▲	不要なものは持ち歩かないように。カバンの中や車の中にいらないものを入れっぱなしにしないように気をつけて。身軽に動ける服装や靴を選んでおくといいでしょう。
7 火	＝	悩んだときはまず動いてみて。やってはじめて難しさや大変さを理解できるので、失敗してもプラスの経験にできそう。思い浮かんだ人に連絡して遊ぶ約束をするのもオススメです。
8 水	○	楽しく前向きに挑戦できる日ですが、頑張りすぎたり安請け合いをすると疲れがたまってしまうことも。ストレスの原因にもなるので、何事もほどほどにしておきましょう。
9 木	□	なんとなく仕事をするのではなく、自分の目標をしっかり定めてみて。明るい未来を想像し、今必要なことに一生懸命になりましょう。評価されるような正当な努力も大事です。
10 金	■	疲れが顔や態度に出てしまうかも。機嫌よくできなくなったり、肌荒れが目立ってしまうことがあるので、スキンケアをしたり、白湯を飲んだり、軽い運動をするといいでしょう。
11 土	●	あなたの能力や魅力が活かされる日。周囲にやさしくし、思いやりのある言葉を選ぶと相手の気持ちをつかめるかも。集まりに参加すると思った以上に楽しめそうです。
12 日	△	誘惑に負けてしまいそう。楽しむのはいいですが、小さなケガや打撲をしやすいので足元に気をつけ、雑に行動しないように。スマホを落として壊してしまうこともありそうです。
13 月	○	よき理解者を大切にすることで救われる日。付き合いが長い人と話してみると、あなたのことを冷静に分析して大事なアドバイスをくれそう。あなたも相手のことを分析してみて。
14 火	◎	体力をつけるための運動や、ダイエット目的で体を動かしはじめてみましょう。スクワットや腹筋、腕立て伏せなどを、朝と夜に数回でもいいので行うとよさそうです。
15 水	▽	物事を後回しにしていると面倒なことになってしまうかも。重要なことほど早めに片づけ、夕方にはリラックスできるような状況にしておくと、トラブル回避につながります。
16 木	▼	気力や集中力の低下を感じそう。無理をすると体調を崩したり、疲れやストレスがたまりすぎてしまうので、こまめに休むように。ゆっくりお風呂に入る時間を作りましょう。
17 金	×	やる気が出ない1日で、自分でも気がつかないうちに疲れをためてしまうかも。周囲から欠点や弱点を指摘されて嫌な気持ちになることもあるので、考えすぎないようにして。
18 土	▲	部屋の掃除や片づけをしましょう。散らかったままの部屋はストレスやケガの原因になってしまうかも。薬箱の中もチェックして、必要な薬を購入しておくといいでしょう。
19 日	＝	未経験のことに挑戦するチャンスがありそう。思いつきでもいいので、興味はあったけれど手を出さずにいたものにチャレンジすると、思った以上に自分に合ったものと出会えそう。
20 月	○	今日は5分でもいいので早めに行動して。ゆとりがあることで気持ちも楽になり、視野が広がって周囲のサポートもできそうです。時間に追われないように過ごしてみましょう。
21 火	□	積極的に人と会うことで役に立つ情報が手に入りそう。知人に人を紹介してもらうときは、いい印象を与えられるように身なりを整えて。夜は疲れやすいので無理は避けましょう。
22 水	■	朝から疲れを感じてしまいそう。体力作りをする計画を立てたり、基礎代謝を上げる運動を定期的に行うようにして。今日は暴飲暴食にも注意しておくといいでしょう。
23 木	●	周囲の人と楽しい時間を過ごせるかも。友人や異性から遊びに誘われたら、今日が無理でも後日会う約束をしておきましょう。気になる人を自分から誘ってもよさそうです。
24 金	△	小さなミスをしやすい日。財布やスマホを置き忘れることがありそうですが、確認をしっかりすればミスは簡単に防げます。夜は親友や不思議な縁のある人と偶然出会いそう。
25 土	◎	失敗の経験から学ぶことができていれば、いい成果が出るでしょう。学んでいなければ同じ失敗を繰り返してしまいそうです。また、勘を信じてみるといいことが起きるかも。
26 日	◎	外出をするにはいい日で、衝動買いでいいものを手に入れることができそう。芝居やライブを観に行くといい刺激を受けたり頑張っている人からエネルギーをもらえるかも。
27 月	▽	日中は思いきって行動するといい結果につながりそう。夕方以降は無謀な挑戦になってしまうことがあるので気をつけましょう。すぐに行動しないでリサーチからはじめてみて。
28 火	▼	人間関係に挟まれてイライラしたり、振り回されることがあるかも。よかれと思って言ったことが余計に面倒なことになる場合もあるので、落ち着いて判断するようにしましょう。
29 水	×	心ない人からの指摘でヘコんでしまうかも。ショックを受ける前に、自己評価が高すぎないか一度考え直してみて。不要なプライドを守ろうとしないようにしましょう。
30 木	▲	思い出があるものほど見えない場所にしまうようにしましょう。学生時代のものや昔の恋人からもらったものは片づけ、年齢に見合わない幼稚なものも一気に処分するとよさそうです。

2021

10月

● 解放の月

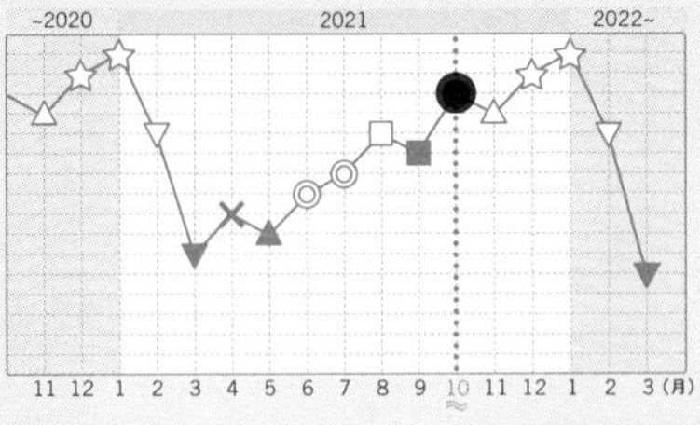

開運 3 カ条

1. まずは行動する
2. 買い物や契約をする
3. 人の集まりに参加する

総合運

あなたの魅力と才能が認められて、気持ちが一気に楽になる最高の月。人を大切にすることも重要ですが、今月だけは自分の幸せを優先して行動したり、少し欲張ってみるのもいいでしょう。まずは行動することが大事なので、気になったことにはすべて挑戦するつもりで、出会いの場所にはどんどん顔を出してみるといい人脈や協力者を作ることができそうです。健康運は、定期的にスポーツをするといいでしょう。

恋愛&結婚運

相手の心をしっかりつかむことができる月。積極的になるだけで簡単に恋人を作れるので、気になる人には連絡をして。相手の素敵なところを素直に褒め、好意を伝えてみるとトントン拍子で話が進みそう。新しい出会い運もいいので、人の集まりには少しの時間だけでも顔を出すようにするといい縁につながるでしょう。結婚運は、具体的な話をするにはいい時期。入籍すると金運もアップ。

仕事&金運

満足できる結果を出すことのできる時期。仕事が生きがいだと思っている人ほど大きな結果を出し目標を達成できるでしょう。希望の仕事をまかされたり、昇給や昇格につながる仕事ができそうです。周囲を上手に育てることにも協力ができるでしょう。金運は、買い物をすると運気が上がる時期。気になる服や長く使うものを購入するといいでしょう。引っ越しを決断するにもいい時期です。

1 金	○	積極的に仕事に取り組むことでチャンスをつかめるので、少し強引になってみるくらいがよさそうです。恋愛面でも気になる人を誘ってみると、いい流れやきっかけを作れます。
2 土	○	友人や知り合いの集まりに参加してみると素敵な出会いがありそう。午前中に美容室を予約して髪を切ったりイメチェンをしたりすると、異性から注目されることになるかも。
3 日	□	日中はゆっくり休むよりも行動的になったほうがよさそう。気になる場所に行くといい出会いや体験ができそうです。夜は疲れやすいので、早めに帰宅してのんびりしましょう。
4 月	■	集中力が途切れやすくダラダラ仕事をして疲れてしまうかも。メリハリをつけて、休憩時間はしっかり体を休ませるようにしましょう。軽いストレッチをしてから出かけてみて。
5 火	●	想定以上の成果を出すことができそう。笑顔で機嫌よく過ごし、少し先を想像して先回りする仕事を心がけましょう。いい出会いがありそうなので身だしなみもしっかり整えて。
6 水	△	仕事以外のことが気になって集中できない日。休憩時間に話をしすぎたり、珍しいミスをしやすいので気をつけましょう。夜は友人に予定を乱されることがありそうです。
7 木	◎	積極的になることでいい結果を出すことができそう。遠慮をしてしまうとチャンスを逃すので気をつけて。人とのつながりや縁の大切さを感じられることがありそうです。
8 金	☆	絶好調で1日を過ごせます。本気で仕事に取り組み、周囲との協力を大切にしましょう。買い物をするにもいい運気なので、仕事帰りにお店に寄るといいものを見つけられそう。
9 土	▽	気になる人とランチデートをしましょう。お気に入りのカフェでお茶をしたり、楽しく話をすることでいい関係に進めそう。夜は体調が悪くなりやすいので、無理をしないこと。
10 日	▼	外出するのはいいですが、渋滞や混雑で疲れてしまうので遠出はオススメできません。散歩をしたり、近所のお店でランチをしましょう。友人の家でおしゃべりするのもよさそう。
11 月	×	やる気が出ない1日で、時間に追われたり、周囲に振り回されることがありそう。トラブルに巻き込まれる可能性もありますが、成長するチャンスだと思って前向きに受け止めて。
12 火	▲	予定通りに物事が進まなかったり、余計な仕事をまかされてしまい、目の前のことに集中できないかも。詩集を読むと気持ちがすっきりして、前向きになれることがあるでしょう。
13 水	○	変化を楽しむといい日。普段は通らない道を選んだり、行ったことのないお店でランチを食べてみましょう。いつもは耳を傾けないような人のアドバイスも素直に聞いてみて。
14 木	○	自分が挑戦したいと思うことに素直になることが大事。言いたいことはハッキリ言ってみると、状況が変わることもあるでしょう。わがままではなく善意で行動してみて。
15 金	□	難しいと思うことに挑戦するといいでしょう。簡単なことやり慣れていることは後回しでも簡単にできるので、自分の成長のためにも難しいと思えることを探してみて。
16 土	■	軽い運動をして日ごろの運動不足を解消したり、サウナや温泉でのんびりするといいでしょう。健康的な食事を意識して、スキンケアもしっかりするように心がけて。
17 日	●	相手からの連絡を待たないで、気になっている人を自分から誘ってみるといい関係に進めそう。相手をたくさん褒めるようにして、盛り上がるきっかけを作ることが大事です。
18 月	△	ボーッとする時間が多くなってしまい、ミスをしたり叱られてしまうかも。目の前のことにしっかり集中し、たまに気分転換をするようにしましょう。確認作業も忘れないように。
19 火	◎	運を味方につけられる日。これまでの頑張りが役に立ち、付き合いの長い同僚や友人に助けられることも。みんなで笑顔になれることに力を注ぐと、いい結果につながりそうです。
20 水	☆	仕事でいい結果を出せそう。真剣に取り組むことでいい流れやいい人脈を作れるでしょう。今の自分がやれることはすべて出しきると、その姿を見て評価してくれる人が現れます。
21 木	▽	日中は運気の流れがいいので、大事なことはできるだけ早めに片づけておきましょう。午後は少し余裕を持って過ごせるようにしておくこと。夜は急な予定変更がありそうです。
22 金	▼	自分中心ではなく、周囲の人のために動くといいでしょう。譲ることや認めることでいい流れになりそうですが、悪く受けとる人やひねくれた人もいるので気をつけて。
23 土	×	物事が計画通りに進まないうえに、予定を乱す人や邪魔が入ってしまいそう。流れに身をまかせておくとイライラは減りそうです。過度な期待をしないでのんびり過ごしましょう。
24 日	▲	午前中に部屋の掃除をして、身の回りにある不要なものを処分しましょう。午後は知り合いの集まる場所に呼ばれたり、あなたの部屋に人が集まることもありそうです。
25 月	○	新しいことに挑戦するといい出会いや体験ができそう。気になることがあれば遠慮せずに、失敗を恐れないで挑戦して。はじめて話す人と思った以上に盛り上がることもありそう。
26 火	○	周囲に勧められたことに素直に挑戦してみると、新たな発見やいい勉強になりそう。不慣れなことや見知らぬことを避けないで、「どんなものかな」と思ったらまずはやってみて。
27 水	□	自分の気持ちに素直に行動しましょう。勘を信じることが大事ですが、流れには逆らわないように。一見面倒なことでも求められたことに応えてみると、希望の光が見えそうです。
28 木	■	少し疲れを感じそうなので、こまめに休んだり、気分転換をしましょう。集中できないときは時間を決めて短時間だけ頑張ると、徐々にうまく進められるようになりそうです。
29 金	●	魅力が輝く日。異性からの視線を感じたり、デートの誘いがありそうです。告白をされて交際がスタートする可能性もあるので、気になる人と遊びに行く予定を立てましょう。
30 土	△	約束をすっかり忘れたり、寝坊や遅刻をしそう。早めの行動を心がけ、軽はずみな行動や発言には気をつけましょう。余計なことをしゃべりすぎて後悔することもありそうです。
31 日	◎	親友と会ってじっくり話をしたり、近況報告をしてみましょう。懐かしいメンバーを集めたり、思い出のあるお店に行って、明るい未来の話をするとよさそうです。

☆ 開運の日　◎ 幸運の日　● 解放の日　○ チャレンジの日
□ 健康管理の日　△ 準備の日　▽ ブレーキの日　■ リフレッシュの日
▲ 整理の日　× 裏運気の日　▼ 乱気の日　＝ 運気の影響がない日

2021 11月

△ 準備の月

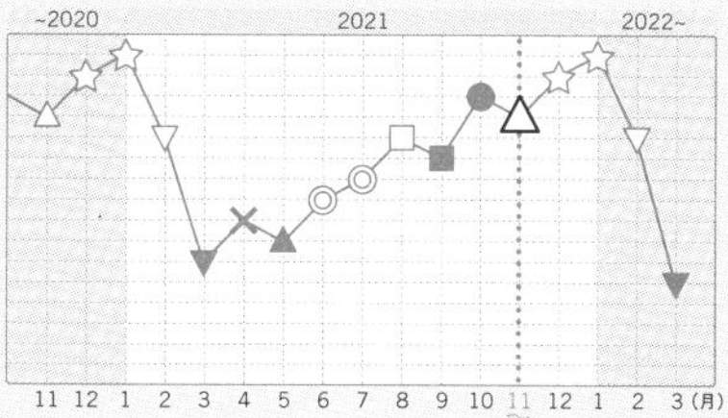

開運 3 カ条

1. しっかり遊んで、しっかり仕事を楽しむ
2. 明るい服を着る
3. 知り合いや友人を集める

総合運

交流を深めたり、人脈を広げるには楽しくていい月。遊びに誘われる機会が増えて、予定がいっぱいになったり、出会いの多さを実感できそうです。ただ、珍しいミスも増えるので、約束を忘れてしまったり、忘れ物などのうっかりレベルの失敗があるかも。誘惑や欲望に負けてしまわないように気をつけましょう。健康運は、調子に乗ってケガをすることがあるので、飲み会や遊びに行った先でテンションが上がったときは要注意。

恋愛&結婚運

人との関わりが楽しくなり、出会いの機会が急に増えそうです。これまではうまくいかなかった人でも、集まりに呼ばれる機会が増えてノリが理解できるようになるでしょう。ドジな一面やおっちょこちょいな話をすると、好かれたり人気者になることがあるので恥ずかしがらないで。明るい印象の服を着たり露出を多めにしてみて。結婚運は、一緒にいる楽しさをアピールすると上向きに。

仕事&金運

仕事に対してのやる気がなくなるというよりも、プライベートが楽しくなりすぎて仕事に集中できなくなったり、いろいろな誘惑に負けてしまいそう。仕事を遊びだと思って、ゲーム感覚で取り組むと大きな結果を残せそう。ただ、今月は寝坊や遅刻、ケアレスミスをしやすいので事前準備や確認はしっかりと。金運は、交際費が増えそう。楽しんでストレス発散になるのはいいですが、散財に注意。

1 月	☆	思い通りに物事が進みやすい日。積極的に行動し、少し強気になってみるといい結果を出すことができそうです。将来の目標に向かって大きく前進できるでしょう。
2 火	▽	日中は自分のやり方や考え方がいい方向に進み満足できそう。夕方からは周囲に合わせたり、周りの人を動かすことが大事になるでしょう。相手を認めて褒めるようにして。
3 水	▼	いつも以上に気をつけて過ごさないとミスが増えてしまうかも。トラブルに巻き込まれやすいので、距離感を間違えないように。自転車や車の運転などは控えたほうがよさそう。
4 木	×	会話を楽しむのはいいですが、できない約束や適当な話をするのは避けましょう。責任を背負い込んで面倒なことになってしまうので、よかれと思っても発言には気をつけて。
5 金	▲	人間関係に疲れてしまうかも。いい関係性を築けていると思っていた相手との距離に疑問を感じたり、とまどうことがありそうです。少し離れてみると冷静になれるでしょう。
6 土	○	友人や仲間を集めて遊びに出かけたり、誘われた場所に顔を出してみると楽しい思い出ができそう。はじめて行くお店ではいい発見や新しい出会いもありそうです。
7 日	○	遊びに出かけるといい日で、イベントやライブ、アミューズメントパークなどに行くと思った以上に楽しめます。自分だけではなく、友人や恋人など相手も楽しめる場所を選んで。
8 月	□	ダラダラ仕事をするよりもメリハリが大切。時間を決めてきっちり仕事をして、休み時間はのんびり過ごすようにしましょう。不要な残業は避けて、早めの帰宅を心がけて。
9 火	■	気が緩んで小さなケガや打撲をすることがあるので気をつけましょう。手洗いやうがいを忘れると風邪をひいてしまうかも。温かいものをこまめに飲むようにするとよさそうです。
10 水	●	目立つのはいいですが、それをよしとしない人がいることも忘れないように。謙虚な姿勢を忘れると面倒なことが起きそう。得意なことで人助けをすると運気は上がるでしょう。
11 木	△	「そんなつもりではなかったのに」という感じのうっかり失言に注意。軽いジョークが思いがけない受けとられ方をしてしまうかも。言葉を発する前に一度冷静に考えるように。
12 金	◎	簡単に諦める前に、もう少し粘ってみることが大事。恋も仕事も諦める前に違う方法を試して、もうひと押しするようにしましょう。夜は飲み会や食事会に行くと楽しめそうです。
13 土	◎	楽しい1日を過ごせる日ですが、気持ちが大きくなって大盤振る舞いをしてしまいそう。友人や恋人、家族に感謝の気持ちを表すのはいいですが、お金の使いすぎには気をつけて。
14 日	▽	午前中は運気がいいので積極的に行動してみて。ランチデートがオススメです。夕方からは気が緩んで判断ミスをしやすいので気をつけて。マイナスな言葉に振り回されないこと。
15 月	▼	大事なことを伝え忘れたり、大きなミスをしてしまうかも。今すぐ伝えるべきことをすっかり忘れて迷惑をかけてしまうことがありそう。大事なことはメモをとるクセをつけましょう。
16 火	×	つまらないミスをしやすい日。気をつけておけば避けられることで、自分でもガッカリしそうです。十分に気を引き締めて、誘惑にも流されないように注意しましょう。
17 水	▲	普段よく使う場所を整理整頓しましょう。大事なものとそうでないものをわかりやすくまとめると余計なミスを防げそうです。100円ショップでいい収納グッズが見つかるかも。
18 木	○	情報を入手することで迷いや不安が増えるかも。余計なことは知らないほうが前に進めることもあるでしょう。ネット動画を観ると時間の無駄遣いになるので気をつけて。
19 金	○	少しでもいいので、普段と違うことに挑戦してみて。行ったことのない場所では新しい出会いや発見がありそう。ハメを外しすぎると大失敗につながるので適度に楽しむこと。
20 土	□	自分のことを理解させるための見せ方を考えたり、相手のことも理解できるように努力することが大事。理解してもらえないことを不満に思う前に、やれることを探しましょう。
21 日	■	遊びに出かけるのはいいですが、はしゃぎすぎてケガをすることがあるので気をつけましょう。軽い運動をして汗を流したり、みんなで温泉やスパに行き、のんびり過ごしてみて。
22 月	●	自分の得意なことをしっかりアピールして取り組むことでいい結果を出せそう。ただし、調子に乗りすぎると失敗をすることがあるので、気を緩めすぎないようにしましょう。
23 火	△	期待通りの結果が出せず、物事が思い通りに進まないかも。行動が雑になったり、仕事に甘さが出そうです。文句や不満を言う前に、自分のすべきことをしっかりやりましょう。
24 水	◎	経験をうまく活かすことで楽しい1日を過ごせそう。得意なことで周囲を助けたり、教えることが大事でしょう。夜は友人や知り合いを誘ってみると楽しい時間を過ごせそうです。
25 木	◎	視野を広げることで楽しいことを見つけられるかも。アートや文学など知性を刺激されるようなものに関心を持ってみると、仕事にも活かすことができるでしょう。
26 金	▽	挨拶やお礼をしっかりすることで評価が上がりそう。言葉遣いにも上品さを意識することが大切です。身内や仲がいい人ほど丁寧に接し、家族にも忘れずに挨拶しましょう。
27 土	▼	遊びに誘われるのはいいですが、振り回されてしまったり無駄な時間を過ごすことになりそう。冷たい言葉をかけられることもあるので、距離感や付き合いを考えておきましょう。
28 日	×	判断ミスをしやすく、買い物で間違ったものを購入することも。特にネットで高いものを購入してガッカリすることがあるので注意して。「安い！」で簡単に飛びつかないように。
29 月	▲	難しいことを難しいままにするのではなく、わかりやすく簡単に説明できるように努めてみましょう。シンプルに見せることの苦労を学んでみると、1歩成長できそうです。
30 火	○	日常の幸せを見逃さないように。笑顔になれることがあるだけでも十分幸せだと思いましょう。友達や恋人や家族など、支えてくれる人の存在に感謝することも忘れないで。

2021

12月

☆ 開運の月

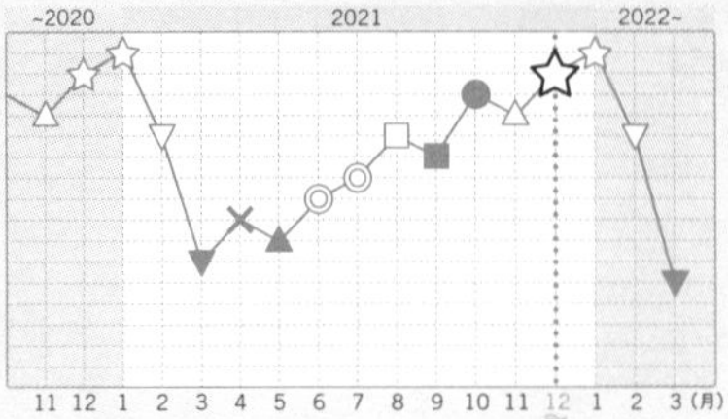

開運 3 カ条

1. 知り合いにたくさん会う
2. 評価は素直に受け入れる
3. お気に入りの場所を訪れる

総合運

幸せを実感することができる月。頑張りを認めてもらえたり、大きな結果を出すことができる流れなので、多少強引でも自分をアピールして。失敗を恐れないで思いきって行動することが大事になるでしょう。周囲の気分に振り回されないで自分が信じた道を突き進むことが大切です。親友や人とのつながりでうれしいと思える出来事もあるので、人の集まりに参加するといいでしょう。健康運は、旬の野菜を多めに摂取するといいでしょう。

恋愛&結婚運

片思いの恋が実ったり、友人だと思っていた人から告白されることがある時期。好きな人にはきっかけを作るといいので、今月の予定を聞いて気軽に食事に誘ってみて。特別扱いすることも忘れないように。周囲からの評判のいい人なら思いきって交際してみると思った以上にいい付き合いができそうです。結婚運は、真剣に結婚の話をしたことのあるカップルは今月中に入籍をするといいでしょう。

仕事&金運

実力以上に評価されたり、大きなチャンスを与えてもらえることがある月。「頑張ってきてよかった」と思えたり、昇格や昇給につながることもあるでしょう。自分の目指していたポジションをつかむ流れに乗ることもできるので、周囲の人との協力や人脈を大切にして。苦労が報われる出来事もあるでしょう。金運は、買い物をするにはいい時期。引っ越しや長く使えるものの購入を考えてみて。

1	水	○	未体験のものに興味が湧いて、いろいろ調べたくなりそう。気になったことはどんどん調べて新しい知識を取り入れると、今後の活躍に必要な力がついてくるでしょう。
2	木	□	素敵な言葉やいい考え方を後輩や部下に教えてみましょう。年上の人にも伝えてみると感謝されることがありそうです。本を読んで気になる言葉はメモしておきましょう。
3	金	■	油断していると風邪をひいたり、疲れをためてしまいそう。今日は体力的な無理は避け、防寒や乾燥への対策を考えて準備して。早めに帰宅し、湯船にしっかり浸かりましょう。
4	土	●	意識している相手の心をつかめそう。相手が返事をしやすいようなメッセージを送ってみると、会える流れになりそうです。いい関係に発展している相手から告白されることも。
5	日	△	時間にルーズになってしまいそう。遅刻をしたり、帰りの時間が遅くなって焦ることもありそうです。忘れ物や打撲や転倒など、ドジな失敗もしやすいので気をつけましょう。
6	月	◎	全力で取り組むことでこれまでの苦労が報われる日。手を抜いてしまうと運の流れを逃してしまうかも。些細なことでも本気で取りかかれば、大きなチャンスをつかめそうです。
7	火	☆	やる気が湧き、いつも以上に楽しんでやるべきことに向き合えそう。真剣に取り組めば、大きな結果につながります。年末のイベントの準備や買い物などをするにもいい運気です。
8	水	▽	日中は相手や周囲のためにできるだけのことをやりましょう。協力してもらえそうな人を紹介するのもよさそうです。夕方以降は逆に助けてもらえるので、感謝を忘れないで。
9	木	▼	過去のミスやトラブルを思い出すような出来事があるかも。嫌な予感がするときほど冷静になりましょう。気にしすぎて足を止めるより、失敗を次に活かせるよう前向きな努力を。
10	金	×	自分勝手な判断や勘違いからトラブルを起こしてしまいそう。いつも以上に慎重に行動し、人の言うことはしっかり最後まで聞いて判断しましょう。わがままな発言は厳禁です。
11	土	▲	少し早いですが、大掃除をするにはいい日。遊びに出かける前に部屋にある不要なものの選別をしましょう。貴重なものや思い出のあるもの以外はどんどん捨ててすっきりさせて。
12	日	○	フットワークを軽くすることで素敵な出会いや経験ができそう。知り合いや片思いの相手に連絡して、気になる場所に一緒に行ってみて。友人が恋人になることもありそう。
13	月	◎	失敗を恐れずにチャレンジすることが大切。挫折や失敗の実体験が人生を豊かにしてくれるので、まずは経験することを心がけて。友人から大事なアドバイスがもらえることも。
14	火	□	諦めないで続けてきたことにいい結果が出たり、認められることがあるかも。簡単に諦めないで最後まで一生懸命取り組みましょう。結果に納得がいかないときは原因を追究して。
15	水	■	寝不足や栄養バランスの乱れに注意しましょう。体調の乱れは肌に出やすいので、スキンケアをしっかりして、ビタミン豊富な食べ物や旬の果物をしっかりとるとよさそうです。
16	木	●	あなたの魅力がアップして味方や協力者が集まるでしょう。手助けしてもらうことに遠慮をしないで、別の機会に恩返しするように。相手に感謝を伝えることでいい関係を作れます。
17	金	△	やるべきことを後回しにして、ついダラダラと過ごしてしまいそう。スマホばかり見て時間の無駄遣いをしないように。将来の自分のためにやれることに取り組んでおきましょう。
18	土	☆	仲間の集まりに参加するといい日。みんなのいない場所や帰り際に異性の友人から告白されるかも。素敵な人を紹介してもらえることもあるので、笑顔と元気をアピールして。
19	日	☆	買い物をするには最高にいい日で、財布や長く使うものを見に行くといいものが見つかりそう。好きな人を意識した服を買うと急にモテることも。美容室に行くにもいい日です。
20	月	▽	目標を達成することができそう。午前中から全力で取り組んで楽しく仕事をするといい手応えがあるでしょう。夕方以降は疲れやすいので、無理をしないで早めに帰宅して。
21	火	▼	頑張りが空回りしやすそう。失敗したことをグチグチ考えるよりも「どうしたら挽回できるか」を考えて行動しましょう。自分のことよりも相手や周囲のために動いてみて。
22	水	×	理解に苦しむような人間関係のトラブルが起きそう。不機嫌な相手が現れたときは「体調が悪いのかな？」と思ってやさしく接しておくと、問題は解決するでしょう。
23	木	▲	不幸や苦労ばかりに目を向けてマイナス思考になるよりも、前向きにしてくれる友人や同僚とくだらない世間話をするほうが健全な生活を送れます。みんなが笑顔になる話をして。
24	金	◎	思った以上に順調に仕事を進められ、新たな方法でいい結果を出すこともできそう。夜はこれまで以上にいいクリスマスイブになり、思い出に残る人と一緒にいられそうです。
25	土	◎	少し贅沢なクリスマスを過ごすといいでしょう。プレゼントは少し高価な品を選んで、食事も奮発してみましょう。恋人や家族と楽しく過ごすことで運気がよくなりそうです。
26	日	□	年末年始のダイエットや筋トレの計画を立ててみて。スポーツジムに入会したり、エステに行ってみるのもよさそうです。家でできる運動のスケジュールも作ってみましょう。
27	月	■	疲れが顔に出てしまいそう。これまで頑張りすぎた人ほどこまめに休憩をするようにして。忘年会での暴飲暴食は後悔することになるので、ほどほどに楽しむようにしましょう。
28	火	●	友人や知人からの遊びの誘いが重なってしまうかも。みんなまとめて「異文化交流会」を開いてみると、みんなで楽しい時間を過ごせて、異性からチヤホヤされることもありそう。
29	水	△	うっかりミスをしやすい日。ネットの買い物で間違った注文をしやすいのでしっかり確認して。掃除をするときに大事なものを落として壊してしまうこともありそうです。
30	木	☆	今年お世話になった人に年賀状を書き忘れているなら午前中に書いて送りましょう。夜は会いたいと思う人に素直に連絡をすると、相手もあなたに会いたいと思っているかも。
31	金	☆	自分へのごほうびを買いに行くにはいい日。服や靴やカバンなど気になるものを買いましょう。夜は仲のいい友人と集まっての年越しもよさそうです。楽しい年越しを演出してみて。

☆開運の日　◎幸運の日　●解放の日　○チャレンジの日
□健康管理の日　△準備の日　▽ブレーキの日　■リフレッシュの日
▲整理の日　×裏運気の日　▼乱気の日　＝運気の影響がない日

銀の時計座

12年周期の運気グラフ

銀の時計座の2021年は…

◎ 幸運の年

五星三心占いの中で２番目に運気のいい「幸運の年」。2021年は長年努力をしてきた人が報われ、「人」を大切にしてきた人にも大きな幸せが舞い込みます。2021年から2022年までは最高の運気！

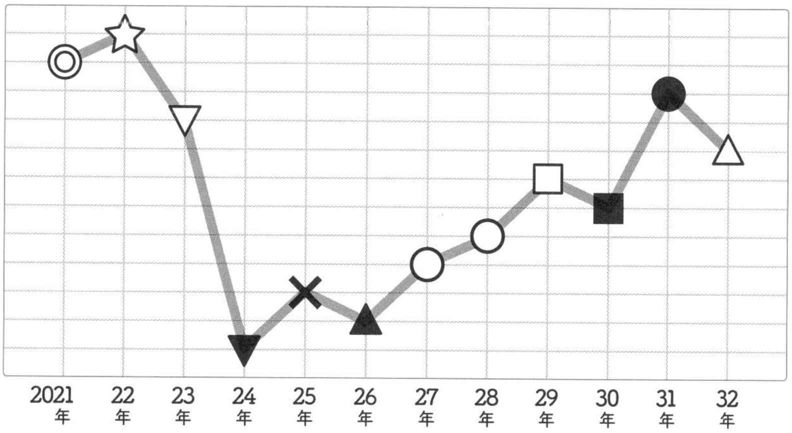

☆ 開運の年　◎ 幸運の年　● 解放の年　○ チャレンジの年　□ 健康管理の年　△ 準備の年
▽ ブレーキの年　■ リフレッシュの年　▲ 整理の年　✕ 裏運気の年　▼ 乱気の年　＝ 運気の影響がない年

銀の時計座はこんな人

基本の総合運

人のために時を教えることが役目の金の時計座と同じで、人のために生きることで幸せを感じるタイプですが、人に執着することが原因で自らブレてしまい、影響力の強い人に振り回されることも多いでしょう。野心や向上心は持っていますが、どこか人まかせで、他人の努力に乗っかろうとするところもあります。正義感があり、人当たりもよく、差別や区別をしないので人脈は自然と広がり、人間関係が財産となることも多いです。自分でも理解できないようなタイプと親友になる場合もあるでしょう。

基本の恋愛＆結婚運

自分にかまってほしいタイプで、束縛されたり、こまめに連絡があるほうが愛を感じられる人。恋人ができると、ほかの人間関係が手薄になってしまい、恋人に振り回されすぎる面もあるでしょう。周囲から「あの人、変わったね」と言われるほど相手の影響を受けがちですが、本人はなんとも思っていないこともあります。結婚後も仲よくべったりの夫婦関係を好み、特に精神的な支えとなってくれる相手と結ばれることを望むでしょう。

基本の仕事＆金運

人との関わりの多い仕事が天職。サービス業や仲介業、教育や指導など若い人や困っている人の相談に乗ることで能力や魅力を開花させられそう。介護や看護、福祉関係に多くいるタイプで、マネージャーや秘書などのサポート役で活躍することも。コツコツと行うもの作りや単純な仕事より、人の笑顔につながる仕事がオススメ。金運は、自分だけでなく周囲の笑顔のためにお金を使える人。庶民的な感覚も持っているので、不要な贅沢を避けます。ブランド品よりも安くていいもののほうが満足できるでしょう。

2021年の運気

◎ 幸運の年

2021年開運 3カ条

1. 相手まかせにしない
2. 何事も本気で取り組む
3. 忙しくする

総合運

求められることが増える最高の年
新しいチャレンジは11月に決断を

長い間評価されなかった人や地道に努力してきた人、何よりも人を大切にしてきた人に大きな幸せがやってくる「幸運の年」。上半期はこれまでのつながりが役に立ったり苦労が報われたりする流れとなり、予想以上に忙しいですが、充実した日々を過ごすことができます。また、偶然の出会いや懐かしい人との再会が。その相手の影響により、仕事やプライベートがより楽しく充実するでしょう。下半期からは求められることがさらに増えて慌ただしくなりますが、銀の時計座は予定がないほうが、寂しさから心がブレてしまうタイプ。忙しくしていることでかえって心は安定するでしょう。年末には、自分の進むべき道がしっかり見えてきます。周囲から感謝されることもあり、認められるうれしさや幸運を感じられるでしょう。

1〜3月は、これまでの経験がものをいう時期です。新しいことに挑戦するよりも経験を活かすことに集中すると、うれしい結果や幸運をつかむことができるでしょう。特に、人との関わりを増やすといいので、知り合いの集まりに参加し、友人との縁も大切にしてください。できれば、しばらく会っていない人に連絡をしてみましょう。その相手から役に立つ情報を入手できて、今後の流れをいい方向に変えるきっかけになりそうです。同窓会や同期会などに参加するのもいいでしょう。近々開催の予定がないという場合は、自ら主催してみんなを集めてみてください。遠方で会えない人とはリモートでつながり、オンライン飲み会などをすると、思った以上に盛り上がり、恒例の企画になるかもしれません。特にケンカをしたわけでもなく、なんとなく疎遠になってしまった友人にも連絡をしてみましょう。気持ちが前向きになったり、やる気が湧いてきたりといい刺激をもらえる場合があります。2月はできるだけ行動し、積極的に人に会いましょう。友人や知人の誕生日やお祝い事などを兼ねて人を集めてみるのもいいです。また、困っている人の手助けや協力をすると、年末から来年にかけて良縁につながるきっかけになります。4〜5月は気持ちがブレて、判断ミスをしたり、人との縁を突然切りたくなったりするような出来事が起きそうです。また、あなたを利用ばかりするような人、恩返しの気持ちがない人とは、距離をおくといいでしょう。下半期からは、あまりの忙しさに不満を言っていられないほど、やらなくてはならないことが増えてきます。先ほどもお伝えしたように、予定を詰め込んで慌ただしいくらいのほうがやる気が湧いてくるタイプなので、なんでも引き受けて取り組んでみましょう。自分でも思った以上の実力を発揮できて、いい結果にもつながり、「これまで苦労してきてよかった」と、過去の自分を褒めたくなるような出来事が多くなるでしょう。そのまま坂道を全力で駆け上がるようにして年末へ突入しそうな流れですが、11月には今後の人生を大きく左右する決断を迫られそうです。引っ越しをする、イメチェンをするなど、現状に執着するよりも思いきって新しいことに挑戦しましょう。11月はいろいろなことを変えて判断するのに、最高にいい時期です。何よりもこの月の出会いは、あなたの人生の中でも最高である可能性が高く、友人や知り合いからの紹介があるときは、確実に受けたほうがいいです。11月に照準を合わせて、食事会や飲み会などの予定を立ててみるのもいいでしょう。また、親友の披露宴やその二次会などにチャンスがあります。気合いを入れて参加しましょう。12月は判断ミスをしやすいので慎重に行動するようにしてください。過去の縁を大事にするのは非常にいいことですが、11月からはあなたの実力を買ってくれる人が現れたり、流れを変える出来事があったりと、大きな変化があるでしょう。新しいことに挑戦をしたいと思っている場合は、11月に決めて動き出すようにしましょう。11月にはじめて会う人に影響を受けたり、憧れの人に会えたりするかもしれません。

「幸運の年」は、これまでの積み重ねが多い人、正しい努力をしてきた人ほどチャンスに恵まれます。しかし、銀の時計座は心にブレがあると、せっかくのチャンスを逃してしまうことが。平等心を持ち、誰とでも対等でいることを大切にするあまり、「自分だけ評価されても」と、遠慮してしまう場合があります。これでは、せっかくの運気の流れを逃してしまい、報われない人生を自ら選択してしまっているのと同じ。特に2年前の「解放の年」あたりから流れが変わったことを実感している人ほど、活動的になることで高く評価され、大きな結果を残すことができるでしょう。「解放の年」なのに思ったほどの幸運を感じられなかった人は、2021年から流れが変わり、中には「9年間の闇」から抜け出せる場合も。そのためにも、じっと待っていてはいけません。自分の力を信じて挑戦しなければ何も変わらないので、思いきって行動を。「人生は実験」と思っていろいろ試してみてください。また、積み重ねてきたことや経験したことを活かせるようになるので、自分が得意と思えることに真剣に取り組んでみましょう。

「幸運の年」で最も注意すべきは、フラフラしないこと。「時計座」の心は振り子のように揺れやすいだけに、右へ左へと心がブレてしまい、特に2020年はブレブレだったかと思います。2021年の上半期はそんな気持ちを引きずり、後先考えないで転職をしたり、パッと思いついた習い事をはじめたりと、いろいろなことに目がいってしまい、心が定まらないかもしれません。しかし、2021年になってもフラフラしていると、目的を見失ってしまい、自分がどこに向かえばいいのかわからなくなってしまいます。2021年は11月に覚悟を決められるように、現実的で具体的な目標を見つけることが大事。自分の好きなことや得意なことで人を喜ばせられるといいでしょう。気をつけなくてはならないのが、あなたの心を揺らしてくる人との距離感。銀の時計座は一度縁ができると、なかなか切ることができず、多少問題のある人とでも仲よくなってしまい、助けを求められると手を差し伸べてズルズルと関係を続けてしまうタイプ。バッサリ縁を切る必要はありませんが、2021年は前進しようとするあなたの大切な運気を邪魔してくる人、重荷となる人とは距離をおくといいでしょう。銀の時計座は、チャンスは人がつないでくれますが、ピンチも人が引き寄せることを忘れないようにして。また、あなたがよかれと思って手を差し伸べている行為が、相手のためになっていない場合もあるので、温かく見守るつもりで距離感を変えてみてください。

「幸運の年」の運気をしっかりつかまえるために必要なのは、これまでの経験です。失敗や挫折の中で何を学んできたのかが問われる年になります。今までは同じような失敗をしても許されてきたかもしれませんが、2021年はそうはいきません。また、これまで学んできたことを活かして、うまくアピールすることも大事です。些細なことでもいいので、経験をプラスに働かせるように知恵を絞ってみてください。実力を出しきってみるくらいの覚悟で、1年を過ごしてみるといいでしょう。特に仕事運は、下半期から急激によくなります。年末にかけて大きなチャンスをつかめる流れなので、「2021年に転職を」と考えるのではなく、現在の仕事に全力で取り組み、結果を出しましょう。恋愛では、長い片思いに決着がつく年でもあります。10月までに進展がなかった人とは縁がないと思ってキッパリ諦めることが大事。11月からの新しい出会いを求めて、イメチェンをする、環境を変えるなどして、ほかの人を探す努力も大事になるでしょう。よくも悪くもこれまでの結果が出てしまいますが、諦めることのできる年でもあります。メンタルが弱いタイプなので、過ぎてしまったことや昔の縁をいつまでもグズグズ考えてしまいがちですが、それは時間を無駄にしているだけ。「諦めるから次に目指すことがハッキリしてくる」と思いましょう。11月からは違う人生がスタートしていると考え、気持ちを切り替えて生活しましょう。

「幸運の年」は、五星三心占いの中で2番目に運気のいい年。翌年の「開運の年」では、目標を決めてスタートを切る必要があるので、2021年の「幸運の年」のほうが「これまでの積み重ねの回収」という意味では最高の年です。来年につながる重要な年でもあるので、積み重ねを正しく行ってこなかった人やサボってきてしまった人には厳しい結果が出やすいでしょう。銀の時計座は「他人のために」生きてきた人が多いタイプなので、幸運の鍵は「他人」になります。これまでに若い人の面倒を見てきたり、苦労している人を応援したり、困った人を数多く助けてきたでしょう。その恩が返ってくる年。人から感謝されたときは、しっかり受け入れましょう。2021年の幸福のすべては自分が頑張ってきた証だと思い、評価を受け入れる必要もあります。もし満足できない結果が出て不満がたまってしまう年になった場合は、自分の努力や積み重ねが足りなかったと受け止めましょう。進むべき道を間違えている可能性もあるので、2022年はすべてやり直すつもりで生きるようにするといいでしょう。1年が終わるころに「2021年は忙しくて充実した年だった」と言える人が多いと思います。周囲から求められることも増えて感謝をされ、プライベートも充実するので、最高の年になる人もいるでしょう。次にやるべきことを見つけられた人は、2022年の1～2月にスタートできるように情報を集めて準備しておくことも大事です。2021年から2022年にかけて時代の流れは「時計座」を中心に回りはじめるので、思った以上に気持ちが楽になり、不安や心配事もなくなってくるでしょう。自分がまるでドラマや映画の主人公になったと思えるようなうれしい出来事も多くなります。周囲から憧れられるような生き方ができる1年でもあるでしょう。

恋愛運

運が味方してくれる最高の1年
11月に運命を変える出会いが！

忙しくも恋のチャンスが多い１年。特に片思いしている相手や、すでに知り合っている人と交際する確率が高いので、気になっている人がいる場合は、2021年は積極的になるといいでしょう。しばらく恋人のいなかった人は、久しぶりに恋人ができて交際をスタートさせられるかもしれません。臆病にならないように気をつけましょう。2021年は偶然の出会いや友人、知人からのつながりが大事になります。いろいろな人に連絡をして、会うようにしてみるといいでしょう。特に１～３月は、同窓会や同期会などの連絡が突然あったり、しばらく会っていなかった人に街でばったり遭遇したりと、懐かしい出会いがある時期です。それが恋に発展することもあるでしょう。プチ同窓会を主催したり、なんとなく疎遠になっている人に連絡をしてみると、思った以上に盛り上がって恋に発展することも。また、「単なる友達」と思っていた相手から告白されて困ってしまうことがあります。周囲からの評判がいい相手なら思いきって付き合ってみると、思った以上に楽しい交際ができそうです。

2021年は新しい出会いは期待が薄いですが、11月に人生を変える出会いがあります。10月までに進展がなかった場合は、「知り合いとは縁がない」とキッパリ諦め、11月にはじめて会う人を求めて行動を。できればこのとき、10月までに着ていた服をすべて捨てて、11月に買い直しましょう。また、切り替えが大事なので、髪型も変えてみて。髪型、メイク、持ち物もすべて、年齢に見合ったものに変えることが大事です。できれば引っ越しをして環境を変える、生活習慣を大幅に変える、習い事を新しくはじめるなど、やれることをできるだけ見つけて変わるようにしましょう。特に、年齢に見合わないような幼稚なものは身に着けず、幼稚な趣味をやめるように。

2021年は仕事が忙しくなり「恋愛をしている暇がない」と言い訳する人が増える時期でもあります。人に求められることはいいですが「恋人が作れない」は、あなたの問題です。言い訳をしていないで、相手に好かれるようにしっかりと自分を磨き、きっかけ作りをするようにしましょう。「幸運の年」に勝手に諦めてしまうと、今後、出会いも恋のチャンスもやってきません。「2021年は運を味方につけられている」と信じて、行動しましょう。

差別や区別をしないタイプながら、実は好きな人の前では態度がしっかり変わるタイプでもあります。2021年は、本当は好き嫌いがハッキリしているところも出てくるので、周りの人どころか相手にも、あなたの好きな気持ちは気づかれます。好きな人には素直に気持ちを伝えておくといいでしょう。また、興味のない相手を「寂しいから」という理由でなんとなくキープしてはいけません。結果的に心を乱される原因になるので、好意を抱いていない人とは距離をおくようにしましょう。

恋愛運は最高の１年です。気になる人、片思いの人、昔の恋人への思いをすべて清算するくらいの気持ちで、臆病にならずに自分に素直に行動してみましょう。運は味方してくれます。あなた次第で恋人は簡単にできるので、何度も目が合う相手は自分に惚れていると思うくらい、自信を持って過ごすといいでしょう。

開運のつぶやき 「相手のためになる話」をするだけで運気はよくなるもの

結婚運

**決断を相手まかせにしないように
過去に執着せずに新たな相手を見つけて**

結婚を決めるには最高の年。特に、一度真剣に結婚や入籍日などについて話している、婚約しているカップルは年内に一気に話が進みそうです。「幸運の年」は話がまとまりやすいので、将来の明るい話や具体的な話をしてみるといいでしょう。交際期間が１年以上のカップルは２～３月に結婚に向けた流れがあり、11月に今後のことがハッキリしてくるでしょう。結婚を決めるのに最高の運気とは「オススメの時期」であって、何もしなくても結婚ができるというわけではありません。結婚するためには、恋人と将来の話を真剣にすることが大切です。問題は、あなたの気持ちにブレがあり、決断を相手まかせにしてしまうところ。相手もあなたのやさしさや思いやりの部分を認めてくれていると思いますが、ここは相手まかせにならず「年内に結婚する」という覚悟と勇気を持つことが大事になるでしょう。

恋人はいないけれど結婚をしたいと嘆く人は、まずは仲のいい異性の友達を遊びや飲みに誘うことが大切。その中には、あなたのことを魅力的に感じている人が必ずいます。その人を見つけることが結婚に向けての一番の近道です。その相手は学校の同級生や職場の同僚などの可能性も。また、少しでも出会いがありそうな場所に顔を出して、笑顔や元気で楽しい雰囲気を作っておくと自然と話が進みそう。異性の目を意識した明るく清潔感のある服装も大切。髪型も思いきって明るい雰囲気に変えてみましょう。

銀の時計座の「幸運の年」に最も注意すべきことは、一度好きになると過去の恋に執着するクセ。運気がいいので、あなたにプロポーズしてくれる人や結婚を前提にお付き合いを申し込んでくる人が現れても過去の恋を引きずりすぎて、眼中に入れることなくチャンスを逃してしまうことがあります。特に、長年仲がよく、一緒にいることが楽な相手なら、昔の恋人のことは諦めてその人との結婚を選んだほうがあなたにとって幸せです。見切りをつける年だと思っておきましょう。中途半端な関係が続いてしまっている人は、６月までにハッキリさせないと結婚ができなくなってしまうこともあるので気をつけましょう。もうひとつの問題は、2020年に出会って交際をスタートさせたカップルの結婚。2020年の「準備の年」は、恋愛運がいいので意中の相手と付き合うことができたでしょう。しかし、結婚となると問題が多い相手である場合があるので、一度考え直す必要が。周囲からの評判などを聞いて、冷静に見極めることが大切です。親友や家族が止めるような相手の場合は、残念ながら縁のない相手だと思っておきましょう。

「幸運の年」は求められることが増えて、仕事が忙しくなります。友人からの誘いや相談事も増えるでしょう。相談に乗るのはいいことですが、その間、恋人のことをすっかり忘れてしまうとせっかくの結婚運を逃すかもしれません。「今は忙しいから落ち着いたころに」や「タイミングじゃない」など、相手の気持ちを本気で理解しようとしない態度はとらないように。忙しい時期だからこそ、結婚するほうがいいと思いましょう。夢を追いかけていて生活力がまだまだな相手と結婚する可能性もありますが、銀の時計座は結婚後も仕事をしているほうが幸せなタイプです。また、ともに夢に向かってみると、いい夫婦関係を築けるでしょう。

仕事運

大きなチャンスが巡ってくる1年 眠っている野心を今こそ爆発させて

ジワジワ忙しくなる1年。急激に忙しくなるというよりも、求められることが少しずつ増えるような運気です。そもそも求められることでやりがいを感じられるタイプ。「忙しい」と言いながら心の中では「求められている」とニヤニヤしているでしょう。年末に向かうにつれて結果がしっかりとついてくるので、2021年は本気で仕事に取り組み、自分の力を出しきってみる価値のある1年になるでしょう。特にこれまで経験したことを活かして実力を発揮できます。さらに、自分にはなんの得もないのに、「人と人をつないできた人」や「人の面倒を見てきた人」ほど感謝され、その対価を得られることでしょう。大きなチャンスが巡ってくる年なので、遠慮しないで結果や目標に向かって全力で取り組むようにしましょう。また、周囲と協力することでより大きな結果を出すことができます。憧れの仕事やポジションにつけることもあるので、勝手に諦めないで粘り強く挑戦を続けてみるといいでしょう。自分の思っている以上にこれまでの経験を活かすことができるので、苦手だと思っていた仕事でも「あのころとは違う」と思って取り組むと、対応力も判断力も身に付いていることに気がつきそうです。

問題は、2020年に仕事へのやる気がなくなり、転職を考えている人。2020年の「準備の年」は、気持ちが安定しない特徴があります。そのため、心がブレやすい銀の時計座の場合、現在の仕事に疑問を感じてほかの仕事に目移りした人も多いでしょう。2021年になってもその気持ちのままでいると「幸運の年」の流れをつかみきれない可能性があるので、1～2月中に現在の仕事を続ける覚悟を決め、目の前の仕事に全力で向き合ってみましょう。どうしても転職を考える場合は11月に。それまでの間は本気で仕事に取り組んでみると、いい結果が出るでしょう。ただし、2020年に転職をしてしまった人は、早い段階で元の職場か、似た仕事に転職するといいです。2020年の判断ミスを早めに修正しておきましょう。

2021年は、銀の時計座の根の部分にある「野心」を爆発させる年でもあります。日ごろは対等に人と接することが大切と思いながらも、陰ではもっと自分を評価してもらいたいと思っているタイプです。上を目指す気持ちや、狙っているポジションがあるはず。「他人を出し抜いてまで偉くならなくてもいい」と考えている自分との間で心が揺れるかと思いますが、実力で勝ち取ることには誰も文句を言いません。これまで積み重ねてきた力を存分に出すようにしましょう。そのために、周囲の協力してくれる人には感謝の気持ちを忘れないように。他人まかせで甘えん坊な部分があり、自分で押しきろうとしないところがあると思いますが、2021年から1～2年はあなたを中心に世の中が回りはじめると思うくらいに運を味方につけられるので、全力で仕事に取り組んでみましょう。また、大切なパートナーやチームができる年でもあり、実力のある人、実績や経験のある人と一緒になる機会もありますが遠慮はいりません。対等になれるように頑張り、力を借りて結果を出すようにしましょう。2021年の経験はあなたにとってプラスになる出来事ばかりです。何事も前向きに捉えて頑張り抜き、職場の人とは少し図々しいと思うくらい仲よくなってみるのもいいでしょう。

開運のつぶやき ▶ 自分のことしか考えられない人はいつまでも成功しない

金運

翌年の大幅な収入増に向けて地道な努力を「言うだけならタダ」精神がツキを呼ぶ

「幸運の年」ですが、大幅な収入アップというよりも1年を振り返ったときに収入が少しアップしているような年。急激な変化や大金が手に入る運気ではありません。そもそも庶民的なタイプなので、大幅な収入アップは心が乱れてしまう原因になります。お金は追いかけすぎないようにしましょう。それでも11月にはうれしい臨時収入を得るような出来事がありそうです。2021年は仕事でしっかり結果を出し、2022年に大幅な収入アップを狙いましょう。仕事をサボってしまうと今後の金運が上がりませんが、給料の2～3倍働くつもりで頑張ると、収入アップに。また、遊びや無駄なことには時間を使わないようにすると、金運アップにつながるでしょう。しっかりと節約をすること、不要な出費を抑えることが大事です。

買い物運がいいので楽しい1年になりそう。気になるお店に入ってみるとセール中で、欲しかったものが半額で手に入るかもしれません。また、ネットを見ると大幅な値引きがあったり、ポイントが普段よりも多くついていたりと、お得な出来事が多い1年です。さらに、狙っていた土地の価格が突然下がって念願のマイホームを購入することができるかも。ダメ元で値切ってみるとあっさりOKしてくれる場合もあります。2021年はどんなものでも少し安く購入できる可能性があるので、交渉は「言うだけならタダ」と思っておくことも大事でしょう。

最も注意が必要なのは、友人や知人、しばらく会っていなかった人にお金を貸すこと。銀の時計座は情に流されやすいタイプなので、頭を下げられ、泣きつかれてしまうと、「自分は生活ができているから」とついついお金を貸してしまうことがあります。しかし、これはお互いのためになりません。あなたの人生を苦しめる原因になるので、しっかり断るか、返ってこないものと思うようにしましょう。もしくは、仕事の手伝いや家の用事など、小さなことでいいので、しっかり手伝ってもらったぶんのお金を支払うようにしてください。最も要注意なのが「友達でしょう」と言ってお金を借りようとする人。縁を切ってでも離れるといいでしょう。

下半期になってからでいいので、長期投資の勉強をはじめてみてください。11月に投資用の口座を開いて、毎月数千円からでいいのでスタートさせてみましょう。相場の上がり下がりを気にせず、「10年後に少しは増えていればラッキーかな」くらいの気持ちだとよさそうです。リスクの少ない投資を学ぶために書店で本を購入してみるのもいいでしょう。調子に乗って投資にハマりすぎると心が乱されてしまう場合もあるので、リスクの少ない安定したものを選ぶことが大事。NISAや国債などの購入を検討してみるのもいいでしょう。

2021年は、なくしたと思っていたものやお金が出てくることもあります。部屋の掃除や片づけをしっかりやりましょう。また、過去に貸していたお金を返してもらえることもありそう。不要なものや使わないものはネットで販売してみると、思わぬ収入になるので試しにやってみることが大切です。やり方などは詳しい友人に聞いてみましょう。手作りのものを売ってみるのも楽しめそうなので、趣味の幅を広げてみるのもいいでしょう。

家庭運

家族との関係を修復できるかも
記念日などのお祝い事を大切に

実家を離れて暮らしている人は、家族とのつながりが強くなる1年。よくも悪くも、実家に帰ったり、連絡がきたりするでしょう。疎遠になっていた親戚や従兄弟とも会う機会があり、2021年は久しぶりの家族旅行があるかもしれません。また、両親が遊びに来るなど、楽しめるイベントが増えそうです。伴侶ともいい関係になれますが、仕事が忙しくなりすぎてしまうと、寂しい思いをさせてしまうかも。家族の記念日などは忘れないように。はじめてのデートで行ったお店に足を運んでみるなど、懐かしい場所に家族で出かけると、さらにいい思い出ができそうです。また、「毎年家族で来られる場所」を見つけてみましょう。そこに行くのを毎年の恒例にするのもオススメ。また、家族と約束をしたままで実現できていなかったことは、2021年のうちに行動に移しましょう。

ここ数年、関係が悪くなってしまった家族とは仲直りできるなど、いい関係に戻れるきっかけがあるでしょう。無駄な反発をせずに素直になりましょう。家族には、あなたの気持ちがブレやすいことを理解してもらっていると思いますが、言わないとわからないこともたくさんあるので、今の気持ちを話してみるといいでしょう。誕生日や記念日はいいきっかけになるので、プレゼントや手紙を書いてみると、よりいい関係になれそうです。

子どもとの関係も良好になりそうな年です。面倒を見すぎて煙たがられることもありますが、2021年は子どもたちと一緒に思い出を作ってください。懐かしい場所に行ってみるのもいいでしょう。あなたが生まれ育った場所に連れていくと会話が弾みそうです。時間があるときに、お墓参りをしましょう。親への感謝の気持ちが伝わり、子どもとの関係性も変わるかもしれません。子どもが小さいころに目指していた目標についても話してみましょう。忘れていた夢を思い出す、いいきっかけになるでしょう。

両親との関係も2021年は思った以上によく、会う回数が自然と増えそう。両親にとって懐かしい人のことや昔の話を聞いてみると、いろいろなことが思い出せて、いいパワーに変換することもできそうです。また、プレゼントの予算を少し弾んでみるなどして、両親の誕生日をお祝いしてみてください。ほかにも、子どものころに両親に連れていってもらった場所を訪れてみましょう。様変わりをした場所や、当時を思い出せるような場所を見つけられて、いい思い出になりそうです。普段から気持ちを伝えられていない人は、これまでの感謝の気持ちを伝えると、さらにいい関係になれそうです。

人間関係を作ることが得意なので、家族関係も自然とうまく作れる人が多いタイプです。しかし、一度溝ができてしまうと修復に時間がかかってしまうところが。特に相手が偉そうな態度をとったり、他人を小馬鹿にするような口調で話したりすると、毛嫌いしてしまい関係が崩れてしまう場合があるでしょう。「悪意はない」と思って、上手に聞き流し、相手を許すことが大事です。2021年で関係性がよくならない場合は、今後はほどよい距離感を保つほうがいいでしょう。言葉が強くなりすぎる部分は、家族ならではのよさと捉えてマイナスに受け止めないようにしましょう。

開運のつぶやき ▶ 恩送りできる人が幸運を得られるもの

健康運

驚くほどパワーがあふれて動ける年
メンタルのケアだけは忘れずに

少しくらいの疲れは跳ね返せるくらい体調がよくなる年なので、自分でも驚くほどの力を発揮することができます。絶好調だと感じることができて、多少予定を詰め込んでも乗りきれるでしょう。もちろん年齢的な老いはあります。若いときとまったく同じとは言えませんが、パワーがあふれているので忙しさを乗りきれる運気でしょう。この流れで体力作りのための運動をはじめると、さらに元気に過ごせるようになります。隙間時間を見つけて運動してみましょう。仕事やプライベートの予定が多くなったときほど、意識してみてください。

「幸運の年」は、美意識を高めるといい年でもあります。生活習慣が乱れていると思う人はしっかりと改善し、睡眠時間が以前より減っている人は増やすようにしましょう。また、年齢に見合うような食生活を送ってください。いつまでも若いときのままの勢いで飲み食いをしていると、後に体調を崩す原因になってしまう場合があります。みんなでできるスポーツをはじめ、仲間と温泉やスパ、サウナなどに行って汗を流しておくのもいいでしょう。

問題が出やすいとしたら、以前にしたことのあるケガや病気。似たような状況にはくれぐれも注意しましょう。たとえば過去に飲みすぎが原因で大ケガをした人は飲酒を控えるなど、予防策をしっかりとりましょう。反省をしない人ほど同じことを繰り返しやすいので気をつけてください。また、「この月は体調が悪いな」と思う時期を調べてみるといいでしょう。風邪をひきやすい、肌が荒れる、落ち込みやすい時期などは2021年のうちにチェックをしておくと、今後毎年気をつけることができます。

ここ数年、太ってしまったと思っている人は、2021年はしっかりダイエットをしたほうがいいでしょう。特に2020年に思った以上に太ってしまった人ほど、2021年は頑張って元の体重や体形に戻す努力をしてください。2021年のうちに戻せなかった場合は、その体形が今後の基準となってしまいます。基礎体力作りを含めて、筋トレや代謝の上がる運動をはじめるように。できれば新しい運動よりも、学生時代にやっていた得意なスポーツや以前から好きな運動をするようにしましょう。自分が最も痩せていた時期や、戻りたいときの写真を飾って毎日見るのも効果的です。

銀の時計座が最も健康を害しやすいのが、ストレスによるメンタル部分です。それに伴って、肌や胃腸の調子が悪くなるので、2021年は思いっきりストレス発散をする日を作るようにしてください。人との関わりが多いぶん、ストレスがたまりやすいので、ひとりでのんびりする時間を作りましょう。山登りやハイキングなど、自然が多い場所でゆっくりする時間を作るといいでしょう。海や川などを見渡せるホテルでゆったり過ごし、森に囲まれたカフェでお茶を飲みながら読書を楽しみましょう。マッサージやエステなど、普段は「もったいないから」と避けていることでも、2021年は「幸運の年」のごほうびだと思って、ささやかな贅沢をしてみるのもいいでしょう。たくさん笑わせてくれる友人に会って本音をいろいろ話してみるのもよさそうです。ただし、愚痴や不満はストレスの原因になるので、馬鹿話、失敗談、恥ずかしいエピソードなど笑える話をしてみて。

年代別 アドバイス

年齢が違えば、起こる出来事もそれぞれに違います。
日々を前向きに過ごすための年代別アドバイスです。

年代別アドバイス 10代

片思いの恋を実らせることができる年。好きな人にはきちんと気持ちを伝えてみてください。相手まかせにせず、ハッキリと答えを聞いてみることで気持ちをスッキリさせることができるでしょう。憧れの場所に行ける可能性が高く、欲しかったものも手に入りやすい年なので、簡単に諦めないようにしましょう。しばらく会っていない友人と久しぶりに遊ぶと、いい縁がつながることがあるでしょう。

年代別アドバイス 20代

友人と思っていた人と交際がはじまる可能性がある年。仲よくしていた人から告白されて交際がスタートする流れになりそうです。気になる相手がいる場合は、気持ちを伝えてみると良好な関係に発展する可能性があります。上半期に同窓会をするといいので、学生時代の友人に連絡をして。うれしい出会いがあり同級生の頑張りにも刺激され、仕事も恋も頑張れるようになりそう。また、思い出の音楽を聴いてみるとやる気がアップするでしょう。

年代別アドバイス 30代

これまでの経験を活かすことができる年。趣味や遊びだと思っていたことでも、話のネタやいい情報として役立ちそう。しばらく疎遠になっていた人との偶然の出会いから急に仲よくなれるかもしれません。また、不思議なつながりから交友関係が広がることもありそうです。思い出の場所に行くと前向きな気持ちになれるので、学生時代にファンだったアーティストのライブに行ってみましょう。頑張るパワーをもらえそうです。

年代別アドバイス 40代

社会で学んできたことを最大限に発揮できる年。頭の回転も速くなり、いいアイデアを出せるでしょう。また、これまでの苦労を活かすこともできそうです。同級生をはじめ、昔の上司や先輩と話してみるといい勉強になり、前向きになるきっかけを与えてもらえそうです。感動した本を読み直し、映画を観直してみると新たな発見があるかも。ほかにも、少し遠くても一度訪れた旅先に行くこともオススメ。やるべきことを見つけられそうです。

年代別アドバイス 50代

後輩や部下、過去に面倒を見ていた人とのつながりがある年。偶然の出会いから成長した姿を見ることや、感謝されることがあって満足できるでしょう。社会人になってから好きになったアーティストや役者、芸人のライブに行ってみると思った以上に勉強になり、いい刺激、そして感動を与えてもらえそうです。憧れの場所に旅行に出かけるのもいいので、新年早々に計画を立ててみてください。親友を誘ってみてもいいかも。

年代別アドバイス 60代以上

長年興味があるけれど挑戦しなかったことがある場合は、2021年のうちにはじめてみるといいでしょう。カルチャースクールやスポーツサークルなどに入ると、懐かしい人に会えて久しぶりに情熱を燃やすことができそう。学生時代に熱中していた運動をやってみたり、懐かしい音楽を聴いてみたりすると運気の流れがよくなるでしょう。しばらく会っていない人に連絡をして同窓会などを開いてみると、いい思い出ができそうです。

開運のつぶやき ▶ 10年後の自分のための決断と覚悟が大切

あなたの命数は
P.10からはじまる
命数早見表でチェック！

命数別2021年の運勢

【命数】
31

心がブレる高校1年生

基本性格

負けず嫌いの頑張り屋で、気さくでさっぱりとした性格。色気があまりなく、交友関係は広いでしょう。反発心や意地っ張りなところはありますが、本当は寂しがり屋で常に人の輪の中にいて友人や仲間が欲しい人。頑張るパワーはありますが、周囲の人に振り回されてしまったり、自ら振り回されにいったりするような行動に走ったりすることも。心は高校1年生くらいからほぼ変わらず、学生時代の縁がいつまでも続くでしょう。

〉〉2021年の開運アドバイス

ラッキーカラー 瑠璃色、パープル
ラッキーフード ハンバーグ、焼き芋
ラッキースポット スタジアム、公園

開運3カ条

1. 同期会や同窓会に参加する
2. ライバルを見つける
3. 身近な異性と仲よくなる

2021年の総合運

友人や仲間と競うことで、やる気が増す年。2020年まで気持ちが引き締まらなかった人ほど、2021年はやる気が湧いてくるでしょう。同期会や同窓会などに参加してみると、同級生が自分以上に結果を出していたり出世したりしていると知って、負けん気根性に火がつきそうです。年末に向けて忙しくなるほど、集中力も高まってくるでしょう。健康運は、胃腸に注意が必要。時間があるときにスポーツをすると、ストレス発散になっていいでしょう。

2021年の恋愛&結婚運

同期や身近な人と交際がはじまる年。同じ職場の人と話が盛り上がって意気投合し、恋心に火がつくことがありそう。また、異性の親友を突然好きになり、勢いで交際をスタートすることもありそうです。共通の趣味がある人もいいので、趣味の話をしておくと意外な人と仲よくなれる場合も。結婚運は、付き合っていても友達のような感覚のカップルは、年始か11月に籍を入れるといいでしょう。相手まかせにしないように注意して。

2021年の仕事&金運

あなたの実力を発揮できるほか、チームワークがよくなり、みんなでいい結果を出せる流れを作れる年。特に下半期からは忙しさが増してくるので、上半期中に目標をしっかり定めて頑張ることが大事。2021年は自分の力を出しきるつもりで仕事に取り組むことで、ライバルや同期に差をつけられるでしょう。年末には大きな目標も達成できそう。金運は、長年欲しいと思っていたものを購入すると運気が上がる年。いい靴を購入しましょう。

【命数】
32

雑用が嫌いな実は野心家

基本性格

庶民的で人間関係を作るのが上手ですが、野心や向上心を強く持っています。「どこかで一発逆転したい、このままでは終わらない」という情熱を持っており、刺激や変化を好むところがあるでしょう。人は好きですが団体行動は苦手。結果を出している人に執着する面があり、ともに成長できないと感じた人とは距離をおいてしまうことも。意外な人生や破天荒な人生を自ら歩むようになったり、心が大きくブレたりすることもある人です。

〉〉2021年の開運アドバイス

ラッキーカラー ホワイト、空色
ラッキーフード 煮込みハンバーグ、芋けんぴ
ラッキースポット リゾートホテル、武道場

開運3カ条

1. 本気を出す
2. 旅行に行く
3. 好きなことをアピールする

2021年の総合運

頭の回転がよくなり合理的に物事を進められる流れを作れたり、向上心が一気に湧き上がったりしてくる年。環境を変えたい気持ちが強まりますが、11月までは現状の生活の中でしっかり結果を出すように。久しぶりに満足できる旅行や音楽フェスやライブなどに行けて、気持ちが楽になることもありそう。健康運は、しばらく運動をしていなかった人はスポーツジムに通うといいでしょう。年末からゴルフをはじめるのもオススメです。

2021年の恋愛&結婚運

狙った相手と交際することができる年。知り合いや友人の中で、2021年になってから恋心に火がついた相手ほど、いい関係になれる可能性が高いでしょう。好意を伝えたり、こまめに連絡をしたりするといい関係に一気に発展しやすいですが、簡単に手に入ると突然冷めてしまうクセだけには気をつけて。結婚運は、入籍を決めるには最高な年。趣味や仕事など情熱を注げるものを持っているほうが、いい結婚生活を送れるでしょう。

2021年の仕事&金運

実力を発揮する年。隠していた力や本来の能力を出しきってみましょう。一生懸命さを見せないようにするクセがありますが、2021年は本気で取り組んでみると仕事が楽しくなり、さらに評価されるようになるでしょう。合理的に仕事ができるよう、会社の仕組みを変えることもできそう。いい仲間や優秀な人からのサポートを受けられることも。金運は、旅行やライブなどへの出費が多くなりそう。年末に収入アップを期待できるかも。

ラッキーカラー、フード、スポットはプレゼントやデート、遊ぶときの口実に使ってみて

12のタイプ別よりもさらに細かく自分や相手がわかる！
ここでは、生まれ持った命数別に2021年の運気を解説していきます。

【命数】
33
明るい気分屋

基本性格
誰よりも人を楽しませることが好きな、サービス精神旺盛な人。空腹が苦手で気分が顔に出やすいところがありますが、楽しいことやおもしろいことが大好きです。不思議な人脈を作ることができ、常に天真爛漫。ただ、心がブレやすいので目的を見失ってしまい、流されてしまうことも。「人気者になり注目を浴びたい」「人にかまってほしい」と思うことが多いぶん、他人を喜ばせることに力を入れると幸せになれるでしょう。

2021年の開運アドバイス

ラッキーカラー オレンジ、パープル
ラッキーフード お好み焼き、焼き芋
ラッキースポット 音楽フェス、ファミレス

開運3カ条
1. 飲み会や食事会を主催する
2. 目立つ服を着る
3. 「正しい」よりも「楽しい」を選択する

2021年の総合運
楽しいことやおもしろいことの質が変わる年。自分だけではなく友人や周囲の人と楽しい時間を共有できるようになり、求められることも増えて人気者としての楽しさを実感できそう。明るく元気でいることで、さらにうれしい出来事が起きるようになるでしょう。特に人間関係のつながりで驚くようなことがあるので、人の集まりにできるだけ参加し、いろいろな人と話してみるとよさそうです。健康運は、本気でダンスに取り組んでみるのにいい年です。

2021年の恋愛&結婚運
あなたの明るさに異性が惹かれてしまう年。特に身近にいる人に告白されたり、以前から仲のいい友人と恋したりしそう。気になる相手にはスキンシップを多めにしたり、露出が少し多い服を着たりするといい感じに進みやすいでしょう。少し明るい感じの色で、異性を意識した髪型にするとよさそうです。結婚運は、勢いでの入籍がある年。サービス精神があると思える相手なら、楽しい結婚生活を送れそうです。

2021年の仕事&金運
仕事に対してやる気が増す年。どうせ仕事をするなら楽しくすることが大切だと気がつくことがありそう。一生懸命取り組むことで、より仕事を楽しくできるでしょう。職場のムードメーカーになるつもりでみんなを飲み会や食事会に誘ってみるなど、仕事以外の場所でも頑張ると仕事での成績がみんなで伸びていくでしょう。金運は、ごちそうしてもらえる機会やラッキーな収入がありそうです。食べすぎには十分気をつけるようにしましょう。

【命数】
34
ひと言多い人情家

基本性格
何事も直感で判断し、突き進む人。人情家で面倒見がいい一方、情が原因で苦労や困難を招いてしまうことが多いでしょう。余計なひと言やしゃべりすぎ、恩着せがましいところが表面に出やすいタイプです。ストレス発散が苦手で些細なことでイライラしたり、機嫌が簡単に表情に出たりすることも多いでしょう。また、向上心を隠し持っていて、周囲が驚くようなアイデアを生み出すことができる人でもあります。

2021年の開運アドバイス

ラッキーカラー ベビーピンク、水色
ラッキーフード カツサンド、大学芋
ラッキースポット 美術館、遊園地

開運3カ条
1. いい言葉を選ぶ
2. 挨拶とお礼を先に言う
3. 体力作りをはじめる

2021年の総合運
素早い判断や勘で判断しやすいタイプですが、2021年はその勘を信じながらも粘りが必要になるでしょう。短気を起こして環境を変えるといい運気の流れを逃すことになるので、結果がダメでももうひとふんばりしてみましょう。情に弱く昔の知り合いにつけ込まれてしまう場合があるので、冷静に判断することや、お金の貸し借りを簡単にしないことが大事です。健康運は、問題が少ないときなので、基礎体力作りやこまめな運動を心がけるといいでしょう。

2021年の恋愛&結婚運
ひと目見たときにピンときた相手や、なんとなく友人や知り合いどまりになっている人と交際がスタートする年。あのときの勘は間違いではなかったと感じることがあるでしょう。情に流され、身近な人と交際する場合もありそうです。11月にひと目惚れした人と大恋愛することもあるので、積極的に行動しましょう。結婚運は、気持ちだけが前向きになっても計画の甘さが出てしまいそう。11月までを目標にいろいろ決めておきましょう。

2021年の仕事&金運
才能を仕事で活かしたり、個性を認められて仕事がやりやすくなったりする年。頭の回転も速くなっていい判断ができ、企画やアイデアを出せるようになるでしょう。思ったことを言葉に出すのはいいですが、下品な言葉を選ばないように、丁寧で上品な言葉を発するようにしましょう。挨拶やお礼をしっかりすることも大事。金運は、情でのお金の貸し借りには注意して。勘で投資をするのもいいですが、長い目で見てはじめましょう。

【命数】

35

人のために生きられる商売人

基本性格

フットワークが軽く情報収集が得意で、ひとつ好きなことを見つけると驚くような集中力を見せます。視野が広いため、ほかに気になることを見つけると突っ走ってしまうことが多いでしょう。何事も損得勘定でしっかり判断でき、計算することが上手。自分の立場をわきまえた臨機応変な対応もできます。多趣味で多才なため人脈も自然に広がり、知り合いや友人も多いでしょう。予定の詰め込みすぎには注意が必要です。

〉〉2021年の開運アドバイス

ラッキーカラー　スカイブルー、瑠璃色
ラッキーフード　シューマイ、チョコケーキ
ラッキースポット　ホテル、アウトレット

開運3カ条

1. 飲み会を主催する
2. いろいろな人に会う
3. 大人っぽい髪型にする

2021年の総合運

やりたいことや求められることが増える、忙しい1年。休みの日にのんびりできないくらい予定をいっぱいにすると、心が安定します。仕事終わりにも、飲み会や習い事などを入れて暇のないようにスケジュールを作ってみましょう。急に思い出した疎遠な友人や偶然出会った知り合いと親友になれることもあるので、思い浮かんだ人に連絡をしてみて。健康運は、休肝日を計画的に作るように。下半期にゴルフをはじめてもいいでしょう。

2021年の恋愛&結婚運

理想的な恋人ができる年。気になる相手を計算通りに射止めたり、振り向かせたりできそうです。年齢と時代に合った服装と大人っぽい髪型にイメチェンをしてみると、これまで仲がよかった友人から告白されることがあるでしょう。身近に「一緒になったら安心できそう」と思える相手がいるなら、デートに誘ってみるといい関係に進めそう。結婚運は、今後のお金のことも含めてしっかり計画を立てておくと順調に進むでしょう。

2021年の仕事&金運

交友関係や昔からの人脈が役立ったり、趣味が仕事につながったりするでしょう。仕事だけの関係でなく、プライベートでも仲よくなれる人も増えそうです。付き合いの長い人ほど、遊びや飲み会などに誘ってみるといい関係が長く続きそう。仕事は思った以上に忙しくなるので、段取りをしっかり決めて周囲にも伝えてみると能力を発揮できるでしょう。金運は、長年欲しかったものを手に入れられそう。趣味を活かすと副収入になるかも。

【命数】

36

世話が好きな真面目な人

基本性格

何事も真面目に地道にコツコツと努力でき、自分よりも他人のために生きられるやさしい人。ただ、自己主張が苦手で1歩引いてしまうところがあるためチャンスを逃しやすく、人と仲よくなるのにも時間がかかるでしょう。現実的に物事を考える面と理想との間で心が揺れて、常に周囲からの意見に揺さぶられてしまうタイプ。真面目がコンプレックスになって無謀な行動に走ったり、不得意なことに挑戦してしまったりすることも。

〉〉2021年の開運アドバイス

ラッキーカラー　薄ピンク、ブルー
ラッキーフード　そぼろ丼、チョコアイス
ラッキースポット　温泉旅館、思い出のある店

開運3カ条

1. 勇気を出して行動する
2. 言いたいことはハッキリ言う
3. 堂々とする

2021年の総合運

地道な努力をしてきたあなたが脚光を浴びる年。周囲からチャンスもやってきますが、臆病風に吹かれると逃してしまうので、思いきって挑戦してみましょう。信頼してくれる人の期待に応えようとするといい結果が出るので、安心して取り組んでみて。本当の親友と、あなたを便利屋にしているだけの知り合いとを区別する必要も出てきそう。健康運は、ウォーキングやサイクリングなどで基礎体力作りをはじめるといいでしょう。

2021年の恋愛&結婚運

長い間片思いしていた人を振り向かせることができる年。やや地味なところがあるので、年齢や時代に合わせたファッションや髪型をすることで、一気に輝きます。好きな人の前では楽しく話を聞いたり、よく笑ったりするとうまくいきそう。また、身近な人があなたの魅力に気がついて、好意を寄せてくるかも。臆病にならず、思いきって交際をスタートさせてみましょう。結婚運は、相手からの言葉を待たないで自ら先の話をしてみて。

2021年の仕事&金運

真面目に取り組んでいる姿勢が評価されますが、求められることが増えすぎて困ってしまうことも。できるだけ期待に応えられるようにすると実力を発揮できるので、遠慮しないように。どんな仕事も堂々と自信を持って取り組むことで、周囲からも力を貸してもらえるでしょう。あなたが長年サポートしていた人にもいい結果が出そうです。金運は、満足できる貯金ができそう。一戸建てや資産価値のあるものの購入を検討してみて。

ラッキーカラー、フード、スポットはプレゼントやデート、遊ぶときの口実に使ってみて

【命数】
37
世話好きな正義の味方

基本性格 自分が正しいと思ったら止まることを知らずに突き進む力が強い人。特に正義感があり、面倒見がよく、自然と周囲に人を集めることができるでしょう。ただ、せっかちで勇み足になることが多く、行動に雑なところがあるので、動く前に計画を立てたり慎重になったりすることが重要です。おだてに極端に弱く、褒められたらなんでもやってしまいがち。向上心があり、常に次に挑戦したくなる、行動力のある人でしょう。

2021年の開運アドバイス

ラッキーカラー グリーン、オレンジ
ラッキーフード 焼きそば、芋けんぴ
ラッキースポット ホテルでランチ、動物園

開運3カ条
1. 何事も粘り強く挑戦する
2. 後輩の面倒を見る
3. ネックレスを身に着ける

2021年の総合運
パワフルに活動できる年。自分も周囲もみんなで楽しむための企画を考えてみたり、得意なことをアピールしたりすると、運を味方につけられそう。甘えてばかりではなく、若い人の面倒を見ることで運気の流れはよくなるでしょう。しばらく会っていない先生や上司、先輩など年上の人と会うことで、いいアドバイスや学べる話が聞けそう。健康運は、過去にケガしたところをもう一度ケガしやすいので、慎重に行動するようにしましょう。

2021年の恋愛&結婚運
好きな人に積極的になれる年。一度いい関係になれた相手なら押しきってみるといいでしょう。ただ、諦めが早くなりすぎるとチャンスを逃すので、2021年は粘り強く待ってみることを忘れないようにしましょう。後輩や先輩から突然告白をされ、勢いで交際をスタートさせることもありそうです。相手を褒めると、きっかけをつかめそう。結婚運は、友達のようなカップルは勢いで入籍するにはいい年。ひと押しでいい感じに進みそう。

2021年の仕事&金運
職場で中心的に動きはじめたり、リーダー役を務め、みんなを引っ張る存在として力を発揮できたりする年。少しくらい困難な仕事でも諦めないで粘り強く取り組むことで、いい結果を出せたり予想以上の力を発揮できたりしそう。いい部下や後輩の力も借りられることがあるので、感謝の気持ちを忘れないで。また、あなたが応援していた人にもいい結果が出そう。金運は、人付き合いで出費が増えそう。ネックレスを購入すると運気アップ。

【命数】
38
見栄っ張りな常識人

基本性格 礼儀正しく丁寧で、規則やルールなどをしっかり守り、上品に生きながらも、どこか庶民的な部分を持っていて親しみやすい人。面倒見がよく、差別や区別なく交友関係を広げることができますが、下品な人や権力者、偉そうな人だけは避けるでしょう。常識的でありながら、珍しい人脈を持つ生き方をします。メンタルが弱く寂しがり屋で、些細なことでヘコみすぎてしまうこともあり、心の支えとなる友人や知人を必要とするでしょう。

2021年の開運アドバイス

ラッキーカラー ライトブルー、水色
ラッキーフード チーズハンバーグ、生チョコトリュフ
ラッキースポット 百貨店、庭園

開運3カ条
1. 失敗から学ぶ気持ちで行動する
2. 笑顔と愛嬌を忘れない
3. 宝石入りのアクセサリーを購入する

2021年の総合運
あなたの人間性が評価される年。差別や区別をしないでどんな人にも丁寧に接することができた人ほど、大きなチャンスやうれしい評価を手に入れるでしょう。遠慮しないで何事も積極的に行動し、心残りがあることに思いきって挑戦してみるといい結果につながるので、少しくらい恥ずかしいと思えることでも勇気を出してみる価値はありそう。健康運は、スキンケアや肌荒れ、日焼けの予防は、例年以上にしっかりやるようにしましょう。

2021年の恋愛&結婚運
恋に臆病で相手の出方ばかり窺ってしまうタイプですが、2021年は片思いの相手には少し積極的になってみると振り向かせることができそう。あなたの思う以上に相手からはガードが堅く隙のないように見えているので、好きな人には笑顔や愛嬌を振りまき、軽いボディタッチをしてみて。身近な人にやさしくすると、交際に発展する可能性も。結婚運は、細かいことを気にしすぎると話が進まなくなるので、些細なことは気にしないで。

2021年の仕事&金運
丁寧な仕事ぶりが評価されたり、急に大事な仕事をまかされたりする年。遠慮しないでしっかり受け止め、何事も本気で取り組むとよさそうです。失敗を恐れるよりも、失敗から学ぶ気持ちで挑戦することでいい結果につながるでしょう。付き合いの長い人からいいアドバイスをもらえたり、手を貸してもらえたりすることも。金運は、上品に見える服を選んで。また、大きな結果を出したときは思いきって宝石を購入するといいでしょう。

【命数】

39

目的が定まらない芸術家

基本性格

自由で発想力のある生き方をする不思議な人。探求心と追求心、集中力があるので、ひとつのことを深く突き詰めます。一方で、飽きっぽく諦めの早いところがあり、突然まったく違うことをはじめたり、違う趣味を広げたりすることも。変わった人脈を作りますが、本音は他人に興味がなく、理屈と屁理屈が多く、何事も理由がなければやらないことが多いでしょう。その一方で、スペシャリストになったり、マニアックな生き方をしたりも。

〉〉2021年の開運アドバイス

ラッキーカラー ホワイト、パープル
ラッキーフード 広島焼き、チョコドーナツ
ラッキースポット 伝統のあるホテル、百貨店

開運 3 カ条

1. 相手の才能を褒める
2. 恥ずかしがらずに素直に喜ぶ
3. 言い訳をしない

2021年の総合運

個性的な生き方が認められ、才能を開花させることができる年。ひねくれないで素直に自分を表現することができると、運を味方につけられるでしょう。不思議な人脈も広がるので、友人や知り合いの輪を大切にし、急な誘いでもOKしてみて。親友や久しぶりに会う人から新しい刺激を受けられたり、学びのあることを教えてもらえたりしそう。健康運は、同じものばかり食べないように。肩と首を動かす運動をしておきましょう。

2021年の恋愛&結婚運

好きな人に素直になれば交際できそうですが、天邪鬼な態度だとチャンスを逃してしまいそう。素直に気持ちを伝えてみれば一気に進展しそうです。身近な人から好意を寄せられても、恥ずかしがって逃げずに。やさしく接してみると交際に発展できそうです。夢を追いかけている人や、珍しい仕事に取り組んでいる知り合いと縁がつながることも。結婚運は、2021年は結婚願望が薄れる年ですが、入籍にはオススメな運気です。

2021年の仕事&金運

あなたの自由な発想や新しいアイデア、才能が認められる年。これまで評価されてこなかった人ほど2021年は周囲からの見る目が変わるので、素直でいることを心がけ、屁理屈を言わないように。自分の頭脳がたくさんの人に役立つことを楽しんでみましょう。才能を感じられる若者を認めたり、褒めてみたりするといい縁がつながりそうです。金運は、海外旅行にお金を使うとよさそう。アートなどに出費するのもいいでしょう。

【命数】

40

心がブレやすい博士

基本性格

好きなことを深く突き詰めることができる、理論と理屈が好きな人。冷静に物事を考えられ、伝統や文化が好きな大人なタイプ。自分が学んできたことや知識を他人のために役立てられると、人生が好転するでしょう。人間関係を作るのが上手ですが、本当はめったに心を開きません。心は庶民ですがプライドが高く、自分の世界観やこだわりが強くなり、他人の評論や評価ばかりをすることが多いでしょう。

〉〉2021年の開運アドバイス

ラッキーカラー ローズピンク、パープル
ラッキーフード 和風ハンバーグ、どら焼き
ラッキースポット 歴史ある旅館、書店

開運 3 カ条

1. 目上の人と話をする
2. 温かい言葉を選ぶ
3. 若い人を褒めて伸ばす

2021年の総合運

これまで学んできたことや知識が役立つ年。年上の人からチャンスが与えられる可能性が高いので、先輩や上司と仲よくなってみるといいでしょう。しばらく会っていない人から遊びに誘われたときは顔を出すと、いい縁につながることがあるかもしれません。博物館や美術館に行くことで学べたり、いい刺激を受けたりすることもできそうです。健康運は、以前から興味のあるスポーツをはじめたり、学生時代に熱中していた運動をしたりするといいでしょう。

2021年の恋愛&結婚運

片思いのまま胸にしまっていた人といい関係に進める年。ダメ元で連絡してみると、不思議と仲よくなれそうです。記念日や誕生日をしっかりお祝いしたり、言葉をきちんと選んでメッセージを送ったりするといいでしょう。後輩や部下から好意を寄せられ、交際をスタートすることもありそう。年下にはやさしく接しておきましょう。結婚運は、真剣に将来の話をするより、明るい未来の話を楽しくすると話が進みそうです。

2021年の仕事&金運

自分でも納得のいく仕事ができる年。年末までにいい結果を出せたり、大事な仕事をまかせてもらえたりしそう。これまで学んできたことを全力で活かせば、いい味方も集まってくるでしょう。周りにいる人の能力も活かせるよう、知恵を絞ることも必要。尊敬できる上司や先輩に相談してみると、仕事との向き合い方が変わることになりそう。金運は、勉強になることにお金を使うといいでしょう。本を購入してじっくり読んでみて。

 ラッキーカラー、フード、スポットはプレゼントやデート、遊ぶときの口実に使ってみて

銀の時計座 2021年タイプ別相性

自分と相手が2021年にどんな関係にあるのかを知り、
人間関係を円滑に進めるために役立ててみてください。

相手が 金のイルカ座
整理の年

付き合いが長い人でも今年、関係にひと区切りつく可能性が。距離ができてしまいそうなときは無理に追いかけないで、素直に見送ってあげることや距離をおくこともやさしさだと思いましょう。本当に困っているときには助けてあげて。恋愛相手の場合は、友人関係が長い人なら後に縁がつながりそうですが、短い縁の人とは年末あたりから気持ちが離れてしまいそう。執着せず、離れたときは縁のない人だと思っておくといいでしょう。

相手が 金のカメレオン座
乱気の年

あなたのやさしさが通用しなくなったり、タイミングが悪くなりそう。相手の心や生活の乱れから縁が切れてしまったり疎遠になったりする可能性もあるので、悩みや不安を聞いてできることをやってあげましょう。ただし、恩着せがましくならないように。恋愛の場合は、相手への興味が薄くなったり、気持ちが離れてしまうような出来事がありそう。べったりしないで距離をとったほうがお互いいい関係で接することができます。

相手が 金の時計座
開運の年

最高のパートナーとなる相手。お互いに運気がよく、周囲から協力してもらえそう。相手のサポートになることもできてうれしい出来事もたくさんあるでしょう。親友や付き合いの長い人ほど相手の笑顔のために動いてみるとあなたにも幸せがやってきます。恋愛相手の場合は、片思いの恋が実る運気。ただし、恋のライバルが出現しやすいので、早めに告白をするといいでしょう。精神的な支えになることでいい交際ができそうです。

相手が 銀のイルカ座
裏運気の年

相手の気持ちが理解できなかったり不仲になったりしてしまう年。あなたのやさしさを理解してもらえないことや余計なお世話と思われるなど、噛み合わない感じになるかも。予想外のことで困っている場合があるので相談に乗ってあげましょう。恋愛では、ひと目惚れをされることもあれば、距離感が難しい感じにもなりそう。今年はこのタイプとは縁が薄いので、知り合いくらいの距離がよさそう。突然縁が切れて音信不通になる場合も。

相手が 銀のカメレオン座
ブレーキの年

一緒にいることで達成感を味わえたり楽しい思い出もできたりする相手。あなたも忙しくなりますが、お互いに協力したり、人脈を紹介してみるといい結果を残せるでしょう。協力する楽しさを実感することもできそうです。恋愛相手の場合は、仲がいい友人なら交際に発展することがありますが、相手の優柔不断が原因でチャンスをつかみきれないことが。あなたから積極的に会う機会を作るようにしましょう。

相手が 銀の時計座
幸運の年

同じ運気の流れなので自然と相性はよくなりますが、目的が同じ場合はさらに大きな幸運を引き寄せられそう。共通の知り合いや仲間を集め、飲み会やパーティーを主催してみると人とのつながりから仕事に広がりが出るかもしれません。恋愛相手の場合は、片思いの期間が長いなら2021年は交際に発展しやすい年。相手もあなたからの誘いや告白を待っている可能性があるので、気軽に遊びに誘って好意を伝えてみるといいでしょう。

相手が 金の鳳凰座
準備の年

相手のミスに振り回されるなど困ったことが起きそうですが、うまくフォローしてあげるといい関係を作れそう。「何かミスするかも」と思っておくとイライラすることもないでしょう。プライベートで遊んでみると思ったよりも楽しい時間を過ごせそうです。恋愛相手の場合は、お酒を一緒に飲む仲ならいい関係に発展したり、勢いで関係を持ったりしそう。ただ、真面目な付き合いではなくズルズルした関係になるので気をつけて。

相手が 金のインディアン座
リフレッシュの年

相手の気分に振り回されてしまいそう。ほどよく距離を保つといいですが、相手の体調を気遣っておくことで助けられることがあるので、異変に気がついたときは伝えるといいでしょう。年末に友人や知り合いの集まりに呼んでみるといい出会いにつながりそう。恋愛相手の場合は、心身ともに疲れているタイミングで無理に会う必要はなく、調子のいいときに短時間会ってみるといい関係が作れそう。まったりとしたデートがオススメ。

相手が 金の羅針盤座
チャレンジの年（2年目）

あなたの運を少し分け与えてあげられる相手。行動するきっかけを作ってあげられればいい縁になったり、相手の成長にもつながったりするでしょう。一緒に出会いの場所や異業種交流会などに参加してみるのもいいでしょう。恋愛の場合は仲よくなるのはいいですが、相手は前に進む時期なので、あなたよりも素敵な人を探し求めてしまうことが。片思いの相手なら一緒に成長できることにチャレンジするといい関係に進めそうです。

相手が 銀の鳳凰座
解放の年

相手の才能や魅力を周囲に伝えたり、人に紹介したりしてみると大きなチャンスに変わりそう。人とのつながりが弱いタイプなので縁をつないでみると、あなたにもうれしいつながりができそうです。頑固すぎて融通が利かない場合がありますが、少しでも背中を押してあげるといいでしょう。恋愛相手の場合は、ふたりの共通の思い出がある場所に誘ってみたり、懐かしいと思えるお店でデートをし、第一印象の話をするといい関係になれそう。

相手が 銀のインディアン座
健康管理の年

自分のやりたいことを見つけられ、環境を変化させる可能性が高い相手。あなたと距離ができてしまうことがありますが、温かく見守ってみると相手の行動力や前向きな生き方から学べることがたくさんあります。恋愛相手の場合は、片思いの相手なら好意を伝えてこまめに会ってみるとすんなり進展しそう。ただし、べったりしすぎないこと。友人のように何度も同じ話を語れるような仲になると交際に発展しやすいでしょう。

相手が 銀の羅針盤座
チャレンジの年（1年目）

一緒にいることで前向きになれそうな相手。これまで興味がなかった世界を知るきっかけを作ってくれる可能性があるでしょう。あなたも人脈を広げるきっかけを作れそう。まだ成長過程にいる相手なので、多くを求めないようにしましょう。恋愛相手の場合は、惚れられることがあってもあなたの興味が薄れてしまったり、盛り上がってもすぐに熱が冷めたりしそう。友人くらいの気持ちで付き合って、後の発展に期待しましょう。

銀の時計座

毎月・毎日
運気カレンダー

［2020年11月～2022年3月の運気グラフ］

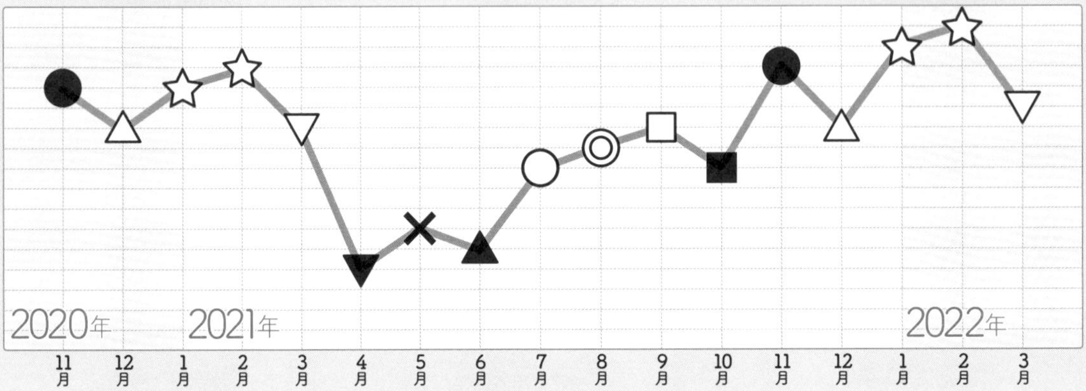

銀の時計座の2021年は

◎ 幸運の年

長年の努力が報われる。自分を信じて挑戦を

この本で「占いを道具として使う」には、「毎日の運気カレンダー」（P.275～）を活用して１年の計画を立てることが重要です。まずは「12年周期の運気グラフ」（P.257）で2021年の運気の状態を把握し、そのうえで上の「毎月の運気グラフ」で、毎月の運気の流れを確認してください。

「銀の時計座」の2021年は、これまでの努力の結果が出る「幸運の年」。正しく努力を積み重ねてきた人は幸せを感じられるでしょう。山登りでいうなら頂上目前で、2022年に頂上に到達します。2022年には、また新たな覚悟を決めてスタートを切ることになります。2021年は、ここまでの評価やうれしい出来事を通して自分の実力を把握し、2022年からどこに向かい、どんな覚悟をするか、その準備をしましょう。

☆ 開運の月　◎ 幸運の月　● 解放の月　○ チャレンジの月
□ 健康管理の月　△ 準備の月　▽ ブレーキの月　■ リフレッシュの月
▲ 整理の月　✕ 裏運気の月　▼ 乱気の月　＝ 運気の影響がない月

2020 11月

● 解放の月

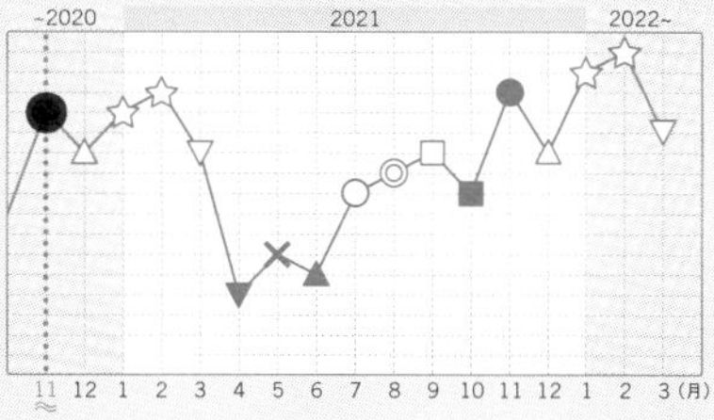

開運3カ条

1. 何事も楽しんでみる
2. ノリや勢いを大事にする
3. 盛り上げる工夫をする

総合運

気持ちが晴れやかになり、周囲からの誘いも多く日々が充実し、好きなことにも時間を使えそうです。趣味に関して幸運が訪れるので、ラッキーな出会いを楽しむこと。冗談で周囲を楽しませると、運気の流れがよくなります。

恋愛&結婚運

チヤホヤされて勘違いをしてしまうこともありますが、誘いが多くなる月。気になる人を遊びに誘うと思った以上に盛り上がるほか、ノリの合う人と話すこともできそうです。食事会や飲み会で知り合った人と交際に発展する場合もあるので、出会いの場には気合いを入れて参加するように。結婚運は、ノリで結婚話が浮上するなど、結婚に向けていい流れができそうです。

仕事&金運

仕事運は、思った以上の結果を出せてやりがいを感じる時期。頼りになる上司や先輩の存在に気づけ、チームワークもよくなりそう。ムードメーカーの役割も演じられるので、みんなが働きやすい環境作りを目指しましょう。金運は、職場の人間関係を良好にするために、おいしいお菓子を差し入れるとよさそうです。

1	日	○	いろいろな人と出会える運気。フットワークを軽くしておくと素敵な出会いにつながって、新たな遊び仲間ができそうです。新しい友人に素敵な人を紹介されることも。
2	月	□	ネット情報を鵜呑みにせず、詳しい人に聞いたり、自分でもよく調べたりしましょう。曖昧な情報を話して大恥をかいたり、ウソに振り回されたりしないようにして。
3	火	■	先月体調を崩さなかった人は、ここで調子が悪くなりそうなので要注意です。温かいものを飲んで、休み時間にはしっかり体を休ませるようにするといいでしょう。
4	水	●	あなたの思い通りの方向に進みやすい日。マイナスなことを考えると物事もマイナスの方向に動いてしまうので、何事もプラスに考えるよう心がけてみましょう。
5	木	△	冷静な判断ができなくなり、余計なことにうっかり手を出して無駄な仕事を増やしてしまいそう。忘れ物や遅刻などもしやすいので気をつけて過ごしましょう。
6	金	◎	会社の同僚や友人と恋愛関係に進展しやすい日。仲がよくても恋愛対象外だった人のことを「素敵な恋人になるかな？」と想像して見てみると、意外な展開があるかもしれません。
7	土	◎	仕事でいい結果が出ても、「自分ひとりの手柄」だと思っていると評価されません。周囲や上司、これまで関わった人すべてに感謝の気持ちを持つことを忘れないで。
8	日	▽	友人や仲間と深く語り合うと、頭の中が整理できて気持ちもすっきりしそう。きっと楽しい時間を過ごせます。明るい未来のことなど前向きな話をするよう意識して。
9	月	▼	自分のことだけを考えた発言や行動は裏目に出て、トラブルの原因になります。相手のことを考え、忍耐強くじっくりチャンスを待つ必要があることを忘れずに。
10	火	×	何度教わっても理解できなかったり、何度教えても伝わらなかったりと苦労が多い日になりそう。聞くときは落ち着いて、伝えるときはできるだけ丁寧に。
11	水	▲	予想外に時間がかかって思い通りに進まない日。なくし物や忘れ物をしないように確認作業はしっかりとやりましょう。困っている人がいたら進んで助けるようにして。
12	木	○	新しいことに目が向いてしまうときも、まずは現状で最善を尽くして結果を出すことが大事。不満から変化を求めるより、今の自分ができることを全力で探しましょう。
13	金	◎	自信を持って選択して行動しましょう。真面目に考えて判断するより、「こっちのほうが自分も周囲も楽しめそう」と思うことを選択するといい流れができそう。
14	土	□	1日の計画をしっかり立ててから行動を。なんとなく出かけると時間もお金も浪費することになりそうなので、ざっくりでもいいからあらかじめ計算しておきましょう。
15	日	■	疲れから集中力が切れやすいので不要な外出は避け、昼寝をするなどしてリフレッシュしましょう。予定がある場合も早めに帰宅し、ゆっくりお風呂に入るように。
16	月	●	どんな人でも平等に扱えばモテますが、好き嫌いが顔や態度に出るとチャンスを逃すので気をつけて。好きな人には好意を伝えてみると、いい感じに進みそうです。
17	火	△	「時間がない」と焦るほどミスが増えるので、どんなときも落ち着いて作業に取り組むこと。慌てて大きなミスをして恥をかくことがないように注意しましょう。
18	水	☆	これまでの経験を活かすといい結果が出る日。不慣れなことを手がけるのは避けたほうが賢明でしょう。また、離れていた人と再び縁がつながることもありそうです。
19	木	☆	仕事に集中することで思った以上の結果を残せます。数字やデータを上手に使うことが求められるなど、重要な仕事をまかされたり、注目されることもあるでしょう。
20	金	▽	自分のペースで仕事ができそうですが、ゆとりがあるときほど最後まで丁寧にやり遂げることを意識して。夜は書店で勉強になりそうな本を探すのがオススメです。
21	土	▼	相手のことを考えて行動しながらも、どこかで見返りや感謝の言葉を求めてしまいそう。欲張ると不満を抱くだけなので、「相手の笑顔が最高の報酬」と考えて。
22	日	×	お互いの雑な部分やアラが目立つので、好きな人と一緒にいる時間はなるべく短めに。言葉遣いなどはいつも以上に気をつけて、会っている間は油断しないようにして。
23	月	▲	たとえ家が散らかっていても、職場はできるだけきれいに整理整頓することを心がけましょう。共有スペースもきれいにしておくと運気の流れがよくなります。
24	火	○	視野を広げることでいいアイデアが浮かび、仕事に役立つ情報も見つかります。素敵な恋愛相手が見つかることもあるので、積極的な行動を意識しておきましょう。
25	水	◎	新しいことや流行に詳しい人と話すとおもしろい情報が入ってくるので、遠慮しないで質問してみることが大事です。そこから楽しいことに発展することもあるでしょう。
26	木	□	片思いの相手がいたら、気持ちを伝えて。土曜日にデートの約束ができると、関係が一気に進展する可能性も。ダイエットや筋トレをはじめるのにもいい日です。
27	金	■	疲れがたまると気持ちに余裕がなくなるので、気分が安定しないときはしっかり休みましょう。ただし、夜は突然の誘いがいい縁につながるので大事にすること。
28	土	●	好きな人とデートできたり告白されたりするなど、恋愛運がいい日。気になる人を突然誘ってもいい返事がもらえそう。思いきってアタックするといいでしょう。
29	日	△	遊びに出かけるにはいい日ですが、余計な出費が増えそうです。また、時間を間違えて大慌てするなどうっかりミスをしやすいので、十分に注意することが大事です。
30	月	◎	粘り強く取り組んできたことに運が味方する日。片思いが長かった人はいい流れになり、仕事でコツコツ努力してきた人は昇給や昇格につながることがあるでしょう。

2020 12月

△ 準備の月

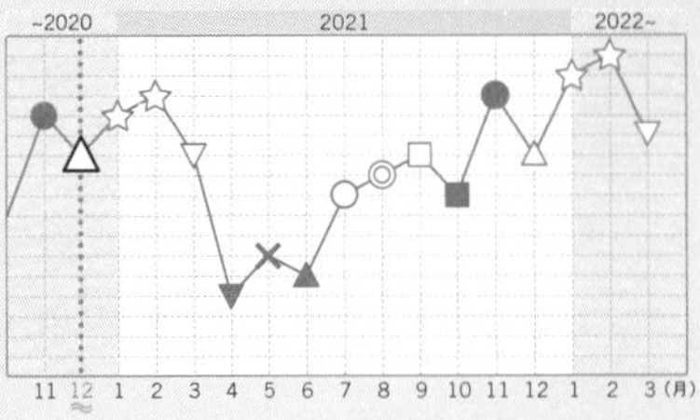

開運 3 カ条

1. 目覚まし時計をふたつ使う
2. 翌日の準備は完璧にする
3. 確認作業は徹底的にする

総合運

ミスが重なる月で、寝坊や遅刻で大恥をかいたり、電車やお店に忘れ物をして無駄に時間を使うこともありそうです。準備万端であれば避けられる問題ばかりなので、用心して何事も最初から最後まで丁寧にやりましょう。健康運は、足のケガと車の運転に特に注意すること。

恋愛&結婚運

楽しい恋愛をするといい時期。みんなで遊びに行く機会や、イベントやパーティーに誘われることも多くなります。知り合いをたくさん集めた忘年会では素敵な出会いや再会から意気投合する人も現れるでしょう。ただし、体目当ての人に引っかかる場合もあるので、お酒に飲まれないように。結婚運は、年明けから重要な運気になるので、今月は油断しないようにして。

仕事&金運

仕事運は、翌日のことを考えずに遊ぶと、寝坊や遅刻で叱られるだけでなく、重要なことを見落としやすくなります。遊びに行くなら準備を完璧にしてから。また、転職や離職の決断は苦労を招くだけなので、今月は避けましょう。金運は、遊びによる散財に注意。計画的にお金を使いましょう。

1 火	☆	挨拶やお礼を忘れず笑顔で仕事をするなど、職場を楽しい空気に変えられるように努めましょう。さらに、自分の仕事の魅力を人に伝えられると運気がアップします。
2 水	▽	口が滑って余計なことを言ってしまいそうな日。あなたにとっては単なる冗談であったとしても、傷つく人や気にする人がいることを忘れないようにしましょう。
3 木	▼	生理的に無理だと思う相手から好意を寄せられ、告白されることがありそう。付き合えない人には、ハッキリ断ることもひとつのやさしさだと思っておくことです。
4 金	✕	自分だけが正しいと思っていると視野が狭くなり、空回りしてしまいます。相手の意見や考え方にも正しいところがあると思って、人の話を聞くようにするといいでしょう。
5 土	▲	過去のことを引きずってしつこく責めると、恋人と大ゲンカになり別れることに。過ぎ去ったことだからこそ「過去」なのだと割りきって、前向きになりましょう。
6 日	＝	遊びに行った場所で素敵な人やノリが合う人に出会える可能性が高いので、どんなことでも楽しみましょう。明るいイメージや清潔感のある服を着て出かけてみて。
7 月	○	新しいことに興味が湧く日なので、気になることに積極的に参加したり調べたりしてみましょう。素敵な出会いがあったりおもしろい話のネタになったりしそうです。
8 火	□	たとえ些細なことでもきっちりやることが大事です。なんとなくダラダラやってしまったり、怠けてしまうことがないように、気を引き締めて過ごしましょう。
9 水	■	転んで打撲したり、紙で指を切ってしまったりとケガには注意が必要な日です。さらに、胃腸の調子が悪くなることもあるので、乳酸菌飲料を飲むといいでしょう。
10 木	●	恋愛も仕事も少しくらい図々しくても、愛嬌さえあれば幸運をつかめていい方向に進みます。挨拶やお礼はいつもより丁寧にすることを心がけて。
11 金	△	完璧を目指しても必ず雑な部分や抜けがあるので、丁寧さを心がけながらも周囲に確認してもらって。寝坊や遅刻など時間のトラブルには特に注意しましょう。
12 土	◎	昔の恋人から連絡がきたり、友人だと思っていた人から告白されたりしそう。また、これまでの縁がつながって、ほかにもいろいろとうれしい出来事がありそうです。
13 日	◎	買い物にはいい日なので、服や靴やアクセサリーなどを買いに行きましょう。身に着けたときに幸せそうに見えるもの、モテそうな品を選ぶことでいい流れがつかめそうです。
14 月	▽	日中は順調に進みますが、夕方以降は無計画な行動を後悔することになりそう。漫然と進めていると余計に迷ってしまい判断ミスをしやすいので気をつけること。
15 火	▼	やる気を失って進むべき道に悩んだり、将来に不安を感じたりしそう。ネガティブなことを考えるのは仕方がないですが、時間を浪費することになるのでほどほどに。
16 水	✕	親切のつもりがおせっかいだと思われるなど、何かと空回りしやすい日。なるべく余計なことをせず、求められたことだけに集中するように心がけるといいでしょう。
17 木	▲	判断ミスを重ねることで、時間を浪費したり大きなトラブルに発展したりするので気をつけましょう。少し早めに行動することを心がければ、不運を避けられます。
18 金	＝	新しいことに目が向きすぎて目の前のことを投げ出してしまうと、これまでの努力が無駄になります。新しいことは、その考え方だけを取り入れるようにしましょう。
19 土	○	はじめて行く場所に縁があり、いい発見をしたり、素敵なものを見つけたりできそうな日。クリスマスプレゼントや流行の服を買うなら、今日がオススメです。
20 日	□	行動する前に周囲の意見を聞いておきましょう。都合の悪いことを聞き流していると、大切なものを見落とすことがあるので、人の話は最後までしっかり聞くようにして。
21 月	■	疲れを感じて集中力を欠いているので、ケガや忘れ物などには気をつけましょう。また、疲れから風邪をひいてしまわないように、温かいものを飲むのがオススメです。
22 火	●	今やるべきことに全力で取り組むといい結果が出るかも。求められた以上の成果を出せるように真剣にやることで、一生懸命なあなたの魅力がより輝きます。
23 水	△	気持ちが緩んでしまう日。簡単な作業で勘違いしてミスが増えそうなので仕事に集中すること。食事中は食べ物や飲み物をこぼしてしまい、服を汚すことがありそうです。
24 木	◎	思いがけずプレゼントをもらえたり、意外な人から連絡がきて会えたりと、思い出に残るクリスマスイブになるでしょう。縁を大切にするといい恋ができそうです。
25 金	◎	大事な仕事をまかされるなど仕事運がいい日ですが、恋愛運も好調です。今日は自分の気持ちに素直になって、両方の運をつかむために欲張って行動しましょう。
26 土	▽	午前中は年末年始に必要な買い出しをして、午後は部屋の片づけをしましょう。ただし、突然の呼び出しがあって予定が乱れる場合もあるので、心構えをしておくこと。
27 日	▼	忘年会には注意が必要です。飲みすぎて暴言を吐くなどの大失態をしがちなので、お酒には気をつけるように。できれば、今日は家で片づけをして過ごしましょう。
28 月	✕	相手に好かれると思っていた仕草や甘え方が間違っているなど、特に恋愛での頑張りが裏目に出そうな日です。余計なことをせず、いつも通りのふるまいを心がけて。
29 火	▲	大掃除をするなら、大事なものを間違えて捨てないようにしっかり確認するようにして。また、物を踏んで壊さないように足元にも十分気をつけておきましょう。
30 水	○	はじめて行くお店でお得なものを見つけられそうなので、気になっているお店があれば入ってみるといいでしょう。年賀状を出していない人は急いで書いて送りましょう。
31 木	○	仲間で集まったり、友人とカウントダウンライブに行ったりと、人とのつながりの大切さを感じる楽しい大晦日を送れそう。好きな人に会える可能性もありそうです。

☆ 開運の日　◎ 幸運の日　● 解放の日　○ チャレンジの日
□ 健康管理の日　△ 準備の日　▽ ブレーキの日　■ リフレッシュの日
▲ 整理の日　✕ 裏運気の日　▼ 乱気の日　＝ 運気の影響がない日

2021

1月

☆ 開運の月

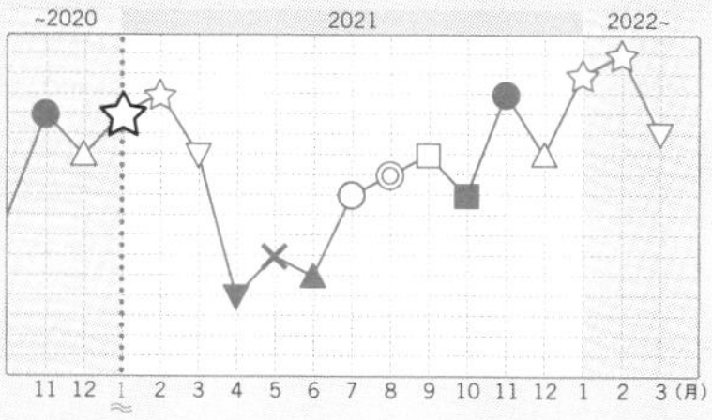

開運3カ条

1. 人との縁を大切にする
2. 素直に周囲の協力をあおぐ
3. 後悔しないほうを選択する

総合運

人との縁やこれまでの頑張りが報われることを感じられる時期。人とのつながりを大事にするタイプなので、多くの人に支えられたり協力してもらえる流れに乗れます。謙虚になりすぎず自信を持って行動することで、さらに大きな幸運をつかめるでしょう。後悔していることがあるなら、結果を考えるより気持ちをすっきりさせるために思いきって取り組むと、モヤモヤした気持ちや考えがなくなるでしょう。

恋愛＆結婚運

友人や知り合ってから付き合いが長い人、同僚や学校の同級生など身近な人から好意を寄せられたり、告白されることがある時期。気になる人がいる場合は、今月はこまめに連絡をしたり食事に誘ったりするといい関係に発展する可能性が高いです。きっかけ作りをし、臆病にならずに少しでも勇気を出すことが大事。結婚運は、一度真剣に結婚の話をしたカップルには進展がありそう。

仕事＆金運

実力を発揮することができる最高の時期。これまでの経験や人脈を活かして、結果を出せたり大きなチャンスが巡ってきたりするでしょう。特に、長い間取り組んできたことほど大きな結果が出たり、協力者の出現に助けられたりしそうです。友人や付き合いの長い人と仕事ができることも。金運は、長い間欲しかったものを手に入れることができそう。大きな買い物をするにもいい時期です。

1	金	□	今日は計画的に行動することが大事。急な誘いに乗るのはいいですが、ダラダラ過ごすと次の日に疲れが残ってしまうことがありそう。暴飲暴食にも気をつけましょう。
2	土	■	のんびりするにはいい日です。しっかり体を休めて日ごろの疲れをとるようにしましょう。予定を入れると思った以上に疲れることがあるので、ゆとりを持って行動して。
3	日	●	好きな人や仲間が揃うことで楽しく過ごせるでしょう。新年会をすると思った以上に盛り上がったり、いい思い出となりそうです。恋のチャンスもつかめるかもしれません。
4	月	△	仕事はじめから遅刻やミスをしやすいでしょう。休みボケをしがちなので、今日は少し早めに出社してみたり、気を引き締めて取り組むようにして。慌てると雑になってしまうかも。
5	火	◎	仲間の存在や支えてくれる人に感謝しましょう。あなたも相手のためになるよう、力を貸すことが大事。人とのつながりや周囲の人のやさしさなど、いい部分を見逃さないように。
6	水	☆	仕事運も金運もいい日です。実力以上の結果を出せ、周囲の力も借りられて楽しく仕事ができそう。重要な判断をするにもいい運気。仕事帰りに買い物をすると運気がアップします。
7	木	▽	日中は判断力や行動力を発揮できるでしょう。頭の回転も速くなり、いいアイデアが出せそうです。夕方からは疲れを感じてしまったり、人間関係が面倒に感じることがあるかも。
8	金	▼	嫌な思い出やマイナスの情報に心を乱されそうな日。嫌みや傷つくことを言う人より、やさしく親切な人に目を向けること。気持ちが上がらないときは好きな音楽を聴きましょう。
9	土	×	交友関係が広いのはいいことですが、今日は人に振り回されたり、他人のトラブルに巻き込まれそう。不満や愚痴を聞くと疲れてしまうので、ほどよく距離をおくことも大事です。
10	日	▲	身の回りをきれいに片づけたり、整理整頓するといい日です。2020年中に処分できなかったものを捨てたり、「もったいない」との思いから置いてあるものを処分するといいでしょう。
11	月	○	変化のない日常だと思う前に自ら変化を起こし、好奇心の赴くままに行動してみることが大事。話題のお店に行ってみたり、新商品を購入してみるといいかもしれません。
12	火	○	やる気が出ないときは、親友や付き合いの長い人に相談してみると解決したり、前向きになれることがあるでしょう。対話の大切さを感じることができそうです。
13	水	□	小さくてもいいので目標を立てることが大事。今日中に達成できそうなことを考えてみるといいでしょう。素敵だと思う人と同じようなことをするという目標もよさそう。
14	木	■	生活習慣の乱れを感じている人、ダイエットや肉体改造に失敗している人は、無理のない範囲で改善をはじめてみたり、食べる順番や時間を工夫してみると効果が表れそうです。
15	金	●	恋のチャンスが訪れる日。気になる人がいない場合は、すでに知り合っている人や身近にいる人があなたに好意を抱いている可能性も。目の合う人を意識しておくといいでしょう。
16	土	△	間違った情報に振り回されたり、自分の調べ不足で無駄な時間を過ごすことがあるかもしれません。何事もしっかり確認をしたり、事前に準備をしておくことが大事です。
17	日	☆	買い物に出かけるには最高な日。長年欲しかったものを購入できたり、行きつけのお店に行くとお得なものやお気に入りのものを見つけられそう。思わぬ割引をしてもらえることも。
18	月	☆	仕事で手応えを感じられそう。これまでの経験や実力が活かせる日ですが、納得のいかない場合は努力不足や勉強不足を認めて正しい努力を。ネットで買い物をするにもいい日です。
19	火	▽	日中は周囲からのアドバイスを素直に受けてみるといい流れに進みそう。夕方くらいになると意見を素直に聞けなくなってしまったり、反発することがあるので注意しましょう。
20	水	▼	愚痴や不満を言うと評価を落としたり、悪口が本人の耳に入ってしまったりするかもしれません。言葉を発するときは冷静になり、自分が言われて嫌なことは言わないように。
21	木	×	知り合いの冗談に騙されて恥をかいてしまうことがありそう。真面目に聞くのはいいですが、少し考えればわかることもあるので、鵜呑みにしないように気をつけましょう。
22	金	▲	長く使っているもので、年齢に見合わないと感じるものは処分するように。幼稚なものを持っているといい運気の流れに乗れなくなってしまったり、大事な出会いを逃してしまうかも。
23	土	○	気になる場所に出かけてみたり、好きな人を誘ってみるといい日です。普段なら行かないような場所やお店に行ってみると、おもしろい発見や学びがありそうです。
24	日	○	新しい友人や知り合いができそう。知り合いの集まりに参加してみたり、自ら仲間を集めてみて。ランチ会やお茶会でいろいろ話してみると、いい出会いにつながります。
25	月	□	日中は見直しが必要なことなどを再検討するといい日。重要な見落としに気づいたり、もっといいアイデアや企画を考えられるかも。夜は疲れやすいので無理は禁物です。
26	火	■	少し風邪気味だったり、喉の調子の悪さや肌荒れなどを感じるかも。ホットレモンを飲んでゆっくりしたり、入浴剤を入れてお風呂でのんびりして疲れをとるといいでしょう。
27	水	●	今日は普段よりもオシャレに気を使うと、注目されたりモテるようになるでしょう。清潔感と品のよさを意識したり、人に好まれそうな感じを演出すると恋愛運が上がります。
28	木	△	大事なものを置き忘れて無駄に時間がかかったり、遅刻をすることがあります。出かける前にはしっかり確認を。小さな段差で転んでしまうこともあるので、足元に要注意です。
29	金	☆	過去に仲がよかった人から連絡がきたり、偶然会うことがありそうです。片思いの恋が実ることもあるので、気になる人に連絡をしてみて。夜に会えると進展しやすいでしょう。
30	土	☆	家具や家電など、少し大きめの買い物をするにはいい日です。高価なものでなくていいので、長期的に使えるものを選んでみて。服や靴などを購入するのもいいでしょう。
31	日	▽	気になる相手にしっかりアピールをすると、相手の気持ちをつかめることがあるかも。夕方以降は書店で気になる本を購入すると、いい情報や勉強になることを見つけられそう。

2021 2月

☆ 開運の月

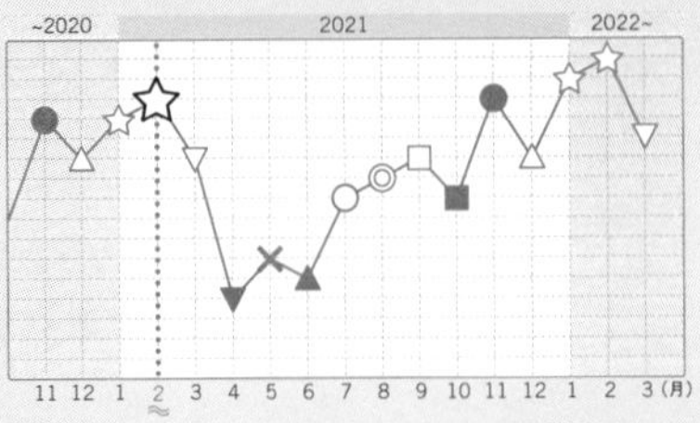

開運 3 カ条

1. 「運が味方してくれている!」と思って行動する
2. フットワークを軽くする
3. 買い物をする

総合運

目標や夢が叶う運を味方につけられる、最高の月。「運が味方してくれる!」と思って勇気を出して行動することが大事。ここでじっと待ってしまったり、マイナス面ばかりに目を向けたりすると運やチャンスを逃してしまうことがあるので気をつけましょう。運命的な出会いもあるので、本や映画、芝居などで視野を広げてみると人生を変えるきっかけとなり、長い縁になる人とも出会えそうです。健康運は、異変を感じる場合は検査を。

恋愛&結婚運

あなた次第で簡単に恋人ができたり、異性から注目されそうです。複数の人からデートに誘われたり、告白されることがありそうですが、選びきれずに逃してしまうかも。「運気のいい日に出会えた人」など、うまく占いを利用してみて。新しい出会い運もいいので、人の集まりには顔を出すように。結婚運は、入籍をするには最高の月。婚約や将来の話を真剣にすると、トントン拍子に進みそう。

仕事&金運

満足のいく仕事ができたり、大きな結果を出せたりしそう。特に、人脈と経験を活かすことができて周囲から感謝されることがありそうです。少しくらい難しいと感じる仕事でも、思いきって挑戦すると周囲から協力してもらえ、いい成果を出せることもあるでしょう。金運は、買い物をするには最高にいい時期。長く使えるものや高価なもの、不動産の購入や投資をするのもいいでしょう。

1 月	▼	信じていた仲間に裏切られてしまったり、冗談半分でからかわれてしまうかもしれません。イラッとしないで、「今日はこんなこともある」と流すようにしましょう。
2 火	✕	計算ミスや数字の間違いに注意。領収書をなくしたり立て替えておいたお金が戻ってこないことがあるかも。発注やお金の管理をまかされている場合は特に気をつけましょう。
3 水	▲	耳の痛い言葉もしっかりと受け止めることが大事です。厳しいことを言われていると感じても、現実をちゃんと見て、ハッキリ言ってくれる人の言葉を大切にしましょう。
4 木	○	仕事に一生懸命取り組んでみて。頑張る姿に惚れる人が現れたり、今日の頑張りからいい縁につながったり、上司や先輩との仲が深まり素敵な人を紹介してくれるかもしれません。
5 金	◎	いい結果を出せる運気ですが、満足しないでさらなる結果や効率アップを求めて頑張ってみるといいでしょう。新しいアイデアや方法を見つけることもできそうです。
6 土	□	買い物に行くにはいい日。値段を比べに行ったお店でお得なものを見つけることができそうです。夜は疲れやすいので、早めに夕食をとって家でのんびりするようにしましょう。
7 日	■	肌荒れに悩んだり、疲れを感じることがありそう。無理をしないでのんびりしたり、マッサージに行くといいでしょう。昼寝をしておくとすっきりするかもしれません。
8 月	●	周囲の協力を得られたり、やる気やパワーが増してくる日です。何事も思いきって行動してみたり、遠慮をしないことでいい結果につなげることができるでしょう。
9 火	△	人の話を最後まで聞かないで先走ってしまったり、大事なことを聞き逃してしまうかもしれません。適当にごまかさないで、もう一度聞き直すようにしましょう。
10 水	☆	多少のわがままが通ってしまうくらい、あなた中心に物事が動かせる日。自分の幸せをしっかりつかみにいくことが大事なので、遠慮をしないで思いきって行動しましょう。
11 木	☆	才能や魅力を活かすことができるでしょう。全力で取り組むことで幸運をつかめたり、運命的な出会いがありそう。買い物をするにもいい日なので、何か買ってから帰宅してみて。
12 金	▽	大きな契約がとれたり、商談が成功するかもしれません。特に日中は運が味方するので、強気になっておくといいでしょう。夜は疲れが出たり、集中力が欠けるので注意。
13 土	▼	他人に過剰に期待をするとガッカリするだけなので、ほどほどにしておくといいでしょう。どんな人からも学べると思うと、大きく成長できるようになります。
14 日	✕	今日は小さくてもいいので感謝できることを見つけてみて。当たり前だと思って感謝を忘れてしまうと、大切な人との縁が切れてしまうかもしれないので気をつけましょう。
15 月	▲	1日遅れの義理チョコでも渡しておくことが大事です。本命チョコは夕方や夜に渡したほうが効果的でしょう。身の回りをきれいに整えておくことも忘れないように気をつけて。
16 火	○	新商品に目を向けてみると気になるものを発見したり、お気に入りを見つけることができそうな日。時間があるときにお店に行ってみたり、ランチの新メニューを試してみて。
17 水	◎	思いきった行動に走ってみるといい結果が出たり、いい縁につながる日です。難しそうな仕事でも志願して取り組んでみましょう。小さな勇気が今後の運命を変えてくれます。
18 木	□	今後の目標や夢を改めて確認することが大事です。計画に甘さがあったり、無計画のままでは幸運を得られない場合がありそう。具体的で現実的な目標を定めておきましょう。
19 金	■	肉体的な疲れを感じる日ですが、今日は精神的にも疲れを感じたり、ストレスでイライラすることがありそうです。気分転換をしてみたり、軽い運動をするといいでしょう。
20 土	●	異性からデートに誘われたり、好きな人といい関係に進めるかもしれません。気になる相手に連絡をしてみて、少しでも会うことができるなら脈がある可能性が高いでしょう。
21 日	△	遊びに出かけるにはいい日。気になる人との関係も楽しく進展させられそうです。仲間や友人の集まる場所に顔を出したり、自ら集めてみると楽しい思い出ができるでしょう。
22 月	☆	これまでの経験をいい方向に活かせたり、人脈や交友関係に助けられることがあるでしょう。覚悟をして突き進んでみると、周囲から協力してもらえるかもしれません。
23 火	☆	仕事に全力で取り組むと大きな結果を出せたり、今後の流れを大きく変えることができそう。学びはじめるにはいい日なので、仕事に関わることや投資の勉強をするといいでしょう。
24 水	▽	昨日やり残したことがあるなら、今日は積極的に取り組んでおきましょう。恋愛面でも押しが大事になるので、気になる人には日中に連絡を入れておくといいかもしれません。
25 木	▼	自分の考えが理解してもらえなかったり、空回りしやすくなる日。今日は無理に押しきらないで、流れに身をまかせておくといいでしょう。反対意見も大事に受け止めてみて。
26 金	✕	余計な出費が増えてしまうかもしれません。大事なものを壊してしまうことがあるので、不用意に触らないように。お世話になった人にごちそうすると不運を避けられそうです。
27 土	▲	些細なことを見落としてしまいそうです。最後までキッチリやるように心がけてみて。雑だと思われてしまったり魅力が下がってしまうことがあるので気をつけましょう。
28 日	○	どんな人でもいいところがあるので、ノートに10個書き出してみるといいでしょう。人以外のもののよさを書き出してみるのもオススメです。時間を作ってやってみましょう。

☆開運の日 ◎幸運の日 ●解放の日 ○チャレンジの日
□健康管理の日 △準備の日 ▽ブレーキの日 ■リフレッシュの日
▲整理の日 ✕裏運気の日 ▼乱気の日 =運気の影響がない日

2021 3月

▽ ブレーキの月

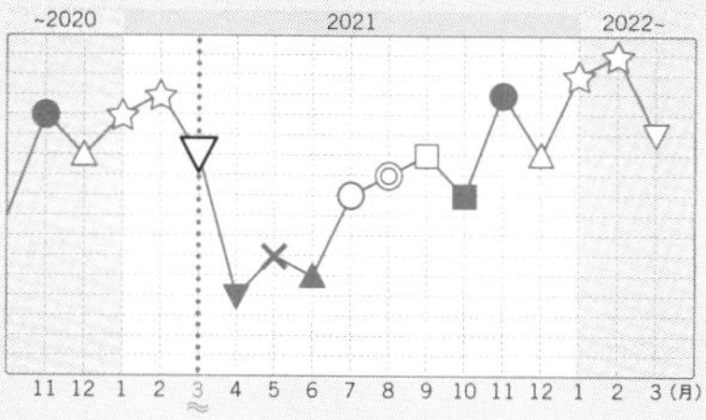

開運 3 カ条

1. 中旬までは強気に行動する
2. 好きな人に自ら連絡をとる
3. 余裕があるときは周囲の手助けをする

総合運

中旬までは運を味方につけられます。何事も強気な行動が大事になるので、他人まかせにしないで自分で人を束ねるなど、中心的な存在になるようにしましょう。少しくらい面倒なことでも、周囲の協力やこれまでの経験を活かして乗りきれたり満足できる結果につながり、いい縁が結ばれそう。下旬は、余計な心配事が増えたり、やる気をなくしてしまう出来事があるかも。健康運は、下旬に疲れを感じやすくなるので、体力作りをして。

恋愛&結婚運

好きな人といい関係になれる運気ですが、待っていても時間の無駄になるだけなので、自分から連絡をしてデートをする日を決めましょう。好意を伝えるといい返事が聞けることもありますが、いざというときに優柔不断にならないように。新しい出会い運は、中旬までは好みのタイプや気になる人に会えそう。年上の人や先輩と仲よくしておくと、紹介してもらえることがあるかも。結婚運は、月の前半までに真剣に話をするといいでしょう。

仕事&金運

仕事への集中力が高まり、効率よく結果を出せる時期。実力以上の結果に驚いたり、満足のいく仕事ができそうです。目標を達成することもでき、周囲で困っている人を助けられるくらいの余裕も持てそうです。下旬は、中旬までの頑張りすぎが響いて仕事に飽きたり、ミスをしたりしやすいので要注意。金運は、収入アップや臨時収入がありそう。長く使うものや高価な買い物は中旬までにして。下旬は不要な出費に気をつけましょう。

1 月	○	いろいろ考える前に、まずは行動することが大切な日です。周囲に意見を聞くと揺さぶられてしまうので、自分の気持ちに素直に行動してみるといいでしょう。
2 火	□	小さなことでもいいので、目標を立てることが大事です。今日中に自分がやるべきことをいろいろと書き出してみて。ただし、大きすぎる目標は今日立てなくてもいいでしょう。
3 水	■	気分転換に軽い運動をして汗を流すといい日。休憩中や仕事終わりに体を動かしてみたり、散歩するといいでしょう。家でストレッチやヨガをしてみるのもよさそうです。
4 木	●	運を味方につけられる日です。仕事に集中すると仕事運が、恋愛に集中すると恋愛運が上がるでしょう。今の自分に必要なことに力を注いでみるといい結果につながります。
5 金	△	仕事終わりや週末のことばかり考えているとミスしがちに。事前確認と最終チェックをしっかりするようにしましょう。夜は急に友人に誘われることもありそうです。
6 土	◎	思い浮かんだ人に連絡をするといい日です。相手もあなたからの連絡を待っているかもしれません。気になる相手の場合は、いい感じに進む可能性が高いでしょう。
7 日	☆	買い物をするには最高な日。友人や知人にプレゼントを購入してみたり、自分へのごほうびで服や靴を買うといいでしょう。今日手に入れたものはラッキーアイテムになります。
8 月	▽	日中は運気がいいので、大事なことを先に終わらせておくといいでしょう。夕方以降は予定を乱されたり、計画通りに進まなくなってしまうことが起きそうです。
9 火	▼	周囲の人や家族に甘えすぎている人には厳しい結果が出るかも。自業自得と思って反省し、活かせるようにしましょう。問題のない人も、新しい挑戦は今日は控えましょう。
10 水	×	余計なことを考えすぎてしまったり、周囲に振り回されてしまいそうな日。ネガティブな情報に心を乱されないように気をつけましょう。冷静に考えれば問題は避けられそうです。
11 木	▲	いろいろな人の話や意見を聞くのはいいですが、結果的に判断できなくなるだけ。意見は賛否あるのが普通であることを忘れず、自分の勘を信じて判断するよう心がけましょう。
12 金	○	ここ数日のモヤッとした気持ちから前に進めそう。些細なことでもいいので、新しいことや普段興味がないようなことに挑戦をするといいでしょう。素敵な出会いもあるかも。
13 土	○	はじめての場所に遊びに行くといい日。友人や知り合いの家に遊びに行ってみるといいでしょう。イベントやライブなど気になることを見つけたら、行って参加してみて。
14 日	□	日中は活動的でも問題ないですが、夕方からは家でのんびりしておくことが大事。次の日に疲れが残りそうなことは避けて、ゆっくりお風呂に入って早めに寝ましょう。
15 月	■	眠気や体のだるさを感じそう。集中力も途切れやすいので、こまめに休憩したり、スタミナのつくようなものを選んで食べておくといいでしょう。夜は異性からお誘いがあるかも。
16 火	●	自分も周囲も幸せにできる日です。遠慮をしないで押しきってみたり、自分の気持ちに素直になってみるといいでしょう。気になる相手とも進展があるかもしれません。
17 水	△	好きな音楽を聴いてから出かけるだけで、気分よく1日を過ごせそう。笑顔を心がけることで人からも好かれ、楽しい日になるでしょう。ただし小さなミスには気をつけて。
18 木	◎	経験や人脈を活かすことができ、「人生に無駄はない」と思えることがありそうです。素直に頭を下げたり、お願い上手になってみることも大切になるでしょう。
19 金	☆	まとめ買いをするなら今日は最高にいい日。ネットでもいいので、消耗品や生活必需品も一気に買っておきましょう。仕事運もいいので、与えられた仕事に全力で応えてみて。
20 土	▽	ランチデートなど、昼にのんびりデートをするといいでしょう。夜は運気が乱れるので、判断ミスをしたり後悔する流れになりそう。早めに切り上げて家でゆっくりするとよさそうです。
21 日	▼	無駄な外出は避けて、家で片づけをしたりのんびりするといい日。活動的になると疲れがたまったり、面倒なことに巻き込まれそう。友人の相談を受けて疲れてしまうことも。
22 月	×	特に大きな出来事がなくても、やる気が出なかったり落ち込んだりしそうな日。「こんな日もあるかな」と割りきり、ほかの人も同じような気持ちになることがあると学びましょう。
23 火	▲	今日は身の回りをしっかり整えたり、カバンや財布の中をきれいにしておくことが大事。不要なレシートや名刺、お菓子など、入れっぱなしにしているものを出しておきましょう。
24 水	○	学ぶことを見つけるにはいい日です。興味のあることを調べてみたり、勉強をスタートさせるといいでしょう。人間関係からも学べることがあるので、対話を大切にしてみて。
25 木	○	些細な失敗を恐れるより、チャレンジすることを優先するといいでしょう。経験を積むと後で役立ったり、話のネタになります。新しい出会いにも期待できる日です。
26 金	□	今年に入って恋や仕事で調子が悪いと感じたなら、生活リズムを変えたりイメチェンをしてみて。考え方や生き方を少し変えることで、視野を広げられるでしょう。
27 土	■	しっかり体を休ませるといい日。花見に誘われて風邪をひいてしまったり、飲みすぎて体調を崩すことがあるかも。無理をしないようにしましょう。付き合いより体調を優先して。
28 日	●	恋人のいない人は気になる人を花見に誘ってみると一気に進展しそう。髪を切るにもいい日なので、少し明るくイメチェンしてみると、気になる人から注目されるようになるかも。
29 月	△	珍しく寝坊したり、時間を間違えたりしてペースが乱れてしまうかも。時間がないときほど焦って忘れ物をしたり、スマホを落として画面を割ってしまったりするので気をつけましょう。
30 火	◎	人とのつながりを楽しめる日。知り合いと知り合いがつながったりするなど、不思議な縁を感じることがありそうです。思い出話が思った以上に盛り上がることもあるでしょう。
31 水	◎	お世話になった人や感謝を伝えるべき人には、気持ちを込めたメッセージやお礼を贈るといいでしょう。後輩や部下にお菓子やお茶をごちそうすると、今後の関係がよくなります。

2021 4月

▼乱気の月

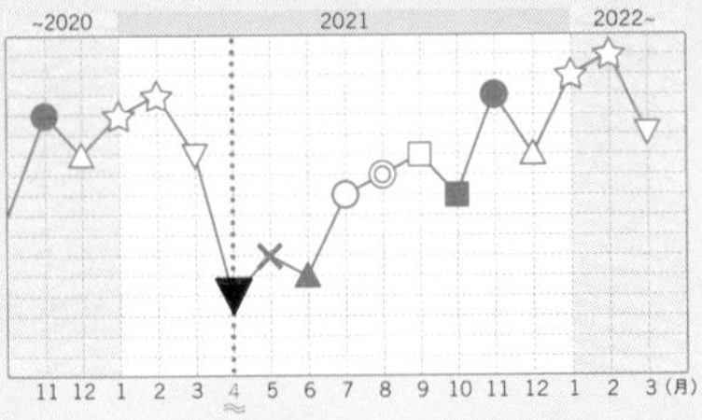

開運3カ条

1. 何事も肯定する
2. 他人に過度な期待をしない
3. 自分中心に考えない

総合運

浮かない気持ちが続いてしまったり、空回りすることが多くなる時期。新しい出会いも増えますが、考え方や生き方が理解できない人と一緒になったり、仲のよかった人と距離が開いてしまったりして寂しく感じることもありそう。マイナス面ばかり考えずプラス面を探すようにすると前に進めたり、勉強になることを見つけられるでしょう。健康運は、肌の調子が悪くなってしまったり、ストレスがたまってしまうことがありそうです。

恋愛&結婚運

いい感じに進んでいた人との関係が悪くなったり、お互いの気持ちが離れることがありそう。相手の態度に振り回されて嫌気が差すこともあるので、今月は過度に期待をしないで、相手を観察するくらいの気持ちでいましょう。新しい出会いも期待は薄いので、最初の印象で決めつけず、後々仲よくなれるようにするといいでしょう。結婚運は、今月は話が進めにくい状況になりそうです。

仕事&金運

仕事に不満や不安を抱えてしまう時期。トラブルに巻き込まれやすいですが、何事も自分の問題だと思って対応することで成長できるでしょう。人間関係の苦労もありますが、自分中心に考えないで相手のことを思って行動すれば、問題は簡単に解決できます。やる気が出ないときは、スポーツで汗を流すと気持ちがリセットされるでしょう。金運は、不要な出費が重なるので、日々節約を。

1 木	▽	日中は楽しい時間を過ごすことができそう。エイプリルフールのウソに騙されて大笑いすることもありそうです。夕方以降は日中の疲れが出やすいので無理をしないようにしましょう。
2 金	▼	直感でウマが合わないと感じる人と一緒になってしまうかもしれません。相手に合わせることも大事ですが、上手に距離をおくようにしないと後で面倒なことになってしまいそう。
3 土	×	なくし物や忘れ物に注意の日。出かける前やその場を離れるときはしっかり確認をしましょう。大事なものをなくすこともあるので、高価なものは持ち歩かないほうがいいかも。
4 日	▲	身の回りをきれいに整理整頓するといいでしょう。不要なものや昔の思い出のものは片づけるようにして。普段は掃除をしないような場所もきれいにしておくといいでしょう。
5 月	＝	やるべきことが多くなって苦労しそうな日ですが、自分の得意なことと不得意なことが見えてきます。学びを見つけられるように意識して過ごすといいでしょう。
6 火	＝	現実をしっかり見ることが大事です。苦労は不運なのではなく実力不足な場合が多いので、これから何をすればいいのかじっくり考えるようにするといいでしょう。
7 水	□	いろいろな意見に振り回されてしまいそうな日。周囲に合わせることは大事ですが、愚痴や不満や悪口を言う人の中には入らないように。結果的に自分を苦しめることになってしまいそう。
8 木	■	体調を崩したり、疲れを感じやすい日です。今日は無理をせず、周囲に協力してもらえるよう素直にお願いしましょう。感謝と恩返しをする気持ちは忘れないようにして。
9 金	●	人から注目されたり、好意を寄せられやすいでしょう。好みではない人や苦手な人から好かれてしまうこともありそう。勘違いされないようにハッキリ態度で示すようにしてみて。
10 土	△	約束をすっかり忘れてしまうなど、ドジな出来事が多いかもしれません。忘れ物や時間の間違いなどには要注意です。何事も事前にしっかり確認するようにしてみて。
11 日	○	友人と楽しく過ごせる日ですが、友人からの指摘に耳を傾けることが大事。ハッキリ言ってくれたことを無視していると、後に自分の首を絞めることになるので注意しましょう。
12 月	○	仕事の順序や手順を確認して、しっかり守るようにすることが大事です。なんとなくで仕事をすると評価が落ちてしまうので気をつけましょう。些細なこともしっかりチェックを。
13 火	▽	日中は順調に進んでいても、夕方あたりから自分だけ苦労していると感じてしまいそう。損な役割から学べることも多いので、マイナス面だけで考えないようにしましょう。
14 水	▼	人との距離感を間違えないようにして。あなたのこまめな気遣いややさしさも、相手からはしつこく面倒な人だと思われてしまうかもしれません。相手のことを考えて行動を。
15 木	×	頑張りが認められなかったり、空回りすることが多い日。グチグチ余計なことを考えず、今ある幸せを忘れないようにしましょう。困ったときは尊敬できる人に相談してみて。
16 金	▲	頑張っていたことが白紙になったり、仕事をやり直すことになりそう。ガッカリしないでもう一度きちんとやることで、効率よくできたりレベルアップしている自分に気づけます。
17 土	＝	変化を楽しんだり受け入れるといい日です。普段なら行かない場所に行ったり、遊んだことのない人を誘ってみましょう。思ったよりもいろいろと発見があるかも。
18 日	＝	苦手だと思っていることにチャレンジするといいでしょう。食わず嫌いせず挑戦すると思ったよりもおいしいものを見つけられたり、なぜ嫌いなのかを分析できるかもしれません。
19 月	□	目の前の相手を楽しませてみましょう。感謝されることや笑顔にさせることをすると、自分の満足度も一気に上がります。些細なことでもいいので、喜んでもらえることをやってみて。
20 火	■	仕事のペース配分を間違えないようにしましょう。午前中に頑張りすぎて午後にぐったりすることがあるので、無理をしないように。休憩時間はしっかり体を休ませて。
21 水	●	気になる人を意識するといい日。急展開はないですが、後にいいきっかけになる可能性があります。親切にしたり、笑顔でいることを心がけましょう。明るい感じの服を着てみて。
22 木	△	迷って間違った選択をしがちです。迷うことで時間を無駄にすることもありそう。思いきって行動し、失敗から学んで後で取り返すくらいの気持ちでいるといいでしょう。
23 金	○	反復練習や同じことの繰り返しをじっくりやることで、コツをつかめたり上達することができる日です。簡単に諦めないで、何事も時間がかかると思っておくといいでしょう。
24 土	○	買い物に行くのはいいですが、余計なものまで購入してしまったり、押しきられて契約してしまうことがあるかもしれません。いらないものはハッキリと断りましょう。
25 日	▽	大事な用事は日中に終わらせておきましょう。夕方以降は家でのんびりして、疲れをためないようにしてみて。ゆっくりお風呂に入って、早めに就寝するのがオススメです。
26 月	▼	他人の雑な部分が目について、イライラすることがあるかも。相手の雑さが見えるときは自分も雑になっている可能性があるので、反面教師だと思って気をつけましょう。
27 火	×	予定が急に変更になってしまったり、振り回されてしまうことが多い日です。ガッカリしないで、「今日はそんな日」と割りきってみると気持ちが楽になるでしょう。
28 水	▲	連絡しても返事がなかったり、既読スルーでヘコんでしまうことがありそうです。距離をおこうとする人を追いかけても時間の無駄だと割りきって、気にしないようにしましょう。
29 木	＝	得意なことを極めるのはいいですが、不慣れなことや苦手なことにも挑戦してみて。視野が広がったりおもしろいことを発見できるので、あえて挑戦してみるといいでしょう。
30 金	＝	いろいろな人の意見を聞くと学べることがたくさんある日。おもしろい経験や驚くような体験をしている人から得られるものがあるでしょう。話を上手に盛り上げてみて。

☆開運の日　◎幸運の日　●解放の日　○チャレンジの日
□健康管理の日　△準備の日　▽ブレーキの日　■リフレッシュの日
▲整理の日　×裏運気の日　▼乱気の日　＝運気の影響がない日

2021 5月

✕ 裏運気の月

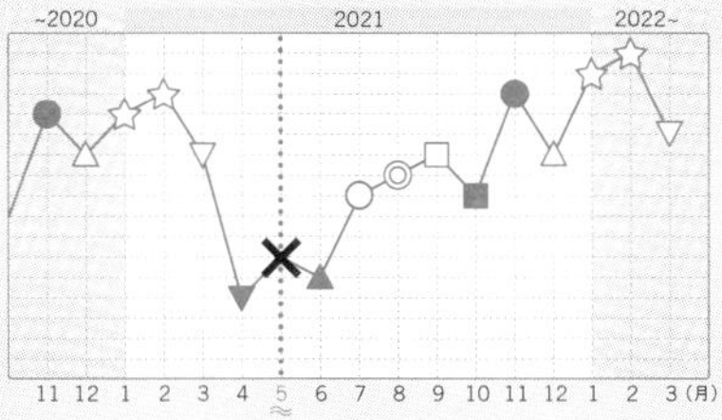

開運3カ条

1. 求められることにできるだけ応える
2. 意外な展開を楽しむ
3. あえて遠回りする

総合運

人間関係で疲れたり、余計なことを考えすぎたりする月。求められることに応えるのはいいですが、都合よく使われてしまうこともありそう。マイナスに考えるよりも「頼られているな」とプラスに受け止めることで大きく成長できそうです。他人と比べて勝手にヘコんだり嫌気を起こしたりしないように。健康運は、肌の調子が悪くなったり、疲れを感じたりしてしまう日が多そう。少し体を動かして軽く汗を流す日を作るようにして。

恋愛&結婚運

失恋か大恋愛かの両極端な結果が出る時期。片思いの相手がいる場合は、ダメ元で告白してみると一気に付き合う流れになるかも。逆に自分に好意があると思っていた人に近づこうとしたら、もうほかの人と交際していたということも。予想外の人からデートの申し込みもあるでしょう。新しい出会いは期待が薄いです。結婚運は、結婚の利点を考えたり話し合ったりするといいでしょう。

仕事&金運

不慣れな仕事が続いたり、人間関係に振り回されたりしそう。マイナス面ばかり見るのではなく、仕事があることに感謝して今の自分ができることをキッチリやりましょう。遠回りや地味に感じる仕事ほど後々役立つので、面倒な仕事でも受け入れてみると大きく成長できます。金運は、予想外の出費や交際が増えそう。大事なものが壊れて買い替える場合もあるので、節約しましょう。

1 土	□	無駄な動きが増えると夜に一気に疲れてしまいそう。計画をしっかり立てて行動し、終わる時間をきちんと決めておきましょう。ダラダラしないように心がけておいて。
2 日	■	すでに予定が入っているなら、これ以上無理に詰め込まず休憩時間やのんびりする時間を作ったほうがいいでしょう。思ったよりも疲れを感じることがありそうです。
3 月	●	うれしい出来事がありますが、浮かれすぎて失敗することもあるかもしれません。調子に乗りすぎないよう注意したり、余計なひと言にも気をつけるようにしましょう。
4 火	△	集中できない日。余計なことを考えてミスをしたり、ボーッとして話を聞き逃すことがありそうです。気を引き締めたり、目の前のことに集中するようにしましょう。
5 水	○	友人を誘って話題の場所や気になるお店に行ってみるといいでしょう。おもしろい発見があり、連休の混雑も後にいい思い出となりそう。気になる人も誘ってみるといいかも。
6 木	○	贅沢な食事をするといい日。事前に予約してコース料理や、値段の高いものを食べに出かけてみるといいでしょう。ホテルでランチしてみるのもいい経験になります。
7 金	▽	日中は楽しい時間が増えそう。話を聞いてもらえる人への感謝を忘れないようにしましょう。夕方以降は話の聞き役になることが大事。質問上手や相づち上手を目指してみて。
8 土	▼	身近な人や仲がいいと思っていた人との関係が悪くなってしまったり、陰口を言われていることを知ってしまいそう。感謝のない人とは距離をおくといいでしょう。
9 日	✕	気分が乗らない1日。空回りが多くなりそうです。タイミングの悪さを実感することがありますが、そのぶん違うものを見られたり、別の選択ができることを楽しみましょう。
10 月	▲	相手が喜ぶ選択をする必要があるかも。自分の話や身勝手な発言は避けておきましょう。場の空気を読んで言葉を選んだり、相手が求めていると思われる会話を意識してみて。
11 火	＝	情報をしっかり集めることが大事な日。フェイクニュースを信じて恥をかいてしまったり、偏った情報だけで判断しないようにしましょう。冗談半分の話を信じないように。
12 水	＝	行動力が大切です。様子を窺ってばかりでは何も変わらないので行動を。体験することで何が難しく、何が足りないのかがわかるでしょう。何もせず「難しい」と言わないように。
13 木	□	勘での判断や、勢いで行動しないほうがいい日。しっかり計画を立てて、段取りをキッチリするようにしましょう。小さな目標でもいいので、今日中にできることを掲げてみて。
14 金	■	疲れが表面に出やすいかも。肌が荒れてしまったり、体調を崩してしまうことがあるので無理をしないように。ボーッとしていると段差でつまずいてケガをするかもしれません。
15 土	●	運気が不安定です。友人と楽しく遊んでいるときに好きな人から誘われてしまうなど、噛み合わない感じになりそう。ガッカリしないで次の楽しみができたと前向きに捉えて。
16 日	△	遊ぶと運気が上がる日ですが、忘れ物やうっかりミスをすることが多いので気をつけましょう。予約日や時間を間違えて慌ててしまったりと、ドジなことをやってしまいそう。
17 月	○	付き合いの長い人から学ぶことがありそう。教わる気持ちをしっかり持たないと、相手の言葉が入ってこないかもしれません。ときには厳しい言葉もきちんと受け止めて。
18 火	○	お世話になっている人にごちそうしてみたり、飲み物やお菓子をプレゼントするといい関係ができるでしょう。自分のためだけではなく、ほかの人のためにお金を使ってみて。
19 水	▽	笑顔で挨拶をすることで、日中はいいテンションでいられるでしょう。周囲を明るくするくらいの気持ちで過ごしてみて。夕方以降は疲れやすくなるので無理をしないように。
20 木	▼	急ぎの仕事が増えてしまったり、周囲のミスのしわ寄せがやってくるかもしれません。予想外の出来事が増えるので、自分の用事や大事な仕事は早めに片づけておきましょう。
21 金	✕	機械の操作ミスや判断ミスをしやすい日。取引先やお客さんに振り回されてぐったりすることもありそう。今日は面倒なことがあるのは当然だと思っておきましょう。
22 土	▲	部屋の掃除をするにはいい日です。何年も放置してあるものは不要なものなので、一気に処分するといいでしょう。年齢に見合わない幼稚なものも処分してみて。
23 日	＝	はじめて行く場所でいい発見があるかも。そこまで興味がなくても、気になる場所やお店に行ってみるといい出会いがあるでしょう。学ぶこともいろいろと見つけられそうです。
24 月	＝	自分とは違う考え方や生き方をしている人と話すといいでしょう。好きにならなくてもいいので、相手を認めると視野を広くできそう。十人十色であることを忘れずに。
25 火	□	不慣れなことや苦手なことにあえて挑戦してみて。うまくいかない原因を考え、どうすればいいのか試行錯誤するといいかも。試すことのおもしろさを知っておきましょう。
26 水	■	集中力が途切れやすい日。休憩時間にはしっかり体を休ませたり、軽く体を動かしておくといいでしょう。座りっぱなしの仕事の人ほど、肩や体を動かしておくといいかも。
27 木	●	意外な人と出会うことができそうですが、予想外の人から好かれてしまったり、一緒にいる時間が増えてしまいそう。聞きたくもない話を延々と聞かされてしまうかもしれません。
28 金	△	忘れ物や寝坊などのミスをしやすい日です。携帯電話を置き忘れてしまったり、大事なものをなくしてしまうことがあるので注意。失敗はしっかり反省し、今後気をつけましょう。
29 土	○	不思議と友人からお誘いがありそうです。しばらく会っていない人に会ってみるといいですが、愚痴や不満が多いときはウソをついてでも離れて。悪友と偶然会うこともあるかも。
30 日	○	小さな出費が重なって、結果的に出費が増えてしまいそう。安物買いの銭失いにならないようにしましょう。長く使う予定のものは、購入を考え直したほうがいいかもしれません。
31 月	▽	周囲の意見に振り回されてしまいがちな日。日中はいい流れに乗れそうですが、夕方以降は判断を誤りやすいので気をつけましょう。損得だけで判断しないように。

2021

6月

▲ 整理の月

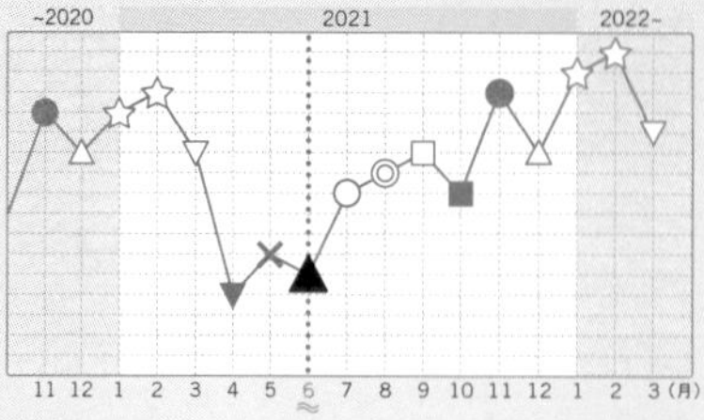

開運 3 カ条

1. 不要なものは処分する
2. 思い出にすがらない
3. メリハリのある生活を送る

総合運

自分の幸せのために何が必要で何が不要か、しっかり見極めることが大切。「思い出だから」と過去の栄光に執着していると前に進めなくなるので、見えないところにしまうように。人間関係の整理も必要になるので、感謝のない人や文句や愚痴ばかり言う人とは距離をおくようにしましょう。ほかにも、時間の無駄遣いになっている趣味を思いきってやめるといいでしょう。健康運は、ダイエットや肉体改造をするにはいい時期です。

恋愛＆結婚運

中途半端な関係は白黒ハッキリつけること。情にもろいので、ダラダラした関係や都合のいい関係などを続けていると大切な出会いを見失いかねません。「恋愛対象として見ている」とハッキリ意識することも大事。失恋もありますが、ここで縁が切れても結果としていい流れになるので、気にしないで。結婚運は、下旬から将来の話をするのはいいですが、幼稚なものを処分してからにしましょう。

仕事＆金運

ダラダラ仕事をしないで時間を決めてキッチリ進めるといい時期。無駄な時間を削り、現在の仕事を効率的に進める方法を考えて実践しましょう。職場にある不要なものは処分して、仕事道具をきれいに手入れして。金運は、買い替えの準備をするといい時期。いらないものはネットで売ってみると思ったよりもいい値で売れそうです。着ない服はここで一気に片づけましょう。

1 火	▼	口が滑って余計なことや秘密を話してしまうかもしれません。言葉を選び、テンションが高くなったときは気をつけるようにしましょう。失敗したと思ったときは早めの訂正を。
2 水	×	周囲の気分に振り回されてしまいそう。愚痴や不満を言う人と一緒にいるのはいいですが、一緒になって口が悪くならないよう注意。あなただけが嫌われてしまうかもしれません。
3 木	▲	気持ちの整理をして諦めることができると、前に進められるようになります。恋を諦め、情でつながっている人と離れることも大事。不要なものも処分するとよさそうです。
4 金	○	いろいろな人と話すことで前向きになれたり、おもしろい情報を入手できるかも。少し図々しいくらいがちょうどいいので、遠慮しないように。初対面の人とも仲よくなれそう。
5 土	○	少しでも気になる人がいるなら、思いきってデートに誘ってみるといい日。思った以上にいい関係に進むことができる運気です。明るい服を着て、笑顔を忘れないようにしましょう。
6 日	□	言葉のやさしさも大切ですが、実際に手助けしてくれる人や、協力してくれる人の存在を忘れないようにしましょう。助けてくれた人には自分もやさしくすること。
7 月	■	今日は肌の手入れをしっかりとしてみましょう。肌が荒れてしまいがちなので、パックをしたり、丁寧に洗顔をするといいでしょう。軽い運動をして汗を流すことも大事です。
8 火	●	努力を認められたり、思った以上の結果を出すことができる日。些細なことで諦めないで、もうひとふんばりしてみるといいでしょう。周囲からの協力に感謝を忘れないで。
9 水	△	簡単だと思って作業していると、失敗をすることがあるので気を引き締めておきましょう。慣れた仕事ほどミスが出やすいので気をつけること。確認作業をしっかりしてみて。
10 木	○	自分の成長を感じられる日です。昔ならもっと時間がかかっていたことがいつの間にか簡単にできるようになっていたり、理解できることが増えている実感が得られるでしょう。
11 金	◎	思った以上に結果を出せ、計算通りに進められそう。真剣に仕事に取り組み、流れに逆らわないようにすることが大事です。勝手に無理と決めつけて諦めないようにしましょう。
12 土	▽	日中は運気がいいので、買い物や身の回りの整理整頓をするといいでしょう。生活必需品や消耗品を購入するとよさそう。夜は予定が乱れてしまうことがあるかもしれません。
13 日	▼	相性が微妙な人とは離れることになりそうな日です。微妙な関係のカップルは縁が切れてしまうかも。気持ちを切り替えるいいタイミングになりそうなので、執着はしないように。
14 月	×	自分の欠点や弱点が表に出そう。今後同じようなことがないよう原因を探って、どうするといいのか考えるようにしましょう。成長のための課題をしっかり確認するように。
15 火	▲	不要なものやゴミはどんどん処分するようにしてみて。使いかけになっているものや、何年も放置してあるものも一気に片づけるように。記念品や思い出があるものでも処分して。
16 水	○	新しいことに挑戦をすることで気持ちが楽になる日。小さなことでもいいので、経験していないことに挑戦してみましょう。気になるお店に入ってみるのもよさそうです。
17 木	○	何事も前向きに捉えることが大事です。面倒なことや困難な出来事も、将来の自分にとっていい経験だと思えるといいでしょう。マイナス面ばかり考えないようにしてみて。
18 金	□	合理的に進められるように考えて行動するといい日です。無駄な時間はできるだけ削るようにしてみて。夜は疲れを感じやすいので、早めに寝るのがよさそうです。
19 土	■	今日はしっかり体を休ませるといいでしょう。予定を詰め込んでしまったり、慌ててしまうとケガをしてしまうかも。どんなときでも落ち着いて行動することを忘れないように。
20 日	●	気持ちをすっきりさせることができる日。諦められることと、もう少し頑張ってみようと思えることがハッキリしそう。恋愛はいい流れに進むかも。気になる人を誘ってみて。
21 月	△	判断ミスをしやすいかも。余計なものを買ってしまいがちなので、ネット広告には注意。コンビニも不用意に入らないほうがいいでしょう。本当に必要なものか考えてから購入を。
22 火	○	これまでの経験を活かすことができる日です。自分が得意そうなことは率先して取り組んでみると、周囲から感謝されたり今後頼りにされるようになるでしょう。
23 水	◎	少しくらい難しく感じても、もうひと頑張りしてみるといい結果を出すことができるでしょう。簡単には諦めないで、目の前の仕事に集中するとよさそうです。
24 木	▽	忘れ物をしたり、時間を間違えてしまって周囲に迷惑をかけてしまうことがあるかもしれません。大きな失敗をする可能性もあるので、丁寧に行動するように心がけて。
25 金	▼	他人に期待するのはいいですが、まかせすぎになってしまうとガッカリすることになりそう。うまくいかない原因は他人ではなく、自分にあるということを忘れないようにしましょう。
26 土	×	予定を急にキャンセルされてしまったり、計画通りに進まないことが多い日。ネガティブに捉えるよりも「逆によかった」と思えることをいろいろ見つけてみるといいでしょう。
27 日	▲	大事なものと不要なものを分けて、身の回りをきれいに整理整頓すると気持ちがすっきりするでしょう。大掃除するくらいの気持ちで片づけてみるといいかもしれません。
28 月	○	変化を恐れないことが大事。生活リズムや習慣を少し変えてみるといいかも。起きる時間や出社時間など、些細なことでも変化を意識すると発見があったりいい経験ができそう。
29 火	○	いつもと違う人と話してみたり、違うグループの輪に入ってみるといい日。ちょっとした勇気が今後の運命を変えることになるかも。はじめて会う人から学ぶことも多いでしょう。
30 水	□	気になるイベントやライブのチケットをとってみたり、おいしいお店の予約をしてみるといいでしょう。習い事などの体験教室に申し込んでみるのにもいい日です。

☆開運の日　◎幸運の日　●解放の日　○チャレンジの日
□健康管理の日　△準備の日　▽ブレーキの日　■リフレッシュの日
▲整理の日　×裏運気の日　▼乱気の日　＝運気の影響がない日

2021 7月

○ チャレンジの月

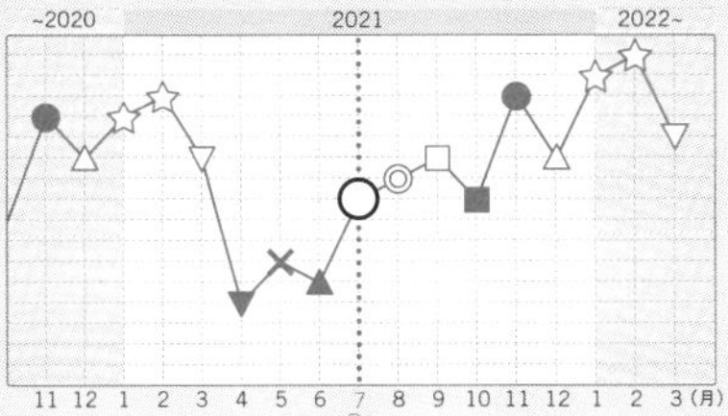

開運3カ条

1. 忙しくなることを覚悟する
2. 行きつけの美容室で髪を切る
3. 長年欲しかったものを購入する

総合運

求められることややりたいことが増えて、あっという間に1カ月が過ぎてしまいそう。遊びの誘いが増えて出会いも多くなり、憧れの人や会いたいと思っていた人とつながることもあるでしょう。気持ちがスッキリしないときは引っ越しや、髪を切ってイメチェンをするとやる気が出て前向きになれそうです。小さな勇気が今後の運命を大きく左右するでしょう。健康運は、昔やっていた運動を再びはじめてみるといいでしょう。

恋愛&結婚運

片思いをしている人は、積極的にアピールすることが大事な時期。モジモジして何も行動に移せないならハッキリ諦めたほうが素敵な人が現れるでしょう。「異性の友人」くらいに思っていた人から好意を寄せられることもありそうですが、一緒にいることが楽だと感じるなら思いきって交際をスタートさせてみるといいでしょう。結婚運は、今月から話を進めやすくなりそうです。

仕事&金運

仕事が忙しくなり、充実した日々を送れそうな時期。進んで仕事をすることでさらにやる気になれそう。実力を発揮することで、周囲から頼りにされて楽しく仕事に取り組めます。昔の上司や懐かしい先輩から、大事な話や転職の話を持ちかけられることも。金運は、欲しかったものを購入するといいでしょう。憧れの場所に引っ越しをするにもいい時期なので、費用などを調べてみて。

1 木	■	頑張りすぎには注意が必要。思ったよりも疲れがたまったり、注意力が低下してしまいそうです。疲れが肌や顔に出てしまうこともあるので、スキンケアやパックをしてみて。
2 金	●	明るい人や前向きな人からいい影響を受けることができそうな日。素敵な人のマネをしてみたり、いい言葉を発するようにすると、よい1日を過ごせて魅力もアップします。
3 土	△	なくし物に注意が必要な日です。部屋の片づけをすると、しまった場所をうっかり忘れてしまうかもしれません。無駄な時間を過ごさないよう、メモや写真を残しておくこと。
4 日	◎	親友や付き合いの長い人と会うといい日。いろいろ話してみたり一緒に遊んでいると、悩みや不安も吹き飛ぶかもしれません。明日からのパワーを充電できそうです。
5 月	☆	いつも通り仕事に取り組むだけで評価されたり、いい結果が出そうな日。気合いを入れて真剣に取り組むと、大きな結果を出せたり、運気の流れを変えることもできそうです。
6 火	▽	「思っているだけ」「言葉だけ」ではなく、まずは行動することを優先してみるといいでしょう。動きながら先のことを考えるほうが、いい結果を生み出せたりいい流れに乗れるでしょう。
7 水	▼	新しいことに挑戦するときは慎重に判断するようにしましょう。新しい出会いがあって話が盛り上がっても、簡単に縁が切れてしまうことがあるかもしれません。
8 木	×	細かいことを気にしすぎて前に進めなくなってしまいそうな日。マイナスな情報には振り回されないように。愚痴や不満の聞き役にはならないで、明るい話に切り替えましょう。
9 金	▲	諦めることで気持ちが楽になる日。大事に置いてあるものでも、不要なものは一気に処分を。昔の恋人からのプレゼントを処分すると、次の恋がはじめられるでしょう。
10 土	○	一緒にいると楽な人と遊ぶといいでしょう。話題の映画や食事に誘ってみて。気になる人の場合は恋に発展することもあるので、思いきって誘ってみましょう。
11 日	○	周囲の意見を取り入れてみると、楽しい夏休みを過ごすことができそう。評判のいいホテルや場所に行ってみる計画を立てるといいでしょう。お得な情報も入手できそうです。
12 月	□	先祖や親に感謝することで道が見えてくる時期。今の自分が生きていることの奇跡を忘れず、感謝して過ごしてみるといいでしょう。仕事の取り組み方も変わってくるかも。
13 火	■	集中力が続かなくなってしまったり、口内炎や肌荒れが気になって仕事に手がつかないことがありそうです。夜はしっかりお風呂に入って、疲れをとるようにしましょう。
14 水	●	大きな仕事や役割をまかされてしまいそう。辞退せず受けて、期待以上の結果を出せるように頑張ってみるといいでしょう。チームワークを大切にすることも忘れずに。
15 木	△	無計画に行動しそうな日ですが、失敗から学んだり何事も実験だと思ってみるといいかもしれません。うまくいかないことやミスには、必ず原因があることを忘れないように。
16 金	◎	これまでの経験を活かせる日。頭の回転も速くなり、いい判断もできそう。協力してくれる味方の存在に感謝することを忘れないように。みんなで成功を目指すといいでしょう。
17 土	☆	欲張ることで運気を引き寄せられる日。遠慮しないで大きな結果を出せるよう、全力で取り組んでみましょう。頑張ったごほうびに、気になるものを購入してみて。
18 日	▽	デートをするのにいい日です。気になる相手や知り合いを誘ってランチに出かけてみて。思ったよりもいい関係になれたり、話が盛り上がりそう。夜は急な予定変更があるかも。
19 月	▼	いくらやさしくしても、ソリの合わない人がいることを忘れないで。心ない言葉や態度でショックを受けないように。世の中いろいろな人がいて当然だと思いましょう。
20 火	×	思った以上に仕事を進められなくなってしまったり、周囲の人によって予定を乱されてしまうことがありそう。遅れたぶんは後日取り返すようにして、慌てて仕事をしないように。
21 水	▲	余計なことを考えず、目の前のことに集中するといい日。シンプルに考えて行動することで、楽な気持ちで過ごせるでしょう。夜は新しい出会いや体験があるかもしれません。
22 木	○	臨機応変な対応を意識しましょう。自分のやり方や考え方だけが正しいと思っていると、壁にぶつかってしまいます。判断力が身に付いていると自信を持つことも大切でしょう。
23 金	○	何事も最後まで気を緩めないことが大事。締めくくりをしっかりすることが肝心です。最後まで丁寧に取り組み、諦めないようにすることで大きく成長できそう。
24 土	□	柔軟な考え方の訓練をしてみましょう。何事もポジティブに考え、受けとってみるといいかもしれません。過去のすべてを「よかったこと」に変換できるようにすることも大切です。
25 日	■	外出をすると思ったよりも疲れてしまいそう。今日は不要な外出は避けて、家で片づけやのんびりする時間を作っておきましょう。健康的な食事も心がけてみるとよさそうです。
26 月	●	魅力や能力がアップする日。気を引き締めて仕事に取り組むと、いい結果を出せます。恋もいい流れを引き寄せられそう。気になる人に連絡して、食事の約束をしましょう。
27 火	△	余計なことを考えすぎて仕事に集中できなかったり、うっかりミスが増えてしまうので気をつけましょう。自分のクセを把握しておくことで、些細な問題を避けることができます。
28 水	◎	これまでの経験を活かすことができる日です。周囲から尊敬されて、「苦労はしておくもの」だと思えるかもしれません。過去の自分を褒めておくといいでしょう。
29 木	☆	仕事の指示をするなどリーダーとしての仕事をしたり、経営者の気持ちになって仕事と向き合うことで、考え方や取り組む姿勢が大きく変わって評価されるようになるでしょう。
30 金	▽	裏方や支えてくれている人へ感謝をするといいでしょう。いろいろな人の頑張りによって今の自分がいることと、あなた自身もいろいろな人を支えていることを忘れないように。
31 土	▼	他人まかせではイライラするだけ。自分でできることはできるだけやってみましょう。期待通りにできない人は「何か事情があるのかな」と温かい目で見て許してあげて。

2021

8月

◎ 幸運の月

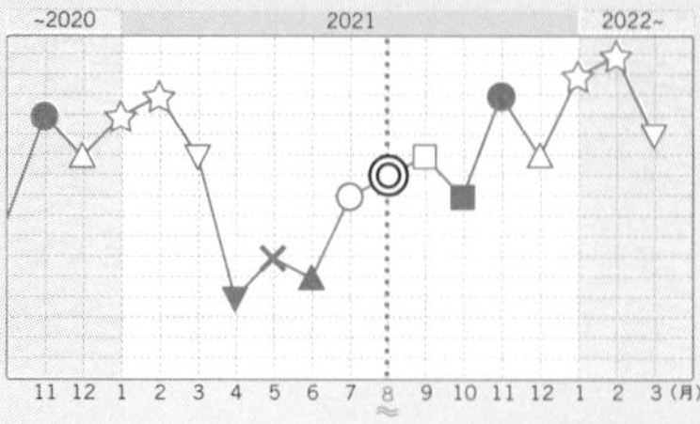

開運3カ条

1. まずは行動する
2. 昔の同僚や先輩に連絡してみる
3. お気に入りのお店を友人に紹介する

総合運

できるだけ行動することが大切な時期。自然と行動範囲が広がることもありますが、意識してフットワークを軽くするといい縁や大きなチャンスをつかめそう。これまで避けていたことや苦手だと思い込んでいたことでも勇気を出してチャレンジしてみると、いい経験や体験、人脈につながりそうです。健康運は問題がないので、定期的な運動やジム通いをはじめるといいでしょう。

恋愛&結婚運

出会いが多く、人とのつながりを楽しめる月。友人や知り合いの集まりに参加することで、どんどん輪が広がって素敵な人にたくさん出会えそうです。人を平等に扱うのはいいですが、好きになった人は特別扱いをしたほうが進展が速いでしょう。すでに気になっている人には、新しくできたお店での食事や最新の映画に誘うといい展開に進みそう。結婚運は、下旬に自分の気持ちを素直に伝えてみると相手の気持ちを動かせそうです。

仕事&金運

やるべきことや求められることも増えて、じんわり忙しさを感じられる時期。これまでの経験を活かすつもりで真剣に仕事に取り組むといい結果を出せたり、周囲とうまく協力できそうです。昔の同僚や学生時代の友人と仕事でつながったり、偶然の再会から、お互いにいい仕事に進展することも。仕事の相談を友人にしてみると、いいアドバイスが聞けるかも。金運は、よく行くお店でいいものを見つけられるでしょう。

日	曜	運気	内容
1	日	×	普段なら気にならないことに気をとられてしまいそう。些細なことにイライラしたり、急に不安になることも。思い通りにならないのが当たり前だと思っておきましょう。
2	月	▲	心のバランスが悪くなってしまいそうな日。深呼吸や好きな音楽を聴いて、心を落ち着かせることが大事です。無駄な時間を使うアプリを消すと、すっきりできるかもしれません。
3	火	○	失敗を気にする前に、まずは物事をスタートさせるといいでしょう。自信がないからと先送りすると、いつになってもうまくいきません。失敗ではなく経験だと思っておくこと。
4	水	○	一生懸命になるのはいいですが、ゆとりある行動と堂々としたふるまいが大事。背筋を伸ばして歩いたりきれいな姿勢を意識すると、運の流れや周囲からの扱いもよくなりそう。
5	木	□	勉強は自分のためにするのではなく、人の役に立てることが重要です。知らないことやわからないことは、ネットからでもいいので自分で調べて覚えるよう意識しておきましょう。
6	金	■	集中力が低下する日。段差で転んでしまったり、打撲などの小さなケガに気をつけましょう。丁寧に行動すれば問題を簡単に避けられます。夜は急な誘いがありそうです。
7	土	●	今日は気になる人を意識して、年齢に見合う服やアクセサリーを探しに出かけてみるといいでしょう。パッと見て気に入ったものがあなたの魅力を引き立たせてくれます。
8	日	△	デートをするのにいい運気。気になる人を誘ってみるといい関係に進めそう。ピンクやオレンジなど、明るいイメージの服を選んで着てみましょう。友人と遊ぶのにもいい日です。
9	月	◎	苦手意識があることに挑戦をして、少しでもいいので克服できるようにしてみましょう。できないことが少しでもできるようになると、考え方や生き方が変わっていきます。
10	火	☆	周囲と協力して楽しく仕事ができそうな日。困っている人を手助けしたり、日ごろ支えてもらっていることに感謝するといいでしょう。商談が成立したりいい契約がとれることもありそう。
11	水	▽	日中までは好調でも、日が暮れてくるとやる気を失ってしまうかもしれません。やるべきことは早めに済ませて、なるべく夜には気が抜けても問題ない状況を作っておきましょう。
12	木	▼	人間関係が面倒になってしまったり、マイナス面が目について しまいそう。どんな人も「なくて七癖」であること忘れず、誰しも常に調子がいいわけがないと思っておくこと。
13	金	×	苦手なことを頼まれて、断れずに悪戦苦闘することになりそうです。苦手を苦手のままにするよりも、ほかの人はどのように対応しているのかを学んで克服してみましょう。
14	土	▲	食事など軽い約束でも、忘れていたことを思い出したら連絡してみるといいでしょう。借りたものがある場合は返すように。夜ははじめて行く場所に縁がありそうです。
15	日	○	新たな知識を仕入れられる日。美術館やイベント、書店で手にした本から大事なことを学べそうです。図鑑や絵本なども読んでみて、視野を広げてみるといいでしょう。
16	月	○	知り合いの輪が広がりそう。人との集まりに参加してみると、素敵な人を紹介してもらえたり、尊敬できる人に会えるかも。はじめて会う人にはしっかりと挨拶をするように。
17	火	□	得意分野を活かすことで進むべき道が見えてくる日。自分が好きなことよりも、得意なことが何かしっかり考えて行動してみましょう。達成できそうな目標を立てて行動してみて。
18	水	■	夏の疲れが少し出るかもしれません。冷たいものの飲みすぎに注意。軽く体を動かしておくといいでしょう。消化がよさそうなものを選んで食べ、辛いものは避けましょう。
19	木	●	あなたの味方が集まるかもしれません。明るく陽気にふるまって周りを笑顔にできるよう、場の空気をコントロールすることが大切。何事も楽しんで、ポジティブに変換して。
20	金	△	集中力が途切れやすい日。ミントのお菓子を食べてみたり、熱いお茶を飲むと効果がありそう。ケアレスミスをしやすいので、しっかり確認をするように気をつけておきましょう。
21	土	◎	親友と楽しい時間を過ごせそうです。約束をして遊びに行くのもいいですが、出先で偶然出会って盛り上がることもありそう。気になる人の場合は、恋の予感を感じるかも。
22	日	☆	買い物に出かけるにはいい日。買い替えを少し考えている家電などは今日購入するといいでしょう。ほかにも、長く使えるようなものは買い替えてもよさそうです。
23	月	▽	日中は順調に物事が進みそうですが、夜になると周りの人にペースを乱されやすくなります。大切なことや難しいことは午前中に片づけて、午後はみんなのサポート役に回ってみて。
24	火	▼	弱点や欠点を指摘されてしまうかもしれない日。ショックを受けないで、相手はよかれと思って言ってくれていると感謝しましょう。弱点や欠点は改善するように心がけて。
25	水	×	自分の基準だけで判断していると裏目に出たり、空回りすることになりそうです。相手やほかの人の視点を持って、様々な考え方で対応するといい勉強になるでしょう。
26	木	▲	後輩や部下や恋人の悩みはしっかりと聞いてあげることが大事。最後まで聞いて、自分なら何ができるかいろいろ考えてみるといいでしょう。いいアドバイスもできそうです。
27	金	○	新しいことに興味が湧きそうな日。気になることに挑戦してみましょう。たとえ失敗したとしても、その経験が次の挑戦の役に立つことになります。いい人脈も広がりそう。
28	土	○	イベントやライブ、旅行に出かけてみましょう。これまで行ったことのない場所に行くといい思い出ができるかも。気になる人を誘ってみると、いいデートができそうです。
29	日	□	いろいろな人の考え方や生き方、価値観を学んでみるといいでしょう。人の集まりに参加してみるとおもしろい人に会えそうです。苦手だと思った人を尊敬できることもありそう。
30	月	■	エアコンの効きすぎた場所にいると風邪をひいてしまったり、喉や肌の調子が悪くなってしまいそう。体を冷やしすぎないように気をつけ、温かいものを選んで食べましょう。
31	火	●	素直に言葉に出すことで周囲が協力してくれそう。アドバイスを信じて行動してみると、新しい仲間や協力者が増えるでしょう。希望が少し現実的なものに変わってくるかも。

☆ 開運の日 ◎ 幸運の日 ● 解放の日 ○ チャレンジの日
□ 健康管理の日 △ 準備の日 ▽ ブレーキの日 ■ リフレッシュの日
▲ 整理の日 × 裏運気の日 ▼ 乱気の日 ＝ 運気の影響がない日

2021 9月

□ 健康管理の月

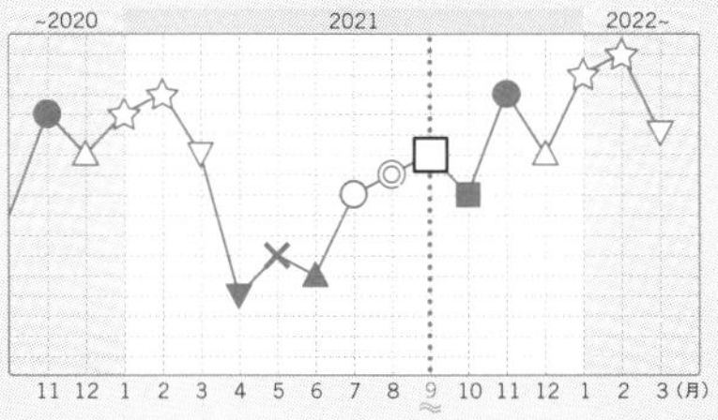

開運 3 カ条

1. 何事も本気で取り組む
2. 自分の気持ちを素直に伝えておく
3. 無理はしすぎない

総合運

やるべきことをハッキリさせるのが大事な時期。特に、中旬までは忙しくなりそうですが、仕事もプライベートも全力で取り組む姿勢が大切。求められたことにできるだけ応えることが必要になってきますが、好きなことと得意なことの違いを理解し、忘れないようにしましょう。また、大事な人との縁がつながる時期でもあるので、尊敬できる人に連絡をするといいでしょう。健康運は、下旬に疲れを感じそうなので無理をしないように。

恋愛&結婚運

片思いしていたり友人を好きになっている場合は、中旬までに気持ちを伝えることが大事。すぐに交際に発展しなくても、告白しておくと年内に交際できるチャンスが高まるでしょう。気持ちを伝えなければ自然消滅すると思うこと。新しい出会いは、親友からの紹介や懐かしい人からの縁でもたらされそう。偶然の出会いから縁がつながることも。結婚運は、具体的な話をするといい時期。

仕事&金運

中旬までは思った以上に忙しくなり、求められることが増えるでしょう。実力を出しきる気持ちで本気で取り組むと、流れが大きく変わったり、一度逃したチャンスがやってくるかも。友人が仕事をつないでくれたり、仕事相手になる場合もあるので、思い浮かぶ人に軽い気持ちで連絡してみて。金運は、長く使うものを購入したり、健康や美意識を高められたりする習い事をはじめましょう。

1 水	△	周りを楽しませることに全力を出してみて。自分も周りも楽しませてみたり、喜ばせるような行動をするといいでしょう。多少のミスは許してもらえる存在になれるかも。
2 木	◎	昔の同僚やしばらく連絡のなかった人から連絡がきそう。会ってもいいですが、嫌な思い出があるなら無視してもいいかも。感じのいい人なら後のチャンスにつながりそうです。
3 金	☆	仕事の目標を達成しやすい日。些細なことでも最後までしっかり取り組むことが大事。簡単に諦めない粘りも必要になりそう。プライベートでは気持ちを伝えるのにいい日。
4 土	▽	気になる人とのデートは、ランチくらいで済ませておくといい関係になりそう。買い物なども午前中に終えるようにしておきましょう。夕方からはゆっくり家で過ごしてみて。
5 日	▼	選択ミスをしやすい日。普段会わないような人と会うことになって、愚痴や不満を聞いて無駄な時間を過ごしたり、不愉快な思いをしそう。善意のない人とは距離をおくように。
6 月	×	慎重に行動するのはいいですが、積極性がないと周囲から思われたり、空気が読めない感じになるかもしれません。テンションを少し高めにして、笑顔や元気を忘れないように。
7 火	▲	情に弱いタイプなので、距離をおくことが苦手です。しかし自分のことばかり考える人や思いやりのない人とは縁を切りましょう。やさしさに甘えてくる人との関係も見直しを。
8 水	○	チャンスが見つかる日。ちょっと難しくても挑戦してみることが大事です。まずは行動してから先のことを考えましょう。不慣れなことや苦手なことを少し克服することもできそう。
9 木	○	自分とは違う趣味や価値観のある人から学べそうです。いろいろな人と交流してみることで、学びを見つけることができるでしょう。新しい知識や情報が手に入るかも。
10 金	□	一度ダラダラすると、1日中テンションが下がってしまうかも。逆に気合いを入れて取り組んでみると、いい集中力が続きそうです。夜はリラックスできる場所に行ってみて。
11 土	■	健康を意識するよりも、美意識を高めることが大事な日。美しくなるためにどんな食べ物を選ぶべきか考えてみましょう。運動も美しくなるために取り組んでみるといいかも。
12 日	●	気になる人からのお誘いを待っているなら、自ら連絡をしましょう。相手があなたからの連絡を待っている可能性も。話題の映画に誘ってみると、いい流れを作れそうです。
13 月	△	珍しく抜けが出てミスしやすい日です。慣れた仕事ほどミスをしやすいので、集中するようにしましょう。失敗談をうまく話すことができると、気になる人の心をつかめるかも。
14 火	◎	雑談から同僚や先輩が知り合いとつながっていることが発覚しそう。不思議なつながりで偶然街で出会うこともあるかも。そこからおもしろい展開になることもあるでしょう。
15 水	☆	お得な出来事やラッキーと思えることがあるかも。思った以上にポイントが貯まっていて、安く買い物ができそうです。清潔感のある服や上品なものを選ぶといいでしょう。
16 木	▽	やさしくしてくれた人にはやさしくしましょう。甘えてわがままになると、相手を不機嫌にさせてしまうだけです。日中は問題が少ないですが、夜は人間関係に気をつけて。
17 金	▼	マイナスの情報に振り回されて心が乱れてしまうかもしれません。インターネットの情報を鵜呑みにしないように。冷静に判断して、適当なことばかり言う人に気をつけましょう。
18 土	×	過度に期待をするとガッカリすることになりそうな日。期待はずれの出来事が起きても、ショックを受けないように「こんなものだ」と軽く笑顔で流せるようにするといいでしょう。
19 日	▲	部屋の掃除や不要なものを処分する計画を。まったく使っていないものや古くなったものは処分し、必要なものだけ新しく替えるといいでしょう。家電や家具の値段を調査してみて。
20 月	○	若いときに苦手だと思っていたことに挑戦してみると、案外簡単にできたり食わず嫌いが直っているかもしれません。なんとなく避けていたことに思いきって挑戦してみましょう。
21 火	○	どんな人でも長所があることを、周囲に教えてあげるといい日。少し苦手な人のいい部分を見つけてみて。本気で嫌われてもいいと思って生きている人はいないことを忘れずに。
22 水	□	なんとなくで仕事をせず、心や気持ちを込めることが大事。ほかの人の仕事の重さも理解できるようになります。適当に仕事をすると、他人の仕事も適当だと思ってしまうかも。
23 木	■	少しペースを落として、頑張りすぎないことが大事な日。日ごろの疲れやストレスが思った以上にたまっているでしょう。あと少しのところまできたら一度休憩を入れてみて。
24 金	●	あなたのやさしい気持ちに気づいてくれる人が現れそう。職場で視線を送ってくる人は、あなたに好意があるかも。仕事終わりは仲間や友人と飲みに行くといい縁に恵まれそうです。
25 土	△	集中できない日になるかも。小さなミスが増えるので、確認作業や事前準備はしっかりやっておきましょう。鏡を見ることで、他人から見られている意識を忘れないようにして。
26 日	◎	親友とじっくり話したり、楽しい時間を過ごせそう。明るい未来の話をすると運気もよくなるかも。夕方は気になるお店に入ると、掘り出しものを見つけてお得な買い物ができます。
27 月	☆	あなたの能力を高く買ってくれる人が現れるかも。雑用でも一生懸命取り組んだり、丁寧に仕事をしてみて。今日は少し贅沢なランチやディナーを食べるといいでしょう。
28 火	▽	仲間の大切さを感じる日。支えてくれている人や、過去にお世話になった人のことを思い出してみて。少しでもいいので恩返しできるよう、自分を成長させるといいでしょう。
29 水	▼	物事が計画通りに進まず、イライラしてしまいそう。困難な経験をすることで、うまくいったときの喜びが大きくなると考えてみて。努力して喜べる日がくることを楽しみにしましょう。
30 木	×	周囲の意見に振り回されたり、悩みや不安が増えてしまいそうな日。考えても答えが出るわけではないので、気にしないこと。プラス面を探すようにするといいでしょう。

2021

10月

■ リフレッシュの月

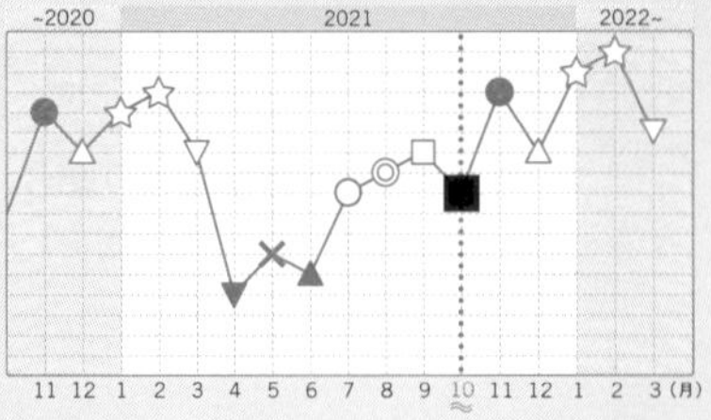

開運3カ条

1. 休みの日の予定を先に立てる
2. 睡眠時間を長めにとる
3. マッサージに行く

総合運

ペースを落とすことや予定を詰め込まないことが大事な月。休みの予定を先に決めて、何も用事を入れないでゆっくり体を休ませる日を作っておきましょう。温泉旅行やスポーツをする日などを決めるのもいいでしょう。求められることが増えて断れずに詰め込んでしまうと疲れが一気にたまって体調を崩す原因にもなりそう。健康運は、風邪をひいたりケガをしやすいので、睡眠時間を増やすようにしましょう。

恋愛&結婚運

デートの前日にはしっかり睡眠をとるなど体調をコントロールしておくこと。疲れが顔に出てしまったり、イライラして楽しめずにいると相手との距離が開いてしまいそう。映画鑑賞や家デートでまったりするなど、体力を使わないデートがオススメ。新しい出会い運は、月末に誘われた場所で素敵な人に出会う可能性があるでしょう。結婚運は、月末に話し合いをすると勢いで進むかも。

仕事&金運

予想外の仕事をまかされたり、残業が増えたりしそうな時期。体の無理がきかなくなるので、生活リズムを整え、仕事のペースを上手にコントロールして。ときには有給をとってでも休む日を作ったほうがいい場合も。限界を感じる前に周囲に助けてもらったり、コツを教えてもらうことも大事でしょう。金運は、ストレス発散や疲れをとるためにお金を使うといい時期。マッサージもオススメです。

1 金	▲	人との縁を切るのが苦手なタイプですが、面倒な人やマイナスだと感じる人、重荷になるだけの関係から距離をおくことを考えて。やさしさに甘えてくる人には気をつけましょう。
2 土	＝	足つぼマッサージやタイ古式マッサージなど、目にとまったお店に入って、日ごろの疲れをとってみるといいでしょう。思ったよりも体がすっきりして、楽しい時間を過ごせそう。
3 日	＝	友人と学生時代のノリで遊ぶといい日。公園で遊んでみたり、勢いでお店を決めて食事をするなど、いつもと少し違うテンションで楽しむとストレス発散できそうです。
4 月	□	段取りと情報収集が大切。1日の予定を確認して、正しい情報を集めるように努めてみましょう。冷静に分析することで、大切なことを見つけられたり真理が理解できるかも。
5 火	■	やるべきことはしっかりやって、適度な休憩とバランスのいい食事をとるといい日。あまり頑張りすぎず、明日以降のために体力を温存しておくように。今日は早めに寝ましょう。
6 水	●	気持ちが楽になって楽しく仕事ができる日。周囲といい関係で仕事を進められそうです。悩みや不安が解決することもあるので、感謝を忘れないようにしましょう。
7 木	△	安心していたところに落とし穴がありそう。ちょっと油断していると思いがけないミスにつながるので、ひとつのことに集中しすぎないようにし、最後のチェックも忘れずに。
8 金	○	実力を評価される日です。頼られることが増えるので、できるだけ応えようとすることが大事。無理なときはハッキリ断って、限界を超えないようにしましょう。
9 土	○	今日はおいしいものを食べに出かけたり、エンタメを楽しめる場所へ行くといい運気。気になる人とデートすれば、関係を発展させられるかも。突然でも誘ってみて。
10 日	▽	ランチデートは思った以上にいい感じになりそう。15時前に帰る予定で会うほうが、いつもより盛り上がります。友人を誘うときも、終わりの時間を決めて誘ってみましょう。
11 月	▼	リズムの悪さを実感しそうな日です。朝からやる気を失うような出来事に見舞われてしまい、些細なことでイライラさせられそう。好きな音楽を聴いて気持ちを落ち着かせて。
12 火	×	よかれと思って言ったことで気まずい空気になってしまったり、お節介なことをしやすい日。手助けをするのはいいですが、相手のためにも見守ることの大切さを忘れずに。
13 水	▲	確認作業をしっかりしないと、必要なものを処分して焦ってしまったり忘れ物をしやすいかも。無駄なものと必要なものを判断して、自信のないことは周りに確認を頼みましょう。
14 木	＝	「幸せになろう」としないで、「幸せとはつかんでいるもの」と思って現状の幸せを見つけて。幸せは追いかけるものではなく、気づくものであることを忘れずにいましょう。
15 金	＝	やる気はあるのに、期待しているような成果が出せず焦ってしまいそう。今はまだそのときではないと自覚することが大切。チャンスがきたときのために用意をしておいて。
16 土	□	はじめて遊ぶ人から学ぶことができる日。知り合いの集まりに参加してみると、おもしろい人に出会えそうです。ただし、ネガティブなことを言う人とは距離をおきましょう。
17 日	■	心身ともに疲れが出てくるかも。今日は家でゆっくり休む必要があるでしょう。不要な外出は避けて、自宅で楽しめる娯楽や軽い運動を。予定のある人は早めに切り上げましょう。
18 月	●	自分の気持ちに素直になることが大事。好きな人には好意を伝え、職場でお世話になっている人に感謝を伝えてみましょう。「ありがとう」を素直に言えると運気もよくなります。
19 火	△	自分ではしっかりやっているつもりでも、どこか抜けてしまって周りに迷惑をかけてしまいそうな日。人の話は最後までしっかり聞き、大事なことはメモをとるようにして。
20 水	○	人との縁がつながる日。偶然の出会いもあるでしょう。ふと思い出した人から連絡がきて驚くこともあるかも。しばらく会っていない人と遊ぶ約束をするのもいいでしょう。
21 木	○	集中力が増して、いい結果につながる仕事ができるでしょう。周りの雰囲気もよくなるよう、上機嫌で過ごせば評価もアップ。仕事に一生懸命取り組むと自然と楽しくなります。
22 金	▽	大事なことを伝えるなら午前中がいいでしょう。午後は予想外に忙しくなり予定が乱れるので、言えなくなってしまいそうです。デートの誘いも午前中にするといいでしょう。
23 土	▼	予定が急にキャンセルになってしまったり、期待していたこととは違う流れになりガッカリしそう。思い通りにならないことを楽しむ気持ちを、忘れないようにしましょう。
24 日	×	いい感じの人と気まずくなったり、相手の嫌な部分が見えてしまうかも。他人の欠点が見えるときは自分の欠点も出ているときなので気をつけて。どんな人も「なくて七癖」です。
25 月	▲	いらないものは思いきって捨てて。身の回りを整頓することで気持ちがすっきりして、仕事に集中できるでしょう。消耗品を新しく買い替え、素敵な容器に詰め替えるのもオススメ。
26 火	＝	普段は興味の薄いことを調べてみたり、本を読んでみるといい日です。知識が知恵に変わって、後で役立ったり会話のネタになるでしょう。いろいろな本に目を通してみて。
27 水	＝	自分の考えだけが正しいと思っていると視野が広がりません。反対意見を一度受け入れてみるといい勉強になります。失敗してもその経験から学べることが大きいでしょう。
28 木	□	仕事のペースをゆっくりにしてみたり、ひとつひとつ丁寧に取り組むことが大事な日です。特に最後まで気を緩めないようにして、最後の確認を怠らないようにしましょう。
29 金	■	疲れを感じるなら無理は禁物。疲れが肌に出たり、顔に出て周囲に心配されてしまうかも。今日はスタミナのつくものを食べるといいでしょう。友人を誘っての焼肉もオススメ。
30 土	●	「自信がないから動かない」のではなく「自信をつけるために動く」と考えて、まず行動することを優先しましょう。小さな勇気が恋のはじまりやいい縁をつないでくれます。
31 日	△	余計なことを考えず、今日は思いっきり遊んで、楽しめることを計画してみて。ちょっとしたミスやトラブルはいい経験だと思って楽しんでみたり、話のネタにしましょう。

☆開運の日　◎幸運の日　●解放の日　○チャレンジの日
□健康管理の日　△準備の日　▽ブレーキの日　■リフレッシュの日
▲整理の日　×裏運気の日　▼乱気の日　＝運気の影響がない日

2021 11月

● 解放の月

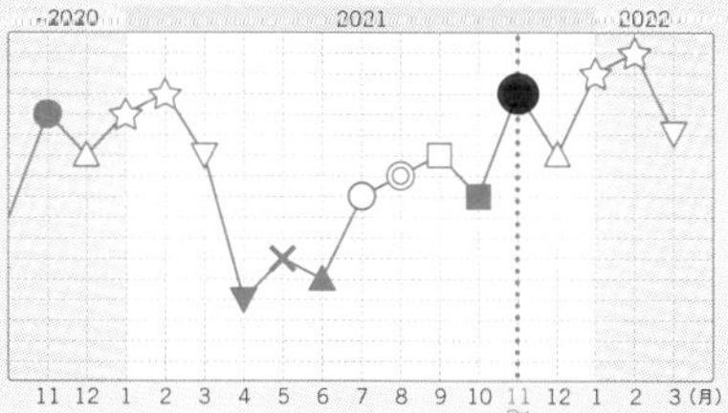

開運 3 カ条

1. 遠慮をしない
2. 好きな人に会う
3. 今の実力を出しきる

総合運

努力や苦労が報われ、実力以上の力を発揮することができる時期。人とのつながりが役立ったり、あなたに協力してくれる人が集まりはじめたりするでしょう。人の面倒をたくさん見てきた人ほどうれしい流れになりますが、チャンスを他人に譲ったり遠慮したりしないように。対価やごほうびをしっかり受けとることは、周囲の人のためにもなることを忘れないように。健康運は、定期的な運動や美意識を高めるにはいい時期です。

恋愛&結婚運

好きな人に気持ちを伝えることで交際がはじまったり、片思いの相手や高嶺の花だと思っていた相手との距離を縮めたりできそう。堂々として、自分も相手も楽しめるように笑顔で会話することを心がけるだけでうまくいきそうです。新しい出会いは月末に訪れそう。紹介してもらうなら月末がオススメ。結婚運は、交際期間が長いカップルであれば入籍や婚約をするのにいい時期です。

仕事&金運

本気で仕事に取り組むことで大きな結果がついてくる時期。今月と来月はこれまで以上に真剣に仕事に取り組み、求められた以上の仕事をして。責任をしっかり背負って今の自分がやれる最大限の力を出してみたり、人脈をすべて使うくらいの気持ちで仕事をやりましょう。目標を達成できたり夢が叶うこともあるので、強気で勝負してみて。金運は、欲しかったものを購入するといいでしょう。

1	月	◎	これまで積み重ねてきた頑張りが実を結ぶ日。努力の成果が出て、思っている以上の活躍ができそう。求められたら全部引き受けて。現状に納得できないときは再スタートを。
2	火	☆	人とのつながりに感謝できそう。いろいろな人が協力してくれることで大きな結果を出せたり、目標を叶えられるでしょう。挨拶や礼儀をしっかりすると運気がさらにアップ。
3	水	▽	面倒なことも後回しにせず、先に片づけたほうがいい日。昼過ぎにはすべて終わらせる勢いでやりましょう。明日に残してしまうと余計な仕事が増えて苦労しそうです。
4	木	▼	つまらないミスや小さな失敗が目立ってしまいそう。嫌みを言われたり、些細なことでヘコんでしまうかもしれません。気にしない強さを身に付けるときだと思いましょう。
5	金	×	予定通りに物事が進まなくてイライラしてしまうかも。「人生は誰ひとり思い通りになっていない」ことを忘れないように。友人との交流や読書などでうまく気持ちを切り替えて。
6	土	▲	大掃除ほどでなくていいので、部屋をしっかり片づけたり、普段掃除しない場所もきれいにするといいでしょう。不要なものを処分しておくと年末の大掃除が楽になります。
7	日	○	好きな場所や最近気になっている場所に出かけてみて。面倒くさがらずに行動することで、新しい発見がありそうです。一緒にいると笑顔になれる楽しい人を誘ってみましょう。
8	月	○	思いきった行動が幸運を引き寄せる日です。まずは行動することを優先し、後から考えればいいでしょう。飲みに行く約束をすると、素敵な出会いやつながりができます。
9	火	□	環境の変化や今後の生活を左右するようなことを、真剣に検討してみて。今のままでいくにしても気持ちを引き締めて、これからの人生の覚悟を意識してみるといいでしょう。
10	水	■	メリハリのある生活をするといいかも。仕事に真剣になったときほどしっかり休憩をすることで、集中力が長く続いていい仕事ができます。ランチや夕食はスタミナのつくものを。
11	木	●	あなたの魅力がアップする日。知り合いと思っていた人から、デートの誘いや集まりに呼ばれるかも。仕事でも求められることが増えるので、期待に応えてみるといいでしょう。
12	金	△	笑顔が幸運を引き寄せます。多少の困難も楽しく受け止めたり、周囲の悩みや不安もポジティブに変換してみて。人気者になれたり、頼りになる人だと思われるでしょう。
13	土	◎	友人や仲間と楽しく過ごせる日。片思いの人と進展がありそうなので、連絡してみるといいでしょう。友人の紹介で新しい縁がつながり、多くの人と会えば可能性も広がります。
14	日	☆	買い物をすると運気アップ。服や靴などは勘で選ぶといいので、パッと選んでみて。引っ越しや高価なものを購入するにもいい運気なので、出先でいろいろ見ておきましょう。
15	月	▽	朝からやることが多くて大変そうですが、やりがいもあるので迷わずに行動してみて。大事なことは日中に片づけておいて、夕方以降は不測の事態に備えておきましょう。
16	火	▼	しっかり仕事をしたつもりでも雑になってしまったり、普段よりも粗くなってしまいそう。疲れて集中できていないことがあるので、こまめに休んで無理をしないように。
17	水	×	困っている人を助けたつもりが、余計なお世話と想定外の反応をされて戸惑ってしまうかも。相手の気持ちや状況を考えて判断するように。やさしさとは距離感だと忘れずに。
18	木	▲	なんとなく置きっぱなしのものは片づけたり、不要だと感じているものを処分しましょう。「もったいない」が原因でいつまでも片づけないでいると、運気はよくなりません。
19	金	○	新しい出会いや経験から大きな学びがある日。はじめてのことにチャレンジすると、今までにない感覚や知識が身に付いて充実していくでしょう。行動するといい出会いもありそう。
20	土	○	周囲を笑顔にできることをするといいでしょう。おもしろい写真を送ってみたり、冗談を言ったりしてみて。笑うポイントで相性のよさがわかるので、気になる人に試すのもいいかも。
21	日	□	曖昧な人との関係をハッキリさせるといい日。ダラダラした関係なら割りきって付き合うことも大事。都合のいい相手になっているなら、キッパリ縁を切ってもいいでしょう。
22	月	■	寝不足や起きるタイミングの悪さで、1日だるさが続いたり集中できないかもしれません。ストレッチなどで体を軽く動かすと頭が冴えそう。休憩時間はしっかり体を休ませて。
23	火	●	今日は素敵な出会いやいい経験に恵まれそう。恋愛相手や尊敬できる人との出会いもあるでしょう。運命的な出会いの可能性もあるので、積極的に行動してみて。
24	水	△	ふざけたくなる気持ちが出て、調子に乗りすぎてしまうかも。「これくらいはいいだろう」という冗談半分な行動でも、叱られたり気まずい空気になることがあるので注意して。
25	木	◎	仕事で能力が発揮できそう。実力のある人ほど楽しい1日になります。恋愛面では友人と思っていた相手と思わぬ展開が。少しでも好意があれば、遠慮せず積極的になってみて。
26	金	☆	職場での流れが大きく変わる日。これまでの経験や苦労が報われたり、大きな結果を出すことができそうです。積極的になったり、ときには強引に推し進めることが必要でしょう。
27	土	▽	朝から積極的に出かけてみるといいでしょう。デートも遊びも最高な運気。気になる人を突然誘ってみてもいいかも。ただし、夕方には集中力が落ちるので早めの帰宅が無難です。
28	日	▼	わがままな態度には注意が必要です。思い通りにならないことや予想外の出来事を楽しめるよう訓練する日だと思っておきましょう。些細なことをネガティブに考えないように。
29	月	×	週のはじまりからいきなりネガティブなニュースに気持ちが動転してしまいそう。焦っても空回りするだけなので、落ち着いて深呼吸を。頼れる人に相談して指示を仰ぎましょう。
30	火	▲	小さなことでも丁寧にやることが大事な日。身の回りを整えて時間を守り、挨拶やお礼もいつも以上にしっかりしておくといいでしょう。余計な悩みや不安もなくなりそう。

2021

12月

△ 準備の月

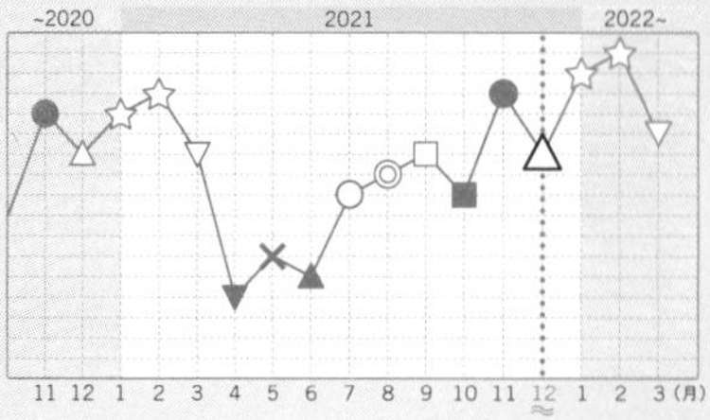

開運 3 カ条

1. 1歩先のことを考えておく
2. 仕事を遊びだと思う
3. お酒は控える

総合運

何事も事前に準備しておくことでつまらないミスを避けることができ、楽しい時間を過ごせるでしょう。ただし、仕事よりも遊びに夢中になってしまったり、快楽の誘惑に負けやすかったりする時期なので、ほどほどに楽しむようにしましょう。休みの日の予定を先に立てておくと、強引な友人の突然の誘いに振り回されなくなります。健康運は、ドジなケガをしやすいので要注意。お酒は飲みすぎないようにしましょう。

恋愛&結婚運

勢いで突っ走るのはいいですが、一夜の恋で終わってしまったり、もてあそばれることもあるので、相手を見極めることが大事。あなたにその気がなくても、相手は隙を狙ってくることも。気になる相手と一緒にいるときは、いつも以上に楽しい雰囲気を作るといい関係に進みやすいです。新しい出会いは、イベントやライブ、飲み会で訪れそう。結婚運は、授かり婚をする可能性あり。

仕事&金運

年末で忙しいのに、仕事に集中できず珍しくミスをしやすい時期。大きな問題にならなければいいということではないので、その日のスケジュールや工程の確認を忘れないように。納期や金額の間違いにも気をつけ、最後まで気を緩めないようにして。転職の話が舞い込んでも簡単に判断しないこと。金運は、急な誘いが多く交際費が増えてしまいそう。大事なものをなくして無駄な出費もあるかも。

1 水	○	新しいことに縁がありそう。はじめて行く場所や、これまで交流のなかった人とのつながりを持つと、新しい可能性が広がるでしょう。遠慮をしているとチャンスを逃します。
2 木	○	ほかのことに目がいってしまい、集中力が散漫になりそう。メリハリをつけて仕事中は集中し、気になることは休憩中に調べてみて。おもしろいことを見つけることができそうです。
3 金	□	1日の計画を立ててから行動すると、スムーズに仕事が進みそう。気になっている人には気軽にメッセージを送ってみましょう。チャンスと思ったら休日の予定を聞いてみて。
4 土	■	午前中はゆっくりするといいでしょう。いつもよりも長く寝ると体がだるくなってしまうことがあるので、軽く体を動かしてみて。今日は予定を詰めすぎないように。
5 日	●	思いきり楽しむことで気持ちよく過ごせる日。行ってみたかった場所やイベントに行って、全力で楽しむことがいい流れを生みます。遊ぶ約束をしたままになっている人を誘ってみて。
6 月	△	寝坊や忘れ物など、自分でも信じられないようなミスをして焦ってしまうかも。何事も早めに行動したり、確認作業をすると問題が起きないでしょう。わずかな段差にも気をつけて。
7 火	◎	いつも行く場所や習慣を大切にして。新しいことを取り入れるのも必要ですが、今日は続けてきたことを守る努力を怠らないように。人との縁の大切さにも気づけそう。
8 水	◎	順調に進む日ですが、計算の甘さが出てしまいそう。時間ギリギリになってしまうことがあるので、段取りの見直しや合理的に仕事を進められるよう工夫するといいでしょう。
9 木	▽	大切な仕事など、用事は早めに済ませることがオススメです。夕方以降に引きずってしまうと、気力が低下してミスしやすくなったり、トラブルに巻き込まれて予定が狂うかも。
10 金	▼	「ありがとう」を素直に言うことが大事。自分のことを大切にしてほしいと願う前に、自分が相手に感謝を伝え、愛すること。自分がされてうれしいことを他人にもするようにしましょう。
11 土	×	考えすぎや思い込みからネガティブな気持ちにとらわれてしまいそう。マイナス思考にならないよう、友人と話したりおもしろい本を読みましょう。発言もポジティブさを意識して。
12 日	▲	大掃除にいい日。「これはまだ使える」とやさしい気持ちを持つと、いつまでも片づけられません。心を鬼にして、使っていないものやこの先使わないものを処分しましょう。
13 月	○	新しい取り組みをはじめてみましょう。未経験ならどんどんチャレンジをして勉強する姿勢が大切。失敗したり手応えがないこともありますが、まずは経験することが大事です。
14 火	○	少し違う考え方をするといい日。問題があったとしても多少の困難や苦労は未来に活かせる経験になります。「結果的にはよかった」と思えるように。
15 水	□	地道な努力がものをいいそう。これまで努力してきたことはしっかりと成果につながりますが、適当にやっていたことはそれなりの結果になります。積み重ねの大切さを忘れずに。
16 木	■	疲れから集中力が続かなくなってしまったり、注意力が散漫になってしまうかも。指をケガしたり、足をぶつけてしまうことがあるので、慌てて行動しないように気をつけて。
17 金	●	遠慮せず、積極的になればなるほどいい結果に。特に恋のチャンスがありそうなので、自分からアピールをしましょう。仕事は楽しみながら取り組むとチャンスに恵まれそう。
18 土	△	遊びに出かけるのはいいですが、誘惑に負けて食べすぎたり不要なものを買ってしまいそう。楽しみながらも冷静な判断を忘れないよう、気持ちのコントロールを心がけてみて。
19 日	◎	しばらく片づけていなかった場所をきれいにするといい日。懐かしいものやなくしたと思っていたものが出てきて、驚くかもしれません。マイナスな思い出のあるものは処分して。
20 月	◎	必要としてくれている人に全力で応えるといいでしょう。相手の喜ぶ顔のために、一生懸命になってみると楽しくなりそうです。難しく考えないで、今できることを頑張ってみて。
21 火	▽	頑張ったぶんだけ成果を感じることができるでしょう。朝からフル回転で働けば、満足できる評価を得られそう。大事なことほど早めに処理をして。夜は集中力が続きません。
22 水	▼	よかれと思って取り組んだことがうまく進まなかったり、ガッカリすることがありそう。人生が完璧に進むことはないと思いましょう。予想外の人に振り回される可能性も。
23 木	×	気分が乗らなかったり、振り回されてしまうことがある日。近くの人とたわいもない話をして笑うと気分転換になるでしょう。少しでいいのでうれしいことを見つけてみて。
24 金	▲	過去は過去と気持ちを切り替えることが大事です。ズルズル引きずっていると、楽しいことやうれしいことも失ってしまうでしょう。例年とは違うクリスマスイブを楽しめるかも。
25 土	○	はじめて行く場所で楽しいことが起きそうな日。まだ行ったことがない人気のレストランや施設へ行くと、楽しいクリスマスになりそう。意外な場所に行ってみてもいいかも。
26 日	○	はじめて行くお店でお得な買い物ができそう。気になるお店に行ってみると、おもしろい発見もありそうです。素敵な店員さんに会うこともできて、学べることもあるでしょう。
27 月	□	マイナスの情報を集めてばかりでは前に進めなくなるので、勇気が出るひと言を見つけるようにするといいでしょう。誰かができていることなら「自分にもできるかも」と思ってみて。
28 火	■	しっかり体を休めるといい日。自分でも思った以上に疲れやストレスがたまっていそう。軽い運動をして汗を流してから、昼寝をしたりのんびりして過ごすといいでしょう。
29 水	●	片思いの人や気になる人といい関係に進展しやすい日。相手からの誘いを待っていないで、自分からお茶に誘ってみるといいでしょう。相手の話をいろいろと聞き出してみて。
30 木	△	買い物はしっかり値段や品を見るようにしましょう。間違ったものを買ってガッカリしたり、不要なものを買ってしまいそう。調子に乗るとケガをすることもあるので気をつけて。
31 金	◎	年越しの買い出しは早めの時間に済ませておいて。毎年恒例のテレビ番組を観るなど、例年通り過ごすと幸せを感じられるでしょう。年賀状を書き忘れた場合は急いで出して。

☆ 開運の日　◎ 幸運の日　● 解放の日　○ チャレンジの日
□ 健康管理の日　△ 準備の日　▽ ブレーキの日　■ リフレッシュの日
▲ 整理の日　× 裏運気の日　▼ 乱気の日　＝ 運気の影響がない日

金のカメレオン座

12年周期の運気グラフ

金のカメレオン座の2021年は…

▼ 乱気の年

五星三心占いの中で最も注意が必要な「乱気の年」。1年を通し、試練の多さを実感するでしょう。
自分の短所、弱点、欠点と思われる部分を鍛えると考えて辛抱してください。

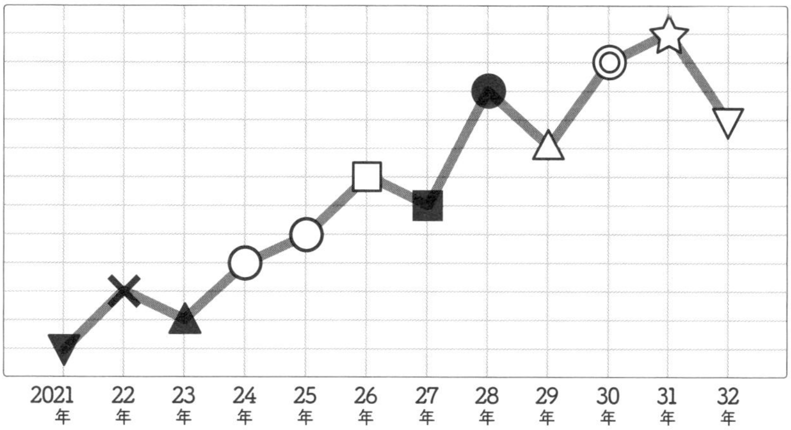

☆ 開運の年　◎ 幸運の年　● 解放の年　○ チャレンジの年　□ 健康管理の年　△ 準備の年
▽ ブレーキの年　■ リフレッシュの年　▲ 整理の年　✕ 裏運気の年　▼ 乱気の年　＝ 運気の影響がない年

金のカメレオン座はこんな人

基本の総合運

冷静で真面目に自己分析や状況判断ができる頭のいい人。デキる人をしっかり観察し学習することでその人の能力を自分のモノにするような、マネが非常に上手な人。困ったときは、周囲の人を観察したり、一流の人、憧れの人をしっかり見たりすることが大事。逆に、基本的なことをマネせずに、オリジナルな方法をとったり、個性をむき出しにしたりするとうまくいかなくなってしまいます。若いときほどしっかり勉強して何事もマネをして吸収するように努めるといいでしょう。

基本の恋愛&結婚運

選びすぎや考えすぎで、恋の流れに乗り遅れてしまうタイプ。理想や現実を考えるのはいいですが、考えても行動できないまま恋のチャンスを逃したり、いざチャンスが巡ってきても優柔不断になってしまうことも。恋愛上手な人のマネをしたつもりが遊ばれて終わってしまう場合も多そう。本音ではお金のない人には興味がないところが結婚で強く出てくるので恋愛相手と結婚相手のタイプが極端に変わることも多いでしょう。結婚後は古風な考えが強く出て、いい家庭を作るように努めるでしょう。

基本の仕事&金運

仕事は下積みや基本的なやり方、マニュアルがしっかりあり、少し堅めの職種に就くといいでしょう。コツをつかめば多くの仕事で能力を活かせますが、収入面の不満が出たり、見習う人が周囲にいないとやる気を失ってしまったりするところがあるでしょう。手先が器用なので技術職や専門職でも才能を活かせそうです。金運は、心配性なので、計画的な貯金や積立なども苦痛ではないでしょう。価値のあるものに出費をするぶん、ややマニアックなものを集めたり、突然高価な買い物をしたりすることもあるでしょう。

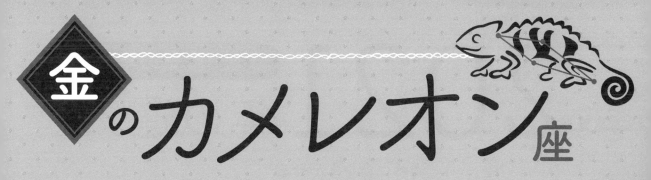

2021年の運気

▼乱気の年

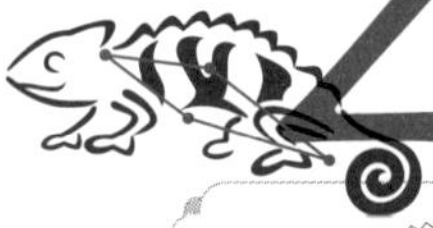

2021年開運 3カ条

1. 流れに身をまかせる
2. ポジティブな妄想をする
3. 好きな音楽を聴く

総合運

最も運気が乱れるとき
アホになる自分を楽しんで

五星三心占いで最も注意が必要とされるのが、2021年の運勢にあたる「乱気の年」です。運気が最も乱れて判断を誤り、後の人生を台無しにする可能性があります。これまで表面に出てこなかった問題が発生し、苦労や困難の連続になります。しかし、単純に「運が悪い」と思ってはいけません。「なぜ不運な出来事が起きたのか」「なぜ辛いのか」「どうしてうまくいかないのか」など、じっくり考えてみましょう。そして、無謀な行動を控えると、乱れる運気の中でも問題なく過ごすことができるでしょう。不運や不幸、苦労や困難は人として成長するために必要なものなので、学びの時期だと考えましょう。この時期に苦労を避けすぎると、軟弱な人間になってしまうだけです。すでに2020年の下半期から乱気の流れを感じて、対策のために動いている人もいると思います。しかし、「乱気の年」は「裏の自分」が出てくる時期。裏の自分が「どんな判断をしてどんな行動をとるのか」「裏の自分の欲望は何か」をしっかり理解してください。そして、この期間は「裏の自分を伸ばす時期」だと思っておきましょう。

金のカメレオン座の裏側には「銀のインディアン座」があり、妄想や空想の才能があるので、ついつい余計なことを考えてしまいます。日常で余計なことを考えてしまうときは、裏の「インディアン座」の能力が出ているときです。2020年の上半期まではそれは「ときどき」でしたが、2021年から２年間はこの能力に目覚めるかもしれません。そのため、常に余計な妄想や空想を繰り返してしまうでしょう。金のカメレオン座は現実的で地道な努力が好きな星ですが、裏の影響で突然、楽観的になってしまうでしょう。それにより、交友関係が希薄になり、自分の言ったことを忘れてしまうことも多々ありそうです。そのため、本来なら判断しない方向に舵を切って、自ら困難な道、苦労する道に進んでしまう可能性があります。2021年は落ち着きを失ってはいけません。軽はずみな決断や行動は避けて、できるだけ流れに合わせるといいでしょう。環境に飽きて不満を抱えても、「耐え忍ぶ」覚悟をしておきましょう。

2021年は、体調に最も注意が必要です。特に、これまで健康で元気だった人ほど、病気の発覚やケガの恐れがあります。2020年末あたりからすでに体調の異変を感じている場合は、早めに病院に行くようにしてください。2021年は、引っ越しや転職にも不向きな運気。新しい土地でスタートを切ろうとしても、思い通りに進まないどころかトラブルや面倒なことが積み重なってしまいそうです。できるだけ、2019年と2020年にいた場所から引っ越さないようにして、転職も避けてください。部署異動や不慣れな仕事をまかされることがある年ですが、感情的な判断で仕事を辞めてはいけません。もっと条件のよい会社に転職ができたとしても、収入の減少、社内のトラブル、会社の倒産など、後々いろいろな問題が発生するでしょう。特に「楽そう」などと思って転職をしてしまうと9年間の闇に入ることになるので、ここは辛抱してください。また、家、マンション、土地の購入も避けましょう。すでに2020年中に契約している場合は仕方がないですが、2021年に入ってから悩んでいる、もしくは保留にしている場合はキャンセルしたほうがいいでしょう。2021年になってからの家、マンション、土地の購入は考えるだけ時間の無駄なので、今年は貯金をして「将来購入できたらいいな」くらいにとどめておきましょう。車の購入も、事故の原因となる場合があるので避けてください。自分の決断でなくても、名義人が危険に巻き込まれる可能性があるので注意しましょう。

裏運気をどう過ごしていいのか、不安に思う人も多いと思いますが、2021年になって不安が強くなるのは「銀のインディアン座」の能力のせいであり、その多くは妄想です。不安になる前に「なぜ心配なのか」を、落ち着いて考え直すことが必要でしょう。そして、自分だけの得や欲望に流されないこと。裏運気にあたる年にした身勝手な判断が、自分を最も苦しめる原因になります。何か困ったときは、「自分が困っているのだから、ほかにも困っている人がいるのでは？」と考えて、困っている人に向けて何ができるかを想像して行動してみると、不安な気持ちが解消されていきます。また、裏運気にあたる年は恩返しの年でもあるので、「これまでお世話になった人に何を返せるのか」を考えて行動しましょう。実際にお世話になった人に恩を返せない場合は、社会や若い人を相手に恩送りをしてみると、不運やトラブルを避けることができるでしょう。流れに逆らわないことも大切です。無理にあらがうと、自分が目指している道とは違う方向に進み、運命が狂ってしまうかもしれません。また、不慣れなことや苦手なことを避けようとすると、かえって不要な苦労を引き寄せてしまうこともあります。本来マネが上手で学習能力が高い金のカメレオン座なので、「どこに流されても必ず結果を出すことができる」と自分を信じて、素直に流されてみるといいでしょう。流されてみることで新しい世界を知ることができ、これまでとは違う人間関係の構築にもつながるでしょう。もちろん、危険なことや犯罪に関わるようなことには流されないでください。

裏の運気でやってみるといいのは「学ぶ」こと。普段なら興味のなかった世界について深く調べて、探求してみましょう。結果がすぐに出るわけではないので、スキルアップのための勉強やこれまでとはまったく違う方向の学習をするといいでしょう。また、創作や芸術系の技術を磨くにもいい時期。習い事やスクールに通ってみると、厳しくもよい先生に出会えるかもしれません。あえて、習得に時間のかかることに挑戦してみてください。また、「銀のインディアン座」の妄想力を活かして、作家を目指してみるのもいいでしょう。いろいろな考えをメモして文章にまとめてみましょう。詩を書くなど表現の世界を楽しんでみると、俳句や川柳など予想外の才能を開花させることもできそうです。コンテストなどに遊び半分で応募してみると、賞をもらえるなんてこともあるでしょう。

もうひとつ注意が必要なのが、新しい人脈。「乱気の年」になると、仕事でもプライベートでもあなたの心を乱す人に出会う可能性が。普段浮気や不倫に興味のない人が、乱気の出会いから危険な恋に走ってしまうことがあるので、新しい出会いを無理に広げてはいけません。2021年の出会いは「何か危険があるかも」と思って、深入りしないようにしてください。あなたのこれまでの生活を破壊しかねない相手になる場合もあるでしょう。コンパや出会いを求めた飲み会などの参加を控えて、仕事上で出会う人とも距離感を忘れないように。恋に刺激や変化を求める人は、危険な空気を感じるほど踏み込もうとするので特に注意が必要。遊びと割りきっていても、後悔につながってしまうかもしれません。2021年は軽はずみな行動に気をつけて、欲望に流されないようにしましょう。

気をつけることの多い1年ですが、2021年の判断や生活の仕方ひとつで人生が大きく変わるので、やや強く書いています。とはいえ、やはり安易な変化は求めないようにしましょう。また、2019年、2020年に継続してきたことは簡単に手放してはいけません。2021年は、2020年までの攻めの運気から守りに入り、それまでの生活をどうやって守り抜くかが重要になります。ブレーキとアクセルを間違えたら大きな事故になるのと同じで、2021年はブレーキを踏んで、周囲の流れを確認しながら自分のポジションを守ることが大事です。また、攻めの運気ではなくなったぶん、簡単に結果が出ないことも当然だと思ってください。

表ばかり鍛えても裏とのバランスが悪くなり、人生という道を蛇行して上手に歩めなくなります。生きるうえでは陰と陽のバランスが必要で、2021年は陰（裏）側が出てくる時期。どんなことでもプラス面とマイナス面があるので、今年は少し無理矢理にでもプラス面を探すクセを身に付けましょう。そして何より、長い付き合いの人や昔からの知り合いを大事にしてください。特にお世話になっている人の話やアドバイスをしっかり受け入れることが大切です。少しくらいの疑問を感じても「言ってくれたのだからやってみよう」と思って動いてみると、問題を避けられるでしょう。自分の短所、弱点、欠点と思われていた部分を活かそうと努力すると、裏の自分を鍛えることができます。もちろんそれは不慣れなことなので、コントロールが難しく感じられると思いますが、後ろ向きにならずに普段とは違う経験を楽しむと、自然と鍛えられるでしょう。何事も勉強だと思って受け止めることも大切です。特に人間関係は薄く広くなるので、これまで出会うことのなかったタイプの人と仲よくなることができるでしょう。また、学習の機会も増えて新しい人脈ができそうです。深い付き合いになってもいいですが、2021年にはじめて出会った人とは縁が長く続きません。突然、縁が切れたり、付き合いが長くなるとあなたの苦労を招いたりする可能性もあるでしょう。これから1〜2年はその見極め期間と覚えておきましょう。

なお、日ごろ真面目で地味な人でも言葉が軽くなり、適当な話をしたり、自分の言ったことを忘れてしまうことがあります。これはインディアン座のひとつの特徴「アホな星」が回ってくるからで、あなたは2021年「アホになる」と思っておいてください。自分でも驚くような判断ミスをして恥をかくことがありますが、それによって不要なプライドが捨てられ、失敗から学んで次に活かせると思えば、問題ありません。普段は知的なあなたですが、今年はいろいろな方から好かれる愛嬌を手に入れることができるので、アホになる自分を認めて、アホなりに1年を楽しんでみてください。

恋愛運

**人生を破滅に向かわせる出会いに注意
縁を切ってひとりの時間を楽しもう**

「乱気の年」の恋は予想外に大きく乱れるので、覚悟が必要。すでに恋人のいる人は、相手の浮気が発覚したり突然の別れがあったりしそう。もしくはあなたの浮気が原因で、別れ話になる場合もあるでしょう。急な転勤で離ればなれになってしまうなど、思いがけない展開に落ち込むことがあるかもしれません。特に順調だったカップルほど、2021年は愛を試される試練が降りかかりそう。ここを乗り越えられなかった場合は「そもそも縁がなかった」「相性が微妙な相手だった」と、諦めることが大事です。

2021年は「新しい出会いは期待しない」年。ほぼ100%と言っていいほど、2021年に出会う人とは縁がありません。縁がないどころか、あなたの人生を破滅に向かわせてしまう相手との出会いがあるので、用心してください。特に条件や見た目がいい、これまでとは違ったタイプの恋などはすべて最悪な結果になります。寂しいからといって、簡単に近づかないようにしましょう。金のカメレオン座の裏にあたる「銀のインディアン座」は「マメな異性に弱いクセ」があります。2021年になってなんとなく何度も会っていると、急に恋心に火がついてしまうことがあるので気をつけてください。万が一交際に発展すると、あなたの精神や肉体がボロボロになり、振り回されすぎて苦しい思いをさせられたりします。浮気、DV、借金問題に発展したりするなど予想外の展開が待っていたりする相手なので、本当に気をつけてください。

乱気の年は、恋のチャンスを活かしてこなかった人ほど急にモテはじめ、異性との関わりが増えることがあります。ただ、相手に振り回されてしまうことが多いので、踏み込むときは自ら縁を切る覚悟をしましょう。また、距離をおくことを恐れないでください。「乱気の年」は流されるといい年でもありますが、不要な我慢をする必要はありません。縁を切ってひとりの時間を楽しみ、自分磨きや異性の魅力を改めて見直すことも大事でしょう。この1年は「男は金だ！」などと普段から言っている人ほど金銭トラブルに巻き込まれやすく、「愛が大事」と言っている人ほど不倫をするなど、ハチャメチャなことが起きやすいです。

こうなると2021年の恋は絶望的だと思われるかもしれませんが、恋の相手が「時計座」の場合は、素敵な人だったり長い縁になっても大丈夫だったりすることがあります。情に厚く面倒見のいい人が多く、精神的な支えになってくれたり、差別や区別をしなかったりします。魅力的なところを見つけてみるといい関係になれるでしょう。相手のタイプを調べてみて。ただ、もちろん相手から選ばれないといけません。偉そうな感じで近づかないようにしましょう。また、2018年の下半期から2020年の上半期にはじめて出会った相手とは、交際をしても問題はないです。特に評判のいい人や周囲からもオススメされる相手ならいいでしょう。ただ、どこか好みではない感じや「いい人だけど……」と交際を保留にしている人とは、付き合ってもどこか引っかかることが出てきます。その場合、「乱気の年だから」と、割りきることが大事でしょう。2021年の恋は短く終わりやすいので、些細なことですれ違いになり、イザコザが多くなる覚悟もしておいてください。

開運のつぶやき ▶ 努力は苦しくない、サボった後のほうがもっと苦しい

結婚運

2021年にはじめて会った人とは絶対NG
結婚とは何かを本気で考えてみて

恋愛運と同様に結婚もオススメできません。「乱気の年」は、契約や今後を左右するような大きな決断には最も不向きな運気で、その中のひとつが結婚です。2021年の入籍は、高確率で離婚してしまったり、問題を抱える結婚生活になるでしょう。すでに2020年中に入籍が決まっており、婚約や結納などを行っていて、「2021年の○月○日に入籍」すると決まっているカップルは問題ありませんが、2021年になってから急に結婚を考えることは控えましょう。また、2021年に出会った人とのスピード結婚も、絶対に避けるようにしてください。離婚が悪いわけではありませんが、離婚で済むくらいならラッキーと思えるくらい、苦しい結婚生活を送る場合があります。2021年は「結婚とは何か」を本気で考えましょう。そして「そのためには、どんな準備が必要なのか」と、向き合ってみるといいでしょう。

籍を入れることをオススメできないだけで、交際を続けることは悪くありません。どうしても結婚に話を進めたいという場合は、一度同棲をしてみるのはいかがでしょうか？　できれば「半同棲」がいいです。いきなりふたりの部屋を借りて、家具をまとめて購入しても、あっという間に別れて大変なことになります。双方が実家なら、半分ずつお金を出して半同棲できる部屋を作り、どちらかがひとり暮らしなら、週の半分はそちらの部屋に住むようにしてください。結婚前の練習だと思うくらいでいいでしょう。この段階で問題はいろいろ出てくると思いますが、大半が「乱気の年」のあなたに出てきます。相手の嫌な部分やダメなところが目についても、「人間は他人の雑さが見えるときは、自分の雑さも出ているときだ」と覚えておきましょう。文句や不満は相手にも同じようにたまっていることが多いので気をつけましょう。

いちばん避けるべきは「2021年にはじめて会った人との年内結婚」。ここでそんな大胆な行動に出てしまうと運命が狂いだして占いも当たらなくなってしまいます。それどころか、今後の軌道修正のアドバイスもすべて水の泡になるので、本当にやめてください。はじめて会うだけでも危険な行動なのにもかかわらず、入籍を考えるなんてことは「裏のインディアン座のアホな星が暴走した」としか思えないくらいに残念な判断になります。もし、運命を感じてもそれは危険信号の警告音。勘違いしないで冷静に日々を過ごしてください。特に、これまで結婚願望がまったくなかった人ほど、急に「結婚したい」と思いはじめる時期です。しかし、そもそも結婚願望のない人が正しい相手を選べるわけがないので、見極める努力をはじめましょう。後先考えずに入籍をする判断だけはやめて。

結婚はあなたひとりではなく、家族やほかの方にも迷惑をかけてしまうかもしれないので、恋愛運よりも厳しい感じでお伝えしています。それだけ2021年の結婚は、トラブルが長く続いてしまうことが。また、妊娠からの入籍もありますが、できるだけそうならないように用心しておくことも大事です。占いがすべてではないので、結婚に踏み込んでしまうカップルもいると思いますが、相手に対する言葉遣いや態度、日々の感謝を忘れないようにしましょう。結婚を考える場合は2023年の下半期以降がオススメ。2024年を目標にするといいでしょう。

仕事運

予想外の出世や昇格、部署異動も 転職や離職は避けること

「乱気の年」の仕事運は、予想外のことが多いので苦労するでしょう。2020年までの頑張りが評価されるので、出世や昇格をしてこれまでとは違うポジションをまかされ、慣れない日々がはじまりそうです。管理職、指導者、リーダー的な立場や、同期を差しおいて役職に就くこともあるでしょう。2番手、3番手でコツコツ仕事をするほうが楽でよかったと思っていた人ほど、大変な状況になりそうですが、後ろ向きになってはいけません。その役割を果たせるように工夫をし、勉強する年だと思ってください。急に出世した場合は、やっかみを抱かれたりあなたの邪魔をする人も出てきたりしそう。人間関係が面倒に感じられることもありますが、謙虚な心を忘れないようにして。また、急に職を失ったり部署異動で辛い状況になってしまったりと、予想外の出来事もありそうです。

問題が山積みになってしまう年なので、自分の弱点や欠点、不慣れなこと、不向きなことなどを突きつけられてしまう辛い状況も。しかし、すべてがあなたのせいではないので落ち込む必要はありません。冷静に考えると、学んでいなかったことや未経験なことはできるわけがないので、今年と来年は「自分の課題を見つける時期」と思いましょう。そして、しっかり受け止め、どう対応すればいいのかを考えて、前向きに取り組むといいでしょう。ときには、アイデアや新しいことを発想しなければならない仕事に就くことがあり、ソリの合わない上司と働かなければならない場合も。なかなか思うように結果を残せないかもしれませんが、そんなときは「褒められようとしない」ことが大事。新しいアイデアは無難なものではいけないので、「これは怒られるかもしれない」と思うくらいのことを考えましょう。そのうえで常識的に考えて振るい落とすといいアイデアが見つかるでしょう。苦手な上司との仕事でも、これまでとは違う考えを学ぶにはいい機会になります。

「乱気の年」に入り考え方が変わりますが、転職や離職の判断だけは避けるようにしてください。ここで間違って転職をすると、後の苦労が長引いてしまいます。現状が辛く苦しいときは周囲に助けを求めましょう。そして、普段とは違うやり方に挑戦してみてください。「乱気の年」は「失敗しやすい年」なので、堂々と失敗をしてください。失敗から学ぶことが大切だと思いましょう。どうしても、2021年はもがいてしまうと思いますが、冷静に周囲を見ることで自分の本当の実力が見えてくるでしょう。焦らずゆっくりじっくり取り組み、自分の至らない点はしっかり認めるようにしましょう。実力がしっかりある人でも、ペースを乱されることが。しかしそこを「無茶ぶりしてくる上司」と思うか「上司に期待されている」と思うかは、あなた次第です。無茶に応えることを楽しんでみるくらいの気持ちも必要でしょう。ただ、2021年は体調を崩しやすい年でもあります。仕事での事故やケガに注意して、コンディションを整えてください。体をしっかり休めることも、仕事の一部です。余計な気を使わず有給休暇をしっかり取ることも大事。苦労や困惑することもありますが、自分の仕事が社会や人のために役立っていると思って、前向きに頑張るようにしてください。

開運のつぶやき ▶ クヨクヨしても一生に一度の人生。ニコニコしても一生に一度の人生

金運

労働に見合うほど収入が上がらないかも 体のケアにはしっかりお金をかけて

安定していると思っていた収入が不安定になり、労働のわりには給与が上がらないかもしれません。また、ボーナスの減少やまるまるカットもある年です。ほかにも、予想外の出費が増えて貯金が減ることもあるので、高額なものの購入は簡単に決断しないでください。また、契約などもしないようにしましょう。特に、簡単な儲け話に乗ったり、副業で儲けたりしようとすると損をすることになりそう。コツコツ貯めていた人ほど、「乱気の年」になると突然お金を使いたくなってしまうので要注意。また、友人や家族、身近な人とのお金の貸し借りは、今後の運命を大きく乱す原因になります。少額でも貸すのはやめておきましょう。ローンやリボ払いでの買い物も同様に避けてください。クセになって借金で苦しむ可能性があります。

仕事が忙しくなり、重要な判断を求められたり責任ある立場になりますが、給与はそれほど上がらず「割に合わない」と感じることになりそう。その場合、「これまで割がよかっただけだ」と思うといいでしょう。会社の事情で給与やボーナスが下がってしまっても、だからといって手を抜いてはいけません。給与と同額の仕事をしようとするとさらに下がるだけなので、給与の２〜３倍は働くつもりで仕事に取り組むと、いずれ収入に反映されるでしょう。生活水準を収入の２〜３割ほど下に設定して楽しんでみると、金銭感覚が整い、不要な買い物や無駄使いも減ってくるでしょう。ほかにも、金運をアップさせる方法として仕事に役立つような本を購入して読むと、後に効果を生むかもしれません。金のカメレオン座は、「隠し貯金」や小さな節約など、お金を丁寧に使うことが好きなタイプです。しかし、「乱気の年」には裏の「銀のインディアン座」の力が強くなり「お金も貯まったし投資でも」と、心に隙ができてしまうことが。投資は少額なら問題はありませんが、2021年にスタートさせたことが後にトラブルの原因になるかもしれません。すでに行っている人以外は、新しくはじめることは避けてください。また、普段なら簡単に購入しないようなものを勢いで買いすぎてしまい、気がついたら貯金が減っているようなことも。特に、ネットでは無駄遣いが増えるので、細かい買い物ほど注意してください。いずれにしろ、例年よりもお金に関する気持ちが緩んでしまうので、大金を持ち歩くことは控えて、カードでの買い物も慎重になりましょう。

体調不良による予想外の出費もありそう。少しでも異変を感じている場合はしっかり検査をしてもらい、異変が続くときはセカンドオピニオンを受けましょう。ここでケチケチしてしまうと、後に大出費をすることになります。お金が無駄になってもいいので、詳しく検査をやってもらいましょう。健康にいいからといって、謎のサプリや健康器具にお金を使ってしまうと無駄になるので、本当に必要なものなのか、しっかり調べるようにしましょう。

また、家族が体調を崩して、病院代や介護代などがかかってしまうことがあります。自分以外のことで生活を乱されないために、年配のご家族がいる場合は早めに病院で検査をしてもらいましょう。家族で力を合わせて、健康的な食事や生活習慣を心がけるといいでしょう。

家庭運

**些細なことで夫婦関係にヒビが入るかも
子どもから教えてもらう姿勢で向き合おう**

これまで問題のなかった夫婦関係にヒビが入ってしまいそうな年。些細な言葉遣いで大ゲンカになるかもしれません。気持ちが離れてしまう原因になるので、今一度、やさしさや思いやり、真心を忘れないようにしましょう。また、相手に多くを求めすぎないように。相手の言動をマイナスに受け止めてしまうと問題をこじらせてしまうので、些細なことは気にしないようにしましょう。浮気や不倫が発覚することがありますが、相手を信じて、自分の反省すべき点を見つけるようにしてください。老後の考え方、子どもの教育方法などで揉めてしまうこともあるので、自分の考えだけが正しいと思わないでください。相手の意見も聞き入れ、どうするといいかアイデアを出し合ってみましょう。

夫婦関係の問題は、あなたが作ってしまうことが多い年。これまで真面目に過ごしていた人ほど、不倫や異性からの誘惑に負けやすい時期です。ただ、この行動は必ず後悔するので欲望に流されないようにしましょう。相手の雑な部分がたくさん見えて不満が爆発することがありますが、同様にあなたの雑なところや嫌な部分がどんどん出ている年でもあります。問題を相手の責任にしないで「自分が変われば相手も変わる」を忘れないで、些細なことにイライラしないようにしましょう。伝えたいことも「わかっているだろう」と思わずに、丁寧に伝えてください。また、身内の文句や不満、愚痴を外で言うと、自ら家庭を壊すことにつながるので避けましょう。ウソでもいいので、家族のいい部分を言葉に出してください。

子どもとの関係がすでに気まずくなっている場合は、一気に距離があいてしまい、コミュニケーションが取りにくくなってしまうかもしれません。そもそも金のカメレオン座は、子どもの気持ちに鈍感な部分があります。自分の古い考えを押しつけてしまうところもあるので問題が発生しやすいでしょう。2020年まで問題のなかった親子関係も2021年からズレが生じるかもしれません。その場合、今の時代は何が流行っているのかを、子どもから教えてもらうといいでしょう。否定せず肯定することを大切にすれば、学べることが多くお互いの成長も実感できると思います。ただ、深入りすると逆に嫌われてしまいケンカの原因にもなります。自分の子どもを信じて、見守る姿勢を忘れないようにしましょう。

最も問題が出るのが、年配の両親がいる人。病気や介護の問題などが出てきそうです。特に、両親が元気で自分の家は大丈夫と思っていた人ほど、入院や事故など思わぬ出来事がありそう。心配する時間が増えて、親子関係、兄弟関係も問題になることがあるでしょう。家族の世話を押しつけられてしまうことがあり、辛い状況にもなりやすいです。しかし、2021年は逆らわずに流れにまかせてみましょう。今の自分にできることを、できるだけやっておくといいでしょう。

波乱の多い家庭運ですが、自分を中心に考えてはいけません。両親にはこれまでの恩返しを、夫婦関係には感謝を、そして子どもからは教えてもらう姿勢で接するといいでしょう。普段と違うあなたの心の乱れを家族も感じとっていると思います。大変なことが多いかもしれませんが、機嫌よく過ごす努力を忘れずに、明るい家庭作りを心がけてください。

開運のつぶやき ▶ 後悔する人は、何をどう選んでも後悔するだけ

健康運

これまでの不摂生が健康に表れる年
ストレス発散にはポジティブな妄想を

12年周期の中で最も健康運に注意が必要な年。「乱気の年」に体調を崩すと、後に大きく影響するので些細なことでもしっかりと調べて、年齢に見合う生活習慣や食事のバランスを意識してください。また、適度な運動をして、体の改善に励むこともオススメです。中には、すでに2020年の下半期から「少し調子が悪い」と感じている人がいるかもしれません。その場合、2021年に一気に体調を崩してしまう可能性があるので、気をつけるようにしましょう。勝手に大丈夫だと判断していると、後悔することになるかも。2021年の目標は「健康第一」にしてもいいくらい、体調には要注意です。一見、元気で問題がなさそうな人も、予想外の事故に遭ったり、急に視力が下がったりする場合が。疲れを感じるときは、目の周辺のマッサージをしてください。

体調が崩れるのは運が悪いからではなく、これまで体のメンテナンスをしないままに突っ走ってきたことが原因です。体のよく使っている部分にガタがきているのだと思いましょう。すでにシグナルが出ている人は注意して過ごして。異変が出やすいので家族や身近な人からの体に関わる指摘は、聞き流さないでください。しっかり話を聞いて、検査をするようにしましょう。頑張りすぎたり無理をしてきた人ほど、ここでガクッとくることがあります。「ゆっくりする時期がきただけ」と思い、毎月の予定を立てるときは、真っ先に休む日を書き込んでください。そして、体を癒すために予定を入れないようにしましょう。また、2020年よりも１時間前に寝るなど、睡眠時間を長くしましょう。ほかにも、生活習慣を改善して年齢に合わせて食べすぎを避けるようにしてください。グルメなタイプなので「どうしても食べたい」場合は、そのぶんの運動をしっかりするようにしましょう。ただ、その運動がケガにつながる可能性もあるので、無理をしないことが大事。

最も注意が必要なのは目。視力の低下が激しくなってしまい、老眼、白内障、緑内障などにつながることもあります。異変を感じたときはできるだけ早めに眼科に行くようにしましょう。病気にかかっていないか調べるために眼圧を検査したり、早い段階で視力を測ってもらい、眼鏡やコンタクトの度を変えたりすることも大事です。思った以上に、視力が低下しているかもしれません。特に両親や祖父母に目の病気がある人は注意が必要です。目によさそうな食べ物をしっかりとりましょう。また、１日数十分でもいいので日光に当たりましょう。健康のために、天気のいい日の散歩を習慣にしてみると、いい運動になるでしょう。

裏にあたる「銀のインディアン座」は「空想と妄想の星」なので、余計なことを考えて心配になりストレスがたまってしまうかもしれません。逆にこの性質を活かし、明るくて楽しい妄想をたくさんするといいでしょう。特に寝る前には、ポジティブな妄想をたくさんしてください。お金もかからずに、楽しくストレス発散ができそうです。なかなかポジティブな妄想ができない人は、コメディ映画やお笑い芸人のネタを観たり、落語を聞いたり、前向きになれる本を読んだりすると、楽しい妄想がどんどんできるようになるでしょう。

年代別 アドバイス

年齢が違えば、起こる出来事もそれぞれに違います。
日々を前向きに過ごすための年代別アドバイスです。

年代別アドバイス 10代

これまで経験したことのない苦労をしたり、考えがまとまらなくなったりする年。大きな別れや諦めもありますが自分にとっての大切なことも見えてくるでしょう。情報をたくさん取り込んで、自分の目指すことや興味のあることを一気に増やすと、いい出会いや経験につながるでしょう。苦しい状況の多くは未経験のことなので、そこから学んで成長のきっかけにするといいでしょう。また、簡単に近寄ってくる異性には注意して。

年代別アドバイス 20代

失恋や別れなどで環境が大きく変わり、これまでにない苦労や学ぶことが増える年。恋人に裏切られてしまうことがあっても、「どんなタイプが裏切るか」を見極める機会だと捉えましょう。これまで頑張ってきたことが通用しなくなり、新たに勉強不足と思われることが見つかります。また、自分の学ぶべきことや今後の課題も出てくるでしょう。儲け話や誘惑、都合のよすぎる話には裏があるので、簡単に飛びつかないようにしましょう。

年代別アドバイス 30代

恋も仕事も不安定な年。マイナスな妄想に振り回されやる気を失うことがありますが、忙しくすると悩んでいる暇がなくなり、気持ちが楽になりそう。ただ、疲労がたまりやすいので、しっかりと休む日を決めておくように。突然、重要な仕事をまかされプレッシャーがかかりそう。水を差すような人も出てきますが、「人生は試練や壁があるほうがおもしろい」と楽しんでみましょう。恋は「ダメになって当然な時期」と開き直ることも大事。

年代別アドバイス 40代

老眼や目の病気に要注意。異変を感じる前に眼科で検査をしてもらうといいでしょう。仕事では若い人や上司に挟まれ、これまで以上に厳しい状況になるかもしれません。常に相手に合わせる心を持って若い人とのコミュニケーションを楽しんでみてください。部下や後輩にごちそうをして、情報や最近の流行などを聞き出してみるのもいいでしょう。年下の友達や知り合いを増やすくらいの気持ちでいるといいでしょう。

年代別アドバイス 50代

家庭の問題が起きたり、体調を崩したりしやすい年。若い人の話をしっかり取り入れて学ぶ姿勢を忘れないでください。教えてもらったことを楽しんでみるといいでしょう。体調を崩しやすいので、無理は禁物です。スクワットなどの筋トレや基礎体力作りをしっかりやるといいでしょう。ゲームなどの指先を動かす遊びや、クイズ、パズルなどの頭を使う遊びもオススメです。推理小説を読むのもいいでしょう。

年代別アドバイス 60代以上

健康には注意が必要な年。少しでも異変を感じるときは早めに病院に行き、しっかり検査をしてもらいましょう。セカンドオピニオンも心がけてください。事故やケガをする可能性も高いので、いつも以上に慎重な行動を心がけて。軽い運動や生活習慣をしっかり見直すことも大切です。新年から春に風邪をひきやすいので予防をしっかりしておきましょう。

あなたの命数はP.10からはじまる命数早見表でチェック!

命数別2021年の運勢

【命数】
41

古風な頑張り屋

基本性格

大人っぽく冷静な感じに見えますが、サッパリとした性格で根性がある人。ただし突っ込まれると弱く、心配性な部分を隠し持っています。女性は美人なのに色気のない人が多いでしょう。知的で、他人をマネすることでその能力を開花させられるタイプですが、意地を張りすぎてマネを避けてしまうと、才能を発揮できない場合があります。友情や仲間をとても大事にするため、長い付き合いの友人がいるでしょう。

〉〉2021年の開運アドバイス

ラッキーカラー 藍色、赤茶

ラッキーフード ポトフ、ヨーグルト

ラッキースポット スポーツジム、植物園

開運3カ条

1. 人の話は最後までしっかり聞く
2. 刺激と危険には近づかない
3. 他人の頑張りは素直に認める

2021年の総合運

他人の話に耳を貸せなくなり、人の話が最後まで聞けなくなる運気。素直に謝れなくなり、これまでなら大人な対応ができたことができなくなってしまう年。素直に頭を下げたり、負けを認めて自分のやるべきことに取り組んだりすることが大事。刺激や変化を求めて急な行動に走りやすいですが、それがトラブルの元になるので冷静に判断しましょう。健康運は、胃腸の調子を崩しやすくなるので消化のいいものを選んで食べるようにして。

2021年の恋愛&結婚運

好みのタイプが変わり、刺激的な人に心惹かれてしまったり、危険な異性を好きになったりしそうな年。意地を張るとさらに事態が悪化しやすいので、流れに身をまかせるといいでしょう。武道や格闘技を習いに行くと素敵な異性に会える可能性があるので、体験教室に行ってみるといいかも。2021年は異性の友人を作るくらいの気持ちでいるといいでしょう。結婚運は、急に破談になる運気。相手に上手に合わせることがポイント。

2021年の仕事&金運

頑張りが空回りし、仲間とのリズムが合わなくなってしまいそうな年。ライバルや同期に先を越されても気にしないで、他人の頑張りを素直に認めたり、見習うことを見つけたりすることが大事。仕事を合理的に進めるための挑戦をして失敗することもありますが、効率を考えることでこれまでとは違う感覚で仕事ができそう。金運は、一発逆転を狙って大損しやすい年。簡単な儲け話や周囲につられた無駄な買い物にも注意。

【命数】
42

要領がいい高校3年生

基本性格

古風な考えをしっかりと理解でき、無駄が嫌いな合理的な人。派手に見えて古風か、知的に見えて根はやんちゃかの2パターンに分かれるでしょう。どちらにせよ、表面的に見せている部分と内面は大きく違います。自我が強く、自分に都合の悪い話にはほぼ耳を貸しません。他人の話の要点だけ聞くのがうまく、頭の回転はかなり速いのですが、実は心配性。マネと要領のよさを活かすことで人生を渡り歩けますが、先走りすぎるクセに要注意。

〉〉2021年の開運アドバイス

ラッキーカラー ボルドー、藍色

ラッキーフード うなぎ、飴

ラッキースポット ライブハウス、公園

開運3カ条

1. 無駄を楽しむ
2. 負けは認める
3. 没頭できるスポーツをする

2021年の総合運

遠回りしたり、無駄なことに時間をたくさん使ったりする年。2021年は、「急がば回れ」を心に留め、目的に向かって焦って進まないようにしましょう。一見無駄と思われることでも、後にあなたの人生に必要な経験や体験となるでしょう。他人から感謝されないような行動は自分の人生を苦しめる原因になるので、自分も相手も喜ぶことは何かを考えながら行動を。健康運は、独自の健康法が裏目に出やすいので注意して。胃腸の調子を崩しそうです。

2021年の恋愛&結婚運

意外な異性に恋をしやすい年ですが、思い通りにならないことが多すぎて、振り回されてしまうでしょう。異性の友人くらいの距離感を保っていたほうが面倒なことを避けられます。飛び込むときは恋愛関係が短く終わる可能性が高いことを忘れず、別れるときに執着しないように。意地になると泥沼になりそうです。結婚運は、まずは同棲をして様子を見るといいですが、お互いの雑な部分を見て課題が見えてくるでしょう。

2021年の仕事&金運

苦手な人と組んだり、グループで取り組まなければならない仕事が増えたりしそうな年。あなたの頭の回転の速さがうまく活かせない状況にヤキモキすることがありますが、相手の個性ややり方を認めることで自分のやるべき仕事が見えてくるでしょう。時間がかかることで得られることもあるので、結果よりも過程で得られる大切な経験を大事にするといいでしょう。金運は、不要な買い物や流れで出費しやすいので注意して。

ラッキーカラー、フード、スポットはプレゼントやデート、遊ぶときの口実に使ってみて

12のタイプ別よりもさらに細かく自分や相手がわかる！
ここでは、生まれ持った命数別に2021年の運気を解説していきます。

【命数】

43

明るい大人

基本性格

明るく元気で陽気な性格でありながら、知的で古風な考えをしっかり持っているタイプ。愛嬌があり美意識も高いので、自然と人気を集め、交友関係も広くなります。普段はかなり冷静ですが、空腹になると機嫌が悪くなり、思考停止することが。サービス精神豊富なところは長所ですが、そのぶん口が悪くなったり、余計な話をしてしまったりすることも。人間関係においては、バカなふりをしていることが多いでしょう。

2021年の開運アドバイス

ラッキーカラー ブルー、黄土色
ラッキーフード 湯豆腐、ケーキ
ラッキースポット パーティー、お花屋さん

開運 3 カ条

1. 余計なひと言に注意
2. マメにストレス発散をする
3. 基礎体力作りをしっかり行う

2021年の総合運

些細なことでもイライラしやすくなる年。明るく機嫌よくする努力を怠らないようにしましょう。頑張りが認められない、思った結果にならないといった状況に不満を爆発させず、原因を追究するようにしましょう。ひと言多くなることで人間関係のトラブルも起こしやすいので、いい言葉や思いやりのある言葉を選ぶようにしましょう。健康運は、スタミナ不足や体力低下を感じる年。基礎体力作りをすることでいいダイエットもできて痩せられそう。

2021年の恋愛&結婚運

ひと目惚れしたり、これまでとは違うタイプに恋したりする年。一瞬うまくいく関係でも感情的な態度が原因で一気に終わってしまったり、トラブルの原因になったりするので要注意。自分でも驚くほど短気になり、口の悪さが出てしまうことがあるので、相手の気持ちを考えて発言するように。予想外の人との妊娠が判明する場合もあるので、欲望に流されないようにして。結婚運は、勢いでの結婚は後悔することになるので、冷静な判断を。

2021年の仕事&金運

仕事のストレスがたまる年。これまでとは違う仕事や、不慣れなことが増えてしまいそう。疲れから感情的になることで人間関係も気まずくなる可能性があるので、気をつけましょう。短気を起こして転職や離職を考えないようにし、仕事の結果はいろいろな人の支えのおかげだと忘れないようにしましょう。気分ではなく、気持ちを込めて仕事をすることも大事。金運は、浪費が思った以上に激しくなる年。衝動買いや勢いの契約は避けましょう。

【命数】

44

勘がいい頭脳派

基本性格

頭の回転が速くおしゃべりで、常にひと言多いタイプ。マネがうまく、コツをつかむのが上手で何事にも冷静に対応できます。ただ、空腹や睡眠不足になると短気になるクセがあるので、注意が必要です。物事をいろいろな角度から考えますが、最後は勘でなんでも決めてしまうタイプ。おしゃべりなので、攻めが強い感じに見られますが、突っ込まれると弱いところがあり、守りが手薄な部分があるでしょう。

2021年の開運アドバイス

ラッキーカラー ブラック、セピア
ラッキーフード 麻婆豆腐、フルーツサンド
ラッキースポット 神社仏閣、美術館

開運 3 カ条

1. 気分で判断しない
2. みんなが喜ぶことをする
3. ダンスをする

2021年の総合運

いい加減な判断やつまらないミスが増えてしまう年。気分で判断していると評価を落としたり、思わぬトラブルを引き寄せたりすることがあるので気をつけましょう。予想外の人と仲よくなれることがありますが、欲深くいると不運の原因になるので注意が必要です。ノリや勢いだけで行動しないようにしましょう。健康運は、急に太りはじめてしまったり、体形が急激に変わったりしやすいので、こまめに運動やダンスをしてみて。

2021年の恋愛&結婚運

欲望に突っ走ってしまいそうな年。普段なら興味の薄い人に、ノリや勢いで飛び込んでしまうことがあるでしょう。酒の席や判断がしっかりできないときの異性には注意して。縁を長引かせると後に大きな問題が発覚するので、距離感を間違えないようにし、どっぷりハマらないように気をつけましょう。体調を崩す原因やストレスのかかる相手である可能性も。結婚運は、交際期間の短いカップルほど結婚に注意が必要。妊娠で結婚に進むことも。

2021年の仕事&金運

どんな仕事も最後まできっちりやることが大事な年。「このくらいでいいかな」という甘い考えや適当な感じが、評価を一気に下げてしまったり、機嫌の悪さが周囲に伝わりチームワークが乱れたりしそう。楽しく仕事をするために笑顔や挨拶などを心がけ、みんなの喜ぶことを想像して仕事をするといいでしょう。金運は、食べたいものを買いすぎたり、勢いで注文したりすることが増えて、小さな出費が積み重なりそうです。

ラッキーカラー、フード、スポットはプレゼントやデート、遊ぶときの口実に使ってみて

【命数】

45

マネが上手な商売人

基本性格

知的で都会的なオシャレを心がける、情報収集と段取りがしっかりできる人。古風な考えをしっかり持ち、知的好奇心がありながら根はお調子者で、損得勘定で物事を判断するタイプ。じっくり情報を集めすぎて時間がかかったり、突っ込まれるととても弱くなってしまったりする優柔不断な性格でもあります。マネが上手で、「これは得になる」と思ったら、じっくりと観察して自分のものにする能力も高いでしょう。

〉〉2021年の開運アドバイス

ラッキーカラー ブラック、ブルー
ラッキーフード 赤飯、柿
ラッキースポット デパート、公園

開運3カ条

1. 本屋さんに行く
2. いろいろな音楽を聴く
3. 帳簿をつける

2021年の総合運

しっかり情報を集めて地道な努力をするにはいい年。資格取得の勉強やスキルアップを目指してみたり、普段は読まないようなジャンルの本を読んだりするといいでしょう。強引な人に振り回されることが増えますが、流されながらこれまでとは違う世界を知ることを楽しんでみましょう。ただ、予定がいっぱいになって疲れがたまりやすくなることや、お酒の飲みすぎには気をつけて。健康運は、冷え性や子宮の病気などには注意が必要。白湯を飲むように。

2021年の恋愛&結婚運

これまでとは違う真面目な感じや、地味な人に気持ちがいきそうな年。惚れた人に尽くしすぎて、最初はいい感じでも振り回されることに疲れてしまいそう。無理は続かないので頑張りすぎないように。音楽の趣味の合う異性はいい相手なので、いろいろな音楽を聴いて詳しくなるといいかも。お金を持っていることをアピールする異性は裏があるので注意。結婚運は、結婚願望が強くなるのはいいですが、恋愛と結婚を見極めることが大切です。

2021年の仕事&金運

時間や手間がかかる仕事や地味な事務作業が増えてしまいそうな年。うまくこなすことができても仕事に飽きたり、ほかの仕事に興味が湧いたりしそう。2021年は、裏方やサポート的な役割に専念してみるといいでしょう。これまで支えてもらったぶん、今度は支える人や応援する役になってみるのもいいでしょう。金運は、家計簿をつけて細かなお金をしっかり管理するにはいい時期。投資に興味が湧きますが、大金は動かさないように。

【命数】

46

真面目で現実的な人

基本性格

落ち着いてじっくりと物事を進める、静かで真面目な人。几帳面で地道にコツコツ積み重ね、石橋を叩いて渡るような性格です。親切でやさしく、他人に上手に合わせることができ、守りの要となる人でもあります。ただ、自信や勇気がなく、なかなか行動できずに待ちすぎてしまうところも。計画を立てて行動するのが好きですが、冒険心やチャレンジ精神は低め。真面目さがコンプレックスになり、ときどき無謀な行動に走ることもあるでしょう。

〉〉2021年の開運アドバイス

ラッキーカラー ホワイト、ネイビー
ラッキーフード いなり寿司、ぶどう
ラッキースポット 公共施設、お花屋さん

開運3カ条

1. 好きな音楽を聴く
2. 素直に甘える
3. 断るときはハッキリ言う

2021年の総合運

日ごろ真面目な人ほど急に華やかにイメチェンしたくなり、無謀な挑戦をしたくなる年。視野が広がっていろいろな情報が集まりますが、無理をしないように。コンプレックスを破壊できるのはいいですが、不向きな方向に進んでしまったり、後に苦しくなるキャラになったりしそう。真面目な性格を楽しんでみるといいでしょう。健康運は、お酒で大失敗をしやすい年。予定の詰め込みすぎで体調を崩しやすいので、気をつけましょう。

2021年の恋愛&結婚運

警戒心が薄れてしまう年。普段なら引っかからないような異性に流されてしまったり、もてあそばれたりしてしまいそう。特にお酒の席は危険なので、飲みすぎには気をつけて。ノリのいい印象の人ほど注意しましょう。恋人に別れを自分から切り出すにはいい年なので、勇気を出してみるのもいいでしょう。結婚運は、結婚願望が強いタイプですが、結婚とはほど遠いような人に恋しそう。時間の無駄にならないように気をつけて。

2021年の仕事&金運

責任ある仕事をまかされたり、リーダー的な立場をまかされて困ったりすることがあるでしょう。管理をしっかりするよりも周囲がのびのびと仕事をするための工夫や、甘え上手になる練習をする必要が。「お願いするくらいなら自分でやる」ではお互いに成長しないので、まかせる勇気を持つことと相手を信頼することも大事。金運は、物欲が強くなり、不要な服や靴を買ってしまいそう。小銭が貯まっている人ほど気が緩むので要注意。

ラッキーカラー、フード、スポットはプレゼントやデート、遊ぶときの口実に使ってみて

【命数】
47

正義感のあるリーダー

基本性格

正義感があり、パワフルなリーダータイプ。自分が正しいと思ったことにはまっすぐに突き進みますが、ややおっちょこちょいなところがあるため、先走ってしまうことも多いでしょう。知性的で、情報をしっかり集められる冷静さがありますが、おだてにとても弱い人です。古風な考えを持ち、上下関係をとても大事にするため、ほかの人にも自分と同じようなふるまいを求める部分があります。また、後輩には厳しいことも多いでしょう。

〉〉2021年の開運アドバイス

- **ラッキーカラー** ネイビー、オレンジ
- **ラッキーフード** ざるそば、さくらんぼ
- **ラッキースポット** ホームパーティー、庭園

開運3カ条

1. 挨拶やお礼はしっかりする
2. 相手のいいところは褒める
3. 後輩と部下にごちそうする

2021年の総合運

心身ともに疲れてしまいそうな年。細かいことが気になって、心配や不安が多くなるでしょう。雑な部分やこれまで誤魔化してきたことを突っ込まれて焦ってしまうことも。面倒を見ていた人が離れてガッカリすることもありますが、相手にも事情があると思っておきましょう。相手が雑に見えるときは自分が雑になっていることを忘れないように。健康運は、肌が弱くなることと、腰痛と足のケガに気をつけましょう。

2021年の恋愛&結婚運

恋に慎重になるのはいいですが、臆病になりすぎて失敗しそうな年。相手のことをいろいろ考えることが裏目に出てしまい、気まずい感じになってしまいそう。また、突然強引になって大失敗したり、勝手に諦めて落ち込んだりすることもあるので、冷静に落ち着いて判断し、行動するように。相手との距離感や関係の作り方に焦らないようにしましょう。結婚運は、ひとりで勝手に盛り上がっても相手の気持ちが大切だと忘れないようにして。

2021年の仕事&金運

うまくリーダーシップが取れなかったり、仕事の隙を突っ込まれたりしそうな年。お願い上手なのはいいですが、自分のできる仕事を見失わないようにしないと周囲からの評判が悪くなることも。挨拶やお礼が雑にならないよう、年齢に関係なくお世話になっている人には頭をしっかり下げるようにしましょう。金運は、見栄での出費が増えますが、後輩や部下や周囲が笑顔になることにケチケチしないようにしましょう。

【命数】
48

清潔感のある大人

基本性格

上品で知的な雰囲気を持った大人。繊細で臆病なところはありますが、常識をきちんと守り、礼儀やマナーもしっかりしている人です。学習能力が高く、不慣れなことや苦手なことはほかから学んで吸収する能力に長けています。ただ、臆病すぎる部分があり、慎重になりすぎてチャンスを逃したり、順番を待ちすぎたりすることもあるでしょう。手堅く守りが強そうですが、優柔不断で突っ込まれると途端に弱くなってしまいます。

〉〉2021年の開運アドバイス

- **ラッキーカラー** 藍色、ホワイト
- **ラッキーフード** 湯葉豆腐、チーズタルト
- **ラッキースポット** 植物園、商店街

開運3カ条

1. 困る前に相談をする
2. 先走らない
3. 失敗しても恥ずかしくないと思う

2021年の総合運

落ち込んでやる気を失ってしまうか、後先を考えずに無謀な行動へと突っ走ってしまう年。判断が不安定になり冷静になれなかったり、余計な妄想が増えたりするので、できるだけ明るい未来や楽しいことを想像するといいでしょう。ただし、ポジティブになるのはいいですが、無計画な行動に走らないように気をつけて。おだてにも弱くなるので、慎重になりましょう。健康運は、うっかりのケガとストレスから肌荒れが出やすいので、こまめにストレス発散して。

2021年の恋愛&結婚運

これまでにないくらいの失恋でへコんでしまいそうな年。恋人の浮気や裏切りを知ってしまうことがありそう。好きな人に無謀な告白をするなど空回りすることも多いので、状況を冷静に判断してくれる友人の助言を大切にして。同性よりも異性の友人に相談をしたほうが、悩みや不安を解決してもらえるかも。まったく興味のなかった人から言い寄られ、困ってしまうこともありそう。結婚運は、焦らず相手を見極めるようにしましょう。

2021年の仕事&金運

丁寧な仕事ぶりを評価され、責任あるポジションをまかされてプレッシャーで苦労しやすい年。いきなりいい結果を出そうとせず、できる範囲で健闘して。失敗しても学べることがあるので恥ずかしい思いをする覚悟をしておきましょう。周囲のやさしさに素直に甘えたり、他人をコントロールするために学んだりすることがたくさんありそう。金運は、コミュニケーションのためにお金を使うといいでしょう。見栄での出費はほどほどに。

【命数】
49

屁理屈が好きな大人子ども

基本性格

知的で冷静、理屈好きな一方、どこか子どもっぽく、自由人のスタイルを通す人。周囲が知らないことに詳しく、マニアックなことも知っています。芸術や都市伝説などにも詳しいでしょう。指先が器用で学習能力が高く、マネが得意ですが、天邪鬼な性格が邪魔をして素直に教えてもらわないことが苦労の原因になりそう。言い訳が多く、何事も理由がないとやらないところと、なんでも評論するクセがあるところはほどほどに。

〉〉2021年の開運アドバイス

開運3カ条

1. 現状に感謝をする
2. 何事も少し粘ってみる
3. 計画をしっかり立てる

- **ラッキーカラー** 濃藍、黄土色
- **ラッキーフード** うな重、甘納豆
- **ラッキースポット** 庭園、お城

2021年の総合運

現状に飽きて環境を突然変えたくなってしまう年。無計画な行動をとったり、現状の幸せを手放したくなったりしそう。自ら苦労や面倒事を作ってしまうことがあるので、2021年は不慣れなことやこれまで興味のなかった世界の勉強をするといいでしょう。自分の苦手なことを克服する努力をすると成長でき、これまでとは違った感覚で物事を見られるように。健康運は、視力が一気に落ちるかもしれません。目の病気には気をつけるようにしましょう。

2021年の恋愛&結婚運

これまでターゲットにしていなかった異性に心を惹かれたり、逆に好みのタイプへの興味が薄れたりしそうな年。尊敬できる部分が変わることはいいですが、周囲が止めるような異性には注意しておきましょう。思った以上に振り回されて苦労することになりそうです。あなたの知識や知的な部分を認めてくれる人を探すといいでしょう。結婚運は、突然、結婚に興味が湧いてくる時期。自分の足らない部分を補ってくれる人を探しましょう。

2021年の仕事&金運

仕事にやる気を失い、ほかの仕事に興味が湧いてしまう時期。突然、転職や離職に走ることがありますが、気持ちを抑えて今の仕事でまだやれることや学べることを見つけるようにしましょう。考え方やソリの合わない上司にイライラすることがありますが、いい面を見つけたり、自分が成長できるチャンスと思って受け止めるといいでしょう。変わった人脈もできそう。金運は、勉強になるものを購入するといいですが、限度を超えないように。

【命数】
50

生まれたときから心は60歳

基本性格

冷静で落ち着きがあり、年齢以上の貫禄と情報量を持つタイプ。何事も理論的に考えることができ、知的好奇心が旺盛で勉強熱心。学習能力がとても高く、手先が器用で、教えてもらったことを自分のものにするのが得意。ただ、高いプライドが邪魔する場合があるので、つまらないプライドを捨ててすべての他人を尊敬、尊重すると能力を開花させられるでしょう。上から目線の言葉や冷たい表現が多くなりがちなので、言葉を選んで。

〉〉2021年の開運アドバイス

開運3カ条

1. 若い人と話をする
2. どんな人も尊敬する
3. ひとり旅をする

- **ラッキーカラー** ブラック、パープル
- **ラッキーフード** コンソメスープ、抹茶アイス
- **ラッキースポット** 神社仏閣、植物園

2021年の総合運

興味のあることや環境に変化が訪れる年。若い人から学ぶ姿勢を心がけ、最新のことを勉強してみるとおもしろい発見がいろいろあるでしょう。普段は避けている世界に首を突っ込んでみると、いい出会いもありそう。気になる場所に突然行きたくなり、ひとりで旅することもあるでしょう。考えすぎてしまう時期でもあるので、楽しいことを想像するように。健康運は、目の疲れや肩こり、片頭痛に悩まされそう。特に目の病気には要注意。

2021年の恋愛&結婚運

異性に心を乱されたり、年齢の離れすぎた人を好きになったりすることがある年。自分でも意外と思える人に恋をして、余計な妄想をする時間が増えてしまいそう。尊敬していることを伝えて様子を窺ったり、深入りした関係を望むより仲よくすることを目的にすえたりしたほうがいいでしょう。結婚運は、突然結婚を考えても気持ちが冷めてしまうことがある時期です。無理に話を進めても縁が切れやすいので、気をつけましょう。

2021年の仕事&金運

仕事運は、急に出世をした人はやっかみや邪魔が入ってしまいそう。謙虚な気持ちを忘れないように。理解に苦しむ上司に出会ったり無茶ぶりと思われるようなことを言われたりしそう。2021年は理不尽なことに鍛えられると思って、知恵を絞って対応するようにしましょう。プライベートを楽しむことで、仕事のストレスを緩和できそうです。金運は、旅行やライブなど普段とは違うことへの出費が増えそう。突然の浪費には気をつけて。

金のカメレオン座 2021年タイプ別相性

自分と相手が2021年にどんな関係にあるのかを知り、
人間関係を円滑に進めるために役立ててみてください。

相手が 金のイルカ座

整理の年

あなたのやる気のない感じと相手の無気力が影響して、縁が切れやすくなる年。本当に縁があれば再会して仲よくなれるものだと思っておくといいでしょう。別れに無理に逆らわないで流れにまかせることも大切。恋愛相手の場合、別れ話が出やすく、お互いに愛情があれば乗り越えられる試練の年だと思いましょう。相手の嫌な部分や見えていなかった悪いクセや合わないと思える考え方や生き方が、目についてしまうこともあるでしょう。

相手が 金のカメレオン座

乱気の年

悩みや不安など心境が似ていることがあり、波長は合いやすいです。しかし、気持ちが安定しないことで愚痴や不満などがたまり、マイナスな気持ちが強くなり、突然縁が切れることもあるでしょう。許す気持ちがあるといい距離感で付き合えそうです。恋愛相手の場合は、恋に冷めて縁が切れてしまいそう。愛がないと耐えられない年。自分のことよりも相手の心配やできるだけやさしく接してみることができるといい関係になれそうです。

相手が 金の時計座

開運の年

見習うことが多い相手。困ったときに相談をすると答えてくれますが、相手がくれた言葉を素直に行動に表すことが重要。偉そうな口調になったり、過去の功績にこだわらないように対等に話しましょう。恋愛相手の場合は、あなたの心の乱れを温かく見守ってくれそう。やさしさに鈍感にならず、自分のことよりも相手の心配をしてみるといい関係になれるでしょう。ただ、甘えすぎてしまうと縁が切れることや離れる原因になりそう。

相手が 銀のイルカ座

裏運気の年

相手の欠点が目につきますが、相手からもあなたの雑な部分やミスが目についてしまう年です。自分だけが正しいと思わないで反面教師だと思って、その姿に学びましょう。今年がきっかけで縁が薄れる場合もあるでしょう。恋愛相手の場合は、すれ違いが多くなり会う機会が減ってしまったり、相手の嫌な部分が気になってイライラしたり気持ちが冷めたりしてしまいそう。苦手と感じる部分も許せるようなら、愛がある証でしょう。

相手が 銀のカメレオン座

ブレーキの年

昨年の自分を思い出して、どんなふうに力を貸してもらいたかったか思い出してみるといいでしょう。余計な発言で相手の足を引っ張らないように上手にサポートしましょう。年末に近づくと距離があいてしまうことがあるかも。恋愛相手の場合は、年末年始はすれ違いやケンカが起きやすいのでやさしさを忘れないようにし、相手を喜ばせるなどサービス精神全開で接してみるといいでしょう。相性が微妙な相手なら縁が切れてしまうかも。

相手が 銀の時計座

幸運の年

自分のことを考えるよりもこの相手に合わせたほうが流れはいい方向に進むでしょう。人とのつながりを大切にするため誘いや関わりが増え、相手の人脈に助けられそう。集まりには「気分が乗らない」からと断らないように。恋愛相手の場合は、相手のやさしさに甘えすぎないように、懐かしい話や思い出話、前向きな話や向上心のある話をしましょう。共通の仲間と一緒に遊ぶといい関係がうまく作れて、関係も崩れにくくなるでしょう。

相手が 金の鳳凰座

準備の年

深く付き合うよりも短時間や少し距離をあけて付き合うくらいがちょうどいい相手。お互いの雑な部分が目についてしまうことや嚙み合わない感じなど、タイミングのズレも感じそうです。挨拶やお礼、丁寧に接することを忘れないようにしましょう。恋愛相手の場合は、相手を楽しませるといい関係になりそう。ドジや失敗談で笑わせるのもいいでしょう。束縛や執着をすると突然、縁を切られてしまう場合があるので気をつけましょう。

相手が 金のインディアン座

リフレッシュの年

あなたの運気の乱れの影響を受けて振り回してしまったり、ストレスを与えてしまいそう。あなたの思っている以上に相手が忙しいことを理解しておき、無理なお願いをしないようにしましょう。恋愛相手の場合は、お互いに疲れて不機嫌さが顔や態度に出やすいので些細なことでカリカリしないようにして。体調の心配をすると仲よくなるきっかけをつかめそうですが、相手のペースを乱すと距離をおかれてしまいそうです。

相手が 金の羅針盤座

チャレンジの年（2年目）

好奇心が湧くような話をするといい相手。お互いに行動範囲を広げることで学びがあり、相手の趣味に合わせてみると普段観ない映画や興味が薄かったライブにハマっていい経験ができそうです。恋愛相手の場合は、話題のスポットや相手のしたことのないことを経験させるといいですが、あなたの優柔不断がマイナスになりそう。ネガティブな話をすると突然、縁が切れてしまったり、気まずい空気になるので、明るく前向きな話を心がけて。

相手が 銀の鳳凰座

解放の年

運気のいい相手なのでできるだけ一緒にいることで不運を避けられますが、決めつけが激しくひとりでいることが好きなタイプなので、ある程度距離をおいたほうがいい関係が作れそう。恋愛相手の場合は、相手から誘われることが大事な年。あなたの押しは逆効果になるので無理は禁物。連絡するなら夜中にしてみると思ったよりもメッセージが盛り上がってチャンスをつかむことができそう。挨拶やお礼、上下関係をしっかりするように。

相手が 銀のインディアン座

健康管理の年

相手にとって今年は今後の流れを大きく変える大切な年なので、マイナスな情報を与えないで少し背中を押すくらいの話や情報を伝えることであなたにもプラスの流れになりそう。これまでとお互いに進むべき方向が変わりそうですが、活躍を期待しておきましょう。恋愛相手の場合は、あなたに余裕がなく関係が乱れてしまったり距離があいたりしそう。自然と疎遠になる可能性がありますが、深く考えないで異性の友人だと思って連絡してみて。

相手が 銀の羅針盤座

チャレンジの年（1年目）

新しい情報や視野の広げ方などをアドバイスするといい関係になれそう。少しでもいいので背中を押してあげたり、マイナスな発言は避けるようにしましょう。ただ、あなたが指示を間違えたり、気分によって相手を落ち込ませたりしてしまうことがあるので言葉には気をつけて。恋愛相手の場合は、変化をともに楽しむといいですが、相手を喜ばせることを忘れないようにしましょう。相手に喜んでもらえそうな前向きな情報を提供してみて。

金のカメレオン座

毎月・毎日 運気カレンダー

［ 2020年11月～2022年3月の運気グラフ ］

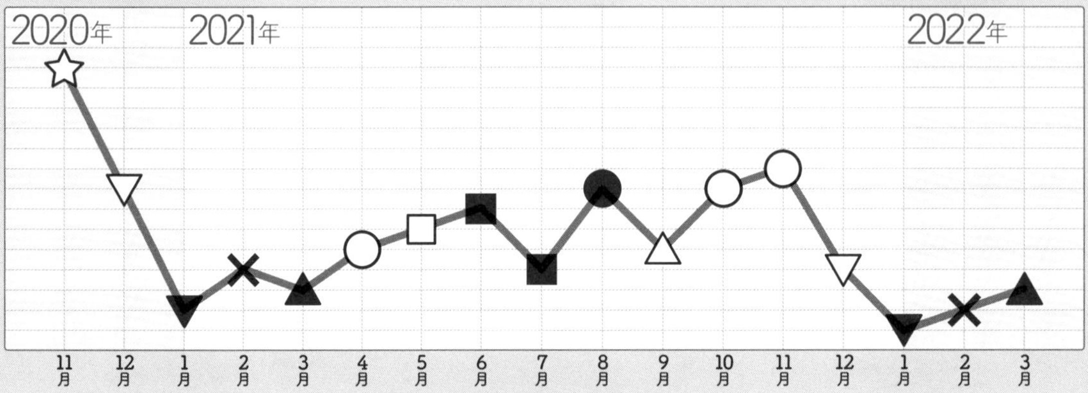

金のカメレオン座の2021年は

▼ 乱気の年

最も注意が必要！　学びの姿勢を大切に

この本で「占いを道具として使う」には、「毎日の運気カレンダー」（P.307～）を活用して１年の計画を立てることが重要です。まずは「12年周期の運気グラフ」（P.289）で2021年の運気の状態を把握し、そのうえで上の「毎月の運気グラフ」で、毎月の運気の流れを確認してください。

「金のカメレオン座」の2021年は、「乱気の年」。2022年の「裏運気の年」で裏の自分を鍛え、隠れていた才能を知ることになりますが、今年はその直前で、さまざまな変化が起きます。今まで通りにはいかないことを味わい、「自分らしくいられない」という状況が訪れます。攻めではなく守りに徹し、流れを受け入れて、たくさん学んでください。ここでの学びが多いほど、2024年以降の運の上昇率が大きくなります。

☆ 開運の月　◎ 幸運の月　● 解放の月　○ チャレンジの月
□ 健康管理の月　△ 準備の月　▽ ブレーキの月　■ リフレッシュの月
▲ 整理の月　✕ 裏運気の月　▼ 乱気の月　＝ 運気の影響がない月

2020 11月

☆ 開運の月

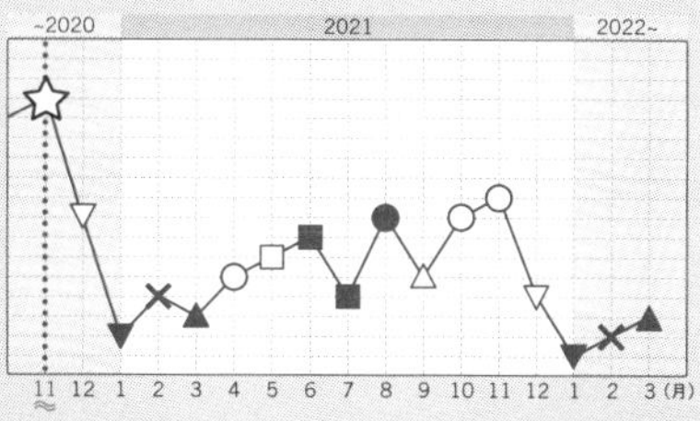

開運 3 カ条

1. 継続することを覚悟する
2. 自分の気持ちを素直に伝える
3. スキルアップのための勉強をスタートする

総合運

運を味方につけて思いきった決断をするといい月ですが、覚悟と継続が必要。下旬から2021年の運気の影響が出はじめ、現在と違うことに興味が湧いてきます。出会いはありますが、甘い誘惑に乗ると後悔するので気をつけること。

恋愛&結婚運

好きな人には素直に好意を伝え、態度で示すこと。待っているだけではチャンスを逃してしまいます。ただし、年齢に見合わない幼稚なアピールや行動はしないように注意すること。新しい出会いは、友人の結婚式の二次会やホームパーティーに縁があるので、友人からの誘いに期待しましょう。結婚運は、入籍するなら今月が2020年最後のチャンス。勢いでの入籍もオススメです。

仕事&金運

仕事運は、実力を発揮し満足できる結果に。運も味方して驚くような契約や評価が得られ、急な出世や大きなプロジェクトをまかされることもありそう。目標を定め、スキルアップや資格取得のために行動するにもいいタイミングです。金運は、資産価値のあるものを手に入れるといい時期ですが、貯蓄するのも忘れずに。

1	日	●	意外な人から突然デートに誘われそうです。少しでも好意を抱いている相手なら交際をスタートしてみましょう。好きな人から連絡がなければ、自分から連絡をしてみて。
2	月	△	真面目に考えすぎると苦しくなる日。周囲を楽しませようとしている人を尊敬して、おもしろい人の生き方から何事も楽しむ姿勢を学んでみるといいでしょう。
3	火	◎	自分を成長させるヒントは「経験」にあると気づきそう。経験を自己分析できる人は道を切り開けますが、親友の何気ないひと言に後押しされることもあるでしょう。
4	水	☆	重要な仕事をまかされたら、信頼に応えられるように頑張ると結果を出せるでしょう。金運と買い物運が好調な日なので、ショッピングや投資をするのもオススメです。
5	木	▽	物事が思い通りに進みすぎて「実力以上の結果が出せた」と思えたなら、それは周囲のおかげ。感謝の気持ちを持つことが大切です。地道な努力を続けるようにしましょう。
6	金	▼	計画通りに進まない日なので「15分前行動」をしておくこと。時間ギリギリで動くと間に合わなかったり、焦りからミスにつながったりすることがありそうです。
7	土	×	おもしろそうなことに首を突っ込むのはいいですが、お金が動く場合は十分に警戒しましょう。不要なものを買わされたり、契約を迫られたりしそうです。
8	日	▲	今日は予定が変更になりがちなので、焦らず対応できるように心構えをしておくこと。冷静さを失ってイライラしていると、楽しく過ごせなくなるでしょう。
9	月	○	新商品を買ったり生活リズムを少し変えてみたりと、小さなことでも変化を求めると充実した経験になります。今日はじめて会うタイプの人とも仲よくなれそう。
10	火	○	身近な人が困っているときは、話を聞いたりそばにいたりするだけで喜ばれるもの。小さなことでもいいので、その人の笑顔のために行動してみましょう。
11	水	□	取扱説明書はキッチリ読み、人から説明を受けたら最後まで聞いて理解すること。雑な行動は後の不運になるので、「知っていることだから」と流さないようにしましょう。
12	木	■	ストレスをためやすい日ですが、ランチやディナーにおいしいものを食べると上手に発散できそう。デパ地下で気になるスイーツを購入して帰るのもオススメ。
13	金	●	時間とお金をかけてきたことに結果が出る日です。特に仕事で発想力と決断力が増して高評価を受けることがありそう。恋愛では好きな人との関係が進展するかも。
14	土	△	今日は楽しみすぎると余計な発言をしがちなので、言葉遣いを意識しておくように。どこで誰が聞いているかわからない、ということをよく覚えておきましょう。
15	日	◎	日中は身の回りをきれいに片づけて、必要があれば買い物へ行きましょう。夕方に気になったお店に入ると、好みのデザインの服や欲しかったものを見つけられるかも。
16	月	☆	自分の目標を考えてから行動に移すことが大事な日。目標に近づいているのかよく考えて、もし今間違った努力をしていると思ったら、しっかり軌道修正すること。
17	火	▽	特に日中は勘が鋭くなり成果を出せるので、自分の感覚を信じましょう。ただし、夜は優柔不断だと指摘を受けたり、困っていることへの決断を迫られてしまうことも。
18	水	▼	冗談半分の行動は周りからの評価を急落させます。仕事で手を抜けば悪い結果になり、恋愛では好きな人を雑に扱うと縁が切れてしまうので気をつけましょう。
19	木	×	外出前に仕事内容の確認を怠ると、無駄な時間を過ごすことになりそうです。不要なトラブルを避けるためには、余計なことを考えすぎないようにしましょう。
20	金	▲	スマホで課金されているアプリを確認したり、料金プランを見直しましょう。不要な出費を減らす努力をしなければ、いつまでもお金は貯まりません。
21	土	○	人が集まる場所に行くといい情報を入手できたり、はじめて会った人と話が盛り上がって良好な関係を構築できそう。部屋の模様替えをするにもいい運気です。
22	日	○	「1日を楽しもう」と思うと運が味方につく日。自分だけでなく周囲も楽しませようと心がければ、うれしい出来事が増えるでしょう。小さな勇気が幸運につながることも。
23	月	□	目標となる人を見定め、マネをすることを心がけてみて。憧れの人や尊敬できる人が日々どんな判断や努力をしているのか、想像しながら生活してみるといいでしょう。
24	火	■	今日は少し贅沢をしてもいいので、スタミナのつくものを食べるようにしましょう。好きなものやおいしいものを食べることは、ストレス発散にもなりそうです。
25	水	●	恋愛運が最高潮です。しばらく恋愛から離れていた人でも、気になる相手と楽しく話せたり、距離が縮まったりすることがあるでしょう。勇気を出して1歩踏み出して。
26	木	△	集中力が欠けている日。手順を間違えるようなケアレスミスをしやすいので、何事も丁寧にするように気を引き締めておきましょう。忘れ物にも注意して。
27	金	◎	情報や理論をもとにじっくり考えるよりも、自分の経験を信じて判断してみて。今日は勢いまかせに行動したほうが、結果的に「よかった」と思うことができそうです。
28	土	☆	買い物をするには最高の日。高級でも長く使えるような財布など、いつもより高価なお金に関わるものを買ってみるといいでしょう。契約事にも向いている日です。
29	日	▽	日中はいい流れなので、素敵な出会いにも恵まれて満足できる1日になりそう。ただし、夜もその調子でいると疲れがたまって不満に思うことが出てきてしまうかも。
30	月	▼	自分の機嫌は自分でとることが重要な日。些細なことでイライラしていると、周囲と気まずい関係になったり、評判を下げてしまったりするので気をつけましょう。

2020

12月

▽ ブレーキの月

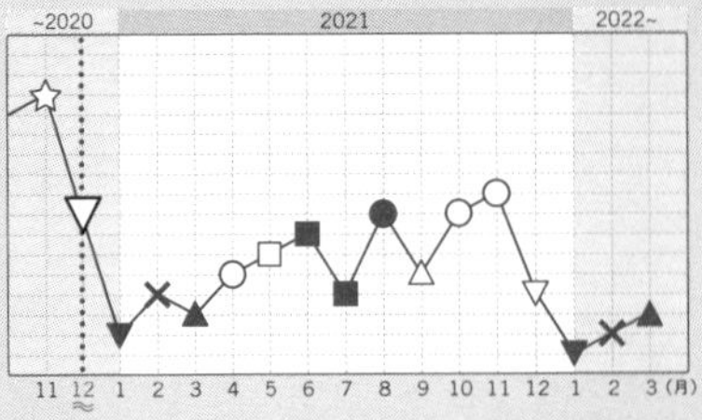

開運 3 カ条

1. 調子に乗らないで気を引き締める
2. 信用している人を信頼する
3. 流れに身をまかせ、逆らわない

総合運

現在の環境に不安な気持ちが出てくるなど、運気の流れが大きく変わりはじめる時期。人間関係も変化し、縁が切れる人とはその予兆がありそうです。隙を突かれやすいので、調子に乗らず気を引き締めましょう。下旬から判断ミスをしやすいので、余計なことをせず現状維持を。

恋愛＆結婚運

中旬までは交際に進める運気なので、好きな人のことは上旬に射止めるように。下旬になるとライバルに奪われたり、失恋したりする可能性が高くなります。新しい出会いの縁は薄いですが、信頼できる先輩や上司からの紹介や、相手からの猛烈なアピールがあるなら勢いで交際してもOK。結婚運は、下旬になると不安な気持ちが強くなるので、中旬までに進展をはっきりさせて。

仕事＆金運

仕事運は、これまでの努力や成果が評価される時期ですが、昇進しすぎてしまうかも。また、来月以降は重要な業務をまかされそうです。逆にサボり続けた人はここから苦労がはじまるので、しっかり受け止めて会社に恩返しすること。金運は、不要な出費を避けて貯蓄を意識して。

1 火	×	年上の人に振り回されてしまったり、思い通りに進まなかったりしそうな日。理不尽なことを言われた場合は、「自分を鍛えるとき」だと思って受け止めましょう。
2 水	▲	どんな資料でも適当に処分すると後で困ることになったり、問題になったりすることがありそう。大切な資料を捨てないように、日常的に身の回りを整理しておくこと。
3 木	○	気分転換で新しく挑戦したことが思った以上に楽しく思えたり、いい刺激になるでしょう。いつもは行かない場所で人脈も広がるので、人の集まりには参加してみて。
4 金	○	不平不満が出るのは自分の成長が足りない証拠。ネガティブな言葉を言わないために、今すべきことをよく考えて。すべてが自分を成長させる試練だと思いましょう。
5 土	□	今後の人生を真剣に考えるといい日。恋人と将来の話をしてみると、次のステージに関係が進みます。また、仕事は今の職場で働き続ける覚悟を決めるとよさそうです。
6 日	■	昼寝をしたりマッサージに行ったりして、蓄積した疲労を完全に取り除くくらいの完全休養をしましょう。活動的に過ごすと、さらに疲れがたまることがあるので注意して。
7 月	●	あなたの能力と魅力が輝く日。肩の力を抜いて仕事をするほど、物事がスムーズに進んだり、流れがよくなります。恋愛では好きな人との関係が深まり、交際に発展することも。
8 火	△	口が滑って相手が不愉快になることを言ってしまったり、判断ミスをしやすかったりする日。今日は「うっかり」すると思い、何事も慎重な行動を心がけましょう。
9 水	◎	目の前にある仕事に取り組むときは、ダラダラしないで真剣になることが大事です。今日は目標を達成できて、これまでの頑張りがいい形になるでしょう。
10 木	◎	仕事運がいい日なので、思った以上の結果を出せたり、周囲の期待に応えることができそう。今後必要なお金をしっかり考えて計算して、次の目標を定めることも大事です。
11 金	▽	実力以上の結果を出せて、満足できる1日になりそう。ただし、頑張りすぎると夕方は疲労感が強くなるので、夜は予定を詰め込みすぎないようにして、ゆっくり過ごして。
12 土	▼	よかれと思ったことが裏目に出たり、タイミングが悪かったりして、恋人や友人と噛み合わない日。相手の機嫌を損ねてしまうことがあるので気をつけましょう。
13 日	×	あなたの判断の甘さを指摘されそうです。自分の気持ちを素直に伝えながらも、相手の心にしっかりと届く言葉を選んで表現の工夫に努めましょう。
14 月	▲	集中力が途切れて仕事へのやる気を失いそう。突然転職したくなったり、目の前の仕事を投げ出したくなったりしそうですが、今日は忍耐が必要だと堪えておきましょう。
15 火	○	まずは何事も行動することが大事な日。新しいことや気になったことはチャレンジしてみて、うまくいかなくてもヘコまずに、失敗したことから学びましょう。
16 水	○	自分が勉強したいテーマや話題の本を読んでみると、心に響く文章を見つけられるでしょう。それを周囲にシェアすると、心温まる輪が広がりそうです。
17 木	□	何事も順番があることを忘れないように。順序通りに丁寧に仕事をするように心がけ、上下関係をきちんと守ることで、いい流れに乗ることができるでしょう。
18 金	■	今日は疲れをためやすいので、無理をしないほうが賢明です。油断をして風邪をひいてしまわないように、うがいと手洗いをしっかりやることが大事でしょう。
19 土	●	恋人がいない人や友人を遊びに誘うと、思いがけず恋人候補になるかも。また、好みではない人からの誘いに乗ってカフェデートをすると、意外と盛り上がりそう。
20 日	△	何かと隙ができやすい日です。大掃除をしたら大事なものを処分してしまったり、約束があったことを忘れてしまったりしそうなので、十分に注意しておきましょう。
21 月	◎	人との縁を大事にすることで、運気の流れがよくなります。しばらく疎遠だった人から連絡がきたら会う約束をして、その勢いで今日中に会うのがオススメ。
22 火	◎	年末年始に必要な買い物をするにはいい日なので、仕事帰りやネットで買い物をしましょう。仕事運もよく、思った以上にいい結果を出せる大事な日でもあります。
23 水	▽	1年の頑張りを褒められることで、結果を出すために今自分が注力すべきことがわかるはず。結果に納得できなければ、学びが足りず努力の必要があるということ。
24 木	▼	嫌な予感が当たってしまいそうな日。ネガティブなことを考えて過ごしていると運気の流れが悪くなるので、ポジティブな発言を意識的にするようにしましょう。
25 金	×	今年のクリスマスは想定外のことに見舞われそう。他人の仕事をまかされたり、小さなことで不機嫌になったりしそうですが、笑顔で過ごすことを心がけましょう。
26 土	▲	人との縁が切れやすい日です。恋人でも友人でも相手のやさしさに甘えすぎず、自分でできることは精一杯やること。また、身の回りを整頓しておくといいでしょう。
27 日	=	興味のなかったジャンルの音楽を聴いたり、本を読んだりすると、おもしろい発見がありそうです。何事も「少しの勇気」を胸に挑戦をしてみるといいでしょう。
28 月	□	大掃除にあてるといい日なので、古いものは一気に処分を。新しい洗剤や使ったことのない道具を使うと、思った以上に便利で驚いてしまうかもしれません。
29 火	■	年末年始の約束をするなら今日がいいので、知人に連絡をして予定を立てるようにしましょう。また、夜に忘年会があるようなら、お酒の飲みすぎに気をつけて。
30 水	■	健康のために体を動かすのはいいですが、無理をすると関節を痛めたり筋肉痛になったりするのでほどほどに。急に重いものを持って腰やひざを痛めないよう注意して。
31 木	●	1年の締めくくりができるいい日。感謝の気持ちを忘れないで、年明けから学ぶことが増えるという覚悟を持つようにしましょう。好きな人がいる場合は気持ちを伝えてみて。

☆ 開運の日　◎ 幸運の日　● 解放の日　○ チャレンジの日
□ 健康管理の日　△ 準備の日　▽ ブレーキの日　■ リフレッシュの日
▲ 整理の日　× 裏運気の日　▼ 乱気の日　= 運気の影響がない日

2021 1月

▼ 乱気の月

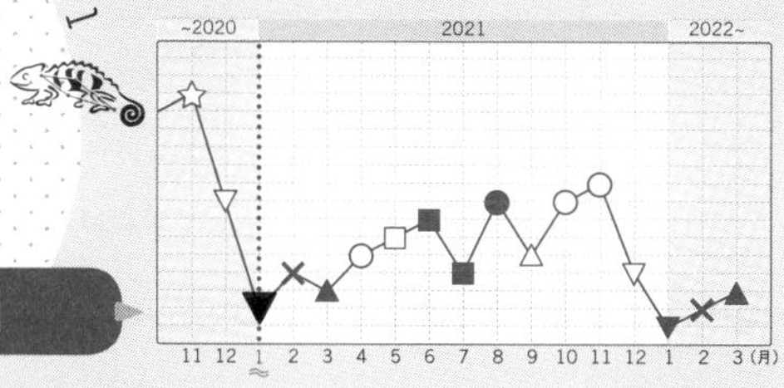

開運3カ条

1. 欲張らない
2. 自分のことよりも相手のことを考える
3. 柑橘類を食べる

総合運

冷静な判断ができなくなる月。ひとつのことになかなか集中できなくなり、余計なことを考えてしまいそう。人間関係もゴチャゴチャしてきそうなので、信頼できる人に相談をしたり、処理をする順番を間違えないようにしましょう。体調を崩しやすいので、風邪やインフルエンザなどに注意。突然の寒気や異変を感じたときは早めに病院に行くなど、無理をしないように心がけて。

恋愛&結婚運

相手との関係が乱れてしまう時期。これまで順調に進んでいたカップルでも気まずい空気になってしまったり、相手の雑な部分が目についてしまうことがありそう。相手もあなたの嫌なところに目がいってしまいそうなので、気をつけましょう。新しい出会いは期待できないので無理に人脈を広げる必要はないですが、これまで出会ったことのないタイプと出会えそう。結婚運は、今月からしばらく縁が薄くなるでしょう。

仕事&金運

プレッシャーのかかる仕事や苦手な仕事をまかされてしまうことがありそうな時期。期待に応えられず結果が出ないことが続いたり、本来なら自分がやる必要のない仕事をすることもありそうです。現実をしっかり受け止めて問題を改善する方法を考えたり、上司や先輩からのアドバイスを受けましょう。金運は、予想外の出費に要注意。

1	金	△	新年早々ミスを連発してしまいそう。食べこぼしや手を滑らせてスマホを落とすなど、自分でもドジだと思ってしまうことがあるかも。新年の挨拶を忘れることもありそうです。
2	土	○	懐かしい人や久しぶりな人に会うことがあるかも。身なりをしっかり整えておかないと、恥ずかしい思いをしてしまいそう。いい思い出の話をすると気持ちが晴れるでしょう。
3	日	○	買い物に出かけるといいでしょう。バーゲンで安いからといって不要なものを購入しないよう、本当に必要か冷静に判断して。価値のないものにお金を使わないように。
4	月	▽	気を引き締めて過ごすつもりでも、午前中でやる気を失ったり、夕方あたりから集中力が途切れそう。面倒なことが重なりやすいので、片づけられる仕事は早めに終わらせて。
5	火	▼	疲れを感じたり、体調を崩しやすい日。今日は無理をせず、周囲に素直に助けを求めましょう。順調に進んでいても調子に乗らずに、判断や行動は慎重にするよう心がけて。
6	水	×	余計なことを考えてしまったり、イライラする出来事がありそう。何事も早めに行動してゆとりを持つことが大事です。焦ったときほどトラブルが起きるので気をつけましょう。
7	木	▲	諦めることで気持ちが楽になるかも。順調に進まないことやうまくいかないことには原因があるので、一度諦めて違う方法を試したり、上手な人から学んだ後にやり直してみて。
8	金	＝	周囲が笑顔になったり、喜んでくれる言葉を考えて発してみて。学んだ知識だけを話しても相手は喜ばないと気づきましょう。いい言葉を探すクセを身に付けることも必要です。
9	土	＝	学ぶことを見つけるにはいい日。書店で気になる本を購入して読んでみたり、苦手なことを克服するための本を探してみると、いい本を見つけることができるでしょう。
10	日	■	周囲の意見の折衷案を出せるように知恵を絞ることが大事。バランスよく生きるための勉強や訓練をすることで、大きく成長できたり、考え方を変えることができそうです。
11	月	■	疲れを感じたり、体調を崩してしまいそう。今日は無理をせず、暖かい服装を心がけておきましょう。食事は鍋料理や体によさそうな食材を選んでみて。
12	火	●	自分の力を発揮することができそうです。周囲の協力や存在に感謝を忘れず、これまで経験をさせてもらったことをありがたく思えると、次に進むべき道が見えてくるでしょう。
13	水	△	緊張の糸が切れてしまうかも。珍しいミスをしたり、ケガや事故につながることがあるので、確認作業はこれまで以上にしっかりすること。気を引き締めて1日を過ごしましょう。
14	木	＝	周囲の意見を取り入れると、学べることが多くありそう。自分の考えだけでは視野を広げられないことにも気づけるでしょう。はじめて話す人からはいい情報を得られそうです。
15	金	＝	困難や苦労を感じることがあっても、自分の欠点を知るきっかけになったと思って、今後の課題にしましょう。言い訳をしたり他人の責任にすると苦しい状況になりそう。
16	土	▽	計画的な行動を心がけないと、予定外のことをする不運に巻き込まれてしまうかも。特に夕方から夜にかけて予定が乱れやすいので、無駄な外出は避けるようにしましょう。
17	日	▼	知り合いに予定を乱されたり、面倒なことを押しつけられてしまうことがありそう。今日は早めに帰宅して家でのんびりする時間を作っておかないと、次の日に響きそうです。
18	月	×	何事も裏目に出てしまいそう。よかれと思ってやったことが原因でトラブルや余計なお節介になってしまうことがあるので気をつけて。今日は流れに身をまかせておきましょう。
19	火	▲	自分に足りないことや欠点を突っ込まれてしまうかも。事前準備が足りず、反省することが多い1日になりそうです。見落としも多いので、何事もしっかり確認しましょう。
20	水	＝	周囲の意見に賛同したり、場の流れに合わせることが大事になりそう。オススメされた本や映画に触れてみると、思った以上にいい勉強になったりおもしろい発見があるでしょう。
21	木	＝	不慣れなことや苦手なことに挑戦するといい勉強になるでしょう。失敗や挫折で終わらせないで、何が原因かをしっかり考え、データやパターンを分析することが大事です。
22	金	■	今日と明日はしっかり体を休ませる日にすることをオススメします。すでに予定が入っている場合は休憩時間をしっかり作り、体に負担のかかることは避けておきましょう。
23	土	■	昨日しっかり休めた人も、今日はのんびり過ごしましょう。外出先では風邪をうつされたり、うっかりケガをすることも。不要な外出は控え、家でDVDや動画を観て過ごして。
24	日	●	よくも悪くも注目される日になりそう。好みではない相手から好意を寄せられたり、面倒なことをまかされてしまうことがあるかも。目立たない服を選ぶといいでしょう。
25	月	△	忘れ物や失敗が続いてしまうかも。漢字の書き間違いや読み間違い、数字の間違いなどしやすいので気をつけて。困ったときは恥ずかしがらずに、素直に周囲に教えてもらうこと。
26	火	＝	付き合いの長い人のわがままに振り回されてしまうことがありそう。相手の話を聞きながら、相手が言って欲しい言葉は何かを考えて選んでみるといい勉強になりそうです。
27	水	＝	後輩や部下やお世話になっている人のためにお金を使ってみましょう。すぐではないですが、いずれ返ってくることがあるので、期待をしないで待ってみるといいでしょう。
28	木	▽	思ったよりもいい流れに乗れそうですが、調子に乗りすぎないように。挨拶はきちんとし、マナーをしっかり守るといいですが、不機嫌な人に巻き込まれてしまうこともありそうです。
29	金	▼	油断大敵な日。体調面が乱れやすく、集中力も続かなくなってしまいそう。気分をかき乱す人と一緒にいる時間が増えることもあるので、平常心を心がけて落ち着いて行動して。
30	土	×	のんびりする予定のはずが、突然友人に誘われて慌ただしい1日になってしまったり、家族に予定を乱されてしまうかも。「こんな日もあるかな」と思って受け止めましょう。
31	日	▲	身の回りの整理整頓をするのはいいですが、間違えて大事なものを処分したり、落として壊してしまうことがありそう。慎重に丁寧に行動するように心がけておきましょう。

2021

2月

×裏運気の月

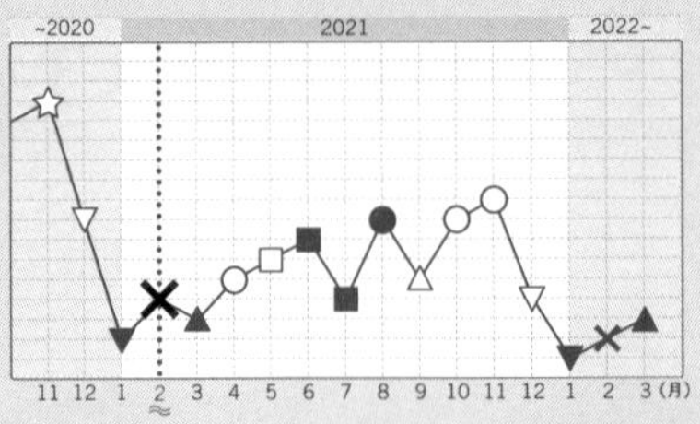

開運3カ条

1. 明るい未来を想像する
2. 他人の尊敬できるところを見つける
3. 仕事に感謝をする

総合運

心も体も乱れてしまいそうな月。余計な心配をしたり、不安定な状況になってしまいそう。焦る気持ちを抑えたり無理に流れを変えようとしないことが大切。流れに身をまかせながら、冷静に物事を判断するように心がけて。不安の多くは余計な妄想の可能性もあるでしょう。ただし、体調を崩しやすいので風邪だと思っても早めに病院に行き、異変を感じるところはしっかり検査をしてもらうといいでしょう。

恋愛&結婚運

これまでの恋愛とは違うタイプが気になってしまったり、相手に振り回されてしまうことがある時期。思った以上に空回りをしやすいので気をつけて。恋人のいる人は些細なことでイライラし、関係が悪くなったりケンカになってしまうことがあるので、余計な発言に気をつけ、優柔不断な態度は控えるようにしましょう。結婚運は推し進めようとすると破談になることがあるので慎重に進めるように。

仕事&金運

不慣れで苦手な仕事をまかされてしまうため、珍しく大きなミスをしやすい時期。仕事に集中できず、モチベーションが上がらなくなってしまいそう。目標を無理に立てるよりも、自分が成長すべきことを見つけると、やる気が少しは出てくるでしょう。若い人の考え方を取り入れるのもいいかも。金運は、予想外の出費や買い物で失敗しやすいので気をつけて。節約を意識するといいでしょう。

1 月	＝	無理に進めるよりも流れに身をまかせることを意識して、今の自分ができることをしっかり進めましょう。新しいことに目移りしないようにすることも大切です。
2 火	＝	小さなことからコツコツはじめることが大事です。結果を気にしすぎたり後悔することを恐れたりせず、のんびりゆっくりでいいので、自分の成長を楽しんでみるといいでしょう。
3 水	■	日中は頑張れそうですが、夕方以降にパワーダウンを感じそう。風邪をひいてしまうことがあるので、暖かい服装を心がけ、無理をして疲れをためないように気をつけましょう。
4 木	■	しっかり休んだほうがいい運気の日ですが、仕事で外出する場合はあまり無理をせず、疲れを感じたときはこまめに休むようにしましょう。今日は早めの帰宅を心がけて。
5 金	●	周囲から求められることや、感謝されることがありそう。幸せとは他者から感謝されることなのだと改めて理解できそう。自分も些細なことに感謝することを忘れないように。
6 土	△	判断ミスをしやすい日。決断をする前にもう一度考え直してみたり、ギリギリで焦って判断しないようにしましょう。ゆとりを持って冷静になると、問題は起きないでしょう。
7 日	○	友人と遊ぶ機会がありそうですが、予定を乱されたり、耳の痛いことを言われてしまうかも。マイナスな情報でも上手にプラスに変換できるように努めましょう。
8 月	○	ちょっとした出費が増えてしまいそう。調子に乗って買いすぎないようにすることが大事ですが、プレゼントなど誰かを喜ばせるためならケチケチしないようにしましょう。
9 火	▽	頑張りが思ったほど認められなかったり、渋い結果になってしまいそう。あまりクヨクヨしないで、次の方法を考えるきっかけになったと思って、前向きに捉えておきましょう。
10 水	▼	人の話はしっかり聞き、疑問に思ったことがあれば聞き直すことも必要です。うっかりのミスが大きな問題になったり、やる気を一気に失ってしまうことがあるので注意して。
11 木	×	予想外に忙しくなったり、逆に暇すぎて時間を持て余すようなことがありそう。忙しいときでも慌てないで済むように準備し、時間があるときは身の回りをきれいにしましょう。
12 金	▲	苦手な人や面倒な人と一緒にいる時間が増えてしまうかも。感情的にならないように、気持ちを落ち着かせることが大事。体を少し動かすと気分はすっきりするでしょう。
13 土	＝	簡単にできると思ってチャレンジしてみると、思った以上に難しいと感じたり、何事もコツをつかむことが必要なのだと気づけるかも。上手にできる人を改めて尊敬できそうです。
14 日	＝	例年とは違った感じのバレンタインになりそう。過度な期待をせず、あまり無理はしないほうがいいでしょう。気になる相手には夜にチョコレートを渡すとよさそうです。
15 月	■	自分のペースを乱されてしまいそう。周囲に焦らせるような人が現れても、落ち着いて仕事をすることが大事です。優先順位を間違えることがないように気をつけておきましょう。
16 火	■	疲れや寝不足を感じたり、体調を崩しやすいので無理をしないようにしましょう。疲れからイライラしてしまったり、仕事でミスをすることも増えそうです。
17 水	●	少し流れのよさを感じたり、異性からの視線を感じられそう。挨拶やお礼をしっかりすることで、さらにいい流れに乗ることができたり、注目されるようになるでしょう。
18 木	△	ボーッとしたり、余計なことを考える時間が増えてしまいそう。不安を自ら作らないように気をつけましょう。友人に相談すると気持ちが楽になったり、答えを教えてくれるかも。
19 金	○	いろいろな考えをまとめるにはいい日。具体的で現実的な目標を立ててみましょう。恋愛でも理想が高くなりすぎていないか、冷静に判断する必要があるでしょう。
20 土	○	おいしいものを食べに出かけたり、芝居や映画を観に行くといいでしょう。気になるお店を調べたり、話題の場所に行ってみるといい発見もたくさんありそうです。
21 日	▽	家族を大切にすることでいい1日になりそうです。家族にお菓子をプレゼントしたり、日ごろの感謝を伝えておきましょう。夜は疲れやすいので、あまり無理をしないように。
22 月	▼	周囲と噛み合わないと感じたり、空回りしてしまいそう。不慣れなことや苦手なことをまかされたり、プライドが傷つく出来事もありそうなので、今日は慎重に行動しましょう。
23 火	×	あなたの弱点や欠点に突っ込んでくる人と一緒になったり、面倒なことに巻き込まれてしまうかも。流れに逆らうとさらに面倒になるので、上手に流されておきましょう。
24 水	▲	予想外に忙しくなってしまったり、予定通りに進まないことが増えそうです。身の回りをきれいに整理整頓しておくと、小さなイライラや無駄な時間を減らすことができるかも。
25 木	＝	視野を広げる努力をしたり、考え方を変えられるように努めましょう。何事もプラスに変換できると前に進めそうです。応援してくれるやさしい人の存在を忘れないように。
26 金	＝	わからないことはまず自分で調べたり考えてみることが大事です。なんでも人から教えてもらおうと思っていると、いつまでも同じような失敗を繰り返してしまうでしょう。
27 土	□	無理に好かれる努力をする必要はありませんが、嫌われないように努めることは大切です。やさしい人や憧れの人に自分を近づけられるよう心がけるといいでしょう。
28 日	■	今日は体をしっかり休めて。家でのんびりしたり、昼寝をする時間を作って日ごろの疲れをとりましょう。軽い柔軟体操や、体を温める程度の運動をするのもオススメです。

☆開運の日　◎幸運の日　●解放の日　○チャレンジの日
□健康管理の日　△準備の日　▽ブレーキの日　■リフレッシュの日
▲整理の日　×裏運気の日　▼乱気の日　＝運気の影響がない日

2021

3月

▲ 整理の月

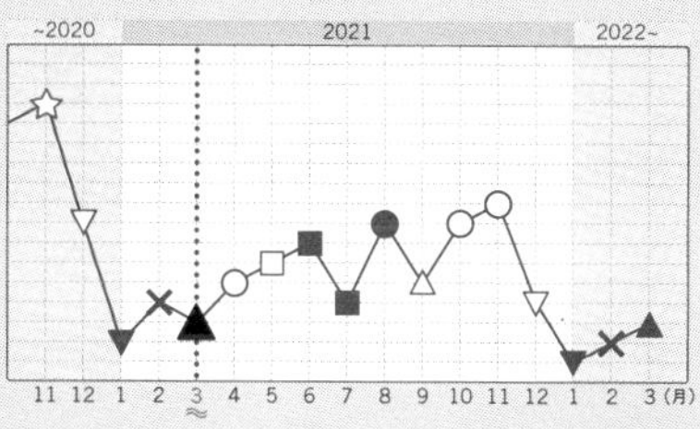

開運 3 カ条

1. 年齢に見合わないものは処分する
2. 相手のいいところを10個探す
3. 整理整頓と清潔感を心がける

総合運

失うことが多い月ですが、失ってはじめて大切さがわかり、自分の弱点や欠点を知ることもできそう。人との距離が開くことによって自分の時間ができたり自由になれるなど、プラスの面を見つけるようにしましょう。身の回りにある年齢に見合わないものや不要なものを処分することで大きな不運を避けられるので、思いきった整理をしておくといいでしょう。健康運は、ケガをしやすいので慎重に行動するようにしましょう。

恋愛＆結婚運

最も失恋をしやすい月。恋人のいる人ほど要注意です。関係がすでに悪くなっていると感じている場合は、ここで縁が切れてしまう覚悟が必要。別れを切り出せないでモヤモヤしている場合は、自ら別れを告げることで気持ちが楽になることもあります。特に付き合いの短いカップルほど、この時期は問題がいろいろ発覚するでしょう。結婚運は、破談になったり先の話ができない状況になりそう。

仕事＆金運

これまでにない大きなミスをすることがありそう。信用を失うことがあるので、事前にしっかり確認と準備を。無駄な動きや不要なことに気をとられないように、職場や仕事場をきれいにしたり整理整頓しておくことが大事です。また、仕事へのやる気を失ってしまうことが多い時期ですが、今の仕事に感謝することを忘れないように。金運は、不要なものを売ってみると、思ったよりも高値で売れるかも。

1 月	●	気持ちがすっきりする日。前向きに物事を捉えることができて、やる気も出てくるでしょう。人と対話をすることが大事ですが、包み隠すと話が前に進まないので素直に話してみて。
2 火	△	余計なことを考えすぎたり、小さなミスをしやすそう。目の前のことに集中することが大事です。鏡の前で笑顔の練習をしたり、服装や髪型のチェックもしっかりやっておくこと。
3 水	○	悪いクセが出てしまったり、同じような失敗をして突っ込まれることもありそうです。事前に気をつければ問題を避けられるので、自分の分析をしっかりやっておきましょう。
4 木	○	行動をする前にしっかり計画を立て、時間の確認も忘れずに。なんとなくスタートするのではなく、終わりの時間を事前に決めておくといい目標になりそうです。
5 金	▽	日中は問題が少なくても、夕方あたりからはテンションが下がってしまったり、現状が嫌になってしまうようなことがありそう。わがままな年下には気をつけましょう。
6 土	▼	反対や否定をされやすい日。自分の意見を押し通すのではなく、折衷案をしっかり出せるようにするといいでしょう。相手の意見も正しいと思うところからはじめてみて。
7 日	×	余計な妄想が膨らんでしまいそう。心配事のほとんどは実際には起きないので気にしないように。友人や家族と深く語ってみると、気持ちも頭の中もすっきりできるでしょう。
8 月	▲	油断をして忘れ物や確認ミスをすると、信用を失ってしまったり、大切なものをなくしたりするので気をつけましょう。何事も丁寧に行動するように心がけるとよさそうです。
9 火	＝	変化の少ない日ですが、自分がどれほど恵まれているか、与えられているものの多さに気づくことが大事です。不満や愚痴を言う前に、感謝の気持ちを忘れないようにしましょう。
10 水	＝	苦手なことを避けて通ったり、逃げられると思っても自分が苦しくなるだけ。現実をしっかり受け止め、自分を成長させるきっかけにするといいでしょう。
11 木	□	覚悟が足りずに不運を招いたり不満が出てしまうかも。今の仕事を続ける覚悟をしっかり持って、前向きに取り組むことが大事です。なんとなくで続けないようにしましょう。
12 金	■	今月の疲れが一気に出てしまいそう。風邪をひいたり、体調に異変を感じることがありそう。無理をしないで早めに帰宅し、のんびりする時間をしっかり作るようにしましょう。
13 土	●	予想外の人から遊びに誘われることがありそう。相手が異性の場合は告白をされることも。強引な人だとそのまま交際に進んでしまうこともありそうですが、相手選びは慎重に。
14 日	△	遊びに出かけるにはいい日ですが、時間を間違えたり、計算が甘くなって慌ててしまうことがありそう。ゆとりを持って行動しておくと、問題は避けられるでしょう。
15 月	○	物事を前向きに捉えられるようになりそう。余計な心配をするより、まずは行動することを優先して。悩んだときほど積極的にチャレンジするよう心がけましょう。
16 火	○	努力や頑張りが周囲に伝わるかも。大きな結果まではいかなくても、流した汗は認められるのだと感じられそう。いつも以上に真剣に、一生懸命取り組んでおきましょう。
17 水	▽	日中は問題が少ないですが、夕方あたりからは人間関係がギクシャクするようなことがありそう。あなたが相手を信用したり尊敬できなければ、関係が修復しないままになるかも。
18 木	▼	大切なことを聞き逃してしまったり、珍しい失敗をしてしまうかも。余計なことを考えないで、目の前の仕事に集中しましょう。マイナスな妄想はしないようにして。
19 金	×	順調に進んでいたことが急に止まったり、やり直しになるようなことがありそう。不機嫌さや不愉快さを表に出さないで、笑顔で受け止められると大きく成長できるでしょう。
20 土	▲	ひとりの時間を楽しむことが大事。考えがまとまらないときは信頼できる人に相談をして、すぐに行動に移してみるといいでしょう。アドバイスへの感謝も忘れないように。
21 日	＝	運気の影響は少ないですが、勉強をするにはいい日です。本を読んで学んでみたり、物事をよく観察して普段なら気づかないようなことを見つけてみましょう。
22 月	＝	いつもと変わらない日々がどれだけ幸せなことか忘れないようにしましょう。同じことの繰り返しでも、自分の中に少しは成長できている部分がないか探すといいでしょう。
23 火	□	周りから弱点や欠点を突っ込まれて、慌ててしまうようなことがありそう。焦って結論を出すのではなく、じっくり考えてから答えを出すようにするといいでしょう。
24 水	■	風邪をひいてしまったり、体調を崩してしまうかも。今日は無理をしないで、体を休ませることを優先して。早めの帰宅を心がけ、ゆっくり寝るようにしましょう。
25 木	●	欲張ると何も手に入らなくなるでしょう。まずはひとつ手に入れるために何をするべきか、しっかり考えて行動しましょう。何かを諦める必要が出てくることもありそうです。
26 金	△	適当な返事や曖昧な態度がトラブルの原因になるかも。イエス、ノーをはっきり言えるようにしておきましょう。保留にする場合も、明日中には返事をするようにして。
27 土	○	友人や家族の笑顔のために行動してみて。贈り物やおいしいお菓子を買って渡したり、食事に誘ってごちそうをするといいでしょう。楽しい思い出話もできそうです。
28 日	○	買い物に行くにはいい運気ですが、不要なものを買いすぎてしまうことがあるかも。必要なものはメモしてから出かけましょう。誘惑に負けて大出費しないように気をつけて。
29 月	▽	聞いていなかった報告を受けたり、予想外の出来事が起きそう。日中は問題が少ないですが、夕方あたりからは心を乱されてしまうような情報が入ってきそうです。
30 火	▼	雑な態度をとっていると、相手からも雑に扱われてしまうでしょう。挨拶やお礼はしっかりとするようにして、上品さを心がけて。小さな約束も忘れないように気をつけましょう。
31 水	×	人との縁が突然切れたり、大切にしていたものを失ってしまうかも。「縁がなかったんだ」と割りきり、「これまでありがとう」と感謝すると、悲しい気持ちも少し和らぎそう。

2021

4月

○ チャレンジの月

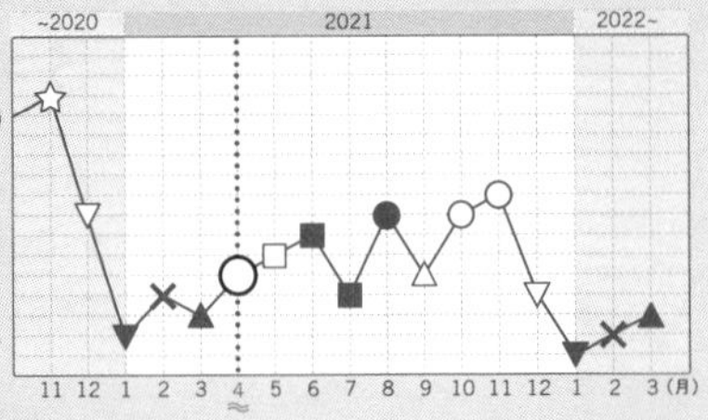

開運 3 カ条

1. 未経験なことを楽しんでみる
2. 異性のいい部分を探す
3. 素敵な言葉を使う

総合運

新たな環境に対応することで自分への課題が出はじめる時期。不運や不幸と簡単に片づけないで、原因を探って「なぜ苦労しているのか？」をしっかり考えて、他人や周囲の責任にしないようにしましょう。新たな体験をもっと楽しんで受け止め、好奇心を膨らませてみると、いい勉強になりそうです。健康運は、疲れがたまりやすくなることがあるので、無理はしないように。食事のバランスを整えておきましょう。

恋愛＆結婚運

これまで興味の薄かった相手や好みではないと思っていた人が気になるなど、恋愛に変化がある時期。意外な相手から誘われることもありそうです。とまどうかもしれませんが、友人を誘って複数で遊んでみるといい関係を作れそう。年齢の離れた人からアプローチされることもあるかも。大人の関係を楽しむのはいいですが、危険な恋には気をつけて。結婚運は、無理に進めようとするよりも、一緒にいる時間を楽しむことが大切でしょう。

仕事＆金運

不慣れなことや苦手な仕事をまかされることもありますが、「仕事とは不慣れをクリアするもの」と思ってしっかり受け止めましょう。これまでと同じではいられない場面が増えますが、時間をかけて取り組み、目先の結果に焦らないようにしましょう。周囲の人や仕事のいい部分を見つけながら取り組んでみて。金運は、新しいものが欲しくなりますが、後に無駄なものになる可能性が高いので慎重に購入するようにして。

1 木	▲	冗談やウソに本気で怒ってしまうと人間関係が悪くなってしまいそう。何事も許す気持ちや楽しむことを忘れないようにしましょう。冷静に話を聞くことも大切です。
2 金	＝	余計なことをして無駄な時間が増えてしまうかも。無駄だと思ったことが後に役立つこともあるので、学ぶ気持ちを忘れず「いい修行だ」と思って受け止めるといいでしょう。
3 土	＝	必要のないことを考えすぎて疲れてしまいそう。軽い運動をしたり、散歩をすると気持ちが晴れそうです。笑える漫画を読んだり、お笑いの動画を観るのもいいでしょう。
4 日	□	身の回りをキッチリ整えたり、きれいに掃除をしてみて。使わない食器や調理器具などを処分するのもいいでしょう。棚の中や薬箱も忘れずに整えておきましょう。
5 月	■	些細なことでイライラしてしまいそう。疲れがたまっている証拠なので、しっかり体を休めましょう。ストレス発散でおいしいものを食べに行くのもよさそうです。
6 火	●	素敵な人と一緒にいる時間が増えるかも。学べることやマネできそうなことを見つけることが大切です。小さなことでもいいので、相手に近づけるように心がけましょう。
7 水	△	寝坊や遅刻をしやすい日。下手な言い訳をすると信用を落としてしまうので、素直に謝りましょう。他人の責任にすることも相手のイライラの原因になるので避けること。
8 木	○	不得意なことに挑戦すると少し成長ができそうです。苦手なことをそのままにしていると、つまらない人生になってしまうと覚えておきましょう。成長をもっと楽しんでみて。
9 金	○	お金は勉強のために使いましょう。本を購入したり、上司や先輩の話を聞くために時間を作ることも大事です。飲み代や食事代も勉強の費用だと思っておくといいでしょう。
10 土	▽	日中は運気がいいので行動的になっておくといいでしょう。大事な用事は早めに片づけておくこと。夕方あたりからは余計なことを考えすぎてしまうので、ほどほどに。
11 日	▼	予定が大きく乱れてしまいそう。思い通りに進まないと覚悟して1日を過ごすといいでしょう。意外な展開を楽しめるようになると、人生を充実させることができそうです。
12 月	×	情報不足や流行に詳しくないことを突っ込まれてしまうかも。知らないことは素直に「知らない」と言って、教えてもらうとよさそうです。知ったかぶりはやめておきましょう。
13 火	▲	余計なことを考えて仕事でミスをしたり、忘れ物をしてしまいそう。目の前のことに集中し、確認作業もしっかりするように。仕事に関わる場所はきれいに整えておきましょう。
14 水	＝	当たり前だと思うことにも、感謝の気持ちを忘れないように。周囲を見渡してみるだけでも、感謝できることが山ほどあるということに気づけるようになりましょう。
15 木	＝	年下から学べることがたくさんありそう。部下や後輩と話してみると、いろいろな考え方や生き方に気づけるでしょう。否定しないで、肯定的に話を聞くことが大切です。
16 金	□	集中力が途切れてしまいそう。時間を決めてこまめに休みを入れたり、気分転換をするようにして。夜は特に疲れがたまりやすいので無理は禁物。お酒は避けたほうがいいかも。
17 土	■	日ごろの疲れをしっかりとりましょう。マッサージや温泉に行ってのんびりしたり、昼寝の時間を作ってみるとよさそうです。今日予定していたことは明日に繰り越して。
18 日	●	異性の友人や知人から突然遊びに誘われるかも。集まりに顔を出してみると、思った以上に楽しいことが起こりそう。意外な人から好意を寄せられることもありそうです。
19 月	△	遅刻や寝坊、計算ミスや数字の見間違いをしやすい日。事前準備と最終確認はしっかりしておきましょう。何事も早めに行動して、時間に余裕を持っておくことも大事です。
20 火	○	勉強したことが役立ちそう。学びが足りないと感じたら、今日から勉強をはじめておきましょう。話題のビジネス書を読んでみると、勉強になったり会話のネタにできそうです。
21 水	○	他人に与えることで学びを得られそうです。自分中心ではなく、相手や全体のことを考えて判断するように。教えられることや伝えられることはできるだけやってみましょう。
22 木	▽	日中は物事が問題なく進みそうですが、夕方あたりからは甘い考えが通用せず、弱点や欠点を突っ込まれてしまうかも。何事も丁寧にやることを忘れないようにしましょう。
23 金	▼	やるべきことや問題が増えてしまいそう。時間がないことに焦ってしまいそうですが、優先順位を冷静に判断して、ひとつひとつじっくり進めるようにしましょう。
24 土	×	裏目に出るからこそ学べることもあるでしょう。予想外のことが多いですが、普段と逆の選択をしてみるとよさそうです。普段なら会わないような人と縁ができるかも。
25 日	▲	身の回りをきれいに掃除したり、不要なものを処分するといいでしょう。時間泥棒になっているゲームやアプリは思いきって消去してみると気持ちが晴れそうです。
26 月	＝	上司や先輩から学ぶことがたくさんありそう。結果を出している人のいい部分をマネしてみることが大切です。上品な言葉を意識し、挨拶やお礼をしっかり言えるようにして。
27 火	＝	不思議な縁ができる日。友人から連絡がきたときは、会う約束をしておくといいでしょう。気になる相手に連絡するにもいい日なので、連休の予定を聞いてみて。
28 水	□	連休の予定を立てたり、今後必要になるもののリストを作っておくといいでしょう。気になる映画やライブを観に行く計画を立てておくのもよさそうです。
29 木	■	たまった疲れが一気に表に出てくるかも。風邪をひいたり、腰痛や肌荒れなどにも悩みそう。しっかり体を休めるようにし、果物や野菜を多めにとっておくといいでしょう。
30 金	●	友人や知人から遊びに誘われそう。連休中に遊ぶ予定を作るか、勢いで飲みに誘ってみるといいでしょう。おもしろい出会いや珍しい体験をすることもありそうです。

☆開運の日 ◎幸運の日 ●解放の日 ○チャレンジの日
□健康管理の日 △準備の日 ▽ブレーキの日 ■リフレッシュの日
▲整理の日 ×裏運気の日 ▼乱気の日 ＝運気の影響がない日

2021

5月

□ 健康管理の月

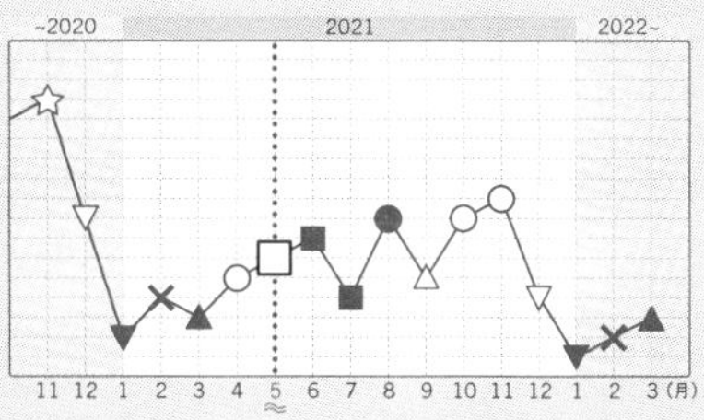

開運 3カ条

1. 学ぶことを見つける
2. 誘惑に負けない
3. 他人の責任にしない

総合運

やらなくてはならないことや学ぶことが増える時期。不慣れなことや未経験の物事が多くて辛い状況になりますが、ここでの経験が後に役立つことに。困難や苦労はあって当然だと受け止めるといいでしょう。不安や心配事の多くは妄想や空想なので考えすぎには気をつけて、目の前のことにしっかり取り組むようにして。健康運は、今月から基礎体力作りをはじめたり、生活習慣の見直しをしておくといいでしょう。

恋愛&結婚運

新しい出会いは増えますが、ここでの縁は長続きしないことが多いので期待しないで。異性の友人や知り合い程度の距離感がオススメ。ノリが合うとついつい深入りしたくなるかもしれませんが、危険な香りのする異性やこれまでとはまったく違ったタイプには簡単に飛び込まないように。恋人のいる人は新年度からの流れで忙しくしていると急に相手の態度が冷たくなることがあるので、こまめな連絡を。結婚運は、話が進みにくい時期。

仕事&金運

自分に至らない部分があると思って仕事をすることが大事な時期です。問題を他人の責任にすると、いつまでも問題は解決しないまま同じ困難を繰り返すだけに。学ぶことを見つけたり、トラブルの原因を探って今後に活かすようにしましょう。臆病にならないで新たな課題や壁を受け止めましょう。金運は、出費が増えて貯金が減ってしまうことがありそう。投資や甘い誘惑には特に気をつけて。

日	曜	運気	
1	土	△	楽しい時間を過ごすのはいいですが、ダラダラするだけで時間の無駄になってしまうことがありそう。終わりの時間を決めてきっちり遊んだほうがいい思い出になるでしょう。
2	日	○	懐かしいメンバーで遊ぶと楽しい思い出がよみがえりそう。頑張っている友人を見るといい刺激をもらえそうです。逆にやる気のない人の影響を受けることもあるので気をつけて。
3	月	○	お金の計算が雑になってしまうかも。買い物や遊びすぎで財布が空っぽになったり、予想以上に使いすぎて後悔することがありそうです。決めた金額内で楽しむようにしましょう。
4	火	▽	日中はタイミングのよさやいい流れを感じられそう。勢いに乗って行動するのもいいですが、夕方あたりからは判断ミスをしたり焦って失敗をしやすいので、冷静に行動して。
5	水	▼	余計な妄想が膨らんで不安になってしまったり、判断ミスをしてしまうかも。勘に頼って行動しないで、周囲に合わせることが大切。身勝手な判断は不運の原因になるでしょう。
6	木	×	些細なことでイライラしそう。店員さんの態度が悪くてもムッとしないで「忙しいのかな」「体調でも悪いのかな」と思っておきましょう。他人に過剰な期待をしないこと。
7	金	▲	予定が急に変更になったり、順調に進んでいたことが突然中止になってしまうかも。いい関係に進展していると思っていた相手とも疎遠になってしまうことがありそうです。
8	土	=	今日は勉強になることを積極的にやってみて。書店で本を買って読んだり、調べ物をするといいでしょう。不慣れだと思うことを練習すると、少しは成長につながりそうです。
9	日	=	自然の多い場所でのんびりしましょう。大きな公園を散歩したり、サイクリングするのもオススメ。天気がすぐれないときは、家で感動する映画を観るとよさそうです。
10	月	□	慌てると間違った方向に進んでしまうかも。大切なことは周囲に相談してから、後日決断するといいでしょう。甘い話や決断を焦らせるような人には注意が必要です。
11	火	■	小さなケガやうっかりの打撲に気をつけて。目の疲れや肩こりなど、普段ならなんともないところに異変を感じた場合は、早めに病院に行って検査してもらいましょう。
12	水	●	順調に物事が進む日ですが、調子に乗って油断するとミスをしてしまいそうなので注意しましょう。特に夕方になると小さなミスが重なりはじめるので気をつけること。
13	木	△	真面目に取り組むのもいいですが、楽しむことや遊び心も大切になるでしょう。周囲が喜びそうなことをやってみると自分もどんどん楽しくなりそう。笑顔の連鎖を楽しんでみて。
14	金	○	いろいろな人の考え方を知るといい勉強になりそう。みんなでアイデアを出し合うと、おもしろい考え方や発想をする人を見つけられます。相談事も解決策を教えてもらえそう。
15	土	○	買い物をするつもりがなくても、外出先でついつい余計なものを買ってしまったり、ネットで勢いのままに購入してしまいそう。財布のヒモが緩くなっているので気をつけて。
16	日	▽	日中は思った以上にスムーズに物事が進みそう。夕方あたりからは予定が乱れたり、周囲に振り回されてしまうことがあるので、ゆとりを持って行動しておくといいでしょう。
17	月	▼	自分のみが正しいと思っているとイライラするだけ。いろいろな考えや生き方を許したり認めたりできれば、気持ちが楽になりそう。欠点を突っ込まれても上手に流しましょう。
18	火	×	自分のことよりも周囲や家族のために時間を使いましょう。わがままを通そうとすると、面倒なことが起きてしまいそうです。周囲への感謝の気持ちを忘れないように。
19	水	▲	曖昧な返事をすると、ややこしい状況になってしまうかも。ダメなときはハッキリと断ったほうがいいですが、後からフォローを入れておくことも忘れないように。
20	木	=	自分の好奇心に従って行動することが大事。うまくいかないことから学びを得られたり、上手にやっている人を尊敬できるでしょう。些細なことでもいいのでまずはやってみて。
21	金	=	視野を広げることが大事になりそう。本や雑誌、ネットからの情報も大切ですが、経験者の生の声を聞くことはもっと重要です。憧れの人や尊敬できる人と話をしてみましょう。
22	土	□	苦労は承知のうえで、レベルの高いことに挑戦してみましょう。目標はできるだけ高くしておくと、挫折することがあっても、やり方やタイミングのいい勉強になるでしょう。
23	日	■	しっかり体を休ませることが大事。すでに予定が入っている場合も、ランチやお茶などで休憩をこまめにとり、疲れをためないようにして。昼寝の時間も作っておきましょう。
24	月	●	複雑に見える仕事もひとつひとつ丁寧に取り組めば、ゆっくりでもクリアできそう。問題を複雑に捉えすぎないで、今できることをやっておくといい結果につながります。
25	火	△	余計な妄想が膨らんで、ぼんやりする時間が増えてしまいそう。うっかりミスや忘れ物などもしやすいので要注意。時間を忘れて作業が遅れてしまわないよう気をつけましょう。
26	水	○	知り合いから突然連絡がくることがありますが、面倒なことに巻き込まれてしまわないよう気をつけましょう。儲け話や誘惑には裏があるので、信用しないようにして。
27	木	○	うれしい知らせが入ってきそう。自分のことだけではなく、他人の喜びも自分の喜びだと感じられるようにすると、運が味方につき、大きな幸せを手にすることができるでしょう。
28	金	▽	やるべきことは日中にできるだけ終えるように一生懸命取り組みましょう。夕方あたりからは周囲の手伝いなど、ほかにやるべきことが出てきてバタバタしてしまいそうです。
29	土	▼	久しぶりに会った恋人と大ゲンカをするかも。友人と気まずい空気になったり、家族にハッキリ言われてムッとくることもありそうです。すべて自分の問題だと受け止めましょう。
30	日	×	何事も控えめを心がけておくといいでしょう。服装も少し地味な感じで、目立たないものを選んで。集まりに参加するのはいいですが、好みではない人から好意を寄せられそう。
31	月	▲	ひとつの恋を諦めたり、趣味をやめる決断をするなど、気持ちの整理をつけるにはいい日。不要なものはどんどん処分し、年齢に見合わないものも片づけるようにしましょう。

2021

6月

■ リフレッシュの月

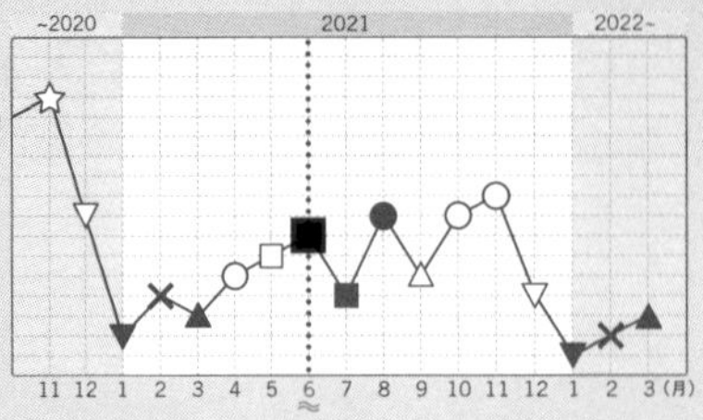

開運 3 カ条

1. 事前に休みの計画を立てる
2. 急な誘いはなるべく断る
3. 就寝時間を早める

総合運

しっかり計画を立てて行動することが大切な月。予定をいっぱいにしないようにしたり、急な誘いや無理なお願いははっきり断ることも大事。優柔不断になると、強引な人に面倒事を押しつけられてしまいそう。休みの日の計画を決めておくといいので、温泉やスパやマッサージに行くようにしましょう。健康運は、生活リズムと食事のバランスをしっかり整えることが大事な時期。就寝する時間を早めにして、睡眠時間を多めにとるように。

恋愛&結婚運

気になる相手と遊びたいときは、グループで会うのがオススメ。みんなで楽しい時間を作ることで関係が少しよくなりますが、ここは焦らず、相手から誘われるまで待っておきましょう。急に押しが強くなると空回りをすることになるので気をつけて。新しい出会いは、これまでとはまったく違うタイプの人と会う機会がありそう。結婚運は、恋人の望む理想に近づく努力をするにはいい時期でしょう。

仕事&金運

仕事の流れをつかむことができる時期ですが、疲れやストレスがたまりやすいので無理をしないこと。しっかり仕事をしたらしっかり休むことを忘れないように。頼られるのはいいことですが、オーバーワークになり、体調を崩す原因になりそうなので注意してください。金運は、節約をするのもいいですが、サプリや健康器具の購入など、ストレス発散や疲れをとるためにお金を使うといいでしょう。

1 火	＝	地道な努力が大事です。派手なことや奇をてらうことは考えないで、ゆっくり時間をかけてもいいので成長できることを続けましょう。結果を出すことばかり考えないように。
2 水	＝	小さなことでも挑戦することが大切。うまくいかないことから学んで、いろいろとやり方を考えてみて。何事も失敗だと思わないことが大切になるでしょう。
3 木	□	面倒なことは先に終わらせておきましょう。後回しにすると集中力が続かなくなって苦しく感じてしまいそう。夜は思った以上に疲れを感じたり、体調を崩しやすいでしょう。
4 金	■	疲れがたまりやすい日。無駄な動きをできるだけ減らすように心がけておきましょう。時間を決めてキッチリ動くほうが楽になれるかも。ランチは軽めにしたほうがよさそうです。
5 土	●	気持ちが少し楽になりそう。自分の時間をしっかり持つことができ、気持ちや考えの整理ができそうです。しっかり休むように心がけ、のんびりする時間を作っておきましょう。
6 日	△	遊びに出かけるのはいいですが、珍しくドジなことをしやすいので気をつけましょう。スマホや鍵をなくして焦ってしまったり、置いた場所をすっかり忘れてしまうかも。
7 月	○	不慣れなことに挑戦するよりも、自分の得意なことにしっかり取り組むことが大事です。目新しいことに流されないで、古くてもいいのでやりやすい方法を手放さないように。
8 火	○	お金と時間と数字には気をつけるようにしましょう。うっかり間違えてしまうことがあるので、しっかり確認して。ランチやディナーは少し贅沢をすると運気が上がりそうです。
9 水	▽	流れのよさを感じられそうな日ですが、慎重に行動することを心がけて。周囲の人への感謝も忘れないようにしましょう。自分のことだけを考えていると痛い目に遭いそう。
10 木	▼	隙があると突っ込まれてしまうかも。厳しい人に会うことがいい勉強になるのでヘコまないようにしましょう。自分の至らない点は素直に認め、少しでも改善するようにして。
11 金	×	余計な妄想や心配事が増えてしまいそう。考えすぎるよりも目の前にある幸せや喜びに目を向けるように。前向きな友人や知り合いと会うことで気持ちが楽になるでしょう。
12 土	▲	身の回りをきれいに整理整頓して。大事なものをしまい忘れてしまうことがあるので、メモをしておくとよさそうです。普段できていないような場所もきれいに掃除しましょう。
13 日	＝	カラオケに行って普段なら歌わない曲を選んでみて。思ったよりうまく歌えたり、難しくても歌っているうちに不思議と楽しくなりそう。友人や知り合いを誘ってみましょう。
14 月	＝	普段とは違う生活リズムを意識しましょう。出社時間を早くするなど、流れを少し変えてみるとよさそうです。おもしろい出会いや新たに気づくことがいろいろあるでしょう。
15 火	■	3、5、10年後のことを考えてみて。明るい未来にするために今努力しなければならないことや、何が必要になるかを考えて、すぐにやりはじめるようにしましょう。
16 水	■	体調を崩したり、寝不足を感じてしまいそう。頭がすっきりしなかったり体のだるさがあるときは、軽く体を動かしてフレッシュジュースを飲むといいでしょう。
17 木	●	よくも悪くも1歩引けて身が楽になる日。若い人に譲ったり、素直にまかせることができそう。教えることで学びもたくさんあるので、伝える難しさや楽しさを知ることができるでしょう。
18 金	△	準備不足が発覚したり、実力のなさを知ることになりそう。上には上がいることや、努力している人の存在を忘れないようにして。確認作業も忘れないようにしましょう。
19 土	○	親友に会うことで気持ちが楽になりそう。近況報告をし、今の心境を話してみるといいでしょう。話を聞いてくれる人がいることに感謝を忘れないで、アドバイスも大切に受け止めて。
20 日	○	映画や芝居など形に残らないものにお金を使いましょう。おいしいものを食べてストレスを発散したり、後輩やお世話になった人にごちそうしたりすると楽しい思い出が作れそう。
21 月	▽	日中は勢いで進められそうですが、夕方あたりから忙しくなりすぎたり、予定が大きく乱れたりしそう。他人に期待をしすぎたり、まかせっきりにならないように気をつけましょう。
22 火	▼	好きなことから離れなくてはならない状況や、逃げてしまいたくなるような状況になりそうな日。忍耐力が必要になるので、ここは辛抱して精神的に強くなりましょう。
23 水	×	失言や失敗が増えたり、油断をしやすいので余計なことばかり考えないようにして。うまくいかないことが続くときは、理由や原因をしっかり探すようにしましょう。
24 木	▲	何事も丁寧にキッチリ終えるように意識することが大事。締めくくりが疎かになるとそれまでの頑張りが無になってしまうので、最後まで油断しないようにしましょう。
25 金	＝	新たな問題や課題が発生しやすい日ですが、実力をアップさせるために必要な出来事だと思って前向きに捉えましょう。何事もマイナスに考えすぎないように気をつけて。
26 土	＝	博物館や美術館などに行ってみましょう。いい勉強になったり、感性を刺激されることがありそうです。アンティークショップに行くと素敵なものを見つけることができるかも。
27 日	■	頑張りすぎや予定の詰め込みすぎには要注意。明日に響いてしまうことがあるので、夕方あたりからはゆっくりするとよさそう。入浴剤を使ってのんびりお風呂に入りましょう。
28 月	■	小さなケガをすることがある日。うっかりドアに指を挟んでしまったり、段差で転んでしまうことがあるので気をつけましょう。疲れからイライラすることもありそうです。
29 火	●	頼りにされることが増えるので、今の自分にできることをやってみるといいでしょう。反省することも多いですが、周囲の存在の大切さや自分の実力を知ることもできそうです。
30 水	△	珍しく寝坊や遅刻をしてしまいそう。忘れ物をすることもあるので、事前に持ち物を確認しましょう。ほかにも珍しい失敗をすることがあるので、気を引き締めて1日を過ごして。

☆ 開運の日　◎ 幸運の日　● 解放の日　○ チャレンジの日
□ 健康管理の日　△ 準備の日　▽ ブレーキの日　■ リフレッシュの日
▲ 整理の日　× 裏運気の日　▼ 乱気の日　＝ 運気の影響がない日

2021 7月

■ リフレッシュの月

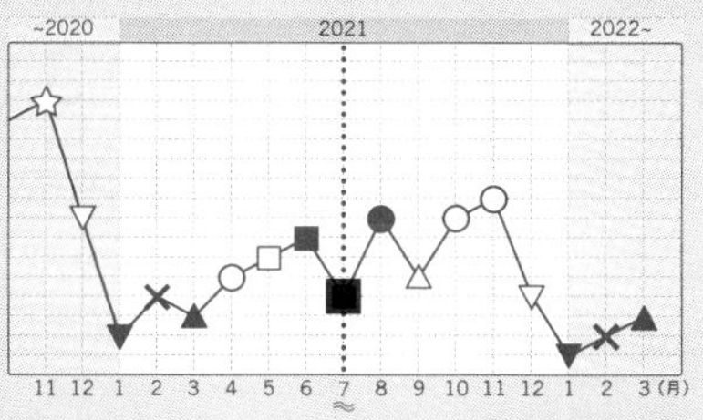

開運 3 カ条

1. 自分の健康を第一に考える
2. 多くのことを期待しない
3. 無理なことは引き受けない

総合運

休めるときにはしっかり疲れをとり、異変を感じるときは早めに病院に行って検査をしましょう。今月は休みの日にのんびりする計画や、温泉やスパに行く予定を立ててみて。健康を最優先に考える時期でもあるので、周囲からの体調に関する言葉にはしっかり耳を傾けてください。家族や親友に会っておくことも大切でしょう。健康運は、最も体調不良を感じやすい時期。無理な行動は避けるようにしましょう。

恋愛＆結婚運

今月は相手との関係に期待をしないほうがいいでしょう。すでにデートの予定がある場合は、前日にしっかり寝て疲れをためないことが大事。疲れたままのデートでは関係が悪くなるかも。新しい出会いも、あなたをイライラさせる相手や噛み合わない感じの人に会ってしまいそう。今月は自分磨きをして。結婚運は、些細なことから相手とケンカになるので、言葉遣いや態度には注意して。

仕事＆金運

自分の実力以上の仕事やストレスを感じるポジションをまかされてしまう時期。ペースを乱されてしまったり、無駄な時間を過ごすこともあるかもしれません。ほかの人の仕事をやる場合もあるので、限界まで仕事を詰め込まないようにしましょう。年齢に関係なく仕事をうまく割り当てることや、ときにははっきり断ることも大事です。金運は、体調を整えたり疲れをとるためにお金を使って。

1	木	○	付き合いが長い人からのアドバイスが大事になりそう。はっきり言ってくれる人や、本音で話せる人の大切さを忘れないように。遠方の友人に連絡してみるのもいいでしょう。
2	金	○	急な仕事や大事な予定が入ってしまい、予想外に忙しくなってしまうかも。優先順位をしっかり考えて行動すれば、いい結果や流れを作ることができるでしょう。
3	土	▽	日中は元気に活動できそうですが、夕方以降にドッと疲れが出てしまうかも。予定が乱れて疲れてしまうこともあるので、無理をしないで今日は早めに帰宅するようにして。
4	日	▼	遊びに行った先でケガをしたり、夢中になりすぎて体調を崩してしまいそう。暑さ対策と冷房の効きすぎた場所のどちらにも注意しましょう。冷たいものの飲みすぎにも気をつけて。
5	月	×	油断をしていると段差で転んだり、小さなケガをしてしまうかも。歩きスマホは危険なので気をつけて。仕事でもミスをしやすいので、冷静な判断を心がけておきましょう。
6	火	▲	大事なものをなくしたり、忘れてしまうかも。置き忘れやしまった場所を思い出せないこともあるので気をつけて。大事な約束を忘れてすっぽかしてしまうこともありそうです。
7	水	＝	好奇心で行動するのはいいですが、無理に深追いしすぎないようにしましょう。ほどほどを楽しむくらいがよさそう。安全確認も忘れないようにすることが大事です。
8	木	＝	これまで聞くことがなかったタイプの音楽を聴いたり、避けていたジャンルの映画を観るといいでしょう。新しい刺激や発見があり、思った以上に楽しめたり勉強になりそうです。
9	金	■	日中は少しくらいの無理もできそうですが、夕方あたりからは疲れから集中力が途切れてしまいそう。夜は早めに帰って家でゆっくりする時間を作っておきましょう。
10	土	■	日ごろの疲れをしっかりとるにはいい日。家でのんびり過ごしたり、好きな音楽を聴いてゆっくりする時間を作りましょう。スタミナのつくものを食べておくことも大事です。
11	日	●	友人と楽しい時間を過ごせる日。わがままを通そうとすると面倒なことになるので、細かいことは気にしないで流すようにしましょう。本を読む時間も作っておくとよさそう。
12	月	△	忘れ物やうっかりミスをしやすいので、何事も確認を忘れないで。ケガにつながるので不要な行動にも気をつけましょう。口も滑りやすいので余計なことは話さないように。
13	火	○	いろいろな人の話を聞いて考え方や生き方を学んでみて。自分と違う生き方をする人から刺激を受けたり、いい勉強ができそうです。今日は質問上手になるといいでしょう。
14	水	○	情報をしっかり集めたり、データや数字を意識することが大事になりそう。雑になってしまうと評価を落とすことになるので細かいところまでしっかりチェックしましょう。
15	木	▽	謙虚な気持ちを忘れないことが大切ですが、態度だけで示していると評価を下げるので気をつけて。すべての人に尊敬の気持ちを持って話をすることも大事でしょう。
16	金	▼	周囲と意見が合わなかったり、噛み合わないことが増えてしまいそう。意地を張らずに譲ることで悪い流れを断ち切ることができるでしょう。自分よりも全体のことを考えて。
17	土	×	何事も1歩引いて冷静に判断することが大事。客観的に自分を見られるように訓練しておきましょう。相手から自分がどんなふうに見えているのか想像しながら行動してみて。
18	日	▲	薬箱の中を確認しながら整理してみて。使用期限が大幅に過ぎているものは買い替えましょう。調味料や冷蔵庫の中にあるものも、期限が切れていないかチェックしておくこと。
19	月	＝	仕事前に軽くストレッチをしたり、体を動かしておくと楽に1日を過ごせるでしょう。休憩中も少し体を動かしたり、伸びをする時間を作っておくとよさそうです。
20	火	＝	情報を集めるのはいいですが、ネットの間違った情報を信じて恥をかいたり、振り回されてしまうことがあるので気をつけて。簡単に手に入る情報の薄さを忘れないように。
21	水	■	お客さんや取引先に振り回されて疲れてしまうかも。無理なことを言われて困ったり、疲れがたまったりしそう。上司や部下にも振り回されてしまうことがありそうです。
22	木	■	ペースを落としたつもりでも、ダラダラしてしまって逆に疲れるかも。全力で取り組んでしっかり休むほうがよさそうです。メリハリをつけて1日を過ごすようにしましょう。
23	金	●	仕事で発言をしたりアイデアを出すのはいいですが、責任を背負わされたり、仕事が増えて余計なことに時間がかかってしまうかも。軽はずみな発言には気をつけましょう。
24	土	△	余計なことをやって問題を起こしてしまいそう。適当な判断や好奇心だけで行動しないようにしましょう。礼儀や挨拶などもいつも以上にしっかりするように心がけて。
25	日	○	うまくいかないことには必ず原因があるので、しっかり調べて失敗の理由を考えてみましょう。成長のために今すぐできることがあれば、さっそくはじめるとよさそうです。
26	月	○	自分の仕事で笑顔になっている人の顔を想像し、仕事があることに感謝の気持ちを持つことが大切です。不満に思う前に、楽しむことを忘れないようにしましょう。
27	火	▽	優柔不断を突っ込まれてしまったり、判断の遅さが問題になってしまいそう。自分の勘を信じて突き進んでみるといいですが、欲深くならないように気をつけましょう。
28	水	▼	感情的になったり、冷静な判断ができなくなってしまうかも。機嫌よく過ごすことを心がけ、他人に過度な期待をしてイライラしないように気をつけましょう。
29	木	×	計画通りに進まないことが多い日。余計な心配や考え事をして無駄な時間が増えてしまいそう。気を引き締めないと仕事で大きなミスをすることがあるので気をつけましょう。
30	金	▲	仕事で使う道具の手入れをしたり、整理整頓することが大事です。散らかったままでは不運の原因になってしまうこともあるので、気になった場所はきれいにしておきましょう。
31	土	＝	普段興味のないことに挑戦するといい刺激を受けることができそう。周囲で話題になっている漫画や動画に触れてみたり、話題の映画を観に行ってみるといいでしょう。

2021

8月

● 解放の月

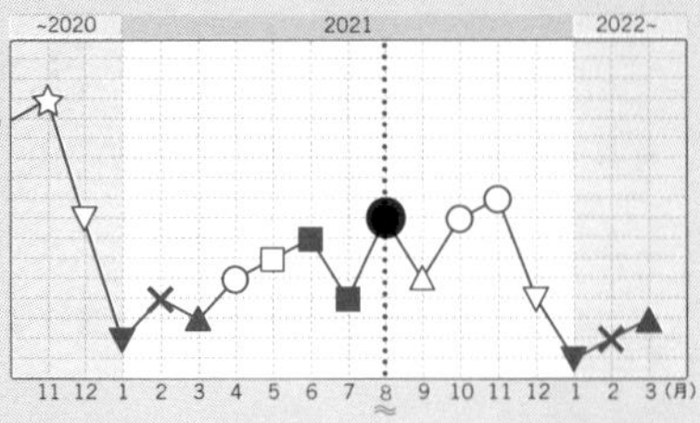

開運 3 カ条

1. 自分の心配よりも他人の心配をする
2. 初対面の人の発言はしっかり最後まで聞く
3. 目立たずじっくり仕事に取り組む

総合運

よかれと思った行動が裏目に出てしまったり、新たな不安や心配事が出てきてしまう時期。自分中心に物事を考えてしまうと前に進めなくなってしまうので、相手や周囲のことを考えて判断することが大切。少しくらい損をしてもいいと思って、学べることを見つけるようにしましょう。悪知恵を働かせると評価を落としたり、不運を招くので気をつけて。健康運は、睡眠時間を多くとったり軽い運動をしておくといいでしょう。

恋愛&結婚運

これまでとはまったく違ったタイプの人に惚れたり、予想外の人から好意を寄せられそうな時期。危険な人やあなたの運命を狂わせてしまう人に会うこともあるので、新しい出会いには警戒心が必要。1～2年前に出会った人の中で周囲からも評判のいい人であれば大丈夫です。長い間恋から遠のいている人には、急な展開があるかも。結婚運は、2020年中に婚約をしていたカップルは、今月話を進めるといいでしょう。

仕事&金運

自分の能力を発揮できる時期ですが、でしゃばりすぎて周囲からやっかまれ、足を引っ張る人も出てきてしまうかもしれません。上司や部下に予想以上に振り回されてしまうこともありそうです。今月は感情的にならないで冷静に判断し、不慣れな仕事から学べることを見つけるようにするといいでしょう。金運は、本来なら不要だと判断できるものが欲しくなり、出費が増えてしまいそう。本当に必要か、しっかり考えるようにして。

1 日	＝	心配事がある人は、友人や知人にアドバイスを求めてみて。年齢を問わず相手を尊敬することで大切な言葉がすーっと入ってくるでしょう。話は最後までしっかり聞くように。
2 月	□	段取りをしっかり守り、計画的に行動することが大事。「なんとなく」で動かないようにしましょう。目的にまっすぐ向かっているか考えながら仕事をしてみて。
3 火	■	頑張りすぎて体調を崩してしまうかも。期待に応えるのはいいですが、ほどほどにしておくことも大事です。仮眠をとったり、心の落ち着く音楽でリラックスする時間を作って。
4 水	●	人に求めることはできるだけ自分がやるようにして。文句や批判をする暇があるなら、まずは自分が動きましょう。自分ができないことに対して不満や愚痴を言わないように。
5 木	△	中途半端なミスをしてしまう日。対処を間違えて周囲に迷惑をかけることもあるので、不安がよぎることは念入りにセルフチェックし、信頼できる人にも頼ってみましょう。
6 金	○	目的を見失っているときは、明るい未来を想像することが大事。何を学びどう成長する必要があるのかしっかり考えましょう。尊敬できる先輩や上司の話にヒントがありそう。
7 土	◎	買い物に行くのはいいですが、無駄な買い物や余計な出費には注意が必要です。自分磨きになることに投資をすることで、有意義なお金の使い方ができるでしょう。
8 日	▽	優柔不断なところを突っ込まれてしまったり、考え方の古さを指摘されてしまうかも。恥ずかしがらずに本音や夢を語ってみると、気持ちや頭の中が整理されてすっきりしそうです。
9 月	▼	慎重に行動することが大事な日。自己中心的な考えで判断しないで、柔軟な発想を心がけておきましょう。トラブルや面倒なことが起きたときこそ、心にしっかり留めておいて。
10 火	×	注意されることにイライラするのではなく、注意してくれた相手に感謝の気持ちを持ちましょう。否定と注意は違うということや、注意には愛があることを忘れないようにして。
11 水	▲	忘れ物や寝坊、連絡ミスなどをしそう。予定をしっかり確認して、1日の流れを自分の中で組み立てておきましょう。身の回りを整理整頓しておくことも大切です。
12 木	○	新しいことへの挑戦を楽しんでみるといい日。新商品のお菓子を食べたり、普段なら読まないようなジャンルの本や漫画を読んでみると、いい刺激を受けられそうです。
13 金	○	何事ももうひとふんばりしてみましょう。文句や不満を言う暇があるなら、結果を出すためにどんな努力が必要かを考え、できる人を観察してマネするとよさそうです。
14 土	□	遊びの計画や予算をしっかり立ててから行動しましょう。無駄な時間を削って最短距離を考えて動いたり、「1日1000円だけで遊ぶ」などのルールを決めるとより楽しめそうです。
15 日	■	夏の疲れやエアコンの効きすぎで体がだるくなったりしてしまうかも。無理をしないで「健康第一」で行動して。集中力が途切れやすいので、急ぎの件以外は明日へ回しましょう。
16 月	●	運を味方にできそう。目的を明確にして地道に努力を続けた人は、いい流れに乗って周囲からの協力も得られそう。目立ちすぎると面倒なことになるので謙虚さを忘れないで。
17 火	△	集中力が途切れてしまうことが多く、余計な妄想をして「またやってしまった」と後悔してしまうことも。今日は気力が低下していると思って、気を引き締めておきましょう。
18 水	○	実力を発揮することができる日。経験をうまく活かせるので、積極的に行動してみましょう。不思議と人脈が役立つこともあるので、思い出した人に連絡をしてみて。
19 木	◎	スキルアップに役立つ本や仕事に関わるものにお金を使うといいでしょう。自分への投資になるかを考えて、未来の自分のために出資して。ただし、高価なものは避けること。
20 金	▽	日中は周りの人に協力してもらえたり、失敗をフォローしてもらえそう。夕方からはあなたが周囲を手助けできるようにしましょう。「持ちつ持たれつ」を忘れないように。
21 土	▼	予想外のトラブルや何気なく放った言葉で人間関係の問題が生じるかも。丁寧な言動を心がけ、イライラしたら深呼吸を。トラブルから学んだことを今後に活かしましょう。
22 日	×	いつまでも過去にこだわらないように。余計なことを考えてしまう時間があるときは、映画や舞台を観に行くといいでしょう。同世代のライブを観るとやる気になれるかも。
23 月	▲	周りの人が喜ぶことを優先して考え、笑顔になれる話をしてみましょう。不要なものがカバンに入っていないかチェックして、できるだけ軽くしておくとよさそうです。
24 火	＝	積極的な行動で経験を積みましょう。1度や2度でうまくいくと思わずに、コツをつかめるように調整しましょう。最初からホームランが打てる人はいないことを忘れないで。
25 水	＝	これまであまり会話したことがない人と話してみると、良好な人間関係を築けたり、視野を広げるきっかけにもなりそうです。一期一会の気持ちで接してみましょう。
26 木	□	疑問に思ったことは素直に聞いてみて。頭を下げることが大事な日。知ったかぶりやできるふりばかりしていると、後に恥をかいたり面倒なことになってしまいそうです。
27 金	■	睡眠不足や冷たいもののとりすぎで体調を崩してしまいそう。無理をしないで早めに帰宅し、お風呂にゆったり浸かりましょう。柔軟体操で心身をほぐすのもオススメです。
28 土	●	予想外の相手から遊びに誘われたり、これまでとは違ったパターンの出会いがあるかも。好みではなくても周囲の評判がいい人や、一緒にいて楽な人ならデートをしてみましょう。
29 日	△	手軽に楽しめるBBQやビアガーデンなど、夏らしいことを仲間と思いっきり満喫して。思いがけない相手と親しくなることがあったり、凡ミスが盛り上がるきっかけになるかも。
30 月	○	後輩や部下に昔の苦労話をするのはいいですが、思ったほど心に響かないでしょう。時代に合った話や前向きな言葉を選ぶほうがよさそうなので、いい話ができるよう心がけて。
31 火	○	楽しいことやうれしいことは周囲と共有しましょう。自分からお世話になっている人や家族に感謝を伝えたり、気持ちが伝わるような贈り物を渡すと運気が上がるでしょう。

☆ 開運の日　◎ 幸運の日　● 解放の日　○ チャレンジの日
□ 健康管理の日　△ 準備の日　▽ ブレーキの日　■ リフレッシュの日
▲ 整理の日　× 裏運気の日　▼ 乱気の日　＝ 運気の影響がない日

2021 9月

△ 準備の月

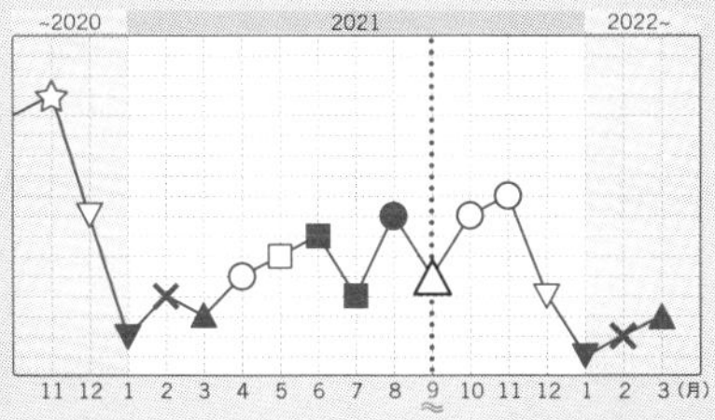

開運 3 カ条

1. 時間や数字の確認は念入りに行う
2. 寝る前に翌日の予定をチェックする
3. 儲け話や甘い誘惑には乗らない

総合運

普段ならやらないような判断ミスや失敗が増えてしまう時期。余計なことを考えすぎてしまったり妄想が膨らんでしまうこともあり、目の前のことに集中できないかもしれません。事前確認と最終チェックをしっかりやることを心がけておけば問題ないでしょう。甘い誘惑にも負けやすいので調子のいいことばかり言う人には十分気をつけて。健康運は、二日酔いや飲みすぎ、転倒や打撲に気をつけて過ごしましょう。

恋愛＆結婚運

今月は予想外の相手からチヤホヤされるなど、急な展開がありそうな時期。振り回されたり、もてあそばれてしまうこともあるので、相手選びには慎重になりましょう。周囲の人の評判や、相手の友人から話を聞いて判断を。簡単に関係を深めると遊ばれて終わってしまうので、気をつけましょう。時間をかけて恋を楽しむくらいの気持ちでいましょう。結婚運は、些細なことで恋人とケンカになりやすいので、楽しい会話を心がけて。

仕事＆金運

重大なミスやこれまでにない失敗をしやすい時期。不慣れな仕事だと言い訳をしないで簡単な仕事でもいつも以上にしっかり確認し、周囲にもチェックをお願いするといいでしょう。約束を忘れたり、寝坊や遅刻など普段ならやらないようなミスが重なることもあるので気をつけて。金運は、忘れ物やなくし物で不要な出費をすることになりそう。ネットの買い物や契約で騙される可能性があるので要注意です。

1 水	▽	日中は順調に物事が進むので、大事な用事は先に済ませるようにしておきましょう。夕方あたりからは不穏な空気が流れたり、小さなミスや失言をしやすいので気をつけて。
2 木	▼	「その話聞いてない」と思うような出来事がありそう。実際はあなたが忘れているだけかもしれないので、スケジュールをチェックしたり、過去の約束を思い出してみましょう。
3 金	×	余計な心配事が増えたり、欠点を突っ込まれてしまうことがあるかも。気持ちが安定しないときはコーヒーや紅茶を飲んで心を落ち着かせて。年配者の話が役立つこともありそう。
4 土	▲	先走って失敗をしやすい日。情報に振り回されないで冷静に判断することが大事です。慌てて行動すると忘れ物をしたり、身近なものを壊してしまうことがあるので気をつけて。
5 日	＝	不慣れなことに挑戦してみましょう。これまで避けていたジャンルの映画を観たり、興味が薄かった本を読んでみるといい勉強になり、おもしろい発見もありそうです。
6 月	＝	「評価されない」とガッカリせず、今やるべきことに集中して。周囲はあなたの成長を楽しみにしていることを忘れないように。どうやったら尊敬されるか考えて行動しましょう。
7 火	□	好きなことよりも得意なことに集中しましょう。得意分野で周囲から感謝されると、いい流れや今後の道が見えてきます。不満や愚痴を言葉に出さないように注意して。
8 水	■	寝坊して慌てているとケガをするかも。落ち着いて行動したり、先を読んで動けるように意識して。疲れがたまりやすいので、家でのんびりする時間を作っておきましょう。
9 木	●	ピンチをチャンスに変えられる日。マイナス面ばかり考えないで、プラスを見つけるといい結果を出せそうです。恋愛でも気になる相手といい関係に進むことができるでしょう。
10 金	△	大事な書類をなくしてしまったり、約束を忘れて焦ってしまうかも。事前確認をしっかりすることや、周囲の話を最後まできちんと聞いておくことが大事になるでしょう。
11 土	○	久しぶりに親友と遊べたり、じっくり話ができそう。本音を話すことで気持ちが楽になり、頭の中も整理されるでしょう。会話の中からいいアイデアも浮かびそうです。
12 日	○	日用品を買いに行くのにはいい日ですが、不要なものを買ったり、間違って類似品を購入してしまうことがあるので気をつけて。欲しいものはメモしてから買い物に行きましょう。
13 月	▽	日中は問題なく物事が進みそう。勢いで安請け合いをすると夕方以降に困ってしまうことがあるので気をつけて。困ったときほど知恵を絞ると、成長できることがあるでしょう。
14 火	▼	冷静に判断ができなかったり、間違った方向に進んでしまうかも。あえて面倒なほうを選択してみると、いい勉強になるでしょう。「楽」を目指すと苦しくなってしまいそうです。
15 水	×	急に重たいものを持って腰を痛めたり、喉の調子が悪くなりそう。今日はいつもよりも慎重に行動するように心がけ、健康的な生活を送るように意識しておきましょう。
16 木	▲	疲れや不機嫌さを顔や態度に出してしまうとお叱りを受け、さらに不機嫌になりそうです。元気に明るく挨拶をするところから1日をはじめてみるといいでしょう。
17 金	＝	失敗を恐れないで挑戦することが大事。小さなことでもいいのでまず取り組んでみて。継続できないことやうまくいかない原因を他人の責任にせず、自分の問題だと捉えましょう。
18 土	＝	遊びに出かけるのはいいですが、美術館やお城など歴史を感じられるところを選びましょう。はじめて学ぶことも多くいい勉強や話のネタになりますが、予想外の混雑があるかも。
19 日	□	タイミングが悪くチャンスを逃してしまったり、気分が乗らないことがあるでしょう。無理をしないで家でのんびりしたり、本を読んだりしてゆっくり1日を過ごしてみて。
20 月	■	起きるタイミングが悪く、頭がすっきりしなかったり、体のだるさを感じそう。疲れがたまると判断ミスにつながりやすいので気をつけて。チョコレートを食べてゆっくりしましょう。
21 火	●	力加減をしているといい結果には結びつかないでしょう。何事も全力で取り組み、実力を出しきってみると評価につながりそうです。本気の自分を楽しんでみましょう。
22 水	△	隙ができやすい日で、うっかり騙されたり油断しやすいので気をつけましょう。面倒な相手に言い寄られることや、後悔する判断をしてしまうことがあるので注意が必要です。
23 木	○	しっかり分析することが大事。現状に不満がある人ほどなぜこうなったのか考え、今後をどうするといいのか真剣に考えましょう。付き合いが長い人の言葉が響くかも。
24 金	○	数字や金額はしっかり確認すること。数量を間違えて見積もりをとったり、金額の間違いに気づかないこともありそう。ネットの買い物で大損することもあるので注意して。
25 土	▽	健康的で健全な遊びをするといい日。スポーツやサイクリングがオススメです。夕方早めに帰宅して、湯船にゆっくり浸かって疲れをとるようにしましょう。
26 日	▼	予定が乱れたり、予想外の出来事が多くありそう。置き忘れで焦ってしまうことがあるので気をつけて。ドジなケガもしやすいので、足元には十分気をつけながら歩きましょう。
27 月	×	大きなミスをしやすいので、思った以上に慎重に行動し、確認作業はしっかりやりましょう。重要な契約は後日判断するようにして、周囲のアドバイスも大切に受け止めて。
28 火	▲	不要なものを処分するといいですが、間違って大事な資料を捨てたり、他人の書類をなくしてしまうことがあるので気をつけましょう。整理整頓をするくらいがよさそうです。
29 水	＝	学ぶつもりで自分の気持ちに素直に行動して。よく調べてみると知らないことをいろいろ発見できたり、詳しい人の話が楽しく聞けそうです。情報をいろいろ集めてみましょう。
30 木	＝	少し体を動かしてみると頭の回転がよくなり、いいアイデアが浮かびそう。考えすぎる前にまずは動いてみたり、朝から軽い運動やストレッチをしてみるといいでしょう。

2021

10月

○ チャレンジの月

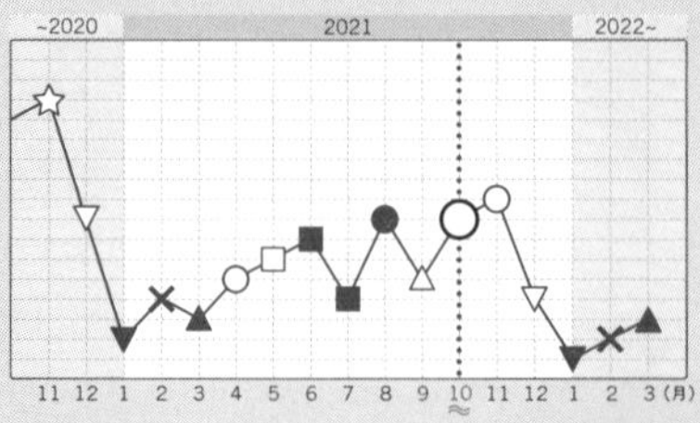

開運 3 カ条

1. 冷静に自己分析をしてみる
2. 知り合いや友人の集まりには参加する
3. 一度読んだ本を読み直す

総合運

自分のやるべきことがしっかり見え、人間関係でも敵と味方がしっかりわかるようになる時期。これまで学んで身に付けてきたことは自然と活かされますが、小手先で誤魔化してきたことにはボロが出そう。学び直しをするきっかけだと思って、前向きに捉えてください。これまでとは大きく違う苦労をしたら、後の自分のためだと思っておくといいでしょう。健康運は、体調を崩すパターンを分析すれば大きな問題は避けられるでしょう。

恋愛＆結婚運

知り合いやしばらく会っていなかった人と恋に発展しやすい時期。初対面ではピンとこなかった人やこれまでとは違うタイプを好きになるかも。身近な相手から告白されるなど、急な展開もありそう。ここでの恋は長続きせずストレスのたまる恋になることも多いですが、相手に合わせることを楽しめるのなら飛び込んでみてもよさそうです。相手選びは慎重にしましょう。結婚運は、話は盛り上がっても、実際には進みにくいでしょう。

仕事＆金運

得意な仕事にしっかり取り組んで結果を出すことが大事な月。新しいことや不慣れな仕事でうまくいかなくても当然だと思い、知識や工夫の足りないところなど自分の至らない点をしっかり見つけることが今後の成長に必要になるでしょう。マイナスに思う前に自己分析できてよかったと思うことが大事。金運は、買い替えをするときには今まで使っていたものと同じ種類のものを選ぶようにするといいでしょう。

1 金	□	のんびりしないで何事も早めに終わらせましょう。テキパキ動くと集中力も増して、いい気持ちで仕事ができそう。夕方以降は疲れを感じたり、気力が落ちてしまいそうです。
2 土	■	ゆっくり休むことが大事ですが、知り合いに予定を乱されるかも。断りにくい人からの誘いをOKしてぐったりすることもありそう。無理をしないで時間を決めて行動しましょう。
3 日	●	気になる相手には積極的に連絡してみて。普段誘えない人ほどいい返事が聞けて楽しい展開になりそう。過度に期待せず、異性の友人くらいの気持ちで接するといいでしょう。
4 月	△	珍しいミスが重なってしまいそう。忘れ物をしたり、うっかり交通違反をして捕まらないよう気をつけましょう。小さな段差で転んでケガをすることもあるので注意が必要です。
5 火	○	求められたときはできるだけ素直に応えておくことが大事。特に付き合いの長い人ほど率先して手助けをしてあげましょう。後輩や部下の面倒もしっかり見るとよさそうです。
6 水	○	大きな幸せばかりを望んでいると、ささやかな幸せも不満に感じてしまいそう。身の回りの小さな幸せを見つけられるように意識して、感謝の気持ちを忘れないようにしましょう。
7 木	▽	「親しき仲にも礼儀あり」を忘れないように。挨拶やお礼はキッチリしておくと、評価やいい流れにつながりそう。夜は判断ミスをしやすいので、周囲の意見を大切にしましょう。
8 金	▼	自分でお願いしたことを忘れたり、無責任な発言をすることがありそう。大事なことはメモをして、周囲の話はしっかり最後まで聞いておくと、後で思い出すことができそうです。
9 土	×	タイミングが悪く噛み合わないことが多い日ですが、マイナスなことばかりを考えないで、プラス面をしっかり探しましょう。明るい妄想をすると希望の光が見えそうです。
10 日	▲	思い出を断ち切るにはいい日。長い間使っているものや学生時代の思い出の品、昔の恋人に関わるものなどは、処分したり見えないところにしまうようにするといいでしょう。
11 月	○	目の前のことに全力で取り組むと、仕事が楽しくなったりやりがいを感じられそうです。サボったり手を抜くと逆に苦しくなったり、ダラダラして叱られてしまうかも。
12 火	○	失敗してもいいと思って挑戦したり、少し出しゃばってみることも大事です。叩かれてしまうこともありますが、そのぶん強くなれたり、加減の仕方がわかって成長できるかも。
13 水	□	自分で自分の評価をしていると、「こんなに頑張っているのに！」と不満がたまってしまいそう。頑張った評価は他人がしてくれるので、真面目に結果を出す努力を続けましょう。
14 木	■	精神的に疲れてしまったり、ストレスがたまりそう。昼休みや休憩時間にはリセットすることが大事なので、過ぎたことをいちいち考えないで明るい未来を想像しておきましょう。
15 金	●	頑張りが認められる一方で、面倒なことをまかされてしまうことも。ネガティブに捉えるよりも「期待されている！」と思って元気よく引き受けると、運気も魅力もアップします。
16 土	△	誘惑に負けてしまいそうな日。ダイエットを頑張っていた人が暴飲暴食で後悔したり、昔の恋人につい連絡をしてしまい中途半端な関係を続けてしまうこともありそうです。
17 日	○	親友と会って話をすると気持ちが楽になりそう。悩みや不安を聞いてもらうだけでもいいでしょう。先輩や先生など、尊敬できる人に連絡をしてみるのもよさそうです。
18 月	○	何事もよく計算をするといい日ですが、自分の給料を時間で割るのはやめましょう。お金は感謝の対価だと忘れずに、自分の仕事がどれだけの人を幸せにできているか想像して。
19 火	▽	他人の親切ややさしさに敏感になりましょう。「余計なこと」「お節介」などと思わないで、相手の気持ちを考えて素直に喜び、自分も他人のためにできることを探してみて。
20 水	▼	他人に過度に期待をするとガッカリしたりイライラすることになりそう。お願いをする相手を間違えてしまってムッとする前に、相手の力量が計れてよかったと思いましょう。
21 木	×	「こんなはずじゃなかった」と後悔する前に、なぜこうなったのか原因を考えてみて。同じような後悔をしないためにはこれから何をしなければならないのか分析しましょう。
22 金	▲	相手があなたのことを考えていなくても、あなたが相手のことをしっかり考えられていれば、適切な言葉や行動を選べるでしょう。距離感もしっかりとれるようになりそうです。
23 土	○	読んだことのある本を再読すると、いい勉強になったり新たな発見がありそう。本棚に置いてある本を手に取ってみたり、書店に行ってちょうどいい本を探してみましょう。
24 日	○	友人と一緒に遊ぶにはいい日。相手からの連絡を待たないで、急でもいいので自分から誘ってみましょう。いい話を聞けたり、おもしろい情報を入手できたりしそうです。
25 月	□	深刻になりすぎず「なんとかなるか」と楽観的に考えると前に進めるでしょう。迷ったときは失敗してもいいと思って挑戦して。傷ついても1歩前に進めることに価値があります。
26 火	■	肌荒れや口内炎など、ちょっとした体調の崩れがあるかも。ビタミン豊富な料理を選び、軽く体を動かしましょう。腰を痛めることもあるので、急に重たい荷物を持たないように。
27 水	●	ずっと探し求めていたものが見つかり、これまでの苦労がいい感じで線としてつながってくるでしょう。苦労ではなく自分の成長のための修行だったと思えることがありそうです。
28 木	△	いろいろなことを考えるのはいいですが、余計なことを考えて不安になったり、仕事での失敗が増えるので気をつけて。今日は珍しくドジなことをやってしまいそうです。
29 金	○	簡単に諦めないで、少しの粘りが必要になりそう。困難に直面したときほど、いろいろ工夫してみるといいでしょう。考え方や視点を変えることも大事になりそうです。
30 土	○	「こんなふうになる予定ではなかった」と現実にガッカリせず、自分のいい部分や積み重ねてきたことを肯定して楽しんで。コンプレックスも素直に認めると楽になるでしょう。
31 日	▽	料理を取り分けるときは、一番おいしいところや少し量が多いほうを相手に渡すなど、自分よりも相手を優先するようにしましょう。人生はこの積み重ねで大きく変わってきます。

☆ 開運の日　◎ 幸運の日　● 解放の日　○ チャレンジの日
□ 健康管理の日　△ 準備の日　▽ ブレーキの日　■ リフレッシュの日
▲ 整理の日　× 裏運気の日　▼ 乱気の日　＝ 運気の影響がない日

2021 11月

○ チャレンジの月

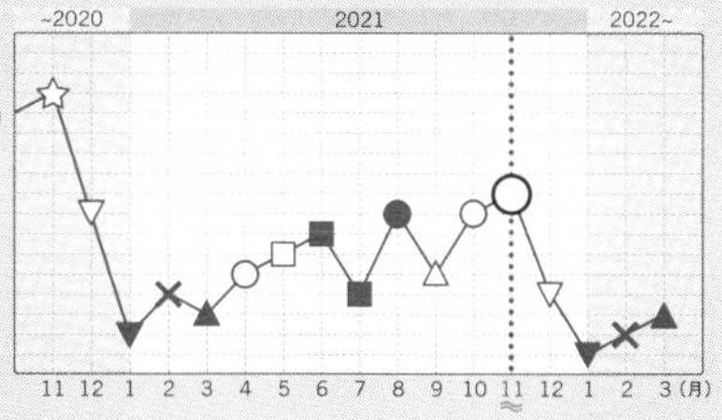

開運 3 カ条

1. 他人のせいにせず、自分の問題だと捉える
2. 貯金やお金の計算をする
3. 仕事に役立つ本を読む

総合運

現実的な問題が起きることで自分の課題がしっかり見えてくる時期。地道な努力や積み重ねてきたことは崩れる心配はありませんが、それだけでは足りないことや必要なことが出てくるでしょう。自分に力をつけるか、能力のある人に協力してもらえるようお願いをすることが大事。重要なヒントが出る時期でもあるので、どんなことからも学ぶ機会だと捉えましょう。健康運は、体調を崩さないように予防をしっかりするといい時期です。

恋愛＆結婚運

自分の理想を追い求めるのもいいですが、自分に見合う相手を見つけることが大切な時期。外見や条件が好みではなくても、あなたを幸せにしてくれる相手がいることを忘れないように。交際まで進めなくても、交流を深めるのはいいでしょう。新しい出会いは、順調に進みすぎる相手ほど後に危険な場合があります。結婚運は、話が進まないときは問題は自分にあると思って考え方を変えてみてください。

仕事＆金運

得意ではない仕事をまかされたり苦労したりしますが、そのぶんいい勉強になりそう。無駄な経費を削減し、これまで自分にかかった費用などを計算してみると、計画の甘さややるべきことが見えてくるでしょう。他人の問題にしないで自分にできることにしっかり取り組み、時間短縮や合理的に進めるために知恵を絞りましょう。金運は、不要な出費が増えてしまうかも。機械の故障など、予想外の出費がありそうです。

1 月	▼	気持ちの切り替えが大事な日。クヨクヨしていると運気の流れを自ら悪くしてしまうでしょう。明るく自信を持って生活を送ると、助けてもらえたり壁を乗りこえられたりしそうです。
2 火	×	余計な言葉に振り回されてしまいそう。噂やウソに気をつけ、ネットなどの誰が発信しているかわからない情報を鵜呑みにしないこと。信頼できる人の話を信じるようにして。
3 水	▲	季節に合わない服はしまい、身の回りにある年齢に見合わないものも片づけるといいでしょう。引き出しの中やカバンの中も不要なものが入っていないかチェックしてみて。
4 木	○	気になることに挑戦するのはいいですが「期待を超えないからつまらない」と判断しないように。どんなものか知ったり、体験すること自体が重要なことだと忘れないように。
5 金	○	明るく元気に過ごすように意識すると、視野が広がり学べることも増えそう。口角を上げて1日を過ごせるように頑張ってみましょう。鏡の前で笑顔の練習をしてから外出して。
6 土	□	相手に「どう見られているのか」を考えるのではなく「相手にどう思われたいのか」を考えて行動することが大事。何も考えないで行動や発言をしないように気をつけましょう。
7 日	■	温泉やスパに行ってしっかり体を休ませましょう。昼寝をする時間を作りのんびりするとよさそうです。マッサージを受けに行ってみると、体がすっきりするでしょう。
8 月	●	積極的に行動すると周囲の役に立てて気分がよくなりますが、頑張りすぎて余計なことにも手を出してしまいそう。楽しんで引き受ければ問題ないので、マイナスに考えすぎないで。
9 火	△	どんな人でも怠けたり誘惑に負けることがあるもの。今日はそんな日なので、スマホを触れない場所に置き、ネット検索も控えましょう。集中力が途切れる原因になりそうです。
10 水	○	資料や本や雑誌を一度整理しましょう。大事なものや必要な本を見つけることができるかも。「こんな本買ったかな？」と思えるものを読んでみると、いい勉強になりそうです。
11 木	◎	仕事の頑張りが評価される日。今日はいつも以上に真剣に仕事に取り組みましょう。上司には「Yes」だけを言うようにすると、チャンスをつかむことができそうです。
12 金	▽	流れに身をまかせることが大事。言われたままではなく、自ら先のことを考えて判断したうえで、流れに合わせてみるといいでしょう。食事も旬の野菜や果物を選ぶようにしてみて。
13 土	▼	家族や恋人、身近な人とじっくり語り合ってみましょう。相手の話を聞くことで学べることもあるでしょう。厳しいことを言われたときも、善意や愛があると思って受け止めて。
14 日	×	失敗してもいいので冒険をすることが大切です。つい避けているお店に入ると思ったよりも楽しめそう。ガヤガヤした居酒屋や、逆に高級なレストランにも行ってみましょう。
15 月	▲	身の回りを整理整頓することで運気がよくなりそう。少し早く起きて身の回りを整えてから出かけましょう。職場でも気になるところはきれいにして、拭き掃除もやっておくこと。

16 火	○	同じことの繰り返しを崩したくなる日ですが、マンネリな日々だからこそ楽しいこともあるでしょう。自分だけが正しいと思わず、視野を広げたり考え方を柔軟にしましょう。
17 水	○	1日の目標をしっかり立ててから仕事に取り組みましょう。なんとなく仕事をしてダラダラ過ごさないように。「この仕事は何時までに終わらせる」と決めておくといいでしょう。
18 木	□	朝食や昼食を少なめにして、空腹になる時間を増やしてみて。空腹のほうが集中力が高まったり、記憶力がよくなることもあるでしょう。生活習慣を見直すにもいい日です。
19 金	■	不要な残業は避け、早めに帰宅しましょう。ゆっくりバスタイムを作ってのんびりするといいでしょう。急な誘いもありそうですが、断るか後日にするようにお願いして。
20 土	●	頭の回転がよくなり、自分で自分を褒めたくなる日。おもしろいアイデアが浮かんだり、友人との会話でいい言葉を連発するかも。魅力が急にアップすることもあるでしょう。
21 日	△	下調べや準備をしっかりしないまま出かけると無駄な時間を過ごすことになりそう。映画の時間を間違えていたり、道を間違えて迷ってしまうことがあるので気をつけましょう。
22 月	○	軽く約束をしたままの人や、誘ってもらったままになっている人がいれば、今夜誘って会う予定を立てるといいでしょう。思い浮かんだ人に連絡をしてみて。
23 火	◎	周囲の支えやあなたをフォローしてくれている人の存在に感謝しましょう。ひとりで完璧に仕事ができる人はいないので「持ちつ持たれつ」ということを忘れないように。
24 水	▽	いろいろなことを考えて視野を広げるのはいいですが、できることはひとつだけなので、丁寧に取り組みましょう。得意なことや早めに終わりそうなことを優先してみて。
25 木	▼	苦手な上司や面倒なお客さんと接する時間が長くなってしまいそう。相手の要望にはできるだけ応えましょう。丁寧な言葉で挨拶をしっかりすると不運を避けられそう。
26 金	×	日ごろ思っていることが態度や言葉に出てしまうかも。愚痴や不満や文句が出る原因は自分にあることを忘れないで。仕事があることへの感謝の気持ちも大切にしましょう。
27 土	▲	人間関係に悩むよりも、距離をおくことが大事。たとえ身内や親友だとしても本質は理解されないのが当然だと忘れないで。明るい未来のために何が必要なのか考えてみましょう。
28 日	○	外食をするときは食べたことのないものや謎のドリンクを注文して。小さな好奇心が人生を楽しくしてくれるでしょう。中身を見ないで表紙だけで買った本を読むのもよさそう。
29 月	○	周囲の人が無駄だと思うことでも、将来少しでも役立つと感じたことはやっておきましょう。すぐに結果が出ることが大事ではないので、目の前の快楽や娯楽に流されないで。
30 火	□	どのくらい成長ができて何が足りなかったのか、今月の自分を振り返って、やるべきことを見つけましょう。大きな目標よりも来月1カ月くらいで達成できそうなことを決めるとよさそう。

2021

12月

▽ ブレーキの月

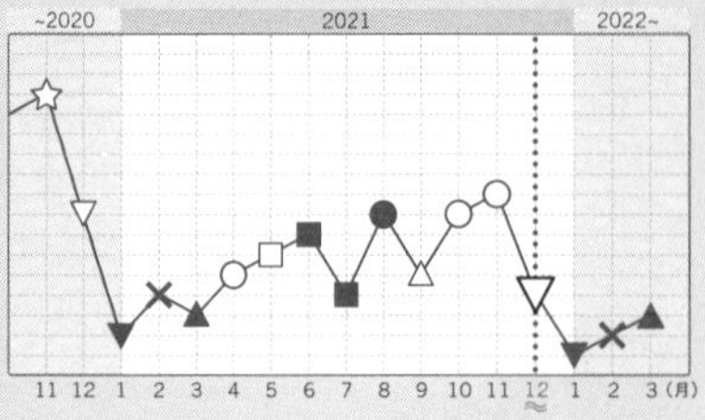

開運 3 カ条

1. 他人に期待しない
2. 相手の笑顔のために行動する
3. 周囲を笑わせる

総合運

期待外れなことが多い時期。自分の実力や才能を過大評価する一方で、他人を過小評価していたことを突きつけられてしまいそう。弱点や欠点が浮き彫りになり課題がどんどん増えてきますが、実力アップするための試練だと思ってゆっくりクリアするように努めましょう。甘い考えで他人まかせにしていると苦労や困難が倍増するので、簡単に逃げないように。健康運は、休んで疲れをとることも仕事だと考えましょう。

恋愛&結婚運

恋人のいる人は、ケンカやすれ違いが増えてしまう時期。中旬まではいい関係だと思っていても、ジワジワ嫌な空気が漂いそう。自分を理解してもらっていると思うと甘えてしまうので、相手を喜ばせるための行動を。下旬に浮気の発覚など嫌な予感が。相手の変化を望まず、自分が変わる時期だと思って魅力をアップさせて。結婚運は、恋人に甘えすぎないようにしていい距離感を保ちましょう。

仕事&金運

他人まかせにしていたことが思い描いていた方向になかなか進まなくなる時期。甘えていたために厳しい結果がどんどん明るみに出そう。問題は常に自分にあることを忘れず、他人の仕事を尊重することで自分のやるべきことが見えてくるでしょう。安易に転職や離職をすると路頭に迷うので注意。金運は、騙されてしまったり予想外に出費が増えたりするので、財布のヒモは締めておいて。

1	水	■	思ったよりも疲れがたまっていそう。ペース配分を間違えないようにして仕事終わりまで力を温存しましょう。昼食は食べすぎないように軽めに済ますと楽になりそうです。
2	木	●	目標を達成できなくても手応えを感じられたり、周囲から感謝されることがありそう。周囲を助けておくと自分にも助けが返ってくるので、気になる人には話しかけてみましょう。
3	金	△	あなたの雑な部分や欠点が表に出てしまうかも。普段なら気をつけられることをうっかりミスしたり、つまらない失敗をしやすいので、過信せずに確認をしっかりしましょう。
4	土	○	親友に会って話をしてみましょう。本気で語り合うことで気持ちがすっきりするので、いろいろ話してみて。浅い関係の人に振り回されたり、嫌な一面を見てしまうことも。
5	日	◎	消耗品を買いに出かけるにはいい日ですが、新商品や見慣れないものについ手が伸びてしまいそう。欲しかったものとは違うものを買って失敗することがあるので気をつけましょう。
6	月	▽	午前中は集中力が続きそうですが、昼食後は眠気が出たりやる気を失ってしまいそう。そんなときに大事な仕事が回ってくることがあるので、ボーッとしないように気をつけて。
7	火	▼	あなたの足を引っ張る人や邪魔になる人が目についてしまいそう。マイナスに考えると苦しくなるので、プラス面を探す訓練だと思っておきましょう。体調には十分注意して。
8	水	×	普段興味のないことに目がいく日。考え方を変えるにはいいタイミングです。すべての人に善意があると思ってやさしい目線で眺めると、世の中が少し楽しく思えるでしょう。
9	木	▲	不運な出来事と思わず、必要なことと不要なことがハッキリ見える時期だと思っておきましょう。失ってしまうことがあるときは、そんな日だと割りきって考えるとよさそうです。
10	金	○	情報を入手するにはいい日なので、気になることを調べたりいろいろな人から話を聞いてみましょう。はじめて話す人とも不思議と盛り上がれたり、学べることも多いでしょう。
11	土	○	「灯台もと暗し」を実感しそうな日。近所でおいしいお店を見つけたり、居心地のいいお店や場所を発見できそう。近所を散歩してみたり、気になるお店には入ってみましょう。
12	日	□	休みの日だからといってダラダラしすぎないようにし、不摂生は避けること。適度な運動や健康的な食事を意識するようにしましょう。夜は次の日に備えて早めの就寝を。
13	月	■	昔と比べてスタミナが落ちたことや、老いを感じることがあるかも。無理のない程度に運動をしたり、ストレッチを定期的に行うようにしましょう。年齢に見合う食事も心がけて。
14	火	●	他人にお願いをしたいならば、逆にお願いされたときには素直に聞き入れましょう。相手の善意に甘えてばかりいると、掌を返されてしまうようなことがいずれ起きるでしょう。
15	水	△	自信を持っていた仕事ほど注意が必要な日。珍しいミスが見つかって慌ててしまいそう。しっかり確認をして、他人まかせにした部分ほど再度チェックするようにしましょう。
16	木	○	しばらく聴いていなかった懐かしい曲を聴くとやる気になれそう。青春時代や最も輝いていた時期、素敵な恋などを思い出すような音楽を聴いて出かけるといい1日を過ごせます。
17	金	○	「雑用」は雑にやるから雑用なだけで、一生懸命取り組めば大事な仕事。仕事に大小の差をつけることはやめて、どんな仕事も人の笑顔につながっていることを忘れないように。
18	土	▽	大事な用事や掃除、買い物は午前中に済ませて、午後からはのんびりするようにしましょう。本を読んでゆっくりしたり、友人を招いて家でおしゃべりをして過ごすとよさそうです。
19	日	▼	予想外の出来事が多い日。無駄な外出は控えて家でゆっくり過ごしたり、ひとりの時間を楽しめる工夫をしましょう。読みかけの本を最後まで読んでみるといい勉強になりそう。
20	月	×	面倒な仕事を押しつけられたり、部下や後輩のミスのしわ寄せがくることがありそう。イライラせずに全体のことを考えて、やるべきことをすぐにやるようにしましょう。
21	火	▲	この1年で使っていないものや年齢に見合わないものを処分して、身の回りを整理整頓しましょう。不要な資料なども片づけ、整えられる場所は時間を作ってきれいにして。
22	水	＝	少しでもいいので新しいことに力を注いでみましょう。わからないと思って避けてしまうより、どんなものなのか調べてみたり本を購入して読んでみると少しは理解できそうです。
23	木	＝	視野を広げるとおもしろいことや幸せの欠片を見つけることができそう。古い考えにこだわりすぎず、決めつけをやめるようにしましょう。いろいろな考え方を吸収してみて。
24	金	□	思った以上に仕事が忙しく、夜にはヘトヘトになりそう。夜まで体力を残せるようにしっかり休憩をとって、クリスマスイブを楽しめるくらいのゆとりは持っておきましょう。
25	土	■	クリスマスに風邪をひいてしまったり、暴飲暴食で胃腸の調子を悪くしそう。今日は無理をしないでゆっくり過ごし、自分へのクリスマスプレゼントにマッサージに行きましょう。
26	日	●	年賀状の準備を忘れている人は書いて送っておきましょう。日ごろの感謝の言葉も忘れずに。髪を切るにもいい日。行ったことのない美容室に行くと素敵な髪型にしてもらえそう。
27	月	△	寝坊や遅刻などドジなことをやってしまいそう。休みに入ったつもりが今日までは出勤日だったり、逆に連絡を忘れて出社することになってしまうなど、慌てることがあるかも。
28	火	○	しばらく掃除していなかったクローゼットの中やシューズボックス、冷蔵庫などを掃除してきれいにしましょう。思い出の品やなくしたと思ったものが出てくるかも。
29	水	○	不要なものはそのまま捨てるより、ネットオークションで売ってみると思ったよりも高値で売れそう。ダメ元でやってみましょう。年末年始の買い物は今日中に済ませて。
30	木	▽	年内にやっておきたいと思うことは午前中に終わらせておくといいでしょう。掃除が終わっていない場所は朝から手をつけて、午後からはゆっくりする時間を作っておきましょう。
31	金	▼	家でゆっくりするのがオススメです。油断していると風邪をひいてしまうことがありそう。人が多く集まる場所に行くときは、十分注意して出かけるようにしましょう。

☆開運の日　◎幸運の日　●解放の日　○チャレンジの日
□健康管理の日　△準備の日　▽ブレーキの日　■リフレッシュの日
▲整理の日　×裏運気の日　▼乱気の日　＝運気の影響がない日

銀のカメレオン座

12年周期の運気グラフ

銀のカメレオン座の2021年は…

▽ ブレーキの年

「ブレーキの年」は上半期と下半期で運気の流れが変わる年。2020年までの攻めの姿勢から緩やかにブレーキを踏んで守りの姿勢に変え、2022年に訪れる「乱気の年」を迎える準備をしましょう。

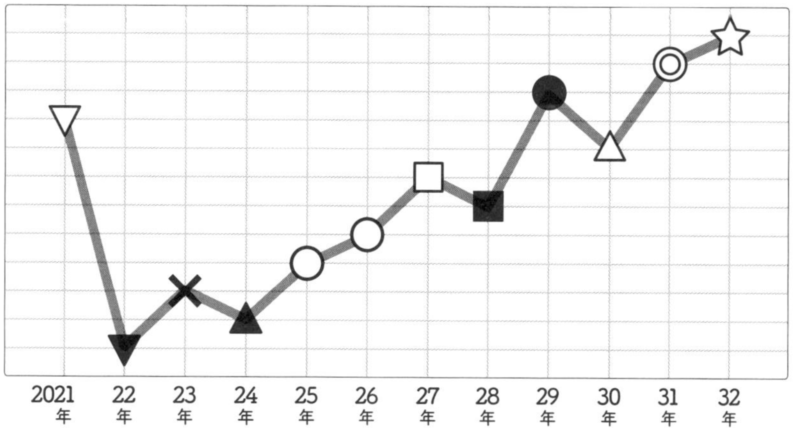

☆ 開運の年　◎ 幸運の年　● 解放の年　○ チャレンジの年　□ 健康管理の年　△ 準備の年
▽ ブレーキの年　■ リフレッシュの年　▲ 整理の年　✕ 裏運気の年　▼ 乱気の年　═ 運気の影響がない年

銀のカメレオン座はこんな人

基本の総合運

真面目で几帳面な性格ですが、周囲に同化することが多く、周りの人のレベルが高ければ自然と自分も同じような感じに変化することができます。逆に、友人や身近な人のレベルが低いと同じように低くなってしまうので、少し背伸びや無理をするくらいのほうが力を発揮できるタイプです。他人まかせになるところが多く、甘えすぎたり、面倒なことや不慣れなことを人に押しつけたりするクセもあるので、いざというときに力を発揮できない場合も。他人まかせはほどほどにしましょう。

基本の恋愛&結婚運

自分では普通のつもりでも、理想が自然と高くなってしまうタイプ。頭のよさや才能、お金持ちなど、将来安定した生活を送れる相手を選ぶところがあり、年齢の離れた人と交際するケースも多いでしょう。このタイプには、美人やイケメンが多いため、モテることも多いのですが、外見だけで判断された恋で痛い目に遭うことも。結婚相手は、恋愛よりさらにレベルの高い人を選ぼうと慎重になりすぎてしまいますが、一緒にいると安心できる人を選ぶといい生活を送れるでしょう。

基本の仕事&金運

知識や頭脳を活かせる仕事に就くと能力を発揮できるため、大手企業やマニュアルがしっかりしている仕事が最適。専門知識を活かした仕事や言葉を使う職種でも活躍する人が多いでしょう。美意識が高く、人前に立ち注目を集めるような仕事も合いそうです。金運は、お金に対する考え方はしっかりしていますが、センスがいいぶん、レベルの高いものを手に入れてしまうため、時折大きな出費も。祖父母の影響が強く出るので、似たような仕事運や金運を引き継ぐこともあるでしょう。

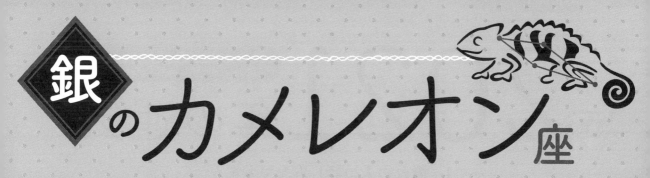

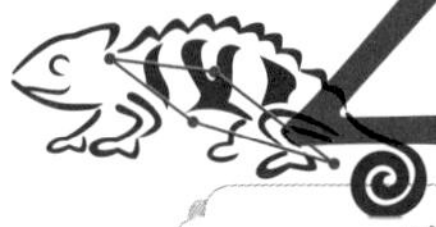

2021年の運気

▽ブレーキの年

2021年開運 3カ条

1. 憧れの人の話し方をマネする
2. 現状の生活に感謝する
3. 秘密にしていた力を出す

総合運

上半期、下半期で運気に変化が
大事な決断は9月中旬までに

2021年は幸せを感じたり、思った以上の結果を出せたりしますが、上半期と下半期で運気の流れが大きく変わる「ブレーキの年」。急にストップがかかるのではなく、アクセルを踏み続けていた2020年からゆっくりブレーキを踏んで、流れを緩やかに変える時期になるでしょう。大事な決断や契約、引っ越し、独立、起業などは上半期の運気のいい時期にスタートしておくことが大切。遅くとも9月には攻めの時期は終わりと思っておきましょう。8月あたりからは、2022年の裏の時期（乱気、裏運気の年）の流れを感じはじめます。そのため、環境に飽きて次は何をするかを考えるなど、気持ちの変化があるかも。年末ギリギリになってからの変化は後の人生に大きく影響するので、できるだけ早めに決断をして現状を守り抜く覚悟が必要。それだけで十分満足のいく1年に。

上半期はあなたに協力してくれる人に出会えたり、タイミングの合うことが重なったりする時期。遠慮をしないで、これまでの努力や頑張りをアピールしましょう。自分を信じて行動することも大事です。特に2020年中にやりきれなかったことがあるなら、達成するために自ら動く必要が。銀のカメレオン座の人まかせなところや甘えん坊な部分が出てしまうと、せっかくのチャンスをつかみきれない場合があります。自分の幸せのためには、素直に行動するようにしましょう。ただ、毎年のことですが、2～3月あたりには余計な心配が増えてしまい、満足できないことも多くなるでしょう。幸運を感じられない場合は、現状の幸せを見直して今ある幸福を見逃さないようにしましょう。5～8月までは視野が広がるのでたくさんの人に出会えて、見習うべき人を見つけることもできそうです。この期間にできるだけ行動範囲を広げて、新たな人脈作りをしておくことが大事。運気の勢いもあるので、思いきったことに挑戦してみる価値もあるでしょう。「カメレオン座」には「マネがうまい」という特徴があります。憧れの人や尊敬する人のマネをすると、運気を大きく左右できる可能性が。2020年中に尊敬できる人にすでに出会っている場合は、マネをするためにしっかり観察をしましょう。特にマネをしたい人がいない場合は、上半期中に見つけることが大切でしょう。そして、まずはコピーできるか練習してみて。あなたには思っている以上に器用な才能があるので、「無理、できない、難しい」と思う前に、まずは取り組み、何度もマネしてみるといいでしょう。また、「周囲に同化するタイプ」でもあるので、現状の生活に満足や納得ができないときは、人間関係や交友関係に問題がある場合があります。5〜6月に人脈を広げて、新たな友人を作りましょう。憧れの生活をしている人やこれまでとは違うグループの人と仲よくなってみると、自然と同化していくことが。習い事をはじめてみたり、定期的に集まる場所を作ってみたりすることも大事。少し背伸びしなければならない空間があなたを成長させるので、敷居が高いと思われる華道、茶道など、伝統的な習い事に挑戦するのもいいでしょう。また、家、マンション、土地の購入など、大きな買い物や高額の出費は、遅くとも9月までに終えるように。

下半期には流れが変わりますが、まだ運気の流れはいいので焦る必要はありません。人脈を広げて経験を増やす上半期の運気とは違い、「現状の生活を守るためには何が必要か」を考える時期です。また、「今後に活かせることは何か」を見極めることも大切。今ではなく未来に必要となる努力をする時期なので、仕事に役立つ勉強やスキルアップのための習い事をスタートさせましょう。物事を区分けすることも必要なので、時間の無駄になっている趣味や、年齢に見合わなくなっている服や小物などはうまく断ち切りましょう。不要なものは必要な人にあげるかネットで売ってみて。また、2022年以降は浪費が激しくなり、急にお金が必要となる出来事も待っているので、この時期は大金を動かさないようにしてください。下半期から少しでもいいので節約したり、家計簿をつけたりしてみましょう。保険を見直したり、ファイナンシャルプランナーにも相談をして不要な出費を削ってみて。また、年末までに人間ドックや精密検査を受けて、体に異常がないかを調べましょう。基礎体力を作り、健康のために生活習慣を整えることも大切です。ここで健康に注意しておけるかどうかが、後の体調を大きく左右することに。

「ブレーキの年」で最も注意が必要なのは、1年を通して攻めすぎてしまうこと。運気の流れがいいぶん、自分中心に物事が動き、実力以上の結果が出ます。満足できるのはいいことですが、調子に乗りすぎて傲慢になり、周囲の支えやお世話になった人への感謝を忘れてしまうことも。銀のカメレオン座はマネがうまく、その力を自慢するように見せつけていると、思わぬところで敵が増えてしまいます。ときには、「○○のマネをしているだけ」と言われかねないので、下半期からは特に謙虚な心を持ちましょう。また、感謝の気持ちを忘れないことも大切です。年末には大きなチャンスが巡ってくることがありますが、ここでの変化は「謹んでお受けする」くらいの気持ちで受け止めることが大事。遠慮をして流れに逆らってしまうと、上司や目上の人からの評価を下げてしまうかもしれないので注意が必要です。

2021年は、陰で努力していた力を出すことも大事です。家で続けている勉強や、こっそりと進めているもの作りなど、器用さを活かした趣味は、遊びの延長でもいいので年内中に表舞台に出してみましょう。思った以上の評価や収入につながる場合があります。趣味で書いているものをネットに上げてみると、評価されて仕事につながるかもしれません。また、ゲームのプレイ動画を動画サイトに上げると、思った以上のアクセスがあり小銭を稼げるなんてことも。特に何もない人は、2020年から気になっていることをスタートさせてみると、数年後にお金になるかも。手先の器用さを活かして料理やお菓子作りなどをやっておくと、後に役立つでしょう。銀のカメレオン座はグルメな人が多いのでその面を活かしてネットに食レポを上げると、有名になれるかもしれません。気に入ったお店のレビューも書いてみましょう。2021年は勇気を出して、あなたの陰の部分を表に出してみてください。ほかにも、2021年は自分の技術を次の世代に伝える時期でもあります。若い人の面倒は積極的に見ましょう。自分のことだけを考えて生活していると、知らぬ間に敵ができてしまうかもしれません。幸運を感じるときは人のために力を注ぎ、得をしていると感じているときは、周囲の笑顔のために動いてみてください。後輩、部下、年下の友人との関わりを増やし、自分の伝えられることを授けていくと、相手からもたくさんのことを学べるでしょう。毎年のことですが、新年早々と２～３月は余計なことを考えすぎて心が乱れ、体調を崩しやすい時期です。人脈を広げることも含め、引っ越し、転職、イメチェンなどの思いきった行動は５～７月あたりに集中するようにしましょう。２、３、４月は、そのための準備の時期だと割りきり、特に動きがなく幸運を感じられなくても、気にしないように。

「ブレーキの年」は区切りがつく運気でもあり、結婚、出産、出世、独立、起業などに進む人が多いでしょう。これまで頑張ってきたことが報われ、評価されることが多く満足のできる１年に。ただ、遠慮をしているとこの運気にうまく乗れなくなってしまうので、「いい占い結果は当てにいく！」くらいの気持ちで、積極的に行動することが大事。特に2020年あたりからいい流れを感じている場合は、勢いまかせに行動してもいいでしょう。大きな幸せを前にすると優柔不断になり、他人まかせにするクセがありますが、2021年は遠慮せず、自分の手でつかみにいきましょう。そのためにも行動と人脈が大事になるので、勇気を出して動いてみて。また、2020年にスタートしたことや覚悟を決めて動き出したことは、運を味方につけられて前向きに動くでしょう。いい流れに乗れるので、目標や目的を見失わないようにしてください。2020年中に目標をしっかり定めることができなかった場合は、１月に３、５、10年後の明るい未来の自分を想像して目標を定めましょう。どうしても決められない人は、６～７月までにはしっかりとした目標を立ててください。

多くの人が幸運を感じられるような１年になりますが、2020年と2021年で満足できる流れに乗れない人は、進むべき道を間違えているかもしれません。努力の方向が間違っている可能性も。甘えん坊で他人まかせのままでは能力を活かせません。自分がマネするべき人は誰なのかを見極め、憧れの人に近づくために努力を重ねることが大事になります。お金持ちや成功者には声のトーンや口グセなど、必ず共通している部分があります。「カメレオン座」の特徴に「声」や「言葉」があるので手はじめに「話し方」をマネしてみてください。愚痴や不平不満、文句は自分の運気を下げて、己の人生を苦しめるだけ。最初はウソでもいいので、プラスの言葉やポジティブな発言を繰り返してみてください。あなたの言葉ひとつで周囲の人が勇気づけられ、仲間や人間関係も変わってくるでしょう。周囲と同化するあなたの能力を活かしてまずは自分が変わり、それから周囲を変えていきましょう。そして幸せにもつながると信じて、魅力ある言葉を発してください。そのために、映画や舞台を観て、素敵な言葉を探しましょう。また、魅力的なストーリーの本を探して読んでみてください。2021年は運気もいいので、あなたの運命を変える本が見つかるでしょう。「言葉には力がある」ことを忘れないように１年を過ごしてください。マネをする人生から、今度はあなたが憧れられる存在になりましょう。

恋愛運

恋愛運は絶好調でモテる年
特に1、5、6、7月には期待大

理想に近い恋人ができる年。思った以上にチヤホヤされたりモテを感じたりすることがあり、異性との関わりも増えそうです。ただ、相手まかせにはしないでください。待ちの姿勢ではチャンスを逃すだけなので、誘いを待つくらいなら自らデートに誘ってみましょう。特に気になる相手には「恋人いるの？」と気軽に聞いてみるといいきっかけになり、一気に進展しそうです。すでに恋人のいる相手でも、タイミングよく恋人と別れた直後だったりして、交際を考えてもらえる場合があるでしょう。誘うだけではなく、ハッキリと気持ちを告白してみてください。いい返事が聞けて、交際をスタートできそうです。ただ、気になる人が複数いる場合は注意が必要。どの相手がいいのか様子を見てモタモタしていると、いい関係だと思っていた人に恋人ができてしまう可能性が。「人生でこんなに恋愛に強気になったことがない」と思えるくらい勇気を出してみましょう。

「ブレーキの年」といっても恋愛運は絶好調で、注目を浴びて自然と人気者になる年でもあります。銀のカメレオン座は、完璧な外見、理想的な収入など相手に求めることが多いタイプ。また、交際する利点など、一緒にいることの得を考えてしまい、なかなか前に進めない人も多いです。しかし、「2021年の恋は外れなし！」と思い込み、気になった人には積極的になってみると、今年は簡単に恋人ができるでしょう。なかなか恋人ができない人は、これまでの恋愛観を変えてみましょう。特に、待ちの姿勢で恋人ができた経験がある人ほど、自分の気持ちにもっと素直に動いてみるといいでしょう。周囲が羨むような素敵な人と交際できる可能性も高いので、少しレベルが高いと思っても、仲よくなってみるくらいの気持ちで近づくと、一気に話が進むこともありそうです。

出会い運のいい時期は、1月上旬と5、6、7月です。ここではじめて会う人とは縁があるので、友人や知り合いの集まりにはできるだけ顔を出しておくといいでしょう。また、この期間は2020年に出会った人と急激に仲よくなることがあるので、気になる人には連絡をしてみて。ただ、2020年の段階で「異性との縁が感じられない」と嘆く人は、1月に思いきったイメチェンをし、年齢の幅を少し広げるなど、恋のターゲットも変えてみましょう。ほかにも、交友関係を変えてみると、新しい出会いが簡単に増えます。習い事をはじめたり、これまでとは違う遊びのグループを作るといいでしょう。理想のタイプが決まっているのなら、そのタイプがいる場所にピンポイントに出かけてみることも大事。「ブレーキの年」の11～12月にはあなたの運命を変える出会いがあります。また、急激に話が進む相手が出現することも。友人の紹介や結婚式の二次会、会社の友人のホームパーティーなどで知り合った人とすぐに交際がはじまるかもしれません。交際0日で結婚するなど、これまでにないスピードで話が進むので、ときには度胸が必要だということを胸に刻んで。少しの勇気で簡単に恋人ができる年なので、恋が上手な人のマネをして臆病にならないようにしてください。また、自分の決断力の弱さで逃してきた恋があるということも忘れないようにしましょう。勇気と度胸を大切に、素敵な恋をしてください。

開運のつぶやき ▶ 美しいものに目がいくクセを身に付けることは大切

結婚運

5、6、7、9月は結婚に適した時期
優柔不断になって好機を逃さないように

銀のカメレオン座が結婚に最も縁がある年。交際期間が1年以上のカップルは入籍や婚約、同棲に話が進みやすくなり、2020年の年末あたりからの交際相手でも結婚に進んでいいでしょう。「1年以上付き合ってから」などと言っていると、この運気を逃すかもしれません。流れに合わせて動いてみてください。特に5、6、7、9月は新生活の決断にはいい時期なので、思いきった判断も必要。相手まかせになりすぎずに、前向きな話をしましょう。また、両親の顔合わせの日を決めるなど積極的になることも大事です。いざというときに、マリッジブルーや優柔不断になって、チャンスを逃さないよう気をつけてください。

2020年に引き続き、2021年の結婚は金運をアップさせる可能性が高くなります。相手の収入や自分の仕事を考える前に、先に入籍をするのもいいでしょう。「ひとり口は食えぬがふたり口は食える」と思って結婚してみると思ったよりもなんとかなり、お金の問題が解決する場合があります。明るい未来を想像して、飛び込んでみるといいでしょう。また、年末に近づくと妊娠する可能性が高まるので、「授かり婚」を期待できる時期でもあります。

今、恋人はいなくても、2020年に出会った中に気になる人がいる場合は、1月上旬、5、6、7月に好意があることを伝えてみるといい流れになるでしょう。特に気になる人がいない場合は、5、6、7月の出会いを増やしてみると、9、11、12月に交際と結婚が一気にやってくることもあるでしょう。ここでも「交際して1年は」などと考えていると、婚期を逃すことになりかねません。また、年末の11～12月に運命的な出会いや交際期間0日婚をするような人が現れる可能性も。友人の集まり、結婚式の二次会、ホームパーティーには気合いを入れて参加しましょう。この時期は、相手の条件やお得な部分を探っていると結婚が遠のいてしまうので、「一緒にいて楽」と思えるのなら一気に入籍に進んでみてもいいでしょう。

「ブレーキの年」で注意が必要なのは、優柔不断でこの時期に選びきれないこと。「あの人もいい、この人もいい」など天秤にかけてモタモタしているとチャンスを逃してしまいます。2022年、2023年の裏の時期（乱気、裏運気の年）に突入するとまったくモテなくなり、結婚願望もなくなってしまうでしょう。また、ほかの理由で結婚どころではなくなり、たとえ結婚ができても離婚率が急激に上がる時期の入籍になるので気をつけましょう。2021年に結婚がない場合は2025年以降になると思ってください。次の結婚運が2029年になる確率が高いのが銀のカメレオン座の流れです。それまで待てる人は問題ありませんが、そろそろ結婚を考えている人ほど2021年はモタモタしてはいけません。

銀のカメレオン座は、恋愛運よりも結婚運のほうがいいタイプなので、結婚する相手を見極めようとすると素敵な人を見つけられるでしょう。2021年は運気もいいので、あなたに見合う人に出会える可能性が高まります。「自分の幸せをつかむのは自分」と忘れずにしっかり行動を起こすと、あなたの素直な気持ちに運が味方してくれるでしょう。待ちの姿勢ではなく、自分で流れを作るように努めましょう。

仕事運

これまでの積み重ねが報われる年 転職は10、11、12月がオススメ

見えないところで苦労や努力をする銀のカメレオン座の、陰の努力が報われる年。運気がいいときは、自分が最も時間をかけていたことに結果が出るときでもあります。2020年も十分評価されたと思いますが、2021年は存在や才能が認められるようになり、さらに満足できる１年になるでしょう。ただ、能力をひた隠しにしていては運気の流れを逃すだけなので実力をしっかりとアピールしてください。少し出しゃばるくらいの気持ちで、積極的に仕事に取り組むことが大事。相手まかせで甘えん坊なところがあるので、指示を待っているうちに幸運を逃してしまわないように気をつけましょう。年末にはこれまでの頑張りが認められて、突然の出世や役職変更、部署異動などが。とまどうこともありそうですが、受け入れることでいい流れに乗れそうです。

2019年と2020年に本気で仕事に取り組んできた人には、うれしい流れのある年。自分でも驚くようなチャンスに恵まれ、目標も達成できます。また、憧れの仕事もまかせてもらえるようになるでしょう。頑張りを認められたら、遠慮をせずにしっかりと評価を受け止めましょう。2020年、2021年と仕事で評価されずに満足ができない場合は、不向きな仕事に取り組んでいる可能性があります。10月下旬、11、12月は転職をするといい時期なので、周囲から勧められた仕事に進んで一からやり直すことも大事。転職が厳しいと思われる場合は、周囲に甘えず、言いわけをしないで本気で仕事に取り組みましょう。何よりも仕事があることへの感謝を忘れないで、職場に恩返しができるように仕事をして。

注意が必要なのは、周囲に甘えすぎて能力を発揮しないことです。口ばかりで協力をしなくても結果が出るおいしい場所にいるだけでは、周囲の文句や不満がたまってしまうだけ。悪評が出回ってしまうこともあるので、気をつけてください。いい結果が出ているときほど、自分のことだけを考えずに若い人にチャンスを作るようにしましょう。頑張っているけれどなかなか結果の出ない人や時間ばかりがかかってしまう不器用な人には、仕事のコツや考え方を伝えてみることも大事でしょう。年末に向かうと現在の環境に飽きてしまい、突然仕事を辞めたくなったり、部署異動の希望を出したくなったりしそうです。しかし、上半期の流れを下半期に自らの力で変えないほうがいいので、下半期は現状維持を意識してください。会社からの辞令や指示には、従っておきましょう。

仕事のできる人の近くにいることでいい影響を受けるタイプなので、愚痴や不満ばかりで結果を出そうとしない人が多い職場なら早々と転職をして、やる気がある人の中に入っていくといいでしょう。手先が器用で人のマネがうまいので、技術職やもの作り、芸術系の仕事などがいいでしょう。管理もしっかりできるので、簿記や会計などお金を管理する仕事などもよさそうです。環境ひとつであなたの能力は大きく変わるため、少しレベルが高いと思われる職場にいることが大事。また、仕事で結果を出している人の近くにいることを意識してください。しっかり観察をして、ワザを盗むことを忘れないようにしましょう。そして、協力してくれた周囲の人や、これまで支えてくれた人への感謝を忘れないようにしてください。

開運のつぶやき ▶ 足らないのは運ではなく「覚悟と自信と情熱と知恵」

金運

上半期は、努力が報われ収入アップ 年末は出費が激しくなるので要注意

仕事の頑張りが認められて収入アップや予想外の臨時収入がある年。特に上半期は、努力が報われ、密かに努力していたことが収入アップにつながるでしょう。昔から得意で趣味でやっていたことが副業になることもありますが、考え方が古いタイプなのでネットなどの新しいことへの挑戦は諦めてしまいそうです。それでも2021年は運気がいいので、新年早々にチャレンジしてみると思わぬ結果につながることもあるでしょう。自分ひとりではわからないときは、若い人や詳しい人に聞いてみて。月に少額でもいいので投資をはじめてみてください。すぐに結果を求めるよりも、長期的にみておくといい結果につながるでしょう。また、土地や家やマンションなど高額の買い物は上半期中にして、下半期は派手なお金遣いは避けましょう。

欲しいものや高額な買い物を含めて、大きなお金の動きは7月までに終えるようにしてください。保険の見直し、積み立て預金、投資や資産運用を考えている場合は早めにはじめるといいので、1月に一気に決断して行動を起こしましょう。特に2020年末あたりに入手したお得な情報をもとに、思いきって挑戦してみるといい結果を招きます。ただ、2～3月は金銭感覚が鈍りやすいので、浪費や判断ミスをしてしまいがちです。情報収集くらいで、契約や決断は避けておきましょう。その期間に決めようとしたことは、少し先延ばしにして5～6月になってから決断や実行に移すといいでしょう。この時期に引っ越しをしたり家やマンションの購入をするのもいいですが、2020年中に「長く住む場所」としてすでに引っ越しをした場合は、急に環境を変えないようにしましょう。

2021年で注意が必要なのは、下半期になって大金を動かすこと。今はお金の問題は少ないと思いますが、2021年の年末から2022年以降は必ず出費が激しくなったり、お金が必要な出来事があったりするでしょう。貯金があり、ゆとりがある人ほどその隙を突かれてしまうので、2021年の下半期からは気を引き締めて財布のヒモも締めるように。特に土地、家、マンションの購入は2025年以降にするといいので下半期以降は避け、しばらくは貯金や節約を意識してください。同じように下半期になってからの高額な投資も避けて。手もとにあるものはそのまましばらくキープしておくと、後に役立つことになるでしょう。

運気の流れはいいので恐れる必要はありませんが、2021年は翌年以降の裏の時期（乱気、裏運気の年）の準備を徐々にすることが大切。無理に節約をする必要はありませんが、必要なものと不要なものの見極めや、将来のお金について真剣に考えるにはいい時期だと思ってください。お金のプロに相談をして知識を増やしましょう。また、投資の勉強をして少額でもいいので運用をはじめると、後に役に立ちます。「難しそう」と避けていないで、まずはどんなものか勉強してみてください。また、年末に近づくと裏運気の影響を受け、裏側にあたる金のインディアン座の能力がアップします。浪費や衝動買いをしたい気持ちが強くなってくるので、生活水準を収入の2～3割下に設定し、その生活に慣れておきましょう。小遣いを貯金に回しておくことも大切です。

家庭運

下半期に問題が発覚する可能性あり 感謝を忘れずに上機嫌で過ごそう

上半期は円満な夫婦関係を続けることができる時期。５月の連休や夏休みに一家で旅行や遊びに出かけてみると家族のいい思い出ができるでしょう。基本的に問題が出るような運気ではありませんが、下半期には何かしらの問題が発覚する可能性があります。夫婦関係が良好だと思って安心していると、雑な言葉遣いや態度になっているかもしれません。「家族だから自分を理解している」と思い込んでいると、思わぬ溝ができている場合があるでしょう。どんなに長く一緒にいても、夫婦は「他人」ということを忘れないようにしてください。自分の考えや意見を押しつけるなど、わがままな態度は控えるようにしましょう。外では上手に１歩引くことができても、家庭では自我がむきだしになり、古い考えを突き通してしまうことがあるかもしれません。相手に甘えすぎないで、自分のやれることはしっかりやり、いい距離感を保つようにしてください。

子どもとの関係も上半期は問題がなさそうですが、２〜３月はあなたの気持ちが不安定になりやすく、些細なことでイライラしてしまうかもしれません。正しいことを言うときでも言葉を選ぶことが大事。「話す」と「伝える」は大きく違うということを学ぶ必要もあります。また、2021年から子どもとの関係に変化がはじまり、下半期になると子どもから教えてもらえることや学べることが増えるでしょう。「親は子より遅れている」部分が必ずあると思って、最近の流行や最新のやり方などを教えてもらうと、お互いに学びがあるでしょう。子どもとの距離感に変化があっても、自分の子を信じて、頑張っている過程を褒めるようにしてください。また、失敗から何が学べるかを教えるようにするといいでしょう。

両親との関係も上半期は問題がありませんが、下半期に入ると両親が体調を崩してしまうかもしれません。介護やお金の問題が出てくる可能性もあるので、兄弟姉妹がいる場合は両親についての少し先の話を事前にしておきましょう。心の準備や必要な情報も集められるでしょう。年配の両親がいる家族は、両親へ下半期中に健康診断を受けるように勧めてください。2022年、2023年は裏の時期（乱気、裏運気の年）なのでいろいろと問題が出てくるかもしれません。2021年のうちにできるだけ準備を整えておくと、その後の苦労をうまく避けられるでしょう。

年末に近づくと2022年の「乱気の年」の影響が出てくるため、現在の環境に飽きてしまうかもしれません。また、現状に不満がたまってくることがありますが、そのマイナスな視線は家族に向けられてしまい、些細なことでイライラしたり、不機嫌になったりしてしまいそうです。不愉快だと思ったときほど、感謝と上機嫌を忘れないようにしましょう。家族の中にひとり機嫌が悪い人がいるだけで、気まずい空気や嫌な雰囲気になった経験があると思います。あなたの不機嫌のせいで家族を嫌な気持ちにさせてしまうことがあるので、くれぐれも気をつけましょう。みんなが機嫌よくできるように、家族で工夫することも大切でしょう。家族でもそれぞれに違う生き方や考え方があるので、自分だけが正しいと思わないでください。そして、家族の存在に対して感謝する気持ちを忘れないようにしておきましょう。

開運のつぶやき ▶ 家事を軽視する人に幸運はやってこない

健康運

理想のスタイルに近づけそうな運気 7、8月は体調に異変が出る可能性も

基本的には問題が少ない年ですが、下半期から体調に変化が出ることがあるため、生活習慣などの改善が必要になるでしょう。上半期は美意識を高めて、筋トレや基礎体力作りをはじめ、生活習慣も整えてみるとよさそうです。年齢に見合った食事や運動、睡眠時間など、今後のことを考えて計画的に行動してみてください。ただ、ここ数年、期待に応えるために頑張りすぎた人や無理を続けた人、暴飲暴食や不健康な生活を続けてしまった人は、2〜3月あたりから体調の崩れや不調を感じそうです。異変を感じたときはそのままにしないで、早めに病院に行ってしっかり検査してもらうようにしましょう。健康に問題がない人でも下半期にはきちんと人間ドックに行き、例年よりも詳しく調べてもらうといいでしょう。

下半期から流れが変わる運気のため、7〜8月あたりから体調に異変が出る可能性があります。予定を立てる際は「体をしっかり休ませる日」を作り、温泉やスパ、マッサージなどに行くとよさそうです。ただ体を休ませるだけでなく、軽く汗を流すスポーツを定期的に行い、歩く距離をいつもより増やすように意識して生活を送るといいでしょう。また、下半期からは普段よりも1時間早く寝るように生活習慣を変えて、果物を少し多めに摂取することも大切です。不健康な生活を続けてしまった人は、年末に病気が見つかる可能性が。早期発見で助かる場合もありますが、異変を実感しだすのはおそらく8月あたりからなので、それ以前に早めに調べておきましょう。

具体的には、目、耳、片頭痛についての検査を、女性の場合は乳がん検査もしておくといいでしょう。日ごろヘッドホンを使用し大きな音で音楽を聴いている人は、耳が遠くなっている場合があります。目の病気や視力の低下などもあるかもしれません。異変を感じるときは病院へ行き、検査してもらうようにしましょう。

また、2021年は理想の体形に近づけるのにいい運気。ダイエットを兼ねて基礎体力作りをしっかりするといいでしょう。スポーツジムに行く、パーソナルトレーナーをつけるなど、美意識を高めて体を絞っておきましょう。銀のカメレオン座は「相手まかせ」な甘えたところがあるので、他人に施してもらうエステに行くのもいいですが、甘えた気持ちでは体は引き締まりません。1月に目標体重を決めるなど、計画を立てて頑張ってみてください。一緒に取り組む人や、ライバルを作ってみると効果が早く出そうです。年末になってからの激しい運動は三日坊主になるだけなので、なんとなく続けられる簡単な運動がいいでしょう。

下半期に入ると自分では強いと思い込んでいた部分の調子が悪くなってしまうことが考えられます。「自分は胃腸が丈夫！」と過信している人の場合であれば、胃腸への注意が必要です。おいしいものが好きでついつい食べすぎて体形が心配な人ほど、体を動かしておくことが大事でしょう。運動の目的は「おいしいものを食べるため」でもいいです。「ブレーキの年」は、攻めと守りが大きく変わる運気。下半期は自分の体をしっかり守るために、何をしなければならないのかを考えましょう。そして、それを行動に移すことが大事になってきます。

年代別 アドバイス

年齢が違えば、起こる出来事もそれぞれに違います。
日々を前向きに過ごすための年代別アドバイスです。

年代別アドバイス 10代

頑張ってきたことが評価されて満足できる1年。特に秋までは異性から注目され、人気を集められるので、少しの勇気で簡単に恋人ができるでしょう。交友関係もこれまで以上にいい関係を築けて親友もできそうです。幸せをつかむためにも、「失敗するかもしれない」など余計なことを考える前に行動するようにしましょう。また、今後の目標となる人を見つけることも大事。年上で輝いている魅力的な人を見つけるといいでしょう。

年代別アドバイス 20代

求められることが増えて満足のできる1年。自分の能力を出しきる価値のある運気です。遠慮せずに少し欲張るくらいに自分の欲しいものをとりにいきましょう。また、自分をしっかりアピールすることも必要。異性との関係は恋愛だけではなく、結婚を考えた相手を選ぶことが大事です。選びすぎにも気をつけてください。入籍するにもいい年なので、積極的に行動してみましょう。年末には今後のことを考えて、現状を守るための判断をして。

年代別アドバイス 30代

幸せをしっかりつかめる年。そのためにも目的に向かって素直に行動することが大事。待ちの姿勢では満足できないので、少しくらい困難だと思うことでも勇気を出して取りかかってみると、周囲がサポートしてくれたり、いいタイミングでチャンスをつかめたりするでしょう。下半期はこれまでの頑張りが評価されますが、それをしっかり受け止めて、さらにレベルを上げるように努めてください。若い人と仲よくなっておくことも大切です。

年代別アドバイス 40代

目標を達成できる年です。また、仕事を評価されて出世のチャンスもあるでしょう。責任ある立場を受け入れることで、さらにいい流れに乗ることが。教えること、伝えなくてはならないことが増えますが、若い人とのコミュニケーションをしっかりとるためにも流行や新しい方法などを教えてもらうようにするといいでしょう。年下の友人を作ってみると、楽しい世界を知れることも。年末は体調に注意が必要で、検査を受けるのもいいでしょう。

年代別アドバイス 50代

これまでの経験をうまく活かすことのできる年。周囲からの協力も得られて、思った以上の結果を出すことができそう。また、目標の達成や感謝されることも増えるでしょう。自分だけ偉くなるのではなく、周囲を活かすことや頑張らせることを考えた判断を。ほかにも、若い人の意見をこれまでの経験を踏まえて変換すると、新たなアイデアが生まれそう。若い人と交流することで得られることも多いので、偉そうにしないように。

年代別アドバイス 60代以上

上半期中は基礎体力作りをはじめとした健康的な生活習慣に改善を。無理のない程度に運動をスタートすると、思った以上に体力が落ちていることを自覚できるでしょう。下半期は体調に異変を感じやすいので、早めに病院に行って検査をしてください。目や耳の病気が見つかることがあるかもしれません。特に問題がなければいいですが、しっかり調べてもらい予防するように努めましょう。

開運のつぶやき　人柄のよさが幸不幸を分けることが多い。人柄をよくする努力は大切

あなたの命数はP.10からはじまる命数早見表でチェック！

命数別2021年の運勢

【命数】
41
ひと言多い高校生

基本性格

周囲に合わせるのが得意な頑張り屋。「でも」「だって」とひと言多く、意地っ張りなところがありますが、マネが得意でコツをつかめばなんでもできるようになります。ただ、意地を張りすぎて自分の生き方ややり方にこだわりすぎると、能力を発揮できない場合も。周囲に同化しやすいのでレベルの高い環境へ飛び込むと成長しますが、逆に低いところにいるといつまでも成長できません。友人関係で人生を大きく左右される人でもあります。

〉〉2021年の開運アドバイス

ラッキーカラー　オレンジ、深緑
ラッキーフード　チーズ、唐揚げ
ラッキースポット　スポーツジム、博物館

開運3カ条

1. 陰で努力していたことを表に出す
2. 異性の友人を作る
3. 周囲の頑張っている人を褒める

2021年の総合運

努力が報われる年。頑張りをアピールしたり、遠慮せずに自分の力を出しきったりするといいでしょう。陰でしてきた努力の結果を発揮できるので、密かに頑張っていたことも表に出してみるとよさそうです。あなたを支えてくれる仲間を大事にし、感謝を忘れないように。あなたからのお礼の言葉で、周囲がもっと動いてくれるでしょう。健康運は、スポーツをはじめておくといいので、質のよいシューズやウェアを購入しましょう。

2021年の恋愛&結婚運

身近な人と交際したり、異性の友人が恋人に変わったりすることがある時期。異性の友人を作るくらいの気持ちで気軽に交友関係を広げてみると、突然告白されたり、チヤホヤされたりすることもあるでしょう。異性のいる趣味の集まりに思いきって参加してみて。スポーツ観戦をしたり、サークルに入ったり、武道をはじめたりするといいでしょう。結婚運は、相手からのプロポーズを待たず、あなたから気持ちを伝えてみて。

2021年の仕事&金運

実力以上に評価され、結果をしっかり出したり、頑張っている過程も褒められたりするので、全力で仕事に取り組んでおきましょう。急な出世もあり、新たな苦労が生まれることがありますが、理想の上司や先輩をマネするように努めるとうまくできるようになるでしょう。仕事で苦労を感じるときは、仕事がうまくできる人のしゃべり方をマネしてみて。金運は、欲しかったものを思いきって購入するといいでしょう。

【命数】
42
向上心と度胸がある人

基本性格

合理主義で無駄なことや団体行動が嫌いな人。几帳面で丁寧な印象を与える人と、派手な感じに見える人が混在する極端なタイプ。地道な努力や下積みなど、基本を身に付ける苦労を避けて結果だけを求めるところがあります。マネが上手でなんでも簡単にコツをつかめますが、しっかり観察しないでいるとその能力は活かせないままです。向上心があり、成長する気持ちの強い人と付き合うといいでしょう。

〉〉2021年の開運アドバイス

ラッキーカラー　ブラック、ホワイト
ラッキーフード　骨付き鳥、チーズケーキ
ラッキースポット　ライブハウス、博物館

開運3カ条

1. 大胆な行動をする
2. 遠慮しない
3. 最後まで諦めない

2021年の総合運

自分の狙い通りに物事を進めることができ、満足できる１年。思いきった大胆な行動で運を味方につけられるので、一発逆転させることも可能。そのためにも、最後まで投げ出さない粘り強さが大切です。自ら刺激や変化を求めて楽しいことやおもしろいことを作ることもでき、旅行やライブに行くことで人生を楽しめるようになるでしょう。味方をしっかり集めておくことも大事です。健康運は、刺激の強いものは2021年から避けるようにしておきましょう。

2021年の恋愛&結婚運

あなたの個性をしっかり出すことで相手の気持ちをしっかりつかめる年。好きな人を振り向かせることができるので、遠慮せず、相手からの出方ばかり待たないように。興味のない人から言い寄られて面倒に感じる場合もありますが、2021年はいったんキープしておくといいので、いい距離感で仲よくなっておきましょう。結婚運は、好きな人と勢いで一気に進めることができそう。略奪からの結婚もありますが、危険な相手には注意。

2021年の仕事&金運

狙い通りの結果やそれ以上の結果を残すことができる年。無駄なことがうまく削がれて、密かに努力していたことが役立つことも増えるでしょう。自信を持って話し、堂々とするだけでも大きなチャンスをつかむことができます。不慣れなことでもプロらしく、仕事に取り組んでみて。いいヒントを教えてくれる人の存在も見逃さないようにしましょう。金運は、予想外の収入や臨時ボーナスが手に入りそう。懸賞やクジが当たることも。

12のタイプ別よりもさらに細かく自分や相手がわかる！
ここでは、生まれ持った命数別に2021年の運気を解説していきます。

【命数】
43

陽気で優柔不断な人

基本性格

愛嬌があり、明るく甘え上手ですが、根はしっかり者でちゃっかり者。なんとなく憎めない人です。自然と好かれる能力を持ちながら、お礼や挨拶などを几帳面にする部分もしっかり持っています。何より運に恵まれているので、困った状況になっても必ず誰かに手助けしてもらえるでしょう。ただ、わがままが出すぎて余計なことをしゃべりすぎたり、愚痴や不満が出すぎたりして信用を失うことも。空腹になると特に態度が悪くなるので注意。

〉〉2021年の開運アドバイス

ラッキーカラー オレンジ、レッド
ラッキーフード だし巻き卵、パンケーキ
ラッキースポット 音楽フェス、スポーツジム

開運3カ条

1. 周囲の笑顔のために行動する
2. 目立つ服を着る
3. 常に明るく過ごす

2021年の総合運

他人の笑顔のために自分は何ができるか楽しんで取り組んでみると、運を味方につけられる年。いい仲間と楽しい時間を過ごすことができ、楽しい思い出もできそう。あなたの提案で周囲が笑顔になることも増えるので、ポジティブな考え方や言葉を発してみるといいでしょう。楽しむことでより楽しい出来事が増えるようになるので、機嫌よくしておくことを心がけて。健康運は、ダンスや楽しいスポーツをすると、体を引き締められるのでオススメです。

2021年の恋愛&結婚運

笑顔で相手の心をしっかりつかむことができる年。会話を楽しく聞くことや、ソフトタッチするくらいの距離感を保つことで急激にモテるようになりますが、複数の人から誘われたり、告白されて困ったりすることがあるでしょう。目立つ服装や会話のネタになりそうなものを持ってみるなど、目立ちにいくといいでしょう。結婚運は、妊娠から一気に結婚に進みそうな年。明るい未来の話を盛り上げると、入籍まで一気に進められそう。

2021年の仕事&金運

職場のムードメーカーになってみることが大事な年。不慣れな仕事も上手にお願いすることができますが、そのぶんお礼や感謝をしっかり伝えて、仕事に楽しく取り組むといいでしょう。明るい職場作りを目指してみること でいい結果に貢献できたり、周囲からあなたの存在の価値に気がついてもらえたりしそう。愚痴や不平不満は言わないようにして。金運は、みんなが笑顔になるものを購入すると、活きたお金の使い方ができそう。

【命数】
44

余計なひと言が目立つ勘のいい人

基本性格

頭の回転が速く勘がいいため、要領よく生きるのが上手なタイプ。頭がよく、感性も豊かですが、おしゃべりで余計なひと言が出すぎたり、空腹になると短気を起こしたりしがちなので注意が必要です。情が深く、ときには依存するくらい人と深い付き合いをする場合もありますが、なかなか親友と呼べる人が見つからないことも。人生で困ったときは、うまくやっている人をマネすると自然にいい流れになるでしょう。

〉〉2021年の開運アドバイス

ラッキーカラー 琥珀色、ホワイト
ラッキーフード ほうとう鍋、フルーツパフェ
ラッキースポット 美術館、スポーツジム

開運3カ条

1. 言葉を選んで発する
2. まずは行動する
3. 基礎体力作りをはじめる

2021年の総合運

勘がズバズバ当たり、「先が読める」と思えるくらいの年。あとは行動するだけなので、よくも悪くも勘を信じて動いてみると、不要な苦労や面倒なことを上手に避けることができるでしょう。いいことは周囲に伝えておくと喜ばれますが、恩着せがましくならないよう、みんなで幸せになるくらいの気持ちでいるように。芸術や美術に関わっておくこともオススメ。健康運は、年末あたりから太りやすくなるので、事前に基礎体力作りを。

2021年の恋愛&結婚運

理想に近い人と一気に交際へ進めたり、仲よくなったりできる年。目が合う人やピンときた人に近づいてみるといいでしょう。あなたから少しきっかけを作ればいい流れができそうですが、いざというときに優柔不断でモタモタしないように気をつけて。美的センスや感覚が合う人が見つかる年なので、趣味や興味のあることをアピールしておきましょう。結婚運は、急展開で進む運気なので怯まないように。年末に電撃結婚があるかも。

2021年の仕事&金運

臨機応変な対応やいい判断が素早くできる年。いいアイデアも浮かびやすいので、言葉を選びながらも思ったことはどんどん発言してみると、思った以上に意見が通ることがあるでしょう。会社の仕組みや流れも変えることができそう。また、口ばかりではなく実際に自ら行動したり、見せたりすることで周囲がついてくるでしょう。金運は、勢いで浪費しやすいので価値のあるものを見極めて。勘で投資をすると、後に大金に変わるでしょう。

【命数】
45
器用な情報屋

基本性格

情報収集が好きで段取りや計算が得意。努力家ですが、無駄なことは避けて何事も損得勘定で判断するタイプ。いい流れに乗っていても、途中で得がないと判断したらすぐに流れを変えられるほど、臨機応変に行動できます。他人のマネが上手なため、他人と同じ失敗を避けて要領よく生きられる人ですが、ずる賢いと思われてしまうことも。お調子者で、お酒の席で余計なことをしゃべって大失敗しやすいので、注意が必要。

〉〉2021年の開運アドバイス

ラッキーカラー　柿色、グリーン
ラッキーフード　もつ鍋、ずんだ餅
ラッキースポット　博物館、おいしいお店

開運 3 カ条

1. フットワークを軽くする
2. みんなが得することを考える
3. 素直に行動する

2021年の総合運

忙しくも満足できる楽しい年。あなたに必要な情報が集まり、計算通りに物事が進む流れになりそうです。フットワークの軽さでいい人脈やお得な人とのつながりもできそうです。新たに趣味の幅を広げたり、異業種交流会に参加したりしてみて。軽はずみな会話が結果的にいい空気を作ることもできるので、相手が喜びそうな言葉を選ぶといいでしょう。健康運は、お酒の量を控えたり、休肝日を作るようにしてみて。

2021年の恋愛&結婚運

計画通りに恋を進められそうな年。駆け引きをするのもいいですが、余計なことをしないで素直に気持ちを伝えてみることが大事。周囲から羨まれる人と交際がスタートできそうですが、相手に甘えすぎて飽きられないように。自分でも相手を楽しませる工夫や喜ばれることをいろいろやってみるといいでしょう。結婚運は、あなたの願っていたタイミングで話が進みそう。相手の未来の成長や今後に期待してみると、1歩前に進めそうです。

2021年の仕事&金運

自分の想像以上に結果を出せる年。目標をしっかり定めている人ほどいい結果を出したり、無駄なく目的に向かったりできそう。自分の得だけを考えず、相手や多くの人の得を考えて判断できることが本当の損得勘定だと思って知恵を絞ってみて。難しいと思える仕事でも、自ら志願して挑戦してみるといいでしょう。金運は、お得な買い物ができる年。副業や投資も成功しやすいので、強気で挑戦してみるとよさそうです。

【命数】
46
地道な大器晩成型

基本性格

真面目で根気強く、コツコツ努力できる人。何事にも時間がかかり瞬発力に欠けますが、慎重に進めながらも現実的に考えられます。謙虚ですが、自分に自信が持てなくて1歩引いてしまったり、遠慮しやすく多くのことを受け身で待ってしまったりすることも。マネがうまく、コツを教えてもらうことでゆっくりとですが自分のものにできます。手先が器用で、若いころに基本的なことを学んでおくと、人生の中盤以降に評価されるでしょう。

〉〉2021年の開運アドバイス

ラッキーカラー　紺色、ホワイト
ラッキーフード　豆乳鍋、ロールケーキ
ラッキースポット　温泉、博物館

開運 3 カ条

1. 損得を考えないでまずは行動する
2. 遠慮しないで素直に話す
3. ごちそうをする

2021年の総合運

時間をかけてきたことに結果が出る年。これまで結果が出なくても辛抱強く続けていた人ほど、うれしい結果や満足できる以上の形を残すことができるでしょう。「継続は力なり」を周囲に見せるためにも勇気を出して行動することが大事なので、チャンスに遠慮しないようにしましょう。堂々と取り組むことも必要なので、1歩引いてしまわないように注意して。健康運は、冷え性に悩みやすくなるので代謝を上げる運動をするように心がけるといいでしょう。

2021年の恋愛&結婚運

片思いの恋が実ったり、異性からチヤホヤされたり、告白されることがある年。臆病なままではチャンスを逃すので、勇気を出して飛び込んでみることが大事。あなたに注目が集まる時期でもあるので、自分磨きをやっておくこと。相手の話を笑顔で聞いたり、明るく元気に振る舞い、喜びを恥ずかしがらずに表現しましょう。結婚運は、入籍をするには最高の年。相手まかせにしないで、自分からプロポーズする気持ちが大事です。

2021年の仕事&金運

地道な努力が認められ、これまでの苦労が報われることがあるでしょう。また、サポートしていた上司や先輩に引き上げられてともに評価され出世したり、昇給につながったりしそう。年末に不慣れなポジションをまかされて困ってしまう場合もありますが、焦らずじっくり取り組んでみるといいでしょう。金運は、家やマンションや土地など、長年欲しいと思っていたものを思いきって購入するといいでしょう。貯金も予想以上にできそう。

【命数】
47

せっかちなリーダー

基本性格

仕切りたがりの超甘えん坊で、人まかせにするのが得意な人。正義感があり、上下関係はしっかりしています。地道な努力は苦手で、何事もパワーと勢いで突き進みます。「細かいことは後で」と行動が先になるので、周囲の人は巻き込まれて大変なことも。一方で、真面目で几帳面なところがあるので、自然とリーダー的な立場になり、仲間の中では欠かせない存在でしょう。突っ込まれると弱いのですが、いい仲間を作れる人です。

〉〉2021年の開運アドバイス

ラッキーカラー 柿色、グリーン
ラッキーフード にしんそば、ヨーグルトムース
ラッキースポット 博物館、老舗

開運 3カ条

1. 周囲の頑張りを褒める
2. すべての異性にやさしくする
3. ごちそうをする

2021年の総合運

あなたを中心に周囲の人が動いてくれたり、上手に甘えたりできる年。仲間や上下関係を大切にすることで、さらにうれしい流れに乗ったり協力を得られたりしそう。みんなを集めてホームパーティーや交流会をすると結束が強まり、よりいい関係を築くことができるでしょう。頑張りをしっかり認めたり褒めたりすることで年下の友人を作れそう。また、協力者も集まりそうです。健康運は、張りきりすぎからの打撲やケガ、腰痛に要注意。

2021年の恋愛&結婚運

幅広い年代からモテたり、積極的にアプローチしてくる人が現れたりしそうな年。どんな相手にも丁寧に接することでさらにモテるようになるので、自ら笑顔で挨拶したり、楽しそうに話を聞いたりするといいでしょう。年下の相手は少し強気で誘ってみると、思った以上に早く進展しそう。年上には素直に甘えるとよく、少し図々しいくらいが丁度いいでしょう。結婚運は、相手まかせにせず、日取りや段取りも自分で決めて押しきって。

2021年の仕事&金運

周囲の力を集結することで、目的をみんなで達成することができる年。それぞれの能力を活かすために知恵を絞ることで、あなたの能力も開花するでしょう。リーダーとして才能を発揮できたり、協力してもらえるような空気を作ったりできそうです。若い人と話をしたり、新しいやり方などを取り入れたりするのもいいでしょう。金運は、長く使えるものを購入するといい年。若手やお世話になった人にごちそうをしておきましょう。

【命数】
48

古風で上品

基本性格

礼儀正しく誠実で、努力家。自分の弱点や欠点をしっかり分析でき、足りない部分は長けている人から学んで自分のものにすることができます。一方で臆病なところがあり、目標まであと少しのところで逃げてしまったり、幸せを受け止められずに避けてしまうことも。何事も丁寧なことはいいですが、失敗を恐れすぎてチャレンジを避けすぎてしまうところがあるので、思いきった行動や勇気が必要でしょう。

〉〉2021年の開運アドバイス

ラッキーカラー オレンジ、スカイブルー
ラッキーフード オムレツ、レモンケーキ
ラッキースポット 高級ホテル、スポーツジム

開運 3カ条

1. 挨拶は自分から先にする
2. まずは行動する
3. チャンスに臆病にならない

2021年の総合運

誠実に取り組んでいる姿勢が評価される年。几帳面な性格や真面目でよかったと思えるような出来事があるでしょう。かたく考えすぎるとチャンスを逃すことがあるので、褒められたときは少しは調子に乗ってもいいと思っておきましょう。今後長い付き合いになる人とも出会えるので、人との集まりには遠慮なく参加し、自ら先に挨拶をするように。健康運は、スキンケアをしっかりしたり、日焼け対策を確実にしたりしておきましょう。

2021年の恋愛&結婚運

理想に最も近い相手と交際することができたり、出会えたりする可能性がある年。臆病にならず、気になる人には強気なくらい積極的になってみるといいでしょう。相手からの誘いをいつまでも待っていても、何も変わりません。少しでもいいので相手が喜びそうな工夫をしてみて。手順を気にして臆病にならないように、踏み込む勇気は必要です。結婚運は、結婚の話になるとモタモタしやすいので、ここは決断に最適な時期だと信じて決めて。

2021年の仕事&金運

頑張りを評価され、重要なポジションや周囲に自慢できる地位に昇ることができる年。あなたの几帳面な仕事ぶりが高く評価されたり、上司や年上の人から気に入られたりするでしょう。憧れの仕事に就けたり、今後の人生を大きく左右する重要な仕事をまかせてもらえたりも。真面目に取り組みすぎて、周囲に窮屈さを感じさせないことも大事。金運は、見栄での出費が激しくなりそうですが、長年欲しいと思っていたものを手に入れられそう。

【命数】

49

器用な変わり者

基本性格

常識をしっかり守りながらも、「人と同じことはしたくない」と変わった生き方をする人。芸術における才能があり、周囲が興味の持てないようなことに詳しいでしょう。屁理屈や言い訳が多く、好きなこと以外では地道な努力をまったくしない面も。人間関係も、深く付き合っていると思えば突然違う趣味の人と仲よくなったりするため、不思議な人脈を持っています。何事もコツをつかんで学ぶのがうまいぶん、飽きるのも早いでしょう。

〉〉2021年の開運アドバイス

ラッキーカラー オレンジ、ブラック

ラッキーフード カレーライス、いちご

ラッキースポット スポーツジム、高級店でディナー

開運 3 カ条

1. 飽きないで粘ってみる
2. 素直に恋を楽しむ
3. 収入の3割は貯金する

2021年の総合運

ほかのタイプよりも飽きるスピードが速く、今年や来年の状況に飽きてほかのことに興味が湧いてきそう。変化を求めて行動するなら早いほうがいいですが、昨年に覚悟して進めたことを簡単に手放さないように。また、結果がなかなか出ないことでも、この1年は粘り強く続けてみると、評価されたりいい結果につながったりしそう。あなたをサポートしてくれる人を見つけるためにも、人を褒めましょう。健康運は、目の検査を早めにしておくとよさそうです。

2021年の恋愛&結婚運

他人から好かれたいのに好かれると天邪鬼が出てしまうタイプなため、2021年のモテを自らひねくれて逃してしまうことも。怖がらず、素直になりましょう。交際がはじまってもすぐに飽きてしまうことがあるので、交際してくれたことに感謝を忘れず、相手に求めすぎないようにして、自分の趣味や好きなことを見つけるように。結婚運は、結婚願望が薄いですが、年内の結婚はいいタイミングなので、勢いで入籍するといいでしょう。

2021年の仕事&金運

才能を認められて仕事がスムーズに進む年ですが、仕事に飽きてしまい突然投げ出したくなったり、転職したくなったりすることがあるでしょう。陰で努力していたことも認められるので知識を出してみると、役立つアイデアや斬新なことを生み出せそうです。転職する場合は早めに動いて。金運は、収入がアップしたぶん使いすぎてしまうので注意してください。4〜5年後のために、計算をして貯金しましょう。

【命数】

50

理論と理屈が好きな老人

基本性格

分析能力に長けた、冷静で理屈が好きな人。年齢の割には年上に見えたり、落ち着いた雰囲気を持ちながらも、年上に上手に甘えたりできます。他人とは表面的には仲よくできますが、知的好奇心や探求心のない人には興味が持てず、めったに心を開きません。神社や仏閣に行くのが好きで、ときどき足を運んでお祈りし、伝統や文化を大事にする一面も。上から目線の言葉が多いので、言葉選びは慎重にしましょう。

〉〉2021年の開運アドバイス

ラッキーカラー ホワイト、紺色

ラッキーフード 肉じゃが、ラムネ

ラッキースポット 書店、博物館

開運 3 カ条

1. 他人を尊重する
2. 異性の素敵なところを見つけて褒める
3. 諦めないで粘る

2021年の総合運

あなたの知識や頭脳、これまで学んできたことが評価される年。あなたを尊敬する人が集まってくるので、面倒に感じても教えられることは教えておきましょう。下半期になると若い人との関わりも増え、指導者や先生のような立場になる場合もあるので、上手に伝わるように言葉を選ぶといいでしょう。新たに学ばなければならないことも見つかりそう。健康運は、視力に問題が発生しやすいので、下半期になる前に検査をして。

2021年の恋愛&結婚運

愛すべき人を見つけられたり、あなたのことを理解してくれる人が現れたりしそうな年。気になる人を褒めて相手との距離を近づける努力や、小さな勇気は必要でしょう。年齢が離れている人と交際することがありますが、落ち着いた付き合いができそうです。下半期になると、あなたを尊敬する年下の相手から言い寄られることもありそう。結婚運は、入籍をするにはいい運気。あなたの理想に近い家庭を作ることができそうです。

2021年の仕事&金運

納得のいく仕事ができる年。手に職のある人ほど、大きな結果や重要なポジションをまかせてもらえそう。最後まで諦めずに粘り強く取り組むことで目標を達成できたり、サポートしてくれる人に恵まれたりしそうです。人の支えがなければ仕事ができないことを忘れず、感謝の気持ちをしっかり表すといいでしょう。金運は、資産価値のあるものを購入するとよさそうです。長く使えるものや頑張ったごほうびを購入してみましょう。

ラッキーカラー、フード、スポットはプレゼントやデート、遊ぶときの口実に使ってみて

銀のカメレオン座 2021年タイプ別相性

自分と相手が2021年にどんな関係にあるのかを知り、
人間関係を円滑に進めるために役立ててみてください。

相手が 金のイルカ座 整理の年

縁が切れてしまう可能性がある相手。お互いに求めるものや進むべき道が変わることで縁が薄くなり、興味がなくなることもあるでしょう。去る者は追わないことがお互いにとっていいでしょう。恋愛相手の場合は、あなたが相手に見切りをつけてしまいそう。上半期は縁がつながっていても、年末に近づくと嚙み合わない感じが出てきそうです。興味がないときは誘いを断ることがお互いにとっていいことなので、執着しないように。

相手が 金のカメレオン座 乱気の年

相手はあなたが思っている以上に苦しい状況や悩みや不安を抱えているでしょう。相談相手になってみたり親切にしたりすると学びや発見がありそうです。来年の自分の悩みや不安を事前に知ることもできそう。ただ、相手と一緒に面倒なことに巻き込まれやすいので気をつけてください。恋愛相手の場合は、理解できない行動が増えて、関係性が崩れてしまいそう。あなたから相手との縁を切る可能性があるでしょう。

相手が 金の時計座 開運の年

一緒にいることで運気の流れがよくなり、素敵な人脈も広がるでしょう。お互いにいい結果を残せて満足できる１年を過ごせそう。パーティーやイベントを一緒に主催して思い出作りをしてみましょう。仕事でも協力ができて大きな結果を残せそう。恋愛相手の場合は、交際するのに最高な相手。相手もあなたの魅力に惹かれそうなので、いい感じの空気が流れたときはモタモタしないで勢いが大切。小さな勇気で幸せをつかむでしょう。

相手が 銀のイルカ座 裏運気の年

空回りしている感じや不満やイライラが見えて、距離をおきたくなりそう。相手が自分を改めるきっかけになると思って、温かくやさしく見守りましょう。ミスで迷惑をかけられることもあるので、事前に予防策を練っておくとよさそうです。恋愛相手の場合は、興味が薄れるか、相手の裏側の性格を好きになることがありそう。ここでの縁は薄いので深入りしないように。短い付き合いだと思って割りきってみるのもひとつの手でしょう。

相手が 銀のカメレオン座 ブレーキの年

同じ運気の相手とは波長が合いやすいので相性はいいです。しかし、環境に飽きるタイミングも似ているため、年末に向かうと急に離れることになりそう。ともに仕事をするといい結果を出せるので、夏以降は特に協力しあいましょう。恋愛相手の場合は、気持ちがあるなら年末までに押しきることが大切です。年末に思いきった決断の機会がありそうですが、お互いに優柔不断なのでチャンスを逃さないように意識しましょう。

相手が 銀の時計座 幸運の年

夏から年末までお互いに勢いがよく、意気投合したり、あなたの魅力や才能を素直に認めてもらえたりするでしょう。年末にはふたりの今後が決まるような流れができ、お互いに尊敬できるようになりそうです。恋愛相手の場合は、前からの友人なら交際相手として最高な流れ。自分の気持ちに素直になりましょう。秋から年末は、友人や知人を集めて交流を深めて。精神的な支えになるためにも深い話をしてみると交際に発展しやすくなるかも。

相手が 金の鳳凰座 準備の年

プライベートの時間を楽しむにはいい相手。遊びの情報を交換することで視野が広がりそう。ただ、相手は基本的にひとりが好きなので執着は避けたほうがよさそうです。また、頑固で融通が利かないと事前に理解しておくこと。恋愛相手の場合は、たくさん笑えるような空気作りが大切。ノリと勢いがあれば今年は楽しい関係でいられるので、積極的に誘ってみましょう。秋から年末は特に相手の勢いで交際がスタートする運気です。

相手が 金のインディアン座 リフレッシュの年

忙しくてなかなか会えない状況が続いてしまいそう。体の心配をしたり仕事の手伝いをしたりすることで仲よくなれるでしょう。相手が不機嫌なときは疲れていたり体調が悪いのかも。やさしく見守ってあげて。恋愛相手の場合は、短い時間のデートやランチデートなど、「おしゃべりをして終わり」くらいの感じが続くといい関係になれそう。年末に一気に仲よくなれる可能性があるので、それまではこまめに連絡をしておきましょう。

相手が 金の羅針盤座 チャレンジの年（2年目）

一緒にいることで行動範囲や視野が広がりそう。「下品」を嫌がるので、言葉遣いや礼儀などは丁寧にすることが大切。見た目よりもネガティブなタイプでもあるので、前向きな話をしたり励ましてあげられたりするといい関係になれそうです。恋愛相手の場合は、お互いに未体験なことを楽しむといい関係に発展するでしょう。勇気や度胸がふたりの縁をつないでくれるので、気になることを見つけたら連絡して誘ってみて。

相手が 銀の鳳凰座 解放の年

一緒にいることでラッキーな出来事が起きそう。特に夏から年末にかけてはお互いの才能や魅力をアップさせ、チャンスをつかめそう。一緒にいる時間を増やしてみるといいですが、束縛や支配を嫌がるので距離感を間違えないように。恋愛相手の場合では、運命的な出会いのタイミング。気になるなら押しきって告白してみるといいでしょう。年末に勢いで入籍する流れにもなるので、優柔不断になってチャンスを逃さないようにしましょう。

相手が 銀のインディアン座 健康管理の年

余計なお世話でも相手にアドバイスをすることで相手の人生が大きく変わる可能性が。素直に伝えてみましょう。その場では聞き流されるかもしれませんが、あなたの言葉が後になって響いてきて長い付き合いになりそうです。恋愛相手の場合は、お互いにグルメなのでおいしいお店の情報交換をしたり、気になるお店を見つけて誘ってみるといい関係に進みやすくなるでしょう。本音を語ることも大事なので、恥ずかしがらないで話して。

相手が 銀の羅針盤座 チャレンジの年（1年目）

相手の視野を広げるきっかけを作ってあげると仲よくなれる年。話題や流行にさほど興味がなくても「話のネタになるだろう」くらいの感覚で誘ってみると、いい関係を作ることができそうです。ポジティブな話も大切。恋愛相手の場合は、相手からの誘いや告白を待っていてもまったく進展しないので、あなたから誘い、連絡も先にするようにしましょう。基本的には自分から動いてくるタイプではないと思いましょう。

銀のカメレオン座

毎月・毎日 運気カレンダー

［ 2020年11月〜2022年3月の運気グラフ ］

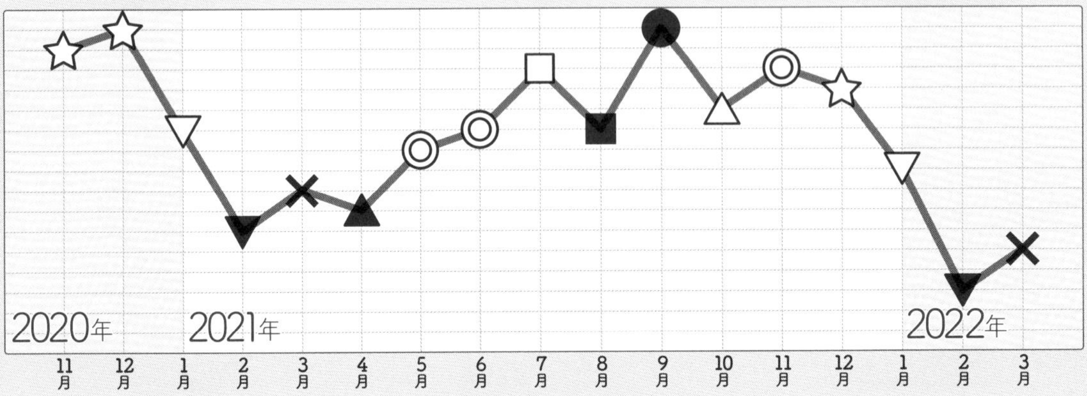

銀のカメレオン座の2021年は

▽ ブレーキの年

上半期は攻めて下半期は守る。早めの決断を

この本で「占いを道具として使う」には、「毎日の運気カレンダー」(P.339〜) を活用して1年の計画を立てることが重要です。まずは「12年周期の運気グラフ」(P.321) で2021年の運気の状態を把握し、そのうえで上の「毎月の運気グラフ」で、毎月の運気の流れを確認してください。

「銀のカメレオン座」の2021年は、「ブレーキの年」。2022〜2023年は「裏の時期」となり、裏の自分を鍛え、裏に隠されていた才能を知る時期になります。この2年にはさまざまな変化が起こるので、2021年は、攻めの行動は早めに済ませ、やり残しがないようにしましょう。守りに入る直前なので、継続させたいことの基盤も整えておくこと。2022年からは新たな学びがはじまるので、2025年以降の展望も考えておいて。

☆ 開運の月　◎ 幸運の月　● 解放の月　○ チャレンジの月
□ 健康管理の月　△ 準備の月　▽ ブレーキの月　■ リフレッシュの月
▲ 整理の月　✕ 裏運気の月　▼ 乱気の月　═ 運気の影響がない月

2020

11月

☆ 開運の月

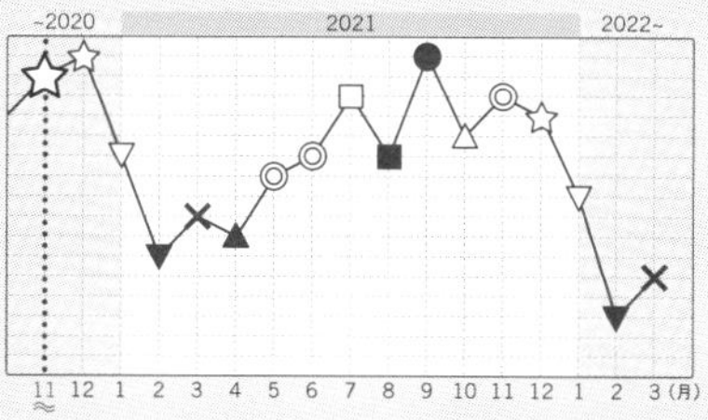

開運 3 カ条

1. 現実をしっかり受け止める
2. 努力し勇気を出す
3. 仲間や人脈を大切にする

総合運

2020年の「開運の年」の中でも最高運気の2カ月間に突入。運を味方につけ、積み重ねてきた努力が報われ、不思議な縁もつながりそうです。言い訳や遠慮をせず、勇気と決断力を持って積極的に行動すれば夢が叶います。結果に納得がいかない場合は、目標を定め直して努力することが大切です。

恋愛&結婚運

片思いは実る確率が高く、好きな人と結ばれる運気。逆に、出会ったタイミングや相性の悪い人とは縁が切れるので、今月つながりがない相手はきっぱり諦めて来月の出会いに期待しましょう。デートするなら、ふたりの思い出の場所やお店に行くと盛り上がりそうです。結婚運は、長い付き合いのカップルは話がまとまりそうです。躊躇せず思いきって決断しましょう。

仕事&金運

仕事運は、これまでの努力が実る時期。自分の勘を信じて素早く決断したほうがいい流れに乗れます。また、仕事関係の人とプライベートで遊ぶと親友になれるかもしれません。金運は、家やマンションの購入や契約をするのに最高にいいタイミングです。

1	日	■	年下を誘って食事に出かけたり遊んだりすると、これまでにない発見があっていい関係になれそう。しばらく会っていない後輩がいたら連絡してみるといいでしょう。
2	月	●	あなたに注目が集まる日なので、遠慮せず今の自分が出せるアイデアを発表すること。そのアイデアが採用されなくても、あなたの能力は評価されそうです。
3	火	△	余計なひと言や無駄なおしゃべりを叱られてしまいそうです。さらに、今日の不平不満は聞かれてはいけない人の耳に入りやすいので、気をつけましょう。
4	水	◎	地道に努力してきたことに運が味方する日。いざというときに臆病にならないで自信を持って行動しましょう。少しくらい、自分からアピールすることも必要です。
5	木	☆	過去の失敗や挫折したことに再び全力で取り組むと、名誉挽回の機会になりそう。恋愛では片思いの相手と進展がある日なので、思いきって連絡をしてみるといいでしょう。
6	金	▽	気になる人から急に食事に誘われることがあるので、週末の予定を確認しておくこと。他の人からも連絡がありそうなので、予定が被らないように注意しましょう。
7	土	▼	相談した相手に問題解決能力がないだけでなく、マイナス情報ばかりで振り回されそう。ネガティブな発言をする人には近寄らず、相談を持ちかけないようにして。
8	日	×	体調に異変を感じることがあれば、予定を詰め込まないでしっかり体を休ませましょう。温泉やスパなどリラックスできる場所に行くのがオススメです。
9	月	▲	自然に話しているつもりが理屈っぽく聞こえたり、言い訳にとられたりすることがあるので、言葉選びには慎重になりましょう。安易にしゃべると信用を失います。
10	火	◎	新しいことをはじめるときは「失敗しても当たり前」「失敗から学ぼう」と思っておきましょう。うまくいかないことには必ず原因があるので追究するようにして。
11	水	◎	マネすることで本来の能力を磨けるので、目標や憧れとなる人、尊敬できる人を見つけて観察してみて。まずは外見や言葉遣いからコピーしてみましょう。
12	木	□	些細な不運を大きな不幸、小さな負担を辛いことだと思い込まないで。「人生の筋トレ中」だと捉えて「いい負荷だな」と頑張ってみるといいでしょう。
13	金	■	余計なことを考えすぎて疲れているので、今日は早めに帰りましょう。相手の言動に振り回されないように、何事も素直に考えると気持ちが楽になりそうです。
14	土	●	たくさんの人に会うことで運気が上がる日なので、イベントやライブ、異文化交流会や同窓会に行って。何もなければ自ら主催してみんなを集めるといいでしょう。
15	日	△	家で仕事や勉強をしようと思っても集中力が続きません。今日はたくさん遊んできちんと休むようにして。気になるお店に入ったり、映画を観に行くのがオススメです。
16	月	☆	マニュアル通りの仕事もいいですが、自分なりのやり方を考えてみることも大事。規則やルールは守りつつ、独自のやり方をプラスするといい結果を出せそうです。
17	火	☆	無理をしなくてもいい結果が出ますが、スムーズに進むときほど謙虚な気持ちと周囲への感謝を忘れないで。人に教えられることは教えて、みんなで協力し合うこと。
18	水	▽	恋人のいない人は、次の日曜日にパーティーを主催すると素敵な出会いがありそうです。仲がいい人を誘って、お互いに友人を紹介する会にしてみましょう。
19	木	▼	ひとつのことに集中すれば道を極められる反面、大切なことを見落とす場合もあります。何事も好き嫌いをやめて、中立的な観点で世間を見るよう心がけて。
20	金	×	自分の仕事以外のことをまかされるなど、思わぬトラブルに巻き込まれてしまいそう。ただ、「今日は長引くな」と覚悟して取り組むと、思ったより簡単に乗り越えられます。
21	土	▲	興味のない人を雑に扱っていると、あなたも気になる人から雑に扱われます。誰とでも笑顔で楽しく話すことができれば、気になる人と仲よくなれて交際に進展するかも。
22	日	◎	友人から紹介された人は大切にし、会話を楽しむとよさそうです。初対面でも会話が続けば、自然とお互い楽しめる話題のポイントがわかってくるでしょう。
23	月	◎	書店や図書館に行くと、人生で困ったときのヒントが必ず見つかるもの。「書店や図書館のおもしろさはそこだ」と気づくことができるでしょう。気になる本を読んでみて。
24	火	□	今やる気になるのはいいですが、先のことを考えるのも大事でしょう。計画性のない行動は後悔につながるので、スタート前にゴールを見据えることが先決です。
25	水	■	持病のある人は注意が必要な日なので、異変を感じる場合はこまめに休憩する、早退するなど早めに対応をするように。夜になると回復して活動的に過ごせそうです。
26	木	●	友人と思っていた人と交際に進展しそうな運気。職場の仲のいい人であなたに好意を寄せる人がいたら、その人の可能性も。自分から連絡をしてもいいでしょう。
27	金	△	過去の失敗と同じようなことをやってしまったら、ヘコむよりも分析をして。どこが悪かったのか反省して、同じパターンに陥らないように気をつけましょう。
28	土	☆	「解放の月」「解放の日」に恋愛面で何も変化がなかった人でも、今日は好きな人と進展しやすい日になります。気になる人がいたら、自分から連絡して遊んでみて。
29	日	☆	あなたの能力が発揮され魅力が増して、素敵な縁につながりやすいので気になる人と行動するといいでしょう。買い物ではお得な品を購入できそうです。
30	月	▽	自分と意見が合わない人が出てきますが、だからこそ効率的に仕事を進められて得るものがあります。常に学ぶ気持ちを忘れないようにするといいでしょう。

2020

12月

☆ 開運の月

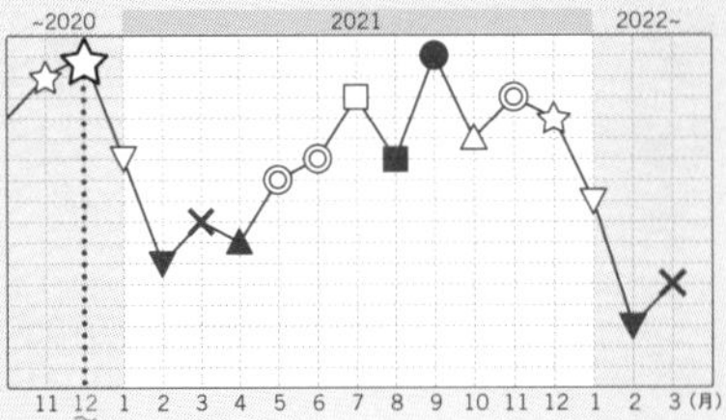

開運 3 カ条

1. 長く使えるものを購入する
2. 覚悟を決めて目標を立てる
3. 人にたくさん会う

総合運

夢や希望が叶いやすく大切な仲間もできそうです。努力で人徳を積んできた人は幸運が続きますが、結果に納得できない人は努力の方向を間違えていたのかも。今月は、新たな目標を掲げ、覚悟を決めることが大事。また、はじめて会う人やはじめての経験がこれからの運命を大きく変えます。

恋愛＆結婚運

好きな人に素直になると交際をスタートできる時期。ここで進展しない人とは縁がないか、自分のレベルが低いだけなのでもっと自分磨きをしましょう。また、運命的な出会いもあるので人との出会いを大切に。紹介してもらった人と勢いで交際するのもオススメです。結婚運は、今月結婚を決めることで、大きな幸せをつかめます。プロポーズされたら素直にOKしましょう。

仕事＆金運

仕事運は、最高の仕事ができる時期。周囲から注目を浴び、重要なポジションに就くことも。ただ、他人まかせだった人にはチャンスが訪れません。スキルアップして次の目標を掲げること。金運は、臨時ボーナスや収入アップがありそう。大きな買い物をするのもいいでしょう。

1 火	▼	仕事先の厳しい人からチェックを受けて、あなたの甘さを指摘されてしまいそうな日です。細部までこだわって最後まできっちり仕事をするように心がけておきましょう。
2 水	✕	相手から指摘される前に、約束や業務報告を忘れていることに気づきそう。ごまかさないで丁寧な説明をし、素早い対応をすることで事態の収束を図りましょう。
3 木	▲	ボーナスがあるからといってパーッとお金を使うと後悔します。出費が多くなりそうなときは運気をチェックしてからにすると、お金が貯まりやすくなるでしょう。
4 金	◎	直感を信じて行動すると、何事も素敵な縁につながります。契約事や予約、衝動買いをしたとしてもいい結果になるので、積極的に行動するようにしましょう。
5 土	◎	友人に連絡をしてランチやお茶会を開き、お互いの知り合いを紹介しましょう。また、すぐに集まれる仲間を誘ってカラオケに行くと思った以上に盛り上がります。
6 日	□	大きな目標を掲げるより、今週中や今月中に達成できそうな目標を掲げて。目標は複数だと成し遂げにくいので、現実的なことでひとつに絞るようにしましょう。
7 月	■	今日はこまめに休み、昼食には消化のいいものを選んで温かいものを飲むと、少しくらいの疲れであれば乗り越えられます。軽いストレッチをしてみるのもオススメです。
8 火	●	あなたの魅力に惹かれる人が現れそうな日。用事もないのに連絡がきて、よく目が合うのは好意があるということ。「悪くない」と思えたらデートの約束をしてみて。
9 水	△	職場で休憩時間をオーバーしてしゃべってしまったり、時間を間違えたりとうっかりミスで叱られそう。スケジュールや時間の確認はしっかりしておきましょう。
10 木	☆	苦手と思っていた仕事も手応えを感じてコツをつかめば、難なくこなせるでしょう。恋愛でも苦手だと思っていた人と仲よくなって、意外な展開があるかもしれません。
11 金	☆	失敗を恐れて経験を避けるほうが、実は怖いことだと思っておきましょう。今日は運が味方するので、新しく経験することを優先して行動を起こすとよさそうです。
12 土	▽	不要なものを処分する前に思いきってオークションサイトに出品すると、思いがけない値段がつきます。やり方がわからなければ、詳しい友人に相談してみて。
13 日	▼	悩み事があれば友人に相談してもいいですが、相手が幸せでなければネガティブな回答しかもらえません。相談する相手を間違えないように気をつけましょう。
14 月	✕	空気を読めない発言をしそうなので、今日は出しゃばらないこと。大事な書類の注意事項をしっかり読めば、後悔するような判断ミスは防げるでしょう。
15 火	▲	仕事が丁寧でミスが少なくても、納期が遅れると評価が下がってしまいます。モタモタと仕事をせずに、効率よく進めることも大事だと肝に銘じておきましょう。
16 水	◎	相手が喜ぶウソではなく、自分だけが得するウソはやめましょう。相手が欲しがっている言葉を適切に選べるかどうかで、人生が大きく変わることを忘れずに。
17 木	◎	目上の人からのアドバイスに素直に従って行動するといい日。これを縁に大事な仕事をまかせてくれるチャンスがありそうなので、逃さないようにしましょう。
18 金	□	気になる人がいたら連絡してみましょう。進展しないのはあなたの優柔不断が原因かもしれません。覚悟を決めて恋愛に突き進むことも、ときには必要です。
19 土	■	予定がびっしりだと翌日に響くほど疲れるので、しっかり休憩をとること。スタミナがつく食べ物で胃もたれしそうなので、食べすぎには注意して胃腸をいたわって。
20 日	●	思いっきり喜ぶと幸運をつかめます。恥ずかしがらないで素直な気持ちを表現してみると、恋のチャンスが訪れて好きな人との関係が一気に進展するかもしれません。
21 月	△	素早く判断したことで、行動が雑になって選択を間違える可能性があります。人の話は最後までしっかり聞いて、正しい道を選んで進むようにしましょう。
22 火	☆	「好みではないな」と思った人でもじっくり話すと素敵な人で、尊敬できる部分を見つけられることがあります。勝手にダメだと決めつけて避けないようにして。
23 水	☆	戦力になる人や仲がいい人と一緒になって、思った以上に仕事がやりやすくなる日です。順調に進みすぎて驚きますが、遠慮はせずに突き進むといいでしょう。
24 木	▽	日中は問題なく乗りきれても夕方以降は空気が悪くなってしまいそう。こんな日ほど前向きになる言葉や明るいふるまいが大事なので、疲れていても笑顔で乗りきって。
25 金	▼	理想のクリスマスにはならなそうなので、はじめから期待しないほうがよさそう。今ある幸せを見逃さないようにして、周囲の幸せも喜べると運気が上がります。
26 土	✕	思い通りにならないことを逆転しようともがくと、さらに面倒なことが起きてしまいそうです。今日は流れに身をまかせ、問題が解決するのを静かに待ちましょう。
27 日	▲	大掃除をするにはいい日ですが、大事なものや友人にあげるはずのものまで間違って処分しそうなので気をつけて。捨てるときはきちんと確認をするとよさそうです。
28 月	◎	友人に誘われた忘年会で素敵な出会いがありそうです。思いがけないうれしい出来事もあるので、手はじめに髪を切ってイメチェンしておくといいでしょう。
29 火	◎	大掃除のついでに部屋の模様替えをすると、気分転換になって気持ちがすっきり。身の回りにある年齢に見合わないものは、もの入れの奥にしまうようにして。
30 水	□	説得力が増す日なので、恋人や好きな人と将来について語りましょう。また、年賀状を書いていない人は、今からでも準備して2020年の感謝を伝えるとよさそうです。
31 木	■	1年の疲れを感じそうな大晦日です。家でのんびりするのがオススメですが、外出する用事があるならマスクをして、帰宅後は手洗いうがいをしっかりとしましょう。

☆開運の日　◎幸運の日　●解放の日　○チャレンジの日
□健康管理の日　△準備の日　▽ブレーキの日　■リフレッシュの日
▲整理の日　✕裏運気の日　▼乱気の日　＝運気の影響がない日

2021

1月

▽ ブレーキの月

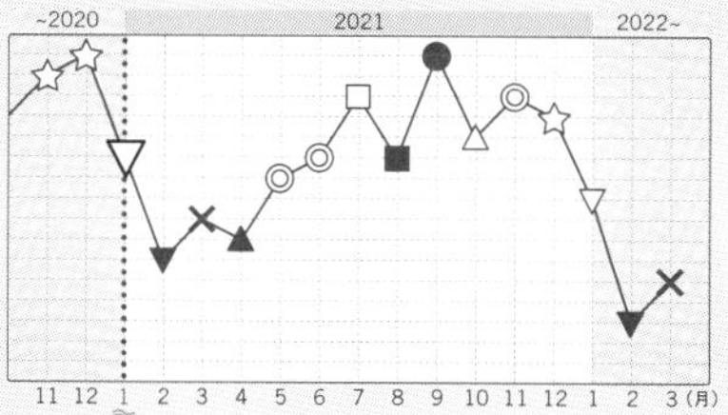

開運 3 カ条

1. 中旬までは積極的に行動する
2. 明るい未来を想像する
3. メリハリをつけた生活をする

総合運

中旬までの流れはいい運気。大事な用事は早めに取りかかり、積極的に行動しておくことが大切。モタモタしていると「タイミングを逃した」と悔やむことになるでしょう。下旬は、流れが変わったことを感じるような出来事があり、体調を崩したり将来に不安を抱いたりすることがありそう。学べることを見つけると少し安心できそうです。

恋愛&結婚運

気になる人や好きな人に連絡をするなら上旬にしておくことが大事。ここで深い関係になれないと初夏まで進展は期待できないでしょう。新しい出会いよりもすでに出会っている人の中から探したほうがよさそうです。下旬からはあなたの心を乱す人や思い通りにならない相手に振り回されてしまうことがあるでしょう。結婚運は、昨年の段階で婚約している人なら上旬の入籍はよさそうです。

仕事&金運

正月休み以降もモチベーションを保つことができますが、下旬になるとやる気を失ってしまい、現状の仕事に疑問を感じたり面倒なことに巻き込まれたりしてしまいそう。余計なことを考えないで目の前の仕事に真剣に取り組み、不安が増えるときはしっかり休んで映画を観るなど気持ちを切り替えて。金運は上旬に買い物をするといいですが、中旬以降は不要な出費で失敗をしやすいので注意。

1	金	●	友人や好きな人を誘って初詣や買い物に出かけましょう。思った以上にいい思い出ができ、いいスタートダッシュになりそう。1年の目標を紙に書いておくとよさそうです。
2	土	△	予想外のドジをしやすい日になりそう。お酒の飲みすぎで失敗したり、暴飲暴食で胃腸の調子を崩してしまうかも。酔っ払って転倒や打撲、置き忘れなどをしないよう気をつけて。
3	日	◎	片思いの相手がいるならメッセージを送ってみて。「今日か明日は暇してないかな？」と誘ってみると、いい返事がきそう。勇気を出して誘ってみるといいでしょう。
4	月	☆	デートや買い物をするにはいい日。昨日約束できた相手がいるなら、気合いを入れて出かけましょう。買い物に出かける場合は、気になったお店に入るとお得なものを買えそう。
5	火	▽	謙虚な気持ちが大切です。調子に乗ってしまうと突っ込まれてしまうことや傷ついてしまうことがありそう。特に夕方以降は1歩引いて様子を窺っておくといいでしょう。
6	水	▼	味方だと思っていた人と距離ができたり、気まずい空気になってしまうかも。周りに甘えすぎた人ほど厳しい状況になりやすいので、自分にできることは自分でやるようにして。
7	木	×	仕事はじめから頑張りすぎて疲れを感じそう。今日は空回りしやすいので気をつけて。細部にこだわって丁寧に仕事をし、挨拶やお礼はしっかりするといいでしょう。
8	金	▲	些細なことでも気になることから処理しておくことが大事。汚れが気になったらきれいにする、ゴミを見つけたら捨てる、散らかった場所は整えるようにするといいでしょう。
9	土	○	これまでとは違うやり方に挑戦してみると新しい発見がありそう。失敗やうまくいかないことがあっても、解決策をしっかり考えてみることでいい勉強になるでしょう。
10	日	○	優柔不断が出るとチャンスを逃してしまうかも。悩んだときは思いきってはじめるといい方向に進めそう。無理だと思っても取りかかると意外とできるので、自分を信じてみて。
11	月	□	計画的に行動することで安定する日。1日のスケジュールを確認し、先に予定を頭に入れてから動きましょう。時間をしっかり守ることで、やる気も出るようになるでしょう。
12	火	■	風邪気味になったり、疲れや寝不足を感じそう。無理をしないで少しペースを落としましょう。ボーッとしていると人とぶつかってケガをすることもあるので気をつけて。
13	水	●	好きな人には素直に甘えるといい関係に進めそう。気になる人に食事に誘ってもらえるように誘導してみて。困っている人の手助けをすると、幸運が訪れるかもしれません。
14	木	△	忘れ物をしたり、人まかせにしたことで面倒なことが起こりそう。確認作業はしっかりして、何事も他人まかせにしないように。遅刻や寝坊もしやすいので気をつけましょう。
15	金	○	友人や付き合いが長い人との縁を感じる日。外出先で偶然出会ったり、メッセージが突然きて会うことになりそう。素敵な縁がつながることがあるので、じっくり話してみて。
16	土	◎	集まりに参加すると予想外の出費がありそうですが、楽しい時間を過ごせそう。後輩にごちそうしすぎてしまうなど、見栄で無駄な出費をしそうなので、心構えをしておいて。
17	日	▽	買い物や用事は日中に済ませましょう。夕方からはしっかり体を休めたり、家でのんびりするといいでしょう。外出すると予想外の渋滞などで、無駄な時間を過ごすことに。
18	月	▼	今日からは運気の流れが大きく乱れはじめそう。何事も慎重に判断して行動することが大事になるでしょう。自分のことだけを考えて動いていると、不運の原因になりそうです。
19	火	×	疲れを感じ、集中力が続かなくなってしまうかも。大きなミスをすることがあるので、気をつけて過ごしましょう。些細なことでイライラしない心構えも必要です。
20	水	▲	今やるべきことや目の前の仕事に集中しておきましょう。明日の準備も忘れないように。就寝する前には次の日の予定を確認し、着ていく服を決めておくといいでしょう。
21	木	=	環境に飽きはじめたり、やる気がなかなか出せずにダラダラ過ごしてしまいそう。好奇心に火をつけることでやる気が湧くので、少しでも新しいことに目を向けてみましょう。
22	金	=	決断を早くすることが大事。グチグチ考えている時間をできるだけ減らしましょう。一度決めたことを後悔しないように、気持ちをしっかり切り替えておくとよさそうです。
23	土	□	少し体を動かして軽く汗を流したり、ストレッチやヨガをすることで体の調子を整えることができそう。夜は早めに寝て、疲れを次の日に残さないようにしましょう。
24	日	■	今日はしっかり体を休ませるためにも、近所の温泉やスパに行くといいでしょう。体によさそうな食べ物を選んだり、散歩やウォーキングをしてみるのもオススメです。
25	月	●	周囲から注目されるような流れになってしまいそう。今日は身なりをしっかり整えておきましょう。発言が通りやすくなりますが、軽はずみな言葉には気をつけること。
26	火	△	楽しく過ごすのはいいですが、些細なミスが増えてしまうかも。準備不足を指摘されることがあるので、事前確認と最後のチェックをしっかりするように心がけましょう。
27	水	○	経験を上手に活かすように心がけましょう。同じような失敗や苦労をすることがありますが、何度もやってしまう自分のクセに気をつけておくと、いい流れに変えられそうです。
28	木	○	協力してくれる人に感謝の気持ちを忘れず、些細なものでもいいのでプレゼントやごちそうをするといい日。お金を活かすことができると、金運も上がるようになるでしょう。
29	金	▽	日中は順調に進む流れに乗れそうですが、夕方あたりからは心配事が増え、余計なことを考えすぎるかも。ポジティブな友人や前向きな人と話をすると気持ちが楽になりそうです。
30	土	▼	言い訳が不運や不幸の原因になってしまいそう。自分の欠点や弱点を指摘されたときは素直に認め、迷惑をかけてしまったことは素直に謝るようにするといいでしょう。
31	日	×	目立つ行動は控え、調子に乗らないことが大事。今日は大人しく過ごし、周囲を観察したり勉強するようにしましょう。期待を持たせるような人の言動には注意が必要です。

2021

2月

▼ 乱気の月

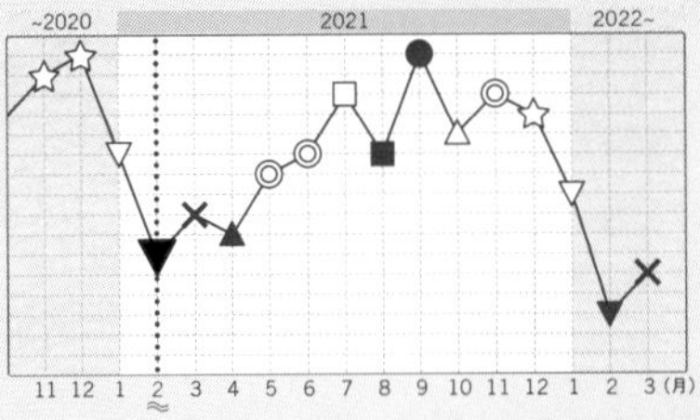

開運 3 カ条

1. 自分の弱点や欠点をしっかり分析する
2. 恋愛では相手の言葉に期待しすぎない
3. 節約生活を楽しんでみる

総合運

毎年2月は体調を崩したり、考えがまとまらなくなる、やる気を失う出来事があるなど心が乱される時期。まさに乱気といえることが起きますが、2021年は特に、しっかり休むことや冷静になることが大事です。あなたの周りには協力者やアドバイスしてくれる人が必ずいます。幸せな状況にあることに目を向けて現状に感謝すると道が開かれるでしょう。ただ、体調を崩しやすいので風邪予防などはしっかりしましょう。

恋愛&結婚運

相手との関係が崩れてしまったり噛み合わない感じになってしまいそう。デートの約束をした日に限って風邪をひいてしまい、相手と距離ができてしまったり、好きな人のマイナス面ばかりに目がいってしまうことも。相手の雑な部分が見えるときは自分も雑になっている場合が多いので気をつけて。結婚運は、先のことを考えるよりも、今を楽しむことを優先するといいでしょう。

仕事&金運

今月は自分以外の人の仕事のしわ寄せやトラブルに巻き込まれることがありそうな時期。順調に進んでいると思っていた案件が突然、方向転換したり白紙になったりしてしまうこともあるので、落ち着いて対処して。自分のミスでトラブルを発生させないことも大事。金運も、欲を出すと面倒なことに巻き込まれるので、投資など資産運用の話には注意。買い物も無駄遣いになるので避けましょう。

1 月	▲	今年の目標に向かってしっかり進んでいるか一度確認し、今の自分がやるべきことを見つけるといいでしょう。身の回りをきれいにしておくと気持ちも整いそうです。
2 火	＝	変化が少ない日ですが、自ら率先して新しいことに挑戦するように心がけると、学びや発見があるでしょう。うまくいかなくても失敗から学べることを見つけるようにして。
3 水	＝	他人まかせにしているといつまでも変化が起きません。相手の責任にしないで自分がやってみることで納得できるようになるでしょう。人に甘えすぎないように気をつけて。
4 木	□	体重を量ってみると思ったよりも増えているかも。無理なダイエットではなく、少し意識して軽い運動をはじめましょう。体力作りをする程度のほうが効果がありそうです。
5 金	■	予想外に仕事が忙しくなり、疲れをためてしまいそう。風邪をひいてしまうこともあるので、予防できるよう心がけ、栄養のあるものをしっかり食べておくといいでしょう。
6 土	●	友人や知人の誘いに乗ってみましょう。これまで興味がなかったことをおもしろく感じたり、新しい発見もありそう。憧れるような素敵な人にも出会えるかもしれません。
7 日	△	1日の計画をしっかり立て、何事も確認をしてから出かけましょう。お目当てのお店が大混雑していたり、欲しかったものが数量や期間限定品で購入できなかったりしそうです。
8 月	○	過ぎ去ったことは気にしないようにして。余計なことを考えるよりも、前向きになるために経験を活かす方法を探しましょう。成功している人からヒントを得られそうです。
9 火	○	自分への投資が大切な日。不勉強だと思うことがあれば、本を買って勉強をスタートさせるといいでしょう。学ぶ楽しさを知ることで、やる気もアップしそうです。
10 水	▽	環境に飽きてしまったり、弱点や欠点を突っ込まれてしまいそう。気を引き締めて取り組めば問題は簡単に避けられるので、自分のやるべきことに集中しましょう。
11 木	▼	集中力が欠けてしまったり、人まかせにしていたことで実力不足が露呈するなど、嫌な流れを感じそう。逆らわないで流れに乗りながらも、現実をしっかり受け止めましょう。
12 金	×	気になる相手がほかの人と交際をはじめていることを知ったり、急に連絡がとれなくなってしまうことがありそう。今日は、都合の悪い情報に心を乱される覚悟をしておきましょう。
13 土	▲	身の回りのものを片づけると、いい気分転換になるでしょう。何に使うかわからないものや、何年も置きっぱなしのものはどんどん処分して。雑誌や本も整理しておくこと。
14 日	＝	予定がなくなって家でボーッとする時間が増えてしまいそう。映画を観たり、本を読んでおくといい勉強になりそうです。素敵な言葉は書き出しておくといいでしょう。
15 月	＝	周囲の話をしっかり聞くと、勘違いしていたことに気づけたり、自分とは違った考え方や発想を取り入れることができそうです。人との対話を楽しんでみるといいでしょう。
16 火	□	喉の調子が悪くなってしまいそう。乾燥した場所ではマスクを着用し、周囲に風邪をひいた人がいる場合は、自分も悪化しないよう注意して。ビタミンをしっかりとりましょう。
17 水	■	体調をしっかり管理することが大切です。油断をするとケガをしたり、風邪をひいてしまうことがあるでしょう。寒気を感じるときは早めに病院に行くようにしましょう。
18 木	●	地道に努力を続けてきた人には、小さなチャンスやうれしい出来事が起こりそうです。一方で、他人まかせが続いてしまった人は、ピンチに追い込まれてしまうことがあるかも。
19 金	△	余計なひと言が出てしまったり、些細なことでイライラしそう。話をするのはいいですが、言葉をしっかり選んだり、ひと呼吸おいてから言葉を発するようにしましょう。
20 土	○	ポジティブな友人や成功している知り合いに会うことで、いい刺激を受けることができそう。思い浮かぶ人に連絡して、食事や飲みに誘ってみるといいでしょう。
21 日	○	今日はおいしいものを食べに出かけましょう。高級なものでなくてもいいので、評判になっているお店のスイーツやパンを買いに行ってみて。ちょっとした浪費はしてもよさそうです。
22 月	▽	今日やるべきことを明日まで延ばさないようにしましょう。明日になると思った以上に時間がなくなってしまったり、ギリギリで焦って追い込まれてしまうかもしれません。
23 火	▼	他人を信用することは大事ですが、人に甘えすぎたり、人まかせにして自分がサボることとは大きく違うので気をつけましょう。指摘されて困ってしまうことが起こりそうです。
24 水	×	人から雑に扱われたり、他人の雑な部分が気になったりしそうな日。些細なことで不機嫌にならないで、感謝できることや小さな幸せを見つけるクセを身に付けましょう。
25 木	▲	今日は話の聞き役に徹することで、頭の中が整理されるでしょう。相手の話は最後までしっかり聞いて、何を言いたいのか、何を考えているのかをじっくり探ってみて。
26 金	＝	小さなチャレンジを楽しむといい日ですが、過度に期待をするとガッカリするだけでしょう。新商品を試しに購入するときも「話のネタを作る」くらいに思うとよさそうです。
27 土	＝	苦手だと思っていることに挑戦すると、いい発見や成長ができそう。自分への課題は何か考えてから挑戦することも大事です。少しでもいいので克服できるように努めましょう。
28 日	□	日ごろの疲れをしっかりとるように心がけて。昼寝をする時間を作ったり、近所の温泉やマッサージに行ったりするといいでしょう。軽めの運動をするのもオススメです。

☆ 開運の日 ◎ 幸運の日 ● 解放の日 ○ チャレンジの日
□ 健康管理の日 △ 準備の日 ▽ ブレーキの日 ■ リフレッシュの日
▲ 整理の日 × 裏運気の日 ▼ 乱気の日 ＝ 運気の影響がない日

2021 3月

× 裏運気の月

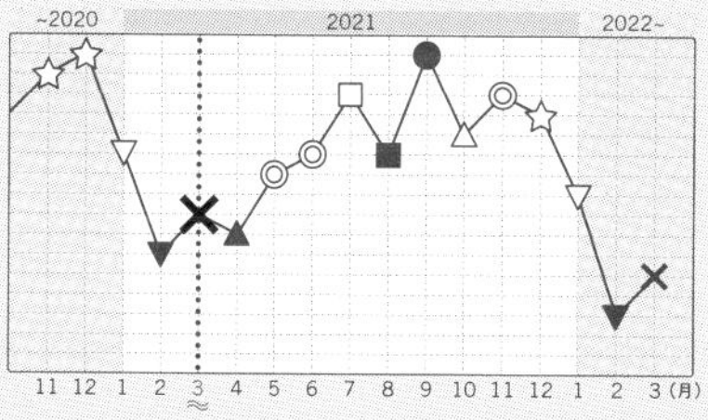

開運 3カ条

1. 都合の悪い話もしっかり聞く
2. 自分磨きをする
3. 何事も最後まで気を抜かない

総合運

見落としていた大切なことや自分の弱点に気づける月。耳の痛いことを言われてしまったり、面倒なことが起きやすい時期ですが、原因を追究し、先のことをもっと考えてみることでやるべきことや学ぶことにも変化が出てくるでしょう。他人まかせや周囲の責任にしていると問題解決にならないので、現実を受け止めて何事も自分の課題だと思っておきましょう。健康運は、ストレスをためやすく体調を崩しやすいので気をつけて。

恋愛＆結婚運

相手に振り回され、思った以上にうまく進めなくなってしまう時期。予想外の人から誘われることもありますが、タイミングが悪く噛み合わなかったり楽しく恋ができないかも。今月は無理に進展を期待するよりも自分磨きをしたり、相手の恋愛観を知り、好かれるための努力をしましょう。結婚運は、将来の話が噛み合わなくなったり恋人の嫌なところばかりに目がいったりして話が進まなそう。

仕事＆金運

仕事に集中できない日が増えたり今の仕事に飽きたりしそう。ミスもしやすくなるので目の前の仕事を大切にし、最後まで油断をしないように。心配事も増えるかもしれませんが、余計なことを考えないようにし、初心を思い出したり、基本的なところから仕事の取り組み方を考え直したりしましょう。金運は、予想外の収入がありそうですが、それ以上に出費が増えそうなので気をつけて。

1	月	■	前日の疲れが残ってしまい、風邪をひいてしまいそう。今日は無理をしないようにし、体が温まるものを選んで飲んでおきましょう。うがい、手洗いやマスクの着用も忘れないで。
2	火	●	欲張ると得るものは少ないですが、ひとつをしっかりつかみにいくと着実に手に入れられるようになるでしょう。今の自分にとって本当に必要なものは何か考えて行動してみて。
3	水	△	締めくくりが悪くなってしまいそう。最初ならいいですが、最後でミスをするとそれまでの苦労が台無しになってしまう場合があるので、油断しないように気をつけましょう。
4	木	○	最近避けている色の服や、しばらく履いていなかった靴で出かけてみましょう。不思議とやる気が湧いてきたり、何事も前向きに捉えることができるようになりそうです。
5	金	○	ささやかなものでもいいので、お世話になっている人に贈り物をしたり、周囲にお茶やお菓子を配ってみると運気がよくなりそう。他人の笑顔のためにお金を使うといいでしょう。
6	土	▽	午前中は活動的になっておくと、片づけや用事を順調に済ませることができそう。買い物も早めに終わらせて、午後は家でのんびり過ごすようにするといいでしょう。
7	日	▼	楽しいときほど注意が必要。浮かれて事故やケガなどの大失敗をすることがあるので気を引き締めて。契約事などは警戒心が薄れているのでくれぐれも気をつけましょう。
8	月	×	自分以外の人のトラブルに巻き込まれてしまいそう。予定を乱されることもありますが、あまり不機嫌にならないで、自分にできることをしっかりやっておくようにしましょう。
9	火	▲	部屋や職場を整理整頓すると運気が回復しそう。散らかったままでは心も運気も乱れてしまうので、気になったところからきれいにし、不要なものはどんどん捨てましょう。
10	水	＝	落ち着いて仕事や勉強に取り組めそう。仕事や会話に役立ちそうな本を読んでおくことが大事です。ネットの情報だけをあてにしていると、恥をかくこともあるでしょう。
11	木	＝	食事のバランスや生活習慣を見直してみて。体重を量ってみたり、姿見で全身を見て、ダイエットの計画や筋トレなどを少しでもいいのでスタートしてみるといいでしょう。
12	金	□	優柔不断にならないように訓練しましょう。「何食べたい？」と聞かれたら「なんでもいい」と答えないで、5秒以内に食べたいものを言えるようにする練習をしてみて。
13	土	■	油断して薄着で出かけると風邪をひいてしまうので気をつけて。日ごろの疲れが思った以上にたまっていることがあるので、今日は家でのんびり過ごすようにしましょう。
14	日	●	過度に期待はできないですが、プチラッキーな出来事がある日。うれしい出会い、おもしろい発見、学べることなどがありそう。友人や知人の集まりに参加してみましょう。
15	月	△	口が滑ったり、余計なことを言ってしまいそう。結果的に自分が面倒になってしまうことがあるので、慎重に言葉を選んだり、相手のことを考えてから話しましょう。
16	火	○	懐かしい友人や知人と偶然出会ったり、久しぶりの連絡がありそう。時間の無駄になってしまうこともあるので、愚痴や不満を言うようなタイプの人とは距離をおきましょう。
17	水	○	厳しい結果が出てしまうことがある日ですが、学べることが多いと思えると楽しくなるでしょう。好奇心を忘れないようにすることで、前向きに過ごせるようになりそうです。
18	木	▽	午前中はやる気を出せそうですが、午後からはテンションが下がる出来事があり、集中力も低下してしまいそう。昼休みにしっかり気分転換をしておくとうまく乗りきれそうです。
19	金	▼	不調を感じるときは、おいしいものを食べに行くといいでしょう。ダメ元で人気のお店に予約の電話をしてみて。好物を食べることで、心が落ち着くこともありそうです。
20	土	×	知り合いの揉め事に巻き込まれたり、愚痴や不満を聞くことになってしまいそう。振り回されながらも状況を冷静に分析してみると、学べることが見つかるでしょう。
21	日	▲	読まない本や雑誌、資料を処分しましょう。何年も使っていないものは一気に片づけたり、ネットで売ってみるのもいいでしょう。間違って必要なものを捨てないように。
22	月	＝	落ち着いて行動すれば問題はない日ですが、先走ってしまうことや焦ってしまうことがあるので気をつけましょう。ひと呼吸おいて冷静になるといい判断ができそうです。
23	火	＝	些細なことでいいので挑戦をしてみましょう。あまり話したことのない人に勇気を出して話しかけてみると、意外な共通点で盛り上がったり、思わぬ収穫がありそうです。
24	水	□	決断を迫られたときはすぐに決めないで、後日判断するように。困ったときは尊敬できる人に相談をしてみるといいでしょう。焦って判断をすると後悔することになりそうです。
25	木	■	胃腸の調子が悪くなるなど、体調に異変がありそう。軽く体を動かすことでスッキリしそうですが、あまり無理をしないようにしましょう。今日は早めの帰宅を心がけて。
26	金	●	目立ちたくないところで注目されてしまったり、面倒なことを押しつけられてしまうかも。雑用や後片づけなどは進んでやるようにすると、評価されることがあるでしょう。
27	土	△	のんびり過ごすにはいい日ですが、ダラダラしすぎると疲れてしまうので、時間を決めて行動するようにして。昼寝をするときは目覚まし時計をセットしておくとよさそうです。
28	日	○	行きつけのお店で食事をすると心が落ち着きそう。ほかにも、今日は新しい場所を選ぶよりも、何度も行っているお店を使ったほうがおもしろい出会いがありそうです。
29	月	○	やる気を出すことで運を味方につけられる日。人まかせにしないで積極的に仕事に取り組みましょう。求められたこと以上の結果を出せるように頑張ってみるとよさそうです。
30	火	▽	周囲に合わせることが大事です。自分の考えを押し通そうとしたり、わがままを言うと不運や面倒なことを自ら引き起こしてしまいそう。夜は予定が乱れやすいので気をつけて。
31	水	▼	急に流れが変わる日。調子に乗らず、慎重に過ごすことが大切です。他人まかせにしていると面倒なことになるので、何事も自分でしっかり確認するようにしましょう。

2021

4月

▲ 整理の月

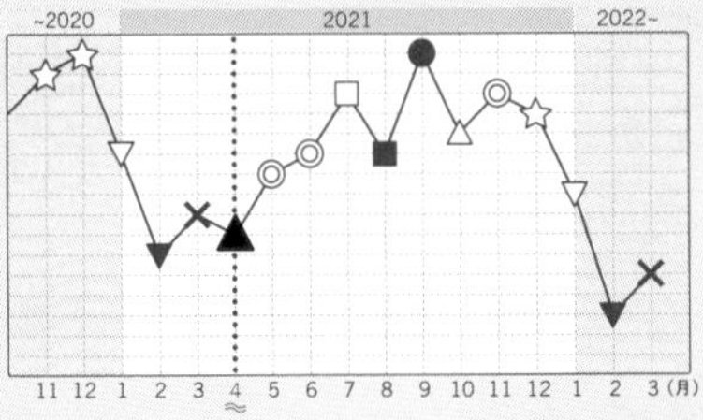

開運 3 カ条

1. 諦めることを楽しむ
2. 使わないものは売りに出す
3. 確認は2度する

総合運

気持ちの切り替えや「諦めも肝心」の精神が必要になる時期。無駄に時間をかけていることから離れることが大事なので、面倒な人や振り回す人、悪友と思われる人と距離をおき、相手に執着しないようにしましょう。年齢に見合わないものを処分したり、大掃除をするにもいいタイミングなので、何年も置きっぱなしのものは一気に片づけてしまいましょう。健康運は、うっかりのケガや打撲などをしやすいので気をつけて。

恋愛&結婚運

恋に区切りがつきそうな時期。いつまでも状況の変わらない相手を思い続けても仕方がないということを理解できるようになるでしょう。キッパリ諦めることで、来月以降に素敵な人に出会う可能性も。今月の下旬に髪を切ってイメチェンをしておくといいでしょう。結婚運は、些細なことでケンカになったり誤解が生まれてしまうので、相手のことを考えて言葉を選ぶようにして。

仕事&金運

大事な書類をなくしてしまったり連絡や報告を忘れてしまうことがありそうな時期。何事も最後までキッチリするように心がけ、締めくくりで気を緩めないように。最終確認を怠ることで信用を落としてしまう場合もあるので、不安なときは周囲にもチェックしてもらいましょう。金運は、不要なものをネットオークションに出してみると小銭が入りそう。使わないものはどんどん出しましょう。

1 木	×	無駄な時間を過ごしたり、余計なことを考えすぎたりしていると、仕事でミスが続いてしまうかも。目の前のことにしっかり集中し、たまに気分転換をするようにしましょう。
2 金	▲	いい関係だと思っていた人と距離ができてしまったり、噛み合わない感じになりそう。今日は無理に深入りしないで、ほどよい距離感を保つようにしましょう。
3 土	＝	予定通りに進まないことを楽しむように心がけて。流れに身をまかせて、少し贅沢に時間を使いましょう。些細なことでイライラせずに、他人に過剰に期待をするのも控えること。
4 日	＝	普段なら行かないようなお店に入ってみて。「失敗した!」と思うようなこともありますが、後で話のネタになったり、反面教師として学べることもあるでしょう。
5 月	□	他人まかせや人への甘えは結果的に自分を苦しめてしまうだけ。自分にできることは自分でやるようにしましょう。数字や時間にこだわるとやる気になることもできそうです。
6 火	■	緊張で疲れてしまったり、ストレスがたまるような出来事がありそう。疲れからイライラすることもあるので、隙間時間に気分転換や気持ちの切り替えをするといいでしょう。
7 水	●	楽しく仕事に取り組めたり、周囲の期待に応えることができて満足感を得られそう。支えてくれる人や協力してくれる人に感謝の気持ちを忘れないようにしましょう。
8 木	△	珍しいミスをしやすい日。忘れ物や時間の間違いなど、自分でも笑ってしまうような失敗をする場合もあるので気をつけましょう。メールの送り間違いにも注意が必要です。
9 金	○	経験を上手に活かすことで無駄な不運を回避できそう。今日は自分の勘を信じて決断してみましょう。困ったことがあれば周囲に伝えてみると、人脈が役立つこともありそうです。
10 土	○	おいしいランチやディナーを食べるといいでしょう。友人や知人を誘うと思った以上に盛り上がるかも。また、気になる相手を誘ってみると、いい感じの進展がありそうです。
11 日	▽	大事なことは日中に終わらせておきましょう。デートをするならランチデートがよさそうです。夕方以降は予定が乱れてしまったり、予想外の出来事が増えてしまうかも。
12 月	▼	深く考えないで判断するとトラブルの原因になってしまうので気をつけましょう。少し先のことを考えておくと問題は避けられそう。決断を急がされるときほど注意が必要です。
13 火	×	余計な妄想が激しくなってしまいそう。心配をしても時間の無駄になるだけなので、明るい未来を想像するようにしましょう。ポジティブな人に相談をするのもよさそうです。
14 水	▲	信頼を失ってしまうことがあるかも。今日は適当な会話には気をつけ、相手のことを考えて慎重に判断するとよさそうです。時間をかけてじっくりコツコツ努力を続けましょう。
15 木	＝	結果を出している人や上手に仕事を進めている人をよく観察することが大事になりそう。いい部分や素敵だと思えるところはできるだけマネをするよう努めてみましょう。
16 金	○	勉強になる出来事がある日。大事な情報を得られるので、人の話は最後までしっかり聞きましょう。苦労に感じることの原因をしっかり探ると、解決策が見つかりそうです。
17 土	□	急な誘いは即OKするなど、予定と違う流れには積極的に乗るようにして。いい出会いやおもしろい話が聞けることがあるでしょう。夜は疲れやすいので無理はしないように。
18 日	■	しっかり休んで体を休めることが大事。昼寝をしたり、温泉やスパ、マッサージに行くといいでしょう。癒しの音楽を聴いたり、ハーブティーを飲んでゆっくりするのもオススメ。
19 月	●	好みではない相手から好意を寄せられたり、視線を感じそう。付き合う気持ちがないときは、ハッキリとした態度を示しておかないと、後に面倒なことになりそうです。
20 火	△	鼻歌を歌ったところを見られてしまうなど、少し恥ずかしい思いをすることがありそう。手が滑ってスマホを落として傷つけてしまうなど、ミスも多いので気を引き締めましょう。
21 水	○	不慣れなことや苦手だと思うことは、少しでもいいので克服できるように努めましょう。思ったよりも簡単にできたり、コツをつかむことができる場合もあるでしょう。
22 木	◎	お得な情報を見つけられたり、欲しいものが安く売っているお店に出会えるかも。些細なお得を楽しむことで運気もよくなるでしょう。ポイントがたくさん貯まることもありそう。
23 金	▽	日中は満足できることや楽しい時間が多いでしょう。夕方あたりからは面倒なことやトラブルに巻き込まれやすそうです。重箱の隅をつつくような指摘をされてしまうかも。
24 土	▼	言い訳をしたり他人の責任にしていると、いつまでも解決策が見えないままで成長できません。自分の至らないところをしっかり認めて、今後の課題を作っておきましょう。
25 日	×	急いでいるときほど遠回りや無駄だと思えることに時間を使うといいでしょう。自分の思いとは逆に進みやすい状況を楽しんでみると、不要なイライラはなくなりそうです。
26 月	▲	ひと区切りつけることができる日。「諦める」と心に誓うことで1歩前に進めるようになるでしょう。過ぎてしまったことをいつまでもグチグチ考えないように気をつけて。
27 火	○	情報を集めるにはいい日ですが、ネットの情報は話のネタにもならないので、本や雑誌を読んでほかの人とは違う情報を集めるようにしましょう。人との対話からの情報も大切です。
28 水	○	理屈で考えるのもいいですが、まずは体験することや行動することを優先しましょう。失敗をすることもありますが、何事も実験だと思って失敗から学んでおきましょう。
29 木	□	中途半端になっていることに白黒ハッキリつけるといい日。読みかけの本は処分するか読みきってしまうようにしましょう。使わない調味料なども使いきるか捨てるか選んで。
30 金	■	疲れがたまって体調を崩してしまいそう。今日は無理をしないで、予定にはゆとりを持っておくことが大事。暴飲暴食にも注意をしておかないと、後悔することになりそうです。

☆開運の日 ◎幸運の日 ●解放の日 ○チャレンジの日
□健康管理の日 △準備の日 ▽ブレーキの日 ■リフレッシュの日
▲整理の日 ×裏運気の日 ▼乱気の日 ＝運気の影響がない日

2021 5月

◎ 幸運の月

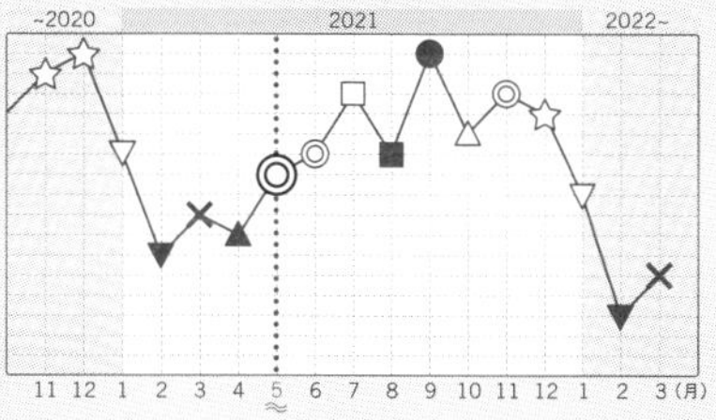

開運 3 カ条

1. 気になることにはすぐに取り組む
2. 明るい感じにイメチェンをする
3. 買い替えをする

総合運

気になることはなんでも試してみることが大事な月。好奇心の赴くままに行動すると世界が大きく変わったり、人脈がガラッと変化したりするでしょう。大きなチャンスもつかむことができるので、積極的に行動するように意識を持ち、仲間や友人を集めてみることも大事でしょう。引っ越しや生活環境を変えるにもいいタイミング。健康運は、今月から体力作りやダイエットをはじめるといい時期。健康的な食事も意識しておきましょう。

恋愛＆結婚運

ここ数カ月進展がなかった人も今月はいい流れに乗れそう。出会いの場に呼ばれたり、告白など好意を寄せてくれる人にも恵まれそうです。明るい感じにイメチェンをするとさらにモテるようになるので、評判のいい美容室に行ってみて。過去の恋愛とは違った感じの出会い方をする可能性が高いので、期待して行動を。結婚運は、将来の話が固まりそう。周囲からの評判のいい人なら具体的な入籍日について話すといいでしょう。

仕事＆金運

仕事の流れがいい方向に進む時期。新しい仕事をまかされたり職場の体制が変わるなどの変化がありますが、新しいことに挑戦する場合は運が向いていると思って前向きに捉えましょう。多少の苦労は当たり前だと思えれば、新しく組む人ともお互いを成長させることができそうです。金運は、買い替えをするにはいい時期。以前から欲しかったものを思いきって購入するといいでしょう。最新の家電や旬の服を購入するのがオススメ。

1	土	●	告白をされるなど、恋愛面がいい日。突然相手から遊びに誘われたときは、先のことを期待してもよさそう。気になる人を自ら誘うと、関係が進展するかもしれません。
2	日	△	楽しい時間を過ごせそうですが、相手まかせになったり周囲に期待をしているだけでは満足できないでしょう。楽しいことや周囲が喜ぶことを自ら進んでやってみるとよさそうです。
3	月	◎	親友や付き合いが長い人に救われたり、縁を感じることがあるかも。恋愛や今後のことを相談すると気持ちがスッキリしそう。偶然出会って話が盛り上がることもありそうです。
4	火	☆	引っ越しをしたり、家やマンション、車などの思いきったものを購入するにはいい運気。習い事の契約にもいい日です。高価な買い物はできるだけ長く使えるものを選びましょう。
5	水	▽	予想外の展開が楽しめる日。順調に進まなかった結果、うれしい出会いや体験がありそう。思い通りに進まないことにイライラしないで、少し期待してみるといいでしょう。
6	木	▼	他人の雑なところに目がいってしまうときは、あなたの雑なところも人から見られている可能性があります。他人は自分の反面教師だと思って、気をつけるようにしましょう。
7	金	×	時間に追われてしまうことがありそう。何事もゆとりを持って行動し、ギリギリに終わらせないように気をつけて。時間が空いたときは、身の回りをきれいにしておきましょう。
8	土	▲	中途半端になっていることや心残りになっていることがあるなら、キッチリ終わらせましょう。ときにはしっかり諦めることも大事なので、半端なものは処分するようにして。
9	日	○	はじめて行く場所に幸運がありそう。素敵な出会いやおもしろい経験ができるので、気になるお店に入ってみましょう。はじめて遊ぶ人と思った以上に盛り上がることもありそうです。
10	月	○	自分の勘を信じて行動することが大事です。余計なひと言になってもいいので、よかれと思ったことは言葉に出してみて。失敗したときは学んで糧にするといいでしょう。
11	火	□	仕事ができるふりをすると仕事ができるようになり、幸せそうなふりをすると幸せになる日。ポジティブな発言をするとポジティブになれるので、プラスな自分を演出してみて。
12	水	■	少し体を動かして軽く汗を流したほうがいい日。ウォーキングやサイクリングなどの時間を作ってみるといいでしょう。しっかりお風呂に入って疲れをとってから寝るようにして。
13	木	●	あなたに好意を寄せている相手から連絡がありそう。少しでも気になる場合は、デートの約束をしておきましょう。新しい出会い運もいいので、今日はいろいろな人と話してみて。
14	金	△	ボーッとする時間やゆっくりした時間を作ることが大事。明るい未来のことを想像したり、何をすると自分も周囲も笑顔で楽しめるようになるか、じっくり考えてみましょう。
15	土	◎	今の自分がいる状況は誰のおかげか考えてみるといい日。思い浮かんだ人に連絡をしたり、感謝の気持ちを形にしてみましょう。嫌な思い出もいい思い出に変わるかもしれません。
16	日	☆	買い物をするには最高な日。服や靴やアクセサリーなど欲しいものを思いきって購入するといいでしょう。家具や家電など、大きめのものを買い替えるにもいい運気です。
17	月	▽	日中は快調に仕事ができそう。積極的に取り組むことで運を味方につけられるでしょう。夕方以降はタイミングの悪さを感じるかも。早めに帰宅してのんびり過ごすようにして。
18	火	▼	深く考えずに決断すると面倒なことになりそう。軽はずみに甘い判断をしないように気をつけましょう。自分のことよりも相手のことを優先して考え、判断するとよさそうです。
19	水	×	気持ちがグラグラする日。決断を迫られてもうまく判断できず、悩みすぎてしまいそう。重要なことほど後日返事をするようにしましょう。勢いで物事を決めないようにして。
20	木	▲	過去への執着が前に進めない原因の可能性があるので「過ぎて去ったから過去」と割りきっておくことが大切です。いい思い出にも悪い思い出にもこだわらないようにしましょう。
21	金	○	不慣れなことや未経験なことにあえて挑戦してみましょう。何事も試してみる気持ちが自分を前向きにし、人生のプラスになるでしょう。新しいことに敏感になっておきましょう。
22	土	○	体験教室やお試しのイベントに参加してみると、思った以上にハマってしまったり、楽しい体験ができそう。素敵な出会いもあるので、臆病になる前に行動してみましょう。
23	日	□	デートをするにはいい日。気になるお店を相手に伝えておいたり、事前に予約しておくといいでしょう。告白されたときは迷わずOKしたほうが長い付き合いになりそうです。
24	月	■	寝不足を感じたり、疲れが残っている感覚がありそう。朝は軽くストレッチをすると体が軽くなるので、少し早めに準備をしておきましょう。しっかり朝食を食べてから出社して。
25	火	●	頭の回転やキレがよくなり、いい仕事や判断ができるようになるでしょう。周囲の人の気持ちを察することもできそうです。いい言葉を発すると、さらなる幸運がやってきそう。
26	水	△	楽しいことを想像するのはいいですが、余計なことを考えて話を聞いていないと叱られてしまうかも。気を引き締めておかないと、信用を落としてしまうことがありそうです。
27	木	◎	学んできたことを活かせる日。楽しかったことや苦労したこともすべて前向きに捉えることが大事です。感謝の気持ちが強い人ほどうれしい出来事が増えるようになるでしょう。
28	金	☆	あなたの頑張りや努力を見ていてくれる人がいると信じましょう。些細な挫折で諦めてしまうと、これまでの努力が無駄になってしまいます。苦しいときほどひとふんばりして。
29	土	▽	自分が楽しむよりも家族や友人を楽しませるといいでしょう。これまでのことを思い出して、何をするとみんなが笑顔になるか考えて行動してみるとよさそうです。
30	日	▼	予定が大きく乱れ、順調に進まないことが多いかも。無理に流れに逆らうのではなく、「こんな日もある」と思って上手に流れに乗るようにするといいでしょう。
31	月	×	余計なことを考えすぎてしまいそう。上司や先輩の言葉はよかれと思って言っていると受け止めましょう。マイナスに受け止めてしまったときも、上手にプラスに変換して。

2021

6月

◎ 幸運の月

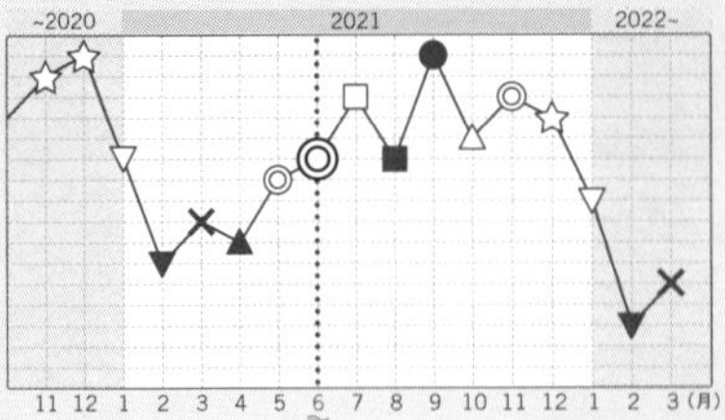

開運 3 カ条

1. フットワークをできるだけ軽くする
2. 習い事をはじめる
3. 変化を楽しむ

総合運

素直に行動すると新たな世界や興味のあることを見つけられる時期。出会いも多くなり尊敬できる人に会うこともできるので、急な誘いも断らず、できるだけ顔を出してみるといいでしょう。環境を変えるにもいいタイミングなので、引っ越しや部屋の模様替え、習い事をスタートさせるなど、気になることを見つけたら行動してみましょう。健康運は、スポーツジムに通うなど、定期的に運動をする流れを作っておくのがオススメ。

恋愛&結婚運

出会いのチャンスが多くなる時期。普段なら参加しないような集まりに行ったり、浅い付き合いの人と遊んでみるといい縁がつながりそうです。先月あたりから急に仲よくなった人から素敵な人を紹介してもらえそう。フットワークを軽くして。すでに気になる相手がいる場合は、髪型を変えてから会ってみるといい関係に進みそうです。結婚運は、結婚のプラス面を相手と話しておきましょう。

仕事&金運

仕事に対して前向きに捉えられたり、新しい方法やいいアイデアを活かすことができる時期。本気で取り組めばいい結果を残せたり、周囲の期待以上の力を発揮することもできるので、目の前の仕事に真剣に取り組んで。他人にお願いをするときは素直に頭を下げたり、相手を尊敬することを忘れないように。金運は、買い替えをするといい時期。最新の家電や流行の服を購入するのもオススメ。

1 火	▲	ダラダラ続けていることを断ち切るにはいい日。人間関係もゲームやアプリも、時間の無駄になっていると思えるなら離れることで、大事な時間を作れるようになるでしょう。
2 水	○	新しい課題や問題が出てきそう。解決に向けて何をすればいいのか考え、ゆっくりでも進めてみて。「地道」が一番の近道なので、慌てて結果を出そうとしないようにしましょう。
3 木	○	新たな体験ができるかも。少しでも興味が湧いたときはチャレンジし、楽しんでいる人のマネをしてみるといいでしょう。体験教室や習い事を覗いてみるのもよさそうです。
4 金	□	仕事の目標をしっかり定めることで、無駄な動きを減らすことができそう。ダラダラ仕事をすると疲れるだけなので、目的のために何が必要でどうするといいのか考えてみましょう。
5 土	■	しっかり汗を流すといい日なので、運動をしたりサウナに行ったりしてみましょう。ただし、水分補給を忘れないように。マッサージに行くのもオススメです。
6 日	●	恋愛運がいい日ですが、待ちの姿勢だったり相手まかせにしているといつまでも前に進めません。今日は押しを強くしてみて、気になる人を自分からデートに誘ってみるといいでしょう。
7 月	△	遊び心や楽しむ気持ちが必要です。小さな失敗を気にするよりも「そんなところあるよね〜」と自分を認めて許してあげるといいでしょう。他人の失敗にもやさしくなれそうです。
8 火	◎	取引先に知り合いがいたり、ふらっと入ったお店で懐かしい人に会うことがありそう。見知らぬ人からメッセージが届いたと思ったら、昔の友人の可能性もありそうです。
9 水	☆	今後のことを決めるにはいい日。覚悟することで道がしっかりできるので、中途半端な考えはやめましょう。未来の自分が喜ぶ決断をして、現実的な幸せを考えるように。
10 木	▽	日中は周囲の協力や勢いで物事を推し進められそう。夕方あたりからは余計な心配や考え事が増えそうです。心を乱されることを言われてしまうこともあるので気をつけて。
11 金	▼	よかれと思った行動が揉め事の原因になってしまい、面倒なことに巻き込まれてしまうので注意しましょう。何事も一度冷静になってから判断するようにするといいでしょう。
12 土	×	のんびりするつもりでも、急な予定変更があるかも。友人や身内から急に呼び出されてしまうことがあったり、逆に予定がキャンセルになって暇になってしまうことも。
13 日	▲	しっかり掃除をするといいでしょう。身の回りの細かなところまでピカピカにすると気持ちが楽になり、やる気も出てきそうです。見て見ぬふりをしている場所もきれいにして。
14 月	○	勇気は待っていても出ないので、まずは取りかかること。思いきって行動することで、勇気が湧くと思っておきましょう。失敗から学ぶつもりで新しいことに挑戦してみて。
15 火	○	新商品や新しいことを見つけたら飛びついてみると、おもしろい発見やいい経験になるでしょう。はじめて会う人には礼儀正しく、挨拶をしっかりするといい縁がつながるでしょう。
16 水	□	計画的に行動をすることが大事。日中は順調に進んでも夕方あたりから予定が乱れてしまうことがありそう。急な誘いは疲れの原因になるので、無理はしないようにしましょう。
17 木	■	仕事のペースを間違えないようにしましょう。頑張りすぎて失速したり、集中力が最後まで続かないことがありそう。休み時間はしっかり体を休ませておくとよさそうです。
18 金	●	笑顔や明るい感じで過ごしているとモテるようになるかも。元気よく仕事に取り組む姿に好意を持たれることもありそうです。気になる店員さんと仲よくなれるようなことも。
19 土	△	遊びに出かけるにはいい日ですが、調子に乗りすぎてしまったり、うっかりミスをしやすいので気をつけて。好きな人といい関係に進むこともあるので、遊びに誘ってみましょう。
20 日	◎	いい思い出がある場所に行くことで運気が上がりそう。お得な買い物ができたお店や友人と楽しく遊んだ場所、デートで素敵な体験をしたところなどを思い出して行ってみましょう。
21 月	☆	やる気次第で大きな結果を残せたり、評価される流れになるかも。後輩や部下も思った以上にいい仕事をしてくれることがあるでしょう。上司とも良好な関係になれそうです。
22 火	▽	いい感じに忙しくなりそう。次のことを考えながら仕事をして、指導や伝え方も学んでみるといいでしょう。夕方以降は空回りしたり、よからぬ情報が入りそうです。
23 水	▼	注意力が欠けてしまうかも。珍しいミスをしやすいので、小さなケガにも気をつけましょう。注意してくれる人や叱ってくれる人への感謝の気持ちも忘れないように。
24 木	×	タイミングの悪さを感じそう。連絡がうまく伝わらないことや思い通りに進まないことが増えそうですが、「こんな日もあるかな」と深く考えすぎないようにしましょう。
25 金	▲	過ぎたことをいつまでも考えないで、気持ちの切り替えを大事にしましょう。失敗や恥ずかしい思いはいい経験だったと思うとよさそうです。何事も次に活かせるようにして。
26 土	○	はじめて遊ぶ人といい関係になったり、はじめての体験を楽しめそう。新しいことや未経験のことに敏感になるといい1日を過ごせます。気になるお店や場所にどんどん行ってみて。
27 日	○	行動範囲や視野が広がりそう。これまで体験したことのない出来事やおもしろい出会いがありそう。知識がある人から学べることも。行動力を増しておくといい日になりそうです。
28 月	□	1日の目標をしっかり決めて仕事に取り組みましょう。挨拶やマナーをしっかり守ることで、評価を上げることもできそうです。数字や時間にこだわってみるのもいいでしょう。
29 火	■	頑張りすぎには注意が必要。休憩時間に肩を動かしてみたり、目の周りをマッサージしてみるといいでしょう。思ったよりも疲労している可能性がありそうです。
30 水	●	頭の回転やキレがよくなり、前向きな気持ちで楽しく過ごせそう。気になる人との関係が進展しやすい運気なので、連絡してみるといいでしょう。告白されることもありそうです。

☆ 開運の日　◎ 幸運の日　● 解放の日　○ チャレンジの日
□ 健康管理の日　△ 準備の日　▽ ブレーキの日　■ リフレッシュの日
▲ 整理の日　× 裏運気の日　▼ 乱気の日　＝ 運気の影響がない日

2021 7月

□ 健康管理の月

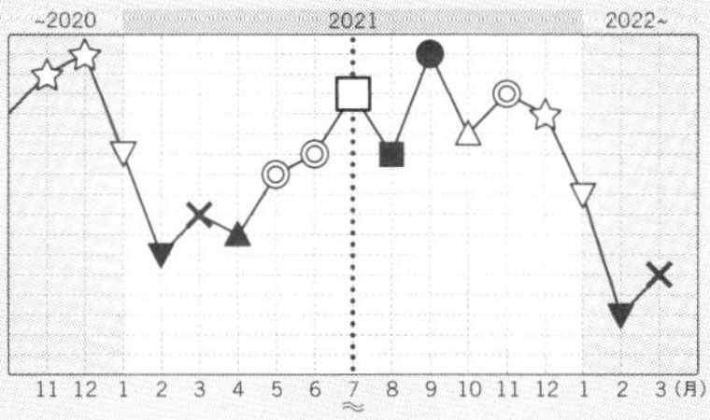

開運 3 カ条

1. 情報を集める
2. 人にたくさん会っておく
3. 感謝の気持ちを表す

総合運

今後を考えて行動することが大事な時期。現状の生活を変えたいと思っている場合は、今月はできるだけ行動しつつ、情報を集めて動けるようにしっかり準備をしましょう。現状に満足している人は、今を維持するために成長しなければならない部分や勉強することを見つけてみて。基礎体力作りや肉体改造をはじめるにもいい時期です。健康運は、特に健康に問題のない人でも人間ドックの予約をしてしっかり検査しましょう。

恋愛＆結婚運

春ごろから仲よくなった人といい関係になったり交際に発展する流れになりそうな時期。今月気持ちを伝えたり、こまめに連絡することで秋あたりから付き合える場合もあるので、きっかけ作りをしておきましょう。新しい出会いも期待できます。特に紹介でいい人に会えそうですが、選びすぎには気をつけて。結婚運は、交際期間が半年以上あるカップルは具体的な話をするといいでしょう。

仕事＆金運

計画的に仕事を進められる時期。具体的な数字や目標を決めて仕事に取り組むといい結果を出せそう。協力してくれる人を労うことや感謝の気持ちを表すことを忘れないで。経営者の気持ちになって仕事に取り組むと、これまでと違った感覚で仕事ができそうです。金運は、長く使うものを購入したり、投資をするにはいい時期。引っ越しや、家やマンションの購入を決断するのもオススメ。

1 木	△	余計なひと言や、口が滑って秘密をしゃべってしまうことがあるので気をつけて。後輩や部下への指示も雑になりやすいので、いつも以上に丁寧に伝えるよう心がけましょう。
2 金	◎	付き合いが長い人や年配者に相談をしてみると解決のヒントや大事な話が聞けそう。特に付き合いが長い人ほど耳の痛いことを言ってくれるので、しっかり聞き入れるように。
3 土	☆	地道に努力してきたことがよかったと思えそう。今日の結果をしっかり受け止め、満足できない場合は努力の方向を軌道修正して。満足できたときは目標を大きくしましょう。
4 日	▽	ランチデートをするにはいい日。気になる相手がいる場合は思いきって連絡してみましょう。買い物にもいい運気なので、気になるお店に行くといいものが手に入りそうです。
5 月	▼	曖昧な返事やノリで判断することは危険。しっかり話を最後まで聞き、何をどうすればいいのか手順をしっかり考えてから行動に移しましょう。慣れた仕事でもミスするかも。
6 火	×	コップなどの食器が壊れてしまっても不運の身代わりだと思っておくとよさそう。ほかにもなくし物をすることがあるので気をつけて。余計なことを考えすぎないようにしましょう。
7 水	▲	古い考えにこだわっていると新しい流れに乗れなくなったり、新情報を受け入れられなくなりそう。若い人からもたくさん学べることがあると忘れないようにしましょう。
8 木	○	基本的なことをしっかりやることが大事。手順や順序を改めて見直してみましょう。はじめてのお客さんにはいつも以上に丁寧に接してみると、いい仕事ができそうです。
9 金	○	好奇心が幸運のカギとなる日。気になることを調べてみるといい勉強になり、ほかにもおもしろいことを発見できそうです。素敵な出会いにつながる可能性もあるでしょう。
10 土	□	うやむやにしていることや中途半端になっていることは白黒ハッキリさせておきましょう。特に恋愛でズルズルしている人はきっぱり諦めるか、気持ちをしっかり伝えてみて。
11 日	■	外食するのはいいですが、食べすぎやバランスの悪い食べ方をしないように。冷たいものばかりを選んでいると胃腸の調子が悪くなってしまうことがあるので気をつけましょう。
12 月	●	周囲を引っ張ったり、まとめたりすることが大事。思った以上にあなたの言葉が響いたり、的確な指示を待っている人がいるかも。意見があるときもハッキリ言ってみましょう。
13 火	△	なんとなくの判断は危険。間違った方向に進んでしまうので、周囲からの意見をしっかり聞き、チェックを忘れないように。勝手に大丈夫だと判断しないようにしましょう。
14 水	◎	10、5、3年前の自分を思い出して、今のポジションは希望通りになっているのか考えてみて。満足できないと思えるなら今から何ができるか考えて行動するようにしましょう。
15 木	☆	仕事に集中することでいい結果が出せて、これまでの努力が報われることがあるでしょう。恋愛でも気になる相手に積極的になってみると、いい返事を聞けることがありそうです。
16 金	▽	日中はともに頑張れる人と一緒に仕事ができたり、能力を活かすことができそう。夜は誘いを断れずに思っていた予定が乱れてしまうかも。周囲に合わせることを楽しんでみて。
17 土	▼	「親しき中にも礼儀あり」を忘れないように。恋人や身内に対して雑になってしまって気まずい空気になることがありそう。挨拶やお礼、日ごろの感謝を忘れないようにしましょう。
18 日	×	予定が変更になって忙しくなったり、やるべきことが増えてしまうかも。逆に急に暇になってしまうこともあるので、時間があるときは書店に行って気になる本を読んでおきましょう。
19 月	▲	他人に過度に期待をするとイライラするだけ。相手も人間だと忘れないようにして、期待はほどほどにしましょう。思ったほどの結果が出なくても腐らずに切り替えて。
20 火	○	無駄な時間は削り、不要なことを考えすぎないようにしましょう。ショートカットできるところを見つけてみるとよさそうです。スマホの触りすぎにも気をつけて。
21 水	○	やる気が出る日。気になることにいろいろ挑戦をして、知らないことを学んでみて。知ったかぶりをしているほうが怖くて恥ずかしいことだと忘れないようにしましょう。
22 木	□	恋人がいる人は未来の話を少ししておくといい日。仕事でも先のことをもっと考えて動くようにし、将来のための貯金についても真剣に考えて節約をしておくといいでしょう。
23 金	■	疲れがたまっていると些細なことでイライラすることになりそう。休憩中に甘いものでも食べて気持ちを落ち着かせて。アイスの食べすぎで体調を崩さないようにしましょう。
24 土	●	デートをするにも遊びに出かけるにもいい日。相手を喜ばせてみようと思うことでさらにうれしい出来事が起きそうです。服を選ぶときは幸せそうなイメージのものを選んで。
25 日	△	自分が暇なときは友人や気になる相手も暇な可能性があると思って、食事や遊びに誘ってみましょう。不思議といろいろな縁がつながり、恋に発展することもあるでしょう。
26 月	◎	これまでの経験を活かすことでいい結果を残せたり、評価されるようになりそう。人脈を使ったり知恵を絞り出してみると、いいアイデアが浮かぶこともあるでしょう。
27 火	☆	重要なことを決めるにはいい日。投資をはじめたり、財布を購入するのもいいでしょう。家計簿をつけて貯金の目標をしっかり決めると、思った以上にお金を貯められそうです。
28 水	▽	日中は、勢いで行動することでいい流れに乗れそうですが、夕方以降は周囲の人に合わせておくといいでしょう。話をじっくり聞いてあげることでいい人間関係が作れそうです。
29 木	▼	自分の考えだけが正しいと思っていると、面倒なことを引き寄せてしまうでしょう。いろいろな考えや方法があるということを忘れないで、意見をしっかり聞くようにしましょう。
30 金	×	判断に時間がかかってしまい、優柔不断が苦労の原因になりそう。些細なことでもいいので素早く判断するクセを身に付けて。自分の勘を信じられるようになるといいでしょう。
31 土	▲	身の回りをきれいに片づけることが大事。玄関と冷蔵庫をきれいに整えると金運がよくなるので、不要なものは置かないようにしましょう。拭き掃除も忘れないようにやること。

2021

8月

■ リフレッシュの月

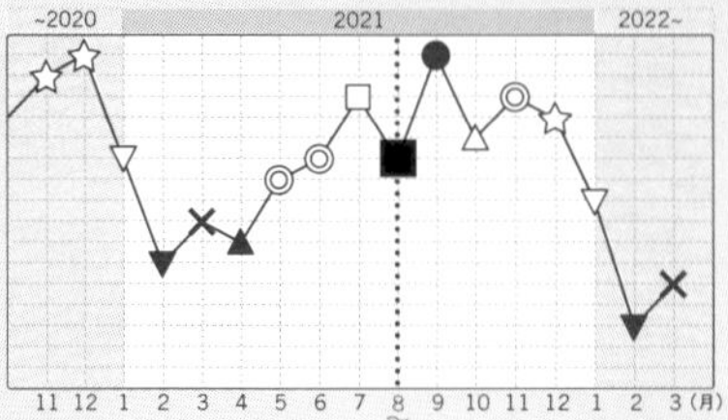

開運 3 カ条

1. しっかり仕事をして、しっかり休む
2. 睡眠時間をたっぷりとる
3. 健康的な生活を心がける

総合運

メリハリをつけ、休日の計画をきちんと立てることが大事な時期。しっかり仕事をしてしっかり体を休めてください。休日は日ごろの疲れをとるためにのんびりしたり、温泉旅行をしたりするといいでしょう。思った以上に夏の暑さに負けて体調を崩してしまうこともあるので無理をしないように。健康運は、体調に異変を感じたときは早めに病院に行ってしっかり検査してもらいましょう。自分で勝手に大丈夫だと判断しないように。

恋愛&結婚運

先月あたりでいい関係に進んでいる人と休日にデートするのはいいですが、疲れをためたままでは盛り上がるどころか逆に盛り下がるかも。デートの前日は8時間以上しっかり寝るようにして。新しい出会いは、やさしく接してくれる人やアドバイスしてくれる人を意識すると素敵な人が見つかりそう。結婚運は、下旬に軽く結婚についての話をするのはいいですが、具体的な話は来月以降に。

仕事&金運

仕事に一生懸命になるのはいいですが、頑張りすぎて疲れがたまる時期。休憩時間にはしっかり体を休め、無理を続けないように。健康管理も仕事の一部だと思い、付き合いの飲み会はほどほどにしておきましょう。下旬に、これまでの苦労が報われる流れになりそうです。金運は、温泉に行ってゆっくりすることなどにお金を使うといいでしょう。マッサージに行くのもオススメ。

1 日	○	友人に振り回されてしまうかも。予定通りに進まないことを楽しんでみるといいでしょう。時間を無駄にしないようにする工夫をすれば、有意義な時間に変えることもできそう。
2 月	○	考えてばかりいないで行動することが大事。気づいたことは些細なことでも進んで行動するように。モヤモヤするときもまずは実行してみて、後から考え直すとよさそうです。
3 火	□	日中は少しくらい欲張ったほうがいい結果につながり、周囲に協力してもらえることもあるでしょう。夕方あたりからは注意力が低下しやすいので気をつけて行動して。
4 水	■	集中力の低下や疲れ、スタミナ不足を感じそうなので、無理をせずこまめに休むこと。残業や夜遊びをすると体調を崩すので、ゆっくりと自宅の湯船に浸かりましょう。
5 木	●	他人まかせにしないで、自分でやるべきことはしっかり取り組むようにしましょう。夕方以降はデートに行くといい運気。気になる人に連絡するといい返事が聞けそうです。
6 金	△	集中力が低下する日。忘れ物やうっかりミスをしやすいので気をつけて。口が滑って余計なことを言ってしまうこともあるので、丁寧に過ごすように意識しておきましょう。
7 土	○	これまで学んだことや身に付けたスキルが役立ちそう。親友や懐かしい人からの情報や人脈が役に立つことも。過去の自分を褒めたくなるような出来事もありそうです。
8 日	○	友人や知り合いと遊んでストレスを発散するのはいいですが、出費が激しくなってしまったり、疲れをためてしまうことも。調子に乗りすぎないように気をつけましょう。
9 月	▽	日中は全力で目の前のことに取り組むと満足できそう。夕方以降は疲れやスタミナ不足を感じそうなので無理をしないように。疲れが顔に出たり、不機嫌が態度に出てしまうかも。
10 火	▼	軽はずみな判断で後悔することになりそう。しっかり確認し、あやふやなことは聞いて教えてもらうようにしましょう。夜は体調を崩しやすいので、暴飲暴食に注意して。
11 水	×	予定が乱れてしまいそう。友人や知人に振り回されてストレスをためてしまうことも。リラックスできる音楽を聴き、ハーブティーを飲みながら本を読むといいでしょう。
12 木	▲	気力が落ちてしまいそう。無理をしないでゆっくり時間を使い、身の回りをきれいに掃除したり、整理整頓をしておきましょう。年齢に見合わないものは処分すること。
13 金	＝	これまでとは少し違う感じの服や靴を買いに出かけましょう。変化を楽しんでみることでおもしろい発見があるかも。話題の場所や気になるお店に行ってみるのもよさそうです。
14 土	＝	髪を切りに行くにはいい日。少しイメチェンをして、行動範囲を広げてみるといいかも。知り合いの誘いにOKしてみるとおもしろい出会いや体験も得られそうです。
15 日	■	夏らしいことを楽しむにはいい日ですが、日焼け止めや暑さ対策、エアコンのききすぎた場所には気をつけましょう。疲れをためてしまい、体調を崩す原因になってしまいそう。
16 月	■	体のだるさを感じたり、集中力が途切れやすそう。朝からストレッチをしておくと頭がすっきりするでしょう。休憩時間には屈伸をしたり、体を少し動かしておくとよさそうです。
17 火	●	周囲の協力で仕事が順調に進むかも。人まかせがすぎると後でしわ寄せがあるので気をつけましょう。夜は好きな人に連絡してみると、食事に行けることになりそうです。
18 水	△	冷静な判断が必要な日。忘れ物やうっかりミスが増えてしまいそう。普段ならやらないような失敗をして焦ってしまうこともあるので、落ち着いて行動するようにしましょう。
19 木	○	愚痴や不満を言わず、これまで地道に頑張ってきた人は、いい結果を出すことができる日。サボってしまった人は、今日から学び直す必要を感じる出来事がありそうです。
20 金	○	大事な商談を成立させたり、結果をしっかり残すことができそう。真剣に仕事をすることが大切なので、目的をしっかり明確にするように。うまくいったらごほうびを購入しましょう。
21 土	▽	日中は積極的に行動するといい方向に進みそうなので、気になる人を遊びに誘うなら午前中がオススメ。夜は疲れを感じてしまいそう。お酒は控えめにして早めに寝ましょう。
22 日	▼	疲れを感じる人は昼寝をしてしっかり体を休めることが必要です。元気な人でも調子に乗ってしまうとケガをしたり体調を崩してしまうことがあるので気をつけましょう。
23 月	×	余計な妄想で考えがまとまらなくなってしまいそう。無謀な行動をしたり、後先を考えないで曖昧な返事をすることもあるので要注意。冷静に判断するように心がけて。
24 火	▲	図星を突かれてもイラッとしないで、指摘してくれることに感謝するといいでしょう。プライドを守っても自分の成長を妨げるだけなので不要なことにこだわって生きないように。
25 水	＝	新しい情報を集めるにはいい日ですが、疲れから集中力が途切れて大事な情報を得られなくなりそう。本や雑誌は斜め読みをせずに、しっかり最後まで理解しながら読むこと。
26 木	○	変化を求めるのはいいですが、不慣れなことに挑戦をすることで疲れたり、ストレスになってしまうことがあるので気をつけましょう。失敗から学ぶ気持ちを忘れないように。
27 金	□	食事のバランスや健康的な生活を送れているかを気にしたほうがよさそうです。好きなものばかり食べていないで、苦手でも体にいいものや旬の素材を選んで食べましょう。
28 土	■	外出するときはゆとりを持って行動するように。予定を詰め込みすぎると疲れがたまってしまうことがあるでしょう。外の暑さと室内の寒さで体調を崩すこともありそうです。
29 日	●	遊びに誘われたり、急にデートに誘われることがありそう。誘いが複数になったときは、まとめてみんなで遊んでみると思った以上に盛り上がることもあるでしょう。
30 月	△	時間を見間違えて慌ててしまったり、予定の確認を忘れてしまうことがありそう。小さなミスが増えるので気を引き締め、確認作業はしっかりするようにしましょう。
31 火	◎	不慣れなことや苦手なことを避けるより、何事も簡単だと思って挑戦することが大切。少しの勇気と度胸で今後を左右する経験ができます。苦手だと思う人と話すのもよさそう。

☆ 開運の日　◎ 幸運の日　● 解放の日　○ チャレンジの日
□ 健康管理の日　△ 準備の日　▽ ブレーキの日　■ リフレッシュの日
▲ 整理の日　× 裏運気の日　▼ 乱気の日　＝ 運気の影響がない日

2021

9月

● 解放の月

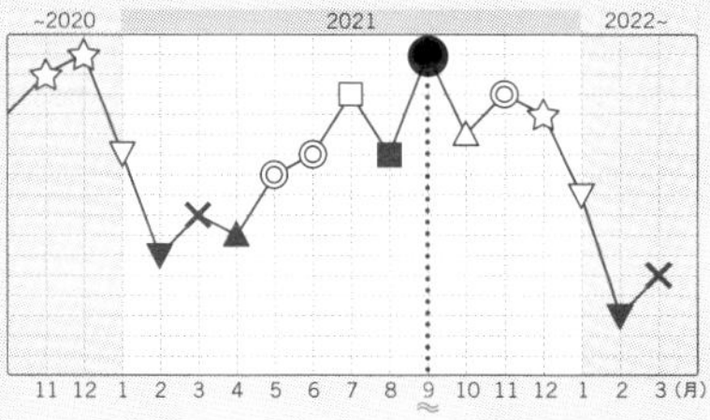

開運 3 カ条

1. 人の集まりには参加する
2. 明るい色の服を着る
3. 自分から話しかける

総合運

今後のことを考えた大事な決断が必要な月。引っ越しや環境を変える判断をしたり、習い事をはじめてみるのもいい時期。大きなチャンスやうれしい出来事も多いので、遠慮しないでつかみにいくことでこれまでの努力が報われます。本音を語ることや、ときには人間関係を思いきって変える必要も出てくるでしょう。健康運は、美意識を高めると健康でいられそうです。軽い運動を定期的に行うように心がけておきましょう。

恋愛&結婚運

異性から注目されたり、告白されやすい時期。あなたから積極的になることで相手の気持ちを上手につかめるので、人の集まりには参加して。複数の人から誘われることもありますが、一緒にいて楽な人を選ぶといいでしょう。いい出会いもある時期なので、条件ばかり気にしないように。結婚運は、入籍を決めるには最高な時期。自分の気持ちを素直に伝えたり、細かなことを決めて。

仕事&金運

実力以上の結果を出し、周囲から信頼されたり認められたりする時期。真剣に仕事に取り組んでおくと、いいポジションを獲得することもできそうです。協力してくれる人に感謝を忘れず、大きな目標を掲げてみることも大事です。あなたの能力や魅力を引き出してくれる人に会えそうなので人の集まりには参加して。金運は、投資をするにはいい時期。買い物は自分を輝かせるものを選んでみて。

1	水	☆	重要な判断をするにはいい日。仕事でもプライベートでもうれしい出来事が起きそうですが、何事もつかみにいくことが大事。遠慮せず、少し欲張るくらいが丁度いいでしょう。
2	木	▽	日中は予想通りの展開が待っていそう。嫌な予感がすることは事前に対処しておきましょう。夕方以降は些細なことでイライラし、気力が低下しやすいので無理はしないで。
3	金	▼	謙虚な気持ちが大切。自分ひとりで生きているのではなく「生かされている」ということを忘れないようにしましょう。お陰様と思えることで1歩成長できるでしょう。
4	土	×	余計な心配や考え事が増えてしまいそう。自分のことだけではなく、周囲や相手のことを考えてみましょう。他人を思う気持ちがあれば、悩みや不安は自然となくなりそうです。
5	日	▲	必要なものと不要なものをしっかり分け、不要なものはどんどん処分するようにしましょう。不要なアプリや時間を無駄にするゲームなどを消去しておくことも大事です。
6	月	○	いい情報を入手することができる日。人との会話がいいヒントになったり、大事なことが聞けることもあるでしょう。普段関わりが薄い年下と話してみるといい経験になるかも。
7	火	◎	気になることはすぐに行動に移すことが大事。まずは行動して、後からいろいろ考えてみるといいでしょう。素敵な出会いやいい経験につながることが多くありそうです。
8	水	□	善意のある行動を意識することでいい流れを作ることができます。周囲の人とともに笑顔になれる方向に進むようにしましょう。困った人を助け、アドバイスすることも大事です。
9	木	■	頑張りすぎは疲れをためるだけ。今日は少しペースを落として、ゆっくり仕事をしたり、ほどほどで切り上げましょう。夜は突然の誘いに備えておくとよさそうです。
10	金	●	あなたの魅力がアップする日。仕事でも注目されることになるので、いつも以上に真剣に取り組みましょう。恋愛でも気になる相手といい関係に進めそうなので積極的になって。
11	土	△	デートをするにはいい日ですが、張りきりすぎて忘れ物やドジなことをしやすいので気をつけて。ドリンクを倒して大慌てすることもあるので、慎重に行動するようにしましょう。
12	日	☆	自分の願いや希望が叶う日。長い間苦労した人や積み重ねが多い人ほどうれしい結果が出そうです。片思いの恋が実ったり、憧れの人に会えることも。今日は簡単に諦めないこと。
13	月	☆	いつも以上にいい仕事ができそう。満足できる結果も出せるので、本気で仕事に取り組み、周囲とも協力しましょう。買い物にもいい日なので、時間を作って出かけてみましょう。
14	火	▽	テキパキ動くことでさらに頭の回転がよくなる日。いつも以上にしっかり仕事もできそうですが、夕方以降は集中力が低下してダラッとしそう。夜は家でのんびりしましょう。
15	水	▼	今日は周囲に合わせることが必要になりそう。やり方や考え方の違いはイライラしないで受け入れて。余計な心配をしないで、まずは取り組んでみることが大事でしょう。
16	木	×	知り合いに予定を乱されることがありますが、流れに乗ってみましょう。語り合うことで気持ちや頭を整理できそう。ただし、調子に乗ってしゃべりすぎないように。
17	金	▲	何事も最後までしっかり締めくくることが大事。中途半端になっていることは最後まで終わらせ、人間関係もここで整理しましょう。ダラダラした関係は白黒ハッキリさせて。
18	土	○	気になることをやってみたり、調べることが大事です。気になるお店に入ってみると、おもしろい出会いや発見がありそう。まずは行動することを優先してみるといいでしょう。
19	日	◎	恋人や親友と楽しい時間を過ごせそう。お気に入りのお店を教えたり、趣味を一緒に楽しんでみましょう。これまで以上にいい関係になれたり、いい思い出ができそうです。
20	月	□	今週中に達成できそうな目標を立てて行動して。不慣れなことや苦手なことを克服するつもりで動くと、大きく成長できそうです。苦手だと思う人と仲よくするのもいいでしょう。
21	火	■	気力が低下しやすく、目の前のことにうまく集中できなくなりそう。こまめに休んだり、伸びをして気持ちを切り替えましょう。無理に仕事を詰め込まないように気をつけて。
22	水	●	魅力や能力が評価される日。今日は人まかせにしないで積極的に取り組むと評価が上がり、いい部分に注目されそうです。異性からモテることもあるので身なりはキッチリして。
23	木	△	優柔不断が目立ってしまうかも。欲張ると悩むことになるので、おもしろいほうやみんなで楽しめるほうを選んでみて。夜は親友と偶然会ったり、じっくり話す機会がありそう。
24	金	☆	実力を発揮することができそう。教えてもらったことを上手に活かせたり、周囲に役立たせることもできそうです。人脈も役立つことがあるので、人を紹介するのもいいでしょう。
25	土	☆	買い物に出かけるには最高の運気。欲しいものを素直に購入したり、習い事の契約をするのもよさそうです。仕事や今後に役立ちそうな本が手に入るので、書店に足を運んでみて。
26	日	▽	ランチデートをすると好きな人の気持ちをしっかりつかめたり、進展が難しいと思われた人ともいい関係になれそう。夜は不要な出費をしたり、予定通りに進まないことも。
27	月	▼	発言がいい加減になったり、曖昧な情報を話してしまうことがありそう。自分の言葉には責任を持ち、話の聞き役になっておくと余計な問題は避けられるでしょう。
28	火	×	無傷がいいわけではないことを理解することが大事。面倒や苦労、思い通りに進まないことから何を学んでどう活かすかが、成長のきっかけになると思っておきましょう。
29	水	▲	着ない服や使わないものはネットで売ってしまうか、知人や友人に譲って。使わないものを置いておくスペースがもったいないと思いましょう。不要なものは処分すること。
30	木	○	気になったけれどチャレンジしていないことがあるなら、思いきって挑戦して。気になる映画や本に触れるのもいいでしょう。好きな人をデートに誘うといい返事が聞けそう。

2021

10月

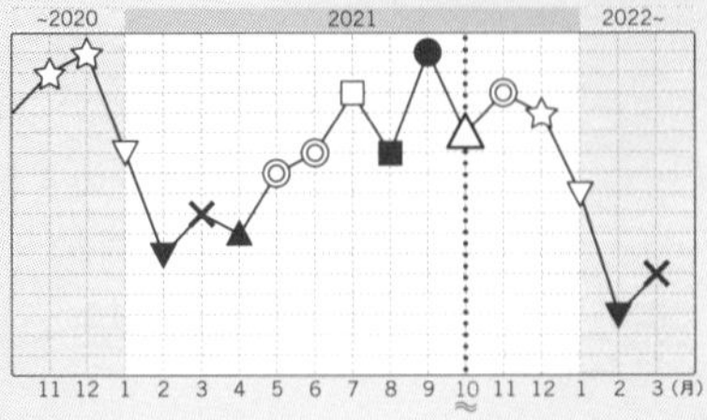

△ 準備の月

開運 3 カ条

1. 遊びの計画を先に立てる
2. 次の日の準備はしっかりする
3. たくさん笑う

総合運

大きな決断には不向きな月です。軽はずみに契約や引っ越し、転職などを決めないで、今月はしっかり楽しむことや遊ぶことが大事。月はじめに休みの日の予定を先に埋めることでいい1カ月を過ごせるでしょう。イベントやライブ、飲み会などいろいろ幅広く楽しめそうなことをやっておくといいですが、忘れ物やうっかりミスをしやすいので、確認と事前準備をしっかりやっておきましょう。健康運は、不注意によるケガに気をつけて。

恋愛&結婚運

遊びに行った先で一緒にいて楽しい相手を見つけられそう。ただし、好みや理想とは少し違う感じかも。友人になるつもりで仲よくすると、素敵な人を後に紹介してもらえる可能性があるので、会話を楽しんでみて。気になる相手とはデートをする予定を作ってお互いが楽しめそうな場所に行くのがオススメ。結婚運は、恋人を笑わせることや楽しませることで話が進みやすくなるでしょう。

仕事&金運

仕事に気持ちが入らない日が増えるかも。気力が低下したときは気分転換をしたり、休日を楽しみにしたりすると前向きに取り組めそう。小さなミスや確認ミスをすることがあるのでチェックをしっかりして、他人まかせにしないように。転職をしたくなったら、勇み足にならないよう下旬までは慎重に判断を。金運は、ストレス発散や遊びにお金を使うことが大事。高額な買い物や契約は避けて。

1 金	○	新しいことに目がいく日。挑戦する前にモタモタしそうなので、気になったことにはどんどん挑戦をする気持ちが大切です。新しい出会いが待っている可能性もあるでしょう。
2 土	□	先月仲よくなった相手がいる場合は連絡をしてみて。告白までいかなくても、遠回しに好意を伝えてみると後に交際する流れを作れそう。新しい趣味に挑戦するのにもいい日です。
3 日	■	気分転換に遊びに出かけるのはいいですが、考えながら歩いていると段差で転んだり、電信柱にぶつかってしまうことがありそう。歩きスマホにも気をつけておきましょう。
4 月	●	不慣れなことを楽しむことが大事。やり方や考え方を変えてみると一気に楽しくなってくるでしょう。工夫と失敗を繰り返すことの楽しさを忘れないようにしましょう。
5 火	△	スケジュールの確認や持ち物のチェックはしっかりするように。普段ならやらないようなミスをすることが多そうです。事前準備をしっかりしておけば問題は避けられるかも。
6 水	◎	過去の自分と比べてどのくらいレベルが上がっているのか、成長した自分を理解することで前に進めるようになるでしょう。努力が足りないと思うなら、今からはじめましょう。
7 木	◎	何事も早めに取り組んで、早めに終わらせる気持ちで進めましょう。ゆっくりやり直す時間ができたり、問題点を見つけることができるなど、ラッキーなこともありそうです。
8 金	▽	日中は順調に物事が進みそう。大事な用事は午前中に済ませましょう。夜は誘惑に負けてしまったり、判断ミスをしやすそう。周囲に合わせてみると楽しめることもありそうです。
9 土	▼	他人の嫌な部分が目について、些細なことでイライラしそう。相手にも事情があると思い、人の成長を楽しみにできるといいでしょう。過度な期待をしないことも大切です。
10 日	×	余計な妄想が膨らんで不安になってしまったり、心配事について考えすぎてしまいそう。いろいろ考える前に現実にある幸せやこれまでの頑張りを認め、今できることを見つけて。
11 月	▲	丁寧な言葉遣いやしっかり挨拶をすることが大事。雑な行動は評価を落としたり、信用を失うことにつながりそう。どんな仕事も最後までキッチリやるようにしましょう。
12 火	＝	小さな勇気がいい勉強やおもしろい体験につながります。なんとなく避けていることに首を突っ込んだり、周囲のオススメに挑戦すると、ハズレや失敗もいい話のネタになりそう。
13 水	＝	面倒なことほど先に終わらせておくといい日。後回しにすると逃げたくなってしまうかもしれません。少しいつもと違うリズムで生活すると、楽しくなることがありそうです。
14 木	□	考えがうまくまとめられず、優柔不断になってしまいそう。判断に困ったときは周囲に相談したり、保留することも大事。相手の得になる決断をするといい結果になる場合も。
15 金	■	疲れから集中力が途切れ、気力も落ちてしまうかも。無理は避けて、今日は少しペースを落として仕事をするようにしましょう。夜は予定を乱されてしまうことがありそうです。
16 土	●	友人や知り合いの異性から突然遊びに誘われることがありそう。家でのんびりする予定が変更になり、振り回されることもありますが、思ったよりも楽しい時間を過ごせるかも。
17 日	△	調子に乗りすぎて大失敗をするかも。車の運転で擦ったり、スマホを落として画面を割ってしまうことも。何事も慎重に行動しないとヘコんでしまうことがありそうです。
18 月	◎	「なんとなく」で判断をしないで、これまでの経験や独自のデータを使うとピンチをチャンスに変えられるでしょう。苦労が役立ち、経験してよかったと思えることが起こりそう。
19 火	◎	いつもよりも時間を気にして仕事をすることが大事。無駄な残業をすることのないよう、少し早めに仕事を片づけましょう。いい集中力を発揮することもできそうです。
20 水	▽	些細なことでも積極的に取り組むことが大事。他人まかせや受け身で待っていると不満がたまってしまうかも。気になったことは誰かにまかせないで、自分で取り組むようにして。
21 木	▼	知らないことは素直に聞くことが大事。知ったかぶっていると、大事な話に進んだときに取り残されて困ってしまうかも。詳しい人にしっかり聞いて学んでおきましょう。
22 金	×	効率が悪い仕事のやり方にイライラしたり、無駄な時間が思ったよりも増えてしまいそう。計画を立て直すのも大事ですが、のんびりもいいと思えば気持ちが楽になるでしょう。
23 土	▲	身の回りを片づけるのはいいですが、自分の部屋だけではなく、家族も使う場所や共同スペースもきれいにすること。外出先でもゴミを拾って処分すると気持ちがすっきりしそう。
24 日	＝	これまで注文したことのない料理を選ぶといい発見があるかも。コース料理なら普段選ばないものをいろいろ食べられて楽しめそう。友人にすべてまかせてみるのもよさそうです。
25 月	○	目先の結果にとらわれないで、長い目で見ることが大事。今の仕事を積み重ねて最終的にどうなるか、上司や経営者の目線で想像してみると、いい判断や決断ができそうです。
26 火	□	考える前にまずは行動することを優先しましょう。情報を集めすぎてしまうと先に進めなくなったり、臆病になってしまうでしょう。小さなことでもいいのでまずは動いてみて。
27 水	■	疲れやストレスを感じるときは、楽しく話せる友人を誘って食事や飲みに行きましょう。ポジティブな人と少しお馬鹿な話をすると、笑いに救われて明日から頑張れそうです。
28 木	●	失うことを恐れないように。何かを得るときは同時に必ず何かを失っています。それはほかの人も同じだと思って、羨ましいと思える人ほど多くを失っているのだと気づきましょう。
29 金	△	考えすぎが邪魔をして前に進めなかったり、失敗する原因になってしまうかも。何事も楽観的に考え、プラス面を探すようにしましょう。周囲にも現状のよさを教えてあげて。
30 土	◎	異性の友人から告白されたり、片思いの恋に進展がありそう。気になる人に連絡をして遊びに誘ってみるといいでしょう。行きつけのお店に行ってみると主導権が握れそうです。
31 日	◎	買い物をするにはいい日。ネットでの買い物もいいですが、できればお店に行って気に入った服や靴を購入しましょう。大人の雰囲気があるものを選ぶようにするとよさそうです。

☆ 開運の日　◎ 幸運の日　● 解放の日　○ チャレンジの日
□ 健康管理の日　△ 準備の日　▽ ブレーキの日　■ リフレッシュの日
▲ 整理の日　× 裏運気の日　▼ 乱気の日　＝ 運気の影響がない日

2021 11月

◎ 幸運の月

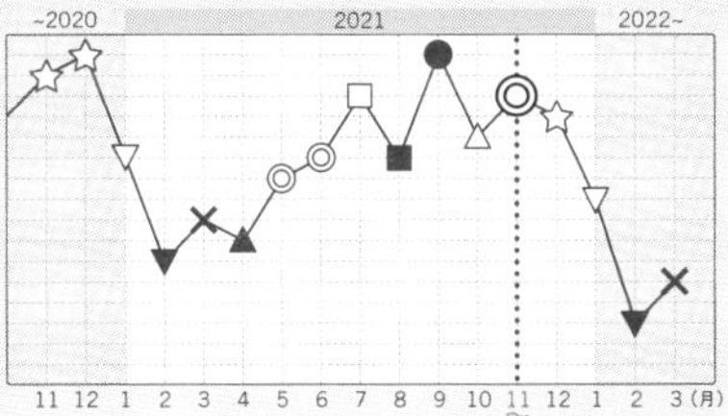

開運 3 カ条

1. 偶然の出会いを大切にする
2. 評価は素直に受け止める
3. 今年やり残したことをする

総合運

知り合いや友人のつながりが幸運を引き寄せてくれる時期。飲み会や結婚式、同窓会などに誘われたときはできるだけ顔を出して。昔の同僚や上司に偶然出会ったときは話をしてみると、思わぬ情報を入手できるでしょう。チャンスは突然訪れますが、準備できていないことには簡単に飛び込まないように。健康運は、スタミナ不足を感じる場合は基礎体力作りをはじめるといいでしょう。嫌な予感がする場合はしっかり検査を受けて。

恋愛＆結婚運

友人の紹介や昔からの仲間の集まりで素敵な出会いがありそうな時期。急展開で話が進む可能性があるので、優柔不断はNG。短期間で結婚へと話を進められる場合がありますが、相手の評判を確かめるようにしましょう。片思いが突然実ることもあるので相手の出方を待たず、ダメ元で連絡をしてみるといいでしょう。結婚運は、すでに婚約している人は一気に話が進みそう。

仕事＆金運

これまでの努力や功績を認められて出世したり、昇格の流れがあったり、大きな仕事のチャンスが巡ってくるでしょう。ただ、「現場を離れて管理職へ」など自分が望むポジションではない方向に進んでしまう場合も。不慣れなことや苦手なことでも後で成長すればいいと思って受け止めて。縁のある人から転職の誘いを受けるかもしれませんが、冷静に判断すること。金運は、高価な買い物は避け、スキルアップにつながるものに出費を。

1 月	▽	日中はいい結果を残すことができそうな運気なので積極的に行動しましょう。夕方からは予定が思ったよりも乱れそうです。結果よりも過程を楽しみ、経験から学ぶようにして。
2 火	▼	考えすぎても答えは出ないので、まず行動して失敗から学ぶことが大切。些細なマイナスは不運の消化だと思って気楽に流しましょう。屁理屈や言い訳は評価を落とすので避けて。
3 水	×	余計なことを口に出したり、メッセージのタイプミスなどをしやすい日。よかれと思って言ったことで相手を不愉快にさせてしまうことも。すぐに謝れば問題にならないでしょう。
4 木	▲	大事なものを忘れたり、確認ミスをしてしまいそう。大事なことはしっかりメモをとって、見えるところに貼っておきましょう。書類の確認などは特に慎重にやるようにして。
5 金	○	素早い判断力を身に付ける練習をしてみて。ドリンクや昼食など、些細なことでいいので5秒以内に決断するようにすると、ほかのことでも判断が速くなるでしょう。
6 土	○	片思いの相手に気持ちを伝えましょう。急でもいいので連絡をしてみるとよさそうです。今日がダメでも後日会う約束をしてみて。はじめての美容室で髪を切るのにもいい運気です。
7 日	□	幸せは「つかむ」ものではなく「気づく」べきもの。今の生活にまず感謝することが大切です。他人と比べてしまうとなかなか幸せを実感できないので気をつけましょう。
8 月	■	疲れから集中力が低下しそう。無理をしないでしっかり休む時間を作っておきましょう。夜は急な誘いがありそうですが、断るか後日にしてもらうようにお願いしてみて。
9 火	●	気分で仕事をしても周囲や相手は動いてくれないでしょう。何事も気持ちを込めて仕事をすると協力してもらえるようになりそう。相手の気持ちにも応えられると運をつかめます。
10 水	△	珍しく油断してしまいそう。確認や準備が甘くなってしまったり、得意だと思っている仕事ほどミスをしやすいので気をつけて。調子に乗りすぎないよう注意すること。
11 木	◎	実力を評価してもらえる日。付き合いが長い人ほどあなたの頑張りや成長に気づいてくれそう。自分でも昔とは違うと実感できるので、支えてくれた人に感謝を忘れないように。
12 金	☆	今後を大きく左右する決断の日。覚悟を決めたらすぐに行動に移して。気になる習い事をはじめたり、部署異動の希望を出すなど、やれることはすぐに動いてみましょう。
13 土	▽	日中はのんびりしないで日用品の買い物をするといいです。必要なものをチェックして買い出しに行きましょう。夕方からはのんびりがオススメ。前向きになれる本を読んでみて。
14 日	▼	過度な期待はガッカリするだけなので、何事もほどほどに。おいしそうなお店で味や店員さんの態度にガッカリしても、「まあ、こんなものかな」と流せるようにしましょう。
15 月	×	空回りしたり、計画通りに進まない日。うまく進まない原因を探って、今後の課題にしましょう。愛想よくすることや言葉遣いを丁寧にすることで問題を解決できる場合も。
16 火	▲	ダメなことはハッキリ「ダメです」と伝えることが大事。曖昧な感じでいると、自分の首を絞めることになるでしょう。正しいことを言うときは言葉を選ぶようにしましょう。
17 水	○	生活リズムが変わるとやる気になれそう。普段と違う時間に出社したり、違う時間の電車に乗ってみましょう。いい刺激になって、おもしろい発見もありそうです。
18 木	○	元気さと明るさを忘れないこと。大きな声で挨拶して、カラ元気でもいいので元気をアピールすると、周囲からやさしくしてもらえそう。明るいイメージの服を選ぶことも大事です。
19 金	□	周囲が笑顔になれたり、人から感謝されたりする生き方ができているか考えてみましょう。喜ばれるために何をすべきか、今やれることを些細なことでもいいのではじめてみて。
20 土	■	炭水化物の量を少し減らして、軽く運動をするなど健康的な1日を過ごしてみて。すでに疲れを感じている場合は、好きな音楽を聴きながら家でゆっくりしましょう。
21 日	●	調子のよさを実感できそう。勢いで決断したり、積極的に行動することが大事で、人まかせにしているとチャンスを逃すかも。恋愛でも押しが肝心になるので臆病にならないように。
22 月	△	緊張感がなくミスをしやすいので、気を引き締めて1日を過ごし、確認作業はしっかりするようにしましょう。誘惑や簡単な儲け話などにも注意しないと引っかかってしまいそう。
23 火	◎	他人ではなく過去の自分と比べてみることが大事。必ず成長している部分があり、逆に過去の自分に負けていることもあるはず。トータルで負けないように日々努力しましょう。
24 水	☆	少額でもいいので投資をはじめましょう。リスクの少ないファンドを選んでみて。ネットで簡単にできるものもいろいろあるので、周囲の人に聞いてみるといい勉強になるかも。
25 木	▽	日中は難しい問題でもクリアでき、周囲からも協力やアドバイスをしてもらえそう。夜は嚙み合わないと感じたり、空回りしやすいので出しゃばらないようにしましょう。
26 金	▼	安易な考えや浅知恵は突っ込まれてしまいそう。言い訳やごまかしをしないで、失敗したときは正直に謝ること。できないことは素直に頭を下げて、人に手伝ってもらいましょう。
27 土	×	今日と明日は期待をしないほうがいいでしょう。友人の紹介で会う人もソリが合わず、嫌な予感がしそうです。勉強するにはいい日ですが、簡単な問題で苦戦することがありそう。
28 日	▲	少し早いですが、大掃除をしておきましょう。不要なものを処分し、日ごろ掃除できないところも片づけて。窓拭きやクローゼットの奥など、やれるところを探してみましょう。
29 月	○	情報をしっかり集めることで無駄な失敗を避けられるでしょう。自分の状況や世の中の流れなど、いろいろな角度の情報を集め、詳しい人にも話を聞いてみるとよさそうです。
30 火	○	強気で行動すると勇気が幸運を引き寄せるので、気になる人に連絡してみて。職場でも意見やアイデアがある場合は上司に伝えてみると、すんなり通ることがありそうです。

2021

12月

☆ 開運の月

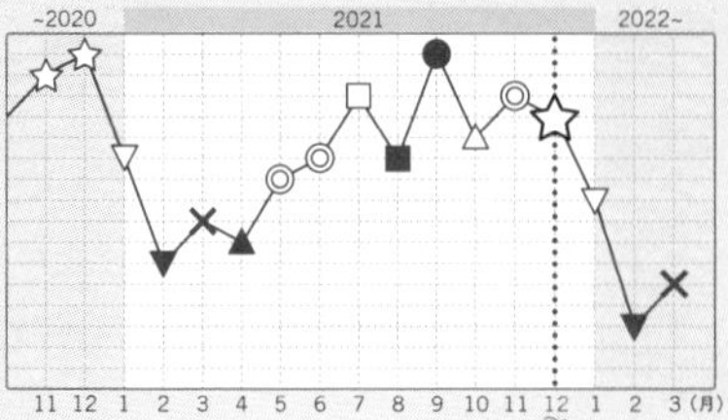

開運 3 カ条

1. 流れを受け入れる
2. チャンスに臆病にならない
3. 人の集まりに参加する

総合運

2021年を最後まで諦めなかった人に幸運がやってくる月。自発的に行動することも大事ですが、流れに乗ることで幸福をつかむことができるでしょう。決断にモタモタするとチャンスを逃してしまうので、覚悟して受け止めて。１歩踏み込む勇気が必要になるので臆病にならないように。自分が望んでいたことと違う方向に進むこともありますが、楽しんで受け入れてみましょう。健康運は、人間ドックに行っておくといい時期です。

恋愛＆結婚運

「交際０日婚をするなら今月」といっていいほど急展開で恋や結婚話が進む可能性が。周囲から勧められた流れで交際したり、一気に入籍の話に進むことも。知り合いの飲み会やパーティー、結婚式の二次会は気合いを入れて参加して。ただし、選り好みしているとチャンスを逃すので勢いで飛び込んでみましょう。結婚運は、入籍できる流れがありそう。マリッジブルーになって逃さないように。

仕事＆金運

突然の辞令や昇格、現場を離れて管理職になるなど、意外な展開がある時期。「荷が重い」と思っても、流れに逆らわず受け入れると、苦労はしますが後にいい判断だったと思えるでしょう。現在の仕事のままだとしても、真剣に取り組むと大きな結果を残せそうです。金運は、数年後を考えて計画的に使うために家計簿や帳簿でしっかり管理し、少額でも投資をはじめると後に役立つでしょう。

1 水	□	自分ひとりのことを考えるだけではなく、全体のことを考えて判断することが大事。自分が少し損する役割を果たさなくてはならない場合もあるので、覚悟をしておきましょう。
2 木	■	何事もメリハリが大事です。しっかり仕事をしてしっかり休むといいですが、のんびりするよりも少し体を動かしたほうが頭の回転がよくなりそう。昼食は軽めがよさそうです。
3 金	●	自分の力を思う存分発揮できそう。押しきることや積極的に行動することが大事になるでしょう。人まかせにしていると楽しさも半減するので、やれることはなんでもやってみて。
4 土	△	なんとなく話を聞いていると、大切なことを聞き逃したり、判断ミスをしてしまうかも。のんびりするのはいいですが、ボーッとしないように。人の話には最後まで集中して。
5 日	◎	親友や付き合いが長い人から素敵な人を紹介してもらえそう。楽しい集まりになるので、急でもいいから思い浮かんだ人に連絡をして。本音を語ると心が楽になりそうです。
6 月	☆	今後を大きく左右する日。辞令が出たり、流れが大きく変わる出来事が起きそうです。商談や契約もうまくいくことがあり、自信をつけられそう。まずは行動してみましょう。
7 火	▽	優位に物事を進められる日ですが、後輩や部下の面倒をしっかり見て、教えられることはできるだけ伝えておきましょう。夜は急に予定が変更になって慌ててしまうかも。
8 水	▼	やる気を失って余計な心配事が増えてしまいそう。目の前のことに集中し、明るい未来を想像して仕事に取り組むと乗りきれそうです。好きな音楽を聴くのもいいでしょう。
9 木	×	流れに逆らってしまうと無駄な力や時間を使ってしまいそう。できないことは得意な人にまかせ、自分の得意なことに集中しましょう。手伝ってくれた人に感謝を忘れないように。
10 金	▲	身の回りにある不要なものを処分して。大掃除が少し楽になるように、不要な資料などを整理するといいでしょう。散らかっているところが目についたらきれいにすること。
11 土	○	今日と明日はできるだけ人に会うようにしましょう。素敵な人やいい影響を受ける人に会うことができそうです。はじめて会う人にはしっかり挨拶やお礼を言うよう心がけて。
12 日	○	誰かからの誘いを待っていないで、自ら連絡をしてみましょう。気になる相手には積極的になってみると、いい展開があるでしょう。きっかけを自分で作るようにしましょう。
13 月	□	思っているだけではいつまでも何も変わらないので、言葉に出してハッキリ伝えてみて。言葉を選び、相手が理解できるように努めることで理解してもらえることもあるでしょう。
14 火	■	寝不足や疲れを感じる日。体が重たく感じるときほど軽く体を動かし、腕や肩を回してみましょう。果物や消化のいいものを選んで食べるようにするのもよさそうです。
15 水	●	好きな人には自分の気持ちを素直に伝えること。勢いで交際をスタートすることもできそうです。職場ではいい人間関係ができ、協力してくれる人や認めてくれる人が現れそう。
16 木	△	会話を楽しむのはいいですが、口が滑って余計な発言をしたり、言い方を失敗しそう。聞き役や盛り上げ役になるくらいがよさそうです。好きな人との関係にも急展開があるかも。
17 金	◎	これまでの経験をうまく活かすことができるので、自分を信じて素早く判断するように。苦労してよかったと思える出来事もありそう。学んだことは他人のために使いましょう。
18 土	☆	身の回りのものを買いに行くのはいいですが、不要なものを購入しないように。「かわいい」だけで買ったものの多くは邪魔になるので、必要なものを必要なだけ購入しましょう。
19 日	▽	目が覚めたらすぐに行動しましょう。大掃除とまではいかなくても、掃除をして身の回りをきれいに整えておくこと。夜はゆっくりお風呂に入って、早めに寝るようにして。
20 月	▼	感情的になって珍しい人とケンカや言い合いになるかも。ムッとしてもひと呼吸おいて、相手を「調子が悪いのかな」とやさしい目線で見ると、無駄な揉め事は避けられそう。
21 火	×	弱点や欠点を突っ込まれても言い訳をしないこと。周囲はあなたが逃げていることを知っているので、素直に謝って「では、ここからはこうしましょう」と前向きな提案をして。
22 水	▲	アクセサリーや大事な資料をなくしてしまいそう。「忘れないようにここにしまって」の場所を忘れてしまうことがありますが、落ち着いて冷静になれば思い出せるでしょう。
23 木	○	「楽しい、好き」と思いながら仕事に向き合うとおもしろく取り組めます。嫌々仕事をしても時間の無駄。自分を上手に騙すことで、得られることがあるでしょう。
24 金	○	新しいことをまかされて忙しくなりそう。例年とは違った感じのクリスマスイブになりますが、些細なことでも楽しもうとするといい思い出に。急なお誘いもありそうです。
25 土	□	段取りをしっかりすることが大事。計画を立てて行動しないと無駄に疲れそう。お店などは相手まかせにしないで自分で予約するなど、他人に期待することは自分がやるようにして。
26 日	■	頑張ってきた人ほど疲れが一気に表に出そう。無理をしないで家でのんびりしましょう。コンディションを整える日だと思って、健康的な食事を心がけ、軽く体を動かして。
27 月	●	小さなラッキーがある日。周囲と一緒に笑顔になれることが起きそうです。異性からも注目されやすいので、気になる人に会いに行くのもいいでしょう。気軽に連絡してみて。
28 火	△	うっかりミスが増えそう。部屋の片づけをするのはいいですが、食器を割ったり、大事なものを落として壊してしまうかも。慌てず丁寧に行動するように心がけましょう。
29 水	◎	年賀状を出し忘れている人は今日中に書いて送って。１年の感謝をひと言でも書き添えましょう。夜は友人からの突然の誘いに乗ると、いい出会いやおもしろい情報を得られそう。
30 木	☆	年末年始の買い物をするにはいい日。毎年行くお店で恒例のものを購入しましょう。身の回りを見て必要になりそうなものをチェックして、欲しいものはメモしておくとよさそう。
31 金	▽	午前中には大掃除を終わらせて、午後からは年越しムードを楽しんで。外出するよりも家でのんびり過ごしましょう。夜の外出は体調を崩しやすいので気をつけること。

☆開運の日　◎幸運の日　●解放の日　○チャレンジの日
□健康管理の日　△準備の日　▽ブレーキの日　■リフレッシュの日
▲整理の日　×裏運気の日　▼乱気の日　＝運気の影響がない日

金のイルカ座

12年周期の運気グラフ

金のイルカ座の2021年は…

▲整理の年

2021年は物事を整理し、次の道へ進むための1年。2019年と2020年の裏周期で手に入れたものを、今一度取捨選択して。下半期から約５年は運気の坂を駆け上ります。

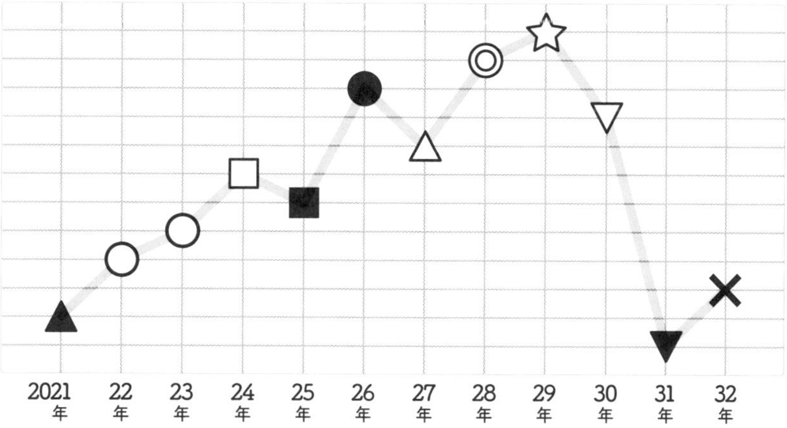

☆開運の年　◎幸運の年　●解放の年　○チャレンジの年　□健康管理の年　△準備の年
▽ブレーキの年　■リフレッシュの年　▲整理の年　✕裏運気の年　▼乱気の年　＝運気の影響がない年

金のイルカ座はこんな人

基本の総合運

海で群れで泳ぐイルカのように仲間意識が強い頑張り屋。自分の目標に向かって泳ぎ続けるタイプで、競争相手やライバルがいるほど燃える人。自分中心に物事を考えすぎてしまったり、自己アピールが強くなりすぎたりして、周囲からわがままと思われてしまうところも。心が高校１年生でサッパリした感じがあるため、身近な人や仲よくなった人には理解してもらえそうですが、負けず嫌いが原因で苦労することもあるので、他人を認めることが大事。頑張ったぶんはしっかり遊び、旅行や買い物などごほうびも必要です。

基本の恋愛＆結婚運

いつまでもモテていたい人。基本的には恋することが好き。自分のことを好きでいてくれる人が多ければ多いほど満足しますが、外見や中身も周囲がうらやむような人と一緒になりたいと思っています。恋をしていないとパワーや魅力に欠けてしまうときがあるでしょう。結婚は、互いに認め合える人とすることが理想。相手に依存するような生活よりも、自分も相手も仕事をして、互いに助け合える感じを望むでしょう。パワーが強いぶん、浮気や不倫などに突っ走ってしまう場合もあるので気をつけてください。

基本の仕事＆金運

努力家で頑張り屋な性格を活かせる仕事に就くと能力を開花させることができるので、目標をしっかり定められる仕事がオススメ。営業などノルマがある仕事もいいですが、競うことやチームワークが大切になる部署での活躍も期待できます。ただし、自分勝手な仕事で注意されてしまうことも多そう。金運は、派手なものを手に入れたり、旅行やライブでお金を使ったりすることが多く、仕事で頑張ったぶんは、しっかり出費して、さらに頑張れるようになっていくタイプです。

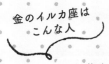

2021年の運気

▲整理の年

2021年開運3カ条

1. 身辺の整理をする
2. 人との別れを覚悟する
3. 使わないものや幼稚なものは処分する

総合運

人間関係、身の回りのものの整理を大人になることも意識して

上半期と下半期では運気の流れが大きく変わる年。上半期は、2020年の裏運気の影響が強く出るため５月くらいまでは不満がたまり、視野が狭くなってしまいます。また、不慣れなことや苦手なことが続いてしまうかもしれません。さらに意地を張りすぎたり、負けを認められなかったりすると不運や苦しみの原因になります。自分のやるべきことをしっかり見つけて、何が必要で何が不要なのかをハッキリさせることが大事。不満を自分の問題だと捉えられずに他人の責任にしていると、いつまでも困難を克服できません。特に、2021年はあなたのもとを去っていく人が多く、縁が切れることが増えるので、覚悟をしておきましょう。失ってからはじめてその価値や、大切さを実感することになりそうです。しかし、失うことで何を得られるのか、空いたスペースに何を入れるのかが、今後の目標にもなっていくでしょう。2019年～2021年で見えた自分の課題をどのようにすればクリアできるのか、明確にする必要もあるでしょう。

「整理の年」は、物事を整理し、次の道に進むための準備の１年でもあります。よくも悪くも、人はいろいろなものを背負い前に進んでいますが、その中には必ずと言っていいほど「今のあなたに不要なもの」も含まれてしまっています。過去の失恋、学生時代の思い出、仕事での大成功など、人間はよいことにも悪いことにも執着するものです。特に金のイルカ座は、自我が強く仲間意識があり、さらに執着する強い心を持っています。裏が「銀の鳳凰座」なので、自分の中に頑固な部分があることを自覚している人も多いはずです。たとえば例年、五星三心占いの年間本を購入していながらも、「乱気の年」や「裏運気の年」に引っ越しや転職をするなど、動いてしまった人もいるでしょう。占いはいいことだけを信じる傾向が非常に強いタイプです。動いてしまったことは仕方がありませんが、「整理の年」は、「乱気の年」や「裏運気の年」に手に入れた物事が本当に正しい決断だったのかを、今一度取捨選択できる年だと思ってください。悪友の存在、振り回される恋、見当違いの仕事など納得がいかない現状があるならば、2021年の６、８、９月に動く準備をしてください。１月に動く判断をするとさらに運気の流れを悪くし、試練を自ら引き寄せてしまうので少し辛抱が必要だと思っておいてください。

「乱気の年」や「裏運気の年」で「勉強だと思って辛抱強く耐えた人」には、2021年で自分の進むべき道が見えてくるでしょう。本当にやりたかったことや、自分の役割に気づくなど気持ちの変化がありそうです。不要なプライドを捨てることができたり、重荷になっていたことから離れたりして、少し楽になることもあります。しかし、ここで下ろしていい荷物と自分を鍛えるために必要な荷物とを見極める必要があります。たとえば厳しい上司がいるからといって、簡単に逃げてはいけません。厳しく指導してくれる上司に少しでも恩返しできるように、感謝の気持ちを持ちましょう。そういった気持ちひとつで、考え方や生き方は変わってくるものだと忘れないようにしてください。

「整理の年」は逃げてもいい年でもあるので、悪友やネガティブな情報しか与えてこない人、あなたのことを利用することしか考えていない邪心のある人からは離れましょう。特に、成長が見られないままの人、愚痴や不満しか言わない人、他人の悪口や陰口を言う人、足を引っ張ることしか考えていないような人が近くにいる場合は距離をおき、会わないようにすることが大事です。それが親友でも、身内などの身近な人であったとしても、あなたの運気や運命を乱す相手なら離れるようにしましょう。縁を切ってでも自分の人生を切り開くことができるのは、「整理の年」しかないと心しておいてください。離れることで相手の考え方が変わることも十分あります。お互いのために距離をとり、「縁があればまた会える」と思っておくことが大事でしょう。ただ、あなたが相手から切られてしまう可能性もあるので、その覚悟もしておきましょう。これまで感謝することなく生きてきた人や他人を裏切っても気にしていなかった人は、2021年に人から裏切られる可能性があります。もしそうなったら、あなたも相手を裏切っていなかったかを真剣に考えてください。そして、相手の立場から自分がどんなふうにうつるかを想像しましょう。裏切る相手にはそれなりの事情があり、裏切られないようにするためには今後の人間関係を改める必要があります。そういった大切なことを教えてくれた人だと忘れないようにしてください。

また、「整理の年」では人間関係だけではなく、身の回りにあるものも整理されるようになります。これまで大事にしていたコレクションを処分する、趣味が変わる、ファッションの好みが変わるなど、気持ちが切り替わりはじめます。「もったいない」と思わず、ここからの成長のためだと思ってどんどん処分すると、気持ちが楽になり、前に進みやすくなるでしょう。整理するならば引っ越せばいいと安易に思う人もいますが、引っ越しはできれば2022年のほうがオススメです。どうしても年内に環境を変えたいという場合は、9月に区切りを。それまでに明るい未来の自分に不要と思われるものは片づけてしまいましょう。

ここまで読んで頂くと、別れや縁が切れるなど、失うことがある嫌な年だと思われるかもしれません。しかし、「整理の年」はいい意味で整う年です。特に、裏運気での学びを活かすことが大事になってきます。下半期になると、自分の進むべき道がぼんやり見えてくるでしょう。2020年は裏運気の影響で、予想外のことが多く混乱や困惑をしたかと思いますが、その中でも「実験的」なことをいくつかやったと思います。もしかしたら、そのときは「うまくいかなかった」「散々な結果になってしまった」と思ったかもしれません。しかし、よくも悪くもなにかしら未来につながる小さなヒントやきっかけをつかんでいる可能性があります。たとえば、仕事の合間に友人の仕事を手伝ってみたら思っ

開運のつぶやき　日々の積み重ねと反復と学習をしていないからいつまでも前に進めない

たより大変だった。しかし、その手伝いがきっかけで自分が本来やりたかったことを見つけた。あるいは試しにスポーツジムに行ってみたら筋肉痛やケガを招いた。けれどもスポーツジムに通う中で自分もトレーナーになってみたいと思ったなど……。「裏運気の年」は、本来の自分では見えていなかったことに気がつくことがあり、今年はこれをどう活かしていくかが重要です。とはいえ仮にスポーツトレーナーになりたいと思ったとしても急にはなれないので、上半期は必要な情報を調べて実行に移すまでの準備期間にし、現実的な目標を立ててそれを達成する道筋を考えるのは下半期、そして行動するのは2022年だと思っておいてください。苦労や困難をそのままにしないで、そこから何を学んでどうするかを考えてみると、道が見えてくるでしょう。「転んでもただでは起きない！」と強く思う気持ちや本来の負けず嫌いに火をつけられる年と、思っておきましょう。

そして2021年はひとつ、大人になってみることもいい目標だと思ってください。つい意地を張ってしまう人は素直に負けを認め、プライドが高く知ったかぶりや偉そうな態度をしてしまう人は、素直に相手を認めて尊敬しましょう。あなたの中にある自我やプライドを一気に捨てることができれば、大きく成長できる年でもあります。そうは言われてもなかなかできないと思ってしまう人でも、「大人になろう」と自分に投げかけてみるといいでしょう。また、いつまでも心が学生ノリのままでいることが不運や苦労の原因でもあります。言葉遣いや態度、礼儀など、あらゆることでもっと大人になるように意識しましょう。もし、困った人を見つけたら、事情や理由は関係なく手助けできるようにしてください。損得や優先順位など考えないようにすることで、あなたの扱いや周囲からの評価も大きく変わってくるでしょう。少しでもいいので１歩成長し、素敵な大人になれるように行動してみましょう。仲間を大事にすることはあなたのいい部分でもありますが、その垣根をなくしてもっと幅広く人にやさしくする年だと思ってください。同時に、「乱気の年」や「裏運気の年」の困難なときに手助けしてもらった人への感謝や恩返しを忘れないようにしましょう。何よりも、自分への課題がたくさん出ていることを意識して、2021年から少しずつ不慣れなことや苦手なことに挑戦していきましょう。失敗や挫折はもちろんありますが、そこから学んで次に活かすことが大事です。人間ひとりでは何もできないので、協力してくれる人への感謝を忘れずに、恩送りを心がけて。

運気の変わるポイントは６月です。流れが大きく変わってくるので、小さなヒントや自分のやるべきことを見逃さないようにしましょう。また、簡単に否定せずに肯定することで見えてくることがたくさんあるでしょう。周囲から勧められたら一度は挑戦して、どんなものかを体験してみるとよい刺激を受けられます。８、９、10月には「これだ！」と言えることを見つけられて、本来の力もジワジワ出てくるでしょう。それまで腐らないように、何事も前向きに捉えましょう。

2021年は裏から表に運気が戻る年です。運気は不安定ですが、そのぶん不要なことを振り落とせて下半期から約５年は運気の坂を駆け上がります。一方で、やるべきことも増えてくるので坂を登る筋力が必要になります。そのためにも、不要な荷を下ろして身軽になることが大事なのです。「整理の年」を意識して、離れる、別れる、壊れる、切れることは自分の人生にとっていずれプラスになると前向きに捉えて１年を過ごしましょう。仮に人から裏切られたときは、その理由や原因をしっかり考えて、反省も忘れないようにしましょう。

恋愛運

**上半期は期待をしないように
交際3年以上のカップルは入籍に進むかも**

交際期間が短いカップルほど2021年は別れる可能性が高いでしょう。特に「乱気の年」や「裏運気の年」に出会い交際がはじまった人ほど、本音は好みではなく「とりあえず付き合った」可能性が高いので、縁がそもそも薄く別れ話になりやすいです。2020～2021年にかけての年末年始あたりから自分の気持ちが冷めていると感じている場合は、相手のためにも早めに別れを告げてしまったほうがいいかも。そのままの気持ちで交際を続けると、浮気をされたり冷たい態度をとられたりと、辛い思いをすることがあるでしょう。2021年は「別れて当然」と思うくらいの気持ちでいていいのですが、相手を大切にしないこととは話が違います。好きな気持ちがあるなら相手を喜ばせましょう。そして、相手の気持ちにも素直に応えられるようにしましょう。

新しい出会い運も2021年は短い縁に終わりやすいです。特に上半期の出会いは期待しないほうがいいでしょう。いい感じの相手が現れても体だけの関係になったり数日で別れてしまったりする可能性があります。それでもいいと割りきれる場合は構いませんが、危険な相手ではないか、周囲の評判や情報を集めたほうがいいでしょう。8、9月あたりに、親友や信頼できる人からの紹介でつながった場合はいい恋ができそうですが、仕事の忙しさから関係がなかなか進展しないでヤキモキするかもしれません。10月中旬以降は出会いを期待するよりも自分磨きをして、2022年からの新しい出会いのための準備をしておくといいでしょう。

交際期間が3年以上のカップルは、「乱気の年、裏運気の年を乗り越えた＝愛情がある証」といえるので、下半期には入籍の話ができそうです。「整理の年」は独身が整理される意味もあります。婚約や入籍の話になったときは、ひるまずに一気に進めてみるといいでしょう。しかし、あなたのわがままを通す時期ではないので、相手のタイミングに合わせてみると、スムーズに進みやすいです。このタイミングでも結婚に進まない長期の交際相手とは、2022年にどうするかを真剣に話してみましょう。ただし、詰め寄りすぎると関係が悪くなるので、相手を信じて流れに身をまかせるといいでしょう。

また、失恋や恋人とのケンカをそのままにしないで「なぜ別れたのか」「どうしてケンカになったのか」など、原因や理由をしっかり探すことが大事。「ダメンズだった」など、自分ではなく「相手に問題があった」と捉えてしまうと、これまでと同じような失恋になることや、これまで以上に辛い思いをすることもあるでしょう。「身勝手な一面がある」「相手に対する思いやりが足りない」など、自分が変わらなくてはならない部分をいろいろと見つけられるきっかけにもなります。2021年の経験は、「本当に自分に見合う相手はどんな人なのかを見極めるためにある」と、忘れないようにしましょう。

失恋したり、恋をしばらく休んだりしても、そのおかげで発見することや学べることがあるはずです。不要なことを諦めたり妥協できたりと、自分が変わるきっかけにもなる1年でしょう。2021年はうまくいかない恋には執着をしないでキッパリ別れを告げ、2022年からの新たな恋を目指しましょう。そのためにも気持ちをしっかり整理して、今後はじまる素敵な恋に備えてください。

結婚運

交際期間が短いカップルは要注意
結婚願望が強い人は時計座が狙い目

「整理の年」は結婚をするには不向きな年。できれば2022年に入籍するほうがいいでしょう。特に交際期間が１～２年のカップルは、2021年に結婚すると離婚率が非常に高くなります。また、入籍するための苦労が増える場合もあるでしょう。相手をよく見て、相手にもあなたの本当の姿を見せるようにしましょう。「乱気の年」や「裏運気の年」に出会った人は、あなたの裏の性格を気に入っている場合があります。しかし、2021年の下半期からは運気が表に戻るため、あなた本来の我の強さや、負けん気の強さが出てしまうでしょう。その姿を知ることで急に相手の気持ちが冷めてしまう場合が多いので、ふたりの気持ちが盛り上がっていても、９月までは様子を見るように。

ただ、３年以上の交際期間を経たカップルは、「乱気の年」と「裏運気の年」を乗り越えることができたので入籍を考えてもいいでしょう。６月には運気の流れが変わるので、この時期に真剣に話してみると答えが出て、将来の計画をいろいろと決めることもできそうです。また、そもそも結婚願望のない人で裏運気に入ってから急に「結婚してもいいかも」と思った場合は、2021年に勢いで入籍しておくことも大事。ここを逃してしまうと、しばらくは結婚したい気持ちが盛り上がらないでしょう。入籍後にそもそも結婚願望のないタイプだったと気づくこともあります。その場合は、不満をためるよりも結婚生活をどうしたら楽しめるかを工夫するようにしましょう。

交際期間が長く、裏運気の時期を乗り越えられたからと安心していると、突然家族や身内のトラブルが発生して「入籍は来年に……」となるケースも多く考えられます。そのときは、2022年の結婚に向けて、何を準備しておくべきかを考えること。恋人がいない状況で結婚を望む人は、2021年は結婚相手の基準を下げてみましょう。異性から好かれるために努力をして、不要な相手との関係をキッパリ切っておくことも重要です。目標を「結婚」に絞ることで、やるべきことが見えてくるので、そのためにも2021年はできることをやっておくといいでしょう。現実的でない相手のことをいつまでも追いかけずに、ときには恋をしっかり諦めることも大事です。

結婚にどうしても進みたい人は、相手の運気に合わせることや「時計座（金／銀）」の異性に近づいてみることがオススメ。時計座は五星三心占いの中で、交際から結婚までの決断が最も早いタイプです。さらに情にも弱いので、ここ数年の苦労を語りつつも前向きに頑張っている話をすると、相手の心をうまくつかむことができるでしょう。ほかにも「銀のカメレオン座」は運気がいいので結婚する可能性が。しかし、銀のカメレオン座は優柔不断なため決断ができず、なかなか進みにくいところが。それでも８～９月に押しきってみるといいでしょう。「銀の鳳凰座」にひと目惚れされた場合も、チャンスでしょう。

結婚にこだわるよりも、恋人や異性と楽しい時間を過ごし、相手のために何ができるのかを考えるようにしましょう。結婚後の自分の生活を考えて今のうちに準備しておくことや、やるべきことを見つけることが大事。少し肩の力を抜いて、長く一緒にいられると思える異性を見つけるようにするといいでしょう。

仕事運

感情に流されずに、冷静に働くこと 下半期には仕事道具を買い直してみて

2020年からの不慣れな仕事、苦手な仕事をまかされていることへの不満が限界に達しそう。そのため、上半期は仕事を辞めたい気持ちが強くなり、後先考えないで退職したくなります。やる気がないことを指摘され、職場の空気も悪くなってしまうかもしれません。6月までは様子見で、今の職場で頑張っておくといいでしょう。今後の仕事をどうするかについて改めて考えるのは9月にしましょう。下半期に入ると不思議とやる気になり、よい意味で開き直って仕事に没頭することができます。次の目標に向かって頑張れるようにも。ただ、年末に頑張りを否定されたり、突然の部署異動などの理不尽な辞令が出されたり、周囲のトラブルに巻き込まれたりするかもしれません。

2021年は感情的な判断を優先せず、現在の仕事が本当に向いているのか真剣に考えることが重要です。周囲から「ほかの仕事がいいのでは？」と言われ続けている場合は、9月を目標に転職の準備をしてみましょう。現状の不満や不安が単純に実力不足や努力不足による場合は、方法を変えるなど、結果が出るような正しい努力をしてみてください。試行錯誤することになって失敗や挫折も起きやすいですが、後ろ向きになってはいけません。そこから学び、同じ失敗を繰り返さないようにしましょう。また、諦めなくてはならないことを見極めることも大切になってきます。

ただ、2021年は突然、仕事を解雇されることや、会社の倒産や合併などに見舞われることもあります。このようなあなたの力ではどうしようもない出来事に遭遇しやすくなるので、あらかじめ覚悟しておきましょう。仕事に対してやる気があっても、その場を去ることになる場合も。また、家業を継ぐなどの問題や家庭の事情で仕事に集中できないこともあります。特に年配の父親がいる人は、体調についての不安がないか2021年の年明けに聞いておきましょう。調子が悪ければ病院で精密検査を受けてもらい、何もなくても人間ドックを受けてもらうように促しましょう。

この時期は仕事に集中できるように、環境を整えることも大事。職場や部屋を見渡して、時間泥棒になるものは処分するか、目の前から片づけましょう。下半期に入ってからは仕事道具やスーツを買い直すと、やる気につながります。仕事に役立つような本を読んで勉強したり、会話に困らないような本を読んだりしてみるのもよさそうです。また、スマホに触る時間を減らし、ゲームなどの趣味も時間を決めて楽しみましょう。ストレス発散をする場合は、運動のほうが体力もついて一石二鳥です。

2021年は手応えのないことが多く、大きな結果を求めるとガッカリします。過度な期待をするよりも10年後の自分はどんなふうになっていたいのかを想像し、そのために今の仕事はどのように進めるべきかを考えましょう。また、2020年あたりから自分の至らなさを感じている人もいるはず。課題が積もっていることを認めて、少しでも克服する努力をしてみるといいでしょう。苦労や困難から簡単に逃げずに、自分の役割をしっかり果たし、成長できることを見つけましょう。次の目標やライバルとなる人を見つけることも大事でしょう。

開運のつぶやき　己の能力や才能を最大限に活かす工夫や努力が大切

金運

派手なお金使いには要注意
不要なものを処分して身軽になろう

上半期は予想外の出費があるので、不要な買い物のほか高額の買い物も避けたほうがいい時期です。さらに、マンションや家、土地を購入するためにローンを組むことも控えましょう。親友や家族でも、2021年はお金の貸し借りは避けて。判断ミスとなり、数年後に後悔することになりそうです。身の回りのものを売ってちょっと収入がアップすることもありますが、「小銭が入ったから」といって買い物に行くと、余計なものを買いすぎてしまうでしょう。結果的に出費が増えてしまうので、気をつけてください。9〜10月あたりになると、苦手なことや不慣れなことを克服する努力をしてきた人には、結果が現れてきます。少しですが昇給や収入アップにつながってくるでしょう。

2021年は買い物をして身の回りのものを揃えるよりも、不要なものを処分して身軽になることが大切です。特にマイナスイメージのあるものは処分しましょう。また、年齢に見合わないものはネットオークションや中古ショップに売ってしまうといいでしょう。使わないブランド品を査定に出しても思ったより高値がつかないかもしれませんが、使わないままでとっておくほうが無駄と思って、売ってしまうことが大事。友人から「引っ越すの？」と言われるくらい身の回りを整理しておくと、実際に引っ越しをしたくなったときにスムーズに動けるようになるでしょう。

また、出費がかさむ人間関係の整理も必要になります。飲み会や遊びに誘ってくれる友人、知人を大事にするのはいいですが、楽しいだけで身にならないことにお金を使うと無駄な出費になるので上半期中は避けて。「仕事が忙しい」「習い事をはじめた」など、理由をつけて距離をおいたり、「また誘うから少し待っていて」と、気楽な感じで距離をおいたりするのもいいでしょう。ここで縁が切れた人は、それまでの人だと思ってください。本当に縁のある人とは、2022年以降にも自然と付き合いが続きます。

今年は、お金の価値をしっかり学ぶにはいい年。シビアになることもありますが、「仕事を頑張った対価がお金」と思うよりも、「仕事を頑張った先の感謝の対価がお金だ」と思うと、大切に使えるようになるでしょう。物の価値にも敏感になるといいので、勢いでの購入は避けてください。また、「周囲が持っているから」という理由で簡単に購入せず、不要なものも買わないように。お金を活かす方法を学んだり、お金の使い方のレベルを少し上げたりすることで、大きく成長できるようになります。

2021年は裏運気から本来のあなたの運気に戻る年。それにより金のイルカ座の派手な部分が出てきて、無駄遣いや勢いでお金を使ってしまうことがありますが、お金をかけないで楽しむ方法を学ぶことや節約のために知恵を絞ることが大切。仲間や友人を集めてBBQやホームパーティーを開くなど、アイデアでみんなを楽しませようとすると学べることがたくさん出てきて、人気者にもなれそうです。地味な生活、ケチな暮らしにするのではなく、お金をどう使うとみんなで楽しめるのかをもっと考えてみましょう。また、ときどきでいいので後輩、部下、お世話になった人にごちそうをしてみましょう。楽しい時間を過ごせて感謝もされ、いいお金の使い方ができます。

家庭運

夫婦間はお互いの弱点が見えてしまうかも
教育面では、子どもを信じることが大切

ここ1〜2年の「乱気の年」「裏運気の年」に大ゲンカや別居、離婚話になってしまった夫婦は、最終決断が出そうな年。すでに愛のない夫婦関係や相手が不倫しているなど問題が明るみに出ている場合は、離婚へと話が進んでしまいそう。ただ、相手やあなたも反省して修復する気持ちが本気であれば、解決はしなくても現状維持のまま進むことになりそうです。そもそも金のイルカ座は家庭運が強いタイプではありません。裏運気の影響で波乱が多く出てしまうので、家庭にいるよりも仕事や趣味など一生懸命になれるものを見つけることが大事でしょう。「整理の年」に相手の行動や言葉にイライラして許せない気持ちが高まってしまうと、上半期中には縁が切れてしまうことが。特に3年以上前から離婚を望んでいた場合は話が進んでしまいますが、お金や生活のことを考えず簡単に決断をしてはいけません。別居など距離を少しおく機会を作ると、2022年くらいから自然と揉め事が減ってくるでしょう。不思議と元の関係に戻るかもしれません。また、相手のアラや雑な部分ばかり突っ込まないようにしましょう。今はお互いの弱点や欠点が見えているだけ。まずはあなたが変わらないと、状況は変化しないでしょう。

特に家庭に問題のない家族は記念日や誕生日などをしっかりお祝いしましょう。新たに恒例の企画を考えてみるのもいいでしょう。手間がかかりすぎてしまうと長く続けられないので、誕生日にはみんなで写真館に行き記念撮影をする、気持ちのこもった手紙を書くなどで、家族の絆を深めるといいでしょう。また、「整理の年」は掃除をこまめにしてください。「この1年は家をきれいにしよう」ということを家族の目標に決めるといいのですが、強制するとイザコザの原因になるかもしれません。ゴミ捨て、拭き掃除などはゲーム要素を取り入れて遊び感覚でやってみると、思った以上に盛り上がっていいでしょう。

子どもとの関係で、2020年あたりから距離が離れている感じがする場合は、無理にべったりしないでわが子を信じることが大事でしょう。子どもにとっては疑うことや信用しないことが、不愉快の原因に。特に金のイルカ座は、自分の考えや生き方を押しつけすぎてしまう星です。子どもの考えや意見に耳を貸さないことも。ときどきでいいので、悩みや不安などの話を最後までしっかり聞く機会を作ってみるといいでしょう。そのとき、親は常に時代に遅れているものだということを忘れないようにして、頑張り方や目標の立て方など、コツを少し教えてあげるくらいがいいでしょう。

家族のみんなは、昨年から裏運気に入ったあなたの心が乱れていることを理解しているかもしれません。我慢していたのはあなただけではないでしょう。おそらく家族も空気を読んで言わなかったり、逆にケンカになるくらいにハッキリ言われたりしたことがあったかと思います。上半期は裏運気の影響でまだそんな状況が続くことがありますが、やさしく見守ってくれた家族には感謝の心を忘れずに。「裏運気の年」の家族がいると気まずいことがありますが、それによって絆が深まることも。また、数年後には笑い話になり、いい思い出になることもあるでしょう。家族がいるから頑張れることを忘れないでください。

健康運

ここ1～2年で太った人は2021年中に体形を戻そう
意地を張らずに健康面の指摘は聞き入れて

2019年の「乱気の年」、2020年の「裏運気の年」で体調を崩した人は要注意な年。すでに危険なシグナルが2年出ている人は2021年中に生活習慣を改めて、健康な肉体作りや美意識を高めることが大事です。特に問題なく元気な人でも、体の調子を整える意味で「整理の年」だと思ってください。睡眠時間を長くする、食事のバランスを整える、飲酒や喫煙をやめてみるなど、自分の中で少しでも気になっていることはこの機会に改善してみて。基礎体力作りをかねて家で運動をする、スクワットやウォーキングなどを定期的に行うといったことで、代謝を上げておくとダイエットにもなっていいでしょう。

金のイルカ座は目標がないと、ダイエットや運動、健康的な食事を心がけないタイプです。友人や知人と一緒にスポーツジムに通ってお互いに目標を設定したり、理想の体重やワンサイズ小さな服を着られる体形を目指したりすると、思った以上に続けることができそうです。ここ1～2年で少し太ってしまったと思っている人は、2021年中にしっかり元の体重に戻しておかないと、この先もそのままの体形を維持してしまうことがあるので気をつけましょう。ただし、無理にお金をかける時期ではないので、ひと駅多く歩いてみたり、家の中でできる運動をはじめてみたりするなど、手軽なことから取り組むといいでしょう。

仕事のストレスがたまったり、恋人と不仲になったりすると体調を崩す原因に。生活が荒れないように注意しましょう。自分の心を上手にコントロールするためには、些細なことでイライラしないことが大切。そして、先を見据えて物事を考えておくなど、冷静な気持ちも大事です。上機嫌と笑顔を常に心がけると、気持ちを落ち着かせることができるでしょう。また、他人に過剰に期待をしてはいけません。相手にも立場や事情があることを忘れないようにしましょう。自分の都合通りに動かないことが当然だと割りきっておくと、余計なストレスがなくなるでしょう。

問題は、裏運気の「銀の鳳凰座」の力で忍耐強くなりすぎていることです。ここのところ体調に異変を感じても我慢して1年を過ごしてしまった人は、本来の金のイルカ座に戻ってくる5、6、7月周辺や年末に体調を崩してしまうことがあります。つまらない意地を張って体調を大きく崩さないように、身近な人や家族からの指摘はしっかり受け止めましょう。2021年に体調を大きく崩してしまうと2022年の流れにも影響するので、健康的な体を維持するように心がけてください。

金のイルカ座は、目立つことで運気を引き寄せられるところがあります。高校時代からノリが変わらない一面があり、体調のことを無視して頑張りすぎたり、遊びすぎたりしてしまうタイプです。ノリを大切にするのはいいですが、2021年は「いつまでも子どもじゃないから」と少し大人になって、断り上手になりましょう。また、次の日に響かないようにお酒を飲む、果物が多めの食事をとるなどして美意識を高めると、健康的な生活を送ることができます。虫歯や親知らずを抜くなどの歯の治療は、来年に引き延ばさず年内に終わらせておくといいでしょう。

年代別アドバイス

年齢が違えば、起こる出来事もそれぞれに違います。
日々を前向きに過ごすための年代別アドバイスです。

年代別アドバイス 10代

友達とケンカになることや距離があいてしまうことがあります。また、恋人と別れてしまうことも。2021年につながりが切れてしまう人とは、そもそも縁がなかったと思いましょう。2021年は辛いと思うかもしれませんが、2022年、2023年になったときには、必ず「あのとき離れていてよかった」と思えるでしょう。年齢に見合わないような幼稚なものや趣味から離れて、少し大人を目指してみましょう。音楽や本のジャンルを変えることがオススメ。

年代別アドバイス 20代

大きな失恋をしやすい年。ショックで立ち直れないことや、人間関係が最悪になってしまうこともあります。自分中心ではなく周囲や全体のことを考えるようにしましょう。自分が悪くなくても謝り、教えてもらうときは素直に頭を下げることも大切です。ここで縁が切れる人は、本来相性が悪い人やあなたにとってマイナスな人の可能性が高いでしょう。また、10代から続いている趣味や、年齢に見合わないものは処分してください。

年代別アドバイス 30代

大切な人との別れや縁が切れることのある年。失うことで大切さを理解できたり、寂しい気持ちが大きく成長できるきっかけになったりもするでしょう。仕事ではトラブルに巻き込まれやすく、部署異動や仕事を失ってしまうことなども。流れに身をまかせながら自分のやるべきことをしっかり見つけるように。意地を張るつまらないプライドは捨て、自分よりも結果を出している人には負けを認め、尊敬して見習うようにするといいでしょう。

年代別アドバイス 40代

身内や身近な人との別れや、大切なものを失うことがある年。覚悟しておきましょう。また、周囲からの助言に耳を貸さなくなっているので、耳の痛い言葉ほど感謝して受け入れるようにしましょう。不摂生をやめて生活習慣を整え、健康的な生活リズムを作ってください。定期的な運動もスタートさせましょう。「いつか使うだろう」と思っているものや服などは一気に処分して、身の回りをスッキリさせておくといいでしょう。

年代別アドバイス 50代

あなたのもとを去っていく人が増える年。ポジションを失うことや、大切にしていたことから離れなくてはならないことも。また、別れを告げられることもあるかもしれません。距離があくことでお互いに生活をしやすくなることもあります。自分の考えや生き方を相手に押しつけないようにしましょう。1年を通して不要なものの処分を心がけてください。ほかにも、体力作りをするための時間を確保し、目標を定めて取り組みましょう。

年代別アドバイス 60代以上

人との縁が切れることをはじめ、生き方や考え方が大きく変わる年。2020年あたりから体力が落ちていることを感じている場合は、基礎体力作りをしっかりしましょう。胃腸にいい食事を心がけて、お酒は控えるようにしてください。また、ストレッチや、肩や首を動かす軽い運動をしてみましょう。少額でもいいので、若い人にごちそうをしてみましょう。プレゼントを贈ってみるのもいいでしょう。

【命数】

51

頑張り屋で心は高校1年生

基本性格

負けず嫌いの頑張り屋。ライバルがいることで力を発揮でき、心は高校1年生のスポーツ部員。つい意地を張りすぎてしまったり、「でも」「だって」が多かったりと、やや反発心のあるタイプ。女性は色気がなくなりやすく、男性はいつまでも少年の心のままでいることが多いでしょう。自分が悪くなくても「すみません」と言えるようにすることと、目標をしっかり定めることが最も大事です。

2021年の開運アドバイス

ラッキーカラー　レッド、オレンジ
ラッキーフード　焼き鳥、レンコンチップス
ラッキースポット　スタジアム、牧場

開運3カ条

1. 頑張る理由を見つける
2. 自分から謝る
3. 同年代で頑張っている人を見る

2021年の総合運

頑張る方向をしっかり定めるためにも、負けを認めることが大事な年。友人や仲間との別離がある運気ですが、相手にも事情や理由があるので、受け入れることが大事です。下半期には目指したり、目標となったりする人を見つけられそうですが、頑張り方や努力する方向性がしっかり定まらないでしょう。情報をしっかり集め、頑張り方を見つけてみて。健康運は、胃腸の調子を崩しそう。何事も楽観的に考えるようにしましょう。

2021年の恋愛&結婚運

対等な付き合いができない人とは縁が切れやすい年。ケンカになっても仲直りできると思っていると、そのまま関係が終わってしまうことが。愛があるなら自分から謝り、間違いを正して。それができないときは終わりだと割りきって、2022年からの恋のために自分磨きをしておいて。結婚運は、親友のようなカップルは区切りをつけるために入籍をするにはいい年です。盛り上がりには欠けますが、6、9月あたりに入籍するといいでしょう。

2021年の仕事&金運

頑張り方を見失ってやる気を失っている年ですが、ぼんやりとでもやりたいことを見つけられそう。ともに頑張れる仲間を作ったり、頑張っている同年代を見たりすれば、情熱に火がつくことがありそう。仕事をスポーツ感覚でやってみると、いい流れを作ることもできそうです。金運は、自分だけ儲けようとすると逆に大損することがあるので注意。お金の貸し借りも運命を狂わせる原因になるので避けて。少額でも寄付をするといいでしょう。

【命数】

52

頑張りを見せないやんちゃな高校生

基本性格

頭の回転が速く、合理的に物事を進めることに長けている人。負けず嫌いの頑張り屋で、目立つことが好きですが団体行動は苦手。しかし、普段はそんなそぶりを見せないように上手に生きています。人の話を最後まで聞かなくても、要点をうまくくみとって、瞬時に判断できるタイプ。ときに大胆な行動に出たり、刺激的な事柄に飛び込んだりすることもあるでしょう。ライブや旅行に行くと、ストレスを発散できます。

2021年の開運アドバイス

ラッキーカラー　ミッドナイトブルー、レッド
ラッキーフード　ステーキ、甘酒
ラッキースポット　ライブハウス、道場

開運3カ条

1. 無駄を削る
2. 愛されることを楽しんでみる
3. 家計簿や帳簿をつける

2021年の総合運

狙い通りに物事が進まない年。流れに身をまかせてみると、これまで興味のなかった世界を知れたり、考え方を変えたりできて視野を広げられそうです。次の刺激を得るためにこれまでの考えを変える時期だと思っておきましょう。時間の無駄になるアプリを消去するなど、趣味を思いきってやめるにもいいタイミングです。健康運は、体質が変わってくることを感じる運気。年齢に合わせた、新たな独自の健康法を編み出しておきましょう。

2021年の恋愛&結婚運

上半期は、好意を寄せてくれる人といい関係になれそうですが、下半期になるとこの恋に一気に冷めてしまいそう。相手から愛されたり、相手を喜ばせたりすることをもっと楽しんでみるといいでしょう。職場や身近な人との短い恋がはじまる可能性がありますが、危険な恋は避けるようにして。結婚運は、入籍が人生の刺激だと思えると、思いきって飛び込めそうです。

2021年の仕事&金運

合理的に仕事を進めたいタイプですが、無駄や不向きな仕事と向き合うことになりそう。2021年の仕事から学べたり、不要な部分を削るアイデアを出すことで評価されたりするので、最新のやり方を探してみるといいでしょう。周囲に上手に教えることができれば、いい流れを引き寄せられそう。金運は、副業収入や一発逆転を狙うと大損することになるので、コツコツと貯金したり、家計簿をつけたりするなど地味な方法を。

12のタイプ別よりもさらに細かく自分や相手がわかる！
ここでは、生まれ持った命数別に2021年の運気を解説していきます。

【命数】
53
陽気な高校1年生

基本性格

「楽しいこと」「おもしろいこと」が大好きな楽観主義者。常に「なんとかなる」と明るく前向きに捉えることができますが、空腹になると機嫌が悪くなる傾向が見られます。サービス精神豊富で、自然と人気者になる場合が多く、友人も多いでしょう。油断するとすぐに太ってしまい、愚痴や不満が出て、わがままが表に出すぎることがあるので気をつけて。基本的に運がよく、不思議と助けられることも多く、常に味方がいる人でしょう。

2021年の開運アドバイス

ラッキーカラー　ピンク、レッド
ラッキーフード　牛丼、プリン
ラッキースポット　音楽フェス、牧場

開運3カ条

1. 笑顔を心がける
2. 気分ではなく気持ちで動く
3. 相づち上手になる

2021年の総合運

些細なことでもイライラしたり、不機嫌が顔に出たりして人間関係を自ら崩してしまいそうな年。下半期に入れば楽観的に物事を考えられるようになるので、自分も周囲も楽しませてみようとするといいでしょう。ダイエットをするにはいい運気です。ここで健康的に体を引き締めておけば後で太りにくくなるので、代謝を上げる運動を毎日したり、果物を食べたりするといいでしょう。健康運は、スタミナ不足を感じる前に運動をするようにして。

2021年の恋愛&結婚運

欲望に突っ走った恋は短く終わりやすいですが、割りきった関係でいいと思えるなら飛び込んでみるといいでしょう。余計なひと言や不機嫌な態度が原因で、あっという間に関係が終わりやすいので気をつけて。好みではない人との交際からも学べることがあるので、これまでとは違うタイプの相手に注目してみて。結婚運は、入籍に前向きでなかった人と妊娠が判明して結婚に向かうことがありそう。将来がある相手なのか、しっかり見極めて。

2021年の仕事&金運

気分で仕事をしている間は評価が上がらないどころか、仕事そのものにやる気が出ないでしょう。どんな仕事でも、ひとつひとつ心を込めて行って。仕事がつまらないと思ったときほど楽しくできる方法を考えたり、ごほうびを作ったりするといいでしょう。他人の失敗を許し、受け入れてみれば、感謝されることもありそう。金運は、浪費が激しくなりやすいので、自分だけではなくみんなが喜べることにお金を使うといいでしょう。

【命数】
54
頭の回転が速い頑張り屋

基本性格

直感がさえていて頭の回転が速い人。アイデアを生み出す能力も高く、表現力と感性が豊かなタイプです。おしゃべりで、目立ってしまう場面も多々あるのですが、ひと言多い発言をしてしまい、反省することも少なくないでしょう。競争することでパワーを出せる面がありますが、短気で攻撃的になりやすく、わがままな言動がみられることも。根は人情家で非常にやさしい人ですが、恩着せがましいところもあるでしょう。

2021年の開運アドバイス

ラッキーカラー　マリンブルー、レッド
ラッキーフード　山菜そば、グレープフルーツ
ラッキースポット　美術館、映画館

開運3カ条

1. 上品な言葉を使う
2. どんなことも最後までキッチリ行う
3. 情に流されない

2021年の総合運

気分が荒れて、言葉が雑になってしまう年。思ったことをストレートに表現せず、言葉を選ぶようにすると、成長できるようになるでしょう。そのためにもいろいろな本を読んで語彙力をアップさせたり、映画や芝居を観て言い回しなどを勉強したりするといいでしょう。人との別れがある年ですが、縁が切れてからグチグチ考えず、「縁がなかった」と思うように。健康運は、ここ数年で太ってしまった人は痩せやすくなるので、軽い運動をしてみて。

2021年の恋愛&結婚運

なんとなく交際をはじめたり、欲望に負けて流されたりしますが、ケンカ別れするなど長続きはしない年。楽しい交際をすることが大事です。「恋愛は遊び」と割りきるといいでしょう。失恋しやすい年でもありますが、別れから学べることがあるので、自分が好きになった思いや相手の気持ちを大切に。結婚運は、下半期に突然結婚に突っ走ってしまうことがありそう。それでも、付き合いの長い相手にピンと来たときなら問題はなさそうです。

2021年の仕事&金運

仕事運は、詰めの甘さが出てしまう年。どんな仕事も最後までキッチリ終えるようにすることと、望まれた以上の仕事をすることが大事です。すぐに結果や評価につながらない時期だけに、ストレスがたまってしまうことも。仕事終わりに、少し汗を流すスポーツをするといいでしょう。愚痴や不満は逆効果になるので気をつけて。金運は、不要なものにお金を使ったり、信頼していた人にお金を貸してトラブルになったりすることがあるので注意。

【命数】

55

社交性がある頑張り屋

基本性格

段取りと情報収集が好きでフットワークが軽く、交友関係も広く、華のある人。多趣味で多才、器用に物事を進めることができます。注目されることが好きなので、自然と目立つポジションを狙うでしょう。何事も損得勘定で判断し、突然、交友関係や環境が変わることも。興味の範囲が幅広いぶん、部屋に無駄なものが増え、着ない服や履かない靴などがたまってしまいがちです。表面的なトークが多いため、周囲からは軽い人と思われるでしょう。

2021年の開運アドバイス

ラッキーカラー　レッド、パープル

ラッキーフード　湯豆腐、マカロン

ラッキースポット　デパート、水族館

開運3カ条

1. 着ない服や昔の趣味のものを処分する
2. 別れ話は自ら切り出す
3. 地道なことをコツコツやる

2021年の総合運

身の回りにある不要なものをすべて処分することが大事な年。昔の趣味の道具や着ない服、「かわいい」という理由だけで買った無駄なものはすべて処分し、部屋をすっきりさせましょう。読まない雑誌や本は一気に捨て、使わないアプリや不要なデータ、写真なども消去を。健康運は、家での飲酒は避けて。飲み会に行くのはいいですが、回数を減らしましょう。

2021年の恋愛&結婚運

地味な雰囲気や真面目なタイプの人との交際に冷めてしまいそうな年。「なんで無理しているんだろう」と思ったら、自ら別れを告げることも大事です。やさしくていい人だからといって、あなたの心を満足させてくれる相手とは限らないでしょう。年末に現れる、外見だけの薄っぺらい相手にも気をつけて。結婚運は、交際初期から結婚を前提にしている相手とは、入籍してもいいでしょう。

2021年の仕事&金運

押しつけられていた仕事から少し解放され、不慣れな仕事も段取りよく進められそうな年。コツコツやることが大切だと改めて知ることができそう。難しいと感じる仕事も、少し遠回りをしたり無駄に思われるような努力をしたりすれば、楽しくなるでしょう。楽な方法や簡単な方向に進まないように注意して。金運は、ネットオークションを通して不要なものを処分すると、いい収入になりそうです。部屋もすっきりして一石二鳥になるでしょう。

【命数】

56

現実的な努力家

基本性格

現実的に物事を考えられ、真面目で几帳面であり、地道に物事を進めることが好きな人。負けず嫌いで意地っ張りな面もあり、陰で努力をするタイプです。些細なことでも、じっくり、ゆっくりと進めるでしょう。何事も時間がかかってしまいますが、最終的にはあらゆることを体得することになります。本心は出たがりの気持ちがありますが、チャンスの場面で緊張しやすく、引いてしまうクセが。遠慮して生きることの多い、断り下手な人でしょう。

2021年の開運アドバイス

ラッキーカラー　ホワイト、ピンク

ラッキーフード　豆腐ステーキ、レアチーズケーキ

ラッキースポット　アウトレットショップ、温泉

開運3カ条

1. 年齢に見合う感じにイメチェンする
2. お酒の席では警戒心を忘れない
3. バーゲンに行く

2021年の総合運

苦手なポジションからもとのあなたらしい感じに戻ってくる年。上半期は髪を少し染めたり、流行のファッションを楽しんだりして人生を楽しく過ごせそう。自分でも意外と思えるような世界にハマる場合もありますが、「今だけ」と割りきることが大事。下半期にはその世界から離れたり、派手な世界とはほどよく距離をおくようにしたりして。健康運は、酒の席には注意が必要です。家で腹筋やスクワットなどの運動を少しやっておくといいでしょう。

2021年の恋愛&結婚運

上半期は、異性にもてあそばれてしまったり、普段ならハマらないようなタイプを好きになったりすることがあるでしょう。警戒心が薄れてしまうので、酒の席で知り合った人には注意して。真面目に付き合うよりも、そもそも縁がないと思えるといいですが、本気になると痛い目に遭うこともあるので気をつけて。結婚運は、2020年と2021年上半期に大きな壁を乗り越えたと思える、付き合いの長いカップルは、秋に入籍するといいでしょう。

2021年の仕事&金運

あなたらしくない仕事をまかされて困ったり、勉強することが多くなったりする年ですが、ゆっくりながらも対応できるようになるでしょう。苦労と収入がイコールにならないことに不満がたまりそうですが、経験できたことを得だと思い、気持ちを切り替えて。仕事終わりには好きな音楽を聴くなどし、頑張れるパターンを作ることも大事。金運は、衝動買いが増えて後悔しそう。高価なものは避け、手ごろな価格のものを買ってストレス発散を。

【命数】
57 おだてに弱い高校生

基本性格 実行力と行動力がある、パワフルな人。おだてに極端に弱く、褒められるとなんでもやってしまうタイプ。やや負けず嫌いで意地っ張りなところがあります。正義感が強いので、自分が正しいと思うと押し通すことが多いでしょう。行動は雑でおっちょこちょいなので、忘れ物やうっかりミスも多くなりがち。後輩や部下の面倒を見ることが好きで、リーダー的存在になりますが、本音は甘えん坊で人まかせにしているほうが好きでしょう。

2021年の開運アドバイス

- ラッキーカラー　ダークグリーン、レッド
- ラッキーフード　うどん、パイナップル
- ラッキースポット　ホームパーティー、牧場

開運3カ条

1. 挨拶やお礼はしっかりする
2. 使っていないものを処分する
3. ごちそうをする

2021年の総合運

自分の「正しい」という価値観を押しつけるのではなく、相手の意見を受け入れてみることで、いろいろな正しさや手段や考え方があることを学べるでしょう。上下関係を大切にするのはいいですが、あなたを利用するだけの人とは距離をおく判断も大事。後輩の面倒を見たり、ごちそうしていろいろと話を聞いたり、遊んだりすることも必要でしょう。健康運は、うっかりのケガや、雑な行動がもとでの打撲に注意。急いでいるときほど足元に注意を。

2021年の恋愛&結婚運

これまでターゲットにしていなかった年下からモテるようになったり、ひと回り以上年上の人などからもアプローチされたりしそう。慎重に相手を見極めているつもりでも勢いで交際して失敗することがあるので、周囲の言葉をしっかり聞くことを忘れずに。自分がおだてに極端に弱いことも忘れないようにして。結婚運は、急に入籍を決めることがある時期。押しきるタイミングを間違えて破談にならないように気をつけましょう。

2021年の仕事&金運

何事も順序を守ることが大切な年。挨拶やお礼を含めて丁寧に仕事をすることで評価を上げることができそうですが、勢いまかせで仕事をしていた人ほどストレスがたまってしまいそう。仕事をキッチリ完璧にすることを目標にすると仕事が楽しくなりそうですが、評価は期待したほどではないでしょう。金運は、見栄での出費が増えますが、「喜んでもらえるならいい」と割りきってみるといい時期。見返りを求めないことを忘れないように。

【命数】
58 上品な情熱家

基本性格 礼儀正しい頑張り屋。挨拶を欠かさずマナーをしっかり守り、上品な雰囲気を持っていますが、根はかなりの意地っ張り。自我が強く出すぎるのに、心は繊細なので、些細なことを気にしすぎてしまうことがあるでしょう。常識やルールを守りますが、自分にも他人にも同じようなことを求めるので、他人にイライラすることが多いでしょう。清潔感を大事にし、常にきれいにしているような几帳面な部分があります。

2021年の開運アドバイス

- ラッキーカラー　ホワイト、シルバー
- ラッキーフード　あさりの酒蒸し、ブルーベリー
- ラッキースポット　庭園、避暑地

開運3カ条

1. 失敗をいい経験だと思う
2. いつも笑顔を絶やさない
3. 何事もマイナス面とプラス面があると思う

2021年の総合運

行動力がアップすることで失敗や挫折もありますが、恥ずかしい思いをすることで不要なプライドを捨てられると考えておきましょう。知らないことは素直に聞いたり、教えてもらうために頭を下げたりするようにして。少しくらい格好悪くても、正しいと思えることを素直にやってみましょう。健康運は、ドジなケガには注意。下半期は肌荒れが出やすくなるので、柑橘類を少し多めに食べてみるといいでしょう。

2021年の恋愛&結婚運

恋に積極的になれる時期ですが、失恋をしやすいので、覚悟をしておくことが大事。うまくいかない恋をすることで大切なことを見つけたり、自分磨きや頑張るべきことを見つけたりできるでしょう。たとえ失恋しても、「好きになる気持ちを教えてくれた」ことに感謝を忘れないようにしましょう。下半期になると恋に臆病になりやすいので、愛嬌や笑顔を忘れないように。結婚運は、空回りをしやすいので、相手の気持ちを確認して。

2021年の仕事&金運

しっかり仕事をしたつもりでも隙ができてしまったり、周囲から突っ込まれたりする年。「失敗しない人はいない」と思い、開き直ることも大事。失敗から学んで同じミスを繰り返さないことが重要と忘れないように。仕事の体制や仕組みに不満を募らせる前に、そのルールの中で結果をどれだけ出せるか知恵を絞ってみることも大切。金運は、勢いで購入するのは避け、物の価値を見極め、本当に必要かどうかしっかり考えるように。

【命数】

59

熱しやすく冷めやすい努力家

基本性格

根っからの変わり者で、自由人。斬新で新しいことを生み出す才能があり、常に他人と違う発想や生き方をする人です。負けず嫌いの意地っ張りで、素直ではないところがありますが、芸術系やクリエイティブな才能を活かすことで認められる人でしょう。理論と理屈が好きですが、言い訳が多くなりすぎたり、理由がないと行動しないところも。心は中学1年生で止まったまま大人になることが多いでしょう。

2021年の開運アドバイス

ラッキーカラー	ホワイト、パープル
ラッキーフード	ピザ、カステラ
ラッキースポット	動物園、スケート場

開運3カ条

1. イメチェンや部屋の模様替えをする
2. 生活リズムを変える
3. 正しい情報を集める

2021年の総合運

環境を変えたいと気持ちがウズウズする年。周囲の制止を無視してでも新しい環境に飛び込んでしまったり、変化を求めて行動したりしてしまいそう。ものに執着しないことはいいことですが、支えてくれた人や感謝している人とまで離れる必要はないので、見極めを間違えないようにしましょう。挑戦する前に、現実的な情報をしっかり集めておくことも大事。健康運は、食事のバランスを整えることと、肩と首を動かす運動はこまめにやっておきましょう。

2021年の恋愛&結婚運

好きな人への気持ちが急に冷めてしまう年。縁が切れても不思議ではない態度を取ってしまいそう。新たに気になる人を見つけても、簡単に飽きてしまうかも。相手の条件よりも才能に注目するといいですが、2021年はつかず離れずの距離感がいいでしょう。異性の友人と思って仲よくしているほうが楽しいかも。結婚運は、結婚願望があるうちに入籍したほうがいいタイプ。下半期になると結婚への興味が一気になくなってしまいそう。

2021年の仕事&金運

仕事を変えたい気持ちがどんどん強くなる年。後先考えずに転職や違う仕事への挑戦をしてもいいですが、勇み足になりやすいので少し様子を見ましょう。現実的な仕事なのか給料や経費の面などを考えたりする時間も作って。本来やりたい仕事を見つけたときは、下半期に動きはじめるといいでしょう。金運は、浪費が激しくなったり、これまで価値があると思って持っていたものへの興味がなくなって突然処分したくなったりしそう。

【命数】

60

理屈が好きな高校生

基本性格

理論や理屈が大好きで、冷静に物事を考えられる大人なタイプ。知的好奇心が強く、深く物事を考えていて対応力があり、文化や芸術などにも詳しく、頭のいい人でしょう。人付き合いは上手ながら、本音では人間関係が苦手でめったに心を開きません。何事にも評論や批評をするクセがあります。負けず嫌いの意地っ張りでプライドが高く、自分の認めない人はなかなか受け入れません。何かを極める達人や職人、芸術家の才能があるでしょう。

2021年の開運アドバイス

ラッキーカラー	グレー、パープル
ラッキーフード	おろしそば、紅茶のパウンドケーキ
ラッキースポット	神社仏閣、牧場

開運3カ条

1. 尊敬できる人を見つける
2. 現在の地位にこだわらない
3. 挫折や失敗から学ぶ

2021年の総合運

尊敬できる人と離れたり、目指すことが大きく変わってきたりする年。いい意味での諦めなど、自分の世界観が崩れる時期でもあります。積み重ねてきたことを一度崩して、また新たな土台を組み立てるようになるでしょう。価値観も変わり、これまで大事にしていたものや地位に興味が急になくなったり、現在の環境を変えたくなったりすることも。健康運は、時間の使い方が変わってくるので、パーソナルトレーナーをつけて体を鍛えてみるといいでしょう。

2021年の恋愛&結婚運

あなたにとっては珍しいタイプに興味を示したり、恋していた期間が終わって急に冷めたり、相手を尊敬できなくなったりしそうな年。好きではないと感じたときや先がないと思ったときは早めに別れを告げたほうがいいでしょう。長く付き合うことで傷が深くなるので、縁を切るのもひとつのやさしさです。結婚運は、相手が積極的な場合は話が進みそうですが、途中で気持ちが冷めてしまうことも。相手の尊敬できる部分を見直して。

2021年の仕事&金運

挫折の多い年。思い描いた結果が出ない原因をしっかり調べてデータを取ることで、失敗をいい経験にできる時期。不要なことに時間をかけないように仕事をしたり、協力してもらえるような人間関係を作り直したりするといいでしょう。あなたの希望通りにならない相手でも、いい部分を見つけて引き出せるようにしてみて。金運は、お金の価値観が変わってくる年。不要なものを処分する前に価値のわかる人に見せてみるといいでしょう。

金のイルカ座 2021年タイプ別相性

自分と相手が2021年にどんな関係にあるのかを知り、
人間関係を円滑に進めるために役立ててみてください。

相手が 金のイルカ座
整理の年

お互いに進むべき道が変わりはじめる年。些細なことがきっかけでケンカをしたり疎遠になり、縁が切れる場合も。相性がいい相手なら縁やヨリが戻る可能性がありますが、去る者は追わないほうがいい時期。相手もあなたと距離をおきたいと思っている可能性があるので、別れの覚悟はしておきましょう。恋愛の場合は、失恋話になる可能性が高いため、わがままや身勝手な行動は控えるように。気持ちがない相手なら距離をおいて。

相手が 銀のイルカ座
裏運気の年

縁が非常に薄く、些細なことで縁が切れてしまうかも。特にあなたが見切りをつける可能性が高いですが、相手の裏の性格が見えている時期だと思って、じっくり観察して、個性を認めてみる努力を。ただ、悪のりや勢いでの付き合いは気をつけましょう。親友なら相手の悩みや不安を聞いて励ましてあげて。恋愛の場合は、雑な部分が目についてしまう時期。愛情があれば乗り越えられますが、気持ちがないときはそれまででしょう。

相手が 金の鳳凰座
準備の年

ノリや遊びのテンションが合いそう。楽しく過ごすのはいいですが、羽目を外しすぎて大失敗をしたり、ときには信用を失ったりする場合があるので、冷静で落ち着いた行動が必要です。小さなことでも相手まかせは失敗の原因に。お互いに確認をしっかりしましょう。恋愛相手の場合は、相手の笑顔のために楽しい企画やアイデアを出し、楽しい時間を過ごせるようにすることが大切。お互いの頑固な部分を認めて楽しむくらいの余裕を持って。

相手が 銀の鳳凰座
解放の年

この相手が中心になることが自身の幸せにもつながります。意見や考えはすべて肯定するくらいの気持ちや、味方になっておくことが重要。これまで以上に親切に大切に接してみて。特に秋から年末は一緒にいる時間を増やして。恋愛相手の場合は、相手を喜ばせて満足させる最高の関係になれそう。ただ、第一印象が悪いと進展はしないので、年内に頑張っても進展がまったくない場合は諦めて、距離をおくことがお互いのためでしょう。

相手が 金のカメレオン座
乱気の年

相手の魅力が薄れ、興味がなくなったり、感情的なところやマイナスな部分が目に入ってしまうため、気持ちが離れてしまう年。すれ違いから突然、距離があいてしまいそうですが、相手の本心を聞いてあげることや歩み寄るやさしさが大切。恋愛では、愛情を試される年。嫌いな部分も許せるか、試練がはじまるでしょう。信用できない出来事や決断力のなさが目についてイライラしたり互いに気持ちが冷めてしまいそう。

相手が 銀のカメレオン座
ブレーキの年

年明けから春までは関係が微妙になりそうですが、夏から年末までは相手の魅力に惹かれ、前向きになれる話や背中を押してもらえる出来事がありそう。相手からのアドバイスは真剣に聞いて素直に行動しましょう。恋愛では、上半期は乗り越えても年末にひと区切りついてしまいそうな時期。わがままな態度には気をつけて、「親しき仲にも礼儀あり」を忘れずに、お祝いや記念日などは相手を喜ばせることを考えて企画するといいでしょう。

相手が 金のインディアン座
リフレッシュの年

お互いに心身ともに疲れを感じている時期なので、些細なことでイライラしたり気まずい空気になったりすることが。やさしさと親切心や気遣いを忘れないようにしましょう。健康法やストレス発散の話題が盛り上がりそうです。恋愛相手の場合は、お互いに体に負担をかけないまったりしたデートがオススメ。やさしい言葉や気遣いが見えるといい関係に進みやすいですが、年内は焦ると相手の気分に振り回されるので過度に期待しないように。

相手が 銀のインディアン座
健康管理の年

相手のマイペースを認めて邪魔をしないような距離感と、新しい情報や考え方を提供するといいでしょう。下半期は無理をすると関係が崩れてしまう場合があるので、距離があいても気にしないで。恋愛相手の場合は語り合うことが大切ですが、束縛を避けて、相手を信じることが大切です。下半期は体の不調を心配してみるとやさしさが伝わりそう。身勝手さが出ると突然、縁を切られる可能性もあるので気をつけましょう。

相手が 金の時計座
開運の年

一緒にいる時間を増やすことで運気の流れがよくなる相手。相手からの遊びの誘いはすべてOKするつもりで。人脈が広く縁をつないでくれるので、この相手が紹介してくれた人とは差別や区別をしないで仲よくなっておきましょう。恋愛では、相手の言葉を素直に聞き入れて、改善することが大切。相手を困らせる行動をしていると、縁を切られなくても距離があいてしまうことが。偉そうな口調は失恋の原因になるので気をつけて。

相手が 銀の時計座
幸運の年

出会ってからの期間が長い人ほど会う機会が増えそう。相手のやさしさに素直に甘えるのもいいですが、感謝と恩返しの気持ちを忘れないように。些細なものでもいいので贈り物をしておくといいでしょう。恋愛では、友人や知人を巻き込んで遊ぶといいですが、相手の交友関係を肯定しておきましょう。差別や否定的な言葉が原因で縁が切れてしまう場合やケンカになる可能性があるので、言葉にはくれぐれも注意するようにしましょう。

相手が 金の羅針盤座
チャレンジの年（2年目）

前進している相手からは、あなたは後退しているように見えてしまうので、そのままの状態では年末には疎遠になってしまいそう。次に挑戦したいことや、夢や希望を見つけて話をしたり相手の背中を押せたりすると、いい関係になれそうです。恋愛相手の場合は、明るい未来の話をしない、向上心を見せないなど現状維持のままだと縁が切れてしまいそう。デートや遊びに変化を持たせて未経験なことを楽しめるようにするといい関係を作れます。

相手が 銀の羅針盤座
チャレンジの年（1年目）

前向きな話や新しい情報の交換をするといい関係になれます。お互いに現状を変えたい気持ちがありますが、あなたが１歩遅れた運気のため、明るい未来の話をするといいでしょう。愚痴や不満を言い合うだけの関係になると疎遠になりそう。恋愛相手の場合は、マイナス情報は避けて背中を押せるよう明るい話を心がけましょう。年末に別れ話や縁が切れそうになる出来事もあるので、冗談でもわがままな言動は避けておきましょう。

金のイルカ座

毎月・毎日
運気カレンダー

［ 2020年11月〜2022年3月の運気グラフ ］

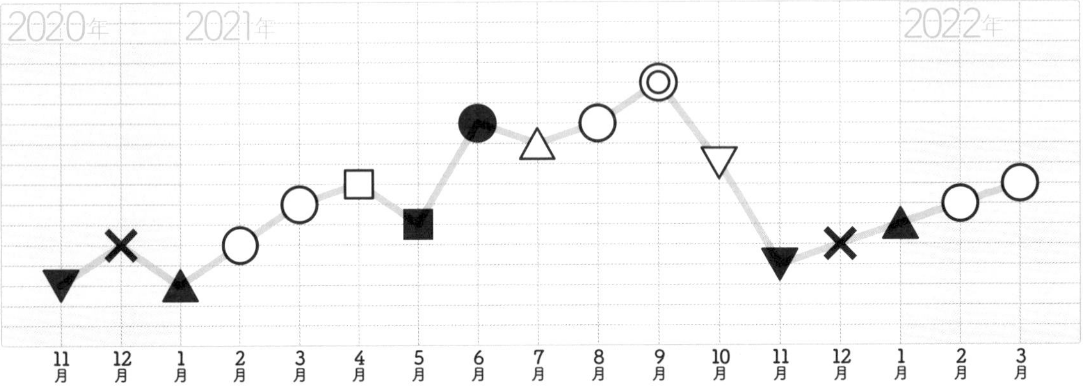

金のイルカ座の2021年は

▲ 整理の年

運気が表に戻る年。上半期と下半期で流れが変わる

この本で「占いを道具として使う」には、「毎日の運気カレンダー」（P.371〜）を活用して１年の計画を立てることが重要です。まずは「12年周期の運気グラフ」（P.353）で2021年の運気の状態を把握し、そのうえで上の「毎月の運気グラフ」で、毎月の運気の流れを確認してください。

「金のイルカ座」の2021年は、「整理の年」。2022年、2023年と、運気は徐々に上昇していくため、今年のうちに不要なものを手放しましょう。たとえるなら、これからはじまる山登りに、必要な持ち物を厳選し、上昇運に乗るために身軽になろうとしているところ。重荷になっている人間関係の整理も必要です。2026年の飛躍、2028〜2029年の運気の伸びにも影響するので、2021年に自分の身の回りをよく見直してください。

☆ 開運の月　◎ 幸運の月　● 解放の月　○ チャレンジの月
□ 健康管理の月　△ 準備の月　▽ ブレーキの月　■ リフレッシュの月
▲ 整理の月　✕ 裏運気の月　▼ 乱気の月　＝ 運気の影響がない月

2020 11月

▼ 乱気の月

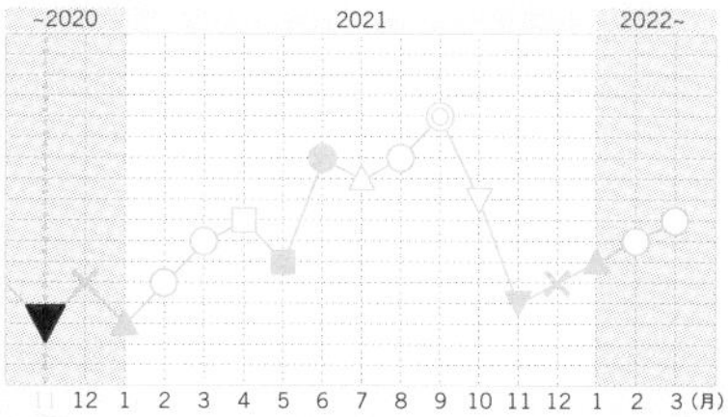

開運3カ条

1. 思い通りにならないことが当たり前だと思う
2. 感謝できることを日々探す
3. 明るい未来を想像してから寝る

総合運

心も体も乱れる月なので、気持ちを落ち着かせることが大事。自分のことだけを考えていると、間違った方向に進んでしまいそうです。周囲からのアドバイスを素直に受け入れれば、問題は解決に向かうでしょう。反発や無視をせず、感謝の気持ちがあれば乗り越えられます。

恋愛&結婚運

好きな人に裏切られたり、ライバルに先を越されたりする時期。今月は進展を考えず、距離をおくくらいの気持ちでいましょう。ここで縁が切れる人は、本気ではないか相性が悪い可能性が高いので気にしないこと。また、あなたの気持ちを悪用する人も現れるので要注意。お金の貸し借りは避け、目先の快楽に流されないように。結婚運は、結婚の話が順調に進むときほど警戒を。

仕事&金運

仕事運は、頑張ってきた成果を奪われたり、不当な評価に限界を感じたりしそう。これまで順調だった仕事が突然終わっても、全体を考えて辛抱してください。この時期の転職の判断は後悔しそうです。 金運は、無駄な出費が多くなるので、不要な買い物を避けるようにしましょう。

日	曜	運気	
1	日	○	旧友に会うのはいいですが、悪友やネガティブな知り合いと会うのは避けるように。会うならば、明るく前向きになれる友人と食事やお茶をするといいでしょう。
2	月	○	自分で限界を決めずに求められたことに全力で応えると、思った以上の結果を残すことができそうです。好きな仕事より求められる仕事に一生懸命になりましょう。
3	火	▽	日中は順調に進んでいたことほど後で問題が発覚したり、面倒なことになったりしそう。夕方あたりからは、油断せず気を引き締めて過ごしましょう。
4	水	▼	急な予定変更などで振り回されることが増えそうな日。今日は何事にも覚悟が必要だと考えておきましょう。自分中心に物事を考えないことが大切になりそうです。
5	木	×	余計な行動や発言は避けたほうがいいでしょう。なるべく目立たないようにして、大きな決断を避けて現状を守ること。大切にしなければならないことを見失わないようにして。
6	金	▲	自分の甘い考えを突っ込まれたり、隙を突かれてしまうことがありそうです。傷つくこともありそうですが、不要なプライドを捨てるきっかけにもなるでしょう。
7	土	＝	他人を見習うのはいいですが、見えない努力を想像せずに表面だけをマネしていると、苦労までマネすることになってしまいそう。しっかり観察することを忘れずに。
8	日	□	はじめて挑戦することには注意しましょう。調子に乗って何も考えないで行動すると後悔することになりそうです。足のケガや打撲などには特に気をつけること。
9	月	■	計画通りに進まないことがありそう。急に軌道修正をするよりも、現状維持のための策を考えることも大事です。問題は何かしっかり探ってみるようにしましょう。
10	火	■	風邪をひいてしまったり、体調を崩しやすいので気をつけましょう。無理をせずに、暖かい服装をするといいでしょう。食事は体が温まるものや栄養のあるものを選んで。
11	水	●	日々努力を積み重ねてきた人にはチャンスが訪れますが、サボったりして真面目に努力してこなかった人にはピンチが訪れそう。最善の状態でいられるよう意識しておきましょう。
12	木	△	気持ちがブレて、目的や目標を見失ってしまいそう。軽はずみな判断をしたり、安易な方向に進まないように気をつけましょう。「油断大敵」を心に留めておくこと。
13	金	＝	付き合いが長い人との関係が悪くなったり、タイミングが悪くて会えなかったりする日です。一方で、面倒な人や悪友には遭遇してしまいそうなので注意しておきましょう。
14	土	＝	不要な外出やネットでの買い物は控えたほうがいいでしょう。ネットでの衝動買いは騙されたり大損したりするのでなるべく避け、お金をかけないで過ごしてみて。
15	日	▽	必要なものがある場合、買い物は昼までに済ませておくのがオススメです。午後は家でのんびり過ごして体力を温存し、日ごろの疲れをとるようにするといいでしょう。
16	月	▼	周囲の人に振り回されることがあったり、誰かの失敗が自分に回ってきて責任を押しつけられたりしそう。今日は逆らわず、流れに身をまかせておくといいでしょう。
17	火	×	苦労や困難が増える日。特に自分の勝手な思い込みで不運を引き寄せてしまうことがありそうです。些細なことでも集中して、確認作業はしっかりとやりましょう。
18	水	▲	余計な行動や不用意な発言をしてトラブルを招いてしまうことがあるので、シンプルに過ごすことが大事。今日は1歩引いて、周囲に合わせてみることも必要です。
19	木	＝	行動的になるのはいいですが、自分が得するためだけの行動は周囲からの評判を下げたり、敵を作るきっかけになることも。客観的な判断を心がけるようにしましょう。
20	金	□	過度な期待をするより、少しでもいい流れに乗ったり思い通りになったりしたらラッキーだと思っておきましょう。今ある幸せを見落とさないようにすることが大切です。
21	土	■	2020年にやり残したことや、努力不足だと思えることがないか考えてみて。サボったことがあるなら、今からでもいいのでコツコツ努力をはじめておきましょう。
22	日	■	胃腸の調子が悪くなったり、体調を崩してしまうことがありそう。無理のない範囲でストレスを発散したり、マッサージに行ったりするといいでしょう。
23	月	●	周囲の信頼を勝ちとることができるように行動しましょう。思った以上に注目されて、よくも悪くも目立つ日なので、挨拶やお礼はいつも以上に丁寧にして。
24	火	△	ミスにミスが重なってしまいそうな日。なんとなくで判断すると面倒なことになるので、慣れた作業も丁寧にやりましょう。車を擦ったり、ぶつけてしまうことがあるかも。
25	水	＝	会いたくない人と偶然会ったり、仕事をサボっているのが見つかったりしそう。今日は油断をしないように、気を引き締めて1日を過ごすようにしましょう。
26	木	＝	操作ミスで機械が壊れたり、スマホを落として画面を割ったりしそうです。数字を間違えて会社に迷惑をかけてしまうこともあるので、しっかりと確認しておきましょう。
27	金	▽	不慣れなことに挑むのは悪いことではないのですが、苦手だった人にまかせてみて。知ったかぶりも面倒なことになるので、わからなければ素直に言いましょう。
28	土	▼	予定をドタキャンすることになったり、約束していたことを忘れたりして迷惑をかけてしまいそう。自分のリズムやタイミングの悪さを実感することになりそうです。
29	日	×	イライラして感謝の気持ちを忘れていると、自然と不幸を招いてしまいます。他人まかせな自分を反省して、周りの人の存在にもっと感謝できるようになりましょう。
30	月	▲	大掃除をするにはいい日。不要なものは捨てて身の回りを整理したり、着ていない服は捨てましょう。今日掃除しきれなかった場所は来月やると決めておくこと。

2020 12月

✕ 裏運気の月

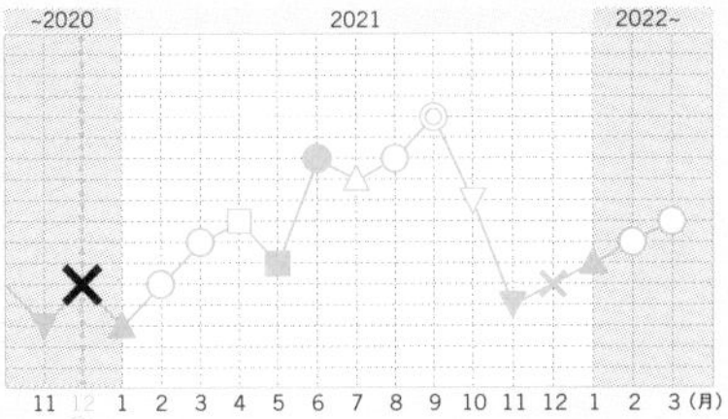

開運 3 カ条

1. 予想外を楽しむ
2. 普段とは違うほうを選択する
3. 鍋料理を食べる

総合運

いつもと違う生活リズムにすることで楽しめる月。これまでにない人脈から学びを得たり、不思議な縁がつながります。謙虚な気持ちがあれば、人生観が変わり一気に視野が広がることも。ただ、疲れがたまりやすいので、予定を詰めず体調を崩すような行動は避けましょう。

恋愛＆結婚運

高嶺の花だと思っていた相手と交際したり想定外の人から告白されたりする時期。ただし、交際がはじまってうれしいと思ったのに一瞬で終わることや大失恋することもあるので覚悟が必要です。甘い話には裏があると思い、順調なときほど要注意。結婚運は、恋人から突然プロポーズされることがありそうです。結婚してもいいですが、離婚の覚悟も必要になるかもしれません。

仕事＆金運

仕事運は、大きな仕事をまかされるか、逆に職を失うほどのミスをしそうな時期。数字や予定などの確認は着実に行いましょう。仕事には全力で取り組み、結果が出ないときは猛反省して。 金運は、儲け話には要注意。出費は最小限に抑え、不用意に大金を動かさないことです。

1	火	＝	現状を変えたい気持ちがあっても、考えがまとまらないかも。今ある幸せをしっかり噛み締めて、苦労や困難に感じる出来事は自分の成長になると思っておきましょう。
2	水	＝	髪型を変えるなど、これまでとは違うことに挑戦したくなりそう。普段話さない人と会話できたり、仕事のやり方や考え方も変えられたりしそうです。
3	木	□	先のことを考えない無謀な判断をしやすい日。決断や行動の前に、今の幸せとやさしくしてくれる人のことを考えましょう。恩返しをすることを忘れないようにして。
4	金	■	風邪をひいたり胃腸の調子が悪くなったりと、体調を崩しがちなので無理をしないように過ごして。体に異変を感じる場合は早めに病院に行くようにしましょう。
5	土	●	ダメ元で気になる人をデートに誘ってみると、意外な返事が聞けるかも。相手に喜んでもらえるデートプランを考えると、高嶺の花だと思っていた人と関係を深められます。
6	日	△	散財したり大事なものを落として壊したりすることがありそう。お気に入りのアウターをダメにすることがあるので慎重に行動して。ケガにも注意しておきましょう。
7	月	＝	付き合いが長い人とケンカになったり、気まずい空気になったりしそうな日。相手のことを考えて発言することを心がけ、面倒ならばうまく避けることも必要です。
8	火	＝	どんな仕事も最後まで丁寧にやることが大事。雑にやると後悔することになるので、いつも以上に真剣に取り組みましょう。流れには逆らわないようにして。
9	水	▽	日中は自信を持って行動できますが、夕方からは自信が裏目に出てしまうことがあるので気をつけて。自分の考えだけが正しいと思うと、面倒なことになります。
10	木	▼	想像以上の忙しさで予定通りに進まなくなりそうな日。よかれと思ってやったことが無駄になったり、誰かに邪魔されたりすることも。いつもより慎重に行動しましょう。
11	金	✕	運まかせの行動は不運の原因になるだけ。自分の実力を出してこれまで通り対応すれば、大きな問題は起こらないでしょう。期待すると裏切られるので気をつけて。
12	土	▲	失恋や人との縁が切れるなど、大事なものを失ってしまうかも。嫌な予感は当たるので覚悟して、仕方がないと受け止めるように。失うことで得られるものもあります。
13	日	＝	これまでに行ったことのない映画館で、話題の映画を観てみるといいでしょう。後にそこがお気に入りの場所になったり、意外な人に会うこともありそうです。
14	月	＝	結果が出ないことにイライラしないで、気分転換をしてみたり、自分の仕事によって笑顔になっている人を想像して。困難な仕事ほどレベルアップできるものです。
15	火	□	失敗から学ぶことは大事ですが、今日は小さな失敗でも大きなダメージになってしまいそう。事前準備と確認作業をしっかりして、慎重に仕事を進めましょう。
16	水	■	疲れを感じそうな日。気分が悪くなったりと体調を崩しやすいので気をつけて。温かいものを飲み、健康的な食事を意識して過ごしておくといいでしょう。
17	木	●	幸運と不運が入り混じる日。褒められたと思ったら、大きなミスが見つかって叱られてしまうこともありそう。幸運だと感じても調子に乗らずに気を引き締めましょう。
18	金	△	大事なデータを間違えて消してしまったり、必要なものを置き忘れてしまったりしそうです。確認作業と警戒心を忘れずに、軽はずみな行動はしないようにして。
19	土	＝	昔の恋人や過去に好きだった人ばかりか、悪友にまで偶然会いそうな日。嫌な予感がするときは離れて、同じ失敗を繰り返さないように気をつけましょう。
20	日	＝	年末に必要なものや掃除用具、クリスマスプレゼントの買い物にいい日。安いからと余計なものを購入しないように、買い物リストを作ってから出かけましょう。
21	月	▽	意地を張ったり自分の意見を通そうとしたりしないほうがいいでしょう。特に午後からは周囲と波長が合わなくなったり、浮いた存在になったりするので気をつけて。
22	火	▼	ヘコむような出来事がありそうです。元気になる音楽を聴いたり、話を聞いてくれる友人に頼ったりすることも大事。負けを認めて素直に謝ることも忘れないようにして。
23	水	✕	視野が狭くなって、悪いほうに判断をしやすくなっています。頑固になって決めつけが激しくなると、無駄な苦労をすることになるので気をつけましょう。
24	木	▲	クリスマスイブですが、恋人とケンカしやすい日なので、わがままや余計な発言には気をつけましょう。大事なアクセサリーを落としてしまうこともありそうです。
25	金	＝	これまでとは違ったクリスマスを過ごすために、友人や会社の人を誘ってみましょう。「今年は今年で楽しいな〜」と思えるようにすることが大事です。
26	土	＝	忘年会をするといい日なので、仲間や友人に連絡をして楽しみましょう。愚痴や不満をジョークに変換してしゃべれば人気者になれそうですが、毒舌はほどほどに。
27	日	□	今日と明日は体調を崩しやすいので無理をしないこと。暖かい服装をするのはいいですが、汗で体を冷やして風邪をひいてしまわないように気をつけましょう。
28	月	■	油断していると体調を崩しやすい日なので、予定を詰め込みすぎて無理をしないように。家でのんびりしたり、季節の果物を食べたりして栄養補給をしておきましょう。
29	火	●	「無事に今年1年を過ごせた」と感謝することが大事。お世話になった人には年賀状を書いておきましょう。新しくできたお店に行ってみるといい発見がありそうです。
30	水	△	大掃除をするのはいいですが、大事なものを間違って処分したり床を傷つけたり、食器を割ってしまったりするので気をつけること。丁寧な行動を心がけて。
31	木	＝	友人や付き合いが長い人とカウントダウンをして過ごすといい日なので、ライブや思い出の場所に行ってみましょう。近所の飲食店で意外な出会いもありそうです。

☆ 開運の日　◎ 幸運の日　● 解放の日　○ チャレンジの日
□ 健康管理の日　△ 準備の日　▽ ブレーキの日　■ リフレッシュの日
▲ 整理の日　✕ 裏運気の日　▼ 乱気の日　＝ 運気の影響がない日

2021 1月

▲ 整理の月

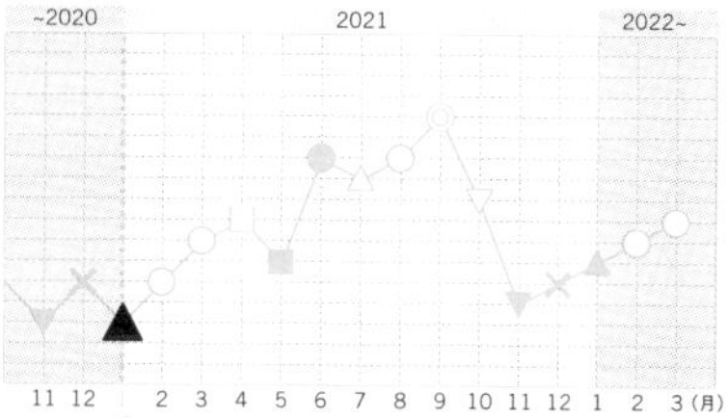

開運 3 カ条

1. 整理整頓を心がける
2. 時間の無駄がないようにキッチリする
3. 失恋や別れ、縁が切れる覚悟をする

総合運

現実をしっかり受け止めて、本当に必要なことと不要なことを分けることが大事な月。無駄なことに時間を使っていると思ったり過去に執着していると思うなら、気持ちを強く持って切り離すことが大事。悪友やあなたを振り回す人と一緒にいると思うときは勇気を出して離れたり、年齢に見合わないような幼稚なものや時間泥棒になっているアプリやSNSを思いきって消去すると月末や来月にいい流れに入ることもできるでしょう。

恋愛&結婚運

新しい出会いには縁が薄い時期ですが、今の自分に見合う人はどんな人なのか冷静に考え、手の届かない人や長い間の片思いは今月できっぱり諦めて、自分に見合う人を求めるようにしましょう。華やかな人や人気者ばかりではなく、心やさしい人や親切な人に注目しておくことも大事。結婚運は、恋人と将来の話をするとケンカや破談になる場合があるので、今月は話は詰めないようにして。

仕事&金運

仕事を辞めたい気持ちややる気の出ない期間が続いているので、今月もその流れが強く出そうです。まずは与えられた仕事をしっかりやりながら不要な動きや無駄なことを削ってみると、効率よく仕事ができるようになるでしょう。職場や仕事道具はこれまで以上にきれいに整えて整備するようにしておくといいでしょう。金運は、不要なものを処分するといいでしょう。

1	金	○	初詣やお出かけをするのに最適な日。お世話になった人や家族に贈り物やお土産を買うと、思った以上に喜ばれて気持ちのいい日になるので、ケチケチしないようにしましょう。
2	土	▽	日中は問題なく進みそうですが、夕方から予定を乱されたり、のんびりできない流れになりそう。余計なことをして自ら面倒事を生み出さないように注意しましょう。
3	日	▼	予定が急にキャンセルになってしまったり、予想外のトラブルに巻き込まれてしまうかも。些細なことでイライラすると、もっとイライラすることが起こるので気をつけて。
4	月	×	ひとりの時間を楽しむことが大事な日。購入したままになっている本を読んだり、一度読んだ本を読み返すといい発見があるでしょう。ダラダラと無駄な時間を過ごさないように。
5	火	▲	昨年末に捨てられなかったものや、年齢に見合わないと思うものを処分するのにいい日。使わないアプリやマイナスなイメージのある写真などのデータも削除しましょう。
6	水	＝	新年を迎えても新しいことになかなか興味が湧かないときは、意識を変えて周囲にある新しいものを探してみて。コンビニやスーパーの新商品を購入してみるといいでしょう。
7	木	＝	小さなことでもいいので、不得意なことにチャレンジしたり、興味があることを調べてみましょう。苦手だと思い込んでいたジャンルの本を読んでみるといい勉強になるでしょう。
8	金	□	年末年始に食べすぎたり飲みすぎてしまった人は今日だけでも健康的な食事を意識して。軽い運動や寝る前のストレッチもいいでしょう。ただし、頑張りすぎには注意しましょう。
9	土	■	油断をすると風邪をひいたり、胃腸の調子を崩してしまいそう。外出の予定がある人は暖かい服装を心がけ、うがいや手洗いをしっかりして、早めに帰宅するようにしましょう。
10	日	●	好きな人に連絡をするといい日。メッセージを送ってみるとランチやディナーに行ける流れになりそう。特に気になる人がいない場合は異性の友人を誘ってみるといい話ができそう。
11	月	△	寝坊や遅刻に要注意。約束をすっかり忘れてしまったり、数字や時間を間違えたりしそう。必要な書類や資料を置き忘れて焦ってしまうこともあるので、事前にしっかりと確認を。
12	火	○	履き慣れた靴や、使い慣れたカバンで出かけましょう。慣れたことでいい結果が出る運気です。不慣れなことや新しいことをするときは、できるだけ慎重にやるように心がけて。
13	水	○	読まない本や漫画、不要になったものなどを欲しいと思っている人にあげるといい日。価値のわかる人や必要な人に譲ることができると、運気の流れがいい方向に進むでしょう。
14	木	▽	夕方あたりからは集中力が切れてしまうかも。断りにくい先輩や上司から飲みに誘われたり、家族に予定を乱されたりすることも。自分の用事は早めに片づけておきましょう。
15	金	▼	大事なものを壊してしまうなど、大きなミスをしやすそう。必要なデータを消去してしまったり、パソコンや機械の操作ミスをしてしまうかも。気を引き締めて1日を過ごして。
16	土	×	予定が乱れてしまうことや予想外の出来事が多い日。予定が急にキャンセルになって、ひとりの時間が増えてしまうことも。身の回りを片づける時間を作るといいでしょう。
17	日	▲	身の回りをしっかり片づけること。特に職場や仕事道具を整えておくと、なくし物を探す無駄な時間を減らすことができるでしょう。環境を整えることで気も引き締まります。
18	月	＝	不慣れなことや苦手なことに少しでもチャレンジしましょう。失敗したりうまくいかない原因をしっかり探り、次はどう工夫すればいいのかを見つけるといいでしょう。
19	火	○	新しい方法を試してみることでいい発見がある日。新商品のお菓子や飲み物を購入してみると、話のネタになったりお気に入りの商品を見つけることもできそうです。
20	水	□	今日1日だけでもいいので、計画をしっかり立ててから行動するようにしましょう。ゆとりのある人は週末や来週までの予定も考えてみて。ただし、無理な計画はしないように。
21	木	■	胃腸の調子が悪くなってしまったり、疲れを感じてしまいそう。暖かい服装で出かけたり、体が温まる食べ物を選んだりするといいでしょう。鍋料理や根菜がオススメです。
22	金	●	少しですが気持ちが楽になったり、努力が報われるようなことがありそう。他人のいい部分を見つけて褒めたり、努力を認めることでうれしい出来事が起きるでしょう。
23	土	△	友人や知人との約束の時間に遅刻したり、余計なものを購入することがあるかも。何事も事前に確認し、買い物に行くときは必要なものをメモしてから出かけるようにしましょう。
24	日	○	友人と楽しいひとときを過ごすことができそう。はじめて遊ぶ人には行きつけの店を紹介して。仲がいい人とは新しいお店に入ってみると、思った以上のサービスを受けられるかも。
25	月	◎	経験を活かすことができる日で、ノルマや数字を意識するといい結果や成果が出せそう。ときには大胆な行動も必要です。上司へ相談するときは、素直に聞き入れるといい関係に。
26	火	▽	順調に進んできた流れに変化がありそう。身の回りを整えておかないと、午後から無駄な時間ができたり、信用を失うようなことが起こるかも。いつも以上にキッチリと行動して。
27	水	▼	集中力が欠けてしまったり、やる気が出ない日。無理に頑張るのもいいですが、少しペースを落として、ゆっくりでいいので自分の至らないところを知り、改善策を練りましょう。
28	木	×	なくし物や忘れ物をしやすい日。財布の中身がほぼないまま買い物に出かけてしまったり、チャージ残高が足りずに焦ってしまうなど、些細なミスをしやすいので気をつけて。
29	金	▲	身の回りをきれいにするにはいい日ですが、大事なものをうっかり処分したり、しまった場所を忘れたりしそう。メモや写真に残しておくと、後で問題にならないでしょう。
30	土	＝	少し遠出をしたり、はじめて行く場所で貴重な経験ができそう。楽しい時間を過ごすのはいいですが、忘れ物やドジな出来事が起きやすいので気をつけ、特に時間はしっかり守って。
31	日	○	話題の映画や気になる芝居、美術館などに行くといい日。視野が広がり、前向きになれるでしょう。気になる相手を突然誘ってみると、いい関係に進むこともできそうです。

2021

2月

○ チャレンジの月

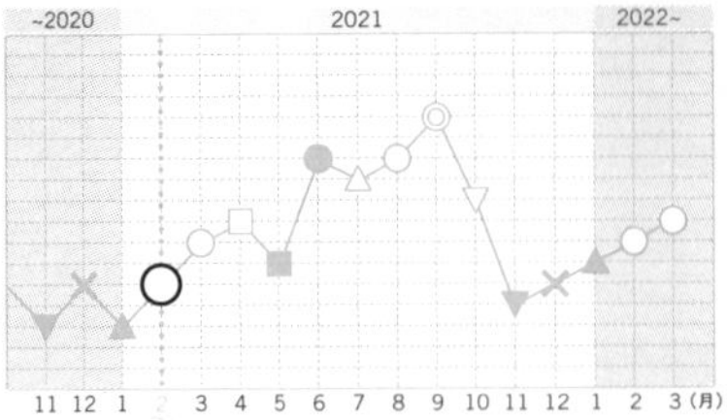

開運 3 カ条

1. 明るい未来に役立たないと思うものは片づける
2. 交友関係を冷静に判断する
3. 今ある仕事に感謝する

総合運

現在の環境を突然変えたくなってしまう気持ちが出てくることや趣味や仕事などに飽きはじめてしまうことがある時期ですが、ここは我慢をして。もう少し様子を見て自分に足らないことをしっかり受け止めるようにしましょう。年齢に見合わないものや不要なものを片づけはじめるにはいいタイミングなので、周りを見回して使い古したものや幼稚なものは処分するか見えないところに隠すようにするといいでしょう。

恋愛＆結婚運

なんであんな人に執着していたのだろうと目が覚めるようなことがある時期。裏運気の年や乱気の年に出会った異性にハマっていた自分に疑問が出てくるような運気。恋人とケンカになることや片思いの恋が冷めはじめることもあるでしょう。新しい出会い運が少しよくなりますが、冷静に見極めるようにして。結婚運は、交際期間が４年以上のカップルは、少し前向きな話をしておきましょう。

仕事＆金運

現在の仕事に不満や疑問が湧いてくる時期。自分の至らなさを認めないと無謀な行動に走ってしまうことがあるので気をつけましょう。今の職場に恩返しできることやまだ学べることがたくさんあることも忘れないようにして、不満をわざわざ見つけるようなことをしないように。マイナスを考える暇があるときは目の前の仕事に集中して。金運は、節約を心がけておきましょう。

1 月	□	自分の話をするよりも、相手の話を上手に聞くことでいい情報が手に入りそう。相づちやリアクションをしっかりしておくといいですが、オーバーになりすぎないように注意して。
2 火	■	喉の調子が悪くなるなど、体の不調を感じることがあるかも。風邪をひいている可能性もあるので、暖かい服装を心がけ、防寒対策はいつも以上にしっかりしておきましょう。
3 水	●	周囲から期待されたり、まかされることが増えそう。面倒だと思わず、今できることを一生懸命やるといい結果につながります。協力してくれる人への感謝も忘れないようにして。
4 木	△	思い通りに進まないことが増えても、些細なことは気にせずに、面倒事や不要な時間を楽しむくらいの余裕を持ちましょう。困ったときほど自分の力が発揮できるかもしれません。
5 金	○	珍しい人から誘いを受けることがあるかも。久しぶりにじっくりと話してみることで、楽しい時間を過ごせたり、自分の成長が足りない部分に気づくことができそうです。
6 土	◎	消耗品や生活必需品を購入するにはいい日。新商品を選んでみると話のネタになったり、おもしろい発見がありそうです。はじめてのお店に行って買い物をするのもいいでしょう。
7 日	▽	買い物や用事は日中に終わらせるようにして、夕方からは家でのんびり過ごしましょう。夜は疲れがたまったり、予定が乱れてしまうようなことがありそうです。
8 月	▼	不慣れなことをまかされたり、苦手なことが新しく増えてしまったりしそう。自分の欠点が出てしまう日だと思って気楽に受け止め、今日は学びに徹するといいでしょう。
9 火	×	ひとりで空回りしたり、孤独を感じるようなことがあるかも。周囲に合わせることを楽しんで、自分の考えや意見だけが正しいと思わないように気をつけましょう。
10 水	▲	大きな目標ではなくていいですが、少し先のことを想像して今の自分に必要なものが何かを冷静に考えることが大事です。頭の整理をすることで、気持ちや運気も安定するでしょう。
11 木	○	自分ひとりで楽しむよりも、みんなで楽しめることをするといいでしょう。どうしたら喜んでもらえるか、サービス精神を振り絞って、みんなの笑顔を作れる人を目指してみましょう。
12 金	○	小さなことでもいいので、新しい挑戦をしてみましょう。気になる新商品を買ってみたり、お店のメニューで変わり種を選んでみたりすると、後に話のネタにもなりそうです。
13 土	□	友人や知人に合わせてみることで視野が広がる日。異性や知り合いを紹介してもらえる場合もあるので、集まりには参加してみて。ただし、わがままを通さないようにしましょう。
14 日	■	気になる相手にチョコを渡すなら、夜のほうが効果がありそう。ただ、疲れが顔に出やすいので体調をしっかり整えてから出かけましょう。予定がない人は家でのんびり過ごして。
15 月	●	自分の能力を上手に活かすことができそうな日。リラックスすることが大切なので、好きな音楽を聴いてみたり、頑張った後の自分へのごほうびを考えておくといいでしょう。
16 火	△	自分の失敗を見逃してしまいそう。周囲に注意されて気づくことがありそうですが、指摘してくれる人に感謝するように。不機嫌さを顔に出すと、評判も運気も落とすでしょう。
17 水	○	これまでの経験から得た情報や効率のいい方法を、後輩や部下に丁寧に伝えてみましょう。自分が学んだことや苦労してきたことがここで役立つと感じられそうです。
18 木	◎	自分の得意なことをしっかりやることが大事。不慣れなことや負けそうなことでは意地を張らないようにして、できる人に素直に頭を下げてお願いするといいでしょう。
19 金	▽	お世話になった人や手伝ってくれている人に、飲み物やディナーをごちそうしましょう。感謝の気持ちをしっかり表すことでいい縁ができ、信頼関係も築くことができそうです。
20 土	▼	思い通りに物事が進まなくなり、無駄な時間を過ごすことになってしまうかも。イライラしないで流れに身をまかせてみると、大きな問題にはならないでしょう。
21 日	×	家で読書をするなど、のんびり過ごすといい日。昼寝や瞑想をする時間を作ってみると心が落ち着きそう。外出する場合は、神社仏閣など歴史ある場所に出かけてみましょう。
22 月	▲	何事も手順が大切。優先順位をつけ臨機応変に対応することが求められるので、冷静に判断するように。身の回りが整っていないと問題が起きそうなので、片づけておきましょう。
23 火	＝	新しいことが気になっても、そのままになってしまいそう。「また今度」と思っているといつまでも前に進めないので、失敗を恐れないで思いきって行動することも大事です。
24 水	○	自分のよさを伸ばすことも重要ですが、周囲のよさを伸ばすために知恵を使うことはもっと大切です。相手にどう伝えるとうまく動いてくれるか、言葉を選んでみましょう。
25 木	□	尊敬できる先輩や上司をしっかり観察したり、憧れの人の言葉や本から学んでみることが大事です。成功する人の共通点を少しでもいいので学んでおきましょう。
26 金	■	疲れがたまりやすい日。無理をしないように調整することが必要ですが、特に暴飲暴食には気をつけて。飲み会や食事会があるときは、油断しないようにしましょう。
27 土	●	遊びに出かけるには最適で、気になる相手を誘ってみるといい関係に進められそうです。ただし、結果を焦らないようにしましょう。服を買いに行くにもいい運気です。
28 日	△	早めの行動を心がけて。忘れ物やうっかりミスをして焦ってしまうことがありそうですが、ゆとりを持って行動してよかったと思えるでしょう。事前確認もしっかりしましょう。

☆ 開運の日　◎ 幸運の日　● 解放の日　○ チャレンジの日
□ 健康管理の日　△ 準備の日　▽ ブレーキの日　■ リフレッシュの日
▲ 整理の日　× 裏運気の日　▼ 乱気の日　＝ 運気の影響がない日

2021 3月

○ チャレンジの月

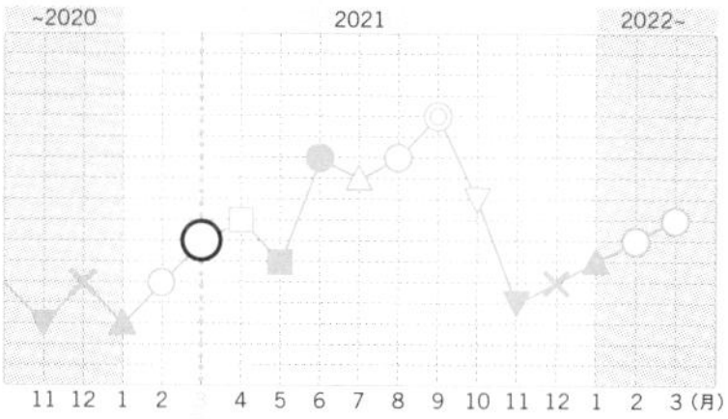

開運3カ条

1. 行動する前に情報を集める
2. 異性の友人を増やす
3. 不慣れを克服するための課題を作る

総合運

環境を変えたら気持ちが上がり、突然無謀な行動に走ってしまうことがある時期。しっかり情報を集めたり周囲のアドバイスを聞いたりしてから動くようにしないと勇み足になってしまうかもしれません。やる気が出ないときは、生活リズムを変えたりイメチェンをしたりして気分転換をすると前向きになれることも。健康運は、体力作りや新しい運動をはじめてみるとダイエット効果もあっていいでしょう。

恋愛＆結婚運

新しい出会いが増える月ですが、仕事や趣味で予定をいっぱいにしているとチャンスを逃してしまうことがあるので時間には余裕を持たせておくといいでしょう。好みといえる人との出会い運はまだ薄いので、異性の友人になるくらいの軽い気持ちで出会いを増やしておくと、後に素敵な人を紹介してもらえることにつながりそうです。結婚運は、長い付き合いのカップルは前向きな話ができそう。

仕事＆金運

転職をしたい気持ちになったり、ほかにやってみたい仕事に目が向いてしまいそう。転職活動をする前に、自分の至らないところや今の職場で学べることを探してみるといいでしょう。身勝手な転職は自分を苦しめる原因になることも。不慣れなことや苦手な仕事を少しでも克服する目標を掲げることも大事でしょう。金運は、古くなったものや年齢に見合わないものを買い替えるにはいい時期です。

日	曜	運気	内容
1	月	○	自分が苦手だと思うことに挑戦をすると、たくさんの学びを得られるでしょう。苦手を苦手のままにしていると人生がつまらなくなるということに早く気づきましょう。
2	火	◎	計画や計算が大切な日。他人や周囲の責任にしているといつまでも前に進めないで苦労が続くでしょう。明るい将来を想像して、今の自分に足りないことをしっかり考えましょう。
3	水	▽	日中はいい流れに乗って問題は少ないでしょう。夕方あたりから「なんで気がつかなかったんだろう」と思うような問題が発覚しやすいので、その前に見つけられるように確認を。
4	木	▼	わがままな発言や身勝手な行動で信用を失ってしまったり、トラブルを引き起こしてしまうことがありそう。感情的にならないように注意して、自己中心的な行動は控えましょう。
5	金	×	見えないところで問題が起こりはじめている可能性があるので気をつけましょう。言葉や態度によって評判が悪くなっていたり、気づかないうちに敵を作ってしまうこともありそう。
6	土	▲	身の回りを整理整頓したり掃除をするといい日。年齢に見合わないものを処分したり、時間を無駄に使うアプリやゲーム、SNSを思いきって消去すると気持ちもすっきりしそう。
7	日	＝	知り合いや友人の集まりには積極的に参加してみて。急な誘いになってもいいので、自らいろいろな人を集めてみるとおもしろい縁がつながったり、いい経験になりそう。
8	月	○	新しいことに目を向けるのはいいですが、現状に不満を抱えてモヤモヤしないように。今があるから先があると思って感謝の気持ちを忘れないようにすると、前に進めるでしょう。
9	火	□	計画的に行動することが大事になりそう。数字や時間にこだわって仕事をしてみるといいでしょう。目標を達成するために効率よく進められる方法も考えておきましょう。
10	水	■	胃腸の調子が悪くなってしまったり、疲れから体がだるくなってしまうかも。休憩時間はしっかり体を休め、仮眠をとるといいでしょう。無理はしないように心がけて。
11	木	●	少しですが、実力を発揮できる機会や求められることが増えて楽しくなりそうです。調子に乗ってもいいときなので、褒められたときは素直に喜ぶと運気もよくなるでしょう。
12	金	△	余計な発言や行動には注意が必要です。先走って大失敗することもあるので、何事も慎重に行動するように心がけておきましょう。段差などでのケガにも気をつけて。
13	土	○	親友やしばらく会っていなかった人と偶然出会って楽しい時間を過ごせそう。成功や幸せをつかんでいると思える人に連絡をして話を聞いてみると、前向きになれそうです。
14	日	◎	少し贅沢なランチやディナーに行くといい日。気になるお店を予約して、知り合いや家族を誘って行ってみるといい思い出ができそうです。大切な話を聞けることもあるでしょう。
15	月	▽	日中はゆとりを持って行動できそうですが、夕方あたりからは予定が乱れたり、予想外に慌ただしくなってしまいそう。ミスをして焦ってしまわないように慎重に行動しましょう。
16	火	▼	判断ミスが続いたり、周囲に振り回されてしまうかも。ひとりでやらなくてはならない仕事で苦労を感じることも。自分に何が足りないのか、しっかり分析をするといいでしょう。
17	水	×	身近な人や仲のよかった人と気まずい関係になったり、裏切られてしまうことがありそう。今日は多少面倒なことがあって当然だと思って、心構えしておきましょう。
18	木	▲	目につく場所からでいいので、こまめに片づけることが大事。整理整頓や衛生を保つことをできるだけ意識して過ごしましょう。きれいな環境で気持ちもすっきりするでしょう。
19	金	＝	変化は少ないですが、地道な努力を忘れないように。少しでもいいので筋トレをしたり、不慣れなことに挑戦をしておきましょう。積み重ねの大切さは明るい未来で気づけるはず。
20	土	○	気になる映画を観に行ったり、話題の場所に出かけてみると、おもしろい発見や素敵な出会いがありそうです。仲のいい友人を誘ってみると、楽しい思い出もできるでしょう。
21	日	□	1日の計画を立てて行動しましょう。特に区切りの時間や終わりの時間をしっかり決めて、逆算して動けるといいでしょう。いつもよりも早めの帰宅を心がけてみて。
22	月	■	前日の疲れが出てしまったり、集中力が途切れてしまうかも。気分転換をしたり、軽く体を動かすと頭がすっきりしそう。ただし、頑張りすぎてケガをしないように気をつけて。
23	火	●	自分にできることはなるべくやっておくといいでしょう。周囲に喜んでもらえると、自分の悩みや不安が消えることもあるはずです。人から感謝されるように生きてみましょう。
24	水	△	置き忘れや忘れ物に要注意。出かける前にしっかり確認をしておくことが大事でしょう。書類やメールの誤字脱字にも気をつけないと、恥をかいてしまうことがありそうです。
25	木	○	経験を活かすことができそう。自分の得意なことには積極的に取り組むといいでしょう。ただし、新しいことや新しい情報には簡単に流されないように気をつけて。
26	金	◎	仕事はのんびりやるよりもテキパキと進めて、時間に余裕を持って行動しましょう。空いた時間にアイデアが浮かんだり、仕事帰りに仲間と楽しい時間を過ごせそうです。
27	土	▽	部屋の掃除や自分の用事は、午前中にできるだけ済ませておきましょう。午後はできるだけのんびりすることを心がけ、昼寝をしたりダラダラ過ごすと、気持ちが楽になりそう。
28	日	▼	予定が急に変更になってしまったり、思い通りに進まないことがあってヘコんでしまうかも。過度に期待をしないことで、不運を避けられるでしょう。
29	月	×	頑固になりすぎてしまうかも。考え方や視野が狭くならないように、柔軟な発想や臨機応変な対応を心がけるようにしましょう。いい意味で周囲に振り回されることも大事です。
30	火	▲	仕事道具の整理や修理、掃除をするといいでしょう。制服を洗ったり、使い古したものを新しく買い替えてみましょう。使わない資料を処分するのにもいい日です。
31	水	○	新しいことにチャレンジすると、いい勉強になったり、おもしろい出会いにつながりそう。「話のネタになればいいかな」というレベルのことでいいので、挑戦を楽しんでみて。

2021

4月

□ 健康管理の月

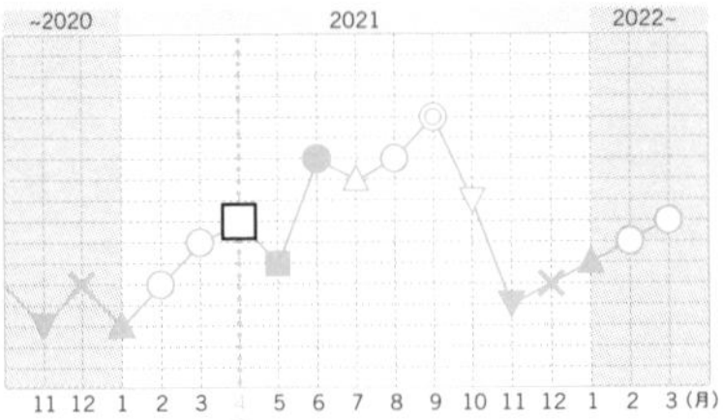

開運3カ条

1. 年齢に見合ったイメチェンをする
2. 実験を楽しむ
3. お金の管理をしっかりする

総合運

気持ちに区切りがつく月。悩んでいたことにここで白黒ハッキリつけることが大事。執着をしているといつまでも前に進めないので、人との縁を切ってでも流れを変える覚悟をし、年齢に見合わないような服や物は一気に処分するといいでしょう。１～２年後に自分がどんなふうになっていることが幸せなのか想像して、そのための努力をはじめてみて。健康運は、下旬に胃腸の調子が悪くなったり疲れを感じやすいので気をつけましょう。

恋愛＆結婚運

異性に好かれる努力や研究をするといい時期。年齢や流行に合わせるといいので、髪型や服のイメージも変えてみましょう。失敗をする場合もありますが、話のネタにできると異性からモテるようになりそうです。新しい出会いは、友人のホームパーティーなどにあるので少し目立つ服を着て参加してみましょう。結婚運は、今月に気持ちを固めるとよく、真剣に話し合ってみましょう。

仕事＆金運

自分の得意な仕事ばかりするのではなく、不慣れなことや苦手なことに前向きに取り組んでおくといい時期。新しい方法を試したり未経験のことをやることになりますが、何事も実験だと思うといいでしょう。うまくいかない原因をしっかり見つけて、軌道修正するように。金運は、決まった金額を貯金したり生活費やお小遣いの金額を見直してみるといいでしょう。家計簿や現金出納帳をつけてみて。

1 木	○	エイプリルフールを積極的に楽しんでみましょう。普段ウソをつかない人ほど、周囲を驚かせてみることで急に人気者になれたりと、人生が楽しくなりそうです。
2 金	□	新年度の目標を掲げるにはいい日。資格習得の勉強をスタートしてみたり、気になる本を読みはじめるのもいいでしょう。１年後の自分の成長を楽しみにして過ごしましょう。
3 土	■	今日はしっかり休むことを心がけましょう。暴飲暴食で体調を崩してしまったり、風邪をひいてしまうこともありそうなので、気を緩めすぎないように気をつけて。
4 日	●	楽しい１日になりそう。異性といい関係になれたり、突然デートや遊びに誘われることがありそうです。気になっている人を突然映画や舞台に誘ってみると、関係が進展するかも。
5 月	△	うっかり寝坊したり、時間を間違えて大慌てすることがあるかも。スマホを落として傷つけてしまったり、自分でも情けないと思うようなミスをしやすいので気をつけましょう。
6 火	○	頑張っている同期や同僚から励まされたり、協力やアドバイスをしてもらえそう。感謝の気持ちを忘れず、恩を少しでも返せるように今の仕事に専念するといいでしょう。
7 水	◎	無駄になると思ってもいいので、いつか役立つかもしれないことへの準備をしておきましょう。少しですが実際に役立つことや助かることがあるので、自分の勘を信じてみて。
8 木	▽	日中は集中力が続き、いい結果にもつなげられそう。夕方あたりからは視野が狭くなったり、融通が利かなくなってしまいそうなので、自分のことばかりを考えないように。
9 金	▼	自分の間違いを素直に認めて直すことが大事な日。意地を張りすぎて悪い流れを作ってしまわないように、間違いがあればすぐに謝罪と修正をするように心がけましょう。
10 土	×	急な予定変更があったり、思いがけない出来事があるかも。やや面倒なことが起こりそうですが、流れに抗うと問題が大きくなってしまうので、身をまかせておきましょう。
11 日	▲	身の回りにある不要なものや、年齢に見合わないものは一気に処分を。思い出があるからといって置いたままにしているものは片づけ、部屋の模様替えをするのもいいでしょう。
12 月	○	新しい生活リズムを作るといい日。起きる時間や出社時間を少し変えてみるといいでしょう。些細な変化が気持ちを向上させることがあるので、思いきって行動してみましょう。
13 火	○	行動範囲を広げることでいい発見がありそう。気になるお店に行ってみたり、普段は通らない道を歩いてみましょう。はじめて話す人から学べることもありそうです。
14 水	□	美意識を高めるといい日。スキンケアやネイルケア、ムダ毛処理など時間を作ってやりましょう。歯医者に行ってクリーニングやホワイトニングをしてもらうのもいいでしょう。
15 木	■	体が重く感じて、ダラダラと過ごしてしまいそう。気持ちを引き締めるためにも、軽い運動やストレッチをするといいでしょう。柑橘類を食べるのも効果がありそうです。
16 金	●	偶然の出会いから楽しい時間を過ごせたり、仕事が順調に進んで空き時間ができたりしそう。気になる人との関係にも少し進展がありそうなので、連絡してみましょう。
17 土	△	エンターテインメントを楽しむことで運気がよくなりそう。舞台やライブを観に行ったり、評判のいい映画を観て、作品の工夫や仕かけ、こだわりを探してみるといいでしょう。
18 日	○	過去は過去と割りきることが大事。現実をしっかり受け止めて、今の自分に何ができるかを考えることが必要です。先のことを考えすぎて焦らないようにしましょう。
19 月	◎	困難だと感じられたり、手応えがあると思う仕事から先に取り組むことが重要です。いい勉強になったり、さらに成長できる部分を見つけることもできるでしょう。
20 火	▽	他人のいい部分を見るように心がけ、相手を認めることが大切。特に夕方以降は、自分中心の考え方になってしまうと生きづらくなってしまいそうなので気をつけましょう。
21 水	▼	余計なことを考えすぎたり、将来が不安になってしまうようなことがあるかも。考えても答えは出ないので、結果を出している人や尊敬できる人に相談してみるといいでしょう。
22 木	×	ひとりの時間をしっかり持つことで、集中することができそうです。難しいと思った本を読み進めてみたり、仕事に役立つような本を購入してみましょう。
23 金	▲	中途半端になっている物事をちゃんと最後まで終わらせることが大事。事務処理や身の回りの片づけなども忘れずにやっておきましょう。ゴミもしっかり分別して処分すること。
24 土	○	サウナや温泉で汗を流したり、軽い運動をしてみましょう。知り合いを誘ってスポーツをするのもいいでしょう。いつもよりも歩く距離を増やすように心がけてみて。
25 日	○	はじめて行く場所に縁がありそう。少しの勇気が人生を変えることになるので、ちょっと面倒だと思っても体験を楽しんでみたり、人との出会いも楽しんでみましょう。
26 月	□	今日の予定や今週のスケジュールをしっかり確認して仕事に取りかかりましょう。終わりの時間や制限時間をしっかり守り、自ら時間を決めて仕事をするといいでしょう。
27 火	■	小さなケガやうっかり打撲に気をつけて。小さな段差で転んでしまったり、引き出しやドアに指を挟んでしまうことがあるかも。丁寧に過ごすように意識しておきましょう。
28 水	●	気分のよくなることや、うれしい出来事があるかも。後輩や部下から慕われるようなこともありそうです。気になる人との関係も進展しやすいので、連絡しておきましょう。
29 木	△	楽しむことはいいのですが、大事なことを見落としてしまったり、ドジなことをやってしまいそう。食べこぼしやドリンクを倒すことで服を汚してしまわないように気をつけましょう。
30 金	○	出先でばったり会って話が盛り上がるなど、縁のある人と偶然出会えるかも。そこから恋愛に発展することもあるので、明るく清潔感のある服装を選んで出かけましょう。

☆開運の日　◎幸運の日　●解放の日　○チャレンジの日
□健康管理の日　△準備の日　▽ブレーキの日　■リフレッシュの日
▲整理の日　×裏運気の日　▼乱気の日　＝運気の影響がない日

2021 5月

■ リフレッシュの月

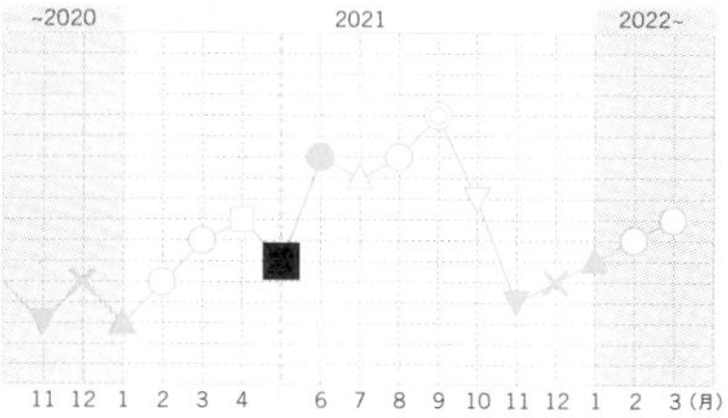

開運3カ条

1. 休みの予定を先に立てる
2. 睡眠時間を長めにとる
3. ゆっくりお風呂に入る

総合運

求められることが増えますが、実力以上のことや不慣れなことをやらなくてはならない状況に疲れや限界を感じてしまうことがありそう。休みの計画をしっかり立てて、のんびりしたり温泉旅行に行くなどストレス発散できる日をしっかり作っておきましょう。予定を詰め込むと後悔や挫折をすることになるので気をつけて。健康運は、睡眠時間を多くとることと健康的な食事を意識して、飲酒の回数は少なくするようにしましょう。

恋愛&結婚運

中旬までは恋は期待が薄い運気。焦らないで自分磨きをするといいので、特にスキンケアをしっかりすると異性から注目されやすくなるでしょう。下旬から恋愛運はジワジワよくなってきます。ここ数年同じ髪型をしている人は髪を切ってイメチェンをするといいでしょう。服装も年齢に見合うようにしたり、季節に合うものを選んでみましょう。結婚運は、相手のやさしさに注目してみましょう。

仕事&金運

思ったよりも負担になる仕事や緊張が続いてしまうことや、肉体的にも疲れる仕事をやることになりそうな時期。休み時間にはしっかり頭や体を休ませるようにリズムを作り、休日は本を読んだりしてリラックスし、しっかり疲れをとるようにしましょう。遊びや付き合いが続くと体調を崩してしまうことも。金運は、マッサージや温泉、ストレス発散になることにお金を使うといいでしょう。

1 土	○	人との縁を感じられる日ですが、面倒な人や苦手な人、悪友と出会ってしまうことがありそう。ハッキリと断ったり、ウソをついてでも距離をおくことが必要になるでしょう。
2 日	▽	日中は楽しい時間も多く満足できそう。行動範囲を広げることでいい体験もできそうです。夜は予定を乱されたり、疲れてしまうことがあるので、無理をしないようにしましょう。
3 月	▼	予定通りに進まないことが多く、イライラすることが増えてしまいそう。少しでも順調に進んだときはラッキーだと思っておきましょう。食べすぎや飲みすぎにも気をつけて。
4 火	×	ひとりになる時間があるといい日になるでしょう。本を読んだり、散歩をしたり、映画を観に行ってみるのもオススメ。ひとりを満喫できると人生が楽しくなりそうです。
5 水	▲	連休中に大掃除をしたり、身近な場所を整理整頓しておきましょう。不要なものをまとめて、連休明けにゴミとして出せるようにしておくといいでしょう。昔の趣味のものなども処分して。
6 木	＝	何かを学ぶにはいい日です。気になることを調べてみると、いろいろと勉強になることを見つけられそう。詳しい人に教えてもらうのもいいので、素直に聞いてみましょう。
7 金	＝	何事も自分のためになると思って経験をしておくことが大事。慣れたことばかりしていると成長につながらないので、不慣れなことだったり未経験なことにも挑戦しておきましょう。
8 土	■	今日と明日は無理をしないでのんびりするといいでしょう。連休の疲れが一気に出てくることがあるので、予定を詰め込まずに、慌てることのないようにしておきましょう。
9 日	■	早めに帰宅をして、明日のためにのんびりしておきましょう。疲れから風邪をひいてしまったり、ケガをすることもあるので気をつけて。ゆっくりお風呂に入るのもオススメです。
10 月	●	笑顔を心がけると自然と運気の流れがよくなります。元気に挨拶すると評価も上がりそう。異性から惚れられることもあるので、上品な服装や髪型で気合いを入れておきましょう。
11 火	△	物事の判断が甘くなってしまうかも。「このくらいでいいかな」で済ませているとトラブルになることがあるので、些細なことでも最後までキッチリとやるようにしましょう。
12 水	○	同期や同年代の人から学ぶことが多くありそう。頑張っている人を見ると、やる気を出せたりいい刺激を受けられるでしょう。違う業種の人を観察することも大事です。
13 木	○	真剣に仕事に取り組むことで、いい結果や評価につながりそう。何か新しいアイデアがある場合は、提案したり周囲の人に話してみることで、才能を認められるかもしれません。
14 金	▽	謙虚な気持ちが大切。自分ができないことを他人がやってくれていると気づき、感謝と尊敬の心を持ちましょう。他者がいることで自分が存在していることを忘れないように。
15 土	▼	小さなトラブルに巻き込まれやすそうです。タイミングの悪さを感じたときは、強引に進めないで流れに身をまかせておきましょう。流れに逆らうと面倒事が続いてしまうでしょう。
16 日	×	体を休ませるつもりが逆に疲れてしまいそう。友人や知人の誘いに乗るのはいいですが、振り回されて疲れをためてしまうかも。早めに帰宅して、ゆっくりと過ごしましょう。
17 月	▲	時間をしっかり守り、優先順位を間違えないようにすることが大事。身勝手な判断をすると無駄な時間を過ごすことになるので気をつけて。キッチリとした1日を過ごしましょう。
18 火	＝	朝から体を少し動かしてみたり、ストレッチをするといいでしょう。ダラダラ仕事をすると疲れを感じるので、早めに仕事を終わらせるくらいの気持ちでどんどん進めてみて。
19 水	＝	友人や知人に教えてもらった本や映画に触れるといい勉強になりそうです。自分の知らなかった世界を知ることで前向きにもなれるので、周囲にオススメを聞いてみて。
20 木	■	日中は順調に進みそうですが、求められることが多くなりすぎて疲れてしまったり、限界を感じることがありそう。帰宅するころにはヘトヘトになってしまうかもしれません。
21 金	■	スマホをいじりながら歩いていると壁にぶつかってしまったり、段差でケガをすることがあるので気をつけて。思った以上に集中力が欠けているので注意しましょう。
22 土	●	頭の回転やキレがよくなる日。自分の勘を信じて行動してみると、いい流れに乗ることができるでしょう。気になる相手に連絡をしてみるといい返事が聞けるかも。
23 日	△	遊びに出かけるのはいいですが、混み具合や渋滞情報をしっかり調べておきましょう。事前に知っていれば避けられることも多いので、なんとなくの行動はしないようにしましょう。
24 月	○	友人のおかげで悩みや不安が少し解消できそう。愚痴や不満を話すよりも前向きな話をするとよさそうです。思いきって連絡をしてみると気持ちが晴れるでしょう。
25 火	○	頑固になったり執着することが不運の原因だと思っておきましょう。手放すことで気持ちが楽になり、前に進めるようにもなりそう。意地を張らずに負けも認めてしまいましょう。
26 水	▽	頑張りすぎには注意が必要。日中は乗り切れても、夕方あたりから疲れを感じてしまったり、集中力が途切れてしまいそう。特に夜に頑張りすぎるのには気をつけましょう。
27 木	▼	健康的な生活を心がけることが大事です。体力的な無理をしないでいいように、スケジュールを詰め込みすぎないこと。野菜や果物を多めに食べてみるのもいいでしょう。
28 金	×	意地を張ることが不運の原因になってしまうかも。少しでも間違っていると思うなら、やり方を変えるようにしましょう。自分が正しいと思ったときほど注意が必要です。
29 土	▲	無駄なことに時間を使っていないか冷静に考えて。年齢に見合わない幼稚なものが身の回りにないか落ち着いて判断し、思いきって処分することが大切になるでしょう。
30 日	○	小さなことでもいいので、新しいものを取り入れてみましょう。はじめて行くお店で買い物をするときは、新商品や食べたことのない食材を積極的に選んでみるといいでしょう。
31 月	○	話をいろいろ聞くのはいいですが、間違った情報があるので冷静に判断することが大事です。鵜呑みにして恥をかいてしまったり、騙されてしまうことがあるので気をつけて。

2021 6月

● 解放の月

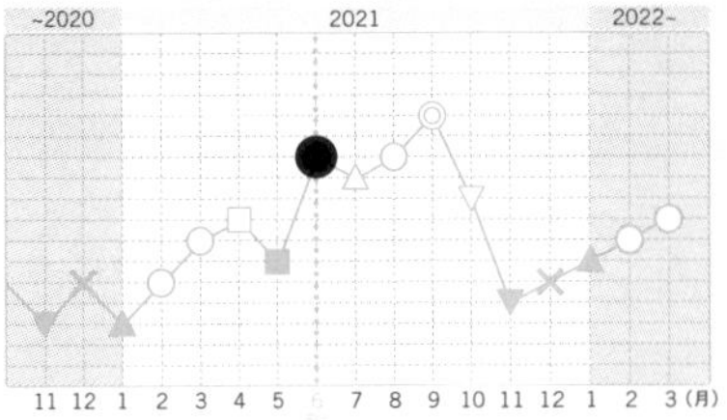

開運3カ条

1. いろいろなタイプの人に会う
2. 開き直ってみる
3. 好きな人の前では素直になる

総合運

大きく前に進むきっかけをつかめる月。いろいろなことに見切りをつけることや気持ちの整理をしっかりつけることもできそうです。思いきった行動に移すのもいいですが、今月はしっかり情報を集めて、前に進むために何が必要なのか理解しておくこと。今後を左右するような人との出会いや紹介の機会もあるのでいろいろな人に会ってみて。健康運は、大きな問題は出にくい時期。体力作りや軽い運動をこまめにやりましょう。

恋愛&結婚運

久しぶりの恋やトキメキがありそうな月。はじめて会う人といい関係に発展したり素敵な人に出会えたりしそう。好みとは少し違う感じの人に興味が湧くことも。自分のストライクゾーンや好みの年齢の幅が広がっていると実感するかもしれません。今月は勢いで交際をしても楽しい恋ができそう。結婚運は、「乱気の年」と「裏運気の年」を乗り越えたカップルは、結婚の話をしましょう。

仕事&金運

ここ数年のモヤモヤした感じや仕事に対して前向きになれない感じが、今月から変化しはじめるでしょう。覚悟をして開き直って仕事に取り組むことができ、1歩前に進めるような感じがするでしょう。不満が多すぎて転職に気持ちが切り替わってしまうこともありますが、年齢やスキルを考えてから行動するように。金運は、仕事で使うものを購入するとよく、少額の投資もいい結果をよびそう。

日	曜	運気	
1	火	□	考えすぎや口ばっかりにならないよう、言い訳する時間をなくしてまずは行動するようにして。難しいと思えることほど、取りかかってみると案外できたり、学びがあるでしょう。
2	水	■	ダラダラするとドッと疲れがたまってしまうかも。時間を決めてメリハリをつけることで疲れが少なくなるでしょう。休憩時間に肩や首を回してほぐしておくと楽になりそうです。
3	木	●	親切にしてくれる人や、やさしくしてくれる人に感謝を忘れないこと。お世話になった人に少しでも恩返しをする気持ちで行動すると、いい流れに進んで貴重な話も聞けそうです。
4	金	△	話半分で聞いていると信用を落としてしまったり、恥をかいてしまうことがあるかも。人の話は最後まで集中して聞き、話の骨を折らないように気をつけましょう。
5	土	○	友人や付き合いの長い人からのアドバイスや情報が大事になりそう。ハッキリ言ってくれる人に感謝を忘れず、自分より知識があると思って相手を尊敬して話を聞きましょう。
6	日	◎	いい感じの仲の人や異性の知り合いを遊びに誘ってみると深い関係に進められそう。自分から好意を伝えてみたり、素直に気持ちを伝えてみるといいでしょう。
7	月	▽	日中は思った以上に結果を出せたり、肩の力が抜けていい感じに仕事ができそう。夕方あたりからは不慣れな仕事で緊張感が出てしまったり、面倒な人に絡まれることがあるかも。
8	火	▼	よかれと思った判断が身勝手だと思われたり、裏切ったことになってしまうなど、予想外の方向に進むことがありそう。判断や発言は慎重にするように心がけましょう。
9	水	×	雑用や後片づけなど、他の人が避けそうな仕事を率先してやることが大事です。無駄なことだと思わずに前向きに取り組むことで、後に評価が大きく変わってくるでしょう。
10	木	▲	あらゆることを投げ出したくなったり、やる気が出ない1日になりそう。目の前をきれいに掃除したり整理整頓してみると、やる気が突然湧いてくるかもしれません。
11	金	○	少し勇気が必要なことに挑戦してみて。些細なことでもいいので、試しに新商品を購入したり、気になるお店に入ってみるといいでしょう。失敗談もいい話のネタになるはずです。
12	土	○	初対面の人やはじめて遊ぶ人と楽しい時間を過ごせそう。知り合いの集まりに参加してみたり、イベントに行ってみましょう。初体験がいい勉強になることもあるでしょう。
13	日	□	冷静な判断が必要な日。ダラダラと時間を使ったり、友人や知人に振り回されていると思ったときは、見切りをつけて自分の時間を大切に。無理に人と合わせなくても大丈夫です。
14	月	■	イライラするときは疲れがたまっている可能性があるので、しっかり体を休ませること。チョコレートを食べると落ち着くでしょう。肉体的な無理は避けるように心がけて。
15	火	●	周囲から注目されたり期待されることがありそうですが、悪い部分まで目立ってしまわないように気をつけて。期待にできるだけ応えると、楽しくなることもあるでしょう。
16	水	△	小さな失敗をしやすい日ですが、失敗を隠そうとすると問題になるので、謝罪と報告はすぐにするように心がけて。寝坊や遅刻などもしやすいので、気をつけましょう。
17	木	○	ひと踏ん張りや粘りが必要になりそう。難しいと思っても簡単に諦めないで、何度か挑戦してみて。忍耐が必要になることは、あなたにとって必要な課題だと思っておきましょう。
18	金	◎	苦労したことが活かされたり、いい経験だったと思えるかも。人生に無駄はないので、失敗や挫折したことから何を学んだのか、じっくり考えてみるといいでしょう。
19	土	▽	日中は勢いで仕事を進められたり、スムーズに物事が進みそうです。夕方あたりからはリズムが悪くなってしまい、疲れを感じてしまったり、予定を乱されてしまうかも。
20	日	▼	余計な出費や無駄な時間が多くなりそう。買いたいものがないのにお店に入ると、不要なものを勢いで買ってしまうので気をつけて。書店に行くといい本を見つけられるかも。
21	月	×	予定が大きく乱れる日。ひとりでのんびりしようと思った人ほど急な誘いがありそう。遊ぶ予定がある人はドタキャンされてしまったり、謎の渋滞や人混みで疲れてしまうかも。
22	火	▲	合理的に仕事を進められるように知恵を絞りましょう。手順を守りながらも、無駄なことはカットしてみるといいでしょう。対応力が身に付いていることにも気がつけそうです。
23	水	○	ときには遠回りだと思われることでも、挑戦してみるといい経験ができそう。不要だと思っても準備しておくことがどれだけ大事かを理解できるような出来事もあるでしょう。
24	木	○	忙しいからといって雑な仕事にならないように注意して。「忙しい」「疲れた」は言葉に出すと評価が落ちてしまったり、周囲からガッカリされるので気をつけましょう。
25	金	□	自分の弱点や欠点を少しでも克服できるようにすることが大事です。仕事に役立つ勉強をしたり、スキルアップを目指すのもオススメ。食わず嫌いの克服に挑戦するのもいいでしょう。
26	土	■	珍しく疲れを感じたり、寝不足になるかも。栄養バランスのいい食事や、ビタミンがしっかり摂れる食べ物を選ぶといいでしょう。軽くストレッチをすると体が楽になりそうです。
27	日	●	恋のチャンスが突然やってきそう。突然の誘いはOKしたほうが楽しい展開がありそうです。気になる人に自ら連絡をしてみると、相手の心をつかむことができるかも。
28	月	△	休みだからといって寝すぎてしまったり、半日くらい無駄に過ごしてしまうことがあるかも。のんびりするのはいいですが、お菓子の食べすぎや食生活の乱れには気をつけて。
29	火	○	付き合いの長い人に今後の相談や近況報告をしてみましょう。話をすることですっきりしたり、相手からの言葉で気持ちの整理をつけることができるかもしれません。
30	水	◎	自分では無理だと思っていた仕事で結果を出せたり、コツをつかめそう。上手に仕事を進めている人を観察してマネをするなど、自分のやり方だけにこだわらないようにして。

☆開運の日 ◎幸運の日 ●解放の日 ○チャレンジの日
□健康管理の日 △準備の日 ▽ブレーキの日 ■リフレッシュの日
▲整理の日 ×裏運気の日 ▼乱気の日 ＝運気の影響がない日

2021 7月

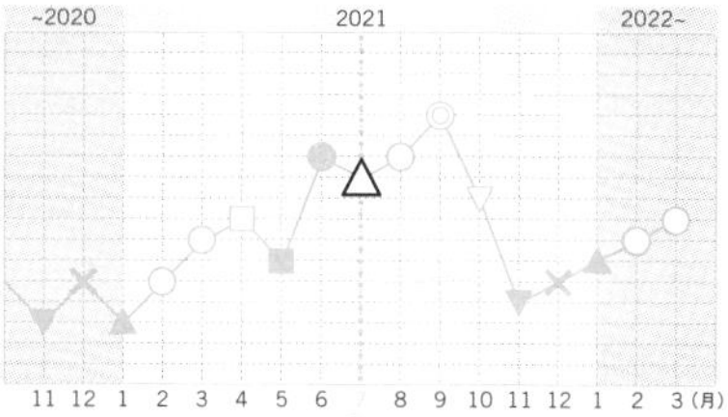

△ 準備の月

開運 3 カ条

1. 事前準備と最終確認をしっかりする
2. ご機嫌でいることを意識する
3. 時間や数字、お金にはキッチリする

総合運

判断ミスをしやすい時期。よかれと思ってした決断も後悔することになるので、大きな決断はできるだけ避け現状の幸せを守るように努めるといいでしょう。軽はずみな判断や先を考えない身勝手な行動は無駄な苦労や不運を引き寄せてしまうだけなので気をつけて。今月は、いつも以上に丁寧に行動し、確認作業や準備を。健康運は、ケガに注意が必要。お酒を飲んで大失敗することもあるので注意しましょう。

恋愛＆結婚運

恋人の前で不機嫌な態度になったり、素直になれなかったり、天邪鬼な態度をとったりするなど、自分でも理解に苦しむ行動をしてケンカや気まずい空気になってしまいそう。余計なひと言からケンカや別れ話に発展することもあるので、相手のことを考えて言葉を選ぶように。出会い運は期待が薄いでしょう。結婚運は、態度次第で破談になることもあるので気をつけて。

仕事＆金運

仕事にやる気が出ないことがミスにつながったり、トラブルを作ったりしそうな時期。気を引き締めて、仕事があることに感謝を忘れないようにして。事前の準備や最終確認をいつも以上にしっかり行い、思い込みで仕事を終えないようにしましょう。慣れた仕事ほど油断しやすいので気をつけましょう。金運は、お金を無駄に使ってしまったり、騙されてしまうこともあるので、十分に注意しましょう。

1	木	▽	重要と思えることは日中に片づけられるよう、優先順位をしっかり考えて仕事をするといいでしょう。夕方以降は周囲の人に心を乱されてしまったり、無駄に忙しくなりそう。
2	金	▼	間違った判断をしやすい日。ノリや勢いは大切ですが、今日は何事も冷静に考えてから行動に移すようにしましょう。誘惑に負けてしまうと、後悔することになりそうです。
3	土	×	不満に思うところばかりに焦点を当てないで、１歩引いてみるようにすると気持ちが楽になるでしょう。近づきすぎると人も物事も嫌な部分が見えて当然だということを忘れないように。
4	日	▲	ひとりの時間をのんびり過ごしながら、目に見えるところをきれいにしたり、拭き掃除をするといいでしょう。不要品を処分するときは、大事なものまで混ざっていないか要注意。
5	月	＝	勉強をはじめるにはいい日。本を購入して読むときには、いい言葉や大事な情報をメモするようにしましょう。これまで選ばなかったジャンルの本を読んでみるのもいいでしょう。
6	火	＝	普段なら避けてしまうような雑用や周囲の手伝いを自ら進んでやってみて。些細なことでも感謝されると喜びや幸せを感じられそう。ただし、鈍感な人にイライラしないように。
7	水	□	計画的な人でも詰めの甘さを突っ込まれてしまうかも。計画が苦手な人は特にしっかりスケジュールを立てて、丁寧に行動すること。少し先を読んで行動することが大切です。
8	木	■	疲れを感じたり、注意力が低下しそう。段差で転んでしまったり、ケガをしないように気をつけましょう。こまめに休んで疲れをためないようにし、健康的な食事を心がけて。
9	金	●	よくも悪くも注目されてしまう日。気を引き締めて仕事に取り組む姿勢が大切です。油断しているとサボっていると思われたり、雑な部分を突っ込まれてしまうかも。
10	土	△	ミスにミスが重なってしまうかも。忘れ物をしたうえになくし物をしたり、時間を間違えて慌てて行った場所が間違っていたりなど、ドジの連発になる可能性があるので注意して。
11	日	○	付き合いの長い人と話すことで学びや教えを得られそう。年齢に関係なくハッキリ言ってもらえることに感謝をしましょう。頭のいい年下の子に連絡をしてみるのもよさそうです。
12	月	○	いい仕事をして結果を残すことができそう。ただし、もっと効率よく、より極めてみようと思う気持ちがないと、叱られたり注意されてしまうかも。今よりさらに上を目指しましょう。
13	火	▽	日中は問題がなく順調に進めることができるので、勢いで突き進みましょう。夕方あたりからは考えがまとまらなくなったり頑固になりすぎて、人間関係がギクシャクしそうです。
14	水	▼	余計なことを考えて仕事に身が入らなくなってしまいそう。誘惑にも負けやすく、現状を投げ出したくなることもありますが、自分への課題だと思って受け止めましょう。
15	木	×	面倒な人に絡まれてしまうなど、人間関係のトラブルに巻き込まれることがありそう。意地を張るよりも上手に距離をおくようにし、ときには逃げることも大事でしょう。
16	金	▲	置き忘れに要注意。スマホを置き忘れて焦ってしまったり、仕事の約束をすっかり忘れてしまうこともあるでしょう。確認作業をいつも以上にしっかりするように心がけて。
17	土	＝	今日と明日は食生活を整えるように意識し、夏バテにならないようにしっかり食べること。スタミナのつくものを選ぶといいでしょう。夏野菜もたくさん食べるようにして。
18	日	＝	エアコンの効きすぎる場所にいると体調を崩してしまったり、風邪をひいてしまうことがあるので気をつけて。軽く運動をして、代謝を上げられるように心がけてみましょう。
19	月	□	今日中に達成できそうな目標を作っておくことが大事。些細なことでもいいので達成感を得ることが重要です。難しい目標はいらないので、できそうなことをいくつか作ってみて。
20	火	■	夏風邪やエアコンで喉を痛めてしまうかも。お風呂にゆっくり入って体を温めたり、水をしっかり飲んでおきましょう。無理をすると一気に体調を崩してしまいそうです。
21	水	●	部下や後輩の面倒をみることで運を味方につけられます。逆に自分のことだけ考えていると、苦しい立場や面倒な状況に進んでしまうかも。目の前の人の笑顔のために動いてみて。
22	木	△	余計なことを考えすぎてしまいそう。時間を忘れてしまうことで遅刻や失敗につながるので気をつけましょう。小さなミスが重なることもあるので、確認を怠らないように。
23	金	○	じっくり進めていたことにはいい結果や変化が現れそう。地道にトレーニングやダイエットに励んでいた人は少しニヤッとできるかも。逆に、サボった人にはガッカリな結果も。
24	土	○	生活必需品や備品を買いに出かけるにはいい日ですが、衝動買いで失敗をすることがあるので、よく確認してから購入を。新商品も外れをつかんでしまうことがあるので気をつけて。
25	日	▽	遊ぶときほどしっかり計画を立て、手順を守るようにして。なんとなく遊んでいると楽しくなくなってしまうかも。ルールを守るから楽しいのだと忘れないようにしましょう。
26	月	▼	体のだるさを感じたり、やる気のない感じになってしまいそう。ストレッチや伸びをしてみると頭がすっきりするでしょう。冷たいものの飲みすぎや食べすぎには気をつけて。
27	火	×	少し肩の力を抜いて仕事ができたり、褒めてもらえることがあるかも。後輩や部下の仕事を認めてあげたり、コツを教えてあげるといい関係を作ることができそうです。
28	水	▲	間違った方向に進んでしまうかも。軽はずみな判断には特に気をつけ、周囲の意見をしっかり聞いたり、冷静に判断することを忘れないように。耳の痛いことも聞くようにして。
29	木	＝	視野を広げたり情報を集めるにはいい日。難しかったりわかりにくいからといって簡単に諦めないで、勉強をして理解を深めましょう。教えてくれる人を見つけるといいでしょう。
30	金	＝	失敗を気にするより、経験を優先するように心がけてみて。失敗から学んで調整をすることも大切なことだと忘れないようにしましょう。小さな勇気が人生を変えていくはずです。
31	土	□	夏休みの計画や、旅行や遊びの予定を先に立てておきましょう。気になる場所や値段を調べてみるといいので、友人や知人にも休みの予定を聞いてリサーチを進めてみて。

2021 8月

○ チャレンジの月

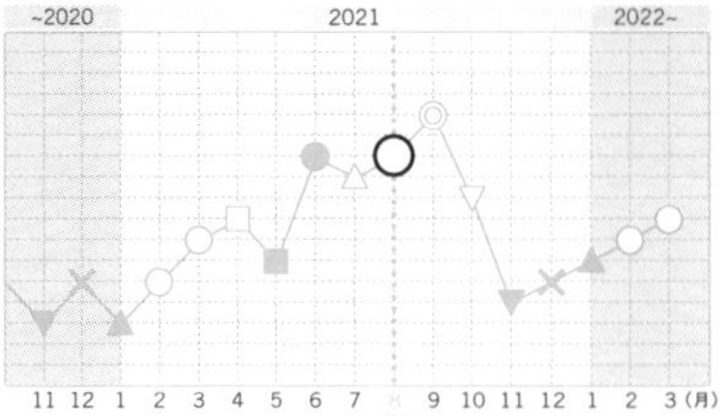

開運3カ条

1. 過去に一度気になったことを実行する
2. 白黒ハッキリさせる
3. 次の目標を決める

総合運

改めて思ったことを実行するにはいい時期。転職や引っ越し、イメチェンや習い事など、一度は気になったけれどいろいろな理由で諦めてしまったことがあれば思いきって挑戦するといいでしょう。「もったいないから」というだけの理由で置いてあるものも一気に処分をし、人との縁もここでキッチリ整理するといいので、別離の決断をするのもいいでしょう。健康運は、持病のある人は注意が必要です。

恋愛&結婚運

片思いの恋に決着をつける月。中途半端な関係や将来が考えられない相手とはここでキッパリ縁を切る決断を。片思いでモヤモヤしたままの相手には気持ちを伝え、しっかり失恋をして諦めることも大事。「異性の友人でいいかな」などと半端な考え方をせず、次に進むきっかけにしましょう。結婚運は、「乱気の年」、「裏運気の年」を乗り越えたカップルは将来の話をするといいでしょう。

仕事&金運

現在の仕事や職場に何度も疑問を感じている人は、仕事に対する考え方や受け止め方を変えるきっかけが生じそう。転職するきっかけになる場合もありますが、苦しい状況を乗り切って次の目標や己のやるべきことを見つけられそうです。自分に足りないことを学ぶために努力をはじめるにもいい時期なので至らない点をしっかり認めましょう。金運は、勉強になることや自分が成長するために出費を。

日		
1 日	■	暑さや夏バテで集中力が低下しそう。休憩時間をとってしっかり休むといいですが、ソファーでの仮眠ではなく、目覚まし時計をかけてしっかりベッドで寝るようにしましょう。
2 月	●	得意な仕事やスムーズに進められることができて、気持ちが少し楽になるかも。恋愛面でもこれまで動きがなかった相手と変化がありそう。メッセージを送って様子を窺ってみて。
3 火	△	うっかりミスが多くなりそうですが、確認を怠らず丁寧な仕事を心がけて。その姿勢を周りの人が見ていないようでしっかり見ていて、小さな積み重ねが大きな信用になります。
4 水	○	しばらく連絡をしていなかった人にメッセージを送ってみましょう。家族や学生時代の親友などと連絡をとってみれば、いい情報や大切な話を聞けることがありそうです。
5 木	○	周りの空気を読みながらも、今日くらいは出しゃばりすぎかもと思うくらい、遠慮せずに自分らしくアピールしてみましょう。思いきった行動もたまには必要です。
6 金	▽	午前中にできるだけ仕事を進めて。午後からは他人のトラブルや誰かの面倒を見ることで自分の時間がなくなってしまうかも。イライラしないで協力するほうに力を注ぎましょう。
7 土	▼	予定がキャンセルになって、ひとりで時間を過ごすことになりそうですが、ゆっくり今後のことを考えることも大事。大きな決断はせず、何があってもすべて勉強だと受け止めて。
8 日	×	自分が思った方向とは違う流れになってしまいそう。イライラしないで流れに身をまかせながら学べることを見つけてみるといいでしょう。意外な発見を楽しんでみて。
9 月	▲	部屋の片づけをするといい日。ずっと手をつけられていないものや、しばらく使っていないものを思いきって処分して。手放す勇気が新たなものを受け入れるきっかけになるでしょう。
10 火	＝	いつもと少し違う生活リズムや変化を楽しんでみましょう。普段なら興味が薄いことを調べて学んでみると、いい話のネタになったり後に役立つようなことがあるでしょう。
11 水	＝	問題を他人の責任にしないこと。些細なことでも自分の問題だと思って対策を考えてみることが大切です。いいアイデアが出たり、前向きな考え方ができるようになるでしょう。
12 木	□	相手のことを考えて言葉を選びましょう。ハッキリ言うこともときには大切ですが、伝わるように話すことの大事さを学びましょう。言い方ひとつであなたの評価も変わります。
13 金	■	仕事で気力を使いすぎてしまいそう。仕事終わりに気分転換で普段行かないお店に行ってみると、新しい発見があるかも。夜は好きな音楽を聴きながら早めに就寝しましょう。
14 土	●	楽しい出来事が多く気分がよくなりそう。友人と楽しく話せたり、趣味の時間をたくさん作れるかも。話題の映画を観たり、夏らしいことをするといい思い出ができるでしょう。
15 日	△	自分勝手な決めつけが招くケアレスミスに要注意。人にまかせきりにせず、自分でひとつひとつ確認することが大事です。ミスをしたときは、その場できちんと謝るようにして。
16 月	○	これまでの経験を活かすことが大事になりそう。いろいろなことに全力で取り組んでみると、思った以上の能力を発揮でき、人生には無駄がないと実感できることもあるでしょう。
17 火	◎	自分のためだけでなく、身近な人の笑顔のためにお金を使いましょう。相手の喜ぶ顔を思い描きながらプレゼントを選んでみて。人を喜ばせる行動は必ず自分に返ってきます。
18 水	▽	あなたのミスを誰かがフォローしてくれていたり、あなたを支えてくれている存在があることを忘れないように。感謝の気持ちが薄れないようにすることが大切でしょう。
19 木	▼	夏バテなどから体調を崩してしまうかも。忙しいときこそ体調管理に十分に気をつけましょう。少しでも体に異変を感じたときは、早めに病院へ行くように心がけて。
20 金	×	悪目立ちをすることがありそう。普段ならバレないような些細なサボりをチェックされたり、小さなズルが問題になってしまうかも。今日は真面目に仕事に取り組みましょう。
21 土	▲	時間を作って部屋の掃除をしましょう。いらないものを処分するのはいいですが、間違って大事なものまで捨ててしまうことがあるので、確認作業はしっかりしておきましょう。
22 日	＝	友人や恋人などの話は最後までじっくり聞くことが大切。相手の話を遮って自分の意見を言わないようにして。上手に聞けるように、相づちもしっかり打ってみましょう。
23 月	○	普段とは少し違う行動をするといいでしょう。これまで入ったことのないお店へ食事に行くなど、新しいチャレンジをすると思いがけない展開があるので、１歩踏み出してみて。
24 火	□	日中は順調に進みそうですが、問題がないときほど気を引き締めておくことを忘れないように。夕方あたりは調子に乗って失敗やトラブルを発生させてしまうことがありそうです。
25 水	■	夏の疲れから注意力が低下しやすそう。こまめに休憩をとり、確認作業は怠らないように。仕事終わりは気のおけない友人と食事の予定を立てれば、明日からの活力になりそう。
26 木	●	挨拶やお礼をしっかりとしたり、笑顔で応えることで評価が上がり、いい人間関係を作ることができそう。お互いに楽しく過ごすためにどうすればいいのか考えて行動してみて。
27 金	△	週末の予定を考えたり、楽しい想像をするのはいいですが、仕事でミスをしたり欠点を突っ込まれることがあるので気をつけて。仕事と休憩のメリハリをしっかりつけましょう。
28 土	○	クローゼットの中を整理してみると、なくしたと思っていたものが出てきそう。大事にしまったものが引き出しから出てくることもあるので、掃除をしながらチェックしてみて。
29 日	◎	積極的に行動してみて。物事がうまく進んでいるときこそ、感謝の心を持ち、周囲の助けがあって今の自分があることを忘れないように。感謝をすれば感謝されるようになります。
30 月	▽	周囲の協力があってこれまで生きられたということや、ひとりの力ではどうすることもできないということを忘れないように。一方で、あなたも他者に協力していることを自覚しましょう。
31 火	▼	予定を乱されたり、順調に進んでいたことにブレーキがかかってしまいそう。うまくいかないことやテンションが下がる出来事があっても、口角を上げて笑顔で乗りきって。

☆ 開運の日 ◎ 幸運の日 ● 解放の日 ○ チャレンジの日
□ 健康管理の日 △ 準備の日 ▽ ブレーキの日 ■ リフレッシュの日
▲ 整理の日 × 裏運気の日 ▼ 乱気の日 ＝ 運気の影響がない日

2021 9月

◎ 幸運の月

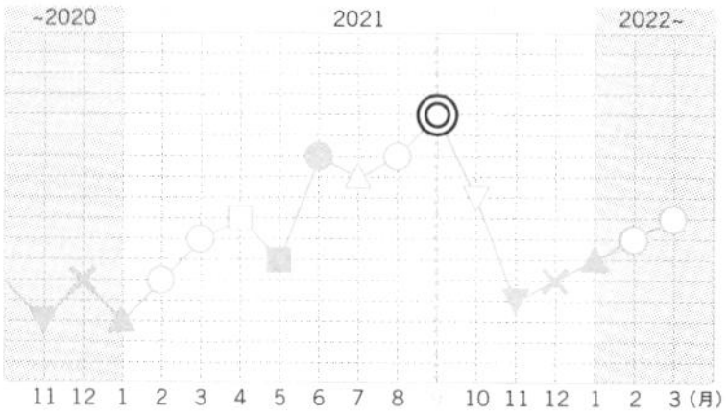

開運3カ条

1. 思いきって生活リズムを変える
2. 新しい服を買う
3. 1年後の目標を立てる

総合運

やるべきことや次に進む道が見えてくる時期。思いきって行動に移して現状を打破するにもいいタイミングなので引っ越しをして生活リズムや環境を変えてみるといいでしょう。ここで一度リセットして再スタートする気持ちで挑戦することが大事。人と縁を切る決断も大事になるでしょう。健康運は、スポーツジムに通いはじめたり定期的な運動をスタートさせるといい時期。バランスのいい食事も意識しておきましょう。

恋愛&結婚運

気持ちを素直に伝えることで交際に発展する時期。自分の気持ちを伝えることが大事になりますが、自分中心になりすぎるとうまくいかなくなってしまうので、好きな人に好かれる努力を怠らないように。外見やマナー、上品さ、明るさなどを忘れないようにしましょう。異性を意識したイメチェンも大事な時期。新しい出会いも期待できそう。結婚運は、勢いで入籍をしてもいい時期です。

仕事&金運

重要な仕事をまかされたり、今後のことを判断する大事な結果が出る時期。プレッシャーのかかる仕事もありますが、最善を尽くせばいい結果につながるでしょう。不満がたまりすぎている場合は、異動願いを出したり転職活動をするにもいい時期。ただ、自分の役割を本気で果たしたのか考えてから動いて。感情だけの勢いでの判断は自分を苦しめる結果になりそう。金運は、買い替えにはいい時期。

1 水	×	何事も裏目に出てしまいそう。「不運」と簡単に思うよりも「この経験を活かそう」と学ぶ気持ちで受け止め、周りへの感謝を持つことで、昨日の自分より1歩前進できるはず。
2 木	▲	身の回りにある不要なものを処分しましょう。ゴミや使わないものを置いたままでは、これからの幸運の流れに乗り遅れてしまうでしょう。身の回りを思いきってすっきりさせて。
3 金	○	新しい体験や出会いがありそう。新たな取り組みには積極的に挑戦し、仕事終わりにある飲み会や集まりにも顔を出してみて。元気よく挨拶すると、いい縁がつながりそうです。
4 土	○	新しいメンバーで新しい場所に遊びに行ってみると、これまでとは違った楽しみや経験ができそうです。買い物もこれまでとは違うお店に行ってみると、いい発見があるでしょう。
5 日	□	1日の目標を決めて行動しましょう。朝から計画的に動いたり、日ごろ手をつけられなかった場所を片づけてみて。夕方以降はハーブティーなどを飲んでリラックスしましょう。
6 月	■	体調不良を感じそう。今日は頑張りすぎずに、休憩中に少しでも仮眠をとるといいでしょう。家ではゆっくりお風呂に入ったり、ゆったりと音楽を聴く時間を作ってみましょう。
7 火	●	魅力が輝く日。職場で注目されることがあるので、いつも以上に張りきって仕事に取り組みましょう。夜は気になっている人を食事に誘い、相手を楽しませると一気に進展しそう。
8 水	△	気持ちが揺れてしまいそう。自分の進むべき道がわからなくなって悩んでしまうかも。ミスをしやすいので考えすぎはほどほどにし、目の前のことをキッチリやっておきましょう。
9 木	◎	考えがまとまって前に進めるようになるでしょう。仕事も恋も積極的になるといい結果につながりそうです。手応えが感じられない場合、方法や方向性を変える必要があるかも。
10 金	☆	本気で仕事に取り組むと思った以上の結果が出て、認められることがありそう。周囲に頼られたり感謝されることで仕事の喜びを得られるので、一生懸命取り組む楽しさを感じて。
11 土	▽	日中は目標を決めて計画的に動くことが大事なので、時間にルーズにならないように。夕方以降は不安なことや余計なことを考える時間が増えそう。夜はゆっくり自宅で過ごして。
12 日	▼	自己中心的な考えは、自ら不運を呼んでいるのと同じことだと忘れないで。自分よりも相手や周囲のことをいちばんに考えられるようにすると、世界が変わり大きく成長できます。
13 月	×	トラブルを「不運だ」と簡単に片づけずに、原因は自分にあると思い、今やれることを見つけましょう。どんな状況にあっても周りに感謝し、人を大切にすることを忘れないで。
14 火	▲	操作ミスでデータを消してしまったり、大事なものをどこかに置き忘れてしまうかも。何事もしっかり確認し、不慣れな操作は適当にやらないように気をつけましょう。
15 水	○	小さなことでもいいので、失敗を恐れず行動することが大事。たとえ失敗したとしても、その失敗から学ぶ気持ちがあれば、必ず今日の経験が役に立つ日がくるでしょう。
16 木	○	興味が湧いたことがあるなら、調べてみたり実際に挑戦してみることが大事です。習い事や体験教室に参加すると素敵な出会いがあるかも。気になるお店にも行ってみましょう。
17 金	□	挨拶を自らすると運気がよくなります。苦手な上司や同僚ほどこちらから礼儀をわきまえて接することが大事。苦手を少しでも克服することで人は大きく成長できると忘れないように。
18 土	■	疲れをしっかりとるといい日。マッサージやスパ、温泉でゆっくりする時間を作ってみて。美術館やカフェでのんびりするのもいいでしょう。予定は詰め込みすぎないように。
19 日	●	友人から突然の誘いがありそう。家でゆっくりするつもりでも、少しオシャレをして外出してみましょう。友人の知り合いを紹介してもらえたり、ひと目惚れから恋がはじまるかも。
20 月	△	会話を楽しむのはいいですが、余計なことを言わないよう気をつけましょう。また、調子に乗りすぎて恥をかいてしまったり、ドジなことをするので、品のある行動を意識して。
21 火	◎	久しぶりに手応えのある仕事ができたり、いい結果を出せるかも。仕事終わりは友人を食事に誘って話の聞き手に回ってあげると、思った以上に盛り上がる会になりそうです。
22 水	☆	仕事でいい結果を出せますが、ひとりの力ではなく周囲の協力やいろいろな人に支えられていたことを忘れないで。結果に満足できない場合、正しい努力や積み重ねをすぐにはじめて。
23 木	▽	日中は積極的に動くことが大事。少しくらい難しく感じても粘り強く取り組んで。夕方以降は判断ミスをしやすいので、自分の意見ばかり通そうとせず、相手の意見も聞くこと。
24 金	▼	コミュニケーション不足を感じそう。言いたいことが上手に伝わらないでイライラするかも。相手に理解してもらえる言葉や言い回しを考えることで、いい勉強になるでしょう。
25 土	×	他人に過度に期待すると、イライラしたり不運を感じてしまいそう。何事も自分に課題が出たと思って、行動や考え方を改めましょう。恋人や身近な人とのケンカにも気をつけて。
26 日	▲	大掃除をするのにいい日。季節に合わないものは片づけ、長い間使っていないものは処分するようにしましょう。謎の部品や着ない服、履かない靴も一気に捨ててしまいましょう。
27 月	○	新しい人との交流が大事になりそう。後輩や部下を食事に誘うといい話を聞けるかも。先輩や上司から誘われたときは断らないこと。ここが縁で素敵な人を紹介してもらえるかも。
28 火	○	これまで話したことのない分野の人と会うことができそう。苦手だと思って避けないで、いろいろ聞いてみるとおもしろい話がありそう。異業種の人ほど刺激があるでしょう。
29 水	□	今月を振り返り、目標をどれくらい達成できたか確認して。自分に足りないものや今後学ぶこと、努力すべきことを見つけておきましょう。夜は疲れやすいので無理はほどほどに。
30 木	■	些細なことでイライラしたときは、自分が思っている以上に疲れがたまっている証拠。甘いものを食べてゆっくり過ごし、仕事終わりにカラオケに行くとストレスを発散できそう。

2021 10月

▽ ブレーキの月

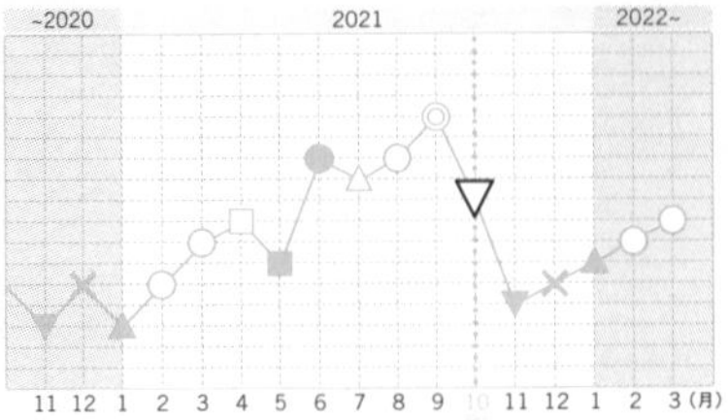

開運 3カ条

1. 興味の湧いたことはすぐに調べる
2. 人との出会いを増やす
3. 機械や高価なものは丁寧に扱う

総合運

中旬までは今後の目標や本気で取り組んでみたいこと、興味あることを見つけられそうな時期。気になることをいろいろ調べてみたり、これまでとは違ったグループと遊んでみるといい刺激や勉強になることがあるでしょう。小さな勇気が今後の人生のターニングポイントになるかも。下旬は現状の生活に不満が湧きはじめて、やる気が削がれてしまうこともありそう。健康運は、特に下旬は体調を崩しやすいので気をつけましょう。

恋愛＆結婚運

１～２カ月以内に出会った人の中で気になる人がいる場合は中旬までに気持ちを伝えておくといい時期。ひと押しが大事ですが、ここでの交際は年末に大きな問題が発生しやすくなる覚悟だけはしておきましょう。下旬になると興味が薄れたり、タイミングが合わなくなってしまうかも。中旬までに友人の紹介で素敵な人に出会えそうです。結婚運は、中旬まではいい話ができそう。

仕事＆金運

仕事にやる気が出たり、目標となることを見つけられそう。周囲からも応援されたり頼りにされることもあり、前向きになれるでしょう。仕事に集中できるように身の回りをきれいにし、無駄な時間を使う趣味から離れて。下旬は、叱られることや失敗も多く苦戦することがあるので乗り越えるための知恵や工夫が大事でしょう。金運は、中旬までは安定していますが、下旬に不要な出費が増えそう。

日	曜	運気	
1	金	●	相性のいい人とはより仲よく、相性が微妙な人とは縁が切れて気持ちが楽になりそう。周りの人は自分の鏡。自分のレベルが上がると付き合う人も変わるので自分磨きを忘れずに。
2	土	△	欲望に流されてしまいそう。誘惑に負けて散財したり、遊びすぎてしまうことがあるかも。薄っぺらい異性に引っかかって、もてあそばれてしまうこともあるので気をつけて。
3	日	◎	気になる相手を人気のお店や話題の映画に積極的に誘ってみて。挨拶と品性を大事にして、相手を尊敬するといい関係に進めそう。人を敬えばあなたも敬われます。
4	月	☆	仕事で手応えを感じられたり、やりたかった仕事に近づくことができそう。いいアイデアも浮かびそうですが、お金や時間の計算の甘さを突っ込まれてしまうかもしれません。
5	火	▽	日中は問題なく過ごせても、夕方あたりからケアレスミスが出やすいので、いつもより慎重に仕事をして。早めに帰宅して湯船にゆっくり入り、夜更かしをせずに明日に備えて。
6	水	▼	図星を指されてイラッとしたり、ケンカになってしまうかも。問題を相手の責任にせず、自分の受け止め方が悪かったと思いましょう。ソリが合わない人もいると忘れないこと。
7	木	×	「思い通りに進まないな」と感じたときは、心の底から今の居場所や周囲の人に感謝することが大事。当たり前のことに感謝する気持ちを忘れると、不運を自ら作ってしまうかも。
8	金	▲	粘って続けることとキッパリ諦めることの見極めが大事になりそう。ダラダラ続けている趣味はここで終わらせ、勉強や資格取得は諦めないで粘るようにしましょう。
9	土	○	行動することで幸運をつかめます。家でじっとしていても時間の無駄なだけ。行動するから出会いがあるので、活動的な１日を過ごすために、少しオシャレをして外出してみて。
10	日	○	普段なら避けているお店に行ってみたり、興味が薄いイベントやライブに足を運ぶといい刺激を受けられそう。同年代がやっている芝居を観るとエネルギーをもらえそうです。
11	月	□	周りの人への挨拶や礼儀を忘れないこと。少し苦手だなと思う人にこそ、相手より先にきちんと挨拶をしましょう。また、背筋を伸ばして歩くことを意識しておくといいでしょう。
12	火	■	胃腸の調子が悪くなってしまうかも。朝は少し多めの水を飲み、ストレッチや軽い運動をすると体がすっきりしそうです。仕事の休憩中に仮眠をとるのもいいでしょう。
13	水	●	才能や魅力が輝いて注目されるかも。悪目立ちをすることがあるので注意も必要です。細かいところに気をつけ、調子がいいときこそ周りの先輩や後輩への気配りを忘れないで。
14	木	△	なんとなく行動すると、面倒なことを引き起こしてしまいそう。計算や段取りをしっかりし、先のことを想定して行動しましょう。準備の大切さを学べる出来事もあるでしょう。
15	金	◎	仕事ではこれまでの経験をうまく活かせます。恋愛でも気になる人に連絡をしてみると前向きな返事がありそう。好意を伝えるのにもいい日なので、恥ずかしがらずに伝えてみて。
16	土	◎	親友とじっくり話すことで楽しい時間を過ごせるかも。外出先で偶然出会った人と話が盛り上がることもありそう。書店やショッピングモールに出かけてみるといいでしょう。
17	日	▽	日中はスムーズに仕事が進み、やりがいが湧いてきそう。夕方以降は失敗やトラブルに巻き込まれるかも。丁寧に確認をして自分の足元を固めれば、大失敗から逃れられます。
18	月	▼	融通が利かなくなってしまったり、頑固な部分が出てしまうかも。過去の反省を活かせないで同じような失敗を繰り返すこともありそう。今日は冷静に落ち着いて判断しましょう。
19	火	×	思った以上に予定が乱れたり、予定がキャンセルになって急に暇になるかも。不慣れなことに挑戦をするといい勉強になったり、苦手な集まりに参加するといい出会いがありそう。
20	水	▲	失ってはじめて大事だったことを知れる日。なんとも思っていなかった人も、離れることで存在の大切さがわかるかも。失恋や別れ話になることもあるので心構えしておきましょう。
21	木	○	新しい経験ができたり、人脈が広がりそう。出会ったときに「今のこの瞬間をしっかり楽しもう」と思いながら接してみるといいでしょう。相手も好意的に接してくれるはず。
22	金	○	これまでおもしろいと思えなかったことでも、詳しく教えてもらうと興味が湧きそう。考え方や視野を少し変えるとどんどんおもしろくなるので、あなたも周囲に教えてあげて。
23	土	□	計画的に行動することが大事。今日するべきことを紙などに書いて確認し、ひとつひとつ丁寧にやっていきましょう。予定外のことが起きても、慌てず冷静に対処して。
24	日	■	パソコン仕事で手首を痛めたり、目の疲れや肩こりが出てしまうかも。重たい物を持って腰や膝を痛めてしまうこともあるので気をつけて。早めに家に帰ってのんびりしましょう。
25	月	●	才能や努力が評価される日。自分のことを評価してくれる人には最大限の感謝を。自分の居ない場所で自分のことを語ってもらえる存在になれると、さらに幸運を呼び込めます。
26	火	△	スマホや財布をなくしてしまったり、ドジなことをやってしまいそう。席を立つときはしっかり確認し、歩きスマホもしないこと。落とす原因やぶつかってケガすることにつながります。
27	水	◎	久しぶりに上司や先輩から褒められることがある一方、昔の恥ずかしい思い出を話されてしまうこともありそう。すべてをいい思い出だと思って受け止めるといいでしょう。
28	木	◎	正当な努力や頑張りは評価され、間違った方向に努力した場合は注意してもらえそう。叱られることは軌道修正だと思って、感謝の気持ちを忘れないようにしましょう。
29	金	▽	いつもより少し早く出勤して、予定を前倒しにして仕事を進めましょう。何かミスがあっても、早めに取り組んだおかげで大きな問題にはならず、楽しく仕事ができそうです。
30	土	▼	気分が顔に出てしまいそう。やる気がないことや、イライラも伝わってしまうので気をつけましょう。自分の機嫌は常に自分でしっかりとって、上機嫌でいられるように心がけて。
31	日	×	孤独を感じそうな日。周囲と会話が嚙み合わなかったり、裏目に出ることも。仕事以外の外出はなるべく控え、好きな音楽を聴きながらアロマを焚くなどしてゆっくりと過ごして。

☆開運の日　◎幸運の日　●解放の日　○チャレンジの日
□健康管理の日　△準備の日　▽ブレーキの日　■リフレッシュの日
▲整理の日　×裏運気の日　▼乱気の日　＝運気の影響がない日

2021 11月

▼乱気の月

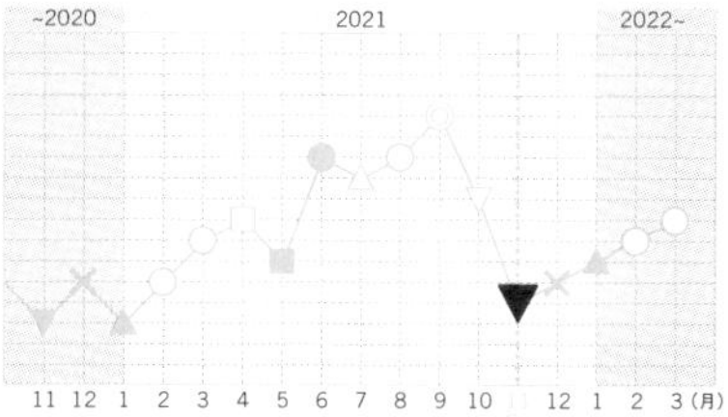

開運3カ条

1. 簡単に否定しないで、できるだけ肯定する
2. 自分の「うれしい」を相手にもしてあげる
3. 辛抱することが起きると覚悟しておく

総合運

計画を否定されたり、甘さを突っ込まれたり、やっと形になったものを崩されてしまうことがありそうな時期。人間関係も崩れやすく味方だと思っていた人が離れたり、チームワークが大きく乱れることに巻き込まれたりする場合もあるでしょう。自分中心に考えないで相手や周囲のことを考えて判断することが大切になりそうです。健康運は、体調の悪さを実感しそう。しっかり休む日を作って回復に専念しましょう。

恋愛&結婚運

恋人のいる人は大ゲンカになることや気持ちが一気に離れて冷めてしまうことがありそうな時期。特に交際1～2年以内のカップルはここで別れに向かう可能性が高く、愛情を試されることが増えるでしょう。新しい出会いは、あなたの心を乱す相手である可能性が高いので、仲よくなるのはいいですが、深入りは禁物。結婚運は、あなたが口を出すことが破談の原因になるかもしれないので注意。

仕事&金運

仕事を辞めたくなってしまうきっかけがある時期ですが、どんな仕事にも辛抱と忍耐力が必要だと忘れないようにしましょう。これまでの辛抱が無駄になってしまうような軽率な行動に走らないようにし、些細な仕事でも最後までキッチリ終えるように。後輩や部下にコツを授け引き継がせる気持ちで教えてみるといいでしょう。金運は、軽はずみに散財しないように注意。

1	月	▲	財布の中を整理してから出かけましょう。小銭でパンパンになっていたり、不要なレシートや期限切れのクーポン券があれば処分して。カバンの中もきれいに整えておくこと。
2	火	＝	普段とは少し違った雰囲気を出してみたり、生活リズムを変えてみましょう。気になることに少しでも挑戦したり、普段なら避ける色の服を選んで着てみるといいでしょう。
3	水	＝	新しい出会いの期待は薄い時期ですが、第一印象をよくしておくことは大事。しっかりと挨拶をしたり、笑顔を心がけて。爪や髪型などの身だしなみにも気を使っておきましょう。
4	木	□	積極的に行動することは大切ですが、自己中心的な考えを押し通そうとしないで。あなたのわがままな発言で周囲の人が離れてしまうかも。みんなが喜ぶことを考えて行動して。
5	金	■	思ったよりも疲れやストレスがたまっているので、頑張りすぎには要注意。夜はうれしいお誘いがありそうなので、早めに仕事を進めるのはいいですが、雑にはならないように。
6	土	●	友人や知人に誘われたり、異性と楽しい時間を過ごすことができそう。珍しい人から誘われたときは、面倒でもOKしてみましょう。夜は時間の確認を忘れないように。
7	日	△	遊びに出かけるのはいいですが、夢中になりすぎてケガをしたり、財布やスマホを落としてしまうかも。調子に乗りすぎて余計な発言をすることもあるので気をつけましょう。
8	月	○	実力を発揮するにはいい日ですが、弱点や欠点も出てしまうことがあるので気をつけて。付き合いの長い人のサポートや周囲の人に感謝することを忘れないようにしましょう。
9	火	○	同期やライバルから学べることがあるかも。結果を出している人の努力を認めると気持ちが楽になることも。素直にコツを教わってマネしたり、相手のいないところで褒めてみて。
10	水	▽	頑張りを認められなくてもヘソを曲げないで、どうしたら評価されるかもっと考えてみて。夜は苦い思い出ができてしまいそうなので、早めに帰宅しておきましょう。
11	木	▼	誤解や勘違いから人間関係にヒビが入ってしまいそう。相手への尊敬を忘れなければトラブルは簡単に避けることができます。話を前向きに捉えるようにすることも大事でしょう。
12	金	×	うまくいかないことが重なってしまうかも。周囲に迷惑をかけていなければラッキーと思いましょう。もし迷惑をかけてしまったら、しっかり謝って最善を尽くすようにして。
13	土	▲	クローゼットの中に眠っている着ない服はネットオークションに出すなどして一気に処分しましょう。季節外れのものを洗濯やクリーニングに出すと気分的にもすっきりしそう。
14	日	＝	友人の話を鵜呑みにすると後に恥をかいてしまうことがあるので、しっかり調べることが大事。間違った情報でも教えてくれた人を責めないようにし、冷静な判断を心がけて。
15	月	＝	愚痴や不満の聞き役になったり、面倒なことを率先してやっておきましょう。他人まかせにしていたことに気づけたり、相手の気持ちを理解できて、意外なヒントが見つかるかも。
16	火	□	人から信用してもらうためにも、あなたが相手を信用することが大切。相手の立場を想像して言葉を選んだり、行動を変えてみましょう。自分の利益だけで判断しないように。
17	水	■	睡眠不足から大きなミスをしやすいかも。自分の体の状況をしっかりと把握し、限界を感じるまで無理をしないようにして。仕事帰りにマッサージなどに行くのもいいでしょう。
18	木	●	チャンスに恵まれる日ですが、事前準備や日ごろの積み重ねがないと簡単に逃してしまったり、逆にピンチになってしまうかも。逃したときは、次のチャンスのために準備をはじめましょう。
19	金	△	1日のスケジュールをしっかり確認することが大事。なんとなくで行動すると後悔することになりそう。問題の原因をしっかり探り、反省を活かせるように努めましょう。
20	土	○	ハッキリしない関係の人と会うことになっても、過度な期待はしないで。友人に予定を乱されて無駄な時間を過ごすことになっても、覚悟しておくと気持ちは楽になるでしょう。
21	日	○	小さなくじが当たったり、プチラッキーな出来事がありそう。ポイントが倍になっていることに気がつくなど、些細な幸せを噛みしめて、周囲にお裾分けすることも大切でしょう。
22	月	▽	日中はいい判断ができ、勢いに乗れそう。のんびりせずに早めに行動することが大事です。夕方からは控えめなほうがよさそう。目立ってしまうと面倒なことに巻き込まれるかも。
23	火	▼	耳の痛いことや嫌みを言われてしまうかも。不機嫌を顔に出さない訓練だと思って、上手に聞き流せるくらい大人になりましょう。ストレスは他人にぶつけないようにして。
24	水	×	頑固になりすぎて視野が狭くなってしまいそう。せっかくのアドバイスを無視したり、誘いを断ったりしてしまうことで人間関係が気まずくなることがあるので気をつけましょう。
25	木	▲	気持ちの切り替えが大切な日。なくし物をしたり、大事なものが壊れても身代わりだと思っておきましょう。失恋したり人との関係が崩れてしまっても、縁のなかった人だと思って。
26	金	＝	失敗することが当然だと考え、思いきって行動して。臆病が最も怖いことだと思って、些細なことでもいいので新しいことにチャレンジし、経験を積むようにしましょう。
27	土	＝	なんとなく過ごすのではなく、自分の目標に向かって進む過程を楽しむことが大切。結果ばかりに目を向けないで、成長している自分を認めて。周囲の人の存在も忘れないように。
28	日	□	なんとなくで外出せずに、目的を決めて行動を。帰宅時間を決めておかないとダラダラして疲れがたまってしまうので気をつけて。夜はゆっくりお風呂に入る時間を作りましょう。
29	月	■	前日の疲れが残っていたり、寝不足を感じることがあるかも。油断していると体調を崩しやすいので気をつけて。10分だけでも昼寝をする時間を作ると体がスッキリしそうです。
30	火	●	突然注目されたり、お願い事が増えたりする日。簡単に断らないで、引き受けられることはできるだけやってみて。好みとは言えない相手から好意を寄せられることもありそうです。

2021

12月

× 裏運気の月

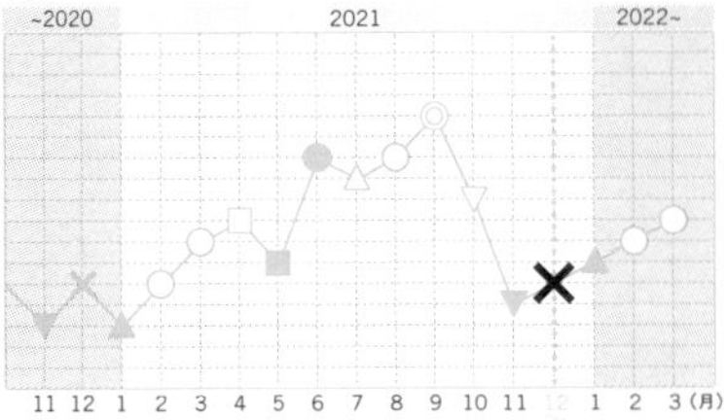

開運 3 カ条

1. 「このくらいで済んでよかった」とポジティブに捉える
2. 感謝と恩返し、「恩送り」の気持ちを忘れない
3. 不満の原因は自分にあると思って改善する

総合運

現状を変えたくなったり逃げ出したくなったりする時期。無謀な行動に走ってしまうこともあるので冷静な判断を。不満や不安は時間が解決することが多いので、ここは辛抱するようにしましょう。助けてくれる人や協力してくれる人に感謝と恩返しを忘れないことが大事。相手の善意を「相手が勝手にやったことだから」と思っていると同じ苦労を繰り返すでしょう。健康運は、体調を崩しやすいので注意しましょう。

恋愛＆結婚運

失恋や異性に心を乱されたり、騙されたりすることがある時期。独身と聞いていたのに既婚者だったと知ってしまうことなどがありそう。すぐに引き下がればいいですが、ズルズル関係を続けて痛い目に遭うこともあるでしょう。相手の嫌な部分が一気に表面に出てくることが多くケンカになりそうですが、あなたの短所も出やすいので気をつけましょう。結婚運は、破談になるかもしれません。

仕事＆金運

不満が爆発したり、不安なことが一気に出てくる時期。仕事を辞める選択をしたり、やる気を失ったり、プライドが傷ついたりする出来事も起きそうですが、大切なことまで手放さないようにしましょう。雑な部分や至らない部分をしっかり認め、今後の課題を見つけて何をどうするといいのか自分の問題として捉えることが大事でしょう。金運は、付き合いで出費が増えるでしょう。

1 水	△	集中力が低下しやすそう。交通機関での移動のときには手袋やマフラーなどの忘れ物に気をつけて。意識しておくとほとんどのミスは防げるはず。仕事でも小さなミスに要注意。
2 木	○	年始の目標がどれだけ達成できたか考え、今からでもできることがあれば、少しでも挑戦しておきましょう。この１年で差がついている同期や友人を認め、頑張る力に変えてみて。
3 金	○	普段からの仕事への姿勢が評価されるので、いつも以上に真剣に取り組みましょう。油断すると評判を落としたり、叱られるかも。評価が低いと思ったら自分の姿勢を見直して。
4 土	▽	友人や知人に日ごろの感謝を伝えましょう。ささやかなものでもいいのでごちそうしたり、ホームパーティーでみんなを楽しませてみて。人を喜ばせることでケチケチしないように。
5 日	▼	知り合いに予定を乱されたり、裏切られたり、自分への陰口を聞いてしまうことも。「こんなのはかすり傷」と思って流して、自分を理解してくれている人を大切にしましょう。
6 月	×	自分以外のアクシデントに巻き込まれてしまったり、責任を背負わされてしまうかも。理由を説明しても言い訳ととられてしまうので、グッと我慢して誠意を持った対応を。
7 火	▲	身の回りを整理整頓して。しばらく履いていない靴や傘立てにある不要なビニール傘などは処分しましょう。玄関をきれいにすると、気持ちもすっきりして運気もよくなるでしょう。
8 水	＝	何事も「大丈夫、なんとかなる」と思って取り組むことが大事。まずは行動し、経験から学びを得るようにして。苦しいと思うときは、自分のレベルが低いと思っておきましょう。
9 木	＝	新しいことを少しでもいいので体験して。友人を誘って話題になっている飲食店に行ったり、普段はなかなか食べないものを注文するなど、ちょっと冒険してみましょう。
10 金	□	どんなことからも学べるということを忘れないように。うまくいったときはどうしてうまくいったのかを考え、うまくいかないときは原因を探って、改善点を見つけましょう。
11 土	■	気の合う友人を集めてホームパーティーをしてみて。参加者ひとりひとりの好みを想像し、真心を込めて料理や飲み物などを準備しましょう。みんなの笑顔がストレス発散に。
12 日	●	自分のことだけを考えていると不満がたまってしまいそう。メッセージを送るときは自分の気持ちだけではなく、相手が返事をしやすい内容や言葉をしっかり選んで送るようにして。
13 月	△	ケアレスミスが多くなりそう。いつも以上に集中して物事に臨みましょう。頭の中を整理するためにも、メモをとって確認するのもいいでしょう。口も滑りやすいので気をつけて。
14 火	○	何事も中途半端にならないように気をつけること。取りかかったら最後まで気を緩めないで、最終チェックも忘れずに。読みかけになっている本を読み進めるのもいいでしょう。
15 水	○	仕事道具が故障して不要な出費が増えてしまわないよう、仕事道具はしっかり手入れをして、修理や調整をしておきましょう。お世話になっている人にお礼をするにもいい日です。
16 木	▽	頑張りを認められたり、いい結果が出そう。99％が自分の力ではなく、周囲やこれまで関わってくれた人のおかげだと忘れずに。自分の力だけだと思っていると苦しくなるかも。
17 金	▼	面倒な人に振り回されることがあるかも。不機嫌を顔や態度に出さないで、笑顔で対応することが大事。相手の立場で物事を考えてみると、やるべきことがハッキリするでしょう。
18 土	×	不機嫌になるような出来事があるかも。自分の感情をコントロールする練習だと思って、平常心を心がけてみましょう。幼稚な態度を出すと、信用や人気を落としてしまいそうです。
19 日	▲	大掃除に最適な日。部屋の換気をよくして、エアコンや換気扇など普段手をつけていなかったところを掃除して。部屋の空気の流れをよくすると幸運も舞い込みやすくなります。
20 月	＝	普段と違う仕事をまかされることがあるかも。不慣れなことも不運だと思わず、いい勉強だと思って。手応えがなくてもどうしたらコツをつかめるのかいろいろ試してみましょう。
21 火	＝	あまり興味がなくても、世間で話題になっている映画や本などに触れてみて。流行っているものには必ず何かしらの理由があり、そこには生きていくヒントが転がっているはず。
22 水	□	「人生は一度だから」とわがままに生きるのではなく「相手にとっても一度の人生」だと忘れないこと。お互いの時間を大切に使えたり、思いやりを持って接することができます。
23 木	■	疲れが出やすいので心身ともに無理はせずに、早めに帰宅しましょう。好きな音楽を聴くなど、のんびり時間を過ごしてゆっくり休んで。自分の健康状態を過信しないように。
24 金	●	予想外に楽しめるクリスマスイブになりそう。恋人がいなくても友人を誘ってみると楽しい時間に。異性の友人をノリで誘うと勘違いされることがあるので誘い方には気をつけて。
25 土	△	クリスマスを楽しむといいでしょう。遊ぶときはケチケチしないでパーッと楽しんでみて。自分だけでなく周囲を喜ばせることを強く意識してみると、いい思い出ができそうです。
26 日	○	友人を集めて忘年会をするといいでしょう。遠くて参加できない人はネットでつないでみると思った以上に盛り上がることがあるので、懐かしい人にも連絡してみて。
27 月	○	年末年始の買い物にはうってつけ。ネットでもいいので必要なものをまとめ買いしましょう。2022年の目標を立てるにもいい日なので、小さくても叶いそうなことを目標にしてみて。
28 火	▽	午前中は物事が進みやすいので、のんびりしないでどんどんやれることを済ませましょう。夕方あたりからは疲れを感じたり予定通りに進まなくなるので、イライラしないように。
29 水	▼	自分の行動が裏目に出てしまったときには、しっかり反省をして、迷惑をかけた相手に心からの謝罪をすること。次に同じような失敗をしないよう工夫をすることが大事です。
30 木	×	自分がされてうれしいことをほかの人にしてみて。自分をいちばんに考えると、見逃してしまうことがあるかも。何を言われるとうれしいか、どうすると喜ばれるか考えて行動して。
31 金	▲	この１年を振り返り、成長したこととできなかったことをいろいろ考えて反省しましょう。自分がこれからやるべきことをシンプルに考えれば、道が見えてくるでしょう。

☆開運の日　◎幸運の日　●解放の日　○チャレンジの日
□健康管理の日　△準備の日　▽ブレーキの日　■リフレッシュの日
▲整理の日　×裏運気の日　▼乱気の日　＝運気の影響がない日

銀のイルカ座

12年周期の運気グラフ

銀のイルカ座の2021年は…

✕ 裏運気の年

自分の欲望や考え方、行動が普段とは逆に出る「裏運気の年」。裏の能力を活かせれば、新たな才能が開花します。ただし、裏運気で手にしたものは４年後の「健康管理の年」までに軌道修正を。

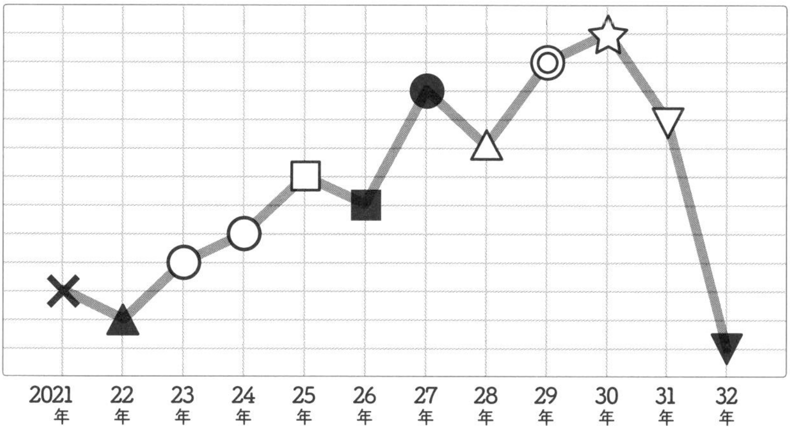

☆ 開運の年　◎ 幸運の年　● 解放の年　○ チャレンジの年　□ 健康管理の年　△ 準備の年
▽ ブレーキの年　■ リフレッシュの年　▲ 整理の年　✕ 裏運気の年　▼ 乱気の年　＝ 運気の影響がない年

銀のイルカ座はこんな人

基本の総合運

明るく陽気で華やかな印象を与える人。人当たりもよく、ユーモアセンスや話術もあり、自然と人を引き寄せる魅力があります。イルカが船と競って遊ぶように、常に遊び心を持って生きているため、真面目な感じや束縛や同じことの繰り返しの生活からは抜け出したくなるでしょう。変化や楽しい空気を感じる場所に自然と向かってしまうところや、大事なことは人まかせになってしまうところもあるでしょう。愛嬌があるため、挨拶やお礼などマナーをしっかり身に付けると助けてくれる人が増えて楽しく生きられそうです。

基本の恋愛&結婚運

恋は、ノリと勢いと華やかさに弱いタイプ。地味でおとなしい感じの人に目を向けることは少なく、自然と外見や服装のセンスのいい人や、才能を発揮している人に惹かれてしまいます。異性の扱いが上手な人と関係を結ぶことも多いので、「恋愛は遊び」などと割りきってしまうことも。結婚後は家庭を大事にしたいという思いはありますが、遊び心を理解してもらえない相手とはうまくいかなくなったり、ノリや勢いだけで先を考えずに籍を入れてしまったりすることもあるでしょう。

基本の仕事&金運

仕事と趣味が連動すると驚くような能力を開花させます。仕事にゲーム感覚で取り組んでみるのもいいので、どう考えたら楽しくおもしろくなるか、いろいろと試してみるといいでしょう。楽しくない仕事はすぐにやる気を失い、労働意欲は弱くなりますが、職場に気の合う人がいると続くでしょう。金運は、楽しくお金を使うタイプ。チマチマ貯めたりケチケチすることは性に合いません。派手に使ったり、流行や話題の服を手に入れるために使ってしまったりすることも多いでしょう。

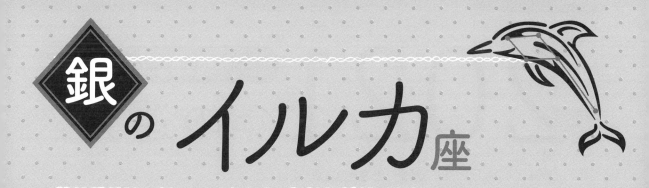

2021年の運気

× 裏運気の年

2021年開運 3カ条

1. 忍耐強さを活かす
2. マイナス面ばかりではなくプラス面を探す
3. 考え方は柔軟に

総合運

裏の自分を理解すると新たな能力を発揮
自分中心ではなく、他人を優先して

五星三心占いの中で最も特徴的な「裏運気の年」。運気はよし悪しではなく「表と裏」に出るだけで、裏運気の時期は自分の欲望や考え方、行動が普段とは違う「裏」に出る時期です。2020年の「乱気の年」は、表と裏が混ざり運気や心のコントロールが難しい1年だったと思います。しかし、2021年は「真裏」に出る年。裏の自分を理解することで能力をうまく利用し、才能を開花させられるでしょう。そのためにも「裏の自分」を理解しておくことが大事。裏の性質がわかると、不安や悩みなどを消すことができ、能力を活かせれば人生の大逆転を狙うことができるかもしれません。ただ、ゆくゆくは運気が表に戻るので、2021年に目標を達成したとしても、幸せを長続きさせるためには「軌道修正」が必要です。2021年に得た幸せはずっと手元にあるのではなく、形や色が変わって後の人生を大きく左右するきっかけになるものです。何に気をつけて何を活かせばいいのかを、よく考えて行動するようにしてください。

銀のイルカ座は最も華やかで、過去にこだわることが少なく、欲望を優先して行動することが多い星です。しかし、2020年あたりから孤独で地味な生活がはじまるなど、流れが急激に変わった人も多いでしょう。裏の「金の鳳凰座」の能力に目覚め、じっくり物事を考えて、ひとつのことに時間をかけることが増えたかもしれません。また、ひとりや少人数でいるほうが楽になっているでしょう。あなたの裏側にある「忍耐強さ」を発揮する年だと思うことで、不慣れな勉強や苦手で継続できなかったことが、2021年は辛抱強く続けられるようになります。特に、華やかなことや欲望に流されやすかった人ほど、2021年は気を引き締めて真面目に生きられるようになるでしょう。人生観を大きく変えるきっかけもあるかもしれません。不慣れなこと、苦手なことへの取り組みが増えると思いますが、多くはこれまで自分が取り組んでこなかったしわ寄せがやってきているだけ。「運が悪い」のではありません。現実を見つめて、今の自分には何が足りないのかを受け止めましょう。そして、今後の人生の課題として捉えることが大事でしょう。

問題は、裏に入っているのに、表の自分のままで生きようとすることです。そのような姿勢でいると、大きな不運や困難を自ら引き寄せてしまう可能性が。すでにあなたは「金の鳳凰座」になっていると思うことが大事です。遊び心を忘れられない、地味なことが苦手、忍耐のいることに取り組みたくない、華やかに楽しく生きたいなどの気持ちでいると、自分自身が苦しくなってしまうだけです。そのため、後先を考えないで逃げるように仕事を変えたり、現実を受け入れずに遊びを優先したりしないでください。長い闇に入って抜けられないどころか、今後の運気の波に乗ることができなくなる可能性もあるでしょう。裏運気の年は「自分」を出す時期でも「自分中心」の年でもありません。自分らしさをアピールすることは周囲とのトラブルを引き寄せてしまうので、無理に自分を出すよりも、流れに身をまかせることが大事。また、流れに逆らうと苦しくなり、無駄なパワーも使ってしまいます。思い描いていたゴールにはたどり着けないかもしれませんが、違う場所に到達できることがあるでしょう。

「裏運気の年」で、最も注意すべきは体調です。特にこれまで健康で問題がなかった人ほど注意が必要。「健康で問題がなかった状態」が表だとするとこれが裏になるので、体調を大きく崩すことや病気が発覚する可能性も。同じように「問題がない」と思っていたことに、トラブルが出てくるのが裏運気の特徴。人間関係に問題がないと思っていた人ほど、裏切りなどが発覚し、交友関係が崩れてしまうかもしれません。これまで楽しく過ごせていた人ほど痛手があるでしょう。ほかにも、事故を起こしたことがない人ほどその危険が高まる時期です。今までになかった問題が起こる可能性があるので、いろいろと想定をして慎重な行動を心がけることが重要になってきます。銀のイルカ座の裏の怖さは、「金の鳳凰座」の「頑固さと視野の狭さ」が出てしまうこと。身勝手に「ここは大丈夫」と思ったことほど気をつけなければなりません。普段なら柔軟に発想できるところで考えが固まってしまい、肝心なことを見落としてしまいます。できるだけ考えを柔らかくして「これは気をつけたほうがいいかもしれない」と、用心して過ごすことが大切。調子に乗らないで気をつけていれば多くの問題は避けられるので、慎重な行動を心がけてください。

転職、車の購入、引っ越し、家やマンションや土地の購入などはオススメできません。裏運気だと間違った方向に進んでしまう可能性が高まり、後の運命を大きく狂わせてしまうことがあるからです。特に転職は注意が必要。2020年の段階ですでに転職してしまった人もいるかもしれませんが、2021年は自分の至らない点をしっかり認め、不慣れなことや苦手な仕事も、自分の成長につながると思って簡単に逃げないようにしてください。大変な状況になった原因や理由を知る時期でもあるので、辛抱することが大事です。車の購入もオススメできません。どうしても購入しなければならないときは自分で決めず、家族、友人、知人などに、車種や色などを選んでもらうといいでしょう。選んでもらう相手は、運気のいいタイプの人にしましょう。また、仕方がなく引っ越す場合、その家に長く住まなければ問題ありませんが、2022年の「整理の年」の下半期から2023年の「チャレンジの年の１年目」の上半期には必ず引っ越してください。とはいえこれはあくまでも裏技的なことなので、できるだけ引っ越しはやめましょう。同じように家やマンション、土地の購入は、転売するか手放す覚悟があれば問題ありません。しかも、損をする場合もあるので、できればこちらも避けましょう。また、突然、家業を継ぐ流れになるかもしれません。継ぐこと自体はいいですが、その後に問題や失敗が起きやすいでしょう。2021年はできるだけ大きな決断や判断を避けてください。

開運のつぶやき　大きな目標はひとつでいい。小さな目標はたくさんあるほうがいい

「裏運気の年」だからといって、すべてが最悪なわけではありません。裏に出るわけなので、逆にいいことが起こることも。たとえば、これまで出会う機会がなかった人と仲よくなれたり、年齢の離れた人や「先生」と言える人と飲み仲間になったりするかもしれません。忍耐のいる習い事をするにもいいでしょう。厳しさを持ちながらもあなたの体のことをしっかり考えてくれるパーソナルトレーナーや、武術や武道の師範など、これまでなら考えられない人脈ができる可能性もあります。職場でも、今まで仲がいいとは言えなかったような人との関係が深まるかもしれません。面倒なこともありますが、2021年と2022年だけの短い付き合いだと思って合わせてみてください。ときに振り回されるかもしれませんが、これまでとは違う世界を知れて、学びもあるでしょう。

最も楽しみなのは宝くじ。「当たる！」とまでは言えませんが、「これまで少額でも当たったことがない人」「宝くじを購入したことがない人」ほど、裏に出るので当たる可能性があります。過剰に期待しないで、「裏運気の唯一の楽しみ」というくらいの気持ちで購入してみるといいでしょう。同じように裏を狙う意味で、絶対に手が届かないような相手に告白をしてみると交際できる場合が。ダメ元で告白してみるのもいいでしょう。2020年あたりから、「興味のあることが変わってきた」と感じている人もいるかと思います。自分でも意外に思うことほど挑戦してみるといいですが、裏運気の時期は欲張ると危険。何事も期待せず、「ダメで元々」を忘れないようにしましょう。

裏運気をやたら怖がるのではなく、裏の生き方や能力を理解すれば、それを上手に活かすこともできます。ただ、2021年に得たものは失うスピードが速いので執着をしないことが大事。特に裏の「金の鳳凰座」は執着が強いので、本来ならこだわらないようなことに執着をしてしまいます。それが後の苦労や困難になってしまうので、2021年に仲よくなった人とは長く付き合わない、引っ越しをしても長く住まない、大金を手に入れても偶然だと思って期待をしない、自分のポジションにこだわらないなど、「今年は手にするものがなくて当然だ」と思って過ごしましょう。

ちなみに芸能界では「一発屋」と言われる人がいますが、彼らが注目されやすいのが裏運気のときだったりします。これは、それまで売れない人が裏に入り、「売れる」状態になっているため。しかし、運気が表に戻った場合も「裏のままでいける」と思って味わった成功を上手に手放すことができないでいると、結果としていろいろな問題を抱えてしまい、そのまま消えてしまうこともあります。裏運気で手に入れたものは、１年後の「整理の年」から４年後の「健康管理の年」の上半期までに手放して、方向性を整えることが必要です。２～３年後に訪れる「チャレンジの年」に手放しても、大丈夫です。また、手放すタイミングは、できれば運気のよい月や日にするといいでしょう。

2021年は、これまでお世話になった人や支えてくれた人、恩のある人に、感謝の気持ちを表わしてください。恩返しをするつもりで行動することが大事になり、自分ではなく「他人」をどれだけ大切に思えるか、相手の身になって物事を判断できるかが重要になります。そして何よりも、裏運気のルールや裏の自分のことをきちんと理解すると楽しく生活ができて、大きく成長できるきっかけにもなります。自分も周囲も笑顔で過ごすために、些細なことで不満を募らせたり、イライラしたりしないでください。小さな不運は吹っ飛ばすくらいの力があると思って、上機嫌で１年を過ごしましょう。

恋愛運

好みと逆のタイプを好きになるかも 2020年、2021年に出会った相手は要注意

「裏運気の年」の恋愛は、予想外の展開になりやすく裏目にも出やすくなります。想像以上に苦労するでしょう。基本的にはオススメできる時期ではありませんが、自分の異性に対する好みが変わる可能性があり、ストライクゾーンが広がるきっかけになります。これは心の振り子が通常とは反対に振れている状態なので、好みのタイプとは真逆なタイプに惹かれやすいからです。たとえば、普段は外見が派手なタイプを好む人ほど真面目で地味な人に、普段は真面目で地味なタイプが好きな場合は逆に派手な人に恋をするというようにです。

また、恋愛から遠のくことで本当の愛や自分に見合う人を見極めることができるので、裏運気の経験が後の恋に大きな影響を与えるようになるでしょう。特に自己中心的な恋が多かった人ほど、今度は自分が相手に振り回されてしまいそうです。立場が変わることで相手の気持ちが理解でき、本当のやさしさに目覚めることも。何を学ぶかによっては大きく成長できるので、「この時期は運が悪かった」「最悪な恋愛」で終わらせないようにしましょう。

恋がエネルギーとなるタイプですが、2020年あたりから恋愛がうまくいかなくなっているかもしれません。また、自分でも予想外の人に恋していることがあるでしょう。思った以上に進展しないため、2021年はさらに焦ってしまい、冷静に異性を見極めることができなくなってしまうかも。周囲の制止を無視して、危険な恋に走らないようにしてください。最も注意が必要なのが、2020年の「乱気の年」、あるいは2021年の「裏運気の年」にはじめて出会った相手との交際です。危険や不運が伴うので、たとえ好みのタイプやいい条件でも簡単に飛び込まないでください。妊娠のトラブル、DV被害に遭う、実は既婚者で知らぬうちに不倫関係に陥っていた、金銭トラブルに見舞われる、もしくはあなたが浮気などして大揉めするかもしれません。想像以上のことが起こる確率が高いです。特にひと目惚れした相手や、これまでとは違うと感じるくらいやさしすぎたり真面目すぎたりするタイプ、人の話を最後まで聞かず自分の話ばかりするタイプにはくれぐれも気をつけてください。ここでの恋愛は、今後の人生を棒に振ってしまう可能性があります。泥沼の恋愛がトラウマになり、この先結婚ができなくなることもあるので、周囲からの助言には必ず耳を貸しましょう。

すべての恋愛がダメというわけではありません。ただし、「いい人だし、うまくいくと思う」と周囲から勧められる人が出てきても、会話が盛り上がらない、生活レベルが違う、外見が好きになれないなど、どうしても一歩踏み込めないかもしれません。悩んだとしたら、交際するほどの盛り上がりはないけれど、一緒にいると楽な友達であれば、付き合っても問題ありません。完全に高嶺の花と思われる人にダメ元で告白をしてみるのもいいでしょう。今年は結果が裏に出るので、予想外の人と交際できる可能性があります。ただし、この相手とは縁が短いのであっという間に別れてしまいます。また、盛り上がった途端に相手の気持ちが離れてしまうことも。2〜3年前にはじめて出会った、好みのタイプではない人との交際もいいでしょう。

開運のつぶやき ▶ 本気で尊敬できる人に出会えただけでも相当な幸運

結婚運

「とりあえず」からの結婚は危険
恋に超臆病な人ほど積極的になれる年

結婚には不向きな「裏運気の年」。特に慎重にならなくてはいけないのが、2020年の「乱気の年」の恋愛で痛い思いをしたからと、とりあえずの交際から結婚に進んでしまうこと。2020年と2021年の恋は6年後に、離婚や予想外のトラブルなどを招く可能性があります。周囲の評判や相手の家族、相手の価値観などをしっかり理解しておきましょう。特に、交際期間が短く条件がいいような相手ほど、裏の顔があるかもしれません。実は結婚詐欺だったというような場合もあるので、お金の話になった場合は警戒しましょう。

結婚相手として最もダメな相手は、「とりあえず」の気持ちから付き合った人。「年内に結婚すると確実に離婚する」と言っていいほど大変なことになります。簡単に離婚できればいいですが、親族や子どものトラブルなどに発展する場合が。また、ひと目惚れからの勢いだけで結婚に進むことは避けてください。さらに、不倫や三角関係など、略奪の恋から結婚をすると、その先も浮気や不倫問題に悩まされることになります。「好きだから」だけの感情で突っ走らずに周りの意見も聞き、「結婚しないほうがいい」と言われた相手との結婚は絶対にやめてください。「自分だけが相手の魅力に気がついている」などというのは勘違いか、相手に騙されているだけ。距離をおき、冷静に考え直してください。

裏運気だからこそ結婚できるタイプもいます。結婚を諦めていた人や、仕事ばかりで結婚を考えていなかった人が突然入籍する場合も。また、そもそも結婚願望がない人、自由な生活が好きな人は裏運気だからこそ結婚に踏み込めます。しかし、離婚率が高くなる時期です。そもそも自由を求める人は離婚率が高いので、その心構えはしておきましょう。また、恋に超臆病で交際を避けてきた人ほど、裏運気になると開き直ることができて、突然、蓋が開いたように積極的に。そのため、真面目で臆病すぎる人は裏運気が結婚期になることも。これまでの恋愛を振り返り、臆病が原因で婚期を逃している人は、周囲も認めるやさしく真面目な人を紹介してもらうといいでしょう。「裏運気の年」は自力で相手を探そうとすると外れに当たる可能性が。「時計座」の人に頼むと、いい相手を見つけてくれそうです。

できれば結婚は、2022年の「整理の年」の下半期以降がオススメ。運気が表に戻る2023年の「チャレンジの年」に「結婚というチャレンジ」をするくらいがいいでしょう。この年になると物事がスムーズに進むようになります。また、自分に結婚運がない場合は、相手の運気を調べてみましょう。裏運気は流されることも大事なので、相手からの猛烈なプロポーズは素直に受け入れてみるのもいいでしょう。ただしそのケースの場合、主導権は相手にあります。入籍日、結婚式、披露宴など結婚に関わることは口出ししないのが条件となるので、合わせることを楽しんでみましょう。

2021年は自分磨きと冷静な分析が大事です。「どんな人と結婚したいのか」について考えて、自分に足らないことを学び、成長させてくれる時期だと思ってください。相手のいい部分を見つけるクセを身に付けて、どんな人とも楽しい時間を過ごせるようになりましょう。

仕事運

**苦手な仕事が多くストレスがたまる年
薄っぺらな自信とプライドを捨てよう**

裏運気の影響から、予想外の仕事をまかされるために苦労や困難が増える年。自分の至らない部分がしっかり見えてしまうので、やる気をなくしてしまい転職や離職を安易に考えてしまうでしょう。孤独な作業や不慣れな仕事をまかされることが多く、結果もなかなか出ません。また、職場の人間関係がギクシャクしてしまうなど、悩みが重なってしまいそう。特に、これまで他人まかせでサボっていた人ほど2021年は苦しくなりますが、ネガティブになってはいけません。原因は自分にあると受け止めて、成長するきっかけだと前向きに捉えるようにしましょう。楽しく仕事をしたい気持ちが強い銀のイルカ座ですが、2021年は考え方を少し変える必要があります。困難なことに直面したら「難しいゲームをやっている」と、心に火をつけて気合いを入れましょう。

すでに2020年中に問題を出しきり、しっかり反省をして、苦手な地道な努力を繰り返して謙虚に過ごしてきた人は、2021年は大きな問題が少なく成長のきっかけをつかめるでしょう。今までとは違うタイプの仕事をまかされることで、一から学び直すこともあるかもしれません。忍耐力を鍛える時期だと思って受け止め、基本に立ち返って真面目に学ぶと、後に役立ちます。また、一見、遠回りと思えることが近道に。不要なこと、無駄だと思えることでも調べてみましょう。そして勉強してみると、役立つことが出てくるかも。たとえすぐには活かせなくても、多くを学べるでしょう。

感情的な転職や離職は要注意です。仕事での苦労は、これまで真剣に取り組んでこなかったことが原因です。他人に押しつけてきたしわ寄せがきているので、能力を身に付ける努力をしましょう。薄っぺらな自信とプライドは不運を招くことになるので、今年はそれを捨てるための試練の時期だと思いましょう。また、自分勝手な行動や欲望に突っ走ると必ず痛い目に遭います。収入アップや待遇のよさなど、目先の利をとると後の苦労が長くなるだけなので気をつけて。なお、この時期の「簡単に儲かる副業」は大損する可能性があるので騙されないようにしましょう。

「裏運気の年」は、「自分のことよりも他人や周囲のために何ができるか」「どうすれば喜んでもらえるか」を考えることが大事。何事も勉強だと思って、しっかりと受け止め、「周囲の人のおかげ」と思っておくと、次につながる流れを作れるでしょう。ときには仕事を失い収入が激減することもありますが、空いた時間で何をするかで人生が変わります。遊びや快楽に走るのではなく、仕事や成長に必要な勉強や読書をしましょう。スキルアップのために時間を使うことが大切。

また、「裏運気の年」は予想外のことが多く、困惑する時期です。事前に心構えをしておくことが大事。単純に「不運」と片づけないで、問題が起きたら、準備がちゃんとできていたかも振り返ってください。そして、「今後はどうすることが正しいのか」を冷静に考える必要があります。なお、予想外の仕事にハマるかもしれません。それにより急激に注目され、大きな結果を出す場合もありますが、2021年の結果には執着をしないでください。

開運のつぶやき ▶ 他人のやさしさや親切心を「ラッキー」で終える人には幸運はやってこない

金運

お金を丁寧に使う気持ちを忘れずに 節約の知恵を育てよう

「裏運気の年」の金運はアップダウンが激しく、予想外の出費が重なります。身近な機械や家電が壊れて買い換えたり、体調を崩して医療費がかさんだり、自分以外の家族の出費が増えたりしてしまうかもしれません。また、車を壁に擦る、ぶつけるなどして修理が必要になることも。余計な出費を防ぐためにも、いつも以上に気をつけて運転しましょう。さらに、儲け話に騙されることもあり、大損してお金に困っていると、さらに危険な誘いがくることもあります。「ピンチのときほど注意が必要」ということを忘れないようにしましょう。

銀のイルカ座の「裏運気の年」は、散財に要注意。華やかなもの、可愛いものなど欲しいと思ったら、リボ払いやローンで購入しているかもしれません。それにより、そのときはよくても気がついたら大量の借金を抱えてしまうことが。「本当に価値のあるもの」か「本当に生きるために必要なもの」なのかを考えて、お金を使うようにしてください。ケチになるのではなく、お金の価値を理解する年だと思って、収入よりも生活水準を少し下げて日常を楽しんでみること。ときにプレゼントを贈り、ごちそうするなどして他人を笑顔にすると、後に幸運となって戻ってくるかもしれません。また、お金に困ったときほど少額でいいので寄付をすると、気持ちや考え方が変わってくるでしょう。

一方で、裏運気は「宝くじ」に楽しみがある年です。「当たる！」とハッキリ言えるわけではありませんが、様々なことが裏目に出る年なので、まったく当たった経験がない人に当せんの可能性が。これまで一度も宝くじを購入したことがない人は、少額でいいので購入してみて。しかし、ここで欲を出すとまったく当たらないので、「ダメ元」で少しだけ買ってみましょう。また、懸賞への応募もオススメです。こちらもこれまで当たったことがない人ほど、いい結果が出るでしょう。ほかにも、博打に勝てることがありますが、「あのとき当たったから」とその後のめり込んでしまう可能性が。結果的に大損をする流れを作りやすいので気をつけましょう。特に銀のイルカ座は、遊び心に弱いタイプ。裏運気でハマると抜けられなくなってしまうことがあるので、2021年の臨時収入は「偶然だ」と冷静に捉えるように。

2020年の「乱気の年」から、給料が下がるなどすでに収入が不安定になっている人もいるでしょう。気が引き締まり、節約やお金の価値を学んでいる場合は2021年もその流れが続きますが、お金を丁寧に使う気持ちがゆるくなって、不要なものを購入してしまうかも。また、心の隙を突かれてしまうことがあるので、信頼できる身内や友人でも、お金の貸し借りだけは避けるようにしましょう。どうしても貸す場合は「あげる」ことにしたほうが、後のイザコザの原因にはなりません。あげられない額は、渡さないこと。お金に困る年ではありますが、使い方を真剣に考えて、学べる年でもあります。「お金とは感謝の対価」だと忘れないことが大事です。自分や周囲を楽しませて笑顔をもたらすことができれば、お金に困ることはないでしょう。2021年は、お金を使わずに生活を楽しむ知恵を育てる時期だと思いましょう。物欲や欲望に走らないで、大切なことを学んでください。

家庭運

気まずい空気が流れて離婚問題に 子どもとの関わり方を見直す時期

「裏運気の年」は、仲がよかった夫婦ほど注意が必要です。2020年くらいから距離を感じていたり、倦怠期に入っていたりする場合は特に気をつけてください。些細なすれ違いで大ゲンカや長期の無視に発展してしまいそうです。家庭内に流れる気まずい空気が原因で浮気や不倫に走ってしまい、それが発覚して離婚問題につながる可能性もあります。すでに別居している場合は、ここで区切りがつくかもしれません。しかし、「裏運気の年」の離婚はあなたにかなり分が悪い場合が多いので、ここはグッと我慢をして引き延ばしたほうがいいでしょう。些細な態度や言葉が原因でケンカになってしまった夫婦は、時間をかけて丁寧に相手に向き合うようにすれば、仲直りできるでしょう。

夫婦関係の問題は、裏運気の自分に原因があると思い、家で機嫌よく過ごすことが大事。「相手の責任」にしていると、問題はいつまでも解決しません。相手に変わって欲しいと思うのなら、まずはあなたが見違えるくらいの変化を見せる必要があるでしょう。善意のこもった行動をし、雑になっている言葉使いを直すなど、これまでにないサービス精神を見せてください。2021年がきっかけで、夫婦生活が最高によくなる場合もあるでしょう。また、特に夫婦関係に問題がない場合は、両親の体調が崩れるなど、他の問題が出てきてしまう可能性も。両親には、早めに健康診断を受けてもらうようにしましょう。父親との縁が切れやすいので気をつけましょう。

子どもとの関係では、親離れがはじまる時期です。反抗期に入り、子どもの気持ちや考えを理解できないことが出てくるでしょう。2020年あたりから距離を感じる場合は、今年一気に加速することになりそう。あなたがどんなによかれと思っても子どもからしたら面倒でしかないので、適度な距離を保ち、自分の正しさを押しつけることはしないようにしましょう。また、子どもがトラブルに巻き込まれて相談されることも起きそうです。しかし、自分の子どもを中心に考えても答えが見えません。学校や地域など、ほかの大人達と「どうするとよいのか」を考えてみるといいでしょう。ときには頭を下げて、お願いに行くことも出てきそうです。

また、「ネガティブだから人は成長ができて、ポジティブだから前に進める」「どんなことにもプラス面とマイナス面がある」と伝えてみるといいでしょう。ネガティブなことは必ずしも悪いことではなく、そこで「自分はまだまだ」と学んだことが成長につながるということも。それでも前に進めない場合は「とりあえずやってみよう」というポジティブな言葉をかけて、経験や失敗の大切さについて話す機会を作ってみましょう。マイナス面があるということは、必ずどこかでプラス部分があるもの。それをどうやって見つけるのか家族で一緒に考えてみるなど、柔軟な発想を身に付けるために取り組むといいでしょう。

裏運気の家庭運では、子どもができて難を逃れることがあります。また、出産を経験することでたくさんの学びもあるでしょう。子育てがはじまり夫婦関係も変わってくるので、感謝や助け合いの気持ちを忘れないようにしましょう。さらに何事も勉強になる、学びの多い時期だと思っておきましょう。

開運のつぶやき ▶ 誰でも失敗をするもので、問題はそこから学ぶか学ばないかだけ

健康運

美意識の低下は体調を崩すサイン
不調がない人も運動をはじめてみて

2020年と2021年は、体調に注意が必要な時期。特に2020年あたりから体調に異変を感じている場合は、早めに病院に行きましょう。人間ドックの精密検査を受けることもオススメです。また、疑問に感じるときは必ずセカンドオピニオンを受けるようにしてください。できれば評判のいい病院や信頼できる人から、お医者さんを紹介してもらうといいでしょう。「このくらい平気」は後悔することになります。少しでも変な感じがする部分は「一応調べてもらおう」と思って、病院を受診しましょう。胃の不調を感じるときは、胃カメラで診てもらうようにしてください。

特に体調に問題がない人でも日ごろから運動不足の場合は、この裏運気のタイミングでスポーツをはじめてみましょう。裏の星である「金の鳳凰座」の能力に影響を受けて忍耐力が増加しているので、この能力を上手に活かせると健康な体作りができるでしょう。普段は興味の薄いジョギングなどに挑戦してみてください。ただし、頑張りすぎはケガの原因になります。熱中しすぎない程度に、軽く走ってみましょう。ほかにも、ひとりで熱中できる運動をするのもオススメ。体を絞ってダイエットをするにもいい年です。これまで挑戦したことのない方法を試してみると、思った以上に辛抱強く続けられるかもしれません。

2021年の問題は、体調を大きく崩してしまうこと。2020年から異変を感じていたにもかかわらず、我慢をしてやり過ごしてきた人は危険です。大きな病気になる可能性があり、ここから９年間くらい回復に時間がかかってしまう場合があります。過信が最も危険なので、食事のバランスを整えて生活習慣を直すようにしましょう。年齢に見合うような食事をはじめ、飲酒をできるだけ避けて休肝日をしっかり作るように心がけてください。時間があるときは断食道場などに行って、デトックスをしてみるのもいいでしょう。年齢とともに、代謝や筋力が落ちていることを実感しているかもしれません。2021年は睡眠時間をいつもよりも１～２時間長く取ることを心がけましょう。また、朝は軽くストレッチをするなどして、健康的な生活を送るといいでしょう。

裏運気になると美意識が急激に落ちてしまうので注意が必要です。油断していると、急激に太る、メイクが雑になる、髪型を変えすぎてしまうといったことになるかもしれません。「美しくいよう」と思う気持ちは、健康的な体作りにつながる大切なことです。美意識が落ちてきたときは、体調を崩しはじめるシグナルの場合も。美意識を保つために、少しサイズの小さな服を近くに置いておき、ときどき着て変化をチェックするといいでしょう。また、家でできるヨガの動画を観て実際に試したり、軽い運動を続けたりするとこれまで以上に美しくなれるでしょう。「エステに行く」「整形手術をする」など他人まかせの美容は後悔することになるので、2021年は自力で頑張ってきれいになりましょう。メイクや髪型を年齢に合わせることも大事になってくるでしょう。また、美容に関わる詐欺にも引っかかりやすい時期なので、高額の契約などには気をつけるようにしてください。

年代別 アドバイス

年齢が違えば、起こる出来事もそれぞれに違います。
日々を前向きに過ごすための年代別アドバイスです。

年代別アドバイス 10代

思い通りにならないことが多い1年。苦労や困難を経験することで「裏の自分」を認識できるでしょう。友人関係が崩れることがありますが、縁のない人には執着しないでください。また、裏切られる原因は自分にもあるので、しっかりと反省をして今後に活かすようにしましょう。年齢に見合わないものは処分して身の回りをスッキリさせて。幼稚なことから離れると大きく成長できるでしょう。忍耐のいる勉強に取り組むこともいいでしょう。

年代別アドバイス 20代

人生ではじめて苦労を感じる年。自分の視野の狭さや身勝手な振る舞いが面倒なことを引き寄せていると気づきましょう。不要なことに執着しないで、流れに乗りながら手放すことで一気に楽になるでしょう。弱点や欠点を突っ込まれてもヘコまずに、期待に応えられるように努力をして、自分のやるべきことをしっかりと見つけてください。振り回される異性と縁が切れても「どんなタイプがダメなのか知ることができた」と、前向きに捉えましょう。

年代別アドバイス 30代

大切な人との別れがあったり大きな壁を感じる年。実力不足が露呈しますが、成長のきっかけにするといいでしょう。降りかかってきた問題を他人や時代のせいにしないで、日々の努力や積み重ねの足りなさを認めてください。ひとりの時間をしっかり作り、スキルアップの資格取得など、仕事に役立つことを学びましょう。異性に振り回されている場合ではないので、チヤホヤしてくる人ほど距離をおくようにしましょう。

年代別アドバイス 40代

大事な人との別れがある年。また、体が重たくなってくる年でもあるので、基礎体力作りに取り組み、年齢に見合う食事を心がけてください。遊びながらでもいいので筋トレを続けるようにしましょう。人との距離があいたとき、気にしない姿勢も大事ですが、修復のために自分の考え方や言動を変える必要もあるでしょう。若い人から学べることも増えてきます。人に教えながら、人に教えてもらうことが多くなる年代だと受け止めましょう。

年代別アドバイス 50代

2020年あたりから起こっているスタミナダウンや体調の崩れに加速がかかる年。無理のない程度に運動をしたり消化のいい食べ物を選んだり、生活リズムを大きく変える必要があるでしょう。また、人との縁が切れてしまうこともあります。自分がよかれと思ってやったことでも相手にとっては迷惑なことがあるので、押しつけがましいことは控えましょう。お節介はほどほどにして、お願いされたときに手助けするようにしてください。

年代別アドバイス 60代以上

2020年前あたりから調子の悪いところに、最も注意がいる年。小さな体調の異変をそのままにしないでしっかりと検査をしてもらい、セカンドオピニオンも受けましょう。また、ストレス発散も必要なので、ウォーキングなどの軽い運動を行ってみてください。頑固さが増してくる年なので「老いては子に従え」を忘れないように。ほかにも、金銭トラブルが出やすいので貸し借りは避けるようにしましょう。

開運のつぶやき ▶ 遊び心のある人は幸運をつかむ

あなたの命数は
P.10からはじまる
命数早見表でチェック！

命数別2021年の運勢

【命数】
51

華やかで心は高校生

基本性格

負けず嫌いの頑張り屋で、目立つことや華やかな雰囲気を好みます。やや受け身ながら、意地を張りすぎずに柔軟な対応ができ、誰とでもフレンドリーで仲よくなれます。心は高校1年生のまま、気さくで楽な感じでしょう。女性は色気があまりなく、男性の場合は少年の心のまま大人になった印象です。仲間や身近な人を楽しませることが好きなので、自然と人気者になれるタイプ。学生時代の友達や仲間をいつまでも大事にするでしょう。

〉〉2021年の開運アドバイス

ラッキーカラー　ホワイト、ブラウン
ラッキーフード　チキンカレー、クッキー
ラッキースポット　キャンプ場、世界遺産

開運3カ条

1. 本気で謝る
2. 他人の頑張りを認める
3. 本を読む

2021年の総合運

負けを認めて自分が本当に勝てること、得意なことを見極められる年。「裏運気の年」のため何事も意地を張ってしまったり、頭を下げることができなくなってしまうかも。自分は「謝れる」と思っている人でも、口先やとりあえずの謝罪ではなく、反省をして改善をする意味での本当に謝ることを忘れないように。また、危険なことに首を突っ込まないようにしましょう。健康運は、胃腸の調子が悪くなりやすいので、果物とヨーグルトを意識して食べて。

2021年の恋愛&結婚運

刺激的で危険な異性に飛び込んでしまう年。最終的に痛い目に遭うことがあるので、暴走しないように冷静に判断を。これまでとはまったく違うタイプの恋を選ぶのはいいですが、真面目で地味すぎる人とは、最初はよくても時間が経つに連れて「つまらない」と掌を返さないよう注意。相手のやさしさや親切な部分を忘れないようにしましょう。結婚運は、先のことを考えず勢いだけで入籍しやすい年。落ち着いて周囲の意見を聞くように。

2021年の仕事&金運

同期や同年代の人に差をつけられたり、実力不足が露呈したりする年。結果を出している人を認め、自分のやるべき仕事をしっかり見つけましょう。不慣れなことや、苦手なことを他人に押しつけないで、自分の成長のために受け止めて、時間をかけてもいいので取り組むようにしましょう。辛抱強くなることで、大きく成長もできるようになるでしょう。金運は、一発逆転を狙って大損することがあるので、過度な期待をしないように。

【命数】
52

刺激が好きな高校生

基本性格

家族の前と外や人前とで、キャラを切り替えることが上手な役者タイプ。目立つことが好きですが、それを全面的に出すか、または秘めているか両極端な人でしょう。何事も合理的に物事を進めるため、無駄と地味なことが嫌いで、団体行動も苦手。一方で、刺激や変化を好むため話題が豊富で、周囲から人気を集めます。頭の回転が速くトークも上手ですが、「人の話の前半しか聞かない星」を持っているため、先走りすぎることも多いでしょう。

〉〉2021年の開運アドバイス

ラッキーカラー　グリーン、ホワイト
ラッキーフード　シチュー、イチゴ大福
ラッキースポット　リゾートホテル、神社仏閣

開運3カ条

1. 頑張りをアピールする
2. 異性の友人を大切に
3. 無駄なことにも一生懸命取り組む

2021年の総合運

一生懸命さをアピールするくらいの気持ちで、なんでも本気で取り組んでみるといい年。周囲から「頑張っていますね」と言われるくらいしっかり汗をかいている姿を見せるといいでしょう。結果がすぐに出ないことでも真面目に取り組み、遠回りするからこそ見られたり体験できたりすることを楽しんでみて。グループで協力したり、学べたりすることもあるでしょう。健康運は、独自の健康法に飽きたり、裏目に出たりしそう。基礎体力作りをするといい時期です。

2021年の恋愛&結婚運

異性の友人や身近で一緒にいると楽な人と恋ができる年。友達のような恋愛を楽しむといいでしょう。ただ、ケンカが多くなってしまうので相手の気持ちを考えて言葉を選ぶように。最後まで話を聞かないことがトラブルの原因になるので、しっかり聞くようにしましょう。一緒にスポーツをするといい関係ができそう。結婚運は、学生時代の友人や会社の同期など近い人と急に進むことがあるかも。この結婚は、途中で冷めやすいので注意。

2021年の仕事&金運

合理的に仕事を進めることができない年。地味な仕事や不向きな仕事をまかされることでほかの仕事の苦労を知り、学べることもたくさんあるので、「今の無駄を未来の無駄にしないように」を心がけて真剣に取り組むといいでしょう。後に2021年の仕事をスリム化するアイデアにつなげられるかも。不慣れな人との仕事もありますが、人の生き方や考え方が学べそう。金運は、欲望につられて大出費があるので要注意。お金を使わない遊びを。

ラッキーカラー、フード、スポットはプレゼントやデート、遊ぶときの口実に使ってみて

12のタイプ別よりもさらに細かく自分や相手がわかる！
ここでは、生まれ持った命数別に2021年の運気を解説していきます。

【命数】
53

陽気な遊び人

基本性格

楽しいことやおもしろいことが大好きな、陽気な人気者。人付き合いやおしゃべりが上手で、周囲を楽しませることが好きなタイプ。目立つことが好きで、音楽やダンスの才能があります。「空腹になると機嫌が悪くなる星」を持っているので、お腹が空くと苛立ちや不機嫌さが周囲に伝わってしまいます。欲望に素直に行動し、つい余計なことをしゃべりすぎてしまうところがありますが、人間関係のトラブルは少ないほうでしょう。

〉〉2021年の開運アドバイス

ラッキーカラー グリーン、杏色
ラッキーフード おでん、ヨーグルト
ラッキースポット お祭り、神社仏閣

開運 3 カ条

1. いい言葉を発する
2. いつでも機嫌よく振る舞う
3. 現状を楽しむ

2021年の総合運

頭の回転が速くなり判断力がアップしますが、諦めも早くなってしまうので、少しくらいの苦労や困難はいい刺激くらいに思って受け止めましょう。短気を起こして人間関係が壊れることもあるので、機嫌よく過ごせるように自分を上手にコントロールし、いい言葉を発し素敵な話をするように。健康運は、ダイエットをするにはいい年です。少しハードなダンスや運動をすると効果があるでしょう。基礎体力作りもやっておきましょう。

2021年の恋愛&結婚運

ひと目惚れやこれまでとは違ったタイプにときめいてしまうことがある年。一気に関係を深めるのはいいですが、体だけの関係で終わってしまったり、短期間で大ゲンカして終わったりする可能性があるので、相手の評判を聞いてから判断して。自分の話をするよりも相手の話の聞き役になり、相づち上手、質問上手を目指してみましょう。結婚運は、突然入籍したり、妊娠がきっかけで結婚に向かうことがありそう。相手選びを間違えないように。

2021年の仕事&金運

仕事の楽しみ方が大きく変わる年。これまでと同じ楽しさを求めていると不満がたまるので、年齢とともに責任や仕事内容や求められることが変化することを知り、今の状況をできるだけ楽しんでみるといいでしょう。愚痴や不満、文句が爆発しやすいので、言葉を発する前に幼稚なことを言っていないか冷静に判断するように。金運は、宝くじが当たる夢を見たり、偶然が重なってクジを買う流れになったりしたら少額でいいので購入してみて。

【命数】
54

遊び好きの人情家

基本性格

頭の回転が速く、何事も直感で決めるタイプ。遊び心が常にあり、目立つことが大好き。トークが上手で、周囲を楽しませることが得意でしょう。しゃべりすぎて余計なひと言が出てしまい、「毒舌家」と呼ばれることもありますが、根は人情家で純粋な心を持っています。困っている人を見ると放っておけず、手助けをすることも多いでしょう。ストレートな意見を言えるため周囲からの相談も多く、自然と人脈が広がっていくでしょう。

〉〉2021年の開運アドバイス

ラッキーカラー グリーン、イエロー
ラッキーフード ハヤシライス、キウイ
ラッキースポット 神社仏閣、映画館

開運 3 カ条

1. 感情ではなく気持ちで行動する
2. 体力作りをする
3. 勘ではなくデータを信用する

2021年の総合運

判断が曖昧になってしまったり、詰めが甘くなったりする年。感情的にならず、何事も気持ちをしっかり保って取り組むことが大事。苦労や困難を感じることから逃げ出さないで「これは何の試練だろう」と原因や理由を考えて、自分をレベルアップさせるチャンスだととらえましょう。特に精神的な面は鍛えられる時期です。健康運は、体形が崩れやすいので、ストレスでの暴飲暴食と運動不足に注意。マラソンをすると体力もついていいでしょう。

2021年の恋愛&結婚運

感情的な恋や欲望に突っ走ってしまうことがある年。相手をしっかり見極めないと痛い目に遭ったり、「なんでこんな人と付き合っているんだ？」と疑問に思うような相手にのめり込んだりすることがあるでしょう。一夜の恋で終わればいいですが、泥沼や不倫や三角関係になってしまうことがあるので、状況や相手選びの判断は冷静に行って。結婚運は、妊娠が先行しやすい年ですが、相手の評判や家族のことを調べておくといいでしょう。

2021年の仕事&金運

仕事で隙ができやすく、叱られたり結果が思うように出なかったりしそう。不慣れな部署への異動や、仕事の流れが変わる可能性も。気分で仕事をしたり勘を信じたりせず、データをしっかり確認するように。職場や仕事関係でこれまでとは違ったタイプと仲よくなれるかも。余計なことを言って気まずい空気を作らないように気をつけましょう。金運は、交際費や身にならない出費が増えてしまう年。おいしいものはみんなに配るように。

【命数】

55

華やかな情報屋

基本性格

人当たりがよく、情報収集が好きで流行に敏感なタイプ。おしゃれでフットワークが軽く、楽しそうな場所にはどんどん顔を出す人です。華やかで目立つことが好きなので、遊びや趣味の幅もとても広いでしょう。損得勘定で判断することが多いのですが、周囲の人間関係とのバランスをとるのもうまく、ウソやおだても得意です。トークも達者で、周囲を自然と楽しませる会話ができるため、いつの間にか人気者になっているでしょう。

〉〉2021年の開運アドバイス

ラッキーカラー　グリーン、ホワイト
ラッキーフード　五目豆、ティラミス
ラッキースポット　水族館、世界遺産

開運 3 カ条

1. 何事もじっくりゆっくり進める
2. 尽くしすぎない
3. 落ち着いた色の服を着る

2021年の総合運

視野が狭くフットワークも重くなってしまう年。そのぶん、ひとつのことに集中でき、物事を深く知り、技術を身に付けられそう。これまでは物事の広さを楽しめたタイプだったのが、深さを楽しむ時期になったと思ってみるといいでしょう。人間関係にも変化がありますが、これまでとは違った人と仲よくすることで学べたり、知識を増やしたりできるでしょう。健康運は、今年は休肝年だと思ってお酒は控えて、家でできる筋トレやストレッチをしましょう。

2021年の恋愛&結婚運

外見よりも中身を好きになれる年。好みのタイプとはほど遠くても一緒にいると安心できる人と恋ができそう。ただ、慎重になりすぎてしまうことでチャンスを逃しやすくなるでしょう。また、相手に尽くしすぎて大失敗する可能性もあるので、最初に頑張りすぎないようにして。無理やウソは続かないと覚えておきましょう。結婚運は、結婚願望が強くなりますが、１歩踏み込む勇気が出ないでしょう。相手の押しに負ける場合もありそうです。

2021年の仕事&金運

じっくり時間をかけて仕事に取り組むことが大事な年。結果がすぐに出ず焦ってしまいそうなときも、グッと我慢が必要。地味だったり不慣れだったりする仕事をまかされてしまう流れもありますが、受け入れてみましょう。ノリや勢いよりも丁寧な仕事ぶりが大事になるので、再確認や事前準備をしっかりすると不要なトラブルを避けられるでしょう。金運は、節約生活を楽しむことができそうですが、小銭ばかりに気を取られてしまいそう。

【命数】

56

真面目な目立ちたがり屋

基本性格

陽気で明るい性格でありつつ、とても真面目で受け身です。本音では目立ちたいと思っていますが、遠慮するクセがあり、自分を押し殺しているタイプでもあります。親切で、誰かのために役立つことで生きたいと思っていますが、根は遊びが大好きで、お酒を飲むとキャラが変わってしまうことも。几帳面で気が利くので人に好かれ、交友関係も広げられますが、臆病になっているとチャンスを逃す場合もあります。

〉〉2021年の開運アドバイス

ラッキーカラー　グリーン、ホワイト
ラッキーフード　クリームシチュー、栗きんとん
ラッキースポット　温泉、神社仏閣

開運 3 カ条

1. 勇気を出して本音を話す
2. 明るい服を着る
3. 避けていたジャンルの映画を観る

2021年の総合運

興味のあることが変わり、フットワークが軽くなる年。ノリをよくしたり、華やかになったりすることで楽しい時間を過ごせそうですが、誘惑も増えるので注意。警戒心だけは忘れないようにすれば問題はなさそう。これまで聴かなかったジャンルの音楽を聴いてみるといい刺激を受けられそう。思いきった行動ができるぶん、大失敗もありますが、そこから学んで同じことを繰り返さないようにして。健康運は、お酒のトラブルに要注意。冷えにも気をつけて。

2021年の恋愛&結婚運

普段なら接点のないような相手と仲よくなれる年。勢いで交際をスタートすることもありますが、予想以上に振り回されて苦労する可能性があるので相手選びは慎重に。急に思いきったイメチェンをすることで異性からの誘いが増えますが、あしらい方が下手で変な空気になってしまうこともありそう。結婚運は、願望は強く持っていますが、結婚とはほど遠い人を好きになったり、交際して無駄な時間を過ごしたりしそうです。

2021年の仕事&金運

これまでの仕事ぶりを評価されるのはいいですが、不慣れなリーダー的な立場や管理職などになって苦労が増えてしまいそう。無理が続いて限界を感じることもあるので、困る前に助けを求めるようにするといいでしょう。判断や決断のスピードを求められたときは普段とは違うほうに決断すると、いい結果につながる場合が多いでしょう。金運は、節約しているつもりでも派手にお金を使ったり、衝動買いで浪費したりしそうです。

【命数】
57
華やかなリーダー

基本性格

面倒見がよくパワフルで、他人から注目されることが大好きな人。おだてに極端に弱く、褒められるとなんでもやってしまうタイプ。行動力があり、リーダー気質ですが、本音は甘えん坊で人まかせで雑なところがあります。それでもサービス精神があるので、自然と人気を集めるでしょう。注目されたくて、どんどん前に出てしまうところも持っています。正義感が強く、正しいことは「正しい」と強く主張するところがあるでしょう。

2021年の開運アドバイス

ラッキーカラー ホワイト、オレンジ
ラッキーフード そうめん、メロン
ラッキースポット 動物園、世界遺産

開運3カ条

1. 挨拶やお礼はしっかりする
2. おしとやかに過ごす
3. 些細なことで落ち込まない

2021年の総合運

押してもダメなら引いてみる年。がむしゃらにやっても空回るだけ。2021年は少し冷静になって周囲や世の中の様子を窺い、自分のポジションを確かめる時期だと思いましょう。過大評価や無駄な自信はいらないので、少し臆病になるくらいが学べることが増えていいでしょう。品よく、美意識を高めることで、人間関係や交友関係をいい流れにできそうです。健康運は、スキンケアをしっかりして少し汗を流す運動はこまめにやるようにしましょう。

2021年の恋愛&結婚運

恋に慎重になれますが、引きすぎてチャンスを逃したり、失恋で大きなダメージを受けたりしそうな年。自分が正しいと思っていると失恋の理由がいつまでも見えなくなるので、ダメなところをしっかり認めましょう。新たな恋は丁寧になりすぎると進まなくなるのでひと押しは大事ですが、空回りしないよう気をつけて。結婚運は、慎重になりすぎて逃しやすい時期。相手の欠点を見抜く前に、己の弱点や欠点を克服する努力をしましょう。

2021年の仕事&金運

勢いまかせの仕事ぶりは評価されない年。些細な仕事でも、最後まで丁寧にキッチリ終えることが大事。雑な部分を突っ込まれてもへコまず、期待に応えられるように頑張りましょう。部下や後輩に振り回されて苦労するときは、先輩や上司ならどうするか考えてみると答えが見つかりそう。金運は、ときどきでいいので年下にごちそうをしてみて。ただし、見栄を張りすぎないように。勢いで高額の買い物をすると損することになるので注意。

【命数】
58
常識を守る遊び人

基本性格

上品で華があり、ルールやマナーをしっかり守るタイプ。遊び心や他人を楽しませる気持ちがあり、少し臆病な面はありますが社交性があり、年上の人やお金持ちから好かれることが多いでしょう。そして、下品な人を自然と避けます。やわらかな印象がありますが、根は負けず嫌いの頑張り屋で意地っ張り。自己分析能力が高く、自分の至らない部分を把握している人です。しかし、見栄を張りすぎてしまうことも多いでしょう。

2021年の開運アドバイス

ラッキーカラー ホワイト、シルバー
ラッキーフード トマトスープ、イチゴパイ
ラッキースポット 世界遺産、神社仏閣

開運3カ条

1. 失敗から学ぶ
2. 面倒見をよくする
3. ビジネス本を読む

2021年の総合運

勢いで行動できそうな年ですが、そのぶん失敗もついてくるでしょう。おだてに弱くなって先走ってしまったり、冷静な判断力が低下したりしそう。ただし、ここで失敗をするおかげで精神的に強く図太くなれることもあるので、失敗や挫折を大切な経験だと思って。また、自分が正しいと思っても周囲が納得しない場合もあるので、「自分の正義が絶対」ではないことを覚えておきましょう。健康運は、ドジで転んだ際の足のケガや打撲に気をつけて。そして肌荒れにも注意。

2021年の恋愛&結婚運

これまでターゲットに入れていなかった年代と恋に落ちる年。年下やひと回り以上の年齢差のある相手などいい意味で幅を広げられそうですが、予想外に振り回されてしまうことがあるでしょう。それを覚悟で飛び込んでみるのも、いい勉強や経験になりそう。ただ、金銭が絡んだり、危険な相手である異性とは、気持ちがどんなにあってもすぐに縁を切って。結婚運は、これまで慎重だった人ほど急に勢いだけで入籍に突っ走ってしまいそう。

2021年の仕事&金運

周囲からは出世と思われるようなポジションをまかされてしまったり、リーダー的な仕事をしたりする流れになりそう。管理や指導、指揮をとることに不向きと思ってもいい勉強になるので、少し勇気を出して取り組んでみて。人を上手に動かす難しさを知り、尊敬できる人も変わってくるでしょう。相手によって言葉選びやタイミングに気をつけ、対応を変化させて学んでみて。金運は、後輩や部下とのコミュニケーションにお金を使って。

【命数】

59

屁理屈が好きな遊び人

基本性格

人と違う生き方や発想をする変わり者。美術など芸術が好きでほかの人とは違う感性を持っています。新しいことに敏感で、斬新なものを見つけたり生み出したりできるタイプ。理屈や屁理屈が多いですが、人当たりやノリがよくおもしろいことが好きなので、自然と周囲に人が集まるでしょう。他人への興味は薄く、熱しやすく冷めやすく、自由と遊びを好みます。芸能の仕事や海外での生活など、周囲とは違った生き方を自然と選ぶでしょう。

〉〉2021年の開運アドバイス

ラッキーカラー グリーン、パープル

ラッキーフード ドリア、ジャム

ラッキースポット 博物館、神社仏閣

開運3カ条

1. 不慣れなことを勉強する
2. 年上の人と遊ぶ
3. 普段行かない場所に行く

2021年の総合運

歴史や文学、これまで興味が薄かった分野を学ぶにはいい年。習い事をはじめて、不慣れなことや、苦手なことを少し克服することで、視野や考え方も変えられるでしょう。年上の友人や知り合いも増え、振り回されながらも一緒にいることで学べたり、楽しく過ごせたりする時間も多くなるでしょう。ここでの付き合いは短く終わるので、執着しないように。健康運は、偏った食事を避けてください。目の疲れや肩こりの予防のために運動をしましょう。

2021年の恋愛&結婚運

これまで関わりが薄かった世界の人やまったく違うタイプの人と関係が進みそうですが、天邪鬼が邪魔をしてチャンスを逃しそう。素直になれば予想外の人との交際ができそうですが、脈があると思っていた相手には振られることがあるでしょう。2021年の恋は束縛されるなど自由な感じが許されない場合があるので、あっという間に終わってしまうことも。結婚運は、結婚に前向きになれる年。勢いで籍を入れてもいいでしょう。

2021年の仕事&金運

不得意な分野や未経験の仕事をまかされてしまう年。求められたことに全力で応えてみると、思った以上に苦戦をしながらも思わぬ技術を身に付けられそう。期待に応えるだけでもスキルアップできますが、仕事に飽きてしまわないよう、忍耐強く取り組むようにしましょう。欲張って手を出しすぎて自分の首を絞めないように注意。金運は、儲け話で大損をしたり、高価な買い物で失敗したりしやすいので、簡単に大金を動かさないようにして。

【命数】

60

プライドの高い遊び人

基本性格

やわらかな印象を持たれる人ですが、根は完璧主義の理屈人間です。好きなことをとことん突き詰める力があり、すぐに「なんで？　なんで？」と言うのが口グセ。人間関係を作ることが上手ですが、本音は他人には興味がなく、尊敬できない人には深入りしないでしょう。最初は仲よくしていても、しだいに距離をとってしまうことも。冗談のつもりでも上から目線の言葉が出やすいので、やさしい言葉を選ぶ心がけが必要でしょう。

〉〉2021年の開運アドバイス

ラッキーカラー グリーン、ホワイト

ラッキーフード ローストビーフ、コーヒー、ショートケーキ

ラッキースポット 神社仏閣、書店

開運3カ条

1. 若い人から学ぶ
2. 伝えることを楽しむ
3. 異業種の集まりに参加する

2021年の総合運

新しいことを学んで取り込むにはいい年。普段なら避けていたことを学ぶためにも、若い人と話したり流行を教えてもらったりするといいでしょう。年下からおもしろがり方や楽しみ方を学ぶことで、視野や考え方を大きく変えることもできそう。苦手と思い込んでいたことにハマってしまう場合もあるので、いろいろな人との交流の機会を活かしてみましょう。健康運は、普段食べないようなものにハマって胃腸の調子を崩すことがあるので注意してください。

2021年の恋愛&結婚運

理解不可能で、異世界の住人と思えるような人に恋する年。なぜか心惹かれてしまうことがありますが、プライドが邪魔して1歩踏み込めないままで終えてしまうこともあるでしょう。冷静に恋するのではなく、感情的になることを求められて困惑し、どうしていいのかわからなくなることも。深入りせず、距離をあけておけば問題は少なそうです。結婚運は、気持ちは盛り上がらないものの、どんな人と結婚しないほうがいいかがわかりそう。

2021年の仕事&金運

これまでの仕事の内容や方法に飽きる年。違うやり方を試したり考え方を大きく変えたりするためにも、手放したくなるでしょう。一からやり直すくらいの気持ちになりそうですが、簡単にリセットしないこと。仕事で試行錯誤することで楽しくなるので、新しい方法や違う角度の技術を取り入れてみて。自分の技術や知識を若い人や後輩に教えたり、伝えたりするための工夫も必要になるでしょう。金運は、珍しいものに興味が湧き出費しそう。

ラッキーカラー、フード、スポットはプレゼントやデート、遊ぶときの口実に使ってみて

銀のイルカ座 2021年タイプ別相性

自分と相手が2021年にどんな関係にあるのかを知り、
人間関係を円滑に進めるために役立ててみてください。

相手が 金のイルカ座 整理の年

急に縁を切られてしまったり、ケンカや疎遠になる可能性がある相手。あなたの1年先の運気を進んでいる人でもあるので、しっかり観察しておくと不要な不運や苦労を避けられて心構えもでき、来年の自分がどんなふうに行動すべきか参考になるでしょう。恋愛の場合は、失恋や別れ話になる可能性が高いので、思いやりとやさしさを忘れずに。お互いに意外な一面を見て突然気持ちが冷めてしまうことや嫌いになることも。

相手が 金のカメレオン座 乱気の年

お互いに運気や考え方、生き方を乱してしまいそう。言動にイライラせず些細なことで嫌いにならないで、「今年は苦労している」と思って温かい目で見守っておきましょう。相手のマイナス面や雑な部分が目につきそうですが、相手も同じことを思っているでしょう。恋愛相手の場合は、急に嫌いな部分が見えてしまいそう。感情的にならないで、付き合いはじめの感謝の気持ちや相手のいい部分、個性を認めることを忘れないようにしましょう。

相手が 金の時計座 開運の年

困ったときに救ってくれる人で、夢や希望を語ることが大切。この相手の前では人を差別することや偉そうな口調、愚痴や否定的な言葉は避けてください。前向きな言葉が多ければあなたに協力してくれる人を紹介してくれるかも。恋愛相手の場合は、相手の話はできるだけ肯定し、やさしい気持ちで接するようにしましょう。精神的な支えになると相手の気持ちをつかめますが、イライラしたり感情的になりすぎたりすると疎遠になりそう。

相手が 銀のイルカ座 裏運気の年

同じ運気なのでお互いに足を引っ張ってしまいそう。また、頑固な考えがぶつかって縁が切れる、逆に意気投合して短い期間で急激に仲よくなれることもあるでしょう。相手のミスのせいで余計な仕事が回ってきて苦しくなることや今後の運命を乱されることも。恋愛相手の場合は、相手のマイナス面ばかり目について興味が薄れ、ケンカをしたり気持ちが離れたりしそう。大恋愛を感じさせられることがありますが、突然冷めてしまう場合も。

相手が 銀のカメレオン座 ブレーキの年

春までは嚙み合わなかったり、お互いにリズムが合わなかったりするでしょう。勢いがある人なので、挨拶や上下関係はキッチリして指示には的確に応え、また、無駄に逆らわないように。相手に合わせておくことで評価されそうですが、手柄を横取りされてしまうかも。恋愛相手の場合は、大恋愛か絶縁か、など極端な選択を迫られる可能性が。覚悟しておきましょう。相手に好かれるような知識や知恵を学んでおくことも大事でしょう。

相手が 銀の時計座 幸運の年

忙しくても付き合いの長い人を大切にする人。人とのつながりを大切にするので、一緒にいる時間を楽しみいろいろな人を紹介すると、縁が深くなります。偉そうな発言やマイナスな言葉が多いと距離をおかれるので気をつけましょう。恋愛相手の場合は、あなたのわがままや大失態で距離をおかれてしまいそうです。夢を語ることや希望のある将来の話をするといい関係を作れます。恥ずかしがらないで話してみるといいでしょう。

相手が 金の鳳凰座 準備の年

一緒にいることで隙が増えて判断ミスをしやすくなりそう。遊びのノリが不運の原因になるので一緒にいるときは調子に乗りすぎないように。相手のミスがあなたの責任になってしまう場合も。一定の距離をあけて関わるようにしましょう。恋愛の場合は、あなたに興味を示してもらえないことや恋のライバルに負けてしまう可能性もあるでしょう。テンションが合わない感じのまま疎遠な関係や別れに至る場合もありそうです。

相手が 金のインディアン座 リフレッシュの年

相手の明るいマイペースさを見習うといいですが、お互いに疲れとストレスがたまりやすいので無理はしないように。特に秋から年末にかけては距離があく可能性が高いので、心配なときは連絡をして話を聞いてあげて。恋愛の場合は、こまめに連絡をするといいですが、振り回すと突然縁が切れてしまいそう。疲れからお互いにイライラしやすいので気遣いを忘れずに。やさしく接して体の心配などをするといいでしょう。

相手が 金の羅針盤座 チャレンジの年（2年目）

前向きな発言をすることで仲よくなれる相手。一緒にいると成長のきっかけをつかむことができますが、マイナスな発言をすると相手が引きずられるので、邪魔をしないように気をつけましょう。ウソでも前向きな発言を意識してみましょう。恋愛の場合は、現状の不満を口に出していると縁を切られてしまうか、疎遠になる可能性があるので気をつけましょう。明るい未来の話や、夢や今後の希望ある話をしてみるといい関係に進めそうです。

相手が 銀の鳳凰座 解放の年

意外なところで意気投合できそうですが、相手の頑固さに振り回されそう。マイナスに考えるよりも一緒にいることでラッキーなことが起きるので、相手の話は肯定するなど上手に合わせましょう。特に、下半期は指示に従っておくと流れが変わり、いい方向に進めそうです。恋愛相手の場合は、相手を満足させておくといいですが、自分の欠点が出やすいので指摘されたことは素直に受け止めて。春のチャンスを逃すと縁が薄くなりそう。

相手が 銀のインディアン座 健康管理の年

相手の生き方が非常に勉強になり影響を受けることになるでしょう。前に進む邪魔をしないで、前向きな話や背中を押すことで、あなたのやる気にも火をつけることができそう。突然、縁が切れることもありますが、別々の道に進むだけだと思って。恋愛の場合は、相手が許してくれるなら、あなたも許す気持ちを忘れないように。縁が切れても執着をするとさらに逃げられるので、流れに身をまかせるくらいの気持ちでいるといい関係に。

相手が 銀の羅針盤座 チャレンジの年（1年目）

あなたの持ち前の遊び心や明るさで相手の背中を押してみたり前向きな話をしたりしてみるとお互いにやる気になれそう。ネガティブな話はお互いに沈むだけなので避けるように。新しい情報を交換するにもいい相手でしょう。恋愛相手の場合は、あなたの頑固さや自己中心的な考え方など、欠点に気づかれて離れていってしまいそう。明るく陽気に振る舞いながらも、言葉遣いや挨拶、お礼などをいつもより丁寧に心がけて上品に振る舞いましょう。

銀のイルカ座

毎月・毎日
運気カレンダー

〔 2020年11月～ 2022年3月の運気グラフ 〕

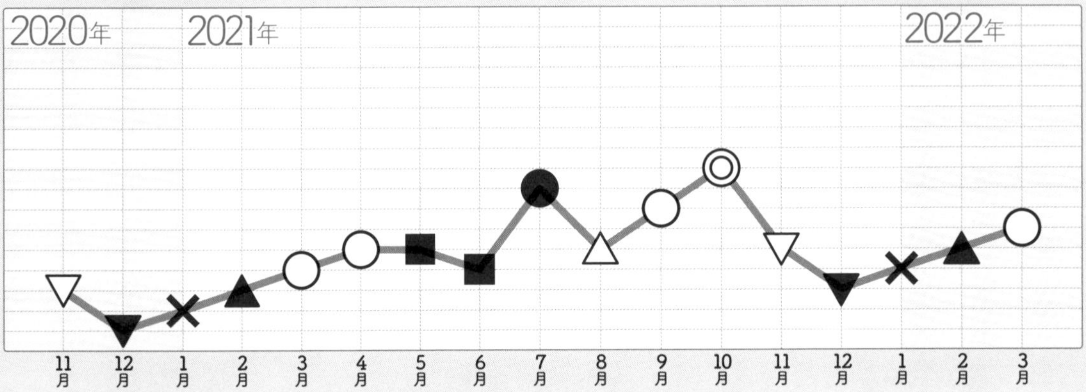

銀のイルカ座の2021年は

✕ 裏運気の年

本来の欲望とは違う方向に。大きな決断は避けて。

この本で「占いを道具として使う」には、「毎日の運気カレンダー」(P.403～)を活用して1年の計画を立てることが重要です。まずは「12年周期の運気グラフ」(P.385)で2021年の運気の状態を把握し、そのうえで上の「毎月の運気グラフ」で、毎月の運気の流れを確認してください。

「銀のイルカ座」の2021年は、「裏運気の年」。裏の自分を鍛え、自分の隠れていた才能を見つける年。そのうえで2022年には必要なものを厳選し、不要なものを手放して、2023年からはじまる新たな山登りに、身軽になった状態で向かう必要があります。今年は、そのための基礎体力作りをしていく時期。2023年からの運気の上昇率を上げるためにも、2021年は必要なことを学び、筋肉をつけていきましょう。

☆ 開運の月　◎ 幸運の月　● 解放の月　○ チャレンジの月
□ 健康管理の月　△ 準備の月　▽ ブレーキの月　■ リフレッシュの月
▲ 整理の月　✕ 裏運気の月　▼ 乱気の月　＝ 運気の影響がない月

2020 11月

▽ ブレーキの月

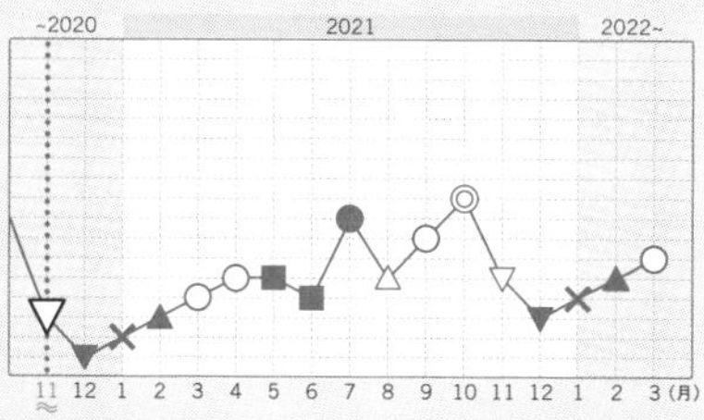

開運 3 カ条

1. 無駄な抵抗はしない
2. 大事な話は上旬にする
3. 全体のことを考えて判断する

総合運

大事な用事は中旬までに済ませ、さらに周囲を手助けしましょう。下旬になると風向きが急変し、やる気を失ったり面倒な人に振り回されたりすることが増えそうですが、意地を張らず上手に流し、謝るなど早めに対処すること。体調を崩しやすいので、生活リズムを整えて。

恋愛＆結婚運

中旬まではスムーズに恋愛が進みます。気になる人を食事に誘うなら当日がオススメ。ただし、下旬からは仲がいい人とも気まずい関係になってしまいそうです。余計なひと言や勘違い、すれ違いが多くなるので気をつけて。また、危険な相手に心を奪われてしまうこともあるので、新しい恋には警戒が必要です。結婚運は、話が進まなくなるので、今月は期待できません。

仕事＆金運

仕事運は、下旬からトラブルに巻き込まれるなどの問題が発生。大きなミスで周囲に迷惑をかけることや、ほかの人の問題解決に時間を費やすことが増えて一気にやる気を失いそうです。金運は、不要な出費は控えること。軽はずみな契約や衝動買いは避けましょう。

1	日	△	遊び心は必要ですが、怠けないようにすること。特に今日は怠けて適当な仕事をしていると、周囲に迷惑をかけたり、トラブルの原因になったりするかもしれません。
2	月	○	自信を持つのはいいことですが、成功体験が仇になりそうです。謙虚さと初心を忘れると大きな失敗を招きかねないので、仕事には丁寧に取り組みましょう。
3	火	◎	仲間と一緒に気になる人に声をかけてホームパーティーの計画を立てるといい日。ケチらずにごちそうすることで、運気がいい方向に進んでいくでしょう。
4	水	▽	自分がされた親切には、少しずつであっても恩返しができるように生きていくことが大事。やさしくしてくれる人への感謝の気持ちを忘れないようにして。
5	木	▼	ズルをして楽なほうへ進むと一気に信用を失い、不運を招いてしまいます。自分が成長するためだと思い、少し面倒なことでも手を抜かないようにしましょう。
6	金	×	恋のチャンスが訪れたと思ったら相手が既婚者で、あなたが浮気相手になることがありそう。うっかり騙されて、気持ちを乱されないように気をつけること。
7	土	▲	ものや人との縁が切れてしまう日。大切なものをなくしたり、壊したり、人間関係がこじれたりしそうですが、どんなことも他人の責任にせずに自分を省みること。
8	日	○	背中を押してくれる人の存在を忘れず、自分自身も人の背中を押すことができるといい日になります。どんな言葉だと人を励ませるか考えて、試してみましょう。
9	月	○	自分の知らないことは素直になって詳しい人に聞きましょう。どんな人でも自分より優れたところがあると思い、相手を尊敬して聞き役に徹するといいでしょう。
10	火	□	「運気が微妙だから……」と何もしないより、ダメ元でも気になる人をデートに誘ったほうがいいでしょう。結果がダメでも1歩踏み出す勇気が経験値を高めます。
11	水	■	疲れから集中力が続かなくなって、些細なミスが増えそうな日。操作ミスや打ち間違いなどが多くなるので、確認作業はしっかりやるように心がけましょう。
12	木	●	周囲から感謝されるような行動を起こすことが大事。自分が協力できることがあれば、見返りや評価を求めずに困っている人に手を差し伸べるといいでしょう。
13	金	△	少し目立ちすぎるくらい明るい印象の服を着ると、いい日になるでしょう。笑顔を心がけて挨拶やお礼をしっかりすると、評価も自然に上がります。
14	土	○	親の小言が心に響く日。過去に言われたことを守らなかったのが原因で面倒なことが起きそうなので、自分の悪いクセを把握して、気をつけて過ごしましょう。
15	日	○	ひそかに努力していたことについて実力を発揮でき、あなたを評価してくれる人が現れそう。自分も相手の努力や頑張りを認めるように心がけることが大事です。
16	月	▽	日中に頑張ったら、少し贅沢して夜はおいしいものを食べましょう。気になる人や親友を誘うと思った以上に盛り上がります。謝意を込めて会計は自分持ちに。
17	火	▼	今日はタイミングの悪さを感じそうです。予定が変更されたり、思い通りに進まなかったりしそう。無駄な時間を過ごすことがあってもイライラしないようにしましょう。
18	水	×	ケガや判断ミスに注意が必要です。今日は余計なことはしないで、家でのんびりとDVDやネット動画を観るといいでしょう。本を読むのもいい勉強になります。
19	木	▲	うっかりミスが増える日。大切なものをなくしてしまったり、お気に入りの服を汚すだけでなく、引っかけて破いたりすることもあるので気をつけましょう。
20	金	＝	初対面の人と話すといい勉強になりますが、相手の話を素直に受け入れられずに面倒な流れになりそう。世の中にはいろいろな人がいることを忘れないでおきましょう。
21	土	○	恥ずかしがらずに、周囲が元気で前向きになれる話をするといい1日になりそう。会話中、相手がポジティブになれるような言葉を使うと、あなたの魅力が増していきます。
22	日	□	合理的な考え方をすることが大事になりそう。無駄な動きに時間を費やしていると忙しくなってしまい、疲れをためてしまうことになるので注意が必要でしょう。
23	月	■	体力的に無理をすることは避けたほうがいい運気です。頑張りすぎると体調を崩してしまうことがあるので、何事もほどほどにして、栄養のある食事をとりましょう。
24	火	●	複数の人から遊びに誘われてスケジュールが被ってしまうかも。珍しい相手から連絡がきても、せっかく会えるチャンスを逃してしまうことがありそうです。
25	水	△	余計なことばかり考えているとミスが増えてしまうので、目の前のことに集中しましょう。休み時間には少しでもいいので仮眠をとっておくのがオススメです。
26	木	○	他人に押しつけて上手に避けてきた仕事をやることになってしまい、ピンチに陥りそうです。ただし、日々努力を続けてきた人はさほど問題ないでしょう。
27	金	○	今日手に入れるものはいずれ気に入らなくなります。買い物をする前に情報を集め、本当に必要かどうかをもう一度よく考えてから購入するようにしましょう。
28	土	▽	日用品や消耗品の購入は午前中に済ませておきましょう。夜は疲れやすくなるので、不要不急の外出は控えて、家でのんびり過ごしたほうがよさそうです。
29	日	▼	友人を誘ってカラオケに行くと気分はすっきりしても、喉をからしたりお金を使いすぎたりしそう。結局は心身ともに疲れを感じることになってしまいそうです。
30	月	×	今日は物事の流れに逆らわないこと。自分のことだけを考えて判断すると、余計な争い事の原因になってしまうので、1歩引いて大人しくしておきましょう。

2020

12月

▼乱気の月

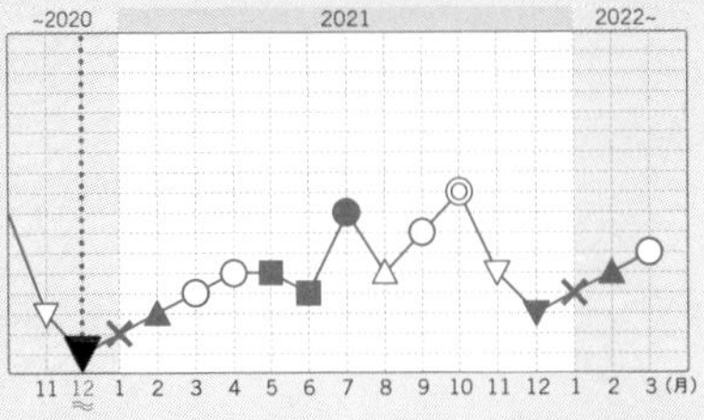

開運 3 カ条

1. 挨拶やお礼はしっかりする
2. 自分の考えが正しいと思わない
3. 意地を張らないで頭を下げる

総合運

意地を張ると冷静な判断ができないため、流れに身をまかせましょう。また、あなたのもとから去る人や裏切る人などが現れ、ショックなことも起きそうです。人の話は最後まで聞き、疑問に思うことがあれば先走らずブレーキをかけること。健康面は、不調を感じたら早めに病院へ。

恋愛&結婚運

失恋や浮気、裏切りに遭いやすい時期。相手の上辺だけの言葉を鵜呑みにし、騙されてしまいそうです。また、お酒の勢いでの関わりは避けて深入りしないように。好きな人とも会わないほうがいいですが、どうしても我慢できない場合はランチや近況報告程度の短い時間にしましょう。結婚運は、まとまるどころか白紙に戻る危険性も。この時期の結婚話は避けてください。

仕事&金運

仕事運は、重要な仕事でミスをしたり、トラブルに巻き込まれたりしそう。自分のやり方が正しいと思い込まず、慎重に進めて早めに報告しましょう。数字チェックや再確認も忘れずに。金運は、騙されることもあるので、お得な情報に振り回されてお金を払わないよう注意しましょう。

1 火	▲	これまで着実に積み重ねてきたキャリアや信頼などを失いかねない日なので、余計な発言や軽はずみな行動をしないように肝に銘じておくといいでしょう。
2 水	＝	与えられた環境の中で最善を尽くすことが大事です。苦手なことに対峙して新たな壁を感じることがあっても、それが現実だと知りしっかり受け止めましょう。
3 木	＝	新しいことには挑戦しないで、現状維持を心がけたほうがよさそうです。転職を考えたり環境を変えたりすることが不運の原因になってしまうので気をつけましょう。
4 金	□	疲れをためやすく体調も崩しやすいので、無理は禁物。今日は早めに帰宅してゆっくりする時間を作り、のんびりとお風呂に入って早めに寝るようにしましょう。
5 土	■	遊びに時間を使ってしまうと気づかないうちに疲れがたまるので、しっかり体を休ませて疲れをとりましょう。スマホを触りすぎて指を痛めないように注意して。
6 日	●	幸運と不運が入り組む日。うれしいことがあったら悲しい知らせが届き、好きな人といい関係になれたと思ったら、実はひどい人だったとわかることもありそう。
7 月	△	ケアレスミスや忘れ物で、仕事に集中できない中途半端な日になりそう。今日はいつも以上に気を引き締めて取り組み、確認作業はしっかりやるようにしましょう。
8 火	＝	仲がいいはずの人があなたの陰口を言っていたり、評判を落としていたりすることが発覚しそう。問題はあなたにもあるので、しっかり反省して人との距離感を考えて。
9 水	○	目標の数字が達成できたと思っていたら、実際はギリギリ足りていなかったという、期待外れなことがありそうです。今日はお金にまつわる話には十分に警戒すること。
10 木	▽	完璧を目指して仕事をすることが大事。「絶対に大丈夫だ」と思っても、まだやれることや足りないことが見つかります。夜は誤解やすれ違いに注意しましょう。
11 金	▼	今日の決断が人生を大きく左右することになるので、些細なことであっても、自分の欲望を叶えるためだけの軽はずみな選択は避けること。明日も同じく慎重に過ごしましょう。
12 土	×	外出や人との接触は避けたほうがいい日なので、家でテレビを観てゆっくり過ごしましょう。外出するなら事故やケガ、さらには余計な発言にも注意すること。
13 日	▲	愛着があるものを壊したりなくしたりすることがある日です。それらのものは、あなたの身代わりとして不運を消化してくれたのだと割りきるようにしましょう。
14 月	＝	周囲で成功している人をしっかり観察し、正しい情報を収集すること。自分の基準だけで物事を判断していては、いつまでも迷いから抜け出せないでしょう。
15 火	□	失敗や負けには必ず原因があるもの。原因を追求しても反省しなかったり、他人の責任にしてばかりいると同じような失敗を繰り返してしまい、大きな問題になりそうです。

16 水	■	恩返しを忘れていると、いつまでも周囲から信頼されません。親切にしてくれた人や感謝しなくてはならない人には、自分から連絡をするようにしましょう。
17 木	■	仕事に支障が出そうなケガをしたり、体調を崩したりしそうなので、異変を感じたら早めに病院へ。ここで手を打っておかないと後悔することになるでしょう。
18 金	●	目先の快楽を追いかけて現実から逃げると、一瞬は楽になっても後に苦しくなるだけです。何事にも全力で取り組めば自分自身が成長でき、道が開けるでしょう。
19 土	△	ボーッとすることが多く、忘れ物や操作ミスをしやすいので特に車の運転や段差に注意すること。無駄な外出は控えておいたほうがいいでしょう。
20 日	＝	信頼していた人に裏切られたり、関係がこじれたりしそうですが、問題の原因はあなたにあります。相手のことを慮り、誠意を持って対応することを心がけましょう。
21 月	＝	出費が多いほど不運を消化できる日です。他人の笑顔のためにお金を使うといいので、周囲にごちそうをしたりプレゼントを購入したりするのがオススメ。
22 火	▽	大事な用事や仕事は午前中に終えておくこと。午後から運気は不安定になり、トラブルに巻き込まれたり大きなミスをしたりするので気をつけて過ごしましょう。
23 水	▼	自分のことばかり考えていると苦しくなるので、お世話になった人のために何ができるか考えて行動すること。自分も周囲も笑顔になるように努めましょう。
24 木	×	想定外のクリスマスイブになりそうです。予定を急にキャンセルされたり、残業を頼まれたり、恋人と別れの原因になったりする出来事が起こってしまうかも。
25 金	▲	人との縁が切れやすい日。ここで疎遠になってしまう人とはそもそも相性がよくなかった可能性が高いので、「仕方ない」と気持ちを切り替えて諦めましょう。
26 土	＝	おもしろがって不慣れなことに挑戦をするのはいいですが、無理はしないように。特に注意が必要なのは、暴飲暴食や飲み慣れないお酒を飲むことです。
27 日	□	はじめて行く場所でアクシデントに巻き込まれそう。苦労したエピソードを笑い話に変えられるようになれたら、幸運をつかめるようになるでしょう。
28 月	■	前日の疲れが出て体調を崩しやすいので、今日は自分の体を気遣っておきましょう。予定があってもキャンセルして、体調回復に努めて体力を温存すること。
29 火	■	発熱したり喉が痛んだりするなど体調を崩しやすい日です。大掃除でケガをする場合もあるので、家にいてものんびりと過ごして体を休めるように意識しておきましょう。
30 水	●	ほどよい距離感を保ち、相手のプライベートに深入りしないように。また、どんな人にもやさしくして、外見だけで内面まで判断しないようにしましょう。
31 木	△	安いと思って購入したものが実は割高だったり、購入後すぐに使わなくなったりしそうです。今日は不要な出費を避けるために、落ち着いて買い物をしましょう。

☆開運の日　◎幸運の日　●解放の日　○チャレンジの日
□健康管理の日　△準備の日　▽ブレーキの日　■リフレッシュの日
▲整理の日　×裏運気の日　▼乱気の日　＝運気の影響がない日

2021 1月

×裏運気の月

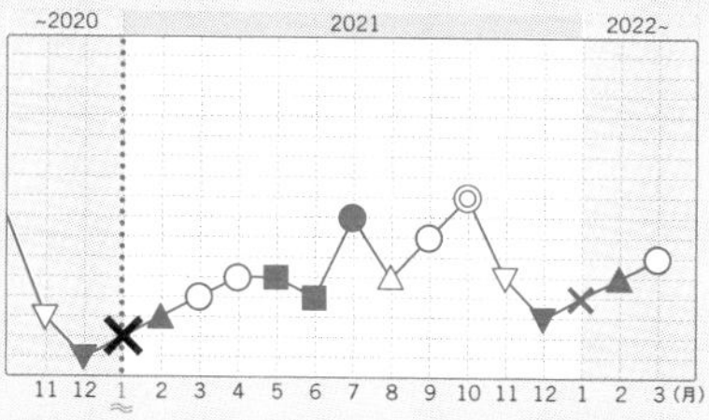

開運3カ条

1. ポジティブ変換を楽しむ
2. 普段注文しないものを食べる
3. 不慣れなことや苦手なことに挑戦する

総合運

予想外の展開が多く、困惑や苦労、不運を感じてしまうことがある時期。ここは本来持っている「遊び心」で逆転の発想を心がけてみると、いい経験と今しかできない体験ができることに気づくでしょう。「苦労ではなく自分を鍛えている時期」「イライラするのではなく自分の幼稚な部分を知れた」など、どう捉えるとよいか考えること。人間関係でうまくいかないことがあっても「早めに気がつけてよかった」と思いましょう。

恋愛＆結婚運

裏目に出る時期をうまく利用すれば、高嶺の花と思われる人と交際できたり一気に関係を詰めることもできるでしょう。「ダメ元の告白」をするにはいい時期ですが、たとえいい返事が聞けなくても勇気を出せたことに価値があると忘れないようにしましょう。予想外の人から好意を寄せられる場合もありますが、「短い恋」と割りきって付き合ってみて。諦めていた結婚の話が急に出るかも。

仕事＆金運

不慣れなことや苦手な仕事をまかされたり、欠点や弱点を指摘されてしまいそうな時期。「なんでこんなことをさせられるのだろう」と思うよりも、自分だけが体験している貴重な時間と思って現実をしっかり受け止め、周囲の期待に応えられるようにするといいでしょう。金運は、予想外の出費を覚悟して普段は節約を心がけておきましょう。

1 金	○	旧友やしばらく会っていなかった人と偶然会うことができそう。初詣や外出先では周囲の人をよく見ておくといいでしょう。素敵な出会いにつながるかも。
2 土	○	外出先で出費をすることがありますが、小さな思い出はできるでしょう。ケチケチしないでお金を使ったり、お年玉をあげることで喜ぶ姿を見られる幸せを感じておきましょう。
3 日	▽	予定を詰め込みすぎないでのんびり過ごしましょう。慌ただしくしていると、夕方あたりからイライラすることがあったり、友人や知人に振り回されてさらに慌ててしまうかも。
4 月	▼	仕事はじめから大失敗や勘違い、予想外のトラブルに巻き込まれてしまうことがありそう。気持ちを引き締めて、細部までこだわってキッチリ仕事をするようにしましょう。
5 火	×	自分以外の人に予定を乱されたり、考えていた方向と逆に進んでしまい、残念な結果が出てしまうようなことがあるかも。現実をしっかり受け止め、成長につなげるようにして。
6 水	▲	置き忘れや確認ミスなどをしやすい日。身の回りをきれいに整理整頓しておくと、時間を無駄にしなくてよくなりそう。後回しにしたいものほど先に終わらせておきましょう。
7 木	＝	挨拶やお礼などをしっかりし、初心を忘れないようにすることで信頼を得られるかも。慣れた生活の中で行動が雑になっていないか、気を引き締めておくといいでしょう。
8 金	＝	職場の人や仕事関係者、友人や知人に連絡して新年会を主催すると、いい経験や必要な情報を得られそう。話をじっくり聞き、相手を認めたり褒めることでいい対話ができそう。
9 土	□	日中は何事も積極的に行動しておくといいでしょう。午後からは疲れを感じてしまうので、次の日のことを考えてのんびりと過ごすように。暴飲暴食は避けましょう。
10 日	■	日ごろの疲れをしっかりとるにはいい日ですが、予定を詰め込んでしまうと疲れが一気にたまってしまうかも。家でゆっくり入浴したり、近くに温泉やスパがあるなら行ってみて。
11 月	●	周囲から期待されたことや喜ばれることを実践すれば、うれしい出来事や楽しさにつながりそう。相手の気持ちを考えて言葉を選んだり、人が助かると思えることをやりましょう。
12 火	△	自分でもドジだと思うようなミスをしやすいでしょう。遅刻や忘れ物などには特に気をつけて。余計なことを言ってしまうこともあるので、言葉を慎むようにしましょう。
13 水	＝	視野を広げる努力が大事。何事も工夫をすれば楽しくなるので、苦手だったり不慣れだと思うことに挑戦するときは、少しでも新しい方法や工夫をできるように心がけましょう。
14 木	○	新しいことを教えてくれる人に感謝しましょう。学んでみたいと思ったことを自分でいろいろ調べるのもいいですが、詳しい人に聞いてみるとやる気になれることがありそうです。
15 金	▽	午前中までは集中力が続きそうですが、午後からはやる気を失ってしまったり、上司や周囲に心を乱されてしまいそう。大切な用件は午前中に片づけておくといいでしょう。
16 土	▼	自分のことばかり考えていると苦しい状況が続いてしまったり、余計なことにとらわれてしまいそう。小さなことでも自分と周囲が笑顔になることを第一に考えてやってみて。
17 日	×	不慣れだったり苦手だと思っていたことに興味が湧いて挑戦ができそう。予想外な挑戦で人生がおもしろくなったり、不思議な出会いもあるので、楽しんでみるといいでしょう。
18 月	▲	順調に進んでいると思っていたことでトラブルが起きそう。慣れた仕事ほど確認作業はしっかりと。恋人に甘えすぎてケンカになってしまうこともあるので気をつけましょう。
19 火	＝	些細なことで機嫌を悪くするのではなく、常に機嫌よく笑顔でいる試練だと思って受け止めて。感情的になってしまうと評価も運も下がるだけだと心得ておきましょう。
20 水	＝	同じことの繰り返しが不満や不安の原因になるかも。いつもとは違う道で通勤してみたり、普段なら入らないようなお店に行ってみると、いい刺激を受けられるでしょう。
21 木	□	よくも悪くも現実をしっかり受け止めることが大事。うれしいときには素直に喜んで、評価されないときはどうすればいいのか考えたり、成長のために知恵を絞りましょう。
22 金	■	疲れが顔に出てしまったり、寝不足や体のだるさを感じそう。今日は無理をしないで早めに帰宅し、家でのんびりするようにしましょう。風邪もひきやすいので気をつけて。
23 土	●	楽しい時間を過ごせたり、異性といい関係に進めそう。調子に乗りすぎると、余計な発言やわがままな態度で最悪な状況になってしまうことがあるので気を引き締めましょう。
24 日	△	スマホを落として画面を割ってしまったり、段差で転んでしまうなど、気をつければ避けられるような小さな不運があるかも。油断しないように1日を過ごしましょう。
25 月	○	苦手な人と一緒になる時間ができたり、悪友と偶然会ってしまうことがありそう。距離のとり方を間違えると無駄な時間を使うだけなので、理由をつけて離れるようにしましょう。
26 火	○	努力したこととは違うところが評価されてしまうかも。他人から見た自分をもっと想像することで答えが見つけられそうです。いろいろとイメージして楽しんでみましょう。
27 水	▽	日中は問題なく過ごせても、夕方あたりから欠点や弱点が表に出てしまいそう。言動が雑にならないよう、品格を持って行動してみて。挨拶やお礼はしっかりしましょう。
28 木	▼	周囲に合わせて流れに身をまかせておけば問題のない日。周囲の意見を否定したり、逆らったりすると面倒なことになりそうなので、今日はおとなしくしておきましょう。
29 金	×	自分の思った通りに進めようと思わないほうがいいでしょう。わがままは自分を苦しめる原因になりそうです。周囲を笑顔にすることをまず考えて行動するようにしましょう。
30 土	▲	自分が得意な分野や好きなことで、周囲に喜ばれそうなことをやってみましょう。シンプルに考えれば自然と道が見えてきます。身なりはキッチリした服を選ぶようにしましょう。
31 日	＝	期待をしないで出かけた場所でおもしろい発見や学びがありそう。出会いも求めてしまうと素敵な人に会えなそうですが、期待していない場所で気になる人を見つけられるかも。

2021 2月

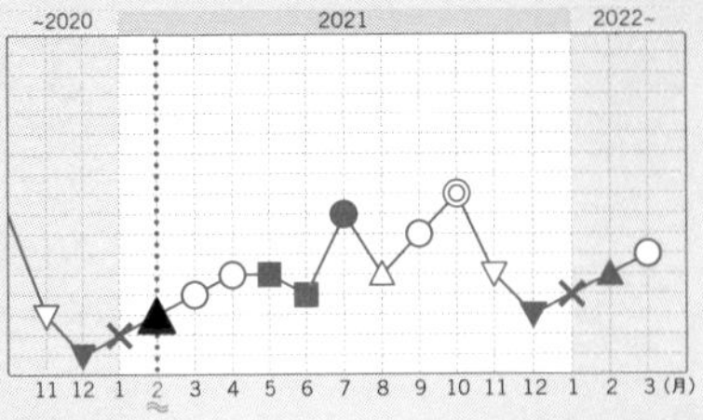

▲ 整理の月

開運3カ条

1. 不要なものを見極めて処分する
2. 人間関係の整理をする
3. マメに掃除をする

総合運

無駄な動きを減らすことや不必要なことから離れることが大事な月。使わないものや必要がないと思われるものを捨て、SNSやアプリなど時間の無駄遣いになっていると思えるものは消去するといいでしょう。人間関係も整理が必要になりますが、甘やかしてくれる人ばかり大事にしないで、叱ってくれる人を大切にすることを忘れないように。健康運は、調子に乗りすぎてケガをすることがあるので気をつけましょう。

恋愛&結婚運

ひとつの恋に区切りがつき、好みのタイプが変わりはじめる時期。恋人がいる人は、相手に不満を感じたりすれ違いで自分の気持ちが冷めていると気がついている場合は別れを告げることも大切。ダラダラ付き合ってもお互いにいいことはないでしょう。片思いの恋もここで終わらせることが大事。恋はあなたの気持ちではなく相手があなたを好きになってくれるかどうかが大事だと忘れないで。結婚運は、今月は話が進みにくいでしょう。

仕事&金運

無駄な動きのないように仕事の効率を上げることや、無駄な経費を使わないようにすることを意識して仕事をするといい時期。自分の至らなさをしっかり認めることで少しでも成長できるように努めるのはいい姿勢ですが、努力や勉強の方向を間違えないようにしましょう。何が正しい努力なのか冷静に判断し、努力を続けることを楽しんでみて。金運は、不要なものを売ると小銭が入りそう。試しにネットなどで売ってみましょう。

1 月	＝	見習うべき人を見つけることが大事。自分の力だけで前に進もうとせず、知恵を借りたり教えてもらえるように生きることが必要になります。憧れたり尊敬できる人を観察して。
2 火	□	冗談のつもりでも余計な言葉には気をつけて。「忙しい」と言うたびに運気もチャンスも逃すことになりそうです。相手がどう思うかをまず考えてから言葉を発しましょう。
3 水	■	勢いまかせで調子に乗って行動すると、打撲などのケガをしてしまいそう。小さな段差などにも気をつけるようにしましょう。夜は予想外の人から誘いがありそうです。
4 木	●	恋愛運が少しいい日。異性からの視線を感じることがありそうですが、好みの相手とは限らないでしょう。気になる相手に連絡をすると、少しですが進展しそうです。
5 金	△	誘惑や甘い話に弱くなってしまいそう。軽はずみな判断はせず、無計画な行動も避けるようにしましょう。確認作業を怠らないよう、しっかり心がけておくことも必要です。
6 土	○	気になったらまずは取りかかってみることが大事。行動することで自然とやる気になれたり、勇気が湧いてくるでしょう。夜は少し贅沢なディナーを食べると運気が上がりそう。
7 日	○	今日はお金をかけないで遊んでみたり、節約デートを楽しんでみましょう。お金を使わないでもできるだけ知恵を使うことで、満足できる1日を過ごすことになりそうです。
8 月	▽	日中にできるだけ自分の用事を済ませておくこと。夕方あたりからは周囲に協力することで、いい人間関係ができそうです。自分が与えられることを探して行動してみましょう。
9 火	▼	不慣れなことや苦手なものから逃げてばかりでは、いつまでも同じことの繰り返しになってしまうだけ。今日は自分を成長させるためにも挑戦をして失敗から学びましょう。
10 水	×	頑固になりすぎて視野が狭くなってしまいそう。周囲のやさしい言葉に耳を傾けないでいると、不要な苦労をすることがあるかも。善意を持って話に最後まで聞き入りましょう。
11 木	▲	関係がこじれている人がいるなら、距離をおいたり、縁を切ってしまうといいでしょう。人間関係に問題のない人は、身の回りをきれいにし、整理整頓する時間を作りましょう。
12 金	＝	同じことの繰り返しではなく、やり方を変えてみたり、生活リズムに変化をつけてみると楽しく過ごせそう。少しの無駄も楽しんでみると、いい発見がありそうです。
13 土	＝	気になる場所に出かけてみたり、おもしろそうなイベントに顔を出してみましょう。バレンタインのチョコレートは少し変わったものを選んでみるとよさそうです。
14 日	□	お店の予約をしておいたり、帰りの時間を決めて行動するなど、1日を計画的に過ごしましょう。夜は疲れが残りやすいので、少し早めに帰宅するように心がけて。
15 月	■	疲れを感じて集中力が欠けてしまいそう。気分転換をしたり、しっかり休みをとることが大事になりそうです。体力を使う仕事の場合は、ケガにも気をつけるようにしましょう。
16 火	●	他人に過度に期待をしないことで楽しく過ごせます。周囲に期待していることは本来自分がやるべきことだと思ってみると、今後の課題が見つかってくることもあるでしょう。
17 水	△	思い込みや勘違いで大失敗をしたり、恥をかいてしまうことがあるかも。しっかり確認をとることを忘れないようにしましょう。失言にも気をつけておく必要がありそうです。
18 木	○	過去と同じような失敗をするのではなく、少しでも新しいことに挑戦をした結果の失敗で学ぶようにしましょう。同年代の頑張りを見ると、自分も努力できるようになりそうです。
19 金	○	一生懸命取り組むことで、仕事が楽しくなりそう。難しいと思えることや苦手な仕事でも、ゲームだと思って攻略するために知恵を絞ってみるといいでしょう。
20 土	▽	友人や知人の集まりに参加すると楽しい話をたくさん聞けそうです。夜になると不要な出費や無駄な時間を使うこともあるので、早めに切り上げておきましょう。
21 日	▼	時間を間違えて焦ってしまったり、慌ててしまうようなことが起こりそう。常に落ち着いて行動することを心がけ、何事も早め早めに進めておくといいでしょう。
22 月	×	遅刻や寝坊をしたり、体調を崩しやすいので気をつけましょう。トラブルの原因を作ってしまうこともあるので、身勝手な判断や行動には特に注意が必要になりそうです。
23 火	▲	順調に進んでいたのに、急に流れが変わってしまう出来事がありそう。いい関係に進んでいると思っていた相手から距離をおかれてしまったり、連絡が返ってこなくなるかも。
24 水	＝	人生を楽しむのはいいですが、甘い考えで行動することとは大きく違うので冷静に判断しましょう。はじめて話す人と思った以上に会話が盛り上がることがありそうです。
25 木	○	小さなことでもいいので、新しいことに挑戦をするといいでしょう。不慣れだと思うことや苦手なものを新たに見つけることができ、いい勉強になるかもしれません。
26 金	□	些細なことにもこだわって仕事をしてみましょう。細部までこだわることで、いい結果につながりそうです。最後まで油断をしないように、キッチリやり遂げるよう心がけて。
27 土	■	イライラしたり、機嫌よくできないときは疲れがたまっている証拠。休憩時間に仮眠をとったり、体調に異変を感じるときは早めに病院に行くといいでしょう。
28 日	●	笑顔を心がけるだけで運を味方につけられそう。突然でもいいので気になる相手を遊びに誘ってみると、いい関係になれるかも。ピンクやオレンジなど明るい服を選んで出かけて。

☆開運の日 ◎幸運の日 ●解放の日 ○チャレンジの日
□健康管理の日 △準備の日 ▽ブレーキの日 ■リフレッシュの日
▲整理の日 ×裏運気の日 ▼乱気の日 ＝運気の影響がない日

2021

3月

○ チャレンジの月

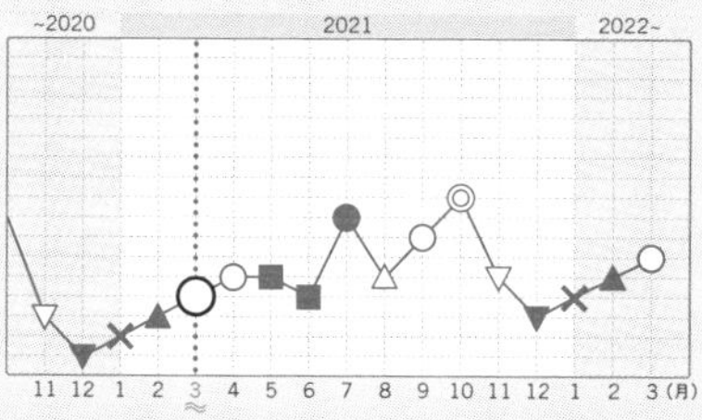

開運3カ条

1. 苦手を知って克服する努力をする
2. 何事もプラス面を探す
3. 結果よりもやるべきことに目を向ける

総合運

はじめて体験すること、ひとりで取り組まなくてはならないこと、難しく感じることなどに挑戦する時期。自分でも気がつかなかった発見ができたり、今後の課題をいろいろ見つけられたりしそう。マイナス面ばかりとらえないでプラス面を探せるようにすることで、大きく成長できることもあるでしょう。健康運は、無理が続かなくなるので、ストレス発散や休日の予定を先にしっかり立てておくように。

恋愛&結婚運

過去の恋愛とは違った感じの出会い方をしたり、好みとは違う感じの人に興味が湧いたり、突然好意を伝えられたりしそう。周囲からの評判が悪い人には注意が必要ですが、なぜかこの時期は飛び込んでしまい後悔することがあるので気をつけて。異性の友人や長年知っている人の中から探したほうが安全でしょう。結婚運は、結婚願望がなかったタイプの人が突然結婚に前向きになることがありますが、冷静に判断するようにしましょう。

仕事&金運

仕事での苦労や不満がたまりやすい時期ですが、実力不足を認めて今やるべきことに集中することで大きく成長できるでしょう。他人まかせにしないで何事も自分の問題だと思って受け止めることや、原因を追究することが必要になりそうです。やれることにしっかり目を向け、結果はあとからついてくると思っておくといいでしょう。金運は、欲張ると大損するので、自分への投資だと思って勉強になることにお金を使っておきましょう。

1 月	△	集中力が途切れてしまいそう。忘れ物や連絡忘れなどがあるので、気を引き締めて仕事に取り組むこと。何事も確認作業をしっかりすれば、問題は避けられるでしょう。
2 火	○	家族や友人からの助言が大事になりそう。耳の痛いことを言ってくれる人に感謝をしないと、苦労や辛い状況が続いてしまうかも。つまらないプライドで自分を苦しめないように。
3 水	○	自分の考えや気持ちだけを通すのではなく、どうやったら相手にうまく伝わるのかをもっと考えて。「伝えるゲーム」だと思って楽しめば、うまく伝えることができそうです。
4 木	▽	上司や先輩、会社に対して否定的になってしまうと、相手からも否定されるだけ。認めて欲しいと思うなら、まず自分が周囲を認めたり、肯定的に見るようにしましょう。
5 金	▼	短気を起こしてしまったり、不機嫌が顔に出てしまいそう。どんなときでも笑顔や上機嫌でいる修行だと思っておくといいでしょう。イライラする前に、ひと呼吸おくようにして。
6 土	×	予定が急に変更になったり、裏目に出ることが多そう。期待をしないで、流れにまかせておくといいでしょう。身の回りのものが壊れたときは、不運の消化だと思っておきましょう。
7 日	▲	片づけをするにはいい日ですが、大事なものを間違えて捨ててしまったり、手を滑らせて壊してしまうことがあるので気をつけましょう。特にコップなど食器を割ってしまうかも。
8 月	＝	大きな変化が少ない日。地道な努力が必要になるので、コツコツと取り組みましょう。仕事に役立つ本を読んでおいたり、話のネタになるような情報を集めておくといいでしょう。
9 火	＝	これまで聴いていなかったジャンルの音楽に触れたり、興味が薄い分野の雑誌や本に目を通してみて。おもしろい発見をしたり勉強になることをたくさん見つけられそうです。
10 水	□	何事もポジティブに変換することを目指してみると、周囲から頼りにされて、いい1日を送ることができそう。どんなことにもプラス面とマイナス面があることを忘れないように。
11 木	■	風邪をひいてしまったり、体調を崩してしまうことがあるので要注意。日ごろの疲れが表に出てしまうので、肌荒れや目の疲れなどにも気をつけ、無理をしないようにしましょう。
12 金	●	周りから注目されることがある日ですが、危険な相手や興味のない人から好意を寄せられてしまうことも。困ったときはウソをついてでも距離をおくようにしましょう。
13 土	△	時間を間違えて慌てると、足をぶつけてしまったり忘れ物をすることがあるかも。時間にはゆとりを持って行動するようにしましょう。次の日の準備も早めにしておくこと。
14 日	○	お気に入りのお店や行きつけのお店に行くのはいいですが、会いたくない人に偶然出会ってしまったり、予定を乱すような人に遭遇してしまうことも。心構えをしておきましょう。
15 月	○	余計な出費が増えてしまいそうですが、自ら後輩や部下、お世話になっている人にごちそうやプレゼントをするといいでしょう。相手から感謝をされて、運気もよくなります。
16 火	▽	言いたいことを言えないままになってしまうことがあるかも。モヤモヤしたり我慢しなければならない状況になっても、そのぶん1歩成長できると思っておきましょう。
17 水	▼	好きな人や気になる人と距離ができてしまったり、思い通りにならないことが増えてしまいそう。悲しい気持ちになることもありますが、考えすぎないようにしましょう。
18 木	×	失恋をしたり、人間関係が悪くなってしまうかも。相手のことを考えない発言や行動、わがままには気をつけて。何事も時間が解決すると思って、今日はもがくのはやめましょう。
19 金	▲	なくすことで価値に気がついたり、失うことで得られるものもあるのだと理解できそう。手放すことで気持ちが楽になったり、自由な時間が増えることがあるでしょう。
20 土	＝	友人から誘われたらOKをしてみましょう。興味のないところでも思ったより楽しめたり、いい勉強になりそう。どんな場所にも楽しいことやおもしろいことがあると忘れないで。
21 日	＝	時間を作って近所を散歩したり、軽く体を動かしてみるといいでしょう。友人とじっくり話してみると、気持ちも頭もすっきりすることがあるので、いろいろと打ち明けてみて。
22 月	□	自分の至らない部分をしっかり認めることが大事。他人や周囲の責任にしていると、同じ不満に何度もぶつかることになるので、すべては自分の力不足だと思って成長しましょう。
23 火	■	体調に少しでも異変を感じた場合は、早めに病院に行って検査をしてもらいましょう。歯や目の検査をしばらくしていない場合は、時間を作って行っておくといいでしょう。
24 水	●	自分の経験が役立ったり、求められることが増える一方、実力以上のことを求められて時間が足らなくなることも。今できることをやっておけば、後にいい結果につながります。
25 木	△	楽しく過ごすのはいいですが、自分も相手も周囲も笑顔になることを考えて行動することが大事。自分だけの楽しさは本当の「楽しい」ではないことを覚えておきましょう。
26 金	○	懐かしい人と縁がある日。思い浮かんだ人に連絡をしてみると、いい話やおもしろい話を聞けそうです。よい友人になれるような異性を紹介してもらえることもあるでしょう。
27 土	○	遊びに出かけるにはいい日。出費が多くなってしまうことがありますがあまり気にしないで、気分転換やストレス発散になるようなことをパーッとしておきましょう。
28 日	▽	日中は買い物や用事を先に済ませておきましょう。午後からは花見をするのもいいですが、長時間外にいると風邪をひいてしまうことがあるので気をつけましょう。
29 月	▼	珍しいミスで久しぶりに怒られることがありそう。思い込みや勘違いからのトラブルなので、あやふやなことは周囲に教えてもらったり、しっかり確認をするようにしましょう。
30 火	×	体調が悪くなったり、やる気を失ってしまうようなことがありそう。好きな音楽を聴いたり、本音を話せる時間を作るといいでしょう。ポジティブな人と話すことも大事です。
31 水	▲	大事なものをなくしてしまったり、しまった場所を忘れてしまうことがあるので気をつけて。いい加減な仕事のやり方はせず、丁寧に取り組みましょう。

2021

4月

○ チャレンジの月

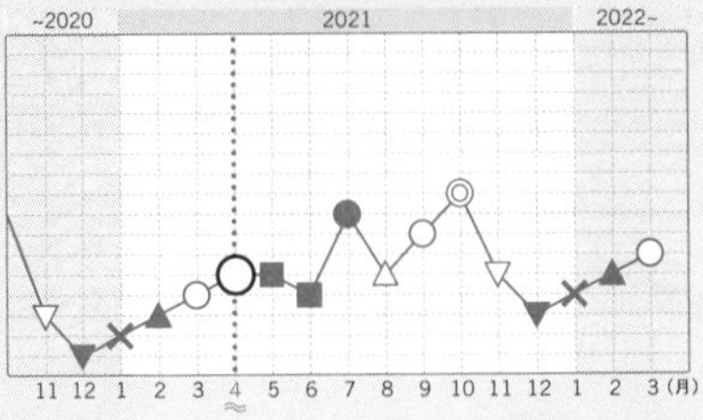

開運3カ条

1. 何事も実験だと思って挑戦する
2. はじめてのお店に入ってみる
3. 好奇心を忘れない

総合運

新たな課題や問題が発生しやすい時期ですが、何事も実験だと思って試すことを楽しみましょう。失敗やうまくいかないことを恐れたり避けるのではなく、どんなふうになるのか実験するくらいの気持ちで取り組んでみて。普段なら入ることのないお店で意外な人と出会って学べることがあったり、不思議な縁がつながるかも。健康運は、いつもなら行かないようなスポーツジム、体験教室などに足を運んでみるのもオススメです。

恋愛&結婚運

勉強になる異性との出会いが増える月。自分の好みに変化が現れて、これまで興味のなかった人や好みのタイプとは思えない人と仲よくなったり、気になる存在になったりしそう。高嶺の花だと思えるような人から好意を寄せられるなど、驚くような人との縁がつながることも。ただ、長期的な縁は薄そうで、相手の運気に振り回されてしまうこともありそう。結婚運は、相手次第になるので期待はせず、家庭的な部分を磨いて。

仕事&金運

難しいと感じたり、職場が嫌になってしまうようなことが起きやすい時期です。原因をしっかり考え、現実を受け止めて自分の問題とすることが大事。改善をしながら少しでも自分が成長できている部分を見つけて楽しんでみることで、仕事に対する考え方ややる気も変わってくるでしょう。新たな取り組みを前向きに受け入れて。金運は、大きな金額の買い物や長く使うものよりも、消耗品を購入するくらいにしましょう。

1	木	○	情報を集めるにはいい日ですが、エイプリルフールだと忘れていると大恥をかいてしまうことがあるので気をつけて。正しい情報なのか冷静に判断するように心がけましょう。
2	金	○	少しでも違った方法にチャレンジしたり、新しい出会いを求めて行動しましょう。自分とは違った考え方や生き方をする人から、おもしろい発見や学びを得られそうです。
3	土	□	今日と明日はしっかり休むことが大事。ストレス発散などに時間やお金を使うといいでしょう。軽い運動をしたり健康的な食事を心がけ、睡眠時間も増やしておきましょう。
4	日	■	少しくらいダラダラしてもいいので、のんびり過ごしましょう。好きな音楽を聴いたり、ゲームや読書の時間を作ってみて。予定がある場合は、疲れやすいのでこまめな休憩を。
5	月	●	周囲からの期待に応えることで楽しい1日になるかも。何事も笑顔で楽しもうとすれば、いい流れを作ることができそう。些細なことで不機嫌な顔をしないようにしましょう。
6	火	△	調子に乗りすぎて大失敗をすることがありそう。事前確認や最終的なチェックをしっかりしなければ、忘れ物をして困ってしまったり、無駄な時間を過ごすことになるかも。
7	水	○	友人や知人の薦める本や漫画、映画に触れてみると、いい刺激を受けたり、後に会話で役立つでしょう。詳しい友人に「最近のオススメない?」と連絡してみるといいかも。
8	木	○	自分のことよりも周囲が喜ぶことが何かを考えてみましょう。些細なことでも自分が与えられることや教えられることはないかと探して、ケチケチしないようにしましょう。
9	金	▽	日中はこれまでの頑張りが認められたり、いい結果を出せそう。結果に納得がいかない場合は、今後どうすると自分を成長させることができるのか考えるといいでしょう。
10	土	▼	余計なひと言が面倒なことにつながってしまうので、相手の身になって言葉を選びましょう。挨拶やお礼をきっちりしたり、上品さを心がけておくといいでしょう。
11	日	×	自分や他人のダメな部分やマイナスなところに目を向けてしまいそう。何事も認めることからはじめてみるといいでしょう。自分がどこに向かっているのかを見失わないようにして。
12	月	▲	時間を区切って仕事をすることが大事。「この仕事は5分以内に終わらせる」など、自分の中だけでもいいので終わりの時間を決めて、リズムを作るとやる気になれるでしょう。
13	火	○	生活リズムを少し変えてみましょう。これまで気にならなかったことに目を向けてみると、話をすることのなかったタイプの人と話せることもありそうです。
14	水	○	知っているつもりでも、実は詳しく知らなかったことを調べてみると、勘違いや思い違いなどを見つけられそう。専門知識のある知り合いから教えてもらうのもいいでしょう。
15	木	□	情報を集めることもいいですが、まずは行動してみることが大事。体験してみることで学びも多くあるでしょう。うまくいかない理由や原因もしっかり探るようにして。
16	金	■	仕事に集中できそうな日ですが、疲れがたまりやすく体調を崩してしまうことがあるので、ペース配分を間違えないように。夜の飲み会や付き合いは避けたほうがいいかも。
17	土	●	突然遊びに誘われたり、デートをすることになるかも。意外な人から連絡があったときほど期待ができそう。明るいイメージの服を着ると、運気をアップさせられそうです。
18	日	△	冗談を言ったりおもしろい話ができると、一気に人気者になったり、異性からモテるようになりそう。失敗談や少し恥ずかしい話をするなど、サービス精神を爆発させましょう。
19	月	○	伝統や文化、長く続いていることから学ぶことが多い日。詳しい人と話をすると、いい勉強になることがあるでしょう。近くの神社仏閣に足を運んでみるのもよさそうです。
20	火	○	大きな結果を出そうと思うよりも、小さな結果を確実に求めたり、少しくらい遠回りをしても後に結果が出るような作戦で行動してみて。焦らずじっくり進めるようにしましょう。
21	水	▽	面倒なことや大事なことはできるだけ早めに終わらせておきましょう。後回しにすると、予定が乱れたときに焦ってしまったり、迷惑をかけてしまうことになりそうです。
22	木	▼	動く前にまずは様子を見たり、少し先のことを考えるといいでしょう。無謀な行動に走ったり、突然仕事を辞めたくなることがあるので、ひと呼吸おいて冷静に考えましょう。
23	金	×	頑固になりすぎて周囲からのやさしい言葉が耳に入らなくなってしまうことがあるので気をつけましょう。善意を持って受け止めると、進むべき道が見えるようになります。
24	土	▲	今日は大掃除をする日だと思って、身の回りをきれいにしたり整理整頓しましょう。不要なものはどんどん処分し、使い古したものや年齢に見合わないものも捨てましょう。
25	日	○	ひとりで買い物やお出かけをしてみて。普段なら行かないような場所やお店に行くと、楽しいことを見つけられそう。スマホばかりいじらないで、ひとりを満喫してみましょう。
26	月	○	普段読まない雑誌に目を通してみると、必要な情報や取り入れてみたいファッションに出会えそう。避けていた雑誌ほど、読んでみるといいコラムを見つけられるかも。
27	火	□	執着を手放すにはいい日。こだわっていたことをやめたり、諦めることも大事です。身の回りにある幼稚なものを処分したり、不要なアプリを消去すると気持ちがすっきりしそう。
28	水	■	昼食をとりすぎたり、脂っこいもので胃がもたれてしまうかも。便秘になったり胃腸の調子が悪くなることもあるので、軽い運動をしたり、野菜たっぷりの鍋を食べましょう。
29	木	●	好きな人がいる場合は、ダメ元で好意を伝えてみましょう。予想外の返事からいい流れになる場合もありますが、ここで無理な感じがするときはキッパリ諦めることも大事です。
30	金	△	無計画に行動しすぎてしまったり、計画に甘さが出てしまいそう。特に締めくくりをきっちりすることを忘れないようにしましょう。ドジなケガにも気をつけて。

☆開運の日　◎幸運の日　●解放の日　○チャレンジの日
□健康管理の日　△準備の日　▽ブレーキの日　■リフレッシュの日
▲整理の日　×裏運気の日　▼乱気の日　＝運気の影響がない日

2021

5月

■ リフレッシュの月

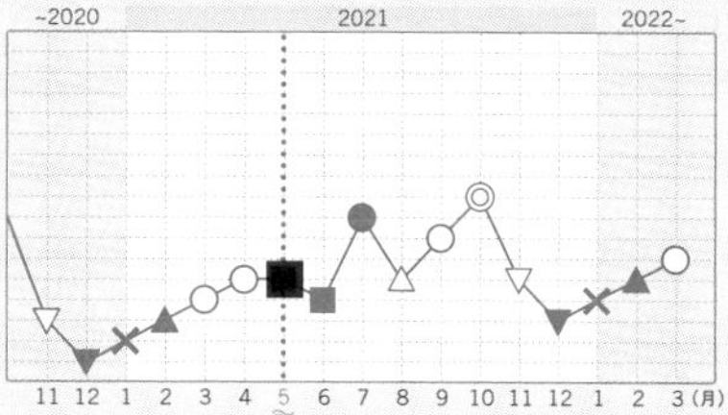

開運 3 カ条

1. 頑張りすぎない
2. 生活リズムを整える
3. 笑える動画を観る

総合運

新年度のはじまりに頑張りすぎてしまうため、今月中旬までは乗りきれそうですが、下旬になると疲れを感じてしまいそう。不慣れな環境や求められることが増えて大変な思いをすることもありますが、休みの日の予定や遊びの計画を先に立てれば、やる気が出たり、目標があることで乗りきれたりします。健康運は、中旬までに生活リズムを整えること。下旬は疲れをためないようにし、睡眠時間を増やすといいでしょう。

恋愛＆結婚運

今月はふたりで会うよりも、友人や知り合いとともにみんなで楽しむほうが後でいい感じに進展しやすくなるでしょう。飲み会や旅行の計画を立てていろいろな人を誘ってみて。下旬の新しい出会いはあなたを振り回す相手の可能性があるので慎重に選ぶようにしましょう。予想外の相手に好意を寄せられて「裏運気の年」を感じることもありそう。結婚運は、結婚はないと思っている人ほど急に結婚の話が浮上しそうです。

仕事＆金運

仕事に真面目に取り組むことはいいことですが、楽しみながら仕事をしたり、仕事後のごほうびがないとストレスが一気にたまってしまいます。休みの日はしっかり遊んだり、イベントやライブなどに行く予定を立てておきましょう。下旬は、頑張りすぎてしまった人ほど心身ともに疲れが出やすいので、ペースを間違えないように。金運は、付き合いで出費が増えてしまいそう。調子に乗って勢いで買い物をしないように気をつけて。

1	土	○	友人や知人が集まって、楽しい思い出話ができるかも。しばらく会っていない人に連絡をしてみると、思った以上に盛り上がったり、プチ同窓会になることもありそう。
2	日	○	予定していた以上に出費することになりそう。欲望に負けて購入することがありますが、特に食べ物は買いすぎに注意して。お店での注文も少しセーブしておきましょう。
3	月	▽	自分の機嫌は自分でとるようにすることが大事。常に上機嫌でいられるように、元気さと笑顔を心がけておきましょう。不機嫌さを出してもいいことは何もありません。
4	火	▼	悪いクセが出てしまって、家族や身近な人と険悪な空気になってしまうかも。ハッキリ言ってくれることに感謝をしなければ、いつまでも同じことを繰り返すでしょう。
5	水	×	予定通りに進まずにイライラすることが増えてしまいそう。多少の期待はいいですが、過剰な期待は厳禁です。何事もほどほどがいちばん楽しいと思っておきましょう。
6	木	▲	今の自分がやれることにしっかり集中することが大事。自分に足りない部分や欠点を考えすぎても前には進めません。得意なことで周囲を喜ばせられる人になるといいでしょう。
7	金	○	人の集まりに参加してみたり、いろいろな人の話をしっかり聞くことが大切です。自分の知っている情報と違っている場合は、詳しく聞いてみるといい勉強になるでしょう。
8	土	○	はじめて行く場所でいい経験ができそう。詳しい友人にいろいろ教えてもらうと、楽しい時間を過ごせるでしょう。小さな勇気がおもしろい発見につながり、いい縁もできそうです。
9	日	□	時間があるときは本を購入してじっくり読んでみて。大事なことはメモをしておくといいでしょう。学んだ知識をどうしたら活かせるか考えたり、話のネタにしてみましょう。
10	月	■	胃腸の調子が悪くなってしまったり、体調を崩しやすい日。体に問題がなくても、頑張りすぎると一気に疲れをためてしまうので、今日はペースを考えて仕事をしましょう。
11	火	●	あなたに注目が集まりそうですが、仕事をサボっているところを見つかってしまうこともあるので、今日は真剣に仕事に取り組んで。急な仕事をまかされることもありそう。
12	水	△	曖昧な返事をしたり、周囲に流されすぎると面倒なことが増えるかも。ハッキリ断ったり、間違った方向に進んでいると思ったらそのままにしないようにしましょう。
13	木	○	経験を活かすことができそうなので、自分の得意なことには積極的に取り組みましょう。人脈も役立つことがあるので、仕事やプライベートで困ったときは思い浮かぶ人に連絡して。
14	金	○	周囲からの協力を得られたり、支えられていることに気づけそう。仕事があることに感謝の心を持ち、上司や先輩の存在の大切さを忘れないようにしましょう。
15	土	▽	大事な用事は日中に終えておきましょう。デートもランチデートくらいならいい感じで終えることができそうです。夕方以降は予定が乱れてバタバタしてしまうかも。
16	日	▼	思い通りに進まないことや、焦って空回りするようなことがありそう。無理に押し進めるよりも流れに身をまかせておきましょう。気分が乗らないときは好きな音楽を聴いてみて。
17	月	×	裏目に出たり空回りをしやすい日。タイミングの悪さを感じたときはあまり焦らないで、早めに行動しておくといいでしょう。余計な発言にも気をつけましょう。
18	火	▲	身の回りをきれいに整えることが大事。いつもより几帳面になってみることで気分もすっきりするでしょう。普段はなかなか整理しないような場所もきれいにしてみて。
19	水	＝	苦労の原因は執着心や固定観念にある可能性が高いので、柔軟な発想を心がけ、新しいことは素直に受け止めましょう。学ぶことの楽しさを理解できると前に進めそうです。
20	木	＝	新商品のお菓子を食べてみたり、はじめて見るドリンクを注文してみると、おもしろい体験や発見ができそう。子どものころの好奇心を思い出して楽しんでみるといいでしょう。
21	金	■	笑顔でしっかりと挨拶をすることで、いい人間関係ができるようになるでしょう。自分中心に考えないで、相手のことを想像して会話の内容や言葉を選んでみて。
22	土	■	足首をひねってしまったり、腰や関節に痛みが出てしまいそう。体をほぐしてから外出するようにしたり、時間があるときはタイ古式マッサージなど、マッサージに行きましょう。
23	日	●	意外な人から遊びに誘われることがありそう。年齢に関係なくいろいろ話してみると、楽しい時間を過ごせるかも。異性の場合は後に恋に発展することもありそうです。
24	月	△	ドジなことをやってしまいそう。忘れ物や時間間違い、食べこぼしなどに気をつけましょう。勘違いして仕事で焦ってしまうこともあるので、事前確認と準備は怠らないように。
25	火	○	よくも悪くも過去の縁がつながる日。面倒な人から連絡がきたり、友人の愚痴や不満を聞かなくてはならない状況になってしまうかも。お互い様だと思って聞いてあげましょう。
26	水	○	今日の頑張りはすぐに結果として表れなくても、後に役立つことになりそう。お叱りや無理難題があっても、何事も経験だと思って前向きに受け止めてみるといいでしょう。
27	木	▽	自分の考えだけが正しいと思っていると、イライラすることが起こるかも。相手にも事情があったり、よかれと思ってやっているのだと考えられれば、気持ちも楽になるでしょう。
28	金	▼	判断ミスをしたり、間違った方向に進んでしまいそう。周囲からの忠告を素直に聞いて、頑固にならないようにしましょう。素直に謝ったり、訂正をすることが大事です。
29	土	×	約束がドタキャンされたり、予定していた通りに進まないことが増えるかも。わがままを通そうとするとさらに面倒なことになるので、1歩引いて冷静に対応しましょう。
30	日	▼	身の回りを整理整頓したり、きれいにするといい日。薬箱の中を確認して、使用期限の過ぎているものは買い替えたり、足りない薬は買い足しておきましょう。
31	月	＝	何事も善意を持って取り組むことが大切。雑な行動は「雑な種」を蒔くだけで、後に苦労する原因になると覚えておきましょう。今日の積み重ねが明るい未来につながるでしょう。

2021

6月

■ リフレッシュの月

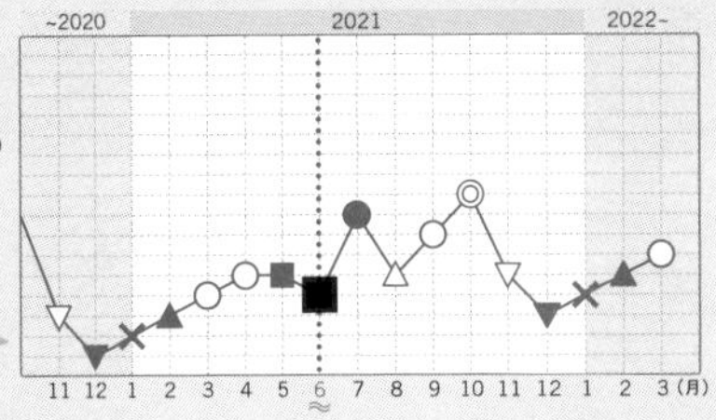

開運 3 カ条

1. 睡眠時間を増やす
2. リラックスタイムを設ける
3. おいしいお店に行く

総合運

求められることが増えて忙しくなる月。ゆっくり休めずに疲れからイライラしたり正しい判断ができないこともあるので、こまめに休みをとるようにしましょう。急な予定変更は簡単に受け入れないように。健康運は、体調に注意が必要な時期。少しでも異変を感じるときは早めに病院に行って検査をしましょう。疲れが残らないように、睡眠時間は多めにとるようにし、ストレス発散を心がけましょう。

恋愛&結婚運

忙しいながらも異性との出会い運が下旬に突然やってくる月。中旬までは空回りしたり、タイミングが悪く変化は少ないですが、友人や知人から素敵な人を紹介してもらえる話がきそう。会うのはいいですが、疲れた顔や不機嫌な感じにならないようにコンディションをしっかり整えておくこと。結婚運は、下旬に少し話をするのはいいですが、無理に進めようとするとケンカや気まずい感じになりそうなので気をつけましょう。

仕事&金運

予想外に忙しくなったり、ストレスがたまったりするような出来事がある時期。二度手間になってしまうことや、取引先の機嫌に振り回されることがありそう。時間がかかりすぎて無駄な作業が増え、疲れが一気にたまってしまうこともあるのでペースを間違えないように。休むときはしっかりとリフレッシュするようにしましょう。金運は、マッサージやストレス発散になることにお金を使うといいでしょう。

1 火	＝	経験することの楽しさを忘れないで。思い通りにならなかったり理想と違っても、自分だけではなく世の中の人も同じだと知り、完璧な人生はないと思えば気持ちが楽になります。
2 水	■	日中は勢いで乗りきれそうですが、夕方あたりからは疲れを感じたり、集中力が途切れてしまうので無理をしないように。早めに帰宅して、家でゆっくりした時間を作りましょう。
3 木	■	疲れが顔に出てしまったり、体が重く感じることがありそう。軽く体を動かしたり、ストレッチやヨガをしてから出社すると、頭がすっきりして1日を乗りきれそうです。
4 金	●	プチラッキーな出来事があるかも。マイナス面を探すよりも感謝できることや喜べることを見つけるといいでしょう。周囲で支えてくれる人の存在も忘れないように。
5 土	△	行動が雑になって慌ててしまうかも。忘れ物や準備不足でバタバタすることがあるので、事前にしっかり確認をするようにして。段差でつまずくこともあるので気をつけましょう。
6 日	○	ゆっくりする予定が友人に乱されてしまいそう。短時間で会ったり、帰りの時間をしっかり守るなら問題はないですが、ダラダラする時間や飲酒は次の日に響いてしまうかも。
7 月	○	目標をしっかり決めて行動しましょう。空回りしたり手応えが感じられないときは、計画の立て直しも必要になりそうです。アイスや甘いものを食べて気持ちを落ち着かせて。
8 火	▽	大事な仕事や用事は日中に終わらせるようにしましょう。夕方あたりからは心身ともに疲れを感じたり、やる気を失ってしまうかも。約束を忘れることもあるので気をつけて。
9 水	▼	余計な発言や行動には注意が必要。いつも通り、同じことの繰り返しがいい場合もあるので、不慣れなことには手を出さないようにして。言葉も上品さを大切にしましょう。
10 木	×	自分のミスではない問題に巻き込まれてしまったり、ストレスがたまる出来事や疲れてしまうことがありそう。今日は時間に余裕を持っておくと、うまく対応ができそうです。
11 金	▲	散らかった部屋や足元に置いてあるものは片づけておきましょう。滑ってケガの原因になったり、足の小指をぶつけてしまうことも。薬箱の整理をしておくと後に役立ちそうです。
12 土	＝	限定メニューを注文してみたり、これまで避けていたものを食べてみましょう。未経験のことを体験することで人生を楽しめるでしょう。お気に入りになったときは友人に教えてあげて。
13 日	＝	現実をしっかり受け入れ、他人の個性は否定しないで認めてあげて。好き嫌いやよし悪しだけで判断せずに「そういうものかな」と流せるようになりましょう。
14 月	■	日中は集中力が続きそうですが、夕方あたりからは注意力が低下したり、疲れを感じるかも。無理をしないで早めに帰宅し、ゆっくり入浴してから早めに寝るようにしましょう。
15 火	■	体のだるさを感じるときはストレッチをしたり、休み時間に蜂蜜入りのドリンクを飲みましょう。好きな音楽を聴いてゆっくりする時間も必要。目の疲れにも気をつけて。
16 水	●	仕事関係の人と素敵な出会いがあったり、いい縁がつながるかも。いつもより上品なメイクや髪型を心がけてみましょう。目が何度も合う人を意識してみるといいかも。
17 木	△	無駄な時間を使ってしまうことがありそう。スマホばかりいじっていると後悔することになるので、時間は命だと忘れないように。目の前の仕事に集中するようにしましょう。
18 金	○	親友から連絡がきたり、偶然出会うことがあるかも。ノリで遊びに行く感じになっても、今日は無理しないほうがいいでしょう。次の日のことを先に考えて判断して。
19 土	○	映画館や美術館に行ってみて。感性を磨くことでいいアイデアが浮かんだり、前向きになれそう。色彩や構図を学んでみたり、デザインにもっと興味を示してみましょう。
20 日	▽	今日はゆったりと時間を過ごしましょう。予定が入っている場合でも、詰め込みすぎずにこまめに休憩を。ボーッと風景を眺めたり、植物を見てゆっくりするといいでしょう。
21 月	▼	思い通りにならないことでイライラせずに、目の前のことをしっかり終わらせ、役割を果たすようにしましょう。他人と比べたり、身勝手で心を乱さないように気をつけて。
22 火	×	不運や不幸を感じるときは、遊び心を忘れてしまっているのかも。何事もゲームだと思って、どうしたらクリアできるのか、攻略方法を考えて取り組んでみるといいでしょう。
23 水	▲	見切りをつけることも大事ですが、学びがあったり自分が成長できる機会を手放さないように。SNSや不要なアプリなどは一気に消去して、すっきりさせるといいでしょう。
24 木	＝	周囲が嫌がる仕事に率先して取り組んでみて。目についたけど誰も片づけないことは、どんどんやってしまいましょう。気分がすっきりして、周囲からも感謝されるはずです。
25 金	＝	興味の薄いことにあえて挑戦を。いつもなら選ばない本や映画にふれてみましょう。「外した」と思わず、いい部分を探すようにすると運気もよくなります。
26 土	■	無理のない程度に体を動かしてみて。スクワットなどの軽い筋トレやストレッチなどがオススメです。天気がよければ散歩に出かけてみるのもいいでしょう。
27 日	■	体によさそうなものを食べてみて。胃腸の調子を整えたり、日ごろの不摂生を改めるようにするといいでしょう。デトックスになりそうなことも進んでやってみましょう。
28 月	●	あなたの魅力がアップする日。気になる相手に連絡をしたり、会うことができるといい関係に進めそう。職場で惚れられてしまったり、好意を寄せてくる人が出てくるかも。
29 火	△	何事も雑になってしまいそう。ポジティブに考えるのはいいですが、適当になりすぎてしまうと評価が落ちるので、最後まで気を緩めないこと。確認作業はしっかりしましょう。
30 水	○	これまで経験したことや学んだことを活かすことができそう。調子がよくなっていると感じても、張りきりすぎないように気をつけて。人との縁を感じられる1日になるでしょう。

☆ 開運の日　◎ 幸運の日　● 解放の日　○ チャレンジの日
□ 健康管理の日　△ 準備の日　▽ ブレーキの日　■ リフレッシュの日
▲ 整理の日　× 裏運気の日　▼ 乱気の日　＝ 運気の影響がない日

7月 2021

● 解放の月

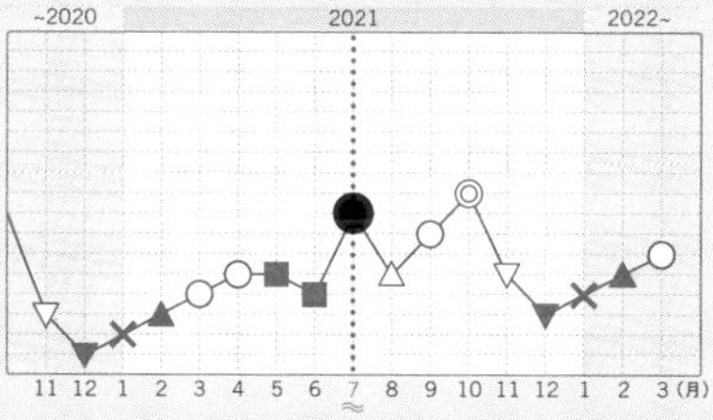

開運 3 カ条

1. 成長できるチャンスだと思って生活する
2. 欲を出さない
3. 素直に頭を下げる

総合運

運気のアップダウンが激しい月。うれしい出来事があったときほど油断をしないで、苦しい状況のときには学べる部分や大きく成長できる部分を見つけるようにしましょう。裏の自分の頑固な部分を活かすことで、忍耐力が必要なことにじっくり時間をかけたり、ひとりの時間を楽しめるようになるでしょう。甘い話や誘惑には注意が必要です。健康運は、油断大敵な時期。暑さでダウンすることもあるので気をつけましょう。

恋愛&結婚運

予想外の相手と仲よくなったり、これまでとはまったく違うパターンの恋愛がはじまる可能性がある時期。真面目な恋を望む人ほど刺激的な恋に走ったり、逆に刺激的な恋を望んでいた人ほど安定した相手が現れそう。仲よくなるきっかけも「意外だな～」と思うことがあるかも。面倒な人に好かれやすいこともあるので、周囲の評判などはしっかり聞くようにしましょう。結婚運はチャンスがある時期ですが、相手の運気も見て判断を。

仕事&金運

「苦労と思うか、大きな勉強のチャンスと思うか」で大きく変わる時期。不慣れなことや苦手なことに取り組んだり、自分以外の人のトラブルや面倒をみることが出てくる運気。ひとりで考え込まないで素直に頭を下げてお願いしたり、周囲に協力してもらえるように努めることが大事。支えてくれた人や仕事があることに感謝を忘れないようにしましょう。金運は、予想外の出費がありそう。機械トラブルやなくし物には気をつけましょう。

1 木	○	計算や数、時間にしっかりこだわって仕事をしてみて。ダラダラしたり、なんとなくで終えないようにしましょう。細部までこだわることで、自分の成長にもつながるでしょう。
2 金	▽	日中はひとりで集中できる時間が持てたり、効率よく仕事を進めることができそう。夕方あたりからはミスが増えたり、周囲から突っ込まれてしまうことがありそうです。
3 土	▼	予定が乱れたり、思い通りに進まないことが増えそう。体調を崩すこともあるので無理はせず、予定を詰め込みすぎないように気をつけて。冷房の強い場所は避けましょう。
4 日	×	意外な人から突然誘われたり、家族に予定を乱されてしまうかも。自分中心に考えていると気持ちが晴れないので、今日は周囲に合わせることを楽しんでみましょう。
5 月	▲	なくし物や忘れ物をしやすい日。大事な書類や約束を忘れることがあるので、事前にしっかり確認を。身の回りが散らかっているとトラブルを起こしやすいので片づけましょう。
6 火	○	少し遠回りになってもいいと思えるような努力をしてみて。習得に時間がかかることに挑戦して、未来の自分に期待しましょう。不慣れなことや苦手分野にも取り組んで。
7 水	○	楽しむためにはどんな努力が必要なのか、考えて行動することが大切です。少し先のことを考え、今できることを少しでもいいのでやってみたり、体験してみるといいでしょう。
8 木	□	体に異変を感じていない人も、頑張りすぎには注意が必要。体調を崩してしまったり、体を痛めてしまうことがあるので、何事もほどほどに抑えることが大切でしょう。
9 金	■	胃腸の調子が悪くなってしまったり、体調を崩してしまいそう。無理はせずに、胃にやさしそうなものを食べるようにしましょう。冷たいものの飲みすぎにも気をつけて。
10 土	●	遊びに出かけるといい日。ストレス発散になるような楽しい時間を過ごすことができそうです。少し頭を使うゲームをやってみたり、本を読むことでいい情報を入手できるかも。
11 日	△	ノリや遊び心が大切になりそう。知り合いの些細な冗談やおもしろい話に笑うことで、運気の流れやその場の雰囲気がよくなるでしょう。笑顔を意識して楽しんでみましょう。
12 月	○	よくも悪くも自分のクセが出そう。自分を分析してパターンを覚え、やる気を出したり前向きになる方法をしっかり見つけておきましょう。悪いクセは少しでも直すように努めて。
13 火	◎	計算や数字や時間にこだわって仕事をしましょう。効率よく仕事をするためには何が必要で何が無駄なのかを考えることで、いい結果を出しやすくもできそうです。
14 水	▽	日中はいい判断ができ、問題が少なくいい流れに乗れそう。夕方からは思った以上に面倒なことが起きたり、周囲に予定を乱されてイライラしやすいので、気持ちを落ち着かせて。
15 木	▼	身勝手な判断や思いやりのない行動は自ら不運を招き、評価を下げてしまうので注意して。やさしく生きることを心がけておくと、1日を気持ちよく過ごせるでしょう。
16 金	×	予想外のことが多くなりそう。逆らわないで流れに乗るようにすることが大事です。プライドが傷つくと思っても不要なプライドだと考えて、執着心を手放すと楽になるでしょう。
17 土	▲	今の自分に必要がないものは「もったいない」と思っても処分するようにしましょう。時間泥棒になっている趣味や、意味もわからず続けていることをやめるにはいい日です。
18 日	○	出先でイベントを見ると、いい勉強になったりおもしろい発見ができそう。これまで避けていた体験が予想外の出会いにつながることもあるので、臆病にならないようにして。
19 月	○	周囲のオススメや流行っていることは、興味がなくても少し覗いてどんなものか知っておくといいでしょう。勉強になることを見つけられるので、視野を広げるようにして。
20 火	□	自分ではなんとも思っていなくても、疲労が蓄積しやすい日。休み時間はのんびり過ごし、お風呂にゆっくり浸かってから寝るようにして。冷房の効きすぎには気をつけましょう。
21 水	■	朝から体がだるくなったり、荒れた気持ちになりそう。不機嫌さが顔に出て周囲に気を使わせてしまうこともあるので気をつけて。こまめに休んだり昼寝をするといいでしょう。
22 木	●	ひとつのことに集中できそう。仕事や今やるべきことに一生懸命になってみましょう。苦手なことを少し克服できたり、普段話さない人と仲よくなれることもあるでしょう。
23 金	△	大きなミスをしやすい日。大事なものを忘れて焦ってしまったり、数字や時間を間違えてしまうこともあるので気をつけて。先のことを想像しない無謀な行動にも注意しましょう。
24 土	○	両親に連絡してみると、普段は話せないことを深く話せるかも。耳の痛いことを言われることもありますが、ハッキリ言ってもらえることに感謝を忘れないようにしましょう。
25 日	◎	素敵な人や頑張っている人を見ることで、やる気になれたり前向きになれそう。友人や知り合いと話をしてみたり、舞台を観に行ってみるといい刺激を受けられそうです。
26 月	▽	昼すぎあたりまでは集中力が続きそうですが、15時くらいからはやる気を失ったり、テンションが上がらなくなってしまいそう。大事な用は午前中に済ませておきましょう。
27 火	▼	コンプレックスだと思っていることを言われてしまったり、嫌な指摘をされてしまいそう。相手も悪気がないのだと思い、上手に流せるようにすることが大切でしょう。
28 水	×	決断をするには不向きな日。周囲の意見をしっかり聞き、周りに合わせるようにしましょう。自分勝手な判断は自ら不運を招いてしまうので、軽はずみに行動しないようにして。
29 木	▲	何事もシンプルに考えることが大事。ゴチャゴチャした頭では仕事でミスをしたり、うまくいかなくなってしまいそう。目の前のことに集中し、丁寧に仕事をしましょう。
30 金	○	些細なことでも「えい!」と思って挑戦して。結果が失敗に終わっても、勇気や度胸が身に付くことが重要です。勇気と度胸がないと幸せをつかむことに臆病になってしまうかも。
31 土	○	行ったことのないお店に入ってみると、おもしろい出会いがあったり、楽しい話を聞けるかも。友人を誘って気になる場所に行ってみるのも、いい思い出になるでしょう。

2021

8月

△ 準備の月

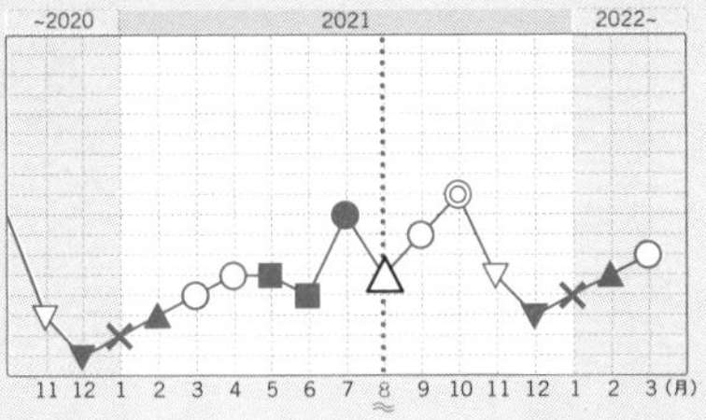

開運 3 カ条

1. 何事も準備と確認をしっかりする
2. 遊ぶときは調子に乗りすぎない
3. 数字や時間をきちんと管理する

総合運

欠点や弱点など自分の雑な部分が表に出てしまう月。油断をすると事故やケガ、周囲からの指摘が増えてしまいそう。何事も事前に準備し、確認作業は怠らないようにして、気を引き締めて過ごすようにしましょう。「このくらいはいいだろう」と思ったことが後悔につながるので、先のことを予測して行動することも忘れないように。健康運は、ケガやお酒の飲みすぎに気をつけてください。車の運転にも注意して。

恋愛＆結婚運

楽しく遊ぶのはいいですが、相手に深入りするときは慎重になったほうがいい時期。表面的にはいい感じの人や外見的に好みの相手ほど、後で裏切られたり面倒なことになる可能性が。特に「これまでとはまったく違うタイプ」と思われる相手の場合は周囲の評判や評価を聞いてみて。遊びだとはっきり割りきれるなら飛び込んでみるのもいいでしょう。結婚運は、妊娠が先に判明することがあるので、正しい相手か見極めておきましょう。

仕事＆金運

仕事で大きなミスをしたり、確認をしないことで大きな問題になったりしそうな運気。他人まかせやサボっていたことのツケが一気にやってきたり、数字や時間、お金の管理などが雑になっていることを指摘されてしまうかも。ひとつひとつ丁寧に取り組み、不慣れなことをまかされても仕事があることへの感謝を忘れないように。金運は、無駄な出費が増えてしまいそう。機械や仕事道具を壊して弁償することになるかもしれません。

1	日	□	日中は楽しく時間を過ごせそうなので、買い物や用事は早めに済ませましょう。夕方以降は注意力が落ちてミスが増えるので気をつけて。段差で転んでしまうことがあるかも。
2	月	■	寝坊をして慌ててしまうと、転倒をしたり忘れ物でさらに慌ててしまうかも。汗を流した後、エアコンで体を冷やして風邪をひいてしまうこともありそうなので気をつけましょう。
3	火	●	注目を浴びる日ですが、マイナス面まで目立ってしまうことがあるので気をつけましょう。褒められることもありますが、気を引き締めることが大事。調子に乗らないようにして。
4	水	△	寝坊や遅刻など珍しいミスを連発することになりそう。何事も確認作業を怠らず、早めに行動しておきましょう。大事なものを忘れてしまうこともあるので気をつけて。
5	木	○	親友や付き合いの長い人と話すことで、気持ちが楽になったり解決の糸口を見つけることができそう。仕事終わりに連絡をして会うといいですが、電話でも少しは解決しそうです。
6	金	○	自分の至らない部分はしっかり認め、成長するためにどうすればいいかしっかり考えることが大事。正しい努力をすることを心がけ、間違った努力をしないようにしましょう。
7	土	▽	他人の失敗を許すことが大事。他人が自分の思い通りにならずにイライラしていると、いつまでも運をつかめません。人として成長することで運をつかめると覚えておきましょう。
8	日	▼	安請け合いや適当な返事など、会話には注意が必要。相手の話をしっかり聞いて冷静に判断したり、言葉を選んで発言しなければ、問題の火種を作ってしまうことがありそうです。
9	月	×	忘れ物で無駄な出費をしたり、約束をすっかり忘れてしまうことがありそう。人の責任にしていると信用を失うので、しっかり反省をして、面倒なことを避けられるようにして。
10	火	▲	大事なものをなくしてしまうかも。置き忘れをすることがあるので、席を立つ前にはしっかり確認をしておきましょう。何かを処分するときには、特に確認を忘れないようにして。
11	水	＝	生活リズムを少し変化させると、前向きになれたりやる気になれそう。起きる時間や出社時間を変えてみるなど、些細なことでもいいので変化を楽しんでみるといいでしょう。
12	木	＝	明るい未来を想像し、ポジティブシンキングを意識することが大事。プラスの発言を繰り返していると、周囲から協力してもらえたり、新たな学びを得ることができそうです。
13	金	□	締めくくりをしっかりすることを意識し、ゴールを決めないままダラダラと仕事をしないように。自分の中で時間を区切り、今日中に達成できそうな目標を決めておきましょう。
14	土	■	遊ぶのはいいですが、体調を崩してしまう原因にもなりやすいので、ほどよく休みながら楽しみましょう。日焼け対策をし、熱中症にも気をつけて、今日は早めに就寝しましょう。
15	日	●	気になる相手との関係がいい方向に進みそう。笑顔で楽しい感じを出し続けましょう。不機嫌な態度で反発をすると一気に関係が悪くなるので、上機嫌でいられるように努めて。
16	月	△	集中力が途切れてしまいそう。忘れ物や単純なケアレスミスをすることがあるので気をつけて。ドリンクをこぼして服を汚したり、スマホを落として画面を割ってしまうことも。
17	火	○	一度や二度で諦めないことが大事です。粘ることや繰り返すことでゆっくりと身に付き、学びを得られるでしょう。失敗だと思わないで経験だと捉えましょう。
18	水	○	まとめていろいろなことを進めるよりも、ひとつのことに絞って集中することが大事になりそう。丁寧に進めることで時間がかかっても、最後までしっかりやり遂げましょう。
19	木	▽	周囲からのアドバイスを大切にし、注意してくれる人への感謝を忘れないようにしましょう。単純に「嫌い」と思ってしまうと、自分の成長するチャンスを逃してしまうかも。
20	金	▼	面倒なことに巻き込まれてしまいそう。学びは多いですが苦労も増えるので、面倒事を最小限にするためにも周囲の人と仲よくし、コミュニケーションをとっておきましょう。
21	土	×	人のやさしさに目を向けましょう。ひとりで悩む前にいろいろな人に支えられていることに気づき、感謝できることを見つけて。他人から感謝される生き方を忘れないように。
22	日	▲	よくも悪くも過去に執着しないこと。過ぎ去ったことを考える暇があるなら、明るい未来や将来の楽しい自分を想像しましょう。マイナスの思い出があるものは処分して。
23	月	＝	同じミスを繰り返さないことが大事。挑戦をするのはいいですが、自分のクセやパターンを覚えるようにしましょう。何事も経験として活かせるようにすることも必要です。
24	火	＝	軽はずみな判断をすると、面倒なことが増えるだけなので注意して。相手の話は最後までじっくり聞くことを心がけ、ノリや勢いだけで判断しないように気をつけましょう。
25	水	□	自分中心に考えて行動をせず、相手や全体のことを考えて判断して。自分だけが正しいと思っていても、相手には迷惑だったり悪く映ってしまう行動もあるので気をつけましょう。
26	木	■	夏の疲れが一気に出てしまいそう。栄養ドリンクを飲むのもいいですが、後に苦しくなることもあるので気をつけて。お風呂にゆっくり入って、無理をせずに早めに休みましょう。
27	金	●	うれしい出来事がある日ですが、油断をしているとチャンスを逃してしまうかも。ボーッとせずに、周囲の話をしっかり聞くようにすれば、おもしろい出会いにもつながりそう。
28	土	△	約束を忘れて慌ててしまったり、階段や段差で転んでしまうかも。不注意が重なってしまうことがあるので、丁寧な行動を心がけ、ゆとりを持って動きましょう。
29	日	○	友人と遊ぶにはいい日。久しぶりに本音で話せて楽しい時間を過ごせたり、懐かしい話で盛り上がって気持ちがすっきりしそう。不思議と懐かしい人と偶然会うことがあるかも。
30	月	○	努力が報われると思っていると不満が生じやすいので、現状にまずは満足し、これまでの努力が形になって今があると思いましょう。不満を見つける前に喜べることを見つけて。
31	火	▽	日中は順調に進みそうですが、夕方あたりから周囲のミスに振り回されたり、自分自身もミスをしやすいので気をつけて。確認作業や急な対応にも冷静になるよう心がけましょう。

☆ 開運の日　◎ 幸運の日　● 解放の日　○ チャレンジの日
□ 健康管理の日　△ 準備の日　▽ ブレーキの日　■ リフレッシュの日
▲ 整理の日　× 裏運気の日　▼ 乱気の日　＝ 運気の影響がない日

2021 9月

○ チャレンジの月

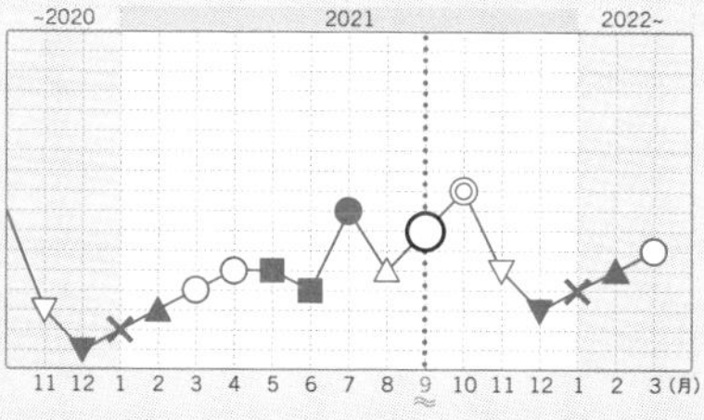

開運 3 カ条

1. 親友と語る
2. 思い出のある店に行く
3. 去る者は追わない

総合運

親友や縁の強い人とのつながりは強くなりますが、表面的な付き合いだった人とは離れたり裏切られてしまうことがありそうな時期。ショックを受けるよりも見極めができてよかったと思えばいいので、執着をせずに「去る者は追わない」ように心がけておくといいでしょう。また、過去の苦労や経験が活かされる場面も増えるので、周囲が喜ぶことなら率先して取り組んでみましょう。健康運は、持病のある人は注意。

恋愛＆結婚運

知り合いに気になっている人がいる場合は、今月はダメ元で気持ちを伝えてみるといいでしょう。これで友人関係が壊れてしまうこともありますが、そのままでは何も進展することなく終わるだけです。新しい出会い運は、親友からの紹介はよさそうですが、好みではない人に好かれてしまうことが。結婚運は、一度真剣な話まで進んだことがあるカップルは前向きな話ができそう。勢いで今月か来月に入籍があるかも。

仕事＆金運

今の自分の実力がはっきり出てしまう時期。不甲斐ない結果のときは、勉強や正しい努力をしていなかったと思って、考え方ややり方などを変える必要があるでしょう。付き合いの長い人と揉めることもありますが、相手の意見をしっかり聞いてから判断するように。好きなことよりも得意なことを活かせるようにすればいい流れを作ることができそう。金運は、使い慣れたものを購入しましょう。新しいものは不愉快な思いをしそう。

1 水	▼	判断を誤りそうな日。急ぎの判断ほど注意が必要になるので慎重に。トラブルはその後の対応がとても大事なので、謝るときには形だけでなく心を込めると、思いが伝わりそう。
2 木	×	仲がいいからといって不機嫌な態度をとり、荒い言葉を発していると、ケンカになってしまったり無視されてしまうことがありそう。相手のことを考え、自分の言動を見直しましょう。
3 金	▲	職場や部屋の片づけをしましょう。年齢に見合わないものや長い間使っていないものは思いきってどんどん処分して。身の回りを整理整頓すると、頭の中も整理されるでしょう。
4 土	○	未経験なことに挑戦をすると世界が広がりそう。友人に薦められた映画を観たり、本を読んでみるといいでしょう。これまでとは違ったタイプの人脈が広がることもありそうです。
5 日	○	友人や知り合いを集めてゲームをしたり、ホームパーティーをしてみて。おもしろい話をして大笑いすれば運気もよくなります。お金をかけずにどれだけ楽しめるか試してみて。
6 月	□	ひとつのことに集中できそう。時間のかかる作業や集中力が必要なことに挑戦したり、本を読むと一気に最後まで読めるかも。目の周辺のマッサージはやっておきましょう。
7 火	■	疲れがたまっていることを実感しそう。今日は仕事を早めに切り上げ、入浴剤を入れて湯船にゆっくり浸かり疲れをとりましょう。いつもより早めの就寝を心がけて。
8 水	●	謎に忙しくなりそうな運気。求められるのはいいことですが、急に予定が重なってしまうかも。親友の誘いにOKした後に、気になる相手からデートに誘われてしまうことも。
9 木	△	置き忘れをしやすいので、身の回りをひとつひとつ確認して。電車やバスを降りる際にも忘れ物がないか一度振り返って確認を。意識していればある程度の失敗は防げます。
10 金	○	付き合いの長い人や友人と話す内容がいいヒントやアイデアにつながりそう。無駄話だと思わずにいろいろと話してみましょう。仕事終わりに誘って飲みに行くことも大事です。
11 土	◎	普段頑張っている自分へのごほうびとしておいしいものを食べに行ったり、テーマパークに行ってみるといいでしょう。ストレス発散になるのでケチケチしないようにして。
12 日	▽	友人からゴルフの打ちっぱなしなどに誘われたら、面倒でもやってみると思ったよりいい経験ができそう。「え～それ？」と渋るようなことも、チャレンジするといい思い出に。
13 月	▼	思い通りに進まなかったり、周囲に予定を乱されるかも。何事もゲームだと思って受け入れ、イライラせずに口角を上げて笑顔で楽しめば、意外とすんなり乗りきれるでしょう。
14 火	×	思っている以上にわがままな生き方をしていたり、人に気を使わせているかも。周囲の態度はこれまでの積み重ねが出ているだけ。人間関係に不満があるなら自分の態度を改めて。
15 水	▲	朝少し早く出勤して自分のデスク回りを整理整頓して。余裕があれば共有スペースも掃除をすると、きっとみんなに感謝されるでしょう。人のために動ける人は幸運をつかみます。
16 木	○	新しいことに挑戦する前に、情報を集めたりしっかり観察することが大事。ノリや勢いだけで進んでしまうと雑になったり、本当に大切なことを見落としてしまうかも。
17 金	○	意識的に新しい挑戦をしてみましょう。10年後の自分と対話をするような気持ちで自分の将来像を思い浮かべ、ちょっとしたことでもいいので積極的に行動を開始してみて。
18 土	□	嫌なことは「嫌です」とハッキリ断ることが大事。人間関係の整理ができて丁度いいと思って、悪友や面倒な人と距離をおくのもいいでしょう。恋人とのケンカや別れもありそう。
19 日	■	日ごろの疲れをしっかりとりましょう。スマホを必要以上にいじるのはやめて、それ以外の趣味に時間を費やしたり、のんびりと過ごすこと。夜は早めに寝て明日に備えましょう。
20 月	●	求められることが増えますが、自分の役割を果たすことが大事。余計なことは引き受けずに、目的のために何をすべきか考えて行動を。誘惑に負けないようにすることも大切です。
21 火	△	うっかりミスが多くなりそうなので、忘れ物をしたり何かを破損したりしないよう気をつけて。ミスをどれだけ少なくできるか意識して1日を過ごせば、きっと乗り越えられます。
22 水	○	経験を上手に活かすことができそう。昔の苦労が役立つことがあるので、周囲に困っている人がいるときは手助けしましょう。ひと言アドバイスするだけでも感謝されそうです。
23 木	◎	わずかですが幸運をつかめる日。恋愛も仕事もチャンスがきたと思ったら、自信を持って1歩踏み出してみましょう。勇気があればチャンスをつかめる可能性はグッと高まります。
24 金	▽	日中は計画的に行動できそうですが、夕方あたりから予定が乱れてしまいそう。バタバタしてきたときほど冷静に判断し、優先順位を間違えないように臨機応変に対応しましょう。
25 土	▼	周囲のトラブルに巻き込まれて予定が狂わされるかも。そんなときこそイライラせずに「たまにはこんなこともある」くらいの心持ちでいれば、最小限のダメージで済むでしょう。
26 日	×	変化が少なく前に進めないと感じそう。立ち止まって周囲を見たり、現状をしっかり見つめることも大事です。今の自分に満足できないなら、どう努力すればいいのか考えて。
27 月	▲	いつもより少し早く起きて、自宅の水回りや部屋を片づけてから出かけましょう。キッチリすることで頭の中が整理整頓でき、心にも余裕が生まれてくるかも。
28 火	○	些細な幸せを忘れないことが大事。自分の欲望を満足させることを考えるより、今ある幸せを見落とさないように。得ていることを忘れるといつまでも幸せになれないでしょう。
29 水	○	周囲の人から食事などに誘われたら、少しくらい気が向かなくても思いきって誘いに乗ってみて。楽しい時間を過ごすように心がけてみれば、新しい発見があるはずです。
30 木	□	面倒なことや気が進まないことほど先に終えるようにして。後回しにするほどやる気も集中力も低下して、余計に面倒に感じてしまうかも。夜は疲れをためない工夫が大事です。

2021 10月

◎ 幸運の月

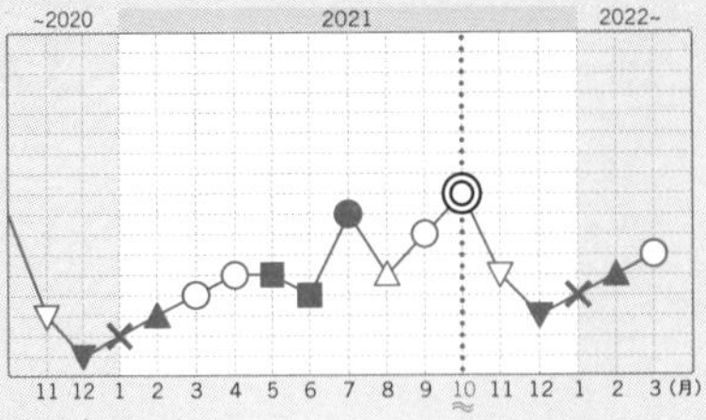

開運 3 カ条

1. 意外性を楽しむ
2. 自分の課題を探す
3. 他人のいい部分を見つける

総合運

気持ちが楽になる出来事や、思い通りとまではならなくても想定内の出来事が起きやすい時期。小さな幸せを見つけて喜べたり、今ある幸せを大事にしたり、今後の課題や自分の成長すべき点を見つけることができそう。うまくいかないことを「不運」で片づけないで、自分に必要な能力が何かしっかり分析して、現状を楽しくするためにいろいろ考えてみて。健康運は、調子に乗りすぎてのケガやお酒の飲みすぎには十分注意して。

恋愛＆結婚運

自分中心の恋は空回りしたり思い通りに進まないことが多いですが、これまでとは違ったタイプや好みとは違う相手とはいい関係になれる時期。意外性を楽しむにはいい時期ですが、予想外にハマってしまうこともあるので、距離感を間違えないようにしましょう。新しい出会いとして、不思議な感じの人や好みではない外見の人といい関係になれそう。結婚運は、急に話が進むことが。不安な相手の場合はもう一度慎重に考え直して。

仕事＆金運

自分のやるべきことをしっかり果たさないと、楽しく仕事ができなくなる時期。自分の役職名に恥じない仕事をすることやうまく演じることも大事。予想外のチャンスもやってくるので実力がある人は一気に逆転することができますが、実力不足の人はピンチに追い込まれることや不勉強を自覚することの連続になるかも。覚悟を決めて仕事に取り組むようにしましょう。金運は、周囲の人や困った人のために使うといいでしょう。

1 金	■	予定が変更になり疲れそう。仕事が思ったよりも忙しく、仕事終わりは誰かに誘われるかも。周囲を楽しませるように笑顔で場を盛り上げると心地よい疲れで明日を元気に過ごせます。
2 土	●	今日をしっかり楽しみましょう。特別な日だと思って大事に過ごしたり、出会う人とは「一期一会」と思って関わるといいでしょう。幸せはすでにつかんでいることを忘れないで。
3 日	△	些細な段差でつまずいてしまうかも。外出するときは履き慣れた靴で出かけたほうがよさそうです。出先での忘れ物やスマホを落としたりするアクシデントにも気をつけましょう。
4 月	◎	いいことを思い出したり、経験を活かすことができそう。苦労はしてみるものだと思える出来事があるかも。忍耐力が身に付いていることに気づけたりと、成長も実感できそうです。
5 火	◎	想定通りの出来事がある日。ひとりで取り組むよりも周囲の力や知恵が必要になるでしょう。周りを楽しませたり相手を認めることで、大事な情報を引き出すこともできそうです。
6 水	▽	客観的に自分を見ることが大事になりそう。自分のことだけを考えているとどんどん苦しくなるので、他の人からの目線で自分がどうするといいのか判断してみましょう。
7 木	▼	儲け話などの甘い言葉には要注意。自分だけが得をするような話に安易に飛びつくと、後々トラブルに巻き込まれる可能性も。地道な努力や遠回りをすることが大事でしょう。
8 金	×	知らないことは素直に聞いたり、失敗したときは素直に謝ることが大事。自分中心に生きているといつまでも試練は続きます。他人を喜ばせるために生きてみるといいでしょう。
9 土	▲	玄関周りにある不要なものを捨ててすっきりさせて。しばらく履いていない靴は処分してもいいでしょう。玄関がきれいになると、不思議と心身ともに楽になりそうです。
10 日	○	自分ひとりで考えてもいい答えは出ないので、友人や知人に話してみましょう。相手のアドバイスに否定的にならないでしっかり聞き入れ、やれることに少しでも取り組んでみて。
11 月	○	得意ではないことをまかされてしまいそう。期待されていると思って前向きに捉えて挑戦してみて。不慣れなことでも笑顔で取り組むと思った以上にいい結果やいい勉強になるかも。
12 火	□	午前中に集中することができれば、午後もいい感じで仕事が進められそう。夜は集中力が途切れやすいので無理をしないように。疲れがたまっていると感じることもありそうです。
13 水	■	しっかりと休憩することが必要です。頑張りすぎると集中力が低下してミスが増えてしまうので、昼休みはのんびりするといいでしょう。夜は脂っこいものを避けて、飲酒も控えめに。
14 木	●	予想外に人から頼られることがありそう。手助けがきっかけで仲よくなれたり、縁がつながることも。意外な恋の展開が待っていることもあるので、出会う相手には注目してみて。
15 金	△	うっかりミスをしそうなので、しっかり準備することを忘れないように。上司や同僚などに確認してもらうといった工夫も大切。丁寧に準備をすれば、大抵のミスは防げるはず。
16 土	◎	自分の悪いクセや先輩や上司に指摘された部分を直すようにしましょう。親に散々言われているところも直すように意識して生活すれば、大きく成長できるようになるでしょう。
17 日	◎	消耗品を買うにはいい日なので、身の回りで足りなくなりそうなものを購入して。お世話になっている人へのプレゼントを買って、感謝を形で表すのもとても大事なことです。
18 月	▽	サービス精神がしっかりある人は幸運をつかめそう。親切心も大事ですが、サービスはさらに相手を喜ばせることが必要だと忘れないように。夜はひとりでゆっくり過ごして。
19 火	▼	人間関係がギクシャクしやすい日。嫌なことを言われてしまい、やる気を失うことがありそう。信頼できる人に相談をしたり、相手の言葉を善意で受け止めるようにしましょう。
20 水	×	自信を持っていたことほどショックを受ける出来事がありそう。プライドを傷つけられたり、自分よりすごい人と比べてヘコむことも。「自分は自分、人は人」を忘れないように。
21 木	▲	仲がいい人との関係が悪くなりそう。恋愛面でも恋人とケンカしたり、気まずい空気が流れてしまうかも。必要以上に落ち込まず、自分に悪い部分があったらすぐに謝りましょう。
22 金	○	小さなことでもいいので、新しいことに挑戦をするといい勉強になりそう。これまで関わりの薄かったグループの人と話したり、上司や先輩を飲みに誘ってみるといいでしょう。
23 土	○	新しい出会いがありそう。初対面の人に会ってもいいように身だしなみに気をつけ、清潔な格好を心がけて出かけてみて。第一印象で損をすることがないようにしましょう。
24 日	□	思いついたことを行動に移しましょう。何事もやってみないとわからないことが多いのだということを忘れないで。うまくいかなくても恥ずかしがらず、原因をしっかり追求しましょう。
25 月	■	失敗を笑う人や欠点に対して突っ込んでくる人にイライラして、ストレスがたまりそう。不機嫌を顔に出さずに笑顔で流せば運気もよくなるので、いい練習だと思いましょう。
26 火	●	負けを楽しむといい日。勝つことや差をつけることだけが正しいわけではなく、周囲との協力や感謝されることに価値があり、それができるのが本当の成功者だと忘れないように。
27 水	△	初歩的なミスをして信用を落としてしまうことがあるので、確認や事前準備をしっかりするようにして。失敗から学んだり、他人の失敗に寛容になれるように心がけましょう。
28 木	◎	まず行動することが大事です。踏み止まってなかなか挑戦できなかったことに、少しでもいいのでチャレンジしてみて。友人や知人の協力を得られることにも感謝を忘れないで。
29 金	◎	なんとなく決断するのではなく、覚悟をすることが大切。苦労や困難は当たり前だと思い、すべては自分の精神的な成長のためだと捉えましょう。今日は思いきって行動してみて。
30 土	▽	他人を疑いの目で見ると信頼関係ができません。まずは相手を信じたり、尊敬して話を聞くことが大事です。夜は疲れがたまりやすいので、無理をせずに早めに帰宅しましょう。
31 日	▼	他人に足を引っ張られることがあっても、相手を恨んだり妬んだりせず、なぜこうなったかを分析して。すべては自分の成長のためで、このくらいで済んでよかったと思いましょう。

☆ 開運の日　◎ 幸運の日　● 解放の日　○ チャレンジの日
□ 健康管理の日　△ 準備の日　▽ ブレーキの日　■ リフレッシュの日
▲ 整理の日　× 裏運気の日　▼ 乱気の日　＝ 運気の影響がない日

2021 11月

▽ ブレーキの月

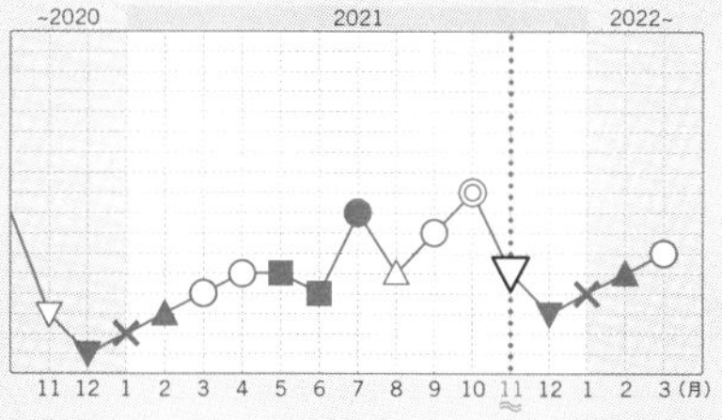

開運 3カ条

1. 仲間を大切にし、感謝する
2. わがままは抑え相手を楽しませる
3. 仕事は少し難しいゲームだと思う

総合運

中旬までは問題は小さいので解決しやすく、勉強になることも多いでしょう。苦労の中でも協力してくれる人や仲間を大切にし、しっかり感謝することで難を逃れることも。下旬は、他人まかせでは済まされないことや不慣れなこと、苦手なことに直面することが増えそう。現状から逃げたくなってしまう場合もありますが、しっかり受け止めて今後の課題にするといいでしょう。健康運は、下旬に体調を崩しやすいので注意。

恋愛&結婚運

中旬まではいい距離感で気になる相手と関われそうですが、下旬になると気まずい感じや空回りする感じになりそう。恋人のいる人は、険悪なムードになる可能性が高いので言葉選びを間違えないように。相手のことを一番に考えてやさしく接するようにしましょう。下旬の新しい出会いは、あなたの運命を狂わせる人の可能性があるので注意。結婚運は、無理に進めようとすると希望しない方向に進んでしまいそうです。

仕事&金運

難しい仕事をまかされることがありますが、中旬までは周囲の協力も得られてクリアできそうです。中旬以降は、トラブルや難題が増えてしまうでしょう。職場の人間関係が面倒になってしまう、上司や取引先の理不尽に悩まされてしまう、仲間が離れてしまうことなどがありそう。やる気を削がれる出来事も起きやすいですが、与えられた仕事を丁寧にやることを忘れないようにしましょう。金運は、無駄遣いは避けるように。

1	月	×	周囲に振り回されたり、予定が乱されることがありそう。イライラしないで「たまにはこんな日もある」と思っておきましょう。変化や流れを楽しむくらいの余裕を持ってみて。
2	火	▲	多少の我慢も必要です。不機嫌が顔に出てしまうと面倒なことが増えてしまったり、人間関係が悪くなりそう。恋人や異性に甘えすぎていると叱られることもあるので気をつけて。
3	水	○	不慣れなことをまかされたときは、笑顔で引き受けてみて。まかされることは期待されている証拠。誰だって最初は初心者なので、失敗を恐れることなく思いっきりやりましょう。
4	木	○	うまくいかないことをひとりで考えても前に進めなくなってしまうだけ。上司や先輩に素直に相談して、助言をもらって行動しましょう。聞くだけで行動しないと不運を招くかも。
5	金	□	周囲からのお願いを引き受けるのはいいですが、損得勘定で判断せず、相手が喜ぶならいいと思っておきましょう。得になる人だけ選んでいると、後に痛い目に遭ってしまうかも。
6	土	■	疲れをしっかりとりましょう。無理をしないでのんびりする時間を作ったり、軽く体を動かして汗を流すといいでしょう。ただし、頑張りすぎてケガをしないように気をつけて。
7	日	●	あなたの魅力が輝く日で、遊びに誘われることがあるかも。時間がある場合は、美容室に行って髪型を少し変えてみて。夜は気になる相手を食事に誘うと楽しい時間を過ごせそう。
8	月	△	調子に乗りすぎて余計な発言をしたり、仕事でミスしやすそう。友人だからといって適当なことを言わないように。慣れた仕事でもよく確認し、手順をしっかり守るようにして。
9	火	○	陰の努力が認められたり、役立つことがありそう。これまで頑張ってきてよかったと思えたり、周囲から感謝されることも。長い目で見守ってくれた人への感謝を忘れないで。
10	水	◎	計画をしっかり立てて行動することが大事。なんとなく行動していると無駄な出費や時間が増えてしまいそう。時間やお金のことを真剣に考える機会にするといいでしょう。
11	木	▽	面倒なことは後回しにせず、苦手なことほど先に終えるようにして。夜は予定が乱れてしまったり不要な出費が増えてしまいそうなので、早めに帰宅して家でのんびりしましょう。
12	金	▼	自分が正しいと思っても周囲からはいい感じに受け取ってもらえないかも。流れに身をまかせながら様子を窺ってみて。悪目立ちする日だと思っておとなしくしましょう。
13	土	×	裏目に出ることが多く、視野が狭くなったり冷静に判断ができなくなりそう。うまくいかないときは反省して、次に活かすことが重要。落ち込んだときこそポジティブに考えて。
14	日	▲	不要なものが離れていく日。失恋をしたり友情関係が崩れたとしても「縁がない」と思って割りきっておきましょう。機械トラブルも起きやすいので、高価なものに触れないこと。
15	月	＝	他人を認めることで世界が広がりそう。勝手な先入観で自分の世界を狭めてしまうのは残念なことなので、普段あまり話さない人や苦手だと思っている人にも話しかけてみて。
16	火	＝	少しくらい無駄だと思えても、未来の自分が笑顔になることなら挑戦してみて。勉強や読書、筋トレなどすぐに結果が出ないようなことも、少しでもいいのでやっておきましょう。
17	水	□	自分の健康を考えるといい日。食事はバランスよくとり、夜は食べすぎや脂っこいものを避け、「腹八分目」も忘れないように。時間を作ってウォーキングをするのもいいでしょう。
18	木	■	頑張りすぎは厳禁。体は問題なくてもストレスがたまっていることがあるので、好きな音楽を聴いたり、話を聞いてくれる友人と会ってたくさん笑うと気持ちが楽になりそう。
19	金	●	不思議と注目されたり、求められる機会が増えそう。調子に乗らないで謙虚な姿勢を心がければ魅力がアップするでしょう。大人な対応で、相手のことを考えて言葉を選んでみて。
20	土	△	役に立たない情報、ネットのウソの情報やフェイクニュースに振り回されてしまうかも。冷静に話を聞いて矛盾に気づきましょう。軽はずみに発言しないことも大事。
21	日	○	地道に頑張ってきたことが評価されるかも。途中で投げ出してしまった場合は後悔することになりそう。今からでもいいので、地道な努力や積み重ねを忘れないようにしましょう。
22	月	○	財布の中身や貯金を確認してみましょう。欲しいものを決めてみたり、将来どのくらい必要なのか試算してみて。職場の経費やコストを考えて仕事をするのもいいでしょう。
23	火	▽	いつもより早起きして午前中にやるべきことはやっておきましょう。夕方以降はバタバタしたり、予定を乱されて無駄な時間ができ、効率が悪くなってしまうことがあるでしょう。
24	水	▼	教えてもらったことをすっかり忘れて信用を失ってしまったり、他人に対して雑になってしまうかも。自分のことだけではなく相手や関わる人のことを考えて行動するようにして。
25	木	×	不運と思えることやうまくいかないことから学びがありそう。問題を他人の責任にしていると同じことを繰り返すので、自分の至らない点が原因だと思い、見直すことが重要です。
26	金	▲	丁寧に過ごすことが大事。雑に物を扱って壊してしまったり、「このくらいは大丈夫」と思っていると機械トラブルで困ってしまうかも。人も機械も丁寧に扱いましょう。
27	土	＝	今まで手をつけず、しばらく放置していた自分の課題に真剣に取り組んでみましょう。現実から逃げずに1歩踏み出すことによって、見えてくる景色が変わってくるものです。
28	日	＝	頭を使うといい日。パズルやなぞなぞなど子どものころに楽しんだものに挑戦してみると、いい刺激になるでしょう。雑学の本を読むと、話のネタになって役立つことがあるかも。
29	月	□	何事も計画を立てることが大事。計画の甘さゆえに失敗したときは予定を立て直すために情報やデータが必要になるでしょう。周囲のアドバイスにも素直に耳を傾けてみて。
30	火	■	油断をしていると風邪をひいてしまったり、少し体調を崩してしまいそう。今日は無理をせず、体力を温存しておきましょう。ストレッチや軽い運動をすることも大事です。

2021

12月

▼ 乱気の月

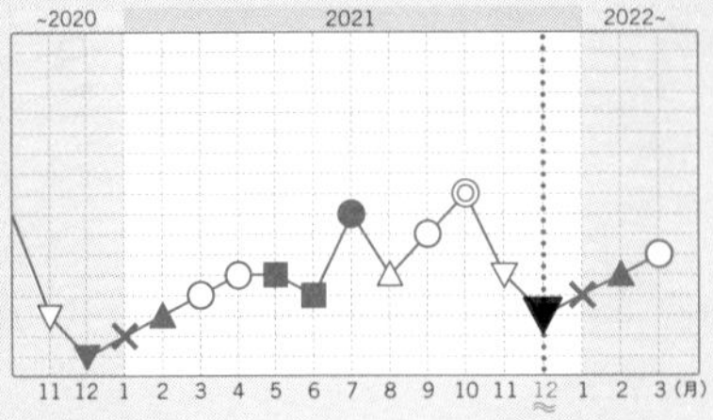

開運 3 カ条

1. 忍耐力を鍛える時期だと考える
2. 小さな幸せを見つける
3. 過去のすべてに感謝する

総合運

軽はずみな判断が苦労を招いたり、今後の人生を大きく乱してしまう時期。現状に不満があるときほど今の幸せを見つめ直し、何もない日々に感謝することを忘れないように。隣の芝生が青く見えるだけで周囲も多かれ少なかれ苦労をしているという想像力を忘れないこと。支えてくれる人や、やさしくしてくれる人に恩返しする気持ちも忘れないように。健康運は、体調を崩しやすい時期。手洗いをし、睡眠時間を長くとって。

恋愛&結婚運

予想外の人から告白されるなど意外な展開が多い時期ですが、あなたの心や生活を乱す危険な異性や小悪魔的な人が現れる時期でもあるので、相手の言葉に簡単に乗らないようにしましょう。騙されて痛い目に遭ったり後悔したりすることもあります。この時期はひとりの時間を楽しめるようにする、話のネタを作るために本を読む、映画や芝居などを観に行くなどするといいでしょう。結婚運は、希望通りに進まない時期。

仕事&金運

仕事を辞めたくなることや、気持ちが折れてしまうような出来事がある時期。甘えていた人ほど厳しい現実を突きつけられたり、実力のなさを実感するでしょう。問題は会社や周囲ではなく、自分にあることを忘れないように。自分のレベルをどうやって上げるのか、至らない点をしっかり受け止めて、仕事があることに感謝を忘れないようにして。金運は、軽はずみな買い物をしないように。無駄遣いでお金に困ることになってしまいます。

1 水	●	気持ちが少し楽になりそう。求められることにはできるだけ応えましょう。自分のことだけを考えて断ったり、身勝手を表に出すと、困ったときに誰も助けてくれなくなります。
2 木	△	油断しやすく、曖昧な話を信じて心を乱されたり、騙されやすいので要注意。甘い話や誘惑ほど裏があると思いましょう。仕事で大きなミスをしやすいので確認はしっかりと。
3 金	○	親友や付き合いの長い人、周囲の人のいいところをさりげなく褒めてみて。こちらが好意的に接すれば、その思いは相手にも伝わり、必ずや良好な関係に向かうでしょう。
4 土	○	外出するのはいいですが、予想外に出費が激しくなってしまいそう。衝動買いは失敗することになるのでやめましょう。今日は1000円だけで過ごす遊びをすると楽しめるかも。
5 日	▽	部屋の片づけや掃除は午前中に終わらせて、午後からはのんびり過ごして。映画を観たり本を読んでみるといいでしょう。いい言葉や台詞はメモしておくと後に役立ちそうです。
6 月	▼	判断ミスをしやすいのは周囲のアドバイスを聞き入れなかったことが原因。耳の痛いことを無視せず、反省をして。部下や後輩に対して、正しい意見には素直に聞く耳を持ちましょう。
7 火	×	裏目に出ることが多く失敗が目立ちそう。些細なことでイライラせずに「転んでもただでは起きない」精神でこれも勉強だと思い、何かひとつ学ぼうという姿勢が大事でしょう。
8 水	▲	身の回りをすっきりさせましょう。不要なものを処分したり、散らかった場所をきれいに片づけてみて。仕事終わりに美容室で髪を切ると、気分もすっきりしそうです。
9 木	=	不慣れなことや苦手だと感じる仕事でも、挑戦するといろいろと学べることがあるでしょう。嫌々取り組むよりも「何か発見があるかな」と期待しながら仕事をしてみて。
10 金	=	仕事終わりに友人や知り合いに誘われたら顔を出してみて。自分の行動範囲を少し広げることで、勉強になる人と出会えそう。深入りしなくていいので仲よくなってみましょう。
11 土	□	何事も丁寧にすること。初対面の人にはきちんと目を見て挨拶し、お礼はいつも以上に丁寧にしましょう。礼儀正しく誠実に接すれば、必ずや良好な関係になれます。
12 日	■	油断をすると風邪をひいてしまうかも。予定を変更してでも家でのんびりして疲れをとりましょう。ストレス発散に軽い運動をするのはいいですが、汗で体を冷やさないように。
13 月	●	人の輪の中に入るのはいいですが、自分の話ばかりせずに相手の話の聞き役や盛り上げ役になりましょう。でしゃばってもいいことはないので、サービス精神を大切にしてみて。
14 火	△	口が滑って余計なトラブルを発生させてしまったり、判断ミスで面倒なことを自ら招いてしまいそう。今日はできるだけ慎重に行動し、控えめにしていることを心がけましょう。
15 水	○	これまでの経験を活かせたり、逆に学びが足らないことを知ることになりそう。チャンスをチャンスにできるかピンチにしてしまうかは、積み重ねた経験の量だと思っておきましょう。
16 木	○	結果を気にするより、目の前のことに一生懸命になってみて。仕事を遊びだと思って楽しんだり、自分の仕事の先で笑顔になっている人のことを思い浮かべてみるといいでしょう。
17 金	▽	努力が認められ、自分でも満足できそう。夕方あたりからは頑張りが空回りしたり、やる気をなくしてしまうことが起こるかも。早めに帰宅して家でゆっくりしましょう。
18 土	▼	思い通りにならないことが当たり前だと思いましょう。ひとりで考える時間が増えると不安や不満がたまりやすくなりますが、明るい未来を想像して今できることを見つけてみて。
19 日	×	自分の心配だけをしている人に運は味方しません。困ったときには、自分よりももっと困っている人のために何ができるか考えて行動を。助ける人が助けられるのだと忘れないように。
20 月	▲	予想外に忙しくなっても、まとめてやろうとしないでひとつひとつ丁寧に仕事をすることが大切。余計なことを考えず、シンプルに考えるとやるべきことがハッキリしそう。
21 火	=	普段なら興味のないことに目がいきそう。どんなものか調べたり学んだりすると、これまでとは違った世界を知ることができますが、情報を入れすぎて振り回されないように。
22 水	=	不満を感じるのは、遊び心を忘れているとき。人間関係も仕事も難しいと感じたときほどゲームだと思って、攻略するためにはどんな方法がいいのかいろいろ試してみましょう。
23 木	□	体調を整えたり、規則正しく生活することを意識して。乱れた生活習慣のままでは体調を崩してしまい、仕事に集中できないでしょう。スマホを無駄に見ないことも大切です。
24 金	■	クリスマスイブだというのに風邪をひいてしまったり、体調を崩してせっかくのデートをキャンセルすることになるかも。今日は無理をしないで疲れをためないようにしましょう。
25 土	●	期待をしていない人ほど楽しいクリスマスになるかも。意外な人からプレゼントをもらえることがありそう。友人や知り合いに誘われて、楽しい1日を過ごすこともできそうです。
26 日	△	日中は笑顔になれることが増えそうなので、趣味や自分の好きなことに時間を使って。夕方からは予定が乱れやすく予想外の出来事が増えるかも。明日のためにも早めの帰宅を。
27 月	○	仕事終わりに仲間を集めて忘年会をしてみて。しばらく会っていない人を急に誘ってみると、思った以上に盛り上がり楽しい時間を過ごせそう。行きつけのお店を予約しましょう。
28 火	○	年越しに必要なものを買い揃えるといいでしょう。年賀状を忘れている人は早く書いて送るようにして。来年の目標をうっすらでもいいので決めておくのも大事です。
29 水	▽	いつもより少し早起きして、大掃除や年越しの準備をしましょう。今日やるべきことは日中にすべて終わらせるくらいの勢いで積極的に取り組み、何事も後回しにしないように。
30 木	▼	油断をして風邪をひいてしまったり、ケガをしやすいので気をつけて。手洗いや暖かい服装を忘れないようにしましょう。オシャレだからといって薄着をするのも避けること。
31 金	×	楽しみにしていたカウントダウンライブやイベントでガッカリしたり、予想外の出来事でやる気を失うかも。体調も崩しやすいので無理をせず、ひとりの時間を上手に楽しんで。

☆ 開運の日　◎ 幸運の日　● 解放の日　○ チャレンジの日
□ 健康管理の日　△ 準備の日　▽ ブレーキの日　■ リフレッシュの日
▲ 整理の日　× 裏運気の日　▼ 乱気の日　＝ 運気の影響がない日

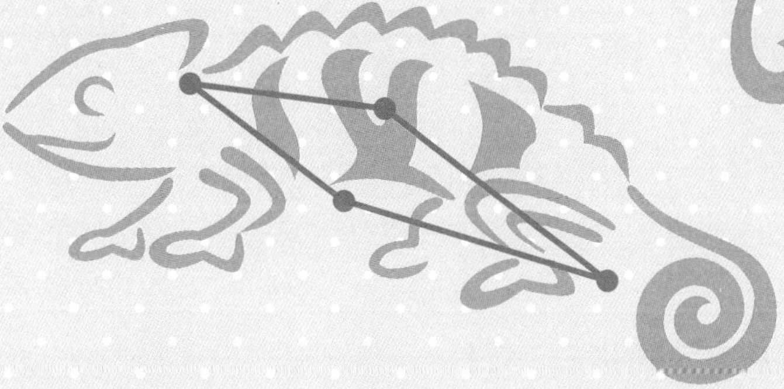

自分の運気だけではなく
相手の運気を知るのが占いの極意

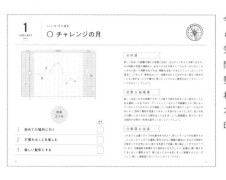

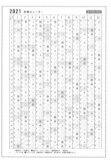

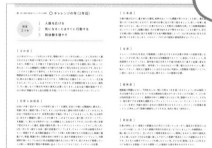

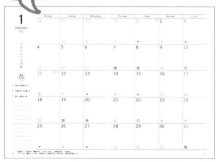

ゲッターズ飯田《げったーずいいだ》

これまで6万人を超える人を無償で占い続け、「人の紹介がないと占わない」というスタンスが業界で話題に。20年以上占ってきた実績をもとに「五星三心占い」を編み出し、芸能界最強の占い師としてテレビ、ラジオに出演するほか、雑誌やwebなどにも数多く登場する。メディアへの出演時は、自分の占いで「顔は出さないほうがいい」と出たことから赤いマスクを着けている。LINE公式アカウントの登録者数は150万人を超え、著書の累計発行部数も500万部を超える（2020年11月現在）。『ゲッターズ飯田の金持ち風水』『ゲッターズ飯田の運の鍛え方』『ゲッターズ飯田の裏運気の超え方』『ゲッターズ飯田の「五星三心占い」決定版』（以上、朝日新聞出版）、『ゲッターズ飯田の運命の変え方』（ポプラ社）、『開運レッスン』（セブン＆アイ出版）はいずれも10万部突破。『ゲッターズ飯田の五星三心占い2018年版』『同2019年版』『同2020年版』（以上、セブン＆アイ出版）はすべて100万部を超え、『同2021年版』（朝日新聞出版）はシリーズ史上最速で100万部突破を達成。五星三心占いの手帳版として『ゲッターズ飯田の五星三心占い開運ダイアリー 2021』（小社）がある。

ゲッターズ飯田の五星三心占い
2021完全版

2020年11月11日　第1刷発行
2020年12月20日　第2刷発行

著　者　ゲッターズ飯田
発行人　見城 徹
編集人　菊地朱雅子
編集者　有馬大樹　山口奈緒子
発行所　株式会社 幻冬舎
〒151-0051
東京都渋谷区千駄ヶ谷4-9-7
電話　03-5411-6211(編集)
03-5411-6222(営業)
振替　00120-8-767643

印刷・製本所　中央精版印刷株式会社

企画協力：中込圭介　川端彩華
（Gオフィス）
編集協力：山葉のぶゆき　松本俊朔
（effect）
佐藤潮　平岡あみ
麻宮しま　武重佳信
装丁・イラスト：秋山具義　後藤瑛美
（デイリーフレッシュ）
本文デザイン：坂上恵子　稲田佳菜子
太田育美　丸岡葉月
（I'll Products）

 ISBN978-4-344-03701-4　C0095
幻冬舎ホームページアドレス　https://www.gentosha.co.jp/
この本に関するご意見・ご感想をメールでお寄せいただく場合は、comment@gentosha.co.jpまで。